U0931034

桥梁结构理论与计算方法

Theory and Calculation Method of Bridge Structures

（第二版）

贺拴海　编　著
宋一凡　主　审

人民交通出版社股份有限公司
China Communications Press Co.,Ltd.

内 容 提 要

本书系统介绍了桥梁结构的现代静力计算原理、理论及方法。内容包括:桥梁结构的线性、非线性整体分析,桥跨结构计算理论,薄壁箱梁理论,混凝土桥梁计算理论,斜弯桥及异形桥梁计算理论,拱桥计算理论,索支承桥计算理论,桥梁结构的特殊计算问题等。本书着重于理论、原理及方法的叙述、推导、相关应用示例及其评述,与其相关的基础知识较少涉及。

本书可作为桥梁工程方向的研究生学习用书,亦可作为高等院校教师教学及研究参考书,也可供从事桥梁及结构工程专业的高级技术人员参考使用。

图书在版编目(CIP)数据

桥梁结构理论与计算方法 / 贺拴海编著. —2版.
—北京:人民交通出版社股份有限公司, 2017.11
ISBN 978-7-114-14058-7

Ⅰ.①桥… Ⅱ.①贺… Ⅲ.①桥梁结构—理论②桥梁结构—结构计算—计算方法 Ⅳ.①U443

中国版本图书馆CIP数据核字(2017)第185216号

书　　名:桥梁结构理论与计算方法(第二版)
著 作 者:贺拴海
责任编辑:李　喆
出版发行:人民交通出版社股份有限公司
地　　址:(100011)北京市朝阳区安定门外外馆斜街3号
网　　址:http://www.ccpress.com.cn
销售电话:(010)59757973
总 经 销:人民交通出版社股份有限公司发行部
经　　销:各地新华书店
印　　刷:北京市密东印刷有限公司
开　　本:787×1092　1/16
印　　张:54.25
字　　数:1284千
版　　次:2003年7月　第1版　2017年11月　第2版
印　　次:2017年11月　第2版　第1次印刷
书　　号:ISBN 978-7-114-14058-7
定　　价:140.00元
(有印刷、装订质量问题的图书由本公司负责调换)

第二版前言

进入21世纪以来,我国交通与桥梁事业迅猛发展,桥梁建设成就举世瞩目,桥梁工程学科的整体水平已进入国际先进行列。随着建设及维护的需要,桥梁结构及其研究工作亦具有与时俱进的特点,呈现出向长(跨径长)、大(规模大)、新(结构新)、柔(刚度柔)、精(分析精)发展的趋势。研究难点不断被突破,新的问题又不断涌现,解决问题的理论、方法和技术不断向纵深发展。

本书作为长安大学桥梁工程方向研究生专业学位课的主要教学参考书,自2004年第一版面世以来,已经过了十余个年头,十多年中,桥梁工程学科及桥梁建设发生了巨大变化,特别是计算机的应用及数值分析的普及,使桥梁工程这门古老的学科焕发出时代的风采,从简单的同性杆、梁、板、拱、索等的弹性分析、弹塑性分析,进入到杆系、梁群、异性板、组合结构、异形结构、索支承桥的弹性简化计算、弹塑性分析、局部精细分析、极端问题分析、复杂组合结构及大型结构的各种计算,使得大多数常规桥梁结构的分析问题已经得到解决。在此过程中,产生了大量新的研究成果。鉴于此,改版时补充桥梁结构分析的新方法、新理论、新思路和研究的新成果就成为首选,而是否保留第一版中传统的桥梁分析理论和方法,成为一个艰难的抉择。保留无新意,去掉无法满足教学要求。考虑再三决定保留但改造传统理论,更换部分过时内容,增加新的研究成果,既作为研究生教学参考用书,总结近年来桥梁结构计算理论、数值分析与结构设计方面的研究成果,又展示桥梁工程领域近年来的发展与创新。全书共8篇28章,保留了第一版的基本格局,但进行了必要的调整、修订与补充,修订及补充的具体内容如下:混凝土桥梁的墩顶块、劲性骨架合龙段、新旧结构相互作用、大体积混凝土水化热效应、牛腿结构、预应力结构开裂、永存预应力预测等的数值模拟及结构D区分析,波形钢腹板箱梁、异形桥的空间分析,结构火灾的热力耦合效应、部分斜拉桥计算、斜拉—悬索组合体系、不同徐变收缩模式的对比、加固后结构的刚度及裂缝等分析及计算示例等。目的在于为桥梁工程方向的研究生打下一个坚实而宽广的从事科学研究的理论基础,掌握现代结构分析的基本理论、方法和技巧,供不同研究方向的读者可有选择地进行研究。

本书内容仅涉及桥梁结构静力计算问题,包括:桥梁结构整体数值分析的有限元法、有限条法、能量原理、变形协调法、子结构法,材料、几何非线性分析;桥跨结构的正交异性理论、有效分布宽度、悬臂桥面板计算、钢结构及组合结构桥梁分析；薄壁箱梁分析的剪力滞理论、约束扭转及畸变理论和空间数值模拟方法；混凝土结构的收缩徐变、本构、强度、弹塑性、刚度及裂缝计算理论，桥梁有效预应力的沿程分布分析及混凝土桥梁结构的几个常见问题的精细分析；斜弯桥、异形桥、拱桥、斜拉桥、悬索桥计算理论；桥梁结构的温度效应、稳定问题、承载力、加固计算、控制计算及热力耦合效应理论及方法等。

全书由贺拴海教授主编，宋一凡教授主审。长安大学赵煜教授、王钧利教授、王凌波副教授、任伟副教授、张岗副教授，西安建筑科技大学郭琦副教授、王晓明副教授分别改编或编写了第26章、第24.5节、第15章和第24章、第27章、第28章和第15.6节、第14章、第20.6节。长安大学的李源博士、刘鹏博士、骆佐龙博士、赵晓晋博士、彭晶蓉博士为本书编写收集了大量资料。书中插图由周先功博士整理绘制并进行了文字校核。人民交通出版社股份有限公司的领导及编辑为本书的出版付出了辛勤的劳动，谨在此表示诚挚的感谢。书中相关新增内容亦有长期合作研究单位东南大学的叶见曙教授、黄侨教授，交通运输部公路科学研究院的张劲泉研究员、杨昀研究员，长沙理工大学的李传习教授，中交第一公路勘察设计研究院的刘世林教授级高级工程师、许宏元教授级高级工程师，港珠澳大桥管理局的苏权科教授级高级工程师、景强教授级高级工程师，招商局重庆交通科学研究院的唐光武研究员，重庆交通大学的周志祥教授、向中富教授等的研究贡献，并参考了众多文献，无论是否列出，在此一并表示衷心感谢和敬意。

由于作者水平有限，书中错误之处难免，敬请读者批评指正。来函（电、电子信件）请寄：西安市南二环路中段长安大学公路学院（邮编：710064，电话：029-82334871，E-mail：heshai@chd.edu.cn）。

作　者

2017年5月于西安

第一版前言

改革开放以来，我国交通与桥梁事业获得迅速发展，桥梁建设成就非然，桥梁工程学科整体水平已进入国际先进行列。随着建设需要，桥梁结构的研究工作亦具有与时俱进的特点，新的研究课题不断涌现，新的理论、方法、技术层出不穷。

长安大学（原西安公路交通大学、西安公路学院）从20世纪80年代初开始招收桥梁工程方向研究生。桥梁结构理论作为一门专业学位课历经变迁，从桥面板分析、桥梁上部结构分析与程序设计到桥梁结构分析，经过几代人的教学实践，修订补充，形成了桥梁结构理论课程体系。随着博士生教学和研究需要，其内容的深度不断加大，广度不断拓宽。进入20世纪90年代，随着新的科研成果大量出现，计算机的普及应用，编者着手对本课程体系又进行了大幅度调整，着重于进行科学研究的高等理论、原理、方法及复杂结构问题解决途径的阐述，并结合桥梁工程学科的发展，补充了一些新的内容，如索支承桥的计算、稳定分析、承载力分析、桥梁加固计算、桥梁控制计算及健康监测等，目的在于使桥梁工程方向的研究生打下一个坚实而宽广的从事科学研究的理论基础，供不同研究方向的读者可有选择地进行精读和研究。

本书是在长安大学研究生课程"桥梁结构理论"讲义（1997年开始试用）的基础上，经过多次调整、修订、补充，于2001年底形成初稿，并取现名。全书共8篇29章，内容仅涉及桥梁结构静力问题，包括：桥梁结构整体分析的有限元法，有限条法，能量原理及变形协调法，子结构法，材料、几何非线性分析；构造正交异性桥面板、悬臂桥面板、钢桥面板的计算；薄壁箱梁的剪力滞、约束扭转及畸变理论；混凝土结构的收缩徐变、强度、刚度、裂缝及组合结构分析理论；拱桥、斜桥、弯桥、斜拉桥、吊桥计算理论；桥梁结构的温度效应，稳定问题，承载力，加固，控制计算理论及方法等。全书由贺拴海教授主编、宋一凡教授、邬晓光教授分别编写了第29、28章。完稿后邀请了下列教授对各篇（章）进行了审核校正：浙江大学徐兴教授：第1篇的第1、2、5章；同济大学陈艾荣教授：第3、4章；长安大学宋一凡教授：第2篇的第6、7章；郝宪武教授：第8章；胡兆同教授：第9章；何福照教授：第3篇；徐岳教授：第4篇的第13、14、15章；长沙交通学院李传习教授：第16、17章；长安大学李子青教授：第5篇；黄平明教授：第6篇；北方交通大学雷俊卿教授:第7篇;湖南大学邵旭东教授:第8篇的第25章;哈尔滨工业大学宋建华教授:第26章;长安大学胡大琳教授:第27章;贺拴海教授:第28章。哈尔滨工业大学黄侨教授:第29章。长安大学赵小星高级工程师、刘来君博士、周勇军博士、赵煜博士为本书编写提供了大量资料;书中插图由研究生张青、许世展、王海洋绘制;研究生任伟、王军、卫红蕊、吕颖钊、肖萍、陈群、周敉、许世展、牛俊武、王栋等对文字进行了校核;人民交通出版社的领导及编辑为本书的出版付出了辛勤的劳动;谨在此表示诚挚的感谢。书中参考了众多文献,无论是否列出,在此一并表示衷心感谢和敬意。

由于作者水平有限,书中错误之处难免,敬请读者批评指正。来函(电、电子信件)请寄:

西安市南二环路中段长安大学公路学院(邮编:710064,电话:029-2334441,E-mail:GL05@Chd.edu.cn)

作　者

2002年8月于西安

目 录

第2篇 桥跨结构分析理论

第 3 篇 薄壁箱梁分析理论

第4篇 混凝土桥梁分析理论

第5篇 斜弯桥及异形桥梁计算理论

第6篇　拱桥计算理论

第7篇 索支承桥梁计算理论

第8篇 桥梁结构的特殊计算问题

绪　　论

若从17世纪中叶伽利略(G. Galiler,1638)的《关于两门新科学的对话》著作出版算起，土木工程结构的计算理论在阐述材料应力—应变关系的虎克(R. Hooke,1660)定律以及牛顿(L. Newton,1687)三大力学定律的基础上，经历了近380年的丰富和发展，形成了基本完善的计算分析理论。桥梁结构理论与计算方法发展到今天，已经不限于传统意义上的荷载作用下的结构反应分析，涉及结构组成、构造及细节分析，整体、局部结构及全寿命设计，静动力计算的解析法、数值法，车桥耦合及其他耦合现象，结构安全性、耐久性，工程施工及控制技术特别是施工阶段的结构控制，结构检测、评估及加固，规范体系的研究及对比分析，特殊问题如水化热、火灾、疲劳、可靠度、风险评估及BIM技术等。大多一般性问题均得到有效解决，面对更多的是极端问题、局部问题、耦合问题、三维精细化分析及适于工程设计实用的合理简化分析方法。极端问题包括结构的风振、地震、撞击、泥石流、火灾等自然或人为因素造成的灾害破损或倒塌；局部问题包括复杂结构、不同材料的结合、结构形状突变、作用敏感处等；耦合问题包括不同作用、不同结构在空间、时间或结构间的相互耦合或牵制及结构的反问题如评价、预测等；精细化的有限元分析是未来分析的努力方向；基本理论是理解结构受力规律及判断数值分析结果优劣的基础；而合理的简化分析是研究者为工程应用提供可行手段的有效途径。

1. 桥梁结构分析方法

(1)力学方法

传统的三大力学，即理论力学、材料力学和结构力学，是所有结构分析的基础；与结构数值分析直接关联的是弹性力学；研究结构的非线性及后期性能如屈服后性能、极限承载力、断裂疲劳等还会涉及弹塑性力学甚至塑性力学、断裂力学等；与设计方法、作用分析等相关的还会涉及可靠度理论、数理统计分析、概率论等；数学方法贯穿于结构分析的全过程。

理论力学是研究物体机械运动普遍遵循的基本规律的一门科学，它用高等数学的方法来处理物理问题。主要研究的对象是有限自由度的力学体系，如质点、质点系与刚体，以严密的理论体系和理论分析为根本，既讨论静力学问题，也讨论动力学问题。静力学的重点是力系的平衡，直接应用理论力学来开展桥梁结构的研究几乎没有，但利用动力学、运动理论来研究桥梁在地震等作用下的宏观响应，如落梁、碰撞等则是可开展的研究方向。

材料力学的研究对象是组成结构的各种元件和部件，统称为构件。对于构件，按其几何形状、各方向尺寸的相对比例和受力作用特征，可大致分为杆(包括梁)、板(壳)和块体几种。材料力学的研究对象是杆件，即长度远大于横向尺寸的单个构件。研究过程中对变形固体做了两个基本假定：①连续均匀假设，即在整个构件体积内的物质是连续分布的，各处的力学性能是完全相同的；②各向同性假设，即在构件中各个方向的力学性能均相同。在受弯构件的应力—应变分析中，还有平截面假设，即杆件（梁）变形后，原为平面的横截面仍然保持为平面。满足上述假定的构件称为理想构件。材料力学研究理想杆和梁的强度、刚度和稳定性，着重研究构件在指定荷载作用下的应力分布、变形等反应，包括轴向拉压、剪切变形、弯曲变形、扭转变形四种基本变形形式及其组合，如图0.1、图0.2所示。

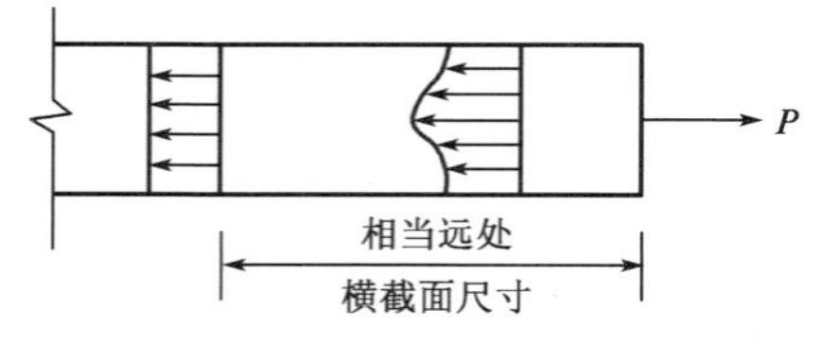

图0.1　杆轴向拉伸示意

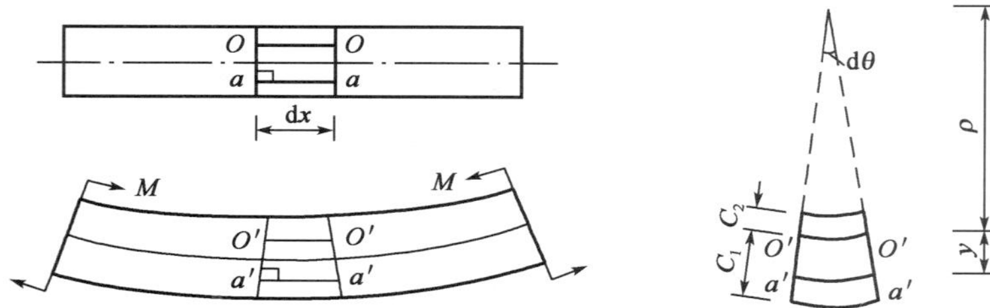

图0.2　杆（梁）弯曲示意

典型的材料力学轴向拉应力方程为

$$\sigma_{\mathrm{p}}=\frac{P}{A} \tag{0.1}$$

典型的材料力学弯曲应力方程为

$$\sigma_{\mathrm{b}}=\frac{M}{I}y \tag{0.2}$$

根据试验结果和理论假定，材料力学建立了构件在失效时是否具有足够安全度的确定方法。构件的失效包括超过规定的应力、超过允许限度的变形、发生屈曲（失稳）等，即强度、刚度与稳定性。

强度与截面的应力相联系。为描述应力状态，采用单元体，定义主平面、主应力、主方向等。应力状态分单向、二向、三向应力状态，如图0.3所示。

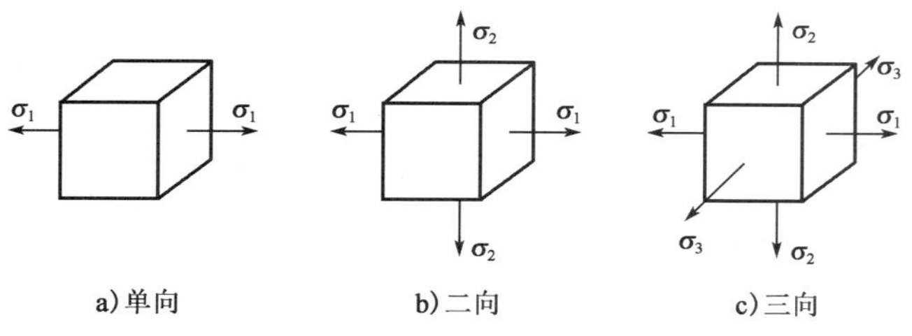

图0.3　应力状态

对于平面应力状态，根据平面应力，可以确定任意斜截面上的应力、主应力、主平面与轴的夹角等，如图0.4所示。对于三向应力状态，采用应力圆进行分析。

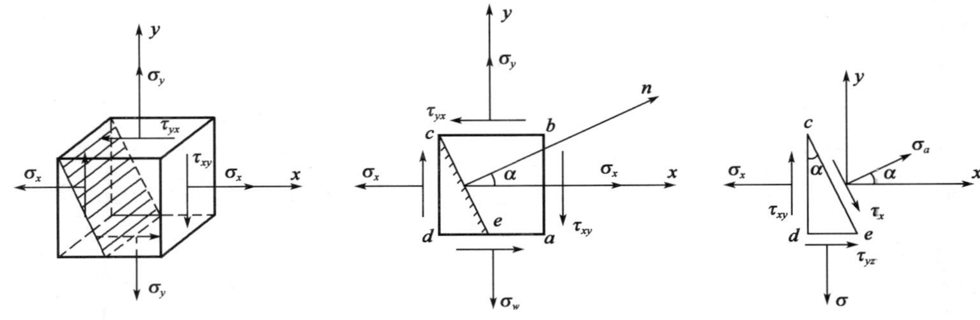

图 0.4　平面应力状态

以简支矩形梁为例，其应力状态如图 0.5 所示；主应力曲线如图 0.6 所示；剪应力如图 0.7所示。

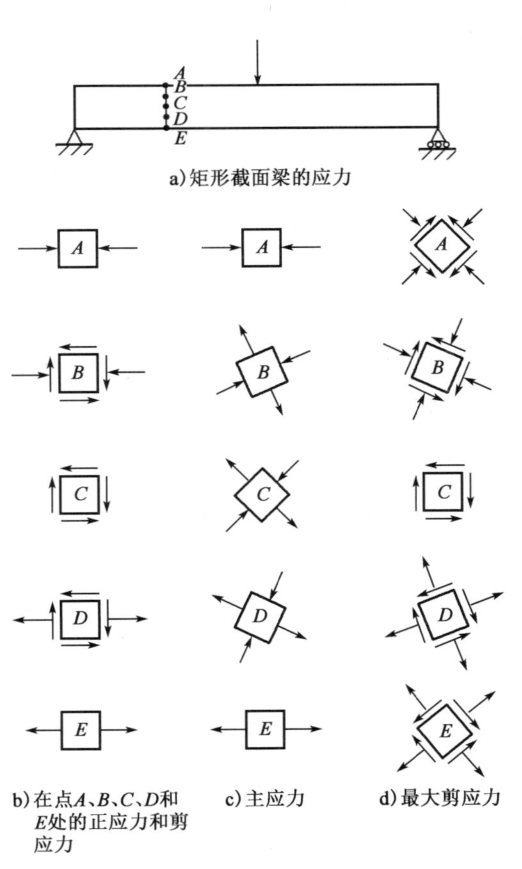

图 0.5　简支梁应力状态

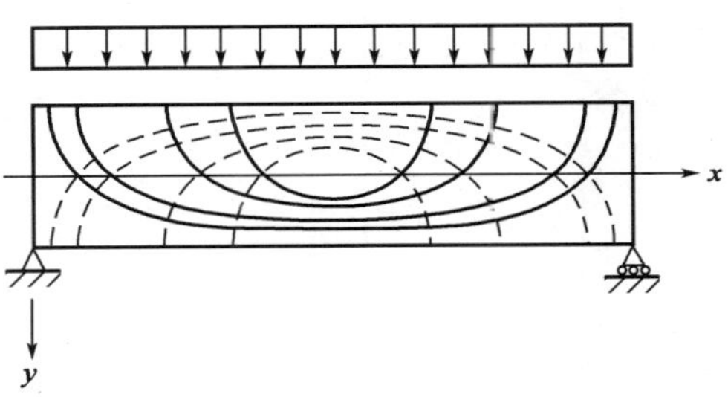

图 0.6　简支梁的主应力迹线(实线为主拉应力，虚线为主压应力)

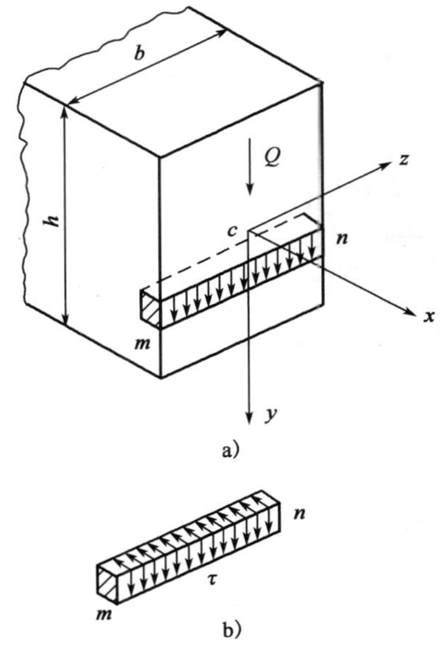

图 0.7　简支梁的剪应力

典型的材料力学剪应力方程为

$$\tau = \frac{QS}{Ib} \tag{0.3}$$

材料力学中采用了多种强度理论。对于单向应力，用屈服极限（延性材料）或抗拉强度（脆性材料）作为强度指标。对于一般应力状态的强度理论，则有脆性断裂强度理论，即最大拉应力理论，称第1强度理论；最大拉应变理论，称第2强度理论；塑性屈服的强度理论即最大剪应力理论，称第3强度理论；应变能密度理论，称第4强度理论等。

结构力学所研究的对象仍然是理想的杆系结构，不再是单杆或梁，但一般不包含薄壁杆系。主要研究杆系结构的组成规律与合理形式，以及杆系结构在静力和动力作用下的内力（强度）、变形（刚度）和稳定性。涉及实际结构时，需要对其进行简化，即将一个实际结构理想化为计算模型，结构力学只研究简化后的计算模型的计算方法，而结构如何简化为模型，由桥梁工程等专业课程解决。在结构力学中，一般只研究线弹性结构，并且假定结构的变形是微小的，可以利用叠加原理来进行分析。静定结构用力的平衡直接求解，超静定结构通过力的平衡和变形协调（如力法）联合求解。如图0.8所示，典型的力法方程为

$$\delta_{11}X_1 + \delta_{1p} = 0 \tag{0.4}$$

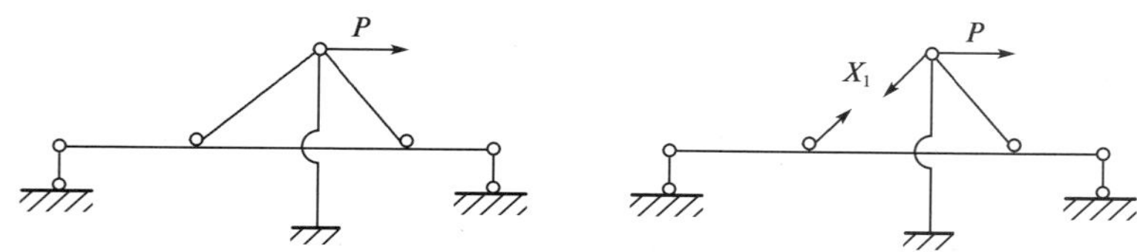

图0.8　一次超静定结构的力法分析

作为结构力学的一个分支，结构稳定理论研究结构及其构件的屈曲问题，它是控制早于结构强度破坏的破坏行为。基于欧拉（L. Euler，1744）的中心受压杆的屈曲（图0.9）、恩格赛（Fr. Engesser，1889）的塑性稳定和布莱恩（G. H. Bryan，1891）的单向均匀受压简支矩形板的稳定，发展到目前，已基本解决了压杆、薄板、梁及拱的稳定问题。典型的中心受压杆的稳定欧拉荷载为

$$F_{cr} = \frac{\pi^2 EI}{(\mu l)^2} \tag{0.5}$$

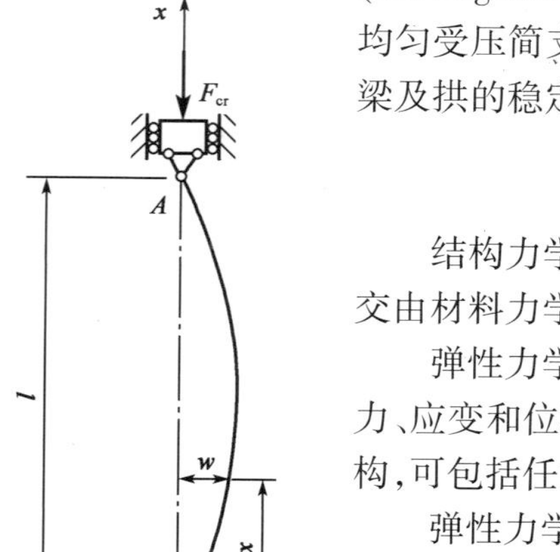

图0.9　中心受压杆的稳定

结构力学解决了杆系结构的各杆件内力和变形，杆件的应力状态交由材料力学解决。

弹性力学又称弹性理论，它研究弹性物体受外部作用而发生的应力、应变和位移。弹性力学研究的是弹性体，不再局限于杆、梁等结构，可包括任意弹性体，其结果更接近实际。

弹性力学的基本假设有：①连续性假定。物体中的应力、应变、密度和位移等物理量是连续的，是坐标的连续函数，连续和极限理论可用；②均匀性假定。整个物体是由同一种材料组成的，并且物体内任一部分（每一点）的力学性质都完全相同，不随坐标位置变化；③各向同性假定。物体内每一点的所有方向上的物理性质是相同的（自然

界中大多数材料不是各向同性的）;④完全弹性假定。弹性常数不随应力或应变大小而改变。⑤小变形假定。物体在荷载或温度变化等作用下所产生的位移远小于物体原来的尺寸,也就是应变分量和转角都远小于1,这样,在考虑物体变形以后的平衡状态时,可以用变形前的尺寸代替变形后尺寸,而不致有显著的误差。完全满足基本假设的弹性体称为理想弹性体。弹性力学也研究各向异性等非理想弹性体。

弹性力学将弹性体假想为由无数个微小六面体元（在物体内部,图0.10）和四面体元（在物体表面,图0.11）组成,考虑这些体元的应力—应变关系（物理方程）、变形协调关系（几何方程）和内外力的平衡关系（平衡方程）以及弹性体的边界条件,得到一组以位移为基本未知函数或以应力为基本未知函数的微分方程。这些方程基本都是偏微分方程。对于一些简单问题,研究者经过努力找到了一些理论解的表达式,而对于大多实际工程问题,则往往不能得到理论解。

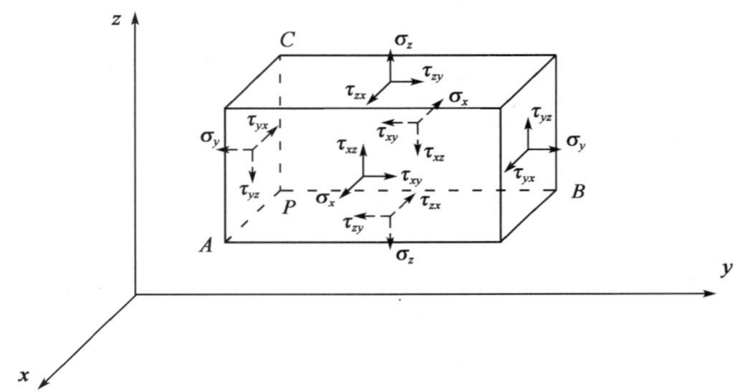

图0.10 六面体的应力状态

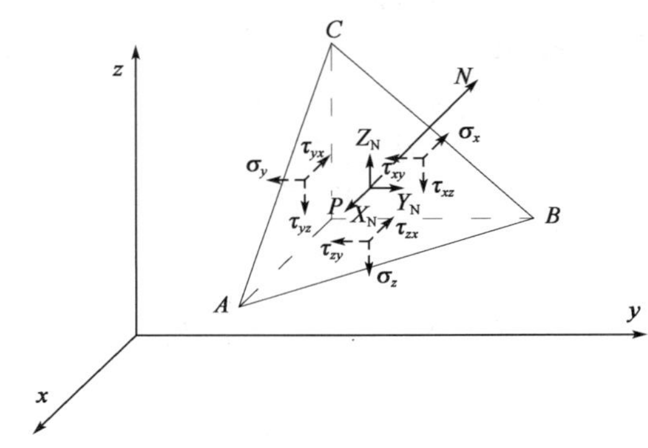

图0.11 四面体的应力状态

理想弹性体的平面问题平衡微分方程为

$$\begin{cases}\dfrac{\partial \sigma_x}{\partial x}+\dfrac{\partial \tau_{yx}}{\partial y}+X=0\\[2mm]\dfrac{\partial \sigma_y}{\partial y}+\dfrac{\partial \tau_{xy}}{\partial x}+Y=0\end{cases}\tag{0.6}$$

几何方程为

$$\begin{cases}\varepsilon_x=\dfrac{\partial u}{\partial x}\\ \varepsilon_y=\dfrac{\partial v}{\partial y}\\ \gamma_{xy}=\dfrac{\partial v}{\partial x}+\dfrac{\partial u}{\partial y}\end{cases}\tag{0.7}$$

物理方程为

$$\begin{cases}\varepsilon_x=\dfrac{1}{E}[\sigma_x-\mu(\sigma_y+\sigma_z)]\\ \varepsilon_y=\dfrac{1}{E}[\sigma_y-\mu(\sigma_z+\sigma_x)]\\ \varepsilon_z=\dfrac{1}{E}[\sigma_z-\mu(\sigma_x+\sigma_y)]\\ \gamma_{yz}=\dfrac{1}{G}\tau_{yz}\\ \gamma_{zx}=\dfrac{1}{G}\tau_{zx}\\ \gamma_{xy}=\dfrac{1}{G}\tau_{xy}\end{cases}\tag{0.8}$$

平面问题又分为平面应力问题和平面应变问题。

平面应力问题：只在平面内有应力，与该面垂直方向的应力可忽略，如薄板问题，桥梁结构上经常会用到；平面应变问题：只在平面内有应变，与该面垂直方向的应变可忽略，如压力管道、水坝等。

弹性力学问题的求解有三种基本方法，即按位移求解、按应力求解和混合求解。按位移求解时，以位移分量为基本未知函数，根据基本方程和边界条件求出位移分量，从而求出其他分量。按应力求解一般有逆解法和半逆解法。所谓逆解法，就是先设定满足相容方程式(0.9)的应力函数 ϕ，域内满足平衡方程、应力—应变关系，从而求出应力分量。所谓半逆解法，就是假设部分或全部应力分量为某种形式的函数，从而推出应力函数，然后来考察这个应力函数是否满足相容方程以及原来假设的应力分量，由这个应力函数求出其他应力分量。

$$\frac{\partial^2\phi}{\partial x^2}+2\frac{\partial^4\phi}{\partial x^2\partial y^2}+\frac{\partial^2\phi}{\partial y^2}=0\tag{0.9}$$

弹塑性力学研究结构在弹性阶段(弹性力学)及塑性阶段(塑性力学)的应力和位移，校核它们是否具有所需的强度、刚度和稳定性，并寻求或改进它们的计算方法。弹塑性力学是有限元分析、解决具体工程问题的理论基础。

塑性力学研究固体受力后处于塑性变形状态时，塑性变形与外力的关系，以及物体中的应力场、应变场以及有关规律。当作用在物体上的外力取消后，物体的变形不完全恢复，产生一部分永久变形，此变形为塑性变形。在试验的基础上，塑性力学认为材料是连续、均匀的，静水压力不影响塑性变形规律，并忽略时间因素的影响。

值得一提的是，材料的塑性应力—应变关系[增量(流动)理论和全量(形变)理论]、屈服条件[由弹性状态过渡到塑性状态(图0.13的点A)的临界条件]、屈服面(在应力空间将初始屈服的应力点连成的弹性和塑性的分界面)和强度研究及应用非常重要,特别是混凝土材料,其不同时期、不同学者的本构关系、屈服条件、强度等的描述模型较多,难简不一。

断裂力学研究材料和工程结构中裂纹扩展规律,包括起裂条件、扩展过程、断裂条件、含裂纹结构的破坏条件、结构的允许裂纹宽度及结构寿命等。一般从构件内存在的宏观裂纹出发,应用线弹性力学和弹塑性力学方法进行分析和试验,从而对含裂纹的构件的安全性和寿命给出定量或半定量的估算。典型示意如图0.12所示。

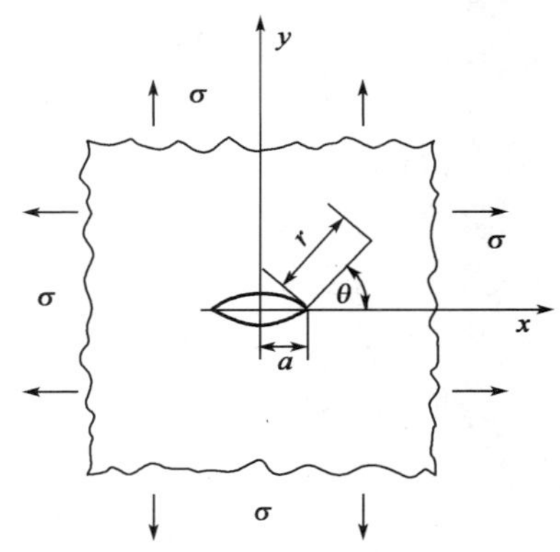

图0.12 中心穿透裂纹平板的双向拉伸

构件中存在着裂纹并受到外荷载时,裂纹和荷载通常有三种组合形态:张开型(Ⅰ型)、滑开型(Ⅱ型)和撕开型(Ⅲ型),其中以Ⅰ型最危险,因此,即使是复合型的组合,也可以按照Ⅰ型来建立失稳判据。1957年,欧文(G. R. Irwin,1957)运用韦斯特加德(Westergaard)应力函数,求出如图0.12所示的中心穿透裂纹板材双向受拉时的应力分布为

$$\sigma_{ij}=\frac{K_{\mathrm{I}}}{\sqrt{2\pi r}}f(\theta) \tag{0.10}$$

其中,K_{I}为应力场强度因子,$f(\theta)$为角θ的函数。这开启了运用力学方法认识复杂的断裂过程并走向工程实用的重要一步。

数学用于建立和求解力学方程,推导相关公式并进行必要的简化。微分方程(常微分、偏微分、线性、非线性)的解,一般是满足微分方程为恒等式的一个不含导数关系的因变量与自变量关系式。简单关系的微分方程求解只需要进行积分即可,复杂结构及问题的平衡微分方程往往得不到其解析解,需借助于数值方法。

桥梁工程则综合运用测量学、水文水力学、材料学、土力学及各种力学知识,研究实际桥梁结构的组成、构造、桥址选择、孔径大小、高程、基础埋置深度、桥式方案、结构设计、内力计算、施工方法甚至桥梁检定、试验、养护等。桥梁的抗风、抗震及各种复杂的结构问题,如斜弯桥、可靠度、耐久性、稳定性、极限承载力、疲劳问题、非线性问题等则须进行专门研究。

桥梁是由各种构件组成的。构件的受力特性、设计原理、计算及验算方法和构造设计等,由结构设计原理根据行业标准与规范要求研究解决,一般涉及钢筋混凝土结构、预应力混凝土结构、圬工结构、钢结构及钢—混凝土组合结构等。不同行业规范对其结构及构件的基本要求会有不同,体现在构件设计及其连接构造中,但其基于的力学原理及方法是相同的。

桥梁是为了跨越障碍物而设计建造的,大多情况下长度方向大于宽度和高度方向,接近于杆系结构的处理范围,因此三大经典力学在桥梁工程中得到了广泛的应用。如桁架桥、刚架桥等,都可以用结构力学方法直接求解工作荷载下的内力和变形。但是实际桥梁结构中不但有杆或梁,还有大量的板、块体结构、开口或闭口的薄壁结构等,大多数又不是理想构件,结构中的约束一般也不是理想约束方式,因此实际结构的内力与按简化模型的力学计算结果不同。如果误差小,可近似接受;如果误差大,则需要对理论结果进行修正,以使其更接近实际。

材料力学、结构力学及弹性力学是桥梁工程计算的理论基础。但对于真实的桥梁结构，由于宽度的影响，结构均属空间结构，实际桥梁结构在弯、剪、扭的共同作用下不是理论的杆件，不能完全满足基本假定，因此许多情况下与按简化模型的力学计算结果有较大差异，这说明完全按理想的力学理论去分析桥梁结构，还不能完全满足实际工程的需要。因此实际桥梁分析时要考虑荷载作用方式（如不同荷载的组合）的影响、实际结构尺寸及形状（尺寸效应）的影响（如薄壁杆件的空间效应）、形成结构过程中及结构运营过程中的材料时变效应的影响（如混凝土的收缩徐变效应）等。

弹塑性力学研究具有弹塑性的桥梁结构，典型的如混凝土、钢桥梁结构，其受力过程前期呈现为基本弹性，屈服后进入塑性。如图 0.13 所示的桥梁结构常用的两种应力—应变曲线上，弹性力学解决受力的 *OA* 段，剩下的由塑性力学解决。

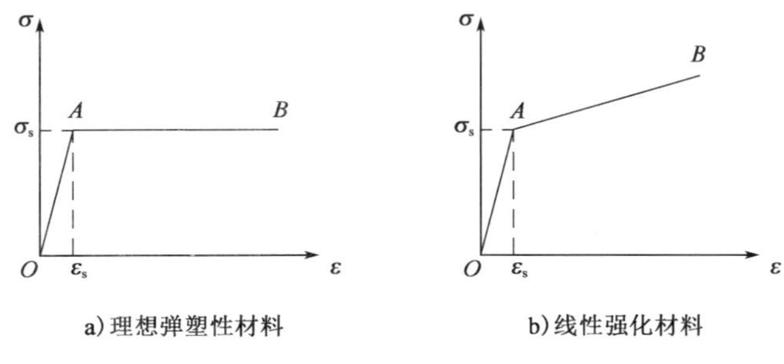

图 0.13　常用的应力应变曲线

断裂力学在混凝土开裂、钢结构裂纹等研究方面都有不同程度的应用，特别是在钢结构裂纹及疲劳问题研究上应用广泛（图 0.12）。

测量学研究桥梁的空间形态，如桥面高程、线形等；水文水力学研究河床的变迁、冲刷等，解决建桥位置、桥梁的长度、分孔、基础的埋置深度、结构高程等；材料学可以帮助选择及制备材料；土力学帮助分析桥梁基础结构，如桥台前后的土压力影响、桩基承载力等。

实践是检验真理的唯一标准。一种分析理论的建立，往往来自于工程实际问题的出现与解决过程，复杂结构的分析理论是结构、力学、数学知识综合运用的结果。在数值方法特别是计算机问世以前，形成的解析分析理论，如：16 ~ 17 世纪欧洲学者关于悬索的计算及挠度理论、18 世纪关于拱的计算、18 ~ 19 世纪关于结构稳定的分析、桁架结构的分析、19 ~ 20 世纪关于混凝土结构的容许应力法及极限状态法计算理论、20 世纪的多梁式桥梁结构分析荷载横向分布理论和薄板的弯曲理论、拱的挠度理论、梁的剪力滞、扭转、畸变理论等，无一不是在工程实践中将结构、力学、数学知识的综合运用和完美结合的成果。各种数值方法特别是有限元法的创立，并与计算机的结合使得结构分析方法和设计理论发生了质的飞跃。

（2）数值方法

数值方法可以理解为除解析法以外的其他方法的统称。对于力学的大多数问题，特别是比较复杂的工程问题，往往得不到其解析解，需要采用里兹法（Ritz）、加权余量法、差分法、变分法和有限元法等近似的数值方法求解，即求出所研究问题的应力、应变分布和位移状态的近似解或数值解，而不是用其连续的数学公式表达。

在弹性平衡问题中,与一切满足边界条件的可能位移相比,真实位移使其势能为极小值,此即最小势能原理;在弹性平衡问题中,与一切满足平衡条件(包括平衡微分方程和外力边界条件)的可能应力(或可能内力)相比,真实应力(或真实内力)使余能为最小,此即最小余能原理。

对于结构,最小势能原理以位移函数(事先合理假定,带有未知参数)为基本变量,最小余能原理以应力函数为基本变量。当选用位移、应力等多类变量为基本变量时,就形成广义的能量原理,需要应用到广义变分原理。在线性问题中,能量原理应用广泛。对于简单的问题,当用有限的变量表示势能或余能时,可利用求函数极值的办法计算出变量的解。

如图 0.14 所示的受分布荷载 $q(x)$ 作用的等截面简支梁,其抗弯刚度 EI 为常数。其关于位移 $v(x)$ 的控制微分方程为 $EIv^{(4)}=q(x)$,位移边界条件为 $v(0)=v(l)=0$。求解此控制方程可得其关于位移的解析解。如按照最小势能原理,仍以位移为基本变量,假设的位移函数 $v(x)$ 满足位移边界条件,弹性系统的势能 Π 由梁的应变能 U 和荷载的势能 V 两部分组成,在各种可能的位移中,真实位移使势能为极小值,即

$$\Pi = U + V = \int_0^l \left[\frac{EI}{2}\left(\frac{\partial^2 v}{\partial x^2}\right)^2 - qv \right] \mathrm{d}x = \text{极值} \tag{0.11}$$

即势能表达式是一以函数为自变量的函数,要解决的问题是求自变量为函数的表达式的极值。

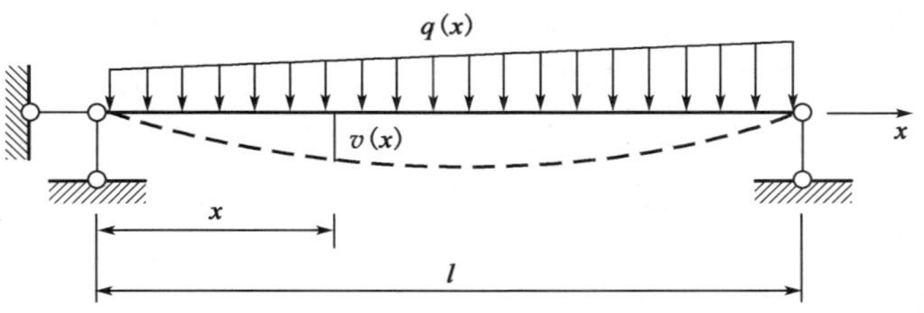

图 0.14 等截面简支梁

对于复杂问题,如研究复杂结构或复杂力学系统,常用欧拉(Eule)—拉格朗日方程(Lagrange)建立力学方程。而欧拉—拉格朗日方程也是根据最小能量原理,利用变分法推导的。变分的运算法则与微分是相同的,只是用变分算子取代微分算子,变分算子能与微分算子、积分算子交换。微分是对自变量求导,而变分所研究的是泛函数,所以变分是对函数求导,也就是函数对函数求导。泛函问题的主要形式是定积分表示的函数的极值问题,一般可写为

$$\Pi(v) = \int_0^l F(x, v, v', v'')\,\mathrm{d}x \tag{0.12}$$

其中被积函数 F 含有自变量 $v(x)$ 及其一次和二次导数,对于更一般的情况,被积函数 F 还可包含更高次的导数。泛函$\Pi(v)$的变分为

$$\delta\Pi(v) = \int_0^l \delta F(x, v, v', v'')\,\mathrm{d}x = \int_0^l \left(\frac{\partial F}{\partial v}\delta v + \frac{\partial F}{\partial v'}\delta v' + \frac{\partial F}{\partial v''}\delta v''\right)\mathrm{d}x \tag{0.13}$$

求泛函$\Pi(v)$在 $v(x)=v_0(x)$ 处为极小值的必要条件为 $\delta\Pi=0$;充分条件为 $\delta\Pi=0$,$\delta^2\Pi \geqslant 0$。

基于最小势能原理的里兹法(Ritz),实际是通过变分法,求解弹性力学问题的近似解的一种方法。如要求梁在分布荷载作用下的挠度函数,通过分析可归结为求势能函数的极值问题。

极值对于边界条件中给定位移都是零位移时，势能函数表达式经推导可得到微分方程，是无限自由度的结果。里兹法则是用有限自由度曲线来代替连续曲线，把势能原理中的求变分问题变为求偏微分问题。

对于如图 0.14 所示的梁，里兹法近似解的求解过程为：①化无限为有限，按有限自由度将待求函数表示为几个线性不相关的已知函数的线性组合；②将势能表示为含几个参数的函数，这样就将势能从自变量函数的泛函数变为自变量的函数，将求泛函数的极值问题转换为求函数的极限问题；③按函数极值问题求解。即里兹法是变分法的近似，是无限自由度问题的有限化。在复杂结构问题中，要建立问题的解析分析法，一般都可以采用变分方法进行推导。

有限元法是通过对弹性体从无限自由度简化为有限自由度的离散过程，将单元中的应力、应变和位移用离散体节点的相应值来插值表示，力的平衡、变形协调等只在节点上一致，从而实现将无限体转化为有限体，利用计算机的强大功能去做计算处理，实现人们对实际弹性体应力、应变和位移状态的认识。有限元法是里兹法的延拓和推广，是数值解。

有限元方法在桥梁工程中得到了广泛的应用，有时达到了完全依赖的程度。但是有限元法既然是数值解，对于具体的结构和对应的作用，只能得到一组数值解答，对于同类问题，只有进行了大量的分析后才能总结其规律，这种认识问题的方法需要大量的重复工作，往往让初学者知其然而不知其所以然。所以需要学会使用有限元法，并能熟练地应用通用及专用软件进行桥梁结构分析，但也必须强调理论分析的指导作用，对于有限元的分析结果，要依靠理论的知识去加以判断和分析，以避免错误发生。

有限元分析中，结构的模型化非常重要，也是分析结果正确与否的前提。桥梁结构的计算模型是对实际结构的构件、荷载、连接和约束（边界）抽象化的结果。

结构模型化涉及三个方面：①组成构件的模型化——结构构件的模型化、连接模型化；②内外部作用的模型化——荷载模型化；③支承、约束的模型化——边界条件的模型化。

构件的模型化组成承重结构桥梁的各部分，针对各构件的受力特性，可将构件简化为一维、二维及三维结构。构件的维数越少，传力途径越明确，分析就越简单。

一维模型是将构件简化为杆、梁处理，不管构件的具体形状，只关心截面特性，内外作用通过截面的形心、扭转中心等。这种模型的前提条件是截面可当成整体结构，截面的受力满足某种假定的变形规律。梁、柱、桁架和框架结构的构件在多数情况下可简化为一维的，长条状的板式结构也可简化为一维的。桥梁结构分析中有时先不考虑构件的空间特性，按一维结构分析后，计算应力等影响时，再去考虑其空间特性。

二维模型是指结构宽度方向的影响不能忽略时，则简化为二维模型。典型的如薄板结构，这时厚度只是一个参数，厚度方向的力学参数被认为是一致的。桥梁结构分析中，当需要计算如桥面板等的受力时，就需要采用二维的板壳模型。

三维模型是指长、宽、高三个方向的影响都必须考虑，如实体结构等。

对构件模型化后，还需要对实际结构进行模型化。对于实际结构，关心的内容不同，模型的简化是不一样的。构件简化为一维、二维或三维模型，结构可能是平面或空间的。三维结构模型可以由单一的一维、二维或三维构件模型组成，也可以是三种构件模型的混合体。典型的一维构件模型组成的二维平面模型如图 0.15 所示。

对于节点（一维）、节线（二维）、节面（三维）的模型化，当为一维模型，忽略截面的某些参数时，由这些一维构件组成的相交节点则有多种模型，如刚性节点，铰节点，刚、铰混合节点，偏心连接等。

对于桥梁结构来说，作用于桥梁上的外荷载，必须通过一定的途径传递给地基，这些传递途径可能是梁结构、板结构、柱结构或索结构，设计和施工时必须保证力的传递路径畅通，传力结构具有足够的承载能力，以保证在荷载的传递中构件强度、刚度和稳定性满足要求。

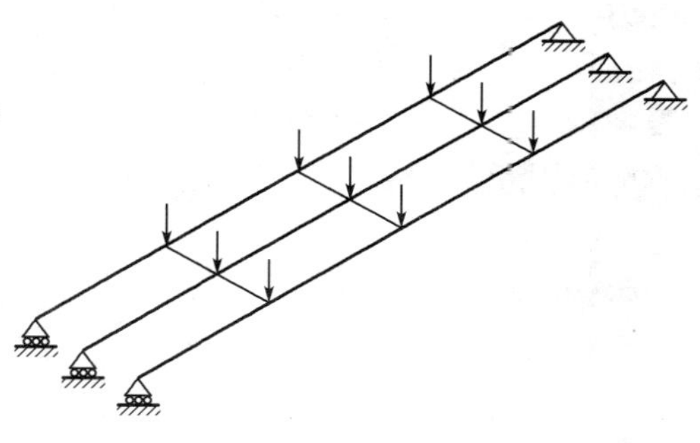

图0.15 一维构件模型组成的二维平面模型示意

结构或构件的内部作用包括重力、徐变、蠕变等，它们的简化往往需要根据结构模型进行确定；外部作用包括外荷载、环境影响等。对于外部荷载，典型的简化模型是集中荷载与分布荷载。理论的集中荷载在实际中是不存在的，因为任何的作用都有空间性。对于一维构件，可以将外荷载简化为集中力和线荷载，对于二维及三维构件，则应采用面荷载，否则会产生明显的局部效应，影响分析结果。对于温度等影响，同样需要根据分析的对象进行模型化处理。

结构约束的简化目前一般采用的是纯理论的。典型的理想约束类型包括自由、铰和刚结（固定）。自由指完全不受约束；铰指只约束线位移，转动自由；固结指线位移与转动都完全约束，实际变形总是存在的。典型的平面理想约束如图0.16所示。实际约束的放松有时对结构内力将产生明显的影响。

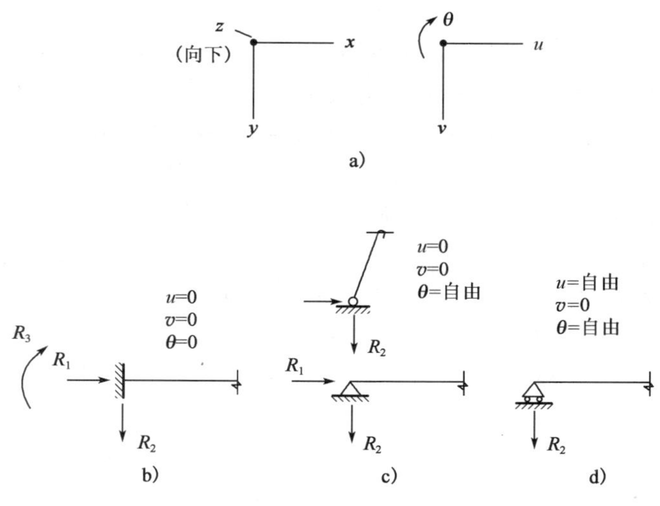

图0.16 典型的平面理想约束

严格地讲，实际结构不存在理想约束。为较准确地模拟边界约束，弹性约束在分析中常被采用，非理想约束往往带来非线性问题。边界条件对局部的影响非常显著，往往采用扩大分析范围来避开边界的影响（圣维南原理）。

结构计算的模型化要与分析需求相结合，从桥梁概念设计、初步设计到施工图设计，可以采用估算粗略模型、详细模型及精确模型；局部受力分析则一般需要建立精细模型。桥梁结构的受力与施工方式密切相关,应根据施工步骤进行详细的跟踪分析。

在役结构的承载力评估、结构拆除过程的模拟等,还应考虑结构退化、损伤等的影响,通常需要精细模型,并考虑非线性等,这个过程难度较大,往往需要结合试验检测来完成。如完整结构的有限元分析平衡方程一般可写为

$$\boldsymbol{k}_0\boldsymbol{\delta}_0 - \boldsymbol{f} = 0 \tag{0.14}$$

损伤后结构刚度发生了变化,变化量为 $\Delta\boldsymbol{k}$,损伤后结构刚度可以写为 $\boldsymbol{k} = \boldsymbol{k}_0 + \Delta\boldsymbol{k}$,与损伤后结构相应的位移列阵为 $\boldsymbol{\delta}$,这时平衡方程为

$$(\boldsymbol{k}_0 + \Delta\boldsymbol{k})\boldsymbol{\delta} - \boldsymbol{f} = 0 \tag{0.15}$$

荷载 $\boldsymbol{f}$ 作用下的损伤后结构位移 $\boldsymbol{\delta}$ 可以实测,由式(0.15)可解出损伤后结构刚度变化量矩阵 $\Delta\boldsymbol{k}$,判断结构的损伤状况,此即为结构静力有限元分析评价过程。同理可以从动力分析的有限元平衡方程出发得到动力有限元分析评价方程。结构评价是结构分析的反问题,且为多解问题,其难度及工作量远大于结构分析。

2. 桥梁工程面临的问题

(1)桥梁建设面临的工程问题

我国公路桥梁建设经历了从平原区向山岭重丘区、从一般江河湖泊到大江大河再向海湾及联岛工程建设的发展历程。桥梁结构从常规的以梁桥和拱桥为主,向大跨径斜拉桥、悬索桥、高墩、不对称结构、斜弯桥及异形结构发展,再向离岸深海长联桥、大型上下部预制结构、大型复合基础以及超大跨径结构发展。已逐步实现从最基本的注重强度、刚度、稳定性的设计方法向注重全寿命周期成本及环保、景观、品质、耐久的现代设计理念转变。梁桥、拱桥、悬索桥和斜拉桥的跨径及规模均已居世界同类桥梁的前列。但是,与桥梁强国相比,主要差距表现在:超大跨径桥梁的设计理论及技术储备不够,如主跨 3000m 级悬索桥及 1500m 级斜拉桥等结构体系与关键结构问题有待解决;桥用高性能材料研究与应用滞后;结构全寿命周期设计理论、混凝土耐久性设计方法研究不够;组合结构,特别是新型材料组合结构的研究和积累有明显差距;桥梁结构的三维精细化分析方法及控制系统研究不够;设计规范的原始创新不足;桥梁养护、检测、评估及加固理论、技术和设备的自主创新不足等。

面对上述问题,需要研发轻质高强组合结构理论及超深基础施工技术,以提高桥梁的跨越能力、支撑超大跨径结构体系的创新;建立基于全寿命周期的考虑耐久性作用、疲劳荷载、长期性能的设计理论与相应规范体系,完善桥梁抗风、抗震、抗火等减灾防灾设计理论与方法,研发基于 BIM 技术的桥梁设计、建设、施工及管养系统,解决长大桥梁适宜交通荷载、综合交通运输体系下的组合交通荷载、多层承载结构荷载及其组合问题,以全方位支撑桥梁结构的精细化分析及全寿命设计理论与方法的创新;研究桥梁服役状态的关键指标体系,非破损、可视化的长期跟踪监测技术,桥梁安全可靠性评估、使用寿命预测、加固理论与方法,以支撑桥梁管养技术体系的创新和可持续发展。

(2)桥梁工程面临的科学问题

未来桥梁工程的发展面临的科学问题众多,此处仅列举几例供读者研讨。

超长寿命桥梁结构设计理论(Structural Design Theory for Ultra-long-life Bridge):在满足基本要求的基础上,人们期望更长的桥梁使用寿命,以减小重建对社会经济产生的不利影响。国际桥协 2011 年伦敦会议上,呼吁提高大桥的使用寿命期望,建议从传统的 100 年提高到 150

年甚至200年。我国在建的港珠澳大桥设计寿命为120年,意大利墨西拿海峡大桥采用200年的设计使用寿命,而澳大利亚正在设计一座寿命达300年的大桥。近年来,随着已建成桥梁的长期服务和运营,结构耐久性差、服务寿命短、全寿命经济性指标低等问题已经严重影响了其正常功能的发挥,并且给养护、维修等后期运营管理工作带来了巨大的经济和社会负担。桥梁长寿命的研究思路融合了既有管养数据、结构退化特性、维护工作效力等研究成果,结合经济学成本管理的基本原理,对长期管养计划进行科学规划和优化,该思路拓展了研究和决策过程所关注的时间域,从重点关注桥梁施工完成状态拓展到规划、设计、施工、管养等结构整个寿命周期的过程。开展超长寿命桥梁结构设计理论研究还有以下基础性问题有待解决:桥梁结构及构件设计使用寿命的计算方法;桥梁构件的科学划分和耐久性设置标准;三维精细化的结构分析方法;基于耐久性和全寿命的结构设计理论和方法;结构性能的可持续性评价指标体系与方法等。这些问题的解决仍然有大量的工作需要完成。

桥梁工程结构状态高精度识别理论(High Precision Identification Theory of State for Bridge Engineering Structures):桥梁工程结构在长期运营使用过程中,其结构构件性能会逐渐退化,影响结构的使用。在结构遭受地震、撞击等破坏事件后,也会迫切需要准确评估其结构状态。特别是桥梁下部结构,其病害具有隐蔽性,一般位于地面或者水面以下,多类型病害并存,不易发现,用传统的外观检查、无损检查、静力试验以及振幅测试等手段很难准确评估病害。探索桥梁下部结构在复杂使用环境下的病害特征以及服役性能的演变规律,确定结构健康状态评估的敏感指标,建立对多位置、多类型病害的快速定位和定量评估力学理论和方法,提出适用于下部结构的定量评估标准,对于桥梁的耐久性具有重要的意义。这些问题的解决涉及结构动力测试、模态参数识别和系统参数识别等多个方面,需要开展系统深入研究。结构的内力、变形、振动、温度、损伤等状态量的高精度识别是智能化结构实现的关键所在。该问题所涉及的结构状态识别理论问题是目前结构运营状态智能化监测与对策的瓶颈,尽管已经建立了众多的结构健康监测系统,但在状态识别上都存在较大的误差和较多的误判,如果不能从理论上有所突破,则智能监测系统就无法得到广泛的应用。

桥梁工程结构多灾害耦合分析理论(Coupling Analysis Theory of Multi-Disasters for Bridge Engineering Structures):超级大桥是未来跨越大型海峡海域、大沟大河、连接重要岛屿的重要结构形式。这种桥梁承受着多种作用,涉及多种耦合问题。主要包括风、波浪、海流作用之间及其与桥梁结构的互相耦合,强风、强震以及山地灾害频发区的结构物遭受多种灾害的袭扰耦合;车—桥梁—空气动力耦合,力—热—流的耦合等。这些耦合涉及多灾害的发生机理、多灾害作用下的结构损伤行为、多灾害下结构动力灾变过程的分析模型、抗灾设计理论和设计方法、预警预报理论、防灾机制、防灾装备等方面的系统研究,目前还没有得到很好地解决,需要通过理论与试验方法,对其进行深入研究,建立完善的理论体系,方能为设计提供理论支持。

桥梁结构应力状态的无损测试理论(Nondestructive Detection Theory of Structural Stress State for Existed Bridges):已完成的桥梁结构其既有的应力或应变,如恒载应力、有效预应力等的检测识别技术一直未有实质性突破,在现阶段无法通过无损的方式进行测试,通过射线等方式只能测试表面的残余应力,截面内部的应力及应变状态仍没有办法测得,导致结构在服役期间特别是中后期的受力状态处于未知及不可控状态,严重影响结构对结构承载力、正常使用性能和耐久性的判断,可能引起结构破坏或引发灾难。结合结构与测试两个方面的理论研究,寻找新的无损测试技术及相关理论，是目前工程领域亟待解决的理论与技术难题。

桥梁结构缺陷的可视化识别理论（Visual Recognition Theory for Bridge Structural Defects）：桥梁结构在服役过程中由于应力集中、疲劳等诸多因素的影响，不可避免地发生老化、局部损伤等，局部损伤的扩展和增大会导致整个结构的承载能力下降，从而导致整个结构的破坏。桥梁缺陷可视化识别的目的可大致分为四个方面：结构是否存在损伤，发现并定位损伤，评估损伤程度以及估计结构剩余寿命。常用的传统损伤识别方法如声学或超声波法、磁场法、射线照相术、涡流法以及热场法等均有其局限性，在对复杂结构进行缺陷及状态可视化识别时会受到很大限制。采用结合系统识别、振动理论、振动测试技术、信号采集与分析等跨学科的试验模态分析结合可视化及数据库技术是解决复杂桥梁结构缺陷损伤识别的发展方向，但在实际工程应用上还有诸多困难和挑战。

本章参考文献

[1] 于克萍. 结构力学[M]. 西安：西北工业大学出版社，2011.

[2] 徐芝纶. 弹性力学[M]. 4 版. 北京：高等教育出版社，2006.

[3] Hawk, H. NCHRP Report 483-Bridge Life Cycle Cost Analysis(BLCCA)[R]. U. S. A: Transportation Reaearch Board(TRB), 2003.

[4] K. Y. Wong. Planning and implementation of the structural health monitoring system for cable-supported bridge in Hong Kong[C]. Nondestructive evaluation of highways, Utilities, and Pipelines IV, Proceedings of SPIE,2000,3995:275-288.

[5] U. Lee, H. S Yoo. Spectral element-method application to structural damage identification [C]. Proceedings of SPIE. 2003,5062:712-719.

[6] 汪劲丰，吴光宇. 桥梁结构仿真分析理论及其工程应用[M]. 杭州：浙江大学出版社，2007.

[7] 龙驭球，刘光栋. 能量原理新论[M]. 北京：中国建筑工业出版社，2007.

[8] 韩万水，李彦伟，马麟，等. 重载交通动态过桥可视化仿真与安全评价[M]. 北京：人民交通出版社股份有限公司，2016.

[9] 贺拴海，梅晓亮，刘鹏，等. 宽幅钢箱梁斜拉桥空间行为数值分析[J]. 中国公路学报，2016，29(4)：42-49.

[10] 王凌波，郑斐. 内置劲性骨架的 PC 箱梁桥合龙段时变性能分析[J]. 中国公路学报，2015，28(4)：69-75.

[11] 贺拴海，徐兴. 多梁式混凝土桥梁结构刚度的裂缝特征—动力分解综合识别法[J]. 土木工程学报(8)，2006.

[12] 王春生，周江，吴全友，等. 既有混凝土桥梁疲劳寿命与使用安全评估[J]. 中国公路学报，2012，25(6)：101-107.

[13] 黄侨，荣学亮，杨明. 桥梁体外预应力筋极限应力计算方法[J]. 2010, 23(6)：78-84.

[14] 陈祖煜，程耿东，杨春和. 关于我国重大基础设施工程安全相关科研工作的思考[J]. 土

木工程学报,2016, 49(3): 1-5.

[15] McGuire B., Atadero R., Clevenger C., et al. Bridge Information Modeling for Inspection and Evaluation[J]. Journal of Bridge Engineering,2016,21(4).

[16] 刘龄嘉. 桥梁工程[M]. 2 版. 北京:人民交通出版社,2013.

[17] 叶见曙. 结构设计原理[M]. 3 版. 北京:人民交通出版社股份有限公司,2015.

[18] 杨昀,周列茅,周勇军. 弯桥与高墩[M]. 北京:人民交通出版社,2011.

[19] 李传习. 现代悬索桥静力非线性理论与实践[M]. 北京:人民交通出版社股份有限公司,2014.

[20] 马建,孙守增,杨琦,等. 中国桥梁工程学术研究综述·2014[J]. 中国公路学报, 2014, 27(5):1-96.

[21] 陈琳,屈文俊,朱鹏. 混凝土结构全寿命等耐久性设计的理论框架[J]. 建筑科学与工程学报, 2016, 33(3):93-103.

第 1 篇

桥梁结构数值分析方法

1 桥梁结构有限元分析方法

早在1850年问世的矩阵符号,古老的刚架位移法,被Turner等人于1956年推广应用到弹性力学的平面问题,并在分析飞机结构获得成功,奠定了现代有限元法的基础。Clough(1960)引进了“有限元法”这一名称,经过半个多世纪的发展,使其在各个领域都得到广泛应用。如由弹性力学平面问题扩展到空间问题和板壳问题,能对拱坝、涡轮叶片、飞机、船体及大型桥梁[2,8,9]等复杂结构进行应力分析;由平衡问题扩展到稳定问题与动力问题,能对结构在地震力、风力与波浪力作用下的动力反应进行分析;由弹性问题扩展到弹塑性[1]与黏弹性问题、疲劳与脆性断裂问题;由结构计算问题扩展到结构优化设计问题;由固体力学扩展到流体力学、渗流与固结理论、热传导与热应力问题(如焊接残余应力、原子反应堆结构的热应力)、磁场问题(如感应电动机的磁场分析)以及建筑声学与噪声问题;由工程力学扩展到力学的其他领域(例如冰川与地质力学、血管与眼球力学等)。

除传统的杆单元、条单元[6]、板单元、块单元、壳单元、索单元外,虚拟层合单元[4]、边界元、混合单元等单元的出现与应用,使得结构的非线性、时间依存性及规模庞大的复杂结构分析、局部精细分析得以实现。本章在简述传统有限元法的基本思路的同时,汇总出桥梁结构分析中的常用坐标系及单元的选择,介绍通用三维单元构造方法及虚拟层合单元在桥梁结构分析中的应用。考虑到大型有限元分析程序中一般均提供较多可供选择的不同类型的单元,单元刚度矩阵的具体表达式不再介绍。但给出单元节点自由度及对应的节点力,以帮助理解计算结果。

1.1 有限元方法及桥梁结构的数值模拟

1.1.1 结构的有限元分析

结构有限元法的分析过程,概括起来可以分为以下六个步骤:

(1)结构的离散化

结构的离散化是有限单元法分析的第一步。所谓离散化,简单地说就是将要分析的桥梁结构物分割成有限个单元体,并在单元体的指定点设置节点,使相邻单元的有关参数具有一定的连续性，并构成一个单元的集合体，以它代替原来的结构。例如分析对象是桁架桥时，那么这种划分十分明显，可以取每根杆件作为一个单元，因为桁架桥本来就是由杆件组成的。但如果分析的对象是连续体，如板桥，那么为了有效地逼近实际的连续体，就需要考虑选择单元的形状和分割方案以及确定单元和节点的数目等问题。有关这方面的内容，在以后各节中会了解到。

(2)选择位移模式

在完成结构的离散之后，就可以对典型单元进行特性分析。此时，为了能用节点位移表示单元体的位移、应变和应力，在分析连续体问题时，必须对单元中位移的分布做出一定的假定，也就是假定位移是坐标的某种函数，这种函数称为位移模式或插值函数。

选择适当的位移函数是有限单元法分析中的关键。通常选择多项式作为位移模式。其原因是因为多项式的数学运算(微分和积分)比较方便，并且由于所有光滑函数的局部，都可以用多项式逼近。至于多项式的项数和阶次的选择，则要考虑到单元的自由度和解的收敛性要求。一般来说，多项式的项数应等于单元的自由度数，它的阶次应包含常数项和线性项等。这里所谓单元的自由度是指单元节点独立位移的个数。关于这一问题，一般有限元法书中已有介绍。

根据所选定的位移模式，就可以导出用节点位移表示单元内任一点位移的关系式，其矩阵形式是

$$\boldsymbol{f} = \boldsymbol{N}\boldsymbol{\delta}^{e} \tag{1.1.1}$$

式中：$\boldsymbol{f}$——单元内任一点的位移列阵；

$\boldsymbol{\delta}^{e}$——单元的节点位移列阵；

$\boldsymbol{N}$——形函数矩阵，它的元素是位置坐标的函数。

(3)分析单元的力学特性

位移模式选定以后就可以进行单元的力学特性分析，包括下面三部分内容：

①利用几何方程，由位移表达式(1.1.1)导出用节点位移表示单元应变的关系式

$$\boldsymbol{\varepsilon} = \boldsymbol{B}\boldsymbol{\delta}^{e} \tag{1.1.2}$$

式中：$\boldsymbol{\varepsilon}$——单元内任一点的应变列阵；

$\boldsymbol{B}$——单元应变矩阵。

②利用本构方程，由应变表达式(1.1.2)导出用节点位移表示单元应力的关系式

$$\boldsymbol{\sigma} = \boldsymbol{D}\boldsymbol{B}\boldsymbol{\delta}^{e} \tag{1.1.3}$$

式中：$\boldsymbol{\sigma}$——单元内任一点的应力列阵；

$\boldsymbol{D}$——与单元材料有关的弹性矩阵。

③利用变分原理，建立作用于单元上的节点力和节点位移之间的关系式，即单元的平衡方程

$$\boldsymbol{F}_0^{e} = \boldsymbol{K}_0^{e}\boldsymbol{\delta}^{e} \tag{1.1.4}$$

式中：$\boldsymbol{K}_0^{e}$——单元坐标系下的单元刚度矩阵，且

$$\boldsymbol{K}_0^{e} = \iiint \boldsymbol{B}^{T}\boldsymbol{D}\boldsymbol{B}\,\mathrm{d}x\mathrm{d}y\mathrm{d}z \tag{1.1.5}$$

上式的积分应遍及整个单元的体积。若单元坐标系与结构坐标系不一致时，还需用坐标转换

矩阵 $\boldsymbol{T}$ 进行转换,即

$$\boldsymbol{K}^{e}=\boldsymbol{T}^{\mathrm{T}}\boldsymbol{K}_{0}^{e}\boldsymbol{T} \tag{1.1.6}$$

在以上三项中,导出单元刚度矩阵是单元特性分析的核心内容,在以后各节中将根据所分析的桥梁结构形式给出。

(4)建立整个结构的平衡方程

这个过程包括两个方面的内容:一是将各个单元的刚度矩阵,集合成整个结构的整体刚度矩阵;二是将作用于各单元的等效节点力列阵,集合成总的荷载列阵。于是得到以整体刚度矩阵 $\boldsymbol{K}$、荷载列阵 $\boldsymbol{F}$ 以及整个结构的节点位移列阵 $\boldsymbol{\delta}$ 表示的整个结构的平衡方程

$$\boldsymbol{K\delta}=\boldsymbol{F} \tag{1.1.7}$$

(5)求解未知节点位移

考虑几何边界条件,将方程做适当修改之后,根据方程组的特点,选择合适的计算方法,由式(1.1.7)解出未知位移。

(6)计算单元应力及所需要的结果

利用已求出的节点位移,由式(1.1.3)计算各单元应力,加以整理得出所要求的结果。

1.1.2　桥梁结构的模型化及建模方法

进行桥梁结构有限元法分析时,应根据分析对象和要求,选择恰当的数值分析模型和相应的分析程序,并对结构进行相应的力学抽象、简化和离散,即进行结构建模,然后根据计算要求,将离散后的结构用相应的数据文件描述出来,即进行结构分析的数值模拟。合理正确的结构建模和数值模拟是桥梁结构分析成功的关键。

分析时还应根据不同的桥型和结构体系采用不同的方法进行。如悬索桥具有二阶平衡特性,对其进行分析时就应采用非线性;斜拉桥的拉索具有可调特性,对这类桥梁进行分析时,就要利用这一特性,对其成桥状态进行优化分析。即使是同种桥型,体系的改变也会给结构受力带来较大的差异。比如系杆拱桥,柔性系杆只能受轴向力,结构刚度主要由主拱圈提供,而刚性系杆不仅能受轴向力,还能承受弯矩和剪力,结构刚度由系杆和主拱圈共同提供等。结构分析中必须针对它们的受力特点而采用相应的计算方法。

桥梁结构分析还必须与其施工方法、施工过程紧密联系起来。任何桥梁结构的形成都有一个与其相适应的施工过程。典型的桥梁施工方法有:支架现浇、逐跨施工、顶推施工、悬臂浇筑或拼装施工、转体施工或以上两种以上施工方法组合施工等。施工中结构的荷载,如自重、施工机具、预应力等都是在各施工阶段中逐级施加的,每一施工阶段都可能伴随温差、徐变、收缩、边界约束的增减、预应力张拉和体系转换等。后期结构的受力状态及力学性能与前期结构的施工有着密切联系。因此,桥梁结构分析必须考虑其施工过程。

桥梁结构建模就是运用桥梁工程和力学知识,形成简单而能代表实际结构的计算模型。建模的第一步是选择合理的简化模式。在概念设计阶段,主要研究结构的设计参数,总体把握其受力特点,以求获得理想的结构布置。因此对结构内力精度要求不高,不需要建立详细的模型,可以利用经验、基本的力学概念,甚至对结构的感性认识,确定结构形式。需分析时,可以采用平面杆系模式。在技术设计阶段,对于初步设计,要进行方案比较,一般以杆系模型进行控制分析,不需要过多地进行局部分析。对于施工图设计,需要详细地分析每一细部的受力特

性、应力状态，因此一般需要建立比较详细的计算模型，多数情况下需要进行三维分析。若仅仅计算恒、活载作用下总体结构的内力，仍可选用平面杆系模式，此时结构的空间效应可通过横向分布系数或偏载系数来考虑；若要计算空间荷载（风载、地震荷载、局部温差等）作用下的静力响应，可选用空间杆系模式，如图 1.1.1a）所示。选用这种模式，要特别注意实际结构与计算模式间的刚度等效性。若要计算全桥构件的应力分布特性，可选用空间板壳、块体和梁单元的组合模式，如图 1.1.1b）所示。选用这类模式须特别注意不同单元结合部位的节点位移协调性。为了研究结构中特殊部件（如锚固区、塔梁固结区等）的应力状态，可进行局部应力有限元分析。即将特殊构件从整体结构中取出，构件的尺度选择可根据圣维南原理确定，细分结构网格，将整体结构在分离断面处的内力、位移作为被分析子结构的边界条件进行再分析（见第 1.4.2 节）。在施工阶段，应根据施工步骤及变化情况（有时需要施工监测），进行详细的分析，以保证施工安全。对于在役桥梁的承载力评估、结构拆除等情况，应考虑结构损伤，通常需要详细的分析模型，并考虑非线性等影响。总之，选取力学模式时，力求简单、合理、有效。

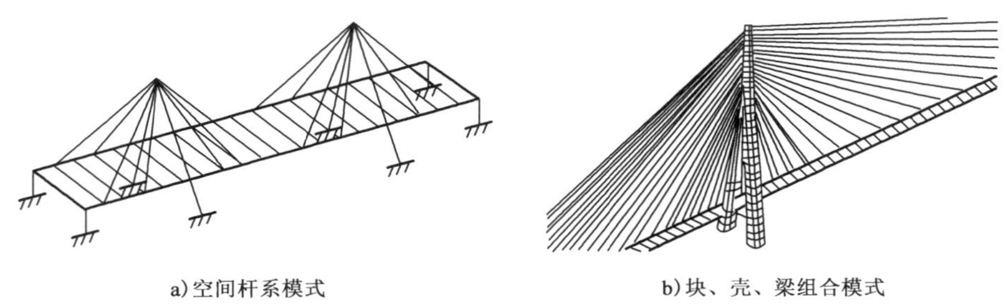

图 1.1.1　斜拉桥计算模式

桥梁结构建模的第二步是对结构进行合理的离散化。结构模型的合理离散化是经济、可靠地进行结构分析的关键。为了得到合理的有限元离散化模型，在了解有限元分析基本原理的基础上，必须研究离散化模型的建模方法，探讨实际工程结构、简化模型、施工方法、有限元模型、数值计算方法和计算结果的关系。

桥梁模型离散化首先要处理好结构施工与离散模型之间的关系。如划分杆系结构的节点和单元时，一般应在结构的定位点、分阶段施工的结构自然分块点、预应力索端点、关心的内力（位移）所在截面处、支承部位等设置节点，对较长的自然分块，还应该适当细分。

对于离散模型，要处理好连续处的自然分割问题。桥梁结构在几何形状、荷载分布、材料特性等方面存在着许多不连续处。一般情况下，在离散化过程中应把有限元模型的节点、单元的分界线或分界面设置在相应的不连续处，例如在几何形状有突变的部位设置单元的分界面，并注意单元网格的合理布局和恰当过渡。有限元模型单元网格的布局是指单元网格的疏密程度及其分布状态。确定网格疏密程度的一般原则是：计算结果的精度要求较高时，网格应密一些，单元几何尺寸应小些；精度要求不甚高时，网格可稀疏一些，单元可大些。合理的网格分布状态应同结构的应力梯度相一致。其次要注意几何形状的近似和过渡圆角的处理。结构离散化使结构的边界变成了单元边界的集合，由于单元边界一般是直线或平面，因而会产生结构几何形状的离散化误差。减少几何形状离散化误差的措施，一是采用较小的单元，较密集的网格；二是采用高次单元。最后还须注意单元形态的选择问题。单元形态包括单元的形状、边中节点的位置、长细比等，在结构离散化过程中必须合理选择。一般来说，为了保证有限元分析的精度，必须使单元的形态尽可能规则。

1.1.3 数值模拟方法

(1)材料和截面特性描述

桥梁结构分析中，为获得正确的结构行为，最重要的因素之一是确定结构构件的材料和截面属性。大多通用软件对于三维实体单元，材料本构关系是唯一要求指定的信息，而对于其他单元，为了与实际结构行为相符，需要考虑修改材料属性。绝大多数结构理论建立在均质材料基础上，如钢结构。这意味着结构行为能使用实际的材料和截面属性直接计算。同时，这也表明非均质材料，如钢筋混凝土，将会受到一定的限制。考虑钢筋混凝土的非线性性能，为实现分析目标，就需要修改截面属性。对于弹性分析，如果以强度为目标，只要相对刚度是正确的，截面属性就不是那么重要。当以结构位移和变形为目标时，截面属性就成为关键因素，这是由于超出一定变形后混凝土产生裂缝，截面属性就需要修改。总的来说，如果预期将发生极限变形，计算截面属性时就应该考虑有效刚度。在结构有限元分析中，非线性行为是最难处理的，选择合适的材料本构模型非常重要。

(2)边界条件模拟

结构分析成功的另一个关键步骤是正确描述结构系统的边界条件。边界条件分为力边界和位移边界。对于从整体结构中取出的局部模型，其力的边界条件是指截开断面处的内力或应力。对于杆系单元模型，内力是以集中力的形式作用的，而对于采用块体或板壳单元的空间模型，应将内力转化为等效压强作用在截面上。

一般情况下，建模对象的位移边界条件是明确的，根据力学模型的边界条件可以很容易确定其有限元模型的边界条件。但是感兴趣的建模对象往往是整个结构中的一部分，在建立其有限元模型的边界条件时，必须考虑结构其余部分的影响。

在边界条件模拟时，应根据墩柱或桥台在支承点(地面或地基面)处的边界条件，基于一定的工程假设，把它正确地加入结构分析模型中。例如，在静力分析中结构与地基相连部分通常使用支承的简单描述(铰接、固结、弹簧等)而不考虑土—地基的相互作用。然而，对动力分析来说，正确描述土—地基系统非常重要。借助非线性弹簧/阻尼模型可以形成系统的非线性模型。

结构约束的简化目前一般采用的是纯理论的。典型的单一理想约束类型包括自由、铰和刚结(固定)。自由：完全不受约束，实际摩擦等会产生影响；铰：约束线位移，可自由转动；固结：线位移与转动都完全约束，实际变形总是存在的，实际约束的放松有时对结构内力将产生比较明显的影响；弹性约束是实际结构分析中常用的一种形式，非理想约束往往带来非线性的问题，三维分析中边界条件对局部的影响非常显著，往往采用扩大分析范围来避开边界的影响。

(3)荷载模拟

工程设计中，使用计算模型评估桥梁结构在各种使用荷载作用下的响应，如车辆、风、温度、施工以及其他使用荷载。这些荷载是由一系列施加在结构模型上的静力荷载工况来表达或模拟的。

施工荷载主要有作用在已建结构上的临时堆放荷载和挂篮等。临时堆放荷载可视其作用的形式用相应的集中力或分布荷载来模拟。挂篮的模拟相对来讲比较复杂。一般的悬浇式挂篮可以用一虚拟的杆单元和固定在已建结构上的若干等效集中力来模拟,挂篮移动时,可以交替将本阶段的单元和集中力卸除,将下阶段的单元和集中力前移。斜拉桥前支点挂篮还必须模拟其施工中的张拉和放张过程,可以采用调值计算方法来模拟。

静风荷载是一种与结构形状、桥位风速以及桥体结构的高度有关的荷载。一般计算时可根据桥梁抗风规范将其简化成等效静分布荷载施加于结构上进行计算。对于重要的大跨度结构,要首先通过风洞试验确定其主要构件的三分力系数(曲线),然后再计算出相应的静风等效荷载作用于结构。柔性结构有时还要考虑结构姿态改变引起风的攻角变化对静风荷载的影响。船撞和流冰荷载主要作用于桥墩,按静力考虑时也是用其相应的等效荷载来计算。移动荷载(如车道荷载、车辆荷载)的效应极值往往要通过动态规划在结构影响面或线上进行。

1.2 桥梁结构数值分析的单元应用

1.2.1 桁架结构及杆单元

桁架桥梁结构一般均为空间结构,在桁架节点平滑的假定下,可按 3 自由度(三个坐标方向的位移)空间铰接杆单元进行分析,每个桁架杆件即为一个单元。如图 1.1.2 所示,取结构坐标系为 xyz,单元坐标系为 $x_0y_0z_0$,则单元节点位移为杆单元节点的三个坐标方向的线位移,即 u_i、v_i、w_i 和 u_j、v_j、w_j,对应的节点力为单个坐标方向上的集中力,即 F_{xi}、F_{yi}、F_{zi}和 F_{xj}、F_{yj}、F_{zj}。单元坐标系和结构整体坐标系转向不一致的单元,集成总刚时应进行坐标转换。

在桥梁初步设计时,可用适当的方法(如荷载横向分布计算)将空间问题简化为平面问题,用 2 自由度平面桁架来计算,如图 1.1.3 所示。这时,节点上的 $y(y_0)$ 方向的变位被取消,节点位移为 u_i、w_i 和 u_j、w_j,对应的节点力为 F_{xi}、F_{zi}和 F_{xj}、F_{zj},并注意坐标转换。

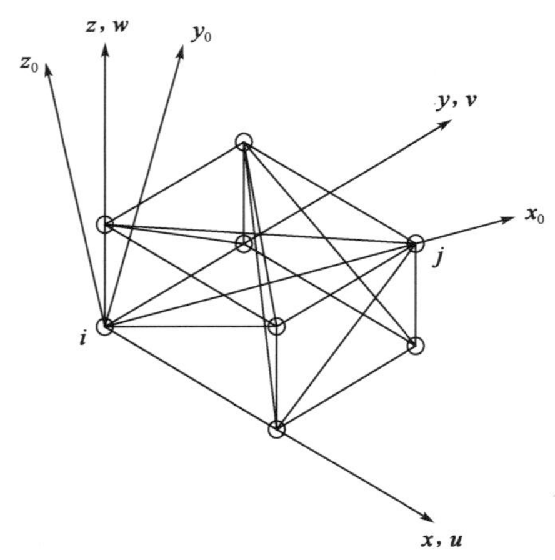

图 1.1.2 桁架桥及空间杆单元

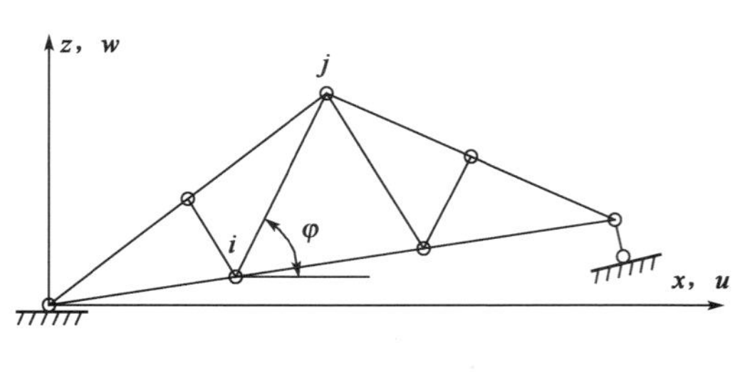

图 1.1.3 平面桁架及平面杆单元

以上各式及图中，F 和 M 分别代表力和力矩，w 和 θ 分别代表线位移和转角位移，下标 x、y 和 z 分别代表各自方向，i 和 j 等代表节点号，以下同。

用杆单元计算的桥梁非荷载桁架杆的轴力及节点位移是可行的。值得注意的是，真实结构的节点并不是严格意义的平滑铰，承受荷载的杆件及桥面板的局部受力效应也需单独计算。

1.2.2　梁式结构及其单元

1）抗扭梁单元

常见的多梁式简支、连续及悬臂梁桥，采用有限元方法分析时，既可取板梁组合单元，也可取3自由度抗扭梁单元（梁格单元）。如图1.1.4所示，抗扭梁单元的节点位移为节点的竖向位移和绕两坐标轴的角位移，即 w_i、θ_{xi}、θ_{yi} 和 w_j、θ_{xj}、θ_{yj}。对应的节点力为 F_{zi}、M_{xi}、M_{yi} 和 F_{zj}、M_{xj}、M_{yj}。

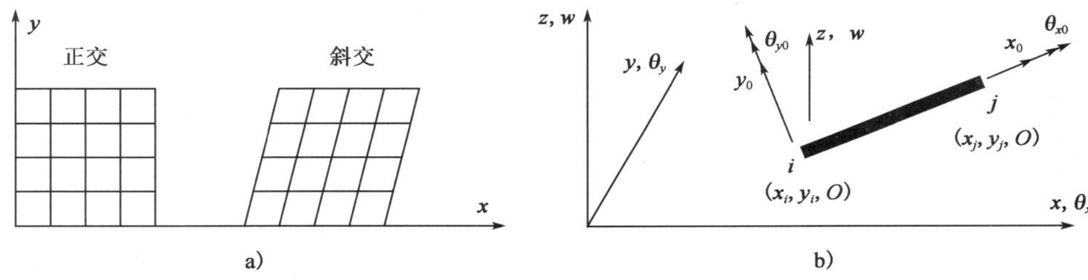

图1.1.4　梁式桥及其抗扭梁单元

对于单梁式梁桥，或以适当方式如荷载横向分布计算将多梁式结构化为单梁结构后，单元坐标系和结构坐标系一致（图1.1.5），可去掉扭转位移，用2自由度平面梁单元模拟其弯曲效应，但并不能反映偏载效应，工程设计上采用偏载放大系数加以考虑。平面梁单元节点角位移仅有绕 y 轴的转角位移，即 w_i、θ_i 和 w_j、θ_j。对应的节点力为 F_{zi}、M_{yi} 和 F_{zj}、M_{yj}。

必要时，应考虑剪切变形对位移的影响。

分析悬臂梁桥时，会遇到一端铰接另一端刚接的梁单元，如T形刚构桥，如图1.1.6所示。此种梁单元的左节点有两个自由度，右节点有一个自由度，单元节点位移为 w_i、θ_i 和 w_j，节点力为 F_{zi}、M_{yi} 和 F_{zj}。

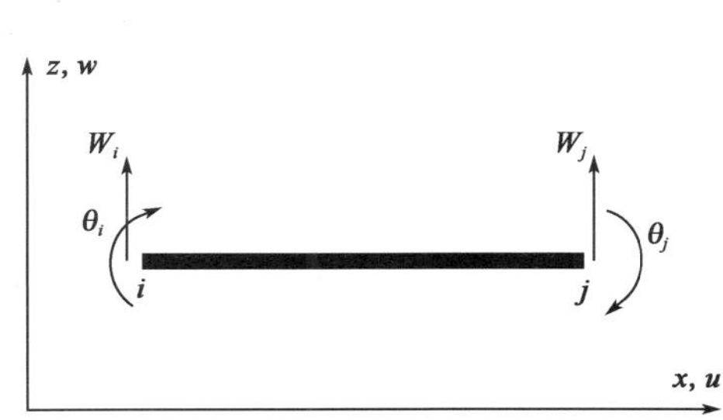

图1.1.5　平面梁单元

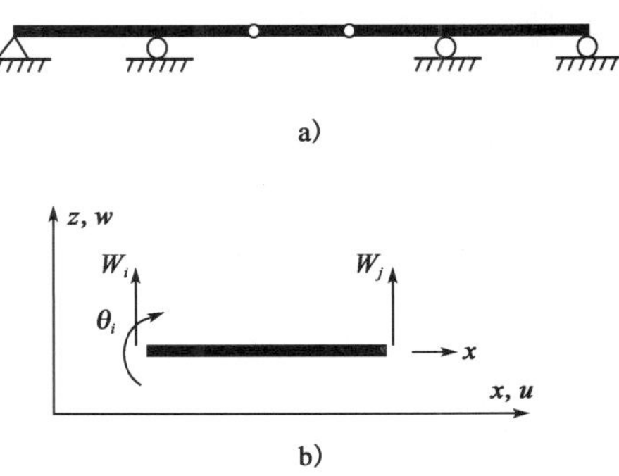

图1.1.6　铰接悬臂梁桥及带铰平面梁单元

梁格单元经适当划分单元，合理选择剪切面积后可用于分析多梁式桥及箱梁桥弯曲、扭矩及畸变效应，桥梁横向受力效应需单独计算。

2）板条单元[6]

将梁式结构离散成条单元，即单元沿结构纵向划分为“条”，条间纵向用接线连接，进行有限元分析，亦称有限条法。以下介绍最基本的板条单元。

（1）板条单元

在板条中，选用条带节线中点的挠度（w）及 x 向（桥梁的横向）的转角$\left(\frac{\partial w}{\partial x}\right)$作为自由度，如图 1.1.7 所示的简支板式桥，将条单元的位移函数取为满足边界条件的多项式正弦级数

$$w(x,y)=\sum_{m=1}^{r}f_m(x)\sin\frac{m\pi y}{l} \tag{1.1.8}$$

式中：m——正弦半波数；

r——求解时所取正弦级数的项数。

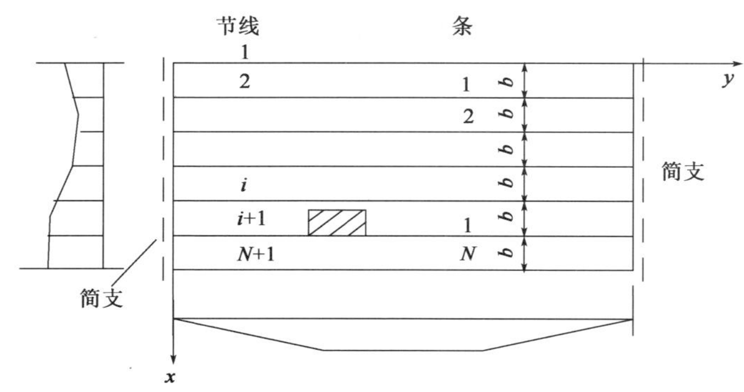

图 1.1.7　板划分为条

对于简支板条，可以选择节线 i 和 j 处的挠度幅（w_{im}、w_{jm}）以及节线 i 和 j 处的横向转角（θ_{im}、θ_{jm}）作为位移参数（图 1.1.8），每节线有 2 个自由度。于是有

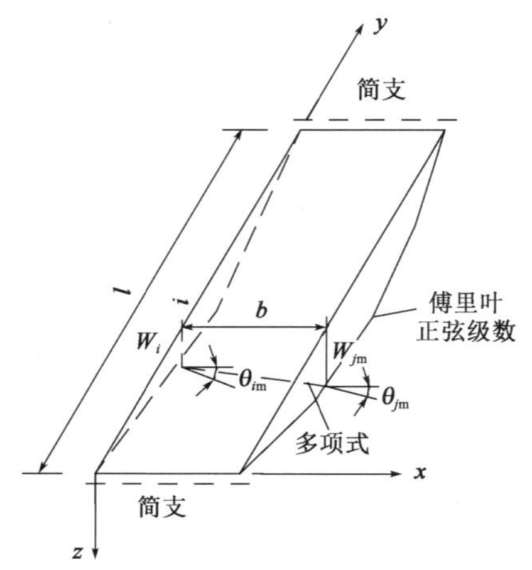

图 1.1.8　简支板式桥的典型有限条

$$\left.\begin{aligned}
w_i&=\sum_{m=1}^{r}w_{im}\sin\frac{m\pi y}{l}\\
w_j&=\sum_{m=1}^{r}w_{jm}\sin\frac{m\pi y}{l}\\
\theta_i&=\left(\frac{\partial w}{\partial x}\right)_i=\sum_{m=1}^{r}\theta_{im}\sin\frac{m\pi y}{l}\\
\theta_j&=\left(\frac{\partial w}{\partial x}\right)_j=\sum_{m=1}^{r}\theta_{jm}\sin\frac{m\pi y}{l}
\end{aligned}\right\} \tag{1.1.9}$$

而 $f_m(x)$ 用三次多项式 $f_m(x)=a_1+a_2x+a_3x^2+a_4x^3$ 表示，式中的任意常数 $a_i(i=1,2,3,4)$ 用板条间的变形协调条件

$$当\ x=0,f_m(0)=w_{im},\frac{\partial f_m(0)}{\partial x}=\theta_{im}$$

$$当\ x=b,f_m(b)=w_{jm},\frac{\partial f_m(b)}{\partial x}=\theta_{jm}$$

求得后代入式(1.1.8)有

$$w^i(x,z)=\sum_{m=1}^{r}\boldsymbol{N}\boldsymbol{\delta}_m^i\sin\frac{m\pi y}{l} \tag{1.1.10}$$

其中

$$N_1(x)=1-\frac{3x^2}{b^2}+\frac{2x^3}{b^3}$$

$$N_2(x)=x-\frac{2x^2}{b}+\frac{x^3}{b^3}$$

$$N_3(x)=\frac{3x^2}{b^2}-\frac{2x^3}{b^3}$$

$$N_4(x)=\frac{x^3}{b^2}-\frac{x^2}{b}$$

式中：$\boldsymbol{N}$——位移函数的系数矩阵；

$\boldsymbol{\delta}_m^i$——位移幅，$\boldsymbol{\delta}_m^i=[w_{im},\theta_{im},w_{im},\theta_{im}]^{\mathrm{T}}$；

i——板条单元号。

按照建立有限元平衡方程的一般方法，经分析可以得到条单元的平衡方程为

$$\sum_{j=1}^{n}\boldsymbol{K}_m^i\boldsymbol{\delta}_m^i=\boldsymbol{P}_m^i \tag{1.1.11}$$

其中，4×4的矩阵$\boldsymbol{K}_m^i$和4×1的矩阵$\boldsymbol{P}_m^i$分别为三阶有限板条受弯分析的刚度矩阵和荷载矩阵，集成后可形成结构总平衡方程。

为方便求解平衡方程组中的各条元节点未知位移，可将各条元的节点荷载用正弦级数展开。该正弦级数应在板条的y方向上展开并和位移函数相似，即

$$q=q_1\sin\frac{\pi y}{l}+q_2\sin\frac{2\pi y}{l}+\cdots\cdots \tag{1.1.12}$$

单元的荷载向量节线上的力矩和竖向力

$$\boldsymbol{P}_m^i=\begin{Bmatrix}P_{im}\\M_{im}\\P_{jm}\\M_{jm}\end{Bmatrix}=\int_0^l\int_0^b\left[\boldsymbol{N}^{\mathrm{T}}q(x,y)\sin\frac{m\pi y}{l}\right]\mathrm{d}x\mathrm{d}y \tag{1.1.13}$$

对于其他支承条件下的桥梁结构，可以选择

$$w(x,y)=\sum_{m=1}^{r}\boldsymbol{N}Y_m(y)\boldsymbol{\delta}_m \tag{1.1.14}$$

作为板条的位移函数。

式中：$Y_m(y)$——由板端边界条件决定的函数。最常用的 $Y_m(y)$ 函数是板振动位移函数，即

$$Y(y)=C_1\sin ky+C_2\cos ky+C_3\mathrm{sh}ky+C_4\mathrm{ch}ky \tag{1.1.15}$$

（2）连续梁结构分析

对于连续结构，可以先将中支承全部解除，代以未知反力 r_j，那么结构是在外荷载和未知反力 r_j 共同作用下的简支结构，跨径为两桥台支点之距。而 r_j 应满足下式

$$\begin{bmatrix}\delta_{11} & \delta_{12} & \cdots & \delta_{1n}\\ \delta_{21} & \delta_{22} & \cdots & \delta_{2n}\\ \vdots & & & \\ \delta_{n1} & \delta_{n2} & \cdots & \delta_{nn}\end{bmatrix}\begin{Bmatrix}r_1\\ r_2\\ \vdots\\ r_n\end{Bmatrix}+\begin{Bmatrix}\Delta_1\\ \Delta_2\\ \vdots\\ \Delta_n\end{Bmatrix}=\mathbf{0} \tag{1.1.16}$$

即

$$\boldsymbol{\delta r}+\boldsymbol{\Delta}=\mathbf{0} \tag{1.1.17}$$

式中：δ_{ij}——单位荷载作用在 j 支点，i 支点的挠度；

Δ_i——外荷载作用下 i 支点的挠度；

r_i——i 支点的反力。

只要联立方程式（1.1.17）和结构总体平衡方程进行求解即可，此法称为柔度法。

（3）板、梁、柱组合结构分析

如图 1.1.9 所示的由桥面板、纵梁、横梁和立柱组合而成的桥梁结构，可以采用 Puckett 和 Gutkowski 于 1983 年提出的组合条元进行分析。组合条元的刚度矩阵可以写为

$$\boldsymbol{K}^{\mathrm{e}}=\boldsymbol{K}^{\mathrm{D}}+\sum_{l}\boldsymbol{K}^{\mathrm{l}}+\sum_{l}\boldsymbol{K}^{\mathrm{t}}+\sum_{c}\boldsymbol{K}^{\mathrm{c}} \tag{1.1.18}$$

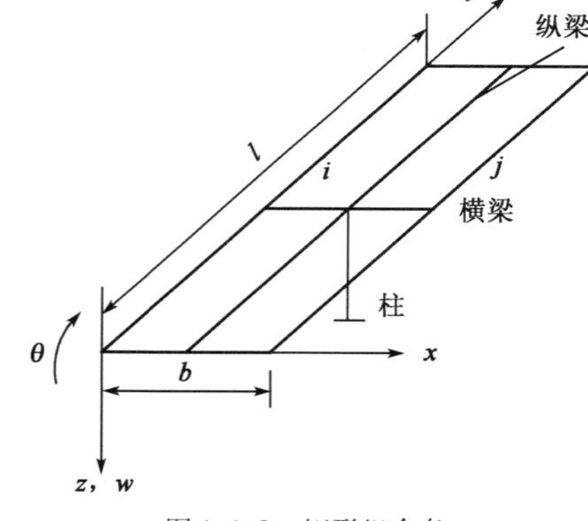

图 1.1.9　矩形组合条

式中：$\boldsymbol{K}^{\mathrm{D}}$——板条或薄壳条的刚度矩阵；

$\boldsymbol{K}^{\mathrm{l}}$——单条纵梁刚度矩阵；

$\boldsymbol{K}^{\mathrm{t}}$——单条横梁刚度矩阵；

$\boldsymbol{K}^{\mathrm{c}}$——单条立柱刚度矩阵；

$\boldsymbol{K}^{\mathrm{e}}$——组合条刚度矩阵。

将 $\boldsymbol{K}^{\mathrm{e}}$ 装配成总体刚度阵矩 $\boldsymbol{K}$，其求解过程同一般有限元。

矩形组合条如图 1.1.9 所示，包括板条或薄壳条、纵梁、横梁和立柱。板条的刚度矩阵 $\boldsymbol{K}^{\mathrm{D}}$ 见式（1.1.11）。

在组合条中，任意点的位移可写为

$$w=\sum_{m=1}^{r}[N_1,N_2,N_3,N_4]Y_m(y)\boldsymbol{\delta}_m=\sum_{m=1}^{r}\boldsymbol{N}_m\boldsymbol{\delta}_m \tag{1.1.19}$$

式中：$\boldsymbol{\delta}_m$——节线位移幅，$\boldsymbol{\delta}_m=[w_{im},\theta_{im},w_{jm},\theta_{jm}]^{\mathrm{T}}$；

$\boldsymbol{N}_m$——$\boldsymbol{N}_m=[N_1,N_2,N_3,N_4]Y_m(y)$；

其余符号意义同前。

而 $Y_m(y)$ 是满足边界条件的梁函数，各附加单元（梁、柱）的刚度矩阵计算分述如下：

纵梁的弯曲刚度矩阵：纵梁的弯曲应变能为

$$U^{fl} = \frac{E_l I_l}{2}\int_0^l \left(\frac{\partial^2 w}{\partial y^2}\right)^2 \mathrm{d}y \tag{1.1.20a}$$

将式(1.1.19)代入上式有

$$\begin{aligned} U^{fl} &= \frac{E_l I_l}{2}\int_0^l \frac{\partial^2}{\partial y^2}\left(\sum_{m=1}^{r} \boldsymbol{N}_m \boldsymbol{\delta}_m\right) \frac{\partial^2}{\partial y^2}\left(\sum_{n=1}^{r} \boldsymbol{N}_n \boldsymbol{\delta}_n\right) \mathrm{d}y \\ &= \frac{1}{2}\sum_{m=1}^{r}\sum_{n=1}^{r} \boldsymbol{\delta}_n^{\mathrm{T}} \boldsymbol{K}_{mn}^{fl} \boldsymbol{\delta}_n \end{aligned} \tag{1.1.20b}$$

其中:

$$\boldsymbol{K}_{mn}^{fl} = E_l I_l I_4 \begin{bmatrix} N_1N_1 & N_1N_2 & N_1N_3 & N_1N_4 \\ & N_2N_2 & N_2N_3 & N_2N_4 \\ & & N_3N_3 & N_3N_4 \\ \text{对称} & & & N_4N_4 \end{bmatrix} \tag{1.1.20c}$$

$$I_4 = \int_0^l Y''_m(y) Y''_n(y) \mathrm{d}y$$

式中:$E_l I_l$——梁的抗弯刚度;

$\boldsymbol{K}_{mn}^{fl}$——纵梁的弯曲刚度矩阵。

纵梁的扭转刚度矩阵:纵梁的扭转应变能为

$$U^{tl} = \frac{G_l J_l}{2}\int \left(\frac{\partial^2 w}{\partial x \partial y}\right)^2 \mathrm{d}y \tag{1.1.21a}$$

同理有

$$\boldsymbol{K}_{mn}^{tl} = G_l J_l \int_0^l \left(\frac{\partial^2 \boldsymbol{N}_m}{\partial x \partial y}\right)^{\mathrm{T}} \frac{\partial^2 \boldsymbol{N}_m}{\partial x \partial y} \mathrm{d}y \tag{1.1.21b}$$

或

$$\boldsymbol{K}_{mn}^{tl} = G_l J_l I_5 = \begin{bmatrix} N'_1N'_1 & N'_1N'_2 & N'_1N'_3 & N'_1N'_4 \\ & N'_2N'_2 & N'_2N'_3 & N'_2N'_4 \\ & & N'_3N'_3 & N'_3N'_4 \\ \text{对称} & & & N'_4N'_4 \end{bmatrix} \tag{1.1.21c}$$

其中

$$I_5 = \int_0^l Y'_m(y) Y''_n(y) \mathrm{d}y$$

式中:$G_l J_l$——纵梁的抗扭刚度;

$\boldsymbol{K}_{mn}^{tl}$——纵梁的扭转刚度矩阵。

横梁的弯曲刚度矩阵:横梁的弯曲应变能为

$$U^{fl} = \frac{E_t I_t}{2}\int_0^b \left(\frac{\partial^2 w}{\partial x^2}\right)^2 \mathrm{d}x \tag{1.1.22a}$$

同理
$$\boldsymbol{K}_{mn}^{ft} = E_t J_t \int_0^b \left(\frac{\partial^2 \boldsymbol{N}_m}{\partial x^2}\right)^{\mathrm{T}} \frac{\partial^2 \boldsymbol{N}_n}{\partial x^2} \mathrm{d}x \tag{1.1.22b}$$

或
$$\boldsymbol{K}_{mn}^{ft} = E_t I_t Y_m Y_n = \begin{bmatrix} 12/b^3 & 6/b^2 & -12/b^3 & 6/b^2 \\ & 4/b & -6/b^2 & 2/b \\ & & 12/b^3 & -6/b^2 \\ \text{对称} & & & 4/b \end{bmatrix} \tag{1.1.22c}$$

式中：$E_t I_t$——横梁的抗弯刚度；

$\boldsymbol{K}_{mn}^{ft}$——横梁的弯曲刚度矩阵。

横梁的扭转刚度矩阵：横梁的扭转应变能为
$$U^{tt} = \frac{G_t J_t}{2} \int_0^b \left(\frac{\partial^2 w}{\partial x \partial y}\right)^2 \mathrm{d}x \tag{1.1.23a}$$

则
$$\boldsymbol{K}_{mn}^{tt} = G_t J_t \int_0^b \left(\frac{\partial^2 \boldsymbol{N}_m}{\partial x \partial y}\right)^{\mathrm{T}} \frac{\partial^2 \boldsymbol{N}_n}{\partial x \partial y} \mathrm{d}x \tag{1.1.23b}$$

或
$$\boldsymbol{K}_{mn}^{tt} = \frac{G_t I_t}{30b} Y'_m Y'_n = \begin{bmatrix} 36 & 3b & -36 & 3b \\ & 4b^2 & -3b & b^2 \\ & & 36 & 3b \\ \text{对称} & & & 4b^2 \end{bmatrix} \tag{1.1.23c}$$

式中：$G_t I_t$——横梁的抗扭刚度；

$\boldsymbol{K}_{mn}^{tt}$——横梁的扭转刚度矩阵。

柱的轴向刚度矩阵：立柱的轴向应变能为
$$U^{ac} = \frac{1}{2} k_a w_c^2 \tag{1.1.24a}$$

$$\boldsymbol{K}_{mn}^{ac} = k_a \boldsymbol{N}_m^{\mathrm{T}} \boldsymbol{N}_n$$

则有
$$= k_a Y_m Y_n = \begin{bmatrix} N_1 N_1 & N_1 N_2 & N_1 N_3 & N_1 N_4 \\ & N_2 N_2 & N_2 N_3 & N_2 N_4 \\ & & N_3 N_3 & N_3 N_4 \\ \text{对称} & & & N_4 N_4 \end{bmatrix} \tag{1.1.24b}$$

式中：k_a——立柱的轴向刚度；

w_c——立柱点的位移，可由 $\boldsymbol{N}_m$ 在坐标(x_c, y_c)求得；

N_i——$x = x_c$ 之值；

Y_m、Y_n——$y = y_c$ 之值。

柱的弯曲刚度矩阵：立柱的弯曲应变能由两部分组成，分别是立柱的横向转动应变能和纵向转动应变能。

横向转动应变能为

$$U^{xc} = \frac{1}{2}k_x\left(\frac{\partial w_c}{\partial x}\right)^2 \tag{1.1.25a}$$

则

$$\begin{aligned}\boldsymbol{K}_{mn}^{xc} &= k_x \frac{\partial \boldsymbol{N}_m}{\partial x}^{\mathrm{T}} \frac{\partial \boldsymbol{N}_n}{\partial x} \\ &= k_x Y_m Y_n \begin{bmatrix} N_1'N_1' & N_1'N_2' & N_1'N_3' & N_1'N_4' \\ & N_2'N_2' & N_2'N_3' & N_2'N_4' \\ & & N_3'N_3' & N_3'N_4' \\ \text{对称} & & & N_4'N_4' \end{bmatrix}\end{aligned} \tag{1.1.25b}$$

纵向转动应变能为

$$U^{yc} = \frac{1}{2}k_y\left(\frac{\partial w_c}{\partial y}\right)^2 \tag{1.1.26a}$$

$$\begin{aligned}\boldsymbol{K}_{mn}^{yc} &= k_y \left(\frac{\partial \boldsymbol{N}_m}{\partial y}\right)^{\mathrm{T}} \frac{\partial \boldsymbol{N}_n}{\partial y} \\ &= k_y Y_m' Y_n' \begin{bmatrix} N_1N_1 & N_1N_2 & N_1N_3 & N_1N_4 \\ & N_2N_2 & N_2N_3 & N_2N_4 \\ & & N_3N_3 & N_3N_4 \\ \text{对称} & & & N_4N_4 \end{bmatrix}\end{aligned} \tag{1.1.26b}$$

式中：k_x、k_y——立柱柱顶的横、纵向抗转动刚度；

$\boldsymbol{K}_{mn}^{xc}$、$\boldsymbol{K}_{mn}^{yc}$——立柱的横、纵向弯曲刚度矩阵。

获得条中板和所有支承单元的刚度矩阵后，组合条单元刚度矩阵 $\boldsymbol{K}_{mn}^{\mathrm{e}}$ 可写为

$$\boldsymbol{K}_{mn}^{\mathrm{e}} = \boldsymbol{K}_{mn}^{\mathrm{p}} + \sum_i^{nl}(\boldsymbol{K}_{mn}^{fl} + \boldsymbol{K}_{mn}^{tl}) + \sum_i^{nt}(\boldsymbol{K}_{mn}^{ft} + \boldsymbol{K}_{mn}^{tt}) + \sum_i^{nc}(\boldsymbol{K}_{mn}^{ac} + \boldsymbol{K}_{mn}^{xc} + \boldsymbol{K}_{mn}^{yc}) \tag{1.1.27}$$

式中：nl——条中纵梁个数；

nt——条中横梁个数；

nc——条中立柱个数。

值得注意的是，由于立柱的存在，当 $m \neq n$ 时，$\boldsymbol{K}_{mn}^{\mathrm{e}}$ 并不等于零。

简单板条单元分析的精度有限，节线上的曲率及弯矩并不连续，使用时需注意；分析箱形梁时可以采用薄壳条元，要提高计算精度，应采用精度更高的条元。

3）梁单元

6 自由度空间梁单元是分析刚架式桥梁结构的常用单元，如图 1.1.10 所示，单元两端各

有6个自由度，分别为坐标方向的3个位移及绕坐标轴的3个转角。节点位移列阵为 $\boldsymbol{\delta}^e=[u_i,v_i,w_i,\theta_{ix},\theta_{iy},\theta_{iz},u_j,v_j,w_j,\theta_{jx},\theta_{jy},\theta_{jz}]^T$，对应的节点力列阵为 $\boldsymbol{F}^e=[F_{xi},F_{yi},F_{zi},M_{xi},M_{yi},M_{zi},F_{xj},F_{yj},F_{zj},M_{xj},M_{yj},M_{zj}]^T$。

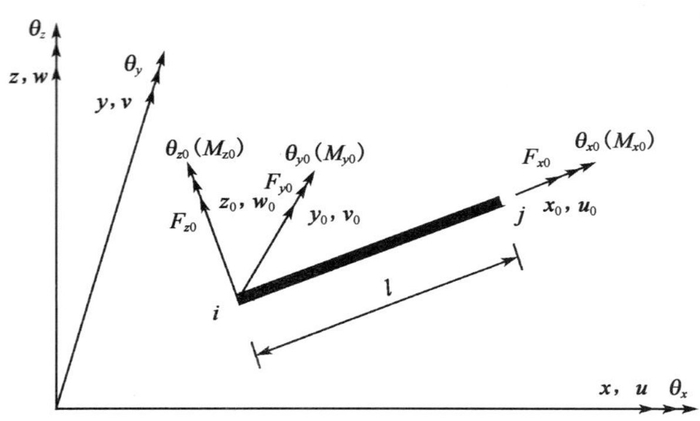

图 1.1.10　空间梁单元

单梁式结构可近似按平面梁进行分析，取3自由度平面梁单元，如图1.1.11所示，单元节点位移列阵为 $\boldsymbol{\delta}^e=[u_i,w_i,\theta_i,u_j,w_j,\theta_j]^T$，对应的节点力列阵为 $\boldsymbol{F}^e=[F_{xi},F_{zi},M_{yi},F_{xj},F_{zj},M_{yj}]$。仅考虑弯曲效应时，即为4自由度平面梁单元。桥梁的偏载效应以偏载放大系数加以考虑，必要时应考虑剪切变形的影响。

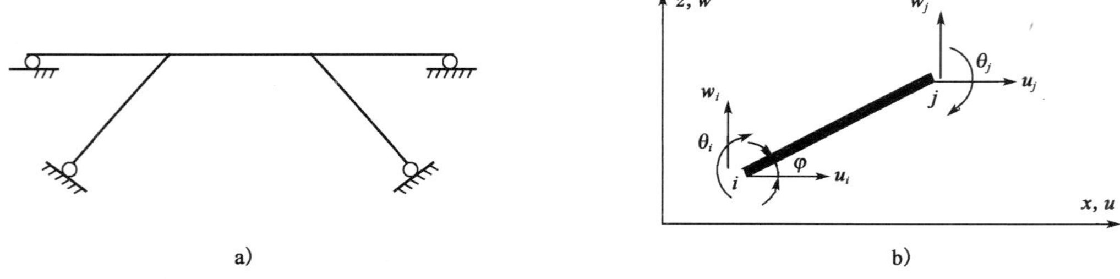

图 1.1.11　单梁式刚架桥及平面梁单元

空间梁单元适合分析简支梁、连续梁、连续刚构、连续-刚构组合桥、刚架桥等桥梁结构弯曲、扭矩、自由扭转及实心截面的有关应力，但不能计算结构的剪力滞效应，特别是薄壁结构的约束扭转和畸变效应，要分析这些效应需增加相应的自由度，详细讨论见第10章。桥梁横向受力性能需单独计算。

4）板、块单元

原则上，任何桥梁结构均可用实体块单元进行模拟。分析薄壁箱梁桥、钢结构桥时，精细的模拟方法是采用4节点、每节点6个自由度（分别为坐标方向的3个线位移及绕坐标轴的3个转角位移）的矩形板壳单元，并注意不共面板的坐标转换。板壳单元及实体块单元的计算结果均包含了箱梁的所有空间效应。

其他桥型如斜弯桥及异形桥、斜拉桥、悬索桥、拱桥等的有限元分析见相应章节的专门讨论。

1.3 复杂组合截面桥梁结构分析的虚拟层合单元

1.3.1 经典的三维实体等参元

一般的实际结构问题都是空间问题,解决问题的方法就是建立用三维坐标描述的空间模型进行求解。描述空间问题最简单的单元是四面体单元,但是一个空间区域分割一些四面体小区域非常困难,甚至有些使人难以想象,如果用六面体来分割空间区域就能清楚地区分各个六面体之间的相互关系,因此用六面体来进行有限元分割是最方便的。空间三维等参元常用的是 8 ~20 节点的六面体,其中 8 节点六面体的形状完全由其 8 节点的位置或坐标所决定,其棱边是直线,其侧面是由两簇直线所构成的直纹面,所以其计算精度和逼近物体的弯曲边界有时显得不够理想,20 节点六面体空间等参元能很好地满足计算精度和逼近物体的弯曲边界的要求,对空间问题通常是最有效的单元,而 12 节点、16 节点六面体空间等参元是空间 8 节点等参元在一个或两个方向提高了精度后的单元。

8 节点 ~20 节点空间三维等参元如图 1.1.12、图 1.1.13 所示(根据需要可以选择 8 个节点、12 个节点、16 个节点及 20 个节点),空间等参数单元由边长为 2 的立方体母单元通过坐标变换得到的(图 1.1.12),通常是一个六面体,可以是直棱六面体,也可以是曲面曲棱六面体,等参数单元(图 1.1.13)在母单元中建立 $\xi\eta\zeta$ 坐标系,其原点在母单元的形心处,也可以将 $\xi\eta\zeta$ 理解为实际单元的局部坐标,那么实际单元坐标与母单元坐标之间的关系可表示为

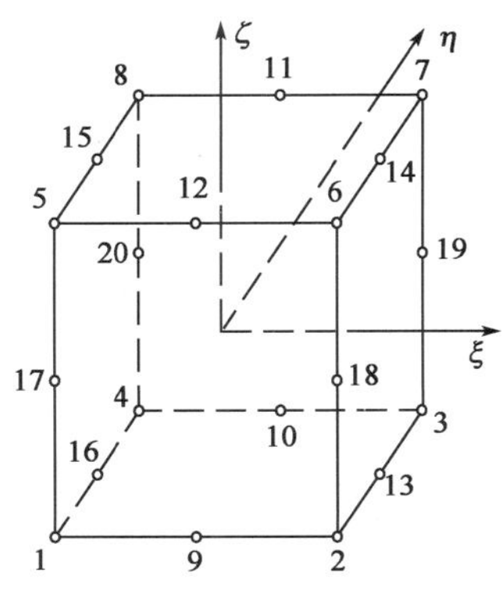

图 1.1.12 8 ~20 节点等参元母单元

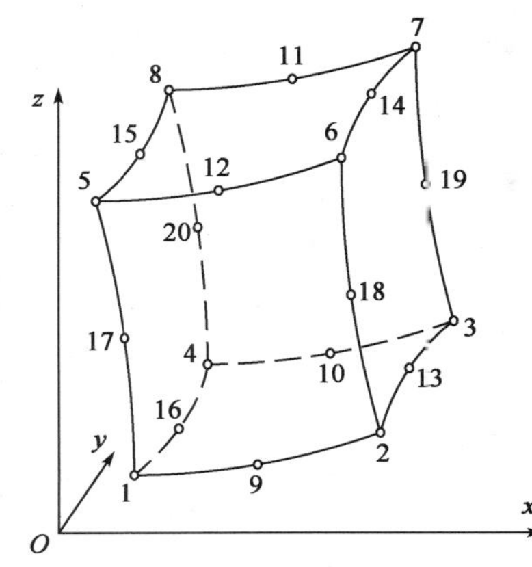

图 1.1.13 8 ~20 节点等参数单元

$$\left.\begin{aligned} x &= \sum_{i=1}^{n} N_i(\xi,\eta,\zeta)x_i \\ y &= \sum_{i=1}^{n} N_i(\xi,\eta,\zeta)y_i \\ z &= \sum_{i=1}^{n} N_i(\xi,\eta,\zeta)z_i \end{aligned}\right\} \tag{1.1.28}$$

式中：x_i、y_i、z_i——节点的整体坐标；

$N_i(\xi,\eta,\zeta)$——形函数，$n=8\sim20$。

$$\left.\begin{aligned} N_i &= \frac{1}{8}(1+\xi\xi_i)(1+\eta\eta_i)(1+\zeta\zeta_i)(\xi\xi_i+\eta\eta_i+\zeta\zeta_i-2) && (i=1,2,\cdots,8) \\ N_i &= \frac{1}{4}(1-\xi^2)(1+\eta\eta_i)(1+\zeta\zeta_i) && (i=9,10,11,12) \\ N_i &= \frac{1}{4}(1-\eta^2)(1+\xi\xi_i)(1+\zeta\zeta_i) && (i=13,14,15,16) \\ N_i &= \frac{1}{4}(1-\zeta^2)(1+\xi\xi_i)(1+\eta\eta_i) && (i=17,18,19,20) \end{aligned}\right\} \tag{1.1.29}$$

记三维等参元的节点位移矢量为

$$\boldsymbol{\delta} = [\delta_1,\cdots,\delta_5,\cdots,\delta_n]^{\mathrm{T}} = [u_1,v_1,w_1,\cdots,u_5,v_5,w_5,\cdots,u_n,v_n,w_n]^{\mathrm{T}} \tag{1.1.30}$$

那么单元内任一点的位移可表示为

$$\left.\begin{aligned} u &= \sum_{i=1}^{n} N_i(\xi,\eta,\zeta)u_i \\ v &= \sum_{i=1}^{n} N_i(\xi,\eta,\zeta)v_i \\ w &= \sum_{i=1}^{n} N_i(\xi,\eta,\zeta)w_i \end{aligned}\right\} \tag{1.1.31}$$

按几何关系可得应变计算式

$$\varepsilon = [B_1,B_2,\cdots,B_n][\delta_1,\cdots,\delta_5,\cdots,\delta_n]^{\mathrm{T}} = \boldsymbol{B\delta} \tag{1.1.32}$$

其中

$$\boldsymbol{B}_i = \begin{bmatrix} \dfrac{\partial N_i}{\partial x} & 0 & 0 \\ 0 & \dfrac{\partial N_i}{\partial y} & 0 \\ 0 & 0 & \dfrac{\partial N_i}{\partial z} \\ \dfrac{\partial N_i}{\partial y} & \dfrac{\partial N_i}{\partial x} & 0 \\ 0 & \dfrac{\partial N_i}{\partial z} & \dfrac{\partial N_i}{\partial y} \\ \dfrac{\partial N_i}{\partial z} & 0 & \dfrac{\partial N_i}{\partial x} \end{bmatrix}$$

$\frac{\partial N_i}{\partial \xi}$、$\frac{\partial N_i}{\partial \eta}$、$\frac{\partial N_i}{\partial \zeta}$、$\frac{\partial N_i}{\partial x}$、$\frac{\partial N_i}{\partial y}$、$\frac{\partial N_i}{\partial z}$有下列关系

$$\begin{Bmatrix} \frac{\partial N_i}{\partial \xi} \\ \frac{\partial N_i}{\partial \eta} \\ \frac{\partial N_i}{\partial \zeta} \end{Bmatrix} = \begin{bmatrix} \frac{\partial x}{\partial \xi} & \frac{\partial y}{\partial \xi} & \frac{\partial z}{\partial \xi} \\ \frac{\partial x}{\partial \eta} & \frac{\partial y}{\partial \eta} & \frac{\partial z}{\partial \eta} \\ \frac{\partial x}{\partial \zeta} & \frac{\partial y}{\partial \zeta} & \frac{\partial z}{\partial \zeta} \end{bmatrix} = \boldsymbol{J} \begin{Bmatrix} \frac{\partial N_i}{\partial x} \\ \frac{\partial N_i}{\partial y} \\ \frac{\partial N_i}{\partial z} \end{Bmatrix} \tag{1.1.33}$$

式中:$\boldsymbol{J}$——Jacobi 矩阵。

由本构关系得

$$\sigma = \boldsymbol{D}\varepsilon = \boldsymbol{DB\delta} = [DB_1, DB_2, \cdots, DB_n]\boldsymbol{\delta} \tag{1.1.34}$$

式中:$\boldsymbol{D}$——弹性矩阵,对正交各向异性材料有

$$\boldsymbol{D} = \begin{bmatrix} d_{11} & d_{12} & d_{13} & 0 & 0 & 0 \\ d_{12} & d_{22} & d_{23} & 0 & 0 & 0 \\ d_{13} & d_{23} & d_{33} & 0 & 0 & 0 \\ 0 & 0 & 0 & d_{44} & 0 & 0 \\ 0 & 0 & 0 & 0 & d_{55} & 0 \\ 0 & 0 & 0 & 0 & 0 & d_{66} \end{bmatrix} \tag{1.1.35}$$

式中 d_{ij}如下

$$d_{11} = \lambda + G,\quad d_{12} = d_{13} = d_{23} = \lambda$$

$$d_{22} = d_{33} = \lambda + 2G,\quad d_{44} = d_{55} = d_{66} = G$$

式中:λ——$\lambda = \frac{E\mu}{(1+\mu)(1-2\mu)}$;

G——剪切模量;

μ——泊松比。

则三维等参元的刚度矩阵可分成 $n \times n$ 个子矩阵,典型的刚度子矩阵为

$$\boldsymbol{k}_{ij} = \iiint \boldsymbol{B}_i^{\mathrm{T}} \boldsymbol{D} \boldsymbol{B}_j \mathrm{d}x\mathrm{d}y\mathrm{d}z = \int_{-1}^{1}\int_{-1}^{1}\int_{-1}^{1} \boldsymbol{B}_i^{\mathrm{T}} \boldsymbol{D} \boldsymbol{B}_j \boldsymbol{J} \mathrm{d}\xi \mathrm{d}\eta \mathrm{d}\zeta \tag{1.1.36}$$

将单元的体积力 $\boldsymbol{p}_v = \{p_{vx} \quad p_{vy} \quad p_{vz}\}^{\mathrm{T}}$ 等效到节点上的等效节点力为

$$\boldsymbol{F}_{vi} = \begin{Bmatrix} F_{vxi} \\ F_{vyi} \\ F_{vzi} \end{Bmatrix} = \int_{-1}^{1}\int_{-1}^{1}\int_{-1}^{1} N_i \begin{Bmatrix} p_{vx} \\ p_{vy} \\ p_{vz} \end{Bmatrix} |\boldsymbol{J}| \mathrm{d}\xi \mathrm{d}\eta \mathrm{d}\zeta \tag{1.1.37}$$

将单元某边界上作用的表面力$\{p_s\} = \{p_{sx} \quad p_{sy} \quad p_{sz}\}^{\mathrm{T}}$ 等效到节点上的等效节点力为

$$\boldsymbol{F}_{si} = \begin{Bmatrix} F_{sxi} \\ F_{syi} \\ F_{szi} \end{Bmatrix} = \iint N_i \begin{Bmatrix} p_{sx} \\ p_{sy} \\ p_{sz} \end{Bmatrix} |\boldsymbol{J}| \mathrm{d}S \tag{1.1.38}$$

以上各式中：$|\boldsymbol{J}|$——Jacobi 行列式的值。

桥梁结构分析时，其自重可按体积力考虑，桥面铺装可按表面力考虑。集中力及温度应力的等效节点力计算见本章参考文献[3]。

1.3.2 退化的实体单元

众所周知，经典的板壳单元都是根据板壳理论构造出来的，而经典板壳理论则是一般的三维弹性理论根据板壳结构特殊的几何形状引入一定的简化假定后得到的，因此可以认为板壳理论是一种特定条件下简化的三维弹性理论。从三维弹性理论直接导出的是三维实体等参元。由此不难看出，板壳单元其实是一种特定条件下的简化的三维实体等参元，只要在三维实体等参元中引入必要的简化的假定即可发展成由三维实体等参元退化的板壳单元，如图 1.1.14 所示，称之为退化的实体单元。

（1）相对位移的引入

如图 1.1.15 所示的 16 节点板壳单元，每个节点有 u、v、w 3 个自由度，共 48 个自由度。单元坐标和位移插值形函数和三维实体单元相同。考虑到扁平单元会使刚度矩阵病态，采用 R. D. Wood 的建议，用相对位移的办法克服。记 16 节点三维等参元的节点位移矢量为

$$\boldsymbol{\delta}=[u_1,v_1,w_1,\cdots,u_5,v_5,w_5,\cdots,w_{16}] \tag{1.1.39a}$$

引入相对位移后，单元节点位移矢量改为

$$\boldsymbol{\delta}'=[u_1,v_1,w_1,\cdots,\Delta u_5,\Delta v_5,\Delta w_5,\cdots,w_{16}]^{\mathrm{T}} \tag{1.1.39b}$$

其中

$$\begin{gathered}\Delta u_5=u_5-u_1\\ \Delta v_5=v_5-v_1\\ \Delta w_5=w_5-w_1\\ \vdots\\ \Delta w_{15}=w_{15}-w_{16}\end{gathered}$$

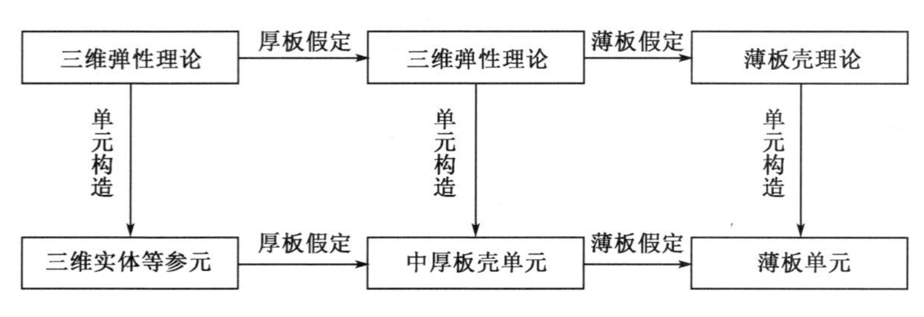

图 1.1.14 板壳理论与板壳单元

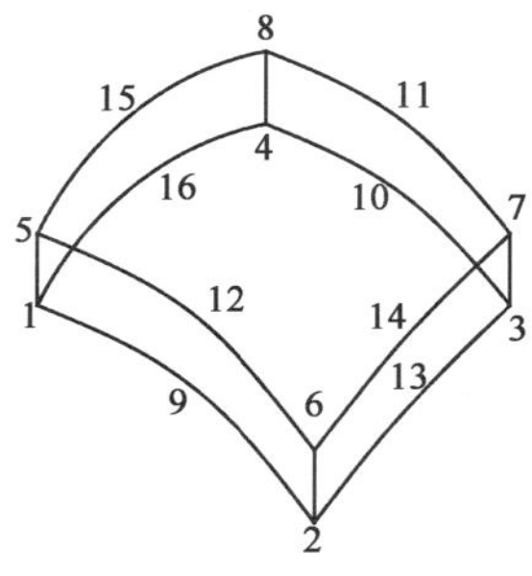

图 1.1.15 16 节点板壳单元

（2）中厚板壳单元

板壳的弹性理论是三维弹性理论的退化形式，在写出中厚板壳的弹性本构关系时仍保留三维弹性理论的形式。为方便起见，取 z 坐标方向为板法线方向，根据 Reissner 板理论的假定，$\sigma_z \ll \sigma_x$，$\sigma_z \ll \sigma_y$，因此 σ_z 可以忽略不计，有

$$\varepsilon_z=-\mu(\varepsilon_x+\varepsilon_y) \tag{1.1.40}$$

即 ε_z 为不独立的应变分量,对式(1.1.40)沿厚度方向积分,得相对挠度为

$$\Delta w = \int_{\frac{h}{2}}^{\frac{h}{2}} \varepsilon_z \mathrm{d}z = \mu\int_{\frac{h}{2}}^{\frac{h}{2}} (\varepsilon_y + \varepsilon_y)\mathrm{d}z \tag{1.1.41}$$

显然,Δw 也是不独立的量,所以,即使去掉所有刚体位移,刚度矩阵仍是奇异的。由此得出的解也可能是错误的。为此,应该约束 Δw 对应的自由度。板弯曲问题中 Δu 与其他位移量相比是一个可以忽略不计的小量,故此假定

$$\Delta w = 0 \tag{1.1.42}$$

即对 Δw 只要采取"固定的约束"即可。约束 Δw 后16节点的单元自由度数从48降至40,与8节点40自由度厚壳单元相同,但在所有自由度中没有转角自由度而只有线位移自由度,这样产生的单元,可以方便地与其他单元连接,而且有限元列式更加简单统一。

如果引入中面不伸长的假定

$$\left.\begin{aligned} u_{上} + u_{下} = 0 \\ v_{上} + v_{下} = 0 \end{aligned}\right\} \tag{1.1.43}$$

又将约束 $8 \times 2 = 16$ 自由度,单元变成16节点24自由度厚板单元,与8节点24自由度厚板元相同。为了与三维单元的形式一致,$\sigma_z = 0$ 和 $\Delta w = 0$ 的约束也可用罚系数的方法来实现。在三维弹性应力应变关系中引入一个罚系数 λ_1,当计算刚度矩阵时,λ_1 取一大数,如取 $\lambda_1 = 1000$,使得 $\varepsilon_z = 0$,当计算应力时,取 $\lambda_1 = 1$ 或 $\lambda_1 = 0$,使得 $\sigma_z = 0$。这样在三维弹性理论中,引入了中厚板壳的假定,将三维弹性理论退化成中厚板壳理论,具体的中厚板壳的应力应变关系为

$$\begin{Bmatrix} \sigma_x \\ \sigma_y \\ \sigma_z \\ \tau_{yz} \\ \tau_{xz} \\ \tau_{xy} \end{Bmatrix} \begin{bmatrix} d_{11} & d_{12} & d_{13} & 0 & 0 & 0 \\ d_{12} & d_{22} & d_{23} & 0 & 0 & 0 \\ d_{13} & d_{23} & \lambda d_{33} & 0 & 0 & 0 \\ 0 & 0 & 0 & d_{44} & 0 & 0 \\ 0 & 0 & 0 & 0 & d_{55} & 0 \\ 0 & 0 & 0 & 0 & 0 & d_{66} \end{bmatrix} \begin{Bmatrix} \varepsilon_x \\ \varepsilon_y \\ \varepsilon_z \\ \gamma_{yz} \\ \gamma_{zx} \\ \gamma_{xy} \end{Bmatrix} \tag{1.1.44}$$

(3) Kirchhoff 板单元

根据 Kirchhoff 板理论假定,还应有 $\gamma_{xz} = \gamma_{yz} = 0$,即薄板横向的剪切刚度无限大,为此在式(1.1.44)中对相应的刚度系数进行修正,即乘以一个大数 λ_2,一般取 $\lambda_2 = 1000$。此时应力应变关系修正为

$$\begin{Bmatrix} \sigma_x \\ \sigma_y \\ \sigma_z \\ \tau_{yz} \\ \tau_{xz} \\ \tau_{xy} \end{Bmatrix} \begin{bmatrix} d_{11} & d_{12} & d_{13} & 0 & 0 & 0 \\ d_{12} & d_{22} & d_{23} & 0 & 0 & 0 \\ d_{13} & d_{23} & \lambda_1 d_{33} & 0 & 0 & 0 \\ 0 & 0 & 0 & \lambda_2 d_{44} & 0 & 0 \\ 0 & 0 & 0 & 0 & \lambda_2 d_{55} & 0 \\ 0 & 0 & 0 & 0 & 0 & d_{66} \end{bmatrix} \begin{Bmatrix} \varepsilon_x \\ \varepsilon_y \\ \varepsilon_z \\ \gamma_{yz} \\ \gamma_{zx} \\ \gamma_{xy} \end{Bmatrix} \tag{1.1.45}$$

其他约束处理同中厚板。

(4)薄膜单元

根据类似分析,如果引入约束

$$
\begin{aligned}
\Delta u &= u_{上} - u_{下} = 0 \\
\Delta v &= v_{上} - v_{下} = 0 \\
\Delta w &= w_{上} - w_{下} = 0
\end{aligned}
\tag{1.1.46}
$$

可得到16节点24自由度膜单元。

(5)单元刚度矩阵

上述分析表明,通过修正应力—应变关系和约束一部分相对位移,可引入中厚板壳、薄板壳和膜的理论的基本假定。简单比较可见这些板、Kirchhoff板和膜结构的应力—应变关系扩阶后与三维弹性问题相似,因此板壳、膜单元的元素矩阵和三维块体等参元元素矩阵具有完全相同的形式,即式(1.1.36)。

(6)相对位移引入后刚度矩阵的修改

考虑如下形式的单元平衡方程

$$
\begin{bmatrix} k_{11} & k_{12} \\ k_{21} & k_{22} \end{bmatrix} \begin{Bmatrix} u_1 \\ u_2 \end{Bmatrix} = \begin{Bmatrix} f_1 \\ f_2 \end{Bmatrix}
\tag{1.1.47}
$$

作变换

$$
\begin{Bmatrix} u_1 \\ u_2 \end{Bmatrix} = \begin{Bmatrix} u_1 \\ u_1 + \Delta u_2 \end{Bmatrix} \begin{bmatrix} 1 & 0 \\ 1 & 1 \end{bmatrix} \begin{Bmatrix} u_1 \\ \Delta u_2 \end{Bmatrix}
$$

则单元平衡方程变为

$$
\begin{bmatrix} 1 & 0 \\ 0 & 1 \end{bmatrix} \begin{bmatrix} k_{11} & k_{12} \\ k_{21} & k_{22} \end{bmatrix} \begin{bmatrix} 1 & 0 \\ 1 & 1 \end{bmatrix} \begin{Bmatrix} u_1 \\ \Delta u_2 \end{Bmatrix} = \begin{bmatrix} 1 & 1 \\ 0 & 1 \end{bmatrix} \begin{Bmatrix} f_1 \\ f_2 \end{Bmatrix}
$$

整理得

$$
\begin{bmatrix} k_{11} + k_{12} + k_{21} + k_{22} & k_{12} + k_{22} \\ k_{21} + k_{22} & k_{22} \end{bmatrix} \begin{Bmatrix} u_1 \\ \Delta u_2 \end{Bmatrix} = \begin{Bmatrix} f_1 + f_2 \\ f_2 \end{Bmatrix}
\tag{1.1.48}
$$

对于一般的壳问题,上述推导在以法向 z 方向的局部坐标系内仍然成立。适当的坐标变换可把上述推导推广到一般壳单元,也可以得到一系列的正交曲线坐标系下的壳单元。采用类似的方法,可以从平面单元退化得到平面梁单元。

1.3.3 三维梁单元

在12～20节点三维等参单元中,引入梁的基本假设,便可得到三维梁单元。它可以用以分析各种截面形状(包括变截面的)的空间梁的弯曲、扭转,也能很方便地与三维块体单元、三维板壳单元连接,以解决复杂桥梁结构分析问题。

根据梁的几何特点引入以下假定:

(1)横向正应力相对于其他应力分量是小量,可以忽略不计,即 $\sigma_z = \sigma_y = 0$;

(2)由假设(1)可知,ε_z、ε_y 不独立,Δv、Δw 也不独立,且为小量,也应约束掉;

(3)如果不考虑剪切变形,则还有 $\gamma_{yx} = \gamma_{yz} = 0$。其中 x 为梁的轴线方向。

考虑横向剪切变形的梁的应力—应变关系可以表示为

$$\begin{Bmatrix}\sigma_x\\ \tau_{xy}\\ \tau_{xz}\\ \tau_{zy}\end{Bmatrix}=\begin{bmatrix}E & & & \\ & G & & \\ & & G & \\ & & & G\end{bmatrix}\begin{Bmatrix}\varepsilon_x\\ \gamma_{yx}\\ \gamma_{xz}\\ \gamma_{zy}\end{Bmatrix} \tag{1.1.49}$$

不考虑横向剪切变形的梁的应力—应变关系可以表示为

$$\begin{Bmatrix}\sigma_x\\ \tau_{yx}\\ \tau_{xz}\\ \tau_{zy}\end{Bmatrix}=\begin{bmatrix}E & & & \\ & \lambda G & & \\ & & \lambda G & \\ & & & G\end{bmatrix}\begin{Bmatrix}\varepsilon_x\\ \gamma_{yx}\\ \gamma_{yz}\\ \gamma_{zy}\end{Bmatrix} \tag{1.1.50}$$

与一维梁单元比较，不考虑扭转翘曲的梁单元每个节点有6个自由度u、v、w、θ_x、θ_y、θ_z。矩形截面三维梁单元，每个截面4个节点，每个节点3个自由度u、v、w，共12个自由度。根据假定

$$\Delta w_3=\Delta w_4=0$$

$$\Delta v_2=\Delta v_3=0$$

另外，令

$$u=\frac{u_1+u_2+u_3+u_4}{4}$$

根据平截面假定有

$$\frac{u_3+u_1}{2}=u,\frac{u_2+u_4}{2}=u \tag{1.1.51}$$

共有6个约束方程，故每个截面也只有6个自由度，与一维单元相同。

相对位移的引入及约束同板壳单元，应力—应变关系扩阶后也与板壳单元相似。因此，除应力—应变关系略有不同外，单元的元素矩阵也可表示为式(1.1.36)。同样可以构造虚拟的层合的梁单元。

三维梁单元不仅可以分析梁的弯曲问题，也可以方便地分析杆件的约束扭转问题。

1.3.4　虚拟层合单元[4,5]

由不同材料组成的桥梁结构(如结合梁、钢筋混凝土结构、钢管混凝土、钢箱混凝土等)的总体分析是一个比较烦琐的力学问题，目前对这类结构的有限元分析常采用两种方法。其一是用三维实体单元对桥梁结构进行细致的离散。这一方法的优点是能够准确地描述桥梁的几何形状，它的缺点是庞大的计算量对总体分析而言是一种浪费。另一种方法则是把结构简化为杆、梁、板、壳或它们的组合结构。这种方法的优点是计算量少，但很难描述复杂桥梁结构的实际几何特性，特别是变截面主梁和有中空的区域箱梁，因此其结果往往不能反映桥梁的整体特性。如何建立一个能描述结构几何形状、受力特征的简洁有效的有限元模型是整体分析的关键。

(1)层合板壳单元

在上节三维等参元的单元刚度和单元外力计算公式中，我们可以看出这些计算都是在单元内的积分，如果将区域积分用一些小区域(m个)的积分之和来替代，或者说将区域积分分解成一些小区域的积分，如

$$\iiint_{v} F \mathrm{d}V = \sum_{i=1}^{m} \iiint_{v_i} F \mathrm{d}V_i \tag{1.1.52}$$

式中：$V = V_1 U V_2 U V_3 U \cdots V_m$。

用式(1.1.52)可对8～20节点空间三维等参实体单元进行改进。由于同一单元中可能包含 m 个不同的材料区域，单元元素矩阵的积分按 m 个不同的材料区域分区进行，式(1.3.9)改写为

$$\boldsymbol{k}_{ij} = \iiint \boldsymbol{B}_i^{\mathrm{T}} \boldsymbol{D} \boldsymbol{B}_j \mathrm{d}x\mathrm{d}y\mathrm{d}z = \sum_{k=1}^{m} \iiint \boldsymbol{B}_i^{\mathrm{T}} \boldsymbol{D}^k \boldsymbol{B}_j \mathrm{d}x\mathrm{d}y\mathrm{d}z \tag{1.1.53}$$

不失一般性，假定每种材料区域可以由8～20个单元内节点描述。每个单元内节点可由该节点在母单元中的坐标表示。记第 k 个材料区域第 i 个节点的母单元坐标为$(\xi_i^k, \eta_i^k, \xi_i^k)$，则材料区域中任意点的母单元坐标为

$$\begin{cases} \xi^k = \sum_{i=1}^{n\ m} N_i(\xi', \eta', \zeta') \xi_i^k \\ \eta^k = \sum_{i=1}^{n\ m} N_i(\xi', \eta', \zeta') \eta_i^k \\ \zeta^k = \sum_{i=1}^{n\ m} N_i(\xi', \eta', \zeta') \zeta_i^k \end{cases} \tag{1.1.54}$$

式中：n、m——描述第 k 个材料域的单元内节点数目。$\xi' \in [-1,1]$，$\eta' \in [-1,1]$，$\zeta' \in [-1,1]$。则单元的元素矩阵可改为

$$\boldsymbol{k}_{ij} = \sum_{k=1}^{m} \int_{-1}^{1}\int_{-1}^{1}\int_{-1}^{1} [\boldsymbol{B}_i(\xi^k, \eta^k, \zeta^k)]^{\mathrm{T}} \boldsymbol{D}^k \boldsymbol{B}_j(\xi^k, \eta^k, \zeta^k) \mid \boldsymbol{J} \mid \mid \boldsymbol{J}' \mid \mathrm{d}\xi' \mathrm{d}\eta' \mathrm{d}\zeta' \tag{1.1.55}$$

式中：m——材料分区数；

$|\boldsymbol{J}'|$——区域内坐标变换矩阵[式(1.1.36)]的Jacobi行列式的值。

在每个材料区域采用高斯积分，有

$$\boldsymbol{k}_{ij} = \sum_{k=1}^{m}\sum_{r=1}^{g_r}\sum_{s=1}^{g_s}\sum_{i=1}^{g_t} \left\{ [B_i(\xi^k, \eta^k, \zeta^k)]^{\mathrm{T}} \boldsymbol{D}^k \boldsymbol{B}_j(\xi^k, \eta^k, \zeta^k) |\boldsymbol{J}| |\boldsymbol{J}'| \right\}_{\xi_r^k, \eta_s^k, \zeta_t^k} H_r H_s H_t \tag{1.1.56}$$

式中：g_r、g_s、g_t——一个材料区域内的各个方向的高斯积分点数目；

H_r、H_s、H_t——高斯积分点的权系数。

(2)虚拟层合单元

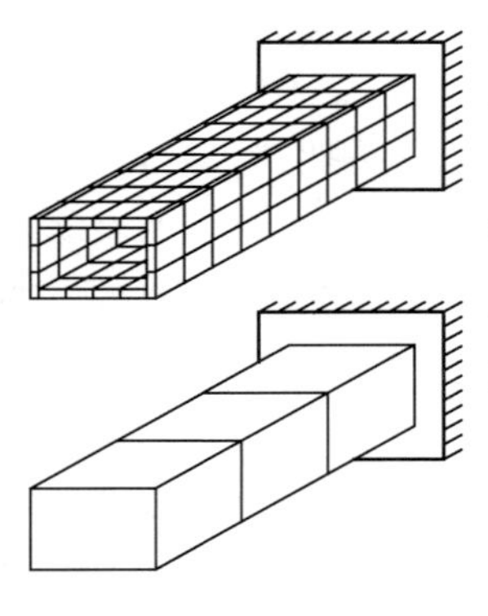

图1.1.16 悬臂矩形箱梁

对图1.1.16所示的一矩形箱梁，如用传统有限元分析，为了反映箱梁有中空区域的结构特征，划分单元时必须采用相当多的实体单元来离散箱梁结构[图1.1.16a)]，如果将该箱梁划分成3个经典的20节点空间三维等参元[图1.1.16b)]，那么箱梁的中空结构特征就描述不出来了。用上述的分区积分的办法，将单元积分区域分成两个区域，一个是有真实材料的区域（顶板、底板和腹板），另一个是没有材料的区域（中空区域），在这个中空区域中由于没有材料，它的积分值将是零，因此单元的积分只要在有材料的区域内积分就可以了，这样就可以将箱梁有中空区域的复杂结构整体特征反映出来了。再进一步分析如果有材料的区域（顶板、底板和腹板）有不同的材料特性（弹性模量、质量密度），还可以分为不同材料特性参数的区

域(如顶板、底板与腹板的材料特性参数不同)的积分,反过来,没有材料的区域(中空区域)可以认为是材料特性(弹性模量、质量密度)为“零”的材料。将单元的积分区域人为地分为几个小的积分区域,在每个小的积分区域内有不同的材料特性参数,包括“零”材料特性参数,此概念亦可在虚拟段上。无论虚拟层,还是虚拟段,或者两者兼有,均称为虚拟层合单元。这就改进了原来的空间实体单元,达到用较少段单元来描述复杂空间结构整体特征的要求,大大地提高有限元的效率。当然,顶板、底板和腹板都应用退化板壳单元的本构关系,且注意板厚的方向。

为了描述几何形状、变形特征,还可引入虚拟节点(虚拟的非真实节点),建立虚拟层合板单元如图1.1.17所示。事实上利用上述的材料区域的思想引入虚拟节点,也能建立一个在边界有“虚拟材料区”的三维实体单元,对有横隔梁的一些箱梁的描述它是一种既确切又简单的有限元模型。同样为方便起见,称具有虚拟节点的单元为虚拟单元。此单元在分析箱形结构上的优点是显而易见的。

(3)虚拟三维层合板壳单元

图1.1.18为一典型的虚拟层合板壳单元,在该单元中,母单元的边界定义为 ξ、η、$\zeta=\pm1$。$\zeta=-1$ 的表面为层合板壳底面,$\zeta=+1$ 的表面为层合板壳顶面,$\zeta=-1$ 和 $\zeta=+1$ 之间分为 n 层,底面、每层界面和顶面的 ζ 坐标由底到顶依次为 $\zeta_0,\zeta_1,\cdots,\zeta_n$,$\zeta_0=-1$,$\zeta_n=+1$;同理,在每一层中,对 η 坐标也用类似的边界及界面定义。为保证在计算单元刚度矩阵、单元质量矩阵和应力时,分层或分层段高斯积分简单易行,一般应使各层或各段的界面 ζ 坐标值 $\zeta_1,\cdots,\zeta_{n-1}$ 及 $\eta_1,\cdots,\eta_{n-1}$ 为常数,该单元与母单元间的变换关系为

$$\begin{Bmatrix} x \\ y \\ z \end{Bmatrix} = \sum_{i=1}^{20} N_i(\xi,\eta,\zeta) \begin{Bmatrix} x_i \\ y_i \\ z_i \end{Bmatrix} \tag{1.1.57}$$

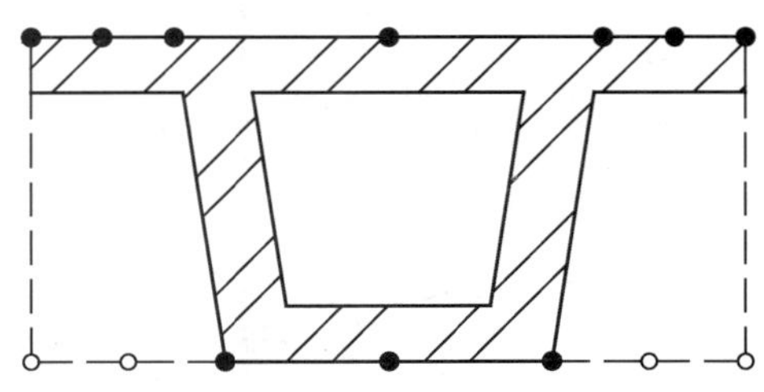

图1.1.17　有虚拟区域单元示意

●-真实节点;○-虚拟节点

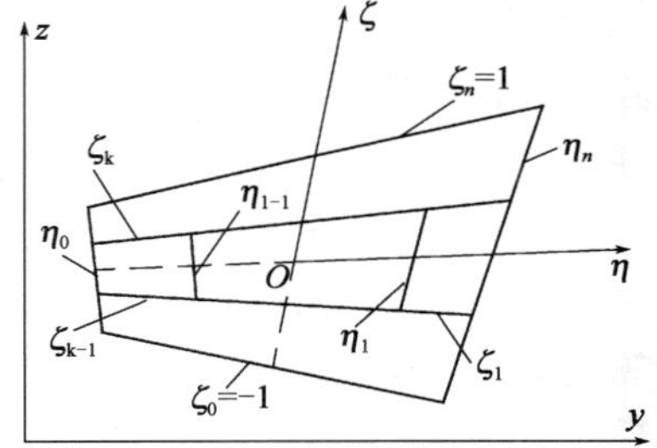

图1.1.18　虚拟层合板壳单元和截面的分层及分段

单元位移插值模式为

$$\begin{Bmatrix} u \\ v \\ w \end{Bmatrix} = \sum_{i=1}^{20} N_i(\xi,\eta,\zeta) \begin{Bmatrix} u_i \\ v_i \\ w_i \end{Bmatrix} \tag{1.1.58}$$

式中:N_i——同三维等参元。

单元刚度矩阵元素为

$$k_{ij} = \sum_{k=1}^{n}\int_{\zeta_{k-1}}^{\zeta_k}\left(\sum_{l=1}^{m}\int_{\eta_{l-1}}^{\eta_l}\int_{-1}^{1}\boldsymbol{B}_i^{\mathrm{T}}\boldsymbol{D}\boldsymbol{B}_j \mid \boldsymbol{J} \mid \mathrm{d}\xi\mathrm{d}\eta\right)\mathrm{d}\zeta \tag{1.1.59}$$

式中：n——层数；

m——段数。

为在每层及层中的每一段采用高斯积分，将式(1.1.59)进行线性变换，令

$$\zeta = \frac{\zeta_k - \zeta_{k-1}}{2}\zeta' + \frac{\zeta_k + \zeta_{k-1}}{2} \tag{1.1.60}$$

$$\eta = \frac{\eta_l - \eta_{l-1}}{2}\eta' + \frac{\eta_l + \eta_{l-1}}{2} \tag{1.1.61}$$

则

$$k_{ij} = \sum_{k=1}^{n}\int_{-1}^{1}\left(\sum_{i=1}^{m}\int_{-1}^{1}\int_{-1}^{1}\frac{\eta_l - \eta_{l-1}}{2}\boldsymbol{B}_i^{\mathrm{T}}\boldsymbol{D}\boldsymbol{B}_j \mid \boldsymbol{J} \mid \mathrm{d}\xi\mathrm{d}\eta'\right)\frac{\zeta_k - \zeta_{k-1}}{2}\mathrm{d}\zeta' \tag{1.1.62}$$

积分式(1.1.62)中每一项均可用高斯积分得出。

(4)虚拟三维层合梁单元

虚拟层合梁单元与虚拟层合板壳单元有相同的单元与母单元之间的变换关系、单元位移模式、刚度矩阵分层及分段积分方式。只是在单元物理方程上因为有不同的假定而有所不同，亦可退化为二维的虚拟层合梁单元。

1.3.5 桥梁结构的虚拟层合单元建模建议

(1)肋梁式桥

常见的肋梁式桥梁结构截面形式不外乎T形、带马蹄T形和I字形，由于所采用的材料不同(如组合结构)或配筋不同(混凝土结构)，而使得结构的承载能力特性在各个方向上并不相同，表现出各向异性的特性。初步分析时，可按上、下翼板(马蹄)，腹板划层，根据纵向钢筋的疏密程度划段；精细分析时，需将不同性质的材料单独划分层或段。

(2)箱梁桥

空心板或箱梁桥是典型的带有中空截面结构，除考虑横、纵截面上材料的不同性质分层外，对空腔部分可按虚拟层(段)进行处理，或根据组成箱梁的板件受力特性建立叠合单元进行分析，见1.3.6节。

(3)力筋的等效连续化

力筋(钢筋或预应力钢筋)在混凝土中的铺设一般在某一个或几个确定的方向上，对结构整体分析而言，纵向主筋的影响最大，横向主筋对横向变形及内力的贡献较大。分析时，可按正交异性材料处理，而将离散分布的钢筋按图1.1.19等效为连续钢筋层。

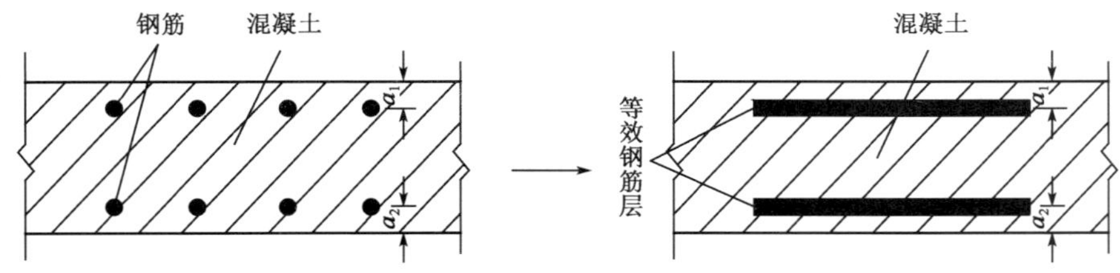

图1.1.19　钢筋等效层

1.3.6 箱梁结构的叠合单元法

叠合单元法是将平面应力单元理论和薄板小挠度弯曲理论结合起来进行结构分析的一种方法。以正交异性钢桥面板为例,该法可将顶板的受力状态看作由平面应力状态与薄板小挠度弯曲状态的叠加,将纵向加劲肋单元和横肋板单元的受力状态看成是梁单元的受力状态。顶板与纵向加劲肋以及横肋板间的节点自由度关系由相互间的变形协调关系建立。这样便可建立以顶板节点自由度参数为基本位移未知量,纵向加劲肋和横肋板节点自由度参数为导出参数的结构整体刚度矩阵,进而对结构进行求解。叠合单元法由于将纵向加劲肋和横肋板作为梁单元考虑,因此,减少了板单元数量以及节点自由度总个数,计算效率得以提高。

如图1.1.20所示的构造正交异性钢桥面板,可划分为顶板、纵向加劲肋和横肋板组成的叠合单元。

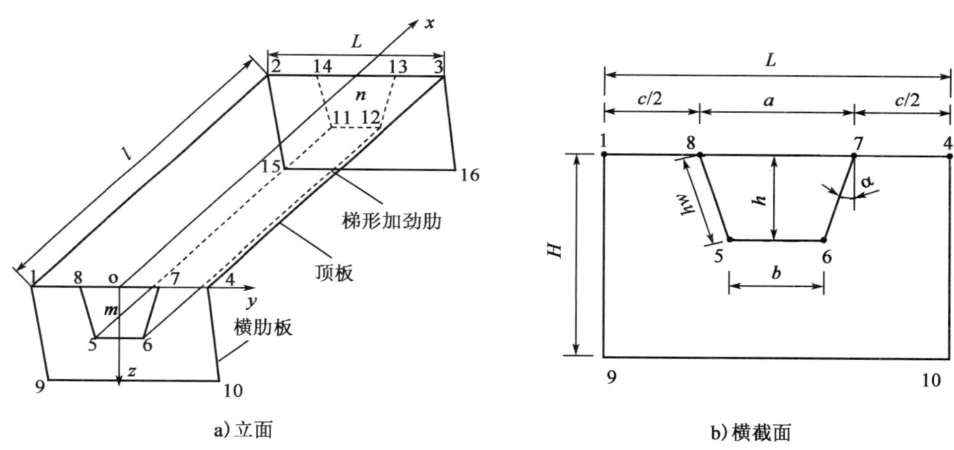

图1.1.20 叠合单元示意

顶板单元的节点位移分量为$\boldsymbol{\delta}=[\delta_1 \quad \delta_2 \quad \delta_3 \quad \delta_4]$,$\boldsymbol{\delta}_i=[u_i \quad v_i \quad w_i \quad \theta_{ix} \quad \theta_{iy}]$,$i=1$、2、3、4,$u$为$x$轴方向位移,$v$为$y$轴方向位移,$w$为$z$轴方向位移,$\theta_x$为绕$x$轴转角位移,$\theta_y$绕$y$轴转角位移。单元形函数采用4节点四边形等参元的形函数,用局部坐标系可以表示为$[\boldsymbol{N}]=[N_{i,j}]_{3\times20}$,限于篇幅,矩阵$\boldsymbol{N}$中各元素从略。

横肋板单元采用梁单元模拟,只考虑单元的轴向与竖向位移,设前横肋板节点位移分量为$\boldsymbol{\delta}_{\text{fhl}}=[u_{\text{fhl}} \quad w_{\text{fhl}}]^{\text{T}}$,$\boldsymbol{u}_{\text{fhl}}$、$\boldsymbol{w}_{\text{fhl}}$为前横肋板任意一点的轴向与竖向位移列阵。

取前横肋板质心处的位移分量为基本未知量,设板件两端质心处节点纵向位移u'_{lc}、u'_{rc},轴向位移插值函数选用一次多项式,即$\boldsymbol{L}=[1-\zeta\zeta]$。

设板件左右截面质心处节点竖向位移为w'_{lc}、θ'_{lc}、w'_{rc}、θ'_{rc},竖向插值函数选用三次多项式,即$\boldsymbol{N}=[1-3\zeta^2+2\zeta^3(\zeta-2\zeta^2+\zeta^3)l\cdot3\zeta^2-2\zeta^3(-\zeta^2+3\zeta^3)l]$。式中,$\zeta=\dfrac{y}{L}$,$y$为单元的横向坐标,$L$为基本单元的横向宽度,见图1.3.9。

前横肋板轴向任意一点的位移可表示为$u_{\text{fhl}}=\boldsymbol{L}\boldsymbol{u}'_{\text{f}}$,$w_{\text{fhl}}=\boldsymbol{N}\boldsymbol{w}'_{\text{f}}$,通过变形协调条件$u'_{\text{lc}}=$

$v_1-\dfrac{H}{2}\theta_{1x}, u'_{rc}=v_4-\dfrac{H}{2}\theta_{4x}, w'_{lc}=w_1, w'_{rc}=w_4, \theta'_{lc}=\theta_{1x}, \theta'_{rc}=\theta_{4x}$，可以建立顶板单元节点位移与横肋板两端质心处节点位移之间的关系。

纵向加劲肋单元又可以分为腹板单元与底板单元，对于各板件同样只考虑板件的轴向与竖向位移，下面仅对底板轴向及竖向位移模式进行讨论，左右腹板位移模式类同。

底板节点位移分量为 $\boldsymbol{\delta}_b=[u_b \quad w_b]^T$，$\boldsymbol{u}_b$、$\boldsymbol{w}_b$ 为底板任意一点轴向与竖向位移列阵。底板轴向位移插值函数为 $\boldsymbol{L}=[1-\zeta\zeta]$，底板竖向位移插值函数为 $\boldsymbol{N}=\begin{bmatrix}1-3\zeta^2+2\zeta^3(\zeta-2\xi^2+\zeta^3)l\ 3\xi^2-2\zeta^3(-\xi^2+3\zeta^3)l\\1-3\zeta^2+2\zeta^3(\zeta-2\xi^2+\zeta^3)l\ 3\xi^2-2\zeta^3(-\xi^2+3\zeta^3)l\end{bmatrix}$，式中，$\zeta=\dfrac{x}{l}$。

底板任意一点的轴向与竖向位移为 $\boldsymbol{u}_b=\boldsymbol{L}\boldsymbol{u}'_b$；$\boldsymbol{w}_b=\boldsymbol{N}\boldsymbol{w}'_b$，$\boldsymbol{u}'_b$、$\boldsymbol{w}'_b$ 分别为底板前后质心处的轴向位移列阵 $\boldsymbol{u}'_b=[u'_{fc} \quad u'_{bc}]^T$ 及竖向位移列阵 $\boldsymbol{w}'_b=[w'_{fc} \quad \theta'_{fc} \quad w'_{bc} \quad \theta'_{bc}]^T$。通过变形协调关系可以得到纵向加劲肋底板子单元的轴向位移转换矩阵与竖向位移转换矩阵。

单元整体刚度矩阵可通过最小势能原理建立，不再赘述。

1.4 单元尺寸、局部及孔道模拟

进行大型桥梁数值模拟分析时，单元选择、边界约束处理、荷载施加方法、孔道影响、模型尺寸、预应力、徐变、收缩、温变及裂缝的模拟，以及 B(Beam 或 Bernoulli Area)、D(Discontinuity 或 Disturbance Area)区的不同处理方法等都是首先要考虑的问题。本节仅介绍通用分析中的单元选择及模型尺寸、子模型法、孔道模拟方法及 D 区的考虑，而仅在混凝土桥梁分析中才遇到的如预应力、徐变、收缩、温变、裂缝等的模拟及 D 区设计的拉压杆模型将在第 4 篇的混凝土桥梁结构分析中介绍。

1.4.1 单元选择及模型尺寸

单元类型的选择及网格的划分的合理与否直接影响到分析结果的正确性、精度及工作量。桥梁上常用的单元类型除杆、条、索及联结(模拟黏结、连接滑移)等单元针对性较强，计算结果受单元大小影响较小外，怎样结合结构特点及分析目的，在不同节点及形状的块单元、板壳单元、梁格单元等中做出单元类型及数量的选择，是首要考虑的问题。

针对性地选择不同自由度的杆、梁、条单元来模拟分析大型桥梁结构的总体变形和内力，可以减少单元数量，提高计算效率，但计算精度有限。而精细数值分析宜选用三维实体单元或板壳单元。为减小有限元分析的规模，可以采用子模型法(子步法、混合网格法和有效段法)。任何结构都可以用三维实体单元来模拟，桥梁工程上常用的三维实体单元有四面体单元和六面体单元。四面体单元的单元形状为四面体，插值函数是在三维坐标内的各次完全多项式，分为 4 节点线性插值函数单元、10 节点二次插值函数单元和 20 节点三次插值函数单元。六面体单元形状为六面体，插值函数可由不同次的拉格朗日多项式构造，分为 8 节点线性单元、20 节点二次单元、32 节点三次单元。梁格单元主要用于多梁、多室宽箱梁结构，试图寻求梁的最不利位置及模拟“荷载横向分布”分析；对于薄壁箱梁还可以采用第10章介绍的增加考虑剪力滞、截面约束扭转及畸变翘曲效应自由度的空间梁模型。

实体单元的选择与结构形状有关。四面体比较适合不规则体，六面体则比较适合规则体。单元阶次的选择与求解域内应力变化的特点有关，应力梯度大的区域，单元阶次应较高，否则即使网格很密也难达到理想的结果。单元的选择还与选用的分析程序相关，大型综合分析软件一般会提供多种单元，而专用分析软件的单元类型比较单一。分析时可先使用简单方便的专用程序进行整体分析，再按照圣维南原理取出一定尺寸的有效段进行特别关心区域的精细分析。

模型网格划分数量即尺寸的大小与计算时间、计算精度有关。单元较小即数量较多时，虽然计算精度高但耗时较多，单元较大即数量较少时，有可能不能满足计算精度要求。单元尺寸的大小一般应由对比细化单元前后的分析结果误差来判定。常见大型桥梁结构、大体积混凝土如承台、锚锭等，单元尺寸以不超过1m为宜；对于墩顶块、合龙段、构造复杂的锚固区、区部承压分析等的单元尺寸宜控制在0.5m以内；精细的局部模拟分析如组合结构的连接件、钢桥焊缝疲劳应力等宜根据需求进行更细小的划分。值得注意的是，单元太小太细有可能带来应力集中表现突出而使计算结果失真。

1.4.2 局部模拟

桥梁结构的局部精细分析可以采用先总体、后局部的分析方法——子模型法。其基本思路是：首先建立结构的总体分析模型，并按照圣维南原理，模型的局部细小改动并不特别影响模型总体分析结果，可忽略模型中的局部细小特征，如导角、开孔、开槽等，同时在总体模型上划分较粗的网格（计算和建模的工作量均较小），施加荷载并完成结构总体分析。其次在与总体模型相同的坐标系下建立关心区域的局部模型，此时将前面忽略的细小特征加上，并划分精细网格（子步法）或采用精度更高的单元（混合网格法）。关心区域较多时，可轮流进行细化计算。也可从总体模型中取出局部模型（有效段法），并将前面总体模型的计算结果插值作为该局部模型的边界条件，重新建模，独立求解。

（1）子步法

先将桥梁整体用较粗的网格加以划分，进行运算，得到关心区域边界处内力和变形条件，形成子步文件并保存。继而，用较密的网格对关心区域范围进行细分，调用先前保存下来的边界条件，再进行局部精细分析。

（2）混合网格法

对关心区域范围用较细的网格或精度较高的单元模拟，远离此区域用较粗的网格或简单单元模拟，两网格之间设过渡区域网格，按照整体模型进行分析，如图1.1.21所示。

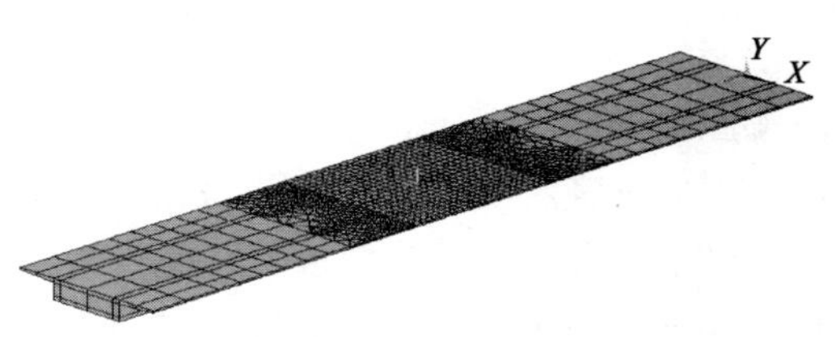

图1.1.21 混凝土箱梁混合网格法局部精细分析

（3）有效段法

依据圣维南原理选择计算段［计算段长至少

保持3倍于区域最大尺寸(长、宽、高)或由试算确定]，对截取段按照总体分析结果选择合理的边界约束和边界力，重新选择单元类型或划分计算段内网格，进行局部精细分析。

对跨径(50+100+50)m的变截面连续箱梁桥[7]，采用不同子模型方法分析箱梁悬臂板(悬臂长5m)端部作用200N集中力时，中跨跨中截面悬臂板根部的单宽弯矩峰值。分析表明采用三种子模型方法，子模型区域宽度对悬臂板根部单宽弯矩峰值和计算时效的影响较大。以子模型区域宽100 m的计算精度为标准，分析其他子模型区域宽度下的相对精度和计算时效。对于子步法和混合网格法(相同单元)，子模型区域宽度越接近悬臂板有效分布宽度(约10m)，计算结果越准确，效率也高；对于有效段法，3倍于区域最大尺寸(箱梁宽20m、箱梁高4~8m，关心区域长约10m)约60m的梁段的计算精度较高，计算精度和计算时效的最佳组合是3倍于有效分布宽度约30m梁段。

对跨径110+236+458+236+110=1150m的双塔双索面钢箱梁斜拉桥的钢箱梁横向变形，按照整体板壳模型(模型7)和截取2~12节段(横隔板或横肋板之间为1节段，阶段长2.5m)建立6个局部分析模型(模型1~6)进行对比分析[9]。图1.1.22为不同模型的最长索处钢箱梁顶、底板横向变形计算结果。可知，随着局部模型长度的增加，顶、底板的横向变形计算结果逐渐与整体模型接近，当局部计算模型取12个节段(30m)时，局部计算模型结果与整体模型误差仅为3.4%。将整体模型与12节段局部模型的横向变形沿纵桥向分布的计算结果绘于图1.1.23中，可知，局部模型在成桥状态各截面的顶、底板的横向变形与整体计算模型接近，误差不超过3.6%。此结果说明足够长的节段模型能有效地避免边界条件对计算结果的影响，具有较高的精度。

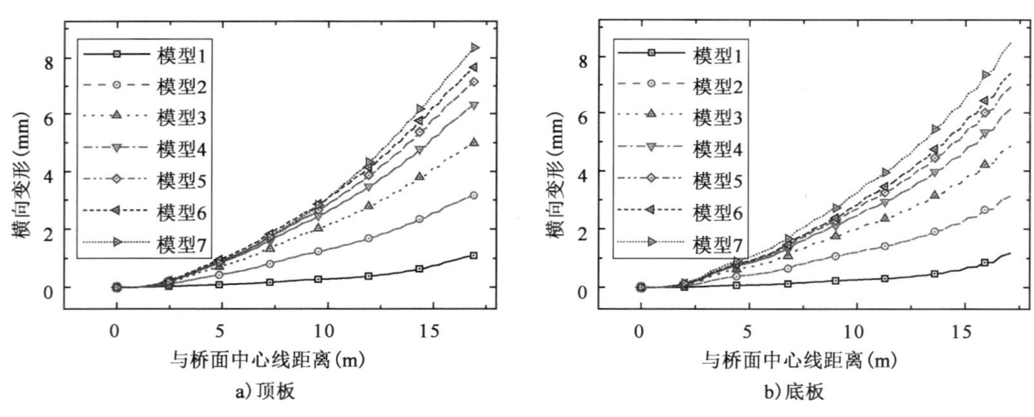

图1.1.22　不同节段长度局部分析模型与整体分析模型的横向变形计算结果

在工程结构中，相对于结构中符合平截面假定的绝大部分区域B区(Beam Area或Bernoulli Area)而言，结构中也存在一些应力流不连续或紊乱的区域(如集中荷载作用处)、几何上不连续区域(如牛腿、端部、开洞等)等，截面应变不符合平截面假定，基于梁理论的承载能力极限状态及正常使用极限状态设计已不再适用，称为D区(Discontinuity Area或Disturbance Area)，对D区的分析宜采用局部精细有限元方法求得其应力分布曲线后，再按第15章的讨论建立D区的拉压杆模型(Strut-Tie-Model)进行结构设计及验算。

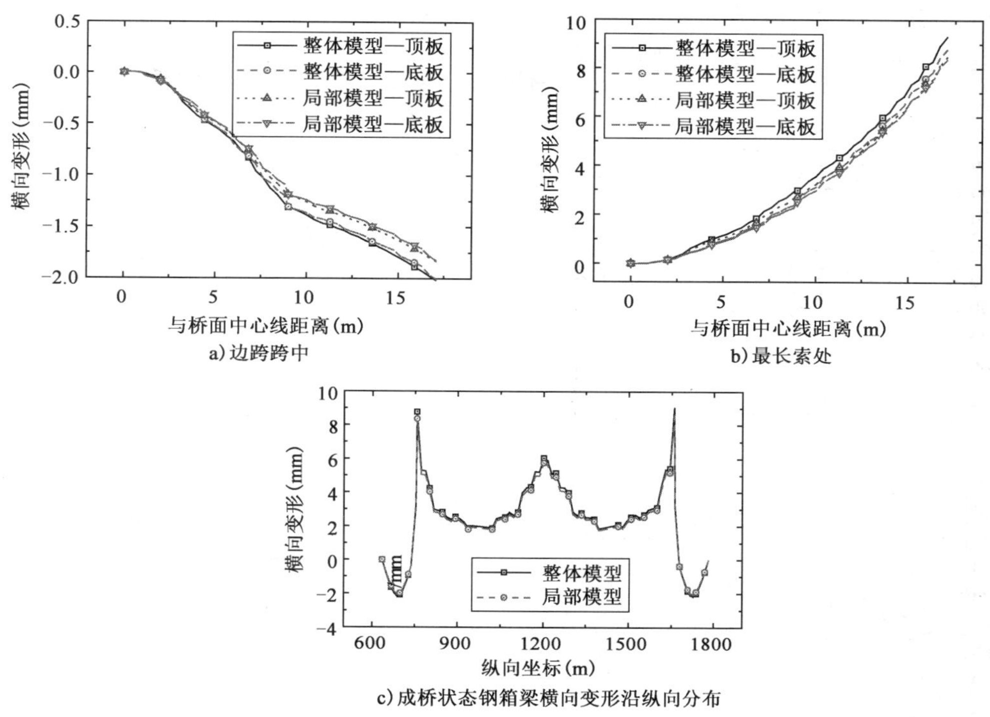

图1.1.23 整体计算模型与局部计算模型横向变形分布对比

1.4.3 孔道的影响模拟

桥梁中由于构造及使用需求,会形成不同形式的孔道,如临时施工孔、过人孔及后期养护维修的专用孔道等。预应力混凝土桥梁中孔道密集,包括预应力孔道、分段施工阶段的临时施工孔道和未压浆的预应力孔道等,对截面削弱作用明显。精确同时考虑各种形状孔道的模型极为复杂,造成结构建模与网格划分困难;且当结构规模较大、孔道较多时,为了保证孔道周围应力的分析精确性,需要细化网格,造成单元数量巨大,计算困难。因此有必要对有孔道的数值模拟进行适当简化。

为分析孔道形状对应力的影响,针对单悬臂梁模型上的圆形孔道施加径向压力,建立圆形孔道与外切正方形近似模拟圆形孔道的方形孔道的模型,选取两条对比线如图1.1.24所示,对对比线上节点的各类应力进行对比分析如图1.1.25所示。

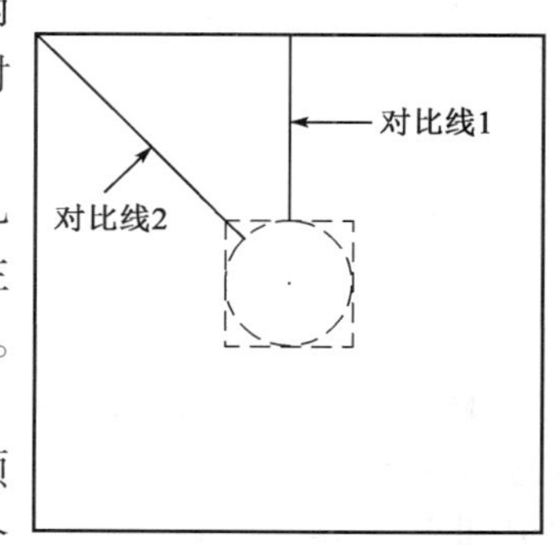

图1.1.24 应力对比线示意图

可以看出,随着节点位置与孔道半径之比(L/R)变化,离孔道中心2倍孔道半径范围以外,方形孔道与圆形孔道正应力与主压应力基本相同;3倍孔道半径范围以外,主拉应力基本相同。值得注意的是,方形孔道的四个角点及其附近的应力失真。

采用直接模拟圆形孔道的单元离散模型建立常见两车道预应力变截面混凝土连续梁的墩顶块精细分析模型,约有34万个单元,采用圆形孔道的外切正方形近似模拟圆形孔道,单元减为

6 万余个，其应力分析结果在可接受范围内。桥梁结构分析时，如若考虑孔道的影响，可以采用圆形孔道的外切正方形近似模拟圆形孔道。

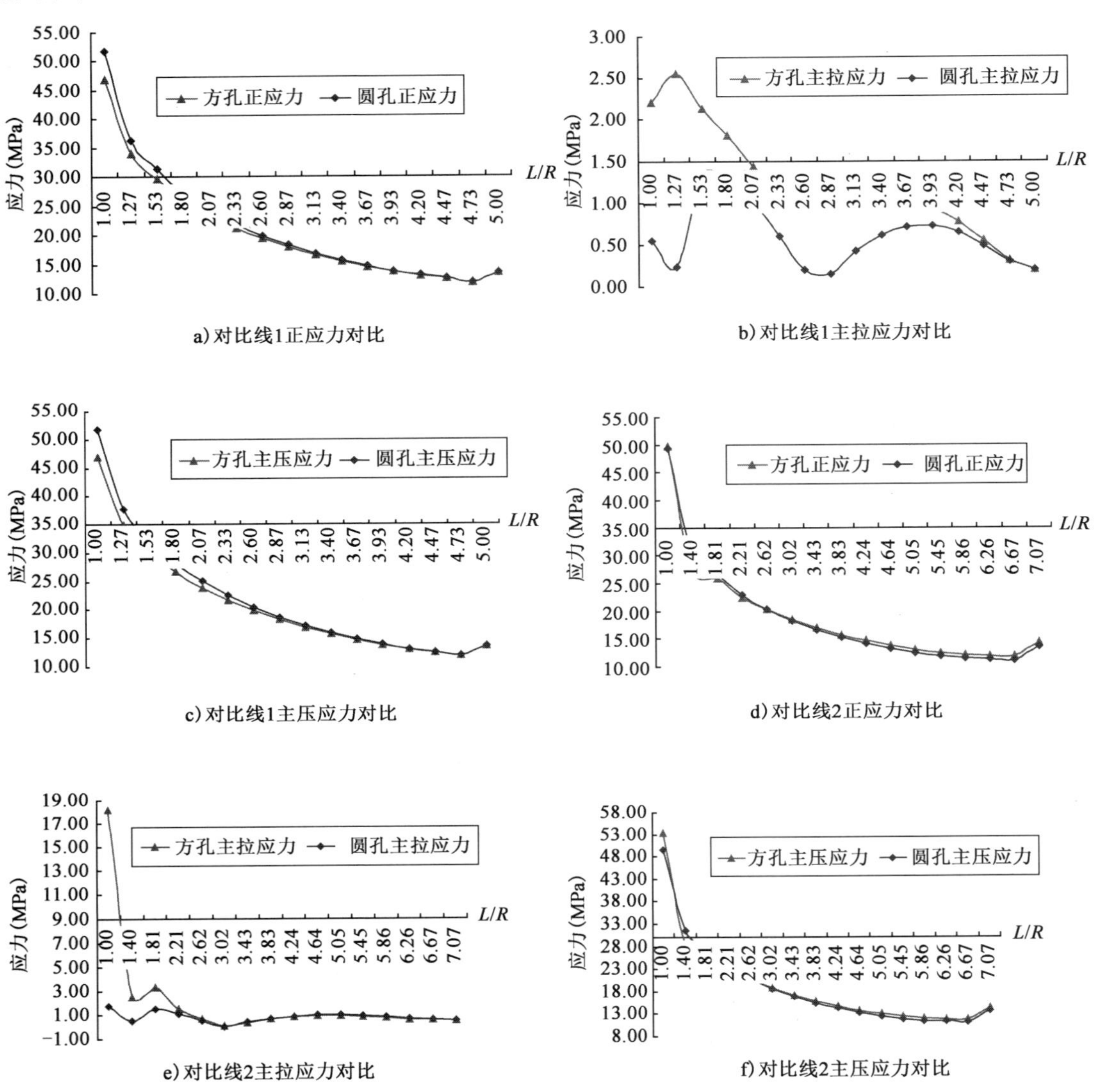

图 1.1.25 圆孔与模拟方孔周围应力对比图

1.5 小 结

有限元分析已经渗透到桥梁结构分析的各个领域，其分析精度亦因所采用的单元形式、单元数量和单元划分情况等不同而有所差异。桥梁结构建模及各种效应的模拟方法在有限元分析中非常重要，科学合理地建模及模拟，不仅可以得到更为精确的结果，而且可节约计算时间，提高计算效率。

桥梁结构的恒载内力与施工方法关系密切，且变形、内力等有累积、重分布等特点，同一座桥如采用不同的施工方法，其恒载内力差异很大，大多情况下需跟踪分析；活载内力计算时的动态加载非常重要，除桥梁专用分析软件外，通用软件一般不具备此功能。

本章仅给出了桥梁结构有限元分析的通用做法和常见的桥梁结构单元。桥梁结构的近似数值分析和非线性分析分别见本篇第 2 章和第 3 章；其他桥型如混凝土桥梁的数值分析见第 4 篇，斜桥、弯桥及异形桥梁见第 5 篇，拱桥见第 6 篇，斜拉桥及悬索桥见第 7 篇。

本章参考文献

[1] 丁皓江，何福保，谢贻权，等. 弹性和塑性力学中的有限单元法[M]. 北京：机械工业出版社，1992.

[2] 贺拴海，梅晓亮，刘鹏，等. 宽幅钢箱梁斜拉桥空间行为数值分析[J]. 中国公路学报，2016，29(4).

[3] 汪劲丰，吴光宇. 桥梁结构仿真分析理论及其工程应用[M]. 杭州：浙江大学出版社，2007.

[4] 凌道盛，张金江，项贻强，等. 虚拟层合单元法及其在桥梁工程中的应用[J]. 土木工程学报，1998，31(3).

[5] X. XU, R. F. Cai. A New Plat Shell Element of 16 Nodes 40 Deyrees of Freedom by Relative Displacement Method[J]. Communication in Numerical Methods in Engineering, 1993, 9: 15-20.

[6] Cheung M. S. , W. Li, Chidiac S. E. . Finite Strip Analysis of Bridges[M]. E & FN SPON, 1999.

[7] 张岗，王新敏，贺拴海. 子模型技术在混凝土箱梁悬臂板分析中的应用[J]. 郑州大学学报：工学版，2007(3).

[8] 骆佐龙. 大节段装配施工宽幅连续钢箱梁桥计算理论研究[D]. 西安：长安大学，2015.

[9] 刘鹏. 跨海斜拉桥施工控制关键问题研究[D]. 西安：长安大学，2015.

2 大跨径桥梁结构整体近似分析

2.1 子结构法、能量原理及变形协调法

桥梁概念设计及初步设计阶段中，分析大型复杂桥梁结构，如超静定大跨径变截面连续梁、连续刚构、连续梁—刚构组合体系桥、多跨连拱、中下承式拱桥、拱梁组合桥、索支承桥时，可先总体把握结构的力学性能，为工程师拟定结构几何尺寸及构形提供参考，并不需要非常准确的结构内力或应力，这时可以采用近似简化计算方法分析，如子结构法、能量原理、变形协调法等分析复杂结构的内力及变形。

子结构法是将桥梁结构按跨孔划分单元，称其为子结构，求出每个子结构的特性之后，再求解整体结构。

众所周知，结构系统的总势能 Π 可写为结构变形内能 U 与荷载势能 V 之和，即 $\Pi = U + V$。对于稳定结构的总势能要求满足关系式 $\partial\Pi/\partial a_i = 0$，其中 a_i 为事先假设的满足边界条件的结构位移函数中的待求参数，由此关系式可求得待定参数 a_i，从而获得结构系统的解答，此即为最小势能原理。

中、下承式拱桥，拱梁组合桥，斜拉桥，悬索桥等，是大跨径桥梁广泛采用的桥型。它们有一个共同的特点，即结构是由加劲梁（行车道系）和承重系（拱、悬索、斜拉索及桥塔等）组合而成的，受力合理但结构复杂。若将此类结构的吊杆（或斜拉索）截开，代之以一组未知力 F_i $(i=1,2,3,\cdots,n)$，取行车道系为连续梁结构，而其承重结构视结构形式不同而取不同的计算结构。在外荷载作用下，连续梁的变形曲线可表示为 $Y(x) = Y(F_1, F_2, \cdots, F_n, x, q)$，式中 n 为吊杆或斜拉索的根数，x 为纵坐标，q 为外荷载；承重结构的变形曲线可表示为 $w(x) = Y_2(F_1, F_2, \cdots, F_n, x)$。由变形协调条件：在节点处（吊杆或斜拉索与行车道系的连接点）不应有脱离现象，则：$Y(x_i) = w(x_i) + F_I h_i / k_i$，式中 h_i 为吊杆（斜拉索）的竖向长度，k_i 为其刚度，x_i 表示吊杆（斜拉索）位置坐标。当不计吊杆变形时，则等式右边第二项为零。求解此等式，可得出 F_i，则可求得问题的解答。此过程即为变形协调法[4]。

2.2　桥梁结构分析的子结构法

2.2.1　变截面梁式结构分析

桥梁初步设计中,分析超静定大跨径变截面连续梁、连续刚构、连续梁—刚构组合体系桥及多跨连拱时,可先将桥梁整体按跨划分单元,成为若干个子结构,求出每个子结构的特性之后,再求解整体结构。此即为子结构法。

1)梁式桥桥跨子结构刚度矩阵

除了弹性结构的一般假定外,还假定变截面梁的底面曲线不能太陡,子结构轴力产生的弯矩可略去不计。这一假定与目前分析梁式桥普遍采用的方法是一致的,也基本符合梁式桥的实际受力情况。

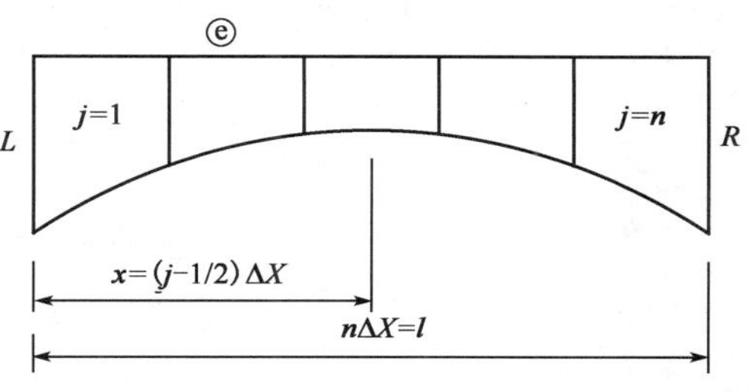

图1.2.1　子结构及分段

如图1.2.1所示的梁式变截面结构,根据图1.2.1b)、c)及d),其位移为

$$\left\{\begin{aligned}
u_{\mathrm{L}} &= \frac{k_{11}}{E}\Delta x\sum_{j=1}^{n}\frac{1}{A_j}\\
w_1^{\mathrm{L}} &= \frac{k_{22}}{E}(\Delta x)^3\sum_{j=1}^{n}\frac{\left(j-\frac{1}{2}\right)^2}{I_j}\\
\theta_1^{\mathrm{L}} &= -k_{22}\frac{(\Delta x)^2}{E}\sum_{j=1}^{n}\frac{j-\frac{1}{2}}{I_j}\\
w_2^{\mathrm{L}} &= -k_{32}\frac{(\Delta x)^2}{E}\sum_{j=1}^{n}\frac{j-\frac{1}{2}}{I_j}\\
\theta_2^{\mathrm{L}} &= -k_{32}\frac{\Delta x}{E}\sum_{j=1}^{n}\frac{1}{I_j}\\
w_1^{\mathrm{R}} &= k_{56}\frac{(\Delta x)^3}{E}\sum_{j=1}^{n}\frac{\left(n-j+\frac{1}{2}\right)^2}{I_j}\\
\theta_1^{\mathrm{R}} &= k_{56}\frac{(\Delta x)^2}{E}\sum_{j=1}^{n}\frac{n-j+\frac{1}{2}}{I_j}\\
w_2^{\mathrm{R}} &= k_{66}\frac{(\Delta x)^2}{E}\sum_{j=1}^{n}\frac{n-j+\frac{1}{2}}{I_j}\\
\theta_2^{\mathrm{R}} &= k_{66}\frac{\Delta x}{E}\sum_{j=1}^{n}\frac{1}{I_j}
\end{aligned}\right.\tag{1.2.1}$$

式中：E——梁材料弹性模量；

I_j——第 j 节段梁的抗弯惯性矩；

n——子结构节段数；

k_{ij}——j 号力（力矩）方向上发生单位位移所产生的 i 号力的大小。

Δx——节段长度；

L、R——上标，表示左、右杆端；

其余符号意义如图 1.2.2 所示。

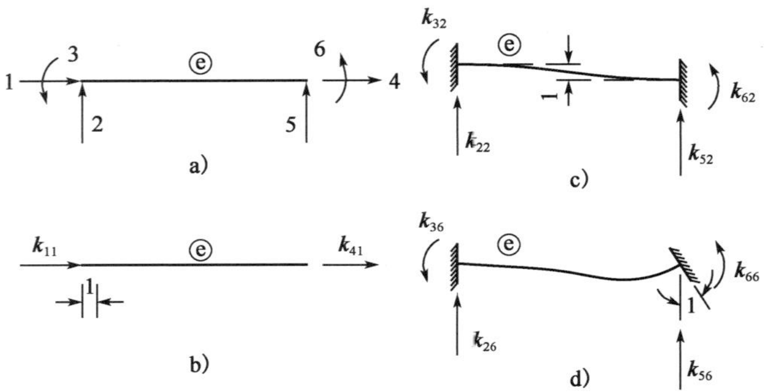

图 1.2.2　梁式子结构单位位移变形图

根据位移条件有

$$\begin{cases} u_{\mathrm{L}}=1 \\ w_1^{\mathrm{L}}+w_2^{\mathrm{L}}=1 \\ \theta_1^{\mathrm{L}}+\theta_2^{\mathrm{L}}=0 \\ w_1^{\mathrm{R}}+w_2^{\mathrm{R}}=0 \\ \theta_1^{\mathrm{R}}+\theta_2^{\mathrm{R}}=1 \end{cases} \tag{1.2.2}$$

将式(1.2.1)代入式(1.2.2)，则有

$$\begin{cases} k_{11}=s_0, \quad k_{22}=\dfrac{s_1}{s_6}, \quad k_{32}=\dfrac{s_2}{s_6} \\ k_{33}=\dfrac{s_3}{s_6}, \quad k_{56}=-\dfrac{s_4}{s_7}, \quad k_{66}=\dfrac{s_5}{s_7} \end{cases} \tag{1.2.3}$$

由图 1.2.2b)、c)、d)，又有

$$\begin{cases} k_{21}=k_{31}=k_{51}=k_{61}=0, \quad k_{41}=-k_{12} \\ k_{42}=0, \quad k_{26}=k_{56}, \quad k_{52}=-k_{22} \\ k_{46}=0, \quad k_{36}=-k_{56}l-k_{66}=\dfrac{s_4 l-s_5}{s_7} \end{cases} \tag{1.2.4}$$

同理可以求得

$$\begin{cases} k_{33}=\dfrac{s_3}{s_6}, \quad k_{43}=k_{45}=0 \\ k_{25}=-k_{55}, \quad k_{53}=-k_{23}, \quad k_{55}=\dfrac{s_1}{s_7} \end{cases} \tag{1.2.5}$$

将式(1.2.3)～式(1.2.5)写成矩阵形式,并利用反力互等定理,则有

$$
\boldsymbol{K}^{\mathrm{e}}=\begin{bmatrix}
s_0 & & & & & \text{对称} \\
0 & \dfrac{s_1}{s_6} & & & & \\
0 & -\dfrac{s_2}{s_6} & \dfrac{s_3}{s_6} & & & \\
-s_0 & 0 & 0 & s_0 & & \\
0 & -\dfrac{s_1}{s_6} & \dfrac{s_2}{s_6} & 0 & \dfrac{s_1}{s_6} & \\
0 & \dfrac{s_4}{s_7} & \dfrac{s_4 l-s_5}{s_7} & 0 & -\dfrac{s_4}{s_7} & \dfrac{s_5}{s_7}
\end{bmatrix} \tag{1.2.6}
$$

其中

$$
\begin{cases}
s_0=\dfrac{E}{\Delta x\sum\limits_{j=1}^{n}\dfrac{l}{A_j}} \\
s_1=\dfrac{\Delta x}{E}\sum\limits_{j=1}^{n}\dfrac{l}{I_j} \\
s_2=-\dfrac{(\Delta x)^2}{E}\sum\limits_{j=1}^{n}\dfrac{j-1/2}{I_j} \\
s_3=\dfrac{(\Delta x)^3}{E}\sum\limits_{j=1}^{n}\dfrac{(j-1/2)^2}{I_j} \\
s_4=\dfrac{(\Delta x)^2}{E}\sum\limits_{j=1}^{n}\dfrac{n-j+1/2}{I_j} \\
s_5=\dfrac{(\Delta x)^3}{E}\sum\limits_{j=1}^{n}\dfrac{(n-j+1/2)^2}{I_j} \\
s_6=s_1 s_3-s_4^2 \\
s_1=s_1 s_5-s_4^2
\end{cases} \tag{1.2.7}
$$

为了结构系统分析方便,现将式(1.2.6)分块表示,即

$$
\boldsymbol{K}^{\mathrm{e}}=\left[\begin{array}{c:c}
\boldsymbol{k}_{\mathrm{LL}}^{\mathrm{e}} & \boldsymbol{k}_{\mathrm{LR}}^{\mathrm{e}} \\
\hdashline
\boldsymbol{k}_{\mathrm{RL}}^{\mathrm{e}} & \boldsymbol{k}_{\mathrm{RR}}^{\mathrm{e}}
\end{array}\right] \tag{1.2.8}
$$

以上各式中: u——水平位移;

w——竖向位移;

θ——转角位移。

2）桥墩子结构刚度矩阵

分析连续刚构桥、连续梁—刚构组合体系桥及连拱结构时，桥墩应计入结构体系的分析中。大跨径桥梁的基础常采用灌注桩，因此，承台将产生一定的位移，如桥墩按承台顶固结进行计算，势必产生一定的误差。不失一般性，这里将桥墩下端简化为如图 1.2.3 所示的弹簧支承。

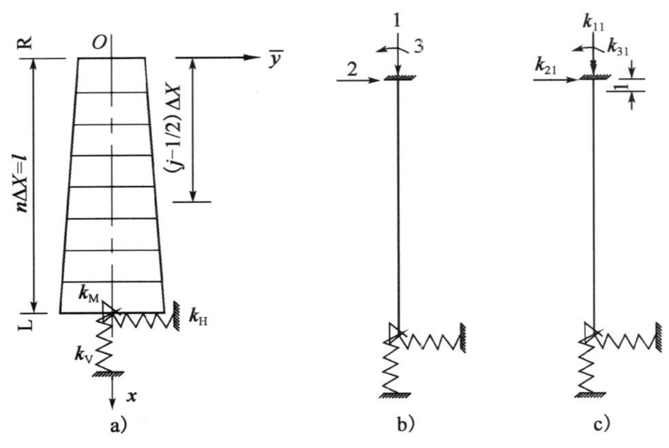

图 1.2.3　桥墩子结构及位移

如图 1.2.3c）所示，当上端发生单位竖向位移时，则有

$$u^{\mathrm{L}}=\frac{k_{11}\Delta x}{E}\sum_{j=1}^{n}\frac{1}{A_j}+\frac{k_{11}}{k_{\mathrm{N}}}=1$$

故

$$k_{11}=\frac{1}{\dfrac{\Delta x}{E}\sum\limits_{j=1}^{n}\dfrac{1}{A_j}+\dfrac{1}{k_{\mathrm{N}}}}\tag{1.2.9}$$

同理，当上端产生单位水平位移及转角时，则有

$$\begin{cases}k_{22}=\dfrac{s_1+\dfrac{1}{k_{\mathrm{M}}}}{\left(s_1+\dfrac{1}{k_{\mathrm{M}}}\right)\left(s_3+\dfrac{1}{k_{\mathrm{M}}}\right)-s_2\left(s_2+\dfrac{l}{k_{\mathrm{M}}}\right)}\\[2ex]k_{32}=-\dfrac{s_2-\dfrac{1}{k_{\mathrm{M}}}}{\left(s_1+\dfrac{1}{k_{\mathrm{M}}}\right)\left(s_3+\dfrac{1}{k_{\mathrm{Q}}}\right)-s_2\left(s_2+\dfrac{l}{k_{\mathrm{M}}}\right)}\\[2ex]k_{23}=\dfrac{s_2}{\left(s_1+\dfrac{1}{k_{\mathrm{M}}}\right)\left(s_3+\dfrac{1}{k_{\mathrm{Q}}}\right)-s_2\left(s_2+\dfrac{l}{k_{\mathrm{M}}}\right)}\\[2ex]k_{33}=\dfrac{s_3+\dfrac{1}{k_{\mathrm{Q}}}}{\left(s_1+\dfrac{1}{k_{\mathrm{M}}}\right)\left(s_3+\dfrac{1}{k_{\mathrm{Q}}}\right)-s_2\left(s_2+\dfrac{l}{k_{\mathrm{M}}}\right)}\end{cases}\tag{1.2.10}$$

将式(1.2.9)、式(1.2.10)合并写成矩阵形式，即

$$\bar{\boldsymbol{k}}_{\mathrm{LL}}^{\mathrm{e}}=\begin{bmatrix} a_0 & 0 & 0 \\ 0 & \dfrac{a_1}{a_1a_3-s_2a_2} & -\dfrac{s_2}{a_1a_3-s_2a_2} \\ 0 & -\dfrac{a_2}{a_1a_3-s_2} & \dfrac{a_3}{a_1a_3-s_2a_2} \end{bmatrix} \tag{1.2.11}$$

其中

$$a_0=\frac{1}{\dfrac{1}{s_0}+\dfrac{1}{k_{\mathrm{N}}}}$$

$$a_2=s_2-\frac{l}{k_{\mathrm{M}}}$$

$$a_1=s_1+\frac{1}{k_{\mathrm{M}}}$$

$$a_3=s_3+\frac{1}{k_{\mathrm{Q}}}$$

式中：s_1、s_2、s_3——仍按式(1.2.7)定义；

k_{N}、k_{Q}、k_{M}——简化到墩底(承台顶面)的抗压、抗推及抗转动刚度。考虑到承台截面积较桩身大得多，因此可假定承台呈刚性，按下式计算

$$\begin{cases} k_{\mathrm{N}}=k_{\mathrm{NN}} \\ k_{\mathrm{Q}}=\left(\dfrac{1}{k_{\mathrm{QQ}}}+\dfrac{h_{\mathrm{c}}^2}{k_{\mathrm{MM}}}\right)^{-1} \\ k_{\mathrm{M}}=k_{\mathrm{MM}} \end{cases} \tag{1.2.12}$$

式中：　h_{c}——承台厚度；

k_{NN}、k_{QQ}、k_{MM}——承台底面的抗压、抗推及抗转动刚度，可按下式计算

$$\begin{cases} k_{\mathrm{NN}}=k\rho_1 \\ k_{\mathrm{QQ}}=\dfrac{k\rho_2(k\rho_4+\rho_1\sum\limits_{i=1}^{k}b_i^2)-k^2\rho_3^2}{k\rho_4+\rho_1\sum\limits_{i=1}^{k}b_i} \\ k_{\mathrm{MM}}=\dfrac{k\rho_2(k\rho_4+\rho_1\sum\limits_{i=1}^{k}b_i^2)-k^2\rho_3^2}{k\rho_2} \end{cases} \tag{1.2.13}$$

式中：k——桩数量；

b_i——纵桥向断面第 i 排桩中心线距承台中心的距离。

关于式中 ρ_1、ρ_2、ρ_3、ρ_4 的计算，当不考虑竖向力影响时，可参看本章文献[5]。

将式(1.2.11)中的 $\bar{k}_{\mathrm{LL}}^{\mathrm{e}}$ 从局部坐标系转换到整体坐标系中，则有

$$\boldsymbol{k}_{\mathrm{LL}}^{\mathrm{e}}=\boldsymbol{T}^{\mathrm{T}}\bar{\boldsymbol{k}}_{\mathrm{LL}}^{\mathrm{e}}\boldsymbol{T} \tag{1.2.14}$$

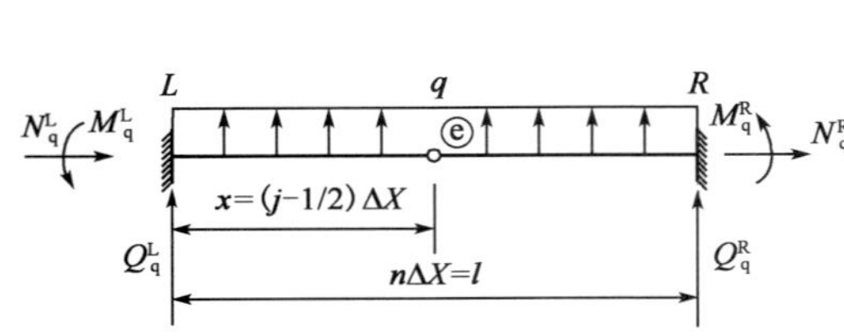

图 1.2.4　梁式子结构作用均布载

式中：$\boldsymbol{T}=\begin{bmatrix}\cos\alpha & \sin\alpha & 0\\ -\sin\alpha & \cos\alpha & 0\\ 0 & 0 & 1\end{bmatrix}$，为坐标转换矩阵。

当桥墩下端固定时，在计算中只需令 $k_N\to\infty$、$k_Q\to\infty$、$k_M\to\infty$，修改相应参数。

3）梁式桥子结构等效节点力

如图 1.2.4 所示的均布荷载，可求得左端的位移为

$$\begin{cases}u_q^L=0\\ w_q^L=\dfrac{q(\Delta x)^4}{2E}\sum\limits_{j=1}^{n}\dfrac{(j-1/2)^3}{I_j}\\ \theta_q^L=-q\dfrac{(\Delta x)^3}{2E}\sum\limits_{j=1}^{n}\dfrac{(j-1/2)^2}{I_j}\end{cases}\tag{1.2.15}$$

根据节点力与位移的关系有

$$\boldsymbol{F}_q^{Le}=\boldsymbol{k}_{LLb}^e\boldsymbol{\delta}_q^{Le}\tag{1.2.16}$$

式中：$\boldsymbol{F}_q^{Le}=\begin{Bmatrix}\boldsymbol{N}_q^L\\ \boldsymbol{Q}_q^L\\ \boldsymbol{M}_q^L\end{Bmatrix}^e$；

$\boldsymbol{\delta}_q^{Le}=\begin{Bmatrix}\boldsymbol{u}_q^L\\ \boldsymbol{w}_q^L\\ \boldsymbol{\theta}_q^L\end{Bmatrix}^e$。

将式（1.2.8）及式（1.2.15）代入式（1.2.16）中则有

$$\boldsymbol{F}_q^{Le}=\begin{Bmatrix}\boldsymbol{N}_q^L\\ \boldsymbol{Q}_q^L\\ \boldsymbol{M}_q^L\end{Bmatrix}^e=q\frac{(\Delta x)^3}{2E(s_1s_3-s_2^2)}\cdot\begin{Bmatrix}0\\ s_1\Delta x\sum\limits_{j=1}^{n}\dfrac{(j-1/2)^3}{I_j}+s_2\sum\limits_{j=1}^{n}\dfrac{(j-1/2)^2}{I_j}\\ -\left[s_2\Delta x\sum\limits_{j=1}^{n}\dfrac{(j-1/2)^3}{I_j}+s_3\sum\limits_{j=1}^{n}\dfrac{(j-1/2)^2}{I_j}\right]\end{Bmatrix}\tag{1.2.17}$$

根据静力平衡条件，有

$$\boldsymbol{F}_q^{Re}=\begin{Bmatrix}\boldsymbol{N}_q^R\\ \boldsymbol{Q}_q^R\\ \boldsymbol{M}_q^R\end{Bmatrix}^e=\begin{Bmatrix}0\\ -ql-Q_q^L\\ \dfrac{ql^2}{2}+Q_q^Ll-M_q^L\end{Bmatrix}\tag{1.2.18}$$

那么，等效节点力列阵 $\boldsymbol{R}_q^e$ 为

$$\boldsymbol{R}_q^e=-\boldsymbol{F}_q^e\tag{1.2.19}$$

其中

$$\boldsymbol{R}_q^e=\begin{Bmatrix}\boldsymbol{R}_q^L\\ \boldsymbol{R}_q^R\end{Bmatrix}^e,\boldsymbol{F}_q^e=\begin{Bmatrix}\boldsymbol{F}_q^L\\ \boldsymbol{F}_q^R\end{Bmatrix}^e$$

对于其他类型的荷载，同理可导出其等效节点力列阵，在此不再赘述。

2.2.2　变截面连拱结构分析

如图1.2.5所示的拱式变截面子结构，按弹性中心及莫尔定理即可求出各刚度系数。如图1.2.6b）所示的拱在左端发生单位水平位移时，其弹性中心所引起的水平力 H_2 为

$$H_2=\frac{1}{\dfrac{2\Delta x}{E}\sum_{j=1}^{n}\left(\dfrac{y_j-y_s}{I_j\cos\varphi_j}+\dfrac{\cos\varphi_j}{A_j}\right)}=\frac{E}{c_2}\qquad(1.2.20)$$

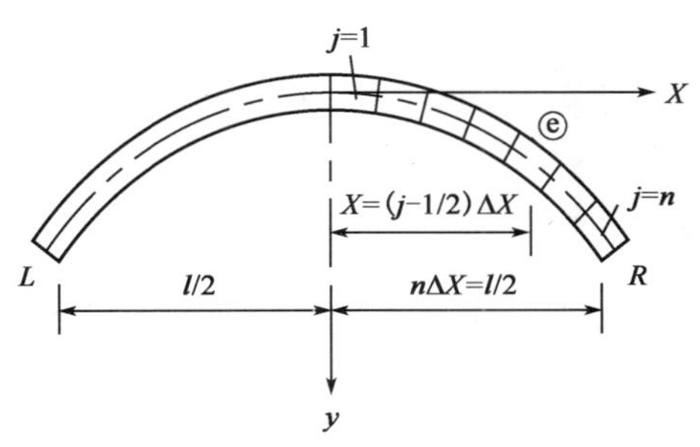

图1.2.5　拱式子结构

那么根据平衡条件，由 $u^{\mathrm{L}}=1$ 所引起的各刚度系数为

$$\left.\begin{aligned}&k_{11}=H_2=\frac{E}{c_2}\\&k_{31}=-(f-y_s)\frac{E}{c_2}\\&k_{41}=-k_{11},k_{61}=-k_{31}\\&k_{21}=k_{51}=0\end{aligned}\right\}\qquad(1.2.21)$$

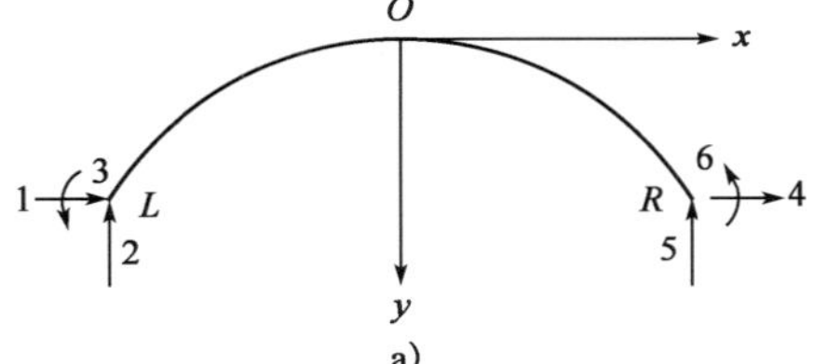

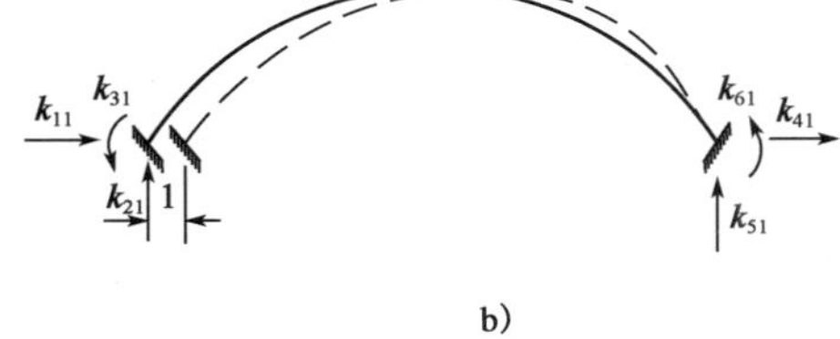

图1.2.6　拱式子结构单位位移

同理，有

$$\begin{cases}k_{22}=\dfrac{E}{c_3},k_{32}=\dfrac{l}{2}\dfrac{E}{c_3}\\k_{42}=0,k_{52}=-k_{22}\\k_{62}=k_{22}l-k_{32}=\dfrac{l}{2}\dfrac{E}{c_3}\\k_{33}=\dfrac{E}{c_4},k_{43}=-k_{13}\\k_{52}=-k_{23}\\k_{63}=k_{23}l-k_{33}=\dfrac{l^2}{2}\dfrac{E}{c_3}-\dfrac{E}{c_4}\\k_{44}=k_{11},k_{54}=0\\k_{64}=k_{31},k_{55}=k_{22}\\k_{65}=-k_{26},k_{66}=k_{33}\end{cases}\qquad(1.2.22)$$

将式(1.2.21)、式(1.2.22)写成式(1.2.8)所示的分块矩阵形式,并利用反力互等定理,则有

$$\boldsymbol{k}_{\mathrm{LL}}^{\mathrm{e}}=\begin{bmatrix}\dfrac{E}{c_2} & 0 & -\dfrac{E}{c_2}(f-y_{\mathrm{s}})\\ 0 & \dfrac{E}{c_3} & \dfrac{l}{2}\dfrac{E}{c_3}\\ -\dfrac{E}{c_2}(f-y_{\mathrm{s}}) & \dfrac{l}{2}\dfrac{E}{c_3} & \dfrac{E}{c_4}\end{bmatrix} \tag{1.2.23a}$$

$$\boldsymbol{k}_{\mathrm{LR}}^{\mathrm{e}}=(\boldsymbol{k}_{\mathrm{RL}}^{\mathrm{e}})^{\mathrm{T}}=\begin{bmatrix}-\dfrac{E}{c_2} & 0 & \dfrac{E}{c_2}(f-y_{\mathrm{s}})\\ 0 & -\dfrac{E}{c_3} & \dfrac{l}{2}\dfrac{E}{c_3}\\ \dfrac{E}{c_2}(f-y_{\mathrm{s}}) & -\dfrac{l}{2}\dfrac{E}{c_3} & \dfrac{l^2}{2}\dfrac{E}{c_3}-\dfrac{E}{c_4}\end{bmatrix} \tag{1.2.23b}$$

$$\boldsymbol{k}_{\mathrm{RR}}^{\mathrm{e}}=\begin{bmatrix}\dfrac{E}{c_2} & 0 & -\dfrac{E}{c_2}(f-y_{\mathrm{s}})\\ 0 & \dfrac{E}{c_3} & -\dfrac{l}{2}\dfrac{E}{c_2}\\ -(f-y_{\mathrm{s}})\dfrac{E}{c_2} & -\dfrac{l}{2}\dfrac{E}{c_3} & \dfrac{E}{c_4}\end{bmatrix} \tag{1.2.23c}$$

式中:$c_1=2\Delta x\sum\limits_{j=1}^{n}\dfrac{1}{I_j\cos\varphi_1}$;

$c_2=2\Delta x\sum\limits_{j=1}^{n}\left[\dfrac{(y_j-y_{\mathrm{s}})^2}{I_j\cos\varphi_j}+\dfrac{\cos\varphi_j}{A_j}\right]$;

$c_3=2(\Delta x)^3\sum\limits_{j=1}^{n}\dfrac{\left(j-\dfrac{1}{2}\right)^2}{I_j\cos\varphi_j}$;

$c_4=\dfrac{1}{\dfrac{1}{c_1}+\dfrac{(f-y_{\mathrm{s}})^2}{c_2}-\dfrac{l}{2c_3}}$;

$y_{\mathrm{s}}=\dfrac{\sum\limits_{j=1}^{n}\dfrac{y_j}{I_j\cos\varphi_j}}{\sum\limits_{j=1}^{n}\dfrac{1}{I_j\cos\varphi_j}}$;

$y_j=f(x_j)=f[(j-1/2)\Delta x]$,为拱轴线方程;

$\cos\varphi_j=\dfrac{1}{\sqrt{1+\left[f'\left((j-\dfrac{1}{2})\Delta x\right)\right]^2}}$。

当拱的横截面变化服从以下规律

$$I_x=\frac{I_0}{\cos\varphi_x},\quad A_x=\frac{A_0}{\cos\varphi_x} \tag{1.2.24}$$

式中：I_0、A_0——拱顶截面的惯性矩及截面积。则 c_1、c_2、c_3、y_s 可简化为

$$\begin{cases} c_1 = \dfrac{2n\Delta x}{I_0} = \dfrac{l}{I_0} \\ c_2 = 2\Delta x\left[\dfrac{1}{I_0}\sum\limits_{j=1}^{n}(y_j - y_s)^2 + \dfrac{1}{A_0}\sum\limits_{j=1}^{n}\cos\varphi_j\right] \\ c_3 = \dfrac{2(\Delta x)^3}{I_0}\sum\limits_{j=1}^{n}(j-1/2)^2 \\ y_s = \dfrac{1}{n}\sum\limits_{j=1}^{n}y_i \end{cases} \tag{1.2.25}$$

又当拱轴为悬链线时，则 y_j、$\cos\varphi_j$ 可表示为

$$\begin{cases} y_j = \dfrac{f}{\bar{m}-1}[\operatorname{ch}k(j-1/2)\Delta x - 1] \\ \cos\varphi_j = \dfrac{1}{\sqrt{1+\eta^2\operatorname{sh}^2 k(j-1/2)\Delta x}} \end{cases} \tag{1.2.26}$$

式中：$k = \dfrac{2}{l}\ln(\bar{m} + \sqrt{\bar{m}^2 - 1})$；

$\eta = \dfrac{kf}{\bar{m}-1}$；

$\bar{m}$ ——拱轴系数；

f ——拱的计算矢高；

y_s ——弹性中心的竖向坐标；

其余符号意义如图 1.2.6 所示。

若为其他形式拱，同法可求。拱式结构的桥墩子结构刚度矩阵同梁式结构桥墩子结构刚度矩阵。等效节点力求法原理同梁式桥，在此不再赘述。

2.2.3 分析实例

如图 1.2.7a)、b)所示的刚构及连拱结构，其平衡方程均可表示为

$$\begin{Bmatrix} \boldsymbol{R}_1 \\ \boldsymbol{R}_2 \\ \boldsymbol{R}_3 \\ \boldsymbol{R}_4 \end{Bmatrix} = \begin{bmatrix} \boldsymbol{k}_{\mathrm{LL}}^{(1)} & \boldsymbol{k}_{\mathrm{LR}}^{(1)} & 0 & 0 \\ \boldsymbol{k}_{\mathrm{RL}}^{(1)} & \boldsymbol{k}_{\mathrm{RR}}^{(1)} + \boldsymbol{k}_{\mathrm{LL}}^{(2)} + \boldsymbol{k}_{\mathrm{LL}}^{(4)} & \boldsymbol{k}_{\mathrm{LR}}^{(2)} & 0 \\ 0 & \boldsymbol{k}_{\mathrm{RL}}^{(2)} & \boldsymbol{k}_{\mathrm{RR}}^{(2)} + \boldsymbol{k}_{\mathrm{LL}}^{(3)} + \boldsymbol{k}_{\mathrm{LL}}^{(5)} & \boldsymbol{k}_{\mathrm{LR}}^{(2)} \\ 0 & 0 & \boldsymbol{k}_{\mathrm{RL}}^{(3)} & \boldsymbol{k}_{\mathrm{RR}}^{(3)} \end{bmatrix} \begin{Bmatrix} \delta_1 \\ \delta_2 \\ \delta_3 \\ \delta_4 \end{Bmatrix} \tag{1.2.27}$$

式中：$\boldsymbol{R}_i = [N_i \quad Q_i \quad M_i]^{\mathrm{T}}$；

$\boldsymbol{\delta}_i = [u_i \quad w_i \quad \theta_i]^{\mathrm{T}}$。

考虑节点 1 和 4 的边界条件，修改平衡方程式(1.2.27)后，即可求得不为零的节点位移值，然后通过单元平衡方程就可获得单元节点内力值。此时超静定结构变为静定结构，按静力平衡条件即可计算出任一截面的内力值。

对于如图 1.2.7c)所示的连续梁桥，具体计算时，只需在式(1.2.27)中令桥墩刚度矩阵 $\boldsymbol{k}_{\mathrm{LL}}$ 为零即可。

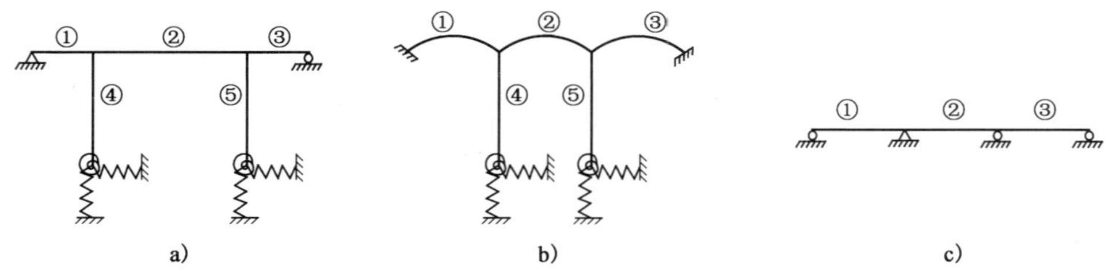

图 1.2.7　桥梁结构体系

为了分析方便、清晰可见，此处仅以三跨结构问题为例进行了说明。对于多跨结构，同理可解。

2.3　桥梁结构分析的最小势能原理

2.3.1　变截面连续梁桥分析

对于可按单梁计算的多跨连续梁桥，可以简化为图 1.2.8 所示，取两端支点间简支梁为基本结构，如图 1.2.9 所示。不计剪切应变时梁的形变内能 U 及外力（q、P_i、F_1 或自重）势能 V 可分别表示为

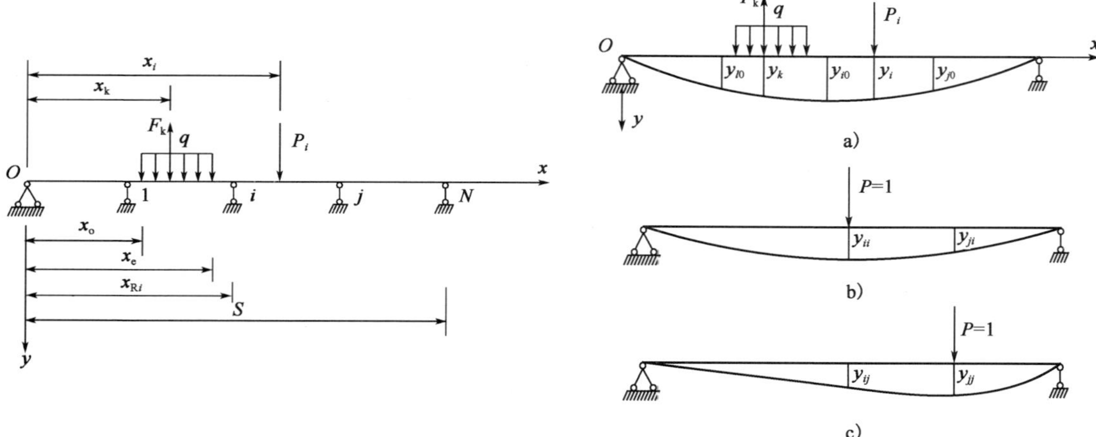

图 1.2.8　多跨连续简支梁桥结构简图　　　图 1.2.9　两端支点间简支梁的基本结构

$$U = \int_0^L \int_0^k M_b \mathrm{d}x\mathrm{d} \tag{1.2.28}$$

$$V = -\int_0^L \int_0^y q\mathrm{d}y\mathrm{d}x - \sum_{i=1}^{r} \int_0^{y_i} P_i \mathrm{d}y_i + \sum_{k=1}^{n} \int_0^{y_k} F_k \mathrm{d}y_k \tag{1.2.29}$$

则

$$U = \int_0^L \int_0^{y''} E_b I_b y'' \mathrm{d}x\mathrm{d}y'' \tag{1.2.30}$$

式中：κ——梁的曲率，$\kappa \approx y'' = \dfrac{\mathrm{d}^2 y}{\mathrm{d}x^2}$；

$E_\mathrm{b}I_\mathrm{b}$——梁的刚度；

M_b——梁任意截面弯矩；

y——跨径为 L 的简支梁挠度；

F_k——吊杆内力（$k=1,2,\cdots,n$），坐标 x_k；

q——梁上分布力，坐标$[x_0, x_\mathrm{e}]$；

P_i——梁上集中力，坐标 $x_i(i=1,2,\cdots,r)$；

L——连续梁（桥面系）全长。

总势能 $\Pi = U + V$。将式(1.2.28)、式(1.2.29)代入有

$$\Pi = \int_0^L\int_0^{y''} E_\mathrm{b}I_\mathrm{b}y''\mathrm{d}x\mathrm{d}y'' - \int_0^L\int_0^{y} q\mathrm{d}y\mathrm{d}x - \sum_{i=1}^{r}\int_0^{y_i} p_i\mathrm{d}y_i + \sum_{k=1}^{n}\int_0^{y_k} F_k\mathrm{d}y_k \tag{1.2.31}$$

设基本结构中[图1.2.2a)]梁的挠度 y 可以表示为傅里叶级数

$$y = \sum_{m-1}^{\infty} a_m \sin\frac{m\pi x}{L} \tag{1.2.32}$$

式中：a_m——傅里叶系数，待定。

由变分原理知，对于稳定结构的总势能要求满足：$\dfrac{\partial \Pi}{\partial a_m}=0$，即最小势能原理。

将式(1.2.31)代入即

$$E_\mathrm{b}\int_0^s I_\mathrm{b}y''\frac{\partial y''}{\partial a_m}\mathrm{d}x - \int_0^s q\frac{\partial y}{\partial a_m}\mathrm{d}x - \sum_{i=1}^{r}P_i\frac{\partial y_i}{\partial a_m} + \sum_{k=1}^{n}F_k\frac{\partial y_k}{\partial a_m} = 0 \tag{1.2.33}$$

将式(1.2.32)代入式(1.2.33)中，经演算得傅里叶系数 a_m 为

$$a_m = \frac{\dfrac{qL}{m\pi}\left(\cos\dfrac{m\pi x_e}{L} - \cos\dfrac{m\pi x_0}{L}\right) + \sum\limits_{i=1}^{r}P_j\sin\dfrac{m\pi x_i}{L} - \sum\limits_{k=1}^{n}F_k\sin\dfrac{m\pi x_k}{L}}{E_\mathrm{b}\left(\dfrac{m\pi}{L}\right)^4\int_0^L I_\mathrm{b}\left(\sin\dfrac{m\pi x}{L}\right)^2\mathrm{d}x} \tag{1.2.34}$$

若梁为等截面，由于 $I_\mathrm{b}=$常数，则式(1.2.34)的分母可分简化为 $E_\mathrm{b}I_\mathrm{b}\left(\dfrac{m\pi}{L}\right)^4\dfrac{L}{2}$。

在图1.2.9a)中，支座 i 处梁的挠度 y_{i0} 可以写为

$$y_{i0} = \sum_{m=1}^{\infty} a_m \sin\frac{m\pi x_{Ri}}{L} \quad (i=1,2,3,\cdots,N) \tag{1.2.35}$$

同理，在支座 i、j 处，梁受到单位反力作用而产生的挠曲线如图1.2.9b)、c)所示，可表示为

$$\begin{cases} y_i = \sum\limits_{m=1}^{\infty} b_{im}\sin\dfrac{m\pi x}{L} \\ y_j = \sum\limits_{m=1}^{\infty} b_{jm}\sin\dfrac{m\pi x}{L} \end{cases} \tag{1.2.36}$$

其中：

$$b_{im} = \frac{\sin\dfrac{m\pi x_{\mathrm{R}i}}{L}}{E_\mathrm{b}\left(\dfrac{m\pi}{L}\right)^4\int_0^L I_\mathrm{b}\left(\sin\dfrac{m\pi x}{L}\right)^2\mathrm{d}x} \quad (i = i,j)$$

因受到单位力作用，梁支承处产生的挠度 y_{ii}、y_{ij}、y_{ji}、y_{jj} 为

$$\left.\begin{aligned} y_{ii} &= \sum_{m=1}^{\infty} b_{im}\sin\frac{m\pi x_{Ri}}{L} \\ y_{ij} &= \sum_{m=1}^{\infty} b_{jm}\sin\frac{m\pi x_{Ri}}{L} \\ y_{ji} &= \sum_{m=1}^{\infty} b_{im}\sin\frac{m\pi x_{Rj}}{L} \\ y_{jj} &= \sum_{m=1}^{\infty} b_{jm}\sin\frac{m\pi x_{Rj}}{L} \end{aligned}\right\}\quad (i=1,2,3,\cdots,N) \tag{1.2.37}$$

设桥墩处支座反力为：$\boldsymbol{R}=[R_1,R_2,\cdots,R_N]^{\mathrm{T}}$，根据边界条件及力法原理，$\boldsymbol{R}$ 可由下式求解

$$\boldsymbol{kR}+\boldsymbol{y}=0 \tag{1.2.38}$$

式中：$\boldsymbol{y}=[y_{10}y_{20}\cdots y_{i0}\cdots y_{No}]^{\mathrm{T}}$，由式(1.2.35)给出。

$$\boldsymbol{k}=\begin{bmatrix} y_{11} & \cdots & y_{1i} & \cdots & y_{1N} \\ \vdots & & \vdots & & \vdots \\ y_{i1} & \cdots & y_{ii} & \cdots & y_{iN} \\ \vdots & & \vdots & & \vdots \\ y_{N1} & \cdots & y_{Ni} & \cdots & y_{NN} \end{bmatrix}$$

解方程(1.2.38)得出 $\boldsymbol{R}$ 后，梁的总挠度函数 Y 可以写为

$$Y(x)=\sum_{m=1}^{\infty}[a_m\ b_{1m}\cdots\ b_{im}\cdots\ b_{Nn}]\begin{Bmatrix}1\\ \boldsymbol{R}\end{Bmatrix}\sin\frac{m\pi x}{L} \tag{1.2.39}$$

众所周知，梁的内力及转角可由下式求得

$$\begin{cases} M_{\mathrm{b}}=-E_{\mathrm{b}}I_{\mathrm{b}}\dfrac{\mathrm{d}^2Y}{\mathrm{d}x^2} \\ Q_{\mathrm{b}}=-E_{\mathrm{b}}I_{\mathrm{b}}\dfrac{\mathrm{d}^3Y}{\mathrm{d}x^3} \\ \varphi_{\mathrm{b}}=\dfrac{\mathrm{d}Y}{\mathrm{d}x} \end{cases} \tag{1.2.40}$$

将式(1.2.39)代入式(1.2.40)中有

$$\begin{cases} M_{\mathrm{b}}=-E_{\mathrm{b}}I_{\mathrm{b}}\left(\dfrac{\pi}{L}\right)^2\displaystyle\sum_{m=1}^{\infty}m^2\boldsymbol{A}_m\boldsymbol{B}^{\mathrm{T}}\sin\frac{m\pi x}{L} \\ Q_{\mathrm{b}}=-E_{\mathrm{b}}I_{\mathrm{b}}\left(\dfrac{\pi}{L}\right)^3\displaystyle\sum_{m=1}^{\infty}m^3\boldsymbol{A}_m\boldsymbol{B}^{\mathrm{T}}\cos\frac{m\pi x}{L} \\ \varphi_{\mathrm{b}}=\dfrac{\pi}{L}\displaystyle\sum_{m=1}^{\infty}m\boldsymbol{A}_m\boldsymbol{B}^{\mathrm{T}}\cos\frac{m\pi x}{L} \end{cases} \tag{1.2.41}$$

式中：$\boldsymbol{A}_m=[a_m\quad b_{1m}\quad \cdots\quad b_{Nm}]$；

$\boldsymbol{B}=[1\quad R_1\quad R_2\quad \cdots\quad R_N]$。

若令 $q=0$，$P=1$，则由式(1.2.41)可作出连续梁任意截面内力影响线。对于自重荷载同法可以分析。

2.3.2 斜拉桥分析

斜拉桥是由斜拉索连接桥塔和加劲梁而形成的组合结构体系，如图1.2.10所示。为分析方便，并抓住主要问题，可假定：①斜拉索与梁及塔的连接是固结的；②塔与桥墩是固结的；③梁的端支承为铰支承；④斜拉索与塔在整个荷载过程中是在弹性范围内工作。

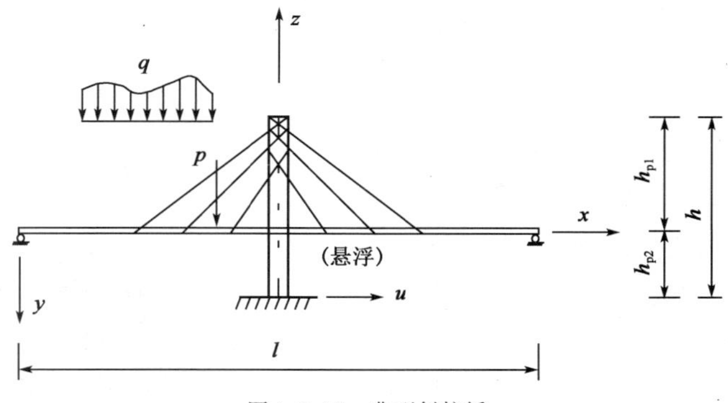

图1.2.10 典型斜拉桥

对于加劲梁结构，解除桥墩支点约束后，可假定其竖向位移为

$$y=\sum_{i=1}^{\infty}a_i\sin\frac{i\pi x}{L} \tag{1.2.42}$$

式中：L——两桥台支点的距离；

a_i——未知常数。

桥墩支点约束力可用变形协调条件求解。

桥塔（墩）的水平位移可假定为

$$u=b\left(1-\cos\frac{\pi z}{2h}\right) \tag{1.2.43}$$

式中：h——塔高；

z——塔的竖向坐标；

b——未知常数。

图1.2.10所示为斜拉桥的典型结构——单塔单索面斜拉桥，梁、塔分离，设桥上作用有集中荷载$P_1,P_2,\cdots,P_m$和均布荷载q_x。现对该桥建立两种坐标系——$x-y$和$z-u$；其中$x-y$用于梁，而$z-u$用于塔。塔与梁通过索连接，则全桥的总势能可表示为

$$\Pi=\int_0^l\frac{1}{2}E_bI_b(x)[y''(x)]^2\mathrm{d}x+\int_0^h\frac{1}{2}E_pI_p(z)\cdot[u''(z)]^2\mathrm{d}z+\frac{1}{2}\sum_{i=1}^{n}\frac{E_{ci}A_{ci}}{l_{ci}}(y_i\sin\theta_i\pm u_i\cos\theta_i)^2+$$
$$\int_0^l\frac{1}{2}N_b(x)[y'(x)]^2\mathrm{d}x+\int_0^h\frac{1}{2}N_p(z)[u'(z)]^2\mathrm{d}z-\sum_{k=1}^{m}P_kw_k-\int_0^lq_xy(x)\mathrm{d}x \tag{1.2.44}$$

式中：$E_bI_b(x)$——加劲梁在弹性范围内的抗弯刚度；

$E_pI_p(z)$——塔的抗弯刚度；

$E_{ci}A_{ci}$——第i根索的轴向刚度；

$N_b(x)$——加劲梁的轴向力（压力）；

$N_p(z)$——塔的轴向力(压力)；
$y(x)$——加劲梁的竖向变位；
$u(z)$——塔的水平变位；
n——斜拉索的总数量；
y_i——第 i 根索与梁连接点处梁的竖向位移；
u_i——第 i 根索与塔连接点处塔的水平位移；
θ_i——第 i 根索的倾角(与水平面的夹角)；
l_{ci}——第 i 根索的长度；
w_k——集中力 P_k 作用点处梁的挠度；
l——加劲梁全长；
h——墩、塔的高度。

式(1.2.44)中正、负号的取法规定如下:塔的水平位移方向离开索 i 时取正号,否则取负号(图 1.2.11),梁的竖向位移用式(1.2.42),塔的水平位移用式(1.2.43)。

考虑到索垂度的几何非线性影响,索的弹性模量 E_{ci} 采用 ERNST 公式。

将式(1.2.42)、式(1.2.41)代入式(1.2.44)中有

$$\begin{aligned}\Pi = &\int_0^l \frac{1}{2}E_b I_b(x)\left[-\left(\frac{\pi}{l}\right)^2\sum_{i=1}^{\infty}a_i\sin\frac{i\pi x}{l}\right]^2 dx + \int_0^h \frac{1}{2}N_b(x)\left[\frac{\pi}{l}\sum_{i=1}^{\infty}a_i\cos\frac{i\pi x}{l}\right]^2 dx - \\ &\int_0^l q_x\sum_{i=1}^{\infty}a_i\sin\frac{i\pi x}{l}dx - \sum_{k=1}^{m}P_k\sum_{i=1}^{\infty}a_i\sin\frac{i\pi x_b}{l} + \frac{1}{2}\sum_{i=1}^{n}\frac{E_{ci}A_{ci}}{l_{ci}}\cdot\left[\sum_{k=1}^{\infty}a_k\sin\frac{k\pi x_i}{l}\sin\theta_i \pm\right.\\ &\left.b\left(1-\cos\frac{\pi z_i}{2h}\right)\cos\theta_i\right]^2 + \int_0^h\frac{1}{2}E_p I_p(z)\left[b\left(\frac{\pi}{2h}\right)^2\cos\frac{\pi z}{2h}\right]^2 dz + \int_0^h\frac{1}{2}N_p(z)\left(b\frac{\pi}{2h}\sin\frac{\pi z}{2h}\right)^2 dz\end{aligned} \tag{1.2.45}$$

为考虑梁截面的非线性,取如图 1.2.12 所示为梁截面的应变图,则横截面上任意点的应变可以写为

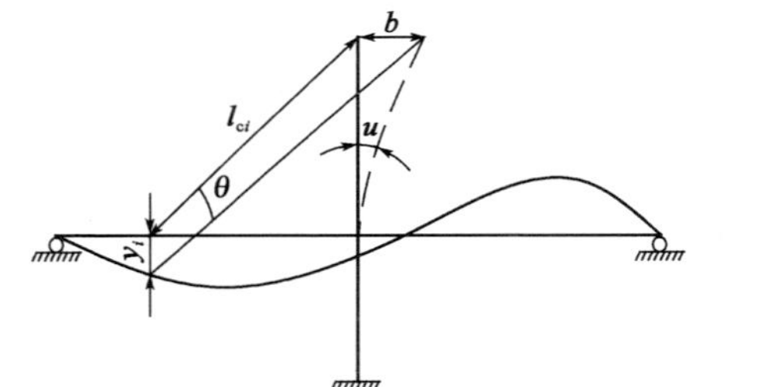

图 1.2.11　塔的水平位移

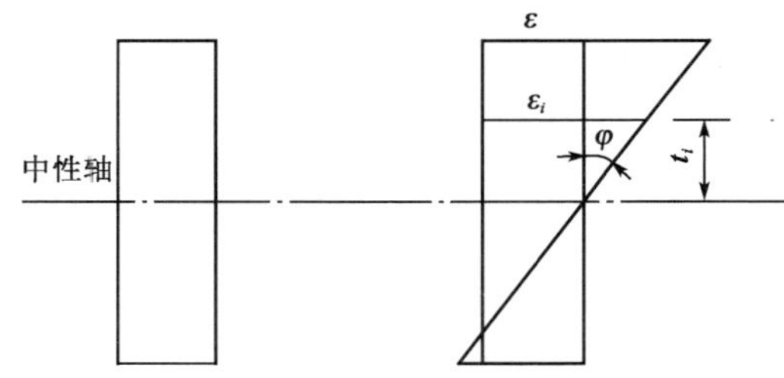

图 1.2.12　截面应变

$$\varepsilon_i = \varepsilon_0 + \varphi t_i \tag{1.2.46}$$

式中:ε_0——梁的轴向应变；
φ——横截面的转角。

应力—应变关系为:

对于钢结构有

$$\begin{cases}\sigma_i=\varepsilon_i E & [\varepsilon_i]\leqslant\varepsilon_y\\ \sigma_i=\sigma_y & \varepsilon_i>\varepsilon_y\\ \sigma_i=-\sigma_y & \varepsilon_i<-\varepsilon_y\end{cases}\tag{1.2.47}$$

式中：σ_y——钢(筋)的屈服应力；

ε_y——钢(筋)的屈服应变。

对于混凝土结构，受拉区混凝土开裂退出工作，仅有钢筋承受拉力，其本构关系同式(1.2.47)。受压区仅考虑混凝土参与工作。

如图1.2.13所示，若将梁截面分为若干个层单元，用单元中心截面的应力、应变关系来近似表示单元应力、应变，以面积 A_i 表示截面层 i 的面积，则

$$N_{\mathrm{b}}=\sum_A\sigma_i A_i,M=\sum_A\sigma_i A_i t_i\tag{1.2.48}$$

单元数量的多少将会影响计算的精度。

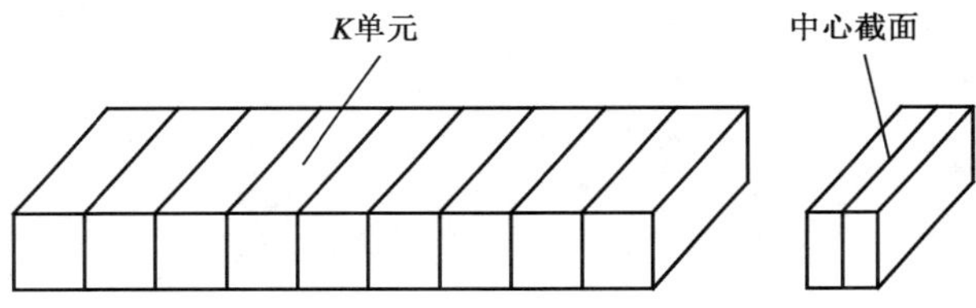

图1.2.13 梁单元

对于保守系统，总势能应取极值，此处有

$$\begin{cases}\dfrac{\partial\Pi}{\partial a_i}=0 & (i=1,2,3\cdots)\\ \dfrac{\partial\Pi}{\partial b}=0\end{cases}\tag{1.2.49}$$

由式(1.2.49)分别有

$$\left[E_{\mathrm{b}}\left(\frac{\pi}{l}\right)^4 i^2\ 1^2\sum_{k=1}^{\lambda}I_k A_{i1k}+\left(\frac{\pi}{l}\right)^2 i1\sum_{k=1}^{n-1}N_{\mathrm{b}k}B_{i1k}+\sum_{k=1}^{n}\frac{E_{\mathrm{c}k}A_{\mathrm{c}k}}{l_{\mathrm{c}k}}\sin\frac{i\pi x_k}{l}\sin\theta_k\sin\theta_k\sin\frac{\pi x_k}{l}\right]a_1+\cdots+$$

$$\left[E_{\mathrm{b}}\left(\frac{\pi}{l}\right)^4 i^2 j^2\sum_{k=1}^{\lambda}I_k A_{ijk}+\left(\frac{\pi}{l}\right)^2 ij\sum_{k=1}^{n-1}N_{bk}B_{ijk}+\sum_{k=1}^{n}\frac{E_{\mathrm{c}k}A_{\mathrm{c}k}}{l_{\mathrm{c}k}}\sin\frac{i\pi x_k}{l}(\sin\theta_k)^2\frac{i\pi x_k}{l}\right]a_j+\cdots+$$

$$\left[\sum_{k=1}^{n}\pm\frac{E_{\mathrm{c}k}A_{\mathrm{c}k}}{l_{\mathrm{c}k}}\left(1-\cos\frac{\pi z_k}{2h}\right)\cos\theta_k\sin\theta_k\frac{i\pi x_k}{l}\right]b=\frac{q_x l}{i\pi}(1-\cos i\pi)+\sum_{k=1}^{m}P_k\sin\frac{i\pi x_k}{l}$$

$$(i=1,2,3,\cdots;j=1,2,3,\cdots)\tag{1.2.50a}$$

其中

$$A_{ijk}=\int_{x_k}^{x_{k+1}}\sin\frac{i\pi x}{l}\sin\frac{j\pi x}{l}\mathrm{d}x$$

$$=-\frac{1}{2}\left\{\frac{l}{(i+j)\pi}\cdot\left[\sin\frac{(i+j)\pi x_{k+1}}{l}-\sin\frac{(i+j)\pi x_k}{l}\right]-\right.$$

$$\frac{l}{(i+j)\pi}\cdot\left[\sin\frac{(i-j)\pi x_{k+1}}{l}-\sin\frac{(i-j)\pi x_k}{l}\right]\Bigg\}\quad(i\neq j)$$

$$A_{iik}=-\frac{l}{4i\pi}\left(\sin\frac{2i\pi x_{k+1}}{l}-\sin\frac{2i\pi x_k}{l}\right)+\frac{1}{2}(x_{k+1}-x_k)$$

$$B_{ijk}=\int_{x_k}^{x_{k+1}}\cos\frac{i\pi x}{l}\cos\frac{j\pi x}{l}\mathrm{d}x$$

$$=\frac{1}{2}\Bigg\{\frac{1}{(i+j)\pi}\cdot\left[\sin\frac{(i+j)\pi x_{k+1}}{l}-\sin\frac{(i+j)\pi x_k}{l}\right]+$$

$$\frac{l}{(i-j)\pi}\cdot\left[\sin\frac{(i-j)\pi x_{k+1}}{l}-\sin\frac{(i-j)\pi x_k}{l}\right]\Bigg\}\quad(i\neq j)$$

$$B_{ijk}=-\frac{l}{4i\pi}\left(\sin\frac{2i\pi x_{k+1}}{l}-\sin\frac{2i\pi x_k}{l}\right)+\frac{1}{2}(x_{k+1}-x_k)\quad(k=1,n-1)$$

$$N_{bk}=\sum_{i=1}^{k}\frac{E_{ci}A_{ci}}{l_{ci}}\left[\sum_{m=1}^{\infty}a_m\sin\frac{m\pi x_i}{l}\sin\theta_i\pm b\left(1-\cos\frac{\pi z_i}{2h}\right)\cos\theta_i\right]\cos\theta_i$$

式中：x_k——索 k 的 x 坐标；

x_{k+1}——索 $k+1$ 的 x 坐标；

I_k——梁单元 k 的中心截面弹性范围内的抗弯惯性矩；

λ——梁单元的数量。

$$\sum_{k=1}^{n}\pm\frac{E_{ck}A_{ck}}{l_{ck}}\left(1-\cos\frac{\pi z_k}{2h}\right)\sin\theta_k\cos\theta_k\sin\frac{i\pi x_k}{l}a_j+\Bigg\{\sum_{k=1}^{n}\frac{E_{ck}A_{ck}}{l_{ck}}(\cos\theta_k)^2\left(1-\cos\frac{\pi z_k}{2h}\right)^2+\frac{1}{2}E_p\left(\frac{\pi}{2h}\right)^4\cdot$$
$$\left[I_{p1}\left(h_{p1}+\frac{h}{\pi}\sin\frac{\pi h_{p1}}{h}\right)+I_{p2}\left(h-h_{p1}-\frac{h}{\pi}\sin\frac{\pi h_{p1}}{h}\right)\right]+\frac{1}{2}\left(\frac{\pi}{2h}\right)^2\Bigg[N_{p,n_c}\left(z_m-\frac{h}{\pi}\sin\frac{\pi z_m}{h}\right)+$$
$$\sum_{k=1}^{n_c-1}N_{p,k}\left(z_k-\frac{h}{\pi}\sin\frac{\pi z_{n_c}}{h}-z_{k+1}+\frac{h}{\pi}\sin\frac{\pi z_{k+1}}{h}\right)\Bigg]\Bigg\}b=0$$

(1.2.50b)

其中

$$N_{p,k}=N_{1p,k}+N_{2p,n-k+1}$$

$$N_{1p,k}=\sum_{i=1}^{k}\frac{E_{ci}A_{ci}}{l_{ci}}\left[\sum_{m=1}^{\infty}a_m\sin\frac{m\pi x_i}{l}\sin\theta_i\pm b\left(1-\cos\frac{\pi z_i}{2h}\right)\cos\theta_i\right]\sin\theta_i\quad(k=1,2,\cdots,n_c)$$

$$N_{2p,k}=\sum_{i=k}^{n}\frac{E_{ci}A_{ci}}{l_{ci}}\left[\sum_{m=1}^{\infty}a_m\sin\frac{m\pi x_i}{l}\sin\theta_i\pm b\left(1-\cos\frac{\pi z_i}{2h}\right)\cos\theta_i\right]\sin\theta_i\quad(k=n_c+1,\cdots,n)$$

式中：E_pI_{p1}——塔下部的弯曲刚度；

E_pI_{p2}——塔上部的弯曲刚度；

n_c——索数量的一半；

z_k——与塔连接的索 k 的竖向坐标；

z_{k+1}——与塔连接的索 $k+1$ 的竖向坐标，且 $z_j>z_{j+1}$。

可分级加载，求解方程组(1.2.50)，即获解答。

对于其他类型斜拉桥,如图1.2.14所示的双塔斜拉桥,这时全桥的总势能为

$$\begin{aligned}\Pi = &\int_0^l \frac{1}{2}E_b I_b(x)[y''(x)]^2 dx + \int_0^l \frac{1}{2}N_b[y'(x)]^2 dx - \int_0^l q_x y(x) dx - \sum_{k=1}^{m} p_k y_k + \\ &\frac{1}{2}\sum_{i=1}^{n_l}\frac{E_{ci}A_{ci}}{l_{ci}}(y_i \sin\theta_i \pm u_{li}\cos\theta_i)^2 + \sum_{i=1}^{n_l}\frac{E_{ci}A_{ci}}{l_{ci}}(y_i \sin\theta_i \pm u_{rl}\cos\theta_i)^2 + \\ &\int_0^h \frac{1}{2}E_{pl}I_{pl}(z_1)[u_1''(z_1)]^2 dz_1 + \int_0^l \frac{1}{2}N_{pl}(z_1)\cdot[u_1'(z_1)]^2 dz_1 + \\ &\int_0^h \frac{1}{2}E_{pr}I_{pr}(z_r)[u_1''(z_r)]^2 dz_r + \int_0^l \frac{1}{2}N_{pr}(z_r)[u_r'(z_r)]^2 dz_r\end{aligned} \tag{1.2.51}$$

式中:下标 l、r——左、右塔;

其余符号意义同前。

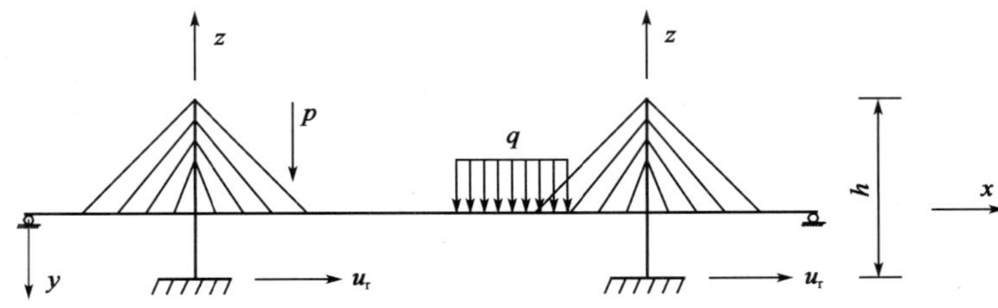

图1.2.14　双塔斜拉桥结构

u_1、u_r 分别表示为

$$\begin{cases} u_1 = b\left(1 - \cos\dfrac{\pi z_1}{2h}\right) \\ u_r = c\left(1 - \cos\dfrac{\pi z_r}{2h}\right) \end{cases} \tag{1.2.52}$$

式中:b、c——待定常数。

对于平衡系统,满足下式条件

$$\begin{cases} \dfrac{\partial \Pi}{\partial a_i} = 0 \quad (i = 1,2,3,\cdots) \\ \dfrac{\partial \Pi}{\partial b} = 0 \\ \dfrac{\partial \Pi}{\partial c} = 0 \end{cases} \tag{1.2.53}$$

同样的方法可求得 a_1、a_2、…、a_n 及 b 和 c,进而求得 y、u_1、u_r 和轴向力 N_t。

在加载过程中,索塔与索的工作状态从弹性阶段向弹塑性阶段转变时,可按照处理梁的办法来处理塔,即塔弯曲内能为

$$\Pi_{pc} = \int_0^h \frac{1}{2}E_p I_{pc}(z)[u''(z)]^2 dz \tag{1.2.54}$$

式中:$E_p I_{pc}$——塔弹塑性范围内的弯曲刚度。

索在弹塑性范围内工作时,其势能为

$$\Pi_{\mathrm{yc}}\sum_{i=1}^{n}\left[\left(y_i\sin\theta_i \pm u_i\cos\theta_i\right)\sigma_{\mathrm{cy}} - \frac{1}{2}\sigma_{\mathrm{cy}}\varepsilon_{\mathrm{cy}}l_{\mathrm{c}i}\right]A_{\mathrm{c}i} \tag{1.2.55}$$

式中：σ_{cy}、$\varepsilon_{\mathrm{cy}}$——索的屈服应力、应变。

这时计算假定中的第④条不能满足，只要将式(1.2.54)、式(1.2.55)代入式(1.2.51)中，全桥的总势能可表示为

$$\begin{aligned}\Pi = &\int_0^l \frac{1}{2}E_{\mathrm{b}}I_{\mathrm{b}}(x)\left[y''(x)\right]^2\mathrm{d}x + \int_0^h \frac{1}{2}E_{\mathrm{p}}I_{\mathrm{pcl}}(z_1)\cdot\left[u_1''(z_1)\right]^2\mathrm{d}z_1 + \\ &\int_0^h \frac{1}{2}E_{\mathrm{p}}I_{\mathrm{pcr}}(z_{\mathrm{r}})\left[u_{\mathrm{r}}''(z_{\mathrm{r}})\right]^2\mathrm{d}z_{\mathrm{r}} + \alpha\left[\frac{1}{2}\sum_{i=1}^{n_l}\frac{E_{\mathrm{c}i}A_{\mathrm{c}i}}{l_{\mathrm{c}i}}\left(y_i\sin\theta_i \pm u_{\mathrm{l}i}\cos\theta_i\right)^2 + \right.\\ &\left.\frac{1}{2}\sum_{i=1}^{n_{\mathrm{r}}}\frac{E_{\mathrm{c}i}A_{\mathrm{c}i}}{l_{\mathrm{c}i}}\left(y_i\sin\theta_i \pm u_{ri}\cos\theta_i\right)^2\right] + \beta\left\{\sum_{i=1}^{n_l}\left[\left(y_i\sin\theta_i \pm u_i\cos\theta_i\right)\sigma_y - \frac{1}{2}\sigma_{\mathrm{cy}}\varepsilon_{\mathrm{cy}}l_{\mathrm{c}i}\right]A_{\mathrm{c}i} + \right.\\ &\left.\sum_{i=1}^{n_r}\left(y_i\sin\theta_i \pm u_i\cos\theta_i\right)\sigma_{\mathrm{cy}} - \frac{1}{2}\sigma_{\mathrm{cy}}\varepsilon_{\mathrm{cy}}l_{\mathrm{c}i}\right]A_{\mathrm{c}i}\right\} + \int_0^l \frac{1}{2}N_{\mathrm{b}}(x)\cdot\left[y'(x)^2\right]\mathrm{d}x + \\ &\frac{1}{2}\int_0^h N_{\mathrm{p}l}(z_1)\left[u_1'(z_1)\right]^2\mathrm{d}z_1 + \frac{1}{2}\cdot\int_0^h N_{\mathrm{pr}}(z_{\mathrm{r}})\left[u_{\mathrm{r}}'(z_{\mathrm{r}})\right]^2\mathrm{d}z_{\mathrm{r}} - \sum_{k=1}^{m}P_k y_k - \int_0^l q_x y(x)\mathrm{d}x\end{aligned} \tag{1.2.56}$$

式中：系数 α、β 的取值如下

弹性阶段 $\begin{cases}\alpha=1\\ \beta=0\end{cases}$

弹塑性阶段 $\begin{cases}\alpha=0\\ \beta=1\end{cases}$

用此法可计算斜拉桥的承载力[3]。

2.4 桥梁结构分析的变形协调法

2.4.1 中(下)承式拱桥分析

图 1.2.15 所示是一系杆拱桥，几个单元结构名称已标在图中。

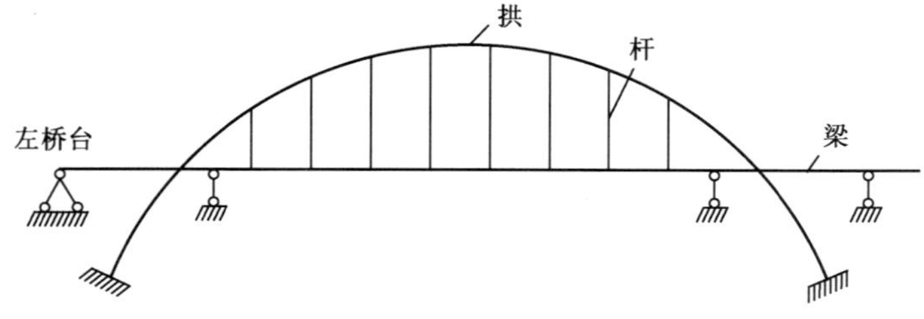

图 1.2.15 系杆拱桥

分析时将吊杆截开，分别取拱式结构和连续梁为基本结构，对拱采用弹性理论进行经典分析，对连续梁采用第 2.3 节的能量法给出级数解答，通过变形协调关系最后求得这种结构的全

部静力解答。

1）主拱分析

取拱的基本结构如图1.2.16所示，则拱的弹性平衡微分方程为

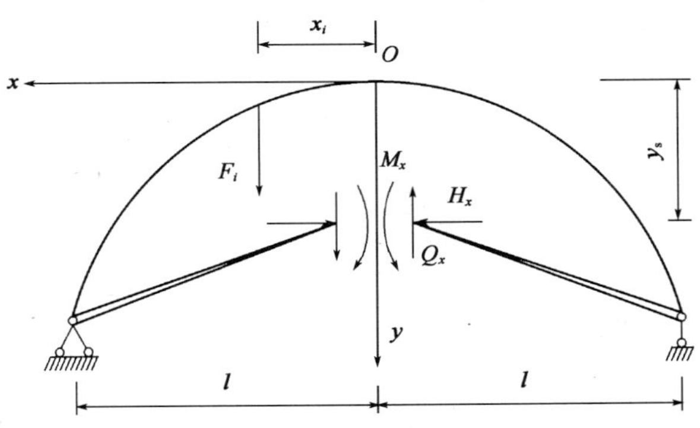

图1.2.16 拱的基本结构

$$\frac{\mathrm{d}^2 w}{\mathrm{d}x^2} = -\frac{\sec\alpha}{EI_a}[M_x + H_x(y - y_s) + Q_x x + M_x^0] - \frac{\mathrm{d}}{\mathrm{d}x}\left(\frac{N_x}{EA_a}\tan\varphi\right) \tag{1.2.57}$$

边界条件为

$$w(l) = w(-l) = 0 \tag{1.2.58}$$

弹性中心的约束方程为[1]

$$\begin{cases} \int_{-l}^{l} wy''\mathrm{d}x - \int_{-l}^{l} \frac{N_x}{EA_a}(1 + \tan^2\varphi)\mathrm{d}x = 0 \\ \frac{\mathrm{d}w(l)}{\mathrm{d}x} + \frac{N_1}{EA_r}\tan\varphi_r = 0 \\ \frac{\mathrm{d}w(-l)}{\mathrm{d}x} - \frac{N_r}{EA_r}\tan\varphi_r = 0 \end{cases} \tag{1.2.59}$$

式中： y_s——拱的弹性中心距原点的竖向距离；

H_x、M_x、Q_x——弹性中心的赘余推力、弯矩、剪力；

N_x——拱任意截面的轴力；

N_1、N_r——荷载作用时左、右拱脚的轴力；

A_r、φ_r——右拱脚的截面面积、倾角；

w——拱的竖向位移；

M_x^0——荷载在与拱同跨简支梁上产生的弯矩；

l——拱半跨长；

l、r——作为下标时，表示左、右。

式(1.2.57)的解可写为

$$w = A + Bx + \int_{-l}^{x} f(x)\mathrm{d}x - \int_{-l}^{x} xf(x)\mathrm{d}x \tag{1.2.60}$$

式中：$f(x) = -\frac{\sec\varphi}{EI}[M_x + H_x(y - y_s) + Q_x x + M_x^0] - \frac{\mathrm{d}}{\mathrm{d}x}\left(\frac{N_x}{EA_a} + \tan\varphi\right)$。

待定常数 A、B 由边界条件有

$$\begin{cases} A = -\dfrac{1}{2}\left[l\displaystyle\int_{-l}^{l} f(x)\,\mathrm{d}x - \int_{-l}^{l} xf(x)\,\mathrm{d}x\right] \\ B = \dfrac{A}{l} \end{cases} \tag{1.2.61}$$

利用约束方程有

$$\begin{cases} -\displaystyle\int_{-l}^{l} f(x)(y - f)\,\mathrm{d}x - \int_{-l}^{l} \frac{N_x}{EA_\mathrm{a}}(1 + \tan^2\varphi)\,\mathrm{d}x = 0 \\ B + \displaystyle\int_{-l}^{l} f(x)\,\mathrm{d}x - \frac{N_1}{EA_\mathrm{a}}\tan\varphi_r = 0 \\ B - \dfrac{N_\mathrm{r}}{EA_\mathrm{a}}\tan\varphi_r = 0 \end{cases} \tag{1.2.62}$$

整理式(1.2.61)和式(1.2.62)有

$$\begin{cases} t_2 H_x + t_3 M_x + t_1 + t_5 = 0 \\ s_2 H_x + s_3 M_x + s_1 = 0 \\ u_4 Q_x + u_1 + u_5 = 0 \end{cases} \tag{1.2.63}$$

式中：$t_2 = \dfrac{1}{E}\displaystyle\int_{-l}^{l} \frac{(y - y_\mathrm{s})^2\mathrm{d}x}{I_1}$；

$t_3 = \dfrac{1}{E}\displaystyle\int_{-l}^{l} \frac{(y - y_\mathrm{s})\mathrm{d}x}{I_1}$；

$t_1 = \dfrac{1}{E}\displaystyle\int_{-l}^{l} \frac{M_x^0\mathrm{d}x}{I_1}$；

$t_5 = \dfrac{1}{E}\displaystyle\int_{-l}^{l} \frac{N_x\mathrm{d}x}{A_1}$；

$s_2 = t_3$；

$s_3 = \dfrac{1}{E}\displaystyle\int_{-l}^{l} \frac{\mathrm{d}x}{I_1}$；

$s_1 = t_1$；

$u_4 = \dfrac{1}{El}\displaystyle\int_{-l}^{l} \frac{x^2\mathrm{d}x}{I_1}$；

$u_1 = \dfrac{1}{El}\displaystyle\int_{-l}^{l} \frac{xM_x^0\mathrm{d}x}{I_1}$；

$u_5 = \dfrac{t_5}{l}$。

又因为[2]

$$N_x = H_x\cos\varphi - Q_x\sin\varphi + N_\mathrm{p} \tag{1.2.64}$$

将式(1.2.64)代入式(1.2.63)中,解得

$$\begin{cases} H_x = -\dfrac{\displaystyle\int_{-l}^{l}\frac{M_x^0(y-y_s)\mathrm{d}x}{I_1}+\int_{-l}^{l}\frac{N_p\mathrm{d}x}{A_1}}{\displaystyle\int_{-l}^{l}\frac{\overline{M}(y-y_s)^2\mathrm{d}x}{I_1}+\int_{-l}^{l}\frac{\cos\varphi\mathrm{d}x}{A_1}} \\ M_x = -\dfrac{\displaystyle\int_{-l}^{l}\frac{M_x^0\mathrm{d}x}{I_1}}{\displaystyle\int_{-l}^{l}\frac{\mathrm{d}x}{I_1}} \\ Q_x = -\dfrac{\displaystyle\int_{-l}^{l}\frac{xM_x^0\mathrm{d}x}{I_1}+\int_{-l}^{l}\frac{N_p\tan\varphi\mathrm{d}x}{A_1}}{\displaystyle\int_{-l}^{l}\frac{x^2\mathrm{d}x}{I_1}+\int_{-l}^{l}\frac{\sin\varphi\tan\varphi\mathrm{d}x}{A_1}} \end{cases} \tag{1.2.65}$$

式中:N_p—— 荷载在简支拱上产生的轴力;

I_1——$I_1 = I_a\cos\varphi$,I_a 为拱圈截面惯性矩;

A_1——$A_1 = A_a\cos\varphi$,A_a 为拱圈截面面积。

这样,可由式(1.2.60)求得拱轴任一点的挠度。由式(1.2.65)可求得弹性中心的3个未知力 M_x、H_x 和 Q_x。拱的截面内力可由下式求得:

$$\begin{cases} M = M_x + H_x(y-y_0) + Q_x x + M_x^0 \\ N = H_x\cos\varphi - Q_x\sin\varphi + N_p \\ Q = H_x\sin\varphi \pm Q_x\cos\varphi + Q_p \end{cases} \tag{1.2.66}$$

式中:Q_p——荷载在简支拱上产生的剪力。

由式(1.2.66)可以作出拱任一截面的内力影响线。

2)变形协调关系及求解方程

在以上分析中,吊杆力 F_k 还是未知的,为求得 F_k,可以用梁(第2.3节)与拱(本节)的变形协调关系:在与吊杆一端相连的梁的挠度等于另一端与拱相连的拱的挠度加上吊杆的变形量。即

$$Y_i = W_i + \Delta_i = W_i + \frac{F_i h_i}{k_i} \quad (i=1,,2,\cdots,n) \tag{1.2.67}$$

式中:Y_i、W_i——吊杆 i 与梁、拱节点处梁、拱的挠度;

h_i、k_i、Δ_i——吊杆 i 的长度、抗拉刚度、变形量。

在式(2.3.12)中,令

$$y_R = \sum_{m=1}^{\infty}[\,b_{1m} \quad \cdots \quad b_{im} \quad \cdots \quad b_{Nm}\,]\boldsymbol{R}\sin\frac{m\pi x}{L}$$

$$S_m = \frac{qs}{m\pi}\left(\cos\frac{m\pi x_0}{L} - \cos\frac{m\pi x_e}{L}\right) + \sum_{i=1}^{r}P_i\sin\frac{m\pi x_i}{L}$$

$$T_m = E_b\left(\frac{m\pi}{L}\right)^4\int_0^s I_b\left(\sin\frac{m\pi x}{L}\right)^2\mathrm{d}x$$

则 $$Y=\sum_{m=1}^{\infty}\left(\frac{s_m}{T_m}-\frac{1}{T_m}\sum_{k=1}^{n}F_k\sin\frac{m\pi\bar{x}_k}{L}\right)\sin\frac{m\pi x}{L}+y_{\mathrm{R}} \tag{1.2.68}$$

吊杆 i 与梁节点处梁的挠度 Y_i 为

$$Y_i=\sum_{m=1}^{\infty}\left(\frac{S_m}{T_m}-\frac{1}{T_m}\sum_{k=1}^{n}F_k\sin\frac{m\pi\bar{x}_k}{L}\right)\sin\frac{m\pi\bar{x}_i}{L}+y_{\mathrm{R}}(\bar{x}_i) \tag{1.2.69}$$

将式(1.2.69)代入式(1.2.67)整理得求解 F_i 方程为

$$\boldsymbol{CF}=\boldsymbol{B} \tag{1.2.70}$$

式中:$\boldsymbol{C}=\begin{bmatrix} C_{11} & \cdots & C_{1i} & \cdots & C_{1n} \\ \vdots & & \vdots & & \vdots \\ C_{i1} & \cdots & C_{Ii} & \cdots & C_{in} \\ \vdots & & \vdots & & \vdots \\ C_{n1} & \cdots & C_{ni} & \cdots & C_{nn} \end{bmatrix}$;

$\boldsymbol{F}=[F_1 \quad F_2 \quad F_3 \quad \cdots \quad F_n]^{\mathrm{T}}$;

$\boldsymbol{B}=[b_1 \quad b_2 \quad \cdots \quad b_n]^{\mathrm{T}}$;

$b_i=-W_i+\sum_{m=1}^{\infty}\frac{S_m}{T_m}\sin\frac{m\pi\bar{x}_j}{L}\sin\frac{m\pi\bar{x}_i}{L}+y_{\mathrm{R}}(\bar{x}_i)$;

$C_{ii}=\sum_{m=1}^{\infty}\frac{1}{T_m}\sin^2\frac{m\pi\bar{x}_j}{L}+\frac{h_i}{k_i}$;

$C_{ij}=\sum_{m=1}^{\infty}\frac{1}{T_m}\sin\frac{m\pi\bar{x}_j}{L}\sin\frac{m\pi\bar{x}_i}{L} \quad (i\neq j)$。

本节主要以无立柱的中(下)承式拱为例进行讨论,对于有立柱中承式拱,只要视立柱为受压吊杆,同法可进行分析。

2.4.2 斜拉桥分析

对于斜拉桥,可以假定:①所有的斜拉索与塔柱之间为铰接;②主梁通过塔墩时,是简支在桥墩上;③塔柱固结在桥墩上;④主梁与塔柱的轴向变形可略去不计。

1)主梁变形计算

图 1.2.17 所示为一独塔双孔斜拉桥,若截开斜拉索,则可用一组刚度为 $k_i(i=1,2,3,\cdots,N)$的弹性支承取代。解除桥墩提供的支承,受载主梁可简化为图 1.2.18 所示的基本体系。按第 2.3 节的分析方法,梁的最终挠度 Y 可表示为

$$Y=\sum_{m=1}^{\infty}[a_m \quad b_{1m}]\begin{Bmatrix}1\\R_1\end{Bmatrix}\sin\frac{m\pi x}{L} \tag{1.2.71}$$

式中:$R_1=\frac{-y_{10}}{y_{11}}$;

$y_{10}=\sum_{m-1}^{\infty}a_m\sin\frac{m\pi x_p}{L}$;

$y_{11}=\sum_{m-1}^{\infty}b_{1m}\sin\frac{m\pi x_{\mathrm{p}}}{L}$;

$$a_m = \frac{\left(\frac{pL}{m\pi}\right)\left[\cos\frac{m\pi x_0}{L} - \cos\frac{m\pi x_e}{L}\right] - \sum_{i=1}^{N} F_{yi}\sin\frac{m\pi x_i}{L}}{E_b I_b\left(\frac{m\pi}{L}\right)^4 \frac{L}{2}};$$

$$b_{1m} = \frac{\sin\frac{m\pi x_p}{L}}{E_b I_b\left(\frac{m\pi}{L}\right)^4 \frac{L}{2}};$$

$E_b I_b$ ——梁的抗弯刚度；

F_{yi} ——斜拉索 i 拉力的竖向分量；

其余符号意义参见图 1.2.17、图 1.2.18。

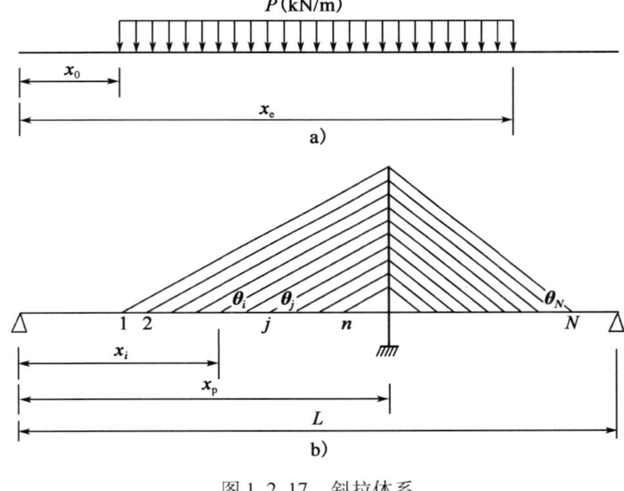

图 1.2.17　斜拉体系

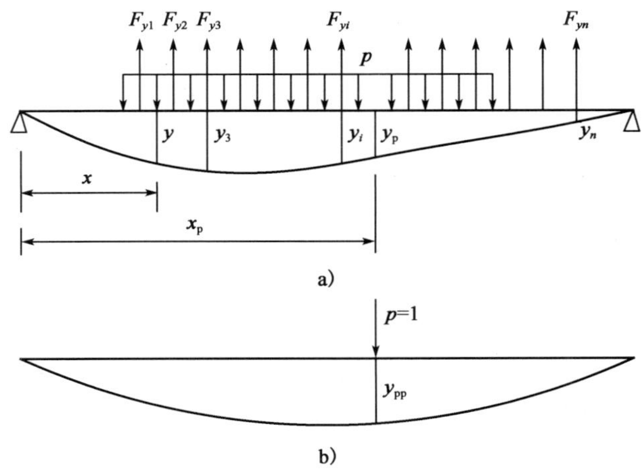

图 1.2.18　主梁基本体系

2）斜索 i 与塔连接点处索塔的水平位移 Δ_i 计算

如图 1.2.19 所示为斜索 i 在梁与塔变形时的变形情况，图 1.2.20 为斜索与塔连接情况。

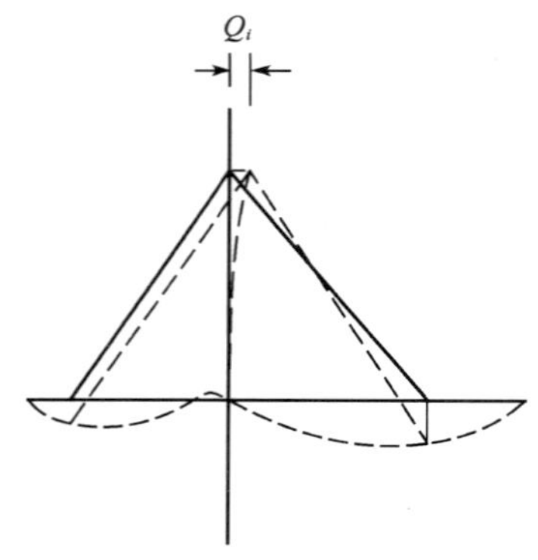

图 1.2.19 斜拉桥变形情况

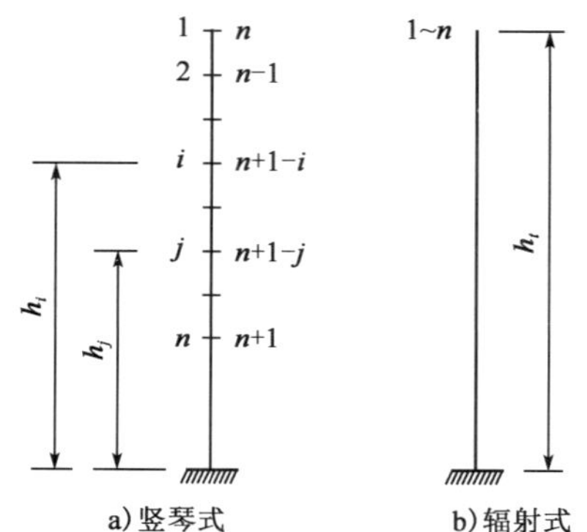

图 1.2.20 斜索与索塔连接位置

塔底固结时索塔的柔度矩阵可写成如下形式：

$$\boldsymbol{\delta}=[\delta_{ij}] \quad (i,j=1,2,3,\cdots,n) \tag{1.2.72}$$

式中：n——索塔驻点数目，即为在索塔一侧锚固的斜索最大数目。

δ_{ij}可由下式计算

$$\delta_{ij}=\frac{1}{E_{\mathrm{p}}I_{\mathrm{p}}}\left(\frac{1}{2}h_j^2\right)\left(h_i-\frac{1}{3}h_j\right) \quad (\delta_{ij}=\delta_{ji}) \tag{1.2.73}$$

式中：$E_{\mathrm{p}}I_{\mathrm{p}}$——索塔的弯曲刚度，$i=1,2,\cdots,n$；$j=1,2,\cdots,n$；且 $h_i>h_j$[图 1.2.20a)]。

通常，索塔每一驻点都有一对斜拉索与索塔相连接，因此，索塔驻点数目等于锚固于索塔的斜索数目的一半。索塔驻点 i 处的水平位移 Δ_i 由下式给出

$$\Delta_i=\sum_{j=1}^{n}\delta_{ij}[F_{xj}-F_{x(n+1-j)}] \tag{1.2.74}$$

式中：F_{xj}——斜拉索 j 的拉力 F_j 的水平分量；

$F_{x(n+1-j)}$——与斜拉索 j 锚于同点处的斜拉索$(n+1-j)$的拉力 $F_{(n+1-j)}$ 的水平分量。

若斜拉索为辐射型时，所有的斜拉索均连接在塔的一点 t 处，则

$$\Delta_t=\delta_t[\sum F_{x\mathrm{l}}-\sum F_{x\mathrm{r}}] \tag{1.2.75}$$

式中：　Δ_t——所有斜拉索连接点 t 处索塔的水平位移；

δ_t——索塔点 t 处的柔度系数，$\delta_t=h_t^3/3E_{\mathrm{p}}I_{\mathrm{p}}$；

h_t——桥塔高度；

$\sum F_{x\mathrm{l}}$、$\sum F_{x\mathrm{r}}$——连接在索塔左边、右边所有斜拉索拉力的水平分量之和。

3）斜拉索的拉力 F_i 计算

由图 1.2.20 的几何关系可得 F_i 为

$$F_i=k_i(Y_i\sin\theta_i\pm\Delta_i\cos\theta_i) \tag{1.2.76}$$

式中：k_i——斜拉索 i 的刚度；

Y_i——斜拉索 i 与主梁锚固处最终主梁的挠度；

θ_i——斜拉索 i 与主梁夹角，$i=1,2,\cdots,n$。

式(1.2.76)中的正负号取值如下：当索塔沿水平方向离开斜拉索 i 位移时取正号，否则取负号。

斜拉索拉力 F_i 的竖向分量 F_{yi} 和水平分量 F_{xi} 分别为

$$\begin{cases} F_{yi} = F_i \sin\theta \\ F_{xi} = F_i \cos\theta \end{cases} \tag{1.2.77}$$

4)变形协调及求解

利用变形协调条件,求解过程如下:

(1)利用式(1.2.37)求桥墩处主梁柔度系数 y_{11}。

(2)假定斜拉力 F_i 的初始值,例如可设 $F_i=0$。

(3)由式(1.2.77)确定 F_i 的水平分力 F_{xi} 及竖向分力 F_{yi}。

(4)利用式(1.2.76)或式(1.2.75)确定索塔的水平位移 Δ_i。

(5)利用式(1.2.71)求系数 a_m,基本体系中桥墩处主梁挠度 y_{10} 支反力 R_1 及主梁最终挠度 Y_i。

(6)利用式(1.2.76)求斜拉索拉力 F_i 的改进值。

(7)重复步骤(3)~(6),直到收敛为止。

索塔的轴向压力及桥墩的轴向压力分别为

索塔
$$F_{\mathrm{p}} = \sum_{i=1}^{n} F_{yi} \tag{1.2.78}$$

桥墩
$$R_{\mathrm{p}} = F_{\mathrm{p}} + R_1 \tag{1.2.79}$$

主梁及塔柱的其他内力计算可由静力平衡直接给出,在此不再赘述。

5)多跨斜拉桥求解要点

如果斜拉桥有多个索塔(如 n 个索塔,$n+1$ 跨桥),则除了要确定主梁 n 个反力外,上述分析过程均是相同的。利用虚功原理可求得主梁反力如下

$$\boldsymbol{R} = -\boldsymbol{k}^{-1}\boldsymbol{y} \tag{1.2.80}$$

式中各符号意义同式(1.2.38)。

主梁的最终挠度由式(1.2.39)给出。

另外,若要考虑索的几何非线性影响,可在每一次循环中修改拉索刚度 k_i,同时亦可考虑索塔与主梁的轴向变形来进行分析。用此方法还可进行结构的非线性及承载力分析。

2.4.3 斜拉—自锚式悬索组合体系桥的能量原理—变形协调法分析

1)基本分析结构

作为示例,取斜拉—自锚式悬索组合体系桥的一般计算图式如图1.2.21所示,该体系可离散为如图1.2.22所示的斜拉部分和自锚式悬索部分的组合。为了便于分析,将该结构体系离散成缆索及塔一体和主梁两部分,将主缆、吊杆及斜拉索截开,用未知力 $F_i(i=1,2,3,\cdots,n)$ 来表示。

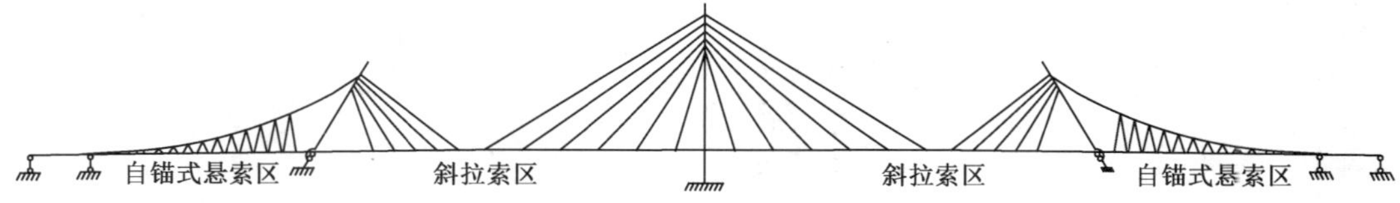

图1.2.21 斜拉—自锚式悬索组合体系桥计算图式

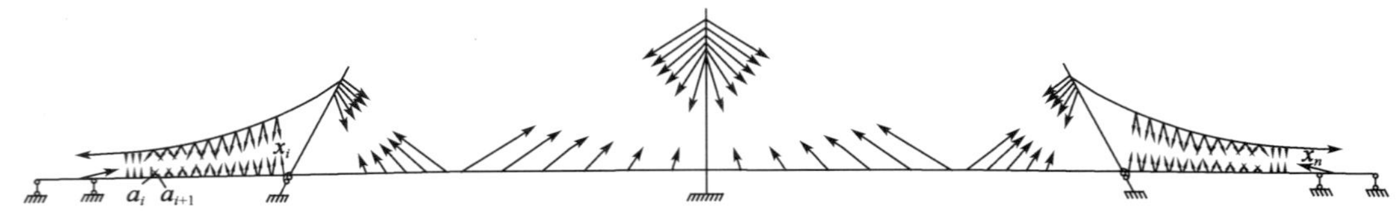

图 1.2.22　斜拉—自锚式悬索组合体系桥离散结构

斜拉—自锚式悬索组合体系中自锚式悬索段由直吊杆和斜吊杆组成，斜吊杆成对出现，为了使计算简化，可将斜吊杆通过力相同等效为直吊杆，因此，该体系最终离散为如图 1.2.23 所示的结构。取主梁的基本结构图式如图 1.2.24 所示，将斜拉—自锚式悬索组合体系桥的吊杆、主缆、背索及斜拉索截开，用未知力代替，取主梁为连续结构(图 1.2.8)。采用收敛速度较快的正弦级数来表示主梁的内力和变形，如第 2.3 节。塔及斜拉索采用精确解析法进行求解，主缆采用弹性理论进行分析。

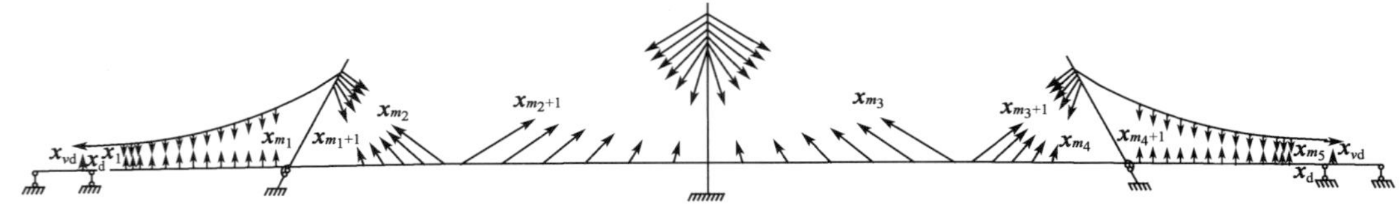

图 1.2.23　斜拉—自锚式悬索组合体系桥简化计算结构离散图

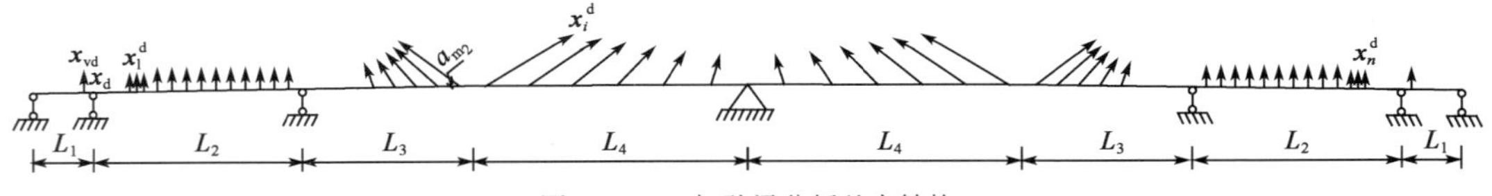

图 1.2.24　加劲梁分析基本结构

2)结构位移分析

(1)边(副)塔的水平位移

边(副)塔的水平位移包括背索 i 与塔连接点处索塔的水平位移 f_1 和主缆在连接点 A 处引起索塔的水平变位 f_2。

对于 f_1，副塔部位背索与副塔锚固具体位置及背索编号如图 1.2.25 所示。图 1.2.25 中 h_L 表示主缆在副塔中的锚固点 A 距离塔底高度，h_i 表示背索在副塔锚固点 i 距离塔底的高度。

塔底固结时，索塔的柔度矩阵可写成

$$\boldsymbol{\delta}=[\delta_{Ai}]\quad(i=1,2,\cdots,n)\tag{1.2.81}$$

式中：n——背索数目；

δ_{Ai}——由下式计算：

$$\delta_{Ai}=\begin{cases}\dfrac{1}{E_pI_p}\left(\dfrac{h_ih_L^2}{\sin\theta}+\dfrac{h_L^2h_i-h_L^3}{\sin^2\theta}\right) & (h_i>h_L)\\[2ex] \dfrac{1}{E_pI_p}\left(\dfrac{h_Lh_i^2}{\sin\theta}+\dfrac{h_i^2h_L-h_i^3}{\sin^2\theta}\right) & (h_i\leqslant h_L)\end{cases}\tag{1.2.82}$$

式中：E_pI_p——副塔的抗弯刚度。

背索与主缆连接点 A 处的水平位移 f_1 由下式给出

$$f_1 = \sum_{i=1}^{n} \delta_{Ai} F_{xi} \tag{1.2.83}$$

式中：F_{xi}——背索 i 的拉力 F_i 的水平分量。

对于 f_2，图 1.2.26 所示为主缆与副塔连接情况，单位力 $P=1$ 沿主缆方向作用于 A 点时，其位移可表示为

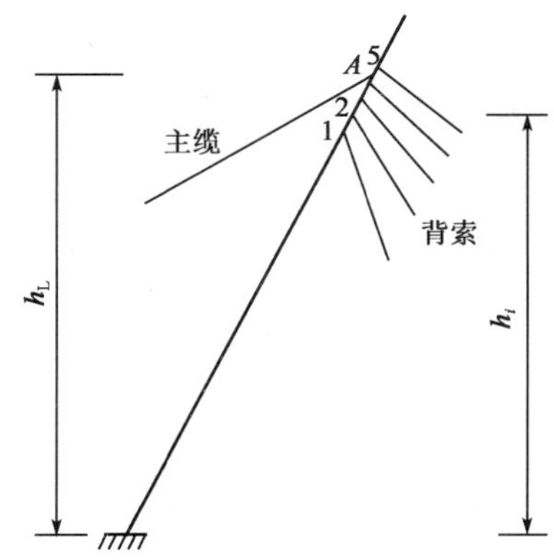

图 1.2.25　边(副)塔及缆索

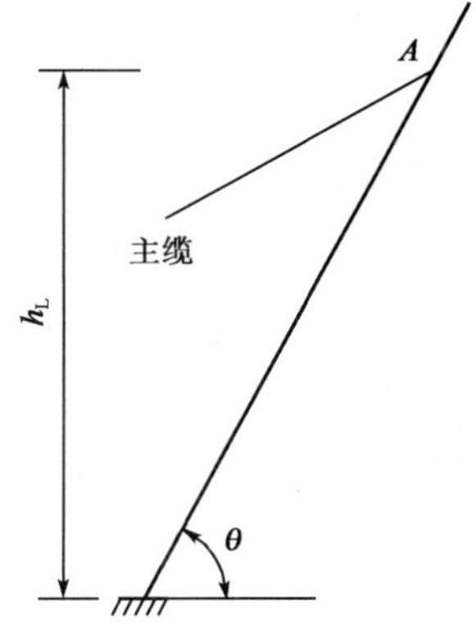

图 1.2.26　主缆与副塔连接

$$\delta_{AA} = \frac{h_L^3}{3E_p I_p \sin\theta} \tag{1.2.84}$$

因此，索塔与主缆连接点 A 处因主缆作用引起的水平位移为

$$f_2 = \delta_{AA} F_x \tag{1.2.85}$$

式中：F_x——主缆的拉力 F 的水平分量。

(边)副塔 A 处的水平变位 Δ_1 为

$$\Delta_1 = f_1 - f_2 = \sum_{i=1}^{n} \delta_{Ai} F_{xi} - \delta_{AA} F_x \tag{1.2.86}$$

(2)主塔的水平位移计算

索塔驻点 j 处的水平位移 Δ_j 由下式给出

$$\Delta_j = \sum_{j=1}^{n} \delta_{jk} [F_{xj} - F_{x(n+1-j)}] \tag{1.2.87}$$

其中：

$$\delta_{jk} = \frac{1}{E_T I_T}\left(\frac{1}{2}h_k^2\right)\left(h_j - \frac{1}{3}h_k\right)$$

式中：F_{xj}——斜拉索 j 的拉力 F_j 的水平分量；

$F_{x(n+1-j)}$——与斜拉索 j 锚于同点处的斜拉索 $(n+1-j)$ 的拉力 $F_{(n+1-j)}$ 的水平分量。

3)索力计算

(1)斜拉索拉力 F_j

根据拉索与主梁及主塔的几何关系，可得 F_j 为

$$F_j = \kappa_j (y_j \sin\theta_j \pm \Delta_j \cos\theta_j) \tag{1.2.88}$$

式中：κ_j——斜拉索 j 的刚度；

y_j——斜拉索 j 与主梁锚固处最终主梁挠度；

θ_j——斜拉索 j 与主梁夹角，$i=1,2,\cdots,n$。

式中的正负号取值如下：当索向右取正号，否则取负号。

斜拉索拉力 F_j 的水平分力 F_{xj} 和竖向分力 F_{yj} 分别表示为

$$\left.\begin{aligned} F_{xj} &= F_j\cos\theta \\ F_{yj} &= F_j\sin\theta \end{aligned}\right\} \tag{1.2.89}$$

（2）背索的拉力 F_i

$$F_i = \kappa_i(y_i\sin\theta_i \pm \Delta_i\cos\theta_i) \tag{1.2.90}$$

式中：κ_i——背索 i 的刚度；

y_i——背索 i 与主梁锚固处最终主梁挠度；

θ_i——背索 i 与主梁夹角，$i=1,2,\cdots,n$。

式中的正负号取法如下：当索向右取正号，否则取负号。

斜拉索拉力 F_i 的水平分力 F_{xi} 和竖向分力 F_{yi} 分别表示为

$$\left.\begin{aligned} F_{xi} &= F_i\cos\theta \\ F_{yi} &= F_i\sin\theta \end{aligned}\right\} \tag{1.2.91}$$

（3）主缆力计算

在进行主缆力在活载作用下的理论计算时，可以假定：①主缆的材料符合胡克定律，主缆为不能受压和受弯为理想的柔性材料。活载作用下，主缆在主梁锚固处无变位。②无活载作用，吊杆为竖直，不考虑其在活载作用下的拉伸和倾斜，当作仅在竖向有抗力的膜。③主缆缆力沿顺桥向分量在全跨相同。则两点支承的缆索受力情况可根据具有相同跨度和相同荷载的简支梁确定。

如图 1.2.27 所示的主缆分析模型，根据假定有

$$R_{\mathrm{H}}(0) = R_{\mathrm{H}}(a) = H \tag{1.2.92}$$

缆索平衡条件

$$\sum M_{\mathrm{A}} = 0, \sum M_{\mathrm{B}} = 0, \sum R = 0 \tag{1.2.93}$$

简支梁平衡条件

$$\sum R = 0 \tag{1.2.94}$$

根据式（1.2.92）～式（1.2.94）可得

$$R_{\mathrm{v}}(0) = R(0) - H\frac{h}{a} \tag{1.2.95}$$

$$R_{\mathrm{v}}(a) = R(a) + H\frac{h}{a} \tag{1.2.96}$$

取主缆微小单元 dx，由图 1.2.27 可知，索段竖向力的平衡条件为

$$-V(x) + \{V(x) + \mathrm{d}[T(x)\sin a]\} + q\mathrm{d}x = 0 \tag{1.2.97}$$

整理后可得

$$\frac{\mathrm{d}^2 y}{\mathrm{d}x^2} = -\frac{q}{H} \tag{1.2.98}$$

结合边界条件对式（1.2.98）进行积分，并整理可得主缆曲线的方程为

$$y=\frac{M(x)}{H}+\frac{h}{a}x \tag{1.2.99}$$

AB 直线的方程为

$$y=\frac{h}{a}x \tag{1.2.100}$$

结合式(1.2.99)及式(1.2.100)可将主缆曲线的垂度 $k(x)$ 表示为

$$k(x)=\frac{M(x)}{H} \tag{1.2.101}$$

以上各式的符号意义见图 1.2.27 及图 1.2.28。

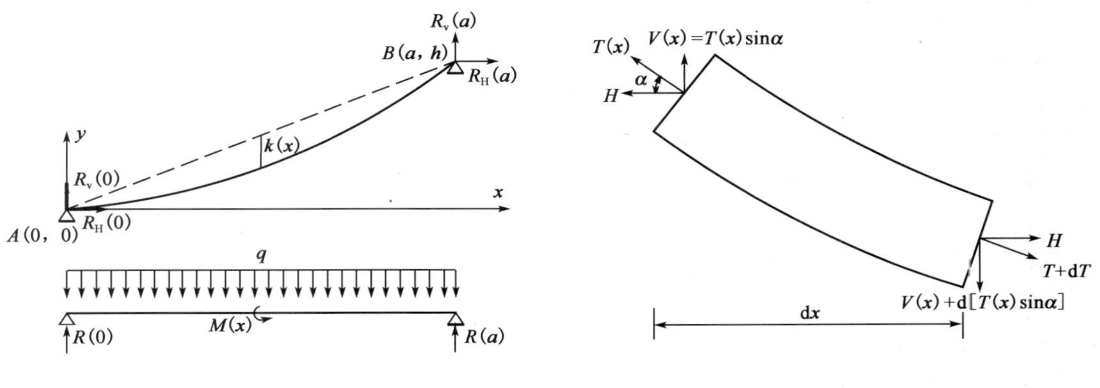

图 1.2.27 主缆分析模型　　　　图 1.2.28 主缆微段示意

在得到主缆水平力后,便可确定主缆缆力。结构在活载作用下,若塔无偏移时,主缆的水平分力可表示为

$$H=\frac{qa^2}{8f} \tag{1.2.102}$$

在塔发生偏移后,可根据背索拉力引起塔的水平位移为初值进行迭代计算,主缆力的求解流程如下:

①已知成桥状态主缆锚固点水平距离 l'',竖向距离 h,活载均布荷载集度 q;

②以背索在副塔顶产生的位移 $f_1=\Delta_1$ 为基础,假设 $\delta_{Ai}=\begin{cases}\dfrac{1}{E_pI_p}\left(\dfrac{h_ih_L^2}{\sin\theta}+\dfrac{h_L^2h_i-h_L^3}{\sin^2\theta}\right)(h_i>h_L)\\[2ex]\dfrac{1}{E_pI_p}\left(\dfrac{h_Lh_i^2}{\sin\theta}+\dfrac{h_i^2h_L-h_i^3}{\sin^2\theta}\right)(h_i\leqslant h_L)\end{cases}$;

③主缆锚固点水平向距离为 $l''+\Delta_1$;

④根据主缆水平向距离可确定 $M(x)$ 及 $k(x)$;

⑤主缆锚固点水平向距离为 $l''+f_1$;

⑥确定主缆的水平力 $H=\dfrac{M(x)}{k(x)}$;

⑦主缆力引起的塔锚固处的位移 $f_2=\delta_{AA}F_x$;

⑧副塔 A 处的水平变位 $\Delta_1=f_1-f_2$;

⑨判断精度，若满足，计算主缆锚固点竖向分力 V 及吊杆力；否则，代回第②步重复计算，直到精度满足为止。

（4）吊杆力计算

由于吊杆视为索膜且无伸长（缩短）量，故吊杆力可表示为

$$F_{si}=\frac{q(l''+\Delta_1)}{n} \tag{1.2.103}$$

式中：n——吊杆数量。

4）变形协调及求解过程

利用变形协调条件，求解过程如下：

①求解主梁桥墩处的柔度系数 y_{ii} 及 y_{ij}；

②假设拉索、吊杆及主缆力初始值，如可取 $F_i=0$，则塔顶水平变位均为0；

③计算梁的支座反力，进而得出梁的总挠度曲线；

④根据总挠度曲线可求得斜拉索及背索 F_j 与 F_i 的水平分力 F_{xi}、F_{yi} 及 F_{xj}、F_{yj}；

⑤迭代求出主缆水平力 H 和竖向力 V，以及吊杆力 F_{si}；

⑥求主塔水平位移 Δ_j 及副塔水平位移 Δ_1；

⑦求改进斜拉索及背索 F_j 与 F_i 以及吊杆力 F_{si} 和主缆竖向力 V；

⑧重复步骤③～⑦，直到收敛为止；

⑨计算主梁的弯矩及位移。

5）数值算例

如图1.2.29所示的三塔斜拉—自锚式悬索组合体系桥，跨径布置为25m＋90m＋2×162.5m＋90m＋25m，主梁为混凝土箱梁，梁高2.5m，梁宽40m，矢跨比为1/25。作用荷载设计值为 $q=80.25\text{kN/m}$，该桥主要构件的材料特性及截面特性见表1.2.1。

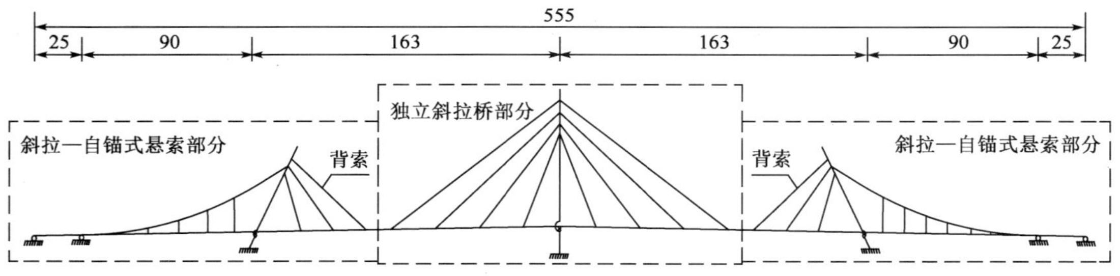

图1.2.29　三塔斜拉—自锚式悬索组合体系桥计算简图（尺寸单位：m）

主要构件材料及截面特性　　表1.2.1

主 要 构 件	$E(\text{kN/m}^2)$	$A(\text{m}^2)$	$I(\text{kN/m}^4)$
主梁	2.45×10^7	31.1	25.26
主缆	2.05×10^8	0.214	0
吊杆	2.05×10^8	0.00702	0
背索	2.05×10^8	0.0232	0
斜拉索	2.05×10^8	0.0255	0

采用变形协调法分析荷载作用下三塔斜拉—自锚式悬索组合体系桥梁结构主梁的主梁挠度如图1.2.30所示。

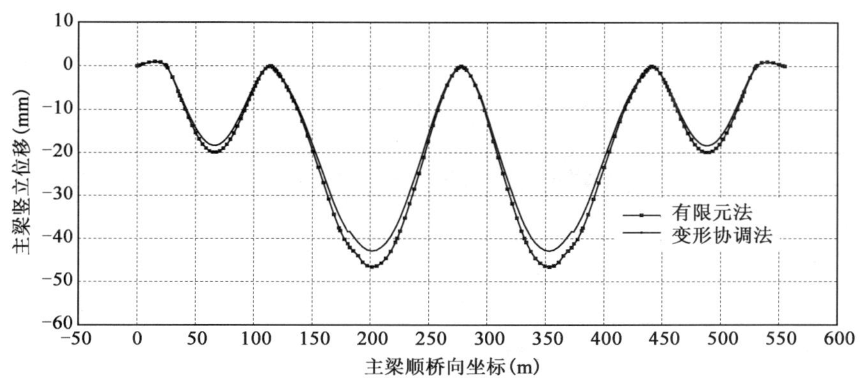

图1.2.30　$q=80.25\text{kN/m}$荷载作用下主梁竖向位移比较

2.5　小　结

在梁式结构和拱式结构的子结构法的基本原理上，还可派生出分析大跨径复杂体系桥梁结构的主次系统分析法，此类方法的特点是单元少，速度快，有兴趣的读者可参阅本章文献[1]。

结构分析的最小势能原理应用非常广泛，将其与变分法结合起来，可以解决工程上的许多实际问题，如剪力滞效应、畸变效应及众多结构动力学问题。

变形协调法是针对组合结构整体分析提出来的，桥道系(加劲梁)采用了收敛速度较快的正弦级数来表示内力及变形，而另一部分结构(拱、索、塔等)均采用了精确解析法来表示其内力及变形。将有限个吊杆(或斜拉索等)的拉力作为未知数，利用逐步逼近的方法进行求解，无疑对组合结合桥梁分析提供了一个思路。

本章参考文献

[1] 贺拴海，李子青，张翔，等. 现代桥梁结构分析[M]. 西安：陕西省人民教育出版社，1993.

[2] 贺拴海，刘志文，宋一凡. 斜拉桥极限承载力分析[J]. 中国公路学报，2000，13(2).

[3] 高小妮. 多塔斜拉—自锚式悬索组合体系桥梁结构理论分析与模型试验研究[D]. 西安：长安大学，2012.

[4] 李子青，贺拴海. 组合结构分析—变形协调法[J]. 西安公路学院学报，1993，13(3).

[5] 王晓谋. 基础工程[M]. 4版. 北京：人民交通出版社，2010.

3 桥梁结构的非线性有限元方法

3.1 工程结构的非线性

3.1.1 结构非线性问题

从20世纪中期起，科学为解决困扰人们的非线性问题奠定了基础；20世纪60年代末，有限元法与计算机相结合，使工程中的非线性问题逐步得以解决；目前，求解桥梁结构非线性问题，已经不是特别困难，重要的是提高计算精度、节省计算机时和寻找合理有效的本构模型及寻找使复杂结构问题得以简化的方法。

经典线性理论基于小变形、弹性本构关系和理想约束三个基本假定，使得本构方程、几何运动方程和平衡方程成为线性。若研究的对象不能满足以上假定中的任何一个时，就转化为非线性力学问题。

(1)材料非线性问题

若被研究结构的材料本构方程为非线性方程，因而引起基本控制方程的非线性，则称其为材料非线性问题。如第13章所介绍的混凝土本构关系中，大多数本构模型为非线性模型，必将引起平衡方程的非线性。在桥梁工程问题中，混凝土的徐变、收缩、结构弹塑性问题等都属于材料非线性问题。桥梁结构中常用的低碳钢在承载力的后期亦进入弹塑性阶段，呈现出材料非线性本质。材料非线性问题可以分为非线性弹性问题和弹塑性问题两大类，前者在卸载后无残余应变存在，后者会存在残余变形。但两者的本质是相同的，求解方法亦相同。

(2)几何非线性问题

若放弃小变形假设，从几何上严格分析单元体的尺寸、形状变化，得到非线性的几何运动方程及控制方程，则称其为几何非线性问题。由于控制平衡方程是建立在结构变形后的位置上，结构的刚度除了与材料及初始构形有关外，还与受载后的应力、位移状态有关，如柔性桥梁结构的恒载状态确定问题，恒、活载计算问题，结构稳定等均属几何非线性问题。众所周知的吊桥挠度理论以及拱桥挠度理论则是典型的桥梁几何非线性问题。

几何非线性理论一般可分为大位移小应变即有限位移理论和大位移大应变即有限应变理

论两种。桥梁工程中的几何非线性问题一般都是有限位移问题。一些简单几何非线性问题可以找到解析解,如压弯杆的稳定问题、拱圈刚度按一定规律变化的拱桥大挠度问题、悬索桥在简单荷载作用下的大挠度问题等,但大多数问题还需借助有限元及其他数值法求解。

(3)边界约束非线性

若受力后的边界条件在求解前是未知的,即不满足理想约束(边界)假定而引起的边界约束方程的非线性问题称其为接触问题。如悬索桥主缆与鞍座的接触状态问题,支架上预应力梁在张拉后的部分落架现象等均属此类。此问题在桥梁工程上表现不多,但不应忽视。

3.1.2 桥梁结构的非线性

桥梁结构非线性问题无疑包括了材料非线性、几何非线性和边界约束非线性问题。

材料非线性问题在混凝土桥梁中表现最为突出[2],由于混凝土材料本身的特性,可以说,混凝土桥从施工到运营全过程中,非线性始终贯穿其中。由于收缩、徐变、温变、松弛、开裂等因素的综合作用,使得全因素精确分析非常困难,而不得不采用单因素或少因素的非线性分析后,再近似叠加考虑综合因素影响。圬土桥梁结构的材料非线性特性是材料非线性问题在桥梁工程上的又一难点[3,8],这方面的研究文献亦不多见,研究工作还在继续。

相对材料非线性问题来说,桥梁结构的几何非线性问题更多一些,特别是跨径增大,结构变柔,系统复杂后,分析中的梁柱效应、索垂度效应、结构位移与后期荷载的二次影响等变得不可忽略。所建立的挠度理论平衡微分方程求解也越来越困难。为此寻求更精确、更方便的理论和方法一直是研究者努力的方向,也是工程界所渴望的。

由非理想边界约束引起的结构非线性问题在桥梁工程上表现不多,主要如悬索桥主缆与鞍座的接触状态问题,支架上预应力梁在张拉后的部分落架现象等[6],问题表现虽不多,但不应忽视。

当然任何结构承载的后期计算,如桥梁结构的极限承载力分析,必然涉及非线性力学问题。

3.2 桥梁结构的材料非线性有限元方法

3.2.1 材料非线性问题的平衡方程

由第1章知,以有限元分析桥梁结构时,所建立的平衡方程为

$$\int \boldsymbol{B}^{\mathrm{T}} \sigma \mathrm{d}V = \boldsymbol{F} \tag{1.3.1}$$

$$\varepsilon = \boldsymbol{B\delta} \tag{1.3.2}$$

注意到平衡方程式(1.3.1)是以应力 σ 表示的,由于并未放弃小变形假定,几何关系仍然是线性的。所以对桥梁的材料非线性问题,上列两式仍然成立,但材料本构方程是非线性的,可以写成

$$f(\sigma, \varepsilon) = 0 \tag{1.3.3}$$

的一般形式。

因为应力和应变之间是非线性的，而应力和位移之间也是由非线性关系所联系，因此，以节点位移表示的平衡方程则不再是线性的，于是平衡方程式(1.1.14)应改写为

$$\boldsymbol{K}(\boldsymbol{\delta})\boldsymbol{\delta}=\boldsymbol{F} \tag{1.3.4}$$

式中：$\boldsymbol{K}(\boldsymbol{\delta})$——刚度矩阵；

$\boldsymbol{\delta}$——节点位移向量；

$\boldsymbol{F}$——节点力向量；

其余符号意义同前。

可见刚度 $\boldsymbol{K}(\boldsymbol{\delta})$ 是节点位移的函数，迭代过程中刚度在不断变化。

3.2.2 非线性问题的增量理论

增量理论不但能考虑结构的加载历程，也可反映卸载情况，在用有限元分析弹塑性问题中得到广泛应用。用增量理论求解弹塑性问题，涉及以下基本概念：

增量本构关系：材料本构关系的增量表达式，如 $\mathrm{d}\sigma=\boldsymbol{D}_{\mathrm{ep}}\mathrm{d}\varepsilon$。

屈服准则、屈服函数与屈服面：某一点出现塑性变形时应力状态应满足的准则，此准则的数学表达式称为屈服函数；屈服函数在应力空间中表示的曲面即为屈服面。

流动法则：塑性变形不是唯一确定的，对应于同一应力增量，可以有不同的塑性变形增量。描述材料屈服后塑性变形增量的方向的法则即为流动法则。

硬化法则：到达屈服面后，描述屈服极限的后续变化的法则称为硬化法则。材料屈服后，屈服极限随塑性应变增大而增大，称为硬化；随塑性应变增大而减小称为软化；屈服极限保持不变，即为理想弹塑性。

拉伸强化：混凝土受拉构件中主裂缝之间混凝土仍承担一部分拉应力的现象。

反复加载：周期性静力荷载作用下交替产生拉、压应力。

重复加载：周期性静力荷载作用下仅产生单向应力。

1）弹塑性本构关系的特点

单轴应力下的材料典型弹塑性本构（见第13章）关系如图1.3.1a)所示，其特点可归纳如下：

(1)应力在达到比例极限前，材料为线弹性。

(2)应力在比例极限和弹性极限之间，材料为非线性弹性。

(3)应力超过屈服点(σ_{s})，材料应变中出现不可恢复的塑性应变(ε_{p})：

$$\varepsilon=\varepsilon_{\mathrm{e}}+\varepsilon_{\mathrm{p}}$$

应力和应变为非线性关系：

$$\sigma=f(\varepsilon) \tag{1.3.5}$$

(4)应力在 $\sigma_0>\sigma_{\mathrm{s}}$ 下卸载，则应力增量与应变增量之间存在线性关系，即

$$\mathrm{d}\sigma=E\mathrm{d}\varepsilon \tag{1.3.6}$$

(5)可用下列条件判断是加载还是卸载：

当 $\sigma\mathrm{d}\sigma\geqslant0$ 时为加载，且满足 $\sigma=f(\varepsilon)$；

当 $\sigma\mathrm{d}\sigma<0$ 时为卸载，且满足 $\mathrm{d}\sigma=E\mathrm{d}\varepsilon$。

(6)在卸载后某应力 σ 下重新加载,则

$$\text{当}\ \sigma < \sigma_0\ \text{时}, d\sigma = E d\varepsilon \tag{1.3.7}$$

式中:σ_0——卸载前材料曾经受到过的最大应力值,称后屈服应力。

若 $\sigma_0 = \sigma_s$,称此材料为理想塑性材料[图 1.3.1b)];

若 $\sigma_0 > \sigma_s$,称此为硬化现象或加工硬化。

(7)由卸载转入反向加载,应力应变关系继续依式(1.3.6)或式(1.3.7),一直到反向屈服。

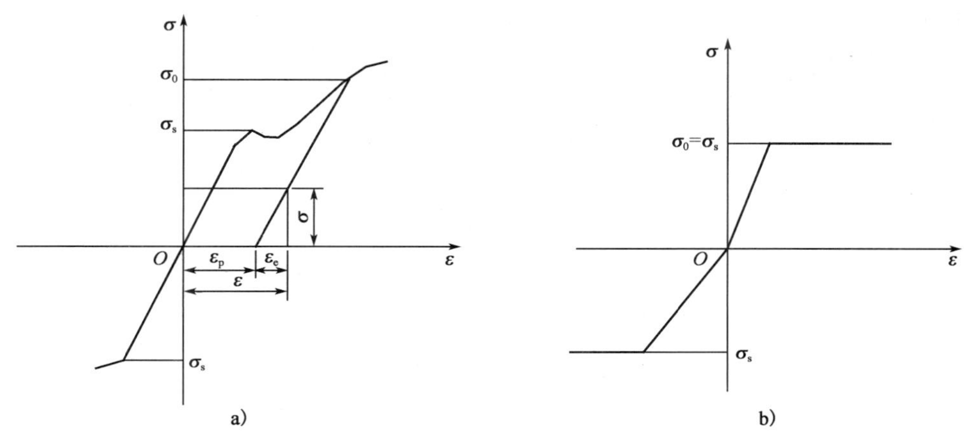

图 1.3.1　单轴应力下材料本构关系

2)屈服准则

在复杂应力状态下,判断材料是否屈服,可用应力的某种函数(屈服函数)表示,即

$$R(\sigma_{ij}) = 0 \tag{1.3.8}$$

此式的几何意义为以 σ_{ij} 为坐标轴的空间超曲面(屈服面)。任一应力状态在此空间中代表一个点,当此点落在屈服面之内时,$R(\sigma_{ij}) < 0$,材料呈弹性状态;$R(\sigma_{ij}) = 0$ 时,材料开始进入塑性。

各向同性材料的屈服条件与坐标轴的选取无关,屈服函数可以主应力(见第 13 章)函数形式表示为

$$R(\sigma_1, \sigma_2, \sigma_3) = 0 \tag{1.3.9}$$

屈服准则表达形式较多,同性材料如钢材可采用材料力学的第一、第三及第四强度理论外,桥梁上常用的还有米赛斯(Von Mises,1913)、特雷斯卡(Tresca,1864)、德鲁克—普拉格(Drucker-Prager,1952)、奥托森(Ottosen,1977)及威廉—瓦恩克(Willam-Warnke,1975)屈服准则等,详见第 13 章的介绍。

3)增量形式的弹塑性本构矩阵通式

在一般情况下,对于弹塑性状态的物理方程,无法建立起最终应力状态和最终应变状态之量的全量关系,而只能建立反映加载路径的应力应变之间的增量关系,且可反映加载和卸载过程。

不失一般性地将屈服函数设为

$$R(\sigma_{ij}, K) = 0 \tag{1.3.10}$$

式中：σ_{ij}——应力状态；

K——硬化函数[4]。

全应变增量（$\mathrm{d}\varepsilon$）可以分为两部分：弹性应变增量（$\mathrm{d}\varepsilon_e$）和塑性应变增量（$\mathrm{d}\varepsilon_p$），即

$$\mathrm{d}\varepsilon = \mathrm{d}\varepsilon_e + \mathrm{d}\varepsilon_p \tag{1.3.11}$$

而应力增量与弹性应变增量之间是线性关系，即

$$\mathrm{d}\sigma = \boldsymbol{D}_e \mathrm{d}\varepsilon_e = \boldsymbol{D}_e(\mathrm{d}\varepsilon - \mathrm{d}\varepsilon_p) \tag{1.3.12}$$

以上式中符号意义同前。

塑性变形不是唯一确定的，对应于同一应力增量，可以有不同的塑性变形增量。若采用相关联流动法则（普朗特—路斯流动法则[1]），塑性变形大小虽然不能断定，但其流动方向与屈服面正交，用数学公式表示为

$$\mathrm{d}\varepsilon_p = \lambda \frac{\partial R}{\partial \sigma} \tag{1.3.13}$$

将式（1.3.12）和式（1.3.13）代入式（1.3.11），可得

$$\mathrm{d}\varepsilon = \boldsymbol{D}_e^{-1}\mathrm{d}\sigma + \lambda \frac{\partial R}{\partial \sigma} \tag{1.3.14}$$

或

$$\mathrm{d}\sigma = \boldsymbol{D}_e\varepsilon - \boldsymbol{D}_e \frac{\partial R}{\partial \sigma}\lambda \tag{1.3.15}$$

对式（1.3.10）全微分得

$$\mathrm{d}R = \frac{\partial R}{\partial \sigma_1}\mathrm{d}\sigma_1 + \frac{\partial R}{\partial \sigma_2}\mathrm{d}\sigma_2 + \cdots + \frac{\partial R}{\partial K}\mathrm{d}K = 0$$

或

$$\left\{\frac{\partial R}{\partial \sigma}\right\}^{\mathrm{T}}\mathrm{d}\sigma - A\lambda = 0 \tag{1.3.16}$$

其中

$$A = -\frac{1}{\lambda}\frac{\partial R}{\partial K}\mathrm{d}K \tag{1.3.17}$$

用$\left\{\frac{\partial R}{\partial \sigma}\right\}^{\mathrm{T}}\boldsymbol{D}_e$乘以式（1.3.14），并利用式（1.3.16）消去 $\mathrm{d}\sigma$，可得

$$\left\{\frac{\partial R}{\partial \sigma}\right\}^{\mathrm{T}}\boldsymbol{D}_e\mathrm{d}\varepsilon = \lambda\left[A + \left\{\frac{\partial R}{\partial \sigma}\right\}^{\mathrm{T}}\boldsymbol{D}_e\frac{\partial R}{\partial \sigma}\right]$$

即

$$\lambda = \frac{\left\{\frac{\partial R}{\partial \sigma}\right\}^{T}\boldsymbol{D}_e}{A + \left\{\frac{\partial R}{\partial \sigma}\right\}^{\mathrm{T}}\boldsymbol{D}_e\frac{\partial R}{\partial \sigma}}\mathrm{d}\varepsilon \tag{1.3.18}$$

将式（1.3.18）代入式（1.3.15），可得增量形式的弹塑性本构关系矩阵为

$$\mathrm{d}\sigma = \boldsymbol{D}_{ep}\mathrm{d}\varepsilon \tag{1.3.19}$$

其中

$$\boldsymbol{D}_{ep} = \left[\boldsymbol{D}_e - \frac{\boldsymbol{D}_e\frac{\partial R}{\partial \sigma}\left\{\frac{\partial R}{\partial \sigma}\right\}^{\mathrm{T}}\boldsymbol{D}_e}{A + \left\{\frac{\partial R}{\partial \sigma}\right\}^{\mathrm{T}}\boldsymbol{D}_e\frac{\partial R}{\partial \sigma}}\right] \tag{1.3.20}$$

$\boldsymbol{D}_{ep}$即为增量理论的弹塑性矩阵通式，取不同的屈服函数，会有不同的表达式。本章文献[1]给出了三维空间问题、轴对称问题、平面应力问题和平面应变问题的$\boldsymbol{D}_{ep}$显式。第 13 章将

专门讨论混凝土材料的弹塑性问题。

4）弹塑性问题的增量理论有限元法

（1）增量理论的弹塑性有限元平衡方程

在弹塑性增量理论中，讨论仍限于小变形情况。于是，其应变—位移几何运动方程和平衡方程同线性问题，不需要作任何变动。需要改变的只是在塑性区范围内用塑性材料的本构关系矩阵 $\boldsymbol{D}_{ep}$ 代替原来的弹性系数矩阵 $\boldsymbol{D}_{e}$。因此，可直接得到弹塑性分析有限元平衡方程

$$^{t}\boldsymbol{K}_{T}\Delta^{t}u = \Delta^{t}\boldsymbol{F} \tag{1.3.21}$$

式中：$^{t}\boldsymbol{K}_{T}$——结构在荷载与位移增量步 t 时的切线刚度，$^{t}\boldsymbol{K}_{T}=\int_{v}\boldsymbol{B}^{T}\boldsymbol{D}_{ep}\boldsymbol{B}\mathrm{d}V$；

$\Delta^{t}u$——位移增量；

$\Delta^{t}\boldsymbol{F}$——荷载增量，$\Delta^{t}\boldsymbol{F}=\Delta^{t}\boldsymbol{F}_{s}+\Delta^{t}\boldsymbol{F}_{v}+\Delta^{t}\boldsymbol{F}_{e}-\Delta^{t}\boldsymbol{F}_{I}$；

$\Delta^{t}\boldsymbol{F}_{s}$、$\Delta^{t}\boldsymbol{F}_{v}$——与结构面荷载 s 及体荷载 f 对应的等效节点力增量；

$\Delta^{t}\boldsymbol{F}_{e}$——节点集中荷载增量；

$\Delta^{t}\boldsymbol{F}_{I}$——初应力或初应变增量引起的外荷载增量。

荷载增量在 $t-\Delta t$ 至 t 时间的增量表达为

$$\Delta^{t}\boldsymbol{F}_{v} = \int_{v}\boldsymbol{N}^{T}\Delta^{t}f\mathrm{d}V$$

$$\Delta^{t}\boldsymbol{F}_{s} = \int_{v}\boldsymbol{N}^{T}\Delta^{t}s\mathrm{d}S$$

对于初应力问题

$$\Delta^{t}\boldsymbol{F}_{I} = \int_{v}\boldsymbol{B}^{T}\Delta\sigma_{I}\mathrm{d}V$$

对于初应变问题

$$\Delta^{t}\boldsymbol{F}_{I} = \int_{v}\boldsymbol{B}^{T}\boldsymbol{D}_{e}\Delta\varepsilon_{I}\mathrm{d}V$$

式（1.3.21）给出了小变形弹塑性分析的有限元方程，式中$^{t}\boldsymbol{K}_{T}$代表了结构在荷载与位移增量步 t 时的切线刚度，随不同加载历程而变化。求解这一问题的关键是计算单元的切线刚度矩阵和应力。由于本构关系 $\boldsymbol{D}_{ep}$是当前应力的函数，即当前位移的隐函数，所以计算机分析时要专门处理。

（2）弹塑性矩阵 D_{ep}的计算

计算机分析时，可用子程序专门计算 $\boldsymbol{D}_{ep}$，子程序的内容与步骤如下：

①由前边迭代结果的位移计算应变增量：$\Delta^{t}\varepsilon=\Delta^{t}\varepsilon(\Delta^{t}u,{}^{t-\Delta t}u)$。

②暂假定 $\Delta\varepsilon$ 是弹性的，计算应力增量：$\Delta^{t}\sigma_{e}=D_{e}\Delta^{t}\varepsilon$。

③由此推出新的应力状态：$^{t}\sigma={}^{t-\Delta t}\sigma+\Delta^{t}\sigma_{e}={}^{t-\Delta t}\sigma+\boldsymbol{D}_{e}\Delta^{t}\varepsilon$。

④核对第②步的假定是否成立。将上式代入屈服函数：$^{t}R=R({}^{t}\sigma,K)$。

⑤若$^{t}R\leqslant 0$ 说明 $\Delta^{t}\varepsilon$ 确定是弹性的，第②、③步中的计算正确，执行结束。若$^{t}R>0$，说明 $\Delta^{t}\varepsilon$ 中包括（或甚至全部是）塑性变形，则执行以下计算：

⑥若本次迭代开始时的应变是弹性的，则本次迭代的应变增量中有一部分是弹性的而另一部分是塑性的。将弹性部分记为：$m\Delta^{t}\varepsilon(m<1)$，并代入屈服函数

$$R({}^{t-\Delta t}\sigma + m\boldsymbol{D}_{\mathrm{e}}\Delta^{t}\varepsilon, K) = 0$$

中，解出 m。

⑦计算当前应力：${}^{t}\overline{\sigma} = {}^{t-\Delta t}\sigma + mD_{\mathrm{e}}\Delta^{t}\varepsilon$ 及应变增量的塑性部分：$\Delta^{t}\varepsilon_{p} = (1-m)\Delta^{t}\varepsilon$。

⑧计算应变增量的塑性部分 $\Delta^{t}\varepsilon_{\mathrm{p}}$ 所引起的应力。

由于材料本构方程是非线性的，这一计算应是积分过程。作为数值计算，可改为逐段线性化求和，为此，将 $\Delta^{t}\varepsilon_{\mathrm{p}}$ 再细分为 M 个小的增量：$\Delta(\Delta^{t}\varepsilon_{\mathrm{p}}) = \Delta^{t}\varepsilon_{\mathrm{p}}/M$。

在每一个小的子增量 $\Delta(\Delta^{t}\varepsilon_{\mathrm{p}})^{(i)}$ 中，先根据子增量起始时的应力计算 $D_{\mathrm{ep}}^{(i)}$，而

$$\Delta(\Delta^{t}\sigma)^{(i)} = \boldsymbol{D}_{\mathrm{ep}}^{(i)}\Delta(\Delta^{t}\varepsilon_{\mathrm{p}})^{(i)}$$

于是新的应力状态为

$${}^{t}\sigma^{(i)} = {}^{t}\sigma^{(i-1)} + \Delta(\Delta^{t}\sigma)^{(i)}$$

由 ${}^{t}\sigma^{(i)}$ 可计算下一个子增量时的 $[D]_{\mathrm{ep}}^{(i+1)}$，并重复以上步骤，结果有

$${}^{t}\sigma = {}^{t}\overline{\sigma} + \sum_{i=1}^{M}\boldsymbol{D}_{\mathrm{ep}}^{(i)}\Delta(\Delta^{t}\varepsilon_{\mathrm{p}})^{(i)}$$

由此可形成最终状态的 $\boldsymbol{D}_{\mathrm{ep}}$。

3.2.3 材料非线性问题的迭代求解方法

用迭代方法直接求解方程式(1.3.4)，可分为变刚度迭代法和常刚度迭代法。

1）变刚度迭代法

变刚度法分为割线刚度法和切线刚度法。以下以割线刚度法为例进行介绍。

如果材料的非线性本构关系能够表示成

$$\sigma = \boldsymbol{D}(\varepsilon)\varepsilon \tag{1.3.22}$$

则由式(1.3.2)，上式可以写为

$$\sigma = \boldsymbol{D}(\varepsilon)\boldsymbol{B}\delta \tag{1.3.23}$$

刚度矩阵可以写为

$$\boldsymbol{K}(\delta) = \int \boldsymbol{B}^{\mathrm{T}}\boldsymbol{D}(\varepsilon)\boldsymbol{B}\mathrm{d}V \tag{1.3.24}$$

可以将式(1.3.4)写成迭代公式

$$\boldsymbol{K}_{n-1}\delta_{n} = \boldsymbol{F} \tag{1.3.25}$$

式中：$\boldsymbol{D}(\varepsilon)$——弹性矩阵。

迭代求解直至 $\Delta\delta_{n} = \delta_{n+1} - \delta_{n}$ 充分小为止。此迭代过程的弹性矩阵 $\boldsymbol{D}(\varepsilon)$ 表示应力应变曲线上的割线斜率，此法称为割线刚度法。

2）常刚度迭代法

上述迭代过程中，结构刚度在随节点位移不断变化，每迭代步必须修正刚度 $\boldsymbol{K}_{i}$，即变刚度迭代法。

常刚度迭代法分为初应力法和适于求解蠕变问题的初应变法，以下以初应力法为例介绍。

如果将材料的本构关系

$$\sigma = f(\varepsilon) \tag{1.3.26}$$

用具有初应力的线弹性本构方程来代替，即

$$\sigma = \boldsymbol{D}_{\mathrm{e}}\varepsilon + \sigma_0 \tag{1.3.27}$$

式中：σ_0——初应力列阵；

$\boldsymbol{D}_{\mathrm{e}}$——线性弹性矩阵，即 $\sigma = 0$ 时的切线弹性矩阵；

其余符号意义同前。

若调整 σ_0，使式(1.3.26)与式(1.3.27)等价，则

$$\sigma_0 = \sigma - \boldsymbol{D}_{\mathrm{e}}\varepsilon = \boldsymbol{f}(\varepsilon) - \boldsymbol{D}_{\mathrm{e}}\varepsilon = \sigma_0 - \sigma_{\mathrm{el}} \tag{1.3.28}$$

式中：σ_{el}——假想弹性应力，$\sigma_{\mathrm{el}} = \boldsymbol{D}_{\mathrm{e}}\varepsilon$。 (1.3.29)

将式(1.3.27)代入式(1.3.1)，有

$$\left(\int \boldsymbol{B}^{\mathrm{T}}\boldsymbol{D}_{\mathrm{e}}\boldsymbol{B}\mathrm{d}V\right)\delta = \boldsymbol{F} - \int \boldsymbol{B}^{\mathrm{T}}\sigma_0\mathrm{d}V \tag{1.3.30}$$

或

$$K_0\delta = \boldsymbol{F} - \int \boldsymbol{B}^{\mathrm{T}}\sigma_0\mathrm{d}V \tag{1.3.31}$$

式中：$\boldsymbol{K}_0 = \int \boldsymbol{B}^{\mathrm{T}}\boldsymbol{D}_{\mathrm{e}}\boldsymbol{B}\mathrm{d}V$。 (1.3.32)

将式(1.3.31)写成迭代公式有

$$\boldsymbol{K}_0\delta_{n+1} = \boldsymbol{F} - \boldsymbol{F}_n \tag{1.3.33}$$

其中

$$\boldsymbol{F}_n = \int \boldsymbol{B}^{\mathrm{T}}(\sigma_n - \sigma_{nel})\mathrm{d}V \tag{1.3.34}$$

式中：σ_{nel}——n 次迭代步的假想弹性应力；

其余符号意义同前。

迭代过程中的刚度保持不变，始终为 $\boldsymbol{K}_0$，即常刚度迭代法。迭代步骤类似于切线刚度法，首次近似解通常取 $\boldsymbol{F}_0 = 0$，即线性弹性问题的解。

3.3　桥梁结构几何非线性有限元方法

桥梁结构几何非线性分析一般采用大位移、小应变的有限位移理论。在建立以杆系结构有限位移理论为基础的大跨径桥梁结构几何非线性分析平衡方程时，一般考虑以下三方面的几何非线性效应：

(1)杆端初内力对单元刚度矩阵的影响。一般情况下是指单元轴力对弯曲刚度的影响，有时也考虑弯矩对轴向刚度的影响，常通过引入稳定函数(Fleming)或单元几何刚度矩阵的方法来考虑。结构分析中的初应力(或初应变)问题，就是结构现有内力引起的刚度变化对本期荷载响应的影响问题。

(2)大位移对建立结构平衡方程的影响。此问题有两种考虑办法，一是将参考坐标选在未变形的结构上，通过引入大位移单元刚度矩阵来考虑大位移问题，称为 T. L. (Total Lagrange)列式法；另一种是以将参考坐标选在前一时刻的位置上，让节点坐标跟随结构一起变化，从而使平衡方程直接建立在前一时刻的位置上，称为 U. L. (Update Lagrange)列式法。

(3)索垂度效应对单元刚度的影响。此问题亦有两种处理方法，一种是引入恩斯特(Ernst)公式，通过等效模量法来近似修正垂度效应，而用杆单元近似模拟索构件；另一种是直

接导出索单元切线刚度矩阵。

用直杆代替柔索计算是常用的近似方法，柔索的垂度效应可用 Ernst 公式对弹性模量进行修正，这种方法在小位移、高应力水平下，具有较高精度。但如果索工作在大位移状态或应力水平不高的情况下，就会出现很大的误差。

3.3.1 几何非线性问题的拉格朗日列式法

1）总体拉格朗日列式法（Total Lagrange）

建立有限元平衡方程的虚位移原理可以描述为：外力因虚位移所做的功等于结构因虚应变所产生的应变能。用公式表示为

$$\mathrm{d}\boldsymbol{\delta}^{\mathrm{T}}\boldsymbol{\psi} = \int_v \mathrm{d}\boldsymbol{\varepsilon}^{\mathrm{T}}\boldsymbol{\sigma}\mathrm{d}V - \mathrm{d}\boldsymbol{\delta}^{\mathrm{T}}\boldsymbol{F} = 0 \tag{1.3.35}$$

式中：$\boldsymbol{\psi}$——内力和外力矢量的总和；

$\mathrm{d}\boldsymbol{\delta}$——虚位移；

$\mathrm{d}\boldsymbol{\varepsilon}$——虚应变；

$\boldsymbol{F}$——所有荷载列阵。

若用应变的增量形式写成位移和应变的关系，有

$$\mathrm{d}\boldsymbol{\varepsilon} = \boldsymbol{B}\mathrm{d}\delta \tag{1.3.36}$$

从式（1.3.35）和式（1.3.36）中消去 $\mathrm{d}\boldsymbol{\delta}^{\mathrm{T}}$，得到

$$\psi(\boldsymbol{\delta}) = \int_v \boldsymbol{B}^{\mathrm{T}}\boldsymbol{\sigma}\mathrm{d}V - \boldsymbol{F} = 0 \tag{1.3.37}$$

即为非线性问题的一般平衡方程式，且不论位移（应变）大小，都应完全适用。

在有限位移情况下，应变和位移的关系是非线性的，因此矩阵 $\boldsymbol{B}$ 是 $\boldsymbol{\delta}$ 的函数，并方便地写为

$$\boldsymbol{B} = \boldsymbol{B}_0 + \boldsymbol{B}_{\mathrm{L}} \tag{1.3.38}$$

式中：$\boldsymbol{B}_0$——作为线性应变分析的矩阵项；

$\boldsymbol{B}_{\mathrm{L}}$——与杆端位移有关矩阵项。

直接按式（1.3.37）建立单元刚度矩阵并建立有限元列式，即为全量列式法。在几何非线性分析中，按全量列式法得到的单刚和总刚往往是非对称的，对求解不利。一般采用增量列式法。

如果应力应变关系是一般的线弹性关系，有

$$\boldsymbol{\sigma} = \boldsymbol{D}(\boldsymbol{\varepsilon} - \boldsymbol{\varepsilon}_0) + \boldsymbol{\sigma}_0 \tag{1.3.39}$$

式中：$\boldsymbol{D}$——材料的弹性矩阵；

$\boldsymbol{\varepsilon}_0$——初应变向量；

$\boldsymbol{\sigma}_0$——初应力向量。

其微分关系可以写为

$$\mathrm{d}\boldsymbol{\sigma} = \boldsymbol{D}\mathrm{d}\boldsymbol{\varepsilon} \tag{1.3.40}$$

将（1.3.37）写成微分形式有

$$\int_v \mathrm{d}\boldsymbol{B}^{\mathrm{T}}\boldsymbol{\sigma}\mathrm{d}V + \int_v \boldsymbol{B}^{\mathrm{T}}\mathrm{d}\boldsymbol{\sigma}\mathrm{d}V - \mathrm{d}\boldsymbol{F} = 0 \tag{1.3.41}$$

由式(1.3.38)有 $\mathrm{d}\boldsymbol{B}=\mathrm{d}\boldsymbol{B}_{\mathrm{L}}$，则式(1.3.41)的第一项为

$$\int_{v}\mathrm{d}\boldsymbol{B}^{\mathrm{T}}\boldsymbol{\sigma}\mathrm{d}V=\int_{v}\mathrm{d}\boldsymbol{B}_{\mathrm{L}}^{\mathrm{T}}\boldsymbol{\sigma}\mathrm{d}V=\boldsymbol{K}_{\sigma}\mathrm{d}\boldsymbol{\delta} \tag{1.3.42}$$

其中

$$\boldsymbol{K}_{\sigma}=\int_{v}\mathrm{d}\boldsymbol{B}^{\mathrm{T}}\boldsymbol{D}\boldsymbol{B}\mathrm{d}V$$

再将式(1.3.36)代入式(1.3.40)并考虑到式(1.3.38)有

$$\mathrm{d}\boldsymbol{\sigma}=\boldsymbol{D}\boldsymbol{B}\mathrm{d}\boldsymbol{\varepsilon}=\boldsymbol{D}(\boldsymbol{B}_{0}+\boldsymbol{B}_{\mathrm{L}})\mathrm{d}\boldsymbol{\delta} \tag{1.3.43}$$

这样式(1.3.41)的第二项可写为

$$\int_{v}\boldsymbol{B}^{\mathrm{T}}\mathrm{d}\boldsymbol{\sigma}\mathrm{d}V=(\boldsymbol{K}_{0}+\boldsymbol{K}_{\mathrm{L}})\mathrm{d}\boldsymbol{\delta} \tag{1.3.44}$$

其中

$$\boldsymbol{K}_{0}=\int_{v}\boldsymbol{B}_{0}^{\mathrm{T}}\boldsymbol{D}\boldsymbol{B}_{0}\mathrm{d}V \tag{1.3.45}$$

$$\boldsymbol{K}_{\mathrm{L}}=\int(\boldsymbol{B}_{0}^{\mathrm{T}}\boldsymbol{D}\boldsymbol{B}_{\mathrm{L}}+\boldsymbol{B}_{\mathrm{L}}^{\mathrm{T}}\boldsymbol{D}\boldsymbol{B}_{\mathrm{L}}+\boldsymbol{B}_{\mathrm{L}}^{\mathrm{T}}\boldsymbol{D}\boldsymbol{B}_{0})\mathrm{d}V \tag{1.3.46}$$

方程式(1.3.41)可表示为

$$(\boldsymbol{K}_{0}+\boldsymbol{K}_{\mathrm{L}}+\boldsymbol{K}_{\sigma})\mathrm{d}\boldsymbol{\delta}-\mathrm{d}\boldsymbol{F}=0 \tag{1.3.47a}$$

或

$$\boldsymbol{K}_{\mathrm{T}}\mathrm{d}\boldsymbol{\delta}-\mathrm{d}\boldsymbol{F}=0 \tag{1.3.47b}$$

式(1.3.47)就是增量形式的 T. L(Total Lagrange)列式的平衡方程。其中 $\boldsymbol{K}_{\mathrm{T}}$ 是三个刚度矩阵之和，称为单元切线刚度矩阵，它表示荷载增量与位移增量之间的关系，也可以理解为特定应力、变形下的瞬时刚度。

三个刚度矩阵的含义如下：

$\boldsymbol{K}_{0}$——弹性刚度矩阵，与节点位移无关；

$\boldsymbol{K}_{\mathrm{L}}$——初始位移刚度矩阵或大位移刚度矩阵，是由大位移引起的结构刚度矩阵变化，是位移的函数；

$\boldsymbol{K}_{\sigma}$——初应力刚度矩阵，表示初应力对结构刚度的影响，当应力为压应力时，切线刚度减小，否则增加。

采用 Newton-Raphson 迭代法时，将式(1.3.47)的微分形式改为有限值形式有

$$\boldsymbol{K}_{\mathrm{T}}\Delta\boldsymbol{\delta}=\Delta\boldsymbol{F} \tag{1.3.48a}$$

或迭代式

$$\boldsymbol{K}_{\mathrm{T}}^{n}\Delta\boldsymbol{\delta}^{n}=\boldsymbol{F}^{n+1}-\boldsymbol{F}_{\sigma}^{n} \tag{1.3.48b}$$

式中：$\boldsymbol{F}_{\sigma}^{n}$——应力场对应的节点力矢量；

其余符号意义同前。

2)更新的拉格朗日列式法(Update Lagrange)

在建立 $t+\Delta t$ 时刻结构的平衡方程时，如果选择的参照构形不是未变形状态(原始状态 $t=0$)的构形，而是前一个已知平衡状态(上次迭代后结构的变形状态 t 时刻)，则所推导出的增量形式平衡方程称为 U. L. (Updated Lagrange)列式，可写为

$${}^{t}\boldsymbol{K}_{\mathrm{T}}\mathrm{d}\boldsymbol{\delta}=\mathrm{d}\boldsymbol{F} \tag{1.3.49}$$

平衡方程式(1.3.49)的积分均需在 t 时刻的体积内进行，而以 t 时刻为参考的大位移刚度${}^{t}\boldsymbol{K}_{\mathrm{L}}$ 是以 t 时刻为参考的结构弹性刚度矩阵${}^{t}\boldsymbol{K}_{0}$ 的一阶或二阶小量，因此平衡方程式

(1.3.49)的${}^{t}\boldsymbol{K}_{\mathrm{T}}$中可将${}^{t}\boldsymbol{K}_{\mathrm{L}}$略去，这是U. L.列式与T. L.列式的一个重要区别。

$$ {}^{t}\boldsymbol{K}_{\mathrm{T}} = {}^{t}\boldsymbol{K}_{0} + {}^{t}\boldsymbol{K}_{\sigma} \tag{1.3.50a} $$

或迭代式

$$ {}^{t}\boldsymbol{K}_{\mathrm{T}}^{n}\Delta\boldsymbol{\delta}^{n} = \boldsymbol{F}^{n+1} - \boldsymbol{F}_{\sigma}^{n} \tag{1.3.50b} $$

式中：${}^{t}\boldsymbol{K}_{0}$——以t时刻为参考的结构弹性刚度矩阵；

${}^{t}\boldsymbol{K}_{\sigma}$——以$t$时刻为参考的结构初应力刚度矩阵；

其余符号意义同前。

3）T. L.列式和U. L.列式的区别及应用

从前面的推导可以看出，T. L.列式和U. L.列式的主要区别有：

（1）刚度积分域不同。T. L.列式是在初始构形的体积域内进行，而U. L.是在t时刻的体积域内进行。

（2）转换矩阵不同。T. L.列式在集成总刚时，始终采用初始结构的总体坐标中的单元结构方向余弦形成转换矩阵；而U. L.是用t时刻的方向余弦形成，计算过程中不断改变。

（3）关于计算精度。T. L.列式中保留了刚度矩阵中的所有线性和非线性项，而U. L.列式中忽略了高阶非线性项。

另外，U. L.列式将大位移问题化为一系列的小位移问题，所以列式中可以忽略大位移刚度矩阵，其在结构的大应变分析、弹塑性、徐变分析等优于T. L.列式，即U. L.列式更容易用在考虑几何、材料双重非线性影响的大型混凝土桥梁结构分析中。

3.3.2 杆系结构的U. L.列式及其迭代求解法

杆单元是大型桥梁结构几何非线性分析的常用单元。如图1.3.2a)所示的未变形平面梁单元在整体坐标系xy内，从节点i和j的坐标值出发，算出x_0、y_0、l_0和θ_0。当单元变形后，节点位移用u_i、v_i、θ_i、u_j、v_j和θ_j表示，单元变形后如图1.3.2b)所示。

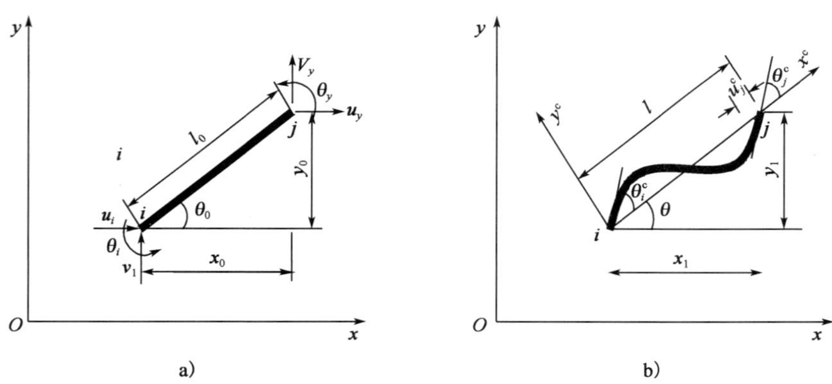

图1.3.2 平面梁单元的变形过程

建立起变形后节点i和j的局部坐标x^c、y^c。由图1.3.2b)中的几何关系有

$$ x_l = x_0 + u_j - u_i $$

$$ y_l = y_0 + v_j - v_i $$

$$ \theta = \arctan\frac{y_1}{x_1} $$

于是梁单元在局部坐标 x^c、y^c 下的节点位移可以表示为

$$u_i^c = v_i^c = v_j^c = 0$$

$$u_j^c = l - l_0 = \sqrt{x_1^2 + y_1^2} - l_0$$

$$\theta_i^c = \theta_i - (\theta - \theta_0)$$

$$\theta_j^c = \theta_j - (\theta - \theta_0)$$

亦可用局部坐标系下节点位移列阵表示

$$\boldsymbol{\delta}^{ce} = [0 \quad 0 \quad \theta_i^c \quad u_j^c \quad 0 \quad \theta_j^c]^{\mathrm{T}} \tag{1.3.51}$$

若变形后的单元刚度矩阵用 $\boldsymbol{k}^c$ 表示，那么它的单元节点力 $\boldsymbol{F}^{ce}$可以用节点位移 $\boldsymbol{\delta}^{ce}$表示为

$$\boldsymbol{F}^{ce} = \boldsymbol{k}^c \boldsymbol{\delta}^{ce} \tag{1.3.52}$$

用 θ 角将其转换到整体坐标中有

$$\boldsymbol{F}^e = \boldsymbol{k}\boldsymbol{\delta}^e \tag{1.3.53}$$

由于单元刚度矩阵 $\boldsymbol{k}$ 是由局部坐标转换到整体坐标而得到的，转换矩阵 $\boldsymbol{T}$ 的方向余弦成为位移状态的函数，所以

$$\boldsymbol{k} = \boldsymbol{k}(\boldsymbol{\delta}^e) \tag{1.3.54}$$

是单元节点位移向量的函数。

典型的迭代步骤如下：

(1)首先对结构以线性理论计算弹性位移 $\boldsymbol{\delta}$，建立各单元的局部坐标。

(2)计算在局部坐标下各单元位移得到 $\boldsymbol{\delta}^{ce}$，建立在局部坐标下各单元的刚度矩阵 $\boldsymbol{k}^c$，并计算节点力 $\boldsymbol{F}^{ce}$。

(3)变换 $\boldsymbol{k}^c$ 和 $\boldsymbol{F}^{ce}$到整体坐标下的 $\boldsymbol{k}$ 和 $\boldsymbol{F}^e$。

(4)集合单元刚度矩阵，形成结构的整体刚度矩阵 $\boldsymbol{K} = \sum_{e=1}^{ne} \boldsymbol{k}$，此即为当时变形位置的结构刚度矩阵。

(5)计算单元作用到节点上的力 $\boldsymbol{F}_{\mathrm{r}} = -\sum_{e=1}^{ne} \boldsymbol{F}^e$ 和不平衡力 $\Delta\boldsymbol{F} = \boldsymbol{F} + \boldsymbol{F}_{\mathrm{r}}$。

(6)求解结构平衡方程 $\boldsymbol{K}\Delta\delta = \Delta\boldsymbol{F}$，得到位移增量 $\Delta\boldsymbol{\delta}$，将 $\Delta\boldsymbol{\delta}$ 加到前次迭代中累积起来的节点位移 δ 中，给出节点位移新的近似值。

(7)检查收敛性，直到 $\Delta\boldsymbol{F}$ 趋于零为止。写成迭代公式为

$$\begin{cases} \boldsymbol{k}_n \Delta\boldsymbol{\delta}_{n+1} = \boldsymbol{F} + \boldsymbol{F}_{rn} \\ \boldsymbol{\delta}_{n+1} = \boldsymbol{\delta}_n + \Delta\boldsymbol{\delta}_{n+1} \end{cases} \tag{1.3.55}$$

而 $\boldsymbol{k}_n$ 和 $\boldsymbol{F}_{rn}$是以当前位移 $\boldsymbol{\delta}_n$ 为基础的，要在每次迭代中加以修改，亦即 U. L(Updated Lagrange)迭代过程。

$\boldsymbol{F}$ 可以一次计入，也可以分成几个荷载水平，当前级按上述方法求解后再进入下一级荷载水平，即把迭代计算和增量计算结合起来进行。若以位移为基础作为收敛性判据有时会更好一些，见第 3.5 节。

3.3.3　平面杆、梁单元及索单元的切线刚度矩阵

1)平面杆单元

如图 1.3.3 所示，其切线刚度矩阵为

$$\boldsymbol{k}_{\mathrm{T}}=\begin{bmatrix} k_1 & k_3 & -k_1 & -k_3 \\ & k_2 & -k_3 & -k_2 \\ & & k_1 & k_3 \\ \text{对称} & & & k_2 \end{bmatrix} \tag{1.3.56}$$

式中：$k_1=EA\left(\dfrac{1}{l_0}-\dfrac{\sin^2\alpha}{l}\right)$；

$k_2=EA\left(\dfrac{1}{l_0}-\dfrac{\cos^2\alpha}{l}\right)$；

$k_3=\dfrac{EA}{l}\cos\alpha\sin\alpha$；

其余符号意义如图 1.3.3 所示。

2）平面梁单元

如图 1.3.4 所示，其切线刚度矩阵为

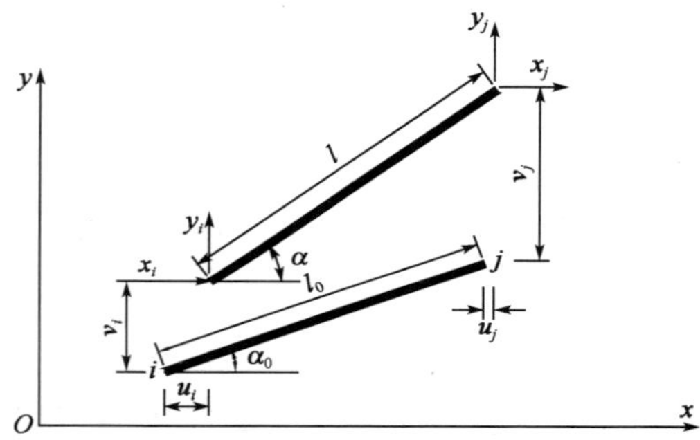

图 1.3.3　平面杆单元

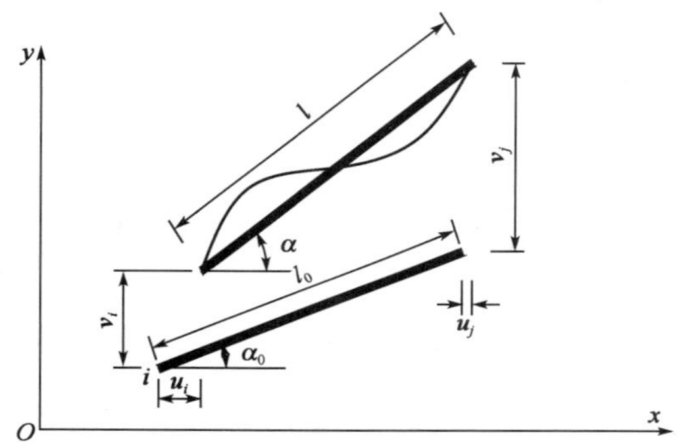

图 1.3.4　平面梁单元

$$\boldsymbol{k}_{\mathrm{T}}=\begin{bmatrix} k_1 & k_3 & k_5 & -k_1 & -k_3 & -k_5 \\ & k_2 & k_4 & -k_3 & -k_2 & k_4 \\ & & k_6 & -k_5 & -k_4 & -k_7 \\ & & & k_1 & k_3 & k_5 \\ & & & & k_2 & -k_4 \\ \text{对称} & & & & & k_6 \end{bmatrix} \tag{1.3.57}$$

式中：$k_1=\dfrac{12EI}{l^3}\sin^2\alpha+EA\left(\dfrac{1}{l_0}-\dfrac{\sin^2\alpha}{l}\right)$；

$k_2=\dfrac{12EI}{l^3}\cos^2\alpha+EA\left(\dfrac{1}{l_0}-\dfrac{\cos^2\alpha}{l}\right)$；

$k_3=\left(\dfrac{EA}{l}-\dfrac{12EI}{l^3}\right)\cos\alpha\sin\alpha$；

$k_4=\dfrac{6EI}{l^2}\cos\alpha$；

$k_5 = -\sqrt{\frac{6EI}{l^2}}\sin\alpha$；

$k_6 = \frac{4EI}{l}$；

$k_7 = \frac{2EI}{l}$。

3）平面柔索单元

如图1.3.5所示，由于①柔索仅能承受张力而不承受弯曲内力（抗弯刚度为零）；②柔索仅受索端集中力和沿索长均匀分布的荷载作用，荷载合力效应为 q；③柔索材料符合虎克定律；④局部坐标系取在柔索荷载合力平面内。设无应力索长为 S_0，索的荷载集度 q 向下为正，则参变量之间有如下关系

$$l = x_j - x_i;h = y_j - y_i$$

$$-F_{x_i} = F_{x_j} = H;F_{y_j} = -F_{y_i} + qS_0$$

$$T_i = \sqrt{F_{x_i}^2 + F_{y_i}^2};T_j = \sqrt{F_{x_j}^2 + F_{y_j}^2}$$

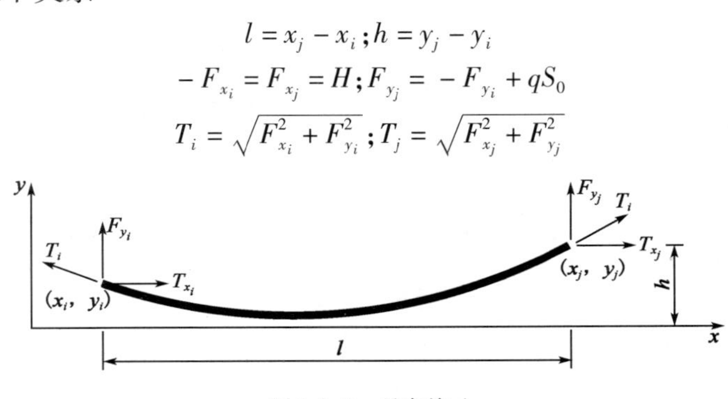

图1.3.5　柔索单元

导得各力素与几何变量之间的关系为

$$l = -F_{x_i}\left(\frac{S_0}{EA} + \frac{1}{q}\ln\frac{T_i + F_{y_i}}{T_j - F_{y_j}}\right)$$

$$h = \frac{S_0}{EA}\left(F_{y_i} - \frac{qS_0}{2}\right) - \frac{T_j - T_i}{q} = \frac{1}{2EAq}(T_j^2 - T_i^2) + \frac{T_j - T_i}{q}$$

对上式取全微分有

$$\Delta l = \frac{\partial l}{\partial F_{x_i}}\Delta F_{x_i} + \frac{\partial l}{\partial F_{y_i}}\Delta F_{y_i},\Delta h = \frac{\partial h}{\partial F_{x_i}}\Delta F_{x_i} + \frac{\partial h}{\partial F_{y_i}}\Delta F_{y_i}$$

于是，i 端力和位移的增量关系可写成

$$\Delta F_{x_i} = \frac{B_2}{C}\Delta l + \frac{A_2}{C}\Delta h,\Delta F_{y_i} = \frac{B_1}{C}\Delta l + \frac{A_1}{C}\Delta h$$

j 端位移和力的增量关系可写成

$$\Delta F_{x_j} = \frac{-B_2}{C}\Delta l + \frac{A_2}{C}\Delta h,\Delta F_{y_j} = \frac{B_1}{C}\Delta l + \frac{-A_1}{C}\Delta h$$

式中：$\Delta l = \Delta u_j - \Delta u_i$；

$\Delta h = \Delta v_j - \Delta v_i$；

$A_1 = \frac{1}{F_{x_i}} + \frac{1}{q}\left(\frac{F_{y_j}}{T_j} + \frac{F_{y_i}}{T_i}\right)$；

$$A_2 = B_1 = \frac{F_{x_i}}{q}\left(\frac{1}{T_j} - \frac{1}{T_i}\right);$$

$$B_2 = -\frac{S_0}{EA} - \frac{1}{q}\left(\frac{F_{y_j}}{T_j} + \frac{F_{y_i}}{T_i}\right);$$

$$C = A_1B_2 - A_2B_1。$$

合并整理后写成矩阵形式为

$$\Delta \boldsymbol{F}^e = \boldsymbol{k}_{\mathrm{T}}\Delta\boldsymbol{\delta}$$

其中

$$\Delta \boldsymbol{F}^e = [\Delta F_{x_i} \quad \Delta F_{y_i} \quad \Delta F_{x_j} \quad \Delta F_{y_j}]^{\mathrm{T}}$$

$$\boldsymbol{k}_{\mathrm{T}} = \begin{bmatrix} k_{11} & k_{12} & k_{13} & k_{14} \\ & k_{22} & k_{23} & k_{24} \\ & & k_{33} & k_{34} \\ \text{对称} & & & k_{44} \end{bmatrix} \tag{1.3.58}$$

式中：$k_{11} = k_{44} = -k_{33} = \frac{B_2}{C}$；

$$k_{12} = -k_{14} = -k_{23} = k_{34} = \frac{A_2}{C};$$

$$k_{22} = k_{24} = k_{42} = -\frac{A_1}{C};$$

$$\Delta\boldsymbol{\delta} = [\Delta u_i, \Delta v_i, \Delta u_j, \Delta v_j]^{\mathrm{T}}。$$

式(1.3.58)即为柔索单元切线刚度矩阵。在索端平衡力已知的情况下，可直接计算；在索端平衡力未知的情况下，应先按单根柔索计算索端力，求解时先初估一个 F_{x_i} 和 F_{y_i}，若 l、h 自然满足，初估值即为真实值，否则，设估算值产生的误差为

$$e_x = l_0 - l$$

$$e_y = h_0 - h$$

式中：l_0——由估算的 F_{x_i} 和 F_{y_i} 计算出的柔索水平投影长；

h_0——由估算的 F_{x_i} 和 F_{y_i} 计算出的柔索垂直投影长。

下一次计算希望通过 Δl 和 Δh 的修正，使误差趋于零，即

$$\Delta l + e_x = 0$$

$$\Delta h + e_y = 0$$

易得

$$\Delta F_{x_i} = \frac{e_yA_2 - e_xB_2}{C}$$

$$\Delta F_{y_i} = \frac{e_yB_1 - e_yA_1}{C}$$

用 ΔF_{x_i}、ΔF_{y_i} 修正 F_{x_i} 和 F_{y_i}，再按照图 1.3.6 所示的流程迭代，就可以在已知 l、h、q、E、A、S_0 的情况下，求出所有索端力，再按图 1.3.7 所示的流程流程计算切线刚度阵。

本章文献[1]给出了板单元及三维单元的切线刚度矩阵，文献[7]给出了空间杆单元的切线刚度矩阵。

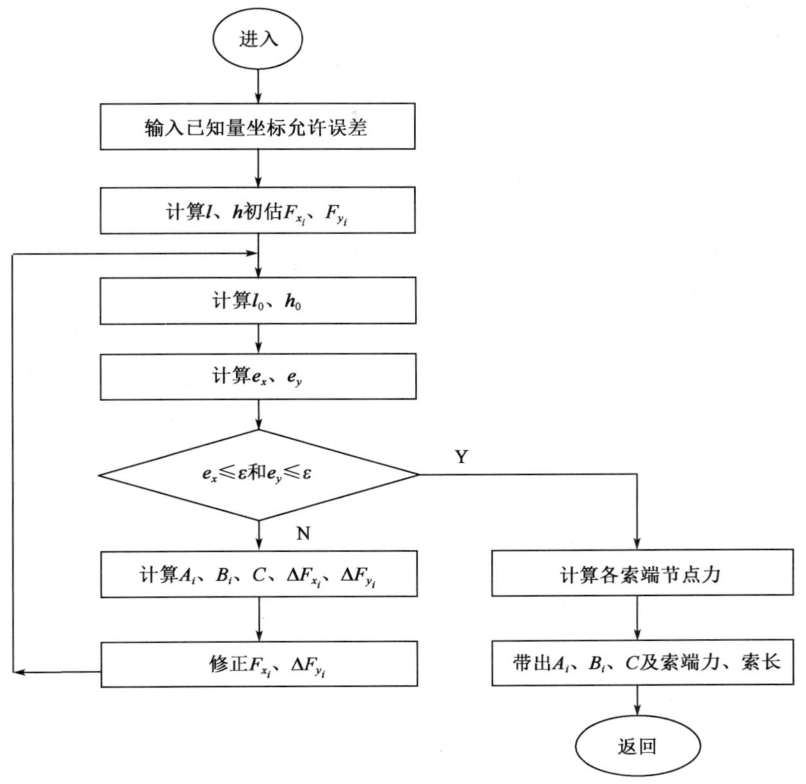

图1.3.6　索端力的计算流程

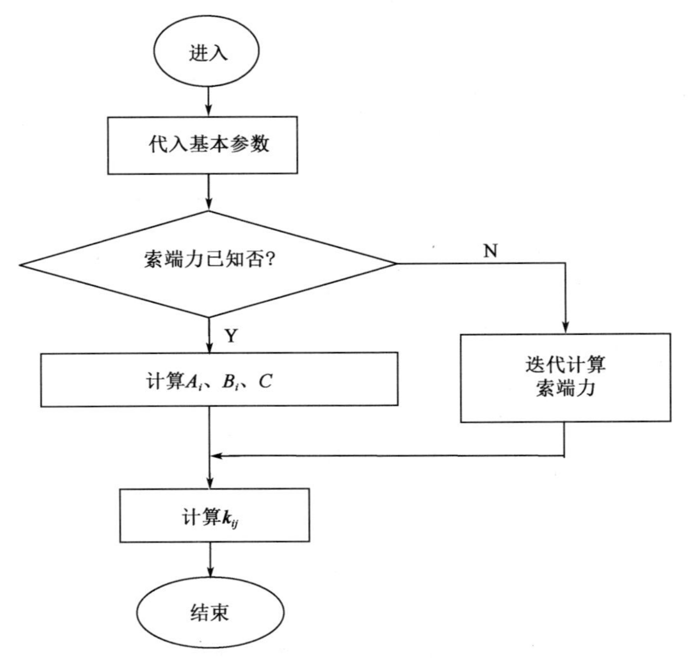

图1.3.7　柔索单元切线刚度矩阵计算流程

3.3.4 轴力（弯矩）对弯曲（轴向）刚度的影响

1）轴力对弯曲刚度的影响

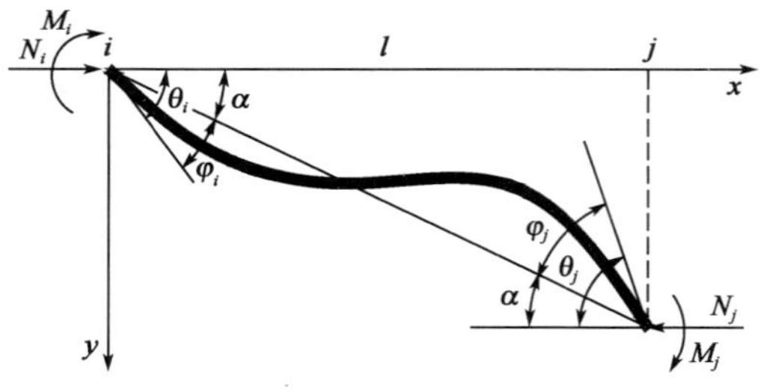

如图1.3.8所示压杆的内力和位移为正，其挠曲平衡微分方程为

$$-EIy''=M_i\left(1-\frac{x}{l}\right)-M_j\frac{x}{l}+N(y-\alpha x)_i$$

方程的解为

$$y=A_1\sin\frac{kx}{l}+A_2\cos\frac{kx}{l}-\frac{M_i}{N}\left(1-\frac{x}{l}\right)+\frac{M_j}{N}\frac{x}{l}+\alpha x$$

式中：$k=l\sqrt{\frac{N}{EI}}$。

图1.3.8　压杆变形、内力

引入边界条件　　$y|_{x=0}=0\quad y|_{x=l}=\alpha l$

得

$$A_1=\frac{M_j+M_i\cos k}{N\sin k}$$

$$A_2=\frac{M_i}{N}$$

$$y=\frac{M_i}{N}\left[\frac{\sin k\left(1-\frac{x}{l}\right)}{\sin k}-1+\frac{x}{l}\right]-\frac{M_i}{N}\left(\frac{\sin k\frac{x}{l}}{\sin k}-\frac{x}{l}\right)+\alpha x$$

于是

$$\theta_i=\varphi_i+\alpha=y'|_{x=0}$$

$$\theta_j=\varphi_j+\alpha=y'|_{x=l}$$

$$\varphi_i=\frac{l(cM_i-sM_j)}{EI}$$

$$\varphi_j=\frac{l(sM_i-cM_j)}{EI}$$

式中：

$$\begin{cases}c=\frac{1}{k^2}\left(1-\frac{k}{\tan k}\right)\\ s=\frac{1}{k^2}\left(\frac{k}{\sin k}-1\right)\end{cases}\tag{1.3.59a}$$

如果轴力为拉力，则

$$\begin{cases}c=\frac{1}{k^2}\left(\frac{k}{\operatorname{th}k}-1\right)\\ s=\frac{1}{k^2}\left(1-\frac{k}{\operatorname{sh}k}\right)\end{cases}\tag{1.3.59b}$$

c、s 为轴力影响下，杆端单位力矩引起的杆端角变形，c 为力矩作用端的角变形，s 为另一

端的角变形。最后,可导出有初轴力的杆单元刚度方程为

$$\begin{cases}M_i=\dfrac{EI}{l}[c\theta_i+s\theta_j-(c+s)\alpha]\\M_j=\dfrac{EI}{l}[c\theta_j+s\theta_i-(c+s)\alpha]\\Q_i=\dfrac{EI}{l^2}[(c+s)(\theta_i+\theta_j)-(2c+2s-k^2)\alpha]\\Q_j=Q_i\end{cases}\tag{1.3.60a}$$

或

$$\begin{Bmatrix}Q_i\\M_i\\Q_j\\M_j\end{Bmatrix}=\frac{EI}{l}\begin{bmatrix}\dfrac{2C+2S-k^2}{l^2} & \dfrac{C+S}{l} & -\dfrac{(2C+2S-k^2)}{l^2} & \dfrac{C+S}{l}\\ & C & -\dfrac{C+S}{l} & S\\ & & \dfrac{2C+2S-k^2}{l^2} & -\dfrac{(C+S)}{l}\\ \text{对称} & & & C\end{bmatrix}\begin{Bmatrix}u_i\\\theta_i\\u_j\\\theta_j\end{Bmatrix}\tag{1.3.60b}$$

其中:$C=\dfrac{c}{c^2-s^2}$,$S=\dfrac{s}{c^2-s^2}$,是轴力 N 的函数,称为稳定函数,其值随 k 的变化而变化。以稳定函数表达的刚度系数包含了轴力对弯曲刚度的影响,相当于前面切线刚度阵中弹性刚度系数与几何刚度系数之和。图1.3.9给出了稳定函数与单元切线刚度系数随 k 变化的情况,说明 $k\leqslant1$ 时,两者基本一样,当 $k\leqslant3$ 时,两者区别也不大。

事实上,将 C 展开成级数形式有

$$C=4\left(1-\frac{k^2}{30}-\frac{19k^4}{5040}+\cdots\right)$$

而式(1.3.52)对应的元素为

$$\frac{l}{EI}(k_{033}+k_{\sigma33})=4\left(1-\frac{Nl^2}{30EI}\right)=4\left(1-\frac{k^2}{30}\right)$$

对比表明,几何刚度系数就是稳定函数忽略高阶项的轴力影响系数。

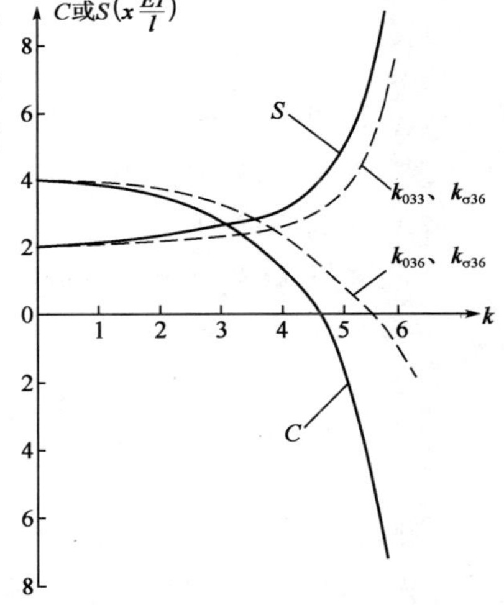

图1.3.9　稳定函数与单元切线刚度系数随 k 的变化曲线

从以上讨论可以看到:当 $k>3$ 时,随 k 的增大,忽略高次项时几何刚度矩阵的差异也增大。但由于 k 与 l 成正比,有限元分析中,只要减小单元长度,同样可以得到较高的精度。

2)弯矩对轴向刚度的影响

杆单元的弯曲将引起杆件计算长度(杆件两端节点的距离)的改变,从而影响杆件的轴向刚度。在杆件微段上,弯曲引起的杆件轴线计算长度的改变量 $\mathrm{d}\delta$ 为

$$\mathrm{d}\delta=\mathrm{d}s-\mathrm{d}x=\sqrt{\mathrm{d}y^2+\mathrm{d}x^2}-\mathrm{d}x$$

$$\mathrm{d}\delta/\mathrm{d}x=\sqrt{1+(y')^2}-1\approx\frac{1}{2}(y')^2$$

$$\delta = \frac{1}{2}\int_0^l (y')^2 \mathrm{d}x$$

在外力作用下，杆件总的缩短量 Δ 为

$$\Delta = \frac{Nl}{EA} + \frac{1}{2}\int_0^l (y')^2 \mathrm{d}x$$

$$N = \frac{EA}{l}\beta\Delta \tag{1.3.61}$$

式中：β——弯矩引起的轴向刚度修正系数。

由于

$$y = \frac{M_i}{N}\left[\frac{\sin k\left(1 - \frac{x}{l}\right)}{\sin k} + \frac{x}{l} - 1\right] + \frac{M_j}{N}\left(\frac{x}{l} - \frac{\frac{\sin kx}{l}}{\sin k}\right)$$

$$y' = \frac{M_i\cos k + M_j}{N\sin k}\frac{k}{l}\cos\frac{kx}{l} - \frac{M_i}{N}\frac{k}{l}\sin\frac{kx}{l} + \frac{M_i + M_j}{Nl}$$

将上列两式代入 Δ 的表达式中进行积分有

$$\beta = \frac{1}{1 - \frac{EA}{(4N^3l^2)(\varphi M)}} \tag{1.3.62}$$

其中：

当 $N > 0$（压杆）时

$$(\varphi M) = k(M_i^2 + M_j^2)(\cot k + k\csc k) - 2(M_i + M_j)^2 + 2k\csc kM_iM_j(1 + k\cot k)$$

当 $N < 0$（拉杆）时

$$(\varphi M) = k(M_i^2 + M_j^2)(\coth k + k\mathrm{csch}^2 k) - 2(M_i + M_j)^2 + 2k\mathrm{csch}kM_iM_j(1 + k\coth k)$$

3.4 活载非线性分析

公路桥梁活载比值较小，活载材料非线性问题并不突出，本节主要以活载几何非线性进行讨论。为了讨论方便，将非线性状态下荷载最不利加载区域称为影响区。活载几何非线性分析会遇到如下问题：

（1）线性叠加原理失效，无法再用传统的影响线加载法进行活载分析。

（2）确定影响区本身是一个非线性问题，仅用恒载初始状态计算活载，会带来影响区范围改变和不正确载位引起的误差。

（3）单位强迫变位产生的等效力很大，用机动法求解影响区将破坏指定状态结构影响区的真实形状。

考虑到结构在确定初始状态下影响线函数的大小，仍以其代表单位荷载作用对关心截面计算参数的影响，因此，可以按如下方法计算非线性活载最不利响应：以结构恒载状态为初态计算影响区函数，用相应的最不利活载作为试探，求出第一次近似，将前一次试探活载与恒载共同作用时的状态代替初态，重新计算影响区和最不利荷载。当本次活载效应与上次活载效

应的误差落在某一允许范围时,计算收敛。这样,每迭代一次,都加强了活载对计算状态的影响。这一计算可归结为如下步骤:

(1)将结构恒载受力状态作为求解影响区的初始状态,计算出初始影响函数。

(2)用动态规划加载法,找出最不利加载位置,并做好记录。

(3)以恒载受力状态为计算初态,将活载按最不利载位一次性作用于结构,分析恒、活载共同作用下的结构受力状态和关心截面力学量。

(4)将恒、活载共同作用下的结构状态作为求解下一步影响区函数新的初态,重复(1)~(3)的计算,经过数次迭代计算就可以得到活载作用下关心力学量的最终值。

求解活载影响区可用机动法,但单位强迫变位应取用一个很小的数(如 10^{-5}),这样,可以保证确定的影响区不失真,使动态规划法找到的载位即为相应内力状态下的最不利载位。

3.5 非线性分析中的增量步长与收敛判断

3.5.1 增量步长

在用增量法求解非线性有限元方程时,都要合理选择荷载增量步长。步长过大则计算结果不收敛或不可靠,步长过小则计算机时过长。

增量法是一种线性化方法,如把步长最大(只需一个增量步)的线弹性问题看成是非线性程度最低的非线性问题,那么随着非线性程度的提高,步长应当尽量减小。不同结构物的非线性程度不同,同一结构物的非线性程度也随加载过程而变,所以只有按具体的非线性程度来选择步长才是合理的。

P. G. Bergan 等人建议用下式来度量第 i 增量步的刚度

$$S_i^i = \frac{\Delta \boldsymbol{F}_i^{\mathrm{T}} \Delta \boldsymbol{F}_i}{\Delta \boldsymbol{\delta}_i^T \Delta \boldsymbol{F}_i} \tag{1.3.63}$$

初始(线性弹性)刚度可按下式度量

$$S_1^1 = \frac{\Delta \boldsymbol{F}_1^{\mathrm{T}} \Delta \boldsymbol{F}_1}{\Delta \boldsymbol{\delta}_1^T \Delta \boldsymbol{F}_1} \tag{1.3.64}$$

于是,第 i 增量步的刚度参数可用下面的无量纲参数定义

$$S_i = \frac{S_i^i}{S_1^1} \tag{1.3.65}$$

由于

$$\boldsymbol{F}_i = \lambda \boldsymbol{F}_0$$

$$\Delta \boldsymbol{F}_i = \Delta\lambda \boldsymbol{F}_0 \tag{1.3.66}$$

则

$$S_i = \frac{\Delta\lambda_i \boldsymbol{\delta}_i^{\mathrm{T}} \boldsymbol{F}_0}{\lambda \boldsymbol{\delta}_i^T \boldsymbol{F}_0} \tag{1.3.67}$$

这样,如果给定进入非线性状态后的第一个载荷增量因子 $\Delta\lambda_1$ 和刚度参数的变化值 ΔS(可在 0.05 ~0.2 范围内选取),就可以按下式选择载荷增量步长

$$\Delta\lambda_i = \Delta\lambda_{i-1}\frac{\Delta S}{|S_{i-2}-S_{i-1}|} \tag{1.3.68}$$

3.5.2 收敛判断

在非线性有限元方程的迭代法求解中，为了中止迭代，必须确定一个切实可行的收敛标准，不给出收敛标准，就无法中止迭代。若收敛标准不合适，可能导致结果误差过大或计算时间过长，甚至导致计算失败。

设结构分析的迭代解序列向量为 $\boldsymbol{u}_i(i=0,1,2,\cdots,n)$，则有

$$\lim_{i\to\infty}\|\boldsymbol{u}_i-\boldsymbol{u}\|=0 \tag{1.3.69}$$

式中：$\boldsymbol{u}$——真实解向量；

$\|\ \|$——向量的范数，分为一范数：$\|\ \|_1=\sum_{i=1}^{n}|\ |$；二范数：$\|\ \|_2=\sqrt{\sum_{i=1}^{n}|\ |}$ 和无穷范数：$\|\ \|_\infty=\max\limits_{n}|\ |$，用时可任选其中一种。

在每一次迭代终了都要检查一下过程是否发散或者已经收敛。检查发散的准则主要有以下两种：

(1)如迭代次数 n 已经超过某一预定最大限值 $N(n>N)$，即认为是发散的。

(2)随着迭代次数的增加，出现下列情况，即认为己发散。

$$\|\Delta\boldsymbol{u}_{i+1}\|>\|\Delta\boldsymbol{u}_i\| \tag{1.3.70}$$

式中：$\|\Delta\boldsymbol{u}_i\|$——迭代解增量向量的范数。

以上两种准则各有其优缺点：如果过程发散得很快，第一种准则不能及早地发现，计算过程会继续下去，直到达到极限迭代次数为止；如果过程并非单调收敛，呈现某种振荡特性，则第二种准则会将它判为发散，从而造成迭代过程及早地终止。为弥补这种不足，可以规定在连续若干次迭代次数内，式(1.3.70)成立，则过程是发散的。

判断迭代过程是否收敛，可以以迭代解向量的范数的来定义。有以下两种方法。

(1)位移收敛准则

以位移增量与同级荷载下的总位移比值来定义，即

$$\frac{\Delta\boldsymbol{\delta}_i}{\|\boldsymbol{\delta}_{i-1}+\Delta\boldsymbol{\delta}_i\|}<\varepsilon_{\mathrm{d}} \tag{1.3.71}$$

式中：$\Delta\boldsymbol{\delta}_i$——位移增量向量；

$\boldsymbol{\delta}_{i-1}$——位移向量；

ε_{d}——位移收敛容差。

一般可使用无穷范数。

(2)不平衡力收敛准则

以节点不平衡力与外荷载的比值来定义，即

$$\frac{\|\Delta\boldsymbol{F}_i\|}{\|\boldsymbol{F}\|}<\varepsilon_f \tag{1.3.72}$$

式中：$\boldsymbol{F}$——外荷载向量；

$\Delta\boldsymbol{F}_i$——不平衡力向量；

ε_f——不平衡力收敛容差。

建议使用二范数,也可使用无穷范数。

在迭代过程中,如果由于结构自身特性引起位移向量在迭代过程中剧烈摆动,这时应用位移收敛准则可能做出错误的判断。当结构刚度较小时,微小的不平衡力会产生很大的位移增量,这种情况下不平衡力收敛准则也很难适应。当需要同时判断位移和力的收敛情况时,宜采用以迭代时的应变能改变量与同级荷载下总应变能的比值来定义的能量收敛准则。

3.6　小　　结

桥梁结构非线性问题以大跨径桥梁几何非线性表现较为突出,特别是索支承桥梁。材料非线性问题一般限于圬工及混凝土桥梁结构分析、徐变、收缩计算和桥梁极限承载力分析。常见的接触问题如悬索桥主缆与鞍座的接触状态问题、支架上预应力梁在张拉后的部分落架问题等,虽然在桥梁工程上表现不多,但不应忽视。求解几何非线性问题以 U. L 列式法较为普遍,这也是目前国内桥梁结构非线性分析程序采用最多的方法之一。目前除吊桥及拱桥几何非线性问题有解析方法(挠度理论)以外,以有限元计算为主的非线性分析已得到相当广泛的应用[7]。结构的损伤单元已逐步应用到在役桥梁的评价中去[5]。

本章参考文献

[1] 丁皓江,何福保,谢贻权,等. 弹性和塑性力学中的有限单元法[M]. 北京:机械工业出版社,1992.

[2] H. Chan, Y. K. Cheung, Y. P. Huang. Nonlinerar Modelling of Reinforced Concrete Structures [J]. Computers & Structures, 1994,53(5):1099-1107.

[3] 胡大琳. 特大跨径石拱桥设计与施工关键技术研究之一　砌体力学性能研究报告[R]. 西安:长安大学,2000.

[4] 董毓利. 混凝土非线性力学基础[M]. 北京:中国建筑工业出版社,1997.

[5] 贺拴海. 混凝土桥梁的有效预应力衰变模型研究[R]. 西安:长安大学,2010.

[6] 华孝良,徐光辉. 桥梁结构非线性分析[M]. 北京:人民交通出版社,1997.

[7] 汪劲丰,吴光宇. 桥梁结构仿真分析理论及其工程应用[M]. 杭州:浙江大学出版社,2007.

[8] 乔文靖,宋一凡,陈书生. 复合主拱圈加固石拱桥弹塑性本构关系研究[J]. 广西大学学报(自然科学版),2013,38(1).

第 2 篇

桥跨结构分析理论

4　桥面板分析理论

4.1　桥 跨 结 构

典型的梁桥桥跨结构如图2.4.1所示。桥面板分析理论包括桥跨结构的比拟正交异性板理论、桥面板的有效工作宽度计算理论和悬臂板计算理论。

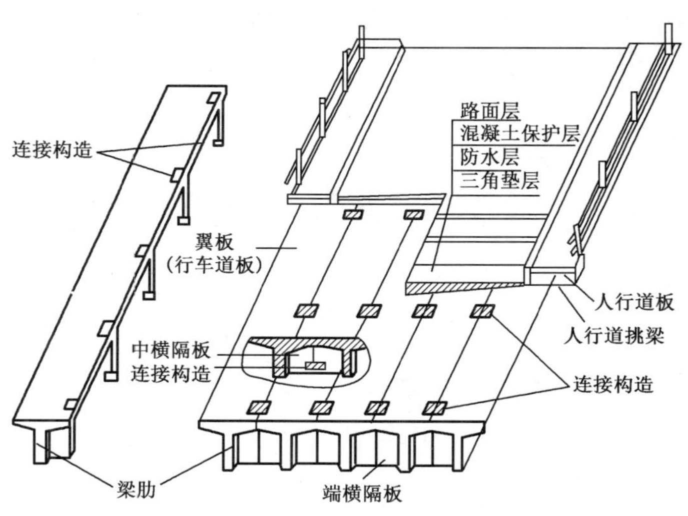

图2.4.1　典型梁桥桥跨结构

混凝土实(空)心板桥、肋梁式桥、矮箱梁桥等及可以按照薄板计算的各种桥面板,由于建桥材料性质差异及不同构造要求,均属各向异性结构。工程计算时,根据目的要求不同,可分别采用各向同性、正交异性或各向异性结构进行分析,且往往可以将结构比拟为正交异性板结构进行简化计算。

对于桥梁上广泛采用的正交异性板或可以采用比拟正交异性板进行计算的桥跨结构,用上述的弹性薄板的计算理论计算，其计算过程复杂而烦琐。对大量的混凝土桥设计工作来说，只需要计算出截面或单位宽度内的内力，以便于进行配筋设计即可。应用桥面板的有效宽度或荷载的有效分布宽度概念就可以完成此工作。应用此概念，将桥跨结构应考虑桥面板剪力滞效应进行计算的复杂二维空间问题转化为按初等梁理论的计算问题，在开口截面的设计中得以广泛应用，使得设计计算工作大为简化。本章将介绍混凝土梁面板的有效宽度计算的各种理论，并建议计算方法。

上述方法仅解决了桥梁纵向的设计计算问题。对于桥梁的横向设计，悬臂板的计算分析是其重点之一。绝大多数桥跨结构在构造上都有悬臂板，区别仅是其上作用的外荷载形式不同，如仅有人行道荷载、人行道荷载加车辆荷载或者护栏加车辆荷载等。若认为梁肋的抗弯刚度远大于悬臂行车道板的刚度，则悬臂板的根部应视为嵌固端，这样可以利用板的有效宽度的概念来确定悬臂板的计算宽度。各国规范均沿用此概念，对悬臂板有效宽度作出了规定。

4.2 桥跨结构分析的比拟正交异性板理论

4.2.1 各向同性板理论

如图 2.4.2 所示，各向同性薄板弯曲平衡微分方程为[1]

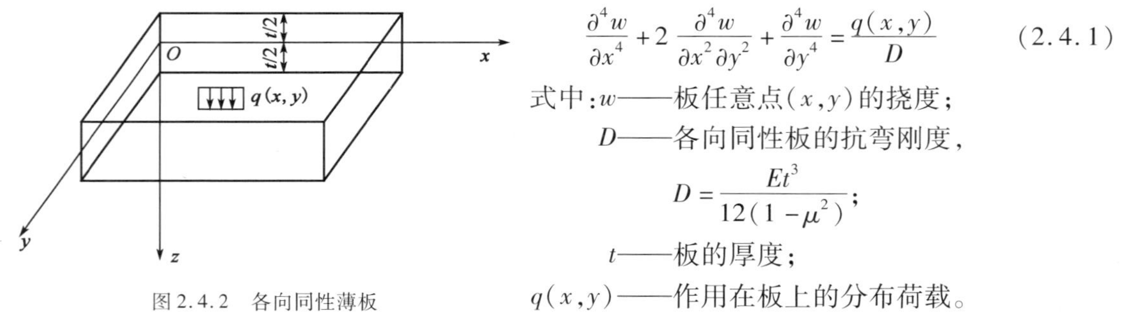

图 2.4.2 各向同性薄板

$$\frac{\partial^4 w}{\partial x^4}+2\frac{\partial^4 w}{\partial x^2\partial y^2}+\frac{\partial^4 w}{\partial y^4}=\frac{q(x,y)}{D} \tag{2.4.1}$$

式中：w——板任意点(x,y)的挠度；

D——各向同性板的抗弯刚度，

$$D=\frac{Et^3}{12(1-\mu^2)};$$

t——板的厚度；

$q(x,y)$——作用在板上的分布荷载。

板中弯矩 M、剪力 Q 由下式给出（下标表示方向）：

$$\begin{cases} M_x=-D\left(\dfrac{\partial^2 w}{\partial x^2}+\mu\dfrac{\partial^2 w}{\partial y^2}\right)\\ M_y=-D\left(\dfrac{\partial^2 w}{\partial y^2}+\mu\dfrac{\partial^2 w}{\partial x^2}\right)\\ Q_x=-D\left(\dfrac{\partial^3 w}{\partial x^3}+\dfrac{\partial^3 w}{\partial x\partial y^2}\right)\\ Q_y=-D\left(\dfrac{\partial^3 w}{\partial y^3}+\dfrac{\partial^3 w}{\partial x^2\partial y}\right)\end{cases} \tag{2.4.2}$$

板中正应力 σ 及剪应力 τ 由下式给出（下标表示方向）：

$$\begin{cases}\sigma_x = \dfrac{E}{1-\mu^2}(\varepsilon_x + \mu\varepsilon_y) = -\dfrac{Ez}{1-\mu^2}\left(\dfrac{\partial^2 w}{\partial x^2} + \mu\dfrac{\partial^2 w}{\partial y^2}\right) \\ \sigma_y = \dfrac{E}{1-\mu^2}(\varepsilon_y + \mu\varepsilon_x) = -\dfrac{Ez}{1-\mu^2}\left(\dfrac{\partial^2 w}{\partial y^2} + \mu\dfrac{\partial^2 w}{\partial x^2}\right) \\ \tau_{xy} = \tau_{yx} = G\gamma_{xy} = -\dfrac{Ez}{1+\mu}\dfrac{\partial^2 w}{\partial x \partial y}\end{cases} \tag{2.4.3}$$

式中：μ——薄板材料的泊松比；

E——薄板的弹性模量；

G——薄板的剪切模量；

其余符号意义同前。

根据基本假定，其余应力可略去不计。

小跨径整体式混凝土简支实心板桥可近似按各向同性板进行分析，李维（M. levy）已经给出了其基本解，简述如下：

设板的挠度函数 $w(x,y)$ 为

$$w(x,y) = \sum_{m=1}^{\infty} Y_m \sin\frac{m\pi x}{l} \tag{2.4.4}$$

将其代入板的弯曲平衡微分方程式（2.4.1）中，经运算有

$$\frac{d^4 Y_m}{dy^4} - 2\left(\frac{m\pi}{l}\right)^2\frac{d^2 Y_m}{dy^2} + \left(\frac{m\pi}{l}\right)^4 Y_m = \frac{2}{lD}\int_0^l q(x,y)\sin\frac{m\pi x}{l}dx \tag{2.4.5}$$

这一常微分方程的解可以写成

$$Y_m = A_m \mathrm{ch}\frac{m\pi y}{l} + B_m\frac{m\pi y}{l}\mathrm{sh}\frac{m\pi y}{l} + C_m \mathrm{sh}\frac{m\pi y}{l} + D_m\frac{m\pi y}{l}\mathrm{ch}\frac{m\pi y}{l} + f_m(y)$$

其中 $f_m(y)$ 是与 q/D 有关的特解，可按式（2.4.5）右的积分结果来选择。A_m、B_m、C_m 和 D_m 是由 $y=\pm B/2$（B 为桥板宽度）两边自由的边界条件决定的常数。

$$\begin{cases}\left(\dfrac{\partial^2 w}{\partial y^2} + \mu\dfrac{\partial^2 w}{\partial x^2}\right)_{y=\pm B/2} = 0 \\ \left(\dfrac{\partial^3 w}{\partial y^3} + (2-\mu)\dfrac{\partial^2 w}{\partial x^2 \partial y}\right)_{y=\pm B/2} = 0\end{cases}$$

挠度 $w(x,y)$ 可写为

$$w(x,y) = \sum_{m=1}^{\infty}\left[A_m \mathrm{ch}\frac{m\pi y}{l} + B_m\frac{m\pi y}{l}\mathrm{sh}\frac{m\pi y}{l} + C_m \mathrm{sh}\frac{m\pi y}{l} + D_m\frac{m\pi y}{l}\mathrm{ch}\frac{m\pi y}{l} + f_m(y)\right]\sin\frac{m\pi x}{l} \tag{2.4.6}$$

式中：l——板自由边的长度（板桥的计算跨径）；

B——板支撑边的长度（板桥的宽度）；

其余符号意义同前。

板桥中任意点的内力和应力可分别有由式（4.2.2）和式（2.4.3）写出。

4.2.2 正交材料异性板理论

对于木板结构或将各向异性板近似取为正交材料异性板进行分析时，取与各向同性板相同的坐标系，坐标轴 x、y 平行于弹性主方向，材料两正交方向的物理常数用带坐标的下标表示，则其弯曲平衡微分方程为[1,2]

$$D_x \frac{\partial^4 w}{\partial x^4} + 2H \frac{\partial^4 w}{\partial x^2 \partial y^2} + D_y \frac{\partial^4 w}{\partial y^4} = q(x,y) \tag{2.4.7}$$

刚度参数为

$$\begin{cases} D_x = \dfrac{E_x t^3}{12(1-\mu_x\mu_y)} \\ D_y = \dfrac{E_y t^3}{12(1-\mu_x\mu_y)} \\ H = \dfrac{1}{2}(D_x\mu_y + D_y\mu_x + 4D_k) = \mu_y D_x + 2D_k = \mu_x D_y + 2D_k = D_1 + 2D_k \\ D_1 = \dfrac{(D_x\mu_y + D_y\mu_x)}{2} = \mu_y D_x = \mu_x D_y \end{cases} \tag{2.4.8}$$

内力由下式给出

$$\begin{cases} M_x = -D_x\left(\dfrac{\partial^2 w}{\partial x^2} + \mu_y \dfrac{\partial^2 w}{\partial y^2}\right) \\ M_y = -D_y\left(\dfrac{\partial^2 w}{\partial y^2} + \mu_x \dfrac{\partial^2 w}{\partial x^2}\right) \\ M_{xy} = -2D_k \dfrac{\partial^2 w}{\partial x \partial y} \end{cases} \tag{2.4.9}$$

式中：$D_k = G_{xy}t^3/12$。

应力可表示为

$$\begin{cases} \sigma_x = \dfrac{z}{1-\mu_x\mu_y}\left(E_x \dfrac{\partial^2 w}{\partial x^2} + \mu_x E_y \dfrac{\partial^2 w}{\partial y^2}\right) \\ \sigma_y = \dfrac{z}{1-\mu_x\mu_y}\left(E_y \dfrac{\partial^2 w}{\partial y^2} + \mu_y E_x \dfrac{\partial^2 w}{\partial x^2}\right) \\ \tau_{xy} = -2G_{xy}z \dfrac{\partial^2 w}{\partial x \partial y} \end{cases} \tag{2.4.10}$$

式中各符号意义同前，以下表区分其所代表的方向。

4.2.3 比拟正交异性板理论

将钢筋混凝土板、加肋板、T 形梁、整体式矮箱梁等比拟成构造正交异性板，其弯曲平衡微分方程同式(2.4.7)，板桥中任意点的内力和应力可分别由式(2.4.9)和式(2.4.10)写出。比拟刚度 D_x、D_y 和 H 根据所分析的对象不同而有不同的比拟方法，特别是在 H 的计算问题上，不同的学者提出了不同定义的表达式，且差异较大。

1）比拟正交异性板的刚度

为研究比拟构造正交异性板的刚度，不失一般性地取纵、横向均带有上、下翼板的I字形截面（箱形梁经适当简化即可）为研究对象，如图2.4.3所示。按经典薄板理论，纵、横截面的应变、挠度关系为[7]

$$\begin{cases}\varepsilon_x = -z_x \dfrac{\partial^2 w}{\partial x^2} \\ \varepsilon_y = -z_y \dfrac{\partial^2 w}{\partial y^2} \\ \gamma_{xy} = \dfrac{\partial v}{\partial x} + \dfrac{\partial u}{\partial y} = -(z_x + z_y)\dfrac{\partial^2 w}{\partial x \partial y}\end{cases} \tag{2.4.11}$$

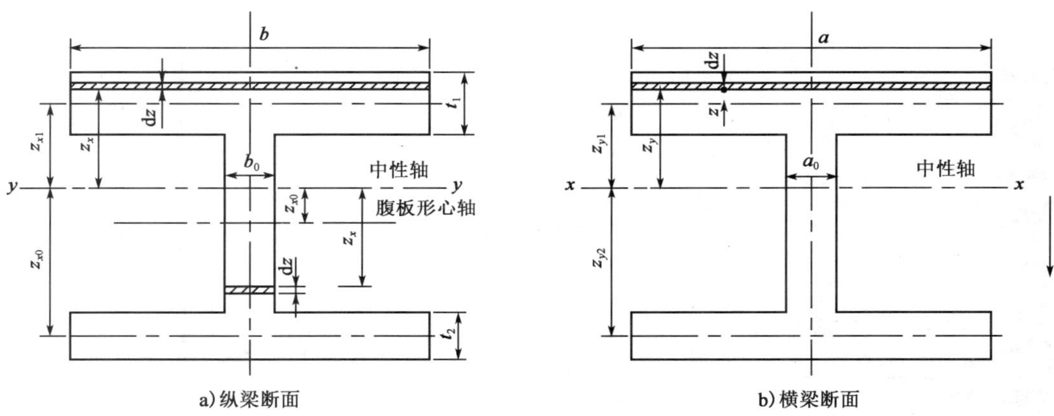

图2.4.3 桥梁结构中的纵、横梁

顶板、底板的应力为

$$\begin{cases}\sigma_x = \dfrac{E}{1-\mu^2}(\varepsilon_x + \mu\varepsilon_y) \\ \sigma_y = \dfrac{E}{1-\mu^2}(\varepsilon_y + \mu\varepsilon_x) \\ \tau_{xy} = G\gamma_{xy}\end{cases} \tag{2.4.12}$$

纵梁腹板和横隔梁腹板应力为

$$\begin{cases}\sigma_x = E\varepsilon_x \\ \sigma_y = E\varepsilon_y\end{cases} \tag{2.4.13}$$

按梁理论，纵梁腹板和横隔梁腹板的扭转变形与内力的关系可写为

$$\begin{cases}M_{xy} = -\dfrac{GJ_{b0}}{b}\dfrac{\partial^2 w}{\partial x \partial y} \\ M_{yx} = -\dfrac{GJ_{a0}}{a}\dfrac{\partial^2 w}{\partial x \partial y}\end{cases} \tag{2.4.14}$$

各内力可由应力在其相应的面积上积分给出（截面上的内外力平衡）

$$
\begin{aligned}
M_x &= \int_A \sigma_x z_x \mathrm{d}A \\
&= \frac{-E}{1-\mu^2}\frac{\partial^2 w}{\partial x^2}\left[\int_{t_1}(z+z_{x1})^2\mathrm{d}z+\int_{t_2}(z+z_{x2})^2\mathrm{d}z\right]- \\
&\quad \frac{\mu E}{1-\mu^2}\frac{\partial^2 w}{\partial y^2}\left[\int_{t_1}(z+z_{x1})(z+z_{y1})\mathrm{d}z+\int_{t_2}(z+z_{x2})(z+z_{y2})\mathrm{d}z\right]- \\
&\quad \frac{E}{b}\frac{\partial^2 w}{\partial x^2}\int_{h_0}(z+z_{x0})^2 b_0\mathrm{d}z=-\left(D_x\frac{\partial^2 w}{\partial x^2}+D_{x1}\frac{\partial^2 w}{\partial y^2}\right)
\end{aligned} \tag{2.4.15}
$$

式中：

$$
\begin{cases}
D_x=\sum\limits_{i=1}^{2}(D_{0i}+E_1t_iz_{xi}^2)+\dfrac{E}{b}(I_{b0}+A_{b0}z_{x0}^2) \\
D_{x1}=\mu E_1\sum\limits_{i=1}^{2}(I_{0i}+t_iz_{xi}z_{yi})=\mu\sum\limits_{i=1}^{2}\left(D_{0i}+\sqrt{\overline{D}_{xi}\overline{D}_{yi}}\right) \\
\overline{D}_{xi}=E_1t_iz_{xi}^2,\overline{D}_{yi}=E_1t_iz_{yi}^2 \\
D_{0i}=E_1I_{0i},E_1=\dfrac{E}{(1-\mu^2)},I_{0i}=\dfrac{t_i^3}{12} \\
I_{b0}=\dfrac{b_0h^3}{12},A_{b0}=b_0h_0
\end{cases} \tag{2.4.16}
$$

同理

$$
M_y=\int_A \sigma_y z_y \mathrm{d}A=-\left(D_y\frac{\partial^2 w}{\partial x^2}+D_{y1}\frac{\partial^2 w}{\partial x^2}\right)\frac{\pi}{2} \tag{2.4.17}
$$

其中

$$
\begin{cases}
D_y=\sum\limits_{i=1}^{2}(D_{0i}+E_it_iz_{yi}^2)+\dfrac{E}{a}(I_{a0}+A_{a0}Z_{y0}^2) \\
D_{y1}=\mu\sum\limits_{i=1}^{2}\left(D_{0i}+\sqrt{\overline{D}_{xi}\overline{D}_{yi}}\right) \\
A_{a0}=h_0a_0,I_{a0}=\dfrac{a_0h^3}{12}
\end{cases} \tag{2.4.18}
$$

$$
M_{xy}=\int_A \tau_{zy}z_x\mathrm{d}A-\frac{GJ_{b0}}{b}\frac{\partial^2 w}{\partial x\partial y}=2D_{kx}\frac{\partial^2 w}{\partial x\partial y} \tag{2.4.19}
$$

$$
M_{yx}=\int_A \tau_{yx}z_y\mathrm{d}A-\frac{GJ_{a0}}{a}\frac{\partial^2 w}{\partial x\partial y}=-2D_{ky}\frac{\partial^2 w}{\partial x\partial y} \tag{2.4.20}
$$

其中

$$
\begin{cases}
2D_{kx}=(1-\mu)\sum\limits_{i=1}^{2}\left(D_{0i}+\dfrac{\overline{D}_{xi}}{2}+\dfrac{1}{2}\sqrt{\overline{D}_{xi}\overline{D}_{yi}}\right)+\dfrac{GJ_{b0}}{b} \\
2D_{ky}=(1-\mu)\sum\limits_{i=1}^{2}\left(D_{0i}+\dfrac{\overline{D}_{yi}}{2}+\dfrac{1}{2}\sqrt{\overline{D}_{xi}\overline{D}_{yi}}\right)+\dfrac{GJ_{a0}}{a} \\
\overline{D}_{xi}=E_1t_iz_{xi}^2,\overline{D}_{yi}=E_1t_iz_{yi}^2
\end{cases} \tag{2.4.21}
$$

式中：J_{b0}——纵梁腹板的抗扭惯性矩；

J_{a0}——横隔梁腹板的抗扭惯性矩；

其余符号意义同前，以下标区分其所代表的方向。

令

$$\begin{cases} D_1=(D_{x1}+D_{y1})=\mu\sum_{i=1}^{2}\left(D_{0i}+\sqrt{\overline{D}_{xi}\overline{D}_{yi}}\right) \\ 2D_k=\dfrac{(2D_{kx}+2D_{ky})}{2} \\ \quad =(1-\mu)\sum_{i=1}^{2}\left[D_{0i}+\dfrac{1}{4}(\overline{D}_{x1}+\overline{D}_{y1})+\dfrac{1}{2}\sqrt{\overline{D}_{xi}\overline{D}_{yi}}\right]+\dfrac{G}{2}\left(\dfrac{J_{b0}}{b}+\dfrac{J_{a0}}{a}\right) \\ H=D_1+2D_k=\sum_{i=1}^{2}D_{0i}+\dfrac{1-\mu}{4}\sum_{i=1}^{2}(\overline{D}_{x1}+\overline{D}_{y1})+\dfrac{1+\mu}{2}\sum_{i=1}^{2}\sqrt{\overline{D}_{xi}\overline{D}_{yi}}+\dfrac{G}{2}\left(\dfrac{J_{b0}}{b}+\dfrac{J_{a0}}{a}\right) \end{cases} \tag{2.4.22}$$

将以上各式展开后有

$$\begin{cases} D_x=(D_0+\overline{D}_x)+\dfrac{E}{b}(I_{b0}+A_{b0}z_{x0}^2) \\ D_y=(D_0+\overline{D}_y)+\dfrac{E}{a}(I_{a0}+A_{a0}z_{y0}^2) \end{cases} \tag{2.4.23}$$

$$H=D_1+2D_k=D_0+\frac{1-\mu}{4}(\overline{D}_x+\overline{D}_y)+\frac{1+\mu}{2}\sqrt{\overline{D}_x\overline{D}_y}+\frac{G}{2}\left(\frac{J_{b0}}{b}+\frac{J_{a0}}{a}\right) \tag{2.4.24}$$

其中

$$D_1=\frac{(D_{x1}+D_{y1})}{2}=\mu\left(D_0+\sqrt{\overline{D}_x\overline{D}_y}\right)$$

$$2D_k=\frac{D_{kx}+D_{ky}}{2}=(1-\mu)\left[D_0+\frac{1}{4}(\overline{D}_x+\overline{D}_y)+\frac{1}{2}\sqrt{\overline{D}_x\overline{D}_y}\right]+\frac{G}{2}\left(\frac{J_{b0}}{b}+\frac{J_{a0}}{a}\right)$$

$$D_{y1}=D_{x1}=\mu\left(D_0+\sqrt{\overline{D}_x\overline{D}_y}\right)$$

$$2D_{kx}=(1-\mu)\left(D_0+\frac{\overline{D}_x}{2}+\frac{1}{2}\sqrt{\overline{D}_x\overline{D}_y}\right)+\frac{GJ_{b0}}{b}$$

$$2D_{ky}=(1-\mu)\left(D_0+\frac{\overline{D}_y}{2}+\frac{1}{2}\sqrt{\overline{D}_x\overline{D}_y}\right)+\frac{GJ_{a0}}{a}$$

式中：$D_0=D_{01}+D_{02}$，即顶、底板绕各自形心轴刚度之和；

$\overline{D}_x=\dfrac{E}{1-\mu^2}(t_1z_{x1}^2+t_2z_{x2}^2)$，即纵梁顶、底板对桥梁横断面中性轴的移轴刚度之和；

$\overline{D}_y=\dfrac{E}{1-\mu^2}(t_1z_{y1}^2+t_2z_{y2}^2)$，即横梁顶、底板对桥梁纵断面中性轴的移轴刚度之和；

其余符号意义同前。

式(2.4.23)和式(2.4.24)即为一般常见纵、横向均带有上、下翼板的I字形截面的比拟正交异性板的比拟刚度。

2)应用讨论

(1)扭转刚度的简化

板自身的刚度一般较小，若在扭转刚度忽略掉各板自身的刚度，可使计算得到简化。忽略式(2.4.24)中的 D_0 和 J_{b0}、J_{a0}，则有

$$H = D_1 + 2D_k = \frac{1-\mu}{4}(\overline{D}_x + \overline{D}_y) + \frac{1+\mu}{2}\sqrt{\overline{D}_x \overline{D}_y} \tag{2.4.25}$$

(2)胡拜尔(M. T. Huber)实体板比拟刚度

对于材料正交异性板，胡拜尔(M. T. Huber)根据毕田(Betti's)互易原理

$$\frac{\mu_x}{E_x} = \frac{\mu_y}{E_y} \tag{2.4.26}$$

即假定两向弹性常数不等，取其几何平均值

$$E = \sqrt{E_x E_y} \quad \mu = \sqrt{\mu_x \mu_y} \tag{2.4.27}$$

作为虚拟同性板的弹性模量和泊松比，对材料异性板取其抗扭刚度参数为

$$H = D_1 + 2D_k = \sqrt{D_x D_y} \tag{2.4.28}$$

式中：$D_1 = \mu D = \sqrt{\mu_x \mu_y}\sqrt{D_x D_y}$；

$2D_k = (1-\mu)\overline{D} = (1-\sqrt{\mu_x \mu_y})\sqrt{D_x D_y}$；

其余符号意义同前。

对于钢筋混凝土实体板，按照以上理论，胡拜尔(M. T. Huber)给出的按构造正交异性板计算的刚度为

$$\begin{cases} D_x = \dfrac{E_c}{1-\mu_c^2}[I_{cx} + (n-1)I_{sx}] \\ D_y = \dfrac{E_c}{1-\mu_c^2}[I_{cy} + (n-1)I_{sy}] \\ H = \sqrt{D_x D_y}, D_k = \dfrac{1-\mu_c}{2}\sqrt{D_x D_y}, n = \dfrac{E_s}{E_c} \end{cases} \tag{2.4.29}$$

式中：E_c、E_s——混凝土、钢筋的弹性模量，若纵、横向所配钢筋等级不同，应分别取用；

I_{cx}、I_{sx}——板截面、纵向钢筋截面对横断面中性轴的惯性矩；

I_{cy}、I_{sy}——板截面、横向钢筋截面对纵断面中性轴的惯性矩；

μ_c——混凝土的泊松比。

其余符号意义同前。

(3)T 形梁的比拟刚度

对于无连续底板(即 $t_2 = 0$)的 T 形梁，比拟成正交异性板(图 2.4.4)，按经典板理论进行结构分析时，由于腹板是一维梁结构，翼板是二维板结构，有泊松效应产生的中面力，但无底板相反方向的中面力与之平衡，即全断面轴力 $N \neq 0$。而薄板经典理论的控制微分方程系根据弯曲未考虑轴力 N 推导而来，因此刚度推导亦应遵循这一假设。令 $N_{x1} = N_{y1} = N_{xy} = 0$，相当于 D_1、D_k 中的翼缘板的移轴刚度 $\overline{D}_x = \overline{D}_y = 0$。这样，在 T 形梁比拟成正交异性板的控制微分方程中，各刚度公式可由式(2.4.23)和式(2.4.24)化简得到[3]：

$$\begin{cases} D_x = D_{x1} + \dfrac{EI_{x0}}{b} \\ D_y = D_{y1} + \dfrac{EI_{y0}}{b} \end{cases} \tag{2.4.30}$$

$$H = D_0 + \frac{G}{2}\left(\frac{J_{b0}}{b} + \frac{J_{a0}}{a}\right) \tag{2.4.31a}$$

$$D_1 = \frac{\mu E t^3}{12(1-\mu^2)} \tag{2.4.31b}$$

$$2D_k = (1-\mu)\frac{Et^3}{12(1-\mu^2)} + \frac{G}{2}\left(\frac{J_{b0}}{b} + \frac{J_{a0}}{a}\right) \tag{2.4.31c}$$

式中：$D_0 = \dfrac{Et^3}{12(1-\mu^2)}$；

D_{x1}、D_{y1} ——横、纵截面翼板对其全断面中性轴的刚度；

I_{x0}、I_{y0} ——横、纵截面腹板对其全断面中性轴的惯性矩；

其他符号意义同前或参见图2.4.4。

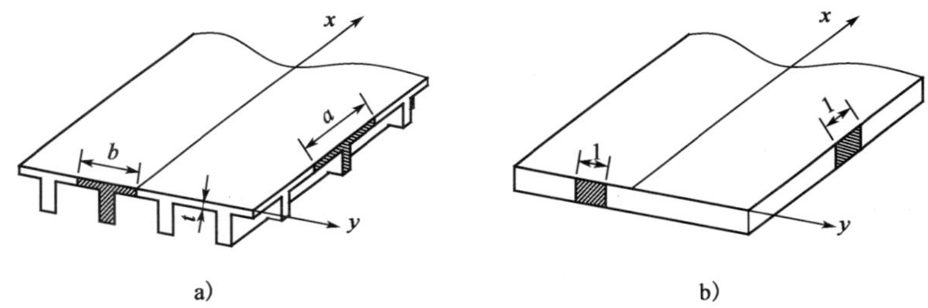

图2.4.4 T形梁比拟成正交异性板

在板的平衡方程和内力方程中都要使用刚度，但从国内外文献来看，对于T形梁，抗弯刚度的取用基本相同，而抗扭刚度的计算却存在差异。在平衡方程中，不同学者在不同时期，基于不同假定给出了不同的刚度计算公式，如顿钦柯（В. Г. ДОНЧНКО）、居易翁（Y. Guyon）、马松列（C. Masonnete）（G. M 法）、铁摩辛柯（S. Timoshenko）、格英克（Giencke）、金成棣、钱拉德（R. Sziard）（考虑混凝土板开裂）以及伯德—拜克特（Baider Bakht）等。刚度的取用各有千秋，在各时期，针对不同分析对象及分析目的时均得到应用。在T形梁内力计算时，同样存在抗扭刚度的取值问题。在计算板的内力时，考虑到泊松效应产生的翼板中面力 $N=\sigma t$ 是对截面中性轴抗力矩的重要组成部分，此时 H 中的 $\overline{D}_x$、$\overline{D}_y$ 不能像控制方程中的 H 那样被忽略掉，亦不应使用正交材料异性板的公式，否则由于正交构造异性板的 $\mu_y D_x \neq \mu_x D_y$，致使弹性矩阵不对称。

4.2.4 多梁式简支梁桥比拟成正交异性板分析

作为示例，取胡伯尔（M. T. Huber）建议的 $H=\sqrt{D_x D_y}$，分析如图2.4.5所示的车轮作用在板边的正交异性板，车轮荷载简化为一矩形均布局部荷载（图中阴影部分）。

求解时，将板面划分为有荷载区（$OABC$）和无荷载区（$OAB'C'$），设无荷载区的挠曲函数为

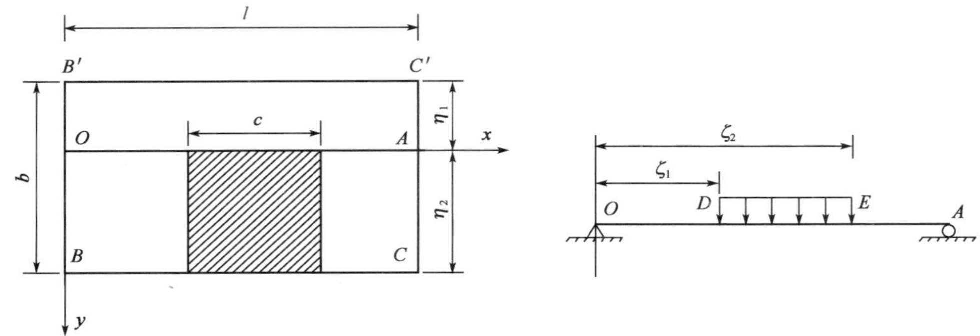

图 2.4.5　简支正交异性板桥

$$w = w_0 \tag{2.4.32}$$

荷载区的挠曲函数为

$$w_{\mathrm{p}} = w_1 + w_2 \tag{2.4.33}$$

在上述两式中，w_0 及 w_2 均可采用李维级数，w_1 则可按照纳达伸方法而选用圆柱形挠曲函数，即

$$D_x \frac{\mathrm{d}^4 w_1}{\mathrm{d}x^4} = p \tag{2.4.34}$$

w_1 的表达式可以直接套用材料力学公式，在 OD 段中，则有[4]

$$(w_1)_{\mathrm{OD}} = \frac{P}{48lD_x}\left\{4(2l-\zeta_1-\zeta_2)(x^3-l^2x)+x[(2l-\zeta_1-\zeta_2)^3-2\xi_2c^2+c^3+2lc^2]\right\} \tag{2.4.35a}$$

在 DE 段中则有

$$(w_1)_{\mathrm{DE}} = (w_1)_{\mathrm{OD}} - \frac{P}{24cD_x}(x-\zeta_1)^4 \tag{2.4.35b}$$

在 EA 段中则有

$$(w_1)_{\mathrm{EA}} = (w_1)_{\mathrm{OD}} - \frac{P}{48D_x}[2xc^2-(2x-\zeta_1-\zeta_2)^3+c^2(2\zeta_2-c)] \tag{2.4.35c}$$

在计算挠度、弯矩、剪力时应将 w_1 分离出来，成为同跨简支梁的挠度、弯矩、剪力，以减轻以级数表示的函数 w_2 的负担，提高计算的精确度。

w_0 为无荷载区的挠度函数，w_2 虽为荷载区的挠度函数，但荷载部分已经由圆柱挠曲函数所负担，故 w_0 及 w_2 均应满足板的挠曲平衡微分方程式右边为零的方程。两者的级数形式相同，只是其积分常数各不相同而已，即

$$D_x \frac{\partial^4 w}{\partial x^4} + 2\sqrt{D_xD_y}\frac{\partial^4 w}{\partial x^2 \partial y^2} + D_y \frac{\partial^4 w}{\partial y^4} = 0 \tag{2.4.36}$$

根据第 4.2.1 节有

$$w = \sum_{m=1}^{\infty} Y_m \sin\frac{m\pi x}{l}$$

$$Y_m = A\mathrm{ch}\alpha_m sy + B\mathrm{sh}\alpha_m sy + C\alpha_m sy\mathrm{ch}\alpha_m sy + D\alpha_m sy\mathrm{sh}\alpha_m sy \tag{2.4.37}$$

现将 w_1 表示为与 w 相似的级数，则有

$$w_1 = \sum_{m=1}^{\infty} a_m \sin \frac{m\pi}{l} x \tag{2.4.38}$$

式中 a_m 为

$$a_m = \int_{\xi_1}^{\xi_2} \frac{2pl^3}{\pi^4 m^4 D_x} \sin \frac{m\pi}{l} \xi \mathrm{d}\xi \tag{2.4.39}$$

则无荷载区和有荷载区的挠曲函数分别为：

无荷载区

$$w_0 = \sum_{m=1}^{\infty} (A_0 \mathrm{ch}\alpha_m sy + B_0 \mathrm{sh}\alpha_m sy + C_0 \alpha_m sy\mathrm{ch}\alpha_m sy + D_0 \alpha_m sy\mathrm{sh}\alpha_m sy) \sin \frac{m\pi x}{l} \tag{2.4.40}$$

在荷载区中将 w_1 归并在 w_2 的级数表达式中，有

$$\begin{aligned} w_\mathrm{p} &= w_1 + w_2 \\ &= \sum_{m=1}^{\infty} (a_m + A\mathrm{ch}\alpha_m sy + B\mathrm{sh}\alpha_m sy + \alpha_m sy\mathrm{ch}\alpha_m sy + D\alpha_m sy\mathrm{sh}\alpha_m sy) \sin \frac{m\pi x}{l} \end{aligned} \tag{2.4.41}$$

其中：$\alpha_m = \dfrac{m\pi}{l}$，$s = \sqrt[4]{\dfrac{D_x}{D_y}}$，积分常数 A_0、B_0、C_0、D_0 及 A、B、C、D 由 4 个边界条件及 4 个连续条件确定。

在荷载区和无荷载区的交界线 $y=0$ 处，若无集中荷载，则交界线上的挠度、斜率、弯矩及剪力必然连续，这样就得到四个连续条件，即

$$\begin{cases} (w_0)_{y=0} = (w_p)_{y=0} \\ \left(\dfrac{\partial w_0}{\partial y}\right)_{y=0} = \left(\dfrac{\partial w_p}{\partial y}\right)_{y=0} \\ \left(\dfrac{\partial^2 w_0}{\partial y^2}\right)_{y=0} = \left(\dfrac{\partial^2 w_p}{\partial y^2}\right)_{y=0} \\ \left(\dfrac{\partial^3 w_0}{\partial y^3}\right)_{y=0} = \left(\dfrac{\partial^3 w_p}{\partial y^3}\right)_{y=0} \end{cases} \tag{2.4.42}$$

根据这四个条件，可以得到下述四个方程式，即

$$\begin{cases} A_0 = A + a_m \\ B_0 + C_0 = B + C \\ A_0 + 2D_0 = A + 2D \\ B_0 + 3C_0 = B + 3C \end{cases} \tag{2.4.43}$$

解得

$$\begin{cases} A_0 = A + a_m \\ B_0 = B \\ C_0 = C \\ D_0 = D - \dfrac{a_m}{2} \end{cases} \tag{2.4.44}$$

按类似于式(2.4.6)的边界条件，总竖向力为

$$V_y=-D_y\frac{\partial^3 w}{\partial y^3}-(4D_{xy}+\mu_x D_y)\frac{\partial^3 w}{\partial x^2\partial y}=-D_y\frac{\partial^3 w}{\partial y^3}-(2\sqrt{D_xD_y}-\mu_y D_x)\frac{\partial^3 w}{\partial x^2\partial y}$$

注意到 $s^4=D_x/D_y$，$\mu_x E_y=\mu_y E_x$，则上式可写为

$$V_y=-D_x\left[\frac{1}{s^4}\frac{\partial^3 w}{\partial y^3}+\frac{1}{s^2}(2-k)\frac{\partial^3 w}{\partial x^2\partial y}\right]$$

式中：

$$k=\frac{\mu_x}{s^2} \tag{2.4.45}$$

在 $y=\eta_1$ 及 $y=\eta_2$ 处，为简支薄板的两个自由边，其弯矩和反力均应为零，从而得到四个边界条件

$$\begin{cases}\left(\dfrac{\partial^2 w_0}{\partial y^2}+\mu_x\dfrac{\partial^2 w_0}{\partial x^2}\right)_{y=-\eta_1}=0\\[2ex]\left(\dfrac{\partial^2 w_p}{\partial y^2}+\mu_x\dfrac{\partial^2 w_p}{\partial x^2}\right)_{y=-\eta_2}=0\\[2ex]\left[\dfrac{1}{s^2}\dfrac{\partial^3 w_0}{\partial y^3}+(2-k)\dfrac{\partial^3 w_0}{\partial x^2\partial y}\right]_{y=\eta_1}=0\\[2ex]\left[\dfrac{1}{s^2}\dfrac{\partial^3 w_p}{\partial y^3}+(2-k)\dfrac{\partial^3 w_p}{\partial x^2\partial y}\right]_{y=\eta_2}=0\end{cases} \tag{2.4.46}$$

于是得到下述四个方程

$$\begin{cases}A_0-B_0\text{th}\varphi_m-C_0\left(\varphi_m+\dfrac{2}{1-k}\text{th}\varphi_m\right)+D_0\left(\varphi_m\text{th}\varphi_m+\dfrac{2}{1-k}\right)=0\\[2ex]A+B\text{th}\lambda_m+C\left(\dfrac{2}{1-k}\text{th}\lambda_m+\lambda_m\right)+D\left(\dfrac{2}{1-k}+\lambda_m\text{th}\lambda_m\right)-\dfrac{k}{1-k}\dfrac{a_m}{\text{ch}\lambda_m}=0\\[2ex]A_0\text{sh}\varphi_m-B_0\text{ch}\varphi_m+C_0\left(\dfrac{1+k}{1-k}\text{ch}\varphi_m-\varphi_m\text{sh}\varphi_m\right)+D_0\left(-\dfrac{1+k}{1-k}\text{sh}\varphi_m+\varphi_m\text{ch}\varphi_m\right)=0\\[2ex]A\text{sh}\lambda_m+B\text{ch}\lambda_m+C\left(-\dfrac{1+k}{1-k}\text{ch}\lambda_m+\lambda_m\text{sh}\lambda_m\right)+D\left(-\dfrac{1+k}{1-k}\text{sh}\lambda_m+\lambda_m\text{ch}\lambda_m\right)=0\end{cases} \tag{2.4.47}$$

式中：

$$\varphi_m=\alpha_m s\eta_1\qquad \lambda_m=\alpha_m s\eta_2$$

联立式(2.4.44)和式(2.4.47)，可解得

$$A_0=B_0\text{th}\varphi_m+C_0\left(\varphi_m+\frac{2}{1-k}\right)\text{th}\varphi_m-D_0\left(\varphi_m\text{th}\varphi_m+\frac{2}{1-k}\right)$$

$$B_0=\frac{1}{\text{sh}\theta_m}\left[\frac{a_m}{2}\text{sh}\lambda_m\text{sh}\varphi_m\left(\frac{3-k}{1-k}-\lambda_m\text{cth}\lambda_m\right)-C_0\left(\theta_m\text{sh}\lambda_m\text{sh}\varphi_m-\frac{1+k}{1-k}\text{sh}\theta_m\right)-\right.$$
$$\left.D_0(\lambda_m\text{ch}\lambda_m\text{sh}\varphi_m-\varphi_m\text{sh}\lambda_m\text{ch}\varphi_m)\right]$$

$$C_0=\frac{a_m}{\Delta}\left\{\left[\frac{2k\text{ch}\varphi_m(1-\text{ch}\lambda_m)-(3-k)\text{sh}\varphi_m\text{sh}\lambda_m}{(1-k)\text{sh}\beta_m}-\lambda_m\right]\times\right.$$

$$\left.\left[\frac{\text{sh}2\lambda_m}{\text{sh}2\theta_m}-\frac{(3+k)\text{sh}\lambda_m\text{ch}\varphi_m}{(1-k)\theta_m\text{ch}\theta_m}\right]-2\left(\frac{3-k}{1-k}-\lambda_m\text{cth}\lambda_m\right)\frac{\text{sh}^2\lambda_m}{\text{sh}2\theta_m}\right\}$$

$$D_0=\frac{a_m}{\Delta}\left\{\left(\text{cth}\beta_m+\frac{3+k}{1-k}\frac{\text{sh}\theta_m}{\theta_m\text{sh}\beta_m}\right)\times\left(\frac{3-k}{1-k}-\lambda_m\text{cth}\lambda_m\right)\frac{2\text{sh}^2\lambda_m}{\text{sh}2\theta_m}-\right.$$

$$\left(\frac{2\theta_m\text{sh}^2\lambda_m}{\text{sh}2\theta_m}+\frac{3+k}{1-k}\frac{\text{sh}\lambda_m\text{sh}\varphi_m}{\text{ch}\theta_m}\right)\times \tag{2.4.48}$$

$$\left.\left[\frac{2k\text{ch}\varphi_m(1-\text{ch}\lambda_m)-(3-k)\text{sh}\varphi_m\text{sh}\lambda_m}{(1-k)\theta_m\text{sh}\beta_m}-\frac{\lambda_m}{\theta_m}\right]\right\}$$

式中：$\Delta=2\left[\left(\text{cth}\beta_m+\frac{3+k}{1-k}\frac{\text{sh}\theta_m}{\theta_m\text{sh}\beta_m}\right)\times\right.$

$$\left.\left(\frac{\theta_m\text{sh}2\lambda_m}{\text{sh}2\theta_m}-\frac{3+k}{1-k}\frac{\text{sh}\lambda_m\text{ch}\varphi_m}{\text{ch}\theta_m}\right)-\left(\frac{2\theta_m\text{sh}^2\lambda_m}{\text{sh}2\theta_m}+\frac{3+k}{1-k}-\frac{\text{sh}\lambda_m\text{sh}\varphi_m}{\text{ch}\theta_m}\right)\right]$$

$$\theta_m=\lambda_m+\varphi_m,\beta_m=\lambda_m-\varphi_m$$

求得积分常数 A_0、B_0、C_0、D_0 之后，A、B、C、D 可由式(2.4.43)求得，则 w_0 和 w_p 完全确定，内力可求出。

当板面沿宽度方向均布荷载，即 $\eta_1=0,\eta_2=b$，即 $\varphi_m=0$，板面全部为荷载区，可以得到

$$\begin{cases}A=\frac{a_m}{\Delta}\left[\frac{(1-k)\lambda_m^2}{\text{sh}\lambda_m}-\frac{(1+k)(3+k)\text{sh}\lambda_m}{1-k}+2\lambda_m\right]\\ B=\frac{a_m}{\Delta}\left[(1+k)\lambda_m\text{cth}\lambda_m-(1+k)\lambda_m\frac{1}{\text{sh}\lambda_m}-\frac{(1+k)(3+k)}{(1-k)}+\frac{(1+k)(3+k)}{(1-k)}\text{ch}\lambda_m\right]\\ C=\frac{a_m}{\Delta}\left[(1-k)\lambda_m\text{cth}\lambda_m-(1-k)\lambda_m\frac{1}{\text{sh}\lambda_m}-(3+k)+(3+k)\text{ch}\lambda_m\right]\\ D=\frac{a_m}{\Delta}\left[-(3+k)\text{sh}\lambda_m-(1-k)\lambda_m\right]\end{cases}$$

式中：$$\Delta=\frac{(1-k)^2}{k}\lambda_m^2\frac{1}{\text{sh}\lambda_m}-\frac{(3+k)^2}{k}\text{sh}\lambda_m$$

若车轮荷载位于板内，如图 2.4.6 所示，则可用叠加原理求出其挠曲函数。无载区 $OAB'C'$ 的挠度曲线为 w_0，扩大有荷载区 $OABC$ 的挠度曲线为 w_{p1}，虚设有载区 $O'A'BC$ 的挠度曲线为 w_{p0}，则真实有载区的挠度曲线 $w_p=w_{p1}-w_{p0}$，w_0、w_{p1}、w_{p2} 可按前述方法求出。

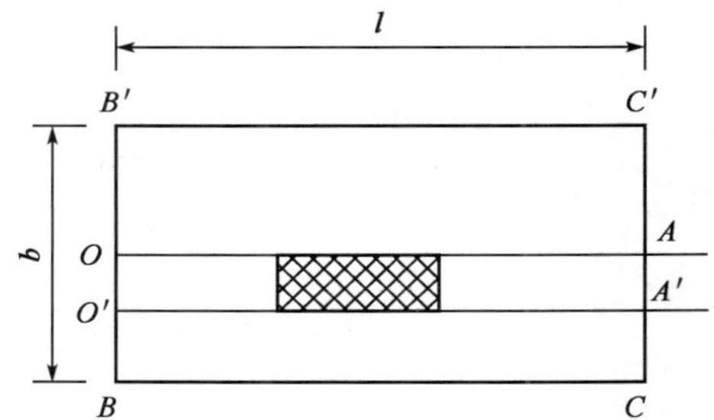

图 2.4.6　车轮位于板内简支板

按横向移动的“长条形”荷载作用在简支梁上，经对跨径 30m 的六梁式钢筋混凝土双车道桥梁计

算，内主梁的设计弯矩大于外主梁的设计弯矩，无横隔梁时，差别可达25%[4]，得出与“刚性横梁法”相反的结论。

4.3 桥面板有效宽度计算理论

4.3.1 板与梁的有效宽度

对于桥梁上广泛采用的正交异性板或可以采用比拟正交异性板进行计算的桥跨结构，用上一章介绍的弹性薄板的计算理论，其计算过程复杂而烦琐。对大量的混凝土桥设计工作来说，只需要计算出截面或单位宽度内的内力，以便于进行配筋设计。采用板壳单元进行有限元计算时，为便于设计也需要换算为截面内力。当一个荷载作用于板上时，不仅直接承受荷载部分的板宽范围参加工作，与其相连接的较宽部分都将参与分担荷载。设计中为了简化计算，亦有必要引进板的有效宽度的概念。

如图2.4.7所示的板上作用局部荷载时板条弯矩沿方向的分布情况，从图上可见，在荷载作用中间部分，有最大分布弯矩，离荷载越远，板条所承受的弯矩就越小。设想以 $B_t \cdot \overline{M}_{x(\max)}$ 的矩形来代替实际的弯矩曲线分布图，便有 $B_t = M_{梁}/\overline{M}_{x(\max)}$，$B$ 就是定义的板的荷载有效分布宽度，$M_{梁}$ 为将板作为梁计算时的弯矩。根据有效分布宽度的定义，要计算出不同的板在不同荷载作用下的有效分布宽度，关键是要计算出 $\overline{M}_{x(\max)}$，这就需要前面介绍的理论计算方法。作用于不同位置的荷载，有效分布宽度是不一样的，如图2.4.7所示。桥梁上应用时，往往采用最不利分布宽度（最小分布宽度）。

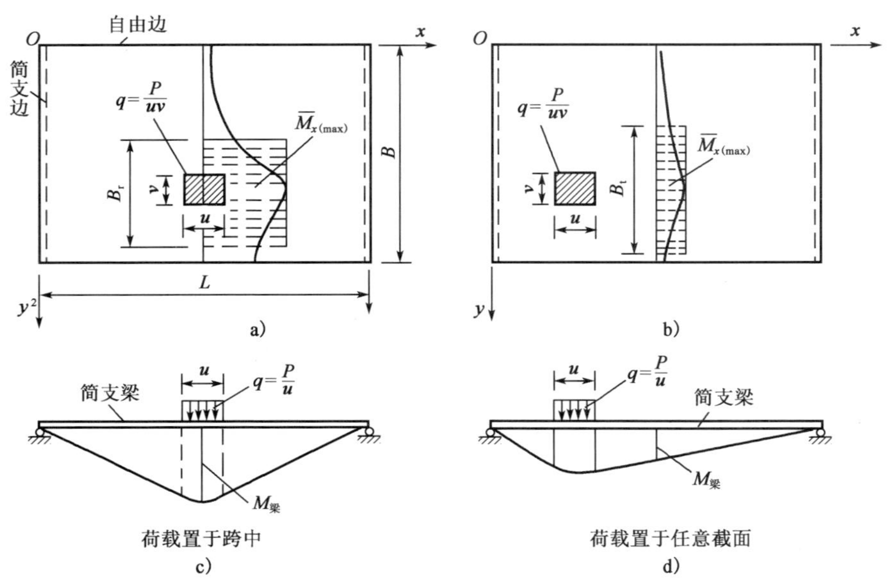

图2.4.7 板上作用局部荷载时弯矩沿跨径方向的分布情况

梁在承受弯矩时，并不是单纯梁肋宽度上承受应力，而是一部分翼缘板也参与工作，只不过远离梁肋的翼板参与工作程度较低，如图2.4.8所示。若假定：①初等梁理论仍然适用于梁肋；② $t/h<1/5$，忽略翼缘板抗弯刚度；③沿翼板厚度方向法向力变化不大，认为 σ_x 是常量；④不产生翼板屈曲现象。则可按平面应力问题分析，且有翼板有效分布宽度范围内的等代力等于翼板实际受力，即

$$\sigma_{\max}2\lambda t=\int_A\sigma_x\mathrm{d}A$$

$$2\lambda=\frac{1}{\sigma_{\max}}\int\sigma_x\mathrm{d}y \tag{2.4.49}$$

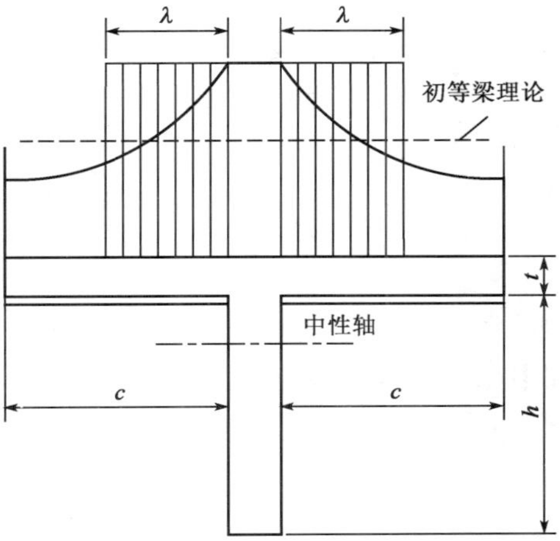

而有效分布宽度 B 为

$$B=\begin{cases}b+2\lambda & (\text{无承托})\\ b+2c_1+2\lambda & (\text{有承托})\end{cases} \tag{2.4.50}$$

式中：c_1——承托宽度；

A——c 范围内翼板面积；

其余符号意义如图2.4.8所示。

图2.4.8　T形梁翼板有效工作宽度

4.3.2　有效宽度的计算方法

有效宽度计算一般采用二维理论或考虑剪力滞效应理论进行分析，二维理论除上节介绍的板理论外，应力函数法在肋梁式结构的有效宽度计算中得到广泛应用。

1）应力函数法[5]

应力函数法最为著名的实例为卡曼理论（T. V. Karman，1942）。如图2.4.9所示，分析跨径为 $2l$ 的连续梁，翼缘板宽度可假定为无限宽的板，承受余弦荷载及结构均对称于 x 轴。取应力函数为

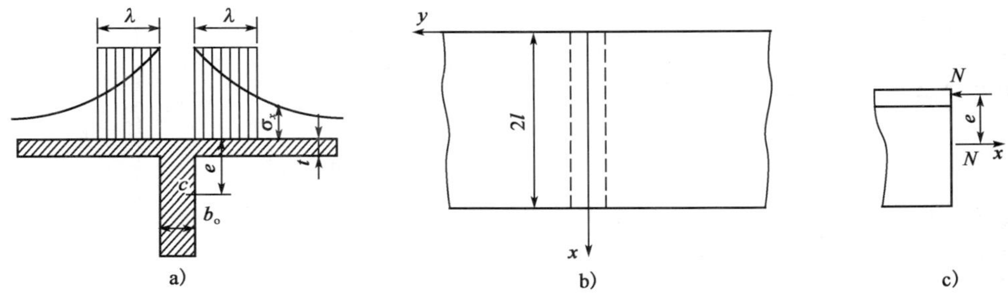

图2.4.9　多跨连续梁翼板的有效工作宽度

$$\varphi=\sum_{n=1}^{\infty}f_n(y)\cos\frac{n\pi x}{l} \tag{2.4.51}$$

此函数应满足双调和方程和边界条件，则

$$\varphi=\sum_{n=1}^{\infty}\left[A_{n}e^{-\frac{n\pi y}{l}}+B_{n}\left(1+\frac{n\pi y}{l}\right)^{4}e^{-\frac{nxy}{l}}\right]\cos\frac{n\pi x}{l} \tag{2.4.52}$$

由于平面问题的应变能可表示为

$$U=\frac{2t}{2E}\int_{0}^{\infty}\int_{0}^{2l}\left[\sigma_{x}^{2}+\sigma_{y}^{2}-2(1-\mu)\tau_{xy}^{2}\right]\mathrm{d}x\mathrm{d}y \tag{2.4.53}$$

则由假定③很容易得到翼板应变能 U_{f} 为

$$U_{\mathrm{f}}=2t\sum_{n=1}^{\infty}\frac{n^{3}\pi^{3}}{l^{2}}\left(\frac{B_{n}^{2}}{E}+\frac{A_{n}B_{n}}{2G}+\frac{A_{n}^{2}}{2G}\right) \tag{2.4.54}$$

式中：A_n、B_n——待定常数。

如果忽略剪力的影响，则梁肋应变能 U_{g} 可表示为

$$U_{\mathrm{g}}=\int_{0}^{2l}\frac{N^{2}}{2A_{\mathrm{g}}E}\mathrm{d}x+\int_{0}^{2l}\frac{M_{\mathrm{g}}^{2}}{2EI_{\mathrm{g}}}\mathrm{d}x \tag{2.4.55}$$

式中：N——翼板承受的压力；

M_{g}——梁肋承担的弯矩。

而板承担的弯矩 M_{f} 为

$$M_{\mathrm{f}}=Ne \tag{2.4.56}$$

假定整个截面承受的弯矩为 $M=M_{\mathrm{f}}+M_{\mathrm{g}}$，在对称情况可写为下列级数

$$M=M_{0}+M_{1}\cos\frac{\pi x}{l}+M_{2}\cos\frac{2\pi x}{l}+\cdots=\sum_{n=0}^{\infty}M_{n}\cos\frac{n\pi x}{l}$$

式中：M_0——支承处的超静定弯矩；

M_n——与加载条件有关的系数。

由平衡条件有 $N+2t\int_{0}^{\infty}\sigma_{x}\mathrm{d}y=0$，可推得

$$N=-2t\sum_{n=1}^{\infty}\frac{n\pi}{l}A_{n}\cos\frac{n\pi x}{l} \tag{2.4.57}$$

则

$$\begin{aligned}M_{\mathrm{g}}&=M-M_{\mathrm{f}}\\&=M+e\sum_{n=1}^{\infty}X_{n}\cos\frac{n\pi x}{l}=M_{0}+\sum_{n=1}^{\infty}(M_{n}+eX_{n})\cos\frac{n\pi x}{l}\end{aligned} \tag{2.4.58}$$

式中：$X_{n}=2t\frac{n\pi}{l}A_{n}$。

将式(2.4.57)和式(2.4.58)代入式(2.4.55)得

$$U_{\mathrm{g}}=\frac{l}{2A_{\mathrm{g}}E}\sum_{n=1}^{\infty}X_{n}^{2}+\frac{M_{0}^{2}l}{EI_{\mathrm{g}}}+\frac{l}{2EI_{\mathrm{g}}}\sum_{n=1}^{\infty}(M_{n}+eX_{n})^{2} \tag{2.4.59}$$

梁的总应变能为

$$\begin{aligned}U&=U_{\mathrm{f}}+U_{\mathrm{g}}\\&=\frac{\pi}{2tE}\sum_{n=1}^{\infty}n\left[Y_{n}^{2}+(1+\mu)X_{n}Y_{n}+(1+\mu)X_{n}^{2}\right]+\frac{l}{2A_{\mathrm{g}}E}\sum_{n=1}^{\infty}X_{n}^{2}+\frac{M_{0}^{2}l}{EI_{\mathrm{g}}}+\frac{l}{2EI_{\mathrm{g}}}\sum_{n=1}^{\infty}(M_{n}+eX_{n})^{2}\end{aligned} \tag{2.4.60}$$

式中：$2t\frac{n\pi}{l}B_{n}=Y_{n}$。

由$\frac{\partial U}{\partial Y_n}=0$，得 $Y_n=-\frac{1+\mu}{2}X_n$。

对于简支梁，即支点弯矩 $M_0=0$，可导出总应变能的表达式为

$$U=\frac{\pi}{2tE}\frac{3+2\mu-\mu^2}{4}\sum_{n=1}^{\infty}nX_n^2+\frac{l}{2A_gE}\sum_{n=1}^{\infty}X_n^2+\frac{l}{2EI_g}\sum_{n=1}^{\infty}(M_n+eX_n)^2 \tag{2.4.61}$$

从$\frac{\partial U}{\partial X_n}=0$，得到

$$X_n=-\frac{M_n}{e}\left(1+\frac{I_g}{A_ge^2}+\frac{n\pi I_g}{tle^2}\frac{3+2\mu-\mu^2}{4}\right)^{-1} \tag{2.4.62}$$

取余弦函数所表达的梁的弯矩的首项，$M=M_1\cos\frac{\pi x}{l}$，则

$$X_1=-\frac{M_1}{e}\left(1+\frac{I_g}{A_ge^2}+\frac{n\pi I_g}{tle^2}\frac{3+2\mu-\mu^2}{4}\right)^{-1}$$

N 作用在翼缘板上产生的弯矩 M_f 为 $M_f=-eN=-eX_1\cos\frac{\pi x}{l}$，则

$$\frac{M_f}{M}=\frac{1}{1+\frac{I_g}{A_ge^2}+\frac{n\pi I_g}{tle^2}\frac{3+2\mu-\mu^2}{4}} \tag{2.4.63}$$

以上各式中：M_g——梁肋所承担的弯矩；

M_f——翼板所承担的弯矩；

A_g——肋的截面面积；

I_g——绕肋形心轴的惯性矩；

其余符号意义同前。

如果用 σ_c 表示肋形心处的弯曲应力（按梁考虑），σ_e 表示翼缘板中面上的应力，由初等梁的理论得到

$$\sigma_e=\sigma_c+\frac{M_ge}{I_g} \tag{2.4.64}$$

从力的平衡条件，有

$$\begin{cases}2\lambda t\sigma_e+A_g\sigma_c=0\\2\lambda t\sigma_e e=M_f\end{cases} \tag{2.4.65}$$

求解式（2.4.64）和式（2.4.65）有

$$M_g=\frac{I_g}{e}\left(1+\frac{2\lambda t}{A_g}\right)\sigma_e,\quad M_f=2\lambda t\sigma_e e$$

则

$$\frac{M_f}{M}=\frac{M_f}{M_g+M_f}=\frac{1}{1+\frac{I_g}{A_ge^2}+\frac{I_g}{2\lambda e^2t}} \tag{2.4.66}$$

比较式（2.4.63）和式（2.4.66）有

$$2\lambda=\frac{2(2l)}{\pi(3+2\mu-\mu^2)} \tag{2.4.67}$$

对于跨中作用集中荷载的连续梁，将集中荷载化成余弦型荷载，沿用上述分析方法，可以得到

$$2\lambda = 0.85\frac{2(2l)}{\pi(3+2\mu-\mu^2)} \tag{2.4.68}$$

对于不同结构材料，作用不同荷载，取其泊松比μ，可分别算得2λ。

用应力函数法分析如图2.4.10所示简支∏形梁时，弯矩可用n项正弦傅立叶级数表示为

$$M_x = M_n\sin\frac{n\pi x}{l} \tag{2.4.69}$$

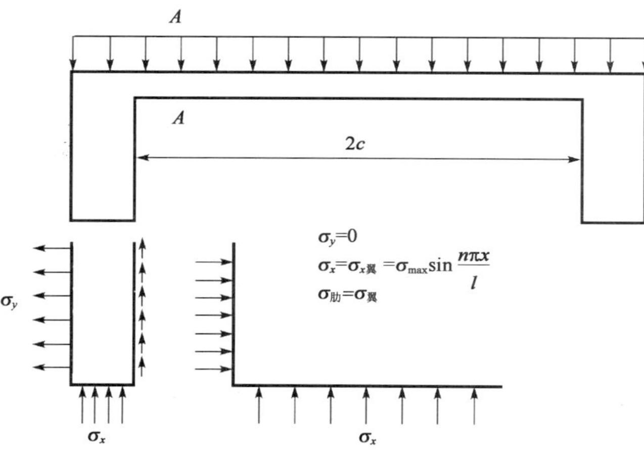

图2.4.10 ∏形梁及A-A截面的应力状态

同样，应力函数φ_n可取为

$$\varphi_n = \left(E\text{sh}\frac{n\pi y}{l} + F\text{ch}\frac{n\pi y}{l} + Gy\text{sh}\frac{n\pi y}{l} + Hy\text{ch}\frac{n\pi y}{l}\right)\sin\frac{n\pi x}{l} \tag{2.4.70}$$

式中：E、F、G、H——待定常数。

当边界条件$y=0$，$y=2c$时，$\sigma_x = \dfrac{\partial^2\varphi_n}{\partial y^2} = \sigma_{\max}\sin\dfrac{n\pi x}{l}$；

当$y=0$，$\sigma_y = \dfrac{\partial^2\varphi_n}{\partial x^2} = 0$，$F=0$；当$y=2c$，$\sigma_y = \dfrac{\partial^2\varphi_n}{\partial x^2} = 0$，可求得

$$E = \sigma_{\max}\frac{c}{k_n}\frac{1-\text{ch}2k_nc}{\text{sh}^2 2k_nc};F=0;G=\frac{\sigma_{\max}}{2k_n};H=\frac{\sigma_{\max}}{2k_n}\frac{1-\text{ch}2k_nc}{\text{sh}2k_nc}$$

式中：$k_n = \dfrac{n\pi}{l}$。

则

$$\begin{aligned}\sigma_x &= \frac{\partial^2\phi_n}{\partial y^2}\\ &= [Ek_n^2\text{sh}k_ny + Fk_n^2\text{ch}k_ny + Gk_n(2\text{ch}k_ny + yk_n\text{sh}k_ny) + Hk_n(2\text{sh}k_ny + yk_n\text{ch}k_ny)]\sin k_nx\end{aligned} \tag{2.4.71}$$

将上式代入式（2.4.49）中，则有

$$\lambda=\frac{t\int_0^{2c}\sigma_x \mathrm{d}y}{2\sigma_{\max}t},\sigma_{\max}=\sigma_{\max}\sin k_n y$$

即

$$\lambda=\sum\frac{1}{2n\pi}\left(\frac{\mathrm{sh}\frac{2n\pi c}{l}+\frac{2n\pi c}{l}}{\mathrm{ch}\frac{2n\pi c}{l}+1}\right) \tag{2.4.72}$$

当$\frac{c}{l}=\infty$,$n=1$,$\lambda=\frac{1}{2\pi}=0.159l$,即梁的宽度远大于跨径时,有效宽度$B=0.318l+b_0$或$B=0.318l+2c_1+b_0$。

按应力函数法给出的不同边界情况下的多梁式简支梁的有效宽度参数λ值如表2.4.1所示。

各种边界情况下的有效宽度　　表2.4.1

编号	图　　式	边界情况	λ
1	①（σ_x）	两个梁肋,对称加载侧边自由	$\frac{1}{2k_n}\cdot\frac{\mathrm{sh}2k_nc+2k_nc}{\mathrm{ch}2k_nc+1}$
2	②	多梁肋,对称加载侧边自由	$\frac{2}{k_n}\cdot\frac{\mathrm{ch}2k_nc-1}{(3+\mu)\mathrm{sh}2k_nc-(1+\mu)2k_nc}$
3	③	单肋,侧边连续或固结	$\frac{2}{k_n}\cdot\frac{\mathrm{ch}2k_nc-1}{(3+\mu)\mathrm{sh}2k_nc-(1+\mu)2k_nc}$
4	④	单肋,侧边自由	$\frac{2}{k_n}\cdot\frac{\mathrm{ch}2k_nc-1}{(3+\mu)\mathrm{ch}2k_nc+\frac{1+\mu}{2}2k_nc+(5-\mu)}$
5	⑤	双肋,反对称荷载侧边自由	$\frac{1}{k_n}\cdot\frac{(\mathrm{sh}k_nc+k_nc)(\mathrm{ch}k_nc-1)}{\mathrm{ch}2k_nc-1}$
6	⑥	多梁肋,反对称加载侧边连续	$\frac{2}{k_n}\cdot\frac{2\mathrm{ch}k_nc(\mathrm{ch}k_nc-1)+(1+\mu)k_nc\mathrm{sh}k_nc}{(3+\mu)\mathrm{sh}2k_nc+(1+\mu)2k_nc}$

注:1. 对称加载是指梁肋向同一方向弯曲,反对称加载是每隔一梁肋向同一方向弯曲。

2. 侧向自由是指侧向应力$\sigma_y=0$,侧向连续是指梁肋没有侧移。

3. 第①和第⑤图式没有泊松比的作用,因为梁肋可以轴向自由转动,又同样可以侧移,所以没有因压抑产生的应力,故与泊松比μ无关。

2)变分原理法

图2.4.11所示的承受均布荷载的简支T梁,考虑剪力滞效应,利用变分原理得到的翼板纵向应力 σ_x 沿桥梁宽度方向 y 的分布为

$$\sigma_x = \frac{h_i}{I}\left[M(x) - \frac{7nq}{6k^2}\left(1 - \frac{y^3}{b^3} - \frac{3I_s}{4I}\right)\left(1 - \mathrm{ch}kx + \frac{\mathrm{ch}kl - l}{\mathrm{sh}kl}\mathrm{sh}kx\right)\right]$$

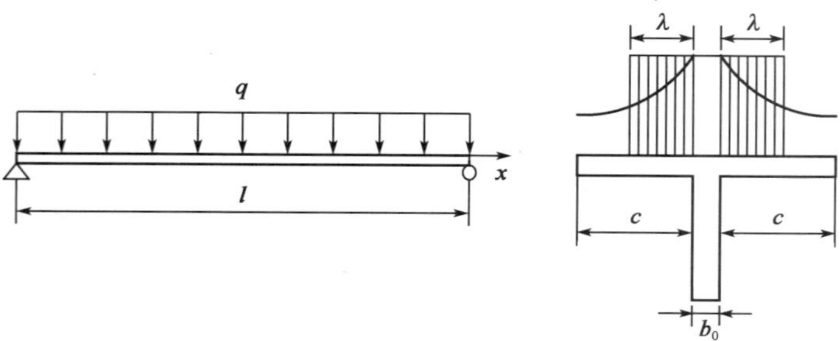

图2.4.11 T梁承受均布荷载时翼板有效分布宽度

由式(2.4.49)知

$$2\lambda = \frac{2\int_0^c \sigma_x \mathrm{d}y}{\sigma_{\max}} \tag{2.4.73}$$

而

$$\sigma_{\max} = \frac{h_i}{I}\left[M(x) - \frac{7nq}{6k^2}\left(1 - \frac{c^3}{b^3} - \frac{3I_s}{4I}\right)\left(1 - \mathrm{ch}kx + \mathrm{th}\frac{kl}{2}\mathrm{sh}kx\right)\right] \tag{2.4.74}$$

则当 $b = c$,有

$$2\lambda = 2c\frac{M(x) - \frac{7nq}{8k^2}\left(1 - \frac{I_s}{I}\right)\left(1 - \mathrm{ch}kx + \mathrm{th}\frac{kl}{2}\mathrm{sh}kx\right)}{M(x) + \frac{7nq}{8k^2}\left(1 - \mathrm{ch}kx + \mathrm{th}\frac{kl}{2}\mathrm{sh}kx\right)\frac{I_s}{I}} \tag{2.4.75}$$

各符号意义见第7章。同理可以推导出其他荷载形式下 2λ 的表达式。

4.3.3 有效宽度的规范规定及评述

各国规范对梁桥的有效宽度计算均有明确规定,且取值不尽相同,但其值均不能大于主梁间距。几个主要规范的规定列举如下:

中国JTG D62[8]:$12t + b_0 + 2c_1$ 或 $l/3$ 或 a;

美国ASSHTO[6]:$16t + b_0$ 或 $l/4$;

英国BS5400:$12t + b_0$ 或 $l/3$;

德国DIN:$12t + b_0$ 或 $l/2$。

以上各式中:l——梁的跨径;

a——主梁间距;

c_1——加腋宽度;

t——板厚;

b_0——梁肋宽度。

由此可见,用板厚的某个倍数加上梁肋宽度及加腋宽度表示有效宽度似乎是一个趋势。在实际应用中,由于既有集中荷载,又有分布荷载,将荷载换算为三角函数型荷载(正弦型荷载适于简支梁,余弦型荷载用于连续梁)去寻求翼板的有效分布宽度似乎是合理的。

对于连续梁,由于梁纵向不同截面的剪力滞效应不同,其有效宽度亦不同。实际桥梁中如何确定不同截面的有效宽度,可参阅相关规范规定。对于横隔梁的有效宽度问题,研究文献不多,大多情况下可以近似参照相应纵梁的取法进行确定,或通过数值分析确定。

4.4　悬臂桥面板计算理论

4.4.1　悬臂桥面板的有效宽度计算方法

梁肋的抗弯刚度一般远大于行车道板的刚度,悬臂板的根部可视为嵌固端,这样可以利用板的有效宽度概念来确定悬臂板的计算宽度,以将二维问题简化为一维梁计算。各国规范均沿用此概念,基于弹性理论分析成果,对悬臂板有效分布宽度(垂直悬臂板跨方向、平行桥跨方向)做出了规定。

中国规范认为,车轮荷载通过桥面铺装层竖向传递到桥面板上是按45°传递的,并将车轮轮廓近似取为矩形计算。轮压分布后的外边缘在悬臂板平面上(垂直悬臂板跨方向、平行桥跨方向)按45°分布,得到悬臂板的有效宽度为

$$a = a_2 + 2H + 2b' = a_1 + 2b' \tag{2.4.76}$$

式中:a——悬臂板的有效宽度;

a_2——车轮着地长度;

H——铺装层厚度;

b'——车轮沿悬臂板跨径方向分布后的外边缘距悬臂根部之距。

式(2.4.76)所定义的悬臂板的有效宽度中的$2b'$系按无限宽度的悬臂板在自由端作用一集中荷载(图2.4.12)通过弹性理论分析而偏安全得到的,即

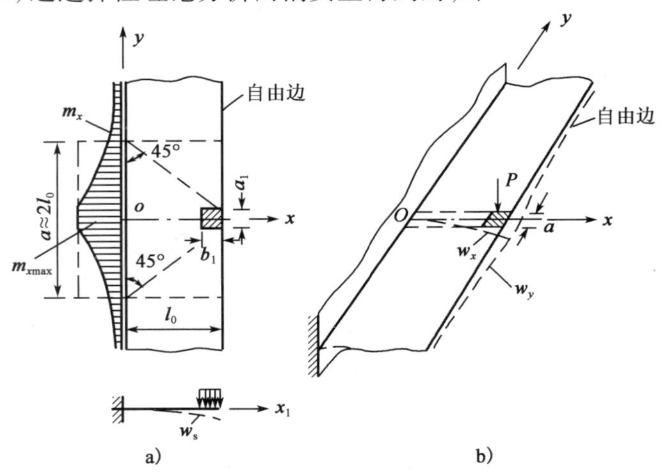

图2.4.12　无限宽度的悬臂板在自由端作用一集中荷载时的弯矩分布

$$m(x,0) = -0.465P$$

$$M_0 = -Pl_0$$

$$a = \frac{M_0}{m(x,0)} = \frac{-Pl_0}{-0.465P} = 2.15l_0$$

式中：$m(x,0)$——无限宽度悬臂板，单位根部宽度上的弯矩；

M_0——集中荷载 P 作用在自由边引起悬臂板根部的总弯矩；

l_0——悬臂板跨径；

其余符号意义同前。

计算时取泊松比 $\mu=0.3$（钢结构），偏安全、近似用 $2l_0$ 代替 $2.15l_0$，即式(2.4.76)。若取 $\mu=0.167$（混凝土结构），会给出 $a=a_2+2H+1.85l_0$，小于 $a=a_2+2H+2l_0$。即认为可按42°27′向嵌固边分布，式(2.7.46)偏不安全。

桥梁上的车轮并非点荷载，而是集中在一个非规则压力面上的近似均布荷载。由于轮压面积与活载等级有关，等级越高，轮压沿桥横向宽度越大，将轮压分布后的外缘在平面上按45°分布后的宽度作为有效分布宽度，不尽合理，分布宽度偏大，对悬臂板配筋偏不安全。

为计算悬臂板的有效宽度，取如图2.4.13所示的轮重力为 P，均布在单位面积上的荷载集度为 q，则

$$q = \frac{P}{a_1(b_2+2H)} \tag{2.4.77}$$

$$\begin{aligned} m_y &= \int_{y_1}^{y_1+b_2+2H} \frac{qa_1 y}{(a_1+2y)}\mathrm{d}y \\ &= -qa_1\left[\frac{b_2+2H}{2} + \frac{a_1}{4}\ln\frac{a_1+2y_1}{a_1+2(y_1+b_2+2H)}\right] \end{aligned}$$

$$a = \frac{P\left(y_1+\dfrac{b_2+2H}{2}\right)}{m_y} \tag{2.4.78}$$

对于短悬臂行车道板，有效宽度可近似按下式计算

$$a = \frac{b_1\left(y_1+\dfrac{b_1}{2}\right)}{\dfrac{b_1}{2.1} + \dfrac{a_1}{4.41}\ln\dfrac{a_1+2.1y_1}{a_1+2.1(y_1+b_1)}} + d \tag{2.4.79}$$

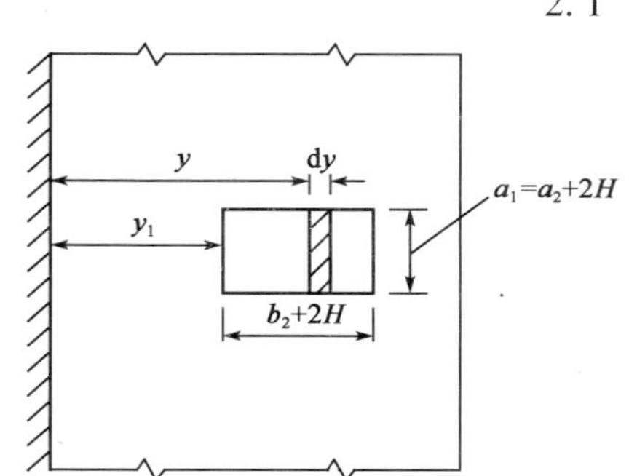

图2.4.13　有效分布宽度计算方法

式中：a_1、b_1——垂直于板跨及顺板跨方向车轮通过铺装层后分布到板顶的范围；

d——最外面两车轮沿桥跨方向的间距；

$2.1y_1$——为 tan46°30′乘 y_1，y_1 如图2.4.13所示；

其余符号意义同前。

有效宽度的概念是将板化成梁来计算，优点是较为简单实用，但其掩盖了板的双向受力特性。按有效宽度计算短悬臂板的内力还勉强可行，但对长悬臂行车道板，因其除沿悬臂跨径方向有负弯矩外，无限宽度的板

条中还有正弯矩出现。特别在长悬臂的脊骨梁桥中仍用有效宽度方法的公式计算配筋,将造成配筋过少,对结构不安全。另外,主梁支承附近悬臂板属于半无限宽度板,用有效宽度的概念,不但难以描述真实受力状态,计算精度也不高,对悬臂板配筋偏不安全。

4.4.2 悬臂桥面板内力计算的 Sanko-Bakht 法

1)无限宽悬臂板[9]

1971 年,英国利物浦大学沙柯(Sanko F.)等人详细研究了如图 2.4.14 所示的无限宽矩形悬臂板作用集中荷载情况,并与众多学者的研究成果进行对比分析,提出了内力计算公式。

如图 2.4.14 所示的无限宽悬臂板上作用集中荷载 P,其分布弯矩 $m(x,y)$ 应满足以下 4 个条件:

(1)峰值条件:$m(0,0)=m_{\max}$。

(2)平衡条件:$\int_{-\infty}^{+\infty} m(0,y)\,\mathrm{d}y = Pc$。

(3)边界条件:$m(0,y)\big|_{y=\pm\infty}=0$。

(4)对称条件:$m(x,y)=m(x,-y)$。

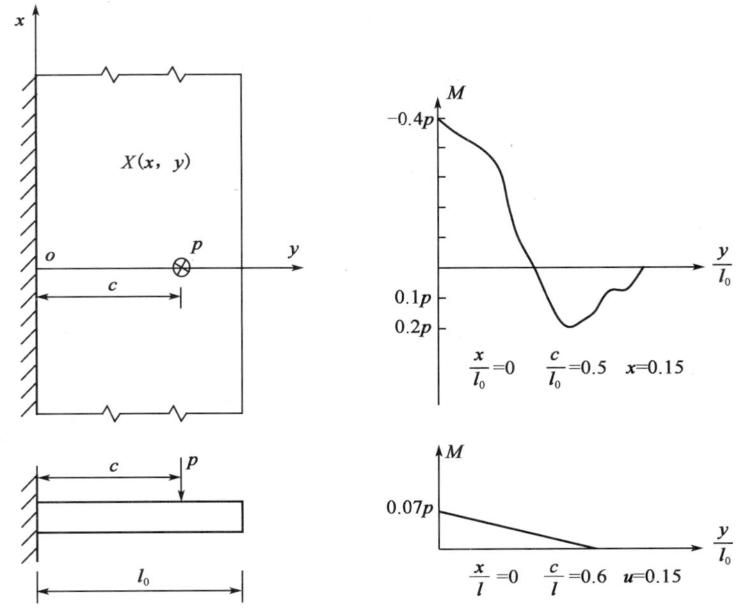

图 2.4.14 悬臂板及其正弯矩位置与大小

基于此,沙柯给出的当 $y<c$ 时的弯矩为

$$m(x,y)=\frac{-P}{\pi}\frac{A_1}{\mathrm{ch}\left(\dfrac{A_1 x}{c-y}\right)} \tag{2.4.80}$$

式中:$m(x,y)$——板内(x,y)点弯矩;

P——集中荷载;

c——荷载作用点离根部距离；

A_1——与计算点位置、板的厚度比等有关的参数。沙柯给出的等截面和变截面板的参数，见表2.4.2。

沙柯公式参数 A_1 值 表2.4.2

t_2/t_1	1.0				2.0				3.0			
c/l_0 \ y/l_0	0.0	0.25	0.5	0.75	0.0	0.25	0.50	0.75	0.0	0.25	0.50	0.75
0.2	0.91	—	—	—	1.03	—	—	—	1.20	—	—	—
0.4	1.04	—	—	—	1.30	0.33	—	—	1.40	0.57	—	—
0.6	1.14	0.5	—	—	1.49	0.73	—	—	1.61	0.90	—	—
0.8	1.29	0.73	0.3	—	1.64	1.06	0.64	—	1.80	1.20	0.77	—
1.0	1.43	0.93	0.57	—	1.82	1.36	1.00	0.64	2.04	1.51	1.13	0.81

当 $y=0$ 时，得悬臂根部弯矩为

$$m(x,0)=\frac{-P}{\pi}\frac{A_1}{\mathrm{ch}\left(\frac{A_1x}{c}\right)} \tag{2.4.81}$$

对于无限宽度的长悬臂板，当荷载的作用点离自由端一定距离时，在作用点位置产生正弯矩，因此要求在板的下缘要配置足够数量的钢筋，以避免出现裂缝。等厚度板的正弯矩位置及大小参考图2.4.14。

板的最大剪力 $Q_{\max}$ 发生在(0,0)点，可用下式计算

$$Q_{\max}=\frac{2P}{\pi c} \tag{2.4.82}$$

2）半无限宽悬臂板[10]

当荷载位于悬臂板横向自由边缘附近时（图2.4.15，即荷载位于桥跨端部），加拿大的巴赫（Bakht B.）给出的集中荷载产生的悬臂根部弯矩 $m(x,0)$ 为

$$m(x,0)=-P\frac{A_1}{\pi}\left[\frac{1}{\mathrm{ch}\left(\frac{A_1x}{c}\right)}+B_1\mathrm{e}^{\frac{-k\bar{x}}{l_0}}\right] \tag{2.4.83}$$

式中：B_1——与荷载作用点离板横向自由边的距离 x^* 及离板固定端的距离 c、板的厚度比等有关的参数，见表2.4.3；

$\bar{x}$——计算点离板横向自由边的距离；

其余符号意义同前。

k 由下式计算

$$k=\frac{l_0}{c}\frac{A_1B_1}{2}\frac{1}{\tan^{-1}\mathrm{e}^{-A\bar{x}\frac{x}{c}}} \tag{2.4.84}$$

参数 B_1 值　　表2.4.3

t_2/t_1	1.0					2.0					3.0				
c/l_0 \ x^*/l_0	0.0	0.2	0.4	0.6	1.2	0.0	0.2	0.4	0.6	0.8	0.0	0.2	0.4	0.6	0.8
0.2	2.00	0.50	0.30	0.10	—	2.00	0.40	0.03	0.02	—	2.0	0.44	—	—	—
0.4	2.20	0.98	0.40	0.15	0.06	2.40	0.95	0.24	0.13	0.04	2.36	0.94	0.22	—	—
0.6	2.27	1.27	0.53	0.30	0.09	2.31	1.25	0.52	0.21	0.09	2.40	1.25	0.50	0.16	—
0.8	2.20	1.44	0.87	0.5	0.11	2.30	1.45	0.75	0.34	0.12	2.37	1.4	0.72	0.31	0.12
1.0	2.23	1.57	1.01	0.64	0.13	2.29	1.50	0.97	0.51	0.30	2.30	1.45	0.89	0.40	0.18

由于无限宽悬臂板和半无限宽悬臂板计算公式分别由 Sanko 和 Bakht 推出,故本节称其为 S-B 法。

Bakht B. 于1981 年对带有边缘加劲梁的变厚度悬臂板(图2.4.16)进行梁排分析,其所推荐的带边梁无限宽悬臂板,当 $y<c$ 时,$m(x,y)$ 计算同式(2.4.81),但参数 A_1 还与加劲梁的刚度与板的刚度之比有关。

对于半无限宽悬臂板,Bakht B. 建议仍可按式(2.4.83)计算,但参数 B_1 取不同的值,可参阅相关文献。

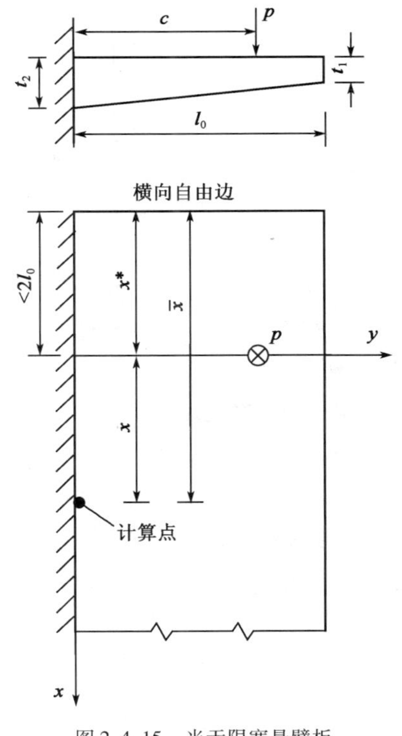

图2.4.15　半无限宽悬臂板

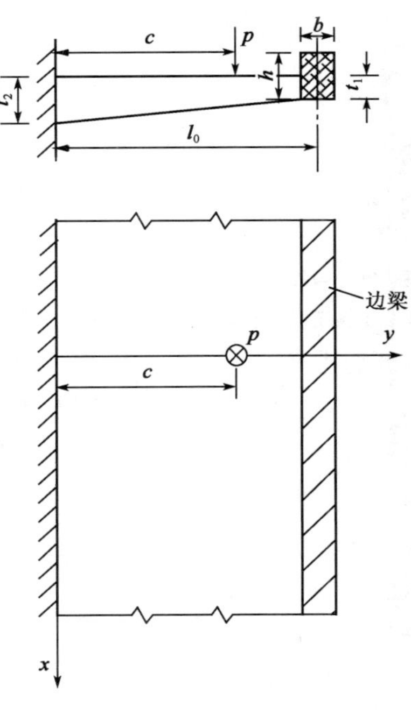

图2.4.16　带边梁悬臂板

4.4.3　悬臂桥面板计算的解析法

不失一般性,取变厚度板的抗弯刚度 D 是 y 的函数,则变厚度悬臂板的平衡微分方程为

$$D(y)\ \nabla^4 w+2\frac{\partial D(y)}{\partial y}\frac{\partial}{\partial y}\nabla^2 w+\frac{\mathrm{d}^2 D(y)}{\mathrm{d}y^2}\left(\frac{\partial^2 w}{\partial y^2}+\mu\frac{\partial^2 w}{\partial x^2}\right)=q(x,y) \tag{2.4.85}$$

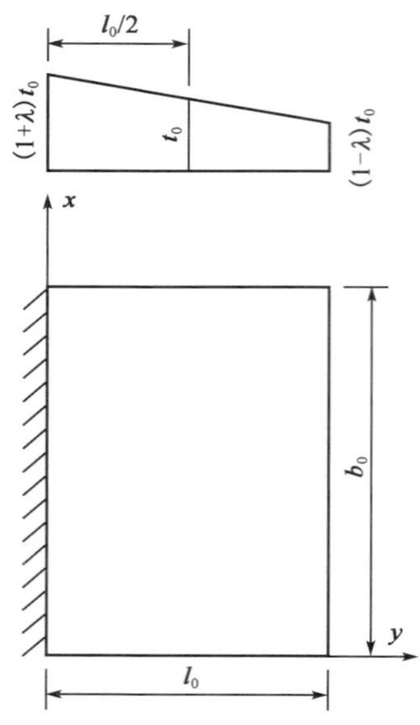

图 2.4.17　变厚度悬臂板坐标系

常见悬臂板厚度 t 沿 y 方向线性变化，如图 2.4.17 所示。若令 $y=l_0/2$ 处的厚度为 t_c，相应的弯曲刚度为

$$D_c=\frac{Et_c^3}{12(1-\mu^2)} \tag{2.4.86}$$

于是，任意点厚度可以表示为

$$t=\left[1+\lambda\left(\frac{2y}{l_0}-1\right)\right]t_c \tag{2.4.87}$$

其中 $-1\leqslant\lambda\leqslant1$，弯曲刚度 $D(y)$ 可表示为

$$D(y)=D_c\left[1+\lambda\left(\frac{2y}{b}-1\right)\right]^3 \tag{2.4.88}$$

用此刚度表达式求解式(2.4.85)较为方便，当 $b_0=\infty$ 时则为无限宽度变厚度悬臂板，可以得到解析解，并求出板上的 $m(x,y)$。

对于悬臂板的分析，还有魏斯特加（Westergaard）法，浦矢（pucher）、洪伯格（Homberg）等人的影响面分析法等，可参阅有关文献。

4.4.4　悬臂桥面板设计计算建议

本章参考文献[11]采用实体单元，分析了跨径为 50m + 100m + 50m 的三跨变截面混凝土连续箱梁桥，在不同荷载位置 c、不同悬臂长度（l_0）及不同悬臂板端与根部厚度比（t_2/t_1）情况下，悬臂板根部单宽弯矩峰值及板的有效宽度，比较了不同计算公式的计算结果。结合已有的研究成果，对悬臂桥面板的设计计算建议如下：

（1）荷载作用在悬臂端附近时，等厚度长悬臂板（大于 2.5m）和变厚度悬臂板的有效宽度与悬臂长度近似呈线性关系。荷载作用在悬臂板跨内时，悬臂板有效宽度与荷载作用点到悬臂板根部的距离 c 呈曲线关系，有效宽度的 t_2/t_1 曲线族近似平行。

（2）荷载作用点越靠近悬臂板根部，悬臂板有效宽度越小；悬臂板坡度（t_2/t_1）越大，有效分布宽度越小；荷载作用点距悬臂板根部越近，我国公路桥规的规定误差越大。

（3）对于变厚度悬臂板（图 2.4.17），我国公路桥规中的有效宽度规定不尽合理，过于简单，造成有效宽度偏大，对悬臂板配筋不安全。而对于等厚度悬臂板，公路桥规规定的有效宽度又偏小，造成设计保守，不经济。悬臂越长，桥规规定越不合理。

（4）美国 AASHTO 规范公式规定的悬臂板有效宽度偏小，从而导致悬臂板根部单位宽度弯矩峰值偏大，几乎接近数值分析结果和试验结果的 2 倍，按此设计的悬臂板虽安全，但不经济。

（5）魏斯特加公式虽然简单，但计算值偏小，按此设计的悬臂板不安全。

（6）等厚度的短悬臂板，沙柯公式有参考价值。

（7）梁端悬臂板内力有集中现象。设计时不妨参考加拿大安大略规范，在离梁端 2 倍的悬臂长范围内的悬臂板的配筋量加倍。

4.5 小 结

各向异性板理论在桥梁结构精细分析中已较少采用。按构造正交异性板来分析板桥、肋梁式桥和矮箱梁桥，除广泛应用到荷载横向分布计算中外，在中小跨径桥梁的理论分析、钢桥面板计算、板的有效宽度计算、悬臂板分析等中亦被采用。

有效宽度理论上可以根据弹性薄板理论进行计算，对于一些矩形板和典型的边界条件，我们可以采用理论计算的方法，研究各种荷载作用下的板的有效宽度。事实上，即整体式钢筋混凝土简支板桥，通常在正交两个方向上，以不同的方式配置不同数量的钢筋。因此，严格地说，不是完全各向同性的。其次，桥面构造的各个部分，例如行车道铺装、人行道或安全带、路缘石等，虽然在结构设计中不计及它们的受力，但是，实际上，它们仍然对承重结构的受力性能有一定影响。因此，对于实际的桥梁结构，计算有效宽度时，需要做若干假定，如桥面构造的各个部分对板的受力影响忽略不计；按规范规定来确定荷载的压力面；板在正交两个方向的配筋差异忽略不计，近似地按各向同性板考虑等，将实际的桥梁结构简化为理想的弹性薄板进行理论分析。

有效宽度实质上是剪力滞效应的反映。为简化桥梁设计者烦琐的解析工作，有效宽度不但需要计算，还需要更精确而简单的计算方法，去寻求更复杂结构的有效宽度计算问题的简便解答。钢桥及组合结构桥梁的翼缘有效宽度的计算原理与本章相同，具体见第5章和第6章。

悬臂板根部是嵌固在主梁上，而主梁并非绝对刚性，梁扭转变形会使悬臂根部的弯矩减小，设计时应注意此情况，并应重视长悬臂板的正弯矩的配筋。边梁会大大增强荷载的扩散，减小根部内力强度，但其自身重量引起的内力不可忽视。边梁自身的弯矩亦应引起注意。

由于加固等需要，有时会用到悬臂行车道板下加设横桥向肋的结构，这时，肋间距离应小于悬臂根部的计算宽度。分析时可将肋的刚度平均分配给悬臂板后进行分析，或者将肋作为悬臂板的弹性支撑进行分析。

悬臂板的内力在桥梁跨内（无限宽板）与梁端（有限宽板）是不同的。荷载作用位置从跨中向梁端移动过程中，悬臂板根部单位弯矩峰值逐渐增大，跨内（1/2跨、跨中、3/4跨）的弯矩峰值比较接近，但远小于梁端部的弯矩峰值，即梁端悬臂板内力有集中现象。应引起设计者重视。

本章参考文献

[1] S.铁摩辛柯.板壳理论[M].《板壳理论》翻译组，译.北京：科学出版社，1977.
[2] C.P.汉斯.实用薄板理论[M].北京：人民交通出版社，1982.
[3] Baidar Bakht. Bridge analysis simplited[M]. New York: Mcgraw-Hill Book Company, 1985.
[4] 何福照.弹性工程力学[M].北京：人民交通出版社，1990.
[5] E.C. Hambly. Bridge Deck Behaviour[M]. E & FN SPON, 1999.

[6] AASHTO LRFD Bridge Design Specifications [S]. American Association of State Highway and Transportation Officials, 2006.

[7] 胡肇滋. 桥跨结构简化分析[M]. 北京:人民交通出版社,1996.

[8] 中华人民共和国行业标准. JTG D62—2004 公路钢筋混凝土及预应力混凝土桥涵设计规范[S]. 北京:人民交通出版社,2004.

[9] Sanko F. ,and Mills J. H. ,Design of Cantilever Slabs for Spine Beam Bridges. Developments in bridge design and construction[J]. Proceedings of the Cardiff Conference,Crosby Lockwood, London,1971.

[10] Bakht B, Aziz T. S. , Bartusevicius K. F. Manual Analysis of Cantilever Slabs of semi infinite width[J] . Canadian Journal of Civil Engineering,1979,6(2),227-231.

[11] 张岗,贺拴海,王新敏. 混凝土箱梁悬臂板计算方法[J]. 长安大学学报(自然科学版), 2007,27(6).

5 钢结构桥跨计算理论

5.1 钢结构桥跨体系

由主梁(纵梁)、纵肋(纵向加劲肋)、横肋(横向加劲肋或箱梁的横隔板,尺寸较大时亦称为横梁)以及桥面盖板所组成的共同承受桥面上荷载的钢桥梁结构,如图 2.5.1 所示,由于其结构受力复杂,桥面结构的刚度在互相垂直的两个方向上有所不同,呈现出构造正交异性板的特性。

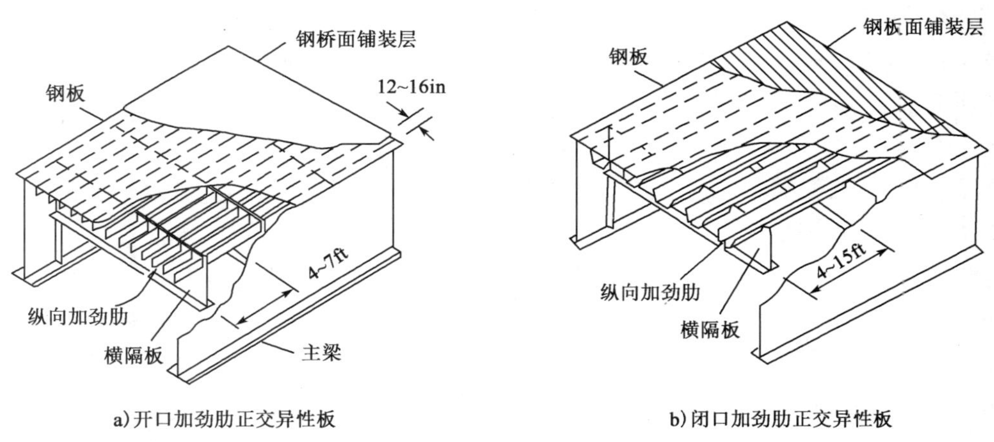

图 2.5.1 典型正交异性钢桥面板

注:1ft = 0.3048m,1in = 0.0254m。

钢桥上常用的加劲肋形式见图 2.5.2 所示,目前 V 形及 Y 形闭口肋已较少采用。

钢桥梁结构最上层的钢盖板是纵、横肋的上翼缘;盖板与纵、横肋组成的正交异性板又是主梁的上翼缘,其共同受力,十分复杂。传统的分析方法是把钢桥梁结构整体分成三个结构体系加以研究:

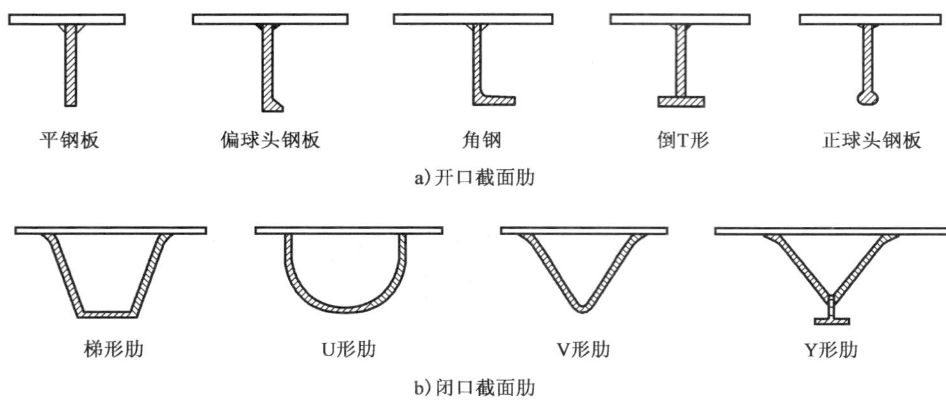

图 2.5.2　钢桥上常用的加劲肋

(1)体系Ⅰ

由盖板和纵、横肋组成主梁的上翼缘,与主梁共同构成主要承重构件——主梁体系。当上翼缘的荷载有效分布宽度确定后,其力学分析与一般梁结构无区别。

(2)体系Ⅱ

由纵肋、横肋和盖板组成的结构,盖板成为纵肋和横肋的共同上翼缘——桥面体系。该体系支承在主梁上,共同承受桥面车轮荷载。研究证明,该结构体系的实际承载能力远大于按小挠度弹性理论所求得的承载力,这是由于它具备相当大的塑性储备能力的缘故。

(3)体系Ⅲ

仅指盖板,它被视作支承在纵肋和横肋上的各向同性连续板——盖板体系。该体系直接承受由桥面铺装层扩散而来的车轮局部荷载,并依据肋间距及板厚情况将荷载传递给纵肋和横肋乃至横梁上。盖板力学响应对车轮的着地尺寸较为敏感。

在荷载作用下,根据不同的设计极限状态,钢桥面板任意点的内力(或应力)可由上述三个基本体系的内力(或应力)经适当组合而近似得到。

分析体系Ⅰ的关键是确定翼板有效分布宽度,以二维应力理论或剪力滞效应理论为基础可分析有效宽度,小松定夫、福田武雄、Schnadel. de Boer 等的工作为分析研究提供了重要依据。

体系Ⅱ为钢桥面板分析的关键和难点。作为弹性支承正交异性板的分析已有多种解法,其中解析法是一种较为成熟的经典计算方法,根据所取的计算模型不同,解析法计算又可分为如下四种:

①把板从肋的中间分开,并归并到纵横肋上去,构成格子梁体系。该法由洪伯格(H. Homberg)提出,它的缺点是未能考虑板的剪切刚度。

②把纵横肋分摊到板上,也就是将板化成一种理想的正交异性板进行求解,将在第 5.3 节中介绍。试验结果表明,当荷载作用在横肋上时,此法精度较好,但当荷载作用在两横肋中间时,此法的精度较差。

③由马德尔(F. W. Mader)提出对②法的改进,即将作用有荷载的那个节间单独处理,令节间的横向抗弯刚度等于盖板的抗弯刚度,其余节间解法同②。

④百利金—埃斯林根(Pelikan – Esslinger)提出将纵肋均分摊到盖板上,而将横肋作为刚性支承,求解后再将横肋的弹性影响计入。此法应用较广,将在第5.4节中介绍。

随着计算机软硬件的不断发展,采用有限元方法分析正交异性钢桥面板的整体及局部受力性能已不困难。

体系Ⅲ作为弹性薄板分析并不困难,但当肋间距较小时,板实际的变形更多地受到肋的牵制。轮重逐渐加大时,盖板的弯曲应力便逐步进入薄膜应力状态,具有很大的超载能力。一般不必考虑其承载能力极限状态,但应关注其与纵肋连接处焊缝的疲劳问题。

上述分析方法的简化支撑模式是盖板支承在纵横肋上(体系Ⅲ);纵、横肋交叉处相互固结(体系Ⅱ的方法①、②和③),形成正交异性板;或纵肋及盖板支撑在横肋上(体系Ⅱ的方法④),均忽视了纵横肋连接的相互作用给两肋及该处纵肋与盖板的连接焊缝(Rib-Deck-Floor-beam,简称RDF)带来的影响。用此简化模式计算纵肋连续通过柔性横肋的桥面结构时,由于不能反映柔性纵横肋之间较大的相互作用,所带来的误差不可忽视,尤其是横肋在与纵肋的交叉处有切口时。考虑的方式是专门针对带切口横肋进行面内简化分析或采用板壳有限元详细计算。

在外荷载作用下,纵、横肋变形的相互牵制作用有可能使得纵横肋产生畸变效应,从而增大纵横肋的局部应力幅值,增加疲劳风险。工程考虑措施是在构造细节上把握,如增加板厚、精心选择几何尺寸等。局部精细有限元分析及加强稳定和疲劳验算也非常重要。

5.2 钢主梁体系分析

对于由盖板和纵、横肋构成上翼缘的钢主梁体系(体系Ⅰ),翼板与主梁腹板相连接,使桥面板成为主梁的一部分而共同工作。如果把参与主梁共同工作的有效宽度范围内的加劲板看作主梁截面中的一部分,钢桥面板的内力计算与一般梁桥结构的内力计算相同,可近似利用影响线求出。因此,要解决的问题是确定钢桥面板有效宽度。

正交异性钢桥面板由盖板和纵横肋组成的肋板式结构,由于剪力滞的影响,在荷载作用下翼缘板应力不是均匀分布的,如图2.5.3所示的λ_i。工程设计计算中通常假设翼缘板应力按最大应力均匀分布,并且按力的等效原则确定其有效宽度。

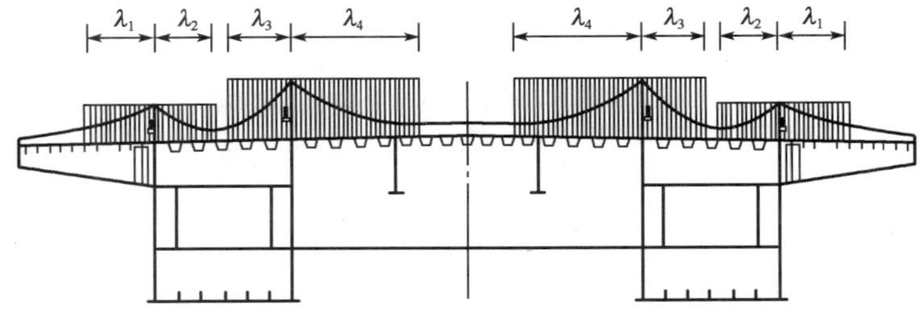

图2.5.3 钢翼缘板的有效宽度

5.2.1 钢梁翼缘有效宽度的小松定夫公式

小松定夫于 1962 年用迦辽金(Galerkin)法分析钢桥面板梁桥的剪力滞、提出了有效宽度实用计算公式,这里作以简介,详细讨论可参阅本章文献[3]。

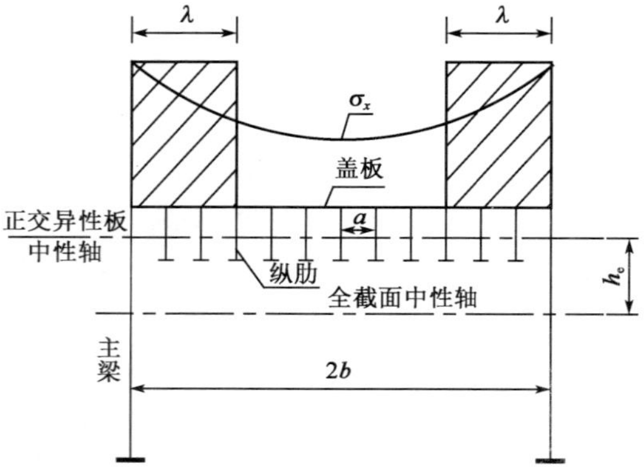

图 2.5.4 钢板梁桥翼缘有效宽度

如图 2.5.4 所示,文献[3]给出的有效宽度 λ 计算公式如下:

(1)均布荷载作用

$$\frac{\lambda}{b}=1-\frac{2\beta\gamma}{0.375m^2+2k\beta\gamma} \tag{2.5.1}$$

(2)集中荷载作用

$$\frac{\lambda}{b}=1-\frac{\lambda\sqrt{\beta_k}}{0.75m+k\lambda\sqrt{\beta_k}} \tag{2.5.2}$$

(3)集中荷载和均布荷载同时作用

$$\frac{\lambda}{b}=1-\frac{\dfrac{\lambda\beta_k+2n\beta\gamma}{m}}{(0.75+0.375n)m+k\left(\dfrac{\lambda\sqrt{\beta_k}+2n\beta\gamma}{l}\right)} \tag{2.5.3}$$

其中

$$\beta_k=\frac{1.5\beta}{1.2-k}$$

$$\alpha=\begin{cases}1 & \left(\dfrac{l}{b}\geqslant 5\right)\\ \mathrm{th}\left(\dfrac{m}{2\beta}\sqrt{\beta_k}\right) & \left(\dfrac{l}{b}<5\right)\end{cases}$$

$$\gamma=\begin{cases}1 & \left(\dfrac{l}{b}\geqslant 10\right)\\ 1-\mathrm{sh}\,\dfrac{m}{2\beta}\sqrt{\beta_k} & \left(\dfrac{l}{b}<10\right)\end{cases}$$

$$\beta=\frac{1}{1-\mu}+\frac{A_w}{at}(1+\mu)$$

$$k=\frac{A_u}{A}+\frac{2A_u h_e^2}{I}$$

$$A_u=b\left(\frac{t}{1-\mu^2}+\frac{A_w}{a}\right)$$

$$m=\frac{l}{b}$$

$$n=\frac{ql}{p}$$

式中：l——梁的跨径；

b——半翼缘宽度；

μ——泊松比；

a——纵肋间距；

t——盖板厚度；

h_e——正交异性翼板中性轴与截面中性轴之间的距离；

A_w——一个纵肋面积；

A——全截面面积；

I——全截面惯性矩。

对钢简支板梁桥，本章文献[1]给出表2.5.1所示的综合结果，可供参考。

简支钢桥面板梁桥翼缘板有效宽度建议值　　表2.5.1

l/b	<3	3	4	5	7	10	15	20	25	30	>30
λ/b	0.137	0.41	0.51	0.59	0.70	0.81	0.90	0.95	0.98	1.00	1

对连续梁或悬臂梁，可近似按弯矩零点将其分为简支梁进行计算。

5.2.2　钢箱梁翼缘有效宽度的简化计算

分析认为，箱梁上、下翼缘的有效宽度几乎不受下、上翼缘应力分布形状的影响，可近似地将上下翼缘分别计算。对于无悬臂的箱梁，可将截面积等于上、下翼缘截面面积$2A_l$、$2A_u$之半放于腹板的正下、上方，置换成Π形、倒Π形截面（图2.5.5），计算上翼缘、下翼缘的有效宽度。

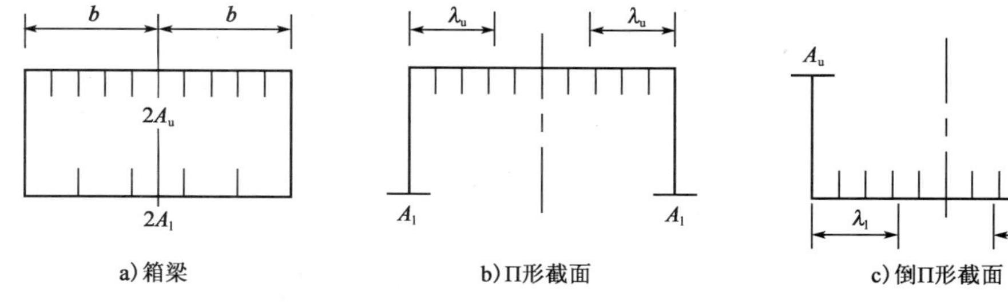

图2.5.5　箱梁置换为Π、倒Π形梁

有悬臂的箱梁，可按上述思路按图2.5.6置换后进行计算。

本章文献[5]给出的当集中荷载P作用在跨内φl处，均布荷载满载时，有效宽度λ的计算公式为

$$\frac{\lambda}{b}=1-\frac{\beta_k\alpha+2mn\beta\gamma}{(1-\varphi)(3\varphi+1.5\varphi n)m+k(\beta_k\alpha+2mn\beta\gamma)} \tag{2.5.4}$$

式中符号意义同式（2.5.3），但在计算底板有效宽度时，应将底板看作顶板进行。

Ramberger将带有加劲肋的翼板考虑为正交异性板来分析剪滞现象，给出了正弦对称荷载作用下的有效宽度计算图表，可供参考。

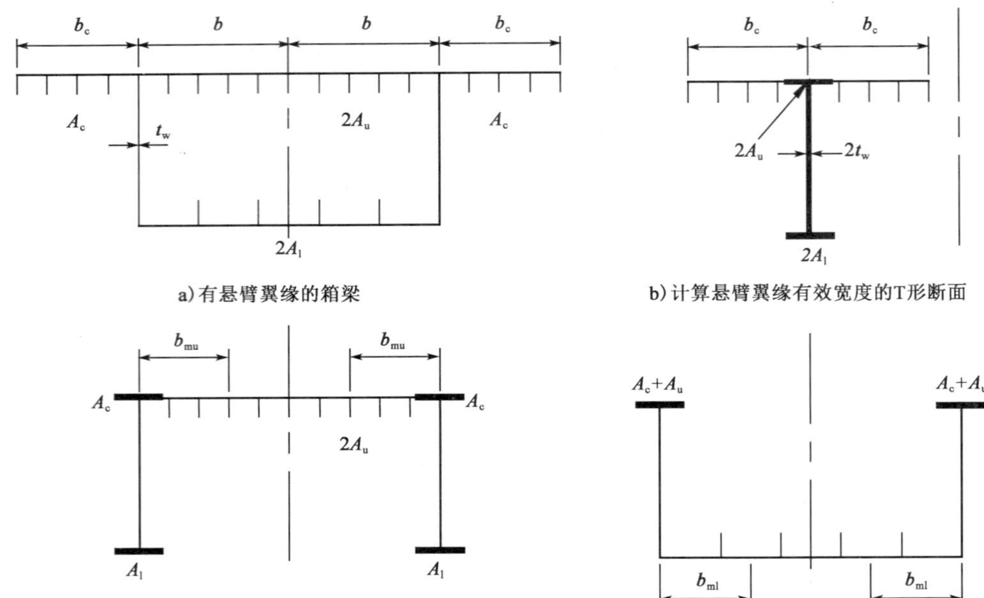

c) 计算上翼缘有效宽度的Π形断面　　d) 计算下翼缘有效宽度的倒Π形断面

图 2.5.6　有悬臂翼缘的箱梁置换为 T、Π、倒 Π 形梁

5.2.3　钢翼缘有效宽度的规范规定

各国规范均规定了钢翼缘有效宽度的取值方法。新版中国公路钢桥设计规范参考了日本《道路桥示方书》中推荐的主梁翼缘有效宽度简化计算方法。对于 I 形、Π 形和箱形梁，当计算其应力和变形时，腹板单侧翼缘有效宽度 λ/b（有效宽度 b_e 与实际宽度 b 的比值 $\lambda = b_e/b$）为

$$\begin{cases} \dfrac{\lambda}{b}=1 & \dfrac{b}{l}\leqslant 0.05 \\ \dfrac{\lambda}{b}=\left[1.1-2\dfrac{b}{l}\right] & 0.05<\dfrac{b}{l}<0.30 \\ \dfrac{\lambda}{b}=\left[1.01-2.14\dfrac{b}{l}+1.43\left(\dfrac{b}{l}\right)^2\right] & 0.3\leqslant\dfrac{b}{l}<0.50 \\ \dfrac{b}{l}>0.5\text{ 时},\lambda\text{ 应用空间分析或其他更精确的方法确定} \end{cases} \tag{2.5.5}$$

$$\begin{cases} \dfrac{\lambda}{b}=1 & \dfrac{b}{l}\leqslant 0.02 \\ \dfrac{\lambda}{b}=\left[1.06-3.2\dfrac{b}{l}+4.5\left(\dfrac{b}{l}\right)^2\right] & 0.02<\dfrac{b}{l}<0.30 \\ \dfrac{\lambda}{b}=\left[1.04-2.23\dfrac{b}{l}+1.49\left(\dfrac{b}{l}\right)^2\right] & 0.30\leqslant\dfrac{b}{l}<0.50 \\ \dfrac{b}{l}>0.5\text{ 时},\lambda\text{ 应用空间分析或其他更精确的方法确定} \end{cases} \tag{2.5.6}$$

式中：b——腹板间距的1/2，对于腹板外侧翼缘外伸肢为伸臂部分的宽度，如图2.5.7所示；

l——等效跨长，对于简支梁即为其计算跨径，λ 按式(2.5.5)计算。对于连续梁，如图2.5.8所示，各跨间的 λ 计算如下：

①区的 λ_{L1} 按式(2.5.5)计算，取 $l=0.8L_1$；⑤区的 λ_{L1} 按式(2.5.5)计算。取 $l=0.6L_1$；③点的 λ_{s1} 按式(2.5.6)计算，取 $l=0.2(L_1+L_2)$；⑦点的 λ_{s1} 按式(2.5.6)计算。取 $l=0.2(L_2+L_3)$；②、④、⑥、⑧区，取区间两端点值之间线性插值。

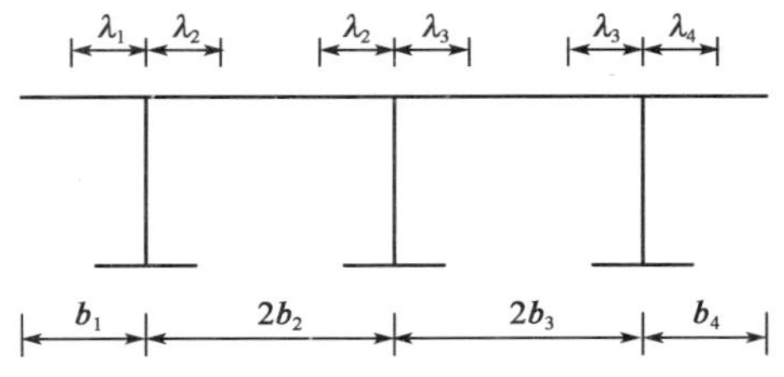

图2.5.7　翼缘的有效宽度

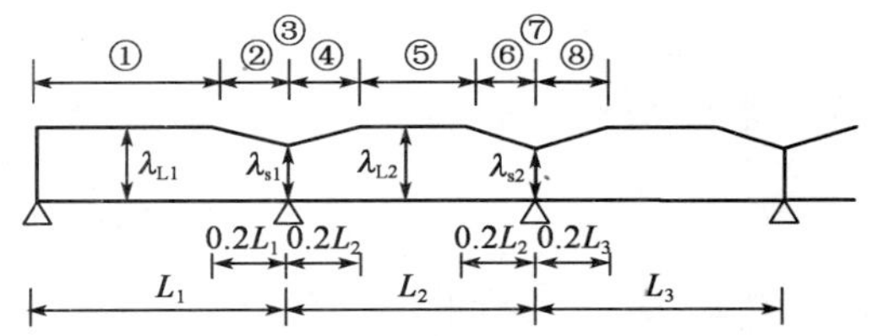

图2.5.8　连续梁的翼板有限宽度计算

美国AASHTO规范推荐的有效宽度如图2.5.9所示。其中 ψ 是与跨径 L、箱宽 B 和 A_s 等有关的系数[4]。

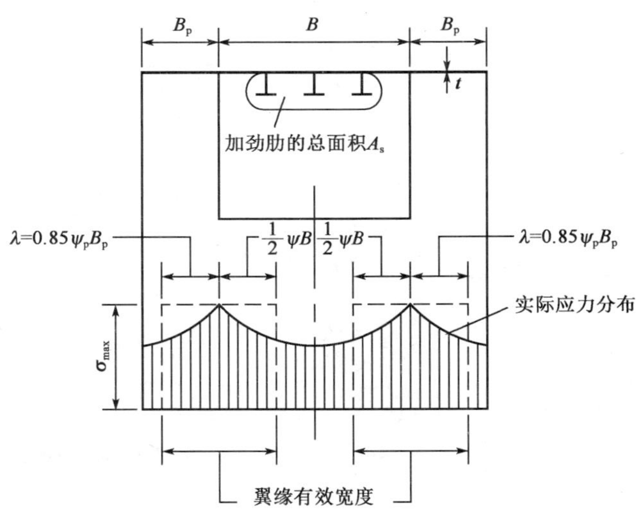

图2.5.9　AASHTO推荐的钢梁翼板有效宽度

5.3　钢桥面板分析的比拟正交异性板理论

体系Ⅱ可按正交异性板进行分析。正交异性板在竖向荷载作用下的弯曲平衡微分方程式为

$$D_x\frac{\partial^4 w}{\partial x^4}+2H\frac{\partial^4 w}{\partial x^2\partial y^2}+D_y\frac{\partial^4 w}{\partial y^4}=q(x,y) \tag{2.5.7}$$

式中：D_x、D_y——抗弯刚度；

H——有效抗扭刚度。

将钢桥面板比拟为正交异性薄板后，可按薄板理论求得式(2.5.7)的解析解。

式(2.5.7)的解可由它的特解和齐次微分方程式

$$D_x\frac{\partial^4 w}{\partial x^4}+2H\frac{\partial^4 w}{\partial x^2\partial y^2}+D_y\frac{\partial^4 w}{\partial y^4}=0 \tag{2.5.8}$$

的一般解相加得到。解中的积分常数可根据已知的边界条件确定。

对于简支桥面板($y=0,y=b$ 简支，b 为主梁间距，x 轴为桥跨方向)，根据不同的 D_x、D_y 和 H 值，式(2.5.8)的解为

$$w(x,y)=\sum_n w_n(x)\sin\frac{n\pi y}{b} \tag{2.5.9}$$

根据 H^2 与 D_x、D_y 之间的关系，分别给出式(2.5.9)中的 $w_n(x)$ 的表达式。

(1) $H>\sqrt{D_xD_y}$，且 $K=\frac{H}{\sqrt{D_xD_y}}$；$K>1$ 时

$$w_n(x)=C_1\mathrm{sh}\alpha_n x+C_2\mathrm{ch}\alpha_n x+C_3\mathrm{sh}\beta_n x+C_4\mathrm{ch}\beta_n x \tag{2.5.10}$$

其中

$$\alpha_n=\sqrt[4]{\frac{D_y}{D_x}}\sqrt{K+\sqrt{K^2-1}}\frac{n\pi}{b}$$

$$\beta_n=\sqrt[4]{\frac{D_y}{D_x}}\sqrt{K-\sqrt{K^2-1}}\frac{n\pi}{b}$$

(2) $H<\sqrt{D_xD_y}$，且 $K>1$ 时

$$w_n(x)=C_1\mathrm{sh}\alpha_n x\sin\beta_n x+C_2\mathrm{ch}\alpha_n x\cos\beta_n x+C_3\mathrm{sh}\alpha_n x\cos\beta_n x+C_4\mathrm{ch}\alpha_n x\sin\beta_n x \tag{2.5.11}$$

其中

$$\alpha_n=\sqrt[4]{\frac{D_y}{D_x}}\sqrt{\frac{1+K}{2}}\frac{n\pi}{b}$$

$$\beta_n=\sqrt[4]{\frac{D_y}{D_x}}\sqrt{\frac{1-K}{2}}\frac{n\pi}{b}$$

(3) $H=\sqrt{D_xD_y}$，且 $K=1$ 时

$$w_n(x)=C_1\mathrm{sh}\alpha_n x+C_2\mathrm{ch}\alpha_n x+C_3\alpha_n x\mathrm{sh}\alpha_n x+C_4\alpha_n x\mathrm{ch}\alpha_n x \tag{2.5.12}$$

其中

$$\alpha_n=\sqrt[4]{\frac{D_y}{D_x}}\frac{n\pi}{b}$$

(4) $H=0$，且 $K=0$ 时

$$w_n(x)=C_1\mathrm{sh}\alpha_n x\sin\alpha_n x+C_2\mathrm{ch}\alpha_n x\cos\alpha_n x+C_3\mathrm{sh}\alpha_n x\cos\alpha_n x+C_4\mathrm{ch}\alpha_n x\sin\alpha_n x \tag{2.5.13}$$

其中

$$\alpha_n=\frac{\sqrt{2}}{2}\sqrt[4]{\frac{D_y}{D_x}}\frac{n\pi}{b}$$

(5) $D_y=0$ 时

$$w_n(x)=C_1\mathrm{sh}\alpha_n x+C_2\mathrm{ch}\alpha_n x+C_3\alpha_n x+C_4 \tag{2.5.14}$$

其中

$$\alpha_n=\sqrt{\frac{2H}{D_x}}\frac{n\pi}{b}$$

上述的解 $w_n(x)$ 为 $n=n$ 时的板挠曲面。积分常数 C_1、C_2、C_3、C_4 则可根据简支边（$y=0$，$y=b$）以外其余两对边（$x=0,x=d$）的边界条件来确定。桥面板截面上的弯矩可按式(2.5.3)求得。

以上的解析法，对于实际的正交异性钢桥面板分析还存在着两个问题。一是纵横肋是焊在盖板上的，纵横肋与盖板间没有填充材料，因此是不连续的，这与理想的正交异性板构造存在着差异。二是由于工程上是将纵横肋分摊到盖板上，这样会造成在正交方向上中面不在同一平面内。另外，对于通常的桥面板由于已超出了小挠度理论范围，故必须计入薄膜力的作用。

5.4 钢桥面板分析的 Pleliken-Esslinger 法

5.4.1 基本原理

20 世纪 50 年代，前联邦德国的百利金（W. Pelikan 和埃斯林根（M. Esslinger）提出采用适当假定，用正交异性板理论来计算钢桥面板（体系Ⅱ），称为 P-E 法。此法得到了广泛应用，后被美国钢结构协会所采纳，AASHTO 等规范亦推荐此法[4,6]。

如图 2.5.10 所示，设钢桥面板顺桥向简支在箱梁或板梁的腹板上，而横桥向则弹性支承在间距为 d 的横肋上。

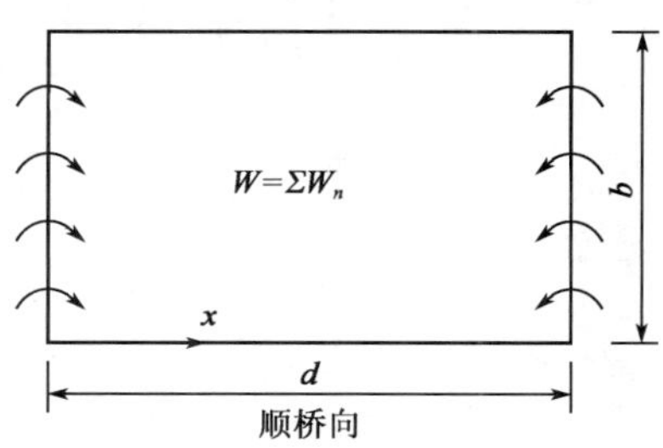

图 2.5.10 钢桥面板

这样，桥面板（正交异性板——由盖板和加劲盖板的纵肋组成）可看成是支承在刚度无穷大主梁上和按等间距 d 排列的弹性横肋上的正交异性连续板。由此可见，钢桥面板实际上是一种构造性正交异性板，而要将正交异性板的弯曲理论用于这种构造板计算，必须满足下述前提条件：

①加劲肋的间距与板边长的比值应足够小，也即加劲肋应当布置较密；

②肋的布置在纵向（或横向）都应是均布且相同的，也即板的刚度应在宽度（或长度）范围内保持不变；

③板的刚度值不随边界条件和荷载状况而变动；

④加劲肋和板的材质应相同；

⑤肋与板的连接应是密实而牢固的。

在 P-E 法中，上述桥面体系构造正交异性板的计算分两个阶段进行。

第Ⅰ阶段：假定横肋的刚度为无穷大，桥面板刚性支承于横肋上，如图 2.5.11a）所示，求纵肋和横肋（均计及盖板的有效宽度）的最大弯矩值。

第Ⅱ阶段：计算横肋的弹性变形影响所产生的弯矩，如图 2.5.11b）所示，然后再将第Ⅰ阶段中求得的弯矩值加以修正，即得符合于板的实际工作状态的弯矩值，如图 2.5.11c）所示。

钢桥面板的弯矩值与下列因素有关：横肋的间距 d、主梁腹板中距 b、正交异性板的三个刚度（抗弯刚度 D_x、D_y 和有效抗扭刚度 H）和它们的比值以及荷载形式等。

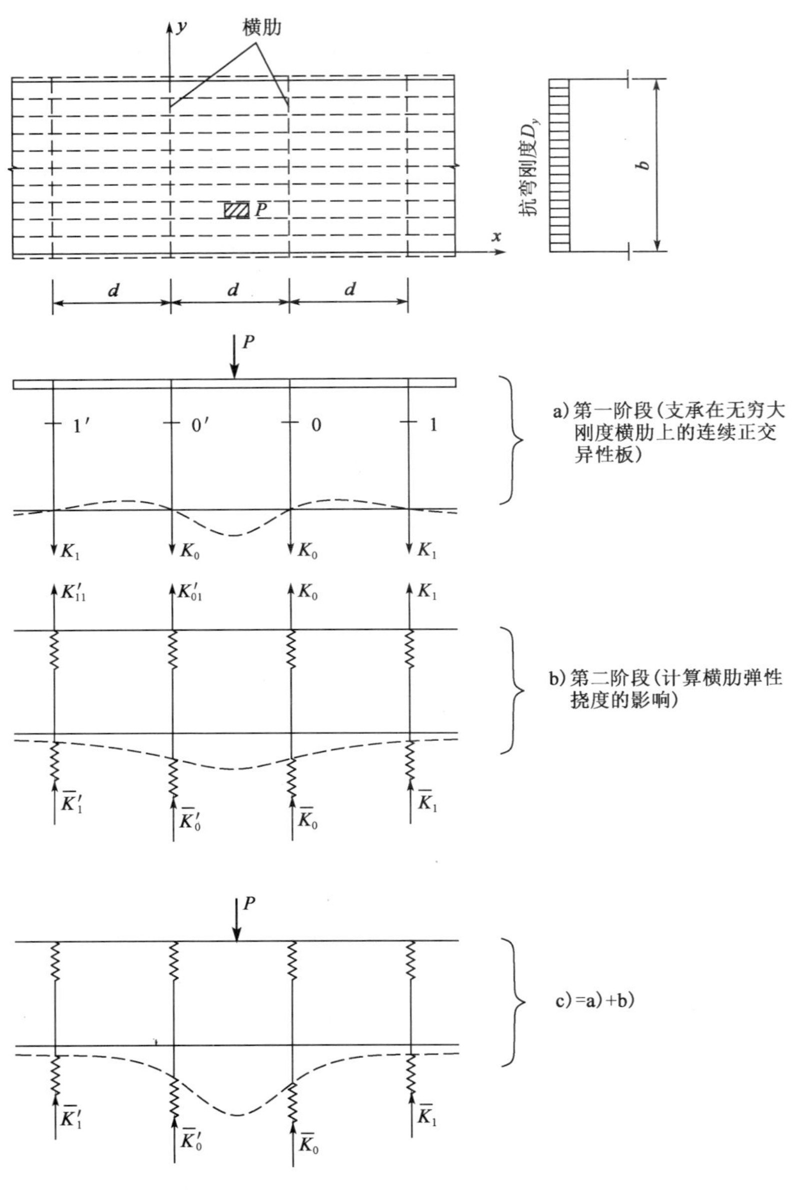

图 2.5.11　P-E 法

5.4.2　刚度计算

(1)刚度

假定纵梁(主梁)腹板的抗弯刚度为无穷大，而顺桥向等间距布置的纵肋连同桥面盖板所组成的纵向抗弯刚度为

$$D_x=\frac{EI_x}{a}\qquad（开口纵肋）$$

或 $$D_x = \frac{EI_x}{a + a_1} \quad （闭口纵肋）$$

式中：I_x——计及盖板有效宽度计算的纵肋抗弯惯性矩；

a——开口纵肋间距或闭口纵肋上翼板宽（图 2.5.12）；

a_1——闭口纵肋连接板宽（图 2.5.13）。

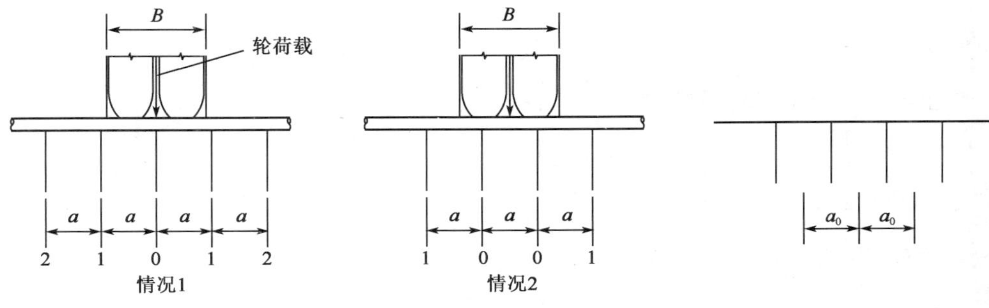

图 2.5.12 开口纵肋有效宽度

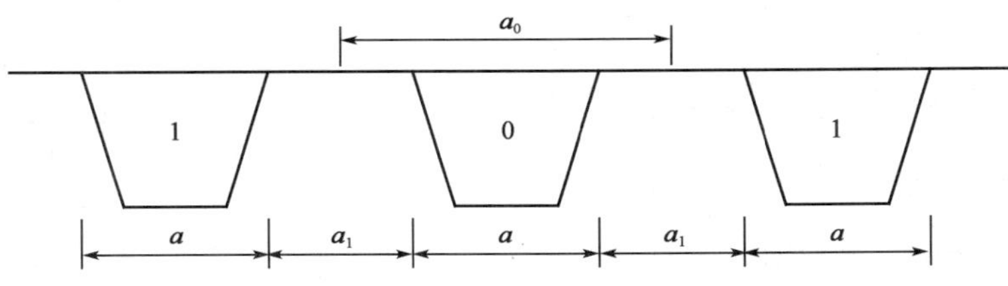

图 2.5.13 闭口纵肋有效宽度

横向抗弯刚度 D_y 为桥面盖板的抗弯刚度 D_p。由于 D_x 远大于 $D_y = D_p$，其比值 D_x/D_y 通常为 500～2000，故可认为 $D_y \approx 0$ 而开口纵肋加劲的正交异性板，其有效抗扭刚度 H 也很小，同样可假定 $H \approx 0$。据此，在计算的第Ⅰ阶段（即刚性支承连续板），可做如下假定：

①对用闭口纵肋加劲的桥面板，可令 $D_y = 0$。

②对用开口纵肋加劲的桥面桥，可令 $D_y = 0, H = 0$。

（2）有效宽度

纵肋和横肋的有效宽度 a_0 和 d_0（在计算的第Ⅱ阶段中，计算相关刚度 r）是计算刚度系数 D_x、I_y 和 H 的关键。精确计算 a_0、d_0 相当麻烦且无必要，可按下述简化方法计算[1]。

①开口纵肋

第一阶段：取纵肋的有效跨径 $d_1 = 0.7d$。

如图 2.5.12 所示，由车轮宽度 B 与纵肋间距 a 的比值 B/a，按照不同的荷载分布形式，在图 2.5.14 中查得 β，再以比值 $\gamma = \beta a/d_1$ 在图 2.5.15 中查得 α，则

$$a_0 = \alpha\beta a \tag{2.5.15}$$

第二阶段：

$$a_0 = 1.99a \tag{2.5.16}$$

②闭口纵肋

第一阶段：如图 2.5.13 所示，由比值 $\gamma = a/d_1$ 和 $\gamma = a_1/d_1$，在图 2.5.15 中查得相应的 α_1 和 α_2，则

$$a_0 = \alpha_1 a + \alpha_2 a_1 \tag{2.5.17}$$

第二阶段：

$$a_0 = 1.099(a + a_1) \tag{2.5.18}$$

③横肋

按比值 $\gamma = \dfrac{d}{b}$ 在图 2.5.15 中查得相应的 α_3 则

$$d_0 = \alpha_3 d \tag{2.5.19}$$

以上各式中，符号意义见相应图示。

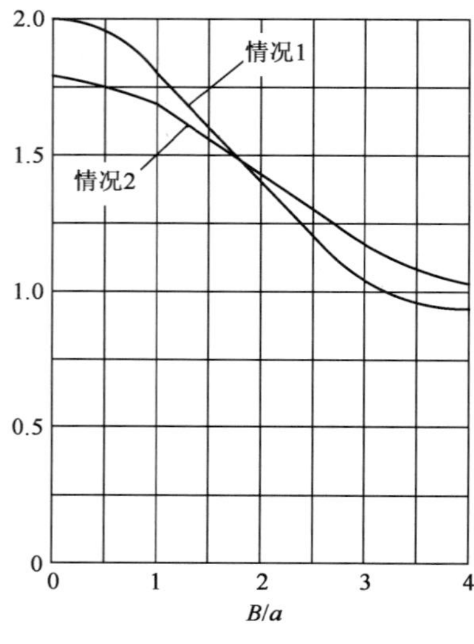

图 2.5.14　$\beta - B/a$ 曲线

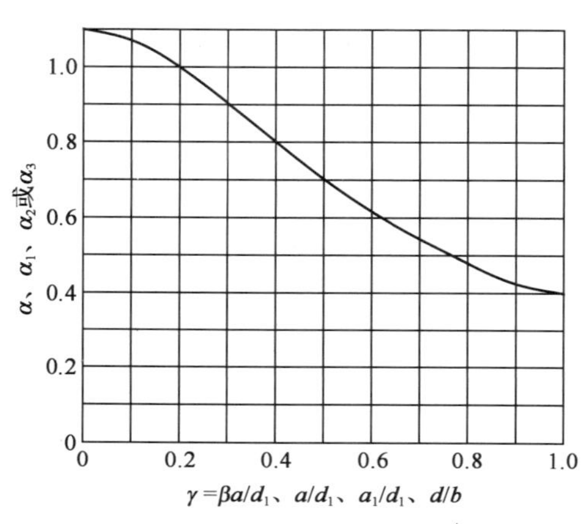

图 2.5.15　α-γ 曲线

④刚度计算

用 a_0 和 d_0 来计算刚度 D_x、D_y 并不困难。闭口截面的有效抗扭刚度 H 可按下式计算：

$$H = \frac{1}{2}\frac{mGI_t}{a + e} \tag{2.5.20}$$

式中：G——抗剪模量，$G = 8.23 \times 10^4\,\mathrm{MPa}$；

I_t——闭口肋的抗扭惯性矩，$I_t = 4A^2/\sum \dfrac{s}{t}$；

A——1 个闭口肋包围的面积；

s——闭口肋周边长；

t——闭口肋的板厚；

m——与截面形状有关的刚度折减系数[1]。

关于刚度系数的详细讨论可见本章文献[1]。

5.4.3 开口纵肋桥面板解析

(1)刚性支承连续板

对开口纵肋桥面板，因 $D_y = H = 0$，则由式(2.5.7)可得

$$D_x = \frac{\partial^4 w}{\partial x^4} = q(x,y) \tag{2.5.21}$$

若设 $q(x,y) = q(x)$，上式即为 x 方向梁的挠曲线方程，由此可推出刚性支承连续梁的弯矩方程。P-E 法第 1 阶段的计算，就变成一维问题刚性支承连续梁的计算。图 2.5.16 所示为刚性支承连续梁的内力影响线。

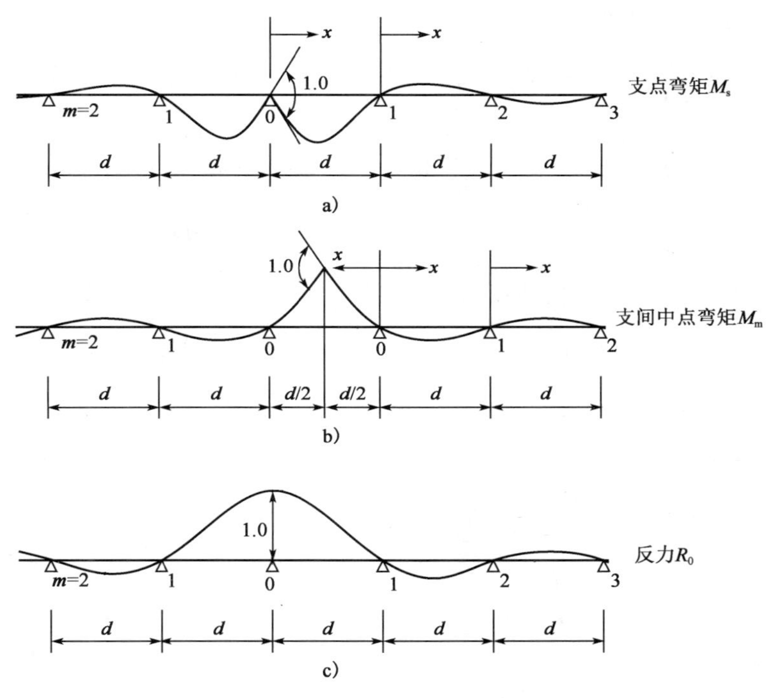

图 2.5.16 刚性支承连续梁的影响线

①纵肋的节间中点弯矩 M_m

当集中荷载 P 作用于节间 0-0 范围内、节间中点 m 处的弯矩 M_m 的影响线纵坐标为

$$\left(\frac{M_m}{pd}\right)_{0-0} = 0.1830\left(\frac{x}{d}\right) + 0.3170\left(\frac{x}{d}\right)^2 \tag{2.5.22}$$

M_m 影响线的最大值发生在 $x/d = 0.5$ 处，即

$$\left(\frac{M_m}{pd}\right)_{\max} = \left[0.1830\left(\frac{x}{d}\right) + 0.3170\left(\frac{x}{d}\right)^2\right]_{\frac{x}{d}=0.5} = 0.1708 \tag{2.5.23}$$

节间 0-1，1-2，…，m-$(n+1)$ 的影响线纵坐标则为

$$\left(\frac{M_m}{pd}\right)_{m-(m+1)} = (-0.2679)^m\left[-0.1830\left(\frac{x}{d}\right) + 0.3170\left(\frac{x}{d}\right)^2 - 0.1340\left(\frac{x}{d}\right)^3\right] \tag{2.5.24}$$

当0-0跨中 $x=\frac{d}{2}$ 处作用一个分布轮荷载($2c$)时,则纵肋0-0跨的跨中弯矩值 M_c 为

$$\left(\frac{M_c}{pd}\right)_{0-0}=0.1708-0.250\left(\frac{c}{d}\right)+0.1057\left(\frac{c}{d}\right)^2 \tag{2.5.25}$$

若荷载作用在其他跨 m-$(m+1)$时,则轮重分布宽度 $2c$ 的影响可以忽略,此时,纵肋节间中点弯矩 M_m 的影响纵坐标为

$$\left(\frac{M_m}{pd}\right)_{m-(m+1)}=(-0.2679)^m\left[-0.183\left(\frac{x}{d}\right)+0.317\left(\frac{x}{d}\right)^2-0.1340\left(\frac{x}{d}\right)^3\right] \tag{2.5.26}$$

②纵肋的支点弯矩 M_s

纵肋支点弯矩 M_s 影响线的纵坐标可用下式计算

$$\left(\frac{M_s}{pd}\right)_{m-(m+1)}=(-0.2679)^m\left[-0.5\left(\frac{x}{d}\right)+0.866\left(\frac{x}{d}\right)^2-0.366\left(\frac{x}{d}\right)^3\right] \tag{2.5.27}$$

式中的 m 是加载节间支点编号中数值较小的那个号数,x 及 d 的含义参见图2.5.16。

当集中荷载 P 作用于节间0-1范围以内时,支点 O 的弯矩影响线坐标为

$$\left(\frac{M_s}{pd}\right)_{0-1}=-0.5\left(\frac{x}{d}\right)+0.866\left(\frac{x}{d}\right)^2-0.366\left(\frac{x}{d}\right)^3 \tag{2.5.28}$$

而当分布宽度为 $2c$ 的均布荷载作用在节间0-1时,支点 O 的弯矩 M_s 值为

$$\left(\frac{M_s}{pd}\right)_{0-1}=-0.5\left(\frac{e}{d}\right)+0.866\left(\frac{e}{d}\right)^2-0.366\left(\frac{e}{d}\right)^3+\left(\frac{c}{d}\right)^2\left(0.2887-0.366\frac{e}{d}\right) \tag{2.5.29}$$

式中:e——荷载中心到支点 O 的距离。

可以证明:当 $\frac{e}{d}=0.3804$ 时,M_s 有最大值,即

$$\left(\frac{M_s}{pd}\right)_{\max}=-0.0850+0.1494\left(\frac{c}{d}\right)^2 \tag{2.5.30}$$

③支点反力 R_0

当一个集中荷载作用在“0-1”跨和其他跨内,支点 O 的反力影响线纵坐标为

在0-1跨:

$$\left(\frac{R_0}{P}\right)_{0-1}=1-2.1900\left(\frac{x}{d}\right)^2+1.1962\left(\frac{x}{d}\right)^3 \tag{2.5.31}$$

在 m-$(m+1)$跨:

$$\left(\frac{R_0}{P}\right)_{m-(m+1)}=(-0.2679)^{m-1}\left[-0.8038\left(\frac{x}{d}\right)+1.3923\left(\frac{x}{d}\right)^2-0.5885\left(\frac{x}{d}\right)^3\right] \tag{2.5.32}$$

(2)弹性横梁影响

“P-E”法计算的对象是弹性支承在横肋上的等跨连续板,和刚性支承连续梁相比,纵肋跨中的计算正弯矩将增大,而横肋支承处的负弯矩将减小。此即为横梁挠曲或弹性支承的影响。

对于开口截面纵肋桥面板，由于采用 $D_y=0$、$H=0$ 的假定，计算简图就变成图 2.5.17a）所示之一系列平行于 x 轴、沿 y 轴方向紧密排列的纵肋所组成的梁排结构，梁排中的横梁对纵肋提供弹性支承反力。

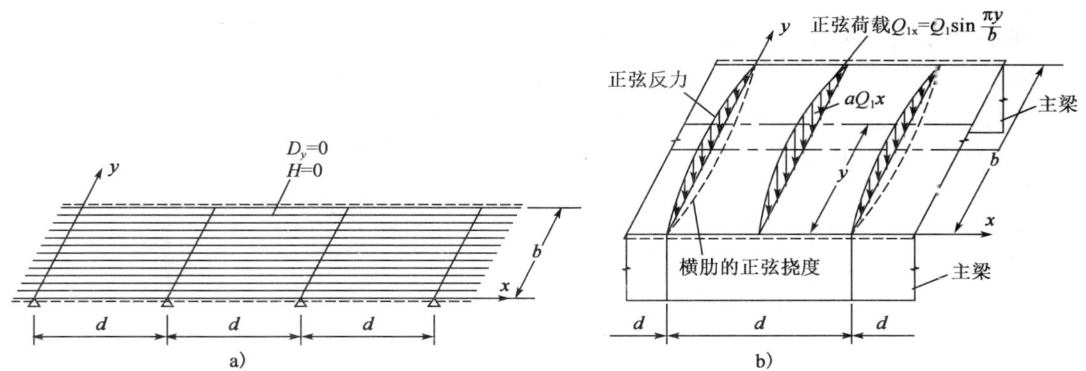

图 2.5.17 横肋的挠度

理论上计算纵肋时，只要在 y 轴方向满足任意处的支点反力与其挠度成正比且均相同，则纵肋就可脱离开来按单根弹性支承连续来处理。

对于横肋简支于主梁上的钢桥面板，如果把作用荷载转化成 y 方向上的宽度为 b 的正弦分布荷载，例如作用荷载 Q_y 按傅里叶级数展开成 $Q_{1y},Q_{2y},\cdots,Q_{ny}$，且有 $Q_{ny}=Q_n\sin\dfrac{n\pi y}{b}$，则简支横肋的挠度可用与之对应的正弦曲线来表达，而横肋处的反力也呈现同样规律分布。因此，对于桥宽方向 y 处与单宽板条（包括纵肋在内），可按照承受同一位置对应荷载 Q_{ny} 的弹性支承连续梁来处理。

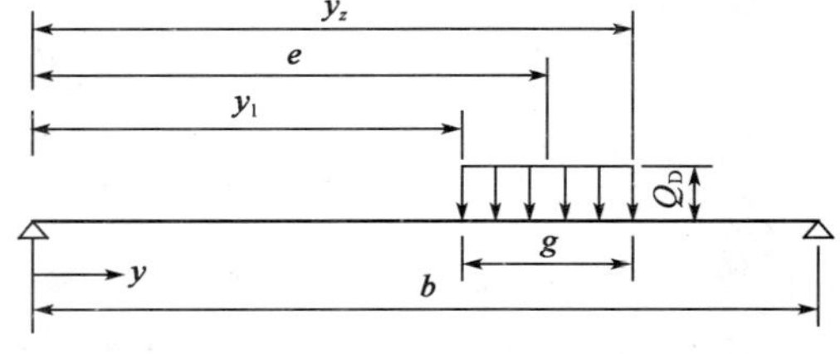

图 2.5.18 单个荷载展开坐标

（3）荷载的傅里叶（Fourier）级数表示

为便于计算，在分析正交异性板时，可把荷载展开成傅里叶级数，如图 2.5.18 所示。单荷载 $P=Q_0(y_2-y_1)$ 可用下列级数表示

$$Q_y=\sum_{n=1}^{\infty}Q_n\sin\frac{n\pi y}{b}\tag{2.5.33}$$

其中

$$Q_n=\frac{2Q_0}{b}\int_{y_1}^{y_2}\sin\frac{n\pi y}{b}\mathrm{d}y=\frac{2Q_0}{n\pi}\left(\cos\frac{n\pi y_1}{b}-\cos\frac{n\pi y_2}{b}\right)$$

式中：Q_n——傅里叶系数，即第 n 项级数的正弦荷载的最大值。

级数第 n 项荷载分量在 y 点的荷载强度 Q_{ny} 为

$$Q_{ny}=Q_n\sin\frac{n\pi y}{b}=\frac{2Q_0}{n\pi}\left(\cos\frac{n\pi y_1}{b}-\cos\frac{n\pi y_2}{b}\right)\sin\frac{n\pi y}{b}$$

或改写成

$$\frac{Q_{ny}}{Q_0}=\frac{4}{n\pi}\sin\frac{n\pi e}{b}\sin\frac{n\pi g}{b}\sin\frac{n\pi y}{b}\tag{2.5.34}$$

式中的 e、g 等值均如图 2.5.19 所示。

多个荷载作用时(图 2.5.19)有

$$\frac{Q_{ny}}{Q_0}=\frac{8}{n\pi}\cos\frac{n\pi f}{b}\sin\frac{n\pi g}{b}\sin\frac{n\pi y}{b}\sum_{i=1}^{n}\sin\frac{n\pi d_i}{b} \tag{2.5.35}$$

式中符号意义见图 2.5.19。

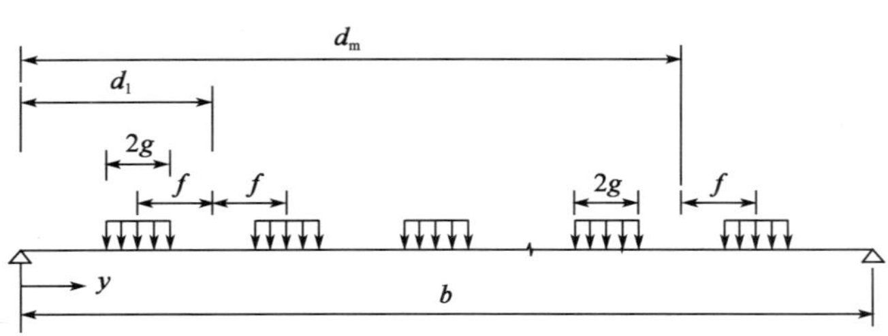

图 2.5.19　多个荷载展开坐标

计算刚性支承的正交异性板或考虑横梁的弹性支承影响时，系数$\frac{Q_{ny}}{Q_0}$均和荷载的布置形式有关，且取 $n=1$ 计算精度已足够。

(4)相关刚度系数 γ

在图 2.5.17 所示的结构体系中，横肋对每一根纵肋板条均起弹性支承作用。由于桥面荷载已在 y 方向上沿宽度 b 的范围内按傅里叶级数展开，故板条的反力及挠度都呈现正弦函数变化。这样，由支点挠度 v 和与之对应的反力 K 的比值所定义的弹簧常数 $\xi=K/v$ 在沿横肋跨度的所有各点(y)上是等值的。

图 2.5.17 中承受正弦分布荷载 Q_{ny} 的结构系统，第 n 项荷载分量在横肋处产生的反力为

$$(K_0)_n=\overline{\vartheta}_{on}\sin\frac{n\pi y}{b} \tag{2.5.36}$$

式中：$\overline{\vartheta}_{on}$——纵肋板条按弹性支承连续梁计算时支点处所求得反力影响线的纵坐标[7]。

横肋上的正弦反力$(K_0)_n$所产生的横梁挠度 v_n 为

$$v_n=\frac{1}{EI_y}\iiiint(K_0)_0\mathrm{d}y^4=\frac{\overline{\vartheta}_{on}}{EI_q}\left(\frac{b}{n\pi}\right)Q_n\sin\frac{n\pi y}{b} \tag{2.5.37}$$

据式(2.5.36)和式(2.5.37)可求得板条的弹簧常数 ξ_n 为

$$\xi_n=\frac{(K_0)_n}{v_n}=\frac{n^4\pi^4EI_y}{b^4} \tag{2.5.38}$$

式中：EI_y——一条横肋的抗弯刚度。

现定义相关刚度系数 γ_n 为纵肋板条的刚度与相应支点的弹簧常数 ξ_n 之比，则对于开口截面纵肋有

$$\gamma_n=\frac{EI_x}{ad^3\xi_n} \tag{2.5.39}$$

式中：EI_x——一条纵肋的抗弯刚度。

相关刚度系数 γ_n 与正弦分布荷载的项数 n 有关,即随荷载状态而异。实际计算时只要取 $n=1$,精度已足够,这样有

$$\gamma_{n=1}=\frac{b^4 I_x}{ad^3\pi^4 I_y} \tag{2.5.40}$$

本章文献[1]已给出和 γ 有关的弹性支承连续梁的跨间弯矩影响线、支点弯矩影响线和反力影响线的纵坐标值。

(5)根据横肋挠度改正弯矩

①纵肋

据本节(3)和(4)可求出刚性支承连续梁弯矩影响线坐标值 η 和弹性支承的 $\bar{\eta}$。由于弹性支承连续梁的弯矩影响线坐标 $\bar{\eta}$ 中已包括刚性支承部分的 η 在内,故它们的差 $\Delta\eta=\bar{\eta}-\eta$ 即为支点弹性变位对内力影响线值的影响。

在单一荷载或荷载群 P 的作用下,弹性支承连续梁上任意一点 i 因支点竖变位而产生的弯矩增量 ΔM 为

$$\Delta M=P\Delta\eta=P\bar{\eta}-P\eta$$

$$\Delta M=\sum_{m=0}^{\infty}K_m\bar{\eta}_{im}-\sum_{m=0}^{\infty}K_m\eta_{im} \tag{2.5.41a}$$

式中:K_m——单一荷载或荷载群 P 作用下,刚性支承连续梁支点处的反力,即有

$$P=\sum_{m=0}^{\infty}K_m$$

η_{im}——按刚性支承连续梁计算时,考察点 i 的弯矩影响线在各支点处的纵坐标恒为零,即 $\eta_{im}=0$;

$\bar{\eta}_{im}$——按弹性支承连续梁计算时,考察点 i 的弯矩影响线在支点处的纵坐标,于是式(2.5.41a)可表达为

$$\Delta M=\sum_{m=0}^{\infty}K_m\bar{\eta}_{im} \tag{2.5.41b}$$

改写成无量纲形式,即

$$\Delta M=pd\sum_{m=0}^{\infty}\frac{K_m\bar{\eta}_{im}}{Pd} \tag{2.5.41c}$$

考虑横肋的挠曲影响计算纵肋弯矩时,先要把桥面板上的荷载 P 沿 y 方向(横桥向)展开成正弦分布荷载的第一项分量 Q_{1y}。这样,计算点 y 处纵肋上的荷载就为同方向上第一项正弦荷载分量 Q_{1y} 与图2.5.17a)中的纵肋宽度之积,对开口纵肋为 aQ_{1y},a 为开口纵肋的间距。于是,纵肋的附加弯矩 ΔM_l 为

$$\Delta M_l=Q_0da\frac{Q_{1y}}{Q_0}\sum_{m=0}^{\infty}\frac{K_m}{P}\frac{\bar{\eta}_{im}}{d} \tag{2.5.42}$$

ΔM_l 在普通钢桥面板中应为正值,它使纵肋的跨中正弯矩增大,而支点的负弯矩减小。

②横肋

和计算纵肋相似,考虑横肋的弹性变形后,横肋的弯矩也要比刚性支承时来得小。

若荷载 P 用正弦分布荷载 $Q_{ny}=Q_n sin\dfrac{n\pi y}{b}$ 表示，则对应第 m 支点处横肋上，任意一点的刚性支承弯矩为

$$M_q=\sum_{n=1}^{\infty}-\frac{K_0}{P}\iint Q_{ny}\mathrm{d}y^2=\sum_{n=1}^{\infty}\frac{K_0}{P}Q_n\left(\frac{b}{n\pi}\right)^2\sin\frac{n\pi y}{b} \tag{2.5.43}$$

同理，横肋作为弹性支承挠曲后，其弯矩为

$$\overline{M}_q=\sum_{n=1}^{\infty}\frac{\overline{K}_0}{P}Q_n\left(\frac{b}{n\pi}\right)^2\sin\frac{n\pi y}{b} \tag{2.5.44}$$

以上式中：$\dfrac{K_0}{P}$、$\dfrac{\overline{K}_0}{P}$——分别表示刚性支承和弹性支承连续梁支点 m 处的反力。

由横肋弹性变形而引起之横肋自身的弯矩削减量 ΔM_q，当 $n=1$ 时，可表示为

$$\Delta M_q=M_q-\overline{M}_q=\left(\frac{K_0}{P}-\frac{\overline{K}_0}{P}\right)Q_{1y}\left(\frac{b}{\pi}\right)^2\sin\frac{\pi y}{b} \tag{2.5.45}$$

当单一荷载或荷载群 P 作用于桥面板的任意位置点时，纵肋板条作为弹性支承，连续梁在支点处的反力可表示为

$$\frac{\overline{K}_0}{P}=\sum_{m=0}^{\infty}\frac{K_m}{P}\overline{\vartheta}_{0m} \tag{2.5.46}$$

式中：K_m——刚性支承连续梁在支点 m 处的反力；

$\overline{\vartheta}_{0m}$——弹性支承连续梁的支点 m 处的反力影响线纵坐标。

将式（2.5.46）代入式（2.5.45）后则有

$$\Delta M_q=\left(\frac{K_0}{P}-\sum_{m=0}^{\infty}\frac{K_m}{P}\overline{\vartheta}_{0m}\right)Q_{1y}\left(\frac{b}{\pi}\right)^2\sin\frac{\pi y}{b}=Q_0\left(\frac{b}{\pi}\right)^2\frac{Q_{1y}}{Q_0}\left[\frac{K_0}{P}-\sum_{m=0}^{\infty}\frac{K_m}{P}\overline{\vartheta}_{0m}\right] \tag{2.5.47}$$

上式即为第 m 横肋在任意点 y 处的弯矩削减量 ΔM_q 的计算式。

5.4.4 闭口纵肋桥面板解析

（1）基本解及求解思路

对于闭口纵肋桥面板，因 $D_y=0$，故式（2.5.7）变为

$$2H\frac{\partial^4 w}{\partial x^2\partial y^2}+D_x\frac{\partial^4 w}{\partial x^4}=q(x,y) \tag{2.5.48}$$

其齐次式解为

$$w=\sum_{n=1}^{\infty}(C_1\mathrm{sh}\alpha x+C_2\mathrm{ch}\alpha x+C_3\alpha x+C_4)\sin\frac{n\pi y}{b} \tag{2.5.49}$$

式中：$\alpha=\sqrt{\dfrac{2H}{D_x}}\dfrac{n\pi}{b}$。

根据正交异性板理论，要计算纵肋的内力，必须导出板的影响面公式。而根据虚功原理，可以把求内力影响面的问题转化为求解挠曲面。因此，影响面可表示成如式（2.5.49）的微分方程的通解，但积分常数 C_1、C_2、C_3 和 C_4 应根据不同情况来确定。

现将式（2.5.49）对变量 x 进行偏微分，并省掉符号 Σ，有

$$\begin{cases} w' = \alpha(C_1\text{ch}\alpha x + C_2\text{sh}\alpha x + C_3)\sin\dfrac{n\pi y}{b} \\ w'' = \alpha^2(C_1\text{sh}\alpha x + C_2\text{ch}\alpha x)\sin\dfrac{n\pi y}{b} \\ w''' = \alpha^3(C_1\text{ch}\alpha x + C_2\text{sh}\alpha x)\sin\dfrac{n\pi y}{b} \\ w'''' = \alpha^4(C_1\text{sh}\alpha x + C_2\text{ch}\alpha x)\sin\dfrac{n\pi y}{b} \end{cases} \tag{2.5.50}$$

根据结构力学中用机动法作影响线的要领，可将求板的影响面变为求解单位转角作用下板的挠曲面问题。因此，求解式(2.5.49)的齐次方程式可利用结构力学中的三弯矩方程式，而式中的系数 $C_1 \sim C_4$ 则根据单位转角下的变形条件来决定[1]。例如，支承边的弯矩影响面，也就是在所计算支承边的板边上施以相对转角 $\theta = 1 \times \sin\dfrac{n\pi y}{b}$时的挠曲面。而节间中央的弯矩影响面就为拟求的节间中央施以相对转角 $\theta = 1 \times \sin\dfrac{n\pi y}{b}$，其挠曲面就等于该节间中央的弯矩影响面。

(2)连续板的三弯矩方程

设有一四边简支板，在板边1上作用有正弦分布弯矩 $M_1\sin\dfrac{n\pi y}{b}$，如图2.5.20所示，在计算式(2.5.50)各项时，有边界条件

$$x = 0, w = 0, w'' = 0(M = 0)$$

$$x = d, w = 0, M = M_1\sin\dfrac{n\pi y}{b}$$

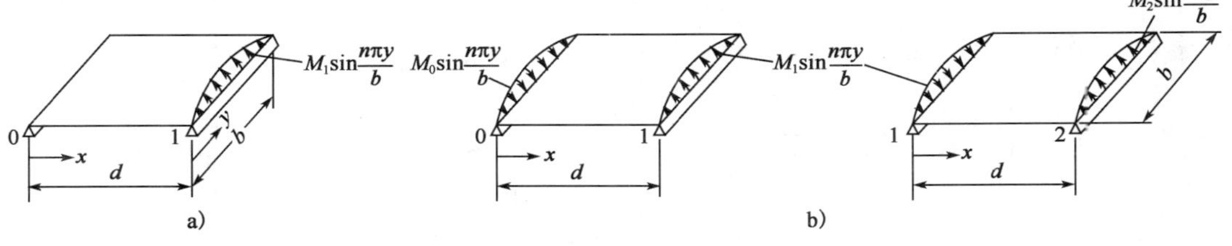

图2.5.20　求传递系数 k 时所取的单节间的板

代入式(2.5.50)得(为演算简单起见，以下推导时均省略 $\sin\dfrac{n\pi y}{b}$项)

$$C_2 + C_4 = 0, C_2 = 0$$

$$C_1\text{sh}\alpha d + C_2\text{ch}\alpha d + C_3\alpha d + C_4 = 0$$

由于
$$M = -M_x = -D_x w''$$

或
$$\alpha^2(C_1\text{sh}\alpha d + C_2\text{ch}\alpha d) = -\frac{M_1}{D_x}$$

则
$$C_1 = -\frac{M_1}{D_x}\frac{1}{\alpha^2}\frac{1}{\text{sh}\alpha d}, C_3 = \frac{M_1}{D_x}\frac{1}{\alpha^2}\frac{1}{\alpha d}$$

$$C_2 = C_4 = 0$$

将上述积分常数代入式(2.5.50),得板边 $x=0$,$x=d$ 的转角为

$$w_0' = -\frac{M_1}{D_x}\frac{1}{\alpha}\left(\frac{1}{\mathrm{sh}\alpha d}-\frac{1}{\alpha d}\right)$$

$$w_1' = -\frac{M_1}{D_x}\frac{1}{\alpha}\left(\frac{1}{\mathrm{ch}\alpha d}-\frac{1}{\alpha d}\right)$$

再看图 2.5.20b)所示两个邻接单跨板 0-1、1-2,当在支承板 0、1、2 上作用有弯矩 $M_i \sin\frac{n\pi y}{b}(i=0,1,2)$ 时,其支承边 1 之左转角 w_{1l}' 和右转角 w_{1r}' 分别为

$$w_{1l}' = \frac{M_0}{D_x}\frac{1}{\alpha}\left(\frac{1}{\mathrm{sh}\alpha d}-\frac{1}{\alpha d}\right)-\frac{M_1}{D_x}\frac{1}{\alpha}\left(\mathrm{ch}\alpha d-\frac{1}{\alpha d}\right) \tag{2.5.51}$$

$$w_{1r}' = \frac{M_1}{D_x}\frac{1}{\alpha}\left(\mathrm{ch}\alpha d-\frac{1}{\alpha d}\right)-\frac{M_2}{D_x}\frac{1}{\alpha}\left(\frac{1}{\mathrm{sh}\alpha d}-\frac{1}{\alpha d}\right) \tag{2.5.52}$$

现设

$$\begin{cases} a_1 = -\dfrac{1}{D_x\alpha^2 d}\dfrac{\mathrm{sh}\alpha d-\alpha d}{\mathrm{sh}\alpha d} = -\dfrac{\alpha^*}{D_x\alpha^2 d} \\ a_2 = -\dfrac{1}{D_x\alpha^2 d}\dfrac{\alpha d\,\mathrm{ch}\alpha d-\mathrm{sh}\alpha d}{\mathrm{sh}\alpha d} \end{cases} \tag{2.5.53}$$

其中

$$a^* = \frac{\mathrm{sh}\alpha d-\alpha d}{\mathrm{sh}\alpha d}$$

代入(2.5.51)和(2.5.52)后则有

$$w_{1l}' = M_0 a_1 + M_1 a_2$$

$$w_{1r}' = -M_0 a_2 - M_2 a_1$$

由于板在支承边 1 上连续,故有 $w_{1l}'=w_{1r}'$,可得

$$a_1 M_0 + 2a_2 M_1 + a_1 M_2 = 0 \tag{2.5.54}$$

上式即为刚性支承连续板的三弯矩方程。

令

$$C = \frac{a_2}{a_1} = \frac{\alpha d\,\mathrm{ch}\alpha d-\mathrm{sh}\alpha d}{\mathrm{sh}\alpha d-ad}$$

则式(2.5.54)可表示为

$$M_0 + 2CM_1 + M_2 = 0 \tag{2.5.55}$$

对于连续板,因其支承边弯矩将随跨度延伸而递减,故有

$$M_1 = kM_0, M_2 = kM_1 = k_1^2 M_0 \cdots \tag{2.5.56}$$

将式(2.5.56)代入式(2.5.55)得

$$M_0(1+2Ck+k^2) = 0 \tag{2.5.57}$$

求解式

$$k^2 + 2Ck + 1 = 0$$

可得

$$k = -C + \sqrt{C^2-1} \tag{2.5.58}$$

此即为传递系数。

(3)支承边弯矩影响面

支承边的弯矩影响面即为在所计算的支承边上施加相对转角 $\theta=\sin\frac{n\pi y}{b}$ 所产生的挠曲面（图2.5.21）。此时，连续板的三弯矩方程式可表示为

$$a_1M_1+2a_2M_0+a_1M_1=1$$
$$a_1M_2+2a_2M_1+a_1M_0=0$$

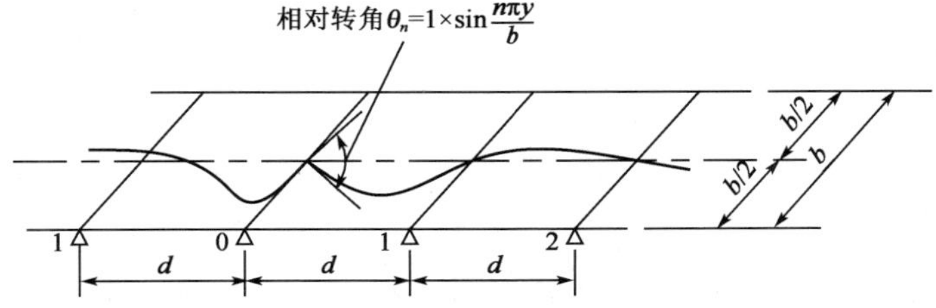

图2.5.21 支承边上的弯矩影响面

又因为 $M_1=kM_0$，$M_2=k^2M_0\cdots$，于是有

$$M_0=\frac{1}{2(ka_1+a_2)}$$

或

$$M_0=\frac{1}{a_1(1-k^2)} \tag{2.5.59}$$

将式(2.5.53)代入式(2.5.59)，则得到

$$M_0=\frac{k}{1-k^2}\frac{D_x\alpha^2d}{a^*} \tag{2.5.60}$$

其他支承边弯矩为

$$M_1=kM_0, M_2=kM_1=k^2M_0,\cdots$$

并据此确定影响面方程(2.5.49)中的各个积分常数。如图2.5.22所示，板节间0-1的边界条件为

$$x=0, w=0, M=M_0$$
$$x=d, w=0, M=kM_0$$

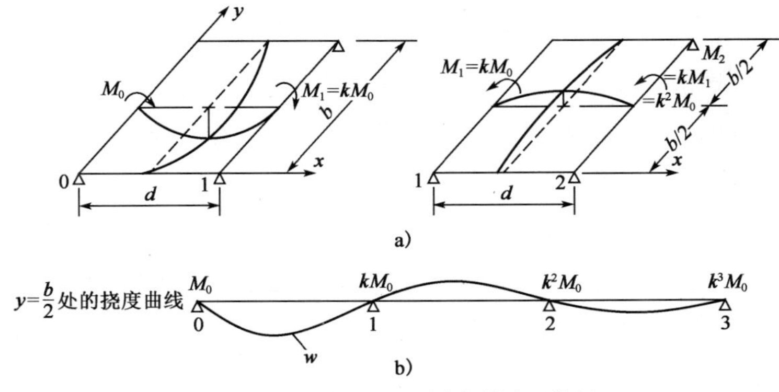

图2.5.22 支承边上的弯矩影响面纵距

代入式(2.5.49)，并令 $M=-D_xw''$，则有

$$\begin{cases} C_2 + C_4 = 0 \\ C_2\alpha^2 D_x = -M_0 \\ C_1 \mathrm{sh}\alpha d + C_2 \mathrm{ch}\alpha d + C_3 \alpha d + C_4 = 0 \\ \alpha^2 D_x (C_1 \mathrm{sh}\alpha d + C_2 \mathrm{ch}\alpha d) = -kM_0 \end{cases} \tag{2.5.61}$$

解得

$$\begin{cases} C_1 = M_0^* \dfrac{\mathrm{ch}\alpha d - k}{\mathrm{sh}\alpha d} \\ C_2 = -M_0^* \\ C_3 = -M_0^* \dfrac{1-k}{\alpha d} \\ C_4 = -C_2 = -M_0^* \\ M_0^* = \dfrac{k}{1-k^2} \dfrac{\alpha^0}{a^*} \end{cases} \tag{2.5.62}$$

回代式(2.5.49)，则得到 0-1 节间的板支承边弯矩影响面的纵坐标

$$w = M_0^* \left[\frac{\mathrm{ch}\alpha d - k}{\mathrm{sh}\alpha d} \mathrm{sh}\alpha x - \mathrm{ch}\alpha x - (1-k)\frac{x}{d} + 1 \right] \sin \frac{n\pi y}{b} \tag{2.5.63}$$

而平板节间 1-2 挠曲面 w 的纵距为

$$w = kM_0^* \left[\frac{\mathrm{ch}\alpha d - k}{\mathrm{sh}\alpha d} \mathrm{sh}\alpha x - \mathrm{ch}\alpha x - (1-k)\frac{x}{d} + 1 \right] \sin \frac{n\pi y}{b} \tag{2.5.64}$$

其他节间的计算方法相同。

利用上面求出的弯矩影响面纵坐标，可算出各种荷载状态下的支承边的弯矩。按照图 2.5.23所示的荷载状态，支承边的弯矩公式如下。

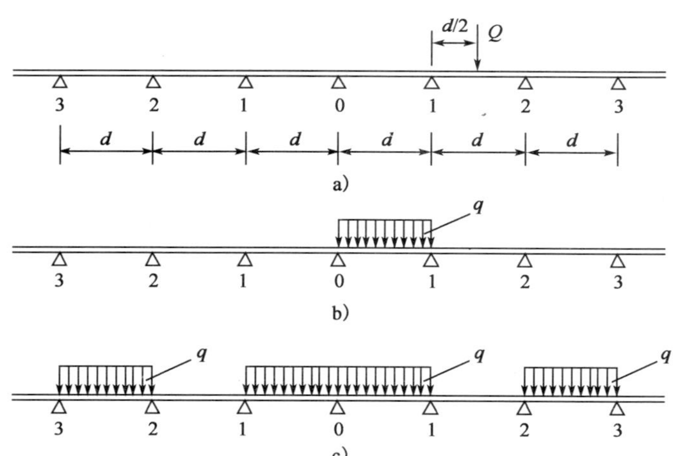

图 2.5.23　支承边弯矩(指支承边 0)

加载状态 a[图 2.5.23a)]

$$\begin{cases} M_0^{0-1} = Qd \dfrac{k}{2a^*(1-k)}\left[1 - \dfrac{1}{\text{ch}\,\dfrac{\alpha d}{2}}\right] \\ M_0^{1-0} = kM_0^{0-1} \end{cases} \tag{2.5.65}$$

式中 M 右上方角标表示加载的节间号。

加载状态 b[图 2.5.23b)]

$$\begin{cases} M_0^{0-1} = \dfrac{qd^2}{2a^*} \dfrac{k}{1-k}\left(1 - \dfrac{2}{\alpha d}\text{th}\,\dfrac{\alpha d}{2}\right) \\ M_0^{1-0} = kM_0^{0-1} \end{cases} \tag{2.5.66}$$

当全部节间上均作用有均布荷载时

$$M_0 = 2M_0^{0-1}(1 + k + k^2 + \cdots) = \frac{2M_0^{0-1}}{1-k} \tag{2.5.67}$$

加载状态 c[图 2.5.23c)]

$$M_0 = 2M_0^{0-1}(1 + k^2 + k^4 + \cdots) = \frac{2M_0^{0-1}}{1-k^2} \tag{2.5.68}$$

(4)节间中央弯矩影响面

如图 2.5.24 所示,若在拟求弯矩的节间中央施以相对转角 $\vartheta_n = 1 \times \sin\dfrac{n\pi y}{b}$,则其挠曲面即为节间中央弯矩之影响面。对此,据式(2.5.49),节间 0-0 挠曲面方程 w 的积分常数,可由下述边界条件确定

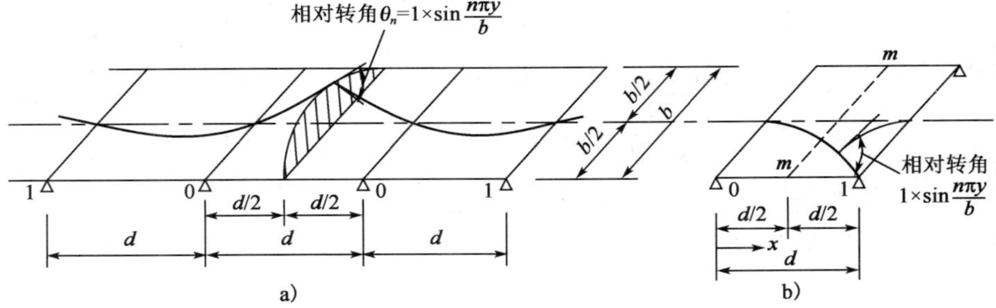

图 2.5.24　节间中央弯矩的影响面

$$x = 0, w = 0, M = M_0$$

$$x = \frac{d}{2}, w' = \frac{1}{2}, Q_h = 0$$

其中的 M_0 为支承边 0-0 的弯矩,它可由前述三弯矩方程式导出

$$M_0 = -\frac{w_0}{a_1}\frac{k}{1-k} = \frac{k}{a^*(1-k)} \frac{\alpha^2}{2\text{ch}\,\dfrac{\alpha d}{2}} D_x d \tag{2.5.69}$$

式中:Q_h——平板的换算剪力,即

$$Q_h = -D_x \frac{\partial^3 w}{\partial x^3} - 2H\frac{\partial^3 w}{\partial x_2 \partial y} \tag{2.5.70}$$

代入式(2.5.49)和式(2.5.50)得

$$Q_h = C_3 D_x a^3 \sin\frac{n\pi y}{b} \tag{2.5.71}$$

将式(2.5.69)和式(2.5.71)代入由式(2.5.50)所建立的联立方程式有

$$\begin{cases} C_2 + C_4 = 0 \\ \alpha^2 D_x C_2 = -M_0 \\ \alpha\left(C_1 \operatorname{ch}\dfrac{\alpha d}{2} + C_2 \operatorname{sh}\dfrac{\alpha d}{2} + C_3\right) = \dfrac{1}{2} \\ C_3 D_x \alpha^3 = 0 \end{cases} \tag{2.5.72}$$

解得

$$C_1 = \frac{1}{2\alpha}\frac{1}{\operatorname{ch}\dfrac{\alpha d}{2}} + M_0^* \operatorname{th}\frac{\alpha d}{2}$$

$$C_2 = -M_0^*, C_3 = 0, C_4 = M_0^*$$

其中

$$M_0^* = \frac{K}{a^*(1-k)}\frac{d}{2\operatorname{ch}\dfrac{\alpha d}{2}}$$

将上述常数代入方程(2.5.49)后,得出节间 0-0 范围内的挠曲面方程 w,即弯矩影响面的纵坐标为

$$w_{0-0} = \left[\left(\frac{1}{2\alpha \operatorname{ch}\dfrac{\alpha d}{2}} + M_0^* \operatorname{th}\frac{\alpha d}{2}\right)\operatorname{sh}\alpha x - M_0^* \operatorname{ch}\alpha x + M_0^*\right]\sin\frac{n\pi y}{b} \tag{2.5.73}$$

节间 0-1 范围内弯矩影响面纵坐标公式为

$$w_{0-1} = M_0^*\left[\frac{\operatorname{ch}\alpha x - k}{\operatorname{sh}\alpha d}\operatorname{sh}\alpha x - \operatorname{ch}\alpha x - (1-k)\frac{x}{d} + 1\right]\sin\frac{n\pi y}{b} \tag{2.5.74}$$

在图 2.5.25 的加载状态下,节间 0-0 的中央点弯矩为

加载状态 a[图 2.5.25a)]

$$M_m^{0-0} = Qd\left[\frac{1}{2\alpha d}\operatorname{th}\frac{\alpha d}{2} + \frac{M_0^*}{d}\left(1 - \frac{1}{\operatorname{ch}\dfrac{\alpha d}{2}}\right)\right] \tag{2.5.75}$$

加载状态 b(在节间中央作用有均布荷载 $2eq = Q$)[图 2.5.25b)]

$$M_m^{0-0} = Qd\left\{\frac{1}{2\alpha^2 de}\left[1 - \frac{\operatorname{ch}\alpha\left(\dfrac{d}{2} - e\right)}{\operatorname{ch}\dfrac{\alpha d}{2}}\right] + \frac{M_0^*}{d}\left(1 - \frac{\operatorname{sh}\alpha e}{\alpha e}\frac{1}{\operatorname{ch}\dfrac{\alpha d}{2}}\right)\right\} \tag{2.5.76}$$

加载状态 c[图 2.5.25c)]

$$M_m^{0-0} = qd^2\left[\frac{\operatorname{ch}\dfrac{\alpha d}{2} - 1}{(\alpha d)^2 \operatorname{ch}\dfrac{\alpha d}{2}} + \frac{M_0^*}{d}\left(1 - \frac{2}{\alpha d}\operatorname{th}\frac{\alpha d}{2}\right)\right] \tag{2.5.77}$$

加载状态 d[图 2.5.25d)]

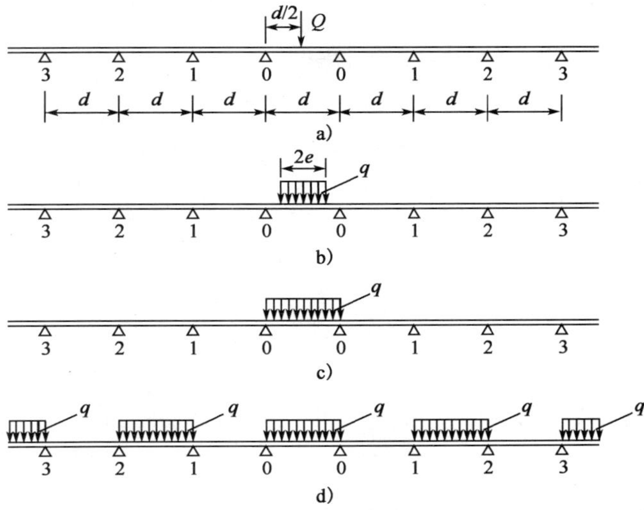

图2.5.25　计算节间中央点弯矩时的加载图式

$$M = M_m^{0-0} + 2(k + k^3 + k^5 + \cdots)M_m^{0-1} = M_m^{0-0} + \frac{2k}{1-k^2}M_m^{0-1} \tag{2.5.78}$$

(5)支承边反力影响面

支承边反力影响面即相当于所计算的支承边下沉 $w = \sin\frac{n\pi y}{b}$ 时的挠曲面(图2.5.26)。此时由连续条件得到连续板的三弯矩方程为

$$\begin{cases} a_1M_2 + 2a_2M_1 + a_1M_0 = -w_1' \\ a_1M_2 + 2a_2M_0 + a_1M_1 = 2w_0' \end{cases} \tag{2.5.79}$$

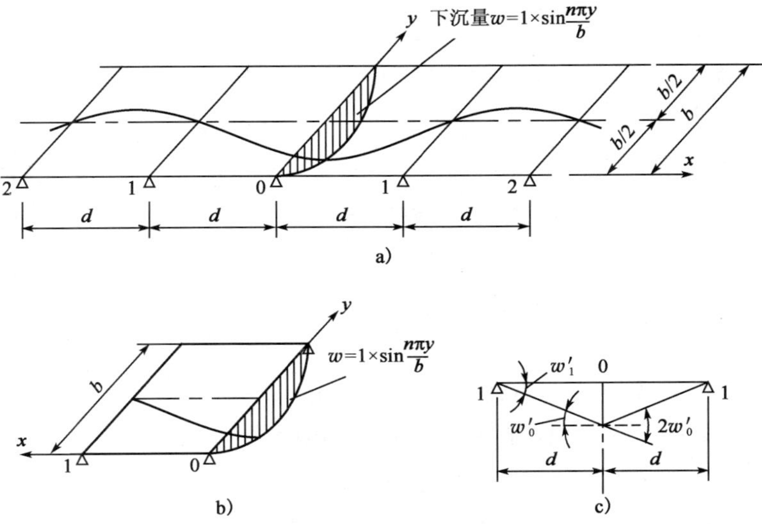

图2.5.26　支承边0的反力影响面

式中：w_0'、w_1'——基本结构中[图 2.5.26b)]0-0 边产生单位下沉量 $w=\sin\dfrac{n\pi y}{b}$时，在 $x=0$ 和 $x=d$ 的转角。可得边界条件

$$x=0,w=1,w''=0$$

$$x=d,w=0,w''=0$$

代入式(2.5.49)得积分常数为

$$C_1=C_2=0,C_3=\frac{-1}{\alpha D},C_4=1$$

回代式(2.5.50)得

$$w_0'=w_1'=-\frac{1}{d}\sin\frac{n\pi y}{b} \tag{2.5.80}$$

式(2.5.79)采用了支承边右侧的转角，是按图 2.5.26 决定的相对转角。将关系式 $M_2=kM_1$ 代入式(2.5.79)，可解得

$$\begin{cases}M_0=\dfrac{w_0'(ka_1+2a_2)+w_1'a_1}{a_2(2a_2+ka_1)-a_1^2}\\[2ex] M_1=\dfrac{w_0'a_1+w_1'a_2}{a_2(2a_2+ka_1)-a_1^2}\end{cases} \tag{2.5.81a}$$

仿照推导式(2.5.59)时采用的方法，由 $c=a_2/a_1$ 及式(2.5.57)，有关系式

$$\begin{cases}2a_2+ka_1=\dfrac{-a_1}{k}\\[2ex] \dfrac{1}{2}a_1\left(1+\dfrac{1}{k^2}\right)=\dfrac{a_2}{k}\end{cases} \tag{2.5.82}$$

代入式(2.5.81a)，M_0、M_1 就改写为

$$\begin{cases}M_0=-2\dfrac{k(w_0'-kw_1')}{a_1(1-k^2)}\\[2ex] M_1=\dfrac{k[w_1'(1+k^2)-2kw_0']}{a_1(1-k^2)}\end{cases} \tag{2.5.81b}$$

再将式(2.5.53)和式(2.5.80)代入式(2.5.81b)，则 M_0、M_1 的计算公式为

$$\begin{cases}M_0=-D_x\alpha^2\dfrac{2k}{\alpha^*(1+k)}\\[2ex] M_1=D_x\alpha^2\dfrac{k(1-k)}{\alpha^*(1+k)}\end{cases} \tag{2.5.81c}$$

其他支承边弯矩为

$$M_2=kM,M_3=kM_2,\cdots$$

并据此确定影响面方程(2.5.49)中的积分常数。如图 2.5.26a)所示，板节间 0-1 边界条件为

$$x=0,w=1,M=M_0$$

$$x=d,w=0,M=M_1$$

根据上式求出的积分常数为

$$\begin{cases} C_1 = M_0^* \left(\text{ch}\alpha d + \dfrac{1-k}{2\text{sh}\alpha d} \right) \\ C_2 = -M_0^* \\ C_3 = -\dfrac{2+(3-k)M_0^*}{2\alpha d} \\ C_4 = 1 + M_0^* \end{cases} \tag{2.5.83}$$

其中
$$M_0^* = \frac{M_0}{D_x\alpha^2} = -\frac{2k}{a^*(1+k)}$$

代入式(2.5.49),则得到的节间0-1支承边反力影响面的纵坐标

$$w = \left[M_0^* \left(\text{ch}\alpha d + \frac{1-k}{2\text{sh}\alpha d} \right) \text{sh}\alpha x - M_0^* \text{ch}\alpha x - \frac{2+(3-k)M_0^*}{2\alpha d}\alpha x + M_0^* + 1 \right] \sin\frac{n\pi y}{b} \tag{2.5.84}$$

对于节间1-2,支承边弯矩分别为 M_1 和 $M_2 = kM_1$,积分常数为

$$\begin{cases} C_1 = M_1^* \dfrac{\text{ch}\alpha d - k}{\text{sh}\alpha d} \\ C_2 = -M_1^* \\ C_3 = -M_1^* \dfrac{1-k}{\alpha d} \\ C_4 = M_1^* \end{cases} \tag{2.5.85}$$

支承边反力影响面的纵坐标为

$$w = M_1^* \left[\frac{\text{ch}\alpha d - k}{\text{sh}\alpha d}\text{sh}\alpha x - \text{ch}\alpha x - \frac{1-k}{\alpha d}\alpha x + 1 \right] \sin\frac{n\pi y}{b} \tag{2.5.86}$$

其中
$$M_1^* = \frac{M_1}{D_x\alpha^2} = \frac{k(1-k)}{\alpha^*(1+k)}$$

利用上面求出的反力影响面纵坐标,可算出各种加载状态下支承边的反力。按图2.5.27所示的荷载状态,支承边反力公式如下

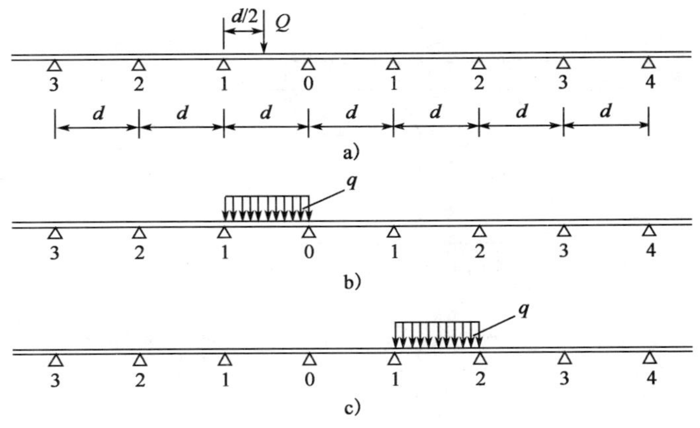

图2.5.27 支承边0的反力

加载状态 a[图 2.5.27a)]

$$R_0^{0-1}=\frac{Q}{2}\left[1-\frac{k}{\alpha^*}\left(1-\frac{1}{\operatorname{ch}\frac{\alpha d}{2}}\right)\right] \tag{2.5.87}$$

加载状态 b[图 2.5.27b)]

$$R_0^{0-1}=\frac{qd}{2}\left[1-\frac{k}{\alpha^*}\left(1-\frac{1}{\alpha d}\operatorname{th}\frac{\alpha d}{2}\right)\right] \tag{2.5.88}$$

加载状态 c[图 2.5.27c)]

$$\begin{cases}R_0^{1-2}=\dfrac{qd}{2}\dfrac{k(1-k)}{\alpha *}\left(1-\dfrac{2}{\alpha d}\operatorname{th}\dfrac{\alpha d}{2}\right)\\ R_0^{m-(m+1)}=R_0^{1-2}k^{m-1}\end{cases} \tag{2.5.89}$$

当所有节间满布均布荷载 q 时，支承边 0 的反力 R_g 可按式

$$R_g=2R_0^{0-1}+2R_0^{1-2}(1+k+k^2+k^3+\cdots)$$

或

$$R_g=2\left(R_0^{0-1}+\frac{R^{1-2}}{1-k}\right) \tag{2.5.90}$$

计算。

(6)弯矩计算

和开口截面纵肋相似，闭口截面纵肋计算时也必须把桥面荷载展开成傅里叶级数形式。于是，桥面板任意位置 y 处单位宽度上的弯矩可表示为

$$M_x=\sum_{n=1}^{\infty}Q_n\sin\frac{n\pi y}{b}\eta_n=Q_{0d}\sum_{n=1}^{\infty}\frac{Q_{ny}}{Q_0}\frac{\eta_n}{d} \tag{2.5.91}$$

式中：η_n——桥面板弯矩影响面纵坐标；

Q_{ny}、Q_0——参数，含义同前，它与拟求弯矩 M_x 的 y 处的荷载有关。

用式(2.5.91)算出纵肋中心单位宽度上的弯矩之后，乘以纵肋间距($a+a_1$)(图 2.5.28)，即得作用于实际钢桥面板上一根纵肋的弯矩 M_R

$$M_R=(a+a_1)M_x \tag{2.5.92}$$

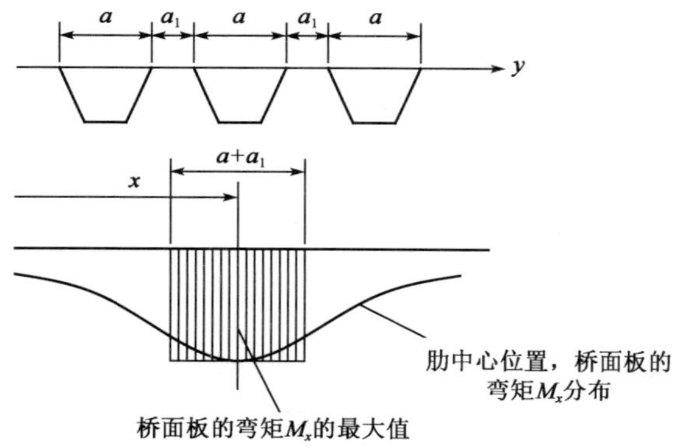

图 2.5.28 纵肋间距

由式(2.5.93),可列出支承边弯矩影响面纵坐标 η_{ns} 的公式为

$$\frac{\eta_{ns}}{d}=\frac{M_0^*}{d}k^m\left[\frac{\text{ch}\alpha d-k}{\text{sh}\alpha d}\text{sh}\alpha x-\text{ch}\alpha x-(1-k)\frac{x}{d}+1\right] \tag{2.5.93}$$

其中

$$\frac{M_0^*}{d}=\frac{1}{a^*}\frac{k}{1-k^2}$$

式(2.5.93)中的 m 的含义与开口截面肋相同,代表板节间左右两个支点编号当中的数值较小者。其他符号意义同前。把式(2.5.93)中的 η_{ns} 代入式(2.5.91)中的 η_n,便能算出距离支承边 y 处的单位板宽的弯矩 M_{sc}。节间中央弯矩影响面纵距 η_{mn} 的计算可分以下两种情况:

①当荷载作用于节间 0-0 时,则可用式(2.5.93)写出 η_{mn}/d 的算式为

$$\frac{\eta_{mn}}{d}=\frac{\text{sh}\alpha x}{2\alpha d\text{ch}\frac{\alpha d}{2}}+\left(\text{th}\frac{\alpha d}{2}\text{sh}\alpha x-\text{ch}\alpha x+1\right)\frac{M_0^*}{d} \tag{2.5.94}$$

其中

$$\frac{M_0^*}{d}=\frac{k}{a^*(1-k)}\frac{1}{2\text{ch}\frac{\alpha d}{2}} \tag{2.5.95}$$

②当荷载位于其他节间时,则可根据式(2.5.93)写出

$$\frac{\eta_{mn}}{d}=\frac{M_0^*}{d}k^m\left[\frac{\text{ch}\alpha d-k}{\text{sh}\alpha d}\text{sh}\alpha x-\text{ch}\alpha x-(1-k)\frac{x}{d}+1\right] \tag{2.5.96}$$

将式(2.5.94)或式(2.5.96)代入式(2.5.91)后,便可求出任意点 y 处的节间中央的弯矩 M_m。

实际上,车轮荷载是以面荷载作用在桥面板上的(图2.5.29),此时,节间中央的弯矩 M_m 可根据式(2.5.91)用下式计算

$$M_m=Q_0d\sum\frac{Q_{ny}}{Q_0}\frac{M_{mn}}{Qd} \tag{2.5.97}$$

其中

$$\frac{M_{mn}}{Q\text{d}}=\frac{1}{2\alpha^2df}\left[1-\frac{\text{ch}\alpha\left(\frac{d}{2}-f\right)}{\text{ch}\frac{\alpha d}{2}}\right]+\frac{M_0^*}{d}\left(\frac{1-\text{sh}\alpha f}{\alpha f}-\frac{1}{\text{ch}\frac{\alpha d}{2}}\right)$$

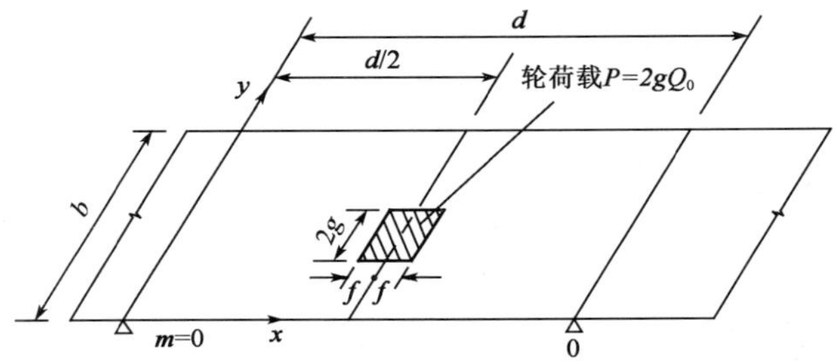

图2.5.29　作用于节间中央的分布荷载

式中 M_0^*/d 同式(2.5.95)。

(7)根据横肋挠度改正弯矩和剪力

与开口纵肋类似,这时,相关刚度系数 γ_n 为

$$\gamma_{n=1}=\frac{b^4 I_x}{(a+a_1)\pi^4 d^3 I_y} \tag{2.5.98}$$

而式(2.5.42)中的 a 以 $a+a_1$ 代替即

$$M_l=Q_0 d(a+a_1)\frac{Q_{1y}}{Q_0}$$

$$\Delta M_l=Q_0 d(a+a_1)\frac{Q_{1y}}{Q_0}\sum_{m=0}^{\infty}\frac{K_m}{p}\frac{\overline{\eta}_{im}}{d} \tag{2.5.99}$$

其他改正过程同开口纵肋。

5.5 几种特殊钢桥面板的简化分析

5.5.1 支承在抗弯刚度不等的横肋上的连续钢桥面板

实际设计中,往往采用较大刚度的横肋来平衡荷载分配,且大刚度横肋的间距一般较大,其相互影响可以不计,即可以只考虑一根大刚度横肋对内力分布的影响。

将图 2.5.30 所示的连续桥面比拟为弹性支承连续梁,设 0 点处有一大刚度横肋,其弹簧常数比一般横肋的弹簧常数 ξ 大,记之为 $\beta\xi(\beta>1)$。为便于分析,选取相同横肋的结构系作为基本结构,将弹簧常数 $\beta\xi$ 分解为 ξ 和 ξ_a 两部分,令 $\beta\xi=\xi+\xi_a=\xi(1+\xi_a/\xi)$。结构简图如图 2.5.30b)所示,若取作用于 ξ_a 的弹簧反力 X_0 为赘余力,则据图 2.5.30c)及 d)的变形图式有

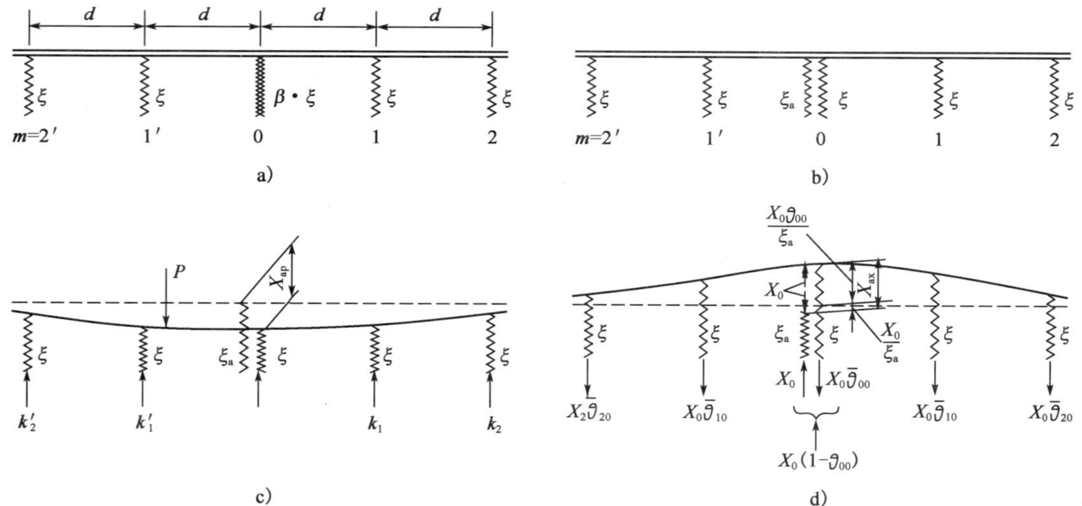

图 2.5.30 支点 0 为大刚度横肋的连续梁

$$X_{\mathrm{ap}} = -\frac{k_{\mathrm{op}}}{\xi}$$

$$X_{\mathrm{ap}} = \frac{X_0}{\xi_{\mathrm{a}}} + \frac{X_0 \bar{\vartheta}_{00}}{\xi} = \frac{X_0}{\xi}\left(\bar{\vartheta}_{00} + \frac{1}{\beta - 1}\right) \tag{2.5.100}$$

式中：k_{op}——在基本结构系中，由荷载P引起的弹性支点0处的反力；

$\bar{\vartheta}_{00}$——在基本结构系中，支点0的反力影响线在支点0处的纵坐标。

由变形协调条件 $X_{\mathrm{ap}} + X_{\mathrm{ax}} = 0$，则

$$X_0 = K_{\mathrm{op}} \frac{1}{\bar{\vartheta}_0 + \frac{1}{\beta - 1}} \tag{2.5.101}$$

则由 X_0 在连续纵肋上引起的附加弯矩 $\Delta\bar{M}_{i0}$ 为

$$\Delta\bar{M}_{i0} = \bar{\eta}_{i0} X_0 \tag{2.5.102}$$

式中：$\bar{\eta}_{i0}$——纵肋上计算点 i 的弯矩影响线在大刚度横肋0点处的纵坐标。

横肋的附加反力 ΔK 为

$$\begin{cases}\Delta K_{00} = (1 - \bar{\vartheta}_{00}) X_0 \\ \Delta K_{m0} = \bar{\vartheta}_{m0} X_0\end{cases} \tag{2.5.103}$$

式中：$\bar{\vartheta}_{m0}$——基本结构系中支点的反力影响线在支点0处的纵坐标。

用无量纲比值 X_0/p 和 $\bar{\eta}_{i0}/d$ 及 p 的第一项正弦荷载分量 Q_{1y}，可将式(2.5.102)改写为如同式(2.5.42)或式(2.5.99)的相似公式，即

开口纵肋：

$$\Delta\bar{M}_{li} = -Q_0 da \frac{Q_{1y}}{Q_0} \cdot \frac{X_0}{p} \frac{\bar{\eta}_{i0}}{d} \tag{2.5.104a}$$

闭口纵肋：

$$\Delta\bar{M}_{li} = -Q_0 d(a + a_1) \frac{Q_{1y}}{Q_0} \frac{X_0}{p} \frac{\bar{\eta}_{i0}}{d} \tag{2.5.104b}$$

对于大刚度横肋 $m = 0$ 处的附加弯矩 $\Delta\bar{M}_{\mathrm{q}0}$，有

$$\Delta\bar{M}_{\mathrm{q}0} = Q_0 \frac{Q_{1y}}{Q_0}\left(\frac{b}{\pi}\right)^2 \frac{X_0}{p}(1 - \bar{\vartheta}_{00}) \tag{2.5.105}$$

其他横肋的附加弯矩 $\Delta\bar{M}_{\mathrm{q}m}$ 为

$$\Delta\bar{M}_{\mathrm{q}m} = -Q_0 \frac{Q_{1y}}{Q_0}\left(\frac{b}{\pi}\right)^2 \frac{X_0}{p} \bar{\vartheta}_{m0} \tag{2.5.106}$$

5.5.2　横向非简支钢桥面板

如图2.5.31a)、b)所示的横肋不是简支在主梁上的钢桥面板，跨度为 b，作为近似计算，在计算的第Ⅰ阶段，以有效跨度 b_1 代替钢桥面板公式中的 b；在第Ⅱ阶段，以有效跨度 b_2 代替相关刚度系数 $\gamma_{n=1}$ 计算式(2.5.40)或式(2.5.98)中的 b，对靠近横肋跨中附近的纵肋，能给出精度颇好的结果。若要对横肋进行精确设计，则有必要采用考虑支承约束的计算方法[1]。

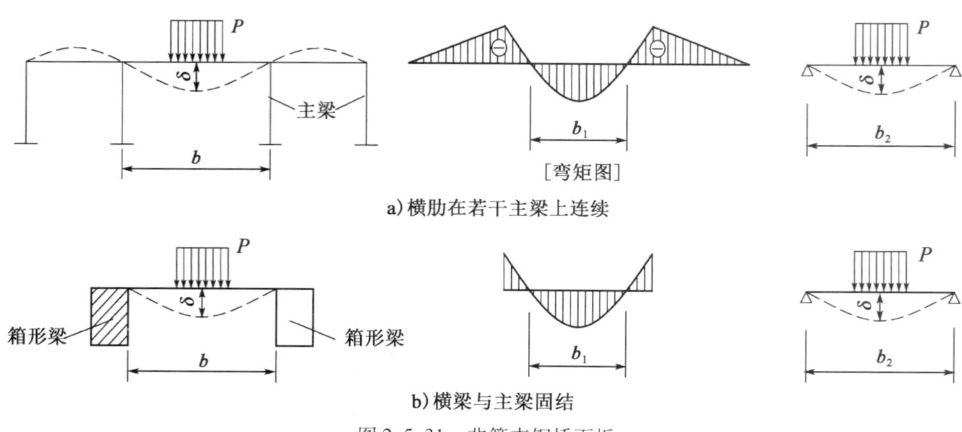

图 2.5.31　非简支钢桥面板

5.5.3　悬臂钢桥面板

对悬臂钢桥面板,除可视为无限宽支承在悬臂横肋上的正交异性连续板按板理论进行数值分析外,还可采用莱昂哈特(F. Leonhardt)的格子梁理论进行计算。其基本思路是将纵、横肋节点解除代之一未知力,并将纵肋看成弹性支承在横肋上的连续梁,在求出弹簧常数后问题即获解。

5.6　正交异性钢桥面板的疲劳细节分析

常见的正交异性钢桥面板结构如图 2.5.32 所示,此类钢桥面板桥梁在世界范围广泛修建,过去的几十年中,随交通流量和车辆轴重的增加,已在桥面板的不同连接部位发现了疲劳裂纹。虽然正交异性钢桥面板的加工方式和构造不同,会形成不同形式的疲劳细节,但是归纳起来,主要有以下几种连接疲劳细节:①纵肋与横肋和桥面板;②纵肋与盖板;③横梁或纵梁腹

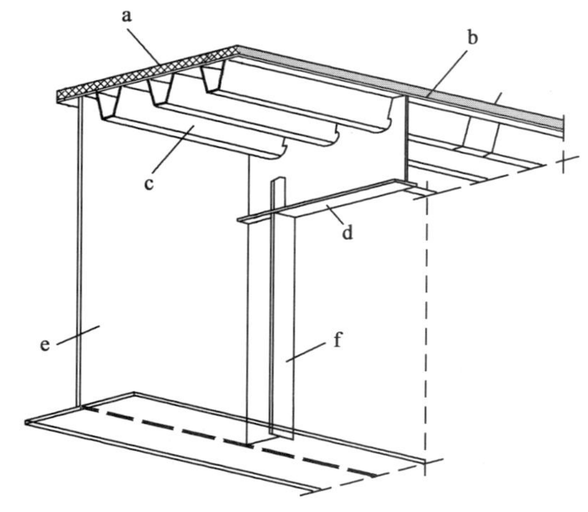

图 2.5.32　正交异性钢桥面板结构

a-沥青层;b-钢桥面板;c-纵肋;d-横梁;e-主梁;f-横向加劲肋

板与盖板;④盖板的对接;⑤纵肋与横隔板;⑥纵肋拼接。①~④均可能使桥面板开裂,从而使桥面铺装层龟裂,危及行车安全;⑤和⑥会使横隔板和纵肋开裂,降低桥面板刚度。

(1)纵肋与横梁交叉处和盖板的连接

当纵肋连续地通过横梁时,纵肋腹板、横梁腹板和盖板相交处的连接既是考虑的重点,也是考虑的难点部位。纵肋间盖板是没有支撑的,在车轮荷载作用下,连接节点处沿桥横向会产生较大的应力集中,这一典型节点的疲劳特性以前没有引起重视。荷兰在维修Caland桥的足尺疲劳试验结果表明,盖板在横梁和纵肋交点处的应力$\sigma_{y\mathrm{II}}$比横梁间跨中的应力$\sigma_{y\mathrm{I}}$要大两倍多,如图2.5.33所示。

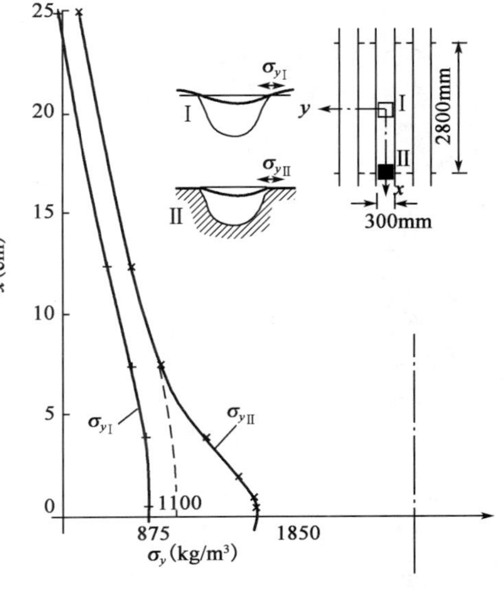

图2.5.33 Caland桥足尺模型试验时桥面板顶部的应力

为防止纵肋内的桥面板发生变形,在焊接前,将一块板放在U肋内,称为“K板”,其主要目的是防止此处的桥面板由于弯曲而开裂。

世界各地均发现了此类连接处的桥面裂缝,图2.5.34为荷兰的Van Brienenoord桥桥面裂缝示意。裂缝起源于该连接处焊缝焊根,裂缝击穿桥面板沿纵肋方向扩展,因为裂缝起源于U肋内部,桥面板下方,常规的肉眼检查是无法看到的。产生裂纹后,会使肋上的盖板挠度增大,必须及时在桥面开V形坡口后进行对接焊修补。

(2)纵肋与盖板间纵向连接

图2.5.35显示肋与盖板间纵向焊缝的疲劳裂缝。裂缝的起源在纵向焊缝的焊根,裂源点可能在纵向焊缝的任意点,纵肋与横肋的交点除外。在裂缝经过初始阶段后,裂缝沿焊缝的纵向和横向扩展,如果裂缝穿过U肋腹板,不会给盖板整体性和安全性构成大的威胁,因为桥面荷载会因桥面刚度变化而产生荷载重分配。如果裂缝扩展不是沿肋的腹板方向,而是击穿桥面板,会使桥面板因裂缝而产生不平顺,危及行车安全。

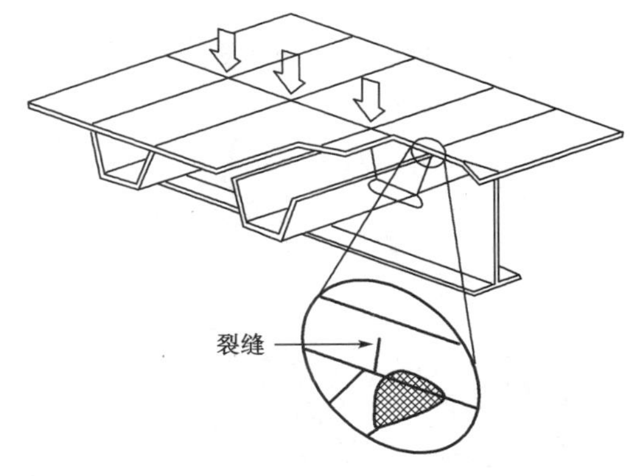

图2.5.34 实际桥面板裂缝示意

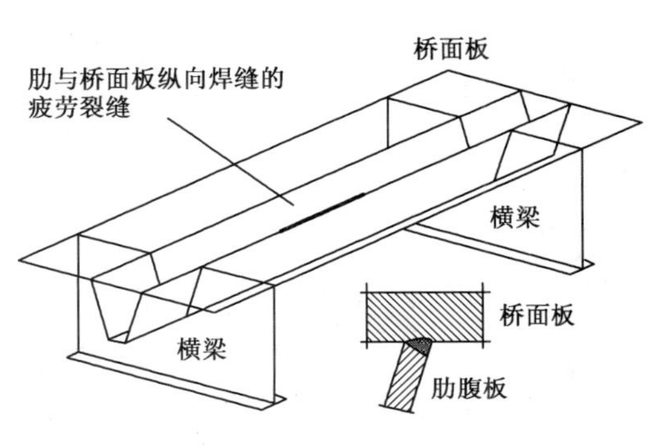

图2.5.35 纵肋与盖板纵向焊接裂缝

多条纵肋的腹板支撑的盖板实际上是一个不等跨连续梁，在局部车轮作用下引起车轮位置肋间盖板变形及临近肋处的反方向变形，使得肋腹板发生畸变。由于纵肋截面的刚度有限，其弹性特性导致轮载下盖板变形增大，而腹板的弯曲使得盖板与纵肋间的焊缝产生疲劳应力而开裂。裂缝的起源在纵肋腹板内侧与盖板间的间隙（Kolstein，1996）。

（3）横梁或纵梁腹板与盖板的连接

除了纵肋与盖板连接外，盖板要与横梁和纵梁焊接连接。虽然其连接方式相似，但是在车轮荷载下的应力有很大差别。图 2.5.36 是 1990 年 Cuninghame 对横梁和盖板连接进行了静力试验，得出的连接附近盖板和横梁腹板的应力影响线。

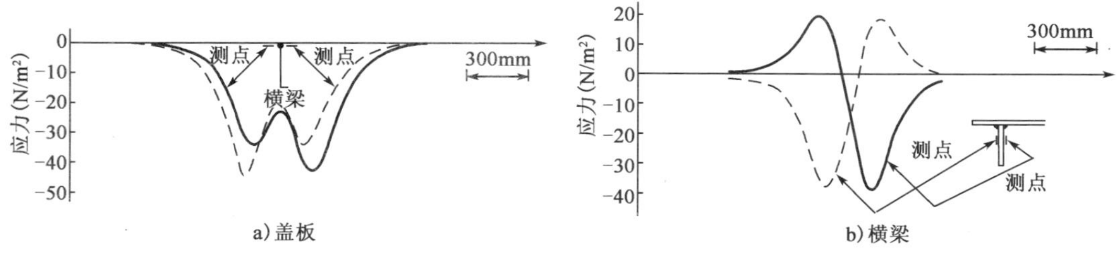

图 2.5.36　横梁与桥面板连接点的应力影响线

在车轮荷载通过连接部位时，横梁上焊趾承受单个交替的应力循环，盖板承受压应力循环，当车轮直接作用在横梁上方时，桥面板应力减小。在钢箱梁中，纵梁的连接形式和横梁与盖板连接相同，但是受力特点却不相同。纵梁腹板与盖板连接中，盖板的应力循环不控制，因此盖板的焊趾应力没有横梁严重。纵梁腹板中的应力是完全拉应力或压应力（取决于车轮荷载作用的位置），而不是横梁中交替的应力，当考虑残余应力时，情况与横梁的应力基本一致。

（4）盖板的对接

盖板一般在工厂预制好，到现场采用自动焊对接焊接。有时采用永久的衬垫，拼接有时是双向（纵向和横向）。盖板的拼接连接直接承受局部车轮荷载的作用，有较高的应力，因此必须有良好的疲劳强度。因此，现场一般采用全熔透对接焊接，各国规范均就对接焊接的疲劳强度进行了分级。

（5）纵肋与横梁连接

目前常用的连接形式为纵肋连续通过横梁，在横梁上开通过孔（cope hole），以减少应力集中。但是疲劳裂缝多出现在横梁切孔的边缘，和纵肋与横梁焊接连接处，如图 2.5.37 所示。

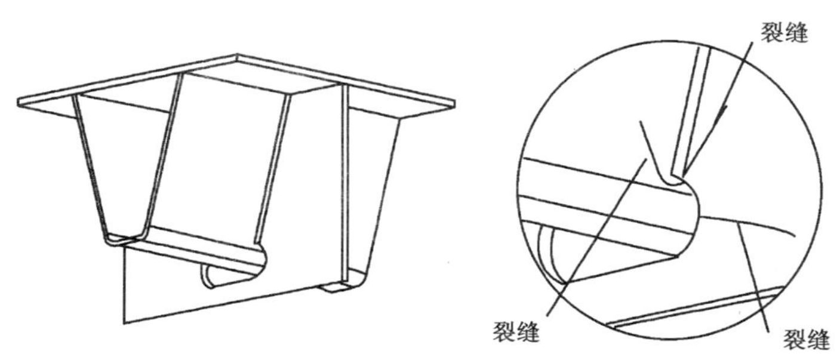

图 2.5.37　U 肋纵肋连续通过横梁的连接疲劳裂缝

此连接形式的抗弯疲劳强度高,要求纵肋的外形和横梁开口的加工精度也高。而纵肋的扭转效应可以引起刚性较大的横梁应力集中。试验测试表明,V 形 U 肋更适合这种连接方式。更为合适的解决方式,是在横梁上纵肋正下方开切孔,切孔的形状一般为椭圆或梯形,见图 2.5.38。1983 年 Haibach 和 Plasil 的对切孔的研究表明,U 肋下方采用大直径,和 U 肋连接处采用两个小直径圆的切孔形状是合理的。

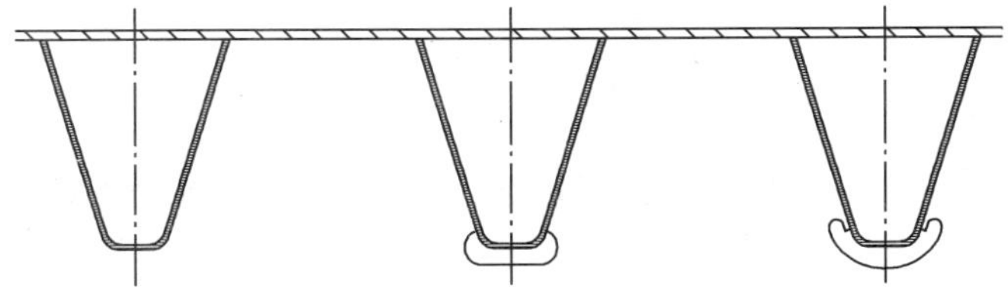

从左向右依次为:密贴型,椭圆切孔,圆形切孔

图 2.5.38 纵肋通过横梁的三种连接方式

(6)纵肋拼接

图 2.5.39 为纵肋拼接接点的疲劳裂缝,这类裂缝通常发生在桥面下纵肋的横向拼接焊缝中,或衬垫的焊缝位置。裂缝一般起源于焊根,不会对桥面板的安全构成直接威胁,这类裂缝在正交异性钢桥面板中比较常见,多为焊接质量不好引起的。

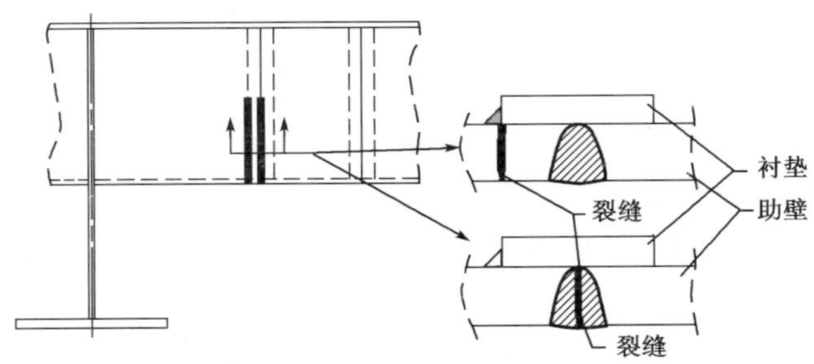

图 2.5.39 纵肋的对接焊接裂缝

在车轮荷载下,拼接处焊缝由于纵肋的弯曲产生较大的应力;加衬垫焊接时,不完全焊透易引起裂缝初始缺陷,使得焊缝处应力集中程度严重,裂源便产生在这些应力集中的地方。裂缝增长的速度主要依赖于纵肋对接焊缝的质量。

5.7 小 结

正交异性钢桥面板的应力是由主梁、桥面和面板三部分的应力经适当组合而成。

主梁应力计算在考虑翼缘有效宽度后与一般梁分析一样,关于翼缘有效宽度的计算除 5.2节介绍外,各国规范亦有明确规定。

由纵、横肋和盖板共同组成的正交异性桥面板分析最受人们关注。在计算方法上,除 P-E 法外,众多学者从不同角度出发提出相似或相异的计算方法,如洪伯格(H. Homberg)的板理论,费舍尔(G. Fischer)的整体局部分析法,盖克(E. Giencke)的五弯矩方程法,W. Schäfar 的Ⅵ

结构体系法，K. Y. Chu 的迭代法以及斯坦因（P. Stein）的近似计算法等。此外，数值方法如有限条法，有限元法和差分法等亦得到广泛应用。各种方法在刚度（D_x、D_y、H）的计算和取舍上亦存在差异。

P-E 法是一种适合于各种不同加劲肋构造形式的实用简化法，计算表明，此法用于计算纵向加劲肋的应力时具有良好的精度。但对其他一些关键部位，例如横梁腹板开口部位的应力无法计算。P-E 法可用于初步设计或对有限元法的结果进行校核，而对于一些重要连接部件的应力或对于需进行疲劳强度验算的细部应力，则应寻求更为精确的计算方法或采用板壳、块体有限元局部精细分析方法。

钢桥的疲劳问题表现突出，应引起足够重视，这方面的内容可参考相关文献。

本章参考文献

[1] 小西一郎. 钢桥（第一、二分册）[M]. 北京：人民交通出版社，1980.

[2] Reissner E.. Analysis of shear lag in box Beams by the principle of minimum Potential Energy [J]. Quarterly of applied Mathematics, 1946,4(3).

[3] 小松定夫. ほか. 钢床版桁桥の有交力 幅汇関ゐ研究[J]. 土木学会论文集，第 86 号(1962).

[4] US Department of Transportation Federal Highway Administration . Manual for design, construction and maintenance of orthotropic steel deck bridges[S]. 2012.

[5] Design Manual for orthotropic steel plate Deck Bridges[S]. AISC,1963.

[6] European Committee for Standardization. Eurocode 3:Design of Steel Structures[S]. ENV1993-2:1997.

[7] Chitoshi Miki. Fatigue Damage in Orthotropic Steel Bridge Decks and Retrofit Works[J]. Steel Structure, 2006(6): 255-267.

6　组合结构桥梁计算理论

6.1　桥梁组合结构

结构是由构件组成的。构件可以由同种材料、异种材料、材料与构件或构件与构件组成，靠材料或构件间的摩擦力、黏结力、机械咬合力、包裹作用及连接件连接作用结合在一起，共同受力。除第一种外，均属组合构件。由组合构件形成的结构即为组合结构，形成的桥梁即称为组合结构桥梁。早期的组合构件的横截面多局限于由钢和混凝土两种材料通过自然黏结咬合或简单剪力键连接在一起的组合板梁，随着社会发展的需求和研究的不断深入，新型材料或构件以不同的方式不断加入到组合结构的阵营。从横截面的形成及作用机理来看，桥梁上已付诸实践的有以下三种组合构件：

(1)主要靠连接件组合及机械咬合在一起的组合构件，如桥梁上广泛应用的由混凝土与钢板(波形钢板、钢梁、钢桁架等)上下结合的组合板(梁)(图 2.6.1)，外贴钢板加固的板、梁等。

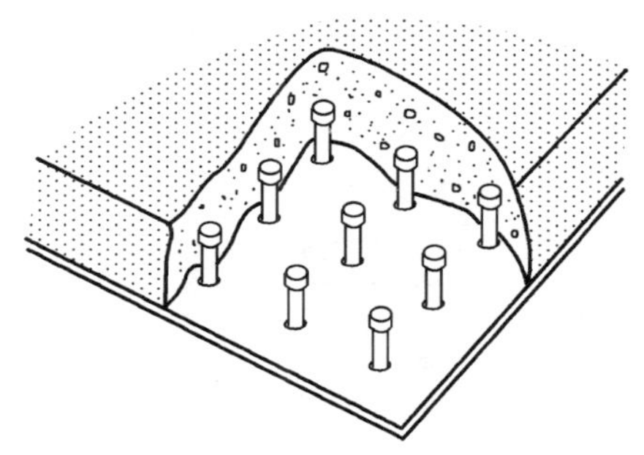

a)混凝土与钢板的结合——组合桥面板

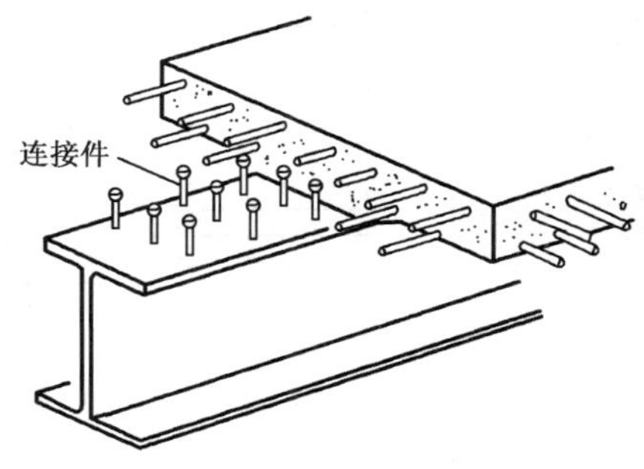

b)混凝土与钢梁的结合——组合梁桥

图　2.6.1

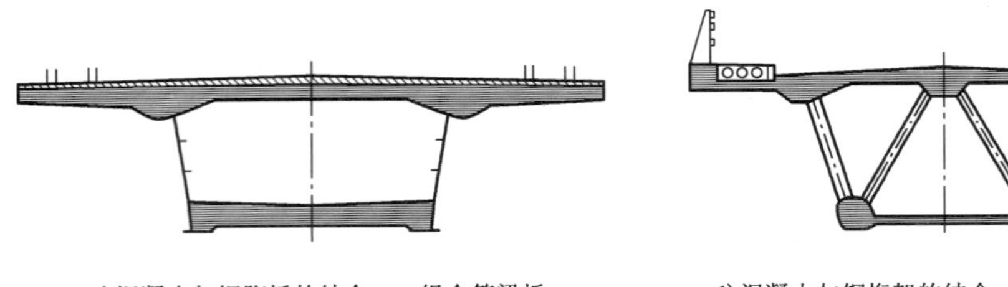

c)混凝土与钢腹板的结合——组合箱梁板　　d)混凝土与钢桁架的结合——组合桁架桥

图 2.6.1　组合结构梁桥

(2)主要靠包裹作用结合在一起的结合构件，如由钢管、钢箱、型钢或纤维与混凝土内外结合的组合柱(图 2.6.2)，型钢混凝土梁、肋等。钢管混凝土拱桥，悬臂施工混凝土箱梁桥的劲性骨架合龙段，外包纤维、钢板，甚至外包新混凝土加固的墩柱亦属此列。

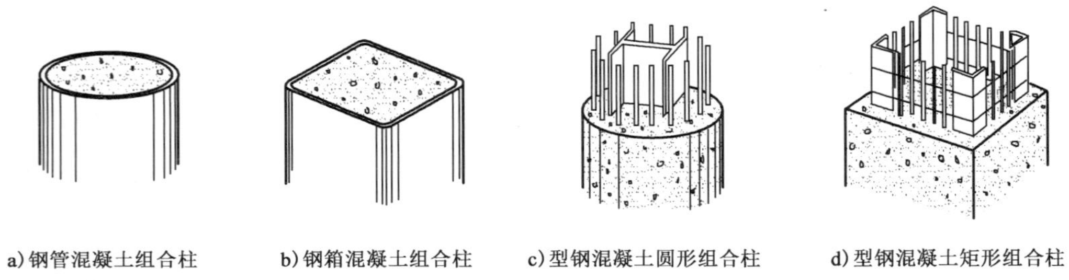

a)钢管混凝土组合柱　　b)钢箱混凝土组合柱　　c)型钢混凝土圆形组合柱　　d)型钢混凝土矩形组合柱

图 2.6.2　组合柱

(3)由包裹作用和连接件共同作用的混合构件，如钢梁与混凝土梁的结合段(图 2.6.3)、钢墩与混凝土墩的结合墩、钢拱肋与混凝土拱肋的结合段、索塔锚固范围的钢结构与混凝土塔身组成的组合锚固区(图 2.6.4)等。

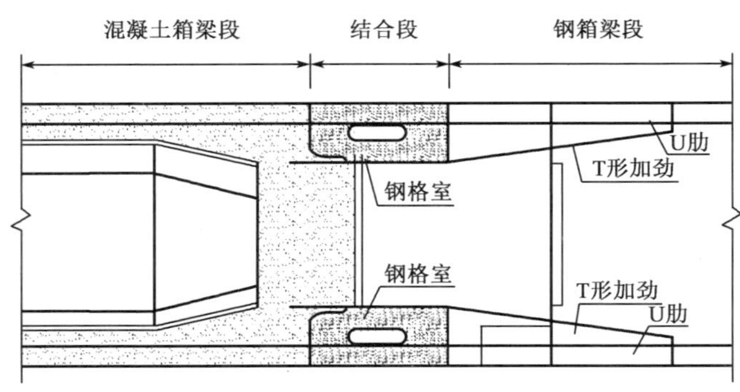

图 2.6.3　钢箱梁与混凝土箱梁的结合段

以上 3 种构件统称为组合构件。设计时要求将组合构件中的不同材料及构件的相互约束与支持作用全部纳入整体结构进行综合考虑，以最有效地发挥各种材料和构件的优势，从而获得更好的结构性能和综合效益。

本章仅介绍组合梁桥截面应力分析方法，简介连接件的力学性能及有限元模拟。

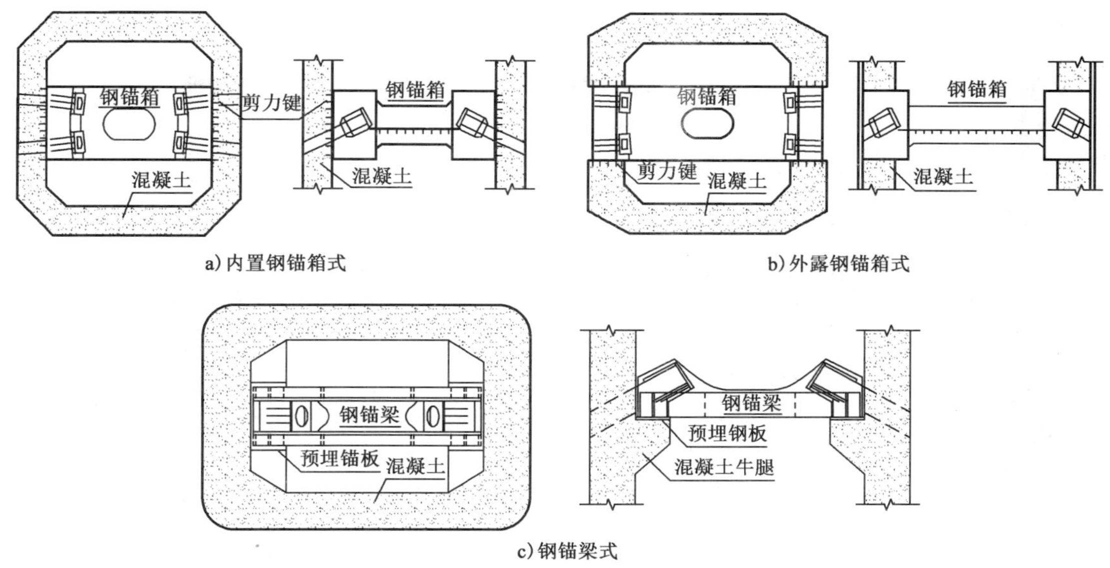

a) 内置钢锚箱式　　b) 外露钢锚箱式

c) 钢锚梁式

图 2.6.4 索塔组合锚固区

6.2 组合梁桥的力学特性

组合结构梁桥是指采用抗剪栓钉(或称剪力键)将钢梁、结构构件和钢筋混凝土行车道板结合在一起共同工作的一种复合梁式结构。最早采用组合梁最多的是简支组合钢板梁桥。因为简支梁的上缘受压、下缘受拉,最符合组合梁材料分布的合理原则,即梁上翼缘应是适宜受压的混凝土板,下缘是利于受拉的钢梁[图 2.6.1b)]。近年来,随着组合梁技术的不断发展,其使用范围已扩展到连续梁桥、斜拉桥等多种复杂体系。组合梁中的钢梁部分也由早先单一的钢板梁拓宽到钢槽形梁、钢箱梁[图 2.6.1c)]和钢桁梁,组合梁的截面形式也由Ⅰ形、Π形发展到箱形、倒梯形甚至三角形。此外,参与组合梁共同工作的钢筋混凝土板的位置也不限于只设在梁的上缘,而是可根据截面正负弯矩的需要上下缘均可设置。将预应力混凝土箱梁的腹板采用波形钢板[图 2.6.5a)]或桁架式钢腹杆[图 2.6.5b)、c)]组成复合式组合梁已经付诸实践,进一步减轻了桥梁自重。与此同时,还可采用体外预应力索来进一步改善结合梁的受力。

组合梁能否共同受力的关键是钢梁和混凝土板连接部位的抗剪连接件。分析表明,当将跨中截面作用集中荷载的简支矩形梁分为上下两根完全相同的矩形梁,假定结合面可自由滑移(非组合)与假定结合面连接紧密不能产生滑移(完全组合)的最大竖向位移比、截面最大正应力比和截面最大剪应力比分别为 4、2 和 1。说明上、下梁的完全结合与否在力学性能上有较大差异。结合面完全刚性连接时,组合梁的性能才能充分发挥。由于连接很难做到完全刚性,连接件本身在受力过程中也会发生变形,因此实际组合梁会表现出不完全组合梁的特点。不完全组合梁的截面受力特性不符合平截面假定,在设计计算上增加了难度。实际工程中采

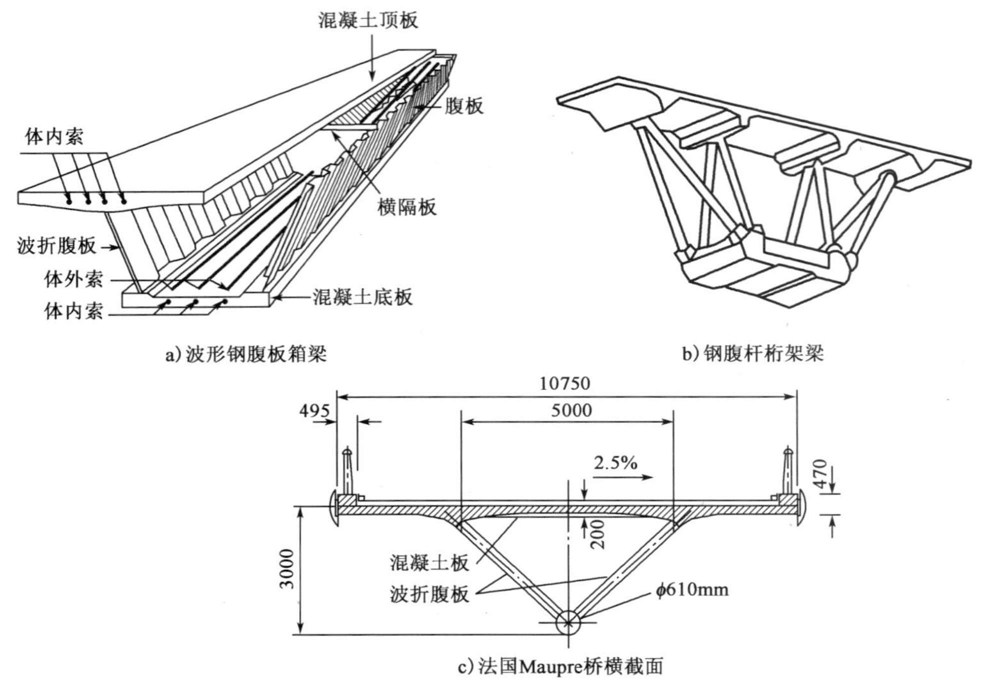

图 2.6.5　典型组合结构梁桥(尺寸单位:cm)

取措施保证组合构件的连接刚度,使其更加接近完全组合,以方便设计计算。桥梁结构中使用的抗剪连接件均可视为刚性连接,结合后的断面整体性能良好。

组合梁桥的计算,除了按弹性状态分析梁的受力外,还应结合施工过程,考虑混凝土材料的徐变和收缩效应以及由于混凝土板和钢梁导热性能不同所产生的温差内力。在进行组合梁桥整体分析及截面验算时,一般采用混凝土翼板的有效宽度来考虑剪力滞后的影响。有效宽度的概念与分析方法与第 4 章介绍的原理相同,各国规范中亦有相关规定。如我国新的公路桥梁钢结构规范参照了欧洲规范(Eurocode 4),规定组合结构桥梁截面分析时,跨中、中间支座处及边支座处的混凝土翼板有效宽度 b_{ef}(图 2.6.6)为

$$b_{ef} = b_0 + \sum \beta_i b_{ei} \tag{2.6.1}$$

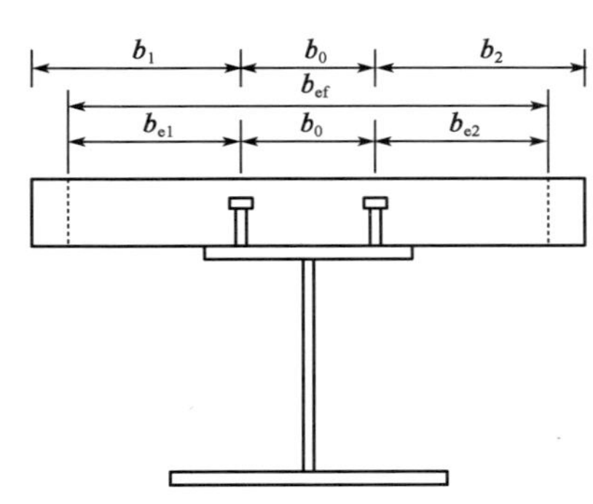

图 2.6.6　组合结构梁桥截面示意

式中:b_0——外侧剪力连接件中心间的距离;

b_{ei}——腹板一侧的混凝土翼板计算宽度,$b_{ei} = L_e/8 \leq b_i$,其中 b_i 为外侧剪力连接件中心至两相邻钢梁腹板间中线或混凝土翼板自由边间的距离,L_e 为等效跨径,按图 2.6.7a)取用;

β_i——翼板计算宽度系数,对跨中、中间支座处取 1,对边支座处取 $\beta_i = 0.55 + 0.025L_e/b_i \leq 1.0$。

混凝土翼板有效宽度 b_{eff} 沿梁长的分布可假设为如图 2.6.7b)所示的形式。对结构进行整体计算分析时,各简

支及连续梁跨的混凝土翼板有效宽度均按跨中有效宽度取值,悬臂梁跨则按支座处的有效宽度取值。

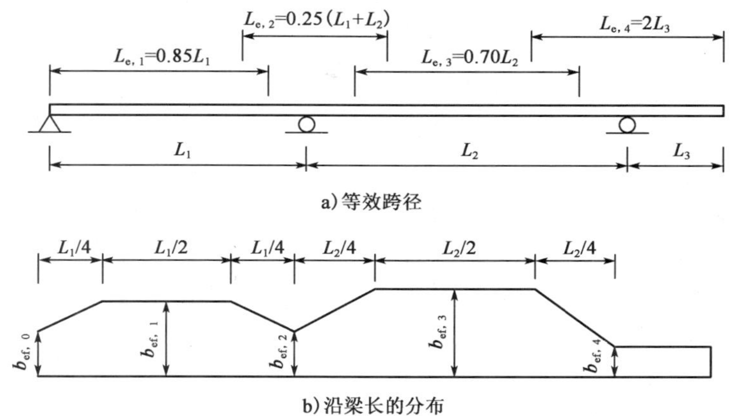

图 2.6.7 组合结构梁桥翼板有效宽度

美国 AASHTO 规范对内梁和外梁分别给出了有效翼缘板宽度建议。对内梁的建议如下:采用 1/4 的有效跨径;或 $12t$ + 较大的腹板厚度或一半钢梁顶板宽度,t 为平均板厚;或两相邻梁的平均间距中的最小值,并适用于所有极限状态的抗力计算。欧洲规范(Eurocode 4)有效翼缘宽度是根据弹性分析得出的,可以用于塑性或非线性分析中。当进行弹性分析时,全跨用同样的有效宽度。有效翼缘宽度分为中间和悬臂部分,中间宽度为剪力键的宽度。单侧翼缘有效宽度规定为 $l_0/8$,且不大于翼缘宽度,l_0 为梁弯矩为零点的间距。规范考虑了在边跨翼缘有效宽度的减小,给出在端支撑处单侧翼缘有效宽度的减小系数 β_i 同式(2.6.1)。

6.3 组合梁桥的荷载应力分析

6.3.1 换算截面特性

在混凝土板和钢梁连续牢固结合的前提下,假定组合梁弯曲时,截面符合平截面假定,材料服从虎克定律。引进两种材料的弹性模量之比

$$n_0 = \frac{E_{st}}{E_b} \tag{2.6.2}$$

式中:E_{st}——钢梁材料弹性模量;

E_b——钢筋混凝土材料弹性模量,取混凝土弹性模量。

计算时,与钢筋混凝土梁相反,将相同位置上的混凝土截面换算为 $1/n_0$ 倍的等价钢截面,并据此计算各种换算截面的特性。

如图 2.6.8 所示的组合梁横截面,则换算截面换算面积 A_i、换算惯性矩 I_i 分别为

$$A_i = A_{st} + \frac{A_b}{n_0} \tag{2.6.3}$$

$$
\begin{aligned}
I_i &= I_{st} + \frac{I_b}{n_0} + \frac{A_b}{n_0}a_b^2 + A_{st}a_{st}^2 \\
&= I_{st} + \frac{I_b}{n_0} + A_i a_b a_{st} \\
&= I_{st} + A_i a_b a_{st}
\end{aligned}
\tag{2.6.4}
$$

式中：I_{st}——钢梁截面惯性矩；

I_b——混凝土板截面惯性矩；

A_{st}——钢梁截面积；

A_b——混凝土板截面积；

a_{st}——换算截面重心至钢梁重心的距离；

a_b——换算截面重心至混凝土板重心的距离。

a_{st}、a_b 可按下式计算

$$
a_{st} = a\frac{A_b}{n_0 A_i}
$$

$$
a_b = a\frac{A_{st}}{A_i} \tag{2.6.5}
$$

式中：a——混凝土板重心和钢梁重心间的距离。

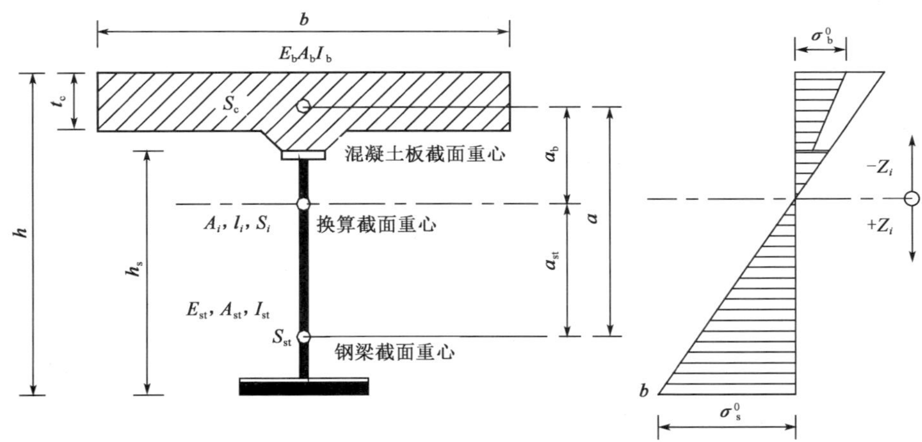

图 2.6.8　组合梁截面

6.3.2　应力计算

如图 2.6.9 所示，作用在梁上的弯矩 M 可分解为混凝土板和钢梁承担的弯矩 M_b 和 M_{st}，以及由分别作用在两者之上的轴向力 $N_b = -N_{st} = N$ 所构成的力偶 Na，则有

$$
\begin{cases}
M = M_b + M_s + Na \\
M_b = M\dfrac{I_b}{n_0 I_i},\ M_s = M\dfrac{I_{st}}{I_i}
\end{cases}
\tag{2.6.6}
$$

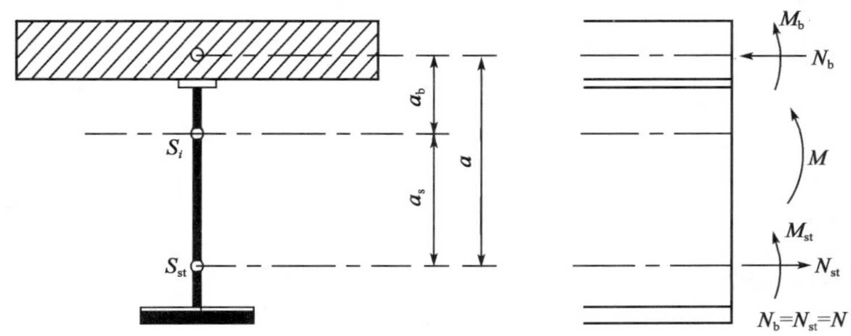

图 2.6.9　组合梁受弯

$$\begin{cases} N = N_{st} = -N_b = M\dfrac{a_b A_b}{n_0 I_i} \\ Na = M\dfrac{A_i a_b a_{st}}{I_i} \end{cases} \tag{2.6.7}$$

故由弯矩 M 所产生的结合梁各部分应力为

$$\sigma_b = \frac{M}{n_0 I_i}z_i, \sigma_{st} = \frac{M}{I_i}z_i \tag{2.6.8}$$

或

$$\sigma_b = \frac{N_b}{A_b} + \frac{M_b}{I_b}z_b, \sigma_{st} = \frac{N_{st}}{A_{st}} + \frac{M_{st}}{I_{st}}z_{st} \tag{2.6.9}$$

式中：z_i——换算截面高度内任意纤维距结合梁重心的距离；

z_b——混凝土截面高度内任意纤维距混凝土截面重心的距离；

z_{st}——钢梁高度内任意纤维距钢梁重心的距离。

当结合梁受轴向外力 $\overline{N}$ 作用时，各部分应力为

$$\sigma_b = \frac{\overline{N}}{n_0 A_i}, \sigma_{st} = \frac{\overline{N}}{A_i} \tag{2.6.10}$$

M、$\overline{N}$ 同时作用时，可叠加计算。

作用在混凝土板和钢梁接触面上的水平剪力 T 为

$$T = \tau b_a = Q\frac{a_b A_b}{n_0 I_i} \tag{2.6.11}$$

式中：Q——作用在结合梁上的剪力，$Q = \mathrm{d}M/\mathrm{d}x$；

b_a——接触面处钢梁的宽度。

6.4　组合梁桥的温度应力分析

6.4.1　不考虑钢筋影响时的温度应力

组合梁在温度变化时，由于混凝土和钢的导热率不同，两者之间有温度变化的滞后现象，即产生温度差异。当这种温差变形受到约束时，就产生温差内应力即温度应力。

如图 2.6.10 所示，组合梁上有温差 ΔT，若混凝土板能自由伸缩，则单位长度混凝土板的伸长量为 $\alpha_T\Delta T$，其中 α_T 为混凝土的线胀系数，可取 $10\times10^{-6}/℃$。

若在混凝土板重心处施加一对平衡力 P_T，使混凝土板伸长 $\alpha_T\Delta T$，待混凝土板和钢梁结合后，再将施加的力 P_T 释放，则 P_T 应反向作用在混凝土板重心处，使结合梁产生弯曲变形，从而在梁内产生应力。据此，P_T 为

$$P_T=\alpha_T\Delta TE_bA_b \tag{2.6.12}$$

结合梁在力 P_T 作用下，钢梁上的应力为

$$\sigma_{st}=\mp\alpha_T\Delta TE_b\frac{A_b}{A_i}\left(1+\frac{a_bA_i}{I_i}z_i\right) \tag{2.6.13}$$

同理，也可将力 $P_T=\alpha_T\Delta TE_{st}A_{st}$ 作用在钢梁重心处使之受压，结合后随即释放使梁弯曲，此时混凝土板上的温度应力为

$$\sigma_b=\pm\alpha_T\Delta TE_{st}\frac{A_{st}}{n_0A_i}\left(1+\frac{a_{st}A_i}{I_i}z_i\right) \tag{2.6.14}$$

式中符号意义见图 2.6.10 或同前。

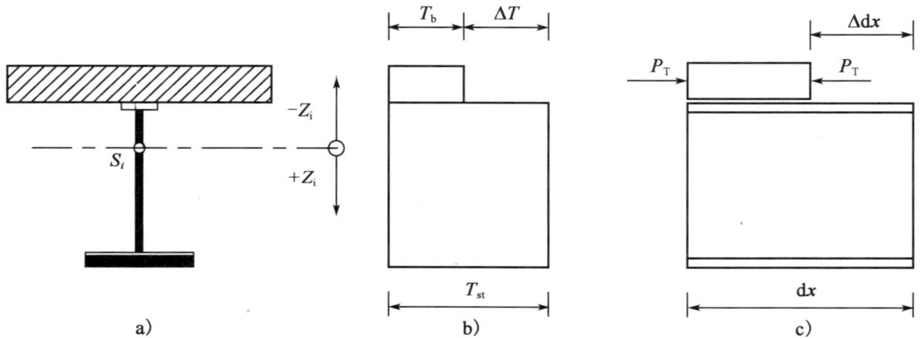

图 2.6.10　组合梁温度应力计算

6.4.2　考虑钢筋影响时的温度应力

如图 2.6.11 所示，将混凝土板与钢梁分离，对图 2.6.12 所示的两种温度梯度，忽略掉钢筋的抗弯刚度，并假定温度沿梁纵、横向均匀分布。由结合面上的应变、应力及钢筋层处的应变协调，可分别建立以下方程式。

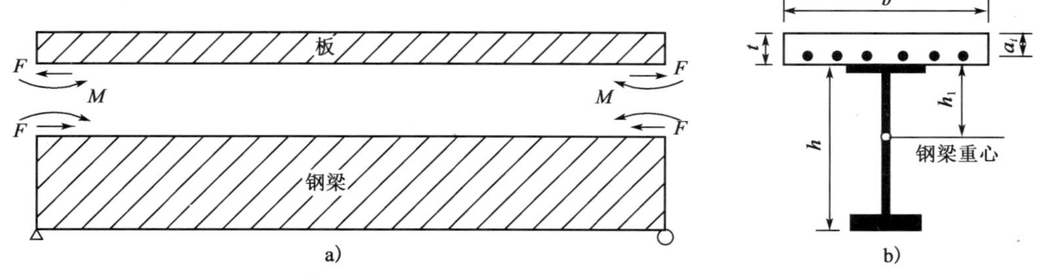

图 2.6.11　结合梁桥及其截面

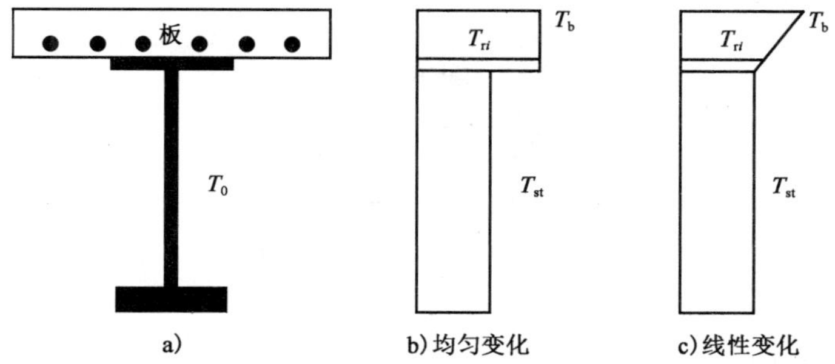

图2.6.12 结合梁截面温度变化

对于图2.6.12b)所示的温度均匀变化情况有

$$\frac{2(1-\mu_b^2)}{E_b bt^2}\left[-3\left(M+\sum_{i=1}^{n}a_iR_j\right)+t\left(2F+\sum_{i=1}^{n}R_j\right)\right]+\alpha_b 2(1+\mu_b)(T_b-T_0)$$

$$=\frac{-1}{E_{st}}\left(\frac{F}{A_{st}}+\frac{h_1^2F}{I_{st}}+\frac{h_1M}{I_{st}}\right)+\alpha_{st}(T_{st}-T_0) \tag{2.6.15a}$$

$$\frac{6(1-\mu_b^2)}{E_b b}\left[\frac{-12}{t^3}\left(M+\sum_{i=1}^{n}a_iR_i\right)+\frac{6}{t^2}\left(F+\sum_{i=1}^{n}R_i\right)\right]=\frac{h_1F+M}{E_{st}I_{st}} \tag{2.6.15b}$$

$$\frac{1-\mu_b^2}{E_b b}\left[\left(\frac{6}{t^2}-\frac{12a_i}{t^3}\right)\left(M+\sum_{i=1}^{n}a_iR_j\right)+\left(\frac{6a_i}{t^2}-\frac{4}{t}\right)\sum_{i=1}^{n}R_i+\left(\frac{6a_i}{t^2}-\frac{2}{t}\right)F\right]+$$

$$\alpha_b(1+\mu_b)(T_b-T_0)=\frac{R_i}{A_{ri}E_r}+\alpha_r(T_{ri}-T_0) \tag{2.6.15c}$$

对于图2.6.12c)所示的温度线性变化情况有

$$\frac{2(1-\mu_b^2)}{E_b bt^3}\left[-3\left(M+\sum_{i=1}^{n}a_iR_i\right)+t\left(3F+\sum_{i=1}^{n}R_i\right)\right]+\alpha_b(1+\mu_b)(T_{st}-T_0)$$

$$=\frac{-1}{E_{st}}\left(\frac{F}{A_{st}}+\frac{h_1^2F}{I_{st}}+\frac{h_1M}{I_{st}}\right)+\alpha_{st}(T_{st}-T_0) \tag{2.6.16a}$$

$$\frac{1-\mu_b^2}{E_b b}\left[\frac{-12}{t^3}\left(M+\sum_{i=1}^{n}R_ia_i\right)+\frac{6}{t^2}\left(F+\sum_{i=1}^{n}R_i\right)\right]+\frac{\alpha_b(1+\mu_b)(T_{st}-T_0)}{t}=\frac{h_1F+M}{E_{st}I_{st}} \tag{2.6.16b}$$

$$\frac{1-\mu_b^2}{E_b b}\left[\left(M+\sum_{i=1}^{n}R_ia_i\right)\left(\frac{6}{t^2}-\frac{12a_i}{t^3}\right)+\left(\frac{6a_i}{t^2}-\frac{4}{t}\right)\sum_{i=1}^{n}R_i+\right.$$

$$\left.\left(\frac{6a_i}{t^2}-\frac{2}{t}\right)F\right]+\alpha_b(1+\mu_b)\left[\frac{a_i}{t}(T_{st}-T_b)+T_b-T_0\right] \tag{2.6.16c}$$

$$=\frac{R_i}{A_{ri}E_r}+\alpha_r(T_{ri}-T_0)$$

分别联立式(2.6.15)或式(2.6.16)中 $2+n$ 个方程,可解出 F、M 和 R_i,则板顶、底的应力分别为

$$\begin{cases}\sigma_{\mathrm{bT}}=\dfrac{F-\sum\limits_{i=1}^{n}R_i}{A_\mathrm{b}}-\dfrac{\dfrac{Ft}{2}-M+\sum\limits_{i=1}^{n}R_i\left(\dfrac{t}{2}-a_i\right)}{S_\mathrm{b}}\\[2ex]\sigma_{\mathrm{bB}}=\dfrac{F-\sum\limits_{i=1}^{n}R_i}{A_\mathrm{b}}+\dfrac{\dfrac{Ft}{2}-M+\sum\limits_{i=1}^{n}R_i\left(\dfrac{t}{2}-a_i\right)}{S_\mathrm{b}}\end{cases}\tag{2.6.17}$$

梁顶、底的应力分别为

$$\begin{cases}\sigma_{\mathrm{stT}}=\dfrac{-F}{A_\mathrm{st}}-\dfrac{Fh_1+M}{I_\mathrm{st}}\cdot h_1\\[2ex]\sigma_{\mathrm{stB}}=\dfrac{-F}{A_\mathrm{st}}+\dfrac{Fh_1+M}{I_\mathrm{st}}(h-h_1)\end{cases}\tag{2.6.18}$$

以上各式中:R_i——第 i 层钢筋的拉力;

a_i——第 i 层钢筋离板顶面之距;

μ_b——混凝土板的泊松比;

A_{ri}——第 i 层钢筋的面积;

E_r——钢筋的弹性模量;

T_{ri}——第 i 层钢筋的温度;

T_b——混凝土板的温度;

T_st——钢梁的温度;

T_0——桥梁初始温度;

α_b——混凝土板的膨胀系数;

α_st——钢梁的膨胀系数;

α_r——钢筋的膨胀系数;

其余符号意义参照图 2.6.11。

6.5 组合梁桥的混凝土徐变效应分析

6.5.1 徐变引起的内力重分配

(1)短期或时刻 $t=t_0$ 的轴向力作用

图 2.6.13 所示为一普通钢筋与型钢的组合截面,结构布置全部对称,该截面受轴向力(中心)作用。已知混凝土的截面特性为 A_b、I_b 和 E_b,受力钢筋为 A_st1、I_st1 和 E_st1,型钢为 A_st2、I_st2 和 E_st。钢截面总计为:$A_\mathrm{st}=A_\mathrm{st1}/n_\mathrm{s}+A_\mathrm{st2}$,$I_\mathrm{st}=I_\mathrm{st1}/n_\mathrm{s}+I_\mathrm{st2}$,$n_\mathrm{s}=E_\mathrm{st1}/E_\mathrm{st}$。

由平衡条件得

$$N_0=N_{\mathrm{b},0}+N_{\mathrm{st},0}$$

由连续条件得

$$\varepsilon_{b,0}=\varepsilon_{st,0}$$

据上列两式可得

$$\frac{N_{b,0}}{E_bA_b}=\frac{N_{st,0}}{E_{st}A_{st}}=\frac{N_0-N_{b,0}}{E_{st}A_{st}}$$

故有

$$N_{b,0}\left(\frac{E_{st}A_{st}}{E_bA_b}+1\right)=N_0$$

或

$$N_{b,0}\left(\frac{A_{st}}{A_b/n_0}+1\right)=N_0$$

因为

$$A_i=\frac{A_b}{n_0}+A_{st}$$

所以由混凝土及钢所承受的力分别为

$$\begin{cases}N_{b,0}=\dfrac{A_b}{n_0}N_0=(1-\alpha_N)N_0\\ N_{st,0}=\dfrac{A_{st}}{A_i}N_0=\alpha_N N_0\end{cases}\tag{2.6.19}$$

式中：$\alpha_N=\dfrac{A_{st}}{A_i}$。

(2)短期或 $t=t_0$ 时的弯矩作用

据图2.6.14，由平衡条件得

$$M_{b,0}+M_{st,0}=M_0$$

由连续条件得

$$\varphi_{st,0}=\varphi_{b,0}=\varphi_0$$

同理有

$$\frac{M_{b,0}}{E_bI_b}=\frac{M_{st,0}}{E_{st}I_{st}}=\frac{M_0-M_{b,0}}{E_{st}I_{st}}$$

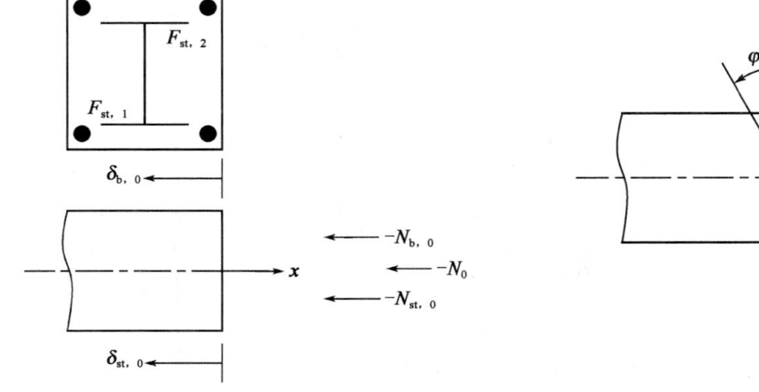

图2.6.13　组合截面受轴向力 N_0

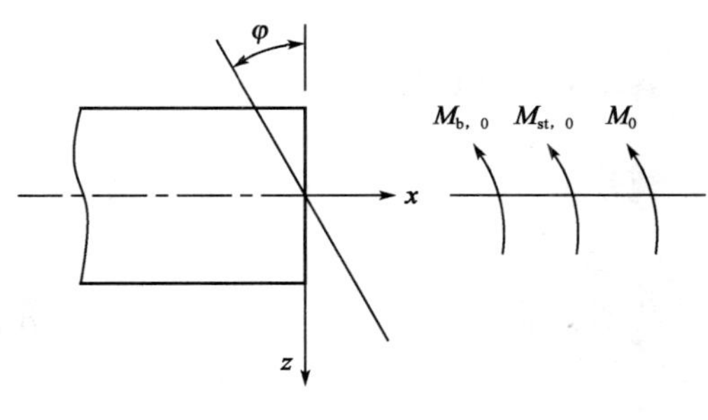

图2.6.14　组合截面受弯矩 M

于是可得

$$\begin{cases} M_{b,0} = I_b / n_0 M_0 = (1 - \alpha_M) M_0 \\ M_{st,0} = \dfrac{I_{st}}{I_i} M_0 = \alpha_M M_0 \end{cases} \tag{2.6.20}$$

式中：$\alpha_M = \dfrac{I_{st}}{I_i}$。

(3)上下不对称截面梁承受弯矩 M_L 作用(图 2.6.15)

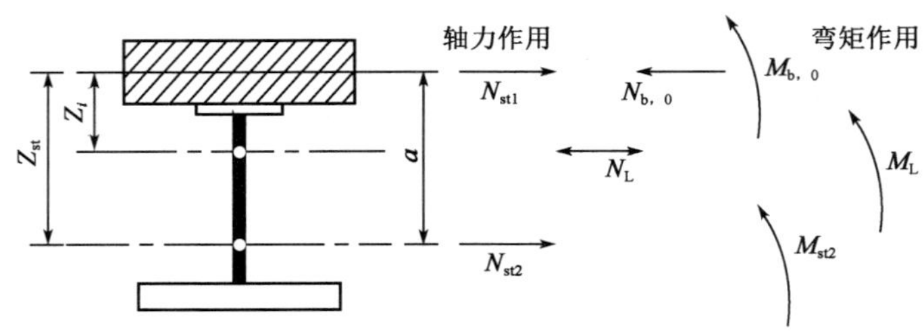

图 2.6.15　不对称截面受弯矩 M_L

各项分力计算如下：

混凝土

$$\begin{cases} N_{b,0} = \dfrac{A_b}{A_i} N_L + \dfrac{A_b(-z_i)}{I_i} M_L \\ M_{b,0} = \dfrac{I_b}{I_i} M_L \approx 0 \end{cases} \tag{2.6.21}$$

普通钢筋

$$N_{st1} = \frac{A_{st1}}{A_i} N_L + \frac{A_{st1}(z_{st1} - z_i)}{I_i} M_L \tag{2.6.22}$$

钢材

$$\begin{cases} N_{st2} = \dfrac{A_{st2}}{A_i} N_L + \dfrac{A_{st2}(z_{st2} - z_i)}{I_i} M_L \\ M_{st2} = \dfrac{I_{st2}}{I_i} M_L \end{cases} \tag{2.6.23}$$

各项应力计算如下：

混凝土

$$\sigma_{b,0} = \frac{M_{b,0}}{A_b} + \frac{M_{b,0}}{I_b} z_i \tag{2.6.24}$$

普通钢筋

$$\sigma_{st1} = \frac{N_{st1}}{A_{st1}} \tag{2.6.25}$$

钢材

$$\sigma_{st2} = \frac{N_{st2}}{A_{st2}} + \frac{M_{st2}}{I_{st2}} z_i \tag{2.6.26}$$

(4)考虑徐变的中心轴向力作用下内力重分配

据图 2.6.16,由内力平衡方程可得

$$N_{b,\varphi} = -N_{st,\varphi} \quad \text{(代数形式)}$$

$$dN_{b,\varphi} = -dN_{st,\varphi} \quad \text{(微分形式)}$$

图中变形含义及表达式如表 2.6.1 所示。公式符号中除所用过的下标外,新加下标 φ 的含义为因徐变而产生的力素值,下标 t 的含义为 t 时刻的力素,下标 0 的含义为初始力素。

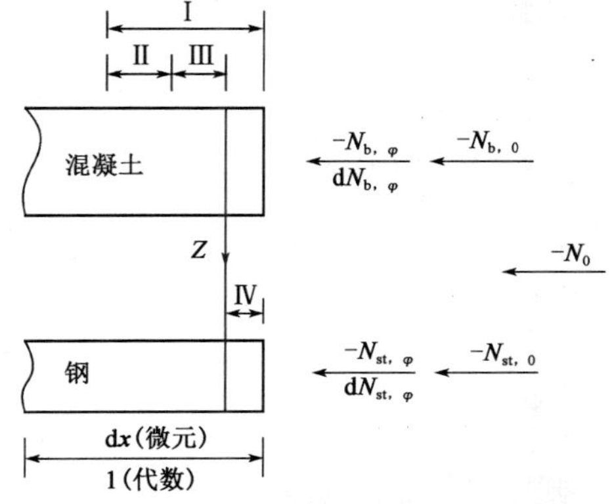

图 2.6.16　结合梁承受轴向力的内力重分配

微分形式的变形连续条件为(图 2.6.16)

变形Ⅱ + 变形Ⅲ = 变形Ⅰ - 变形Ⅳ

故有

$$\frac{N_{b,0}}{E_bA_b}d\varphi_t + \frac{N_{b,\varphi}}{E_bA_b}d\varphi_t + \frac{dN_{b,\varphi}}{E_bA_b} = \frac{dN_{st,\varphi}}{E_{st}A_{st}} \tag{2.6.27a}$$

式中:φ_t——徐变系数。

变形含义及表达式　　表 2.6.1

变形编号	变 形 含 义	微 分 形 式	代 数 形 式
变形Ⅰ	$N_{b,0}$作用下的混凝土塑性缩短	$-\frac{N_{b,0}}{E_bA_b}d\varphi_t$	$-\frac{N_{b,0}}{E_bA_b}\varphi_t$
变形Ⅱ	由于内力重分配引起的塑性伸长	$\frac{N_{b,\varphi}}{E_bA_b}d\varphi_t$	$\frac{N_{b,\varphi}}{E_bA_b}\rho_N\varphi_t$
变形Ⅲ	由于内力重分配引起的弹性伸长	$\frac{dN_{b,\varphi}}{E_bA_b}$	$\frac{N_{b,\varphi}}{E_bA_b}$
变形Ⅳ	由于内力重分配引起的钢弹性缩短	$-\frac{dN_{st,\varphi}}{E_{st}A_{st}}$	$-\frac{N_{st,\varphi}}{E_{st}A_{st}}$

或

$$\frac{dN_{b,\varphi}}{d\varphi_t}\left(\frac{1}{E_bA_b} + \frac{1}{E_{st}A_{st}}\right) + \frac{N_{b,\varphi}}{E_bA_b} + \frac{N_{b,0}}{E_bA_b} = 0 \tag{2.6.27b}$$

或

$$\frac{dN_{b,\varphi}}{d\varphi_t} + \alpha_N N_{b,\varphi} + \alpha_N N_{b,0} = 0 \tag{2.6.27c}$$

其解为

$$\begin{cases} N_{b,\varphi} = -N_{b,0}(1 - e^{-\alpha_n\varphi_t}) \\ N_{st,\varphi} = -N_{b,\varphi} \end{cases} \tag{2.6.28}$$

代数形式的连续条件为

$$\frac{N_{b,0}}{E_bA_b}\varphi_t + \frac{N_{b,\varphi}}{E_bA_b}\rho_N\varphi_t + \frac{N_{b,\varphi}}{E_bA_b} = \frac{N_{st,\varphi}}{E_{st}A_{st}}$$

或

$$\frac{N_{b,\varphi}}{\varphi_t}\left(\frac{1}{E_bA_b} + \frac{1}{E_{st}A_{st}}\right) + \frac{N_{b,\varphi}}{E_bA_b}\rho_N + \frac{N_{b,0}}{E_bA_b} = 0$$

或

$$\frac{N_{b,\varphi}}{\varphi_t}\left(\frac{1}{\alpha_N} + \rho_N\varphi_t\right) + N_{b,0} = 0 \tag{2.6.29}$$

其解为

$$N_{b,\varphi} = -N_{b,0}\frac{\alpha_N\varphi_t}{1+\alpha_N\rho_N\varphi_t} \tag{2.6.30}$$

在组合结构中,松弛系数ρ值可由式(2.6.28)和式(2.6.30)比较后得出

有
$$\frac{\alpha_N\varphi_t}{1+\alpha_N\rho_N\varphi_t} = 1 - e^{-\alpha_N\varphi_t}$$

即
$$\rho_N = \frac{\alpha_N\rho_N - (1-e^{-\alpha_N\varphi_t})}{\alpha_N\varphi_t(1-e^{-\alpha_N\varphi_t})} \tag{2.6.31a}$$

或
$$\rho_N \approx 0.5 + 0.08\alpha_N\varphi_t \quad (\alpha_N\varphi_t \leqslant 2.5) \tag{2.6.31b}$$

截面内各部分内力为

$$N_{b,t} = N_{b,0} + N_{b,\varphi} = N_{b,0}\varphi^{-\alpha_N\varphi_t} \tag{2.6.32}$$

$$N_{st,t} = N_{st,0} + N_{st,\varphi} = N_{st,0} + N_{b,0}(1-e^{-\alpha_N\varphi_t}) = N_{st,0}\left[1+\frac{A_{b,0}}{A_{st}}(1-e^{-\alpha_N\varphi_t})\right] \tag{2.6.33}$$

(5)考虑徐变的后弯矩作用下内力重分配(图2.6.17)

平衡方程为:

代数形式 $M_{b,\varphi} = -M_{st,\varphi}$

微分形式 $dM_{b,\varphi} = -dM_{st,\varphi}$

图中各变形的含义及表达式见表2.6.2。

变形含义及其表达式 表2.6.2

变形编号	变 形 含 义	微 分 形 式	代 数 形 式
变形Ⅰ	由分力$M_{b,0}$引起的塑性转角	$\frac{M_{b,0}}{E_bI_b}d\varphi_t$	$\frac{M_{b,0}}{E_bI_b}\varphi_t$
变形Ⅱ	由时刻t内力重分配引起的反向塑性转角	$-\frac{M_{b,\varphi}}{E_bI_b}d\varphi_t$	$-\frac{M_{b,\varphi}}{E_bI_b}\rho_N\varphi_t$
变形Ⅲ	内力重分配引起的弹性反向转角	$-\frac{dM_{b,\varphi}}{E_bI_b}$	$-\frac{M_{b,\varphi}}{E_bI_b}$
变形Ⅳ	内力重分配引起的钢的弹性转角	$\frac{dM_{st,\varphi}}{E_{st}I_{st}}$	$\frac{M_{st,\varphi}}{E_{st}I_{st}}$

连续条件微分形式为(图2.6.17)

$$\text{Ⅰ} - \text{Ⅱ} - \text{Ⅲ} = \text{Ⅳ}$$

$$\frac{dM_{b,0}}{E_bI_b}d\varphi_t + \frac{M_{b,\varphi}}{E_bI_b}d\varphi_t + \frac{dM_{b,\varphi}}{E_bI_b} = \frac{dM_{st,\varphi}}{E_{st}I_{st}} \tag{2.6.34}$$

连续条件代数形式为

$$\frac{M_{b,0}}{E_bI_b}\varphi_t + \frac{M_{b,\varphi}}{E_bI_b}\rho_M\varphi_t + \frac{M_{b,\varphi}}{E_bI_b} = \frac{M_{st,\varphi}}{E_{st}I_{st}} \tag{2.6.35}$$

由于方程形式上与轴向力作用情况一致,则得到各项分力的解为

微分形式

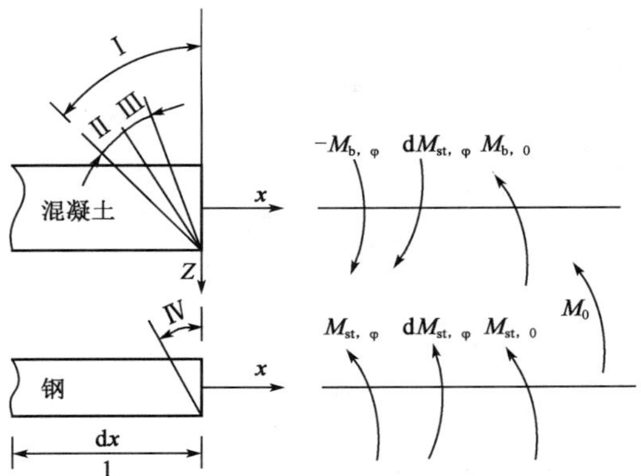

图 2.6.17 结合梁承受弯矩的内力重分配

$$\begin{cases} M_{b,\varphi} = -M_{b,0}(1 - e^{-\alpha_M \varphi_t}) \\ M_{st,\varphi} = -M_{b,\varphi} = M_{b,0}(1 - e^{-\alpha_M \varphi_t}) \end{cases} \tag{2.6.36}$$

代数形式

$$M_{b,\varphi} = -M_{b,0}\frac{\alpha_M \varphi_t}{1 + \alpha_M \rho_M \varphi_t} \tag{2.6.37}$$

松弛系数 ρ_M 可以通过两式比较而得

$$\begin{cases} \rho_M = \dfrac{\alpha_M \varphi_t - (1 - e^{-\alpha_M \varphi_t})}{\alpha_M \varphi_t (1 - e^{-\alpha_M \varphi_t})} \\ \rho_M \approx 0.5 + 0.08\alpha_M \varphi_t \quad (\alpha_M \varphi_t \leqslant 2.5) \end{cases} \tag{2.6.38}$$

显然,ρ_M 与 ρ_N 值不同。

截面上各项分力为

$$\begin{cases} M_{b,t} = M_{b,0} + M_{b,\varphi} \\ M_{st,t} = M_{st,0} + M_{st,\varphi} \end{cases} \tag{2.6.39}$$

(6)作用力随时间而变化的情况

和恒定作用不同,当力随时间而变化时(图 2.6.18),微分方程的闭合解只有对随时间线性变化的作用力时才有可能,即

$$N_0^* = N_0 \frac{\varphi_t}{\varphi_E}, M_0^* = M_0 \frac{\varphi_t}{\varphi_E} \tag{2.6.40}$$

式中:φ_E——终极徐变系数。

微分形式的内力重分配计算如下:

$$\begin{aligned} &\text{轴向力} \quad \frac{dN_{b,\varphi}^*}{d\varphi_t} + \alpha_N N_{b,\varphi}^* + \alpha_N N_{b,0}^* \frac{\varphi_t}{\varphi_E} = 0 \\ &\text{弯矩} \quad \frac{dM_{b,\varphi}^*}{d\varphi_t} + \alpha_M M_{b,\varphi}^* + \alpha_M M_{b,0}^* \frac{\varphi_t}{\varphi_E} = 0 \end{aligned} \tag{2.6.41}$$

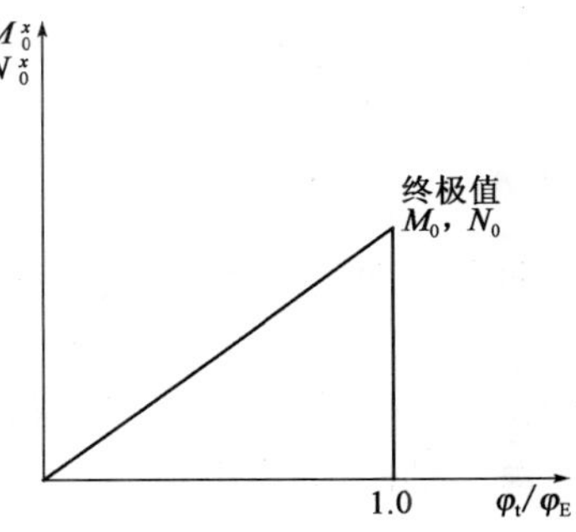

图 2.6.18 作用力随时间线性变化

与上节类似,对满足 $\alpha_N \varphi_t \leqslant 2.5$ 时,有

$$\begin{cases}\rho_N=\dfrac{\alpha_N\varphi_t-(1-e^{-\alpha_N\varphi_t})}{\alpha_N\varphi_t(1-e^{-\alpha_N\varphi_t})},\rho_M=\dfrac{\alpha_M\varphi_t-(1-e^{-\alpha_M\varphi_t})}{\alpha_M\varphi_t(1-e^{-\alpha_M\varphi_t})}\\ \rho_N\approx 0.5+0.08\alpha_N\varphi_t,\rho_M\approx 0.5+0.08\alpha_M\varphi_t\end{cases} \tag{2.6.42}$$

代数形式下的内力重分配计算如下：

轴向力

$$\begin{cases}N^*_{b,\varphi}=\rho_N N^*_{b,0}\dfrac{\alpha_N\varphi_t}{1+\alpha_N\rho_N\varphi_t}\\ N^*_{st,\varphi}=-N^*_{b,\varphi}\end{cases} \tag{2.6.43}$$

弯矩

$$\begin{cases}M^*_{b,\varphi}=\rho_M N^*_{b,0}\dfrac{\alpha_M\varphi_t}{1+\alpha_M\rho_M\varphi_t}\\ M^*_{st,\varphi}=-M^*_{b,\varphi}\end{cases} \tag{2.6.44}$$

对于一般情况，可由逐段线性求得。

6.5.2 徐变内力计算的换算截面法

(1)徐变作用下换算模量比

①轴向力作用

类似于弹性模量比 $n_0=\dfrac{E_{st}}{E_b}$，定义轴向力作用下换算模量比

$$n_A=\frac{E_{st}}{E_{b,A}} \tag{2.6.45}$$

式中，下标 A 表示在轴向力作用下 E_b 随时间相应减小。$E_{b,A}$ 可由时刻 t_0 与 t 的混凝土应变类比得到，即

$$\begin{cases}\varepsilon_{b,0}=\dfrac{N_{b,0}}{E_bA_b} & (t=t_0)\\ \varepsilon_{b,t}=\dfrac{N_{b,t}}{E_{b,A}A_b} & (t=t)\end{cases} \tag{2.6.46}$$

根据连续条件：$\varepsilon_{b,t}=\varepsilon_{st,t}$ 以及 $E_{b,A}=E_b\dfrac{n_0}{n_A}$，有

$$\frac{n_A}{n_0}\frac{N_{b,t}}{E_bA_b}=\frac{N_{st,t}}{E_{st}A_{st}}$$

即

$$\frac{n_A}{n_0}=\frac{N_{st,t}}{N_{b,t}}\frac{E_bA_b}{E_{st}A_{st}}=\frac{N_{st,t}}{N_{b,t}}\frac{A_{b,0}}{A_{st}} \tag{2.6.47}$$

式中：$A_{b,0}=\dfrac{A_b}{n_0}$。

对于一般实用计算，$n_{A,l}$ 可用下式表示

$$n_{A,l}=n_0(1+\psi_{A,L}\varphi_t) \tag{2.6.48}$$

式中：$\psi_{A,l}$——徐变影响系数，待定。下标 l 表示与作用荷载形式相关。

对于轴向力作用的微分形式有

$$N_{st,t}=N_0\left[\frac{A_{st}}{A_i}+\frac{A_{b,0}}{A_i}(1-e^{-\alpha_N\varphi_t})\right]$$

$$N_{b,t}=N_0\frac{A_{b,0}}{A_i}e^{-\alpha_N\varphi_t}$$

$$\frac{n_{A,l}}{n_0}=\frac{N_0\left[\frac{A_{st}}{A_i}+\frac{A_{b,0}}{A_i}(1-e^{-\alpha_N\varphi_t})\right]A_{b,0}}{N_0\frac{A_{b,0}}{A_i}e^{-\alpha_N\varphi_t}A_{st}}=\frac{A_{st}+A_{b,0}-A_{b,0}e^{-\alpha_N\varphi_t}}{A_{st}e^{-\alpha_N\varphi_t}}$$

$$=\frac{A_i-A_ie^{-\alpha_N\varphi_t}}{A_{st}e^{-\alpha_N\varphi_t}}+1=\frac{A_i}{A_{st}}\frac{(1-e^{-\alpha_N\varphi_t})}{e^{-\alpha_N\varphi_t}}+1=1+\frac{1-e^{\alpha_N\varphi_t}}{a_Ne^{-\alpha_N\varphi_t}}=1+\frac{e^{\alpha_N\varphi_t}-1}{\alpha_N\varphi_t}\varphi_t$$

对照形式 $n_{A,l}=n_0(1+\psi_{A,l}\varphi_t)$，得出

$$\psi_{A,l}=\frac{e^{\alpha_N\varphi_t}-1}{\alpha_N\varphi_t} \tag{2.6.49a}$$

类似于上面的推导，可以得出代数形式下的徐变影响系数为

$$\psi l=\frac{1}{1-\alpha_N\varphi_t(1-\rho_N)} \tag{2.6.49b}$$

②弯矩作用

时刻 $t=t_0$ 的混凝土曲率为

$$\kappa_{b,0}=\frac{M_{b,0}}{E_bI_b}$$

而按定义，在时刻 $t=t$ 的换算曲率为

$$\kappa_{b,t}=\frac{M_{b,t}}{E_{b,I}I_b}$$

下标 I 表示弯矩作用的相关徐变，于是

$$\frac{n_{I,l}}{n_0}=\frac{M_{st,t}I_{b,0}}{M_{b,t}I_{st}}$$

$$n_{I,l}=n_0(1+\psi_{I,l}\varphi_t) \tag{2.6.50a}$$

梁在弯矩作用下的换算模量比 $n_{I,l}$ 也可以类似地表达为

$$n_{I,l}=n_0(1+\psi_{I,l}\varphi_t) \tag{2.6.50b}$$

而徐变影响系数 $\psi_{I,B}$ 也类似地有以下两种形式：

微分形式

$$\psi_{I,l}=\frac{e^{\alpha_M\varphi_t}-1}{\alpha_M\varphi_t} \tag{2.6.51a}$$

代数形式

$$\psi_{I,l}=\frac{1}{1-\alpha_M\varphi_t(1-\rho_M)_t} \tag{2.6.51b}$$

(2)截面特性与应力计算

时刻 $t=t$ 的截面特性可由下式计算：

$$\begin{cases}A_{i,t}=A_{st}+\dfrac{A_b}{n_{A,l}}\\[2ex] I_{i,t}=I_{st}+\dfrac{I_b}{n_{I,l}}\end{cases} \tag{2.6.52}$$

双对称组合截面中的应力可由下列公式计算：

混凝土

钢

$$\begin{cases}\sigma_{b,t}=\dfrac{N_0}{n_{A,1}A_{i,t}}+\dfrac{M_0}{n_{I,1}I_{i,t}}z_i \\ \sigma_{st,t}=\dfrac{N_0}{A_{i,t}}+\dfrac{M_0}{I_{i,t}}z_i\end{cases} \tag{2.6.53}$$

6.5.3 上下缘不对称截面的组合梁徐变内力

(1)徐变微分方程式及其解

考察图2.6.19所示的结合梁截面，在 $t=0$ 时，混凝土板内作用有轴向力 $N_{b,0}$ 和弯矩 $M_{b,0}$。当混凝土产生徐变后，在时间 dt 内，将分别在断面上产生轴向力 $N_{b,\varphi}$ 和附加弯矩 $M_{b,\varphi}$。可建立截面连续条件的微分形式为

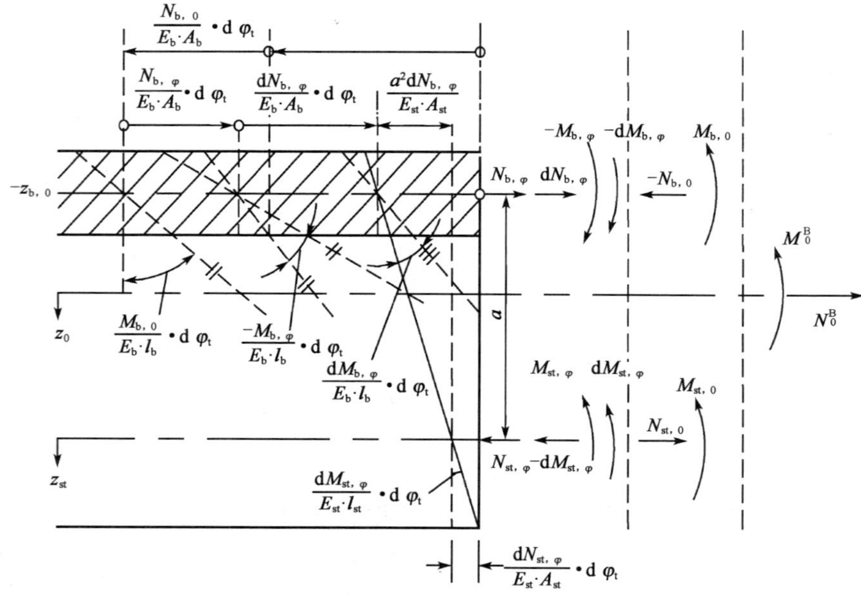

图2.6.19 上下缘不对称结合截面

$$\frac{N_{b,0}}{E_bA_b}d\varphi_t-\frac{N_{b,\varphi}}{E_bA_b}d\varphi_t-\frac{dN_{b,\varphi}}{E_bA_b}-\frac{dN_{b,\varphi}}{E_{st}A_{st}}-\frac{a^2dN_{b,\varphi}}{E_{st}I_{st}}=0 \tag{2.6.54}$$

$$\frac{M_{b,0}}{E_bI_b}d\varphi_t-\frac{M_{b,\varphi}}{E_bI_b}d\varphi_t-\frac{dM_{b,\varphi}}{E_bI_b}-\frac{dM_{b,\varphi}}{E_{st}I_{st}}-\frac{adN_{b,\varphi}}{E_{st}I_{st}}=0 \tag{2.6.55}$$

由式(2.6.54)经运算后可得

$$\frac{dN_{b,\varphi}}{d\varphi_t}\left(1+\frac{E_bA_b}{E_{st}A_{st}}+\frac{a^2E_bH_b}{E_{st}I_{st}}\right)+N_{b,\varphi}=N_{b,0} \tag{2.6.56}$$

因

$$1+\frac{E_bA_b}{E_{st}A_{st}}+\frac{a^2E_bA_b}{E_{st}I_{st}}=\frac{A_iI_i}{E_{st}I_{st}}$$

又

$$I_i\approx I_{st}+A_ia_ba_{st}$$

令
$$\gamma_{st}=\frac{A_{st}I_{st}}{A_iI_i},\beta_{st}=\frac{A_{st}}{A_{st}+\frac{A_b}{n_0}}=\frac{A_{st}}{A_i}$$

则式(2.6.56)可写为

$$\frac{1}{\gamma_{st}}\frac{dN_{b,\varphi}}{d\varphi_t}+N_{b,\varphi}=N_{b,0} \tag{2.6.57}$$

解得
$$N_{b,\varphi}=N_{b,0}(1-e^{-\gamma_{st}\varphi_t})=-N_{st,\varphi} \tag{2.6.58}$$

现将$\frac{dN_{b,\varphi}}{d\varphi_t}=N_{b,0}\gamma_{st}e^{-\gamma_{st}\varphi_t}$代入式(2.6.56)得

$$M_{b,0}d\varphi_t-M_{b,\varphi}d\varphi_t-dM_{b,\varphi}=\frac{\frac{1}{n_0}I_b}{I_{st}}dM_{b,\varphi}+\frac{\frac{1}{n_0}I_b}{I_{st}}aN_{b,0}\gamma_{st}e^{-\gamma_{st}\varphi_t}d\varphi_t$$

令
$$\alpha_{st}=\frac{I_{st}}{I_{st}+\frac{I_b}{n_0}}$$

则有
$$\frac{dM_{b,\varphi}}{d\varphi_t}+\alpha_{st}M_{b,\varphi}+(1-\alpha_{st})\gamma_{st}aN_{b,0}e^{-\gamma_{st}\varphi_t}=\alpha_{st}M_{b,0} \tag{2.6.59}$$

上式的通解为

$$M_{b,\varphi}=Ce^{-\gamma_{st}\varphi_t}-\frac{(1-\alpha_{st})\gamma_{st}}{\alpha_{st}-\gamma_{st}}aN_{b,0}e^{-\gamma_{st}\varphi_t}+N_{b,0} \tag{2.6.60}$$

当$t=0$时,$\varphi_t=0$,$M_{b,\varphi}=0$,则可得常数C为

$$C=\frac{(1-\alpha_{st})\gamma_{st}}{\alpha_{st}-\gamma_{st}}aN_{b,0}+M_{b,0}$$

于是式(2.6.59)的解为

$$M_{b,\varphi}=M_{b,0}(1-e^{\alpha_{st}\varphi_t})-aN_{b,0}\frac{I_b\alpha_{st}\gamma_{st}}{n_0I_{st}(\alpha_{st}-\gamma_{st})}(e^{-\gamma_{st}\varphi_t}-e^{-\alpha_{st}\varphi_t}) \tag{2.6.61}$$

若令$\frac{I_b}{n_0}=0$,即忽略混凝土换算面积,则$\alpha_{st}\approx1$,于是有

$$M_{b,\varphi}=M_{b,0}(1-e^{-\varphi_t})-aN_{b,0}\frac{I_b\gamma_{st}}{n_0I_{st}(1-\gamma_{st})}(e^{-\gamma_{st}}-e^{-\varphi_t}) \tag{2.6.62}$$

(2)采用换算弹性模量法计算徐变内力

对图2.6.19所示的不对称截面结合梁,同样可引入式(2.6.50)所表达之换算弹性模量比$n_{I,B}$的概念计算徐变内力。由于引入$n_{I,B}$导致一系列的截面特性值的变化,具体有下列各种表达:

$$\begin{cases}n_{I,B}=n_0(1+\psi_{I,B}\varphi_t),A_{i,t}=A_i\dfrac{1+\beta_{st}\psi_{I,B}\varphi_t}{1+\psi_{I,B}\varphi_t}\\ a_{b,t}=a_b\dfrac{1+\psi_{I,B}\varphi_t}{1+\beta_{st}\psi_{I,B}\varphi_t},a_{st,t}=\dfrac{\alpha_{st}}{1+\beta_{st}\psi_{I,B}\varphi_t}\\ I_{i,t}=I_i\dfrac{1+\gamma_{st}\psi_{I,B}\varphi_t}{1+\beta_{st}\psi_{I,B}\varphi_t},z_{i,t}=z_i+a_{st}\dfrac{\beta_{st}\psi_{I,B}\varphi_t}{1+\beta_t\psi_{I,B}\varphi_t}\end{cases} \tag{2.6.63}$$

其中徐变影响系数 $\psi_{I,B}$ 的微分形式推演如下：

据式(2.6.7)知，在时刻 $t=t$，按换算截面计算的混凝土板内的轴向力 $N_{b,t}$ 为

$$N_{b,t}=N_{b,0}-N_{b,\varphi}=M\frac{a_{b,t}A_b}{n_0(1+\psi_{I,B}\varphi_t)I_{i,t}}$$

而据式(2.6.62)又有

$$N_{b,t}=N_{b,0}-N_{b,\varphi}=N_{b,0}e^{-\gamma_s\varphi_t}=M\frac{a_bA_b}{n_0I_i}e^{-\gamma_{st}\varphi_t}$$

上列两式应相等，并将式(2.6.63)中 $a_{b,t}$ 和 $I_{i,t}$ 代入后即得

$$\psi_{I,B}=\frac{e^{\gamma_{st}\varphi_t}-1}{e^{\gamma_{st}\varphi_t}} \tag{2.6.64}$$

而在时刻 $t=t$，结合梁断面上的应力为

$$\begin{cases}\sigma_{b,t}=\dfrac{M}{n_{I,B}I_{I,B}}z_{it}=\sigma_{b,0}\dfrac{1+\left(1+\dfrac{a_{st}}{z_i}\right)\beta_{st}\psi_{I,B}\varphi_t}{(1+\psi_{I,B}\varphi_t)(1+\gamma_{st}\psi_{I,B}\varphi_t)}\\[2ex]\sigma_{st,t}=\dfrac{M}{I_{i,t}}z_{i,t}=\sigma_{st,0}\dfrac{1\pm\left(1+\dfrac{a_{st}}{z_i}\right)\beta_{st}\psi_{I,B}\varphi_t}{1+\gamma_{st}\psi_{I,B}\varphi_t}\end{cases} \tag{2.6.65}$$

采用换算弹性模量法计算的代数形式此处从略。

6.6 组合梁桥的混凝土收缩内力计算

6.6.1 混凝土收缩引起的内力重分配

计算混凝土的收缩影响时，可将收缩应变 ε_s 代入混凝土在轴向力 $N_{b,0}$ 作用下的徐变方程式(2.6.26)即可。于是有

$$-\frac{N_{b,0}}{E_bA_b}d\varphi_t=\frac{\varepsilon_s}{\varphi_E}d\varphi_t$$

$$N_{b,0}=-\frac{\varepsilon_s}{\varphi_E}E_bA_b=N_s \tag{2.6.66}$$

故有

$$N_{b,\varphi}=\frac{\varepsilon_s}{\varphi_E}E_bA_b(1-e^{-\alpha_N\varphi_t})$$

$$\begin{cases}N_{b,t}=N_{b,\varphi}\\N_{st,t}=-N_{b,\varphi}\end{cases} \tag{2.6.67}$$

6.6.2 上下缘不对称截面组合梁的收缩内力

分析收缩效应时，可参照分析徐变的方法，将收缩力 $N_s=\dfrac{\varepsilon_s}{\varphi_E}E_bA_b$ 作用在混凝土板重心上，

据此建立类似计算徐变时的变形协调方程式，参照式(2.6.54)和式(2.6.55)有

$$\frac{\varepsilon_s}{\varphi_E}\frac{E_bA_b}{E_bA_b}d\varphi_t-\frac{N_{b,s}}{E_bA_b}d\varphi_t-\frac{dN_{b,s}}{E_bA_b}-\frac{a^2dN_{b,s}}{E_{st}I_{st}}=0 \tag{2.6.68}$$

和

$$\frac{M_{b,s}}{E_bI_b}d\varphi_t+\frac{dM_{b,s}}{E_bI_b}+\frac{dM_{b,s}}{E_{st}I_{st}}+\frac{adN_{b,s}}{E_{st}I_{st}}=0 \tag{2.6.69}$$

式中下标 s 表示徐变力素。

式(2.6.68)的解为

$$N_{b,s}=\frac{\varepsilon_sA_bA_b}{\varphi_E}(1-e^{-\gamma_{st}\varphi_t})=-N_{st,s} \tag{2.6.70}$$

式(2.6.69)的解为

$$M_{b,s}=\frac{\varepsilon_sE_bA_ba\frac{1}{n_0}I_b\alpha_{st}\gamma_{st}(e^{-\gamma_{st}\varphi_t}-e^{\alpha_{st}\varphi_t})}{\varphi_EI_{st}(\alpha_{st}-\gamma_{st})} \tag{2.6.71a}$$

若令$\frac{I_b}{n_0}\approx0$，则有 $\alpha_{st}\approx1$，于是得

$$M_{b,s}=-\frac{\varepsilon_sE_bA_baI_b\gamma_{st}(e^{-\gamma_{st}\varphi_t}-e^{\varphi_t})}{n_0\varphi_E(1-\gamma_{st})} \tag{2.6.71b}$$

和计算徐变内力相似，计算收缩内力时，同样可引进一个换算模量比 n_s 的概念，即

$$n_s=n_0(1+\psi_{S,L}\varphi_t) \tag{2.6.72}$$

式中：$\psi_{S,L}$——收缩影响系数。

引入换算模量比 n_s 之后，结合梁的截面特征值计算同式(2.6.63)。收缩影响系数 $\psi_{S,L}$的简单推演如下：

据式(2.6.7)由收缩而引起的钢梁弯矩 $M_{st,s}$为

$$M_{st,s}=N_{b,s}a+M_{b,s}\approx N_{b,s}a=\frac{\varepsilon_s}{\varphi_E}E_bA_b(1-e^{-\gamma_{st}\varphi_t}) \tag{2.6.73}$$

采用换算截面法来计算时，钢梁重心处的弯矩应为

$$M_{st,s}=N_{b,s}a_{st,s}\frac{I_{st}}{I_{i,s}}=\frac{\varepsilon_s}{\varphi_E}E_{st}A_{st}\varphi_ta_{st,s}\frac{I_{st}}{I_{i,s}} \tag{2.6.74}$$

显然上述两种结果相同，故有

$$\frac{\varepsilon_sE_{st}A_{st}}{\varphi_E}\varphi_ta_{st,s}\frac{I_{st}}{I_{i.s}}=\frac{\varepsilon_s}{\varphi_E}E_bA_b(1-e^{-\gamma_{st}\varphi_t})$$

将

$$a_{st,s}=\frac{a}{1+\beta_{st}\psi_{S,L}\varphi_t},I_{i,s}=I_i\frac{1+\gamma_{st}\psi_{S,L}\varphi_t}{1+\beta_{st}\psi_{S,L}\varphi_t} \tag{2.6.75}$$

代入上式即可解得

$$\psi_{S,L}=\frac{e^{\gamma_{st}\varphi_t}}{e^{\gamma_{st}\varphi_t}-1}-\frac{1}{\gamma_{st}\varphi_t} \tag{2.6.76}$$

在常用范围内，当 $\gamma_{st}\varphi_t$ 在 0.06～1.00 范围变化时，$\psi_{S,L}$为 0.51～0.58，变化不大，可近似取 $\psi_{S,L}=0.52$。据此计算结合梁截面在时刻 $t=t$ 的应力：

混凝土的收缩应力

$$\sigma_{b,s}=\frac{\varepsilon_s E_{st}A_{st}}{n_s A_{i,s}}\left(1+\frac{a_{st,s}A_{i,s}}{I_{i,s}}z_{b,s}\right) \tag{2.6.77}$$

钢梁的收缩应力

$$\sigma_{st,s}=-\frac{\varepsilon_s E_{b,s}A_b}{A_{i,s}}\left(1+\frac{a_{b,s}A_{i,s}}{I_{i,s}}z_{st,s}\right) \tag{2.6.78}$$

6.6.3 连续组合梁的混凝土收缩内力

由于混凝土的收缩，结合梁中的钢梁将同时受到附加的轴力和弯矩作用。若忽略掉 $M_{b,s}$，则弯矩可用式(2.6.70)计算，亦即

$$M_{st,s}=\frac{\varepsilon_s E_b A_b}{\varphi_E}(1-e^{-\gamma_{st}\varphi_t})a \tag{2.6.79}$$

由此产生的超静定弯矩为(图 2.6.20)

$$M_{s,t}=-M_{st,s}\frac{3(1+\xi)}{(2+3\xi)}\frac{I_i}{I_{st}}\frac{1}{1+\frac{A_i a_b a_{st}}{I_{st}}(1-e^{-\gamma_{st}\varphi_t})} \tag{2.6.80}$$

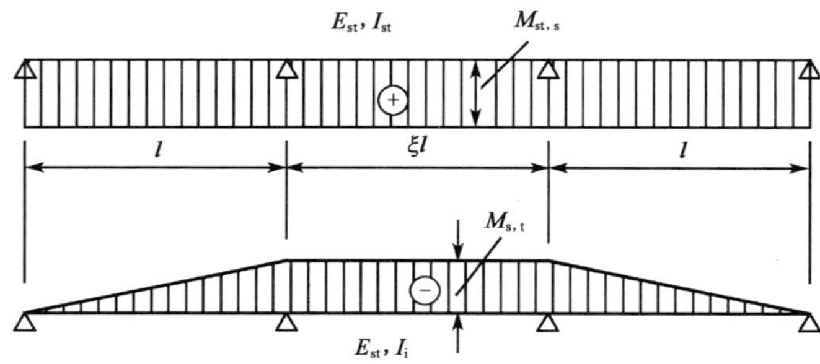

图 2.6.20　收缩产生的超静定弯矩

其分布为

$$\begin{cases} M_x=M_{s,t}\dfrac{x}{l} & (0<x<l) \\ M_x=M_{s,t} & \left(l<x<l+\dfrac{\xi}{2}l\right) \end{cases} \tag{2.6.81}$$

弯矩分布如图 2.6.20 所示。

若采用换算弹性模量法计算，和计算徐变内力相似，因混凝土收缩致使结合梁的换算截面上所受到的弯矩为

$$M_{st,s}=\frac{\varepsilon_s E_{st}A_{st}}{\varphi_E}a_{st,s}\varphi_t \text{ 或 } M_{st,s}=\frac{\varepsilon_s E_{b,s}A_b}{\varphi_E}a_{b,s}\varphi_t$$

于是这部分收缩的超静定弯矩为

或

$$M_{s,t}=\frac{-\varepsilon_s E_{st}A_{st}\varphi_t}{\varphi_E}a_{st,s}\frac{3(1+\xi)}{(2+3\xi)}\frac{I_i}{I_{i,s}}$$

$$M_{s,t}=\frac{-\varepsilon_s E_{b,s}A_b\varphi_t}{\varphi_E}a_{b,s}\frac{3(1+\xi)}{(2+3\xi)}\frac{I_i}{I_{i,s}} \tag{2.6.82}$$

式中：$E_{b,s}$——计算收缩时，混凝土的换算弹性模量，$E_{b,s}=\dfrac{E_b}{1+\psi_{S,L}\varphi_t}$。

6.7　连续组合梁桥特性分析

连续梁的支点附近因有负弯矩导致混凝土受拉，使混凝土开裂而无法同钢梁结合。避免混凝土开裂常用的措施有预加荷载法、支点高程调整法或设置预应力钢筋等对混凝土板负弯矩区预施压力，以保证混凝土同钢梁的可靠结合。

由于上述施工措施将在梁体产生附加弯矩，因而必须计算这部分弯矩的徐变和收缩效应。

和简支梁相同，连续梁的混凝土徐变收缩附加内力计算也可以用解析法和换算弹性模量法计算，后者在初步设计时较为实用而被普遍采用。

6.7.1　调整支座产生的预应力及其徐变内力

调整支座措施是改善结合梁内力，加强混凝土板和钢梁结合的最为基本和有效的方法。如图2.6.21所示，钢梁架设后将中点支座顶高，或将端支承下降，使钢梁全长范围内产生初弯矩，然后再浇筑混凝土桥面板，结硬后将支座高程恢复至正常位置，于是就在板内建立起预应力。然而，由于混凝土的徐变和收缩作用，在荷载的长期稳定作用下，支点负弯矩区的混凝土的预压应力会有所减小，而钢梁下缘的拉应力则随之增加，也即使预应力效果日渐丧失，故对此必须正确计算。

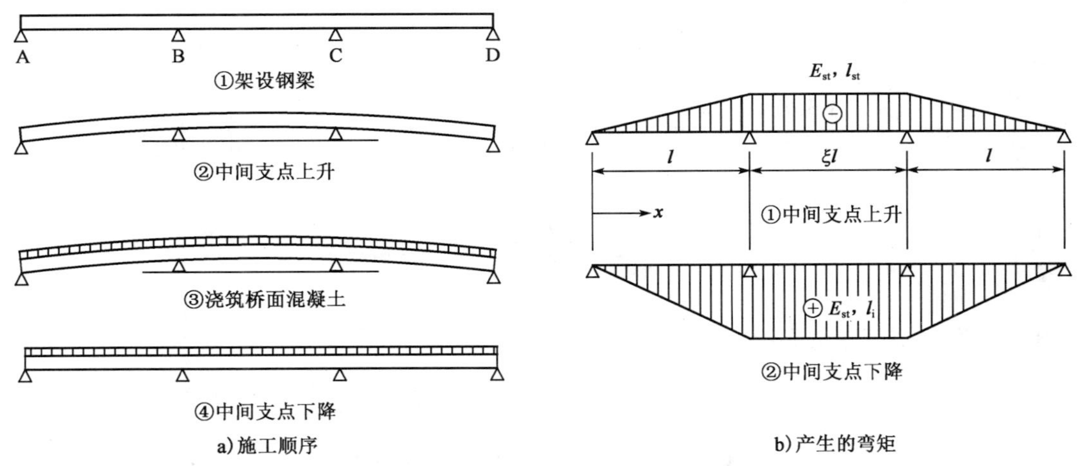

图2.6.21　调整支座法

以图2.6.21a)所示的对称三跨连续梁为例，若先将钢梁的中间支点B、C上升Δ_0，然后浇混凝土板，待结硬后再将支点下降Δ_0，则结合梁支点处的预施初弯矩为

$$M_{\Delta}=\Delta_0\frac{6E_{st}I_i}{(2+3\xi)l^2} \tag{2.6.83}$$

梁上的弯矩分布为

$$\begin{cases}M_x=M_{\Delta}\dfrac{x}{l} & (0<x<l)\\ M_x=M_{\Delta} & \left(l<x<l+\dfrac{\xi}{2}l\right)\end{cases} \tag{2.6.84}$$

式中:ξ——连续梁中跨长与边跨长之比。

经上述应力调整措施后,在 $t=0$ 时的结合梁附加应力可据式(2.6.8)或式(2.6.9)计算,而由于混凝土的徐变,则在 $t=t$ 时,若忽略 $M_{b,\varphi}$,则由 M_{Δ} 产生的钢梁附加弯矩 $M_{st,\varphi}$ 可据式(2.6.58)写为

$$\begin{aligned}M_{st,\varphi}&=N_{b,\varphi}a\\ &\approx N_{b,0}(1-e^{-\gamma_{st}\varphi_t})a\end{aligned}$$

据式(2.6.7)有 $N_{b,0}a=M_{\Delta}\dfrac{A_ia_ba_{st}}{I_i}$

故得

$$M_{st,\varphi}=M_{\Delta}\frac{A_ia_ba_{st}}{I_i}(1-e^{-\gamma_{st}\varphi_t}) \tag{2.6.85}$$

由于连续梁为超静定结构,故钢梁这部分附加弯矩 $M_{st,\varphi}$ 将再产生超静定力矩和徐变附加力矩 $M_{t,\varphi}$ 且互相反复。$M_{t,\varphi}$ 值可按下式计算[1]

$$\begin{aligned}M_{t,\varphi}=&-M_{\Delta}\frac{A_ia_ba_{st}}{I_i}(1-e^{-\gamma_{st}\varphi_t})\frac{I_i}{I_{st}}+M_{\Delta}\left[\frac{A_ia_ba_{st}(1-e^{-\gamma_{st}\varphi_t})}{I_i}\frac{I_i}{I_{st}}\right]^2-\\ &M_{\Delta}\left[\frac{A_ia_ba_{st}(1-e^{-\gamma_{st}\varphi_t})}{I_i}\frac{I_i}{I_{st}}\right]^3+M_{\Delta}\left[\frac{A_ia_ba_{st}(1-e^{-\gamma_{st}\varphi_t})}{I_i}\frac{I_i}{I_{st}}\right]^4\cdots\\ =&-M_{\Delta}\left\{\left[\frac{A_ia_ba_{st}}{I_{st}}(1-e^{-\gamma_{st}\varphi_t})\right]-\left[\frac{A_ia_ba_{st}}{I_{st}}(1-e^{-\gamma_{st}\varphi_t})\right]^2+\right.\\ &\left.\left[\frac{A_ia_ba_{st}}{I_{st}}(1-e^{-\gamma_{st}\varphi_t})\right]^3-\left[\frac{A_ia_ba_{st}}{I_{st}}(1-e^{-\gamma_{st}\varphi_t})\right]^4+\cdots\right\}\end{aligned}$$

故有

$$M_{t,\varphi}=-M_{\Delta}\frac{\dfrac{A_ia_ba_{st}}{I_{st}}(1-e^{-\gamma_{st}\varphi_t})}{1+\dfrac{A_ia_ba_{st}(1-e^{-\gamma_{st}\varphi_t})}{I_{st}}} \tag{2.6.86}$$

$M_{t,\varphi}$ 在全梁范围的分布为

$$\begin{cases}M_x=M_{t,\varphi}\dfrac{x}{l} & (0<x<l)\\ M_x=M_{t,\varphi} & (l<x<l+\dfrac{\xi}{2}l)\end{cases} \tag{2.6.87}$$

如采用换算弹性模量法计算,则有

$$M_{t,\varphi}=-M_{\Delta}\frac{A_ia_ba_{st}}{I_i}(1-e^{-\gamma_{st}\varphi_t})\frac{I_{i,t}}{I_{st}} \tag{2.6.88}$$

或
$$M_{t,\varphi} = -M_{\Delta}\left(1 - \frac{I_{i,t}}{I_i}\right)$$

及
$$M_{\Delta} + M_{t,\varphi} = M_{\Delta}\frac{I_{i,t}}{I_i} \tag{2.6.89}$$

三跨连续梁中间支点附近因徐变引起的应力变化如图2.6.22所示。

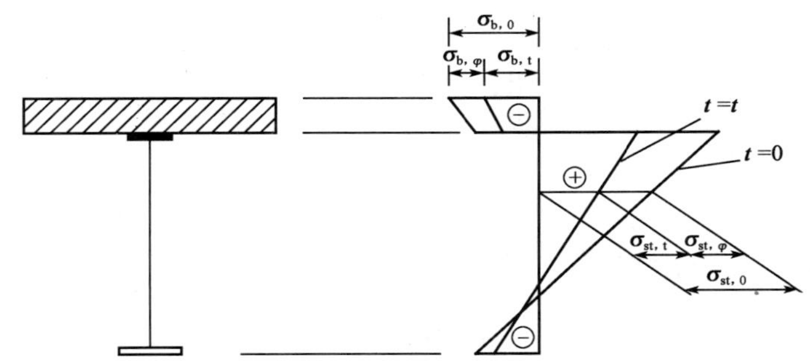

图2.6.22 支点附近截面徐变引起的应力变化

6.7.2 支点区预加应力及其徐变内力

如图2.6.23所示,若连续梁支点区通过混凝土桥面板内的预应力筋来施加轴向力 N,该轴向力距结合梁截面重心距离为 a_c,于是梁上的附加偏心弯矩及轴力分别为

$$M_{N1} = Na_c, N_{Pl} = N \tag{2.6.90}$$

该力矩在连续梁全长范围内所产生的超静定弯矩为

$$M_{N2} = -\frac{6M_{N1}}{(2+3\xi)l^2}\left[c_1\left(l - \frac{c_1}{2}\right) + c_2 l\right] \tag{2.6.91}$$

其分布为

$$\begin{cases} M_x = M_{N2}\dfrac{x}{l} & (0 < x < l) \\ M_x = M_{N2} & (l < x < l + \dfrac{\xi}{2}l) \end{cases} \tag{2.6.92}$$

式中的 c_1 和 c_2 如图2.6.23所示。

于是,$t=0$ 时,预应力筋配置区段的弯矩为

$$M = M_{N1} + M_{N2} \tag{2.6.93}$$

由 M_{N1} 产生的徐变附加力矩为

$$M_{N1,\varphi} = M_{N1}\frac{A_i a_c a_{st}}{I_i}(1 - e^{-\gamma_{st}\varphi_t}) \tag{2.6.94}$$

它的徐变超静定力矩为

$$\overline{M}_{N1,\varphi} = -\frac{6M_{N1}}{(2+3\xi)l^2}\left[c_1\left(l - \frac{c_1}{2}\right) + c_2 l\right]\frac{\dfrac{A_i a_c a_{st}}{I_i}(1 - e^{-\gamma_{st}\varphi_t})}{1 + \dfrac{A_i a_c a_{st}(1 - e^{\gamma_{st}\varphi_t})}{I_{st}}} \tag{2.6.95}$$

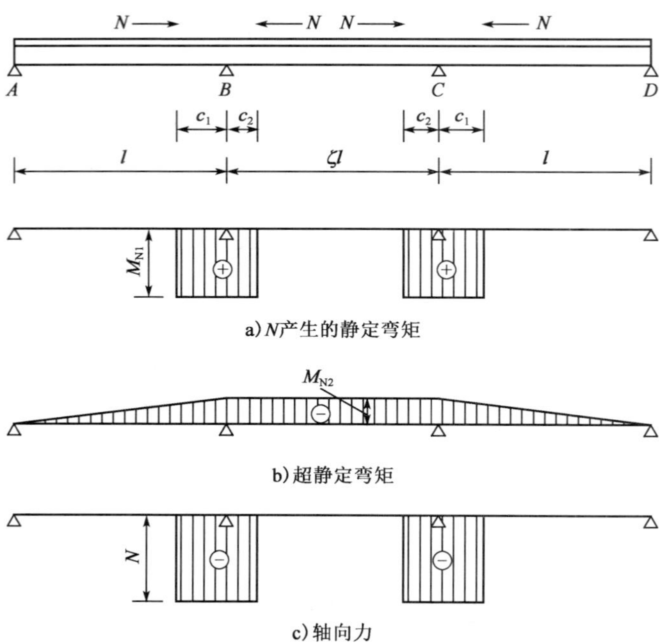

a) N产生的静定弯矩

b) 超静定弯矩

c) 轴向力

图 2.6.23　预应力产生的弯矩和轴向力

同理，由 M_{N2} 产生的徐变超静定力矩 $\overline{M}_{N2,\varphi}$ 为

$$\overline{M}_{N2,\varphi}=M_{N2}\frac{\dfrac{A_i a_c a_{st}}{I_i}(1-e^{-\gamma_{st}\varphi_t})}{1+\dfrac{A_i a_c a_{st}}{I_{st}}(1-e^{\gamma_{st}\varphi_t})}$$

$$=\frac{6M_{N1}}{(2+3\xi)l^2}\left[c_1\left(l-\frac{c_1}{2}\right)+c_2 l\right]\frac{\dfrac{A_i a_c a_{st}}{I_{st}}(1-e^{-\gamma_{st}\varphi_t})}{1+\dfrac{A_i a_c a_{st}}{I_{st}}(1-e^{-\gamma_{st}\varphi_t})} \tag{2.6.96}$$

显见，由式(2.6.95)和式(2.6.96)可知，最后梁上由徐变所引起的超静定弯矩变化为 $\overline{M}_{N,\varphi}=\overline{M}_{N1,\varphi}+\overline{M}_{N2,\varphi}=0$，即无变化。

其次，当组合梁截面重心作用有预加轴向力 $N_1=N$ 时，它所产生的钢梁的徐变力矩 $\overline{\overline{M}}_{st,\varphi}$ 为

$$\overline{\overline{M}}_{st,\varphi}=N\frac{A_b}{n_0 A_i}a(1-e^{-\gamma_{st}\varphi_t}) \tag{2.6.97}$$

由它产生的超静定力矩，并考虑徐变的不断变化后可得

$$\overline{\overline{M}}_{N,\varphi}=-\frac{6\overline{\overline{M}}_{st,\varphi}}{(2+3\xi)l^2}\left[c_1\left(l-\frac{c_1}{2}\right)+c_2 l\right]\frac{I_i}{I_{st}}+$$

$$\frac{6\overline{\overline{M}}_{st,\varphi}}{(2+3\xi)l^2}\left[c_1\left(l-\frac{c_1}{2}\right)+c_2 l\right]\frac{I_i}{I_{st}}\left[\frac{A_i a_c a_{st}}{I_i}(1-e^{-\gamma_{st}\varphi_t})\right]\frac{I_i}{I_{st}}-$$

$$\frac{6\,\overline{\overline{M}}_{st,\varphi}}{(2+3\xi)l^2}\left[c_1\left(l-\frac{c_1}{2}\right)+c_2 l\right]\frac{I_i}{I_{st}}\left[\frac{A_i a_c a_{st}}{I_i}(1-e^{-\gamma_{st}\varphi_t})\right]^2\left(\frac{I_i}{I_{st}}\right)^2+\cdots$$
$$=-\frac{6\,\overline{\overline{M}}_{st,\varphi}}{(2+3\xi)l^2}\left[c_1\left(l-\frac{c_1}{2}\right)+c_2 l\right]\frac{I_i}{I_{st}}\frac{1}{1+\frac{A_i a_c a_{st}}{I_{st}}(1-e^{-\gamma_{st}\varphi_t})} \tag{2.6.98}$$

其分布为

$$\begin{cases} M_x=\overline{\overline{M}}_{N,\varphi}\dfrac{x}{l} & (0<x\leqslant l) \\ M_x=\overline{\overline{M}}_{N,\varphi} & (l<x<l+\dfrac{\xi}{2}l) \end{cases} \tag{2.6.99}$$

如果采用换算模量法来计算徐变力矩时，有

$$\overline{\overline{M}}_{N,\varphi}=-\frac{6\,\overline{\overline{M}}_{st,\varphi}}{(2+3\xi)l^2}\left[c_1\left(l-\frac{c_1}{2}\right)+c_2 l\right]\frac{I_{i,\varphi}}{I_{st}} \tag{2.6.100}$$

则
$$\overline{\overline{M}}_{st,\varphi}=N(a_{st}-a_{st,t})\frac{I_{st}}{I_{i,t}}$$

故式(2.6.100)可改写为

$$\overline{\overline{M}}_{N,\varphi}=-\frac{6N(a_{st}-a_{st,t})}{(2+3\xi)l^2}\left[c_1\left(l-\frac{c_1}{2}\right)+c_2 l\right] \tag{2.6.101}$$

这样，在时刻 $t=t$，在预加力 N 作用下，截面上随时间而变化的总力矩 $M_{N,\varphi}$ 为

$$M_{N,\varphi}=M_{N2}+\overline{\overline{M}}_{N,\varphi}=-\frac{6M_{N1}}{(2+3\xi)l^2}\left[c_1\left(l-\frac{c_1}{2}\right)+c_2 l\right]-\frac{6N(a_{st}-a_{st,t})}{(2+3\xi)l^2}\left[c_1\left(l-\frac{c_1}{2}\right)+c_2 l\right]$$
$$=\frac{6Na_c}{(2+3\xi)l^2}\left[c_1\left(l-\frac{c_1}{2}\right)+c_2 l\right]-\frac{6N(a_{st}-a_{st,t})}{(2+3\xi)l^2}\left[c_1\left(l-\frac{c_1}{2}\right)+c_2 l\right]$$
$$=\frac{6Na_c}{(2+3\xi)l^2}\left[c_1\left(l-\frac{c_1}{2}\right)+c_2 l\right](-a_c-a_{st}+a_{st,t}) \tag{2.6.102}$$

若 $a_c=a_b$，即预应力束位于混凝土板重心，则

$$M_{N\varphi}=\frac{6Na_{c,t}}{(2+3\xi)l^2}\left[c_1\left(l-\frac{c_1}{2}\right)+c_2 l\right] \tag{2.6.103}$$

由此可见，截面上只有轴向力 N 一项作用才会产生随时间变化的次力矩。

6.8　组合梁桥的连接件分析

组合梁的混凝土板与钢梁之间的连接件是连接钢梁和混凝土板的重要传力构件，主要用来承担钢梁与混凝土板之间的纵向水平力（抗剪），并抵抗两者之间的掀起作用（抗拔）。工程

上常通过计算结合面作用剪力和连接件的抗剪承载力进行设计验算，而连接件的抗拔承载力一般均能满足要求。常用连接件有焊钉、型钢、钢筋、开孔板及其组合，如图 2.6.24 所示。其中以焊钉连接件应用最为广泛，开孔板连接件最为优异。

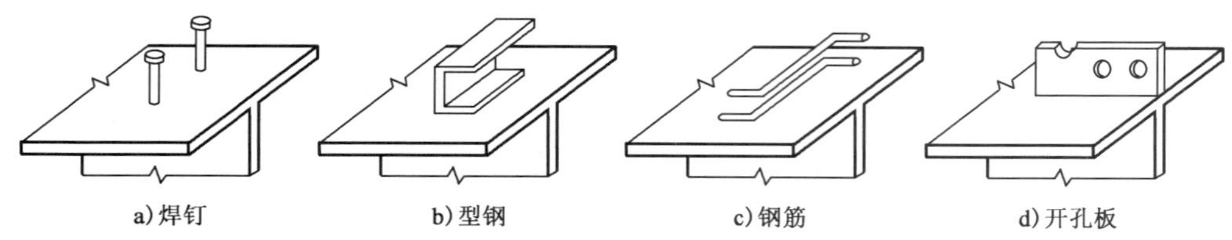

图 2.6.24　连接件的类型

连接件作为钢混组合结构梁桥结构中的重要部分，其使用和研究是离不开钢混组合梁的发展的。自 20 世纪 30 年代出现剪力连接件后，经过 50 年左右认识、探索、研究和使用，至 20 世纪 80 年代后期，连接件才进入成熟的应用阶段，相继被纳入欧洲（CEB-ECCS）的组合结构规范（1981）、中国的钢结构规范（1988）、美国 AASHTO 规范（1994）等标准规范。欧洲规范 4（EUROCODE4）还详细地规定了连接件的承载力计算，包括槽钢、弯筋和焊钉连接件。进入 21 世纪后，随着组合结构的发展，出现了新的连接件如组合连接件。本节主要介绍常用的焊钉和开孔板连接件的基本力学性能。

6.8.1　连接件的抗剪承载力

（1）焊钉连接件

组合梁桥中常用的正立（头部朝上）与倒立（头部朝下）焊钉连接件本身的力学性能不具有方向性。但处于构件不同位置的连接件，由于受到混凝土的浇筑方向、混凝土的密度及剪力作用方向等的影响，在组合构件中表现出的力学性能会有所不同，特别是侧立焊钉连接件的表现更为突出。

大量试验表明，焊钉连接件的抗剪承载力 Q_{wu} 与钉杆的直径 d、面积 A_s、包括头部的高度 h、混凝土的抗压强度 f_c 及弹性模量 E_c 等因素有关，如图 2.6.25 所示。但这些因素在不同研究者的表达式中的反映程度存在差异。其通式可写为

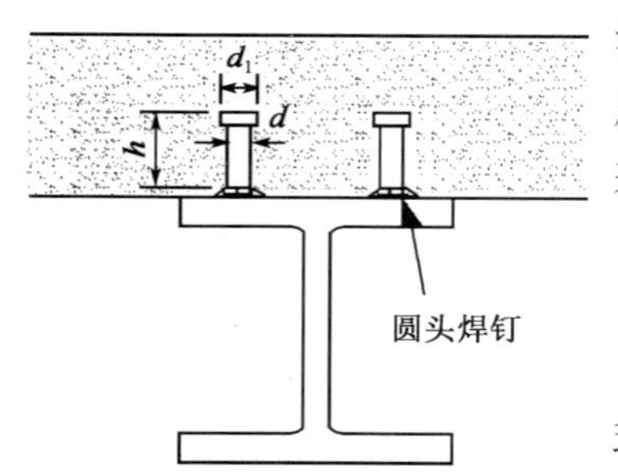

图 2.6.25　焊钉连接件

$$Q_{wu}=k_1A_s\sqrt{E_cf_c} \tag{2.6.104}$$

或

$$Q_{wu}=k_2A_s\sqrt{(h/d)f_c}+Q_{wu0} \tag{2.6.105}$$

式中：k_1、k_2、Q_{wu0}——试验参数，依研究者的试验规模及试件尺寸的不同而不同。中国公路钢桥设计规范中采用式（2.6.104），取 $k_1=0.43$。

式（2.6.104）的形式亦被欧洲规范所采用。

（2）开孔板连接件

开孔板连接件是在结合面专门设置的加劲钢板上开孔，或在主要受力构件上直接开孔，依靠

孔中混凝土的抗剪作用承受剪力。为了增强抗剪和变形能力,孔中可贯穿钢筋,如图2.6.26所示。

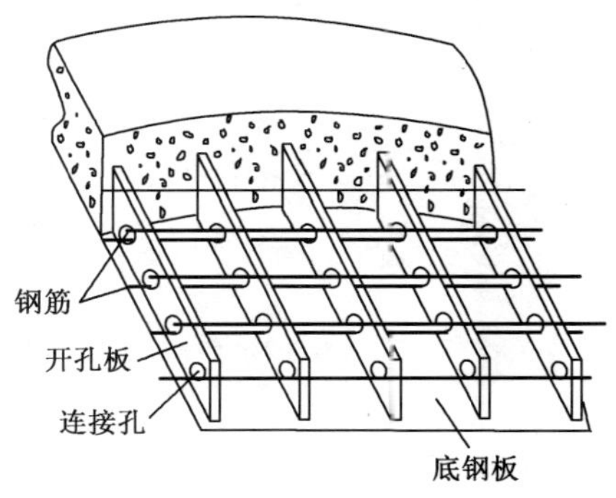

图2.6.26　开孔板连接件

研究表明,开孔板连接件的抗剪承载力 Q_{pu} 与混凝土销孔的直径 d、混凝土强度 f_c、贯穿钢筋的直径 d_s、钢筋的屈服强度 f_y 等有关,可表示为

$$Q_{pu}=\beta_1 d^2 f_c+\beta_2 d_s^2 f_y \tag{2.6.106}$$

或

$$Q_{pu}=\beta_3(d^2-d_s^2)f_c+\beta_4 d_s^2 f_y+Q_{pu0} \tag{2.6.107}$$

式中:β_1、β_2、β_3、β_4、Q_{pu0}——试验参数,依研究者的试验规模及试件尺寸的不同而不同。

以各研究者的建议公式计算同一结构,其结果还存在较大差异,还需进行大量试验研究工作。

6.8.2　连接件的数值模拟

连接件是组合结构的关键组成部件,模拟连接件局部应力分布涉及复杂的非线性,较为困难。但对于工程结构分析来说,重点是获得荷载在组合结构不同部件间的分配关系及结合面可能存在的滑移变形。组合桥梁结合面连接件可采用实体单元模拟,能较好地模拟结合面的性能,但由于计算容量限制,只适合对焊钉布置数目较少的组合结构进行分析。

连接件的简化模拟方法是将连接件的受力进行分解,每个连接件用三个弹簧单元模拟,其中两个模拟连接件抗剪作用,一个模拟拉拔作用。这一方法可以直接采用推出试验的剪力相对滑移曲线作为弹簧元的非线性刚度。

连接件在空间结构中当采用正交三弹簧来模拟时,所连接的两点在空间位置上是相同的,只表示力学上的模型,无几何尺寸。连接单元的应变与应力的性质同平面问题一样,假设连接单元在局部坐标系中所连接的两点位移矢量为

$$\boldsymbol{\delta}=[u_i\quad v_i\quad w_i\quad u_j\quad v_j\quad w_j] \tag{2.6.108}$$

式中:u_i、v_i、w_i、u_j、v_j、w_j——三正交局部坐标方向上 i、j 节点的位移。

设连接单元与参考面距离为 z,则应变与位移的关系为

$$\varepsilon_x=u_j-u_i,\varepsilon_y=v_j-v_i,\varepsilon_z=w_j-w_i$$

以矩阵形式表示为

$$\boldsymbol{\varepsilon}=\boldsymbol{B\delta} \tag{2.6.109}$$

由材料的本构关系 $\boldsymbol{\sigma}=\boldsymbol{D\varepsilon}$,有

$$\boldsymbol{\sigma}=\boldsymbol{DB\delta} \tag{2.6.110}$$

式中:$\boldsymbol{B}$——单元应变矩阵,$\boldsymbol{B}=\begin{bmatrix}-1&0&0&1&0&0\\0&-1&0&0&1&0\\0&0&-1&0&0&1\end{bmatrix}$;

$\boldsymbol{D}$——弹性矩阵,$\boldsymbol{D}=\begin{bmatrix}k_x&0&0\\0&k_y&0\\0&0&k_z\end{bmatrix}$,$k_x$、$k_y$、$k_z$ 为连接件单元的刚度系数,可由试验来确定。

根据连接件的剪力 V－滑移 s 曲线，有

$$k_x = \frac{\mathrm{d}V}{\mathrm{d}s_x}, k_y = \frac{\mathrm{d}V}{\mathrm{d}s_y}, k_z = \frac{EA}{L} \tag{2.6.111}$$

式中：E、A、L——连接件的弹性模量、截面面积及长度。

局部坐标系中单元节点位移与节点力的关系为

$$\boldsymbol{K}_e \delta_e = \boldsymbol{F}_e \tag{2.6.112}$$

式中：$\boldsymbol{K}_e$——局部坐标系中的单元刚度矩阵，有

$$\boldsymbol{K}_e = \boldsymbol{B}^{\mathrm{T}} \boldsymbol{D} \boldsymbol{B} \tag{2.6.113}$$

其余分析步骤同一般有限元方法。

6.9 小　　结

桥梁结构中，由几种不同受力性质的材料组合而成的构件或结构，在荷载作用下能共同受力、协调变形的结构称为组合结构。钢—混凝土组合梁是组合结构的一种，型钢混凝土、钢管混凝土等结构亦被广泛应用在桥梁结构上。钢—混凝土组合梁的计算可沿用弹性理论，习惯上采用换算截面法，故而需引入两种材料的弹性模量比的概念。

对于因混凝土徐变和收缩所产生的附加内力一项，也可近似地采用换算弹性模量法进行计算。该法的优点是可将常规计算和次内力效应的分析互相关联和渗透，便于实用。

应力调整是组合梁桥设计计算的一项重要内容，但由于混凝土的收缩和徐变作用，将使该项措施的效果减弱，故必须精确计算组合梁结构的收缩徐变效应，以确保安全。

剪力连接件除保证其抗剪承载力外，还应满足其抗拉拔承载力。连接件承载力的计算方法并未达成一致，研究工作还将继续。

本章参考文献

[1] 小西一郎. 钢桥(第二分册)[M]. 北京：人民交通出版社，1980.
[2] 聂建国. 钢—混凝土组合结构桥梁[M]. 北京：人民交通出版社，2011.
[3] 陈宝春. 钢管混凝土拱桥[M]. 2 版. 北京：人民交通出版社，2007.

第 3 篇

薄壁箱梁分析理论

7　薄壁箱梁的弯曲理论

7.1　初等梁理论及箱形梁的弯曲剪应力

实际桥梁工程中的荷载多属偏载。箱形梁在偏心荷载作用下，除产生纵向挠曲变形外，还会产生扭转变形（截面刚性假定）、畸变变形（放弃截面刚性假定）和横向挠曲变形。如不考虑泊松比的影响，可将箱梁的空间效应分为纵向效应和横向效应分别计算。这里仅讨论纵向效应（纵向挠曲、扭转和畸变变形）分离解析分析方法，本章介绍弯曲效应分析方法。第8章和第9章分别介绍扭转和畸变效应分析方法。箱形梁结构空间效应的数值方法将在第10章中进行讨论。

7.1.1　初等梁理论

初等梁理论中，梁截面的变形服从平截面假定，应力应变关系满足虎克定律，则正应力 σ_z 与弯矩 M、梁截面惯性矩 I_x 及计算点距中性轴的距离 y 有如下关系（图3.7.1）

$$\sigma_z = \frac{My}{I_x} \tag{3.7.1}$$

从式(3.7.1)可以看出，梁中最大拉应力和最大压应力发生在距中性轴最远的点上，梁横截面上同一高度处的应力相同。

对于实腹梁，其弯曲剪应力沿梁宽方向均匀分布，平行于剪力 Q 的剪应力 τ 为

$$\tau = \frac{QS}{I_x b} \tag{3.7.2}$$

式中：Q——竖向剪力；

S——计算截面对中性轴的一次矩；

b——梁的截面宽度。

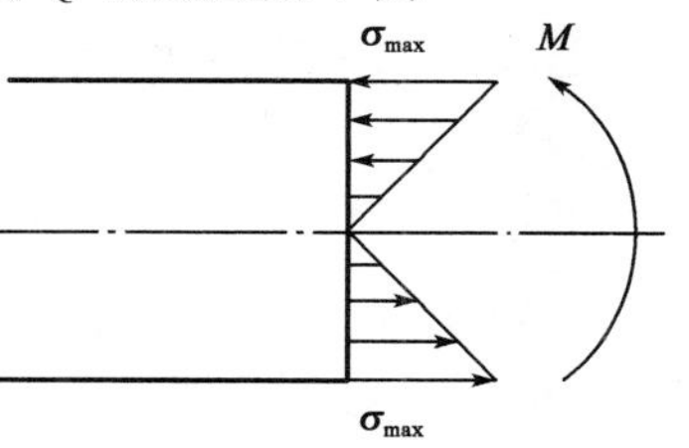

图3.7.1　初等梁弯曲正应力

对于如图3.7.2所示的偏心压弯杆件，若 $M_x = Pe_y$，$M_y = Pe_x$，则正应力为

$$\sigma_z = \frac{P}{A} + \frac{I_{xy}x - I_y y}{I_{xy}^2 - I_x I_y}M_x + \frac{I_{xy}y - I_x x}{I_{xy}^2 - I_x I_y}M_y \tag{3.7.3}$$

式中：Z_{xy}——$I_{xy} = \int xy\mathrm{d}A$，为截面对 x、y 坐标的惯性积；

Z_y——$I_y = \int x^2\mathrm{d}A$，为截面对 y 轴的惯性矩；

其余符号意义如图 3.7.2 所示。

计算箱形截面梁的剪应力时，可近似地将箱形梁看成宽翼缘的工字梁。对于宽翼缘的工字梁，其腹板剪应力平行于剪力作用的竖向轴 y，而翼缘剪应力平行于 x 轴，并假设沿板厚度方向均匀分布（图 3.7.3），则式（3.7.2）的剪应力计算公式同样可以适用。

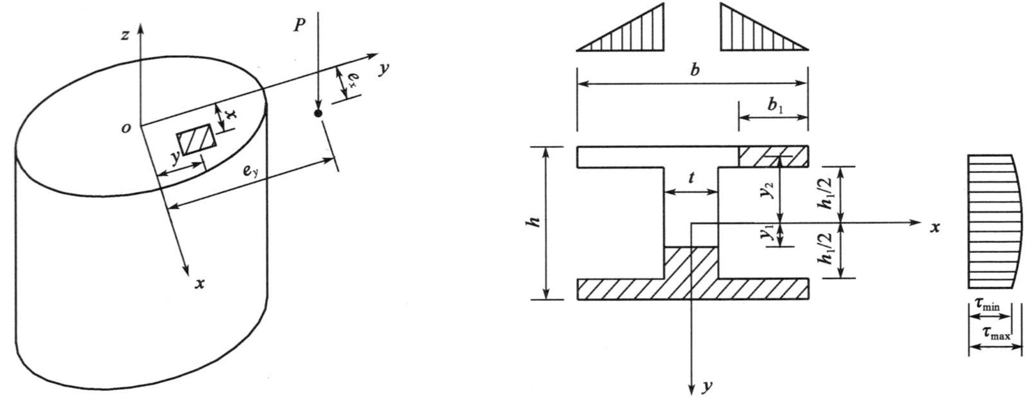

图 3.7.2　偏心压弯杆

图 3.7.3　宽翼缘梁腹板中的剪应力

宽翼缘梁计算截面以外面积（图 3.7.3 中的阴影部分）对中性轴的一次矩为

$$S = \frac{b}{2}\left(\frac{h^2}{4} - \frac{h_1^2}{4}\right) + \frac{t}{2}\left(\frac{h_1^2}{4} - y_1^2\right) \tag{3.7.4}$$

腹板中的剪应力为

$$\tau = \frac{Q}{I_x t}\left[\frac{b}{2}\left(\frac{h^2}{4} - \frac{h_1^2}{4}\right) + \frac{t}{2}\left(\frac{h_1^2}{4} - y_1^2\right)\right] \tag{3.7.5}$$

令 $y_1 = 0$，可求得最大剪应力

$$\tau_{\max} = \frac{Q}{I_x t}\left(\frac{bh^2}{8} - \frac{bh_1^2}{8} + \frac{th_1^2}{8}\right) \tag{3.7.6}$$

它发生在中性轴处。若令 $y = \pm\frac{h_1}{2}$，可得腹板最小剪应力

$$\tau_{\min} = \frac{Q}{I_x t}\left(\frac{bh^2}{8} - \frac{bh_1^2}{8}\right) \tag{3.7.7}$$

一般地，宽翼缘梁腹板的厚度 t 与翼板宽度 b 相比是比较小的，因此最大剪应力 $\tau_{\max}$ 与最小剪应力 $\tau_{\min}$ 数值差别不大，从而可知整个腹板截面上的剪应力分布是接近于均匀的。因此作为近似计算，可以直接将剪力 Q 除以腹板面积 th_1 作为腹板的最大剪应力。

计算翼缘板中的剪应力时，对中性轴的一次矩 S 为

$$S = b_1\left(\frac{h}{2} - \frac{h_1}{2}\right)y_2 \tag{3.7.8}$$

翼缘板的剪应力为

$$\tau = \frac{Qb_1y_2}{I_x} \tag{3.7.9}$$

式中各符号意义如图3.7.3所示。

翼缘板中的剪应力沿 x 轴是线性分布的,在翼缘板外边缘处剪应力等于零。

此近似方法对于单箱单室箱梁截面的腹板剪应力计算是准确的。

7.1.2 箱形梁的弯曲剪应力

将薄壁箱形梁看成宽翼缘的工字梁用类似于实心梁结构来计算其剪应力,对于多箱室结构其误差是不可接受的。因为薄壁箱梁中的剪应力 τ 会沿箱壁形成剪力流 τt,形成剪应力内部超静定。如图3.7.4所示的单室箱形截面弯曲时,假定剪力作用线通过截面剪切中心(不产生扭转),则总剪力流由相应的开口截面剪力流[剪应力由式(3.7.2)计算]与赘余剪力流组成,即

$$q = q_0 - \frac{\oint q_0 \frac{ds}{t}}{\oint \frac{ds}{t}} \tag{3.7.10}$$

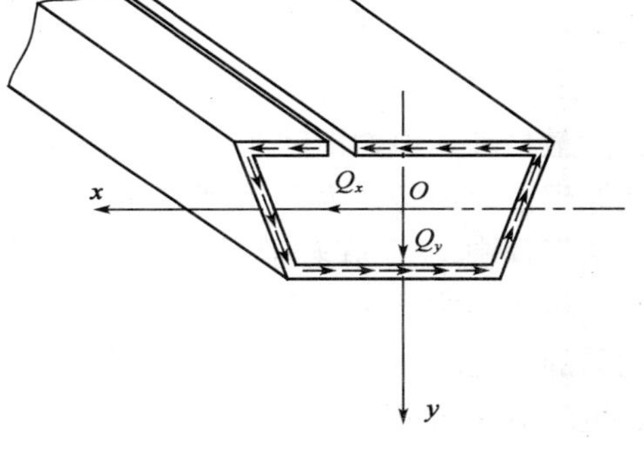

图3.7.4 单室箱形截面

式中:q_0——相应开口箱形截面的剪力流;

t——箱梁壁厚;

s——沿箱梁薄壁中线坐标。

对于多箱式截面,首先将闭合截面都切开,转化为开口截面,然后应用变形协调条件,使被切开的截面恢复为原先的闭合截面,从而求得剪力流。这样由 n 室组成的箱形截面切开后,就有 n 个多余剪力流。可以在每一个切口处建立一个变形协调方程,其一般形式为

$$\oint_i \frac{q_{0i}}{Gt}ds + q_i\oint_i \frac{ds}{Gt} - \sum q_k \oint_{i,k}\frac{ds}{Gt} = 0 \quad (i = 1,2,\cdots,n) \tag{3.7.11}$$

其中,k 为与第 i 室相邻的室。

联立求出 $q_i(i=1,2,\cdots,n)$,再与开口截面的剪力流 q_0 叠加即可求得该箱的剪力流,即

$$q = q_0 + q_i \quad (i = 1,2,\cdots,n) \tag{3.7.12}$$

若将切口选择在截面对称轴上的顶、底板处,则 q_i 为零,可以简化计算。但不能因此而忽视顶、底板的剪力流。

7.2 薄壁箱梁的剪力滞效应理论

7.2.1 剪力滞效应

为了说明剪力滞效应的基本概念,先取一悬臂箱形薄壁梁为例,在悬臂端的梁肋处施加一

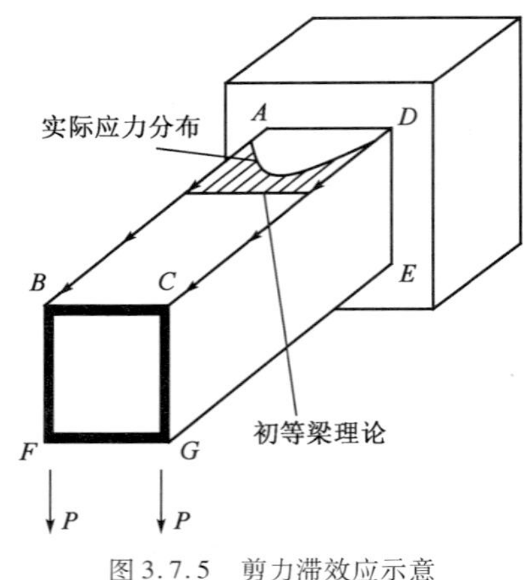

图 3.7.5　剪力滞效应示意

对集中力 P，如图 3.7.5 所示。

在平行于 AD 截面处，应用初等梁的弯曲理论，顶板上得到均匀分布的弯曲拉应力。离固端处越近，拉应力的强度也越高。但实际上，腹板传递的剪力流在腹板与翼缘板的交界处要大，而向板内传递的过程中，由于翼缘板（上、下翼板）存在剪切变形，故向板内传递的剪力流要逐渐地变小。以顶板为例，其拉应力在顶板宽范围之内的分布是不均匀的，呈现板的中间小而两边大的分布状态。很明显，肋处的剪力流在向板中传递的过程中，有滞后现象，所以工程界称之为“剪力滞效应”或“剪力滞后现象”。并定义为剪力滞系数（Coefficient of shear lag）。

$$\lambda = \frac{\sigma}{\sigma_0} \tag{3.7.13}$$

式中：σ——截面上的实际应力；

σ_0——按初等梁理论算出的应力。

最早涉入剪力滞问题的理论推导是弗・卡曼（T. V. Karman，见第 6.2 节），他利用最小势能原理推导出跨径为 $2l$ 且承受余弦形荷载的连续梁的有效分布宽度，称之为“卡曼理论”。在航空工程中，由于在轻金属飞机机身的盖板下布置了许多小型 I 字梁，受力之后，剪力滞效应要比桥梁结构严重得多。它不仅有应力分布不均匀现象，还存在薄板翘曲失稳问题。这种不均匀的应力状态在美国工程界通称“剪力滞效应”，在英国称之为“弯曲应力的离散现象”，两者虽然取名各异，但实质相同。从 1969 年 11 月到 1971 年 11 月，在奥地利、英国、澳大利亚、德国相继发生了四起钢箱梁失稳或破坏事故。事故发生后，许多桥梁专家对四座桥梁的设计及计算方法进行了研究与分析，提出这四座桥的计算方法存在严重的缺陷，其中一项就是设计中未认真对待“剪力滞效应”，因此导致应力过分集中，造成结构的失稳或局部破坏。

目前，国内外均建造了大量的箱形薄壁梁桥、T 构、刚构、斜拉桥等剪力滞效应较为突出的桥梁。如果忽略它的影响，势必导致结构的失效。另外，在高层建筑中的悬臂筒中筒结构，在风力作用下出现负剪力滞情况，更应得到结构工程师的特殊关注。

考虑剪力滞效应后，前述称为“正剪力滞”，那么反之，则称为“负剪力滞”[2]，如图 3.7.6 所示。剪力滞概念与有效分布宽度概念考虑的问题相同，前者用不均匀应力表示，而后者用一等效板宽表示。有效分布宽度用于非箱形截面（开口截面），而剪力滞一般多用于箱形截面

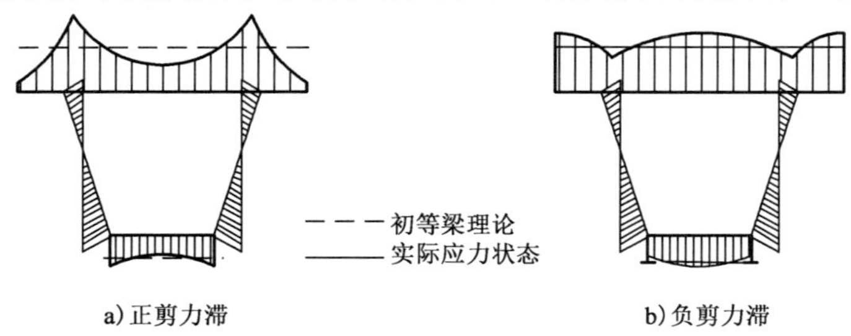

图 3.7.6　正负剪力滞效应

(封闭截面)。在桥梁设计中,恒载、二期恒载、预加力均在横截面上产生剪力滞效应,其中恒载占主导地位。因此,要将恒载弯矩值抛高设计,但抛高多少要通过 λ 值计算才能确定。在斜拉桥中,活载占主导地位,弯矩值抛高也应通过 λ 值方能确定。

近20年来,国内外许多学者对剪力滞问题提出了许多新设想和新理论,并辅以试验研究的数据与成果,可以部分地解决桥梁结构中的实际问题,综合起来有下列几种方法。卡曼理论:T. V. Karman's theory,1942年。弹性理论解法:瑞斯纳(E. Reissner,1983),爱伯德赛德(Abdel-Sayed,1969)的正交异性板法;戈尔德贝格(Goldberg)、李维(Leve)等的弹性折板理论(Theory of Folded plates);吉普森(J. E. Gibson,1976)和米特瓦来(M. H. Mitwally,1976)的板壳理论(Shell Theory)。比拟杆法:杨格(Younger)的加劲薄板理论;尹文斯(H. R. Evans,1977)、塔海伦(A. R. Taherian)的比拟杆法及三杆比拟法(3 Bar Stimulation Method)等。变分法:瑞斯纳(E. Reissner)等。数值法:有限条法、有限元法、有限段法。

7.2.2 剪力滞效应的影响

要了解剪力滞效应的大小,可以取一宽度为 b 的单向受力的顶板来进行分析。

图3.7.7显示沿翼缘板宽度 b 的应力变化规律。取一个微小单元体 dx、dz,开始形状为 A,加荷后就变成菱形如 B。板的厚度为 t,则其一维平衡方程式为

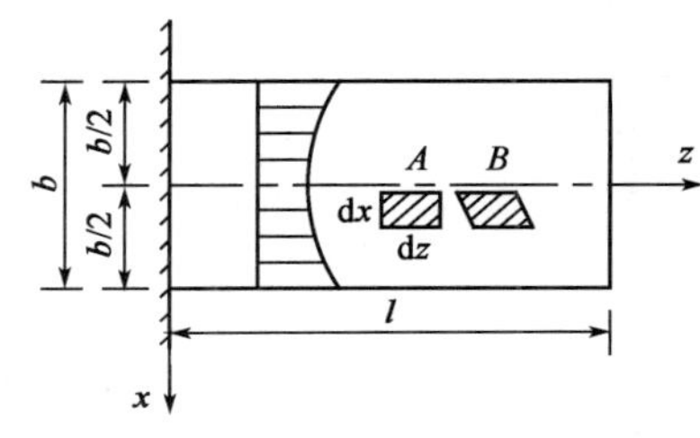

图3.7.7 悬臂箱梁顶板单元、应力与变形

$$\frac{\partial \tau_{zx}}{\partial x}+\frac{\partial \sigma_z}{\partial z}=0 \tag{3.7.14}$$

式中:σ_z——正应力;

τ_{zx}——剪应力。

若用变形 $u=f(z,x)$ 表示式(3.7.13),则有

$$\frac{\partial^2 u}{\partial z^2}+n^2\frac{\partial^2 u}{\partial x^2}=0 \tag{3.7.15}$$

式中:$n^2=G/E$,即材料剪切模量与弹性模量之比。

式(3.7.15)的全解为

$$u=A\cos n\alpha z\,\mathrm{ch}\,\alpha x+B\cos n\alpha z\,\mathrm{sh}\,\alpha x+C\sin n\alpha z\,\mathrm{sh}\,\alpha x+D\sin n\alpha z\,\mathrm{ch}\,\alpha x \tag{3.7.16}$$

式中:A、B、C、D、α——待定常数。

由边界条件:

(1) $z=0$,$u=0$。

(2) $z=0$,$\tau_{zx}=0$,即 $\frac{\partial u}{\partial x}=0$,$\tau_{zx}$ 表示纵向剪应力沿 $z=0$ 的 x 轴为零。

(3) $x=0$(沿板的中线),纵向剪应力 $\tau_{zx}=0$,即 $\frac{\partial u}{\partial x}=0$。

(4) $z=l$(在悬臂端),$x=0$(沿板中线上),$\frac{\partial u}{\partial z}=0$(应力 $\sigma_z=0$)。

得到
$$u=D\sin\frac{(2m-1)}{2l}\pi z\,\mathrm{ch}\frac{2m-1}{2nl}\pi y$$

对 u 微分一次并乘以 E,得到弯曲法向应力 σ_z 为

$$\sigma_z = E\frac{\partial u}{\partial z} = ED\frac{2m-1}{2l}\pi\cos\frac{2m-1}{2l}\pi z\mathrm{ch}\frac{2m-1}{2nl}\pi x \tag{3.7.17}$$

当 $m=1$ 时

$$\sigma_Z = ED\frac{\pi}{2l}\cos\frac{\pi z}{2l}\mathrm{ch}\frac{\pi x}{2nl} \tag{3.7.18}$$

当 $x=\frac{b}{2}$时(肋处),$\sigma_z=\sigma_z|_{x=b/2}$;$x=0$(板中心),$\sigma_z=\sigma_z|_{x=0}$,则

$$\sigma_z\left|\frac{x=b/2}{\sigma_z}\right|_{x=0} = \mathrm{ch}\frac{\pi b}{4nl} \tag{3.7.19}$$

(1)对钢结构取 $v=0.3$,$n=0.62$,且$\frac{b}{l}=1.0$ 时,有 $\sigma_z|_{x=b/2}=1.95\sigma_z|_{x=0}$。

(2)对混凝土结构取 $v=0.16$,$n=0.657$,且$\frac{b}{l}=1.0$ 时,有 $\sigma_z|_{x=b/2}=1.8\sigma_z|_{x=0}$。

由此可见,肋处($x=\frac{b}{2}$)应力远大于板中心($x=0$)处应力,剪力滞效应非常明显,且 b 值越大(箱梁越宽),剪力滞效应越严重。

7.3 剪力滞效应的变分解法

7.3.1 一般箱梁剪力滞效应的变分解法

1)基本假定

应用能量变分法研究箱梁剪力滞效应时,可引入以下基本假定:

(1)在对称竖向荷载作用下,箱梁横截面的中性轴位置与按初等梁理论计算的位置相同。

(2)在对称竖向荷载作用下,箱梁腹板的变形符合平截面假定。

(3)计算翼板(顶板、悬臂翼板和底板)的应变能时,假设翼板的竖向应变、横向应变及板平面外的剪切应变均很小,可以忽略不计。

(4)剪力滞的影响只改变梁截面上正应力的分布,但不改变梁的截面内力沿梁纵向的分布。

既有研究表明,在以上 4 条基本假定中,(2) ~ (4)假定并不影响求解精度。由于能量变分法在考虑剪力滞效应后,截面的中性轴理论上与基于初等梁理论的截面形心不再吻合。因此引入假设(1)将在截面上引起附加轴向位移,既有研究中引入相应的修正方法考虑该影响。

2)基本微分方程[5]

对于图 3.7.8 所示的薄壁箱梁结构,在竖向荷载作用下,截面的弯曲变形将伴随着剪力滞效应,从而在横截面上存在着服从平截面假设的剪力滞翘曲位移。引入以下符号及定义:

$w(z)$——横截面任一点(x,y,z)的竖向挠曲位移;

$U(x,y,z)$——纵向位移;

$u(z)$——截面广义剪力滞翘曲位移;

$f(x,y)$——该点的剪力滞翘曲位移函数。

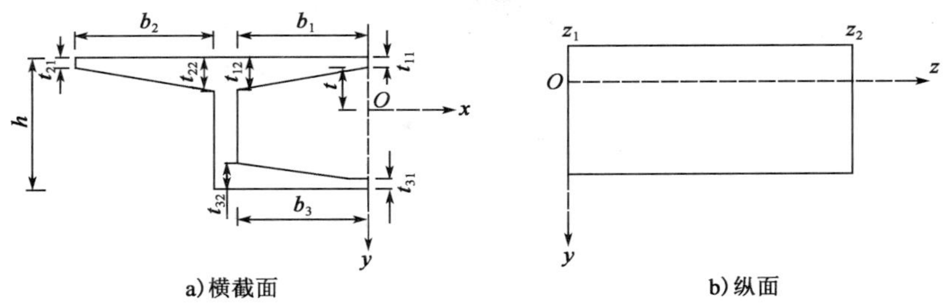

图3.7.8 薄壁箱梁及其坐标系

则横截面的纵向位移可表示为

$$U(x,y,z) = -yw'(z) + f(x,y)u(z) \tag{3.7.20}$$

截面弹性应变为

$$\varepsilon = \frac{\partial U(x,y,z)}{\partial z} = -yw''(z) + f(x,y)u'(z)$$

$$\gamma = \frac{\partial U(x,y,z)}{\partial x} = f'_x(x,y)u(z) \tag{3.7.21}$$

梁体的应变能可表示为对于梁段体积的积分,即

$$U = \frac{1}{2}\int(E\varepsilon^2 + G\gamma^2)\mathrm{d}V \tag{3.7.22}$$

设梁段外力引起的弯矩为 $M(z)$,则梁体的荷载势能为

$$V = -\int_{z_2}^{z_1} M(z)w''\mathrm{d}z \tag{3.7.23}$$

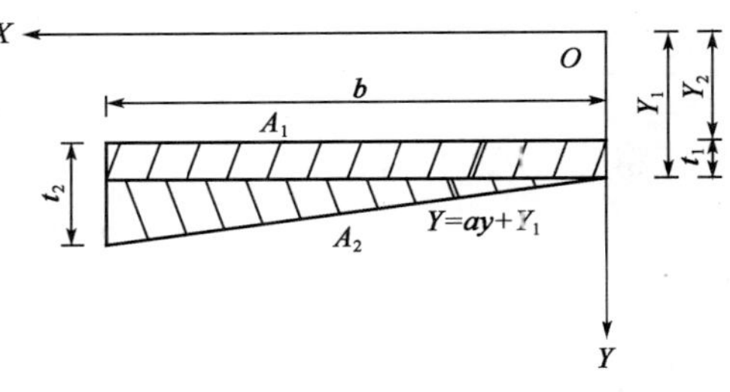

图3.7.9 箱梁变厚度翼板断面

假设箱梁的一块变厚度梯形翼板如图3.7.9所示,坐标原点 O 在箱梁截面形心处。根据箱梁截面的特性,可定义如下广义截面特性常数:

(1)截面竖向弯曲惯性矩 I

$$I = \int_A y^2\mathrm{d}A \tag{3.7.24}$$

(2)全部翼板的剪力滞翘曲惯性矩 I_{u}

$$I_{\mathrm{u}} = \int_A f^2(x,y)\mathrm{d}A = \int_{A_1} f^2(x,y)\mathrm{d}A + \int_{A_2} f^2(x,y)\mathrm{d}A \tag{3.7.25}$$

(3)全部翼板的剪力滞翘曲惯性积 I_{xu}

$$I_{\mathrm{xu}} = \int_A yf(x,y)\mathrm{d}A = \int_{A_1} yf(x,y)\mathrm{d}A + \int_{A_2} yf(x,y)\mathrm{d}A \tag{3.7.26}$$

(4)全部翼板的剪力滞翘曲面积 A_{u}

$$A_{\mathrm{u}} = \int_A [f'_x(x,y)]^2\mathrm{d}A = \int_{A_1} [f'_x(x,y)]^2\mathrm{d}A + \int_{A_2} [f'_x(x,y)]^2\mathrm{d}A \tag{3.7.27}$$

对于由多块翼板(顶板、悬臂板和底板)组成的箱梁截面,当选定合适的剪力滞翘曲位移函数后,分别按照式(3.7.25)~式(3.7.27)计算各翼板的截面特性参数,再进行叠加即可得到整体截面的特性参数。而截面的惯性矩可方便地利用材料力学方法进行计算。

对于翼板沿横向厚度变化的混凝土箱梁，由于与剪力滞相关的截面剪力滞翘曲惯性矩 I_u、剪力滞翘曲惯性积 I_{xu} 和剪力滞翘曲面积 A_u 均发生了变化，因此截面的剪力滞效应必然随之改变。

综合式（3.7.21）～式（3.7.23），并考虑到式（3.7.24）～式（3.7.27），梁段的总势能为

$$\Pi = U - V = \frac{1}{2}E\int_{z_1}^{z_2}\left[Iw''^2 - 2I_{xu}w''u' + I_u u'^2 + \frac{G}{E}A_u u^2\right]\mathrm{d}z + \int_{z_1}^{z_2} M(z)w''\mathrm{d}z \quad (3.7.28)$$

将总势能表示为以下广义函数

$$\Pi = \int_{z_1}^{z_2} F[x, u(z), u'(z), w''(z)]\mathrm{d}z \quad (3.7.29)$$

根据最小势能原理，有变分方程

$$\begin{aligned}\delta\Pi &= \int_{z_1}^{z_2}\left[\frac{\delta F}{\delta u}\delta u + \frac{\delta F}{\delta u'}\delta u' + \frac{\delta F}{\delta w''}\delta w''\right]\mathrm{d}z \\ &= \int_{z_1}^{z_2}\left[\frac{\delta F}{\delta u} - \frac{\mathrm{d}}{\mathrm{d}x}\left(\frac{\delta F}{\delta u'}\right)\right]\delta u\mathrm{d}z + \int_0^1 \frac{\delta F}{\delta w''}\delta w''\mathrm{d}z + \frac{\delta F}{\delta u'}\delta u\Big|_{z_1}^{z_2} = 0\end{aligned} \quad (3.7.30)$$

由式（3.7.30）可得到基于变分原理的控制微分方程为

$$\int_{z_1}^{z_2}\frac{\delta F}{\delta w''}\delta w''\mathrm{d}z = 0 \quad (3.7.31)$$

$$\int_{z_1}^{z_2}\left[\frac{\delta F}{\delta u} - \frac{\mathrm{d}}{\mathrm{d}x}\left(\frac{\delta F}{\delta u'}\right)\right]\delta u\mathrm{d}z = 0 \quad (3.7.32)$$

$$\frac{\delta F}{\delta u'}\delta u\Big|_{z_1}^{z_2} = 0 \quad (3.7.33)$$

将式（3.7.28）代入式（3.7.31）～式（3.7.33）整理得

$$\begin{aligned}&EIw'' - EI_{xu}u' + M(z) = 0\\ &EI_u u'' - EI_{xu}w''' + GA_u u = 0\\ &(EI_u u' - EI_{xu}w'')\delta u\Big|_{z_1}^{z_2} = 0\end{aligned} \quad (3.7.34)$$

式（3.7.34）就是箱梁基于变分法的基本微分方程，其中前两式为控制微分方程，第三式为变分所要求的纵向剪力滞位移函数的自然边界条件。

将式（3.7.34）中第一式求一阶导数，并和第二式合并整理得

$$u'' - k^2 u = \frac{n_1 Q(z)}{EI} \quad (3.7.35)$$

$$w'' = -\frac{M(z)}{EI} + \frac{I_{xu}}{I}u' \quad (3.7.36)$$

其中：$n = \left[\frac{I_u}{I_{xu}} - \frac{I_{xu}}{I}\right]^{-1}$，$k = \sqrt{\frac{GA_u n}{EI_{xu}}}$，$n_1 = -n$。

解式（3.7.35）即可求得广义剪力滞翘曲位移，其表达式可统一写为

$$n = \frac{n_1}{EI}(C_1\mathrm{sh}kz + C_2\mathrm{ch}kz + \bar{u}) \quad (3.7.37)$$

式中 C_1 和 C_2 为根据边界确定的系数，而$\bar{u}$是方程的特解，具体根据结构的边界和荷载条件确定。

3)应力和挠度

根据虎克定律,截面任一点的应力可表示为

$$\sigma(x,y,z)=E\varepsilon=E[-yw''(z)+f(x,y)u'(z)]=\frac{yM(z)}{I}+\left[f(x,y)-\frac{yI_{xu}}{I}\right]Eu'(z) \tag{3.7.38}$$

剪力滞系数的表达式为

$$\lambda(x,y,z)=\frac{\sigma(x,y,z)}{\sigma_0(y,z)}=1+\left[\frac{f(x,y)}{y}-\frac{I_{xu}}{I}\right]\frac{EIu'(z)}{M(z)} \tag{3.7.39}$$

其中 $\sigma_0(y,z)$ 为按照初等梁理论计算的梁体应力。

而式(3.7.36)为梁体曲率表达式。可将截面弯曲曲率表示为初等梁弯矩 $M(z)$ 引起的曲率与剪力滞附加弯矩 $M_F(z)$ 引起的附加曲率之和,即

$$w''=-\frac{1}{EI}[M(z)+M_F(z)]$$

则

$$M_F(z)=-EI_{xu}u'(z) \tag{3.7.40}$$

由此可以看出,剪力滞计算的基本方程式(3.7.35)~式(3.7.40)等均以剪力滞翘曲位移函数 $f(x,y)$ 为基础,当翘曲位移函数确定后,即可根据结构类型、边界条件等确定截面的应力和结构的挠度。

4)翘曲位移函数

以上分析可知,为了分析箱梁在竖向弯曲下的剪力滞分布规律,需首先定义横截面的纵向位移函数 $f(x,y)$,而正确反映箱梁翼板剪力滞分布规律的前提是剪力滞翘曲位移函数的合理定义。由引起剪力滞效应的机理可知,翘曲位移函数主要受翼板的剪切变形规律控制,因此在翘曲位移函数定义时考虑翼板之间剪切变形差异是必要的。

针对图3.7.10所示箱梁截面,可选择顶板1(厚度为 t_1)的翘曲位移函数为三次抛物线,即

$$f_1(x,y)=-y\left[1-\frac{x^3}{b_1^3}\right] \tag{3.7.41}$$

由于翼板的剪切变形与其剪力流直接相关,故根据翼板间剪力流的相对关系,可定义出悬臂板的翘曲位移函数为

$$f_2(x,y)=-y\left[1-\frac{(b_1+b_2-x)^3}{b_2^3}\right]\xi_2 \tag{3.7.42}$$

式中:ξ_2——$\xi_2=A_2/A_1$,即悬臂板和内侧顶板面积之比。

同理,定义底板的翘曲位移函数为

$$f_3(x,y)=y\left[1-\frac{x^3}{b_3^3}\right]\xi_3 \tag{3.7.43}$$

式中:$\xi_3=Y_bA_b/Y_uA_u$;

A_b——顶板面积;

A_u——底板面积;

其余符号意义如图3.7.10所示。

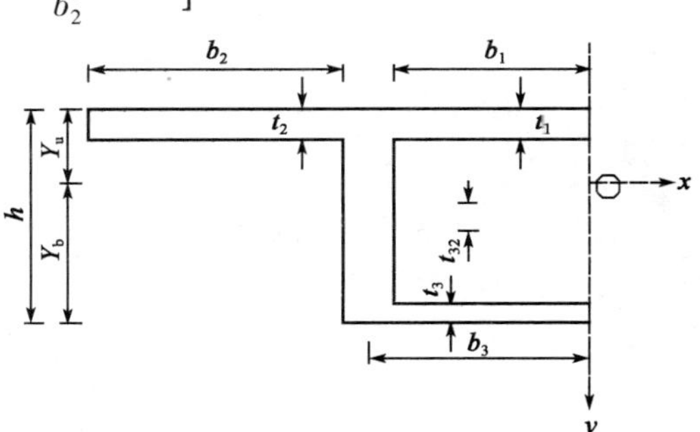

图3.7.10　箱梁截面

7.3.2 等厚度翼板箱梁剪力滞效应的简化变分解法

1）纵向位移函数

设箱梁半顶板、悬臂板及半底板宽度分别为 $\xi_1 b$、$\xi_2 b$、$\xi_3 b$，引入两个广义位移 $w(z)$ 及 $U(z,x)$ 用来描述梁的竖向变位和纵向位移，则

$$w = w(z) \tag{3.7.44}$$

$$U_i(z,x) = h_i\left\{\frac{\mathrm{d}w}{\mathrm{d}z} + \left[1 - \frac{x^3}{(\xi_i b)^3}\right]u(z)\right\} \tag{3.7.45}$$

式中：h_i——上、下翼板中面距箱梁形心轴的距离。

不难看出，当 $\xi_i = 1$ 时，即 $\xi_1 = \xi_2 = \xi_3$ 时（图 3.7.11），则

$$U_1(z,x) = U_2(z,x) = U_3(z,x) = U(z,x)$$

即
$$U(z,x) = h_i\left[\frac{\mathrm{d}w}{\mathrm{d}z} + \left(1 - \frac{x^3}{b^3}\right)u(z)\right] \tag{3.7.46}$$

上式即为具有与腹板间净距相等、厚度沿横向不变的悬臂翼板的矩形箱梁的纵向位移函数。假定翼板的纵向位移沿横向为三次抛物线分布，基本符合实测结果。式（3.7.43）与式（3.7.46）是坐标的连续函数，它们均能满足变形协调条件。式（3.7.46）还满足在腹板与翼板交界处（$x = \pm b$）的变形连续条件（这里只考虑 $x = +b$ 的情况）。

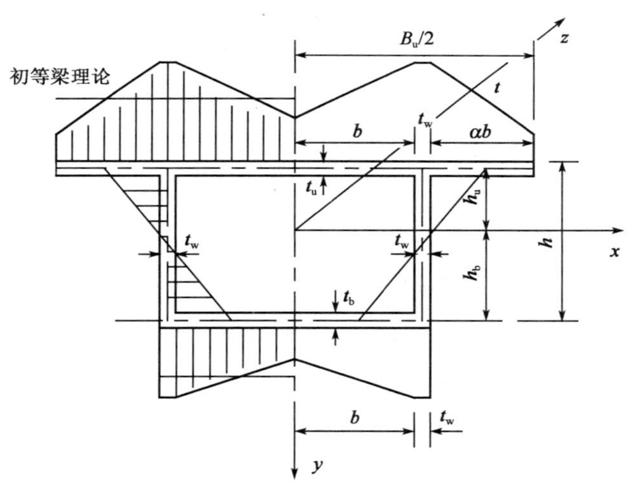

图 3.7.11 箱梁尺寸、坐标系及应力状态

2）基本微分方程

取图 3.7.8 为例进行推导。

（1）梁受弯时的荷载势能

$$V = \int_0^l q(z)w(z)\,\mathrm{d}z \tag{3.7.47a}$$

或
$$V = -\int_0^l M(z)w''(z)\,\mathrm{d}z \tag{3.7.47b}$$

(2)梁的各项应变能

①腹板(U_w)

$$U_w = \frac{1}{2}\int_0^l EI_w(w'')^2 dz \quad (3.7.48)$$

式中:I_w——腹板对截面形心的惯性矩。

②上翼板(U_{su})

$$U_{su} = \frac{1}{2}\iint t_u(E\varepsilon_{zu}^2 + G\gamma_u^2)dxdz \quad (3.7.49)$$

③下翼板(U_{sb})

$$U_{sb} = \frac{1}{2}\iint t_b(E\varepsilon_{zb}^2 + G\gamma_b^2)dxdz \quad (3.7.50)$$

$$\varepsilon_{zu} = \frac{\partial u_u(z,x)}{\partial z};\gamma_u = \frac{\partial u_u(z,x)}{\partial x} \quad (3.7.51)$$

$$\varepsilon_{zb} = \frac{\partial u_b(z,x)}{\partial z};\gamma_b = \frac{\partial u_b(z,x)}{\partial x} \quad (3.7.52)$$

从式(3.7.46)与式(3.7.49)中,得到

$$\begin{cases}\varepsilon_{xu} = -h_u\left[w'' + \left(1-\dfrac{x^3}{b^3}\right)u'(z)\right]\\ \gamma_u = \dfrac{3x^2}{b^3}h_u u(z)\end{cases} \quad (3.7.53)$$

从式(3.7.21)中得到

$$\begin{cases}\varepsilon_{xb} = h_b\left[w'' + \left(1-\dfrac{x^3}{b^3}\right)u'(z)\right]\\ \gamma_b = -\dfrac{3x^2}{b^3}h_b u(z)\end{cases} \quad (3.7.54)$$

将式(3.7.53)代入式(3.7.49),式(3.7.54)代入式(3.7.50)中,分别有

$$U_{su} = \frac{1}{2}I_{su}\int\left\{E\left[(w'')^2 + \frac{3}{2}w''u' + \frac{9}{14}(u')^2\right] + \frac{9G}{5b^2}u^2\right\}dz \quad (3.7.55)$$

$$U_{sb} = \frac{1}{2}I_{sb}\int\left\{E\left[(w'')^2 + \frac{3}{2}w''u' + \frac{9}{14}(u')^2\right] + \frac{9G}{5b^2}u^2\right\}dz \quad (3.7.56)$$

以上式中:I_{su}、I_{sb}——上下板对截面形心惯性矩,$I_{su} = 2t_u bh_u^2 + 2\alpha bt_u h_u^2$(忽略自身惯性矩);$I_{sb} = 2t_b bh_b^2$。

令$I = I_w + I_s$,其中$I_s = I_{su} + I_{sb}$,将式(3.7.47)、式(3.7.48)、式(3.7.55)、式(3.7.56)代入体系总势能$\Pi = V + U_w + U_{sb} + U_{su}$中有

$$\Pi = \int M(z)\frac{d^2w}{dz^2}dz + \frac{1}{2}\int EI_w\left(\frac{d^2w}{dz^2}\right)^2 dz + \frac{1}{2}I_s\int\left\{E\left[(w'')^2 + \frac{3}{2}w''u' + \frac{9}{14}(u')^2\right] + \frac{9Gu^2}{5b^2}\right\}dz \quad (3.7.57)$$

将上式变分有

$$\begin{aligned}\delta\Pi &= \int M(z)w'''\mathrm{d}z + \frac{1}{2}EI_{\mathrm{w}}\int 2\frac{\mathrm{d}^2w}{\mathrm{d}z^2}w'''\mathrm{d}z + \\ &\frac{1}{2}EI_{\mathrm{s}}\int\left(2w''w''' + \frac{3}{2}w''u' + \frac{3}{2}w''u'' + \frac{9}{7}u'u''\right)\mathrm{d}z + \frac{1}{2}I_{\mathrm{s}}\int\frac{18Gu}{5b^2}u'\mathrm{d}z \\ &= \int M(z)w'''\mathrm{d}z + EI_{\mathrm{w}}\int w''w'''\mathrm{d}z + EI_{\mathrm{s}}\int w''w'''\mathrm{d}z + \\ &\frac{3}{4}EI_{\mathrm{s}}\int w''u''\mathrm{d}z + \frac{9}{14}EI_{\mathrm{s}}\int u'u''\mathrm{d}z + \frac{3}{4}EI_{\mathrm{s}}\int w'''u'\mathrm{d}z + \frac{9}{5b^2}GI_{\mathrm{s}}\int uu'\mathrm{d}z \\ &= \int\left[M(z) + EIw'' + \frac{3}{4}EI_{s}u'\right]w'''\mathrm{d}z + \\ &\frac{3}{4}EI_{\mathrm{s}}\int w''u''\mathrm{d}z + \frac{9}{14}EI_{\mathrm{s}}\int u'u''\mathrm{d}z + \frac{9G}{5b^2}I_{\mathrm{s}}\int uu'\mathrm{d}z = 0\end{aligned}$$

式中第二、三两项用部分积分有

$$\int w''u''\mathrm{d}z = u'w''\Big|_{z_1}^{z_2} - \int u'w'''\mathrm{d}x$$

$$\int u'u''\mathrm{d}z = (u')^2\Big|_{z_1}^{z_2} - \int u'u''\mathrm{d}z$$

将上式回代则有

$$\begin{aligned}\delta\Pi = \int\left(M(z) + EIw'' + \frac{3}{4}EI_{s}u'\right)w'''\mathrm{d}z + EI_{\mathrm{s}}\int\left[-\frac{9}{14}u'' - \frac{3}{4}w''' + \frac{9Gu}{5Eb^2}\right]u'\mathrm{d}z + \\ EI_{\mathrm{s}}\left[\frac{9}{14}u' + \frac{3}{4}w''\right]\delta u\Big|_{z_1}^{z_2} = 0\end{aligned}$$

得到下列微分方程及边界条件

$$\begin{cases}EIw'' + M(z) + \dfrac{3}{4}EI_{s}u' = 0 \\ EI_{\mathrm{s}}\left[-\dfrac{9}{14}u'' - \dfrac{3}{4}w''' + \dfrac{9}{5}\dfrac{Gu}{Eb^2}\right] = 0 \\ EI_{\mathrm{s}}\left[\dfrac{9}{14}u' + \dfrac{3}{4}w''\right]\delta u\Big|_{z_1}^{z_2} = 0\end{cases} \tag{3.7.58}$$

令

$$\begin{cases}n = \dfrac{1}{1 - \dfrac{7}{8}\dfrac{I_{\mathrm{s}}}{I}} \\ k = \dfrac{1}{b}\sqrt{\dfrac{14Gn}{5E}}\end{cases} \tag{3.7.59}$$

并整理式(3.7.58)有

$$u'' - k^2u = \frac{7nQ(z)}{6EI} \tag{3.7.60}$$

$$w'''' - k^2w'' = \frac{k^2M(z)}{EI} - \frac{nM''}{EI} \tag{3.7.61}$$

n 与 k 称作瑞斯纳(E. Reissner)参数。

边界条件为：

当板固结时　　$u=0, \delta u=0$

当板非固结时　　$\left(\frac{9}{14}u'+\frac{3}{4}w''\right)\Big|_{z_1}^{z_2}=0$

方程(3.7.60)的一般解形式为

$$u(x)=\frac{7n}{6EI}(C_1 \mathrm{sh}kz+c_2 \mathrm{ch}kz+\bar{u}) \tag{7.2.62}$$

其中 $\bar{u}$ 为仅与剪力 $Q(z)$ 分布有关的特解，系数 C_1 与 C_2 由梁的边界条件确定。

3)附加弯矩与应力

从式(3.7.36)得到如下关系式

$$w''=-\left[\frac{M(x)}{EI}+\frac{3I_s}{4I}u'\right]$$

或

$$w''=-\frac{1}{EI}[M(z)+M_F] \tag{3.7.63}$$

及

$$M_F=\frac{3}{4}EI_s u' \tag{3.7.64}$$

附加弯矩 M_F 是由剪力滞效应而产生的。它是 $u(z)$ 的一阶导数的函数，而且与翼板的弯曲刚度成正比。

从式(3.7.63)可以看出，考虑剪力滞影响后，梁的曲率与弯矩的关系已经不是初等梁理论的 $w''=\frac{-M(z)}{EI}$ 的关系，而是增加了附加弯矩的修正项。由于剪力滞的影响使翼板的有效刚度降低，使梁的挠度增大。

应力表达式为

$$\sigma_z=E\frac{\partial u(z,x)}{\partial z}=Eh_i\left[\frac{M(z)}{EI}-\left(1-\frac{x^3}{b^3}-\frac{3}{4}\frac{l_s}{I}\right)u'\right] \tag{3.7.65}$$

式(3.7.65)中的第二项是考虑剪力滞影响的修正项。弯曲法向应力 σ_z 是沿横向按三次抛物线分布推导的。翼板与腹板交接处，其 σ_z 达到最大值。

7.3.3　变分法求解示例

本小节按第7.3.2节的简化模式求解简支梁、悬臂梁在简单荷载作用下的剪力滞系数、附加弯矩、位移等。

(1)承受集中荷载的简支梁

如图3.7.12所示，在简支梁上承受一集中荷载 P，弯矩与剪力都是分段函数。

当 $0 \leqslant z \leqslant a$ 时

$$M_1(z)=\frac{b}{l}Pz=\xi pz$$

$$Q_1(z)=\frac{b}{l}P=\xi P$$

$$\xi=\frac{b}{l}$$

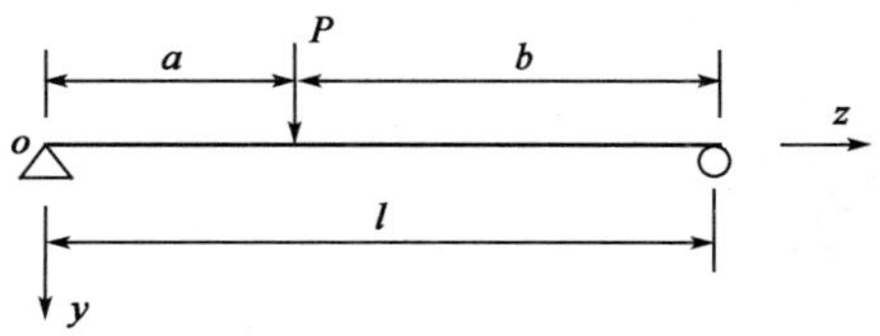

图3.7.12　简支梁承受集中荷载 P

当 $a<z\leqslant l$ 时

$$M_2(z)=(a-\eta z)P$$

$$Q_2(z)=-\eta P$$

$$\eta=\frac{a}{l}$$

由前述内容可知

当 $0\leqslant z\leqslant a$ 时

$$u_1''-k^2u_1=-\frac{7n\xi P}{6EI}$$

$$u_1=\frac{7nP}{6EI}\left(C_1\mathrm{sh}kz+C_2\mathrm{ch}kz-\frac{\xi}{k^2}\right)$$

当 $a\leqslant z\leqslant l$ 时

$$u_2''-k^2u_2=-\frac{7n\eta P}{6EI}$$

$$u_2=\frac{7nP}{6EI}\left(C_3\mathrm{sh}kz+C_4\mathrm{ch}kz-\frac{\eta}{k^2}\right)$$

边界条件为：$u_1'\big|_{z=0}=0$，$u_2'\big|_{z=l}=0$；连续条件为：$z=a$，$u_1=u_2$，从变分条件要求 $z=a$ 时

$$\left(u_1'-\frac{7nM}{6EI}\right)\bigg|^{a}+\left(u_2'-\frac{7nM}{6EI}\right)\bigg|_{a}=0$$

根据上述三个边界条件与一个连续条件，C_1、C_2、C_3 及 C_4 分别为

$$C_1=0$$

$$C_2=\frac{\mathrm{sh}k(l-a)}{k^2\mathrm{sh}kl}$$

$$C_3=\frac{\mathrm{sh}ka}{k^2}$$

$$C_4=\frac{-\mathrm{sh}ka}{k^2\mathrm{th}kl}$$

从而得到

$$\left.\begin{aligned}u_1&=\frac{7nP}{6EIk^2}\left[\frac{\mathrm{sh}k(1-a)}{\mathrm{sh}kl}\mathrm{ch}kz-\frac{b}{l}\right]\\u_2&=\frac{7nP}{6EIk^2}\left(\mathrm{sh}ka\mathrm{sh}kz-\mathrm{sh}ka\mathrm{cth}kl\mathrm{ch}kz+\frac{a}{l}\right)\end{aligned}\right\}$$

应力为

当 $0\leqslant z\leqslant a$ 时

$$\sigma_z=\frac{h_i}{I}\left\{M(z)-\frac{7nP}{6k}\left(1-\frac{x^3}{b^3}-\frac{3I_s}{4I}\right)\left[\frac{\mathrm{sh}k(l-a)}{\mathrm{sh}kl}\mathrm{sh}kz\right]\right\}$$

当 $a<z\leqslant l$ 时

$$\sigma_z=\frac{h_i}{I}\left[M(z)-\frac{7nP}{6k}\left(1-\frac{x^3}{b^3}-\frac{3I_s}{4I}\right)(\mathrm{sh}ka\mathrm{ch}kz-\mathrm{sh}ka\mathrm{cth}kl\mathrm{sh}kz)\right]$$

当集中力作用在跨中，$\xi=\eta=\dfrac{1}{2}$

$$\sigma_z=\frac{h_i}{I}\left[M(z)-\frac{7nP}{6k}\left(1-\frac{x^3}{b^3}-\frac{3}{4}\frac{I_b}{I}\right)\frac{\mathrm{sh}\frac{kl}{2}}{\mathrm{sh}kl}\mathrm{sh}kz\right]$$

跨中截面剪力滞系数 λ^e 为

$$\lambda^e=1-\frac{7n}{3kl}\left(1-\frac{x^3}{b^3}-\frac{3I_s}{4I}\right)\mathrm{th}\frac{kl}{2}$$

此外，由于剪力滞的影响，挠度也将随之增大。若跨中作用一集中力时，附加弯矩及挠度分别为

$$M_{\mathrm{F}}=\frac{7I_s nP}{16Ik}\frac{\mathrm{sh}kz}{\mathrm{ch}\frac{kl}{2}}$$

$$w''=-\frac{1}{EI}\left(\frac{Pz}{2}+\frac{7I_s nP}{16Ik}\frac{\mathrm{sh}kz}{\mathrm{ch}\frac{kl}{2}}\right)$$

经过两次积分后得到

$$w=-\frac{P}{EI}\left(\frac{z^3}{12}+\frac{7I_s}{16Ik^3}\frac{\mathrm{sh}kz}{\mathrm{ch}\frac{kl}{2}}+C_1z+C_2\right)$$

由边界条件

$$w\big|_{(z)=0}=0\quad w\big|_{(z=\frac{l}{2})}=0$$

有
$$C_1=\frac{-l^2}{16}-\frac{7I_s n}{16Ik^2},C_2=0$$

当 $z=\dfrac{l}{2}$，$w=w_{\max}$时

$$w_{\max}=\frac{P}{EI}\left[\frac{l^3}{48}+\frac{7nI_s}{16Ik^2}\left(\frac{1}{2}-\frac{1}{k}\mathrm{th}\frac{kl}{2}\right)\right]$$

(2)承受均布荷载的简支梁

简支梁受均布荷载见图3.7.13所示，集度为 q，则弯矩和剪力的函数为

$$M(z)=\frac{q}{2}z(l-z)$$

$$Q(z)=\frac{q}{2}z(l-2z)$$

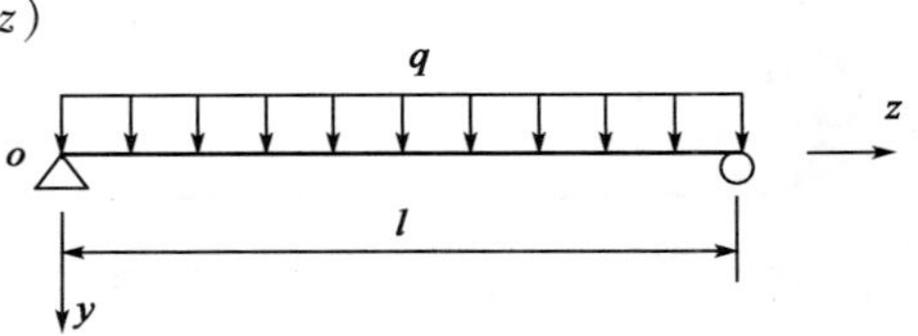

图3.7.13 简支梁受均布荷载

同理有

$$u''-k^2u=\frac{7nq}{12EI}(1-2z)$$

$$u=\frac{7nq}{6EIk^2}\left[-\frac{1}{2}(l-2z)-\frac{1}{k}\mathrm{sh}kz\right]+\frac{(\mathrm{ch}kl-1)}{k\mathrm{sh}kl}\mathrm{ch}kz$$

$$M_{\mathrm{F}}=\frac{7}{8}\frac{I_{\mathrm{s}}nq}{Ik^{2}}\left[1-\mathrm{ch}kz+(\mathrm{ch}kl-1)\frac{\mathrm{sh}kz}{\mathrm{sh}kl}\right]$$

$$\sigma_{z}=\frac{h_{i}}{I}\left[M(z)-\frac{7nq}{6k^{2}}\left(1-\frac{x^{3}}{b^{3}}-\frac{3}{4}\frac{I_{\mathrm{s}}}{I}\right)\right]\left(1-\mathrm{ch}kz+\frac{\mathrm{ch}(kl-1)}{\mathrm{sh}kl}\mathrm{sh}kz\right)$$

跨中截面的剪力滞系数为

$$\lambda^{e}=1-\frac{28n}{3k^{3}l^{2}}\left(1-\frac{x^{3}}{b^{3}}-\frac{3I_{\mathrm{s}}}{4I}\right)\left(1-\mathrm{ch}\frac{kl}{2}+\frac{\mathrm{ch}kl-1}{2\mathrm{ch}(kl/2)}\right)$$

挠度为

$$w=\frac{-q}{EI}\left\{\frac{lz}{24}(2lz^{2}-z^{3}-l^{3})+\frac{7nI_{\mathrm{s}}}{8k^{2}I}\left[\frac{l^{2}}{2}-\frac{lz}{2}+\frac{1}{k^{2}}\left(1-\mathrm{ch}kz+\mathrm{th}\frac{kl}{2}\mathrm{sh}kz\right)\right]\right\}$$

(3)承受集中荷载的悬臂梁

集中荷载 P 作用于悬臂梁自由端，如图 3.7.14 所示，其弯矩和剪力函数为

$$M_{(z)}=-pz$$

$$Q_{(z)}=-P$$

则

$$u''-k^{2}u=-\frac{7np}{6EI}$$

其解为

$$u=\frac{7np}{6EI}\left(C_{1}\mathrm{sh}kz+C_{2}\mathrm{ch}kz+\frac{1}{k^{2}}\right)$$

利用边界条件 $u'_{z=0}=0, u_{z=l}=0$，解得 $c_{1}=0, c_{2}=-\dfrac{1}{k^{2}\mathrm{ch}kl}$。

故

$$u=\frac{7nP}{6EIk^{2}}\left(1-\frac{\mathrm{ch}kz}{\mathrm{ch}kl}\right)$$

$$\sigma_{z}=\frac{h_{i}}{I}\left[M(z)+\frac{7nP}{6k}\left(1-\frac{x^{3}}{b^{3}}-\frac{3}{4}\frac{I_{s}}{I}\right)\frac{\mathrm{sh}kz}{\mathrm{ch}kl}\right]$$

固端截面的剪力滞系数为

$$\lambda=1-\left(1-\frac{x^{3}}{b^{3}}-\frac{3I_{s}}{4I}\right)\frac{7n\mathrm{th}kl}{6kl}$$

挠度为

$$w=\frac{P}{EI}\left\{\frac{l^{3}}{6}\left(\frac{z^{3}}{l^{3}}-\frac{3z}{l}+2\right)+\frac{7nI_{\mathrm{s}}}{8k^{2}I}\left(l-z-\frac{\mathrm{sh}kl-\mathrm{sh}kz}{k\mathrm{ch}kl}\right)\right\}$$

(4)承受均布荷载的悬臂梁

图 3.7.15 所示为一悬臂梁承受均布荷载，其弯矩和剪力函数分别为

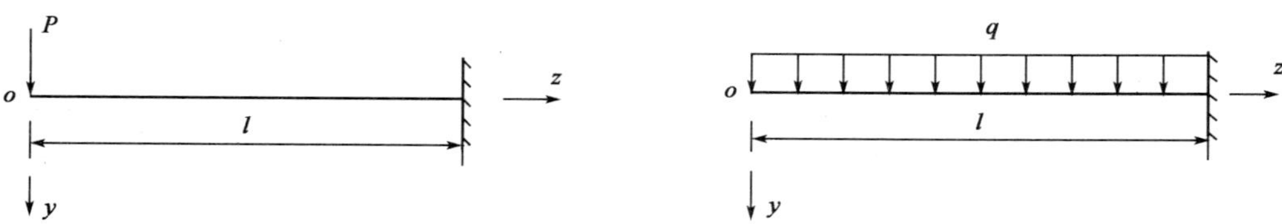

图 3.7.14　悬臂梁承受集中荷载　　图 3.7.15　悬臂梁承受均布荷载

$$M_{(z)} = -\frac{1}{2}qz^2$$

$$Q_{(z)} = -qz$$

则

$$u'' - k^2 u = -\frac{7np}{6EI}z$$

$$u = \frac{7nq}{6k^3 EI}\left[-\mathrm{sh}kz + \left(\mathrm{th}kl - \frac{kl}{\mathrm{ch}kl}\right)\mathrm{ch}kz + kz\right]$$

$$\sigma_z = \frac{h_i}{I}\left\{M(z) - \frac{7nq}{6k^2}\left(1 - \frac{x^3}{b^3} - \frac{3}{4}\frac{I_s}{I}\right)\left[1 - \frac{\mathrm{ch}k(l-z) + kl\mathrm{sh}kz}{\mathrm{ch}kl}\right]\right\}$$

固端截面腹板与翼板交叉处的剪力滞系数为

$$\lambda = 1 - \frac{7I_s n}{4Ik^2 l^2}\left(1 - \frac{1 + kl\mathrm{sh}kl}{\mathrm{ch}kl}\right)$$

挠度为

$$w = \frac{q}{EI}\left\{\frac{l^4}{24}\left(\frac{z^4}{l^4} - \frac{4z}{l} + 3\right) + \frac{7nI_s}{8k^2 I}\left[\frac{1}{2}(l^2 - z^2) + \frac{\mathrm{ch}k(l-z) - kl(\mathrm{sh}kl - \mathrm{sh}kz - 1)}{k^2\mathrm{ch}kl}\right]\right\}$$

7.3.4　变分法数值算例

如图3.7.16所示的薄壁箱梁截面，顶板厚为0.3m，腹板厚为0.45m，底板厚为0.3m，翼缘板宽度3.125m，梁高2.7m，则箱梁截面刚度参数分别为

$$I_{su} = 2t_u bh_u^2 + 2\alpha bt_u h_u^2 = 3.715(\mathrm{m}^4)$$

$$I_{sb} = 2t_b bh_b^2 = 4.193(\mathrm{m}^4)$$

$$I_s = I_{su} + I_{sb} = 7.908(\mathrm{m}^4)$$

$$I = I_w + I_s = 7.908 + 11.34 = 19.248(\mathrm{m}^4)$$

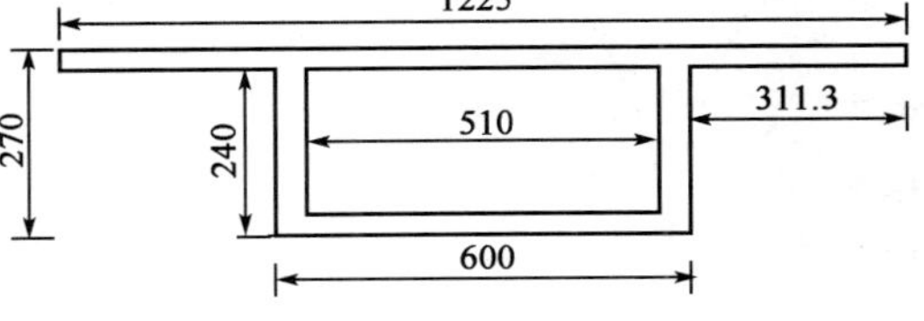

图3.7.16　变分法数值算例截面示意(尺寸单位:cm)

采用C50混凝土，取剪切模量 $G = \frac{E}{2(1+\mu)}$，根据式(3.7.59)可得瑞纳斯系数为

$$n = \frac{1}{1 - \frac{7}{8}\frac{I_s}{I}} = 1.561$$

$$k = \frac{1}{b}\sqrt{\frac{14Gn}{5E}} = 0.529$$

以下计算跨径20m，不同荷载及不同结构形式下箱梁内力控制截面腹板与顶板交界处的剪力滞系数。

(1)简支梁

当简支梁跨中截面作用集中荷载100kN时，可得跨中截面腹板与顶板交界处(y = 2.775m)的剪力滞系数为

$$\lambda = 1 - \frac{7n}{3kl}\left(1 - \frac{\gamma^3}{b^3} - \frac{3I_s}{4I}\right)\text{th}\,\frac{kl}{2} = 1.205$$

当简支梁承受均布荷载时 $q = 100\text{kN/m}$ 时，得跨中截面腹板与顶板交界处的剪力滞系数为

$$\lambda = 1 - \frac{28n}{3k^3l^2}\left(1 - \frac{\gamma^3}{b^3} - \frac{3I_s}{4I}\right)\left[1 - \text{ch}\,\frac{kl}{2} + \frac{\text{ch}kl - 1}{2\text{ch}\left(\frac{kl}{2}\right)}\right] = 1.145$$

(2)悬臂梁

当悬臂梁自由端承受集中荷载 100kN 时，可得固端截面腹板与顶板交界处的剪力滞系数为

$$\lambda = 1 - \left(1 - \frac{\gamma^3}{b^3} - \frac{3}{4}\,\frac{I_s}{I}\right)\frac{7n\text{th}kl}{6kl} = 1.596$$

当悬臂梁承受均布荷载 $q = 100\text{kN/m}$ 时，可得固端截面腹板与顶板交界处的剪力滞系数为

$$\lambda = 1 - \frac{7}{4}\,\frac{I_s n}{Ik^2l^2}\left(1 - \frac{1 + kl\text{sh}kl}{\text{ch}kl}\right) = 1.096$$

7.3.5 单跨梁剪力滞系数的变化

分析表明，单跨等截面简支梁承受均布荷载时，剪力滞的影响较小；承受集中荷载时，剪力滞影响比承受均布荷载时大。

简支梁承受集中荷载时，集中力越接近支点，λ 越大。但剪力滞的影响区域比较窄。如图 3.7.17 所示；承受均布荷载时，剪力滞的影响在靠近支座处最大，跨中截面受剪力滞的影响较小。

跨宽比 $l/2b$ 越小(即箱梁的肋距越宽时)，λ 越大，见图 3.7.18。刚度比 I_s/I 增大时，λ 也随之增大，见图 3.7.19。

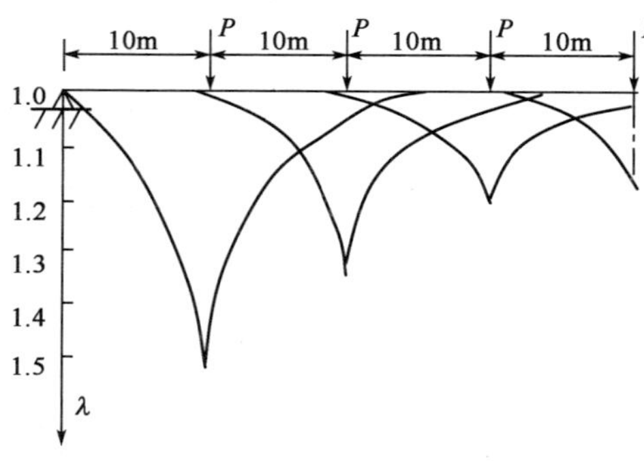

图 3.7.17 80m 简支梁受集中力作用时的 λ

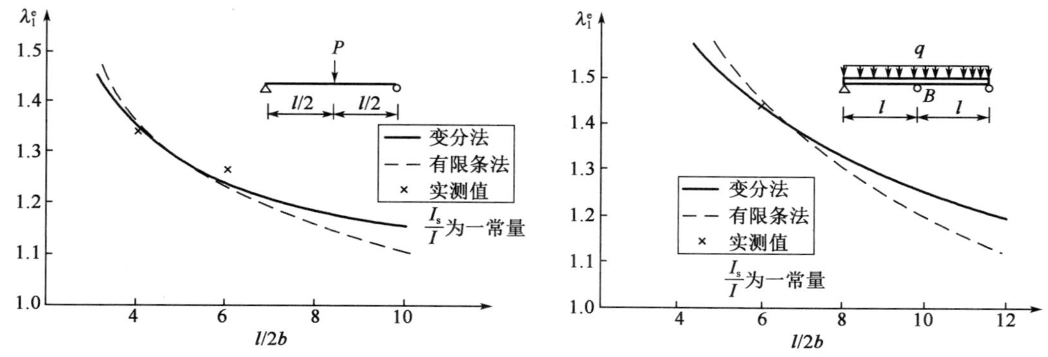

图 3.7.18 上缘顶板肋处 λ 随 $l/2b$ 的变化

悬臂梁承受均布荷载时,剪力滞的影响较大。

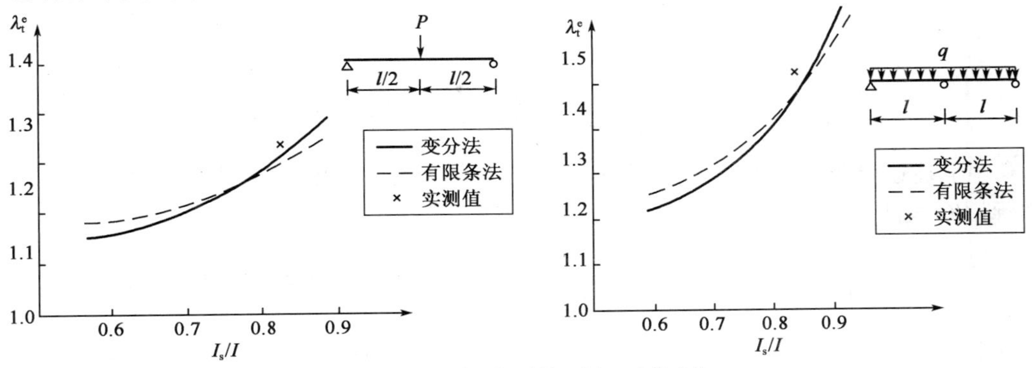

图3.7.19　上缘顶板肋处 λ 随 I_s/I 的变化

7.4　超静定结构的剪力滞效应解法

7.4.1　直接解法

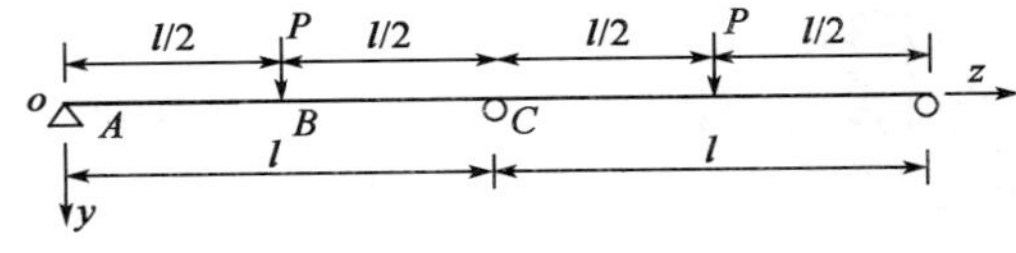

图3.7.20　两等跨常截面连续梁承受对称的集中荷载

如图3.7.20所示,求上翼板在 B 点及 C 点的剪力滞效应。

在 AB 段:弯矩与剪力方程分别为

$$M_1 = 0.312Pz$$

$$Q_1 = 0.312P$$

在 BC 段:弯矩与剪力方程分别为

$$M_2 = 0.312Pz - P\left(z - \frac{l}{2}\right)$$

$$Q_2 = -0.688P$$

右跨可以根据对称性求得,则

AB 段
$$u_1'' - k^2 u_1 = 0.364\frac{nP}{EI} \tag{3.7.66}$$

BC 段
$$u_2'' - k^2 u_2 = 0.803\frac{nP}{EI}$$

通解分别为

$$\left.\begin{aligned} u_1 &= \frac{P}{EI}\left(c_1\text{sh}kz + c_2\text{ch}kz - \frac{0.364n}{k^2}\right) \\ u_2 &= \frac{P}{EI}\left(c_3\text{sh}kz + c_4\text{ch}kz + 0.803\frac{n}{k^2}\right) \end{aligned}\right\} \tag{3.7.67}$$

边界条件为

$$u_1'\big|_{z=0} = 0$$

$$u_2'\big|_{z=l} = 0$$

连续条件为

$$u_1 \big|_{z=\frac{l}{2}} = u_2 \big|_{z=\frac{l}{2}}$$

在$\frac{l}{2}$处

$$\left(u_1' - \frac{7nM_1}{6EI}\right)\Big|_{\frac{l}{2}} + \left(u_2' - \frac{7nM_2}{6EI}\right)\Big|_{\frac{l}{2}} = 0$$

利用上述边界条件及连续条件，求解 c_1、c_2、c_3 及 c_4 四个常数，然后代入 u_1 与 u_2 中。求导后，得到 BC 段法向应力表达式为

$$\sigma_z = \frac{h_i}{I}\left\{M - \left(1 - \frac{y^3}{b^3} - \frac{3}{4}\frac{I_s}{I}\right)\frac{nP}{k\text{ch}kl}\left[1.167\text{sh}\frac{kl}{2}\text{ch}k(1-z) - 0.803\text{sh}kz\right]\right\} \quad (3.7.68)$$

对于$\frac{I_s}{I}=0.767$，$n=3.044$，$k=0.751$，$l=80\text{m}$，跨中 B 点上翼板肋处的剪力滞系数 $\lambda^e = 1.39$；支点 C 点上翼板肋处的剪力滞系数 $\lambda^e = 1.445$。

7.4.2 肢解法

对于恒载作用下超静定结构某处的剪力滞效应，观察沿跨径方向的弯矩图中的一系列反弯点，在反弯点处因为弯矩为零而剪力不为零，有效分布宽度不需要考虑。这样就把超静定箱梁肢解成许多变高度的简支梁，如此分解有利于求解变高度箱梁的剪力滞效应，如图 3.7.21 所示。对于图 3.7.22 所示的两等跨连续梁承受均布荷载，现用肢解法求内支点 B 顶板剪力滞系数。

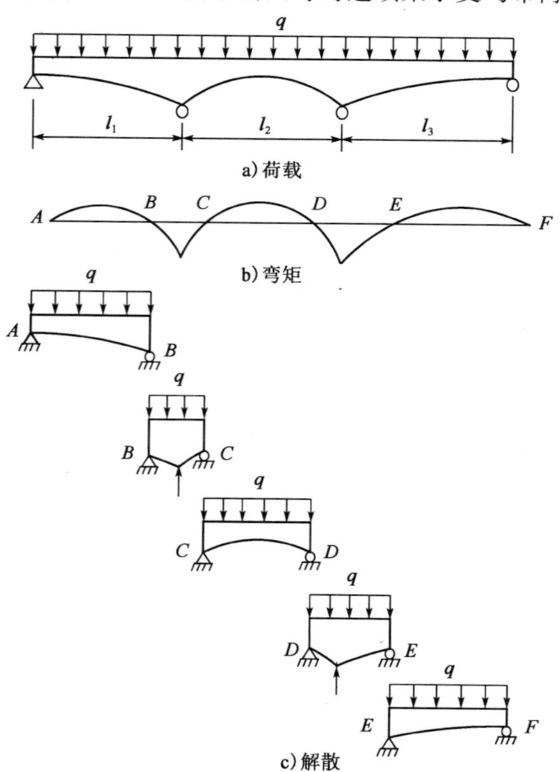

图 3.7.21　连续梁的肢解

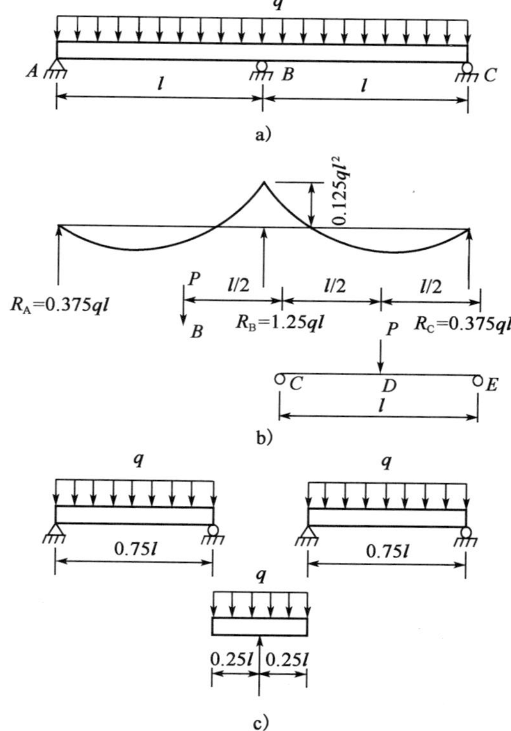

图 3.7.22　两等跨等截面连续梁及肢解成三个简支梁

根据简支梁承受均布荷载的进一步推导得到，当 $x=b$ 时（在肋处），跨间任意距离边支点 z 处的挠曲应力如下：

顶板肋处

$$\sigma^{e}=-\frac{h_{u}}{I}\left[M(x)-\frac{7nq}{6k^{2}}\left(-\frac{3I_{s}}{4I}\right)\left(1-\mathrm{ch}kz+\frac{\mathrm{ch}kl-1}{\mathrm{sh}kl}\mathrm{sh}kz\right)\right] \tag{3.7.69}$$

则

$$\lambda^{e}=\frac{\sigma^{e}}{\sigma_{0}}=1+\frac{7nI_{s}}{4k^{2}I}\frac{1}{z(l-z)}\left(1-\mathrm{ch}kz+\frac{\mathrm{ch}kl-1}{\mathrm{sh}kl}\mathrm{sh}kz\right) \tag{3.7.70}$$

在上板中央，$x=0, z=\frac{l}{2}$

$$\sigma^{c}=-\frac{h_{u}}{I}\left[\frac{ql^{2}}{8}+\frac{7nqI_{s}}{8k^{2}I}\left(1-\mathrm{ch}\frac{kl}{2}+\frac{\mathrm{ch}kl-1}{2\mathrm{ch}(kl/2)}\right)\right] \tag{3.7.71}$$

$$\lambda^{c}=1+\frac{7nI_{s}}{k^{2}l^{2}I}\left[1-\mathrm{ch}\frac{kl}{2}+\frac{\mathrm{ch}kl-1}{2\mathrm{ch}(kl/2)}\right] \tag{3.7.72}$$

图3.7.23示出了两跨80m等截面连续梁承受均布荷载的剪力滞系数沿跨径的变化。可以看出，沿跨径的剪力滞影响有正有负，类似于悬臂梁承受均布荷载情况。

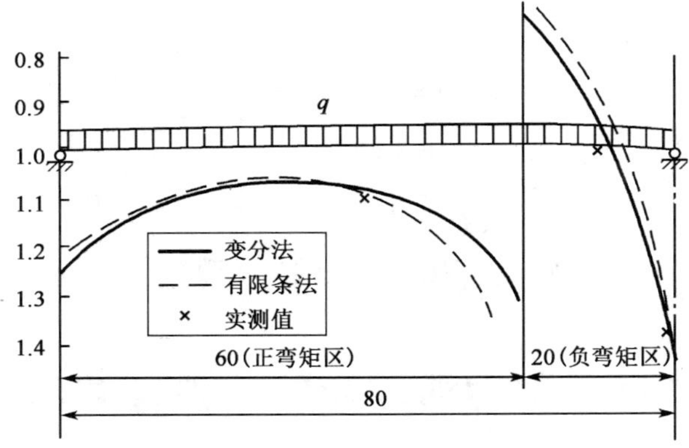

图3.7.23　等截面连续梁的剪力滞系数沿跨径的变化(尺寸单位:m)

7.4.3　叠加原理法

分析剪力滞效应的叠加原理为：超静定结构在多种荷载作用的状态下，考虑其剪力滞效应的结果，等于其基本静定体系在各个单一荷载与赘余力的作用下，内力与剪力滞系数的乘积。即

$$\lambda\frac{M}{W}=\sum_{i=1}^{n}\lambda_{i}\frac{M_{i}}{W}$$

所以

$$\lambda=\frac{1}{M}\sum_{i=1}^{n}\lambda_{i}M_{i} \tag{3.7.73}$$

式中：M——超静定结构在计算截面的弯矩；

M_i——基本体系在单一荷载作用下，在计算截面上的弯矩；

W——计算截面的截面模量；

λ——欲求的超静定结构在计算截面的剪力滞系数；

λ_i——在基本体系中，在单一荷载下计算截面的剪力滞系数。

现用上述方法求解图3.7.24所示的两等跨常截面连续梁承受对称集中荷载，跨中B点上顶板肋处的λ^e值，跨径$l=80$m。

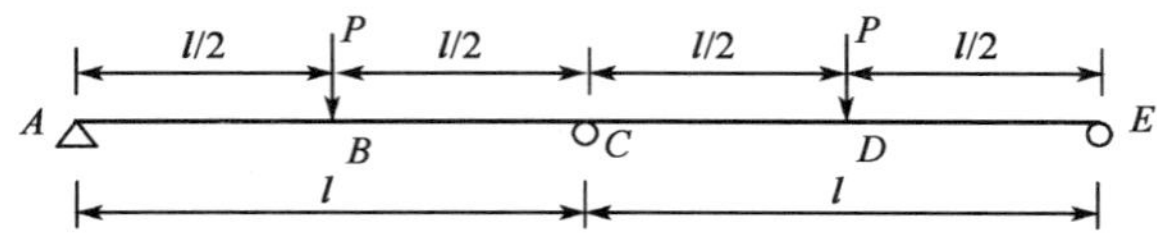

图3.7.24 两跨连续梁利用叠加原理求剪力滞效应

首先将受力图式分解为图3.7.24所示。

由于$\frac{I_s}{I}=0.767$，$l/2b=5.56$，$n=3.044$，$k=0.751$，简支梁在$\frac{l}{2}$处作用一集中荷载，求得上板肋处$\lambda^e=1.1623$。

(1) $\lambda^e=1.1623$，$M_i=30P$；

(2) $\lambda^e=1.0$，$M_i=10P$；

(3) $\lambda^e=1.0$，$M_i=-1.376\times20P=-27.52P$。

超静定弯矩

$$M=0.312\times40P$$

根据式(3.7.73)有

$$\begin{aligned}\lambda^e(B\text{点})&=\frac{1}{0.312\times40P}(1.1623\times30P+1.0\times10P-1.0\times27.52P)\\&=1.390(\text{与直接求解法结果一致})\end{aligned}$$

7.5 剪力滞效应的比拟杆解法

7.5.1 比拟杆原理

假定薄壁箱梁是由许多理想化的加劲杆组成，其间的薄板将加劲杆连在一起共同受力，解析步骤如下：

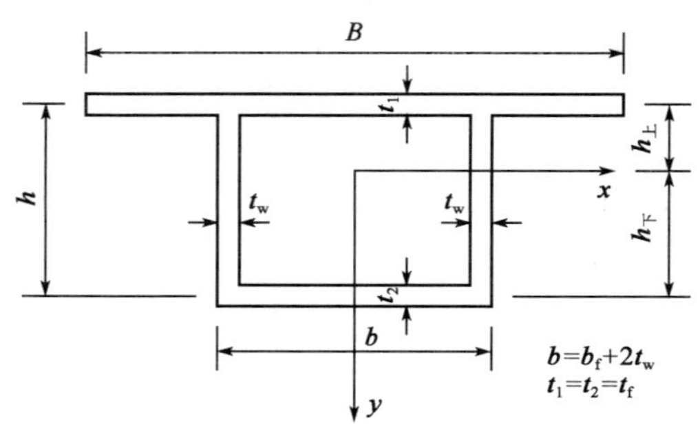

图3.7.25 带悬臂的矩形箱形截面

(1)将箱形梁看作理想化的加劲杆与等效薄板的组合体系进行受力分析。

(2)加劲杆承受轴力，而等效的薄板仅承受水平剪力。

(3)加劲杆的等效截面积等于实际加劲杆面积再加上邻近薄板所提供的面积。

对于带悬臂顶板的箱形梁，参见图3.7.25，加劲杆的等效面积，可做如下推导[3]：

根据材料力学的公式

$$\sigma_{上(下)}=\frac{M(z)h_{上(下)}}{I} \tag{3.7.74}$$

$$\sigma_{上(下)}\approx\frac{M(z)}{hA_{ef上(下)}} \tag{3.7.75}$$

这样,可根据应力互等分别导出顶板和底板的等效翼缘面积:

顶板
$$A_{ef(上)}=\alpha_1 t_w h+\beta_1 Bt_1 \tag{3.7.76}$$

底板
$$A_{ef(下)}=\alpha_2 t_w h+\beta_2 Bt_2 \tag{3.7.77}$$

等效翼缘板厚度分别为

顶板
$$t_{ef(上)}=\beta_1 t_1 \tag{3.7.78}$$

底板
$$t_{ef(下)}=\beta_2 t_2 \tag{3.7.79}$$

其中

$$\alpha_1=\frac{h}{6h_{上}}+\frac{2}{hh_{上}}\left(\frac{h}{2}-h_{上}\right)^2$$

$$\beta_1=\frac{1}{hh_{上}}\left(\frac{t_1^2}{12}+h_{上}^2+\frac{bt_2^3}{12Bt_1}+\frac{bt_2}{Bt_1}h_{下}^2\right)$$

$$\alpha_1=\frac{h}{6h_{下}}+\frac{2}{hh_{下}}\left(\frac{h}{2}-h_{下}\right)^2$$

$$\beta_2=\frac{1}{hh_{下}}\left(\frac{bt_2^2}{12}+h_{下}^2+\frac{at_1^3}{12Bt_2}+\frac{at_1}{bt_2}h_{上}^2\right)$$

以上诸式中,I 为箱形截面惯性矩,$h_{上}$、$h_{下}$ 等符号意义参如图 3.7.25 所示。如令 $a=b$,$t_1=t_2=t_f$,则

$$A_{ef(上)}=A_{ef(下)}=2\left(\frac{t_w h}{6}\right)+bt_f\left(1+\frac{t_f^2}{3h^2}\right) \tag{3.7.80}$$

$$t_{ef}=t_1(1+\frac{t_f^2}{3h^2}) \tag{3.7.81}$$

即矩形箱的等效面积与板厚。

当顶板具有 m 个加劲杆、底板有 n 个加劲杆时,各杆面积可按表 3.7.1 中相应公式计算。若顶板无悬臂翼缘时,则均按表 3.7.1 中底板栏的相应公式计算。

各加劲杆面积 A_1 的算式　　表 3.7.1

加劲杆所在位置	顶板中各 A_1 的算式	底板中各 A_1 的算式
边肋	$\frac{\beta_1 Bt_1}{2(m-1)}$	—
中部各肋	$\frac{\beta_1 Bt_1}{m-1}$	$\frac{\beta_2 bt_2}{n}$
腹板处肋	$\alpha_1\frac{t_w h}{2}+\frac{\beta_1 Bt_1}{2(m-1)}$	$\alpha_2\frac{t_w h}{2}+\frac{\beta_2 bt_1}{n}$

对于梯形截面箱梁,同样根据材料力学原理,亦可求得加劲杆的等效面积。

7.5.2　比拟杆受力分析及平衡微分方程

现以图 3.7.26 所示悬臂箱梁的顶板为例来说明微分方程组的建立。考虑到结构及荷载

均对称于桥面中线，取板的一半宽度进行分析，在距自由端的 z 截面处取一微段 Δz，则可以写出各杆上力的平衡式。

$$\begin{cases} 1\text{ 号杆} & \dfrac{\mathrm{d}N_1}{\mathrm{d}z}=q_1(z) \\ 2\text{ 号杆} & \dfrac{\mathrm{d}N_2}{\mathrm{d}z}=q_2(z)-q_1(z) \\ 3\text{ 号杆} & \dfrac{\mathrm{d}N_3}{\mathrm{d}z}=q_3(z)-q_2(z)-q_E(z) \\ 4\text{ 号杆} & \dfrac{\mathrm{d}N_4}{\mathrm{d}z}=q_4(z)-q_3(z) \\ 5\text{ 号杆} & \dfrac{\mathrm{d}N_5}{\mathrm{d}z}=-q_4(z) \end{cases} \tag{3.7.82}$$

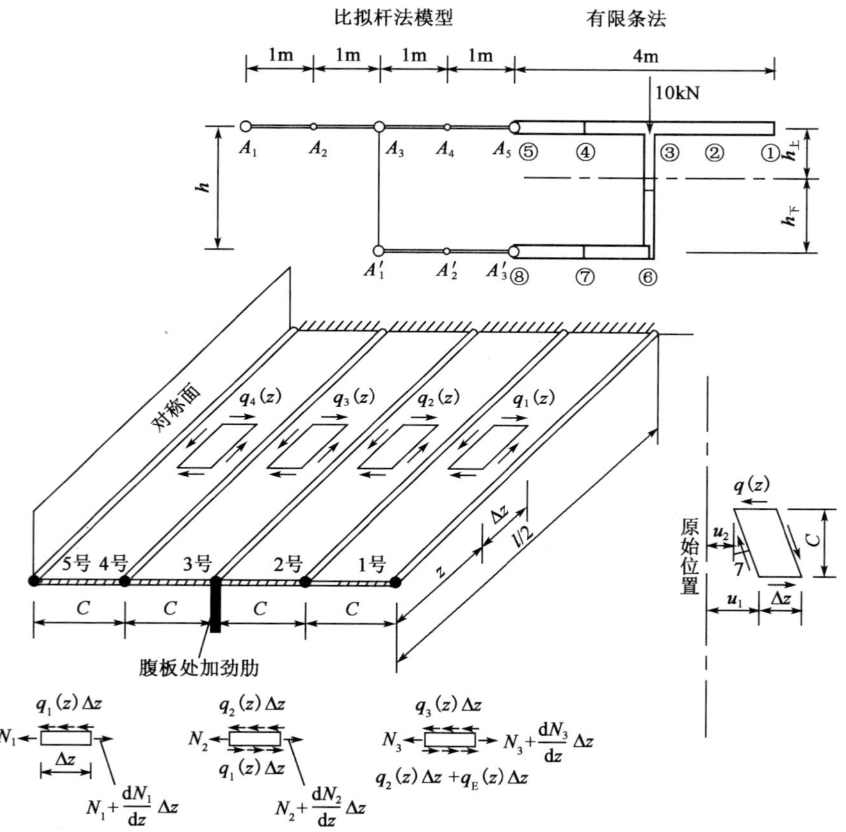

图 3.7.26　悬臂箱梁顶板加劲杆及受力图式

设 Q 为箱梁任意截面上的垂直剪力，$q_E(z)$ 完全由腹板承担，并且均匀地分布于腹板面积上，于是，在与腹板相接的那根加劲肋上，外剪力流 q_E 可以近似按下式计算

$$q_E(z)=\frac{Q(z)}{2h}$$

其中,“2”表示两个腹板,h 为顶板中点到底板中点的高度。

在相邻两杆之间,微块上的剪切角变化率,例如在 1 号 ~2 号杆之间为

$$\frac{\mathrm{d}\gamma}{\mathrm{d}z}=\frac{1}{C}\left(\frac{\partial u_1}{\partial z}-\frac{\partial u_2}{\partial z}\right)=\frac{1}{C}(\varepsilon_1-\varepsilon_2)$$

或

$$\frac{\mathrm{d}\gamma}{\mathrm{d}z}=\frac{1}{C}\left(\frac{\sigma_1}{E}-\frac{\sigma_2}{E}\right)=\frac{1}{EC}\left(\frac{N_1}{A_1}-\frac{N_2}{A_2}\right)$$

根据材料力学可知:$q=\gamma t_{\mathrm{ef}}G$,$q$ 为剪力流,则

$$\frac{\mathrm{d}q_1(z)}{dz}=\frac{Gt_{\mathrm{ef(上)}}}{EC}\left(\frac{N_1}{A_1}-\frac{N_2}{A_2}\right)$$

它的一般式为

$$\frac{\mathrm{d}q_i(z)}{\mathrm{d}z}-\frac{Gt_{\mathrm{ef(上)}}}{EC}\left(\frac{N_i}{A_i}-\frac{N_{i+1}}{A_{i+1}}\right)=0 \qquad (3.7.83)$$

图 3.7.26 中的 5 根杆,从其间的 4 块板上建立 4 个微分方程,分别将式(3.7.82)代入式(3.7.83)中,则形成最终形式的微分方程组如下

$$\begin{cases}\dfrac{\mathrm{d}^2q_1(z)}{\mathrm{d}z^2}-\mu_{11}^2q_1(z)+\mu_{12}^2q_2(z)=0\\ \dfrac{\mathrm{d}^2q_2(z)}{\mathrm{d}z^2}-\mu_{22}^2q_2(z)+\mu_{21}^2q_1(z)+\mu_{23}^2q_3(z)=-\dfrac{Kq_{\mathrm{E}}(z)}{A_3}\\ \dfrac{\mathrm{d}^2q_3(z)}{\mathrm{d}z^2}-\mu_{33}^2q_3(z)+\mu_{32}^2q_2(z)+\mu_{34}^2q_4(z)=-\dfrac{Kq_{\mathrm{E}}(z)}{A_3}\\ \dfrac{\mathrm{d}^2q_4(z)}{\mathrm{d}z^2}-\mu_{44}^2q_4(z)+\mu_{34}^2q_3(z)=0\end{cases} \qquad (3.7.84)$$

其中

$$K=\frac{Gt_{\mathrm{ef(上)}}}{EC}$$

$$\mu_{jj}^2=K\left(\frac{1}{A_i}-\frac{1}{A_k}\right)$$

$$\mu_{ji}^2=\frac{K}{A_j}$$

$$\mu_{jk}^2=\frac{K}{A_k}$$

同理,对于底板可以得到有关微分方程组,但这时 $K=\dfrac{Gt_{\mathrm{ef(下)}}}{EC}$。

以上式中:$q_i(z)$——作用在 i 杆上的待定剪力流函数,$i=1,2,\cdots,n$;

$q_{\mathrm{E}}(z)$——与腹板相接的一根杆上的已知剪力流函数,可按 $q_{\mathrm{E}}(z)=Q(z)/2h$ 求得;

E、G——截面的抗弯、抗剪模量;

A_j、A_i、A_k——相邻三杆面积,可按上述原则取用;

$t_{\mathrm{ef(上)}}$、$t_{\mathrm{ef(下)}}$——等效翼板厚度;

C——杆间距离;

σ_i、ε_i——第 i 杆的法向应力及应变。

边界条件为：

(1)当悬臂梁上只有垂直荷载作用时,在梁自由端的边界条件为

$$N_l=0,\frac{\mathrm{d}q_i(z)}{\mathrm{d}z}=0\quad(i=1,2,3,\cdots,n)$$

(2)在嵌固端,则 $z=\frac{l}{2}$时,$q_i(\frac{l}{2})=0$。

7.5.3 三杆比拟法求解示例

根据上节介绍的方法分析图 3.7.27 所示的结构,推导出的 3 个理想化加劲杆平微方程为

$$\frac{\mathrm{d}^2q}{\mathrm{d}z^2}-k^2q=-\frac{R}{A_1}q_{\mathrm{E}}(z)\tag{3.7.85}$$

其中

$$R=\frac{Gt_{\mathrm{ef}}}{b_{\mathrm{s}}E},k^2=\frac{Gt_{\mathrm{ef}}}{b_{\mathrm{s}}E}(\frac{2}{A_2}+\frac{1}{A_1})$$

式(3.7.85)是二阶非线性方程,其全解为

$$q=c_1\mathrm{sh}kz+c_2\mathrm{sh}kz+\frac{R}{A_1k^2}q_{\mathrm{E}}(z)\tag{3.7.86}$$

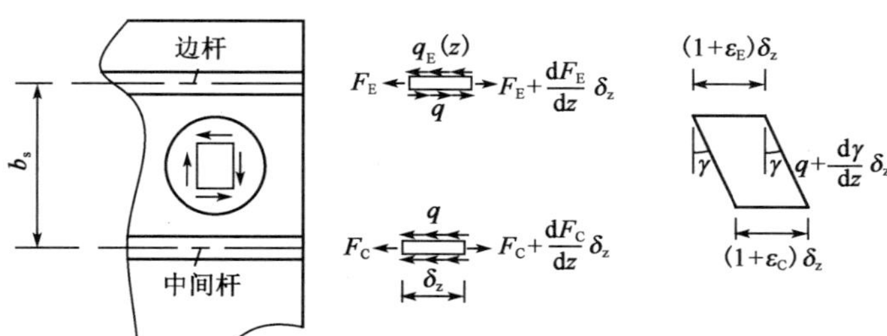

图 3.7.27　三杆比拟法受力图式及剪切变形

对于简支梁受均布荷载(图 3.7.28),则

$$M_z=\frac{g}{2}(L^2-z^2),Q_z=gL-g(L-z)$$

式中:g——荷载集度。

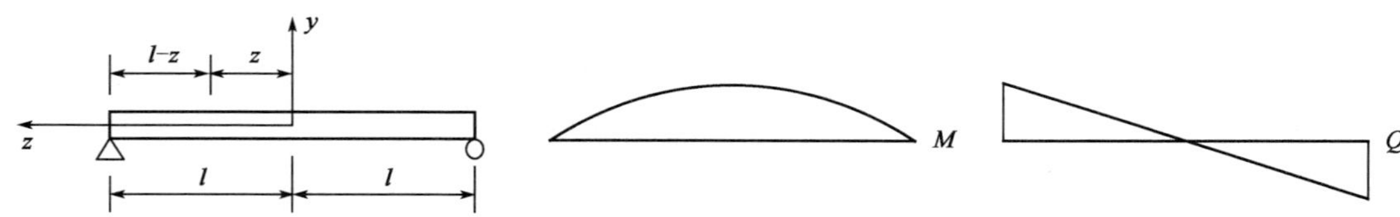

图 3.7.28　简支箱梁承受均布荷载

$$q_{\mathrm{E}}(z)=\frac{gL-(L-z)g}{2d_{\omega}}=\frac{gz}{2d_{\omega}}\quad(d_{\omega}=h)$$

若边杆所受的力为 F_{E},则

$$\frac{\mathrm{d}F_{\mathrm{E}}}{\mathrm{d}z}=q_{\mathrm{E}}(z)-q$$

$$q = c_1 \mathrm{sh}kz + c_2 \mathrm{ch}kz + \frac{R}{A_1 k^2} \frac{gz}{2d_\omega}$$

边界条件为:

$$z = 0, q = 0$$

$$z = L, \frac{\mathrm{d}q}{\mathrm{d}z} = 0$$

故
$$c_1 = -\frac{Rg}{2A_1 k^3 d_\omega \mathrm{ch}kL}; c_2 = 0$$

所以
$$q = \frac{Rgz}{2A_1 k^2 d_\omega} - \frac{Rg\mathrm{sh}kz}{2A_1 k^3 d_\omega \mathrm{ch}kL} \tag{3.7.87}$$

$$\frac{\mathrm{d}F_\mathrm{E}}{\mathrm{d}z} = q_\mathrm{E}(z) - q = \frac{gz}{2d_\omega} - \frac{Rgz}{2A_1 k^2 d_\omega} + \frac{Rg\mathrm{sh}kz}{2A_1 k^3 d_\omega \mathrm{ch}kL}$$

$$F_\mathrm{E} = \int_0^z \left(\frac{gz}{2d_\omega} - \frac{Rgz}{2A_1 k^2 d_\omega} + \frac{Rg\mathrm{sh}kz}{2A_1 k^3 d_\omega \mathrm{ch}kL}\right)\mathrm{d}z + c_0$$

因为 $k^2 = R\left(\frac{2}{A_2} + \frac{1}{A_1}\right)$;令 $A_\mathrm{T} = 2A_1 + A_2$

所以
$$F_\mathrm{E} = \frac{gz^2}{2d_\omega}\left(\frac{A_1}{A_\mathrm{T}}\right) + \frac{A_2 g\mathrm{ch}kz}{2A_\mathrm{T} k^2 d_\omega \mathrm{ch}kL} + c_0$$

因为
$$z = 0, F_E = 0$$

$$c_0 = -\frac{gl^2}{2d_\omega}\left(\frac{A_1}{A_\mathrm{T}}\right) - \frac{A_2 g\mathrm{ch}kz}{2A_\mathrm{T} k^2 d_\omega \mathrm{ch}kL}$$

所以
$$F_\mathrm{E} = \frac{g(z^2 - L^2)}{2d_\omega A_\mathrm{T}}\left[A_1 + \frac{A_2}{k^2(z^2 - L^2)}\left(\frac{\mathrm{ch}kz}{\mathrm{ch}kL} - 1\right)\right] \tag{3.7.88}$$

$$\sigma_\mathrm{E} = \frac{F_\mathrm{E}}{A_1}, \frac{g}{2}(L^2 - z^2) = M_z$$

得
$$\sigma_\mathrm{E} = \frac{-M_x}{2A_\mathrm{T} d_\omega}\left[1 + \frac{A_2}{A_1 k^2 (z^2 - L^2)}\left(\frac{\mathrm{ch}kz}{\mathrm{ch}kL} - 1\right)\right] \tag{3.7.89}$$

当 $z = 0$,即跨中 $\sigma_\mathrm{E} = \frac{-gL^2}{2A_\mathrm{T} d_\omega}\left[1 + \frac{A_2}{-A_1 k^2 L^2}\left(\frac{1}{\mathrm{ch}kL} - \frac{\mathrm{ch}kL}{\mathrm{ch}kL}\right)\right]$,由于$\frac{1}{\mathrm{ch}kL} \cong 0$,近似的有

$$\sigma_\mathrm{E} = \frac{-gL^2}{2A_\mathrm{T} d_\omega}\left(1 + \frac{A_2}{A_1 k^2 L^2}\right) \tag{3.7.90}$$

同理,中杆杆力为 F_c,则$\frac{\mathrm{d}F_\mathrm{c}}{\mathrm{d}z} = 2q$。

$$F_\mathrm{c} = \frac{A_2 g}{A_\mathrm{T} d_\omega} \frac{z^2}{2} - \frac{A_2 g\mathrm{ch}kz}{A_\mathrm{T} k^2 d_\omega \mathrm{ch}kL} + \bar{c}_0$$

当 $z = L, F_c = 0$ 时

$$\bar{c}_0 = \frac{A_2 g}{A_\mathrm{T} k^2 d_\omega} - \frac{A_2 g}{A_\mathrm{T} d_\omega} \frac{L^2}{2}$$

故
$$F_c=\frac{g(z^2-L^2)}{2d_\omega A_T}\left[A_2+\frac{2A_2}{k^2(z^2-L^2)}\left(1-\frac{\text{ch}kz}{\text{ch}kL}\right)\right] \tag{3.7.91}$$

$$\sigma_c=\frac{F_c}{A_2}=\frac{-M_z}{A_T d_\omega}\left[1+\frac{2}{k^2(z^2-L^2)}\left(1-\frac{\text{ch}kz}{\text{ch}kL}\right)\right] \tag{3.7.92}$$

在跨中，$Z=0$，$\frac{1}{\text{ch}kL}\approx 0$，则有

$$\sigma_c=\frac{-gL^2}{2A_T d_\omega}\left[1-\frac{1}{k^2L^2}\right] \tag{3.7.93}$$

7.6 剪力滞效应分析中几个问题的讨论

7.6.1 等截面直腹板箱梁的二次与四次抛物线位移函数

前面介绍剪力滞效应分析的变分法时，采用的纵向位移为三次抛物线，即 $u(z,x)=h_i\left[\frac{\text{d}w}{\text{d}z}+\left(1-\frac{x^3}{b^3}\right)u(z)\right]$，如果采用 $u(z,x)=h_i\left[\frac{\text{d}w}{\text{d}z}+\left(1-\frac{x^4}{b^4}\right)u(z)\right]$ 或 $u(z,x)=h_i\left[\frac{\text{d}w}{\text{d}z}+\left(1-\frac{x^2}{b^2}\right)u(z)\right]$，可以得到与采用三次抛物线位移函数相同的剪力滞方程式(3.7.37)、式(3.7.38)。这时，瑞斯纳(E. Reissner)参数为

采用二次抛物线为纵向位移函数时

$$n=\frac{1}{1-\frac{5I_s}{6I}},k=\frac{1}{b}\sqrt{\frac{5Gn}{2E}} \tag{3.7.94}$$

采用四次抛物线为纵向位移函数时

$$n=\frac{1}{1-\frac{9}{10}\frac{I_s}{I}},k=\frac{1}{b}\sqrt{\frac{45Gn}{14E}} \tag{3.7.95}$$

7.6.2 等截面斜腹板箱梁的剪力滞效应

对于梯形截面箱形梁，这时 $\xi\neq 1$。设下标 1、2 分别代表上顶板的内板与悬臂板，令

$$\begin{cases}I_s=I_{su1}+I_{su2}+I_{sb}\\ I=I_w+I_s\\ I_{s1}=\sum\limits_{j=1}^{n}\frac{1}{\xi_i^2}I_i\quad(i=\text{su}1,\text{su}2,\text{s}b)\end{cases} \tag{3.7.96}$$

瑞斯纳参数 k 值对于二、三、四次抛物线分别为

二次抛物线
$$k=\frac{1}{b}\sqrt{\frac{5GnI_{s1}}{2EI_s}} \tag{3.7.97}$$

三次抛物线
$$k=\frac{1}{b}\sqrt{\frac{14GnI_{s1}}{2EI_s}} \tag{3.7.98}$$

四次抛物线
$$k=\frac{1}{b}\sqrt{\frac{45GnI_{s1}}{14EI_s}} \tag{3.7.99}$$

7.6.3 变截面箱梁的三次与 m 次抛物线位移函数

(1)三次抛物线位移函数

取位移函数 $u_i(z,x)=h_i\left\{\frac{\mathrm{d}w}{\mathrm{d}z}+\left[1-\frac{x^3}{(\xi b)^3}\right]u(z)\right\}$,即矩形箱梁悬臂长为半箱宽 b 的 ξ 倍时,对于变截面梁有平衡方程

$$\left.\begin{aligned}&EIw'''+M(z)+\frac{3}{4}EI_su'''-q(z)=0\\&EI_s\left[-\frac{9}{14}u''-\frac{3}{4}w'''+\frac{9}{5}\frac{G\zeta u}{Eb^2}\right]=0\end{aligned}\right\} \tag{3.7.100}$$

其中 $I_s=2(\xi+1)t_ubh^2+2bt_bh_b^2$,$\zeta=\frac{2b}{I_s}\left[t_bh_b^2+t_uh_u^2\left(\frac{1}{\xi}+1\right)\right]$,边界条件为

$$\left[EIw''+\frac{3}{4}EI_su'+M(z)\right]\delta w'\Big|_0^l=0$$

$$\left[EIw'''+\frac{3}{4}EI_su''+Q(z)\right]\delta w\Big|_0^l=0$$

及
$$EI_s\left(\frac{34}{w''+\frac{9}{14}u'}\right)\delta u\Big|_0^l=0$$

(2)m 次抛物线位移函数

当取 m 次抛物线,即 $u(z,x)=h_i\left[\frac{\mathrm{d}w}{\mathrm{d}z}+\left(1-\frac{x^m}{b^m}\right)u(z)\right]$时,对于变截面结构,剪力滞方程为

$$u''-su'-k^2u=\frac{(1+2m)\beta}{2mE}\rho \tag{3.7.101}$$

边界条件为

$$\left[u'-\frac{(1+2m)\beta M}{2mEI}\right]\delta u\Big|_{z_1}^{z_2}=0$$

其中
$$s=\frac{(1+2m)\beta}{2(1+m)}\alpha';$$

$$k^2=\frac{(1+2m)(1+m)G\beta}{2(2m-1)Eb^2};$$

$$\beta=\frac{1}{1-\frac{1+2m}{2(1+m)}\alpha};$$

$$\rho=\left(\frac{M}{I}\right)';$$

$$\alpha=\frac{I_s}{I}。$$

取高次抛物线位移函数，对剪力滞效应的计算结果影响不大。

7.6.4 负剪力滞效应

考虑剪力滞效应影响的曲率公式为

$$w''=-\frac{1}{EI}(M+M_F) \tag{3.7.102}$$

翼板弯曲法向应力为

$$\sigma_z=\pm Eh_i\left[\frac{M(z)}{EI}-\left(1-\frac{x^3}{b^3}-\frac{3}{4}\frac{I_s}{I}\right)u'\right] \tag{3.7.103}$$

梁肋处应力 σ^e 为

$$\sigma^e=\sigma_z\big|_{x=b}=\pm\frac{h_i}{I}[M(z)+M_F] \tag{3.7.104}$$

从上式可以清楚地看到，当 M_F 与 M 同号时，σ^e 要比按初等梁理论算得值要大，这就是正剪力滞效应。而当 M_F 与 M 异号时，σ^e 反而要小于初等梁理论计算值，即负剪力滞效应。因而附加弯矩 M_F 是表现正、负剪力滞效应的关键。

如对于前述的悬臂梁作用均布满布荷载情况，已经给出肋处（$x=b$）的附加弯矩为（图 3.7.11）

$$M_F=\frac{-7nI_sq}{8k^2I}\left[\frac{\mathrm{ch}k(l-z)+kl\mathrm{sh}kz}{\mathrm{ch}kl}-1\right] \tag{3.7.105}$$

弯曲法向应力为

$$\sigma_z=\pm q\frac{h_i}{I}\left\{-\frac{1}{2}z^2+\frac{7nI_s}{8k^2I}\left[\frac{\mathrm{sn}k(l-z)+kl\mathrm{sh}kz}{\mathrm{ch}kl}-1\right]\right\} \tag{3.7.106}$$

在式（3.7.105）中，令 $M_F=0$，求得正负剪力滞的临界点

$$\frac{\mathrm{ch}k(l-z)+kl\mathrm{sh}kz}{\mathrm{ch}kl}-1=0$$

解上式得到

$$\left.\begin{aligned}z_1&=\frac{1}{k}\mathrm{sh}^{-1}\left[\frac{2kl\mathrm{ch}k-\mathrm{sh}2kl}{(kl)^2-2kl\mathrm{sh}kl-1}\right]\\z_2&=0\end{aligned}\right\} \tag{3.7.107}$$

在 $z_1<z\leqslant l$ 之间发生正剪力滞，在固端达到最大值。在 $0<z<z_1$ 间出现负剪力滞现象。

一般说来，在常截面中，z_1 约等于 $\frac{3}{4}l$（自由端量起），发生正剪力滞区间较小仅为 $\frac{l}{4}$ 左右。如果对式（3.7.107）求导并令其为零，可求出负剪力滞区域内附加弯矩 M_F 的拐点：

$$z_3=\frac{1}{k}\mathrm{th}^{-1}\left(\mathrm{th}kl-\frac{kl}{\mathrm{ch}kl}\right) \tag{3.7.108}$$

负剪力滞影响的程度主要反映在附加弯矩 M_F 上，在式（3.7.105）中包含参数 k 与 n。参数 n 是翼板刚度与梁的总刚度之比，参数 k 则是当 n 值一定时与翼板净跨（$2b$）有关的参数。

因此,kl 反映了箱梁的跨宽比。在箱形截面应用最广泛的桥梁结构中,箱的翼板刚度与梁的总刚度之比(I_s/I)变化幅度不是很大(一般在 0.7 ~ 0.8)。因此,我们可仅比较附加弯矩 M_F 随跨宽比的变化情况。图 3.7.29 所示为当 $I_s/I=0.75$,箱梁的跨宽比分别等于 3、4、5 时,附加弯矩 M_F 随跨长的分布情况。

从图 3.7.29 中可以看出:当箱的跨宽比越小时,不仅在固端附近受剪力滞的影响严重,而且在负剪力滞区域受负剪力的影响也较严重。随着跨宽比的增大,受剪力滞与负剪力滞的影响都会逐渐减小。因此,负剪力滞效应随跨宽比变化的情况类似于剪力滞效应的参数分析。

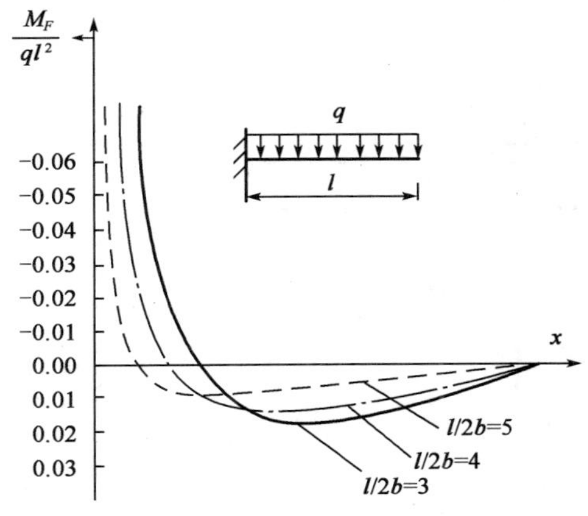

图 3.7.29 不同跨宽比时 M_F 沿悬臂梁跨径的分布

7.6.5 荷载横向作用位置对剪力滞效应的影响

对称竖向荷载作用位置不同,会引起完全不同的剪力滞效应,而在前述分析中此问题并未被揭示。若假定箱梁翼板的纵向位移为

$$u(z,x)=h_i\left[f'(z)+\left(1-\frac{x^3}{b^3}\right)u(z)\right] \tag{3.7.109}$$

同时,认为变形后横截面仍与纵向纤维垂直,因此仍有可能建立竖向位移与纵向位移的关系

$$u(z,x)=h_i\frac{\mathrm{d}w(z,x)}{\mathrm{d}z} \tag{3.7.110}$$

$$w(z,x)=f(z)+\left(1-\frac{x^3}{b^3}\right)v(z) \tag{3.7.111}$$

上式中 $v(z)$ 与前面 $u(x)$ 有一定关系,即

$$v'(z)=u(z) \tag{3.7.112}$$

由于竖向位移 w 在横向是变化的,则外力势能会随荷载作用位置变化而变化,剪力滞效应亦随之改变。对翼板长度与半箱宽相同的矩形箱形截面梁,按照变分原理得出的微分方程为

$$u''-k^2u=\frac{7ne}{6EI}Q(z) \tag{3.7.113}$$

变分边界条件

$$\left[u'-\frac{7nM(z)}{6EI}\right]_{z_1}^{z_2}\delta u=0$$

其中

$$e=1-\frac{4I}{3I_s}\left(1-\frac{x^3}{b^3}\right) \tag{3.7.114}$$

当 $x=b$,即 $e=1$ 时,荷载位于梁肋处,这即为前述情况。但当 $x=0$,因为 $I>I_s$,故 $1-\frac{4I}{3I_s}<0$,则 e 值应在负值与 1 之间。

用方程(3.7.113)分析作用集中荷载的简支箱形梁,会得出以下结论:

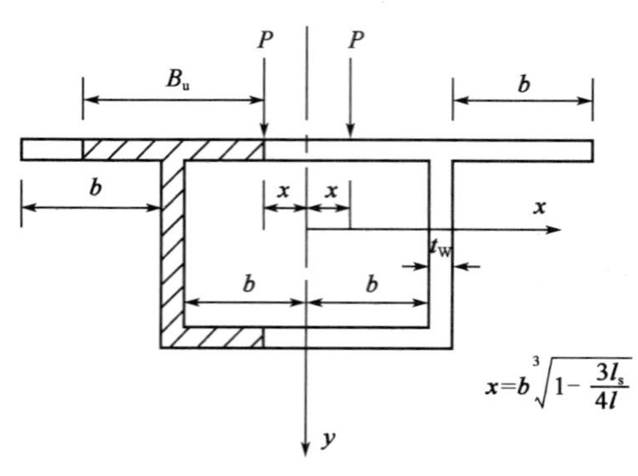

图 3.7.30　荷载作用点与剪力滞效应

(1) $x=b$,即荷载作用在梁肋处,$e=1.0$,即为剪力滞效应的正常情况。

(2) $x=0$,即荷载作用在上翼板的中心处,则 $\sigma_z|x=0>\sigma_z|x=b$,即在全梁段出现负剪力滞效应。

(3) $x=b\sqrt[3]{1-\frac{3I_s}{4I}}$,即 $e=0$,不产生剪力滞效应。

如图 3.7.30 所示,荷载作用点从梁肋向梁中心移动,将经历一个"正剪力滞效应"至"无剪力滞效应"再到"负剪力滞效应"的过程。

7.7 小　　结

直线箱形梁桥结构的空间效应的纵、横向分析往往可以分开进行。如果将箱形梁的空间效应进行纵向和横向分离,并不考虑泊松比的影响,在初等梁理论中,计入翘曲变形、剪力滞及畸变影响后,发展起来的薄壁梁解析理论能合理地反映薄壁箱梁结构的纵向固有空间变形特性。本章介绍了其弯曲效应分析方法。除简介初等梁理论在闭口截面箱梁上的应用外,重点讨论了薄壁箱梁的剪力滞效应理论、剪力滞效应分析的变分解法、比拟杆解法以及超静定结构的剪力滞效应直接解法、肢解法和叠加原理法等,讨论了斜腹板箱梁的剪力滞效应、变截面箱梁的三次与 m 次抛物线位移函数、负剪力滞效应、荷载横向作用位置对剪力滞效应的影响等问题。桥梁工程中的箱梁结构较为复杂,解析法的适用范围往往受到限制[4],但以其来建立和理解薄壁箱梁结构的空间受力概念,却非常有效。

本章参考文献

[1] B. O. Kuzmanovic & J. Graham. Shear Lag in Box Girders[J]. Journal of the Structural Division. Proceedings of ASCE, 1981,107.

[2] Shushkewich, K. W. Negative Shear lag Explained. Journal of Structural Engineering[J]. ASCE,1991,117(11).

[3] 郭金琼,房贞政,郑振. 箱梁设计理论[M]. 2 版. 北京:人民交通出版社,2008.

[4] Zhou,SJ. Shear Lag Analysis in Prestressed Concrete Box Girders[J]. ASCE,Journal of Bridge Engineering,2011, 16(4):500-512.

[5] 蔺鹏臻. 混凝土箱梁剪力滞效应的分析理论与应用研究[M]. 北京:人民交通出版社,2012.

8　薄壁箱梁的扭转理论

承受偏心荷载的薄壁箱梁，将产生扭矩，此扭矩可分解为刚性扭转（含自由扭转和约束扭转）和畸变。本章介绍刚性扭转的计算理论，而畸变的计算理论在下章中介绍。

8.1　薄壁箱梁的自由扭转

8.1.1　单箱单室箱梁

众所周知，在剪应力沿箱壁均匀分布的假定下，单室箱梁自由扭转时下列两式成立[1]（图3.8.1）

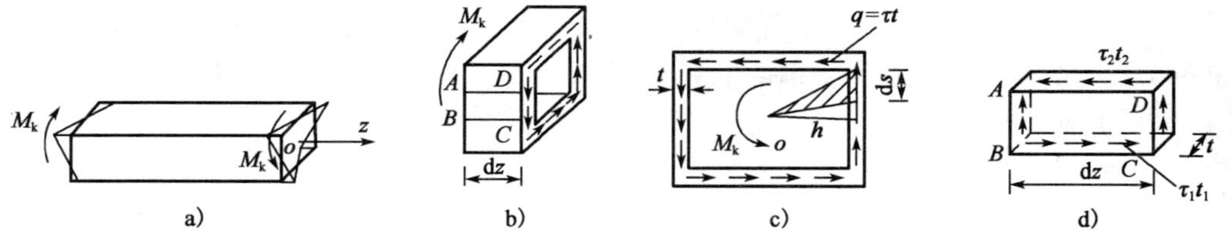

图3.8.1　单室箱梁的自由扭转

$$q = \frac{M_k}{\Omega} \tag{3.8.1}$$

$$\theta' = \frac{M_k}{GI_d} \tag{3.8.2}$$

式中：q——剪力流，$q=\tau_k\delta$，τ_k 为剪应力，δ 为箱梁壁厚；

Ω——Bredt 第一公式，$\Omega = \oint \rho \mathrm{d}s$，即箱梁薄壁中线所包围的面积的2倍；

M_k——外扭矩；

θ'——扭率；

GI_d——扭转刚度，$I_d = \Omega^2 / \oint \frac{\mathrm{d}s}{\delta}$，称为 Bredt 第二公式，为自由扭转惯性矩。

扭率与剪切变形 $\gamma(s)$ 的关系为

$$\oint \gamma(s)\,\mathrm{d}s = \Omega\theta' \tag{3.8.3}$$

8.1.2 单箱多室箱梁

对于单箱多室截面中的某箱室有

$$\oint \frac{q_i}{\delta}\mathrm{d}s = G\Omega_i\theta' \tag{3.8.4}$$

而相邻室之间的关系可写为

$$q_i\oint \frac{\mathrm{d}s}{\delta} - \left[q_{i-1}\int_{i,i-1}\frac{\mathrm{d}s}{\delta} + q_{i+1}\int_{i,i+1}\frac{\mathrm{d}s}{\delta}\right] = 2A_{\mathrm{o}i}G\theta' \tag{3.8.5}$$

式中： $A_{\mathrm{o}i}$——第 i 室周边中线所包围的面积，$A_{\mathrm{o}i}=\Omega_i/2$；

$\int_{i,i-1}$、$\int_{i,i+1}$——第 i 室左、右腹板范围内积分。

总扭矩与各室剪力流的关系为

$$\sum_{i=1}^{n} q_i\Omega_i = M_{\mathrm{k}} \tag{3.8.6}$$

或

$$\sum_{i=1}^{n} q_i\Omega_i = GI_{\mathrm{d}}\theta' \tag{3.8.7}$$

式中：I_{d}——整个截面的总抗扭惯性矩，$I_{\mathrm{d}}=\sum_{i=1}^{n}q_i\Omega_i/G\theta'$；

n——箱室总数。

8.1.3 分离式多室箱

若多室箱形梁的截面有连续上部翼板，但无公共肋板和公共下翼板，则称为分离式的多室箱，如图 3.8.2 所示。现忽略上部联系板的扭转剪应力，剪应力的分布可用式(3.8.5)表示，但没有共同肋板的剪力流。

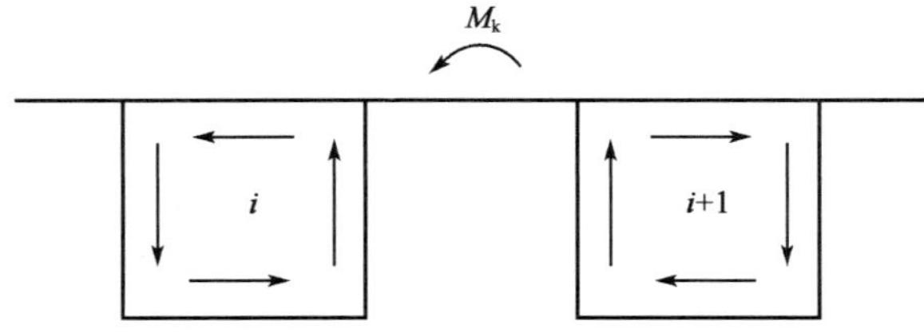

图 3.8.2 分离式多室箱

在 i 室

$$q_i\oint \frac{\mathrm{d}s}{\delta} = 2A_{0i}G\theta' \text{ 或 } q_i = \frac{2A_{0i}}{\oint \frac{\mathrm{d}s}{\delta}}G\theta' \tag{3.8.8}$$

$$\sum_{i=1}^{n} q_i\Omega_i = \sum_{i=1}^{n}\frac{4A_{0i}^2}{\oint \frac{\mathrm{d}s}{\delta}}G\theta' \tag{3.8.9}$$

$$I_d = \sum_{i=1}^{n} \frac{4A_{0i}^2}{\oint \frac{ds}{\delta}} = \sum_{i=1}^{n} \frac{\Omega_i^2}{\oint \frac{ds}{\delta}} \tag{3.8.10}$$

由于一个室的抗扭惯性矩 $I_{di} = \frac{4A_{0i}^2}{\int \frac{ds}{\delta}}$,从上式可知截面总抗扭惯性矩等于各个分离室的抗扭惯性矩之和,即

$$I_d = \sum_{i=1}^{n} I_{di} \tag{3.8.11}$$

8.1.4 纵向位移

箱梁自由扭转的纵向位移为

$$u(z,s) = u_0(z,s) = u_0(z,0) - \overline{\omega}(s)\theta'(z) \tag{3.8.12}$$

式中:$u(z,s)$——纵向位移;

$\overline{\omega}(s)$——$\overline{\omega}(s) = \int_0^s \rho ds - \frac{\Omega \int_0^s \frac{ds}{\delta}}{\oint \frac{ds}{\delta}}$,称广义扇性坐标,其意义见后;

$u_0(z,0)$——$s=0$ 处的纵向位移。

$u_0(z,0)$,$\theta'(z)$及 $u(z,s)$沿梁纵向均是常数,梁纵向纤维无伸缩应变,不产生正应力。

8.2 薄壁箱梁的约束扭转

8.2.1 基本假定

众所周知,乌曼斯基的闭口薄壁直杆约束扭转理论基于以下三个基本假定[3]:

(1)横截面的周边不变形。

(2)横截面上法向应力和剪应力沿壁厚是均匀分布的。

(3)横截面上纵向位移沿本截面的分布规律与自由扭转时是相同的。

令纵向位移为 $u(z,s)$,z 表示沿跨径,s 表示沿横截面周边。当闭口截面只发生自由扭转时,有式(3.8.12),即

$$u(z,s) = u_0(z,0) - \overline{\omega}(s)\theta'(z) \tag{3.8.13}$$

式中:z——沿轴向(跨径方向)的坐标;

s——沿封闭截面的坐标;

$\overline{\omega}(s)$——闭口截面广义扇形坐标,见式(3.8.12);

$\theta'(z)$——扭转角。

薄壁杆件的坐标系,如图3.8.3所示。

根据基本假定(3),闭口截面约束扭转轴向位移为

$$u(z,s)=u_0(z,0)-\overline{\omega}(s)\beta'(z) \tag{3.8.14}$$

式中:$\beta'(z)$——表示截面的翘曲程度,与扭转角 $\theta(z)$ 有一定的关系。

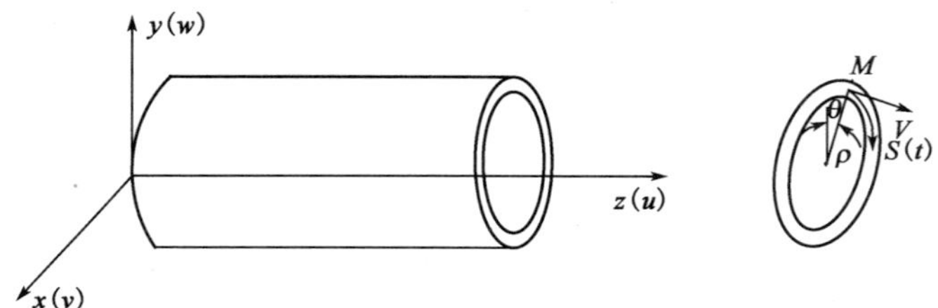

图 3.8.3　薄壁杆件坐标系

8.2.2　约束扭转翘曲应力

现将式(3.8.14)对 z 微分一次,则有

$$\varepsilon(z)=u_0'(z,o)-\beta''(z)\overline{\omega}(s) \tag{3.8.15}$$

约束扭转翘曲应力为

$$\sigma_\omega=E[u_0'(z,o)-\beta''(z)\overline{\omega}(s)] \tag{3.8.16}$$

由于翘曲应力是自相平衡的,根据力的平衡,可列出的三个方程,即

$$\begin{cases}\sum N_z=0, & \oint\sigma_\omega\delta\mathrm{d}s=0\\ \sum M_x=0, & \oint\sigma_\omega\delta y\mathrm{d}s=0\\ \sum M_y=0, & \oint\sigma_\omega\delta x\mathrm{d}s=0\end{cases} \tag{3.8.17}$$

式中:N_z——轴力;

M_x——绕 y 轴由约束扭转翘曲应力引起的弯矩;

M_y——绕 x 轴由约束扭转翘曲应力引起的弯矩;

δ——壁厚。

现将式(3.8.16)代入式(3.8.17)中,得到

$$\begin{cases}u_0'(z,o)\oint\delta\mathrm{d}s-\beta''(z)\oint\overline{\omega}(s)\delta\mathrm{d}s=0\\ u_0'(z,o)\oint y\delta\mathrm{d}s-\beta''(z)\oint\overline{\omega}(s)y\delta\mathrm{d}s=0\\ u_0'(z,o)\oint x\delta\mathrm{d}s-\beta''(z)\oint\overline{\omega}(s)x\delta\mathrm{d}s=0\end{cases} \tag{3.8.18}$$

对截面的扭转中心[2]而言,广义扇性惯性矩应该为零,即

$$I_{\omega x}=\oint\overline{\omega}(s)x\delta\mathrm{d}s=0$$

$$I_{\omega y}=\oint\overline{\omega}(s)y\delta\mathrm{d}s=0$$

当选择适当的积分起始点(扇性零点)时,使广义扇性静矩也等于零,则

$$S_{\bar{\omega}} = \oint \bar{\omega}(s)\delta \mathrm{d}s = 0$$

当截面对称，扇性零点为对称轴上周边的交点时，则

$$u'(z,0) = 0$$

$$u(z,0) = \text{常数}$$

$$\sigma_{\omega} = -E\bar{\omega}(s)\beta''(z) \tag{3.8.19}$$

从式(3.8.19)不难看出，截面上约束扭转正应力的分布和广义扇性坐标$\bar{\omega}(s)$成正比。扇性零点的物理意义是：该点上广义扇性坐标为零，或者说正应力为零，因而在该点上的积分起始值也是零，故

广义扇性惯性矩

$$I_{\omega(s)} = \oint \bar{\omega}^2(s)\delta \mathrm{d}s \tag{3.8.20}$$

约束扭转双力矩

$$B_{\omega} = \oint \sigma_{\omega}\bar{\omega}(s)\delta \mathrm{d}s \tag{3.8.21}$$

将σ_{ω}的表达式代入式(3.8.21)中，约束扭转双力矩为

$$B_{\omega} = \oint [-E\bar{\omega}\beta''(z)]\bar{\omega}(s)\delta \mathrm{d}s = -EI_{\omega(s)}\beta''(z)$$

故约束扭转翘曲应力σ_{ω}的表达式为

$$\sigma_{\omega} = \frac{B_{\omega}\bar{\omega}(s)}{I_{\omega}} \tag{3.8.22}$$

式(3.8.22)与平面弯曲应力表达式(3.8.5)$\sigma = \frac{My}{I}$相类似。

8.2.3　约束扭转剪应力

如图3.8.4所示，取箱壁上A点的微分单元体进行分析(图3.8.5)，根据力的平衡条件$\sum N_z = 0$，则有

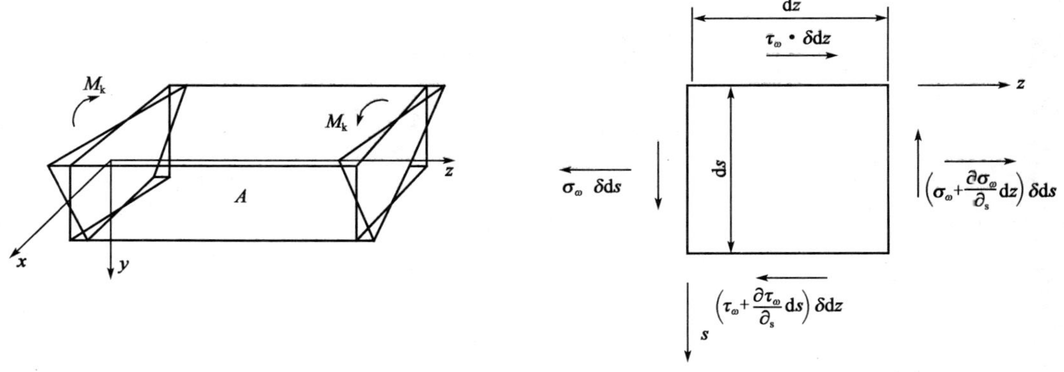

图3.8.4　箱梁承受外扭矩M_k

图3.8.5　σ_{ω}、τ_{ω}微分单元

$$\frac{\partial\sigma_{\omega}}{\partial z}\mathrm{d}z\delta \mathrm{d}s + \frac{\partial\tau_{\omega}}{\partial s}\mathrm{d}s\delta \mathrm{d}s = 0$$

故
$$\frac{\partial \sigma_{\omega}}{\partial z}+\frac{\partial \tau_{\omega}}{\partial s}=0$$

$$\tau_{\omega}=-\int_{0}^{s}\frac{\partial \sigma_{\omega}}{\partial z}\mathrm{d}s+\tau_{0} \tag{3.8.23}$$

式中：τ——积分常数，表示截面上的初始剪应力。

现将式(3.8.19)代入式(3.8.23)中，得到

$$\tau_{\omega}=\tau_{0}+\int_{0}^{s}E\,\overline{\omega}(s)\beta'''(z)\,\mathrm{d}s \tag{3.8.24}$$

$$\tau_{\omega}\delta=\tau_{0}\delta+E\beta'''(z)\int_{0}^{s}\overline{\omega}(s)\delta\mathrm{d}s \tag{3.8.25}$$

$$\tau_{\omega}\delta=\tau_{0}\delta+E\beta'''(z)S_{\bar{\omega}} \tag{3.8.26}$$

其中：
$$S_{\bar{\omega}}=\int_{0}^{s}\overline{\omega}(s)\delta\mathrm{d}s$$

为了确定初始剪力流 $\tau_{0}\delta$，从内外力矩平衡条件得到

$$\begin{aligned}M_{\mathrm{k}}&=\oint\tau_{\omega}\delta\rho\mathrm{d}s\\&=\oint[\tau_{0}\delta+E\beta'''(z)S_{\bar{\omega}}I_{\rho}\mathrm{d}s]\\&=\oint\tau_{0}\delta\rho\mathrm{d}s+\oint E\beta'''(z)S_{\bar{\omega}}\rho\mathrm{d}s\end{aligned} \tag{3.8.27}$$

则
$$\tau_{0}\delta=\frac{M_{\mathrm{k}}}{\oint\rho\mathrm{d}s}-\frac{E\beta'''(z)}{\oint\rho\mathrm{d}s}\oint S_{\bar{\omega}}\rho\mathrm{d}s$$

由于 $\oint\rho\mathrm{d}s=\Omega=2A_{0}$（$A_{0}$ 为封闭截面中线围绕的面积），故

$$\tau_{0}\delta=\frac{M_{\mathrm{k}}}{\Omega}-\frac{E\beta'''(z)}{\Omega}\oint S_{\bar{\omega}}\rho\mathrm{d}s \tag{3.8.28}$$

将式(3.8.28)代入式(3.8.25)中，得到

$$\begin{aligned}\tau_{\omega}\delta&=\frac{M_{\mathrm{k}}}{\Omega}-\frac{E\beta'''(z)}{\Omega}\oint S_{\bar{\omega}}\rho\mathrm{d}s+E\beta'''(z)S_{\bar{\omega}}\\&=\frac{M_{\mathrm{k}}}{\Omega}+E\beta'''(z)\left[S_{\bar{\omega}}-\frac{\oint S_{\bar{\omega}}\rho\mathrm{d}s}{\Omega}\right]\\&=\frac{M_{\mathrm{k}}}{\Omega}+E\beta'''(z)\overline{S}_{\bar{\omega}}\end{aligned} \tag{3.8.29}$$

其中
$$\overline{S}_{\bar{\omega}}=S_{\bar{\omega}}-\frac{\oint S_{\bar{\omega}}\rho\mathrm{d}s}{\Omega}$$

故约束扭转剪应力为

$$\tau_{\omega}=\frac{M_{\mathrm{k}}}{\delta\Omega}+E\frac{\beta'''(z)}{\delta}\overline{S}_{\bar{\omega}} \tag{3.8.30}$$

从式(3.8.30)中可见，约束扭转在截面上的剪应力为两项剪应力之和。第一项是自由扭

转剪应力 $\tau_{k}=\frac{M_{k}}{\delta\Omega}$；第二项是由于约束正应力的变化而引起的剪应力 $\tau_{\bar{\omega}}=\frac{E\beta'''(z)}{\delta}\bar{S}_{\bar{\omega}}$。约束扭转剪应力也可以用扭转双力矩表示

$$\tau_{\bar{\omega}}=-\frac{B'_{\omega}\bar{S}_{\bar{\omega}}}{I_{\bar{\omega}}\delta} \tag{3.8.31}$$

式(3.8.31)与平面弯曲剪应力的计算式(3.8.3) $\tau=\frac{QS}{Ib}$ 相类似。

8.2.4 β(z)函数的确定

约束扭转翘曲应力及剪应力均是函数 $\beta(z)$ 的函数，要求扭转应力，则应先确定函数 $\beta(z)$ 之值。因此，列出约束扭转微分方程式

$$\frac{\partial u}{\partial s}+\frac{\partial v}{\partial z}=\frac{\tau_{\omega}}{G} \tag{3.8.32}$$

当截面周边不变形时，切线位移为

$$v=\rho\theta(z) \tag{3.8.33}$$

式中：$\theta(z)$——截面的扭转角。

将式(3.8.33)微分一次，则有 $\frac{\partial v}{\partial z}=\rho\theta'(z)$，则

$$\frac{\partial u}{\partial s}=\frac{\tau_{\omega}}{G}-\frac{\partial v}{\partial z}$$

$$\frac{\partial u}{\partial s}=\frac{M_{k}}{G\delta\Omega}+\frac{E\beta'''(z)}{G\delta}\bar{S}_{\bar{\omega}}-\rho\theta'(z) \tag{3.8.34}$$

现对式(3.8.34)进行积分，得

$$u=u_{0}+\frac{M_{k}}{G\Omega}\int_{0}^{s}\frac{ds}{\delta}+\frac{E\beta'''(z)}{G}\int_{0}^{s}\bar{S}_{\bar{\omega}}\frac{ds}{\delta}-\theta'(z)\int_{0}^{s}\rho ds \tag{3.8.35}$$

为满足周期条件(沿周边积分一圈后 $u=u_{0}$)故有

$$\frac{M_{k}}{G\Omega}\oint\frac{ds}{\delta}+\frac{E\beta'''(z)}{G}\oint\bar{S}_{\bar{\omega}}\frac{ds}{\delta}-\theta'(z)\oint\rho ds=0 \tag{3.8.36}$$

将式(3.8.36)对 z 再微分一次，并将各项除以 $\oint\frac{ds}{\delta}/\Omega$，而且将 $\Omega=\oint\rho ds$ 代入后得到

$$\frac{dM_{k}}{dz}+E\beta''''(z)\frac{\Omega}{\oint\frac{ds}{\delta}}\oint\bar{S}_{\bar{\omega}}\frac{ds}{\delta}-G\theta''(z)\frac{\Omega^{2}}{\oint\frac{ds}{\delta}}=0 \tag{3.8.37}$$

令

$$\begin{cases}m_{t}=\frac{dM_{k}}{dz}\\ I_{d}=\frac{\Omega^{2}}{\oint\frac{ds}{\delta}}\ (I_{d}\text{ 称为自由扭转惯性矩})\\ I_{\bar{\omega}}=\frac{\Omega^{2}}{\oint\frac{ds}{\delta}}\oint\bar{S}_{\bar{\omega}}\frac{ds}{\delta}\ (I_{\bar{\omega}}\text{ 称为扇性惯性矩})\end{cases} \tag{3.8.38}$$

则式(3.8.37)变为

$$EI_{\bar{\omega}}\beta'''(z)-GI_{d}\theta''(z)=-m_{t} \tag{3.8.39}$$

由式(3.8.39),不可能同时解出$\beta(z)$和$\theta(z)$两个未知量,需要另外寻求$\beta(z)$和$\theta(z)$之间的关系式。

将广义扇性坐标

$$\bar{\omega}(s)=\int_{0}^{s}\rho \mathrm{d}s-\frac{\Omega\int_{0}^{s}\frac{\mathrm{d}s}{\delta}}{\oint\frac{\mathrm{d}s}{\delta}}=\int_{0}^{s}\rho \mathrm{d}s-\frac{I_{d}}{\Omega}\int_{0}^{s}\frac{\mathrm{d}s}{\delta} \tag{3.8.40}$$

代入式(3.8.14)中并略出坐标s标记,则有

$$u(z)=u_{0}(z)+\beta'(z)\left(\frac{I_{d}}{\Omega}\int_{0}^{s}\frac{\mathrm{d}s}{\delta}-\int_{0}^{s}\rho \mathrm{d}s\right) \tag{3.8.41}$$

将式(3.8.41)沿s微分一次,并注意到$u_{0}(z)$是常量,得到

$$\frac{\partial u(z)}{\partial s}=\beta'(z)\left(\frac{I_{d}}{\Omega}\frac{1}{\delta}-\rho\right)$$

由于$\frac{\partial v}{\partial z}=\rho\theta'(z)$则

$$\begin{aligned}\tau_{\omega}&=G\left(\frac{\partial u}{\partial s}+\frac{\partial v}{\partial z}\right)\\&=G\left[\beta'(z)\left(\frac{I_{d}}{\Omega}\frac{1}{\delta}-\rho\right)+\rho\theta'(z)\right]\end{aligned} \tag{3.8.42}$$

又知$M_{k}=\oint\tau_{\omega}\delta\rho \mathrm{d}s$,约束扭转剪应力不引起外扭矩。

$$\begin{aligned}M_{k}&=\oint G\left[\beta'(z)\left(\frac{I_{d}}{\Omega}\cdot\frac{1}{\delta}-\rho\right)+\rho\theta'(z)\right]\delta\rho \mathrm{d}s\\&=G[\beta'(z)(I_{d}-I_{\rho})+\theta'(z)I_{\rho}]\end{aligned} \tag{3.8.43}$$

$$\frac{M_{K}}{GI_{\rho}}=\theta'(z)-\beta'(z)\left(1-\frac{I_{d}}{I_{\rho}}\right)$$

$$\frac{M_{K}}{GI_{\rho}}=\theta'(z)-\beta'(z)\mu \tag{3.8.44}$$

在以上各式中:

对于矩形(箱形)截面,ρ表示扭转中心距剪力流的垂直距离;

I_{ρ}——截面的极惯性矩,$I_{\rho}=\oint\rho^{2}\mathrm{d}s$;

μ——截面约束系数(或称翘曲系数),$\mu=1-\frac{I_{d}}{I_{\rho}}$。

μ的大小反映了截面受约束的程度,其大小主要取决于箱形梁外轮廓尺寸。当$\mu=1$时,$\theta=\beta$,即乌曼斯基的闭口薄壁直杆扭转第一理论,在某些情况下将导致较大偏差。对于开口截面,由于$I_{d}\approx I_{\rho}$,$\mu\approx1$,所以采用$\theta=\beta$不会引起偏差。而闭口截面的I_{d}和I_{ρ}属于同一量级,μ在0~1之间,β和θ的差别较大。当$\mu=0$,即$I_{d}=I_{\rho}$时,式(3.8.44)变为$\theta'=\frac{M_{K}}{GI_{d}}$,这时杆件处

于自由扭转，或称其为无翘曲截面。如圆形截面、等壁厚方形箱及箱梁的高宽比与其对应的壁厚比相同的矩形箱均为无翘曲截面。

8.2.5 箱梁约束扭转微分方程

联立式(3.8.39)和式(3.8.44)进行求解，可得到关于 θ 和 β 各自的一元方程

$$\theta''''(z)-k^2\theta''=-\frac{\mu m_t}{EI_{\bar{\omega}}} \tag{3.8.45}$$

及

$$\beta''''(z)-k^2\beta''(z)=-\frac{\mu m_t}{EI_{\bar{\omega}}} \tag{3.8.46}$$

其中

$$k^2=\mu\frac{GI_d}{EI_{\bar{\omega}}}$$

其边界条件为

固端：$\theta=0$（无扭转），$\beta'=0$（截面无翘曲）；

铰端：$\theta=0$（无扭转），$B_\omega=0$（可自由翘曲）；

自由端：$B_\omega=0$（可自由翘曲），$\beta'''=0$（无约束剪切）。

8.3 等截面连续箱梁扭转的三翘曲双力矩方程

利用式(3.8.39)或式(3.8.46)，可很方便地求解等截面简支梁[2]或悬臂梁的扭转问题。若将简支梁的解看作基本结构的解答，应用力法的概念，可建立连续梁扭转的三翘曲双力矩方程。

如图3.8.6所示，现将各支承处的翘曲双力矩作为赘余未知力，把图3.8.6a)中各支承处的翘曲变形放松，分别用赘余双力矩代之，如图3.8.6b)所示，取简支梁为基本体系（若自由端可取一端铰支一端自由的悬臂体系）。

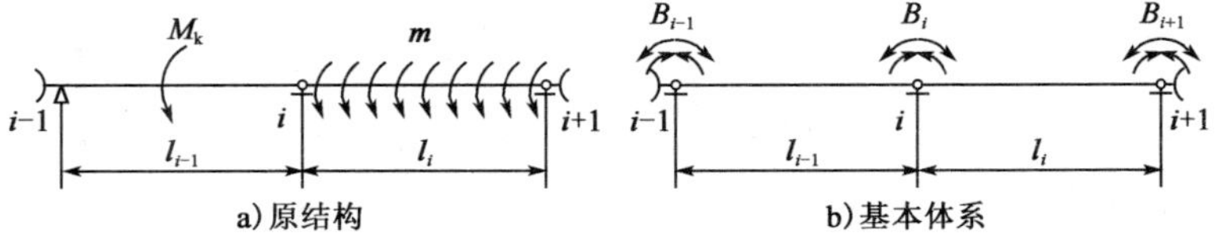

图3.8.6 连续梁扭转基本体系

对于箱梁翘曲变形以 β' 作为未知量，因为纵向刚性移动 u_0 对翘曲变形没有影响，而扇性坐标 $\bar{\omega}$ 系表示翘曲位移在截面中的分布规律，β' 则表示翘曲沿梁纵向变化的大小程度，因此在连续箱梁分析中只把它作为未知量。而且有了它，通过基本体系及其边界条件，所有内力与变形均可获解。现将单位双力矩引起的翘曲变形 β' 用 $\overline{\beta'}$ 表示，则某支座左右两侧梁跨在支座处的翘曲变形为

第 i 跨对支座 i 的翘曲变形

$$\beta'^{右}_{i}=\beta'^{右}_{ip}+\overline{\beta'}^{右}_{ii}B_i+\overline{\beta'}_{i,i+1}B_{i+1} \tag{3.8.47}$$

第 $i-1$ 跨对支座 i 的翘曲变形

$$\beta'^{左}_{i}=\beta'^{左}_{ip}+\overline{\beta'}^{左}_{ii}B_i+\overline{\beta'}_{i,i-1}B_{i-1} \tag{3.8.48}$$

根据相邻两跨在支座处的相对翘曲为零的变形协调条件，有

$$\overline{\beta'}_{i,i-1}B_{i-1}+(\beta'^{左}_{ii}+\overline{\beta'}^{右}_{ii})B_i+\overline{\beta'}_{i,i+1}B_{i+1}+(\beta'^{左}_{ip}+\overline{\beta'}^{右}_{ii})=0 \tag{3.8.49}$$

或

$$\overline{\beta'}_{i,i-1}B_{i-1}+\overline{\beta'}_{ii}B_i+\overline{\beta'}_{i,i+1}B_{i+1}+\beta'_{ip}=0 \tag{3.8.50}$$

式中：$\overline{\beta'}_{i,j}$——j 端单位双力矩对 i 端产生的翘曲（$j=i-1,i,i+1$）；

$\overline{\beta'}_{ii}$——i 点左右单位双力矩引起的翘曲之和，$\overline{\beta'}_{ii}=\overline{\beta'}^{左}_{ii}+\overline{\beta'}^{右}_{ii}$；

β'_{ip}——左右跨外扭矩引起的翘曲之和，$\beta'_{ip}=\overline{\beta'}^{左}_{ip}+\overline{\beta'}^{右}_{ip}$。

利用简支梁求解方法可以求出基本体系在单位双力矩作用下翘曲变形$\overline{\beta'}_{i,i}$，以及外扭矩作用下的翘曲变形 β'_{ip}。式(3.8.50)中最多含三个未知双力矩，因此把它叫作三翘曲双力矩方程。对于连续梁，每一个支座都可以列出这样一个方程，因而可以解出全部赘余双力矩。

求出各支承点双力矩后，可按力法原理用叠加方法求得最后解答。

8.4 变截面箱梁约束扭转的差分法

将式(3.8.46)改写为

$$-EI_{\bar{\omega}}\beta''''(z)+k^2\beta''EI_{\bar{\omega}}=\mu m_t \tag{3.8.51}$$

由于双力矩 $B_{\omega}=-EI_{\bar{\omega}}\beta''$，故式(3.8.51)可写为

$$\beta''_{\omega}-k^2\beta_{\omega}=\mu m_t \tag{3.8.52}$$

式(3.8.52)是以双力矩 B_{ω} 表示的约束扭转微分方程，省去下标后可用差分表示为

$$\frac{B_{i+1}-2B_i+B_{i+1}}{\Delta^2}-k^2B_i=\mu_i m_i$$

或

$$B_{i+1}-(2+k_i^2\Delta^2)B_i+B_{i-1}=\mu_i m_i\Delta^2 \tag{3.8.53}$$

式中：$i=0,1,\cdots,n$（n 为分段数）；

Δ——差分间距。

当集中扭矩作用 M_k 时，可以设想它分布在有限长度 Δ 上，即 M_k/Δ，式(3.8.53)可以写成

$$B_{i+1}-(2+k_i^2\Delta^2)B_i+B_{i-1}=\mu_i m_i\Delta^2+\mu_i M_k\Delta \tag{3.8.54}$$

同理，扭角 θ 也可用双力矩表示并化成差分格式[2]。

作为示例，以下采用差分法求解变截面 T 形刚构桥。这时，可以将其看作两端固结的梁来进行扭转分析。如图 3.8.7 所示，若将固端梁分成 6 段，根据边界条件写出的差分方程为

$$\begin{cases} -\left[1+\dfrac{K_{(1)}^2\Delta^2}{2}\right]B_{(1)}+B_{(2)}=\mu_{(1)}\dfrac{m_{t(1)}\Delta^2}{2}-\mu_{(1)}\Delta M_{(1)} \\ B_{(1)}-\left[2+K_{(2)}^2\Delta^2\right]B_{(2)}+B_{(3)}=\mu_{(2)}m_{t(2)}\Delta^2 \\ B_{(2)}-\left[2+K_{(3)}^2\Delta^2\right]B_{(3)}+B_{(4)}=\mu_{(3)}m_{t(3)}\Delta^2 \\ B_{(3)}-\left[2+K_{(4)}^2\Delta^2\right]B_{(4)}+B_{(5)}=\mu_{(4)}m_{t(4)}\Delta^2 \\ B_{(4)}-\left[2+K_{(3)}^2\Delta^2\right]B_{(5)}+B_{(6)}=\mu_{(3)}m_{t(5)}\Delta^2 \\ B_{(5)}-\left[2+K_{(2)}^2\Delta^2\right]B_{(6)}+B_{(7)}=\mu_{(2)}m_{t(6)}\Delta^2 \\ B_{(6)}-\left[1+\dfrac{k_{(1)}^2\Delta^2}{2}\right]B_{(7)}=\dfrac{\mu_{(1)}m_{t(7)}\Delta^2}{2}-\mu_{(1)}\Delta M_{(7)} \end{cases} \tag{3.8.55}$$

式中：$B_{(i)}$——i点上的约束扭转双力矩，$i=1,2,\cdots,7$（$\mathrm{kN\cdot m^2}$）；

$K_{(i)}$——计算参数，$K_i=\sqrt{\dfrac{GI_{di}}{EI_{\bar{\omega}i}}\mu_i}$，$\mu_i=1-\dfrac{I_{di}}{I_{\rho i}}$，此处认为梁为对称的；

$m_t(i)$——i点上的分布外扭矩，i，$=1,2,\cdots,7$（$\mathrm{kN\cdot m/m}$）；

$M_{(i)}$——两端点上的外扭矩（$\mathrm{kN\cdot m}$）；

Δ——差分间距（m）。

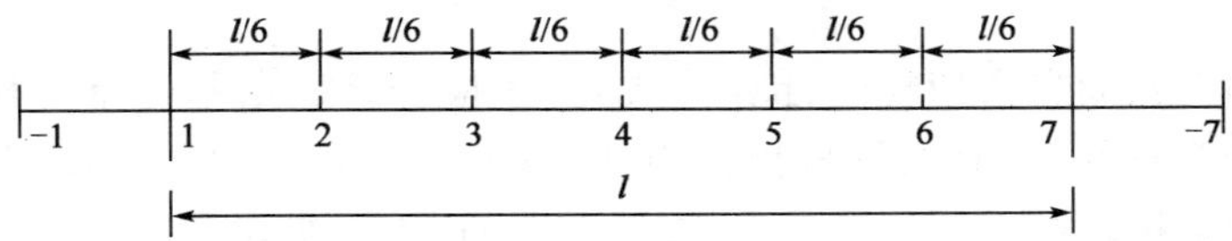

图3.8.7　差分格式

如图3.8.8为某等级汽车荷载的横向布置（两列车队为例）。图3.8.9为其纵向布置。

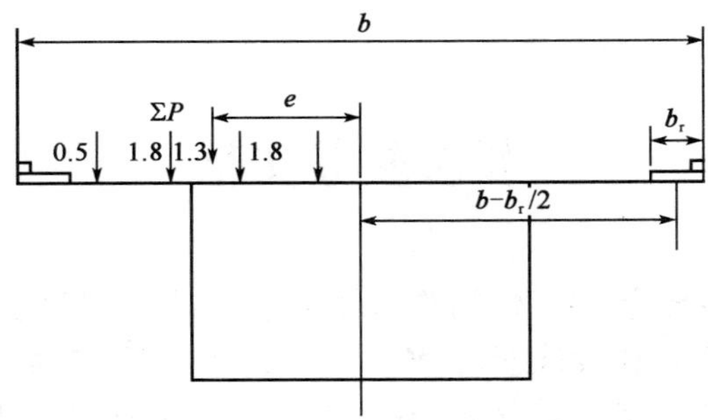

图3.8.8　汽车荷载横向布置

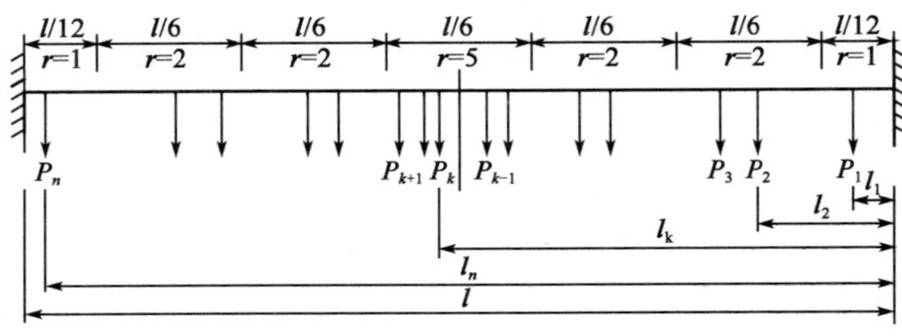

图3.8.9　汽车荷载纵向布置

则

$$m_{t(i)汽}=\begin{cases}\sum_{j=1}^{r}p_j 2\dfrac{e}{l/6} & (i=1,2,3,4,5,6)\\ \sum_{j=1}^{r}p_j 2\dfrac{e}{l/12} & (i=1,7)\end{cases}$$

$$m_{t(i)人}=q_{人}\, b_{\mathrm{r}}(b-b_{\mathrm{r}}/2)$$

$$m_{t(i)}=m_{t(i)汽}+m_{t(i)人}\quad (i=1,2,3,4,5,6,7)$$

式中:r——在第 i 段内的汽车轴数;

p_j——第 i 个汽车轴重(kN)。

$$M_{(1)}=\sum_{k=1}^{n}p_k 2e\frac{l_k}{l}+m_{t(i)人}\frac{1}{2}$$

$$M_{(7)}=\sum_{k=1}^{n}p_k 2e\frac{l-l_k}{l}+m_{t(i)人}\frac{1}{2}$$

式中:2 为车队数,其余符号意义见图 3.8.9。

8.5 小　　结

本章除简介闭口截面自由扭转的计算公式外,还根据乌曼斯基薄壁杆件扭转理论(乌氏第二理论),将梁视为理想匀质体,推导出约束扭转微分方程,给出了连续梁约束扭转的三翘曲双力矩方程和约束扭转的差分解法。在扭转理论中还有瑞斯纳(Reissner)引进翘曲系数利用泛函推导的理论,该理论比乌氏理论精确。乌氏理论计算结果偏大,但工程计算中多采用传统的乌氏理论。扭转问题的解析法仅适用于简单荷载下的等截面梁,其他情况下应寻求数值算法。

本章参考文献

[1] V·克里斯特克.箱梁理论[M].何福照,吴德心,译.北京:人民交通出版社,1988.
[2] 郭金琼,房贞政,郑振.箱梁设计理论[M].2 版.北京:人民交通出版社,2008.
[3] C·P·汉斯.薄壁杆件的弯曲与扭转[M].北京:人民交通出版社,1980.

9　薄壁箱梁的畸变理论

畸变是伴随扭转而产生的，由于畸变的存在，截面发生翘曲而在纵向产生翘曲正应力 σ_D 和翘曲剪应力 τ_D，同时在横向还产生横向框架应力。

9.1　畸变荷载

箱形梁在偏心荷载作用下，除产生弯曲效应外，还会产生扭转和畸变变形[1,2]。在实际桥梁工程中，能引起扭转和畸变变形的荷载有竖直偏心荷载、水平偏心荷载和在自重作用下由于支点侧倾（所谓三条腿）产生的扭矩三种荷载。这三种荷载都可以通过荷载分解得到刚性扭转荷载和畸变荷载。

9.1.1　直腹板箱梁

如图3.9.1所示的竖向反对称荷载为 P_v，经荷载分解所得的刚性扭转荷载和畸变荷载为

$$\begin{cases} V_{d1} = \dfrac{P_v}{2} \\ H_{d1} = \dfrac{P_v b}{2h} = V_{d1}\dfrac{b}{h} \end{cases} \tag{3.9.1}$$

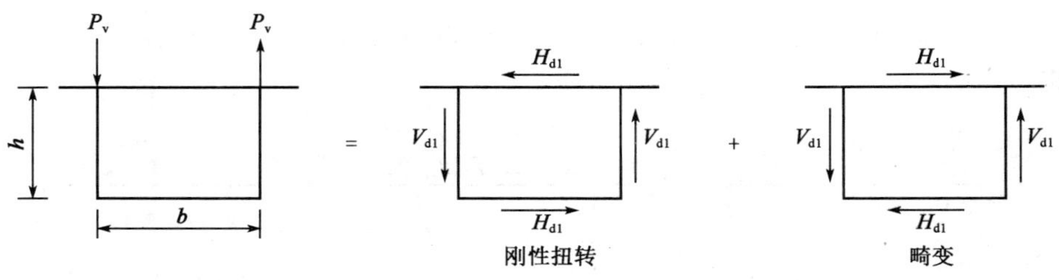

图3.9.1　竖向反对称荷载的分解

如图3.9.2所示的水平向偏心荷载 P，设其与截面扭转中心的距离为 d，则按力学原理，扭

矩 Pd 可用角点反对称荷载 $P_H = P\dfrac{d}{h}$ 来代替。经分解后得到刚性扭转荷载和畸变荷载为

$$\begin{cases} V_{d2} = \dfrac{P_H h}{2b} \\ H_{d2} = \dfrac{P_H}{2} = V_{d2}\dfrac{b}{h} \end{cases} \tag{3.9.2}$$

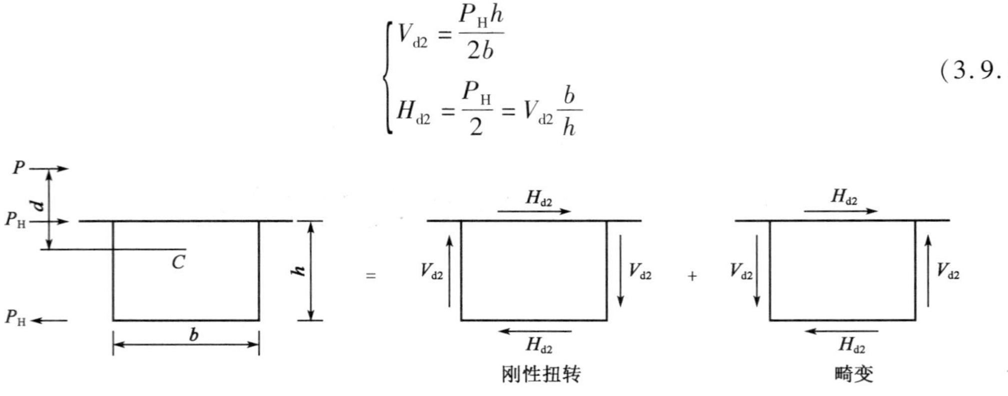

图 3.9.2　水平荷载的分解

对于图 3.9.3 所示的简支梁一个支座脱空后的三条腿支承，经分解后其刚性扭转荷载和畸变荷载为

$$\begin{cases} V_{d3} = \dfrac{R}{4} \\ H_{d3} = \dfrac{Rb}{4h} = V_{d3}\dfrac{b}{h} \end{cases} \tag{3.9.3}$$

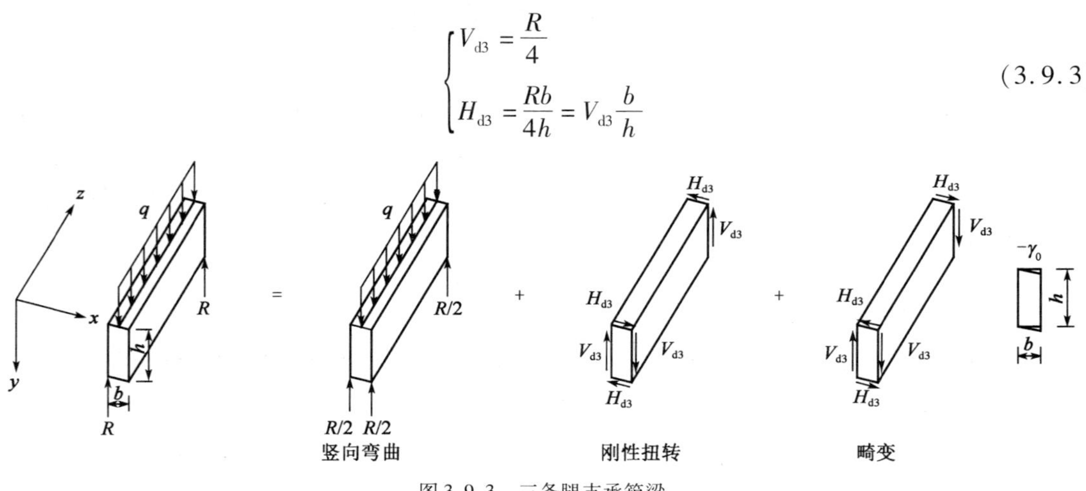

图 3.9.3　三条腿支承箱梁

9.1.2　斜腹板箱梁

如图 3.9.4 所示的斜腹板箱梁上承受反对称角点荷载，经分解后也可得到刚性扭转荷载和畸变荷载。

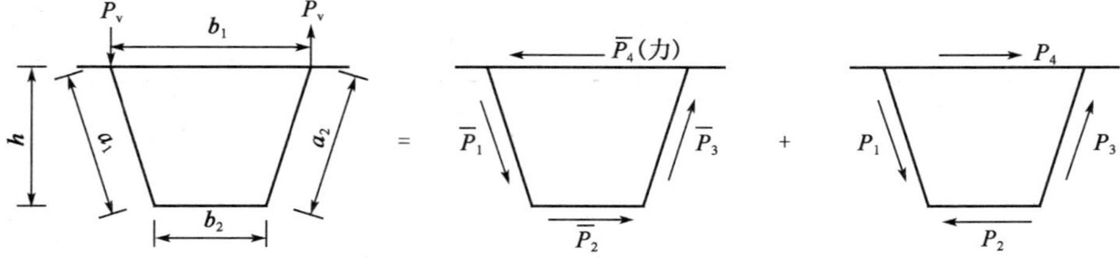

图 3.9.4　斜腹板箱梁竖向反对称载的分解

在假定剪应力沿板厚均匀分布下,箱梁中剪力流为

$$q(\tau,\delta)=\frac{M_{\mathrm{K}}}{\Omega}=\frac{M_{\mathrm{K}}}{2\left(\frac{b_2+b_1}{2}\right)h}=\frac{P_{\mathrm{v}}b_1}{2(b_2+b_1)h} \tag{3.9.4}$$

刚性扭转荷载

$$\begin{cases}\overline{P_4}=\dfrac{P_{\mathrm{v}}b_1^2}{(b_2+b_1)h}\\[2ex]\overline{P_1}=\overline{P_3}=\dfrac{P_{\mathrm{v}}b_1a_1}{(b_2+b_1)h}(a_1=a_3)\\[2ex]\overline{P_2}=\dfrac{P_{\mathrm{v}}b_1b_2}{(b_2+b_1)h}\end{cases} \tag{3.9.5}$$

畸变荷载

$$\begin{cases}P_4=\dfrac{P_{\mathrm{v}}b_2^2}{(b_2+b_1)h}\\[2ex]P_1=P_3=\dfrac{P_{\mathrm{v}}a_1b_2}{(b_2+b_1)h}\\[2ex]P_2=\dfrac{P_{\mathrm{v}}b_1b_2}{(b_2+b_1)h}\end{cases} \tag{3.9.6}$$

式中: q——剪力流,$q=\tau\delta$;

τ——剪应力;

δ——板厚;

P_{v}——反对称荷载;

h——上板中心到下板中心的距离;

a_1、a_2、b_1、b_2——截面中心线处板块宽度或长度,参见图3.9.4;

M_{K}——外扭矩;

$\overline{P_1}$、$\overline{P_2}$、$\overline{P_3}$、$\overline{P_4}$——刚性扭转轴力;

P_1、P_2、P_3、P_4——畸变轴力;

Ω——截面中心线围绕面积的2倍。

对于水平反对称荷载,亦可按上述方法进行分解。

9.2 直腹板箱梁畸变分析的静力平衡法

9.2.1 基本假定

畸变荷载是一组自相平衡的力系,因而由畸变变形产生的内力也是自相平衡的。

箱形梁畸变时,产生了两种畸变变形:①横向,组成箱形梁的各板元产生了垂直于自身平

面的位移——畸变横向挠曲；②纵向，因各板元横向挠曲而产生了相应的与梁轴线方向平行的翘曲位移——畸变翘曲。前者受到了箱形梁横向框架刚度的抵抗，而后者则受到了箱形梁翘曲刚度的抵抗。

分析时，将箱形梁畸变的两种变形及其相应的力系分开考虑，并且把相应于畸变横向挠曲的内外力称为板元的平面外力系，相应于畸变翘曲的内外力称为各板元的平面内力系。用以计算畸变位移的物理量如图3.9.5所示，角点位移为Δ_{h1}、Δ_{h2}及Δ_v，若令

$$\Delta_h=\frac{\Delta_{h1}+\Delta_{h2}}{2} \tag{3.9.7}$$

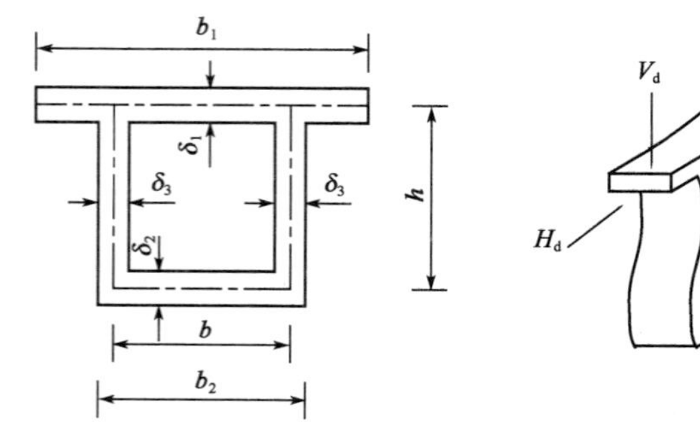

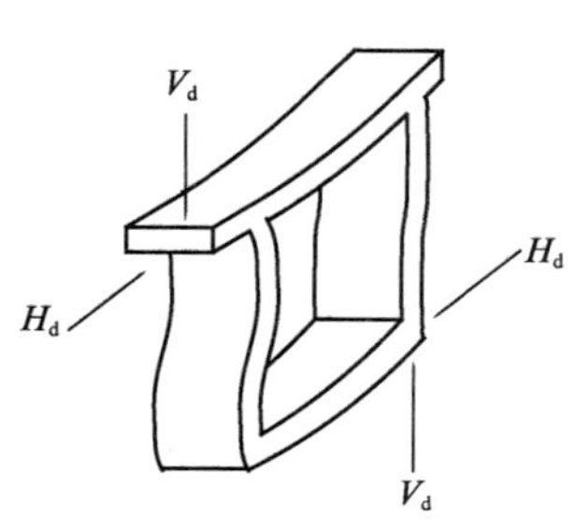

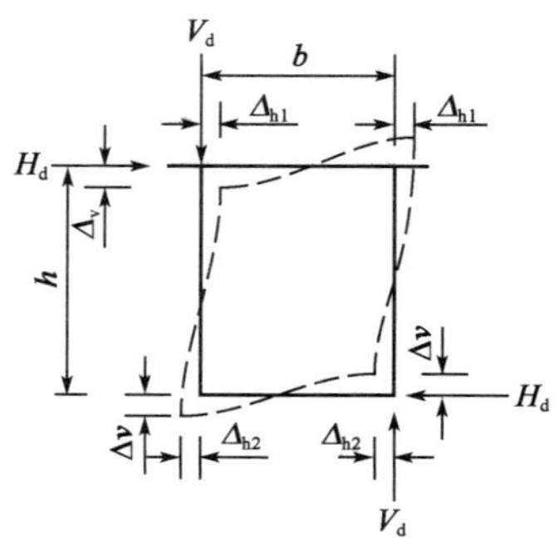

图3.9.5 箱梁、畸变荷载与畸变位移

则得到畸变角γ_D与畸变位移的关系为

$$\gamma_D=\alpha_h+\alpha_v=\frac{2\Delta_v}{b}+\frac{2\Delta_h}{h} \tag{3.9.8}$$

此畸变角是畸变分析唯一独立变量。

此外，在结构分析中还假定：①组成箱形梁的各板沿自身平面的挠曲满足平截面假定，可应用初等梁理论计算其挠度和挠曲应力；②翘曲正应力和剪应力沿壁厚均匀分布。

9.2.2 各板元平面内力系分析[1]

沿纵向从箱形梁中取出的一微段单元，并把截断处用相应的内力代替，如图3.9.6所示。根据平截面假定，箱梁截面的翘曲应力可视为各板元平面内的挠曲应力，并沿周边直线变化，如图3.9.6a)所示。令σ_D为翘曲应力，由于翘曲应力在截面内自相平衡，故应满足以下条件

$$\begin{cases}\int\sigma_D\delta\mathrm{d}s=0\\ \int\sigma_D x\delta\mathrm{d}s=0\\ \int\sigma_D y\delta\mathrm{d}s=0\end{cases} \tag{3.9.9}$$

因截面对称于y轴，而应力反对称于y轴，所以式(3.9.9)的第一、三式自然满足，并且上、下板中点处的翘曲应力为零。令左腹板顶点翘曲应力σ_{DA}与底点翘曲应力σ_{DB}之比为β_D，根据式(3.9.9)第二式得

$$\beta_{\mathrm{D}}=\frac{\sigma_{\mathrm{DA}}}{\sigma_{\mathrm{DB}}}=\frac{3+\alpha_2^3\dfrac{b\delta_2}{h\delta_3}}{3+\alpha_1^3\dfrac{b\delta_1}{h\delta_3}} \tag{3.9.10}$$

式中：α_1——$\alpha_1=\dfrac{b_1}{b}$；

α_2——$\alpha_2=\dfrac{b_2}{b}$；

δ_1、δ_2、δ_3——顶板、底板及腹板的厚度；

b、h——箱形梁的宽和高；

b_1、b_2——顶板和底板的宽度。

令
$$\bar{\alpha}_1=\alpha_1^3\frac{b\delta_1}{h\delta_3},\bar{\alpha}_2=\alpha_2^3\frac{b\delta_2}{h\delta_3}$$

则
$$\beta_{\mathrm{D}}=\frac{3+\bar{\alpha}_2}{3+\bar{\alpha}} \tag{3.9.11}$$

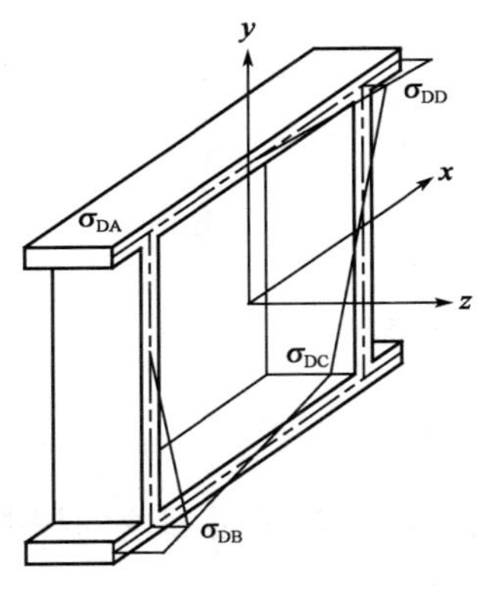

a)翘曲应力σ_{D}

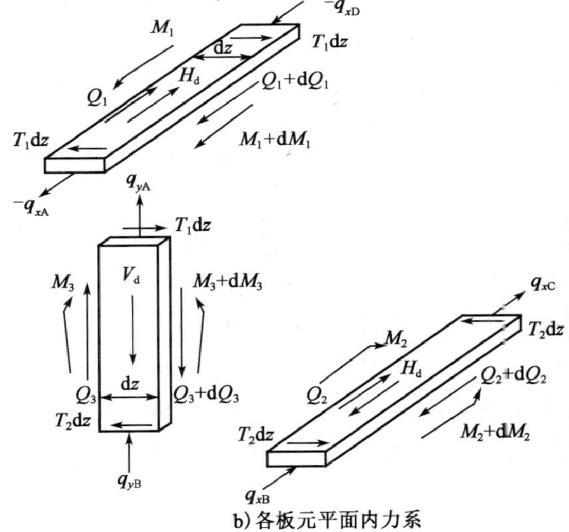

b)各板元平面内力系

图3.9.6　各板元平面内力系

各板元平面内弯矩和剪力如图3.9.6b)所示，根据各板元在其自身平面内的受力平衡条件，可以得到下列公式

顶板：

由$\sum M_0=0$、$\sum X=0$得

$$T_1=-\frac{1}{b}\left(\frac{\mathrm{d}M_1}{\mathrm{d}z}+Q_1\right) \tag{3.9.12}$$

$$\frac{\mathrm{d}Q_1}{\mathrm{d}z}=-H_d+q_{x\mathrm{A}}+q_{x\mathrm{D}}$$

令$q_x=q_{x\mathrm{A}}+q_{x\mathrm{D}}$则得

$$\frac{\mathrm{d}Q_1}{\mathrm{d}z} = -H_\mathrm{d} + q_x \tag{3.9.13}$$

底板:

由$\sum M_0 = 0$、$\sum X = 0$得

$$T_2 = -\frac{1}{b}\left(\frac{\mathrm{d}M_2}{\mathrm{d}z} + Q_2\right) \tag{3.9.14}$$

$$\frac{\mathrm{d}Q_2}{\mathrm{d}z} = -H_\mathrm{d} + q_x \tag{3.9.15}$$

左腹板:

由$\sum M_0 = 0$、$\sum Y = 0$得

$$(T_1 + T_2)\frac{h}{2} - \frac{\mathrm{d}M_3}{\mathrm{d}z} + Q_3 = 0 \tag{3.9.16}$$

$$\frac{\mathrm{d}Q_3}{\mathrm{d}z} = -V_\mathrm{d} + q_{y\mathrm{A}} + q_{y\mathrm{B}}$$

令$q_y = q_{y\mathrm{A}} + q_{y\mathrm{B}}$则得

$$\frac{\mathrm{d}Q_3}{\mathrm{d}z} = -V_\mathrm{d} + q_y \tag{3.9.17}$$

把式(3.9.12)和式(3.9.14)代入式(3.9.16)并微分得

$$\frac{\mathrm{d}^2M_3}{\mathrm{d}z^2} + \frac{h}{2b}\left(\frac{\mathrm{d}^2M_1}{\mathrm{d}z^2} + \frac{\mathrm{d}^2M_2}{\mathrm{d}z^2}\right) - \frac{\mathrm{d}Q_3}{\mathrm{d}z} - \frac{h}{2b}\left(\frac{\mathrm{d}Q_3}{\mathrm{d}z} + \frac{\mathrm{d}Q_2}{\mathrm{d}z}\right) = 0 \tag{3.9.18}$$

而

$$\frac{\mathrm{d}Q_1}{\mathrm{d}z} + \frac{\mathrm{d}Q_2}{\mathrm{d}z} = -2H_\mathrm{d} + 2q_x$$

把式(3.9.13)、式(3.9.15)、式(3.9.17)代入式(3.9.18)并整理得

$$\frac{\mathrm{d}^2M_3}{\mathrm{d}z^2} + \frac{h}{2b}\left(\frac{\mathrm{d}^2M_1}{\mathrm{d}z^2} + \frac{\mathrm{d}^2M_2}{\mathrm{d}z^2}\right) + V_\mathrm{d} + H_\mathrm{d}\frac{h}{b} - \left(q_y + q_x\frac{h}{b}\right) = 0 \tag{3.9.19}$$

由于角点处顶板与腹板、底板与腹板具有相同的翘曲应力。根据初等梁理论的挠曲应力公式,可得到角点翘曲应力与各板元自身内弯矩M_1、M_2和M_3的关系式。

$$M_1 = \frac{2J_1\beta_\mathrm{D}}{b}\sigma_\mathrm{DB} \tag{3.9.20}$$

$$M_2 = \frac{2J_2}{b}\sigma_\mathrm{DB} \tag{3.9.21}$$

$$M_3 = \frac{2J_3}{h}\cdot\frac{\sigma_\mathrm{DA} + \sigma_\mathrm{DB}}{2} \tag{3.9.22}$$

其中

$$J_1 = \frac{\delta_1 b_1^3}{12}, J_2 = \frac{\delta_2 b_2^3}{12}, J_3 = \frac{\delta_3 h^3}{12}$$

为各板在其自身平面内的惯性矩。

应用关系$\sigma_\mathrm{DB} = \sigma_\mathrm{DA}/\beta_\mathrm{D}$,将式(3.9.20)~式(3.9.22)化简得

$$M_1 = \frac{J_1}{J_3}\frac{\beta_\mathrm{D}}{1+\beta_\mathrm{D}}\frac{2h}{b}M_3 \tag{3.9.23}$$

$$M_2 = \frac{J_2}{J_3}\frac{1}{1+\beta_D}\frac{2h}{b}M_3 \tag{3.9.24}$$

把式(3.9.23)、式(3.9.24)代入式(3.9.19)并整理得到

$$2\frac{d^2M_3}{dz^2}\frac{3+2(\overline{\alpha}_1+\overline{\alpha}_2)+\overline{\alpha_1\alpha_2}}{6+\overline{\alpha}_1+\overline{\alpha}_2}+V_d+H_d\frac{h}{b}-\left(q_y+q_x\frac{h}{b}\right)=0 \tag{3.9.25}$$

根据基本假定,箱形梁各板元沿自身平面的横向挠曲满足初等梁理论,所以得到各板元内弯矩和位移的关系为

$$\begin{cases}\Delta_v'' = -\dfrac{M_3}{EJ_3}\\[2ex] \Delta_{h1}'' = -\dfrac{M_1}{EJ_1}\\[2ex] \Delta_{h2}'' = -\dfrac{M_2}{EJ_2}\end{cases} \tag{3.9.26}$$

式中:Δ_v''、Δ_{h1}''、Δ_{h2}''——畸变角点位移的二次微分。

根据畸变角 γ_D 和畸变位移的关系可得到畸变角二次微分的表达式为

$$\begin{aligned}\gamma_D'' &= 2\frac{\Delta_v''}{b}+\frac{\Delta_{h1}''+\Delta_{h2}''}{b}\\ &= \frac{2M_3}{bEJ_3}-\frac{M_1}{hEJ_1}-\frac{M_2}{hEJ_2}\end{aligned} \tag{3.9.27}$$

把方程式(3.9.23)、式(3.9.24)代入上式,并整理得

$$\gamma_D'' = -\frac{4M_3}{bEJ_3} \tag{3.9.28}$$

从而得到板元平面弯矩和畸变角的关系式为

$$M_3 = -\frac{bEJ_3}{4}\gamma'' \tag{3.9.29}$$

经两次微分得

$$\frac{d^2M_3}{dz^2} = -\frac{bEJ_3}{4}\gamma'''' \tag{3.9.30}$$

把上式代入式(3.9.25)得

$$-\frac{bEJ_3}{4}\gamma''''\frac{3+2(\overline{\alpha}_1+\overline{\alpha}_2)+\overline{\alpha}_1\overline{\alpha}_2}{6+\overline{\alpha}_1+\overline{\alpha}_2}\cdot 2+V_d+H_d\frac{h}{b}-\left(q_y+q_x\frac{h}{b}\right)=0 \tag{3.9.31}$$

方程(3.9.31)是根据箱形梁在畸变荷载作用下,产生轴向翘曲位移及相应的力系(各板元平面内力系)平衡条件推导得到的畸变微分方程。

9.2.3 各板元平面外力系分析

箱形梁各板元平面外力系为产生横向挠曲的力系(图3.9.7)。箱形梁抵抗横向挠曲的作用称为框架作用,分析框架作用时,不考虑顶板和底板的悬臂部分。图3.9.7b)表示从箱形梁中取出微段单元 dz 的顶板、左腹板、底板的分离体各自受到角点弯矩和剪力作用的情形。由

于截面对称于 y 轴，而力反对称于 y 轴，故可得

$$m_{AD}=m_{DA}$$

$$m_{BC}=m_{CB}$$

$$q_{yA}=q_{yD}$$

$$q_{yB}=q_{yC}$$

$$q_{xA}=q_{xD}$$

$$q_{xB}=q_{xC}$$

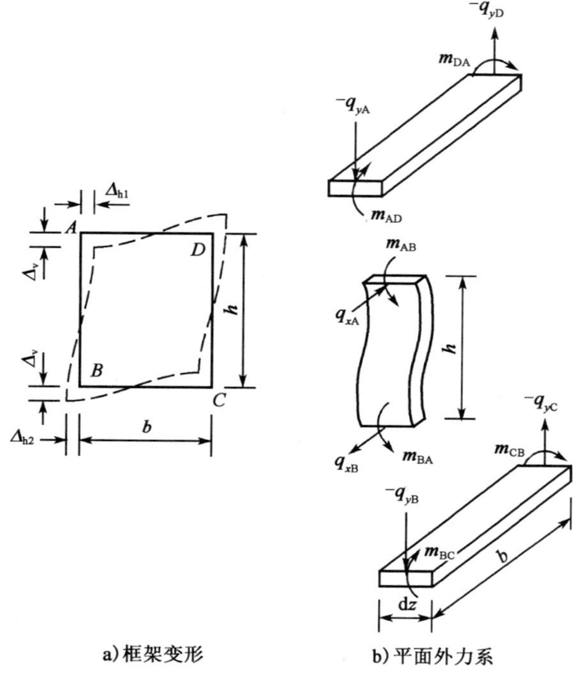

图 3.9.7　各板元平面外力系

据角点力矩平衡得

$$m_{AD}+m_{AB}=0$$

$$m_{BA}+m_{BC}=0$$

由顶板力矩平衡条件得

$$q_{yA}=q_{yD}=\frac{-2m_{AD}}{b}$$

底板力矩平衡得

$$q_{yB}=q_{yC}=-\frac{2m_{BC}}{b}$$

腹板力矩平衡得

$$q_{xA}=q_{xB}=q_{xC}=q_{xD}=\frac{m_{AB}+m_{BA}}{h}$$

整理得

$$q_x = q_{xA} + q_{xD} = \frac{2(m_{AB} + m_{BA})}{h} = -\frac{2(m_{AD} + m_{BC})}{h} \tag{3.9.32}$$

$$q_y = q_{yA} + q_{yB} = \frac{2(m_{AD} + m_{BC})}{b} \tag{3.9.33}$$

上列两式合并,得到 q_x 和 q_y 的关系为

$$q_x = q_y \frac{b}{h} \tag{3.9.34}$$

框架中的节点是刚性固结的,因此组成框架的各板元相当于两端嵌固的梁。根据结构力学的挠度公式,可得到横向弯矩 m 与横向挠曲位移的关系式

$$\begin{cases} m_{AD} = \dfrac{2EI_1}{b}\left(3\theta_A - 3\dfrac{\Delta_v}{b}\right) \\ m_{BC} = \dfrac{2EI_2}{b}\left(3\theta_B - 6\dfrac{\Delta_v}{b}\right) \\ m_{AB} = \dfrac{2EI_3}{h}\left(2\theta_A + \theta_B + 6\dfrac{\Delta_h}{h}\right) \\ m_{BA} = \dfrac{2EI_3}{h}\left(2\theta_B + \theta_A + 6\dfrac{\Delta_h}{h}\right) \end{cases} \tag{3.9.35}$$

式中:I_i——沿轴向单位长度的板横向抗弯惯性矩,$I_i = \dfrac{\delta_1^3}{12(1-v^2)}$,$i = 1,2,3$。

θ_A、θ_B——框架 A、B 节点转角。

把式(3.9.35)的第一、三式代入 $m_{AD} + m_{AB} = 0$ 并整理得到

$$\theta_B = -\theta_A\left(3\frac{I_1}{I_3}\frac{h}{b} + 2\right) + 6\frac{I_1}{I_3}\frac{h}{b}\frac{\Delta_v}{b} - 6\frac{\Delta_h}{h} \tag{3.9.36}$$

把式(3.9.35)的第二、四式代入 $m_{BA} + m_{BC} = 0$ 并整理得

$$\theta_A = -\theta_B\left(3\frac{I_2}{I_3}\frac{h}{b} + 2\right) + 6\frac{I_2}{I_3}\frac{h}{b}\frac{\Delta_v}{b} - 6\frac{\Delta_h}{h} \tag{3.9.37}$$

上列两式合并整理得

$$\theta_A = \frac{2\dfrac{\Delta_v}{b}\left(3\dfrac{I_1 I_2 h^2}{I_3^3 b^2} + 2\dfrac{I_1 h}{I_3 b} - \dfrac{I_2 h}{I_3 b}\right) - 2\dfrac{\Delta_h}{h}\left(1 + 3\dfrac{I_2 h}{I_3 b}\right)}{1 + 2\dfrac{h}{b}\dfrac{I_1 + I_2}{I_3} + 3\dfrac{I_1 I_2 h^2}{I_3^2 b^2}} \tag{3.9.38}$$

$$\theta_B = \frac{2\dfrac{\Delta_v}{b}\left(3\dfrac{I_1 I_2 h^2}{I_3^2 b^2} + 2\dfrac{I_2 h}{I_3 b} - \dfrac{I_1 h}{I_3 b}\right) - 2\dfrac{\Delta_h}{h}\left(1 + 3\dfrac{I_1 h}{I_3 b}\right)}{1 + 2\dfrac{h}{b}\dfrac{I_1 + I_2}{I_3} + 3\dfrac{I_1 I_2 h^2}{I_3^2 b^2}} \tag{3.9.39}$$

将 θ_A、θ_B 分别代入 m_{AD}和 m_{BC}的表达式中有

$$m_{AD}=-\frac{6E\frac{I_1}{b}\left(1+3\frac{h}{b}\frac{I_2}{I_3}\right)}{1+2\frac{h}{b}\frac{I_1+I_2}{I_3}+3\frac{I_1I_2}{I_3^2}\frac{h^2}{b^2}}\left(\frac{2\Delta_v}{b}+2\frac{\Delta_h}{h}\right) \tag{3.9.40}$$

$$m_{BC}=-\frac{6E\frac{I_2}{b}\left(1+3\frac{h}{b}\frac{I_1}{I_3}\right)}{1+2\frac{h}{b}\frac{I_1+I_2}{I_3}+3\frac{I_1I_2}{I_3}\frac{h^2}{b^2}}\left(\frac{2\Delta_v}{b}+2\frac{\Delta_h}{h}\right) \tag{3.9.41}$$

将式(3.9.40)与式(3.9.41)代入式(3.9.23)整理得

$$q_y=\frac{EI_R\gamma_D}{b} \tag{3.9.42}$$

式中：$EI_R=\frac{24I_3E}{h\eta_1}$，称为框架抗弯刚度。

$$\eta_1=1+\frac{2\frac{b}{h}+3\frac{I_1+I_2}{I_3}}{\frac{I_1+I_2}{I_3}+6\frac{I_1I_2h}{I_3^2b}}$$

$$\gamma_D=2\frac{\Delta_v}{b}+2\frac{\Delta_h}{h}$$

令 $\beta_m=\frac{m_{BC}}{m_{AD}}$ 得

$$\beta_m=\frac{3+\frac{b}{h}\frac{I_3}{I_1}}{3+\frac{bI_3}{hI_2}} \tag{3.9.43}$$

则

$$m_{AD}=\frac{-q_yb}{2(1+\beta_m)}=\frac{-EI_R\gamma_D}{2(1+\beta_m)} \tag{3.9.44}$$

$$m_{BC}=\beta_mm_{AD}=\frac{-\beta_mEI_R\gamma_D}{2(1+\beta_m)} \tag{3.9.45}$$

9.2.4 畸变平衡微分方程

由箱形梁各板元组成的框架抵抗横向挠曲作用(即各板元平面外力系)推导得到

$$q_xh=q_yb,q_yb=EI_R\gamma_D$$

代入微分方程(3.9.31)并经整理得

$$EI_D\gamma''''+EI_R\gamma=V_db \tag{3.9.46}$$

式中：$EI_D=\frac{Eb^2J_3}{4}\frac{3+2(\bar{\alpha}_1+\bar{\alpha}_2)+\bar{\alpha}_1\bar{\alpha}_2}{6+\bar{\alpha}_1+\bar{\alpha}_2}$，称为箱形梁畸变翘曲刚度。引入畸变双力矩的概念，则

$$B_D = -EI_D\gamma''_D \tag{3.9.47}$$

其中，B_D 为箱形梁的畸变双力矩，代入式(3.9.29)得到

$$M_3 = \frac{B_D}{I_D}\frac{bJ_3}{4} \tag{3.9.48}$$

则畸变应力计算公式为

$$\sigma_{DA} = \frac{B_D}{I_D}\frac{B_D}{1+\beta_D}\frac{bh}{4} = \frac{B_D}{I_D}\omega_{DA} \tag{3.9.49}$$

$$\sigma_{DB} = \frac{B_D}{I_D}\frac{1}{1+\beta_D}\frac{bh}{4} = \frac{B_{Dw}}{I_D}\omega_{DB} \tag{3.9.50}$$

式中：$\omega_{DA} = \frac{\beta_D}{1+\beta_D}\frac{bh}{4}$，为截面 A 点畸变翘曲率；

$\omega_{DB} = \frac{1}{1+\beta_D}\frac{bh}{4}$，为截面 B 点畸变翘曲率。

9.3 斜腹板箱梁畸变分析的能量变分法

取如图3.9.8所示的箱梁横截面，坐标系同第9.2节，则当梁受偏心荷载发生畸变时，各板在自身平面内发生翘曲，产生畸变翘曲应变能。同时横向框架有横向翘曲，产生框架畸变应变能。

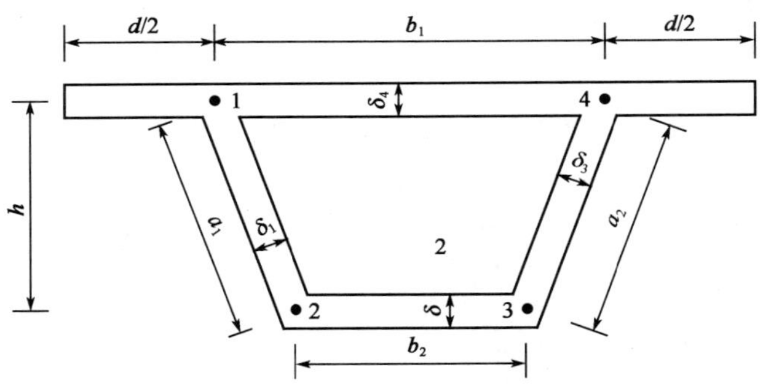

图3.9.8 斜腹板单室箱梁

9.3.1 畸变应变能

(1)横截面框架畸变应变能 U_1

现取沿跨径方向单位长度 $dz=1$ 一段箱梁分析，并设角点2处的畸变角为 $\gamma_D(z)$。框架由于畸变角 $\gamma_D(z)$ 所具有的应变能与梁上板发生 $\gamma_D\alpha_1\sin\theta$ 的水平位移所产生的应变能是等同的。当结构对称，而外部影响因素(例如位移)是反对称的，框架中由于水平位移引起的横向弯矩也是反对称的，如图3.9.9b)所示。

由于结构对称，取半个框架如图3.9.10所示，则在单位水平荷载($P=1$)作用下，未知赘余剪力为 $2X$，则有

$$2\delta_{11}X+\Delta_{1P}=0 \tag{3.9.51}$$

用图乘法知

$$\delta_{11}=\frac{b_1^3}{24I_4}+\frac{b_2^3}{24I_2}+\frac{a_1}{6I_1}\left[\frac{b_1}{2}\left(2\times\frac{b_1}{2}+\frac{b_2}{2}\right)+\frac{b_2}{2}\left(2\times\frac{b_2}{2}+\frac{b_1}{2}\right)\right]$$

$$\Delta_{1P}=-a_1\sin\theta\frac{a_1}{2}\frac{b_1}{2}-\left(\frac{b_1}{2}-\frac{b_2}{2}\right)\frac{a_1}{2}a_1\sin\theta\times\frac{1}{3}-b_2\frac{b_2}{2}\frac{1}{2}a_1\sin\theta\times\frac{1}{3}$$

则
$$2X=\frac{-\Delta_{1P}}{\delta_{11}}=\frac{2\left[\dfrac{b_2^2\sin\theta a_1}{24I_2}+\dfrac{a_1^2\sin\theta(2b_2+b_1)}{24I_1}\right]}{\dfrac{b_1^3}{24I_4}+\dfrac{b_2^3}{24I_2}+\dfrac{2a_1}{24I_1}(b_1^2+b_2^2+b_1b_2)}$$

故
$$X=\frac{\dfrac{b_2^2a_1\sin\theta}{I_2}+\dfrac{a_1^2\sin\theta(2b_2+b_1)}{I_2}}{\dfrac{b_1^3}{I_4}+\dfrac{b_2^3}{I_2}+\dfrac{2a_1}{I_1}(b_1^2+b_2^2+b_1b_2)} \tag{3.9.52}$$

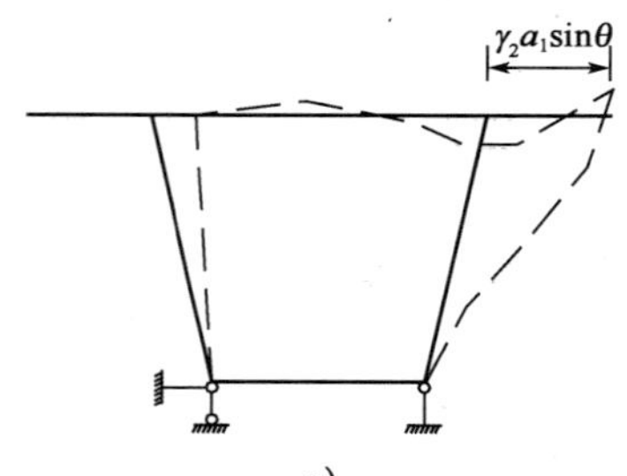

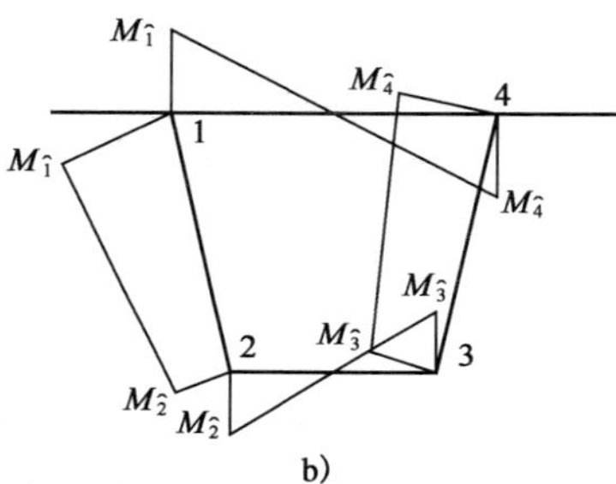

图 3.9.9　横向框架变形与横向弯矩

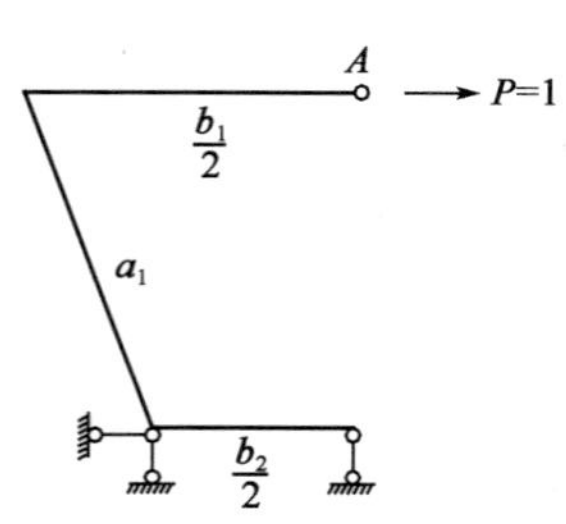

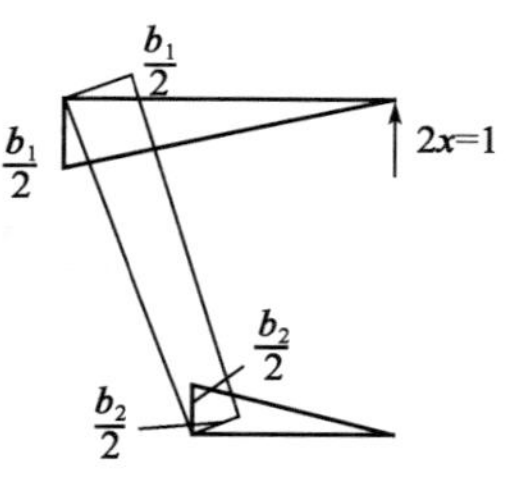

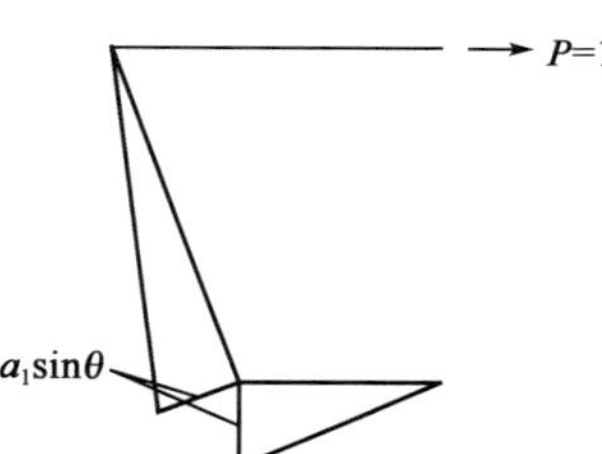

图 3.9.10　框架求解

由图 3.9.11 知，A 点的水平位移 δ_h 为

$$\delta_h=\int\frac{\overline{M}M}{2EI}\mathrm{d}s$$

$$\delta_h=(b_1X)^2\left(\frac{b_1}{2}\right)\frac{1}{3EI_4}+\frac{(b_2/2)}{3EI_2}(b_2X-a_1\sin\theta)^2+$$

$$\frac{a_1}{6I_1}[b_1X(2b_1X+b_2X-a_1\sin\theta)+(b_2X-a_1\sin\theta)\times(2b_2X-a_1\sin\theta+b_1X)]$$

$$= \frac{1}{6E}\left\{\frac{b_1^3}{I_4}X^2 + \frac{(b_2X - a_1\sin\theta)^2}{I_2}b_2 + \frac{2a_1}{I_1}[b_1^2X^2 + (b_2X - a_1\sin\theta)^2 + b_1X(b_2X - a_1\sin\theta)]\right\}$$

$$= 2\delta_v$$

故

$$\delta_v = \frac{1}{12E}\left\{\frac{b_1^3X^2}{I_4} + \frac{b_2(b_2X - a_1\sin\theta)^2}{I_2} + \frac{2a_1}{I_1}[b_1^2X^2 + (b_2X - a_1\sin\theta)^2 + b_1X(b_2X - a_1\sin\theta)]\right\}$$

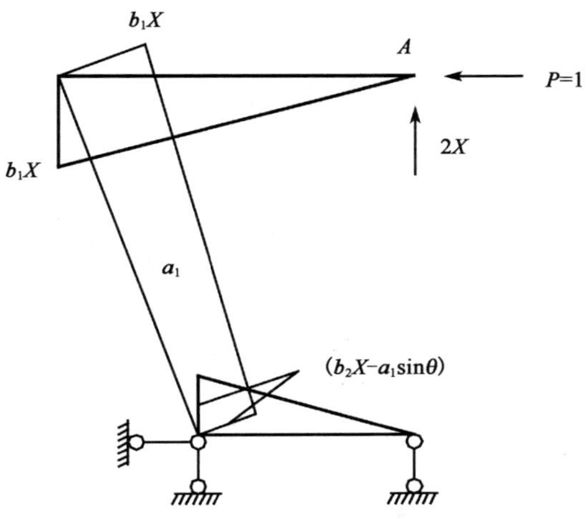

图 3.9.11　水平位移及竖向位移求解

但由于水平位移为 $\gamma_D a_1\sin\theta$ 时,作用力是 $P_4(z) = \frac{\gamma_D a_1\sin\theta}{2\delta_v}$,则角点 i 的横向弯矩为

$$M_1' = -M_4' = \frac{-a_1b_1X\sin\theta\gamma_D}{2\delta_v} = K_1\gamma_D \tag{3.9.53}$$

$$M_2' = -M_3' = -(b_2X - a_1\sin\theta)\frac{a_1\sin\theta}{2\delta_v}\gamma_D = K_2\gamma_D \tag{3.9.54}$$

$$K_1 = \frac{-a_1b_1X\sin\theta}{2\delta_v}$$

$$K_2 = -(b_2X - a_1\sin\theta)\frac{a_1\sin\theta}{2\delta_v}$$

式中: M_1'——角点 i 处的横向弯矩($i = 1,2,3,4$);

X——框架中顶板中点作用一单位水平力,其未知剪力的一半;

δ_v——框架中顶板中点作用一单位水平力所引起的位移之半;

I_1、I_2、I_3、I_4——单位长度上各板的惯性矩。

$$I_i = \frac{1\times\delta_i^3}{12}\quad(i = 1,2,3,4)$$

因此,横向框架畸变应变能 U_1 为

$$U_1 = \int_0^l\int_s \frac{M^2}{2EI}\mathrm{d}z\mathrm{d}s = K_3\int_0^l \gamma_D^2\mathrm{d}z \tag{3.9.55}$$

其中：
$$K_3=\frac{1}{6E}\left[K_1^2\frac{b_1}{I_4}+K_2^2\frac{b_2}{I_2}+\frac{2a_1(K_1^2+K_2^2+K_1K_2)}{I_1}\right]$$

(2)畸变翘曲应变能 U_2

符拉索夫采用虚功原理分析薄壁多箱式直杆时，曾做了三个基本假定，分别如下：

①薄壁杆所属各板在横截面内的长度不变；

②横截面内各板的法向位移沿该板的横向长度服从线性变化规律；

③在横截面上各板的法向应力 σ 与剪应力 τ 沿板厚认为是常量。

因为畸变应力在水平与竖向轴的力矩均为零，故翘曲应力也是自相平衡的，故有

$$\begin{cases}\int_A\sigma\mathrm{d}A=0\\ \int_A\sigma x\mathrm{d}A=0\\ \int_A\sigma y\mathrm{d}A=0\end{cases}\tag{3.9.56}$$

设 $\beta_D=\frac{\sigma_{D1}}{\sigma_{D2}}$，则由图 3.9.12 知

$$\beta_D\frac{\sigma_{D2}}{y}=\frac{\sigma_{D2}}{h-y}$$

即

$$y=\left(\frac{\beta_D}{1+\beta_D}\right)h\tag{3.9.57}$$

$$h-y=\left(\frac{1}{1+\beta_D}\right)h$$

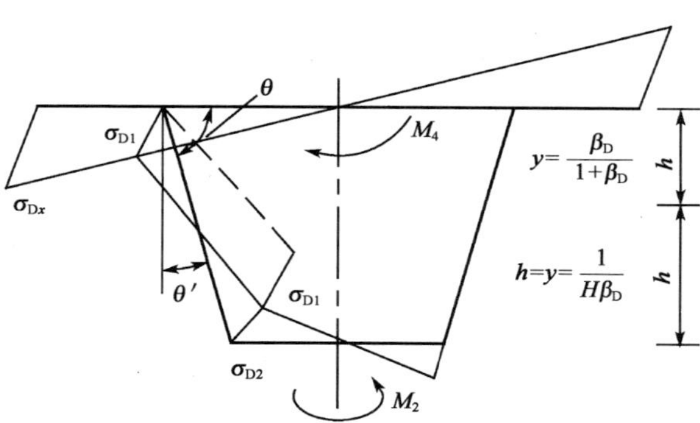

图 3.9.12　翘曲应力 σ_{D1}、σ_{D2}

$$M_4=\frac{\sigma_{Dx}}{2}\frac{b_1+d}{2}\delta_4(b_1+d)\times\frac{2}{3}=\sigma_{Dx}\delta_4\frac{(b_1+d)^2}{6}$$，d 表示两边悬臂长度之和。

已知 $\frac{\sigma_{Dx}}{\frac{b_1+d}{2}}=\frac{\sigma_{D1}}{\frac{b_1}{2}}$，故

$$\sigma_{Dx}=\sigma_{D1}\frac{b_1+d}{b_1}\tag{3.9.58}$$

$$M_4 = \sigma_{D1}(b_1 + d)^3 \frac{\delta_4}{6b_1} \tag{3.9.59}$$

同理

$$M_2 = \frac{\sigma_{D2}}{2}\frac{b_2}{2}\delta_2\left(\frac{2}{3}b_2\right) = \sigma_{D2}\frac{b_2^2\delta_2}{6} \tag{3.9.60}$$

$$\begin{aligned} M_1 + M_3 &= \frac{\sigma_{D1} + \sigma_{D2}}{2}a_1\delta_1\left(\frac{b_2}{2} + \frac{h}{3}\tan\theta'\right)2 - \sigma_{D1}a_1\delta_1\frac{b_2 + b_1}{2} \\ &= \frac{\sigma_{D1} + \sigma_{D2}}{2}a_1\delta_1\left(\frac{b_2}{2} + \frac{h}{3}\frac{b_1 - b_2}{2}\frac{1}{h}\right) \times 2 - \sigma_{D1}a_1\delta_1\frac{3b_1 + 3b_2}{6} \\ &= (\sigma_{D1} + \sigma_{D2})\frac{a_1\delta_1}{6}(2b_2 + b_1) - 3\sigma_{D1}a_1\delta_1\frac{b_2 + b_1}{6} \end{aligned}$$

$$\sum M = 0, \text{即 } M_4 + M_3 + M_2 + M_1 = 0$$

即

$$\sigma_{D1}\frac{(b_1 + d)^3\delta_4}{6b_1} - \sigma_{D2}\frac{b_2^2\delta_2}{6}(\sigma_{D1} + \sigma_{D2}) - \frac{a_1\delta_1}{6}(2b_2 + b_1) + \frac{3\sigma_{D1}a_1\delta_1(b_2 + b_1)}{6} = 0$$

整理后,解得

$$\beta_D = \frac{\sigma_{D1}}{\sigma_{D2}} = \frac{b_2^2\delta_2 + a_1\delta_1(2b_2 + b_1)}{\dfrac{(b_1 + d)^3\delta_4}{b_1} + a_1\delta_1(b_2 + 2b_1)} \tag{3.9.61}$$

式中:σ_{D1}——角点1处翘曲应力见图3.9.12;

σ_{D2}——角点2处翘曲应力见图3.9.12。

在角点处,由于顶板与腹板,底板与腹板,存在翘曲应力,$M_1(=M_3)$,M_2 与 M_4 的关系式如下(图3.9.13)。

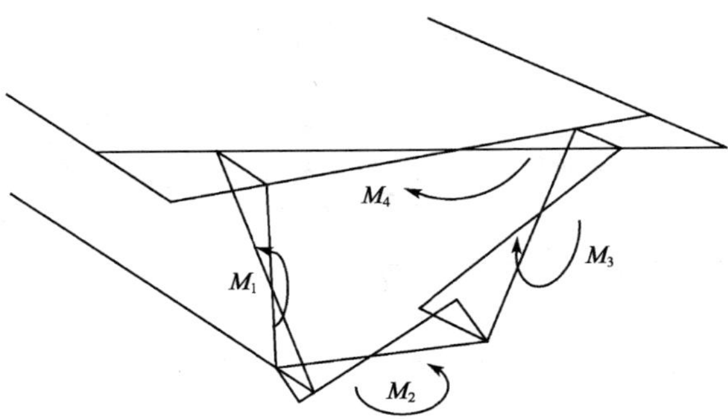

图3.9.13　翘曲应力引起的弯矩

$$\begin{cases} \sigma_{D1} = \dfrac{M_4}{J_4}\cdot\dfrac{b_1}{2} & \text{故 } M_4 = \dfrac{2J_4}{b_1}\beta_D\sigma_{D2} \\ \sigma_{D2} = \dfrac{M_2}{J_2}\cdot\dfrac{b_2}{2} & \text{故 } M_2 = \dfrac{2J_2}{b_2}\sigma_{D2} \end{cases} \tag{3.9.62}$$

$$\frac{\sigma_{D1} + \sigma_{D2}}{2} = \frac{M_1}{J_1}\cdot\frac{a_1}{2} \qquad \text{故 } M_1 = M_3 = \frac{2J_1}{a_1}\frac{(1 + \beta_D)}{2}\sigma_{D2} \tag{3.9.63}$$

式中：J_1——$J_1=\frac{\delta_1}{12}a_1^3$；

J_2——$J_2=\frac{\delta_2}{12}b_2^3$；

J_4——$J_4=\frac{\delta_4}{12}(b_1+d)^3$；

d——两边悬臂长度之和；

J_i——板块惯性矩。

如果各板块沿周向的变位为 v_1,v_2,v_3,v_4，将其看作是板梁翘曲时在自身平面内的挠度，根据初等梁的弯曲理论，则

$$v_1''=v_3''=\frac{-M_1}{EJ_1}=-(1+\beta_{\mathrm{D}})\frac{\sigma_{\mathrm{D2}}}{Ea_1} \tag{3.9.64}$$

$$\begin{cases} v_2''=\dfrac{-M_2}{EJ_2}=\dfrac{-2\sigma_{\mathrm{D2}}}{Eb_2} \\ v_4''=\dfrac{-M_4}{EJ_4}=-2\beta_{\mathrm{D}}\dfrac{\sigma_{\mathrm{D2}}}{Eb_1} \end{cases} \tag{3.9.65}$$

将畸变角 γ_{D} 用 x,y 方向的位移表示，如图 3.9.14 所示

$$\gamma_{\mathrm{D}}=\frac{\mathrm{d}x_1-\mathrm{d}x_2}{a_1\sin\theta}+\frac{\mathrm{d}y_1-\mathrm{d}y_2}{b_2} \tag{3.9.66}$$

$$\begin{cases} \mathrm{d}x_1=v_4,\mathrm{d}x_2=-v_2 \\ \mathrm{d}y_3=\dfrac{v_2}{\tan\theta}+\dfrac{v_3}{\sin\theta} \\ -\mathrm{d}y_2=\dfrac{v_1}{\sin\theta}+\dfrac{v_2}{\tan\theta} \end{cases} \tag{3.9.67}$$

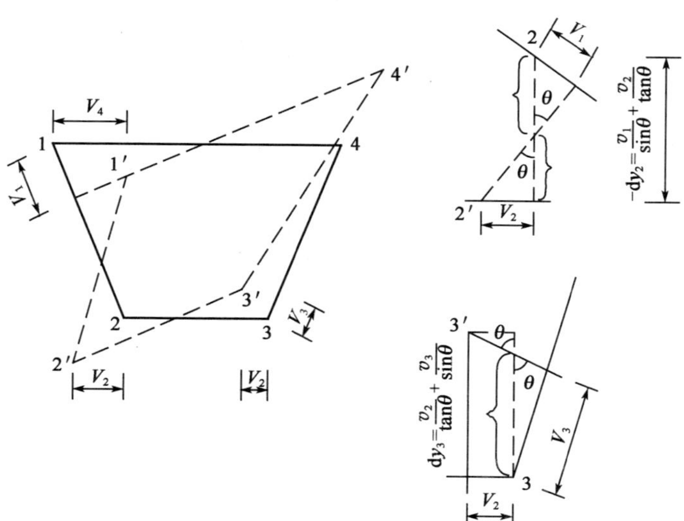

图 3.9.14　畸变变位

将式(3.9.67)代入式(3.9.66)中,经过整理后,则有

$$\gamma_{\mathrm{D}}=\frac{v_2+v_4}{a_1\sin\theta}+\frac{v_1+v_3+2v_2\cos\theta}{b_2\sin\theta} \tag{3.9.68}$$

将式(3.9.68)求导,并将式(3.9.64)、式(3.9.65)代入,经过整理后得到

$$\gamma''_{\mathrm{D}}=\frac{-2\sigma_{\mathrm{D2}}[a_2^2\beta_{\mathrm{D}}+(2+\beta_{\mathrm{D}})b_2b_1+2a_1b_1\cos\theta]}{Eb_1a_1b_2^2\sin\theta} \tag{3.9.69}$$

则

$$\sigma_{\mathrm{D2}}=-EK_4\gamma''_{\mathrm{D}} \tag{3.9.70}$$

其中

$$K_4=\frac{a_1b_1b_2^2\sin\theta}{2[b_2^2\beta_D+(2+\beta_D)b_2b_1+2a_1b_1\cos\theta]}$$

则翘曲应变能为

$$U_2=\int_0^l\int_A\frac{\sigma_{\mathrm{D}x}^2(z,s)}{2E}\mathrm{d}z\mathrm{d}A \tag{3.9.71}$$

已知式(3.9.58)为

$$\sigma_{\mathrm{D}x}=\sigma_{\mathrm{D1}}\left(1+\frac{d}{b_1}\right)=\beta_{\mathrm{D}}\sigma_{\mathrm{D2}}\left(1+\frac{d}{b_1}\right)=-EK_4\beta_{\mathrm{D}}\gamma''_{\mathrm{D}}\left(1+\frac{d}{b_1}\right) \tag{3.9.72}$$

则对于顶板

$$\begin{aligned}\int\frac{\sigma_{\mathrm{D}x}^2(z,s)}{2E}\mathrm{d}A&=E^2K_4^2\beta_{\mathrm{D}}^2\gamma''^2_{\mathrm{D}}\left(1+\frac{d}{b_1}\right)^2\delta_4\frac{(b_1+d)}{2}\frac{1}{3E}\\&=E\frac{K_4^2}{6}\gamma''^2_{\mathrm{D}}\left[\beta_{\mathrm{D}}^2(b_1+d)\left(1+\frac{d}{b_1}\right)^2\delta_4\right]\end{aligned} \tag{①}$$

对于底板

$$\int\frac{\sigma_{\mathrm{D}x}^2(z,s)}{2E}\mathrm{d}A=(EK_4\gamma''_{\mathrm{D}})^2\frac{b_2}{2}\frac{\delta_2}{3E}=EK_4^2\frac{\gamma''^2_{\mathrm{D}}}{6}b_2\delta_2 \tag{②}$$

对于腹板

$$\begin{aligned}\int\frac{\sigma_{\mathrm{D}x}^2(z,s)}{2E}\mathrm{d}A&=\int_0^{a_1}\left(\frac{\sigma_{\mathrm{D1}}+\sigma_{\mathrm{D2}}}{a_1}x-\sigma_{\mathrm{D1}}\right)^2\mathrm{d}x\\&=2\delta_1E^2K_4^2\gamma''^2_{\mathrm{D}}\left[\frac{1}{3}(1+\beta_{\mathrm{D}})^2a_1-\beta_{\mathrm{D}}(1+\beta_{\mathrm{D}})a_1+\beta_{\mathrm{d}}^2a_1\right]\frac{1}{2E}\end{aligned} \tag{③}$$

令

$$H=①+②+③=\frac{EK_4^2}{6}\left[(b_1+d)\left(1+\frac{d}{b_1}\right)^2\beta_{\mathrm{D}}^2\delta_4+b_2\delta_2+2a_1\delta_1(\beta_{\mathrm{D}}^2-\beta_{\mathrm{D}}+1)\right] \tag{3.9.73}$$

则

$$U_2=H\int_0^l(\gamma''_{\mathrm{D}})^2\mathrm{d}z \tag{3.9.74}$$

(3)荷载势能 V

$$\begin{aligned}V&=-\int_0^lP_4(z)\gamma_{\mathrm{D}}a_1\sin\theta\mathrm{d}z\\&=-h\int_0^lP_4(z)\gamma_{\mathrm{D}}\mathrm{d}z\\&=-\int_0^l\frac{b_2^2}{(b_2+b_1)}\gamma_{\mathrm{D}}P_{\mathrm{v}}(z)\mathrm{d}z\end{aligned} \tag{3.9.75}$$

(4)结构畸变总势能 Π

当忽略剪切变形的应变能时，箱梁在畸变荷载作用下的总势能 Π 可由周边横向弯曲应变能 U_1、板平面内翘曲应变能 U_2 和荷载势能 V 三个部分组成，即 $\Pi = U_1 + U_2 + V$。

$$\Pi = \int_0^l K_3\gamma_D^2 dz + \int_0^l H(\gamma_D'')^2 dz - \frac{b_2^2}{(b_2+b_1)}\int_0^l \gamma_D P_v(z) dz \tag{3.9.76}$$

9.3.2 畸变微分方程

(1)Π 的极值条件

如果总势能 Π 的表达式为：$\Pi = \int_0^l F(z.\ \gamma_D, \gamma_D', \gamma_D'') dF$，根据欧拉—拉格朗日(Euler-Lagrange)条件式，Π 取得极值的必要条件为

$$\frac{\partial F}{\partial \gamma_D} - \frac{d}{dz}\left(\frac{\partial F}{\partial \gamma_d'}\right) + \frac{d^2}{dz^2}\left(\frac{\partial F}{\partial \gamma_D''}\right) = 0$$

这里很明显，K_3、H、$p(z)$ 及 γ_D 均为跨径方向 z 函数。

(2)常截面控制微分方程

$$\frac{\partial F}{\partial \gamma_D} = 2K_3\gamma_D - \frac{b_2^2}{(b_2+b_1)}P_v(z)$$

$$\frac{d}{dz}\left(\frac{\partial F}{\partial \gamma_D'}\right) = 0$$

$$\frac{d^2}{dz^2}\left(\frac{\partial F}{\partial \gamma_D''}\right) = 2H\gamma_D''''$$

将上列诸式代入欧拉—拉格朗日条件式中得到

$$2H\gamma_D'''' + 2K_3\gamma_D = \frac{b_2^2}{(b_2+b_1)}P_v(z) \tag{3.9.77}$$

$$2H = EI_D = \frac{EK_4^2}{3}\left[(b_1+d)\left(1+\frac{d}{b_1}\right)^2\beta^2\delta_4 + b_2\delta_2 + 2a_1\delta_1(\beta_D^2 - \beta_D + 1)\right]$$

$$2K_3 = EI_R = \frac{1}{3E}\left[K_1^2\frac{b_1}{I_4} + K_2^2\frac{b_2}{I_2} + \frac{2a_1(K_1^2+K_2^2+K_1K_2)}{I_1}\right]$$

令 $V_d = P_v(z)\dfrac{b_2}{b_2+b_1}$ 则有

$$EI_D\gamma_D'''' + EI_R\gamma_D = V_d b_2 \tag{3.9.78}$$

式(3.9.78)在形式上与式(3.9.46)相同。

如果引入畸变双力矩的概念，则

$$\begin{cases} B_D = -EI_D\gamma_D'' \\ \sigma_{D2} = \dfrac{B_D}{I_D}K_4 \end{cases} \tag{3.9.79}$$

式中：B_D——畸变双力矩(kN·m²)；

I_D——箱形畸变翘曲惯性矩(m⁶)；

K_4——常数项(与横截面尺寸和 θ 角有联系)。

(3)变截面控制微分方程

同样利用欧拉—拉格朗日的条件式,不过 H 也是 z 的变量,则

$$\frac{\partial F}{\partial \gamma_{\mathrm{D}}}=2K_3\gamma_{\mathrm{D}}-\frac{b_2^2}{(b_2+b_1)}P_{\mathrm{v}}(z)$$

$$\frac{\mathrm{d}}{\mathrm{d}z}\left(\frac{\partial F}{\partial \gamma_{\mathrm{D}}'}\right)=0$$

$$\frac{\mathrm{d}^2}{\mathrm{d}z^2}\left(\frac{\partial F}{\partial \gamma_{\mathrm{D}}''}\right)=2H''\gamma_{\mathrm{D}}''+4\gamma_{\mathrm{D}}'''+2H\gamma_{\mathrm{D}}''''$$

故变截面畸变控制微分方程式为

$$H\gamma_{\mathrm{D}}''''+2H'\gamma_{\mathrm{D}}'''+H''\gamma_{\mathrm{D}}''+K_3\gamma_{\mathrm{D}}=\frac{b_2^2}{2(b_1+b_2)}P_{\mathrm{v}}(z) \tag{3.9.80}$$

(4)双室常截面控制微分方程

对于如图 3.9.15 所示的双室矩形箱梁,其畸变微分方程式亦为

$$EI_{\mathrm{D}}\gamma''''+EI_{\mathrm{R}}\gamma=V_{\mathrm{d}}b \tag{3.9.81}$$

式中:$V_{\mathrm{d}}=\frac{P_{\mathrm{v}}}{2}$;

$EI_{\mathrm{D}}=\frac{E(b^2J_3+h^2J_1)}{16}$;

$EI_{\mathrm{R}}=\frac{bs_1}{8}$;

$s_1=s_2\left(1+\frac{\overline{\psi}}{2}\right)$;

$s_2=\frac{96E}{b\left[\frac{h}{I_3}+\frac{b}{I_1}\left(1-\frac{\overline{\psi}}{4}\right)\right]}$;

$\overline{\psi}=\frac{\frac{b}{2I_1}+\frac{h}{3I_3}}{\frac{b}{4I_1}+\frac{h}{3I_4}}$;

$I_4=\frac{\delta_4^3}{12(1-v^2)}$;

其余符号意义同第 9.2 节。

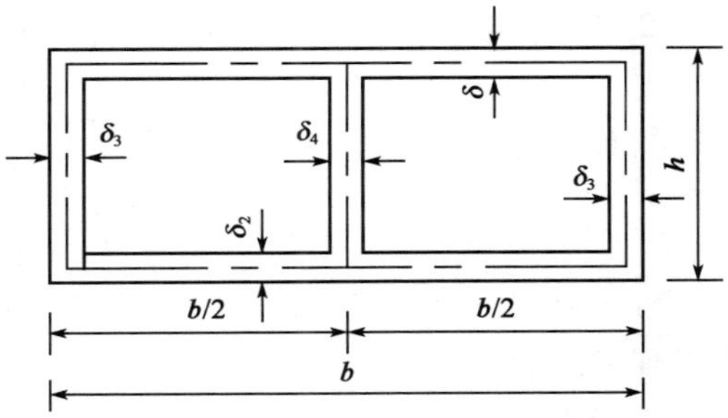

图 3.9.15 双室矩形箱梁

9.4 畸变微分方程的边界条件及其求解方法

9.4.1 边界条件

在工程上,常用的边界条件有:

(1)支点为刚性固定支承,则

$$\gamma_D=0,\gamma_D'=0$$

(2)简支梁端部设置刚性横隔梁时,则

$$\gamma_D=0,\gamma_D''=0$$

(3)自由悬臂端且无隔梁时,则

$$\gamma_D''=0,\gamma_D'''=0$$

9.4.2 求解方法

(1)常截面畸变应力可用弹性基础梁比拟法(简称 B. E. F)求解。

(2)变截面畸变应力也能用 B. E. F 比拟法求解。但是由于地基的弹簧是变化的,求解会遇到困难。用加权残值法的配点原理可获得近似解。

(3)根据不同边界条件,用加权残值法求解时,γ_D 建议如下:

①对刚性固定支座,γ_D 可取

$$\gamma_D=z^2(z-l)^2(a_0+a_1z+a_2z^2+\cdots)$$

②对自由悬臂端且无横隔梁时,γ_D 可取

$$\gamma_D=z^4(z-l)^4(a_0+a_1z+a_2z^2+\cdots)$$

③对简支梁端部设置刚性横隔梁时,γ_D 可取

$$\gamma_D=a_0\sin\frac{\pi z}{l}+a_1\sin\frac{2\pi z}{l}+\cdots\cdots a_{n-1}\sin\frac{n\pi z}{l}$$

事实上,为求得近似解,只取级数的前几项就能满足解答的要求,有时甚至取级数首项也能得到近似的答案。

现以刚性固定支座为例,取

$$\gamma_D=a_0z^2(z-l)^2$$

$$\gamma_D'=a_0(4z^3-6z^2l+2l^2z)$$

$$\gamma_D''=2a_0(6z^2-6zl+l^2)$$

$$\gamma_D'''=24a_0(z-\frac{l}{2})$$

$$\gamma_D''''=24a_0$$

将上列微分诸式代入变截面畸变控制微分方程(3.9.80)中,则残余值 $R(z)$ 为

$$R(z)=24a_0H+2H'24a_0\left(z-\frac{l}{2}\right)+H''2a_0(6z^2-6zl+l^2)+$$

$$K_3a_0z^2(z-l)^2-\frac{b_2^2}{2(b_2+b_1)}P_v(z)$$

利用配点法,令 $R\left(\frac{l}{2}\right)=0$,则

$$a_0=\frac{\dfrac{b_2^2}{2(b_2+b_1)}P_v\left(\dfrac{l}{2}\right)}{24H\left(\dfrac{l}{2}\right)-l^3H''\left(\dfrac{l}{2}\right)+K_3\left(\dfrac{l}{2}\right)\dfrac{l^4}{16}}$$

H 可以根据各截面具体数据拟合成一曲线方程，然后通过二次微分求 $H''\left(\frac{l}{2}\right)$。代入上式得 a_0，进而求出 σ_{D2} 的应力值。如果取 $\gamma_D = z^2(z-l)^2(a_0 + a_1 z)$，其效果可能更好。

9.4.3 用弹性地基梁比拟法(B. E. F)求解常截面箱梁的畸变应力

由于常截面箱梁畸变控制微分方程 $EI_D\gamma_D'''' + EI_R\gamma_D = V_d b$ 与弹性地基梁挠曲的控制微分方程 $EI_y'''' + ky = q$，具有完全相似的表达式，因此解弹性地基梁的挠度 y 就等于解箱梁的畸变角 γ_D。比拟法在解工程问题上常被采用。

表 3.9.1 给出弹性地基梁与箱梁畸变两种物理模型之间的相似关系。

弹性地基梁弯曲和箱形梁畸变的相似关系 表 3.9.1

弹性地基梁弯曲	箱形梁畸变
微分方程	
$EIy'''' + ky = q$	$EI_D\gamma_D'''' + EI_R\gamma_D = V_d b$
相似的物理量	
I——弹性地基梁抗弯惯性矩(m^4) EI——弹性地基梁抗弯刚度($kN \cdot m^2$) k——弹性地基梁地基弹性系数(kN/m^2) q——弹性地基梁的分布荷载($kN \cdot m$) y——弹性地基梁的挠度(m) M——弹性地基梁的弯矩($kN \cdot m$) $M = -EIy''(kN \cdot m)$	I_D——箱形梁抗畸变翘曲惯性矩(m^6) EI_D——箱形梁抗畸变翘曲刚度($kN \cdot m^4$) EI_R——箱形梁抗畸变框架刚度($kN \cdot m^4$) $V_d \cdot b$——箱形梁上分布的畸变垂直分力的力偶($kN \cdot m/m$) γ_D——箱形梁的畸变角(rad) B_D——箱形梁的畸变双力矩($kN \cdot m^2$) $B_D = -EI_D\gamma_D''(kN \cdot m^2)$

图 3.9.16 说明两种物理模型之间荷载及边界条件的相似关系。

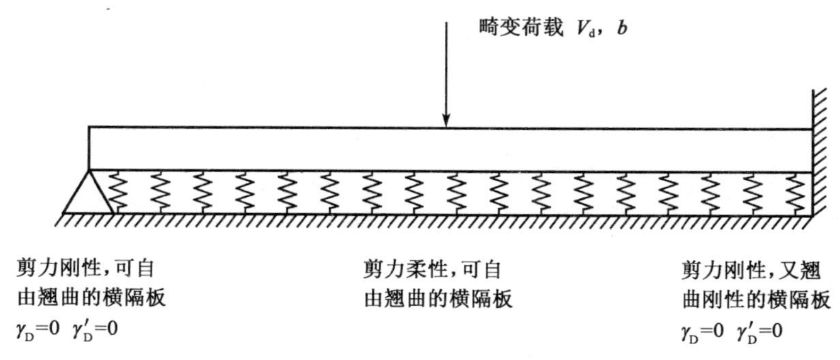

图 3.9.16 边界条件相似关系

通过以上对比关系，把求解具有端横隔板的箱梁(指常截面)的畸变角和畸变双力矩 B_D 的问题转化为求解在一定边界条件下弹性地基梁的挠度 y 及弯矩 M 的问题，使问题得到简化。

9.5 小　　结

本章介绍了偏心荷载作用下薄壁箱形梁的畸变计算理论，分别用静力平衡法推导了单箱单室直腹板等截面箱形梁的畸变微分方程，用能量变分原理推导了斜腹板箱形梁的畸变微分方程。为求符号统一起见，所定义的畸变角虽不在同一角上，但采用了同一符号 γ_D。由结果可见，无论直、斜腹板箱形梁，其畸变微分方程具有相似的表达形式。对微分方程的求解，虽然都可采用弹性地基梁比拟法，但此法求解变截面梁时会遇到计算上的困难，建议采用加权残值法求解。另外，分析变截面梁的畸变效应还可以采用等代梁法或寻求数值解法，这方面内容可参考有关文献。

本章参考文献

[1] 郭金琼，房贞政，郑振. 箱梁设计理论[M]. 2 版. 北京：人民交通出版社，2008.
[2] C. P・汉斯. 薄壁杆中的弯曲与扭转[M]. 北京：人民交通出版社，1980.

10　薄壁箱形梁桥结构的空间数值分析

10.1　箱形梁桥结构的数值分析方法

10.1.1　箱形截面空间受力特性

箱形梁桥结构的空间效应可分为整体效应和局部效应[5,6]。结合箱形截面的典型薄壁特点，结构的纵、横向分析往往可以分开进行。如果将箱形梁的空间效应进行纵向和横向分离，并不考虑泊松比的影响，在初等梁理论中，计入翘曲变形、剪力滞及畸变影响后，发展起来的薄壁梁解析理论能合理地反映薄壁箱梁结构的纵向固有空间变形特性，其解析理论在前3章中已经介绍。但在前面的分析中，亦未对横向效应进行计算，横向效应的单独计算可参考相关文献。

众所周知，在偏心荷载作用下，箱形梁将产生在纵向弯曲、扭转、畸变及横向挠曲四种基本变形形态，其作用如图3.10.1所示。图a)等效于图b)+图c)，图b)即为横向挠曲变形的受力模式(请参考相关文献)；图c)等效于图d)+图e)，图d)即为纵向挠曲变形的受力模式(第7章)；图e)等效于图f)+图g)，图f)为扭转变形的受力模式(第8章)，图g)为畸变变形的受力模式(第9章)。

箱形梁的纵向弯曲在截面上产生纵向弯曲正应力 σ_b(计剪力滞影响)及弯曲剪应力 τ_b(对称荷载作用)。弯曲正应力 σ_b 受到剪力滞的影响，在截面上分布不均匀，而箱形截面的弯曲剪应力 τ_b 计算是内部超静定的(第9.1.2节)；刚性扭转效应是自由扭转和约束扭转之和，自由扭转不产生纵向正应力，仅产生自由扭转剪应力 τ_0，约束扭转将产生翘曲正应力 σ_w 和约束扭转剪应力 τ_w(反对称荷载作用)；畸变效应产生畸变翘曲正应力 σ_d 和畸变翘曲剪应力 τ_d，同时，由于畸变而引起截面各板的横向变形(离开板平面的变形)，在板内产生横向弯曲正应力 σ_{dt}(反对称荷载作用)；当荷载作用在某一板面上时，除直接承受荷载的板发生横向变形，产生横向弯曲应力 σ_{tt}外，由于框架的约束作用，也会引起截面其他板的横向弯曲。这样，箱梁在偏心荷载作用下的应力为

在横截面上：纵向正应力 $\sigma=\sigma_b+\sigma_w+\sigma_d$，剪应力 $\tau=\tau_b+\tau_0+\tau_w+\tau_d$，在纵截面上：横向正应力 $\sigma_t=\sigma_{dt}+\sigma_{tt}$。

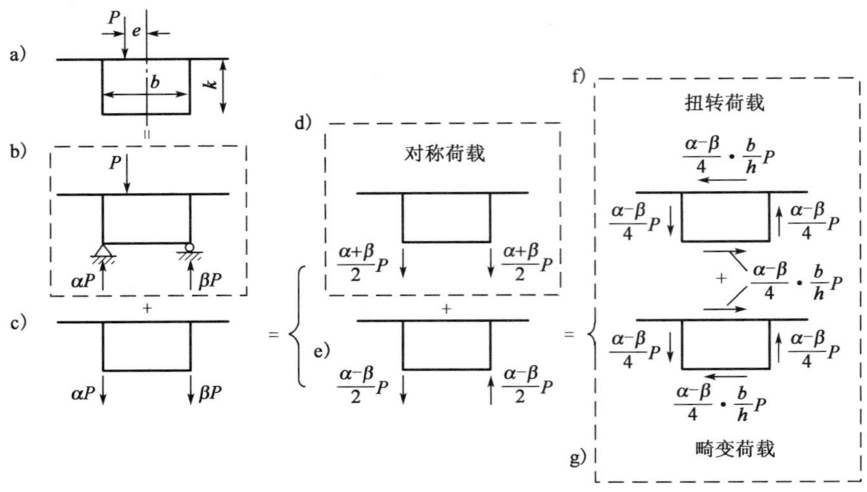

图 3.10.1　偏心荷载作用下箱形截面受力分解

10.1.2　箱形梁桥的数值分析方法

目前，分析箱形梁桥的数值方法可分为三类。一类对整体箱梁采用梁单元，根据单元自由度数的不同，又分为平面梁单元和空间梁单元；第二类是采用梁格单元，主要是将整体结构划分为纵横向梁格单元进行分析，也有将箱梁各板的纵横向均作梁格离散，形成空间网格模型的算法；第三类是采用块单元、板单元进行分析。

（1）梁单元

采用 3 自由度平面梁单元分析箱形梁桥的纵向效应，由于总体分析不考虑截面内部剪应力的超静定，剪应力可采用开口截面计算方法进行计算。这对于单箱单室截面的腹板剪应力是正确的，其他截面形式时，可进行截面分析确定。横向效应则采用框架分析方法得到。

由于平面杆系本身无法考虑偏载效应，针对恒载比重较大的公路混凝土桥梁，偏载引起的扭转和畸变产生的应力与弯曲应力相比又小很多，工程上普遍采用经验放大系数来近似估算活载偏载效应。即对活载弯矩放大 15%，剪力放大 5%。

此方法是将纵向和横向分开单独计算的，计算结果中除扭转及畸变的纵向效应是通过放大系数近似估算外，也未考虑剪力滞效应，还未包括畸变横向弯曲应力 σ_{dt}。这对于较窄桥梁（两车道以下）还勉强可行，桥梁较宽时误差会增大，且偏于不安全。

采用 6 自由度空间梁单元（分别为绕三坐标轴的位移和转角），可以分析对称荷载下的弯曲效应、偏心荷载下的扭矩以及自由扭转效应；若增加截面上的约束扭转翘曲位移自由度，便可分析箱形截面的约束扭转效应；再增加截面上的畸变角和畸变翘曲位移自由度，便可分析畸变效应；要考虑剪力滞效应，还应增加翼板剪切变形的最大差值自由度，共 10 个自由度，并合理假定上下翼板的纵桥向位移的横向分布。横向框架效应仍需单独分析。

对于仅承受竖向偏心荷载的箱形桥梁结构进行空间分析时，还可以略去纵桥向位移、横桥向位移及绕竖轴转角 3 个自由度，仅保留 7 个自由度即可进行分析[2]。

此方法的适应范围较大，工程实用性较强，对于直线箱梁，由于各种效应可以独立计算，对于理解结构的空间效应很有帮助。

(2)梁格单元

用正交平面梁格模拟板单元如图3.10.2a)所示。将其应用于箱梁桥时,就是用等效梁格来合理代替实际桥梁结构,即把分散在结构的每一部分的弯曲与扭转刚度都集中到与其相邻的梁格内,确保等效后的梁格与实际桥梁具有相同的挠度。实际梁与比拟梁格之间的等效关系主要表现在梁格各构件的刚度计算上,理论上,实际梁和等效梁格在承受相同的外荷载时,须具有恒等的挠曲和扭转,等效梁格中的每一构件的内力(含弯矩、剪力和扭矩)也必须等于该构件所代表的桥梁实际截面的内力。实际上,很难完全满足这种要求,只能作近似处理。不同形式的桥梁结构,其梁格划分的方法不同,但大致遵循以下几个原则:①梁格的纵、横向构件应与原结构梁肋(或腹板)的中心线重合;②每跨应至少分成4~6段,一般应分成8段或更多,以保证具有足够的精度;③连续梁桥的中间支承附近因内力变化剧烈,应加密;④横向和纵向构件的间距须接近相同,使荷载静力分布较为灵敏。

箱形梁桥因其受力特点,通常采用所谓的“剪力柔性梁格”来模拟。

①纵向梁格:如图3.10.2b)所示。其纵向构件轴线一般均与腹板的中心线相重合,这样可使腹板的剪力直接由所在位置的梁格构件的剪力来代表。此外,还需要沿两侧悬臂边翼缘设置纵向构件[图3.10.2b)的1和5],以简化悬臂部分荷载的模拟。

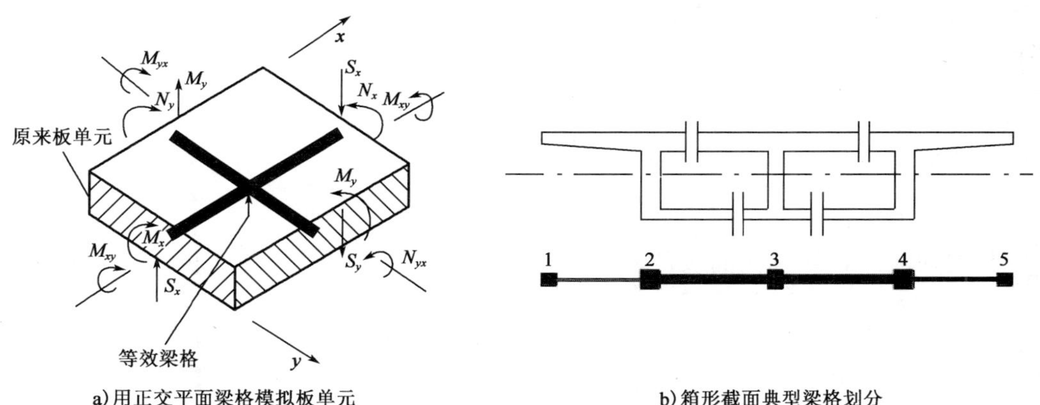

a)用正交平面梁格模拟板单元　　b)箱形截面典型梁格划分

图3.10.2　梁格单元

由于实际桥梁是绕整体截面的中性轴弯曲的,因此分摊到各纵向梁格构件(指腹板处构件)上的惯性矩必须按绕整体箱形结构截面的中性轴来计算。而在划分梁格时也应尽可能使各主要纵向构件的中性轴位于同一条线上,这样模拟的精度较高。悬臂构件的截面特性可以按悬臂宽度的一半进行计算,而剪切面积等于所代表悬臂的面积。

主要纵向梁格构件的抗弯惯性矩按划分成的I形或τ形截面绕整体箱形结构截面的中性轴来计算,对于边腹板处的纵向构件则需减去所在侧悬臂构件的抗弯惯性矩。

纵向梁格单位宽度的抗扭惯性矩则按无腹板的单位宽度箱梁截面计算,即

$$I_{\mathrm{d}}=\frac{2h^2t_1t_2}{t_1+t_2} \tag{3.10.1}$$

式中：t_1、t_2——顶板、底板的厚度；

h——箱梁顶底板中线距离。

纵向梁格构件的有效剪切面积可仅取腹板面积。

②横向梁格：箱形桥横向梁格构件的间距至少应接近于纵向弯曲的反弯点之间的间距的1/4，采用太稀的横向构件将使结果不精确。当有横隔板时，横隔板位置处一般也应设置横向构件。悬臂板部分横向构件的截面特性按所代表的悬臂宽度进行计算。

箱室部分横向构件（如无横隔板）的抗弯惯性矩应按绕顶、底板的共同重心处的水平中心轴进行计算，单位宽度（纵桥向）抗弯惯性矩为

$$I = \frac{h^2 t_1 t_2}{t_1 + t_2} \tag{3.10.2}$$

若横向构件还包括有横隔板，计算抗弯惯性矩时要计入横隔板的影响。

横向构件的抗扭刚度也可按式（3.10.1）计算。

为了计算横向构件的等效剪切面积，必须建立横贯箱室的垂直剪力和有效剪切位移之间的关系。对于只有少数或没有横隔板的薄壁闭口截面箱梁，横截面的垂直剪力将导致顶、底板和腹板产生的畸变变形。畸变的力学特性和应力应变近似关系可用剪切刚度相同的横向构件来模拟，即选择具有一定剪切刚度的横向构件，当承受与实际箱梁结构同样的剪力时，其畸变变形与实际结构相似，具体应用时可采用有限元方法通过试算来确定。

若近似将纵向梁格的抗弯惯性矩取为整体箱梁抗弯惯性矩的 $1/n$，n 为纵向梁格数量；横向梁格的等效剪切面积 A_s 近似取为[9,10]

$$A_s = \frac{t_w^3 (t_1^3 + t_2^3)}{t_w^3 b + (t_2^3 + t_2^3) h} \frac{E}{G} \tag{3.10.3}$$

式中：t_w——腹板的厚度；

b——腹板间的距离。

当横向构件代表具有横隔板的箱室部分时，A_s 应计入横隔板的面积。此即为汉勃利（Hambly）剪力柔性梁格法。

采用正交平面梁格单元计算箱梁结构时，既不能考虑畸变横向效应，也不能计算箱梁横向受力的框架效应，横向框架效应还需单独计算。

为了改善平面梁格法对于箱形结构分析的局限性，可采用空间梁格法[10]。空间梁格法是将组成箱梁截面的各个板件等效为纵向、横向、竖向梁构件，通过将各个构件形成整体共同承受荷载。其构建思路来源于不规则截面形心的求解过程，运用分块组合法确定不规则截面形心，即先将截面分块，保证了整个截面形心与原截面形心一致，并且每个分块取原截面实际尺寸，这样每个分块的截面特性保持与原截面相同。由平移轴定理可知组集得到的空间梁格截面惯性矩与原截面是等效的。

采用空间网格模型分析箱梁桥将更加精细。其原理是将组成箱梁的顶板、底板及腹板，每块板由一片正交梁格“网片”模型来模拟；一个正交“网片”包含多个板单元，每个板元由十字交叉骨架（cruciform space frame）来模拟，多片位于不同平面的正交梁格组成一个空间网架模型（图3.10.3），足够精确地模拟箱梁的空间行为。也可以根据需要，采用部分空间网格（顶底板划分、腹板不划分）或完全空间网格（顶底板、腹板均划分），如图3.10.4所示。

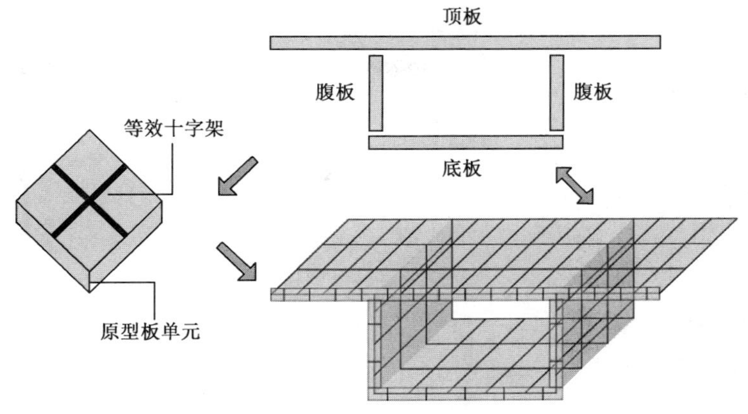

图3.10.3　空间网格模型示意

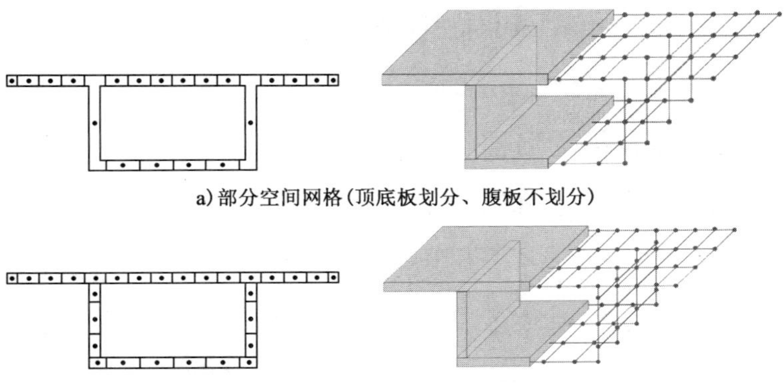

图3.10.4　箱形截面空间网格划分

可以认为,空间网格模型包含了整体分析、横梁分析和桥面板分析,也包含了剪力滞效应、薄壁效应(扭转及畸变),能考虑荷载及预应力在板中的扩散和传递等空间效应,反映箱梁截面的受力特性，其分析分析结果与规范框架相匹配。

(3)板块单元

采用板、块单元分析箱梁结构,优点是其计算结构中包括了所有应力,缺点是对初学者来说,较难理解箱梁空间效应的各个应力分量。

10.1.3　剪力滞系数与偏载系数

如前所述,剪力滞系数为

$$\lambda = \frac{\sigma_b}{\sigma_0} \tag{3.10.4}$$

式中:σ_0——按照初等梁理论计算的箱梁截面上某计算点的纵向正应力。

偏载系数是表示偏载工况相对于中载工况的应力放大情况的。偏载系数可以应力放大系数来定义。定义纵向正应力偏载系数为

$$\xi_{\sigma}=\frac{\sigma_{b}+\sigma_{w}+\sigma_{d}}{\sigma_{b}} \tag{3.10.5}$$

剪应力的偏载放大系数为

$$\xi_{\tau}=\frac{\tau_{b}+\tau_{0}+\tau_{w}+\tau_{d}}{\tau_{b}} \tag{3.10.6}$$

横向正应力的偏载放大系数为

$$\xi_{t}=\frac{\sigma_{dt}+\sigma_{tt}}{\sigma_{tt}} \tag{3.10.7}$$

由箱梁空间应力计算结果,通过分析可以总结出同类箱形梁桥的相应放大系数,供工程设计使用,以减轻设计计算工作量。

10.2　薄壁箱形梁桥的10自由度空间梁单元分析

10.2.1　位移模型及平衡方程

图3.10.5是薄壁箱梁截面及分析采用的坐标系。

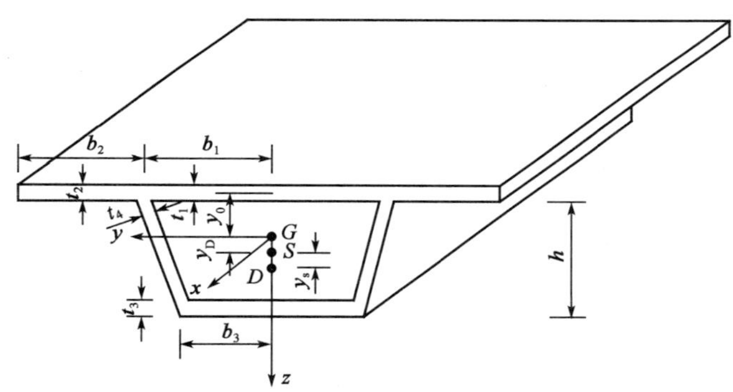

图3.10.5　薄壁箱梁及其分析坐标系

G-截面形心位置;S-截面剪切中心位置;D-截面畸变中心位置

每一节点上的10个自由度如上节介绍,节点 i 的位移列阵可写为

$$\boldsymbol{\delta}_i=[u_{Gi},v_{Si},\theta_{yi},\zeta_i,w_{Si},\theta_{zi},\theta_{xi},\beta_i,\gamma_{Di},\gamma'_{Di}] \tag{3.10.8}$$

$$\boldsymbol{\delta}=[\delta_i,\delta_j]^{T} \tag{3.10.9}$$

式中:u_G——形心 G 位置沿 x 方向(梁轴方向)位移;

v_S——剪切中心 S 位置在 y 方向(横向)位移;

w_S——剪切中心 S 位置在 z 方向(竖向)位移;

θ_x、θ_y、θ_z——分别为断面绕三坐标轴的角位移;

β——扭转翘曲位移;

γ_D——畸变角;

γ_{D}'——$\frac{\mathrm{d}r_{\mathrm{D}}}{\mathrm{d}x}$,畸变翘曲位移;

ζ——上翼板最大相对剪切转角位移差。

由于翘曲和剪力滞位移只在轴向产生,故薄壁箱梁的断面位移模型可写为

$$
\begin{aligned}
u(y,z) &= u_G - y\theta_z + z\theta_y + \omega\beta + \omega_{\mathrm{D}}\gamma_{\mathrm{D}}' + \omega_\zeta\zeta \\
v(y,z) &= v_{\mathrm{S}} - (z - z_{\mathrm{S}})\theta_x + D_{\mathrm{v}}\gamma_{\mathrm{D}} \\
w(y,z) &= w_{\mathrm{S}} + y\theta_x + D_{\mathrm{w}}\gamma_{\mathrm{D}}
\end{aligned}
\tag{3.10.10}
$$

式中:$u(y,z)$、$v(y,z)$、$w(y,z)$—— 断面内任意点(y,z)在三个坐标轴方向上的线位移;

D_{v}、D_{w}、ω_{D}——单位畸变角($\gamma_{\mathrm{D}}=1$)或单位畸变翘曲($\gamma_{\mathrm{D}}'=1$)所产生的三个方向位移函数;

w、ω_ζ——单位扭转翘曲($\beta=1$)及单位剪滞变形($\zeta=1$)产生的轴向位移函数;

θ_y——$\theta_y = \partial w_{\mathrm{S}}/y$;

θ_z——$\theta_z = \partial v_{\mathrm{S}}/\partial x$。

单元平衡方程为

$$
\boldsymbol{K}^{\mathrm{e}}\boldsymbol{\delta}^{\mathrm{e}} = \boldsymbol{F}^{\mathrm{e}} \tag{3.10.11}
$$

式中:节点力 $\boldsymbol{F}^{\mathrm{e}} = [N_i, F_{zi}, M_{yi}, M_{\zeta i}, F_{yi}, M_{zi}, M_{xi}, B_{Ii}, M_{Di}, B_{Di}, N_j, F_{zj}, M_{yj}, M_{\zeta y}, F_{yj}, M_{zj}, M_{xj}, B_{Ij}, M_{DJ}, B_{Dj}]^{\mathrm{T}}$。

对应前3章介绍的内容,不难理解节点力的含义。$\boldsymbol{K}^{\mathrm{e}}$ 中的元素 $K_{ij}(i,j=1,2,\cdots,6,11,12,\cdots,16)$由弯曲变形分析给出;$K_{ij}(i,j=7,8,17,18)$由扭转变形分析给出;$K_{ij}(i,j=9,10,10,20)$由畸变变形分析给出。由于直线梁的弯、扭变形互不耦联,可分别讨论。

10.2.2 弯曲变形刚度

将单位剪力滞变形($\zeta=1$)产生的翼板纵向位移函数 u_ζ 取为 $u_\zeta = z\left[1-\left(\frac{|\bar{y}_i|}{b_i}\right)^n\right]\left(\frac{b_i}{b_1}\right)^2\eta$,则可由变分法得到的薄壁箱梁弯曲的基本微分方程及单元弯曲变形刚度方程。

考虑剪力滞效应的单元弯曲变形刚度方程为

$$
\begin{bmatrix}
K_{1,1} & \cdots & K_{1,6} & K_{1,11} & \cdots & K_{1,16} \\
\vdots & \ddots & \vdots & \vdots & \ddots & \vdots \\
K_{6,1} & \cdots & K_{6,6} & K_{6,11} & \cdots & K_{6,16} \\
K_{11,1} & \cdots & K_{11,6} & K_{11,11} & \cdots & K_{11,16} \\
\vdots & \ddots & \vdots & \vdots & \ddots & \vdots \\
K_{16,1} & \cdots & K_{16,6} & K_{16,11} & \cdots & K_{16,16}
\end{bmatrix}
\boldsymbol{\delta}^{\mathrm{e}} = \boldsymbol{F}^{\mathrm{e}} \tag{3.10.12}
$$

单元在平面内的弯曲刚度矩阵[与式(3.10.12)中的自由度5、6、15、16对应]为式(1.1.30)。而在 xoz 平面内的弯曲变形,由于受剪力滞耦联影响,要复杂一些。单元刚度系数 $K_{ij}(i,j=1\sim4,11\sim14)$分别为

$$\begin{cases}K_{1,m}=-E_1Au'_{\mathrm{G}}-E_1S_\zeta\zeta'\big|_{x=0}\\K_{2,m}=E_1I_yv'''_{\mathrm{S}}-E_1I_{z\zeta}\zeta''\big|_{x=0}\\K_{3,m}=-E_1I_yv'''_{\mathrm{S}}+E_1I_{z\zeta}\zeta'\big|_{x=0}\\K_{4,m}=-E_1I_\zeta\zeta'-E_1S_\zeta u'_{\mathrm{G}}+EI_{z\zeta}v''_{\mathrm{S}}\big|_{x=0}\end{cases}\tag{3.10.13}$$

$$\begin{cases}K_{11,m}=-E_1Au'_{\mathrm{G}}+E_1S_\zeta\zeta'\big|_{x=l}\\K_{12,m}=E_1I_yv'''_{\mathrm{S}}+E_1I_{z\zeta}\zeta''\big|_{x=l}\\K_{13,m}=E_1I_yv'''_{\mathrm{S}}-E_1I_{z\zeta}\zeta'\big|_{x=l}\\K_{14,m}=-E_1I_\zeta\zeta'+E_1S_\zeta u'_{\mathrm{G}}-E_1I_{z\zeta}v''_{\mathrm{S}}\big|_{x=l}\end{cases}\tag{3.10.14}$$

$$(m=1\sim4,11\sim14)$$

其中

$$\begin{cases}\zeta(x)=A_5\mathrm{e}^{kx}+A_6\mathrm{e}^{-kx}+A_7\\u_{\mathrm{G}}(x)=-A_5\dfrac{S_\zeta}{A}\mathrm{e}^{kx}-A_6\dfrac{S_\zeta}{A}\mathrm{e}^{-kx}+A_8x+A_9\\v_{\mathrm{S}}(x)=A_5\dfrac{I_{z\zeta}}{I_yk}\mathrm{e}^{kx}-A_6\dfrac{I_{z\zeta}}{I_yk}\mathrm{e}^{-kx}-A_7\dfrac{GK_\zeta}{6E_1I_{z\zeta}}+A_{10}x^2+A_{11}x+A_{12}\end{cases}\tag{3.10.15}$$

而常数 $A_5\sim A_{12}$ 由下式求得

$$\begin{cases}A_5+A_6+A_7=\zeta_i\\-\dfrac{S_\zeta}{A}A_5-\dfrac{S_\zeta}{A}A_6+A_9=u_{Gi}\\\dfrac{I_{z\zeta}}{I_yk}A_5-\dfrac{I_{z\zeta}}{I_yk}A_6+A_{12}=v_{si}\\-\dfrac{I_{z\zeta}}{I_y}A_5-\dfrac{I_{z\zeta}}{I_y}A_6-A_{11}=\theta_{yi}\\\mathrm{e}^{kl}A_5+\mathrm{e}^{kl}A_6+A_7=\zeta_i\\-\dfrac{S_\zeta}{A}\mathrm{e}^{kl}A_5-\dfrac{S_\zeta}{A}\mathrm{e}^{-kl}A_6+lA_8+A_9=u_{Gi}\\-\dfrac{I_{z\zeta}}{I_yk}\mathrm{e}^{kl}A_5-\dfrac{I_{z\zeta}}{I_yk}\mathrm{e}^{-kl}A_6-\dfrac{GK_\zeta}{6E_1I_{z\zeta}}l^3A_7+l^2A_{10}+lA_{11}+A_{12}=v_{si}\\-\dfrac{I_{z\zeta}}{I_y}\mathrm{e}^{kl}A_5-\dfrac{I_{z\zeta}}{I_y}\mathrm{e}^{-kl}A_6+\dfrac{GK_\zeta}{2E_1I_{z\zeta}}l^2A_7-2lA_{10}-A_{11}=\theta_{yi}\end{cases}\tag{3.10.16}$$

以上各式中：$k=\sqrt{GK_\zeta/E_1\left(I_\zeta-\dfrac{S_\zeta^2}{A}-\dfrac{I_{z\zeta}^2}{I_y}\right)}$；

$E_1=E/(1-\mu_1^2)$；

$S_\zeta=\int_A\omega_\zeta\mathrm{d}A,K_\zeta=\int_A\overline{\omega}_\zeta^2\mathrm{d}A$；

$I_{z\zeta}=\int_Az\omega_\zeta\mathrm{d}A,I_\zeta=\int_A\omega_\zeta^2\mathrm{d}A$。

而

$$\overline{\omega}_{\zeta}=z\left(-\frac{n\overline{y}_i^{\,n-1}}{b_i^n}\right)\left(\frac{b_i}{b_1}\right)^2\eta_i$$

式中：$\overline{y}_i$——翼板局部坐标，其原点除悬臂板取在悬臂端外，其余均取板的中点，且方向与 y 轴一致；

η_i——翼板修正系数，可根据试验或解析取得；

μ_1——泊松比；

n——所假定的位移函数次数。

除 xoy 平面内的力素外，在 xoz 平面内、各力素如下

$$\begin{cases}F_y=-E_1I_zw_S'''\\F_z=-E_1I_yv_S'''+E_1I_{z\zeta}\zeta''\\N=E_1Au_G'+E_1S_\zeta\zeta'\\M_y=E_1I_yv_S''-E_1I_{z\zeta}\zeta'\\M_z=-E_1I_zw_S''\\M_\zeta=E_1I_\zeta\zeta'+E_1S_\zeta u_G'-E_1I_{z\zeta}v_S''\end{cases}\tag{3.10.17}$$

10.2.3　扭转变形刚度

考虑翘曲变形的薄壁箱梁扭转方程式(3.8.45)及式(3.8.46)的通解分别为

$$\theta(x)=A_1+A_2x+A_3\mathrm{e}^{-kx}+A_4\mathrm{e}^{kx}+\frac{m_t}{2GI_d}x^2$$

$$\beta(x)=A_2-\left(\frac{E_1I_{\bar{\omega}}k^3}{\mu^2GI_\rho}+k\right)A_3\mathrm{e}^{-kx}+\left(\frac{E_1I_{\bar{\omega}}k^3}{\mu^2GI_\rho}+k\right)A_3\mathrm{e}^{kx}+\frac{m_t}{GI_d}x\tag{3.10.18}$$

式中 $A_1\sim A_4$ 为积分常数。则扭转变形刚度方程为

$$\begin{bmatrix}K_{7,7}&K_{7,8}&K_{7,17}&K_{7,18}\\K_{8,7}&K_{8,8}&K_{8,17}&K_{8,18}\\K_{17,7}&K_{17,8}&K_{17,17}&K_{17,18}\\K_{18,7}&K_{18,8}&K_{18,17}&K_{18,18}\end{bmatrix}\begin{Bmatrix}\theta_{xi}\\f_i\\\theta_{xj}\\f_j\end{Bmatrix}=\begin{Bmatrix}M_{xi}\\B_{Ii}\\M_{xj}\\B_{Ij}\end{Bmatrix}\tag{3.10.19}$$

刚度系数 K_{ij} 为

$$K_{7,7}=-K_{7,17}=K_{7,17}=\frac{GI_dk\mathrm{sh}kl}{2\mu(1-\mathrm{ch}kl)+kl\mathrm{sh}kl}$$

$$K_{7,8}=K_{7,18}=\frac{K_{17,18}}{k}=-K_{17,18}=\frac{GI_d\mu(1-\mathrm{ch}kl)}{2\mu(1-\mathrm{ch}kl)+kl\mathrm{sh}kl}$$

$$K_{8,8}=K_{18,18}=\frac{GI_d\mu(kl\mathrm{ch}kl-\mu\mathrm{sh}kl)}{2\mu_k(1-\mathrm{ch}kl)+kl\mathrm{sh}kl}$$

$$K_{8,18}=\frac{GI_d\mu(-kl+\mu\mathrm{sh}kl)}{2\mu_k(1-\mathrm{ch}kl)+kl\mathrm{sh}kl}$$

式中：I_d、μ、k 及力的意义见第 11.2 节。

10.2.4 畸变变形刚度

若令 $\lambda=\sqrt[4]{I_R/4I_D}$，则箱梁畸变方程式(3.9.46)和式(3.9.78)可以改写为

$$\gamma_D'''' + 4\lambda^4\gamma_D = \frac{V_d b_2}{E_1 I_D} \tag{3.10.20}$$

上式类似于等截面弹性地基另的变形方程，其通解为

$$\begin{aligned}\gamma_D = &A_1 \mathrm{sh}\lambda x\cos\lambda x + A_2 \mathrm{ch}\lambda x\cos\lambda x + A_3 \mathrm{ch}\lambda x\sin\lambda x + \\ &A_4 \mathrm{sh}\lambda x\sin\lambda x + \frac{V_d b_2}{E_1 I_D}\end{aligned} \tag{3.10.21}$$

式中 $A_1 \sim A_4$ 为积分常数，有边界条件决定。则畸变变形刚度方程为

$$\begin{bmatrix} K_{9,9} & K_{9,10} & K_{9,19} & K_{9,20} \\ K_{10,9} & K_{10,10} & K_{10,19} & K_{10,20} \\ K_{19,9} & K_{19,10} & K_{19,19} & K_{19,20} \\ K_{20,9} & K_{20,10} & K_{20,19} & K_{20,20} \end{bmatrix} \begin{Bmatrix} \gamma_{Di} \\ \gamma'_{Di} \\ \gamma_{Dj} \\ \gamma'_{Dj} \end{Bmatrix} = \begin{Bmatrix} M_{Di} \\ B_{Di} \\ M_{Dj} \\ B_{Dj} \end{Bmatrix} \tag{3.10.22}$$

刚度系数为

$$K_{9,9} = K_{19,19} = \frac{4E_1 I_D \lambda^3}{p} \mathrm{sh}\lambda l\mathrm{ch}\lambda l + \sin\lambda l\cos\lambda$$

$$K_{9,10} = -K_{19,20} = -\frac{2E_1 I_D \lambda^2}{p} \mathrm{ch}^2\lambda l - \cos^2\lambda l$$

$$K_{9,19} = \frac{4E_1 I_D \lambda^3}{p} \mathrm{ch}\lambda l\sin\lambda l + \mathrm{sh}\lambda l\cos\lambda$$

$$K_{9,20} = -K_{10,19} = \frac{4E_1 I_D \lambda^2}{p} \mathrm{sh}\lambda l\sin\lambda l$$

$$K_{10,10} = K_{20,20} = \frac{2E_1 I_D \lambda}{p} \mathrm{sh}\lambda l\mathrm{ch}\lambda l - \sin\lambda l$$

$$K_{10,20} = \frac{2E_1 I_D \lambda}{p} \mathrm{ch}\lambda l\sin\lambda l - \mathrm{sh}\lambda\cos\lambda$$

其中

$$p = \mathrm{sh}^2\lambda l - \sin^2\lambda l, \lambda = \sqrt[4]{I_R/4I_D}$$

式中：I_D、I_R 及各力的定义见第 10.2 节。节点荷载列阵计算见本章文献[1]。

10.2.5 波形钢腹板箱梁的应用

(1)剪力滞效应分析[4,7]

典型波形钢腹板箱梁结构截面如 3.10.6 所示，其属组合结构范畴。分析其剪力滞效应时可认为：上下翼板的弯曲变形各自满足平截面假定；上下翼板的剪力滞变形具有抛物线形状；腹板竖向压缩变形可以忽略；上下翼板的挠曲变形相等；波形钢腹板剪应力沿梁高度方向均匀分布，顺桥方向的轴向刚度可以忽略。这些假定中，除剪力滞变形采用了一般薄壁箱梁结构的抛物线形状外，其他都是波形钢腹板箱梁结构计算中常用的基本假定，其中忽略波形钢腹板顺桥方向的轴向刚度在扭转和畸变变形中同样成立。

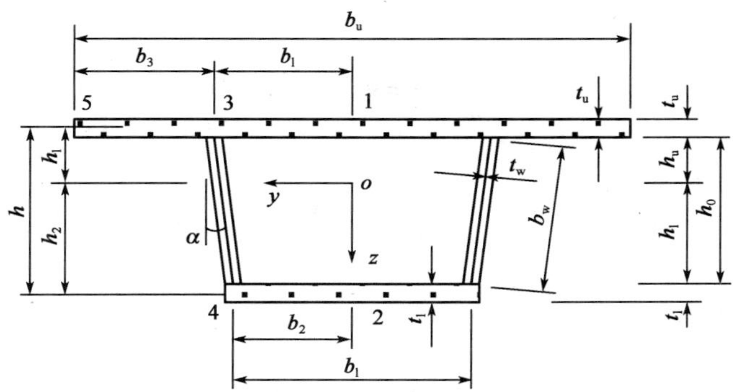

图 3.10.6　典型波形钢腹板箱梁截面

挠曲变形 w 及其引起的上下翼缘纵向位移 u 如图 3.10.7 所示，各板块中面的纵向变形 u 可以表示为

$$
\begin{cases}
u_{13}(x,\xi)=u_1(x)+[u_3(x)-u_1(x)]\left(\dfrac{\xi}{b_1}\right)^2 (0\leqslant\xi\leqslant b_1)\\
u_{53}(x,\xi)=u_5(x)+[u_3(x)-u_5(x)]\left(\dfrac{\xi}{b_3}\right)^2 (0\leqslant\xi\leqslant b_3)\\
u_{24}(x,\xi)=u_2(x)+[u_4(x)-u_2(x)]\left(\dfrac{\xi}{b_2}\right)^2 (0\leqslant\xi\leqslant b_2)
\end{cases}
\tag{3.10.23}
$$

式中：下标 1 ~5——截面上的位置（图 3.10.6）；

ξ——各板块的局部坐标。

根据几何关系，上下翼缘以及腹板的轴向应变和板厚方向的剪切应变为

$$\varepsilon(x,\xi)=\frac{\mathrm{d}u(x,\xi)}{\mathrm{d}x}-\bar{z}\frac{d\theta(x)}{dx},\gamma_{x\bar{z}}=\theta(x)-\frac{\mathrm{d}w(x)}{\mathrm{d}x}$$

式中：w——箱梁的挠曲变形；

θ——上下翼板的挠曲角位移［图 3.10.7b）］；

$\bar{z}$——原点位于中面的板厚方向局部坐标。

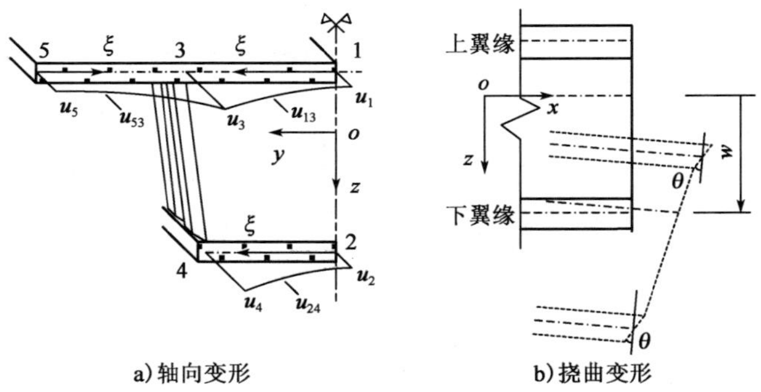

图 3.10.7　弯曲变形引起的梁轴向变形和挠曲变形

波形钢腹板的剪切应变 γ_w 为

$$\gamma_w=\frac{\mathrm{d}w(x)}{\mathrm{d}x}+\frac{u_4(x)-u_3(x)}{h_0}+\frac{t_l+t_u}{2h_0}\theta(x)$$

式中符号意义见图 3.10.6 和图 3.10.7。

与剪力滞变形对应的上下翼板在板平面内的剪切应变 γ_ξ 为

$$\begin{cases}\gamma_\xi(x,\xi)=2\dfrac{u_3(x)-u_1(x)}{b_1^2}\xi & （翼板 1-3）\\ \gamma_\xi(x,\xi)=2\dfrac{u_3(x)-u_5(x)}{b_3^2}\xi & （翼板 5-3）\\ \gamma_\xi(x,\xi)=2\dfrac{u_4(x)-u_2(x)}{b_2^2}\xi & （底板 2-4）\end{cases} \tag{3.10.24}$$

忽略波形钢腹板的轴向刚度，截面正应力和剪切应力分别为

$$\sigma_x=E_c\varepsilon_x \quad \tau_w=\overline{G}_s\gamma_w \quad \tau_{xz}=G_c\gamma_{xz} \tag{3.10.25}$$

式中：E_c、G_c——混凝土的弹性模量及剪切模量；

$\overline{G}_s$——波形钢腹板的等效剪切模量，$\overline{G}_s=\dfrac{A+C}{A+D}G_s$，$G_s$ 为钢材剪切模量，$A\sim D$ 为波形钢腹板的几何参数（图 3.10.8）。

剪力滞变形对应的上下翼板剪切应力（板平面的剪力）为

$$\tau_\xi=G_c\gamma_\xi \tag{3.10.26}$$

考虑剪力滞效应的波形钢腹板箱梁弯曲变形，每个节点有 7 个自由度，节点的自由度向量和截面内力可以表示成如下的形式：

$$\begin{cases}\boldsymbol{\delta}=[u_1 \quad u_2 \quad u_3 \quad u_4 \quad u_5 \quad w \quad \theta]^T\\ \boldsymbol{F}=[F_{x,1} \quad F_{x,2} \quad F_{x,3} \quad F_{x,4} \quad F_{x,5} \quad F_z \quad \widetilde{M}_z]^T\end{cases} \tag{3.10.27}$$

式中：$\widetilde{M}_z=M_u+M_l$，即上下翼缘的弯曲之和，其他符号含义见图 3.10.9。

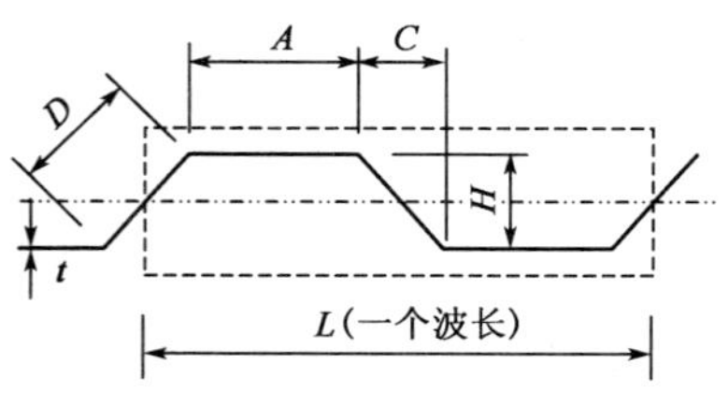

图 3.10.8 波形钢腹板截面

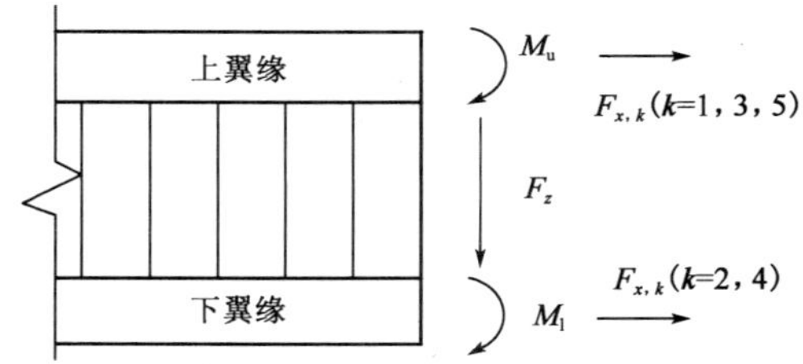

图 3.10.9 截面内力

由于式（3.10.24）考虑了剪切变形的影响，不能采用普通梁单元的三次函数作为形函数，故单元两端节点 ij 之间引入线性形函数，单元内的位移通过插值得到

$$\boldsymbol{\delta}\approx N_1\boldsymbol{\delta}_i+N_2\boldsymbol{\delta}_j$$

式中：N_1——$N_1=1-x/l$；

N_2——$N_2=x/l$；

l——单元长度。

根据第 1 章的有限元基本原理，可以得到当考虑剪力滞效应时，波形钢腹板箱梁弯曲计算的有限元刚度矩阵为

$$\boldsymbol{K}^e=\boldsymbol{K}_{13}^e+\boldsymbol{K}_{53}^e+\boldsymbol{K}_{24}^e+\boldsymbol{K}_w^e \tag{3.10.28}$$

刚度方程的各元素 $\boldsymbol{K}_{13}^{e}$、$\boldsymbol{K}_{53}^{e}$、$\boldsymbol{K}_{24}^{e}$ 和 $\boldsymbol{K}_{w}^{e}$ 分别为

$$\boldsymbol{K}_{13}^{e}=\begin{bmatrix}
\frac{8E_c}{15L}+\frac{4G_cL}{9b_1^2} & 0 & \frac{2E_c}{15L}-\frac{4G_cL}{9b_1^2} & 0 & 0 & 0 & 0 & -\frac{8E_c}{15L}+\frac{2G_cL}{9b_1^2} & 0 & -\frac{2E_c}{15L}-\frac{2G_cL}{9b_1^2} & 0 & 0 & 0 & 0 \\
0 & 0 & 0 & 0 & 0 & 0 & 0 & 0 & 0 & 0 & 0 & 0 & 0 & 0 \\
\frac{2E_c}{15L}-\frac{4G_cL}{9b_1^2} & 0 & \frac{E_c}{5L}+\frac{4G_cL}{9b_1^2} & 0 & 0 & 0 & 0 & -\frac{2E_c}{15L}-\frac{2G_cL}{9b_1^2} & 0 & -\frac{E_c}{5L}+\frac{2G_cL}{9b_1^2} & 0 & 0 & 0 & 0 \\
0 & 0 & 0 & 0 & 0 & 0 & 0 & 0 & 0 & 0 & 0 & 0 & 0 & 0 \\
0 & 0 & 0 & 0 & 0 & 0 & 0 & 0 & 0 & 0 & 0 & 0 & 0 & 0 \\
0 & 0 & 0 & 0 & 0 & \frac{kG_c}{L} & \frac{kG_c}{2} & 0 & 0 & 0 & 0 & 0 & -\frac{kG_c}{L} & \frac{kG_c}{2} \\
0 & 0 & 0 & 0 & 0 & \frac{kG_c}{2} & \frac{E_cI_1}{LA_1}+\frac{kG_cL}{3} & 0 & 0 & 0 & 0 & 0 & -\frac{kG_c}{2} & -\frac{E_cI_1}{LA_1}+\frac{kG_cL}{6} \\
-\frac{8E_c}{15L}+\frac{2G_cL}{9b_1^2} & 0 & -\frac{2E_c}{15L}-\frac{2G_cL}{9b_1^2} & 0 & 0 & 0 & 0 & \frac{8E_c}{15L}+\frac{4G_cL}{9b_1^2} & 0 & \frac{2E_c}{15L}-\frac{4G_cL}{9b_1^2} & 0 & 0 & 0 & 0 \\
0 & 0 & 0 & 0 & 0 & 0 & 0 & 0 & 0 & 0 & 0 & 0 & 0 & 0 \\
-\frac{2E_c}{15L}-\frac{2G_cL}{9b_1^2} & 0 & -\frac{E_c}{5L}+\frac{2G_cL}{9b_1^2} & 0 & 0 & 0 & 0 & \frac{2E_c}{15L}-\frac{4G_cL}{9b_1^2} & 0 & \frac{E_c}{5L}+\frac{4G_cL}{9b_1^2} & 0 & 0 & 0 & 0 \\
0 & 0 & 0 & 0 & 0 & 0 & 0 & 0 & 0 & 0 & 0 & 0 & 0 & 0 \\
0 & 0 & 0 & 0 & 0 & 0 & 0 & 0 & 0 & 0 & 0 & 0 & 0 & 0 \\
0 & 0 & 0 & 0 & 0 & -\frac{kG_c}{L} & -\frac{kG_c}{2} & 0 & 0 & 0 & 0 & 0 & \frac{kG_c}{L} & -\frac{kG_c}{2} \\
0 & 0 & 0 & 0 & 0 & \frac{kG_c}{2} & -\frac{E_cI_1}{LA_1}+\frac{kG_cL}{6} & 0 & 0 & 0 & 0 & 0 & -\frac{kG_c}{2} & \frac{E_cI_1}{LA_1}+\frac{kG_cL}{3}
\end{bmatrix}$$

$$\boldsymbol{K}_{24}^{e}=\begin{bmatrix}
0 & 0 & 0 & 0 & 0 & 0 & 0 & 0 & 0 & 0 & 0 & 0 & 0 & 0 \\
0 & \frac{8E_c}{15L}+\frac{4G_cL}{9b_2^2} & 0 & \frac{2E_c}{15L}-\frac{4G_cL}{9b_2^2} & 0 & 0 & 0 & 0 & -\frac{8E_c}{15L}+\frac{2G_cL}{9b_2^2} & 0 & -\frac{2E_c}{15L}-\frac{2G_cL}{9b_2^2} & 0 & 0 & 0 \\
0 & 0 & 0 & 0 & 0 & 0 & 0 & 0 & 0 & 0 & 0 & 0 & 0 & 0 \\
0 & \frac{2E_c}{15L}-\frac{4G_cL}{9b_2^2} & 0 & \frac{E_c}{5L}+\frac{4G_cL}{9b_2^2} & 0 & 0 & 0 & 0 & -\frac{2E_c}{15L}-\frac{4G_cL}{9b_2^2} & 0 & -\frac{E_c}{5L}+\frac{2G_cL}{9b_2^2} & 0 & 0 & 0 \\
0 & 0 & 0 & 0 & 0 & 0 & 0 & 0 & 0 & 0 & 0 & 0 & 0 & 0 \\
0 & 0 & 0 & 0 & 0 & \frac{kG_c}{L} & \frac{kG_c}{2} & 0 & 0 & 0 & 0 & 0 & -\frac{kG_c}{L} & \frac{kG_c}{2} \\
0 & 0 & 0 & 0 & 0 & \frac{kG_c}{2} & \frac{E_cI_2}{LA_2}+\frac{kG_cL}{3} & 0 & 0 & 0 & 0 & 0 & -\frac{kG_c}{2} & -\frac{E_cI_2}{LA_2}+\frac{kG_cL}{6} \\
0 & 0 & 0 & 0 & 0 & 0 & 0 & 0 & 0 & 0 & 0 & 0 & 0 & 0 \\
0 & -\frac{8E_c}{15L}+\frac{2G_cL}{9b_2^2} & 0 & -\frac{2E_c}{15L}-\frac{4G_cL}{9b_2^2} & 0 & 0 & 0 & 0 & \frac{8E_c}{15L}+\frac{4G_cL}{9b_2^2} & 0 & \frac{2E_c}{15L}-\frac{4G_cL}{9b_2^2} & 0 & 0 & 0 \\
0 & 0 & 0 & 0 & 0 & 0 & 0 & 0 & 0 & 0 & 0 & 0 & 0 & 0 \\
0 & -\frac{2E_c}{15L}-\frac{2G_cL}{9b_2^2} & 0 & -\frac{E_c}{5L}+\frac{2G_cL}{9b_2^2} & 0 & 0 & 0 & 0 & \frac{2E_c}{15L}-\frac{4G_cL}{9b_2^2} & 0 & \frac{E_c}{5L}+\frac{4G_cL}{9b_2^2} & 0 & 0 & 0 \\
0 & 0 & 0 & 0 & 0 & 0 & 0 & 0 & 0 & 0 & 0 & 0 & 0 & 0 \\
0 & 0 & 0 & 0 & 0 & -\frac{kG_c}{L} & -\frac{kG_c}{2} & 0 & 0 & 0 & 0 & 0 & \frac{kG_c}{L} & -\frac{kG_c}{2} \\
0 & 0 & 0 & 0 & 0 & \frac{kG_c}{2} & -\frac{E_cI_2}{LA_2}+\frac{kG_cL}{6} & 0 & 0 & 0 & 0 & 0 & -\frac{kG_c}{2} & \frac{E_cI_2}{LA_2}+\frac{kG_cL}{3}
\end{bmatrix}$$

$$
\boldsymbol{K}_{53}^{\mathrm{e}}=\left[\begin{array}{cccccccccccccc}
0 & 0 & 0 & 0 & 0 & 0 & 0 & 0 & 0 & 0 & 0 & 0 & 0 & 0 \\
0 & 0 & 0 & 0 & 0 & 0 & 0 & 0 & 0 & 0 & 0 & 0 & 0 & 0 \\
0 & 0 & \frac{E_{\mathrm{c}}}{5L}+\frac{4G_{\mathrm{c}}L}{9b_3^2} & 0 & \frac{2E_{\mathrm{c}}}{15L}-\frac{4G_{\mathrm{c}}L}{9b_3^2} & 0 & 0 & 0 & 0 & -\frac{E_{\mathrm{c}}}{5L}+\frac{2G_{\mathrm{c}}L}{9b_3^2} & 0 & -\frac{2E_{\mathrm{c}}}{15L}-\frac{2G_{\mathrm{c}}L}{9b_3^2} & 0 & 0 \\
0 & 0 & 0 & 0 & 0 & 0 & 0 & 0 & 0 & 0 & 0 & 0 & 0 & 0 \\
0 & 0 & \frac{2E_{\mathrm{c}}}{15L}-\frac{4G_{\mathrm{c}}L}{9b_3^2} & 0 & \frac{8E_{\mathrm{c}}}{15L}+\frac{4G_{\mathrm{c}}L}{9b_3^2} & 0 & 0 & 0 & 0 & -\frac{2E_{\mathrm{c}}}{15L}-\frac{2G_{\mathrm{c}}L}{9b_3^2} & 0 & -\frac{8E_{\mathrm{c}}}{15L}+\frac{2G_{\mathrm{c}}L}{9b_3^2} & 0 & 0 \\
0 & 0 & 0 & 0 & 0 & \frac{kG_{\mathrm{c}}}{L} & \frac{kG_{\mathrm{c}}}{2} & 0 & 0 & 0 & 0 & 0 & -\frac{kG_{\mathrm{c}}}{L} & \frac{kG_{\mathrm{c}}}{2} \\
0 & 0 & 0 & 0 & 0 & \frac{kG_{\mathrm{c}}}{2} & \frac{E_{\mathrm{c}}I_3}{LA_3}+\frac{kG_{\mathrm{c}}L}{3} & 0 & 0 & 0 & 0 & 0 & -\frac{kG_{\mathrm{c}}}{2} & -\frac{E_{\mathrm{c}}I_3}{LA_3}+\frac{kG_{\mathrm{c}}L}{6} \\
0 & 0 & 0 & 0 & 0 & 0 & 0 & 0 & 0 & 0 & 0 & 0 & 0 & 0 \\
0 & 0 & 0 & 0 & 0 & 0 & 0 & 0 & 0 & 0 & 0 & 0 & 0 & 0 \\
0 & 0 & -\frac{E_{\mathrm{c}}}{5L}+\frac{2G_{\mathrm{c}}L}{9b_3^2} & 0 & -\frac{2E_{\mathrm{c}}}{15L}-\frac{2G_{\mathrm{c}}L}{9b_3^2} & 0 & 0 & 0 & 0 & \frac{E_{\mathrm{c}}}{5L}+\frac{4G_{\mathrm{c}}L}{9b_3^2} & 0 & \frac{2E_{\mathrm{c}}}{15L}-\frac{4G_{\mathrm{c}}L}{9b_3^2} & 0 & 0 \\
0 & 0 & 0 & 0 & 0 & 0 & 0 & 0 & 0 & 0 & 0 & 0 & 0 & 0 \\
0 & 0 & -\frac{2E_{\mathrm{c}}}{15L}-\frac{2G_{\mathrm{c}}L}{9b_3^2} & 0 & -\frac{8E_{\mathrm{c}}}{15L}+\frac{2G_{\mathrm{c}}L}{9b_3^2} & 0 & 0 & 0 & 0 & \frac{2E_{\mathrm{c}}}{15L}-\frac{4G_{\mathrm{c}}L}{9b_3^2} & 0 & \frac{8E_{\mathrm{c}}}{15L}+\frac{4G_{\mathrm{c}}L}{9b_3^2} & 0 & 0 \\
0 & 0 & 0 & 0 & 0 & -\frac{kG_{\mathrm{c}}}{L} & -\frac{kG_{\mathrm{c}}}{2} & 0 & 0 & 0 & 0 & 0 & \frac{kG_{\mathrm{c}}}{L} & -\frac{kG_{\mathrm{c}}}{2} \\
0 & 0 & 0 & 0 & 0 & \frac{kG_{\mathrm{c}}}{2} & -\frac{E_{\mathrm{c}}I_3}{LA_3}+\frac{kG_{\mathrm{c}}L}{6} & 0 & 0 & 0 & 0 & 0 & -\frac{kG_{\mathrm{c}}}{2} & \frac{E_{\mathrm{c}}I_3}{LA_3}+\frac{kG_{\mathrm{c}}L}{3}
\end{array}\right]
$$

$$
\boldsymbol{K}_{w}^{\mathrm{e}}=\left[\begin{array}{cccccccccccccc}
0 & 0 & 0 & 0 & 0 & 0 & 0 & 0 & 0 & 0 & 0 & 0 & 0 & 0 \\
0 & 0 & 0 & 0 & 0 & 0 & 0 & 0 & 0 & 0 & 0 & 0 & 0 & 0 \\
0 & 0 & \frac{L}{3h_0^2} & -\frac{L}{3h_0^2} & 0 & \frac{1}{2h_0} & -\frac{(t_1+t_2)L}{6h_0^2} & 0 & 0 & \frac{L}{6h_0^2} & -\frac{L}{6h_0^2} & 0 & -\frac{1}{2h_0} & -\frac{(t_1+t_2)L}{12h_0^2} \\
0 & 0 & -\frac{L}{3h_0^2} & \frac{L}{3h_0^2} & 0 & -\frac{1}{2h_0} & \frac{(t_1+t_2)L}{6h_0^2} & 0 & 0 & -\frac{L}{6h_0^2} & \frac{L}{6h_0^2} & 0 & \frac{1}{2h_0} & \frac{(t_1+t_2)L}{12h_0^2} \\
0 & 0 & 0 & 0 & 0 & 0 & 0 & 0 & 0 & 0 & 0 & 0 & 0 & 0 \\
0 & 0 & \frac{1}{2h_0} & -\frac{1}{2h_0} & 0 & \frac{1}{L} & -\frac{t_1+t_2}{4h_0} & 0 & 0 & \frac{1}{2h_0} & -\frac{1}{2h_0} & 0 & -\frac{1}{L} & -\frac{t_1+t_2}{4h_0} \\
0 & 0 & -\frac{(t_1+t_2)L}{6h_0^2} & \frac{(t_1+t_2)L}{6h_0^2} & 0 & -\frac{t_1+t_2}{4h_0} & \frac{(t_1+t_2)^2L}{12h_0^2} & 0 & 0 & -\frac{(t_1+t_2)L}{12h_0^2} & \frac{(t_1+t_2)L}{12h_0^2} & 0 & \frac{t_1+t_2}{4h_0} & \frac{(t_1+t_2)^2L}{24h_0^2} \\
0 & 0 & 0 & 0 & 0 & 0 & 0 & 0 & 0 & 0 & 0 & 0 & 0 & 0 \\
0 & 0 & 0 & 0 & 0 & 0 & 0 & 0 & 0 & 0 & 0 & 0 & 0 & 0 \\
0 & 0 & \frac{L}{6h_0^2} & -\frac{L}{6h_0^2} & 0 & \frac{1}{2h_0} & -\frac{(t_1+t_2)L}{12h_0^2} & 0 & 0 & \frac{L}{3h_0^2} & -\frac{L}{3h_0^2} & 0 & -\frac{1}{2h_0} & -\frac{(t_1+t_2)L}{6h_0^2} \\
0 & 0 & -\frac{L}{6h_0^2} & \frac{L}{6h_0^2} & 0 & -\frac{1}{2h_0} & \frac{(t_1+t_2)L}{12h_0^2} & 0 & 0 & -\frac{L}{3h_0^2} & \frac{L}{3h_0^2} & 0 & \frac{1}{2h_0} & \frac{(t_1+t_2)L}{6h_0^2} \\
0 & 0 & 0 & 0 & 0 & 0 & 0 & 0 & 0 & 0 & 0 & 0 & 0 & 0 \\
0 & 0 & -\frac{1}{2h_0} & \frac{1}{2h_0} & 0 & -\frac{1}{L} & \frac{t_1+t_2}{4h_0} & 0 & 0 & -\frac{1}{2h_0} & \frac{1}{2h_0} & 0 & \frac{1}{L} & \frac{t_1+t_2}{4h_0} \\
0 & 0 & -\frac{(t_1+t_2)L}{12h_0^2} & \frac{(t_1+t_2)L}{12h_0^2} & 0 & -\frac{t_1+t_2}{4h_0} & \frac{(t_1+t_2)^2L}{24h_0^2} & 0 & 0 & -\frac{(t_1+t_2)L}{6h_0^2} & \frac{(t_1+t_2)L}{6h_0^2} & 0 & \frac{t_1+t_2}{4h_0} & \frac{(t_1+t_2)^2L}{12h_0^2}
\end{array}\right]
$$

(2)约束扭转分析

众所周知,约束扭转产生的轴向位移 u_t 为

$$u_t = \bar{u}_0 - \omega\beta \tag{3.10.29}$$

式中:β——扭转翘曲位移;

$\bar{u}_0$——积分常数;

ω——截面的扇形坐标,$\omega = \int_0^s \left(r_s - \frac{\psi}{t}\right) ds$,其中,$s$ 为截面周边坐标;r_s 为剪切中心至箱壁的垂距;t 为板厚:对混凝土翼板,为实际厚度 t,对波形钢腹板,为按等效剪切模量进行换算,即 $t = t_w \frac{\bar{G}_s}{G_c}$;

ψ——换算截面的扭转函数。

因此,翼板约束扭转的纵向正应力 σ_w 为

$$\sigma_w = -E_c\omega_n f' \tag{3.10.30}$$

式中:ω_n——主扇形坐标,$\omega_n = \omega - \frac{\int_0^{s_f}\omega t ds}{A_f}$,$A_f$ 为上下翼板的截面积之和。

根据变分原理,得到箱梁结构的基本微分方程为

$$\left.\begin{aligned} -G_c I_\rho \theta_x'' + G_c(I_\rho - K)f' = m_x \\ G_c(I_\rho - K)(f - \theta_x') - E_c I_\omega f'' = 0 \end{aligned}\right\} \tag{3.10.31}$$

式中:m_x——作用在箱梁上的分布扭矩;

θ_x——扭转角;

K——截面的扭转常数,$K = \frac{(2\Omega)^2}{\oint \frac{1}{t^*} ds}$,$\Omega$ 为截面壁厚中心线围成的面积;

I_ω——翘曲惯性矩,$I_\omega = \int_{A_f} \omega_n^2 dA$;

I_ρ——相对于剪切中心的极惯性矩,$I_\rho = \int_A r_s^2 t^* ds$。

根据基本微分方程(3.10.31)的解以及刚度系数的定义,可以得到翘曲扭转变形单元刚度方程为

$$\begin{bmatrix} K_{11} & K_{12} & K_{15} & K_{16} \\ K_{21} & K_{22} & K_{25} & K_{26} \\ K_{51} & K_{52} & K_{55} & K_{56} \\ K_{61} & K_{62} & K_{65} & K_{66} \end{bmatrix} \begin{Bmatrix} \theta_{xi} \\ -f_i \\ \theta_{xj} \\ -f_j \end{Bmatrix} = \begin{Bmatrix} M_{xi} \\ B_i \\ M_{xj} \\ B_j \end{Bmatrix} \tag{3.10.32}$$

其中刚度系数为

$$K_{11} = -K_{15} = K_{55} = \frac{G_c K k \mathrm{sh}kl}{2\mu(1-\mathrm{ch}kl) + kl\mathrm{sh}kl}, K_{12} = -K_{16} = K_{25} = K_{56} = \frac{G_c K\mu(1-\mathrm{ch}kl)}{2\mu(1-\mathrm{ch}kl) + kl\mathrm{sh}kl}$$

$$K_{22} = K_{66} = \frac{G_c K\mu(kl\mathrm{ch}kl - \mu\mathrm{sh}kl)}{k[2\mu(1-\mathrm{ch}kl) + kl\mathrm{sh}kl]}, K_{26} = \frac{G_c K\mu(-kl + \mu\mathrm{sh}kl)}{k[2\mu(1-\mathrm{ch}kl) + kl\mathrm{sh}kl]}$$

截面翘曲扭矩 $M_{x\omega}$、总扭矩 M_x 和翘曲双力矩 B 分别为

$$\begin{cases} M_{x\omega} = G_c(I_\rho - K)(\theta_x' - f) \\ M_x = G_c I_\rho \theta_x' - G_c(I_\rho - K)f \\ B = -E_c I_\omega f' \end{cases} \tag{3.10.33}$$

在均布扭矩 m_x 作用下两端的约束反力分别为

$$\overline{M}_{xi} = \overline{M}_{xj} = -\frac{1}{2}m_x l, \bar{B}_i = -\bar{B}_j = \frac{m_x}{k}\left[\frac{\mu l(1+\mathrm{ch}kl)}{2\mathrm{sh}\ kl} - \frac{\mu}{k}\right]$$

式中：$\mu = 1 - K/I_\rho$；

$k = \sqrt{\mu G_c K / E_c I_\omega}$；

l——单元长度。

(3)畸变效应分析

如图 3.10.10 所示，以∠ADB 角位移表示截面畸变变形，即 $\gamma_d = \gamma_{d1} + \gamma_{d2}$。图中 D 为畸变中心，A、B 为通过畸变中心且与 y 轴、z 轴平行的线与腹板和底板的交点，A^*、B^* 表示发生畸变以后的 A、B 两点位置。

根据畸变后截面满足变形协调的条件，得到

$$\gamma_{d2} = k_d \gamma_{d1} \tag{3.10.34}$$

式中：$k_d = \frac{b_w(b_0\cos\alpha)}{b_1(h-h_0)+b_2h_0} = \frac{hb_0}{b_1(h-h_0)+b_2h_0}$；

b_0——AD 长度；

α——腹板与 z 轴的夹角。

如周边坐标 s 的原点取在截面对称轴上，畸变翘曲位移 u_d 可以简化为

$$u_d = -\omega_d \gamma_d' \tag{3.10.35}$$

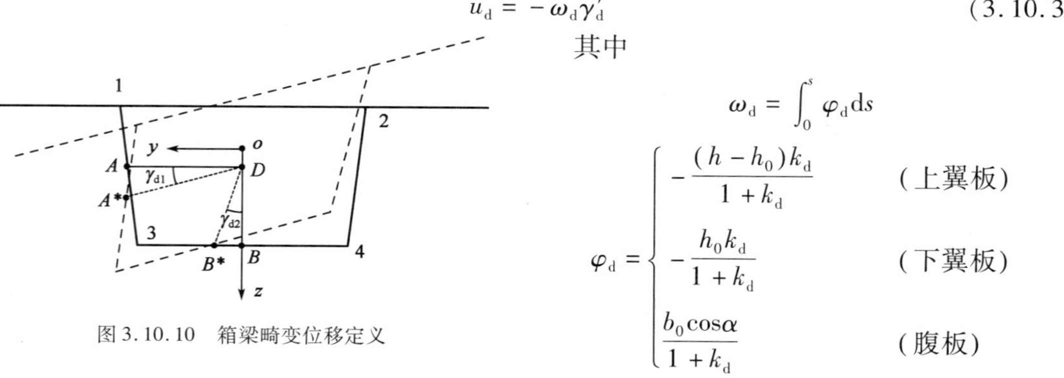

图 3.10.10　箱梁畸变位移定义

其中

$$\omega_d = \int_0^s \varphi_d \mathrm{d}s$$

$$\varphi_d = \begin{cases} -\frac{(h-h_0)k_d}{1+k_d} & (\text{上翼板}) \\ -\frac{h_0k_d}{1+k_d} & (\text{下翼板}) \\ \frac{b_0\cos\alpha}{1+k_d} & (\text{腹板}) \end{cases}$$

波形钢腹板由于忽略轴向刚度，畸变翘曲正应力为零，上下翼板的畸变翘曲正应力 σ_{xd} 为

$$\sigma_{xd} = -E_c \omega_d \gamma_d'' \tag{3.10.36}$$

根据翘曲应力自相平衡条件 $\int_{A_f}\omega_d \mathrm{d}A = 0$，$\int_{A_f}\omega_d y\mathrm{d}A = 0$，$\int_{A_f}\omega_d x\mathrm{d}A = 0.$，得到畸变中心的坐标值为

$$y_d = \frac{b_1t_1b_1^3h}{b_2t_ub_u^3 + b_1t_1b_1^3} - y_0$$

图 3.10.11 为单位畸变引起的截面框架横向弯曲变形及其弯矩分布图，单位板宽的节点弯矩为

$$m_i = E_c I_{Ri} \gamma_d \qquad (i=1\sim4)$$

式中：I_{Ri}——根据单位畸变引起的截面横向平面框架计算得到。

当腹板顶部作用一对扭转力偶时(图 3.10.12)，根据变分原理，得到畸变基本方程为

$$\gamma_d'''' + 4\lambda^4\gamma_d = \frac{2v_1 p}{E_c I_d} \tag{3.10.37}$$

式中：v_1——由单位畸变产生的腹板顶部竖向变形；

$$\lambda = \sqrt[4]{\frac{I_R}{(4I_d)}}$$

$$I_d = \int_{A_f} \omega_d^2 \mathrm{d}A$$

$$I_R = \frac{2}{3}\left[\frac{I_{R1}^2}{i_u} + \frac{I_{R3}^2}{i_l} + \frac{m_E(I_{R1}^2 + I_{R3}^2 + I_{R1}I_{R3})}{i_w}\right]$$

其中

$$i_u = \frac{t_u^3}{12b_1}, i_l = \frac{t_l^3}{12b_2}, i_w = \frac{t_w^3(\delta^2+1)}{6\eta b_w}$$

$$\delta = \frac{H}{t_w}, \eta = \frac{A+C}{A+D}, m_E = \frac{E_c}{E_s}$$

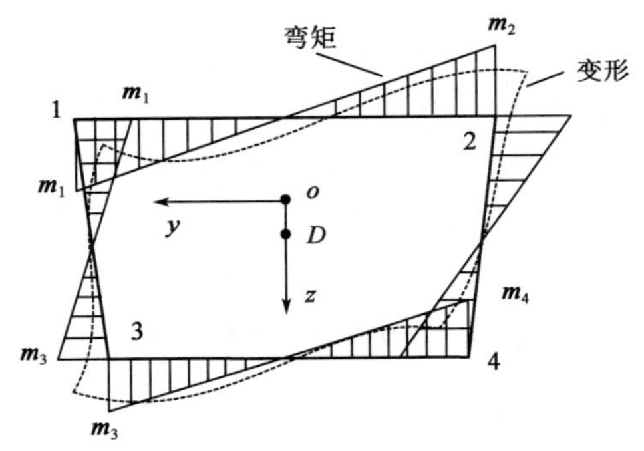

图 3.10.11　截面框架横向弯曲变形及弯曲

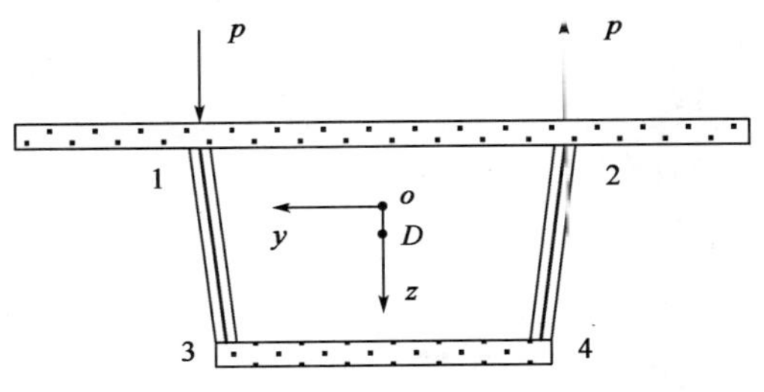

图 3.10.12　扭转荷载

按弹性地基梁方程求解式(3.10.37)，得到畸变变形的单元刚度方程为

$$\begin{bmatrix} K_{33} & K_{34} & K_{37} & K_{38} \\ K_{43} & K_{44} & K_{47} & K_{48} \\ K_{73} & K_{74} & K_{77} & K_{78} \\ K_{83} & K_{84} & K_{87} & K_{88} \end{bmatrix} \begin{Bmatrix} \gamma_{di} \\ \gamma_{di}' \\ \gamma_{dj} \\ \gamma_{dj}' \end{Bmatrix} = \begin{Bmatrix} M_{di} \\ B_{di} \\ M_{dj} \\ B_{dj} \end{Bmatrix} \tag{3.10.38}$$

式中：M_d、B_d——畸变矩和畸变翘曲双力矩，$M_d = -E_c I_d \gamma_d'''$，$B_d = -E_c I_d \gamma_d''$，各刚度系数为

$$K_{33} = 2\lambda^2 D[\mathrm{sh}\,(\lambda l)\mathrm{ch}\,(\lambda l) + \sin(\lambda l)\cos(\lambda l)]$$

$$K_{34}=-\lambda D[\mathrm{ch}^2(\lambda l)-\cos^2(\lambda l)]$$

$$K_{37}=-2\lambda^2 D[\mathrm{ch}(\lambda l)\sin(\lambda l)+\mathrm{sh}(\lambda l)\cos(\lambda l)]$$

$$K_{38}=-2\lambda D\mathrm{sh}(\lambda l)\sin(\lambda l)$$

$$K_{44}=D[\mathrm{sh}(\lambda l)\mathrm{ch}(\lambda l)-\sin(\lambda l)\cos(\lambda l)]$$

$$K_{47}=2\lambda D\mathrm{sh}(\lambda l)\sin(\lambda l)$$

$$K_{48}=D[\mathrm{ch}(\lambda l)\sin(\lambda l)-\mathrm{sh}(\lambda l)\cos(\lambda l)]$$

$$K_{77}=2\lambda^2 D[\mathrm{sh}(\lambda l)\mathrm{ch}(\lambda l)+\sin(\lambda l)\cos(\lambda l)]$$

$$K_{78}=\lambda D[\mathrm{ch}^2(\lambda l)-\cos^2(\lambda l)]$$

$$K_{88}=D[\mathrm{sh}(\lambda l)\mathrm{ch}(\lambda l)-\sin(\lambda l)\cos(\lambda l)]$$

其中

$$D=\frac{2E_c I_d \lambda}{\mathrm{sh}^2(\lambda l)-\sin^2(\lambda l)}$$

在一对反对称均布力 p 作用下两端的约束反力为

$$\overline{M}_{di}=\overline{M}_{dj}=-\frac{2v_1 p[\mathrm{ch}(\lambda l)-\cos(\lambda l)]}{\lambda[\mathrm{sh}(\lambda l)+\sin(\lambda l)]}$$

$$\bar{B}_{di}=-\bar{B}_{dj}=\frac{v_1 p[\mathrm{sh}(\lambda l)-\sin(\lambda l)]}{\lambda^2[\mathrm{sh}(\lambda l)+\sin(\lambda l)]}$$

（4）分析示例

如图 3.10.13 所示的波形钢腹板矩形等截面简支箱梁和悬臂箱梁，桥梁跨径 l，矩形箱梁宽 b_u，高 2.5m，单位均布线荷载对称作用在腹板顶面上。

图 3.10.14 为简支梁跨中和悬臂梁固端截面腹板顶点处剪力滞系数随跨宽比（l/b_u）的变化曲线。可见，随着梁的跨宽比增大，剪力滞系数均趋向于 1.0，即正应力沿翼板宽度方向趋于均匀分布。当跨宽比等于 3 时，两个剪力滞系数分别为 1.03 和 0.96，若用平均应力计算相差在仅 5% 的范围以内，这时可以忽略剪力滞的影响。波形钢腹板箱梁的剪力滞效应在翼板的分布模式与普通箱梁相似，正弯矩对应正剪力滞，负弯矩对应负剪力滞。

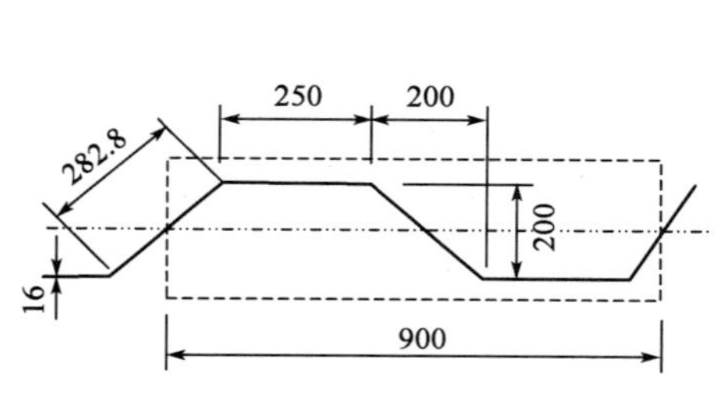

图 3.10.13　波形钢腹板（尺寸单位：mm）

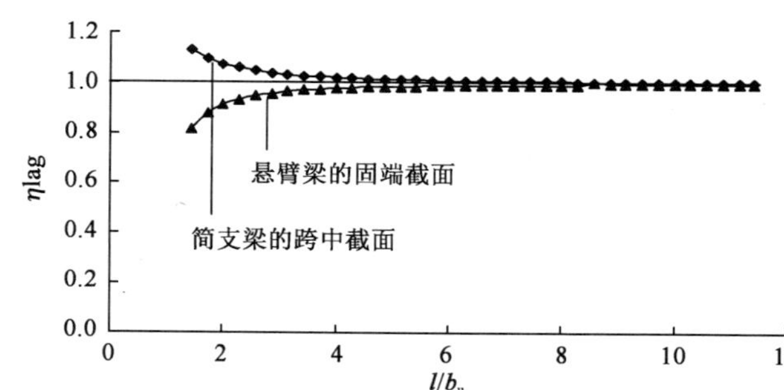

图 3.10.14　简支梁跨中和悬臂梁固端截面的波形钢腹板箱梁剪力滞系数与跨宽比的关系

波形钢腹板箱梁的剪力滞效应与同跨径同材料的混凝土或钢箱梁相比较小，可以理解为腹板纵向刚度较小所致。褶皱形状的腹板不能传递纵向剪力，使得上下翼板在腹板位置的受力条件与翼缘其他位置相差不大。

对波形钢腹板箱梁的扭转变形研究表明,其翘曲扭转特性与普通箱梁类似。当 kl 较大时,翘曲扭矩较小,可以按纯扭转理论计算,否则应该考虑翘曲扭转,按组合扭转理论计算。而畸变变形与横隔板间距、截面的畸变参数 $\lambda=\sqrt[4]{\frac{I_R}{4I_d}}$ 以及横隔板与箱梁之间畸变相对刚度 $r=\frac{K_D L_D^3}{E_c I_d}$ 有关。其中 L_D 为横隔板间距,K_D 为横隔板的畸变刚度,对于板式横隔板 $K_D=4G_D\,\Omega\,t_D$,G_D 为横隔板的剪切模量,t_D 为板的厚度。当横隔板的相对刚度较小时,畸变内力与横隔板的刚度有关,但当横隔板的相对刚度较大时(如超过1000),畸变内力受横隔板刚度变化的影响较小。波形钢腹板箱梁有必要设置一定数量的横隔板来限制截面的横向框架变形,当中横隔板数量较多时,畸变横向正应力较小。

10.3　宽幅薄壁箱梁桥的空间效应

10.3.1　单箱单室斜腹板连续箱梁桥

宽幅薄壁箱梁一般用在中等跨径连续结构上。如图3.10.15所示的某3×45m跨径的斜腹板式单箱单室预应力混凝土等截面连续箱梁结构,箱梁宽19.55m,高3.0m,底板宽9.75m。宽高比达为6.5:1,宽跨比接近0.5,属于低高度宽箱梁。

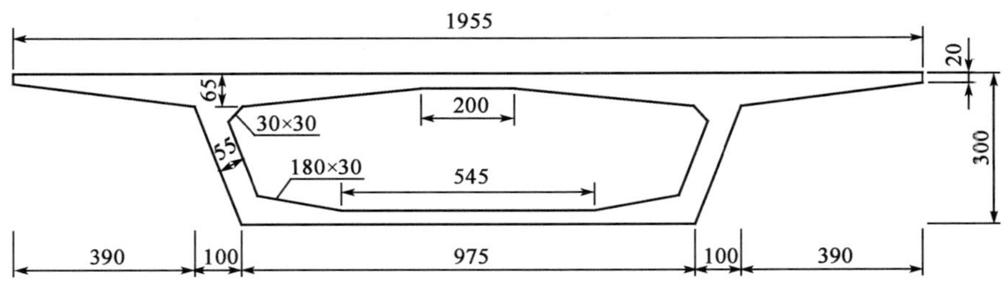

图3.10.15　斜腹板式单箱单室等截面连续箱梁桥跨中截面(尺寸单位:cm)

采用全桥空间实体模型,箱梁顶、底、腹板、横隔板均以四面体实体单元模拟,纵、横向预应力钢束以杆单元模拟。箱梁的剪切、扭转、畸变及翘曲等效应自然考虑,桥梁局部空间计算模型如图3.10.16所示。分析其自重、预应力(纵向预应力效应按杆系考虑,横向预应力束则近似计入80%的永存预应力)等恒载作用下的空间特性。关于混凝土结构的数值模拟见第15章的介绍。

定义:λ = 箱梁空间分析求得的应力/应力的平均值,为箱梁应力不均匀系数,截面应力平均值为截面上各点的响应应力所围图形的面积与截面宽度的比值。图3.10.17给出了几个控制截面(边跨跨中、中支点、中跨跨中)的箱梁顶板正应力不均匀系数的分析结果。

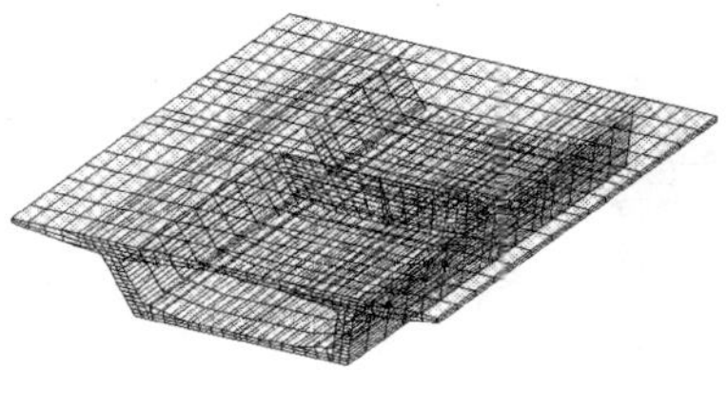

图3.10.16　箱梁结构中支点模型断面透视

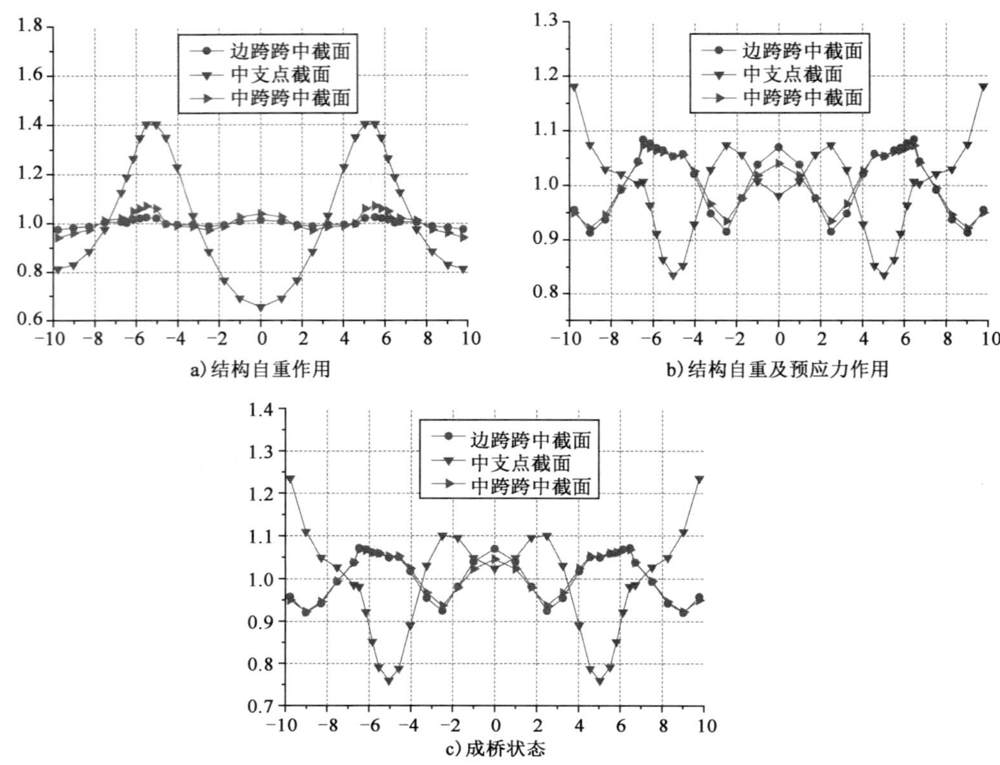

图 3.10.17　斜腹板式单箱单室连续箱梁桥典型截面顶板正应力不均匀系数

可以看出,在结构自重作用下,跨中截面的正应力波动不明显,中支点截面的应力差异显著,在两个斜腹板位置的不均匀系数达 1.4,在设计施工时需引起注意。在预应力张拉后,跨中截面的应力出现较小波动,而中支点截面的应力波动依然显著,且与自重作用下呈现完全不同的形态。在成桥后,各截面应力变化较小,仅在局部范围出现小幅波动,即二期恒载不影响箱梁截面的应力分布状态。

10.3.2　单箱多室斜腹板连续箱梁桥

某(30.0 +32.5 +32.5 +30.0)m 跨径的斜腹板式单箱七室混凝土等高度连续箱梁结构,双向 8 车道。箱梁宽 43.30m,高 1.96m,底板宽 40.3m。宽高比约 22∶1,宽跨约比 1.3∶1左右,属于典型的低高度宽箱梁,如图 3.10.18 所示。

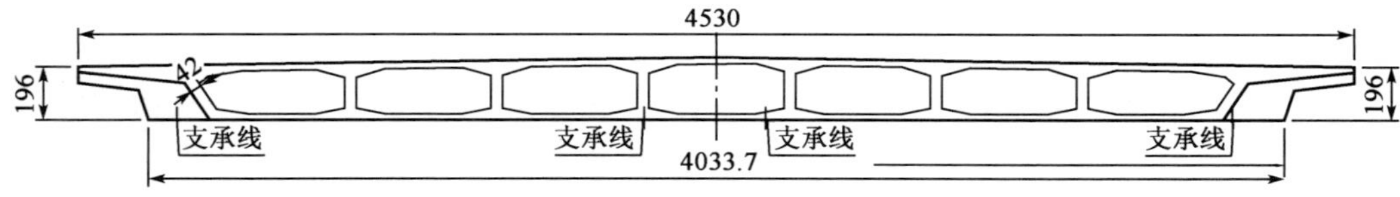

图 3.10.18　斜腹板式单箱多室连续箱梁桥跨中截面(尺寸单位:cm)

采取与上节相同的分析方法,分别分析边跨跨中、边中墩和中跨跨中截面在恒载、预应力及活载工况一:单车道偏载、工况二:三车道偏载、工况三:六车道中载作用下(图 3.10.19),箱梁的正应力不均匀系数。活载加载区域按各截面的纵向弯矩影响线确定。

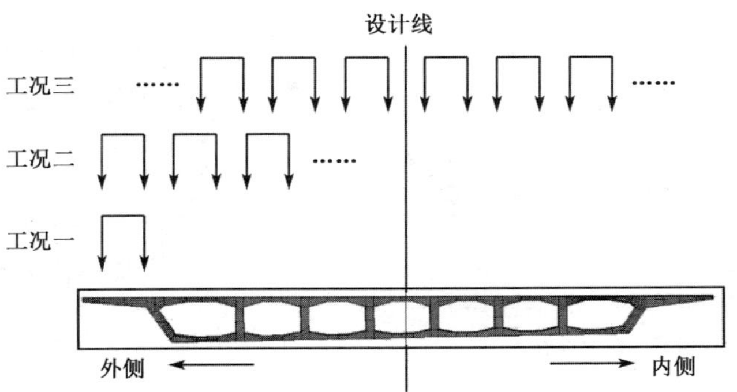

图 3.10.19 单箱七室箱梁桥活载横向加载工况

图 3.10.20 给出了计算截面的顶底板正应力分布情况,图 3.10.21 示出了不同工况下各计算截面的纵向应力不均匀系数。

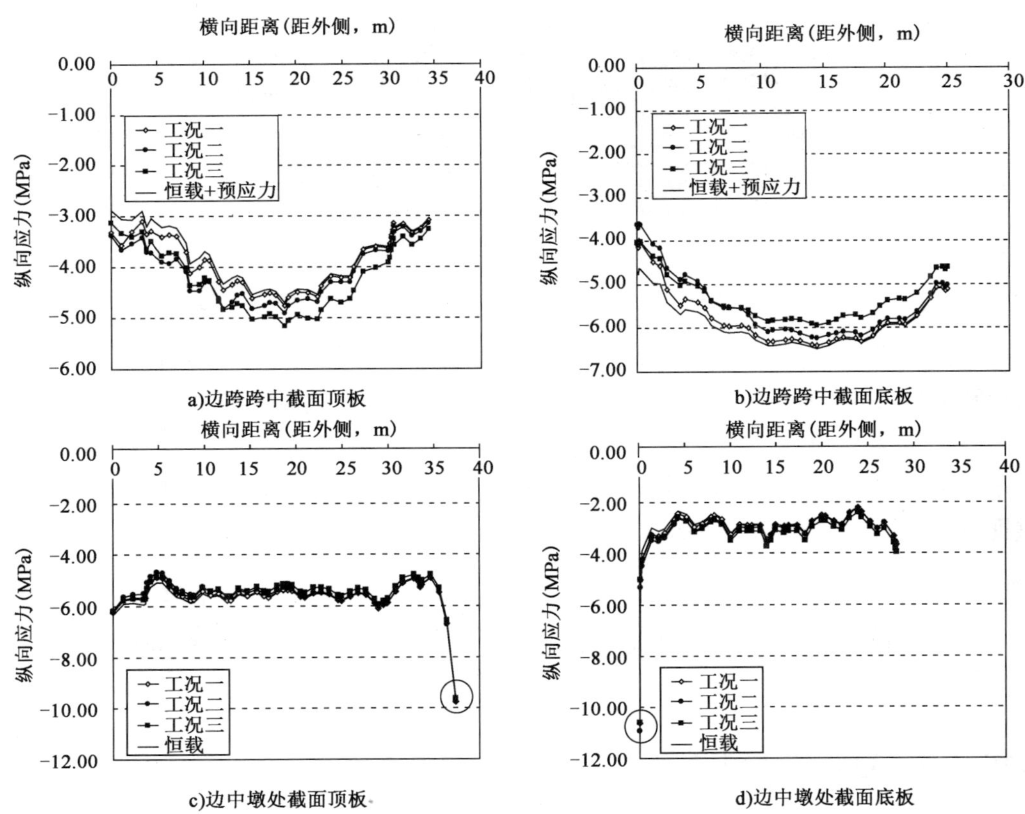

图 3.10.20

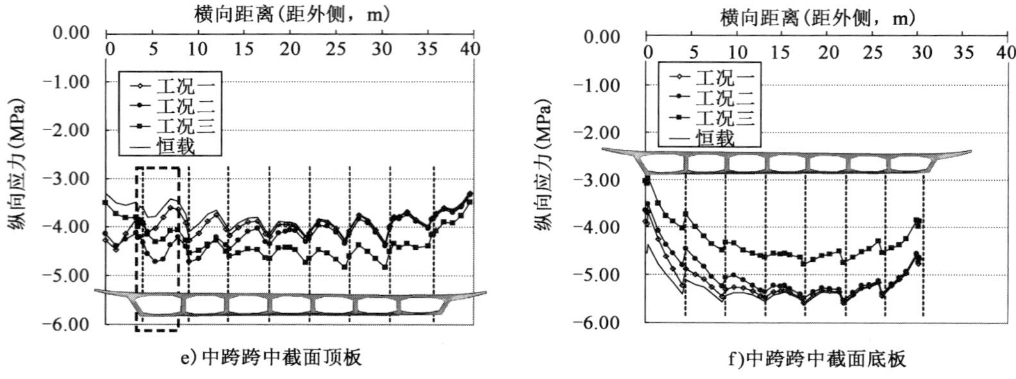

图 3.10.20　斜腹板单箱七室连续箱梁典型截面顶底板纵向应力分布

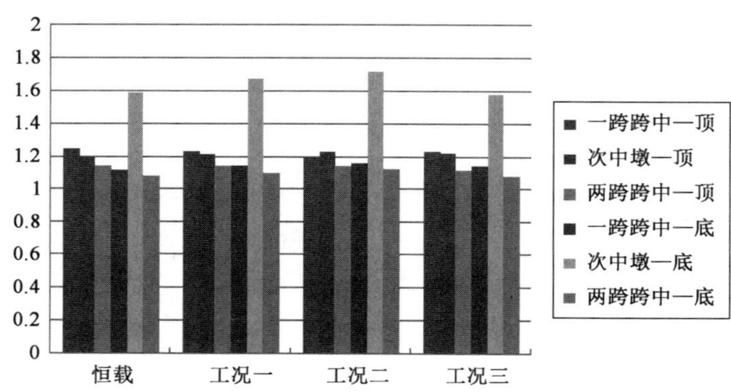

图 3.10.21　斜腹板单箱七室连续箱梁典型截面顶底板纵向应力不均匀系数

可以看出，跨中截面的顶板纵向应力分布的不均匀程度大于底板，支点截面与其相反；跨中截面和墩顶截面顶板的应力较均匀，而墩顶截面底板应力波动较大，应力不均匀系数极值达1.7 以上。

总体来说，宽幅箱梁的应力不均匀现象表现严重，即是跨径不是很大，亦应引起设计施工的重视，特别是施工抛高值设置时。

10.4　大跨径变截面薄壁箱梁桥的空间效应

10.4.1　直线连续刚构桥

大跨径混凝土连续刚构桥一般均采用悬臂法施工，由于主梁与桥墩刚性连接，合龙前施工阶段的桥梁结构可认为是典型悬臂静定体系，用数值法或解析法分析并不困难。体系转换后变为超静定结构，一般宜采用数值法分析其空间效应。由于为变截面结构，加上一二期恒载、活载、预应力、混凝土收缩徐变、温度作用等复杂荷载作用，应结合分析结构特点，选择合适的单元和模拟方法准确模拟，以提高计算精度。

(1)三跨50m+80m+50m预应力混凝土连续刚构桥[3]

主梁为单箱单室截面，支点梁高4.6m，跨中梁高2.3m，箱梁顶宽10.5m，底宽7.5m。顶板厚30cm，腹板厚40cm，底板为变厚度由根部60cm至跨中30cm。下部采用薄壁箱形桥墩，箱宽3.5m、长7.5m，壁厚0.5m。箱梁宽跨比约为1:3.7(边跨)和1:6(中跨)。设计荷载为汽车—超20级，挂车—120。

图3.10.22、图3.10.23分别示出了活载中载、偏载布设时中跨跨中截面纵向应力的横向分布。可以看出，应力不但存在不均匀分布现象，中偏载也不同。

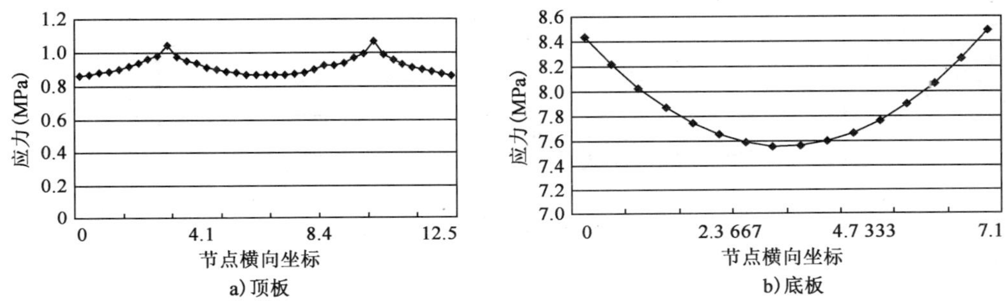

图3.10.22　中载时中跨跨中截面纵向应力的横向分布

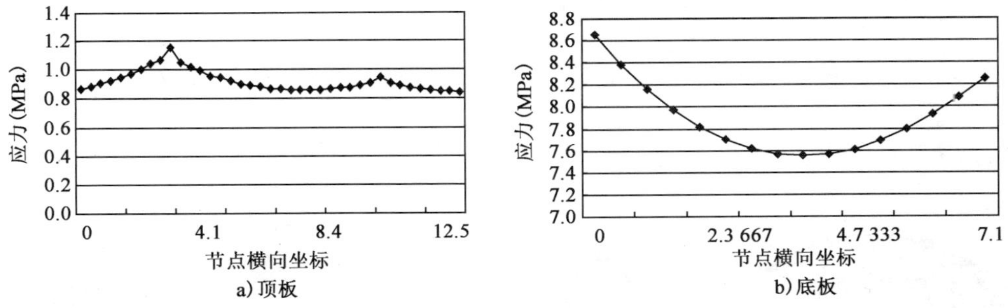

图3.10.23　偏载时中跨跨中截面纵向应力的横向分布

(2)五跨110m+2×200m+110m预应力混凝土连续刚构桥

如图3.10.24所示，箱梁为单箱单室截面，支点梁高11.0m，跨中梁高4m，其间梁高按二次抛物线变化。箱梁顶板宽10.5m，厚28cm；底板宽7m，底板厚由跨中的35cm按二次抛物线变化到支点根部的140cm；腹板厚分别为0.4m、0.6m。墩顶范围的箱梁顶板厚0.5m，底板厚1.5m，腹板厚1.0m，除墩顶0号块内设置4道横隔板外，其余箱梁均不设横隔板。箱梁宽跨比约为1:8(边跨)和1:15(中跨)。桥梁设计荷载为汽车—超20级，挂车—120。

分析时，针对本桥为薄壁箱梁及薄壁空心墩的特点，采用了4节点壳单元模拟箱梁的顶、底、腹板及双薄壁空心墩结构。普通钢筋的本构关系简化为理想弹塑性材料，仅用于双薄壁空心墩，而忽略箱梁中普通钢筋的影响，部分分析模型如图 3.10.25 所示，活载加载区域按各截面的纵向弯矩影响线确定。

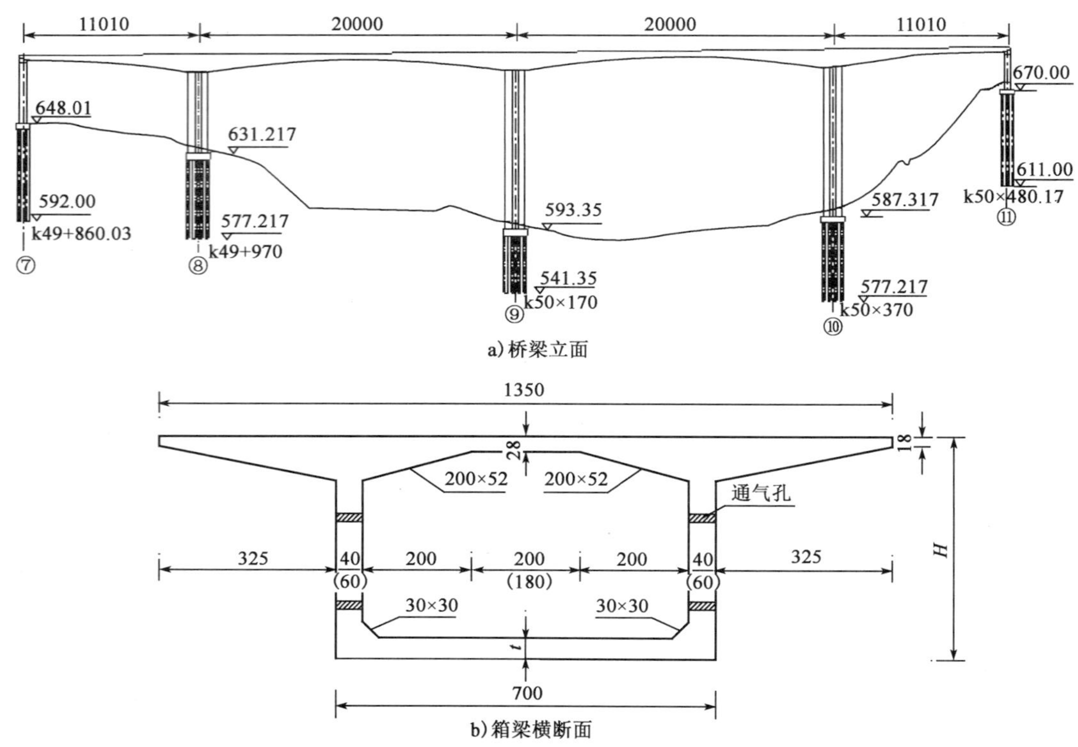

图 3.10.24　预应力混凝土连续刚构桥（尺寸单位：cm，高程单位：m）

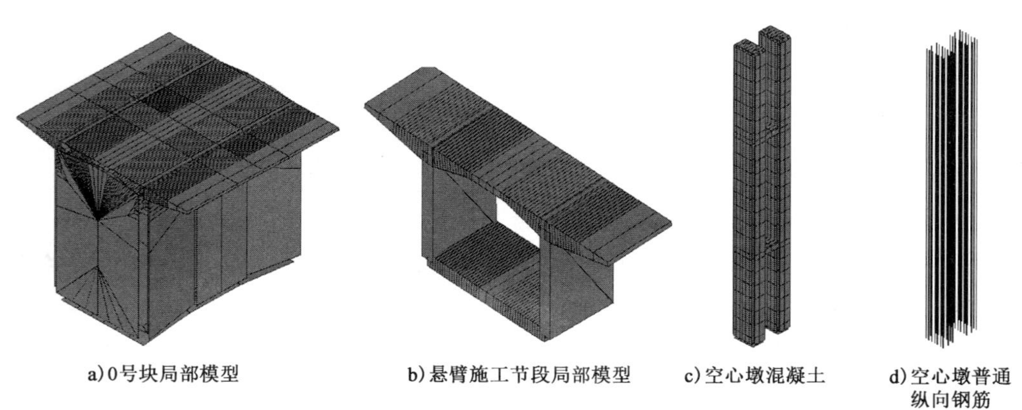

图 3.10.25　预应力混凝土连续刚构桥数值分析模型

表 3.10.1 给出了几种工况下各主要截面上半箱梁计算点的纵向应力不均匀系数值。

几种工况下连续刚构桥主要截面的纵向应力不均匀系数　　表3.10.1

工况组合	计算截面位置	纵向应力不均匀系数(跨中截面/支点截面)									
		顶板上缘计算点离截面中线的距离						底板下缘计算点离截面中线的距离			
		翼板端	5.025/4.925	腹板中	2.2/2.06	1.1/1.03	中心线	腹板中	2.2/2.06	1.1/1.03	中心线
自重	边跨0.3L	1.058	1.116	1.094	1.007	0.915	0.899	0.982	1.049	1.068	1.088
	中跨跨中	1.028	1.085	1.079	1.061	1.047	0.872	0.979	0.983	0.999	1.016
	中支点	0.925	0.992	1.046	1.085	1.025	0.983	0.988	1.004	1.027	1.051
自重+边跨0.3L截面汽车中载	边跨0.3L	0.967	1.039	0.960	0.904	0.837	0.834	0.993	1.053	1.079	1.106
	中跨跨中	1.041	1.087	1.091	1.122	1.107	0.879	0.977	0.980	0.997	1.014
	中支点	0.969	1.039	1.096	1.136	1.073	1.030	0.993	0.994	0.993	0.995
自重+中跨跨中截面汽车中载	边跨0.3L	1.095	1.137	1.124	1.061	0.964	0.924	0.946	1.011	1.029	1.048
	中跨跨中	0.950	1.002	1.015	1.026	1.013	0.985	0.997	1.001	1.018	1.025
	中支点	0.944	1.018	1.073	1.116	1.049	1.001	0.989	1.000	1.000	1.011
自重+中支点截面汽车中载	边跨0.3L	1.073	1.124	1.105	1.019	0.922	0.911	0.948	1.013	1.032	1.051
	中跨跨中	0.948	1.000	1.011	1.024	1.011	0.804	0.997	1.001	1.018	1.025
	中支点	0.913	0.991	1.046	1.090	1.020	0.967	1.014	1.030	1.007	0.986

可以看出,所有计算工况下,箱梁顶、底板的纵向应力的不均匀程度不同。总体来看,腹板处顶板应力和底板中心处应力较大,以剪力滞概念说,即顶板以正剪力滞效应为主,底板以剪力滞效应为主,局部有波动。该箱梁的纵向应力不均匀系数最大值为1.137,此桥跨径虽远大于前述的宽箱梁桥,但应力不均匀系数比宽箱梁桥小很多。

(3)三跨134m+216m+134m连续刚构箱梁桥

箱顶板宽10.5m、底板宽6.5m的进行分析,在自重、二期恒载及预应力的共同作用下,其截面上的几个关键点的应力不均匀系数如图3.10.26和图3.10.27所示。其中A、B、C为截面顶板的点,它们距横向对称线的距离分别为6.15m,2.75m,0m;D、E分别为截面底板的点,它们距横向对称线的距离分别为-3.15m,0m。

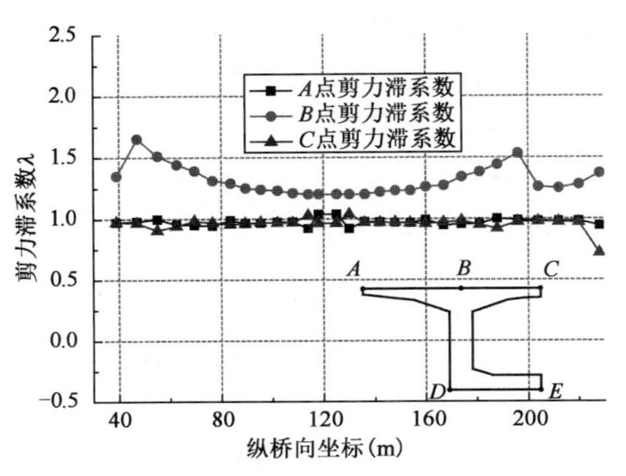

图3.10.26　顶板各关键点应力不均匀系数的纵桥向分布

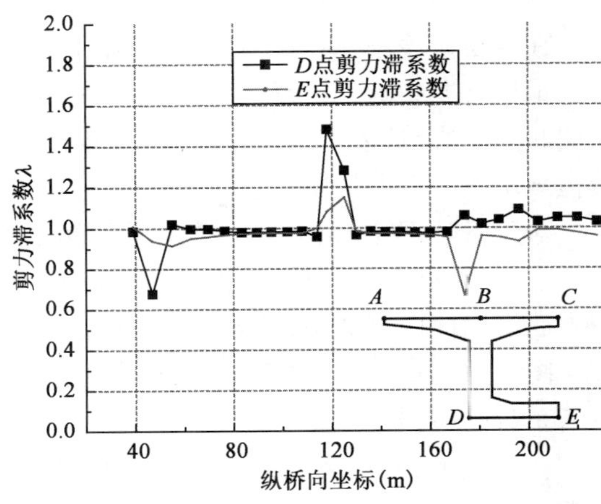

图3.10.27　底板各关键点应力不均匀系数的纵桥向分布

可见，跨径增大时，其应力不均匀系数明显增大。研究表明，对应力不均匀系数的贡献主要来源于预应力。

分析本例桥梁在三车道荷载作用下（10.5kN/m 的全桥线荷载），截面上几个计算点的偏载放大系数如图 3.10.28 ~ 图 3.10.30 所示。$A \sim I$ 点距箱梁截面中心线的距离分别为 5.15、4.35、2.9、1.45、0、2.9、1.65、0 和 2.9m。可见，虽然扭转产生的应力不可忽视，但除个别计算点分析值失真外，工程设计上常用的正应力偏载放大系数 1.15 和剪应力偏载放大系数 1.05 对本桥还是适合的。

10.4.2 曲线连续刚构桥

如图 3.10.31 所示三孔预应力混凝土连续刚构桥，跨径组成为（68 + 120 + 68）m，位于半径为 620m 圆曲线上。单箱单室截面，跨中截面梁高 2.5m，根部梁高 6.8m，底部曲线为 1.5 次抛物线。箱梁顶宽 11m，底宽 6.5m。双薄壁墩高 80m，设两道系梁。设计荷载为汽车—超 20 级，挂车—120。箱梁设纵、横、竖三向预应力。箱梁采用的 C60 混凝土。

采用六面体 8 节点实体单元进行全桥模拟，考虑了预应力及混凝土收缩、徐变的影响。部分预应力束模拟见图 3.10.32。

图 3.10.33 示出了最大悬臂状态下，典型截面在恒载、恒载 + 预应力作用下的纵向应力不均匀系数 λ 的横向分布。

最大悬臂工况下对于墩顶部位，在恒载工况下顶板呈拉应力状态，底板呈压应力状态，结构顶板曲线内侧应力状况略小于外侧；结构在施加预应力后，顶、底板均呈压应力状态，但底板压应力有所减少。在施加预应力后剪力滞系数在桥梁内半径侧减小，外半径侧增大。截面无论是恒载还是施加预应力后均呈现正剪力滞效应。分析可知，由于此部位有较多预应力对称均匀通过，因此对截面的剪力滞系数影响不是很大。从图中也可看出结构墩顶部位曲线内侧的效应略小于外侧，这可能是由于预应力钢束的平面弯曲及内外侧预应力损失程度的不同导致结构内外侧应力不均匀。

图 3.10.34、图 3.10.35 给出了成桥状态下，典型截面在恒载、恒载 + 预应力作用下的纵向应力不均匀系数 λ 的横向分布及比较。

在成桥阶段，中跨跨中在恒载作用下，底板呈拉应力状态，顶板呈压应力状态，同时由于施工中最后合龙中跨，其拉压应力均不大；在施加预应力后，顶、底板均呈压应力状态，但是由于弯曲布束的影响，内侧的压力储备较外侧稍大，应力分布也更加不均匀，顶底板的剪力滞效应较恒载工况下有所加剧。顶底板从内侧到外侧剪力滞由正渐变为负。

对于墩顶部位，无论是边墩还是中墩，在恒载工况下顶板为拉应力状态，底板为压应力状态。在施加预应力后，顶、底板均为压应力状态，底板压应力有所减少。剪力滞系数在施加预应力后沿横向内侧减小，外侧增大。截面无论是恒载还是施加预应力后均呈现正剪力滞效应。

图 3.10.36、图 3.10.37 分别给出了悬臂和成桥状态下内、外侧腹板处顶、底纵向应力不均匀系数的沿程分布。

在恒载工况下，除了墩顶局部范围，曲线内侧腹板在全桥呈现正剪力滞现象，外侧腹板在距墩 $l/4$ 范围内呈现负剪力滞现象，在此之外则为正剪力滞现象。

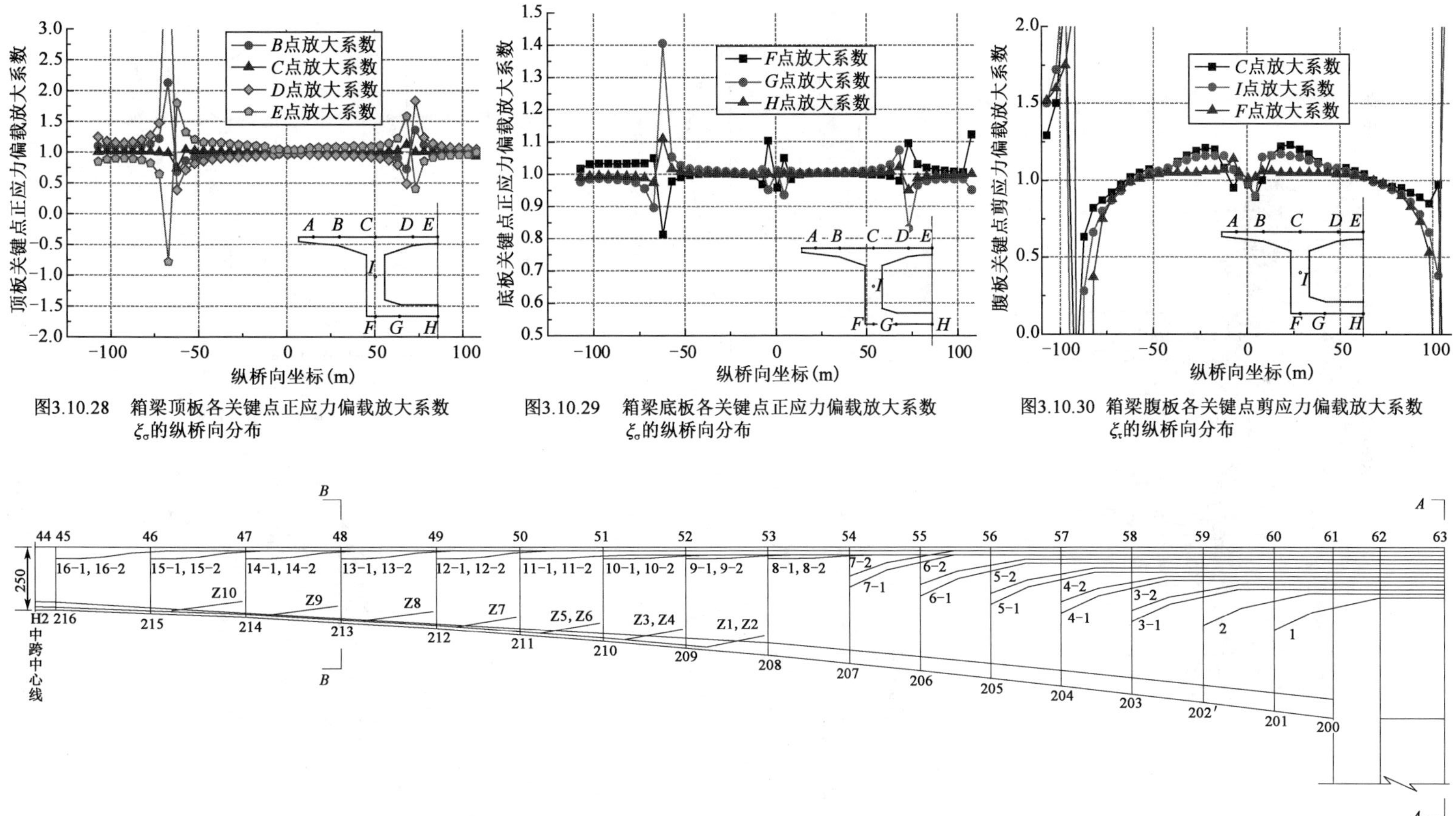

图3.10.28 箱梁顶板各关键点正应力偏载放大系数ξ_σ的纵桥向分布

图3.10.29 箱梁底板各关键点正应力偏载放大系数ξ_σ的纵桥向分布

图3.10.30 箱梁腹板各关键点剪应力偏载放大系数ξ_τ的纵桥向分布

图3.10.31 曲线预应力混凝土连续刚构半中跨结构及预应力平面布置

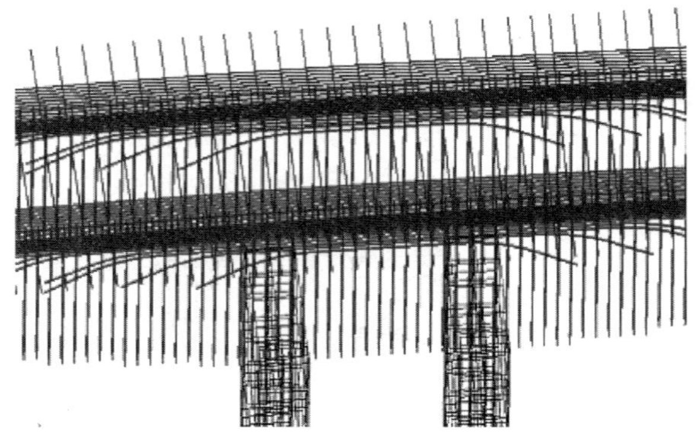

图 3.10.32　部分预应力钢束布置图

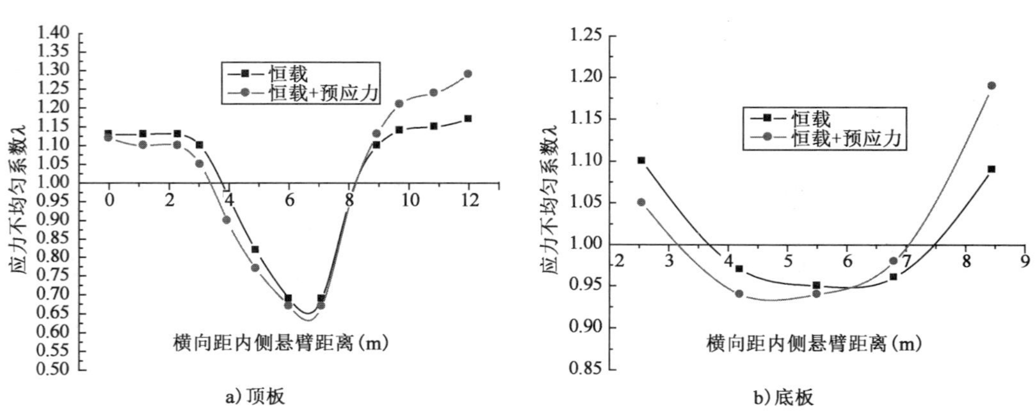

图 3.10.33　最大悬臂状态下双薄壁墩中壁顶箱梁顶、底板纵向应力不均匀系数 λ 的横向分布

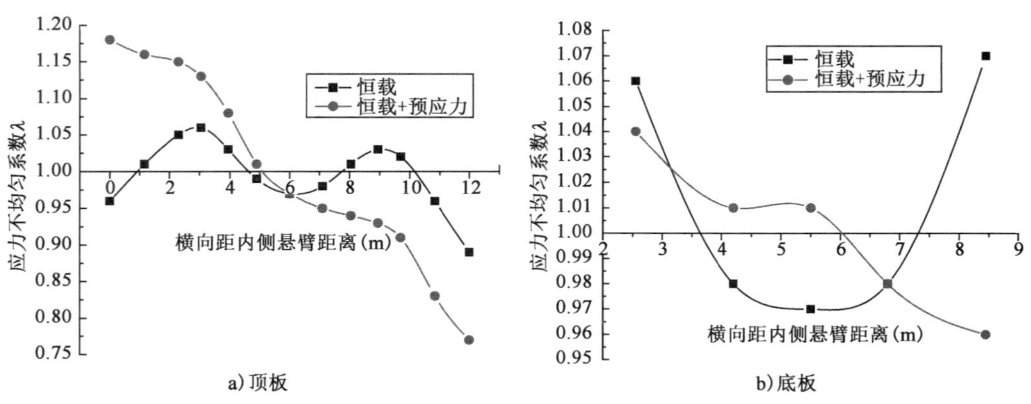

图 3.10.34　成桥状态下中跨跨中截面箱梁顶、底板纵向应力不均匀系数 λ 的横向分布

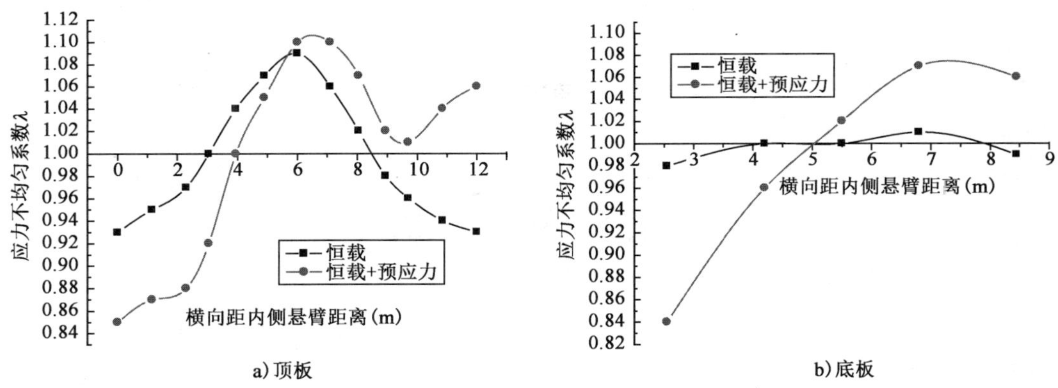

图3.10.35 成桥状态下双薄壁墩中心箱梁顶、底纵向应力不均匀系数λ的横向分布

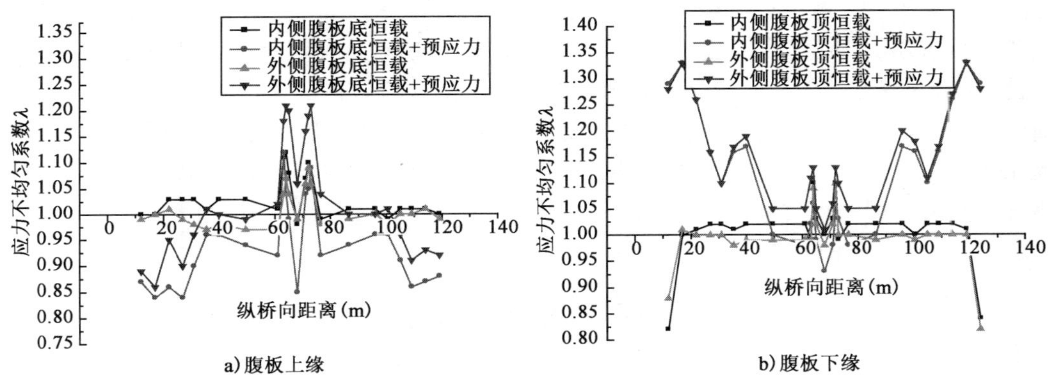

图3.10.36 最大悬臂状态下腹板上、下缘λ的纵桥向分布(中跨)

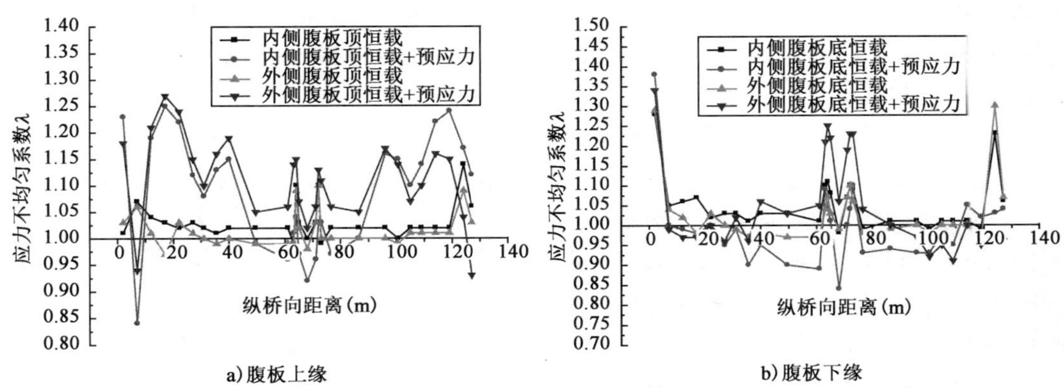

图3.10.37 成桥状态下腹板上、下缘λ的纵桥向分布(中跨)

在施加预应力后,腹板上缘均呈现正剪力滞现象,外侧系数较内侧为大;内侧腹板下缘除了墩顶局部范围内,在距墩$3l/4$处呈现负剪力滞现象,在两墩顶附近呈现正剪力滞现象。外侧腹板下缘在距墩$l/2$范围内呈现正剪力滞现象,其他部位呈现负剪力滞现象。在墩顶范围内呈现正负交替现象,在桥墩处由于横隔板与预应力的作用使得桥墩处剪力滞系数呈现较大变化。

由于预应力的存在改变了箱梁内的应力状况,结构在施加预应力后剪力滞现象加剧,同时由于弯曲效应,使得结构内外侧剪力滞现象有不同表现,预应力的施加对箱梁曲线外侧的影响略大于曲线内侧。但是由于预应力的作用,使得结构全截面处于受压状态,压力储备也比较大,预应力对结构的受力情况的改善是明显的,预应力的空间布置对结构的影响也是明显的,设计中应特别关注意曲线桥梁的预应力布置。

10.5 小　　结

偏心荷载作用下薄壁箱形梁会发生弯曲变形及其对应的剪力滞效应、扭转变形及伴随扭转变形的畸变变形,解析法仅适用于分别分析简单荷载作用下的等截面直线梁的剪力滞效应、扭转变形及畸变变形。对于曲线梁、复杂荷载下的等截面直线梁或变截面直线梁,以及工程上可能同时承受压、剪、弯、扭的梁桥、拱桥、斜拉桥、悬索桥等的分析,往往找不到解析解,需借助于数值分析方法,如加权残值法等,而有限元法是最有效的。有限元法的计算结果包括了弯曲、扭转及畸变变形的所有效应,弯曲、扭转及畸变变形效应各占的比重不易分开也不宜分开,判别计算结果的正确与否显得尤为重要。常见构件的各种效应变化规律、分析中涉及的构件基本几何及刚度特性如各种惯性矩、瑞纳斯参数、主扇性面积、主扇性静矩、畸变刚度等就成为构建薄壁箱梁分析的力学基础,应予重视。

本章参考文献

[1] 黄剑源,谢旭. 城市高架桥的结构理论与计算方法[M]. 北京:科学出版社,2001.

[2] Machidamrong C, Watanabe E, Utsunomiya T. Analysis of corrugated steel web girders by an efficient beam bending theory[J]. Structural Engineering and Earthquake Engineering. JSCE, 21(2), 131-142, 2004.

[3] 白浩. 高墩大跨径 PC 弯连续刚构桥仿真分析[D]. 西安:长安大学,2005.

[4] 谢旭,朱越峰,张治成,等,波形钢腹板预应力混凝土箱梁结构空间分析方法[J],浙江大学学报:工学版,2008,42(9):1506-1514.

[5] Huang L, Hikosaka H, Komine K. Simulation of accordion effect in corrugated steel web with concrete flanges[J]. Computers & Structures, 2004,82:2061-2069.

[6] Robert G. Driver, Hassan H. Abbas et al. Shear Behavior of Corrugated Web Bridge Girders [J]. Journal of Structural Engineering, 2006,132(2), 195-2003.

[7] 吴文清,叶见曙,万水,等. 波形钢腹板－混凝土组合箱梁截面变形的拟平截面假定及其应用研究[J]. 工程力学,2005,22(5):177-198.

[8] 汉勃利(Hambly E. C). 桥梁上部构造性能[M]. 郭文辉,译. 北京:人民交通出版社,1982.

[9] Hambly EC. Bridge deck behaviour[M]. 2th Edition. Oxon: Taylor & Francis, 1991.

[10] 骆佐龙, 宋一凡, 贺拴海. 构造正交异性桥面板空间计算的等效梁格解法[J]. 合肥工业大学学报(自然科学版), 2014(07): 850-854.

第 4 篇

混凝土桥梁分析理论

11　混凝土桥梁的徐变与收缩效应分析

11.1　徐变与收缩机理及其影响

11.1.1　徐变与收缩的特性

徐变——当荷载作用在构件上,试件首先发生瞬时弹性变形,随后,随着时间缓慢地进一步增加变形。这种缓慢增加的变形称为徐变变形。徐变变形是依赖于荷载且与时间有关的一种非弹性性质的变形。一般认为,这是由于在长期荷载作用下,混凝土体内水泥胶体微孔隙中的游离水经毛细管里挤出并蒸发,产生了胶体缩小而形成的徐变过程。其初始增长很快,以后逐渐放缓,其累计总值可达弹性变形的1~3倍,在某些不利条件下还可能增大。

收缩——在无荷载情况下,构件随时间缓慢变形,这种变形称为收缩变形。收缩使得混凝土构件的体积随时间缓慢缩小。它是不依赖于荷载而与时间有关的一种变形,因此,无法通过改变应力条件来消除收缩。当混凝土处于自由状态时,混凝土的收缩不会导致什么不良后果,但实际结构由于基础、钢筋或相邻部分的牵制而处于不同程度的约束状态,收缩因受到约束会引起拉应力。由于混凝土的抗拉强度不高,因而收缩容易引起混凝土开裂。对于承重混凝土结构,裂缝可能会影响结构承载能力、安全以及使用寿命。混凝土的收缩往往持续时间较长,同徐变一样,其初始增长很快,以后逐渐放缓。

混凝土收缩的发展规律与混凝土徐变的发展规律基本相似[1],混凝土收缩、徐变特性是由一些共同的基本因素所决定的,两者是相互影响的。凡是收缩值大的混凝土,其徐变值也大。徐变、收缩是混凝土黏弹性的基本特征之一,对桥梁结构不仅影响大,持续时间长,而且变化过程复杂,不易把握。

在实际结构中,混凝土的徐变、收缩变形与温差变形是相互耦合的,实测的应变应扣除温差应变和收缩应变后,才能得到徐变应变。在实用分析计算中,温差应力与温差应变往往单独考虑,徐变与收缩则可在一起考虑,也可三者一并考虑。

根据1990年CEB-FIP模式规范[2],在时刻τ承受单轴向、不变应力为$\sigma_c(\tau)$的混凝土构件,在时刻t的总应变$\varepsilon(t)$可分解为

$$\begin{aligned}\varepsilon(t) &= \varepsilon_i(\tau) + \varepsilon_c(t) + \varepsilon_s(t) + \varepsilon_T(t) \\ &= \varepsilon_\sigma(t) + \varepsilon_n(t)\end{aligned} \tag{4.11.1}$$

式中：$\varepsilon_i(\tau)$——加载时初始应变；

$\varepsilon_c(t)$——在时刻 $t>\tau$ 时的徐变应变；

$\varepsilon_s(t)$——收缩应变；

$\varepsilon_T(t)$——温度应变；

$\varepsilon_\sigma(t)$——由应力产生的应变，$\varepsilon_\sigma(t)=\varepsilon_i(\tau)+\varepsilon_c(t)$；

$\varepsilon_n(t)$——不由应力产生的应变，$\varepsilon_n(t)=\varepsilon_s(t)+\varepsilon_T(t)$。

在不包括温度应变时，混凝土的应变可进一步分解为(图4.11.1)：

$$\varepsilon(t)=\varepsilon_e+\varepsilon_v+\varepsilon_a+\varepsilon_{f,g}+\varepsilon_{f,tr}+\varepsilon_s \tag{4.11.2}$$

式中：ε_e——初始瞬时弹性应变；

ε_v——滞后弹性应变，属可恢复的徐变；

ε_a——初始瞬时流塑应变，主要不可恢复；

$\varepsilon_{f,g}$——基本徐变应变，不可恢复；

$\varepsilon_{f,tr}$——干燥徐变应变，部分可能恢复；

ε_s——收缩应变。

混凝土的徐变，通常采用徐变系数 $\varphi(t,\tau)$ 来描述。目前国际上对徐变系数有两种不同的定义。如在时刻 τ 开始作用于混凝土的单轴向常应力 $\sigma(\tau)$ 至时刻 t 所产生的徐变应变为 $\sigma_c(t,\tau)$，第一种徐变系数采用混凝土在28d时的瞬时弹性应变定义，即

$$\varphi(t,\tau)=\frac{\varepsilon_c(t,\tau)}{\sigma(\tau)}E_{28} \tag{4.11.3}$$

采用这种定义的是CEB-FIP模式规范(1990年版)及英国标准BS5400第四部分(1984年版)[3]。

徐变系数的另一种定义可表示为

$$\varphi(t,\tau)=\frac{\varepsilon_c(t,\tau)}{\sigma(\tau)}E(\tau) \tag{4.11.4}$$

这一定义是由ACI209委员会报告所建议的(1982年版)。在该建议中，混凝土的标准加载龄期为 τ，对于潮湿养护的混凝土为7d，对于蒸汽养护的混凝土为1～3d。

从时刻 τ 开始对混凝土作用单轴向单位应力，在时刻 t 所产生的总应变通常定义为徐变函数 $J(t,\tau)$。对于上述两种徐变系数的定义方法，徐变函数可分别表示为

CEB-FIP
$$J(t,\tau)=\frac{1}{E(\tau)}+\frac{1}{E_{28}}\varphi(t,\tau) \tag{4.11.5}$$

ACI209
$$J(t,\tau)=\frac{1}{E(\tau)}[1+\varphi(t,\tau)] \tag{4.11.6}$$

以上各式中：$\varphi(t,\tau)$——徐变系数；

$\sigma(\tau)$——混凝土的弹性应变；

$\varepsilon_c(t,\tau)$——计算龄期 t 混凝土的徐变应变；

t——计算龄期；

τ——加载龄期；

E_{28}——混凝土在28d时的瞬时弹性模量；

$E(\tau)$——混凝土在加载龄期的瞬时弹性模量。

混凝土的收缩是混凝土凝固由于所含水分的蒸发及其他物理化学的原因（但不是由于应力的原因）产生的体积缩小。与收缩相反的是混凝土凝固因含水量的增加也可导致体积的增加。混凝土的收缩应变，一般表达为 $\varepsilon_s(t,\tau)$ 的函数形式。混凝土收缩应变终值的预计，主要依据环境条件、混凝土成分及构件尺寸，DIN4227 指南、CFB-FIP 建议、ACI209 委员会建议及 BS5400 规范都有相应计算方法。

11.1.2　徐变与收缩的机理及其影响因素

混凝土徐变是在应力作用下产生的，而混凝土收缩的产生则与应力无关。徐变、收缩虽各有自身的特点，但它们都可以与混凝土内水化水泥浆的特性联系起来。化学成分截然不同的水泥制造的混凝土，所反映的徐变、收缩性能并没有本质上的差异，这说明徐变、收缩的机理在于混凝土水化水泥浆的物理结构，而不在于水泥的化学性质。

混凝土收缩的原因及机理可归纳为：

（1）自发收缩。这是在没有水分转移下的收缩，其原因是水泥水化物的体积小于参与水化反应的水泥和体积，因此是一种水化反应所产生的固有收缩。这种收缩的量值较小。

（2）干燥收缩。这是混凝土内部吸附水的消失而产生的收缩，也是混凝土收缩应变的主要部分。

（3）碳化收缩。这是由混凝土中的水泥水化物与空气中的二氧化碳发生化学反应而产生。碳化收缩是不久以前才发现的现象。

根据混凝土收缩的机理及原因，影响混凝土收缩的主要因素有：水泥品种、配合比、水泥用量、集料种类、养护条件、构件的形状与尺寸及工作环境的温度与湿度等。

解释混凝土徐变机理的各种理论和假设，如黏弹性理论、渗出理论、黏性流动理论、塑性流动理论、内力流动理论及微裂缝理论等，一般都以水泥浆体的微观结构为基础。但迄今为止还没有一种理论能被广泛接受。美国 ACI209 委员会在 1972 年的报告中将徐变的主要机理归纳为以下内容：

（1）在应力和吸附水层的润滑作用下，水泥胶浆体的滑动或剪切所产生的水泥石的黏稠变形。

（2）在应力作用下，由于吸附水的渗流或层间水转移而导致的紧缩。

（3）在水泥胶凝体对骨架弹性变形的约束作用所引起的滞后弹性变形。

（4）由于局部发生微裂、结晶破坏以及重新结晶与新的联结而产生的永久变形。

影响混凝土收缩的因素同样会影响混凝土的徐变，但作用不尽相同。除此以外，与荷载、应力条件相关的因素如大小、分布状态、持续时间等也会影响徐变变形。在徐变试验中施加于构件的应力一般取低于混凝土强度45%左右的单轴向压应力。大量试验结果表明，当压应力小于混凝土强度的50%时，徐变应变可以被认为与所施加应力具有线性关系。超过这一应力，将导致非线性关系。这种现象被认为是由于集料与凝固水泥浆交界面上出现的微裂缝所致。当应力小于混凝土强度的50%时，拉力徐变与所施应力呈线性关系，拉力徐变初始速度较大但降速快,最终徐变可能小于压力徐变。混凝土徐变泊松比一般可视为与弹性泊松比相等。

11.1.3 徐变与收缩对桥梁结构的影响

混凝土的徐变、收缩对桥梁结构的影响主要表现在以下五个方面:

(1)在钢筋混凝土、预应力混凝土等配筋构件中,随时间而变化的混凝土徐变、收缩受到内部配筋的约束将导致内力重分布。预应力损失实际上也是预应力混凝土构件内力重分布的一种。

(2)预制的混凝土梁或钢梁与就地灌筑的混凝土板组成的结合梁,将由于预制部件与现场浇筑部件之间不同的徐变、收缩值而导致内力的重分布。同样,梁体的各组成部分具有不同的徐变、收缩特性者亦将由于变形不同、相互制约而引起内力或应力的变化。

(3)分阶段施工的预应力混凝土超静定结构,如连续梁、刚架、斜拉桥、拱桥等,在施工过程中发生体系转换时,从前期结构继承下来的应力状态所产生的徐变受到后期结构的约束,从而导致结构内力与支点反力的重分布。

(4)外加强迫变形如支座沉降或支座高程调整所产生的约束内力,也将在混凝土徐变的过程中发生变化,部分约束内力将逐渐释放。

(5)徐变会增大偏压墩柱的弯曲,产生附加挠度,增大初始偏心,降低柱的承载能力。

但是,徐变在某些情况下对混凝土结构是有利的。如在大体积混凝土结构中,徐变能降低温度应力,减少收缩裂缝;在结构应力集中区和因基础不均匀沉陷引起局部应力的结构中,徐变能削减这类结构的应力峰值等。

混凝土的徐变、收缩及其对结构性能影响的预计和控制,是十分复杂又难以获得精确答案的问题。正如 ACI209 委员会 1982 年的报告所指出的那样,几乎所有影响徐变、收缩的因素,连同它们所产生的结果本身就是随机变量,它们的变异系数也要达到 15% ~20%。因此,对于一些特别重要的工程,应该通过模型试验或实物测量的方法来校核计算中所用的参数,以提高计算结果与实际接近的程度。

11.2 混凝土徐变、收缩及弹性模量的数学模型及其关系

11.2.1 徐变、收缩及弹性模量的数学模型

1)徐变系数

徐变系数的数学模型是反映徐变系数随时间变化规律的数学函数。早期的徐变系数理论试图用 2 个或 3 个参数来反映所有的影响,而后期的徐变系数计算表达式则对主要影响因素分别用不同的参数进行修正,主要有美国 ACI209 委员会的建议式,CEB-FIP 模式规范建议式和 BP 及 BP2 模式几种。

CEB-FIP1970 建议采用 5 个系数相乘计算徐变系数的方法。该方法考虑了影响徐变和收

缩的主要因素,如空气相对湿度、水泥品种、混凝土成分、加载龄期和构件厚度等。但各系数均须从图表中查得,不便于电算,也没有反映徐变变形中可恢复部分的影响(即滞后弹性性质),致使其早期徐变系数偏低。1973 年,CEB-FIP 改为采用滞后弹性变形与塑性变形相加的徐变系数表达式;1978 年又增加了表示加荷初期不可恢复的变形,从而大幅度地增大了加荷初期的徐变系数[式(4.11.7)],但其系数值均需查图表,不利应用。之后 CEB-FIP(1990)又将徐变系数的计算采用了乘积公式[式(4.11.11)],而美国 ACI 委员会建议(1982)的徐变系数[式(4.11.16)]采用双曲线函数的时间函数。

Bazant 和 Panula 在 1978 年著文评论国际标准规范中关于徐变的条款,认为条款只是以小部分试验数据为依据,考虑的影响因素不足。因此,Bazant 对世界各国收缩徐变的庞大试验数据进行拟合,提出很复杂的公式,称为 BP 模式。后来对 BP 模式又进行了简化,形成 BP2 模式。但是,这种模式还是很复杂,一般只适用于理论分析,在工程实际中很少采用。我国原《公路钢筋混凝土及预应力混凝土桥涵设计规范》(JTJ 023—1985)采用 1978 年的 CEB-FIP 建议公式,将徐变系数表示为连加的形式,2004 年颁布的《公路钢筋混凝土及预应力混凝土桥涵设计规范》(JTG D62—2004)采用 CEB-FIP(1990)对徐变收缩的计算方法,徐变系数和收缩应变均采用乘积公式。

上述分析表明,目前国际广泛采用的徐变系数数学模型可分为两大类,一类是将徐变系数表达为几个性质互异的分项系数之和,每项代表一个产生变形的种类——连加模式;另一类则将徐变系数表达为一系列系数的乘积,每一个系数表示一个影响徐变值的重要因素——连乘模式。后一种有取代前一种的趋势。

(1)连加模式

将徐变系数表达为若干个性质互异的分项系数之和的典型代表是 CEB-FIP 模式规范(1978),采用下述的徐变系数表达式

$$\varphi(t,\tau)=\beta_a(\tau)+\varphi_d(t,\tau)+\varphi_f(t,\tau) \tag{4.11.7}$$

式中:$\beta_a(\tau)$——加载后最初几天产生的不可恢复的变形系数;

$\varphi_d(t,\tau)$——可恢复的弹性变形系数或徐弹系数;

$\varphi_f(t,\tau)$——不可恢复的流变系数或徐塑系数;

其余符号意义同前。

巴赞特(Z. P. Bazant)提出的类似连加模式[4],由基本徐变和干燥徐变组成的徐变表达式,用单位应力产生的总应变——徐变函数 $J(t,\tau,t_0)$ 表示为

$$J(t,\tau,t_0)=\frac{1}{E(\tau)}+C_0(t,\tau)+C_d(t,\tau,t_0)-C_p(t,\tau,t_0) \tag{4.11.8}$$

式中:t_0、τ、t——干燥龄期、加载龄期及计算徐变龄期;

$C_0(t,\tau)$——单位应力产生的基本(无水分转移)徐变;

$C_d(t,\tau,t_0)$——单位应力产生的干燥(有水分转移)徐变;

$C_p(t,\tau,t_0)$——干燥以后徐变的减小值;

其余符号意义同前。

(2)连乘模式

作为将徐变系数表达为一系列系数乘积的代表,罗斯特(H. Trost)与艾特(W. Rat)在 1967

年提出徐变系数 $\varphi(t,\tau)$ 的一般表达式为

$$\varphi(t,\tau)=k_{\tau}\varphi_{\mathrm{N}}f(t-\tau) \tag{4.11.9}$$

式中：$t-\tau$——常应力 $\sigma(\tau)$ 持续作用的时间；

k_{τ}——加载龄期的影响系数；

$f(t-\tau)$——徐变随时间发展的函数，$t=\tau, f(t-\tau)=0; t=\infty, f(t-\tau)=1.0$；

φ_{N}——徐变系数特征值，$\varphi_{\mathrm{N}}=\varphi_0C_2C_3$，其中 φ_0、C_2、C_3 分别为取决于环境、混凝土成分及稠度、构件尺寸的系数；

其余符号意义同前。

式(4.11.9)又可写成

$$\varphi(t,\tau)=\varphi(\infty,\tau)f(t,\tau) \tag{4.11.10}$$

式中：$\varphi(\infty,\tau)$——$\varphi(\infty,\tau)=k_{\tau}\varphi_{\mathrm{N}}=k_{\tau}C_2C_3$，加载龄期为 τ 时徐变系数终值；

其余符号意义同前。

连乘系数的多少视考虑因素的多少而定，每一种系数可以从现成的图表中查得，或按一定的公式计算。目前，采用这种表达式的有英国规范 BS5400（1984 年版第四部分），美国 ACI209 委员会的建议（1982 年版），CEB-FIP 模式规范（1990）[5]，美国 AASHTO 桥梁设计规范[6]，《公路钢筋混凝土及预应力混凝土桥涵设计规范》（JTG D62—2004）等。

CEB-FIP 模式规范（1990）徐变系数表达式为

$$\varphi(t,\tau)=\varphi_0\beta_{\mathrm{c}}(t,\tau)=\Phi_{\mathrm{RH}}B_{\mathrm{fcm}}\beta(\tau)\beta_{\mathrm{c}}(t,\tau) \tag{4.11.11}$$

式中：φ_0——名义徐变系数；

Φ_{RH}——环境相对湿度修正系数；

B_{fcm}——混凝土强度修正系数；

$\beta(\tau)$——加载龄期修正系数；

$\beta_{\mathrm{c}}(t,\tau)$——徐变进程时间系数；

其余符号意义同前。

以上 Φ_{RH}、$\beta_{\mathrm{c}}(t,\tau)$ 除与环境相对湿度有关，也与构件的理论厚度有关。水泥品种、养护温度对徐变的影响，通过修正加载龄期 τ 予以考虑。

此模型被我国《公路钢筋混凝土及预应力混凝土桥涵设计规范》（JTG D62—2004）所采用，法国标准化协会（AFNOR）编制的 AFNOR-1999 规范也采用了此模型。

《公路钢筋混凝土及预应力混凝土桥涵设计规范》（JTG D62—2004）采用了 CEB-FIP 模式规范（1990）的徐变计算模式，徐变系数的具体计算公式为

$$\varphi(t,\tau)=\varphi_0\beta_{\mathrm{c}}(t-\tau) \tag{4.11.12}$$

其中

$$\varphi_0=\varphi_{\mathrm{RH}}\cdot\beta(f_{\mathrm{cm}})\beta(\tau)$$

$$\varphi_{\mathrm{RH}}=1+\frac{1-RH/RH_0}{0.46(h/h_0)^{\frac{1}{3}}}$$

$$\beta(f_{\mathrm{cm}})=\frac{5.3}{(f_{\mathrm{cm}}/f_{\mathrm{cm0}})^{0.5}}$$

$$\beta(\tau)=\frac{1}{0.1+(t_0/t_1)^{0.2}}$$

$$\beta_c(t-\tau)=\left[\frac{(t-\tau)/t_1}{\beta_H+(t-\tau)/t_1}\right]^{0.3}$$

$$\beta_H=150\left[1+\left(1.2\frac{RH}{RH_0}\right)^{18}\right]\frac{h}{h_0}+250\leqslant 1500$$

式中：φ_0——名义徐变系数；

$\varphi(t,\tau)$——加载龄期为τ，计算龄期为t时的混凝土的徐变系数；

β_c——加载后徐变随时间发展的系数；

f_{cm}——强度等级C20～C50的混凝土在28d龄期时的平均立方体抗压强度（MPa），$f_{cm}=0.8f_{cu,k}+8$（MPa）；

$f_{cu,k}$——龄期为28d，具有95%保证率的混凝土立方体抗压强度标准值（MPa）；

h——构件理论厚度（mm），$h=2A/u$，A为构件截面面积，u为构件与大气接触的周边长度；

RH——环境平均相对湿度（%）；

$RH_0=100\%$，$h_0=100$mm，$t_1=1$d，$f_{cm0}=10$MPa；

其余符号意义同前。

美国AASHTO桥梁设计规范的徐变估算模型考虑了集料的特征和比例、桥址的平均湿度、水灰比、养护类型、构件体表比、风干期的持续时间、应力的大小和持续时间、加载时混凝土的成熟度、混凝土的湿度等影响因素，混凝土的徐变系数为

$$\varphi(t,\tau)=3.5k_ck_f\left(1.58-\frac{H}{120}\right)\tau^{-0.118}\frac{(t-\tau)^{0.6}}{10.0+(t-\tau)^{0.6}} \tag{4.11.13}$$

式中：H——相对湿度（%）；

τ——初始加载时混凝土的龄期（d），采用蒸汽或辐射热加速养护的1d可等于普通养护的7d；

k_c——体积和表面积比的影响系数；

k_f——计入混凝土强度影响的系数，$k_f=\dfrac{62}{42+f'_c}$；

f'_c——混凝土28d抗压强度（MPa）；

其余符号意义同前。

研究表明，混凝土徐变随加载龄期的增长而单调地衰减，又随着加载持续时间的增加而单调地增加，但增加的速度随时间的增加而递减。目前，认为徐变存在极限者，徐变系数随时间发展的规律多以指数函数、双曲线幂函数表示；认为无极限者则以幂函数或对数函数表示。徐变是否存在极限，学术界仍存在争议。

指数函数表达式的早期代表是老化理论表达式（Glanville 1930和Whitney 1932），狄辛格（Dischinger 1937）将其用于复杂结构的徐变效应分析，被称为Dischinger法。它假定不同加载龄期的徐变系数——龄期曲线，可能由通过原点的徐变系数——龄期曲线的垂直平移而得，即

$$\varphi(t,\tau)=\varphi(t,t_0)-\varphi(\tau,t_0) \tag{4.11.14}$$

按指数形式可表达为

$$\varphi(t,\tau)=\varphi(\infty,0)e^{-\beta\tau}\left[1-e^{-\beta(t-\tau)}\right] \tag{4.11.15}$$

式中：$\varphi(\infty,0)$——从 $t=0\to\infty$ 的徐变系数；

β——徐变速率；

其余符号意义同前。

双曲线幂函数系数表达式是伯瑞森（D. E. Branson，1964）提出的，也是美国 ACI209 委员会所建议的形式和美国 AASHTO 桥梁设计规范模[式(4.11.13)]，即

$$\varphi(t,\tau)=\frac{(t-\tau)^{d}}{B+(t-\tau)^{d}}\varphi_{\infty} \tag{4.11.16}$$

式中：φ_{∞}——徐变系数终极值，美国 ACI209 委员会在 1982 年的报告中建议 $\varphi_{\infty}=2.35\gamma_1\gamma_2\gamma_3\gamma_4$，其中 2.35 为标准状态下的徐变系数终值，$\gamma_1$、$\gamma_2$、$\gamma_3$、$\gamma_4$ 分别为偏离标准状态时，与加载龄期、环境相对湿度、构件厚度和混凝土质量（坍落度、细集料含量及空气含量）有关的修正系数；

B、d——由试验确定的常数，美国 ACI209 委员会在 1982 年的报告中建议取 $B=10$，$d=0.6$；

其余符号意义同前。

CEB-FIP 模式规范及《公路钢筋混凝土及预应力混凝土桥涵设计规范》（JTG D62—2004）亦采用了双曲线幂函数来描述徐变系数随时间的发展规律，见式(4.11.12)。

1975 年 Z. P. Bazant 提出了双幂函数来表示基本徐变

$$C_0(t,\tau)=A(\tau^{-m}+a)(t-\tau)^{n} \tag{4.11.17}$$

式中：m、a、n——与影响徐变因素有关的函数；

其余符号意义同前。

这是徐变系数最为复杂的时间函数，但其适合计算机编程运算。

2）收缩应变

目前，混凝土的收缩应变的数学模型有两种，分别为收缩应变终值或名义值与时间发展函数的乘积，具体形式如下：

（1）将混凝土收缩应变表示成收缩应变终值与时间发展函数的乘积，即

$$\varepsilon_{s}(t,\tau)=\varepsilon_{s,\infty}f(t-\tau) \tag{4.11.18}$$

式中：$\varepsilon_{s,\infty}$——收缩应变终值；

$f(t-\tau)$——收缩应变发展的时间函数，$t=\tau$，$f(t-\tau)=0$；$t\to\infty$，$f(t-\tau)\to1.0$；

其余符号意义同前。

收缩应变的终值取决于环境的相对湿度、混凝土成分和构件理论厚度等因素。时间发展函数 $f(t-\tau)$ 的表达式有如下几种形式：

①美国 ACI209 委员会建议的双曲线函数表达式，即

$$f(t-\tau)=\frac{t-\tau}{A+(t-\tau)} \tag{4.11.19}$$

式中：A——与混凝土的养护条件有关的参数；

其余符号意义同前。

②巴桑特（Z. P. Bazant 1978）教授在 BP 模式中采用的平方根双曲线函数形式，即

$$f(t-\tau)=\sqrt{\frac{t-\tau}{A+(t-\tau)}} \tag{4.11.20}$$

式中:A——由构件形状、有效厚度及开始干燥的龄期等因素而确定的参数;

其余符号意义同前。

③假定收缩应变发展速度同徐变一样,取指数函数的形式,即

$$f(t-\tau)=1-e^{-\beta(t-\tau)} \tag{4.11.21}$$

式中:β——收缩的速率;

其余符号意义同前。

(2)将混凝土收缩应变表示成收缩应变名义值与时间发展函数的乘积

①1999 年,CEB 对 CEB-FIP(1990)模型进行了改进[简称 up dated CEB MC90(99)],引入了修正参数,使其能够适应高强混凝土和高性能混凝土的徐变预测。将混凝土收缩应变分为自发收缩和干燥收缩之和,自发收缩采用指数函数,而干燥收缩采用双曲幂函数分别表示其随时间的发展规律。计算模式为

$$\varepsilon_{cs}(t-t_s)=\varepsilon_{cas}(t)+\varepsilon_{cds}(t-t_s) \tag{4.11.22}$$

其中

$$\varepsilon_{cas}(t)=\varepsilon_{cas0}(f_{cm})\cdot\beta_{as}(t)$$

$$\varepsilon_{cas0}(f_{cm})=-\alpha_{cs}\left[\frac{f_{cm}/10}{6+f_{cm}/10}\right]^{2.5}\times10^{-6}$$

$$\beta_{as}(t)=1-\exp(-0.2\cdot t^{0.5})$$

$$\varepsilon_{cds}(t-t_s)=\varepsilon_{cds0}(f_{cm})\cdot\beta_{RH}\cdot\beta_{ds}(t-t_s)$$

$$\varepsilon_{cds0}(f_{cm})=[220+110\cdot\alpha_{ds1}\cdot\exp(-\alpha_{ds2}\cdot f_{cm}/10)]\times10^{-6}$$

$$\beta_{RH}=\begin{cases}-1.55[1-(RH/100)^3] & RH\leqslant99\beta_{s1}\\ 0.25 & RH\geqslant99\beta_{s1}\end{cases}$$

$$\beta_{ds}(t-t_s)=\left[\frac{t-t_s}{350\cdot(h_0/100)^2+(t-t_s)}\right]^{0.5}$$

$$\beta_{s1}=(35/f_{cm})^{0.1}$$

式中: f_{cm}——28d 的抗压强度(MPa);

$\beta_{cas0}(f_{cm})$——名义自发收缩应变;

$\beta_{as}(t)$——自发收缩随时间发展的系数;

$\beta_{cds0}(f_{cm})$——名义干燥收缩应变;

β_{RH}——考虑环境相对湿度对干燥收缩的影响系数;

$\beta_{ds}(t-t_s)$——干燥收缩随时间发展的系数;

α_{ds1}、α_{ds2}、α_{cs}——水泥类型系数;

H——构件的名义厚度;

β_{s1}——高强混凝土对相对湿度的修正系数;

t、t_s——计算时间及计算起点时间。

②《公路钢筋混凝土及预应力混凝土桥涵设计规范》(JTG D62—2004)则不分自发收缩和干燥收缩,收缩应变表示为

$$\varepsilon_{cs}(t,t_s)=\varepsilon_{cs0}\cdot\beta_s(t-t_s) \tag{4.11.23}$$

其中

$$\varepsilon_{cs0}=\varepsilon_s(f_{cm})\cdot\beta_{RH}$$

$$\varepsilon_s(f_{cm}) = [160 + 10\beta_{sc}(9 - f_{cm}/f_{cm0})] \cdot 10^{-6}$$

$$\beta_{RH} = 1.55[1 - (RH/RH_0)^3]$$

$$\beta_s(t - t_s) = \left[\frac{(t - t_s)/t_1}{350(h/h_0)^2 + (t - t_s)/t_1}\right]^{0.5}$$

式中： t——计算考虑时刻的混凝土龄期(d)；

t_s——收缩开始时的混凝土龄期(d)，可假定为3～7d；

$\varepsilon_{cs}(t,t_s)$——收缩开始时的龄期为t_s，计算考虑的龄期为t时的收缩应变；

ε_{cs0}——名义收缩应变；

β_s——收缩随时间发展的系数；

β_{RH}——与年平均相对湿度相关的系数，适用于$40\% \leq RH < 70\%$；

β_{sc}——依水泥种类而定的系数，对一般的硅酸盐类水泥或快硬水泥，$\beta_{sc} = 5.0$。

参数f_{cm}、f_{cm0}、RH、RH_0、h、h_0、t_1的意义及其采用值与其徐变系数式(4.11.12)相同。

3)弹性模量

在混凝土徐变的分析中，弹性模量(割线模量)随时间的发展规律是一个重要的参数，尤其在较精确的徐变分析计算中。混凝土的弹性模量一般按其强度发展曲线来确定。

根据美国ACI209委员会的建议，混凝土的弹性模量及其随时间变化的表达式为

$$E_{28} = 0.043\rho^{15}\sqrt{f_{ck}} \tag{4.11.24}$$

$$E(t) = \sqrt{\frac{t}{c_1 + c_2 t}}E_{28} \tag{4.11.25}$$

式中：$E(t)$——龄期为t的混凝土弹性模量；

ρ——混凝土的密度；

f_{ck}——龄期28d的混凝土圆柱体(ϕ150mm×300mm)抗压强度标准值；

c_1、c_2——常数，根据养护条件和水泥品种而定；

其余符号意义同前。

CEB-FIP模式规范给出的混凝土的弹性模量为

$$E_{28} = 2.15 \times 10^4 \alpha_E \sqrt[3]{\frac{f_{ck} + 8}{10}} \tag{4.11.26}$$

式中：α_E——混凝土集料种类对弹性模量的影响系数。

由于混凝土的28d抗压强度f_{cm}(150mm×150mm立方体)近似为其圆柱体抗压强度f_{ck} + 8，则上式变为

$$E_{28} = 2.15 \times 10^4 \alpha_E \sqrt[3]{\frac{f_{cm}}{10}} \tag{4.11.27}$$

弹性模量随时间变化的表达式为

$$E(t) = E_{28}\sqrt{\beta_c(t)} \tag{4.11.28}$$

式中：$\beta_c(t)$——混凝土强度随时间发展系数，$\beta_c(t) = \exp[s(1 - \sqrt{28/t})]$；

s——与水泥品种相关的系数，快干高强水泥为0.20，快干普通水泥为0.25，慢干水

泥为1.38；

其余符号意义同前。

以上两种规范所给出的混凝土弹性模量的时间发展函数形式完全不同。事实上，由于混凝土材料的不定性和因素复杂性，随着试验研究的不断深入，同一规范对其有关参数的描述在不同时期也会有所变化。

11.2.2 徐变、收缩的应力应变关系

1）线性叠加原理

如前所述，在工作应力下，混凝土的弹性应变和徐变应变都与应力呈线性关系。因此，只要总应力不超过混凝土强度的50%左右，分批施加应力所产生的应变可以采用叠加原理。至于卸载或减载后的徐变恢复是否可叠加和如何叠加的问题是值得进一步探讨的。混凝土试件的试验都说明叠加原理对基本徐变符合得很好，但是对于包括干燥徐变的总徐变来说，由叠加原理所得出的徐变恢复一般大于实际恢复。因此，应用叠加原理对递减荷载将会产生少量偏差。虽然存在着缺点，叠加原理仍是设计工作中有价值的工具。

根据叠加原理，对于在时刻 τ_0 施加初应力 $\sigma(\tau_0)$，又在不同的时刻 $\tau_i(i=1,2,\cdots,n)$ 分阶段施加应力增量 $\Delta\sigma(\tau_i)$ 的混凝土，其在以后任何时刻 t 包括收缩应变在内的总应变可以表达为

$$\varepsilon(t,\tau_0)=\frac{\sigma(\tau_0)}{E(\tau_0)}[1+\varphi(t,\tau_0)]+\sum_{i=1}^{n}\frac{\Delta\sigma(\tau_i)}{E(\tau_i)}[1+\varphi(t,\tau_i)]+\varepsilon_s(t,\tau_0) \quad (4.11.29)$$

对后加应力为连续变化的应力，则可写出描述叠加原理的积分表达式

$$\varepsilon(t,\tau_0)=\frac{\sigma(\tau_0)}{E(\tau_0)}[1+\varphi(t,\tau_0)]+\int_{\tau_0}^{t}\frac{\partial\sigma(\tau)}{\partial\tau}\frac{1+\varphi(t,\tau)}{E(\tau)}\mathrm{d}\tau+\varepsilon_s(t,\tau_0) \quad (4.11.30)$$

对式（4.11.24）中积分进行分部积分，并假定收缩应变的发展进程与徐变相似，即

$$\varepsilon_s(t,\tau_0)=\frac{\varepsilon_{s,\infty}}{\varphi_\infty}\varphi(t,\tau_0) \quad (4.11.31)$$

则式（4.11.24）可转变成

$$\varepsilon(t,\tau_0)=\frac{\sigma(t)}{E(t)}-\int_{\tau_0}^{t}\frac{\sigma(\tau)}{E(\tau)}\frac{\mathrm{d}\varphi(t,\tau_0)}{\mathrm{d}\tau}\mathrm{d}\tau+\frac{\varepsilon_{s,\infty}}{\varphi_\infty}\varphi(t,\tau_0) \quad (4.11.32)$$

式中：$\varepsilon_{s,\infty}$、φ_∞——收缩应变和徐变系数的终极值；

$\varepsilon_s(t,\tau_0)$——计算龄期 t 混凝土的收缩应变；

其余符号意义同前。

2）应力、应变关系的微分方程表达式

将不同的徐变系数表达式代入式（4.11.26）可推导出应力、应变关系的微分方程表达式。如对于 Dischinger 法，应力、应变的微分方程为

$$\frac{\mathrm{d}\varepsilon}{\mathrm{d}t}=\frac{1}{E(t)}\frac{\mathrm{d}\sigma(t)}{\mathrm{d}t}+\frac{\sigma(t)}{E(t)}\frac{\mathrm{d}\varphi(t,\tau)}{\mathrm{d}t} \quad (4.11.33)$$

其余符号意义同前。

但是，有些徐变系数表达式不能得出常微分方程，故不能利用微分方程求解。正因为如此，狄辛格（Dischinger）法在国内外广泛被采用，直到20世纪60年代后期才逐渐被其他方法所代替，如Trost-Bazant（T-B）模式。

3）应力、应变关系的代数方程表达式

罗斯特（H. Trost 1967）教授在他的论文中，从混凝土应力—应变的线性关系和叠加原理出发，引入了老化系数（松弛系数）的概念，并假定混凝土弹性模量为常数，推导出在不变荷载作用下，由徐变、收缩导致的应变增量与应力增量之间关系的代数方程表达式为

$$\Delta\varepsilon(t,\tau)=\frac{\sigma(\tau)}{E}\varphi(t,\tau)+\frac{\Delta\sigma(t,\tau)}{E}[1+\chi(t,\tau)\varphi(t,\tau)]+\varepsilon_s(t,\tau) \tag{4.11.34}$$

$$\varepsilon(t)=\frac{\sigma(\tau)}{E}[1+\varphi(t,\tau)]+\frac{\Delta\sigma(t,\tau)}{E}[1+\chi(t,\tau)\varphi(t,\tau)]+\varepsilon_s(t,\tau) \tag{4.11.35}$$

从上式又可推导出从应变变化求应力变化的公式，即

$$\Delta\sigma(t,\tau)=-\frac{\varphi(t,\tau)}{1+\chi(t,\tau)\varphi(t,\tau)}\left\{\sigma(t)-\frac{E[\varepsilon(t)-\varepsilon(t)]}{\varphi(t,\tau)}+\frac{E\varepsilon_s(t)}{\varphi(t,\tau)}\right\} \tag{4.11.36}$$

$$\sigma(t)=\sigma(\tau)\left[1-\frac{\varphi(t,\tau)}{1+\chi(t,\tau)\varphi(t,\tau)}\right]+\frac{E}{1+\chi(t,\tau)\varphi(t,\tau)}[\varepsilon(t)-\varepsilon(\tau)-\varepsilon_s(t,\tau)] \tag{4.11.37}$$

式中：$\Delta\varepsilon(t,\tau)$——从开始加载的时刻$\tau$至时刻$t$的时间内的应变增量；

$\Delta\sigma(t,\tau)$——在上述时间内的应力增量；

E——混凝土弹性模量（假定为常数）；

$\varphi(t,\tau)$——从τ至t时间内徐变系数；

$\varepsilon_s(t,\tau)$——同上述时间内的收缩应变增量；

$\chi(t,\tau)$——H. Trost 定义的松弛系数（1972年Z. P. Bazant改称为老化系数），见式（4.11.38）。

$$x(t,\tau)=\sum_{\tau_i=\tau}^{t}\frac{\Delta\sigma(\tau_i)K_{\tau_i}}{\Delta\sigma(t,\tau)K_{\tau}} \tag{4.11.38}$$

式中：$\Delta\sigma(t,\tau)$——从τ至t的全部时间内由徐变导致的应力变化；

$\Delta\sigma(\tau_i)$——在任一中间时刻τ_i的微量时间内，由徐变导致的应力变化；

K_{τ_i}、K_{τ}——表示加载龄期对徐变系数终值的影响系数。

1972年Z. P. Bazant教授对H. Trost的公式进行了严密论证，将它应用于变化的弹性模量与无限界的徐变系数，并指出H. Trost的“松弛系数”应该改称为“老化系数”，因为它主要反映了后期加载时混凝土的性质。同时，Z. P. Bazant将$E_{\varphi}(t,\tau)$定义为按龄期调整的有效模量，其计算式如下

$$E_{\varphi}(t,\tau)=\frac{E(\tau)}{1+\chi(t,\tau)\varphi(t,\tau)} \tag{4.11.39}$$

式中符号意义同前。

老化系数可根据所采用的徐变系数表达式进行推算。如采用 Dischinger 法的表达式，则老化系数可以表示为

$$\chi(t,\tau)=\frac{1}{1-e^{-\varphi(t,\tau)}}-\frac{1}{\varphi(t,\tau)} \tag{4.11.40}$$

其余符号意义同前。

4)徐变与松弛

从龄期 τ 开始施加常应变 $\varepsilon(\tau)$ 至龄期 t 时的应力 $\sigma(t,\tau)$ 可表达为

$$\sigma(t,\tau)=\varepsilon(\tau)G(t,\tau) \tag{4.11.41}$$

$$G(t,\tau)=E(\tau)[1-\zeta(t,\tau)] \tag{4.11.42}$$

式中：$G(t,\tau)$——松弛函数；

$\zeta(t,\tau)$——松弛系数，其定义为从龄期 τ 至 t 的应力降低值与初应力之比：

$$\zeta(t,\tau)=\frac{\sigma(\tau)-\sigma(t,\tau)}{\sigma(\tau)} \tag{4.11.43}$$

其余符号意义同前。

在实际结构中，应力和应变往往是随时间同时变化、交错影响的。在静定结构中，应变或变形的增减并不导致应力的变化，但是应力的变化往往导致应变的变化。在超静定结构中，不仅应力的变化将导致应变的变化，而且应变的变化也会导致应力的变化。工程中一些重要的问题，如已知支座的不均匀沉陷量，求支座反力与内力的变化问题；结合梁的内力重分布问题；分阶段施工的超静定结构在体系转换后的内力重分布问题等，都属于松弛问题。

松弛试验较为困难，资料很少。但是徐变和松弛具有内在的联系，往往需要从已知的徐变函数来推求松弛函数。Z. P. Bazant 从徐变函数与松弛函数的基本概念出发，推导出从松弛函数到老化系数的计算公式

$$\chi(t,\tau)=\frac{E(\tau)}{E(\tau)-G(t,\tau)}-\frac{1}{\varphi(t,\tau)} \tag{4.11.44}$$

11.3　混凝土徐变效应分析

11.3.1　狄辛格(Dischinger)法

1)徐变微应变与微应力关系

若弹性模量取为常数，并不计弹性应变和收缩影响，则时刻 t 的徐变总应变式(4.11.29)为

$$\varepsilon_c(t,\tau)=\frac{\sigma(\tau_0)}{E}\varphi(t,\tau_0)+\frac{1}{E}\int_{\tau_0}^{t}\frac{d\sigma_c(\tau)}{d\tau}[1+\varphi(t,\tau)]d\tau \tag{4.11.45}$$

而狄辛格(Dischinger)法取老化理论的徐变系数

$$\varphi(t,\tau)=\varphi(t)-\varphi(\tau)$$

把上式代入式(4.11.45)有

$$\varepsilon_c(t,\tau_0) = \frac{\sigma(\tau_0)}{E}[\varphi(\tau) - \varphi(\tau_0)] + \frac{\sigma_c(t)}{E}[1 + \varphi(t)] - \frac{1}{E}\int_{\tau_0}^{t}\frac{\mathrm{d}\sigma_c(\tau)}{\mathrm{d}\tau}\varphi(\tau)\mathrm{d}\tau \tag{4.11.46}$$

微分一次得

$$\begin{aligned}\mathrm{d}\varepsilon_c(t,\tau_0) &= \frac{\sigma(\tau_0) + \sigma_c(t)}{E}\mathrm{d}\varphi(t) + \frac{\mathrm{d}\sigma_c(t)}{E} \\ &= \frac{\sigma(t)}{E}\mathrm{d}\varphi(t) + \frac{\mathrm{d}\sigma_c(t)}{E}\end{aligned} \tag{4.11.47}$$

$$\sigma(t) = \sigma(\tau_0) + \sigma_c(t)$$

式中：$\sigma(t)$——t 时刻总应力；

其余符号意义同前。

2)徐变微应变与内力的关系

设 $M(\tau_0)$、$N(\tau_0)$ 为 $t=\tau_0$ 时实际结构的初始弯矩和轴力，它可以是静定的，超静定的，或者部分静定另一部分超静定结构的内力，视具体情况而定。在 $t=\tau_0$ 后结构成为超静定，x_{jt} 为徐变引起超静定结构的赘余力（$j=1,2,\cdots,n$），n 为超静定次数，$\overline{M}_j$ 和 $\overline{N}_j$ 为 $x_{jt}=1$ 作用于基本结构产生的弯矩和轴力，于是赘余力 x_{jt} 产生的任意截面的弯矩和轴力为

$$\begin{cases} M_{ct} = \sum\limits_{j=1}^{n}\overline{M}_j x_{jt} \\ N_{ct} = \sum\limits_{j=1}^{n}\overline{N}_j x_{jt} \end{cases} \tag{4.11.48}$$

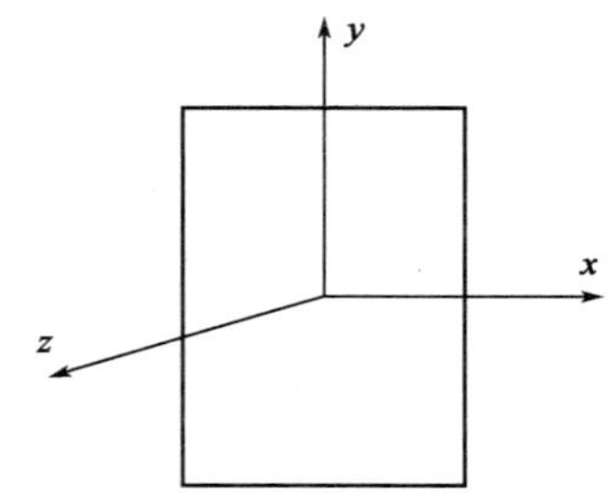

图 4.11.1 截面坐标系

由它产生的徐变应力

$$\sigma_c(t) = \frac{N_{ct}}{A} + \frac{M_{ct}y}{I} \tag{4.11.49}$$

轴力 N_{ct} 和徐变应力 $\sigma_c(t)$ 以受拉为正，弯矩 M_{ct} 适用于右手规则，以指向 x 轴正向为正，如图 4.11.1 所示。

结构初始内力产生的应力

$$\sigma(\tau_0) = \frac{N(\tau_0)}{A} + \frac{M(\tau_0)y}{I} \tag{4.11.50}$$

式中：A——构件截面面积；

I——构件截面抗弯惯性矩；

y——中和轴到计算应力点的距离。

把式(4.11.48)代入式(4.11.49)并微分有

$$\mathrm{d}\sigma_c(t) = \sum_{j=1}^{n}\left(\frac{\overline{N}_j}{A} + \frac{\overline{M}_j y}{I}\right)\mathrm{d}x_{jt} \tag{4.11.51}$$

把式(4.11.51)和式(4.11.50)代入式(4.11.47)中，有

$$\mathrm{d}\varepsilon_c(t,\tau_0) = \varepsilon_0(t) + \kappa y \tag{4.11.52}$$

其中
$$\varepsilon_0(t)=\frac{1}{EA}\left[N(\tau_0)\mathrm{d}\varphi(t)+\sum_{j=1}^{n}\overline{N}_j x_{jt}\mathrm{d}\varphi(t)+\sum_{j=1}^{n}\overline{N}_j\mathrm{d}x_{jt}\right]$$

$$\kappa=\frac{1}{EI}\left[M(\tau_0)\mathrm{d}\varphi(t)+\sum_{j=1}^{n}\overline{M}_j x_{jt}\mathrm{d}\varphi(t)+\sum_{j=1}^{n}\overline{M}_j\mathrm{d}x_{jt}\right]$$

$\varepsilon_0(t)$、κ 是徐变引起的混凝土截面重心处的轴向应变和重心轴的曲率，如图4.11.2所示。

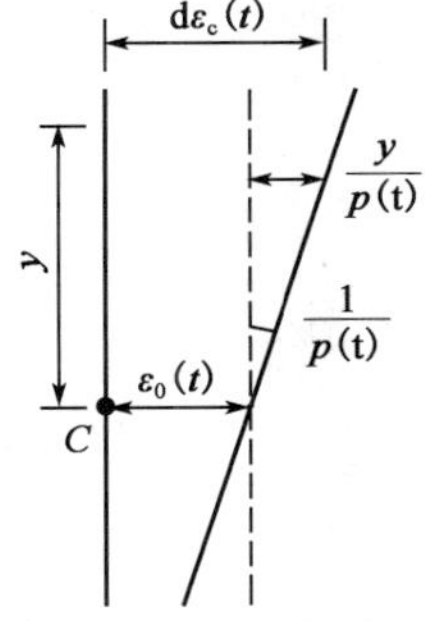

图4.11.2　截面总应变

3）变形协调及内力求解

设切口 x_{it} 方向的变形为 $\widetilde{\Delta}_i$，利用虚力原理得

$$\widetilde{\Delta}_i=\int\overline{N}_i\varepsilon_0(t)\mathrm{d}s+\int\overline{M}_i\kappa\mathrm{d}s \tag{4.11.53}$$

将 $\varepsilon_0(t)$ 和 κ 表达式代入上式有

$$\widetilde{\Delta}_i=\iint\left[\frac{\overline{N}_iN(\tau_0)}{EA}+\frac{\overline{M}_iM(\tau_0)}{EI}\right]\mathrm{d}\varphi_s(t)\mathrm{d}s+\sum_{j=1}^{n}\iint\left[\frac{\overline{N}_i\overline{N}_j}{EA}+\frac{\overline{M}_i\overline{M}_j}{EI}\right]x_{jt}\mathrm{d}\varphi_s(t)\mathrm{d}s+\sum_{j=1}^{n}\iint\left[\frac{\overline{N}_i\overline{N}_j}{EA}+\frac{\overline{M}_i\overline{M}_j}{EI}\right]\mathrm{d}x_{jt}\mathrm{d}s \tag{4.11.54}$$

应当注意，结构不同位置的徐变系数是不同的。如果最年轻混凝土的徐变系数为 $\varphi(t)$，那么，由老化理论知，其他龄期混凝土的徐变系数可表示成

$$\varphi_s(t)=\mathrm{e}^{-\beta\tau}\varphi(t)=\beta_s\varphi(t)=\beta_s\varphi$$
$$\beta_s=\mathrm{e}^{-\beta\tau}$$

上面 φ_s、β_s 中的下标 s 表示混凝土龄期是弧长 s 的函数。这样，式(4.11.54)可以写成

$$\widetilde{\Delta}_i=\Delta_{ip}^*\mathrm{d}\varphi+\sum_{j=1}^{n}\delta_{ij}^*x_{jt}\mathrm{d}\varphi+\sum_{j=1}^{n}\delta_{ij}\mathrm{d}x_{jt} \tag{4.11.55}$$

其中
$$\Delta_{ip}^*=\iint\left[\frac{\overline{N}_iN(\tau_0)}{EA}+\frac{\overline{M}_iM(\tau_0)}{EI}\right]\beta_s\mathrm{d}s$$

$$\delta_{ij}^*=\int\left(\frac{\overline{N}_i\overline{N}_j}{EA}+\frac{\overline{M}_i\overline{M}_j}{EI}\right)\beta_s\mathrm{d}s$$

$$\delta_{ij}=\int\left(\frac{\overline{N}_i\overline{N}_j}{EA}+\frac{\overline{M}_i\overline{M}_j}{EI}\right)\mathrm{d}s$$

根据变形协调条件，应当有

$$\widetilde{\Delta}_i=0\qquad(i=1,2,\cdots,n)$$

写成矩阵形式为

$$\boldsymbol{\Delta}^*+\boldsymbol{\delta}^*\boldsymbol{x}+\boldsymbol{\delta}\frac{\mathrm{d}\boldsymbol{x}}{\mathrm{d}\boldsymbol{\varphi}}=0 \tag{4.11.56}$$

式(4.11.56)是老化理论求解超静定结构徐变二次内力的基本微分方程组。当混凝土龄期相同时，即 $\beta_s=1$，于是有

$$\boldsymbol{\delta}^*=\boldsymbol{\delta}\quad\boldsymbol{\Delta}^*=\boldsymbol{\Delta}$$

$$\boldsymbol{\Delta}+\boldsymbol{\delta x}+\boldsymbol{\delta}\frac{\mathrm{d}\boldsymbol{x}}{\mathrm{d}\boldsymbol{\varphi}}=0 \tag{4.11.57}$$

令

$$\bar{\boldsymbol{x}}=-\boldsymbol{\delta}^{-1}\boldsymbol{\Delta}$$

于是式(4.11.57)变为

$$\frac{\mathrm{d}\boldsymbol{x}}{\mathrm{d}\boldsymbol{\varphi}}+\boldsymbol{x}=\bar{\boldsymbol{x}}$$

由此解得

$$\boldsymbol{x}=\bar{\boldsymbol{x}}(1-\mathrm{e}^{-\varphi})$$

即

$$x_{jt}=\bar{x}_j(1-\mathrm{e}^{-\varphi})\qquad(j=1,2,\cdots,n) \tag{4.11.58}$$

4）讨论

如果用 M_{2g}、N_{2g} 表示后期结构的弯矩和轴力，即一次落架的内力，M_{gt}、N_{gt} 为 t 时刻的结构内力，则有

$$M_{gt}=M(\tau_0)+\sum_{j=1}^{n}\overline{M}_j x_j=M(\tau_0)+\sum_{j=1}^{n}\overline{M}_j x_j(1-\mathrm{e}^{-\varphi}) \tag{4.11.59}$$

由于

$$M_{2g}=M(\tau_0)+\sum_{j=1}^{n}\overline{M}_j\bar{x}_j$$

于是有

$$\sum_{j=1}^{n}\overline{M}_j\bar{x}_j=M_{2g}-M(\tau_0)$$

将上式代入式(4.11.59)，得

$$M_{gt}=M(\tau_0)+[M_{2g}-M(\tau_0)](1-\mathrm{e}^{-\varphi}) \tag{4.11.60}$$

类似可以推得

$$M_{gt}=N(\tau_0)+[N_{2g}-N(\tau_0)](1-\mathrm{e}^{-\varphi}) \tag{4.11.61}$$

式(4.11.60)和式(4.11.61)表明，当结构初始内力是一次落架的内力时，即

$$M(\tau_0)=M_{2g},N(\tau_0)=N_{2g}$$

那么这两式右边的第二项等于零，亦就是徐变的二次内力等于零；另外，也表明 $M_{2g}-M(\tau_0)$、$N_{2g}-N(\tau_0)$ 的差值越大，徐变二次力亦越大，结构内力变化亦越大，这些性质对了解结构的徐变效应是十分重要的。

11.3.2 T-B 分析法

引入老化系数并假定混凝土弹性模量为常数，在不变荷载下，由 H. Trost 给出的、不考虑弹性应变及收缩影响的徐变应变与应力之间的代数方程，即在式(4.11.34)中若舍去弹性应变及收缩影响，并考虑到有效模量[式(4.11.39)]，则有

$$\varepsilon_c(t,\tau_0)=\frac{\sigma(\tau_0)}{E}\varphi(t,\tau_0)+\frac{\sigma_c(\tau)}{E_\varphi} \tag{4.11.62}$$

仿效上节老化理论分析过程，有

$$\varepsilon_c(t,\tau_0)=\varepsilon_0(t)+\kappa y \tag{4.11.63}$$

其中
$$\varepsilon_0(t)=\frac{N(\tau_0)}{EA}\varphi(t,\tau_0)+\sum_{j=1}^{n}\frac{\overline{N}_j}{E_\varphi A}x_{jt}$$

$$\kappa=\frac{M(\tau_0)}{EI}\varphi(t,\tau_0)+\sum_{j=1}^{n}\frac{\overline{M}_j}{E_\varphi I}x_{jt}$$

已知 $\varepsilon_0(t)$ 和 κ，利用虚力原理可以求出切口 x_{it} 方向的变形为

$$\begin{aligned}\widetilde{\Delta}_i &= \int\overline{N}_i\varepsilon_c(t)\mathrm{d}s+\int\overline{M}_i\kappa\mathrm{d}s\\ &=\int\Big[\frac{\overline{N}_iN(\tau_0)}{EA}+\frac{\overline{M}_iM(\tau_0)}{EI}\Big]\varphi(t,\tau_0)\mathrm{d}s+\sum_{j=1}^{n}x_{jt}\int\Big(\frac{\overline{N}_i\overline{N}_j}{E_\varphi A}+\frac{\overline{M}_i\overline{M}_j}{E_\varphi I}\Big)\mathrm{d}s\\ &=\Delta_{ip}^{*}+\sum_{j=1}^{n}\delta_{ij}^{*}x_{jt}\end{aligned}$$

其中
$$\Delta_{ip}^{*}=\int\Big[\frac{\overline{N}_iN(\tau_0)}{EA}+\frac{\overline{M}_iM(\tau_0)}{EI}\Big]\varphi(t,\tau_0)\mathrm{d}s$$

$$\delta_{ij}^{*}=\int\Big(\frac{\overline{N}_i\overline{N}_j}{E_\varphi A}+\frac{\overline{M}_i\overline{M}_j}{E_\varphi I}\Big)\mathrm{d}s$$

根据切口处的变形协调条件有

$$\widetilde{\Delta}_i=0\qquad(i=1,2,\cdots,n)$$

写成矩阵形式

$$\boldsymbol{\Delta}^{*}+\boldsymbol{\delta}^{*}\boldsymbol{x}=0\tag{4.11.64}$$

上式是T-B法求解超静定结构徐变赘余力的基本方程，为代数方程组，很容易求解。

当结构混凝土龄期相同，且初始内力为一次落架时，则有

$$\boldsymbol{\Delta}^{*}=0\qquad\therefore\boldsymbol{x}=0$$

即徐变不引起此种超静定结构内力重分布。

11.4 混凝土徐变与收缩效应综合分析

11.4.1 微分方程法

假定结构的所有构件具有相同的徐变和收缩特性；结构从体系转换之前继承下来的荷载为 q；体系在 τ 时刻转换之后具有 n 次超静定的结构。解除超静定约束后，设从前期继承下来的，在赘余力方向的初内力为 $x_{j,1}(j=1,2,\cdots,n)$；体系转换后在时刻 t 产生于赘余力方向的次内力为 $x_j(t,\tau)(j=1,2,\cdots,n)$。则在体系转换后的任何时刻 t 的 $\mathrm{d}t$ 时间内，第 i 个赘余力方向的变位增量分别为：由荷载及初内力 $x_{j,1}$ 产生的变位增量 $\Delta_{i,1}\mathrm{d}\varphi(t,\tau)$；由次内力增量 $\mathrm{d}x_j(t,\tau)$ 产生的变位增量 $\sum_{j=1}^{n}\delta_{ij}\mathrm{d}x_j(t,\tau)$；由徐变增量产生的变位增量 $\sum_{j=1}^{n}\delta_{ij}x_j(t,\tau)\mathrm{d}\varphi(t,\tau)$；由混凝土

收缩变化产生的变位增量 $\mathrm{d}\Delta_{i,s}(t,\tau)$。则变位相容条件为

$$\sum_{j=1}^{n}\delta_{ij}\mathrm{d}x_j(t,\tau)+\sum_{j=1}^{n}\delta_{ij}x_j(t,\tau)\mathrm{d}\varphi(t,\tau)+\Delta_{ij}\mathrm{d}\varphi(t,\tau)+\mathrm{d}\Delta_{i,s}(t,\tau)=0\quad(i=1,2,\cdots,n)\tag{4.11.65}$$

式中： δ_{ij}——$x_j=1$ 所产生于基本静定结构第 i 个赘余力方向的变位；

$\varphi(t,\tau)$——时间 $t-\tau$ 混凝土的徐变系数；

$\mathrm{d}\Delta_{i,s}(t,\tau)$——体系转换后经 $t-\tau$ 的 $\mathrm{d}t$ 时间内，混凝土收缩产生于基本静定结构第 i 个赘余力方向的变位。

若收缩速度与徐变相似，则

$$\mathrm{d}\Delta_{i,s}(t,\tau)=\frac{\Delta_{i,s,\infty}}{\varphi_\infty}\mathrm{d}\varphi(t,\tau)\tag{4.11.66}$$

荷载 q 及初内力产生的变位为

$$\Delta_{i,1}=\Delta_{i,q}+\sum_{j=1}^{n}\delta_{ij}x_{j,1}\tag{4.11.67}$$

则式(4.11.65)可化为

$$\sum_{j=1}^{n}\delta_{ij}\left[\frac{\mathrm{d}x_j(t,\tau)}{\mathrm{d}\varphi(t,\tau)}+x_j(t,\tau)+x_{j,1}\right]=-\left(\Delta_{i,q}+\frac{\Delta_{i,s,\infty}}{\varphi_\infty}\right)\quad(i=1,2,\cdots,n)\tag{4.11.68}$$

式中：$\Delta_{i,1}$——由荷载 q 及初内力产生于基本静定结构第 i 个赘余力方向的变位；

$\Delta_{i,q}$——荷载 q 产生于基本静定结构第 i 个赘余力方向的变位；

$\Delta_{i,s,\infty}$——在 $t=\infty$ 混凝土收缩产生于基本静定结构第 i 个赘余力方向的变位 $\Delta_{i,s}(\infty,\tau)$；

φ_∞——在 $t=\infty$ 混凝土的徐变系数 $\varphi(\infty,\tau)$，即徐变系数终极值。

另一方面，若以同样的外荷载和与收缩应变终极值瞬时施加于经体系转换的后期结构中，令第 i 个赘余力方向的弹性次内力为 $x_{i,2}(i=1,2,\cdots,n)$，则有相应方程

$$\sum_{j=1}^{n}\delta_{ij}x_{i,2}=-\left(\Delta_{i,q}+\frac{\Delta_{i,s,\infty}}{\varphi_\infty}\right)\quad(i=1,2,\cdots,n)\tag{4.11.69}$$

比较式(4.11.68)与式(4.11.69)得到

$$\frac{\mathrm{d}x_i(t,\tau)}{\mathrm{d}\varphi(t,\tau)}+x_i(t,\tau)+x_{i,1}=x_{i,2}\quad(i=1,2,\cdots,n)\tag{4.11.70}$$

解微分方程式(4.11.70)，并根据初始条件当 $t=\tau,x_i(t,\tau)=0,\varphi(t,\tau)=0$ 时，故

$$x_i(t,\tau)=(x_{i,2}-x_{i,1})\left[1-\mathrm{e}^{-\varphi(t,\tau)}\right]\quad(i=1,2,\cdots,n)\tag{4.11.71}$$

式中：$x_i(t,\tau)$——第 i 个赘余力方向因徐变与收缩而产生的内力变化；

$x_{i,1}$——先期结构在第 i 个赘余力方向的截面内力；

$x_{i,2}$——先期结构荷载加上与收缩应变终极值时的瞬时荷载，按后期结构计算得到的第 i 个赘余力方向的截面内力。

可以看到，在式(4.11.71)的推导过程中，忽略了实际存在的构件施工节段之间徐变特性的差异，而经过体系转换后超静定结构几乎毫无例外地存在着这种差异，这是该式的缺点。但是该式使我们能够直接估计体系转换后的徐变影响，看到实际的内力线总是在前期结构的内

力线和后期结构的内力线之间变动,变动的幅度与徐变大小有关。

11.4.2 代数方程法

1)徐变收缩特性相同构件

对于各构件的徐变、收缩特性相同,后期结构为 n 次超静定的结构,体系转换时刻为 τ,转换后任一时刻 t,因徐变、收缩产生于第 i 个赘余力方向的变位有:由截面徐变次内力 $x_j(t,\tau)$ 产生的变位 $\sum_{j=1}^{n}x_j(t,\tau)\delta_{ij}[1+\chi(t,\tau)\varphi(t,\tau)]$;由荷载及前期结构继承下来的初内力产生的变位 $\Delta_{i,1}\varphi(t,\tau)$;由收缩增量产生的变位 $\Delta_{i,s}(t,\tau)$。则变位相容条件为

$$\Delta_{i,1}\varphi(t,\tau)+\sum_{j=1}^{n}x_j(t,\tau)\delta_{ij}[1+\chi(t,\tau)\varphi(t,\tau)]+\Delta_{i,s}(t,\tau)=0 \qquad (i=1,2,\cdots,n) \tag{4.11.72}$$

式中:$\Delta_{i,1}$——由荷载及前期结构继承下来的初内力产生于基本静定结构第 i 个赘余力方向的变位;

$x_j(t,\tau)$——从时刻 τ 至时刻 t 的时间内,产生于第 j 个赘余力方向的截面徐变次内力;

δ_{ij}——当 $x_j=1$ 时产生于基本静定结构第 j 个赘余力方向的变位;

$\Delta_{i,s}(t,\tau)$——从 τ 到 t 时间内的收缩增量产生的基本静定结构第 i 个赘余力方向的变位。

假定收缩发展的速度与徐变相同,则

$$\Delta_{i,s}(t,\tau)=\frac{\Delta_{i,s,\infty}}{\varphi_\infty}\varphi(t,\tau) \tag{4.11.73}$$

将式(4.11.67)、式(4.11.73)代入式(4.11.72),有

$$\sum_{j=1}^{n}\delta_{ij}\{[1+\chi(t,\tau)\varphi(t,\tau)]x_j(t,\tau)+x_{j,1}\varphi(t,\tau)\}=-\varphi(t,\tau)\left(\Delta_{i,q}+\frac{\Delta_{i,s,\infty}}{\varphi_\infty}\right) \qquad (i=1,2,\cdots,n) \tag{4.11.74}$$

将式(4.11.69)代入式(4.11.74)中并整理有

$$x_i(t,\tau)=\frac{\varphi(t,\tau)}{1+\chi(t,\tau)\varphi(t,\tau)}(x_{i,2}-x_{i,1}) \qquad (i=1,2,\cdots,n) \tag{4.11.75}$$

若认为式(4.11.71)与式(4.11.75)的求解结果相同,则

$$\frac{\varphi(t,\tau)}{1+\chi(t,\tau)\varphi(t,\tau)}=1-e^{-\varphi(t,\tau)} \tag{4.11.76}$$

或

$$\chi(t,\tau)=\frac{1}{1-e^{-\varphi(t,\tau)}}-\frac{1}{\varphi(t,\tau)}$$

此即为前述的老化系数。

2)考虑不同徐变、收缩特性

如结构各节段混凝土具有不同的徐变、收缩特性,则式(4.11.72)及式(4.11.74)中 δ_{ij}、$\Delta_{i,1}$、$\Delta_{i,s}$ 等均应按徐变特性分段计算。例如,以徐变系数为 φ_a 者为 Q 段,徐变系数为 φ_b 者为 b 段等,这时式(4.11.72)应写成

$$\sum_{j=1}^{n}x_j(t,\tau)[\delta_{ij}+\delta_{aij}\chi_a(t,\tau)\varphi_a(t,\tau)+\delta_{bij}\chi_b(t,\tau)\varphi_b(t,\tau)+\cdots]+$$

$$[\Delta_{ai,1}\varphi_a(t,\tau)+\Delta_{bi,1}\varphi_b(t,\tau)+\cdots]+\left(\frac{\Delta_{ai,s,\infty}}{\varphi_{a,\infty}}\varphi_a(t,\tau)+\frac{\Delta_{bi,s,\infty}}{\varphi_{b,\infty}}\varphi_b(t,\tau)+\cdots\right)=0$$

$$(i=1,2,\cdots,n)$$

$$(4.11.77)$$

式中：δ_{aij}、δ_{bij}——第 j 个赘余力在 a、b 段作用引起的第 i 个赘余力方向的变位；

$\Delta_{ai,1}$、$\Delta_{bi,1}$——荷载及前期结构内力对 a、b 段作用引起的第 i 个赘余力方向的变位。

11.4.3 拟弹性逐步分析法

设 t_i 为计算时刻，参照 T-B 分析法，并考虑混凝土弹性模量随时间的变化，计入收缩影响，在 t_{i-1} 至 t_i 时间段内将应力与应变增量的关系表示为：

$$\Delta\varepsilon_{cs}(t_i,t_{i-1})=\frac{\Delta\sigma_{cs}(t_i,t_{i-1})}{E(t_{i-1})}[1+\chi(t_i,t_{i-1})\varphi(t_i,t_{i-1})]+$$
$$\left\{\sum_{j=1}^{i-1}\frac{\Delta\sigma(t_j)}{E(t_j)}[\varphi(t,t_j)-\varphi(t_{i-1},t_j)]+\Delta\varepsilon_s(t_i,t_{i-1})\right\}\tag{4.11.78}$$

式中：$\Delta\varepsilon_{cs}(t_i,t_{i-1})$、$\Delta\sigma_{cs}(t_i,t_{i-1})$——$t_{i-1}$ 至 t_i 时间内由徐变与收缩引起的应变增量和应力增量；

$\Delta\sigma(t_j)$——时刻 t_j 的应力增量；

$\Delta\varepsilon_s(t_i,t_{i-1})$——$t_{i-1}$ 至 t_i 时间内发生的收缩应变增量；

$E(t_j)$——时刻 t_j 的弹性模量；

其他符号意义同前。

同理，可写出截面曲率增量与弯矩增量的关系

$$\Delta\phi_{cs}(t_i,t_{i-1})=\frac{\Delta M_{cs}(t_i,t_{i-1})}{E(t_{i-1})I_c}[1+\chi(t_i,t_{i-1})\varphi(t_i,t_{i-1})]+$$
$$\left\{\sum_{j=1}^{i-1}\frac{\Delta M(t_j)}{E(t_j)I_c}[\varphi(t_i,t_j)-\varphi(t_{i-1},t_j)]+\Delta\phi_s(t_i,t_{i-1})\right\}\tag{4.11.79}$$

式中：$\Delta\phi_{cs}(t_i,t_{i-1})$、$\Delta M_{cs}(t_i,t_{i-1})$——$t_{i-1}$ 至 t_i 时间内由徐变与收缩引起的曲率增量和弯矩增量；

$\Delta M(t_j)$——时刻 t_j 的弯矩增量；

$\Delta\phi_s(t_i,t_{i-1})$——$t_{i-1}$ 至 t_i 时间内收缩引起的曲率增量；

I_c——混凝土截面的抗弯惯性矩。

设 $E_\varphi(t_i,t_{i-1})=\dfrac{E(t_i,t_{i-1})}{1+\chi(t_i,t_{i-1})\varphi(t_i,t_{i-1})}$，$\eta(t_i,t_{i-1})=\dfrac{E(t_i,t_{i-1})}{E(t_j)}[\varphi(t_i,t_j)-\varphi(t_{i-1},t_j)]$

代入式(4.11.78)，若以 $\Delta\sigma_{cs}(t_i,t_{i-1})$ 为通过形心点的应力增量，则轴力增量可表示为

$$\Delta N_{cs}(t_i,t_{i-1})=A_cE_\varphi(t_i,t_{i-1})\left[\Delta\varepsilon_{cs}(t_i,t_{i-1})-\sum_{j=1}^{n-1}\frac{\eta(t_i,t_j)}{(t_i,t_{i-1})}\Delta\sigma(t_j)-\Delta\varepsilon_s(t_i,t_{i-1})\right] \tag{4.11.80}$$

式中：A_c——混凝土截面面积。

同样将 $E_\varphi(t_i,t_{i-1})$、$\eta(t_i,t_{i-1})$ 代入式(4.11.79)，表示为弯矩增量形式，即

$$\Delta M_{cs}(t_i,t_{i-1})=I_cE_\varphi(t_i,t_{i-1})\left[\Delta\phi_{cs}(t_i,t_{i-1})-\sum_{j=1}^{i-1}\frac{\eta(t_i,t_j)}{E_\varphi(t_i,t_{i-1})}\Delta M(t_j)-\Delta\phi_s(t_i,t_{i-1})\right] \tag{4.11.81}$$

由以上公式可知，如用按龄期调整得有效模量 $E_\varphi(t_i,t_{i-1})$ 代替混凝土的弹性模量 E，则在第 t_i-t_{i-1} 时间内，因徐变、收缩产生的应力或内力增量与应变增量之间具有线性关系，因而可以利用解弹性结构的方法来求解混凝土结构的徐变和收缩问题。在采用刚度法时，只需将刚度矩阵中的 E 用 $E_\varphi(t_i,t_{i-1})$ 代替即可。

根据有限单元法形成荷载矩阵的原理，如对结构中任一平面梁单元施加约束，使在第 t_i-t_{i-1} 时间内节点变位增量保持为0，则从式(4.11.80)、式(4.11.81)可得节点约束(或锁定)产生的轴向力增量与节点弯矩增量分别为

$$\Delta N_{cs}(t_i,t_{i-1})=-\sum_{j=1}^{i-1}\eta(t_i,t_j)\Delta N(t_j)-E\varphi(t_i,t_{i-1})A_c\Delta\varepsilon_s(t_i,t_{i-1}) \tag{4.11.82}$$

$$\Delta M_{cs}(t_i,t_{i-1})=-\sum_{j=1}^{i-1}\eta(t_i,t_j)\Delta M(t_j)-E_\varphi(t_i,t_{i-1})I_c\Delta\phi_s(t_i,t_{i-1}) \tag{4.11.83}$$

由上两式并考虑到单元两端 $\Delta N(t_j)$、$\Delta\varepsilon_s(t_i,t_{i-1})$、$\Delta M(t_j)$ 及 $\Delta\phi(t_i,t_{i-1})$ 的区别，按单元规定的坐标系即可形成单元徐变、收缩荷载矩阵。

在对混凝土桥梁的徐变与收缩进行有限单元分析时，可将从施工开始到竣工直至收缩、徐变完成的过程划分为若干计算阶段，每个计算阶段再划分为数个适当的时间间隔；每个计算阶段已建结构划分成若干个单元，使每个单元的混凝土具有均一的徐变、收缩特性。在静定结构阶段，徐变、收缩只发生变形增量不产生内力增量，亦即徐变次内力为零，这时仍可用有限单元进行分析，但老化系数 $\chi(t_i,t_{i-1})$ 取为1.0。

若将混凝土徐变系数、收缩应变模拟成以e为底的多项指数系数表达式，式(4.11.82)和式(4.11.83)可通过迭代方式计算前期内力对徐变的影响，则在采用有限元分析计算时，计算机的内存消耗将大大减少，计算速度加快。其在空间块单元的应用见第13章，更多这方面的内容可参考其他文献。

11.5 混凝土徐变模式对比及其对结构的影响

11.5.1 预应力混凝土变截面连续箱梁桥

为分析收缩徐变对预应力混凝土变截面连续箱梁结构的影响，采用CEB-FIP(1990)徐变计算模式亦即《公路钢筋混凝土及预应力混凝土桥涵设计规范》(JTG D62—2004)的徐变计算公式和美国AASHTO桥梁规范的徐变计算方法，结合实验室试验及工地实测的徐变收缩模式

(均采用 Dirichlet 级数拟合徐变曲线)进行对比分析,以帮助理解它们之间的差异。

分析对象是位于中国中原地区的五跨预应力混凝土变截面连续箱梁,跨径为 56m + 3 × 100m + 56m,双幅单箱单室斜腹板箱形截面,根部梁高 5.8m、跨中梁高 2.5m,高度从距墩中心 2.0m 处到跨中合龙段处按二次抛物线变化;顶板宽 16.75m,底板根部宽 6.53m,跨中宽 7.85m;翼缘板内侧悬臂长分别为 411.3m 和 411.7m。设计荷载为公路—I 级。箱梁采用 C50 混凝土,箱梁采用挂蓝悬臂现浇施工。各单“T”箱梁除 0、1 号块外分为 14 对梁段,纵向 1 号至 15 号分段长度为 3.0m + 5 × 2.5m + 9 × 3.5m。0 号块总长 4.0m,中边跨合龙段长度均为 2.0m,边跨现浇段长度为 4.76m。

图 4.11.3 为按《公路钢筋混凝土及预应力混凝土桥涵设计规范》(JTG D62—2004)模式、AASHTO 模式、工地条件实测拟合及实验室试验拟合的此桥的混凝土的徐变系数曲线的比较。

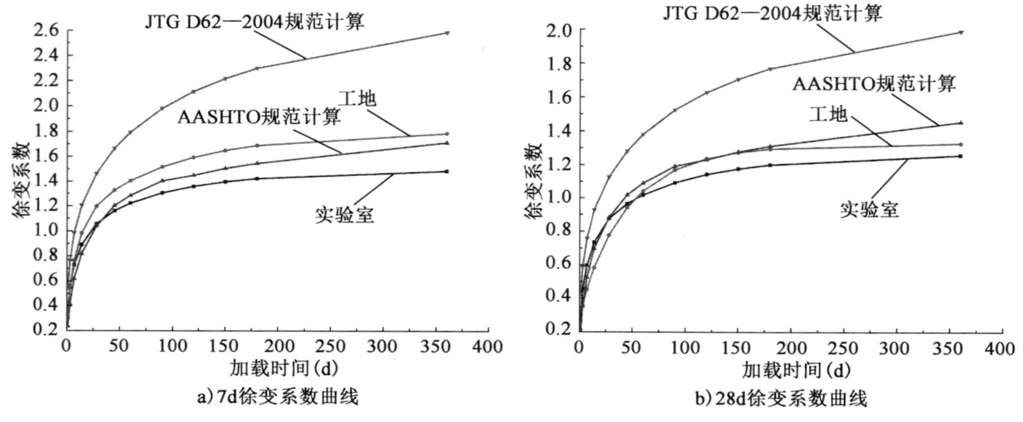

图 4.11.3 不同徐变模式的混凝土徐变系数曲线

该桥的混凝土收缩应变的实验室测试值和工地测试值的 Dirichlet 级数拟合曲线如图 4.11.4所示。

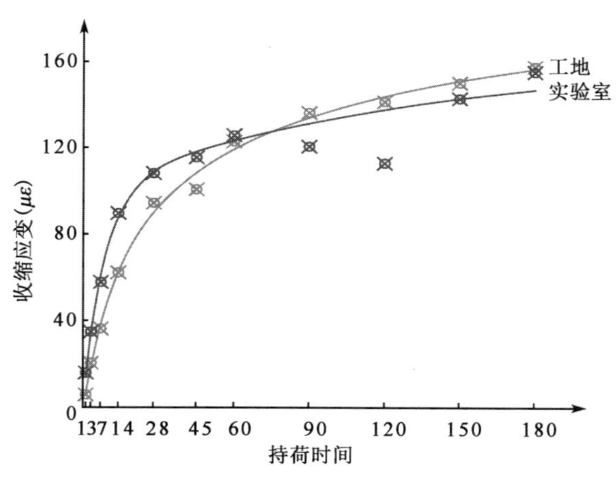

图 4.11.4 收缩应变拟合曲线

图 4.11.5 是混凝土的不同徐变收缩模式引起箱梁顶板束的预应力损失分析结果。

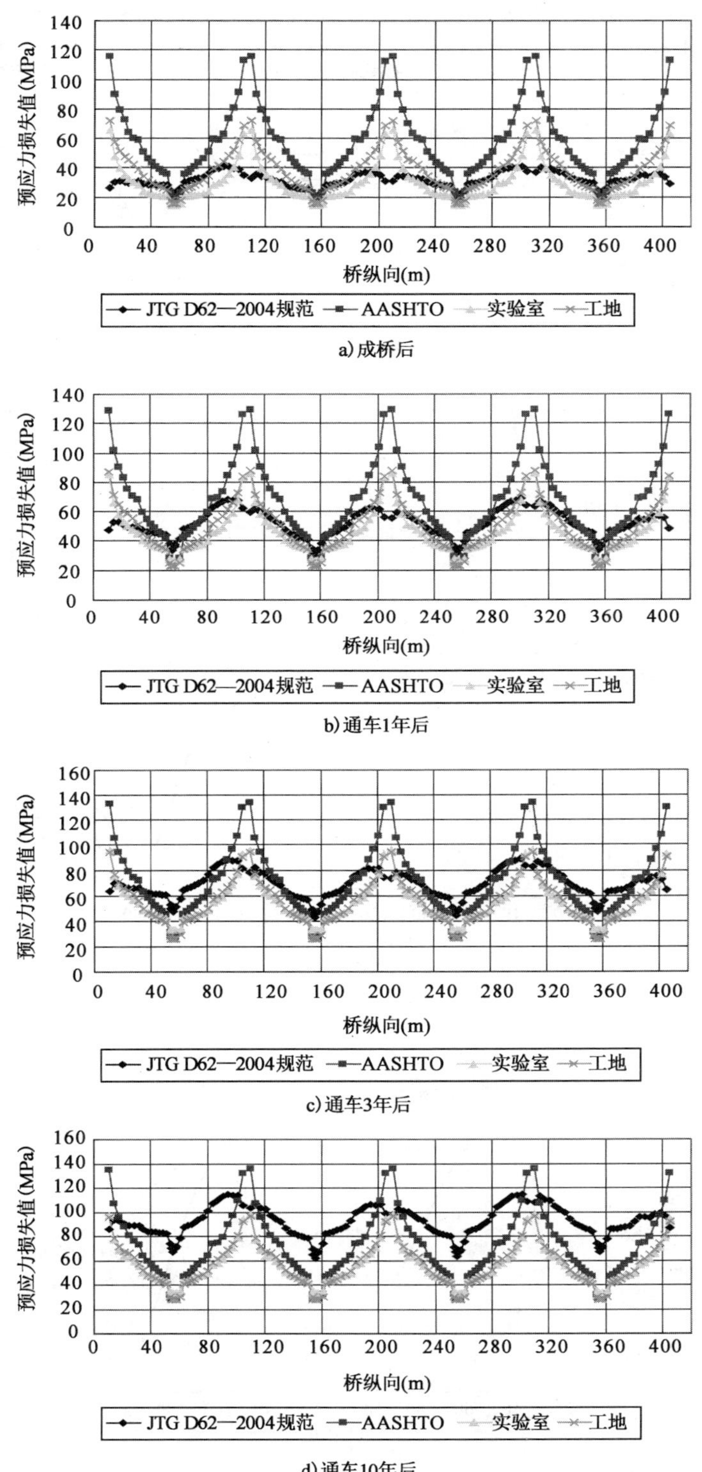

a)成桥后

b)通车1年后

c)通车3年后

d)通车10年后

图4.11.5　混凝土的徐变收缩引起箱梁顶板束的预应力损失

图4.11.6是不同混凝土徐变收缩对桥梁挠度的影响分析成果。因为全桥对称与中跨跨中，所以此处仅列出半桥的挠度变化情况。

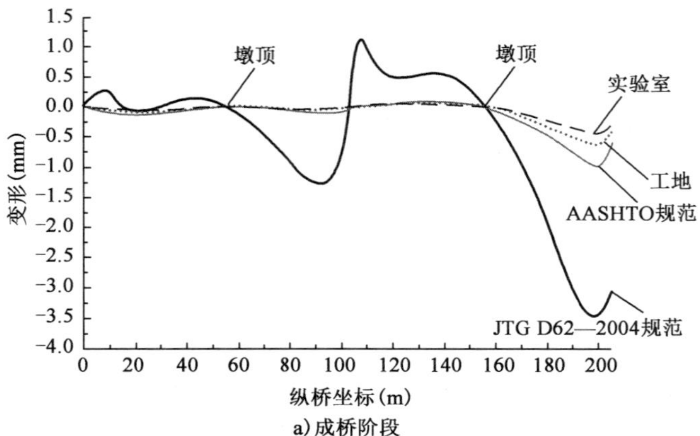

a)成桥阶段

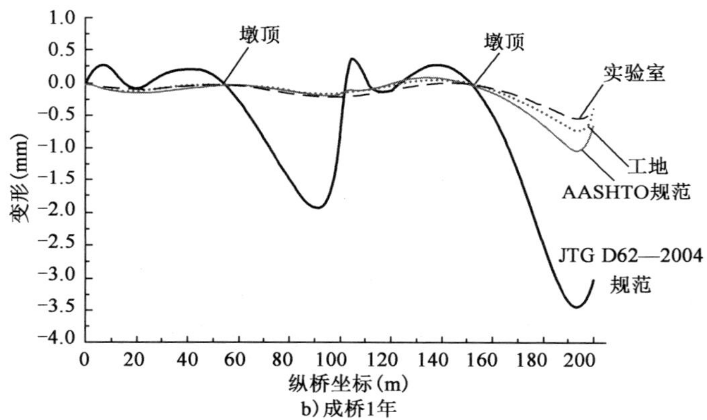

b)成桥1年

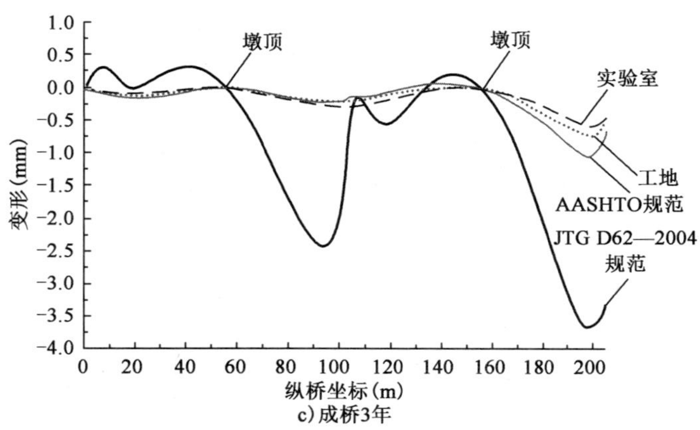

c)成桥3年

图 4.11.6

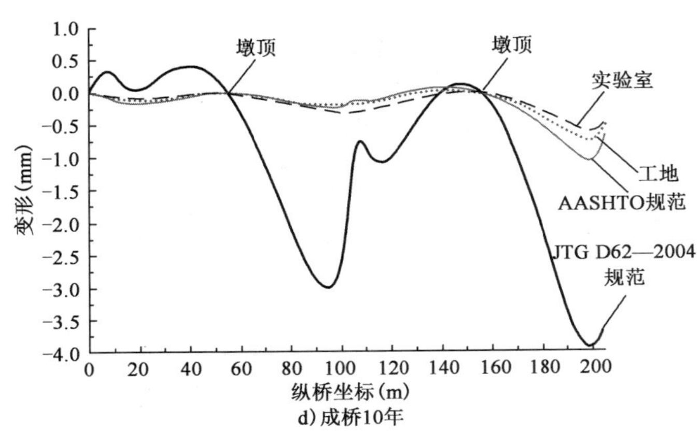

图 4.11.6 混凝土徐变收缩对桥梁挠度的影响分析

可以看出,不同的徐变收缩模式,不管是对预应力损失还是结构变形的影响,都存在较大的差异。就此桥而言,中国规范模式的分析值大于 AASHTO 规范及工地条件实测拟合曲线的分析值,AASHTO 规范与工地拟合曲线计算值较为接近。

11.5.2 预应力混凝土自锚式悬索桥

选择中国早期《公路钢筋混凝土及预应力混凝土桥涵设计规范》(JTJ 023—1985)、《公路钢筋混凝土及预应力混凝土桥涵设计规范》(JTG D62—2004)、美国 ACI209 的计算方法、日本国有铁道混凝土结构设计标准建议方法,对不同收缩徐变模式对预应力混凝土自锚式悬索桥的影响进行分析。

某五跨双塔双索面预应力混凝土自锚式悬索桥[7],跨径组成为 40m + 80m + 156m + 80m + 40m。门形索塔,高度为 46.2m 和 51.2m,桥面以上塔高 37.15m,矩形实心截面塔柱,截面尺寸为 4.0m (顺桥向) × 3.0m(横桥向)。加劲梁为预应力混凝土(C50)箱梁,悬索部分采用两箱单室的边箱截面,边跨部分采用单箱五室的箱形截面。主梁除在墩台处设有竖向支承支座外,在桥塔处横梁顶面也设置有竖向支承支座。每 6m 在对应吊索处设置一道腹板厚 30cm 的马蹄形横隔梁,在锚固墩处设置有 400cm 厚的横梁,在墩台支点处设置有 200cm 厚的横梁,桥塔处设置有两道 80cm 厚的横梁。主梁在主缆索股锚固点设有实心锚固体。桥型示意如图 4.11.7 所示。

1)不同模式的 C50 混凝土徐变收缩对比曲线

按照不同模式对 C50 混凝土构件徐变系数及收缩应变进行分析计算,0 ~ 1000d 时刻的徐变系数、收缩应变曲线对比如图 4.11.8 所示。

曲线表明,不同模式的徐变系数规律大致一致。JTG D62—2004 的徐变系数取值较大,明显显示出非线性特性;JTJ 023—1985 在 100d 时刻以内小于美国 ACI209 计算方法,100d 时刻以外大于美国 ACI209 计算方法;日本铁路规范徐变系数计算值较小,呈现明显线性。

不同模式的收缩应变规律区别较大。JTJ 023—1985 与日本铁路规范的收缩应变取值为定值; JTG D62—2004 收缩应变取值较大,初期就完成大部分收缩应变;美国 ACI209 计算方法在前期有上升阶段,1000d 时刻左右完成绝大部分应变。

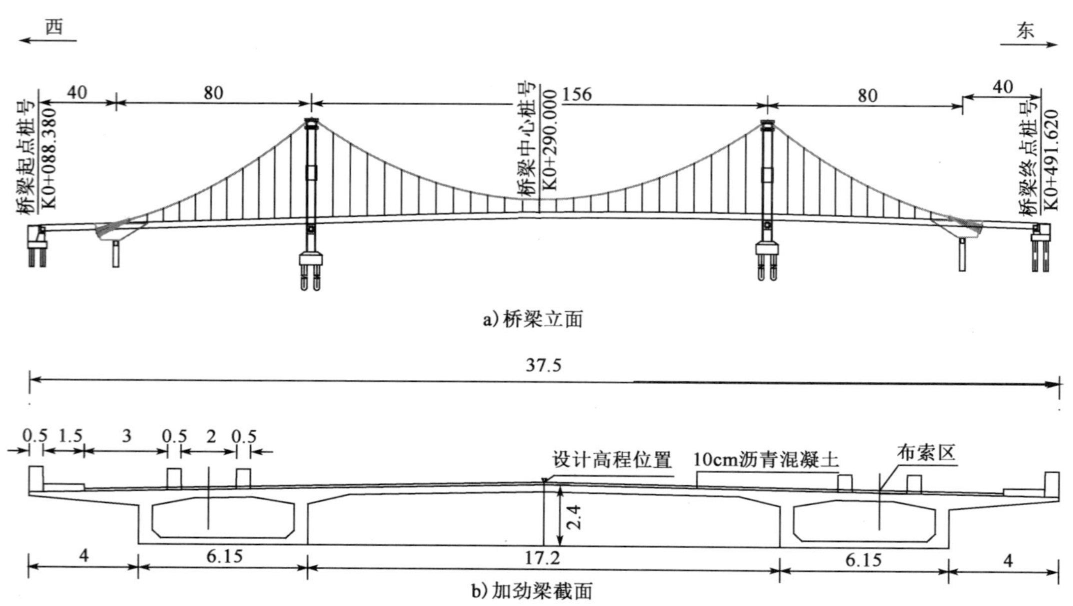

图 4.11.7　某预应力混凝土自锚式悬索桥示意图(尺寸单位:m)

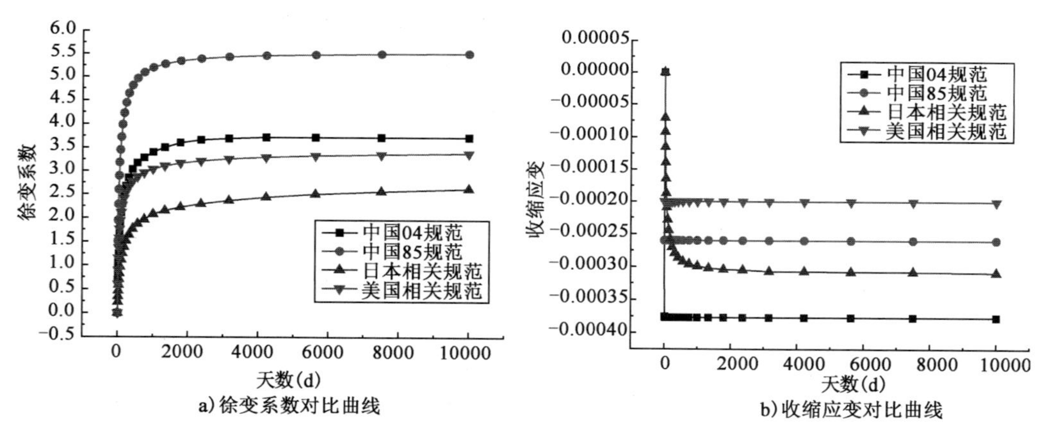

图 4.11.8　按不同模式对 C50 混凝土构件徐变系数及收缩应变分析对比曲线

2)混凝土徐变收缩对混凝土自锚式悬索桥梁结构性能的影响

该桥的数值模拟分析示意图如图 4.11.9 所示。为分析徐变收缩对整体结构的影响,加劲梁和索塔采用了空间梁单元,主缆和吊索采用索单元。分别分析了不同模式的混凝土收缩徐变效应对结构的主梁长度、主梁线形、主梁内力、主缆线形、主缆内力、吊索垂直度、吊索索力、索塔塔顶位移、索塔应力等的影响。

分析计算表明,以不同的混凝土徐变收缩模式对结构的影响规律相似,区别是量值的差异。图 4.11.10 给出以 JTG D62—2004 的收缩徐变模式计算的成桥后不同时期的加劲梁竖向位移。

图4.11.9　预应力混凝土自锚式悬索桥结构离散图

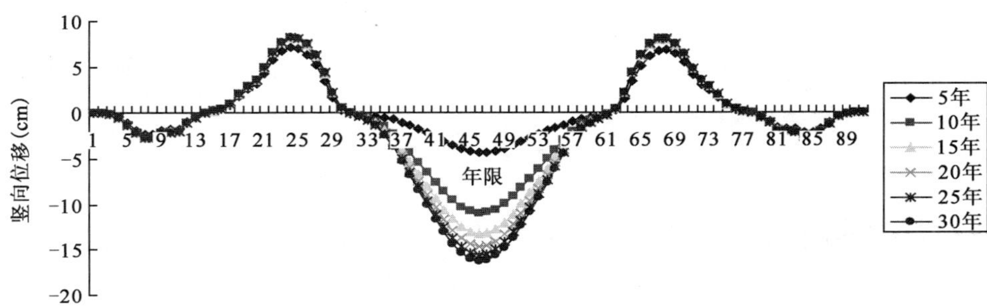

图4.11.10　JTG D62—2004模式的成桥后主梁竖向位移

由5年到30年,中跨跨中加劲梁竖向位移增加了2.76倍,边跨0.4L处加劲梁向上偏移增加了24%,锚跨跨中向下偏移增加了10%。加劲梁竖向位移在徐变收缩的影响下处于缓慢增长态势。徐变收缩效应会放大位移,释放内力。

3)不同模式的混凝土徐变收缩对结构的影响分析

图4.11.11给出了不同徐变收缩模式下预应力混凝土自锚式悬索桥加劲梁跨中截面竖向位移的分析结果。不同收缩徐变模式得到的成桥后加劲梁竖向位移有较大差异,但位移随时间增大规律一致。在5~15年时间里由美国ACI209模式的加劲梁跨中竖向位移最大,15年以后日本铁路规范模式,JTG D62—2004模式值总体偏小。不同收缩徐变模式的主缆竖向位移与加劲梁的规律一致。

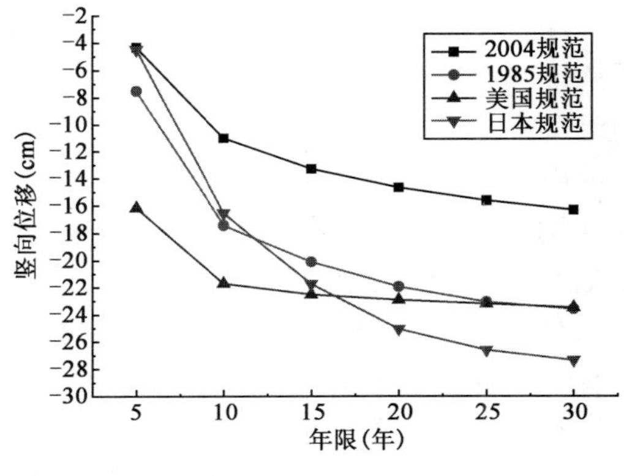

图4.11.11　不同收缩徐变模式下自锚式悬索桥加劲梁跨中竖向位移

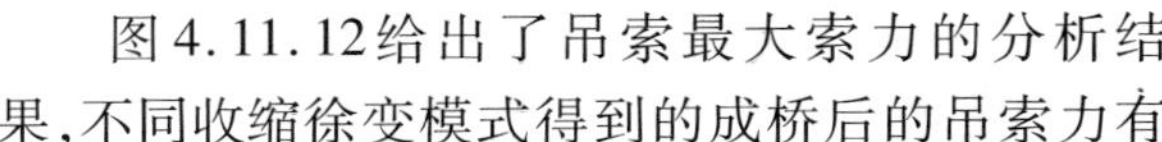

图4.11.12给出了吊索最大索力的分析结果,不同收缩徐变模式得到的成桥后的吊索力有较大差异。受收缩徐变的影响,吊索最大索力随时间缓慢变小。5~10年时刻由美国ACI209模式计算得到的吊索最大索力变化最大,在10以后由日本铁路规范模式得到的吊索最大索力变化最大,JTG D62—2004模式影响平缓。不同收缩徐变模式下的主缆缆力与吊索索力有相似的规律。

图4.11.13给出了主梁轴向最大应力的分析结果。不同收缩徐变模式得到的成桥后的主梁轴向应力差异不大，规律一致。受收缩徐变的影响，主梁轴向应力随时间缓慢变小。

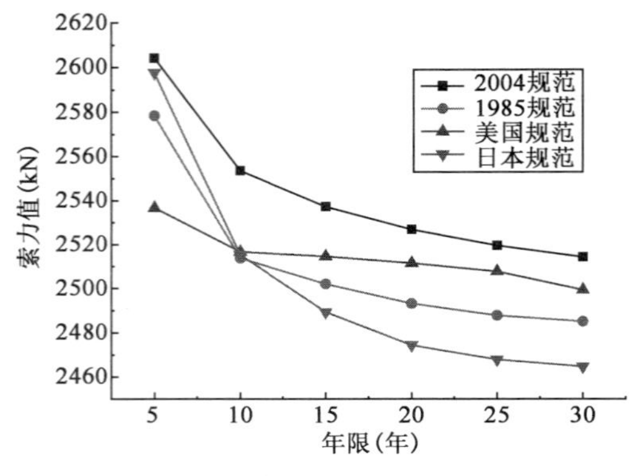

图4.11.12 不同收缩徐变模式下自锚式悬索桥吊索最大索力

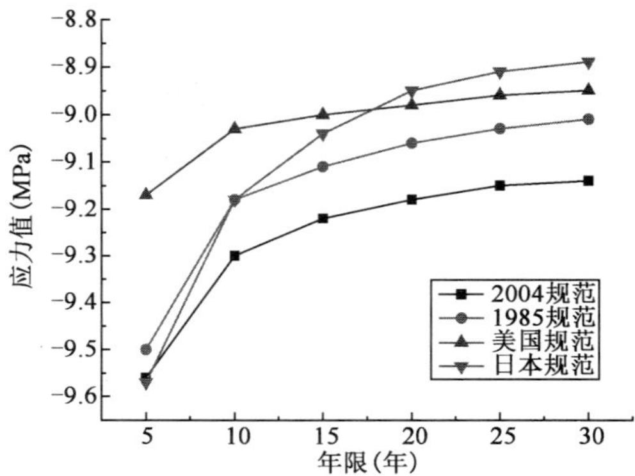

图4.11.13 不同收缩徐变模式下自锚式悬索桥主梁轴向最大应力

收缩徐变对混凝土自锚式悬索桥的结构性能有不可忽视的影响，但不同收缩徐变模式的影响值有较大差异。使用时，宜视分析对象及分析目的按照最不利原则选择收缩徐变模式，以确保以分析结果设计的桥梁在任何情况下都处于安全状态。

11.6 小　　结

混凝土徐变与收缩是混凝土桥梁结构设计计算中的一个重要内容。徐变、收缩对混凝土桥梁影响的时间跨度长且与结构形式、构件截面组成方式，以及施工方法等因素有关。根据目前的试验与理论研究水平，精确估算徐变与收缩的影响还有一定的难度。影响混凝土徐变、收缩的因素众多，其机理在于混凝土水化水泥浆的物理结构。徐变、收缩有许多相同的影响因素，但收缩与混凝土的外加应力无关，这区别于徐变。表达徐变、收缩随时间发展的数学模型不是唯一的，并随着研究的深入而不断改变，我国目前主要采用CEB-FIP推荐的模式。徐变、收缩对结构内力和构件截面应力影响的分析方法有三种，即微分方程求解法、代数方程求解法及有限元逐步分析法。微分方程求解法适合采用F. Dischinger假定的徐变函数式，其余两种方法不受徐变函数形式的限制。对于结构形式、施工过程复杂的桥梁结构，一般宜采用逐步分析法。不同徐变收缩模式的计算结果有较大的区别，分析时应引起重视。

本章参考文献

[1] 周虑，陈永春. 收缩徐变[M]. 北京：中国铁道出版社，1994.
[2] CEB-FIP Model Code 1990. Model for Concrete Structures[S]. 1990.
[3] BS5400 Part4. Code of practice for design of concrete bridges[S]. British Standard Institute,

1984.

[4] Z. P. Bazant, F. H. Wittmann. Greep and shrinkage in concrete structure [M]. JOHN WILEY&SONS, 1982.

[5] Fib Model Code 2010[J]. First Complete Draft,2010.

[6] AASHTO. AASHTO LRFD Bridge design specifications,SI Unit[M]. 5th ed American Association of State Highway and Transportation Officials,Washington USA,2010.

[7] 冯洋. 大跨径混凝土自锚式悬索桥收缩徐变影响分析[D]. 西安:长安大学,2013.

12　混凝土桥梁的裂缝与刚度分析

12.1　混凝土的裂缝与刚度

配筋混凝土的裂缝与刚度密切相关，裂缝的开展会使刚度降低，挠度增大；而刚度较小的构件，会提早开裂，加剧刚度变小。故将两者放在同一章中讨论。

12.1.1　裂缝

混凝土的裂缝问题是工程界最关心的课题之一，因为裂缝的出现牵涉到结构外观的破损、力筋的腐蚀及结构功能的丧失。结构的破损和倒塌大多也是从裂缝的扩展开始的，所以人们对裂缝往往产生一种破坏前兆的恐惧感。从近代强度理论的发展中可以看到，裂缝的扩展是结构破坏的初始阶段，的确应引起高度重视。为此，国际上很多著名机构（如美国 ACI224 委员会，英国 C & CA，德国 DIN，法国 CCBA，欧洲 CEB、CEB-FIP 等）都有专门从事混凝土裂缝研究的机构，并取得相当丰富的研究成果。

混凝土裂缝可分为微观裂缝和宏观裂缝[1]，微裂的存在是混凝土材料本身固有的物理性质，它对弹塑性、徐变、强度、变形、泊松比、刚度、化学反应等有较大影响。在荷载作用下，微观裂缝会扩展并迅速增多，相互之间串联起来，形成工程上广泛研究的宏观裂缝，直至完全破坏。宏观裂缝（以下简称裂缝）主要指各种荷载（外荷载、温度、收缩、沉陷、变位等）作用下产生的裂缝，按其形状可分为表面的、贯穿的、纵向的、横向的、上宽下窄、下宽上窄、枣核形、对角线式、斜向的、外宽内窄的和纵深的（深度达 1/2 厚度）等。裂缝的形状与结构应力分布有直接关系。一般裂缝方向同主拉应力方向垂直或与剪应力平行（纯剪裂缝）。

荷载裂缝的试验研究得出以下重要结论[2]，可作为计算的依据。

（1）裂缝荷载是用肉眼借助放大镜观测并用荷载变形（M-f）图上转折点校核的，且在此范围内荷载级差减小。

（2）平均应变符合平截面假定，但量测区段必须有足够的长度。

（3）计算受拉钢筋应变 ε_s 和量测平均应变 $\varepsilon_{s,av}$ 曲线间存在近似平行关系。

（4）对非预应力混凝土受弯构件，在使用荷载范围内计算受压边缘混凝土平均应变的截面弹塑性抵抗矩系数可取为常数。

(5)裂缝平均间距和平均宽度大致分为钢筋直径和配筋率之比及钢筋应力的线性函数,对后者,可近似地与 σ_s 成正比。

(6)预应力梁和非预应力梁,弯矩—挠度(M-f)曲线间存在近似平行关系(图4.12.1)。

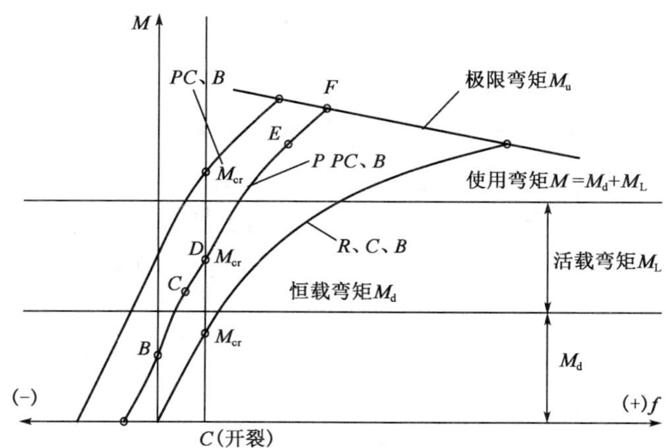

图4.12.1 混凝土梁荷载—挠度变化曲线

变形引起的开裂程度与混凝土的韧性及结构的韧性有关,如何评定其抗裂能力和裂缝扩展程度是一个必须研究亦正在研究的课题。

12.1.2 刚度

钢筋混凝土构件的挠度,包括短期与长期两种。近年来由于装配式构件的大量采用及高强轻质材料的应用,要求更精确地计算混凝土构件的变形。特别是桥梁结构承受较频繁的动荷载,挠度的计算涉及正常使用极限状态的功能要求。挠度的计算与混凝土裂缝的开展、混凝土的徐变和收缩特性有密切关系。这里分别介绍短期与长期挠度的计算理论。实际上,挠度理论就是研究刚度的理论。

在钢筋混凝土构件中,开裂前、后挠度的计算是不同的,因为 EI 发生了变化。开裂后的计算与配筋率 ρ 有密切的关系。

受弯构件在短期荷载或长期荷载作用下的挠度,一般用弯矩 M 与挠度 δ,或荷载 P 与挠度 δ,或弯矩 M 与曲率 κ 表示。曲率的测定方法分为两种:一种是曲率仪法,此法的前提是假定挠曲线为圆弧线。当变形属于小挠度范畴,曲率仪量测的结果是标距 a 内的平均曲率 κ,即 $\kappa=1/R=8f/a^2$,其中 R 为曲率半径,f 为跨中挠度。另一种是在构件上贴应变片,此法仍需假设量测的平均挠曲线为圆弧形状。平均应变应符合平截面假定,故平均曲率计算式为 $\kappa=1/R=(\bar{\varepsilon}_s+\bar{\varepsilon}_c)/h_0$。这里 $\bar{\varepsilon}_s$ 是在区段中受拉钢筋的平均应变;$\bar{\varepsilon}_c$ 是在区段中混凝土受压边缘的平均应变;h_0 是受拉钢筋形心到梁顶的距离。一般说来,这个量测区通常应取构件的纯弯矩区,避免剪切变形的干扰。

图4.12.2所示的三条 M-κ 曲线与构件的含筋量有关。Ⅰ、Ⅱ、Ⅲ曲线均有如下特征:

(1)有较明显的三个阶段:OA 为整体工作阶段;AB 为带裂缝工作阶段;BC 为极限变形

阶段。

(2)OA 段表示混凝土尚未开裂,梁的全截面都参与工作,这时 $M\text{-}\kappa$ 曲线近似地呈直线变化。这里梁的刚度 $B=E_cI_c$,E_c 为混凝土弹性模量,I_c 为混凝土截面的抗弯惯性矩。在此阶段可按线弹性结构来分析其应力与挠度,取刚度 $B=E_cI_c=0.85E_cI_0$,I_0 为未开裂截面的换算惯性矩。

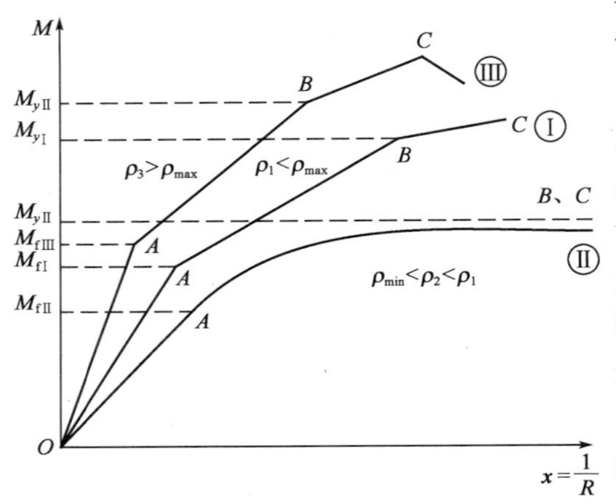

图 4.12.2 RC 梁的弯矩—曲率曲线

(3)AB 段表示混凝土已经出现裂缝,A 点就为开裂发生点,弯矩达到开裂弯矩。由于有裂缝出现,梁的刚度发生变化,不再是常量,当然挠度计算也趋于复杂。图 4.12.2 中 AB 段可近似地认为是一条直线,这说明在配筋率 $\rho_1<\rho_{max}$ 时,加载到 A 点后,梁的裂缝发展以及受压区混凝土塑性变形的发展已经基本趋于稳定。

(4)BC 段的 B 点表示屈服点,即受拉钢筋已经屈服,受压区混凝土的塑性得到充分发挥,弯矩已经达到极限。因此,BC 阶段的受力已经属于结构的延性阶段。

12.2 裂缝计算理论

自 20 世纪 30 年代以来,各国学者做了大量的研究工作,提出了多种计算理论,但至今对于影响裂缝的主要因素、对于裂缝的计算理论并未取得一致的看法。不同观点反映在各国关于裂缝宽度计算公式有较大差别,有的甚至差了好几倍。从目前的裂缝计算模式上看,主要有三类,即黏结滑移理论(Saligar)、无滑移理论(Base)和基于试验的统计公式。英国比贝(Beeby)的有滑移和无滑移统一理论似乎代表了目前的研究方向。此外,断裂力学理论亦受到研究者的重视。

12.2.1 黏结滑移理论

1)经典理论公式

这一经典的裂缝理论由英国的 Saligar 于 1936 年提出,它认为钢筋的应力是通过钢筋与混凝土之间的黏结应力传给混凝土的,由于钢筋和混凝土之间产生相对滑移,变形不再一致而导致裂缝开展。

如图 4.12.3 所示轴心受拉构件,对于构件脱离体有[图 4.12.3a)]

$$A_s\sigma_{s1}=A_s\sigma_{s2}+A_cf_{ct} \tag{4.12.1}$$

式中:σ_{s1}——裂缝截面钢筋应力(此处混凝土应力为零);

σ_{s2}——另一即将开裂截面处,混凝土应力达 f_{ct} 时的钢筋应力;

A_s、A_c——钢筋、混凝土面积;

f_{ct}——即将开裂截面混凝土的应力。

对于钢筋脱离体[图4.12.3b)]有

$$A_s\sigma_{s1}-A_s\sigma_{s2}=\tau_m ul_{cr} \tag{4.12.2}$$

式中：τ_m——平均黏结力；

u——钢筋周长，$u=\pi d_s=4A_s/d_s$。

由式(4.12.1)和式(4.12.2)可得

$$l_{cr}=\frac{A_c f_{ct}}{\tau_m u}=\frac{A_c f_{ct}}{\tau_m}\cdot\frac{d_s}{4A_s}=\frac{f_{ct}}{4\tau_m}\cdot\frac{d_s}{\rho} \tag{4.12.3}$$

式中：ρ——配筋率，$\rho=A_s/A_c$。

将式(4.12.3)写为

$$l_{cr}=k\frac{d_s}{\rho} \tag{4.12.4}$$

此即为对黏结应力的分布图式取不同假定的通用公式，式中 k 为计算常数，可由试验或按不同 τ 的分布计算确定。

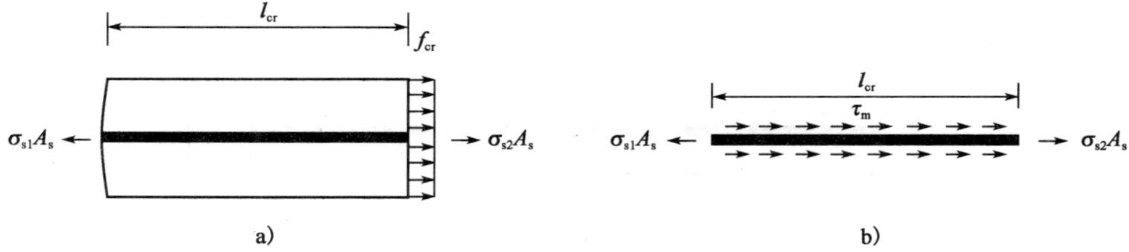

图4.12.3 轴心受拉裂缝计算

由于当 ρ 趋于无穷大时，则式(4.12.4)会得出趋于零这一与试验不一致的结果，有学者建议采用下式计算

$$l_{cr}=\left(k_1+k_2\frac{d}{\rho}\right)r \tag{4.12.5}$$

式中：k_1、k_2——试验常数；

r——反映钢筋表面形状系数。

按黏结滑移理论，裂缝宽度等于裂缝间距范围内钢筋和混凝土的变形差，即 $\Delta_m=(\bar{\varepsilon}_s-\bar{\varepsilon}_c)l_{cr}$。而混凝土的平均应变 $\bar{\varepsilon}_c$ 一般很小，若忽略不计时，平均裂缝宽度为

$$\Delta_m=\psi\frac{\sigma_s}{E_s}l_m \tag{4.12.6}$$

式中：ψ——钢筋应变不均匀系数；

l_m——平均裂缝间距。

ψ 值不但与钢筋应力有关，还与 f_{ct}、ρ、τ 等有关，很多学者对其进行了研究，给出建议，如

丹麦 Efsen 公式： $\psi=1-\dfrac{60}{\sigma_s}$ （σ_s 单位为 N/mm^2）

Hemuponckun 公式： $\psi=1-\alpha_1\left(\dfrac{\sigma_{ct}}{f_{ct}}\right)\dfrac{M_{cr}}{M}$

丁大均公式：
$$\psi = 1.1\left(1 - \frac{M_{cr}}{M}\right)$$

赵国藩公式：
$$\psi = 1 - \frac{\alpha_2 f_{ct}}{\rho\sigma_s}$$

以上式中：α_1——混凝土拉应力完整性系数；

α_2——待定常数；

M_{cr}、M——截面抗裂弯矩、作用弯矩。

基于 Saligar 理论，可以建立裂缝间钢筋应力的一般公式，即[3]

$$(\sigma_s - \Delta\sigma_s)A_s + \int_0^{l_{cr}/2} \tau_x u \mathrm{d}x = \sigma_s A_s \tag{4.12.7}$$

式中：$\sigma_s - \Delta\sigma_s$——两条裂缝中间的钢筋应力；

τ_x——x 处的黏结应力（图 4.12.4）。

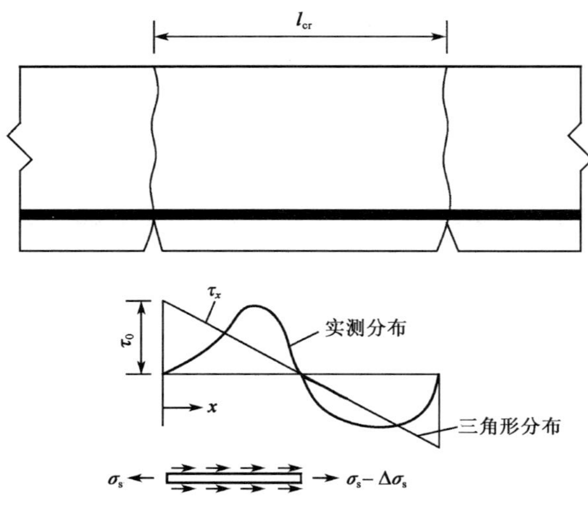

图 4.12.4　τ_x 的分布图式

若 τ_x 近似按直角三角形变化规律分布（图 4.12.4），则任一点 x 处的应力差 $\Delta\sigma_{sx}$ 为

$$\Delta\sigma_{sx} = \frac{u}{A_s}\int_0^x \left(1 - \frac{2x}{l_{cr}}\right)\tau_0 \mathrm{d}x \tag{4.12.8}$$

上述单轴拉伸模型，对于受弯构件亦可应用，这时配筋率 ρ 改为有效截面的配筋率 ρ_{te}，一般取 $h/2$ 高度范围内的受拉区混凝土的面积来计算有效截面。

对于矩形、T 形：
$$A_{te} = \frac{b}{2}h, \rho_{te} = \frac{2A_s}{bh}$$

对于倒 T、I 字形：
$$A_{te} = \frac{1}{2}bh + (b_f - b)h_f, \rho_{te} = \frac{A_s}{0.5bh + (b_f - b)h_f}$$

式中：h——梁高；

b——梁肋宽；

b_f——翼缘宽；

h_f——翼缘高（厚）。

2）受弯构件的 Hognestad 公式

对于如图 4.12.5 所示的受弯构件，采用式（4.12.7）按照美国的 Hognestad 假定，可推导出荷载作用下裂缝计算的一般公式。

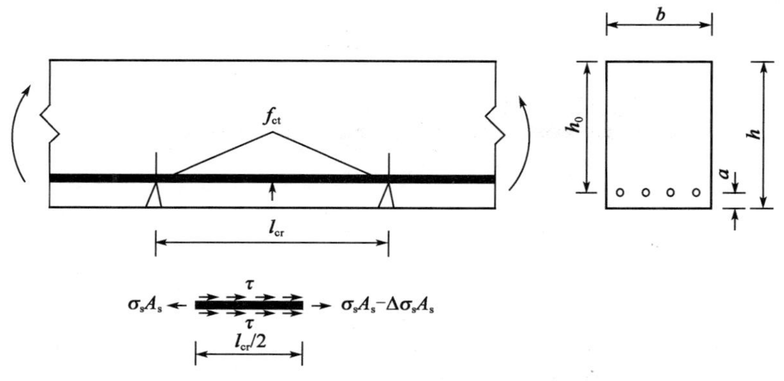

图 4.12.5 受弯构件开裂处受力图式

按 Hognestad 假定，混凝土握裹钢筋的面积为 $A_r=b\times 2a$，当裂缝间距中点 $l_{cr}/2$ 处混凝土应力达到 f_{ct}，则从力的平衡知

$$A_s\sigma_s-A_s(\sigma_s-\Delta\sigma_s)=\frac{l_{cr}}{2}\tau\sum u$$

此处 $\sum u$ 表示多根钢筋面积 $\sum u=n\pi d_s$（n 为钢筋根数）。

因为
$$A_s\Delta\sigma_s=\frac{A_r f_{ct}}{2}$$

故：$\dfrac{A_r f_{ct}}{2}=\dfrac{l_{cr}}{2}\tau\sum u$，$l_{cr}=\dfrac{A_r f_{ct}}{\tau\sum u}$，取 $\rho=\dfrac{n\pi d_s^2}{4A_r}$，则

$$l_{cr}=\frac{f_{ct}d_s}{4\tau\rho}\tag{4.12.9}$$

同样忽略混凝土的伸长量，则有

$$\Delta_{max}=\psi_1\frac{\sigma_s}{E_s}l_{cr}\tag{4.12.10a}$$

与式（4.12.6）相似。

式（4.12.10a）亦可写为

$$\Delta_{max}=\psi_1\frac{\sigma_s}{E_s}\frac{f_{ct}d_s}{4\tau\rho}\tag{4.12.10b}$$

或函数关系

$$\Delta_{max}=f\left(\psi_1,\frac{\sigma_s}{E_s},\frac{d_s}{\rho},\frac{f_{ct}}{\tau}\right)\tag{4.12.10c}$$

式中：ψ_1——裂缝增大系数。

3）受弯构件的 Tssios 公式

以滑移理论为基础的，具有代表性的还有 T. P. Tassios 提出的钢筋混凝土受弯构件裂缝计算方法，如图 4.12.6 所示。

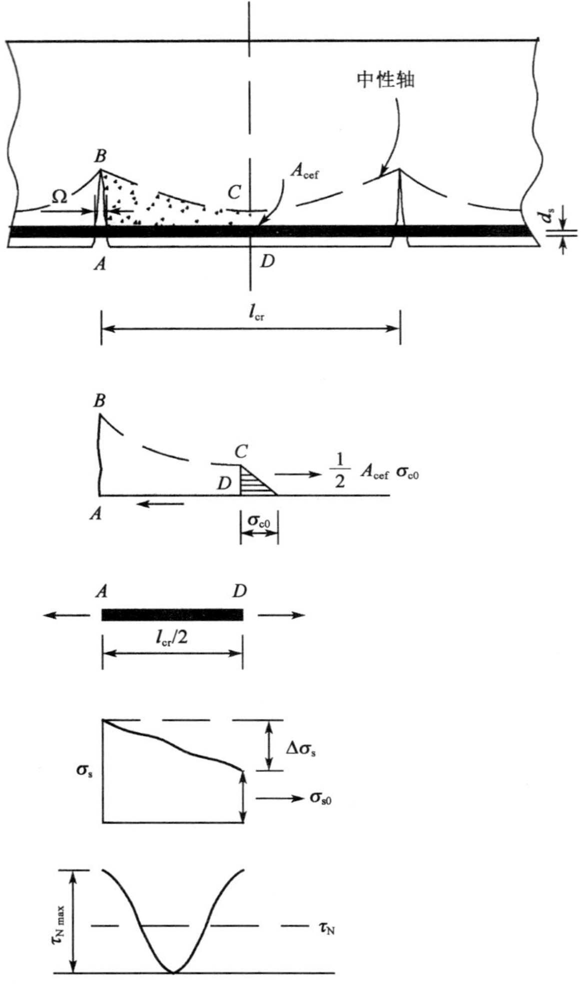

图 4.12.6　裂缝间受力状态

(1)临界裂缝间距

取 $ABCD$ 隔离体,在 CD 面上承受的力为

$$\frac{1}{2}A_{cef}\sigma_{c0}=\frac{1}{4}A_{cef}f_{cmt}$$

式中:A_{cef}——CD 截面上混凝土的面积;

σ_{c0}——D 点混凝土的应力;

f_{cmt}——混凝土的最大弯曲应力,并假定 $2\sigma_{c0}=f_{cmt}$。

由 $ABCD$ 隔离体的平衡条件

$$A_s\Delta\sigma_s=\frac{1}{4}A_{cef}f_{cmt}$$

得

$$\Delta\sigma_s=\frac{1}{4}\,\frac{f_{cmt}}{A_s/A_{cef}}$$

设配筋率$\rho_\tau = A_s/A_{cef}$（ρ_τ是Tassios假定的配筋率），则有

$$\Delta\sigma_s = \frac{1}{4}\frac{f_{cmt}}{\rho_\tau}$$

从AD面上钢筋的平衡条件可知

$$\sigma_s A_s - \sigma_{s0} A_s = \tau\pi d_s \frac{1}{2} l_{cr}$$

$$\Delta\sigma_s A_s = \pi d_s \tau \frac{l_{cr}}{2}$$

已知$A_s = \pi d_s^2/4$，故上式变为

$$\frac{\pi d_s^2}{4}\frac{1}{4}\frac{f_{cmt}}{\rho_\tau} = \tau\pi d_s \frac{l_{cr}}{2}$$

$$l_{cr} = \frac{1}{8}\frac{f_{cmt}}{\tau}\frac{d_s}{\rho_\tau} \tag{4.12.11}$$

式中：l_{cr}——裂缝平均间距；

τ——钢筋与混凝土之间的黏结应力（假定平均分布）。

式（4.12.11）也可以改写为下列普遍表达式

$$l_{cr} = K_1 K_2 \frac{d_s}{\rho_\tau} \tag{4.12.12}$$

式中：K_1——反映混凝土极限拉伸强度与黏结应力的有关参数；

K_2——与结构受力方式有关的系数。

（2）裂缝宽度

裂缝宽度的计算式为

$$\Delta_f = \varepsilon_{sm} l_{cr} \tag{4.12.13}$$

式中：ε_{sm}——两相邻裂缝间钢筋的平均应变，混凝土伸长量忽略不计。这里给出特征裂缝宽度为

$$\Delta_{fc} = 1.7\varepsilon_{sm} l_{cr} \tag{4.12.14}$$

所谓特征裂缝宽度Δ_{fc}是指假定裂缝宽度属于正态分布，其均方差为0.4，失效率为5%时的裂缝宽度。

最大裂缝宽度为

$$\Delta_{max} = 2.5\varepsilon_{sm} l_{cr} \tag{4.12.15}$$

12.2.2 无滑移理论

20世纪60年代，由瑞典的Broms和Base提出，假设沿钢筋的水平面上钢筋与混凝土之间不存在相对滑移，钢筋处的裂缝宽度应该为零，裂缝开展的外形呈楔形，在混凝土边沿上裂缝最宽。按无滑移理论，裂缝形成的重要原因是钢筋周围混凝土的变形所引起的。两条裂缝之间混凝土的应力与应变的分布可按弹性力学的方法解得。裂缝的最大宽度与混凝土保护层厚度c、构件表面裂缝间的平均应变ε_m成正比，即

$$\Delta_{\mathrm{fmax}} = kc\varepsilon_{\mathrm{m}} \tag{4.12.16}$$

式中:k——有关常数,与钢筋表面类型有关,此理论已为英国 BS8110 规范所采用。

12.2.3 基于试验的统计公式

无论是有滑移理论,还是无滑移理论,均不能全面反映裂缝机理的全部本质,均须根据试验加以修正而提出来半理论半经验的公式。Grergely 和 Lutz 的统计分析最具有代表性,他们对六组不同研究者所进行的 612 个底面裂缝宽度和 355 个侧面裂缝宽度的实测数据进行了统计分析,给出梁底裂缝宽度为

$$\Delta_{\max} = k\beta\sigma_{\mathrm{s}}\sqrt[3]{a_{\mathrm{b}}A_{\mathrm{r}}} \tag{4.12.17}$$

式中:k——计算常数,由试验而定;

β——应变梯度参数,$\beta = (h - x)/(h_0 - x)$;

a_{b}——最下排钢筋离梁底的距离;

A_{r}——一根钢筋周围有效混凝土的面积,$A_{\mathrm{r}} = A_{\mathrm{e}}/n$;

A_{e}——与钢筋面积形心相重合的外围混凝土面积;

n——钢筋根数。

此式被美国 ACI 规范所采用,此方法亦被中国交通行业规范(JTG 规范)所采用。值得注意的是,美国 AASHTO 与 ACI 规范均已停止使用裂缝宽度来控制混凝土结构的正常使用性能,转而通过控制受拉钢筋的应力分布情况来达到这个目的。

12.2.4 有滑移—无滑移统一理论

由 Beeby 提出,认为混凝土完全开裂之前,已经产生相当数量的黏结破坏,其破坏机理可能是由于纯滑移产生,也可能是由于内部开裂产生,但主要因素很可能是后者。裂缝宽度是有滑移与无滑移的组合,即

$$\Delta_{\max} = \left[K_1 c + K_2\left(\frac{A_{\mathrm{r}}}{d_{\mathrm{s}}}\right)\right]\frac{\sigma_{\mathrm{s}}}{E_{\mathrm{s}}} \tag{4.12.18}$$

式中:c——保护层厚度;

A_{r}——单根钢筋的握裹面积;

K_1、K_2——计算参数。

此理论被中国建筑行业规范(GBJ 规范)所采用,并演变为

$$\Delta_{\mathrm{m}} = K_{\mathrm{w}}\Psi\frac{\sigma_{\mathrm{s}}}{E_{\mathrm{s}}}\left(K_1 c + K_2\frac{d_{\mathrm{s}}}{\rho_{\mathrm{se}}}\right) \tag{4.12.19a}$$

$$l_{\mathrm{m}} = K_1\left(K_1 c + K_2\frac{d_{\mathrm{s}}}{\rho_{\mathrm{se}}}\right) \tag{4.12.19b}$$

式中系数 K 根据理论和试验研究分析结果确定。

12.2.5 王铁梦模型

基于有滑移理论,王铁梦认为裂缝计算模型中,应给出裂缝间距和宽度的最大值、最小值

和平均值。并假定：

①黏结应力 τ 与滑移成正比，即 $\tau = Cs$（C 为比例系数，s 为滑移量）。

②裂缝间距与混凝土保护层的厚度之比小于或等于0.1。

1）中心受拉混凝土构件

对如图4.12.7所示的中心受拉钢筋混凝土构件建立裂缝分析模型。

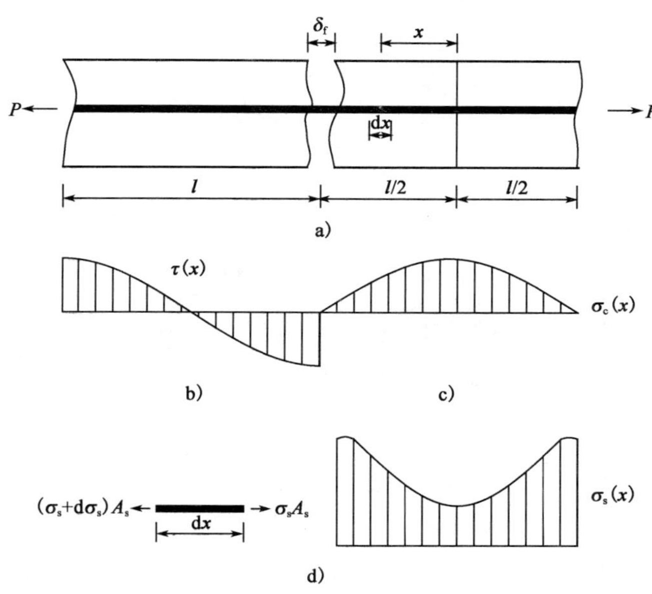

图4.12.7　中心受拉构件开裂内力分析模型

由图建立平衡方程式

$$d\sigma_s(x)A_s - n\pi d_s dx\tau(x) = 0 \tag{4.12.20a}$$

即

$$\frac{d\sigma_s(x)}{dx} - \frac{n\pi d_s \tau(x)}{A_s} = 0 \tag{4.12.20b}$$

将 $\tau(x) = Cs$，$\dfrac{d\sigma_s(x)}{dx} = E_s\dfrac{d^2s}{d^2x}$ 及 $A_s = n\pi\dfrac{d_s^2}{4}$ 代入式（4.12.20b）中有

$$\frac{d^2s}{dx^2} - \frac{4C}{E_s d_s}s = 0 \tag{4.12.20c}$$

令 $\beta = \sqrt{\dfrac{4C}{E_s d_s}}$，并解方程式（4.12.20c）有

$$s = A\mathrm{ch}\beta_x + B\mathrm{sh}\beta x \tag{4.12.21a}$$

由在两裂缝中点，$x=0$，$s=0$ 及在裂缝处，$x=\pm l/2$，$\sigma_s(l/2)=\sigma_{smax}=P/A_s$，得

$$A = 0, B = \frac{P}{A_s E_s \beta \mathrm{ch}\dfrac{\beta l}{2}}$$

得位移的解为

$$s(x)=\frac{p}{A_sE_s\beta\text{ch}\dfrac{\beta l}{2}}\text{sh}\beta x=\frac{\sigma_{smax}}{E_s\beta\text{ch}\dfrac{\beta l}{2}}\text{sh}\beta x \tag{4.12.21b}$$

最大位移发生在 $x=l/2$ 处，为

$$s_{max}=\frac{\sigma_{smax}}{E_s\beta}\text{th}\frac{\beta l}{2} \tag{4.12.21c}$$

黏结应力分布为

$$\tau(x)=Cs=\frac{C\sigma_{smax}}{E_s\beta\text{ch}\dfrac{\beta l}{2}}\text{sh}\beta x \tag{4.12.22}$$

钢筋应力分布为

$$\sigma_s(x)=E_s\frac{\text{d}s}{\text{d}x}=\sigma_{smax}\frac{\text{ch}\beta x}{\text{ch}\dfrac{\beta l}{2}} \tag{4.12.23}$$

以裂缝处为端点，取一包含钢筋在内的混凝土微段，内力的平衡条件有

$$\sigma_{smax}A_s=\sigma_s(x)A_s+\sigma_c(x)A_c$$

解得

$$\sigma_c(x)=\sigma_{smax}\rho\left(1-\frac{\text{ch}\beta x}{\text{ch}\dfrac{\beta l}{2}}\right) \tag{4.12.24}$$

式中：ρ——取筋率，$\rho=\dfrac{A_s}{A_c}$；

C——混凝土对钢筋变形的阻力系数，由经验知，它与配筋率有关，配筋率越小，阻力越大，可取为：

$$C=\frac{1}{\sqrt{\rho}}\qquad(\text{N/mm}^3) \tag{4.12.25}$$

当 $\sigma_c=f_{ct}$时，混凝土开裂，则开裂荷载 P_c 为

$$P_c=\sigma_{smax}A_s=\frac{f_{ct}A_s}{\rho\left(1-\dfrac{\text{ch}\beta x}{\text{ch}\dfrac{\beta l}{2}}\right)} \tag{4.12.26}$$

混凝土的应力在裂缝中间（$x=0$）处为最大。当构件裂缝中间的应力已经达到f_{ct}而未开裂时，此时裂缝间距为最大（l_{max}），但裂缝间的混凝土刚达到抗拉强度即开裂，则此裂缝间距为最小（l_{min}），即 $l_{max}=2l_{min}$。裂缝的最小间距可由下列条件确定

$$\sigma_c=f_{ct}=E_c\varepsilon_{cut}$$

式中：ε_{cut}——混凝土极限拉伸变形。

由于$\text{ch}\beta x|_{x=0}=1$，则

$$\sigma_c=\sigma_{smax}\rho\left(1-\text{ch}^{-1}\frac{\beta l}{2}\right) \tag{4.12.27}$$

亦即

$$l_{\min}=\frac{1}{\beta}\mathrm{arcch}\frac{\sigma_{\mathrm{smax}}\rho}{\sigma_{\mathrm{smax}}\rho-E_{\mathrm{c}}\varepsilon_{\mathrm{cut}}} \tag{4.12.28a}$$

$$l_{\max}=2l_{\min} \tag{4.12.28b}$$

若取平均裂缝间距为 l_{m}，则根据假定①及滑移理论，平均裂缝宽度为

$$\Delta_{\mathrm{m}}=2(s_{\mathrm{s}}-s_{\mathrm{c}}),x=l/2(\text{裂缝处})$$

将式(4.12.21)和式(4.12.27)代入上式有

$$\begin{aligned}\Delta_{\mathrm{m}}&=2\left[s_{\max}-\int_0^{l/2}\frac{\sigma_{\mathrm{c}}(x)}{E_{\mathrm{c}}}\mathrm{d}x\right]=2\left[\frac{\sigma_{\mathrm{smax}}}{E_{\mathrm{s}}\beta}\mathrm{th}\frac{\beta l}{2}-\int_0^{l/2}\frac{\sigma_{\mathrm{c}}(x)}{E_{\mathrm{c}}}\mathrm{d}x\right]\\&=2P\left(\frac{\mathrm{th}\frac{\beta l}{2}}{\beta A_{\mathrm{s}}E_{\mathrm{s}}}+\frac{\mathrm{th}\frac{\beta l}{2}}{\beta E_{\mathrm{c}}A_{\mathrm{c}}}-\frac{l}{2E_{\mathrm{c}}A_{\mathrm{c}}}\right)\end{aligned} \tag{4.12.29}$$

最大裂缝宽度和最小裂缝宽度可分别由 $l_{\max}$ 和 $l_{\min}$ 代入上式求得。

2)受弯构件(图4.12.8)

假定开裂截面中性轴 z_{f} 和未开裂截面中性轴 z_0，混凝土应变呈直线分布，并采用弹性理论，由图4.12.8所示矩形开裂截面，有平衡方程

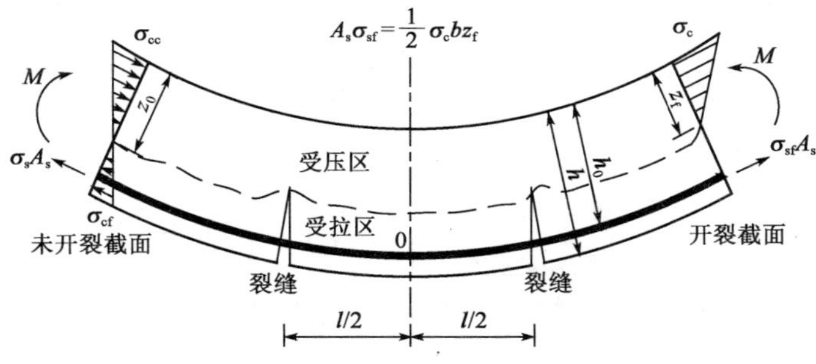

图4.12.8　受弯构件应力分布

由弹性假定有

$$\varepsilon_{\mathrm{sf}}=\varepsilon_{\mathrm{c}}\frac{h_0-z_{\mathrm{f}}}{z_{\mathrm{f}}}\approx\varepsilon_{\mathrm{c}}\frac{h-z_{\mathrm{f}}}{z_{\mathrm{f}}}$$

$$\sigma_{\mathrm{c}}=E_{\mathrm{c}}\varepsilon_{\mathrm{c}}$$

$$\sigma_{\mathrm{sf}}=E_{\mathrm{s}}\varepsilon_{\mathrm{sf}}=\sigma_{\mathrm{c}}n_{\mathrm{s}}\frac{h-z_{\mathrm{f}}}{z_{\mathrm{f}}}$$

代入平衡方程并整理有

$$z_{\mathrm{f}}^2+\frac{2n_{\mathrm{s}}A_{\mathrm{s}}}{b}z_{\mathrm{f}}-\frac{2A_{\mathrm{s}}n_{\mathrm{s}}h}{b}=0$$

解得

$$z_{\mathrm{f}}=n_{\mathrm{s}}\rho\left(\sqrt{1+\frac{2}{n_{\mathrm{s}}\rho}}-1\right)h \tag{4.12.30}$$

对于未开裂截面，则由平衡方程

$$A_s\sigma_s+\frac{1}{2}(h-z_0)b\sigma_{ct}=\frac{1}{2}bz_0\sigma_{cc}$$

采用与开裂截面相同的方法得

$$z_0=\left(\frac{n_s\rho+\frac{1}{2}}{1+n\rho}\right)h \tag{4.12.31}$$

其中

$$n_s=E_s/E_c$$

$$\rho=A_s/A=A_s/bh$$

取开裂截面与未开裂截面之间的一段梁为隔离体，在任一截面 x 处，其内、外力矩的平衡方程为（取 $h_0=h$）

$$\sigma_s(x)A_s\left(h-\frac{z_0}{3}\right)+\sigma_{ct}(x)\frac{h-z_0}{2}\frac{2bh}{3}=M$$

在开裂截面，$\sigma_s=\sigma_{sf}=\sigma_{smax}$，$\sigma_{ct}=0$，$z_0=z_f$，可求得

$$\sigma_{sf}=\frac{M}{A_s\left(h-\frac{z_f}{3}\right)} \tag{4.12.32}$$

若假定两裂缝间钢筋应力分布与中心受拉杆件相同，即

$$\sigma_s(x)=\sigma_{sf}\frac{\mathrm{ch}\beta x}{\mathrm{ch}\beta\frac{l}{2}}$$

代入平衡方程，经运算得混凝土的应力分布为

$$\sigma_{ct}(x)=\frac{3M}{(h-z_0)bh}\left[1-\frac{\left(h-\frac{z_0}{3}\right)\mathrm{ch}\beta x}{\left(h-\frac{z_f}{3}\right)\mathrm{ch}\frac{\beta l}{2}}\right] \tag{4.12.33}$$

当 $\sigma_{cf}=f_{ct}$时，混凝土即开裂，即 $\sigma_{ct}(x)=f_{ct}=E_c\varepsilon_{cut}$。开裂发生在 $x=0$ 处，有

$$\mathrm{ch}\frac{\beta l}{2}\left[\frac{3M}{(h-z_0)bh}-f_{ct}\right]=\frac{3M\left(h-\frac{z_0}{3}\right)}{(h-z_0)\left(h-\frac{z_f}{3}\right)bh}$$

若 $x=0$，混凝土应力达f_{ct}，但尚未开裂，则得最大裂缝间距 l_{max}为

$$l_{max}=\frac{2}{\beta}\mathrm{arcch}\frac{M\left(h-\frac{z_0}{3}\right)}{\left(h-\frac{z_f}{3}\right)\left(M-\frac{h-z_0}{3}bhE_c\varepsilon_{cut}\right)} \tag{4.12.34}$$

与中心受拉相向，可得裂缝宽度为

$$\Delta=2\left[\sigma_{smax}\frac{1}{E_s\beta}\mathrm{th}\frac{\beta l}{2}-\frac{3M}{2(h-z_0)bhE_c}+\frac{3M}{(h-z_0)bhE_c}\frac{h-\frac{z_0}{3}}{\left(h-\frac{z_f}{3}\right)\beta}\mathrm{th}\frac{\beta l}{2}\right] \tag{4.12.35}$$

将最大裂缝间距 l_{max}、最小裂缝间距 $l_{min}=\frac{1}{2}l_{max}$ 及平均裂缝间距 $l_m=(l_{max}+l_{min})/2$ 代入上式，即可得相应的最大、最小和平均裂缝宽度。

$$\Delta_{max}=\frac{2M}{\left(h-\frac{z_f}{3}\right)\beta}\mathrm{th}\frac{\beta l_{max}}{2}\left[\frac{1}{A_sE_s}+\frac{3\left(h-\frac{z_0}{3}\right)}{(h-z_0)bhE_c}\right]-\frac{3Ml_{max}}{(h-z_0)bhE_c}\tag{4.12.36}$$

Δ_{min} 和 Δ_m 分别以 l_{min} 和 l_m 置换 l_{max} 即可。

王铁梦对工字形截面受弯构件也作了详细推导，见文献[1]。

12.2.6　裂缝宽度计算的规范公式及其比较

(1)《公路钢筋混凝土及预应力混凝土桥涵设计规范》(JTG D62—2004)——统计方法

$$\Delta_{fmax}=c_1c_2c_3\frac{\sigma_s}{E_s}\frac{30+d_s}{0.28+10\rho}\tag{4.12.37}$$

式中符号意义见文献[4]。

(2)铁路桥涵设计规范(TB 10002.3—2005)——统计方法

$$\Delta_f=k_1k_2r\frac{\sigma_s}{E_s}\left(80+\frac{8+0.4d_s}{\sqrt{\rho_z}}\right)\tag{4.12.38}$$

式中符号意义见文献[5]，偏压构件的裂缝计算另有规定。

(3)混凝土结构设计规范(GB 50010—2010)——统计方法

$$\Delta_{max}=\alpha_{cr}\psi\frac{\sigma_{sk}}{E_s}\left(1.9c+0.08\frac{d_s}{\rho_{te}}\right)\tag{4.12.39}$$

式中符号含义见文献[6]。

(4)ACI318 规范——统计方法

$$\Delta=11.02\beta\sigma_s\sqrt[3]{a_bA_r}\times10^{-6}\tag{4.12.40}$$

式中：β——从受拉混凝土表面及从钢筋中心至中性轴距离之比；

其他符号含义见式(4.12.17)解释。

(5)BS8110 规范——无滑移理论

$$\Delta=\frac{3a_{cr}\varepsilon_m}{1+2\left(\frac{a_{cr}-c_{min}}{h-x}\right)}\tag{4.12.41}$$

式中：a_{cr}——计算裂缝宽度的混凝土表面至最近钢筋的距离，a_{cr} 的取法可见图 4.12.9，同一截面的裂缝计算宽度不同，a_{cr} 大者，裂缝边宽；

ε_m——在裂缝间钢筋的平均应变，计算时考虑了因混凝土包围而产生的软化效应，具体为：$\varepsilon_m=\varepsilon_l-\frac{b_1(h-x)(a'-x)}{3E_sA_s(d_s-x)}$；

c_{min}——受拉钢筋的最小保护层厚度；

h——截面高度；

x——受压区高度；

ε_l——计算所取水平处的变形，按下式计算：$\varepsilon_l = \dfrac{M}{\left(\dfrac{1}{2}E_c\right)I_c}x_1$；

x_1——从中性轴到计算裂缝宽度点（即要计算 ε_l 处）的距离。

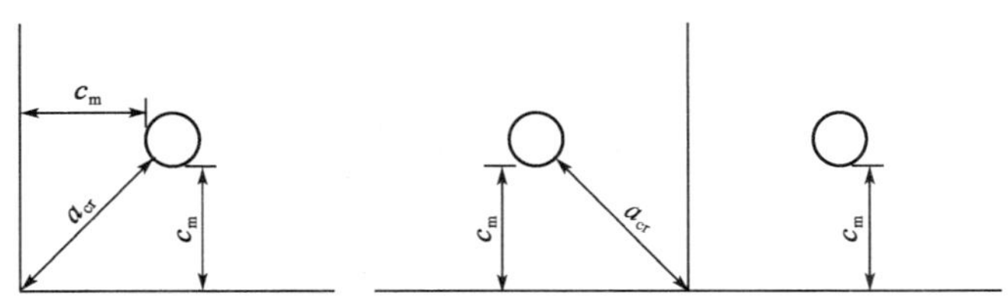

图 4.12.9　BS8110 规范裂缝宽度计算公式的 a_{cr} 取值

并有三种特殊情况：

①若 ε_m 为负值，表明不开裂。

②若 $a_{cr}=c_{min}$，则公式简化为 $\Delta=3c_{min}\varepsilon_m$，与无滑移理论本质一致。

③当 a_{cr} 很大时，Δ 的增大有一极限，$\Delta_{max}=1.5(h-x)\varepsilon_m$。由此式可见，$h-x$ 很小时，Δ_{max} 也很小，也可说明为什么在一般钢筋混凝土板中不会发生很宽的裂缝。

(6) CEB-TFP 模式规范——有滑移理论

$$\Delta = l_{max}(\varepsilon_{sm}-\varepsilon_{cm}-\varepsilon_{cs}) \tag{4.12.42}$$

式中：l_{max}——裂缝间距；

ε_{sm}——在 l_{max} 段内钢筋平均应变；

ε_{cm}——在 l_{max} 段内混凝土的平均应变；

ε_{cs}——由于收缩引起的混凝土应变。

关于 l_{max} 及 $\varepsilon_{sm}-\varepsilon_{cm}$ 的取值，该规范有详细规定[7]。

(7) 苏联 ChhII 规范——统计法

1984 年的《混凝土和钢筋混凝土设计规范》对受拉、受弯及偏压构件的垂直截面裂缝宽度采用了统计回归公式。

$$\Delta = \delta\varphi_l\eta\frac{\sigma_s}{E_s}20(3.5-100\rho)\sqrt[3]{d_s} \tag{4.12.43}$$

式中：δ——反映受力性质的系数；对受弯及偏压构件 $\delta=1.0$；对受拉构件 $\delta=1.2$；

φ_l——短、长期荷载作用系数，对于短期荷载 $\varphi_l=1.0$，对于多次反复荷载及长期荷载，则按混凝土的不同采用不同系数[7]；

η——考虑钢筋表面形状系数；

ρ——截面配筋率；

σ_s——钢筋应力，取边排钢筋计算，另有规定。

由于混凝土组成材料复杂，养护条件及使用后所处的环境不同，其裂缝开展有很大差异。尽管提出的计算理论有好几种，建议公式几十个，但各种公式计算同样条件的构件，其差别很大。

图4.12.10～图4.12.13分别给出英国Beey对板受弯、波兰的Syhula对T梁受弯、矩形梁受弯及窄、宽腹T梁受弯裂缝用不同规范的计算对比情况，有关讨论参见文献[7]及文献[8]。

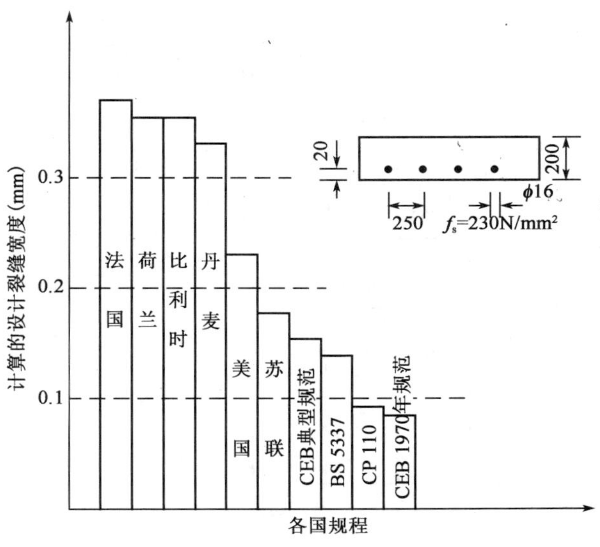

图4.12.10　A. W. Beey的裂缝宽度对比

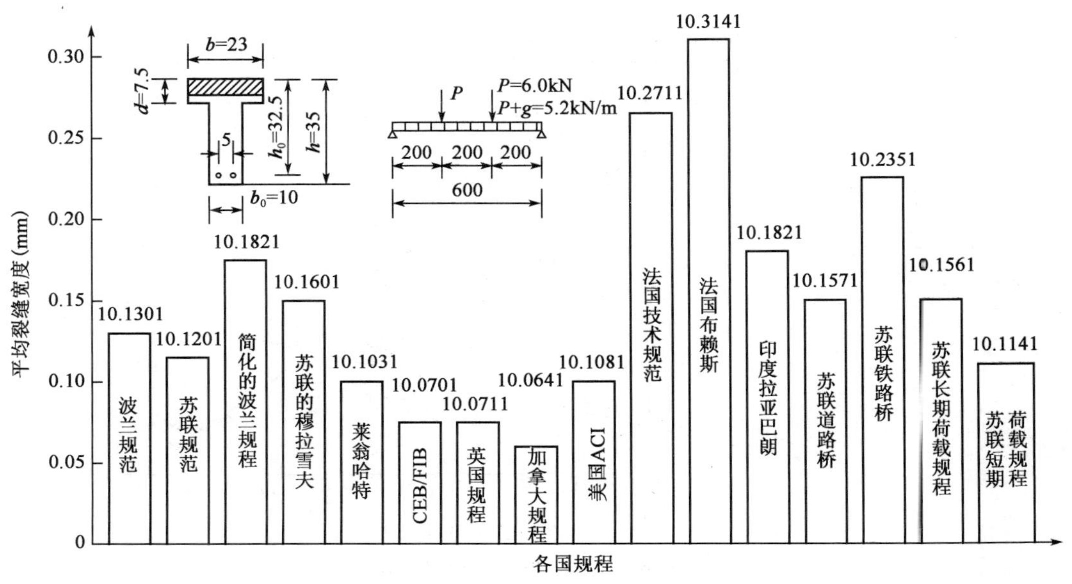

图4.12.11　S. Sygula的裂缝宽度对比(尺寸单位:mm)

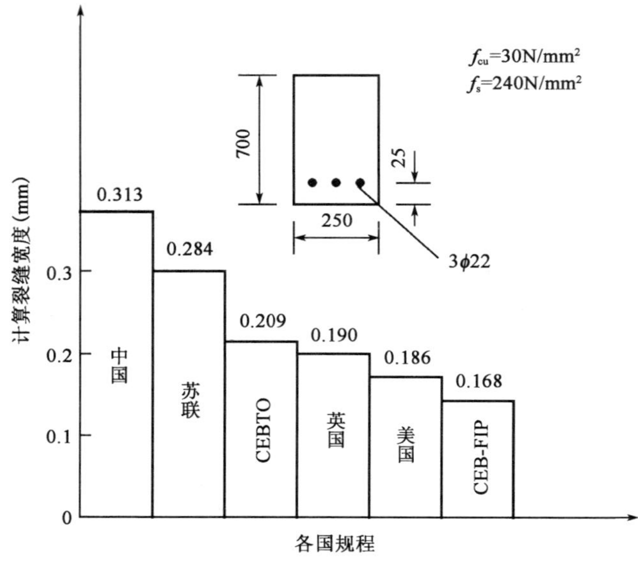

图 4.12.12　矩形梁受弯裂缝宽度对比

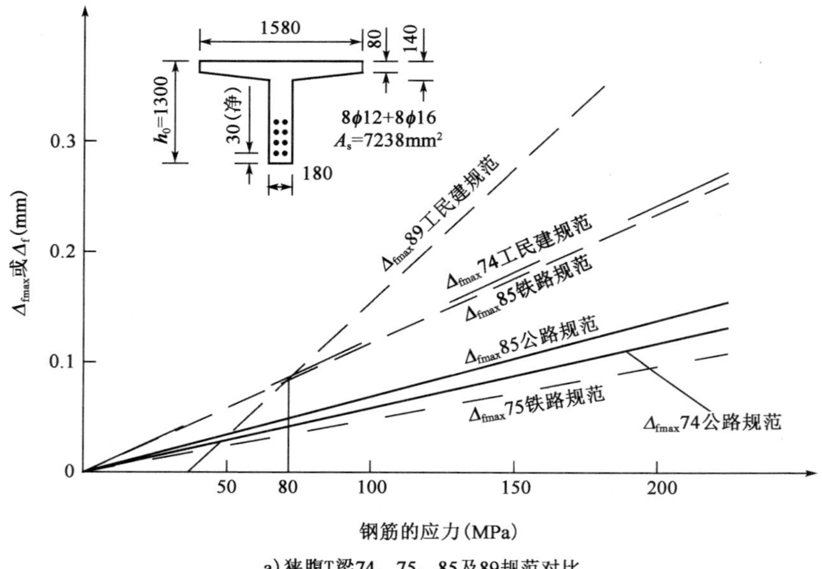

a) 狭腹T梁74、75、85及89规范对比

图　4.12.13

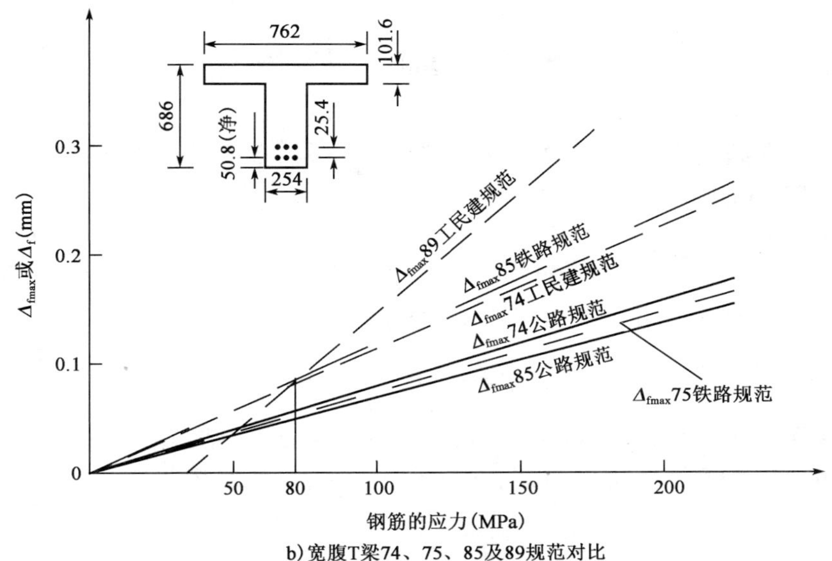

b)宽腹T梁74、75、85及89规范对比

图4.12.13　T形梁受弯裂缝宽度对比

12.2.7　部分预应力混凝土裂缝计算方法简介

允许开裂的部分预应力混凝土构件(即B类构件)的裂缝宽度计算,目前大致采用两种方法:一是按弹性力学计算混凝土受拉边缘的名义拉应力或钢筋应力增量,控制计算应力的限制来代替裂缝宽度的计算,目前公路桥梁设计多采用此方法;二是直接计算裂缝宽度,使其不超过容许值。以下介绍几种部分预应力混凝土裂缝宽度计算。

(1)CEB-FIP建议公式(1970年)

$$\Delta_{max} = (\Delta\sigma_p - 40) \times 10^{-3} \qquad (mm) \tag{4.12.44a}$$

当荷载重复100次以上时为

$$\Delta_{max} = \Delta\sigma_p \times 10^{-3} \qquad (mm) \tag{4.12.44b}$$

式中:$\Delta\sigma_p$——预应力钢筋自混凝土应力为零时算起的应力增量(应注明$\Delta\sigma_p$的单位)。

(2)日本《部分预应力混凝土梁设计准则》(草案)建议公式

$$\Delta = [4c + 0.7(c_s - d_s)]\left(\frac{\sigma_{se}}{E_s} + \varepsilon_{cs}\right) \tag{4.12.45}$$

式中:Δ——混凝土表面裂缝宽度(cm);

c——纵筋的保护层厚度(cm);

c_s——纵筋的中心距(cm);

d_s——纵筋的直径(cm);

E_s——钢筋弹性模量;

ε_{cs}——混凝土的收缩应变,通常取150×10^{-6};

σ_{se}——由内力S_e引起的钢筋应力增量,且$S_e = S_p + k_2 S_r$,其中S_p、S_r分别为恒、活荷载的内力,对列车荷载k_2可取为0.2。

（3）英国 E. W. Bennett 建议公式

$$\Delta = \beta_1 + \beta_2 \frac{\sigma_s}{E_s} c \qquad (\mathrm{mm}) \tag{12.4.46}$$

式中：c——钢筋最小保护层厚度；

β_1——残余裂缝宽度及预应力钢筋受拉前在混凝土梁底部已有的微小开裂，其值为 0.02～0.04mm；

β_2——两套系数试验常数，当为螺纹钢筋时，该值为 3.8 和 6.5；

σ_s、E_s——普通钢筋的拉应力和弹性模量。

（4）Nawy 建议公式（Ks1 单位，4 磅 1 平方英尺）

$$\Delta_{\max} = \alpha \times 10^{-5} \frac{A_{ct}}{\beta \sum u} \Delta\sigma_p \tag{4.12.47}$$

式中：α——系数，先张梁，$\alpha = 5.85$；后张梁，$\alpha = 6.53$；后张无黏结梁，$\alpha = 6.83$；

β——由受拉面到中性轴的距离与钢筋重心到中性轴距离之比；

A_{ct}——混凝土受拉面积；

$\sum u$——钢筋周长之和；

$\Delta\sigma_p$——预应力筋的应力增量或钢筋中的应力。

（5）赵国藩建议公式[9]

$$\Delta_{\max} = c_1 c_2 c_3 \frac{\Delta\sigma_s}{E_s} \left(\frac{30 + d_{se}}{0.28 + 10\rho_e} \right) \qquad (\mathrm{mm}) \tag{4.12.48}$$

式中：$\Delta\sigma_s$——非预应力钢筋的应力或预应力钢筋的应力增量，对受弯构件，可近似按下式计算：$\Delta\sigma_s = \dfrac{M - M_0}{0.87 h_0 (A_s + A_p)} = \dfrac{(1-\lambda) M}{0.87 h_0 (A_s + A_p)}$

M——使用弯矩；

M_0——消压弯矩；

A_p——预应筋面积；

d_{se}——钢筋平均直径，其值为：$d_{se} = \dfrac{n_1 d_1 + n_2 d_2}{n_1 + n_2}$；

n_1、n_2——预应力筋、普通筋的根数；

d_1、d_2——预应力筋、普通筋的直径；

ρ_e——综合配筋率，其值为：$\rho_e = \dfrac{A_s + A_p}{b h_0 + (b_f - b) h_f}$，当 $\rho_e \geqslant 0.02$ 时，取 $\rho_e = 0.02$；

b——截面肋宽；

b_f——受拉翼缘宽度；

h_f——受拉翼缘厚度；

c_1——考虑荷载特征的影响系数，对于受弯构件，$c_1 = 1.0$；

c_2——考虑钢筋黏结特性的影响系数，其值为：$c_2 = \dfrac{\alpha_1 n_1 d_1 + \alpha_2 n_2 d_2}{(n_1 + n_2) d_{se}}$；

α_1——预应力束类型系数，钢绞线，$\alpha_1 = 1.4$；无黏结钢筋束，$\alpha_1 = 2.5$；

α_2——普通钢筋类型系数，螺纹筋，$\alpha_2 = c_2 = 1.0$；光圆钢筋，$\alpha_2 = c_2 = 1.4$；

c_3——为长期及重复荷载影响系数，其值为：$c_3 = 1 + 0.5\dfrac{N_0}{N}$；

N_0——作用在裂缝截面的长期或重复荷载效应；

N——同一截面上的总荷载效应。

(6)荷兰规范建议公式(1974年)

$$\Delta_{\max} = 0.8\Delta\sigma_{sp}\left(2c + 2.5\frac{d_s}{\rho_{sp}}\right)\times 10^{-5} \quad (\text{mm}) \tag{4.12.49}$$

式中：$\Delta\sigma_{sp}$——预应力筋与钢筋重心处的钢筋应力增量(消压算起)；

d_s——预应力筋和普通钢筋的平均直径；

ρ_{sp}——计算裂缝宽度配筋率，$\rho_{sp} = 100(A_p + A_s)/bh_0$；

b——翼板宽度；

h_0——力筋重心至受压边缘的距离。

(7)丁大均建议公式[2]

原建议
$$\Delta_{\max} = \left(80 + 0.16\frac{d_s}{\rho}\right)\frac{\Delta\sigma_{p1}}{E_p} \tag{4.12.50a}$$

文献[2]修改为

$$\Delta_{\max} = \left[80 + 0.16(1 + 2\gamma_1)\frac{d_s}{\rho}\right]\frac{1}{E_p}\left(\sigma_p - 0.7\frac{M_{cr}}{A_p\eta h_0}\right) \tag{4.12.50b}$$

该式的讨论及符号意义见文献[2]。

(8)国内有关规范建议公式

中国铁路桥梁规范采用“特征裂缝宽度”概念(指小于该特征值的保证率为95%的裂缝宽度)，建议公式形式为

$$\Delta_{fk} = \alpha_1\alpha_2\left(2.4c_s + \alpha_3\frac{d_{sp}}{\rho_{sp}}\right)\frac{\Delta\sigma_s}{E_s} \quad (\text{mm}) \tag{4.12.51}$$

式中：c_s——组合筋侧面的净保护层厚度；

d_{sp}——力筋换算直径，$d_{sp} = 4(A_s + A_p)/\sum u$；

ρ_{sp}——力筋有效配筋率，$\rho_{sp} = (A_s + A_p)/A_{ce}$；

A_{ce}——受钢筋影响的有效混凝土截面面积，按图4.12.14计算；

$\Delta\sigma_s$——非预应力筋的应力或预应力筋的应力增量(从消压算起)；

α_1——裂缝宽度扩大系数，中国铁路桥梁规范建议取1.8，部分预应力混凝土结构设计建议梁式结构1.1，板式结构1.2；

α_2——裂缝长期增长系数，中国铁路桥梁规范建议取1.5，部分预应力混凝土结构设计建议短期组合1.2，长期组合1.4；

α_3——力筋黏结特征系数，规定变形钢筋$\alpha_3 = 0.02$(后张法$\alpha_3 = 0.04$)，光圆筋或钢丝$\alpha_3 = 0.04$(后张法$\alpha_3 = 0.06$)；两种钢筋混合使用可取其平均值。

图4.12.15是几个公式计算的裂缝宽度对比，可见式(4.12.50a)值较小。

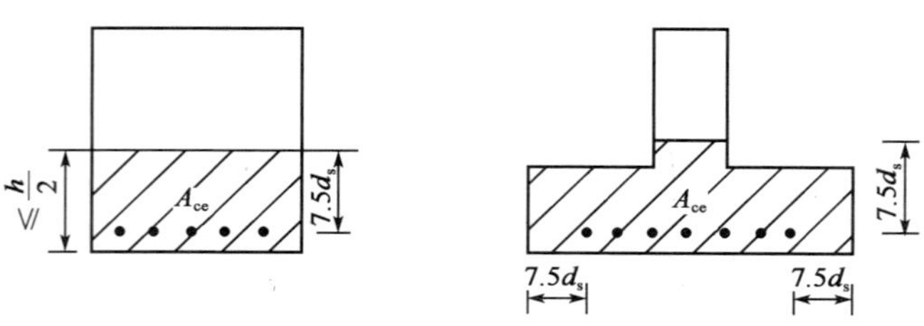

图 4.12.14　有效混凝土面积

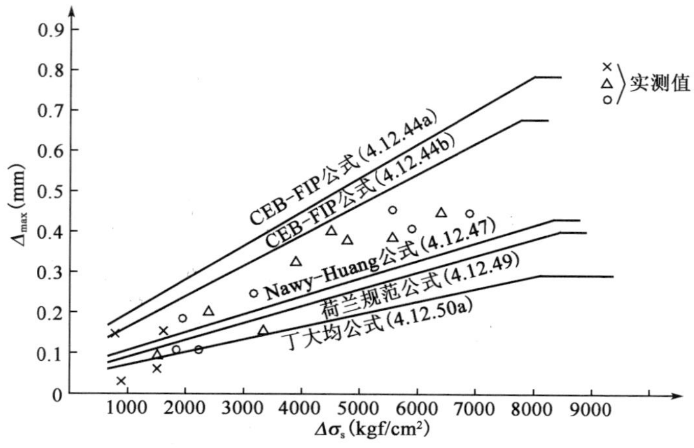

图 4.12.15　几个裂缝公式计算值对比

以上建议公式，大多由力筋应力增量 $\Delta\sigma_s$ 替换钢筋混凝土裂缝计算中的应力 σ_s，按钢筋混凝土裂缝计算理论思路进行计算，且计算结果相差较大，尚难以统一。这说明当前对于部分预应力混凝土裂缝的形成及开展机理还未完全认识，尚待进一步试验研究。

12.2.8　裂缝计算理论小结

（1）裂缝宽度及其量测

裂缝宽度一般可写为

$$\Delta = \Delta_s + \Delta_c + \Delta_f + \Delta_q \tag{4.12.52}$$

对于轴拉构件

$$\Delta_{Nmax} = \Delta_s + \Delta_c$$

对于受弯构件

$$\Delta_{Nmax} = \begin{cases} \Delta_s + \Delta_{c侧} & （侧面） \\ \Delta_s + \Delta_c + \Delta_f + \Delta_q & （承拉面） \end{cases}$$

式中：Δ_s——钢筋与混凝土产生相对滑移所形成的裂缝宽度；

Δ_c——包裹钢筋的混凝土的弹性回缩值，与保护层厚度 c 呈线性关系；

Δ_f——受弯构件挠曲变形使裂缝增加部分；

Δ_q——钢筋表面处到外表面总的剪切变形。

实测测量的裂缝宽度是构件表面的宽度，即 Δ_{max}，且很难将各部分完全分开。

（2）斜裂缝、剪切裂缝和受扭裂缝

当主拉应力过大时，会出现比直裂缝更为危险的斜裂缝，斜裂缝的机理与剪跨比有密切关系。定义某截面的弯曲应力 σ 与剪应力 τ 之比为剪跨比 m，则当 $m<1$ 时，产生斜压裂缝；$m=1\sim3$ 时，首先出现斜裂缝，然后受压区混凝土被压坏，发生剪压破坏；当 $m>3$ 时，首先出现斜裂缝，然后沿斜裂缝被拉断，最为危险，应尽量避免。

对于剪切裂缝、受扭裂缝及各种复杂应力状态下的混凝土开裂问题，还几乎没有一种规范对此做出建议，有少数涉及其中一小部分内容，但不完善，这方面的研究工作还有待进一步开展。

（3）裂缝宽度计算理论展望

短期荷载作用下混凝土裂缝宽度计算理论虽然已基本成熟，但各家计算公式差异很大，所反映的参数不一，各自对其试验数据可能符合较好，但还远未达成统一。但目前有向有滑移与无滑移统一理论发展的趋势。

断裂力学（Rupture Mechanics）、损伤力学（Damage Mechanics）和微观力学（Micromechanics）在混凝土上的应用是非常重要的科研课题。非线性断裂力学的虚拟裂缝模型（Fictitious Crack Model, FCM）[10]具有代表性。基于损伤力学的混凝土构件累积损伤模型亦获试验验证。在混凝土微观力学方面，P. Stroeven 和 M. Stroeven 父子的研究引人注目。

加固后的混凝土结构抗裂研究成果有限，更多深入的试验研究有待开展。

12.3　刚度及挠度计算

12.3.1　刚度理论

（1）解析法

此方法由苏联穆拉谢夫教授提出，苏联规范采纳，后经改进后被我国《混凝土设计规范》（GB 50010—2010）[6]采用。如图 4.12.16 所示，假定裂缝间受拉混凝土仍参与受力，钢筋及混凝土应力、中性轴、曲率等均取其平均值，则有

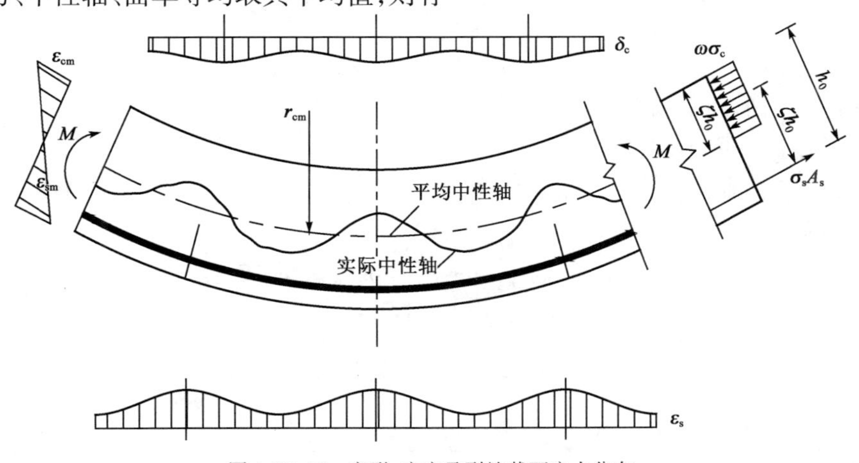

图 4.12.16　变形、应变及裂缝截面应力分布

几何关系——平均曲率

$$\kappa = \frac{1}{r_{\mathrm{cm}}} = \frac{\varepsilon_{\mathrm{sm}} + \varepsilon_{\mathrm{cm}}}{h_0} \tag{4.12.53}$$

物理关系——平均应变

钢筋
$$\varepsilon_{\mathrm{sm}} = \psi \varepsilon_{\mathrm{s}} = \psi \frac{\sigma_{\mathrm{s}}}{E_{\mathrm{s}}} \tag{4.12.54}$$

混凝土

$$\varepsilon_{\mathrm{cm}} = \varepsilon_{\mathrm{c}} = \frac{\sigma_{\mathrm{c}}}{\gamma E_{\mathrm{c}}} \tag{4.12.55}$$

平衡关系

$$M = \xi \omega \eta \sigma_{\mathrm{c}} b h_0^2 \tag{4.12.56}$$

则受压混凝土的应力

$$\sigma_{\mathrm{c}} = \frac{M}{\xi \omega \eta b h_0^2} \tag{4.12.57}$$

受拉钢筋应力

$$\sigma_{\mathrm{s}} = \frac{M}{A_{\mathrm{s}} \eta h_0} \tag{4.12.58}$$

综合上述三项关系，即可得到：

$$\begin{aligned}\kappa &= \frac{\varepsilon_{\mathrm{sm}} + \varepsilon_{\mathrm{cm}}}{h_0} = \frac{\psi \dfrac{\sigma_{\mathrm{s}}}{E_{\mathrm{s}}} + \dfrac{\sigma_{\mathrm{c}}}{\gamma E_{\mathrm{c}}}}{h_0} = \frac{\psi \dfrac{M}{E_{\mathrm{s}} A_{\mathrm{s}} \eta h_0} + \dfrac{M}{\gamma E_{\mathrm{c}} \xi \omega \eta b h_0^2}}{h_0} \\ &= M\left(\frac{\psi}{E_{\mathrm{s}} A_{\mathrm{s}} \eta h_0^2} + \frac{1}{\gamma \xi \omega \eta E_{\mathrm{c}} b h_0^2}\right)\end{aligned} \tag{4.12.59}$$

设 $\zeta = \gamma \xi \omega \eta$，称为穆拉谢夫综合参数或混凝土受压边缘平均应变综合系数，则抗弯刚度 B 为

$$B = \frac{M}{\kappa} = \frac{1}{\dfrac{\psi}{E_{\mathrm{s}} A_{\mathrm{s}} \eta h_0^2} + \dfrac{1}{\zeta E_{\mathrm{c}} b h_0^2}} = \frac{E_{\mathrm{s}} A_{\mathrm{s}} h_0^2}{\dfrac{\psi}{\eta} + \dfrac{n\rho}{\zeta}} \tag{4.12.60}$$

其中
$$n = E_{\mathrm{s}} / E_{\mathrm{c}}; \rho = A_{\mathrm{s}} / b h_0$$

式中：ω——应力图形的丰满程度系数；

ξ——受压区高度系数。

分析认为，弯矩值的变化对 ζ 值的影响并不显著，即可认为 ζ 值与弯矩值无关，则由式(4.12.57)可得

$$M = \sigma_{\mathrm{c}} \xi \omega \eta b h_0^2 = \gamma E_{\mathrm{c}} \varepsilon_{\mathrm{c}} \xi \omega \eta b h_0^2 = \zeta \varepsilon_{\mathrm{cm}} E_{\mathrm{c}} b h_0^2 \tag{4.12.61}$$

即 ζ 值可通过试验求得，根据试验分析结果有

$$\frac{\pi \rho}{\zeta} = 0.2 + \frac{6 n \rho}{1 + 3.5 \gamma_{\mathrm{f}}} \tag{4.12.62}$$

$$\gamma_{\mathrm{f}} = \frac{(b_{\mathrm{f}} - b) h_{\mathrm{f}}}{b h_0} \tag{4.12.63}$$

式中：γ_f——受压区翼缘加强系数；

b——梁肋宽度；

b_f——受压翼缘宽度；

h_f——受压翼缘厚度。

当 $h_f>0.2h_0$ 时，取 $h_f=0.2h_0$，$\eta=0.87$，代入式(4.12.60)中有

$$B=\frac{E_sA_sh_0^2}{1.15\psi+0.2+\dfrac{6n\rho}{1+3.5\gamma_f}} \tag{4.12.64}$$

此即为文献[6]的短期刚度公式，适用于钢筋混凝土构件。文献[2]还给出偏压构件类似于上述表达式的刚度公式。

对于预应力混凝土构件，可将构件的曲率—弯矩曲线近似看作由两段斜率不同的直线组成，相应地将使用弯矩分解成开裂弯矩与开裂后弯矩，应用半解析法求解其刚度。此法亦称为直接双线性法，并被中国混凝土结构设计规范和公路桥梁设计规范采用。

(2)有效惯性矩法(Effective Moment of Inertia)

美国的 D. E. Branson 教授提出的有效惯性矩法已被美国 ACI 规范采用，随后，1989 版 AASHTO 规范及 1977 年加拿大房屋建筑规范也采纳该法计算短期荷载作用下受弯构件的挠度。有效惯性矩法是将带裂缝工作的梁，沿梁长不同的惯性矩用一个沿梁长一样的名义惯性矩，即谓之"有效惯性矩"来计算梁的挠度值。Branson 建议的有效惯性矩 I_{eff} 为

$$I_{eff}=\begin{cases}I_u & M\leqslant M_{cr}\\ I_{cr}+\left(\dfrac{M_{cr}}{M}\right)^m(I_u-I_{cr}) & M>M_{cr}\end{cases} \tag{4.12.65}$$

式中：I_u——未开裂截面的换算惯性矩；

I_{cr}——开裂截面的换算惯性矩；

M_{cr}——开裂弯矩；

M——使用荷载作用下的弯矩；

m——指数，对于钢筋混凝土 $m=3.0$。

此惯性矩被 Branson 推广应用在预应力混凝土梁中，对于开裂的部分预应力混凝土，Alis. Alameh 和 Muhamed H. Harajli 建议 I_{eff} 取为[1]

$$I_{eff}=\frac{I_{cr}}{1-\dfrac{M_{cr}}{M}\left(1-\dfrac{I_{cr}}{I_u}\right)} \tag{4.12.66}$$

且与其试验数据符合较好。

中国公路桥梁规范对于钢筋混凝土受弯构件的刚度规定与美国桥梁规范 AASHTO—2004 类似，采用了有效惯性矩法，其开裂后抗弯刚度 B 为

$$B=\frac{B_0}{\left(\dfrac{M_{cr}}{M_s}\right)^2+\left[1-\left(\dfrac{M_{cr}}{M_s}\right)^2\right]\dfrac{B_0}{B_{cr}}} \tag{4.12.67}$$

式中：B——开裂构件等效截面的抗弯刚度；

B_0——全截面的抗弯刚度，$B_0=0.95E_cI_0$；

B_{cr}——开裂截面的抗弯刚度，$B_{cr}=E_cI_{cr}$；

I_0——全截面换算截面惯性矩；

I_{cr}——开裂截面的换算截面惯性矩；

M_s——按短期效应组合计算的弯矩值；

M_{cr}——开裂弯矩，$M_{cr}=\gamma f_{tk}W_0$；

f_{tk}——混凝土轴心抗拉强度标准值；

γ——构件受拉区混凝土塑性影响系数，$\gamma=2S_0/W_0$；

S_0——全截面换算截面中心轴以上（或以下）部分面积对中心轴的面积矩；

W_0——全截面换算截面抗裂验算边缘的弹性抵抗矩。

(3)等效拉力法

等效拉力法是用裂缝间混凝土所承受的拉力，去折算按混凝土不受拉假定所计算的裂缝处钢筋拉力，从而起到修正刚度的作用。

如图4.12.17所示折线状应力分布图，从平衡条件知，混凝土承受的拉力 T_c 为

$$T_c=\frac{1}{2}k\sigma_{cmt}(h-\xi h_0)b \tag{4.12.68}$$

式中：T_c——混凝土承担的拉力；

σ_{cmt}——混凝土的弯拉极限应力；

k——计算系数；

其他符号意义如图4.12.17所示。

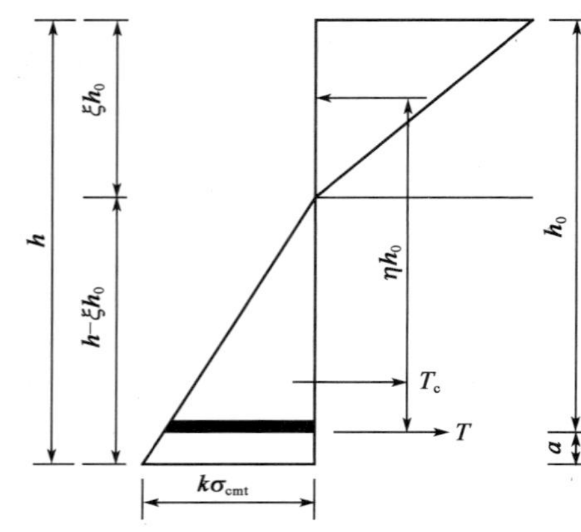

图4.12.17　等效拉力 T_c 计算

由 T_c 引起的截面抵抗力矩为

$$M_c=T_c\left[\frac{2}{3}(h-\xi h_0)+\frac{2}{3}\xi h_0\right]=T_c\cdot\frac{2}{3}h=\frac{1}{3}k\sigma_{cmt}bh(h-\xi h_0)$$

将 M_c 折合为钢筋的应力，则有

$$\sigma_{sc}=\frac{M_c}{A_s\eta h_0}=\frac{M_c}{\eta\rho bh_0^2}$$

不计混凝土受拉时，裂缝处钢筋应力为

$$\sigma_s=\frac{M}{\eta\rho bh_0^2}$$

近似计钢筋的平均应力为 $\sigma_s-\sigma_{sc}$，即

$$\sigma_{sm}=\frac{M-M_c}{\eta\rho bh_0^2}$$

截面曲率 κ 为

$$\kappa=\frac{\sigma_{sm}}{E_sh_0(1-\xi)}=\frac{M-M_c}{E_s\rho\eta bh_0^3(1-\xi)}=\frac{M}{E_c\dfrac{\rho\eta bh_0^3(1-\xi)}{1-\dfrac{M_c}{M}}}=\frac{M}{E_cI_m} \tag{4.12.69}$$

$$I_m = E_c \frac{\rho\eta b h_0^3(1-\xi)}{1-\frac{M_c}{M}} \tag{4.12.70}$$

I_m 称为截面平均惯性矩，其余符号意义同前。

计算 I_m 的关键是确定 M_c，根据62根试验梁结果，$M_c = 0.1bf_{cy}^{\frac{2}{3}}(h - \xi h_0)h$，$f_{cy}$ 为圆柱体极限抗压强度，约等于0.85倍的 20^3cm^3 试块的立方体强度。

此法的主要缺点是所假定计算图式与混凝土实际应力分布图式出入较大，尽管有参数 k 来修正，似乎很难满足要求。但英国CP-110规范采用此法。

12.3.2　荷载挠度计算

短期荷载挠度计算分为曲率法和刚度法。曲率法是直接求解曲率和荷载的关系，再用数值方法求解挠度。当然若采用数值方法时，既可近似考虑，亦可不考虑混凝土的抗拉能力。刚度法即选择上述方法求解刚度，再按一般结构力学方法求解挠度。对于预应力混凝土要考虑永存预应力产生的上挠度。

在中国公路桥梁设计规范中，荷载短期效应组合下的总挠度 w_s 计算式为

$$w_s = -\delta_{pe} + w_{Ms} \tag{4.12.71}$$

式中：δ_{pe}——永存预加力 N_{pe} 所产生的上挠度；

w_{Ms}——由作用（或荷载）短期效应组合计算的弯矩值引起的挠度值；即 $w_{Ms} = w_{G1} + w_{G2} + w_{Qs}$；

w_{G1}、w_{G2}——梁受一期恒载 G_1 和二期恒载 G_2 作用而产生的挠度值；计算时可不考虑后张法孔道削弱对 M_{G1} 引起的挠度的影响，近似毛截面惯性矩 I_0；

w_{Qs}——按作用（或荷载）短期效应组合计算的可变作用弯矩值所产生的挠度值；对简支梁，则：

$$w_{Qs} = \psi_{11} w_{Q1} + \psi_{12} w_{Q2} = 0.7 w_{Q1} + 1.0 w_{Q2}$$

ψ_{11}、ψ_{12}——短期效应组合计算中的汽车荷载效应和人群荷载效应的频遇值系数；

w_{Q1}、w_{Q2}——汽车荷载效应（不计冲击系数）和人群荷载效应的弯矩标准值作用所产生的挠度值。

12.4　长期及反复荷载作用对裂缝及挠度的影响

12.4.1　长期及反复荷载作用对裂缝的影响

在长期荷载与反复荷载作用下，裂缝宽度将增大，且长期荷载影响比反复荷载影响大得多。一般可引进钢筋应力不均匀系数 ψ，考虑徐变影响系数 γ，混凝土长期收缩及梁曲率影响

系数 α 以及钢筋的蠕变影响系数 θ,则普遍公式可写为

$$\Delta_{\max}=\frac{\sigma_s}{E_s}l_{cr}f(\psi,\gamma,\alpha,\theta) \tag{4.12.72}$$

式中系数的取值各种文献建议如下

文献[2]建议:$f(\psi,\gamma,\alpha,\theta)=2.0\psi$;

文献[11]建议:$f(\psi,\gamma,\alpha,\theta)=1.8\psi$;

前苏联 1972 年规范草案建议:$f(\psi,\gamma,\alpha,\theta)=1.5$;

J. M. Illston 根据试验结果建议:$f(\psi,\gamma,\alpha,\theta)=2.0$。

若系数均取极值,则根据以上建议,对于长期荷载作用下,裂缝宽度有

最大值:$\Delta_{l_{\max}}^{\max}=2.4\dfrac{\sigma_s}{E_s}l_{cr}$;

最小值:$\Delta_{l_{\max}}^{\min}=1.5\dfrac{\sigma_s}{E_s}l_{cr}$;

平均值:$\Delta_{l_{\max}}^{m}=1.95\dfrac{\sigma_s}{E_s}l_{cr}$。

对于重复荷载作用,J. M. Loveyrove 等人建议公式为

$$\Delta_N=\Delta_0(0.382-0.0227\lg N)\lg N \tag{4.12.73}$$

式中:Δ_0——按常用公式计算的初期裂缝宽度;

N——重复加载次数,当 $N=2\times10^6$ 时,系数为 1.58。

长期荷载作用下混凝土裂缝理论,资料收集难度大,试验周期长,文献也较少,这里不作深入介绍。

12.4.2 长期荷载作用下的刚度与挠度计算

凡是影响混凝土徐变和收缩的因素都将使刚度降低,挠度增大。混凝土的长期挠度计算方法可分为两大类,一类是刚度修正法,另一类是挠度修正法。

(1)刚度修正法

将短期刚度修正(折减)后,按结构力学方法计算挠度。

设长期荷载效应组合为 M_l,短期荷载效应组合为 M_s,长期荷载效应组合对挠度的增大系数为 θ,则按结构力学方法,受弯构件的总挠度为

$$f=S\frac{M_s-M_l}{B}l^2+S\frac{M_l l^2}{B}\theta \tag{4.12.74}$$

上式若仅采用长期刚度 B_l 表示时有

$$f=\frac{M_s l^2}{B_l} \tag{4.12.75}$$

由式(4.12.74)和式(4.12.75)且应有

$$B_1=\frac{M_s}{M_l(\theta-1)+M_s}B \tag{4.12.76}$$

式中：B_l——长期荷载作用下的刚度；

B——短期刚度；

S——与支承条件有关的计算系数。

对于 M_l 和 M_s，文献[6]中均有规定。

对于公路桥梁

$$M = M_g + \varphi M_p \tag{4.12.77}$$

式中：M_g——恒载弯矩；

M_p——活载弯矩；

φ——系数，对于 M_l 取0.4(准永久值系数)，对于 M_s 取值0.7(频遇值系数)。

关于 θ 的取值，文献[6]建议按照受拉、受压区的配筋率 $\rho = A_s/bh_0$ 及 $\rho' = A_s'/bh_0$ 取值，即

当 $\rho' = 0$ 时，$\theta = 2.0$；

当 $\rho' = \rho$ 时，$\theta = 1.6$。

当 ρ' 为中间数值时，θ 按直线内插，$\theta = 2.0 - 0.4\rho'/\rho$。对于干燥地区，翼缘位于受拉区的倒T形梁，$\theta$ 值应按规定增加。

另一种修正刚度的方法是将弹性模量看成是时间 t 的函数，随时间延长，弹性模量在降低，即

$$E_{ct} = \frac{1}{\varepsilon_e + \varepsilon_{cs}} \tag{4.12.78}$$

其中

$$\varepsilon_{cs} = yct^{\frac{1}{3}} \tag{4.12.79}$$

$$c = \frac{0.93}{2.5\sqrt{t_0}}$$

式中：ε_e——单位应力下混凝土的弹性应变；

ε_{cs}——单位应力下混凝土的收缩、徐变应变，是时间 t 的函数；

t_0——混凝土的加载龄期(以月计)；

y——与时间有关的系数；

t——时间，以月计。

将式(4.12.79)代入式(4.12.78)有

$$E_{ct} = \frac{E_c}{\sigma + E_c yct^{\frac{1}{3}}} \tag{4.12.80}$$

则用刚度 $E_{ct}I_{cr}$，按结构力学方法求长期荷载作用下的挠度。此法由美国康奈尔大学的George Winters 教授提出，并与61根小梁试验做了对比，误差不超过20%。

(2)挠度修正法

挠度修正即将短期荷载挠度乘以增大系数来计算长期挠度，即

$$f_l = (1 + \lambda)f_e + f_p \tag{4.12.81}$$

式中：f_l——长期总挠度；

f_e——短期挠度(ACI、AASHTO 均按有效惯性矩计算)；

f_p——活载引起的瞬时挠度；

$1+\lambda$——修正系数。

ACI-1977 规范、AASHTO-1994 规范均建议计算混凝土收缩、徐变的终极值时，$\lambda=2.0-1.2\dfrac{\rho'}{\rho}\geqslant 1.6$，1983 年规范建议对 5 年以上构件，$\lambda=\dfrac{2}{1+50\rho'}$。国内外研究表明，$1+\lambda$ 值约在 1.3 ~2.0 之间，对于仅考虑受拉钢筋的公路桥梁来说，取 $1+\lambda=2$，似乎是合理的，ACI 建议偏大，其所依据的试验是早期加载试验（$1+\lambda$ 接近 3），而非标准（28d）加载。

修正挠度的另一种方法是按混凝土收缩、徐变理论，直接计算由其产生的挠度，将总挠度表示为

$$f_l=(1+k_r)f_e \tag{4.12.82}$$

式中：$1+k_r$——考虑混凝土徐变和收缩的综合影响系数。

中国公路桥梁规范中，$1+k_r$ 通过挠度长期增长系数来实现，即对荷载短期效应组合计算的挠度值乘以系数 $\eta_{\theta,Ms}$ 得到考虑长期效应的挠度值，同时对预加力引起的反拱值也乘以长期系数 $\eta_{\theta,pe}$ 得到考虑长期效应的反拱值。具体计算式为

$$\begin{aligned} w_l &= -\eta_{\theta,pe}\delta_{pe}+\eta_{\theta,Ms}w_{Ms} \\ &= -\eta_{\theta,pe}\delta_{pe}+\eta_{\theta,Ms}(w_{G1}+w_{G2}+w_{Qs}) \end{aligned} \tag{4.12.83}$$

式中：w_l——考虑长期荷载效应的挠度值；

$\eta_{\theta,pe}$——预加力反拱值考虑长期效应增长系数；计算使用阶段预加力反拱值时，预应力钢筋的预加力应扣除全部预应力损失，并取 $\eta_{\theta,pe}=2$；

$\eta_{\theta,Ms}$——短期荷载效应组合考虑长期效应的挠度增长系数，按表 4.12.1 取值；

其余符号意义同式(4.12.71)。

短期荷载效应组合考虑长期效应的挠度增长系数表 表 4.12.1

混凝土强度等级	C40 以下	C40	C45	C50	C55	C60	C65	C70	C75	C80
$\eta_{\theta,Ms}$	1.60	1.45	1.44	1.43	1.41	1.40	1.39	1.38	1.36	1.35

12.4.3 反复荷载作用下结构的刚度与挠度计算

桥梁结构在荷载的多次重复作用下，长年累月，亦可能发生破坏，称为结构疲劳。这类荷载对结构的重复作用次数在使用期限内累计可达数百万次。一般结构发生疲劳破坏时的荷载次数为 $1\times10^4 \sim 2\times10^6$ 次。低于 1000 次的称低周疲劳。荷载重复次数达 1×10^7 后结构仍未发生疲劳者，一般认为不再会发生疲劳破坏。由此可确定材料或结构的疲劳极限值，即不会发生疲劳破坏的最大承载力。不同材料或不同级别的混凝土，在重复荷载作用下其结构性能也是不同的。

混凝土强度越高，重复荷载作用的影响越大，疲劳问题越突出。以下对现有高强度混凝土重复荷载下作用次数与弹性模量关系或作用次数与梁跨中挠度关系的研究成果作一介绍。

李秀芬[8]等进行了 11 根配有新Ⅲ级钢的高强混凝土简支梁的静载和等幅疲劳荷载试验，

计算了压区混凝土的变形模量。认为随荷载作用次数的增加，梁的挠度和混凝土应变增大，疲劳变形模量降低，高强混凝土的弯曲变形模量 E_b^f 为受压弹性模量 E_c 的0.875倍，即

$$E_b^f = 0.875\gamma^f E_c \tag{4.12.84}$$

式中疲劳变形模量降低系数的回归方程为 $\gamma^f = 0.982 - 0.027\lg N$，疲劳变形模量可表示为

$$E_b^f = (0.86 - 0.024\lg N)E_c \tag{4.12.85}$$

式中：E_b^f——疲劳变形模量；

E_c——混凝土弹性模量；

N——疲劳荷载作用次数。

钟铭[3]等进行了9根配有新Ⅲ级钢的高强钢筋混凝土梁的等幅疲劳试验，得出与文献[8]相同的结论，但其给出的 E_b^f 和 E_c 的关系为

$$E_b^f = (0.7853 - 0.0187\ln N)E_c \tag{4.12.86}$$

太原工学院[12]（现太原理工大学）进行了普通硅酸盐水泥配置16根试验梁的重复荷载试验，研究了受弯构件正截面疲劳性能，给出

$$E_b^f = \left[0.6216 - 0.0433\lg\left(\frac{N}{10^4}\right)\right]E_c \tag{4.12.87}$$

J. M. Lovegrove [13]等建议采用下式来描述疲劳荷载下挠度的发展规律

$$w_N = 0.225 w_0 \lg N \tag{4.12.88}$$

式中：w_0、w_N——在最大荷载作用下的初始挠度值和重复作用 N 次后的挠度值。

另外，Perumalsamy N. Balaguru、长沙铁道学院的杨文武等分别建议了疲劳荷载挠度和部分预应力混凝土梁的疲劳荷载挠度预测方法。

根据不同学者给出的混凝土疲劳变形模量计算模式，计算C50、C60、C70和C80四个不同强度等级混凝土的疲劳挠度规律如图4.12.18所示。

对预应力混凝土结构，在不同重复荷载作用次数后，6个不同学者的混凝土的疲劳变形模量的计算模式下，C50强度级别混凝土的疲劳挠度对比如图4.12.19所示[14]。

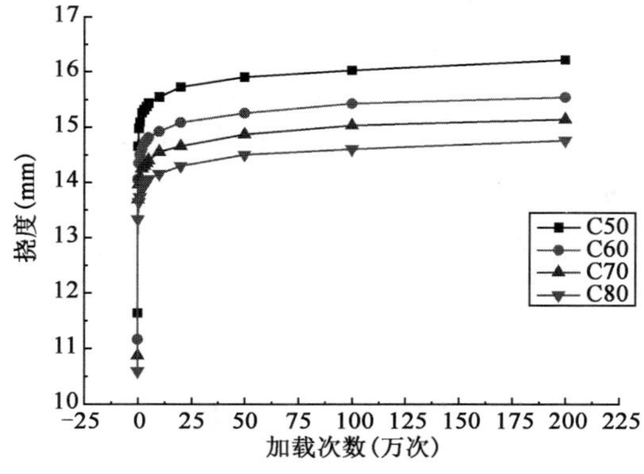

图4.12.18　不同强度等级混凝土重复荷载200万次后挠度对比

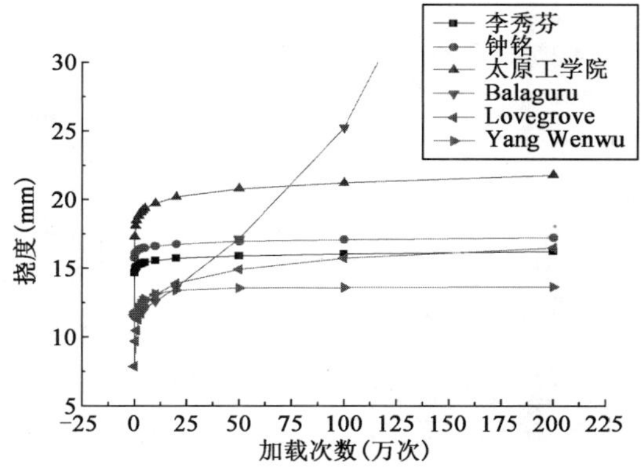

图4.12.19　C50混凝土重复荷载200万次后各种公式挠度对比

分析认为：随荷载作用次数的增加，挠度增大，疲劳变形模量降低；随混凝土强度等级增加，其结构刚度增大，挠度逐渐变小，但不同强度等级混凝土挠度发展线型基本平行；重复荷载作用200万次后，预应力混凝土结构挠度相对于初始状态增大17% ~87%。

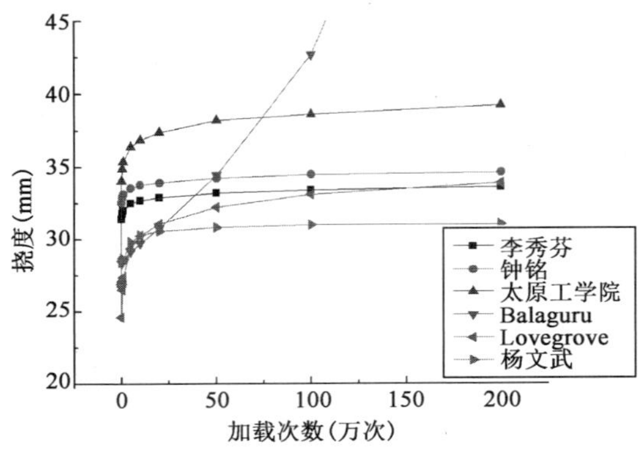

图4.12.20　次边跨跨中挠度随荷载作用次数的变化规律

作为示例，分析75m +4 ×140m +75m的预应力混凝土连续刚构桥，C50混凝土箱梁面宽12m，单箱单室截面。初始刚度按规范0.95倍计，根据不同变形模量随荷载作用次数的模式，计算该桥随汽车荷载作用次数的跨中挠度变化规律如图4.12.20所示。

图4.12.20表明，当荷载作用50万次时，汽车荷载作用的跨中挠度从成桥时的26.9mm增加到30.83 ~38.21mm；作用200万次时，增加到31.01 ~72.22mm，相比成桥时挠度增加了15% ~168%，相当可观。

12.5　受弯钢筋混凝土构件裂缝与刚度的关系及其应用

长安大学[15,16]对钢筋混凝土矩形、T形受弯梁的裂缝统计参数与梁截面特征参数进行了试验研究，建立了它们之间的回归关系，并用来预测钢筋混凝土梁桥的刚度及承载能力，其结果与试验值符合较好。

12.5.1　裂缝统计参数

如图4.12.21所示的钢筋混凝土受弯梁，取裂缝统计参数为

$$\begin{cases} h_{\mathrm{mcr}}=\dfrac{\sum\limits_{i=1}^{m}h_{\mathrm{cr}i}}{m} \\ l_{\mathrm{mcr}}=\dfrac{\sum\limits_{i=1}^{m-1}l_{\mathrm{cr}i}}{m-1}=\dfrac{l_{\mathrm{cr}}}{m-1} \\ \Delta_{\mathrm{cr}}=\sum\limits_{i=1}^{m}\delta_{\mathrm{cr}i} \end{cases} \tag{4.12.89}$$

式中：h_{mcr}——统计段I_{cr}内裂缝平均高度；

l_{mcr}——统计段l_{cr}内裂缝平均间距；

Δ_{cr}——统计段l_{cr}内裂缝总宽度；

m——统计段l_{cr}内裂缝条数。

其他符号含义见图4.12.21。

以上参数与弯矩的典型试验关系如图4.12.22所示。由此得出以下三点结论：

(1)随弯矩的增加,h_{mcr}增大,但增大的速率逐渐减小。

(2)随弯矩的增加,Δ_{cr}不断增大,且增大的速率越来越大。

(3)随弯矩的增加,l_{mcr}不断减小,且减小的速率逐渐变小。

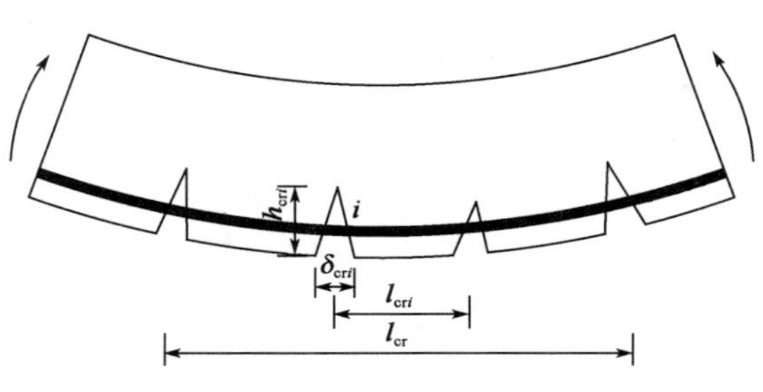

图4.12.21　梁裂缝及其参数

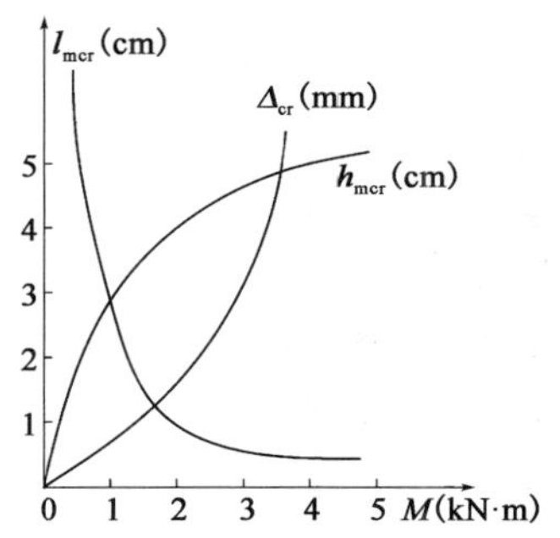

图4.12.22　裂缝统计参数随弯矩的变化

12.5.2　裂缝统计参数与截面特征参数的关系分析

经对三个统计参数、梁底应变和截面特征参数——受压区高度 x、截面变形曲率 κ 分析有关系式[15]

$$\begin{cases}\alpha = \dfrac{h - x}{h_{mcr}} \\ \beta = \dfrac{l_{mcr} + l_{cr}}{\Delta_{cr}} h_{mcr}\kappa\end{cases} \tag{4.12.90}$$

分析表明,参数 α 会随荷载增加而逐渐变小,并趋向1,参数 β 会逐渐增加,但趋于稳定。经截面非线性分析(分层法)及回归分析,给出 α 及 β 以下回归关系式

$$\begin{cases}\alpha = \xi_2\left(\dfrac{h_{mcr}}{h}\right)^{\xi_1} \\ \beta = \gamma_2 e^{r_1\frac{\Delta_{cr}}{l_{cr}}}\end{cases} \tag{4.12.91}$$

将式(4.12.91)代入式(4.12.90)中有

$$\begin{cases}x = h - \xi_2\left(\dfrac{h}{h_{mcr}}\right)^{\xi_1} h_{mcr} \\ \kappa = \dfrac{\Delta_{cr}}{(l_{mcr} + l_{cr})h_{mcr}} \cdot \gamma_2 e^{\frac{r_1\Delta_{cr}}{l_{cr}}}\end{cases} \tag{4.12.92}$$

式中:ξ_i、γ_i——统计系数。

12.5.3　刚度预测分析

$$E_c I_e = \frac{M}{\kappa} \tag{4.12.93}$$

而

$$M = \int_0^x b(y)\sigma_c(y)(h_0 + y - x)\,dy \tag{4.12.94}$$

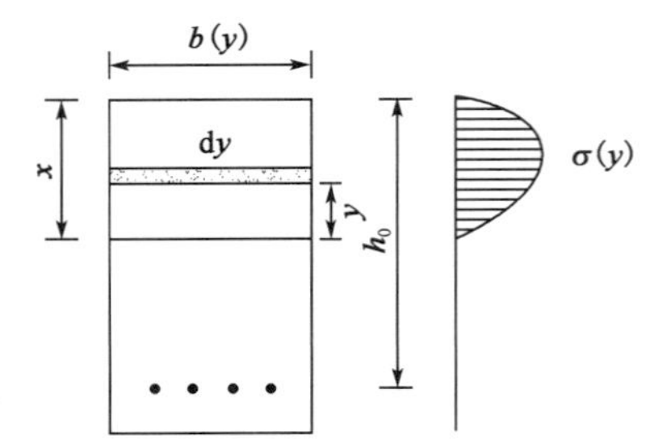

图 4.12.23 钢筋混凝土受弯构件刚度预测

即

$$E_c I_e = \frac{\int_0^x b(y)\sigma_c(y)(h_0 + y - x)\mathrm{d}y}{\kappa} \tag{4.12.95}$$

由式(4.12.95)即可直接预测梁的刚度[17],式中符号意义见图4.12.23。

由于钢筋混凝土受弯构件的截面刚度在整个受力过程中是变化的,其抗弯刚度随着截面弯矩 M 增加而减小,若用 EI_{si} 表示简支梁承受弯矩为 M_i,挠度为 f_i 时梁截面的综合抗弯刚度,则这时梁的挠度可表示为

$$f_i = S\frac{M_i}{EI_{si}}l^2 \tag{4.12.96}$$

或

$$EI_{si} = \frac{SM_i}{f_i}l^2 \tag{4.12.97}$$

式中:EI_{si}——第 i 级荷载下梁的等效静刚度值(N·m²);

M_i——第 i 级荷载下挠度计算处弯矩值(N·m);

f_i——第 i 级荷载下截面的挠度(m);

l——梁的计算跨径(m)。

由于钢筋混凝土受弯构件刚度是变化的,承受过不同荷载或受过不同损伤的梁各截面刚度不但是变化的,而且是不同的,若以 EI_{di} 表示钢筋混凝土受弯构件的综合动力计算刚度,则有

$$EI_{di} = \frac{4m\omega_{1i}^2 l^4}{\pi^2} \tag{4.12.98}$$

式中:EI_{di}——第 i 级荷载后梁的动刚度值(N·m²);

ω_{1i}——第 i 级荷载后梁的实测一阶频率值(Hz);

m——梁的实测线密度(kg/m)。

研究的起点位置原则上应在开裂弯矩附近,但应扣除恒载弯矩的影响,即起点位置为 $M_{st} = M_{cr}$。研究的终点位置应在梁的屈服荷载位置,即终点位置为 $M_{end} = M_u$。令 $EI_s/EI_d = \beta_c$,$M/M_{cr} = \gamma_c$,$\omega_0/\omega_1 = \alpha_c$,经试验回归分析有

$$\beta_c = \begin{cases} 1 & (\gamma_c \leqslant 1) \\ 1.191 - 0.048\gamma_c + 0.005\gamma_c^2 & (\gamma_c > 1) \end{cases} \tag{4.12.99}$$

$$\beta_c = \begin{cases} 1 & (\alpha_c = 1) \\ 20.468 - 32.816\alpha_c + 13.870\alpha_c^2 & (\alpha_c > 1) \end{cases} \tag{4.12.100}$$

随荷载的增加(梁的损伤程度加剧),梁的自振频率不断降低,自振频率大小的改变,反映了结构损伤的程度大小;梁的静刚度、动刚度亦不断降低,但其降低的速率不同;静、动刚度虽然不同,但其比值呈现出一定规律;频率比 α_c 的区间为$(1,\alpha_{cu})$,当 $\alpha_c \geqslant \alpha_{cu}$ 时,可以认为梁已接近破坏,$\alpha_{cu} = 1.25$;在区间$[1,\alpha_{cu}]$内,梁的静刚度下降速率小于动刚度,即 EI_s 始终大于 EI_d,$\beta_c \geqslant 1$。

在钢筋混凝土桥梁中的每一片梁开裂后，设每片梁的跨中弯矩为 M_{ij}（i 为荷载等级，j 为梁号），并假定各梁的静刚度为 EI_{sij}，每片梁跨中截面钢筋应变为 ε_{sij}，混凝土压应变为 ε_{cij}，则有

$$EI_{sij} \cdot f_{\frac{1}{2}ij} = \frac{11}{96} M_{ij} l^2 \tag{4.12.101}$$

$$M_{ij} = \int_0^x b(y) \sigma_{cij} (h_0 - x + y) \mathrm{d}y \tag{4.12.102}$$

$$\frac{\varepsilon_{cij}}{x} = \frac{\varepsilon_{sij}}{h_0 - x} \tag{4.12.103}$$

联立以上三式并去掉下标有

$$\begin{cases} EI_{sij} f_{ij} = \dfrac{1}{96} l^2 \displaystyle\int_0^x b(y) \sigma_{cij} (h + y - x) \mathrm{d}y \\ x = \dfrac{\varepsilon_{cij} h_0}{\varepsilon_{sij} - \varepsilon_{cij}} \end{cases} \tag{4.12.104}$$

求解上式，可得 EI_{sij}、M_{ij}。记各梁在各级荷载作用下的动刚度之比为：$EI_{di1}:EI_{di2}:EI_{di3}:EI_{di4}:EI_{di5}\cdots=\varphi_{i1}:\varphi_{i2}:\varphi_{i3}:\varphi_{i4}:\varphi_{i5}\cdots$（$i$ 为荷载等级）。则各梁的动刚度可以表示为 $EI_{dij} = \varphi_{ij} EI_d$，实测频率为 ω_{1i}，则有

$$(\boldsymbol{K} - \omega^2 \boldsymbol{M}) \boldsymbol{\phi} = 0 \tag{4.12.105}$$

这样，实现了用裂缝特征参数与桥的基频 ω 预测钢筋混凝土梁桥中每片梁的刚度。

12.5.4 承载力预测分析

1）名义配筋率 μ_{nom}

针对钢筋混凝土桥梁，尤其是有相当长工作年份的旧桥，在正常使用阶段带裂缝工作的这种特性，引入一个能够反映结构当前平均工作性能的参数，即名义配筋率 μ_{nom}。它是结构在目前状态下，综合了各种因素、能表示其结构特征而预测的配筋率，可由预测到的结构刚度求得。由于换算截面惯性矩 I_e 是截面外形尺寸、配筋率等的函数，当截面外型尺寸可量测时，合理假定钢筋重心位置，其名义配筋率 μ_{nom} 可由下式解出

$$I_e = \frac{E_c I_e}{E_c} = f(a_i, \mu_{nom}, n, h_0) \tag{4.12.106}$$

式中：a_i——构件外形尺寸；

其余符号意义同前。

对于第一类T形截面（$x \leqslant t_2$），开裂换算惯性矩为

$$I_{cr} = \frac{1}{3} b_2 x^3 + n\mu b_1 h_0 (h_0 - x)^2, x = n\mu h_0 \left(\sqrt{1 + \frac{2b_2}{n\mu b_1}} - 1 \right) \tag{4.12.107}$$

对于第二类T形截面（$x \geqslant t_2$），开裂截面换算惯性矩为

$$I_{cr} = \frac{1}{3} b_2 x^3 - \frac{(b_2 - b_1)(x - t_2)}{3} + n\mu b_1 h_0 (h_0 - x)^2 \tag{4.12.108}$$

其中 x 由 $x = \sqrt{A^2 + B} - A$，$A = n\mu h_0 + \left(\frac{b_2}{b_1} - 1 \right) t_2$，$B = 2nh_0^2 \mu + \left(\frac{b_2}{b_1} - 1 \right) t_2$ 确定。截面有效高度

$h_0=h-a$，a 值建议取为 $a=0.03+(0.07\sim0.1)h$。b_1、b_2 分别为T梁翼板宽度及腹板宽度，以下同。

某梁预测刚度为 EI_{sj}，令 $I_{cr}=EI_{sj}/E_c$，$\mu=\mu_{nom}$，带入相应关系式可求得名义配筋率 μ_{nom}。

2）承载能力

结构在正常使用极限状态下要求变形控制、裂缝控制，而在承载能力极限状态下要求强度控制进行验算，以保证结构的适用性、耐久性和安全性。这三个方面的控制分别对应着被预测梁的承载能力值。

变形控制的单梁 j 承载力

$$M_{fj}=\frac{EI_{sj}[f]}{S_f l^2} \tag{4.12.109}$$

式中：S_f——与外荷载形式有关的系数。

裂缝控制的单梁 j 承载力

$$M_{\delta j}=\frac{0.87\mu_{nomj}b_1h_0^2E_s[\delta]}{S_2}\left(\frac{0.28+10\mu_{nomj}}{30+d_s}\right) \tag{4.12.110}$$

式中：S_2——与裂缝计算有关的系数。

强度控制的单梁 j 承载力

对于第一类T形截面有

$$M_{uj}=\frac{1}{\gamma_s}R_s\mu_{nomj}b_1h_0\left(h_0-\frac{x}{2}\right) \tag{4.12.111}$$

式中：x——$x=\dfrac{R_s\mu_{nomj}b_1h_0}{R_cb_2}$；

γ_s——受拉钢筋材料安全系数。

对于第二类T形截面有

$$M_{uj}=\frac{1}{\gamma_s}R_s\mu_{nomj}b_1h_0(h_0-x_1) \tag{4.12.112}$$

式中：x_1——受压截面重心至受压表面的距离，$x_1=\dfrac{R_s\mu_{nomj}b_1h_0-R_ct_2(b_2-b_1)}{R_cb_1}$；

R_s、R_c——受拉钢筋及混凝土的设计强度。

对于结构尺寸测定的钢筋混凝土梁，其控制弯矩的大小随着配筋率的变化而变化。

对于桥梁的承载能力，某片梁的静刚度为 EI_{sj}，名义配筋率为 μ_{nomj}，则利用桥梁横向分布计算理论可直接分析各梁任意截面的横向分布系数 m_{ij}（i 表示沿桥纵向截面位置），同样可给出桥梁的三个控制承载力。

如按强度控制，被预测桥上所能承受的标准车队汽车荷载或分布力荷载应满足

$$\frac{3}{20}l^2\sum_{j=1}^{n}\eta_{jk}q_j+\frac{7}{5}\xi_1(1+\xi_2)\sum_{i=1}^{r}m_{ij}\xi_jP_iy_i\leqslant M_{uj} \tag{4.12.113}$$

或

$$\frac{3}{20}l^2\sum_{k=1}^{n}\eta_{jk}q_j+\frac{7}{5}\xi_1(1+\xi_2)m_jk_j\Omega\leqslant M_{uj} \tag{4.12.114}$$

取

$$P_u=\min\{\xi_jP_i\}，或\ k_u=\min\{k_j\} \tag{4.12.115}$$

式中：$1+\xi_2$——冲击系数，当为挂车荷载时，$\xi_2=0$；

ξ_1——车道折减系数，对于挂车取 $\xi_1=1$；

m_{ij}——j 号梁 i 截面的车辆荷载横向分布系数；

P_i——标准车队中 i 截面汽车轴重；

r——桥上一列车队的车辆数；

y_i——梁弯矩影响线 i 截面纵坐标；

k_j——以 j 号梁所预测的被预测桥所能承受的均布荷载集度；

Ω——梁弯矩影响线面积，对于简支梁，$\Omega=\frac{1}{8}l^2$；

m_j——j 号梁跨中截面荷载横向分布系数；

ξ_j——j 号梁所对应的标准汽车车队轴重或挂车轴重系数；

P_u——被预测的桥上可通行的车辆最大轴重；

k_u——被预测的桥上可通行的分布荷载最大集度；

η_{jk}——j 号梁荷载横向分布影响线纵坐标；

q_j——j 号梁的恒载集度。

12.6 小　　结

混凝土裂缝计算理论虽然基本趋于一致，但所建议公式相差较大，一时尚难统一。采用有无滑移统一理论计算也许大有可为，但还有很多工作要做。

从混凝土刚度理论可以看出，混凝土这种特殊材料的刚度与荷载有关系，随着荷载增加，刚度会逐渐变小，并趋于稳定。这与裂缝的开展是分不开的，裂缝这一外观表现形式为评价结构提供了大量信息，尽管其内在机理还不十分清楚，但大量的研究工作已经展开。

非荷载(变形)裂缝是影响混凝土耐久性的一个重要因素，不可忽视。长期及反复荷载作用对裂缝及挠度的影响不可忽视，但对其研究不深，还不能完全把握。加固后混凝土结构裂缝及挠度计算理论有待深入研究。

以丰富的裂缝信息来研究混凝土结构的承载力特性，还有大量的研究工作可做。

本章参考文献

[1] 王铁梦. 工程结构裂缝控制[M]. 北京：中国建筑工业出版社，2000.

[2] 丁大均. 现代混凝土结构学[M]. 北京：中国建筑工业出版社，2000.

[3] 钟铭，土海龙，刘仲波，等. 高强钢筋高强混凝土梁静力和疲劳性能试验研究[J]. 建筑结构学报，2005，26(2)：94-100.

[4] 中华人民共和国行业标准. JTG D62—2004　公路钢筋混凝土及预应力混凝土桥涵设计规范[S]. 北京：人民交通出版社，2004.

[5] 中华人民共和国行业标准. TB 10002.3—2005　铁路桥涵钢筋混凝土和预应力混凝土结

构设计规范[S].北京:中国铁道出版社,2000.
[6] 中华人民共和国国家标准. GB 50010—2010 混凝土结构设计规范[S]. 北京:中国建筑工业出版社,2012.
[7] ACI318-08. Building code requirements for structural concrete and commentary[S]. American Concrete Institute, 2008.
[8] 李秀芬,吴佩刚,赵光仪. 高强混凝土梁抗弯疲劳性能的试验研究[J]. 土木工程学报, 1997, 30(5): 37-42.
[9] 部分预应力混凝土结构设计编写组. 部分预应力混凝土结构设计建议[M]. 北京:中国铁道出版社,1986.
[10] A. Caxpinteri. Applications of fracture mechanics to reinforced concrete[M]. Elsevier Applied Science, London & New York,1992.
[11] 中华人民共和国国家标准. GB 50069—2002 给水排水工程构筑物结构设计规范[S]. 北京:中国建筑工业出版社,1982.
[12] 太原工学院土木系. 钢筋混凝土受弯构件正截面疲劳验算方法的研究[C]//钢筋混凝土结构研究报告选集. 中国建筑工业出版社,1981, 235-254.
[13] J. M. Lovegrove, Salah EI Din. Deflection and cracking of reinforced concrete under repeated loading fatigue[J]. ACI SP 75-6,1982: 133-152.
[14] 侯炜. 预应力混凝土梁桥长期挠度主要影响因素分析[D]. 西安:长安大学,2009.
[15] 崔军,贺拴海,宋一凡,等. 基于裂缝特征的钢筋混凝土板式结构评估研究[J]. 中国公路学报,2001,14(2).
[16] 宋一凡,崔军,赵小星,等. 钢筋混凝土T形梁桥裂缝特征参数与结构评估试验研究[J]. 交通运输工程学报, 2001,1(3).
[17] 周谦,贺拴海,等. 公路桥梁承载力快速检测技术[R]. 长安大学,2001,12.

13　混凝土桥梁的弹塑性数值分析

13.1　混凝土结构的弹塑性问题

近年来,许多复杂的结构都可用有限元法近似地得出其数值解。把有限元方法引入混凝土结构领域中来,就可以解决具有复杂受力情况和复杂变形情况的非杆件体系配筋混凝土结构效应问题。

当然,要把有限元理论应用于配筋混凝土结构,就必须考虑到混凝土的非弹性性质,混凝土的单向、双向或三向受力状态时的应力应变关系,混凝土与钢筋之间的黏结与锚固作用,裂缝的发生、开展和延伸、裂缝发生后对钢筋和混凝土应力的影响,混凝土结构的徐变、收缩及温差效应等一系列复杂问题。可以预料,假如所采用的数学模型能很好地模拟实际及结构的物理力学性能,有限元网格又分得足够细,则有限元的分析成果即可得到满意的结论。

混凝土结构的弹塑性问题属于典型的材料非线性问题。材料非线性问题是由结构材料本身的非线性应力应变关系引起的。要进行混凝土桥梁结构的材料非线性有限元分析,需要解决的特殊问题有:混凝土及力筋的本构模型、屈服准则、流动法则、钢筋与混凝土之间的关系模型、裂缝模型、混凝土的徐变、收缩模型,甚至温差效应模型等。

混凝土本构模型是指混凝土在多种荷载作用下的应力应变关系的某种表达式。评价某一种本构关系模型的优劣,一是将其数学表达与多组材料试验结果对照的符合程度;二是看其实用性,特别是其所需材料参数可以通过一般试验手段获得。现有的混凝土本构模型主要有:线弹性模型、非线性弹性模型、弹塑性模型及建立在流变学理论、断裂力学理论、损伤力学理论和内时理论等基础上的本构模型。混凝土材料比较复杂,是非均匀的各向异性材料,所以还没有哪种理论被公认为可以完全描述混凝土材料的本构关系。混凝土桥梁结构分析时,除线弹性模型外,非线性弹性模型和弹塑性模型都会涉及。而其他模型还在研究阶段,不具有实用性。相对混凝土来说,钢筋的模拟比较容易,钢筋的本构模型通常有以下几种简化形式:理想弹塑性模型、双折线模型、折线加曲线模型。在混凝土与钢筋之间的黏结模拟方面,人们提出了多种不同黏结单元的模型。常见的模型有双弹簧连接单元和四边形滑移单元。

混凝土桥梁的弹塑性分析必然涉及材料的屈服准则。屈服准则是用来判断结构上某点出现塑性变形时,应力状态应满足的准则,并用数学表达式表示,将是本章讨论的重点之一。混凝土进入塑性后,塑性变形不是唯一确定的,对应于同一应力增量,可以有不同的塑性变形增量,这就要用到流动法则理论来进行定义,桥梁分析上常用相关联流动法则,即流动方向与屈服面正交。混凝土的徐变、收缩模型及温差效应的具体分析见本书的相应章节,本章仅讨论它们的有限元模拟方法。

钢筋混凝土的有限元模型主要有分离钢筋模型、组合式模型和整体式模型。分离钢筋模型的特点是混凝土单元刚度矩阵、钢筋单元刚度矩阵是分别计算的,然后统一集成到整体刚度矩阵中；组合式有限元模型中已包含了钢筋与混凝土两种材料,在求单元刚度矩阵时,采用统一的位移函数,但考虑了不同的材料力学特性同时计算其组合刚度矩阵,单元刚度矩阵中已包含了混凝土和钢筋两种材料对单元矩阵的贡献;整体式模型也包含了两种材料对单元刚度矩阵的贡献,但它不再分别计算刚度矩阵,而是将钢筋划为等效的混凝土,然后按一种材料计算单元刚度矩阵。

混凝土的抗拉强度很低,即使在正常的使用条件下也会出现裂缝。裂缝的处理是钢筋混凝土有限元分析中非常重要的部分,也是区别于一般固体力学有限元的主要方面。目前混凝土裂缝模型主要有离散式裂缝模型、弥散式裂缝模型及断裂力学模型。前两者在实际工程中已有应用,但各有利弊。断裂力学模型离实际应用还有距离。混凝土破坏时,本构关系矩阵表现为各向异性,多向开裂和裂缝闭合的组合形式有多种。通用商用软件一般不会全面考虑,导致对一些问题的分析结果不够精确。有必要研发自编程序,来解决那些一般商用软件没有考虑或忽略的问题。

13.2 混凝土的本构模型

13.2.1 本构模型类型

在混凝土桥梁结构的数值分析中,必须考虑混凝土结构组成材料的力学性能。其中,混凝土的本构关系,对混凝土结构的非线性分析有重大的影响。国内外学者经过多年的试验和理论研究,提出了多种多样的本构模型。由于混凝土材料的复杂性,被公认可以完全描述混凝土材料性能的本构模型并不多见。

按照力学理论基础的不同,现有的本构模型可以分成四大类:线弹性、非线性弹性、弹塑性和以其他力学理论为基础的本构模型。

(1)线弹性模型

假设材料的应力与应变符合线性比例关系,加载和卸载都沿同一直线变化,卸载后材料无残余变形。当然,混凝土的变形特性与线弹性模型相差甚远,从原则上讲不宜用此类本构模型。但在一些特定的情况中,其仍不失为是一种简便、有效的手段。

其主要适用于以下情况[1]：

①混凝土应力水平较低,内部微裂缝和塑性变形尚未达明显的发展阶段。

②预应力或受约束结构在开裂之前。

③对形体复杂结构的近似计算或初步分析时。

④采用不同本构模型计算结果变化不敏感的结构。

(2)非线性弹性模型[2]

这类模型的特点是,材料的应力和应变不成正比,但有一一对应的关系。其主要特征反映了混凝土应变随着应力的增长而非线性增长的主要规律。但同时认为,卸载时材料应变沿加载线返回,并不留残余应变。

这类本构模型的优点是,突出了混凝土非线性性能的主要特点,计算式由试验数据回归确定,在一次单调比例加载情况下有较高的计算精度。此外,模型的表达式简明、直观,因而在工程实践中应用最广。其主要缺点是,不能反映混凝土卸载和加载的区别,不能反映滞回环和卸载后存在的残余变形。

(3)弹塑性模型[2]

经典塑性理论是针对理想弹塑性材料建立的,材料本构关系包含四方面的内容:屈服条件、判别加载和卸载状态的准则、强化条件或后续屈服面、塑性应力与应变关系的规律。

但是,混凝土材料与软钢等弹塑性材料在力学性能和本构关系方面有重大区别,为此,许多学者作了很多努力,将弹塑性理论移植至混凝土后加以改造,使之适合混凝土材料的基本特征。这类弹塑性本构模型,能适用于卸载和再加载、非比例加载等多种情况,但仍存在一些重要的不足:形式复杂但仍不能反映混凝土变形的全部复杂特性;极难有效描述混凝土应变值随应力途径而变的性质;模型函数所包含的参数的试验数据不全、难以准确标定等。

(4)其他力学理论模型

一些近期发展起来的新兴力学分支,几乎无一遗漏地被移植至混凝土结构的分析。为此建立了各种混凝土材料的本构模型,主要有:基于黏弹性—黏塑性理论的模型,基于内时理论的模型,以及基于断裂力学和损伤力学的模型。还有一些模型则是上述一些理论的不同组合。

这类模型一般都是利用原理论的概念、原理和方法,对混凝土的基本性能作出简化假设,推导相应的计算式,其中所需参数由少量试验结果加以标定或直接给出。这类模型至今仍处于发展阶段,离工程实际应用还有一定的距离。

(5)约束混凝土本构模型[3]

混凝土桥梁结构中配置的受力钢筋有两种基本方式。沿构件的轴力或主应力方向设置纵向钢筋,以保证抗拉承载力或增强抗压承载力,钢筋的应力与轴力方向一致,属直接配筋。如果在轴压力或最大主压应力的垂直方向(即横向)配置箍筋,以约束其内部混凝土的横向膨胀变形,从而提高轴向抗压承载力,这种方式称为横向配筋或间接配筋,即约束混凝土。考虑混凝土受到约束作用的本构模型已有多种,建立的途径多样。

混凝土与钢筋之间的黏结—滑移关系复杂,随着有限元在混凝土结构非线性分析中的广泛应用,钢筋与混凝土之间的黏结与滑移的研究更显重要。

13.2.2 线弹性本构模型

未开裂混凝土,其应力—应变关系为

$$\sigma = \boldsymbol{D}\varepsilon \tag{4.13.1}$$

其中

$$\sigma = [\sigma_{11} \quad \sigma_{22} \quad \sigma_{33} \quad \tau_{12} \quad \tau_{23} \quad \tau_{31}]^{\mathrm{T}}$$

$$\varepsilon = [\varepsilon_{11} \quad \varepsilon_{22} \quad \varepsilon_{33} \quad \gamma_{12} \quad \gamma_{23} \quad \gamma_{31}]^{\mathrm{T}}$$

$$\boldsymbol{D} = \frac{E_c}{(1+\mu)(1-2\mu)}\begin{bmatrix} \boldsymbol{D}_1 & 0 \\ 0 & \boldsymbol{D}_2 \end{bmatrix}$$

$$\boldsymbol{D}_1 = \begin{bmatrix} 1-\mu & \mu & \mu \\ \mu & 1-\mu & \mu \\ \mu & \mu & 1-\mu \end{bmatrix}$$

$$\boldsymbol{D}_2 = \begin{bmatrix} \frac{1-\mu}{2} & 0 & 0 \\ 0 & \frac{1-2\mu}{2} & 0 \\ 0 & 0 & \frac{1-2\mu}{2} \end{bmatrix}$$

开裂混凝土的线弹性本构关系描述见文献[4]。

13.2.3 非线性弹性本构模型

非线性弹性本构模型是进行混凝土桥梁非线性分析的基础。这类本构关系的数量很多,具体表达式差别较大,下面介绍几种形式供参考使用。

1)单轴向受压本构模型

(1)美国洪斯塔德(E. Hognestad)模型

如图4.13.1所示,模型的上升段为二次抛物线,下降段为斜直线。

上升段:$\varepsilon < \varepsilon_c$

$$\sigma = f_c\left[2\frac{\varepsilon}{\varepsilon_c} - \left(\frac{\varepsilon}{\varepsilon_c}\right)^2\right] \tag{4.13.2a}$$

下降段:$\varepsilon_c \leqslant \varepsilon \leqslant \varepsilon_u$

$$\sigma = f_c\left(1 - 0.15\frac{\varepsilon - \varepsilon_c}{\varepsilon_u - \varepsilon_c}\right) \tag{4.13.2b}$$

式中:f_c——峰值应力(棱柱体极限抗压强度);

ε_c——峰值应力时的应变,取 $\varepsilon_c = 0.002$;

ε_u——极限压应变,取 $\varepsilon_u = 0.0038$。

(2)法国 Rüsch 模型

如图4.13.2所示,模型上升段也为二次抛物线,下降段采用水平直线。

当 $\varepsilon \leqslant \varepsilon_c$ 时

$$\sigma = f_c\left[2\frac{\varepsilon}{\varepsilon_c} - \left(\frac{\varepsilon}{\varepsilon_c}\right)^2\right] \tag{4.13.3a}$$

当 $\varepsilon_c < \varepsilon < \varepsilon_u$ 时　　$\sigma = f_c$　　(4.13.3b)

式中取 $\varepsilon_c = 0.002$，$\varepsilon_u = 0.0035$。

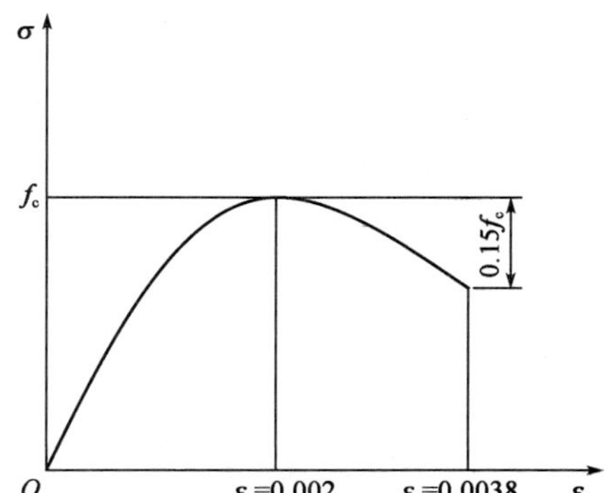

图4.13.1　Hognestad 建议的混凝土受压应力—应变曲线

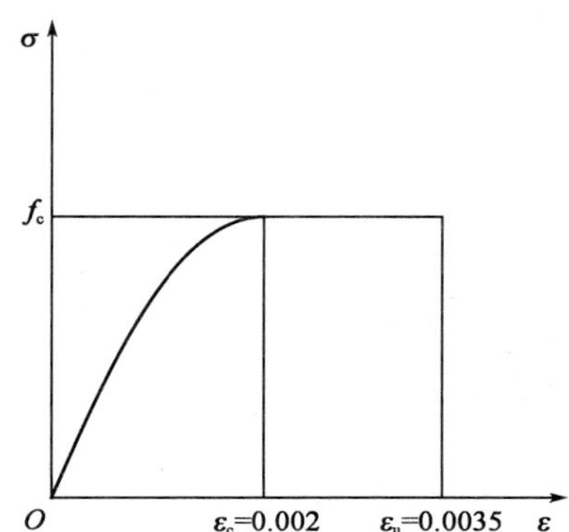

图4.13.2　Rüsch 建议的混凝土受压应力—应变曲线

2）单轴向受拉本构模型

（1）两折线模型（图4.13.3）

当 $0 \leqslant \varepsilon \leqslant \varepsilon_{ct}$　　$\sigma = f_{ct}\dfrac{\varepsilon}{\varepsilon_{ct}}$　　(4.13.4a)

当 $\varepsilon_{ct} \leqslant \varepsilon \leqslant \varepsilon_{ut}$　　$\sigma = f_{ct}\left(1 - \alpha\dfrac{\varepsilon - \varepsilon_{ct}}{\varepsilon_{ut} - \varepsilon_{ct}}\right)$　　(4.13.4b)

式中符号意义见图4.13.3。

（2）马都（Madu）的三斜直线模型（图4.13.4）

$$\sigma = \phi(\varepsilon)\varepsilon \tag{4.13.5}$$

其中：$\phi(\varepsilon)$ 为

当 $0 \leqslant \varepsilon \leqslant \varepsilon_2$，$\phi(\varepsilon) = E_{t1}$；

当 $\varepsilon_2 < \varepsilon < \varepsilon_3$，$\phi(\varepsilon) = E_{t1}\dfrac{\varepsilon_1}{\varepsilon} + E_{t2}\left(1 - \dfrac{\varepsilon_1}{\varepsilon}\right)$；

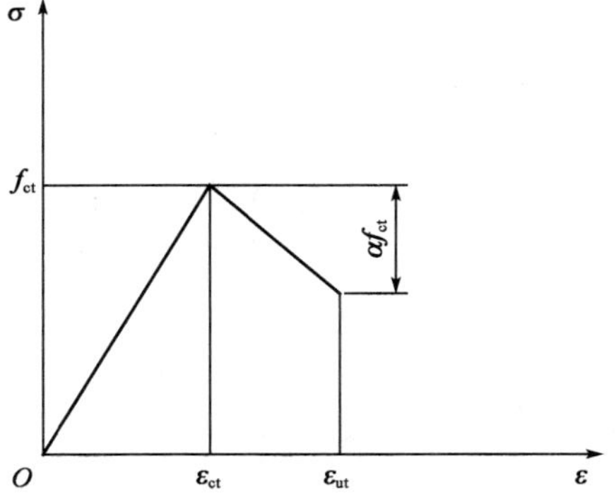

图4.13.3　混凝土受拉应力—应变曲线（两折线）

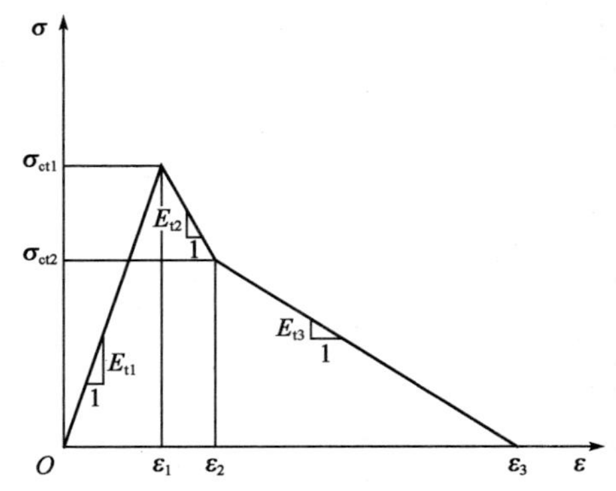

图4.13.4　Madu 建议的混凝土受拉应力—应变曲线（三斜直线）

当 $\varepsilon_3<\varepsilon<\varepsilon_4$，$\phi(\varepsilon)=\left[E_{t1}\frac{\varepsilon_1}{\varepsilon}+E_{t2}\left(1-\frac{\varepsilon_1}{\varepsilon}\right)\right]\frac{\varepsilon_2}{\varepsilon}+E_{t3}\left(1-\frac{\varepsilon_2}{\varepsilon}\right)$。

(3)曲线模型

$$\begin{cases}\sigma=f_{ct}\dfrac{2\varepsilon}{\varepsilon+0.0001} & (\varepsilon\leqslant 0.0001)\\ \sigma=f_{ct} & (0.0001<\varepsilon\leqslant 0.00015)\\ \sigma=0 & (\varepsilon>0.00015)\end{cases}\tag{4.13.6}$$

3)双轴受力等效单轴本构模型

应用较广的是由萨恩斯(Saenz,1964)提出的等效单轴受压方程，即

$$\sigma=\frac{E_0\varepsilon}{1+\left(\dfrac{E_0}{E_s}-2\right)\dfrac{\varepsilon}{\varepsilon_c}-\left(\dfrac{\varepsilon}{\varepsilon_c}\right)^2}\tag{4.13.7a}$$

后经 Sargin 修改为

$$\sigma=K_3f_c\frac{A\left(\dfrac{\varepsilon}{\varepsilon_c}\right)+(D-1)\left(\dfrac{\varepsilon}{\varepsilon_c}\right)^2}{1+(A-2)\dfrac{\varepsilon}{\varepsilon_c}+D\left(\dfrac{\varepsilon}{\varepsilon_c}\right)^2}\tag{4.13.7b}$$

式中：A——参数，$A=E_0/E_s$；

K_3——$K_3=\sigma_c/f_c$，侧向约束对强度的影响系数，无侧向约束对取 $K_3=1$；

D——主要影响下降段的参数。

4)三向受压时的等效单轴本构模型

Elwi 和 Murray 建议的三轴受力时的等效单轴模型为

$$\sigma=\frac{E_0\varepsilon}{1+\left(R+\dfrac{E_0}{E_s}-2\right)\dfrac{\varepsilon}{\varepsilon_c}+(2R-1)\left(\dfrac{\varepsilon}{\varepsilon_c}\right)^2+R\left(\dfrac{\varepsilon}{\varepsilon_c}\right)^3}\tag{4.13.8}$$

其中

$$R=\frac{E_0(\varepsilon_c/\varepsilon_u-1)}{E_s(\varepsilon_u/\varepsilon_c-1)^2}-\frac{\varepsilon_c}{\varepsilon_u}$$

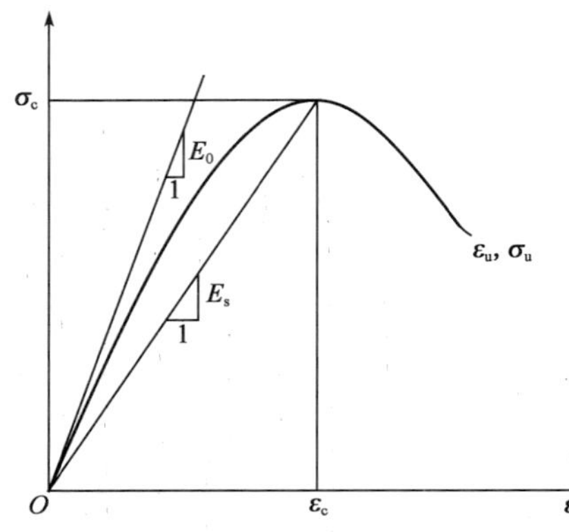

图 4.13.5　Elwi 和 Murray 建议的三轴受力时的等效单轴受压应力—应变曲线

图 4.13.5 给出了上式所含符号意义。

弹性模量可由 $E=\dfrac{d\sigma}{d\varepsilon}$给出，而根据 Kupfer 的试验结果，泊松比可由

$$\mu=\mu_0\left[1.0+1.3763\frac{\varepsilon}{\varepsilon_c}-5.3600\left(\frac{\varepsilon}{\varepsilon_c}\right)^2+8.586\left(\frac{\varepsilon}{\varepsilon_c}\right)^3\right]\tag{4.13.9}$$

给出，且 μ 的值不能超过 0.5。

式中：μ_0——初始泊松比值。

5)Ottosen 本构模型

Ottosen 本构模型亦属多轴受力等效单轴模型，由于 CEB-FIP(1990)模式规范推荐使用，故单独介绍。

定义一非线性指标β,表示当前应力状态($\sigma_1,\sigma_2,\sigma_3$)至混凝土破坏(包络面)的距离,也即塑性变形发展的程度。假定σ_1、σ_2保持不变,压应力σ_3增大至σ_{3f}时混凝土破坏,则

$$\beta=\frac{\sigma_3}{\sigma_{3f}} \tag{4.13.10}$$

式中:σ_{3f}——混凝土多轴应力强度。

混凝土的多轴应力应变关系采用Sargin的单轴受压方程,即

$$-\frac{\sigma}{f_c}=\frac{-A\dfrac{\varepsilon}{\varepsilon_c}+(D-1)\left(\dfrac{\varepsilon}{\varepsilon_c}\right)^2}{1+(A-2)\dfrac{\varepsilon}{\varepsilon_c}+D\left(\dfrac{\varepsilon}{\varepsilon_c}\right)^2} \tag{4.13.11}$$

式中参数以多轴应力状态的相应值代替,即

$$\begin{cases}-\dfrac{\sigma}{f_c}=\dfrac{\sigma}{\sigma_{3f}}=\beta,A=\dfrac{E_0}{E_p}=\dfrac{E_i}{E_f}\\ \dfrac{\varepsilon}{\varepsilon_c}=\dfrac{\varepsilon}{\varepsilon_f}=\dfrac{\sigma/E_s}{\sigma_f/E_f}=\beta\dfrac{E_f}{E_s}\end{cases} \tag{4.13.12}$$

式(4.13.12)中各符号的意义见图4.13.6a)、b)。将式(4.13.12)代入式(4.13.11)得一元二次方程,解之得到割线模量为

$$E_s=\frac{E_i}{2}-\beta\left(\frac{E_i}{2}-E_f\right)\pm\sqrt{\left[\frac{E_i}{2}-\beta\left(\frac{E_i}{2}-E_f\right)\right]^2+E_f^2\beta[D(1-\beta)-1]} \tag{4.13.13}$$

其中,$0.0\leqslant D\leqslant1.0$,为控制应力应变曲线下降段陡缓的系数。

混凝土的泊松比很难从试验中精确测定。Ottosen本构模型取割线泊松比μ_s随β的变化如图4.13.6c)所示,计算式为

$$\begin{cases}\mu_s=\mu_i=\text{const} & (\beta\leqslant0.8)\\ \mu_s=\mu_f-(\mu_f-\mu_i)\sqrt{1-\left(\dfrac{\beta-0.8}{0.2}\right)^2} & (0.8<\beta<1.0)\end{cases} \tag{4.13.14}$$

式中可取$\mu_i=0.16\sim0.20$,$\mu_f=0.36\sim0.42$。

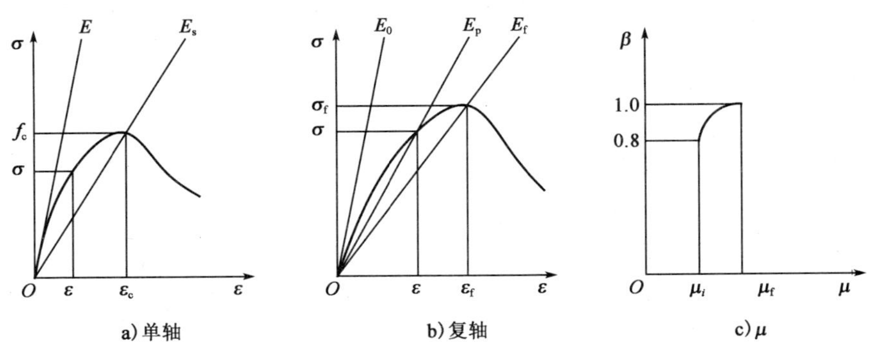

图4.13.6　Ottosen建议的等效单轴本构模型

该本构模型中的参数取值如下:

β:根据非线性指标β的定义,β值计算要通过破坏包络面先求σ_{3f},在一般情况下需要经

过多次迭代方能求出；另一方面，假定 σ_1、σ_2 保持不变，σ_3 增大至 σ_{3f}，这种加载途径的可能性极微小。王传志教授等提出了一种修改算法：按比例增大（$\sigma_1,\sigma_2,\sigma_3$）使之达到破坏状态（$\sigma_{1f},\sigma_{2f},\sigma_{3f}$）；引入一个调整系数 $0\leqslant k\leqslant 1$，将非线性指标改为

$$\beta=\left(\frac{\sigma_3}{\sigma_{3f}}\right)^k \tag{4.13.15}$$

调整 k 值，可以更好地适应各种不同的加载情况。

E_f：Ottosen 建议采用 Sargin 提出的单轴受压方程式（4.13.11）来等效描述三轴应力状态下的应力应变特征，并将三轴应力状态下混凝土破坏时的割线模量 E_f 代替单轴破坏时的割线模量 E_p。关于割线模量 E_f，Ottosen 建议取

$$E_f=\frac{E_p}{1+4\left(\frac{E_0}{E_p}-1\right)x} \tag{4.13.16}$$

$$x=\left(\frac{\sqrt{J_2}}{f_c}\right)_f-\frac{1}{\sqrt{3}}\geqslant 0 \qquad (<0\text{ 时，取 }x=0)$$

式中：$(\sqrt{J_2}/f_c)_f$——达到破坏状态时的 $\sqrt{J_2}$ 与 f_c 之比；

J_2——应力偏量第二不变量。

王传志教授等建议公式为

$$E_f=E_0\left(0.18-0.0015\theta+0.0385\left|\frac{\sigma_{oct}}{f_c}\right|^{-1.75}\right) \tag{4.13.17}$$

式中：σ_{oct}——八面体正应力；

θ 的含义见 13.3 节。

Saenz. Elwi 和 murray、Ottosen 的本构模型是全量形式的模型，对按比例一次加载的条件是合适的，它与加载路径无关。在逐级加载以及非比例加载的情况下，采用它就不合适，这时应采用增量形式的模型。

6）Darwin-Pecknold 的增量本构模型

此本构模型是 CEB-FIP 模式规范推荐的增量形式模型。

对于正交异性材料，根据弹性力学基本关系式有

$$\mu_{12}E_1=\mu_{21}E_2 \tag{4.13.18}$$

由于试验数据不足，建议取

$$\mu=\sqrt{\mu_{12}\mu_{21}} \tag{4.13.19}$$

于是，表示二维增量应力和增量应变关系的本构模型为

$$\begin{Bmatrix}d\sigma_{11}\\d\sigma_{22}\\d\sigma_{33}\end{Bmatrix}=\frac{1}{1-\mu^2}\begin{bmatrix}E_1 & \mu\sqrt{E_1E_2} & 0\\ \mu\sqrt{E_1E_2} & E_2 & 0\\ 0 & 0 & \frac{1}{4}(E_1+E_2-2\mu\sqrt{E_1E_2})\end{bmatrix}\begin{Bmatrix}d\varepsilon_{11}\\d\varepsilon_{22}\\d\varepsilon_{33}\end{Bmatrix} \tag{4.13.20}$$

以主应力和主应变表示（$\sigma_3=0$）则为

$$\begin{Bmatrix}d\sigma_1\\d\sigma_2\end{Bmatrix}=\frac{1}{1-\mu^2}\begin{bmatrix}E_1 & \mu\sqrt{E_1E_2}\\ \mu\sqrt{E_1E_2} & E_2\end{bmatrix}\begin{Bmatrix}d\varepsilon_1\\d\varepsilon_2\end{Bmatrix} \tag{4.13.21}$$

式中切线弹性模量 E_1 和 E_2、泊松比 μ 随应力状态和数值的变化，按下述方法确定。

为求得切线弹性模量，混凝土单轴受压的非线性应力—应变关系取 Saenz 提出的公式(4.13.7)，将应变 ε 改写成等效单轴应变 $\varepsilon_{iu}(i=1,2)$ 后，得双轴应力—应变关系(图 4.13.7)。

$$\sigma_i=\frac{\varepsilon_{iu}E_0}{1+\left(\frac{E_0}{E_{if}}-2\right)\frac{\varepsilon_{iu}}{\varepsilon_{ip}}+\left(\frac{\varepsilon_{iu}}{\varepsilon_{ip}}\right)^2}\qquad(i=1,2)\tag{4.13.22}$$

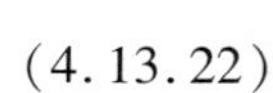

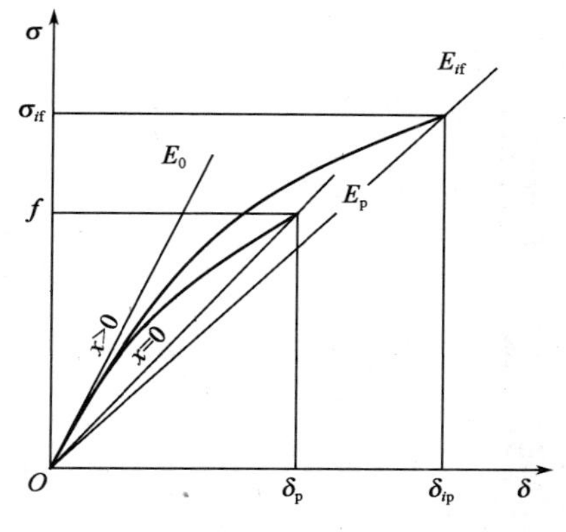

图 4.13.7 Darwin-Pecknold 本构模型

对此式求导数，得到切线弹性模量为

$$E_i=\frac{d\sigma_i}{d\varepsilon_{iu}}=\frac{\left[1-\left(\frac{\varepsilon_{iu}}{\varepsilon_{ip}}\right)^2\right]E_0}{\left[1+\left(\frac{E_0}{E_{if}}-2\right)\frac{\varepsilon_{iu}}{\varepsilon_{ip}}+\left(\frac{\varepsilon_{iu}}{\varepsilon_{ip}}\right)^2\right]^2}\qquad(i=1,2)\tag{4.13.23}$$

式中：$E_{if}=\sigma_{if}/\varepsilon_{ip}$——$i(1,2)$方向的峰值割线模量；

σ_{if}——双轴强度(σ_{1f},σ_{2f})，按破坏准则计算；

ε_{ip}——双轴峰值应变($\varepsilon_{1f},\varepsilon_{2f}$)，由经验公式计算。

对于泊松比 μ，Darwin 和 Pecknold 建议取

双轴受压时

$$\mu=0.2\tag{4.13.24a}$$

一轴受压、一轴受拉或双轴受拉时

$$\mu=0.2+0.6\left(\frac{\sigma_2}{f_c}\right)^4+0.4\left(\frac{\sigma_1}{f_t}\right)^4\tag{4.13.24b}$$

而双轴峰值应变 ε_{ip} 可近似按下式计算

当 $|\sigma_{ip}|\geqslant|f_c|$

$$\varepsilon_{ip}=\varepsilon_p\left(3\frac{\sigma_{if}}{f_c}-2\right)\qquad(i=1,2)\tag{4.13.25a}$$

当 $|\sigma_{ip}|<|f_c|$

$$\varepsilon_{ip}=\varepsilon_p\left[-1.6\left(\frac{\sigma_{if}}{f_c}\right)^3+2.25\left(\frac{\sigma_{if}}{f_c}\right)^2+0.35\left(\frac{\sigma_{if}}{f_c}\right)\right]\qquad(i=1,2)\tag{4.13.25b}$$

对于双轴强度 σ_{if}，Darwin 和 Pecknold 建议采用 Kupter 和 Gerstle 所提出的公式，定义 $\alpha=\sigma_1/\sigma_2$，则有

双轴受压($0\leqslant\alpha\leqslant1$)

$$\begin{cases}\sigma_{2f}=\dfrac{1+3.65\alpha}{(1+\alpha)^2}f_c\\ \sigma_{1f}=\alpha\sigma_{2f}\end{cases}\tag{4.13.26a}$$

压—拉区域(σ_1=拉，σ_2=压)

$-0.17\leqslant\alpha\leqslant0$

$$\begin{cases}\sigma_{2\mathrm{f}}=\dfrac{1+3.28\alpha}{(1+\alpha)^2}f_{\mathrm{c}}\\ \sigma_{1t\mathrm{f}}=\alpha\sigma_{2\mathrm{f}}\end{cases} \tag{13.2.26b}$$

$-\infty<\alpha<-0.17$

$$\begin{cases}\sigma_{2\mathrm{f}}\leqslant 0.65f_{\mathrm{ct}}\\ \sigma_{1\mathrm{tf}}=f_{\mathrm{ct}}\end{cases} \tag{4.13.26c}$$

拉—拉区域（$1<\alpha<\infty$）

$$\sigma_{1\mathrm{tf}}=\sigma_{2\mathrm{tf}}=f_{\mathrm{ct}} \tag{4.13.26d}$$

取用 Elwi 和 murray 的等效单轴模量，亦可推出类似的本构关系。

7）liu、Nilson 和 Slate 的增量本构模型

liu 等假定混凝土为正交各向异性材料，并认为在每级荷载增量中，应力—应变呈线弹性关系。在式（4.13.20）的基础上，对剪切项（σ_{33}）作了不同于 Darwin 模型的处理，得出

$$\begin{Bmatrix}\mathrm{d}\sigma_{11}\\ \mathrm{d}\sigma_{22}\\ \mathrm{d}\sigma_{33}\end{Bmatrix}=\begin{bmatrix}\lambda b_1 & \lambda\mu & 0\\ \lambda\mu & \lambda & 0\\ 0 & 0 & b_2\end{bmatrix}\begin{Bmatrix}\mathrm{d}\varepsilon_{11}\\ \mathrm{d}\varepsilon_{22}\\ \mathrm{d}\varepsilon_{33}\end{Bmatrix} \tag{4.13.27}$$

其中

$$b_1=E_{1\mathrm{b}}/E_{2\mathrm{b}}$$

$$b_2=E_{1\mathrm{b}}E_{2\mathrm{b}}/(E_{1\mathrm{b}}+E_{2\mathrm{b}}+2E_{2\mathrm{b}}\mu)$$

$$\lambda=E_{1\mathrm{b}}/(E_{1\mathrm{b}}/E_{2\mathrm{b}}-\mu^2)$$

而 $E_{i\mathrm{b}}$定义为

$$E_{i\mathrm{b}}=\frac{E_0\left[1-\left(\dfrac{\varepsilon_{ii}}{\varepsilon_{ii\mathrm{c}}}\right)^2\right]}{\left[1+\left(\dfrac{1}{1-\mu a_i}\dfrac{E_0}{E_{i\mathrm{f}}}-1\right)\left(\dfrac{\varepsilon_{ii}}{\varepsilon_{ii\mathrm{c}}}\right)+\left(\dfrac{\varepsilon_{ii}}{\varepsilon_{ii\mathrm{c}}}\right)^2\right]^2} \tag{4.13.28}$$

式中：a_i——垂直于 i 方向的主应力与 i 方向的主应力的比值；

$\varepsilon_{ii\mathrm{c}}$——相应于 $\sigma_{ii\mathrm{c}}$的应变，当 $a_i\leqslant 1$ 时，$\varepsilon_{ii\mathrm{c}}=0.0025$；当 $a_i>1$ 时，$\varepsilon_{ii\mathrm{c}}=(500-78\sigma_{ii\mathrm{c}})^2\times 10^{-6}$；

$\sigma_{ii\mathrm{c}}$——主应力中数值较大的应力值。

具体计算 $E_{1\mathrm{b}}$和 $E_{2\mathrm{b}}$时，按下列方式取用：

双向受压：按式（4.13.28）计算。

双向受拉：$E_{1\mathrm{b}}=E_{2\mathrm{b}}=E_0$。

一向受拉、一向受压：$E_{1\mathrm{b}}=E_0$，$E_{2\mathrm{b}}$按式（4.13.28）取 $a_i=0$ 计算。泊松比值由单向受力试验结果取为 0.2。

对于一向受拉、一向受压情况，当受拉方向开裂后，$E_{1\mathrm{b}}=0$ 时，采用 Cedolin 和 Poli 的有关剪切模量表达式，将式（4.13.27）改为

$$\begin{Bmatrix}\mathrm{d}\sigma_{11}\\ \mathrm{d}\sigma_{22}\\ \mathrm{d}\sigma_{33}\end{Bmatrix}=\begin{bmatrix}0 & 0 & 0\\ 0 & E_{2b} & 0\\ 0 & 0 & 0.1E_0\left(1-\dfrac{\varepsilon_1}{\varepsilon_{\mathrm{cu}}}\right)\end{bmatrix}\begin{Bmatrix}\mathrm{d}\varepsilon_{11}\\ \mathrm{d}\varepsilon_{22}\\ \mathrm{d}\varepsilon_{33}\end{Bmatrix} \tag{4.13.29}$$

式中：ε_1——垂直于裂缝方向的应变；

ε_{cu}——单向受压的极限应变。

其他符号意义同前。

13.2.4 弹塑性本构模型

以增量理论进行混凝土桥梁的弹塑性分析方法应用最广。

混凝土材料达到塑性阶段以后，应力增量与应变增量的关系为

$$d\sigma = \boldsymbol{D}_e d\varepsilon_e = \boldsymbol{D}_e(d\varepsilon - d\varepsilon_p) \tag{4.13.30}$$

式中：$d\sigma$——$d\sigma = [d\sigma_x, d\sigma_y, d\sigma_z, d\tau_{xy}, d\tau_{yz}, d\tau_{zx}]^T$；

$d\varepsilon$——$d\varepsilon = [d\varepsilon_x, d\varepsilon_y, d\varepsilon_z, d\gamma_{xy}, d\gamma_{yz}, d\gamma_{zx}]^T$；

$d\varepsilon_e$——总应变增量的弹性部分；

$d\varepsilon_p$——总应变增量的塑性部分。

经计算化简，应力应变的增量的关系可以写为

$$d\sigma = \boldsymbol{D}_{ep} d\varepsilon \tag{4.13.31}$$

式中：$\boldsymbol{D}_{ep}$——弹塑性矩阵。

采用不同的屈服准则，$\boldsymbol{D}_{ep}$有不同的表达式，见第3.2.3节介绍。以下以桥梁上常用的Drucker-Prager（见13.3节）屈服准则、相关联流动法则为例进行推导。屈服条件为

$$R(\sigma) = \alpha I_1 + \sqrt{J_2} - K = 0 \tag{4.13.32}$$

式中：I_1——应力第一不变量，$I_1 = \sigma_x + \sigma_y + \sigma_z$；

J_2——应力偏量的第二不变量，$J_2 = \frac{1}{6}(\sigma_x - \sigma_y)^2 + (\sigma_y - \sigma_z)^2 + (\sigma_z - \sigma_x)^2 + 6\tau_{xy}^2 + 6\tau_{yx}^2 + 6\tau_{zx}^2$；

α、K——与材料性质有关的常数。

将式(4.13.32)代入式(3.2.20)中，经计算有

则

$$\boldsymbol{D}_{ep} = \begin{bmatrix} \frac{E}{1-\mu^2} & \frac{\mu E}{1-\mu^2} & 0 \\ \frac{\mu E}{1-\mu^2} & \frac{E}{1-\mu} & 0 \\ 0 & 0 & \frac{E}{2(1+\mu)} \end{bmatrix} - \begin{bmatrix} \frac{s_1^2}{s} & \frac{s_1 s_2}{s} & \frac{s_1 s_3}{s} \\ \frac{s_1 s_2}{s} & \frac{s_2^2}{s} & \frac{s_2 s_3}{s} \\ \frac{s_1 s_3}{s} & \frac{s_2 s_3}{s} & \frac{s_3^2}{s} \end{bmatrix} \tag{4.13.33}$$

其中

$$s = \frac{4}{9}\bar{\sigma}^2 H' + s_1\sigma_x' + s_2\sigma_y + 2s_3\tau_{xy} + \alpha\bar{\sigma}(s_1 + s_2)$$

$$s_1 = \frac{E}{1-\mu^2}(\sigma_x' + \mu\sigma_y') + \bar{\alpha}\frac{E}{1-\mu}\bar{\sigma}$$

$$s_2 = \frac{E}{1-\mu^2}(\mu\sigma_x' + \sigma_y') + \bar{\alpha}\frac{E}{1-\mu}\bar{\sigma}$$

$$s_3 = \frac{E}{1+\mu}\tau_{xy}'$$

$$H' = \left(1 - \frac{3}{2}\bar{\alpha}\right)^2 H'_0, \bar{\alpha} = \frac{2}{3}\alpha$$

$$\sigma'_i = \sigma_i - \frac{\sum \sigma_i}{3} \qquad (i = x, y, z)$$

$$\bar{\sigma} = \frac{1}{\sqrt{2}}\sqrt{(\sigma_1 - \sigma_2)^2 + (\sigma_2 - \sigma_3)^2 + (\sigma_3 - \sigma_1)^2}$$

σ_1、σ_2、σ_3 为主应力。

对于 α、K，日本学者野口博建议取：

$$\alpha = 20.07, K = \frac{0.88}{\sqrt{3}}|f_c|$$

13.2.5 约束混凝土的本构模型

侧向受约束时，混凝土单轴受压、变形能力和强度会大幅度提高。以下介绍几种约束混凝土的本构模型。

(1) Sheikh 本构模型[5]

如图 4.13.8 所示，Sheikh 将截面划分为面积为 A_{eff} 的有效约束核芯区和非约束区。沿纵向，相邻箍筋中间的截面上有效约束核芯面积 A_{ec} 最小，通过分析和试验数据回归，给出了参数 γ、θ 和面积 A_{eff}、A_{ec} 的计算式。

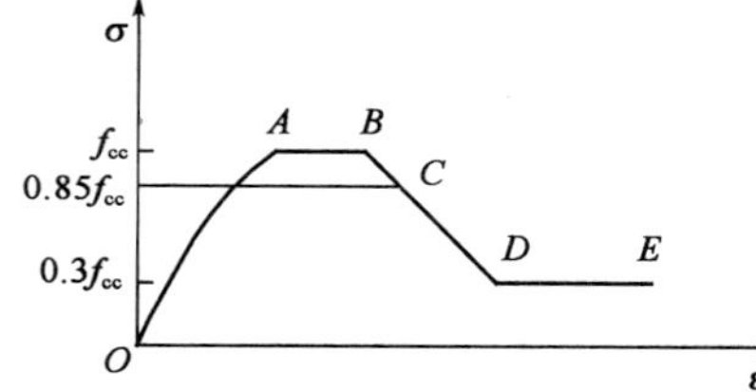

图 4.13.8 Sheikh 约束混凝土本构模型

有效约束核芯混凝土的抗压强度取决于体积配箍率 ρ_s 和约束混凝土到达峰值强度时的箍筋应力 f'_s。采用正方形箍筋，且纵筋沿周边均匀布置时，核芯混凝土抗压强度的提高系数为

$$\frac{f_{cc}}{f_c} = k_s = 1 + \frac{B^2}{140P_{0c}}\left[\left(1 - \frac{nc^2}{5.5B^2}\right)\left(1 - \frac{s}{2B}\right)^2\right]\sqrt{\rho_s f'_s} \tag{4.13.34}$$

式中：f_{cc}——核芯约束混凝土的抗压强度；

f_c——素混凝土的抗压强度；

k_s——核芯混凝土抗压强度的提高系数；

B——核芯面积边长；

n、c——纵筋的数量和间距；

s——箍筋间距；

P_{0c}——核芯混凝土不受约束时的承载力。

Sheikh 给出的约束核芯混凝土应力—应变曲线，上升段（OA）为二次抛物线，其余段（AB，BCD 和 DE）为直线。

(2) Kent-Park 本构模型[6]

如图 4.13.9 所示，Kent-Park 给出的约束混凝土本构模型是由上升段的曲线和下降段的两条折线组成。假设约束混凝土的抗压强度和峰值应变都与素混凝土的相等（$f_{cc} = f'_c$，$\varepsilon_{pc} =$

ε_p)，上升段曲线也相同，采用 Hognestad 的二次式 $y=2x-x^2$。下降段的斜线由 $\sigma=0.5f'_c$ 处的应变确定，即

$$\varepsilon_{0.5}=\left(\frac{20.67+2f'_c}{f'_c-6.89}+\frac{3}{4}\rho_s\sqrt{\frac{b''}{s}}\right)\times10^{-3} \quad (4.13.35)$$

式中：f'_c——混凝土的圆柱体抗压强度；

ρ_s——横向箍筋对核芯混凝土的体积率；

b''——约束混凝土核芯宽度；

s——箍筋间距。

（3）Mander 本构模型[3]

在众多的试验研究成果中，Mander(1988)等建议的轴向力柱的本构模型近年来得到了越来越多的应用，如图4.13.10所示。

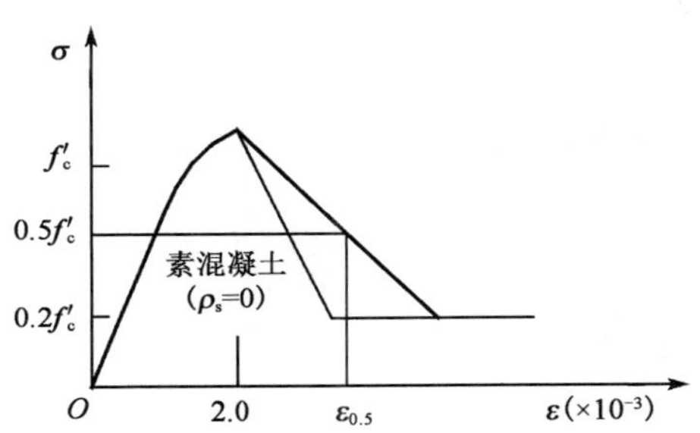

图4.13.9 Kent-Park 约束混凝土本构模型

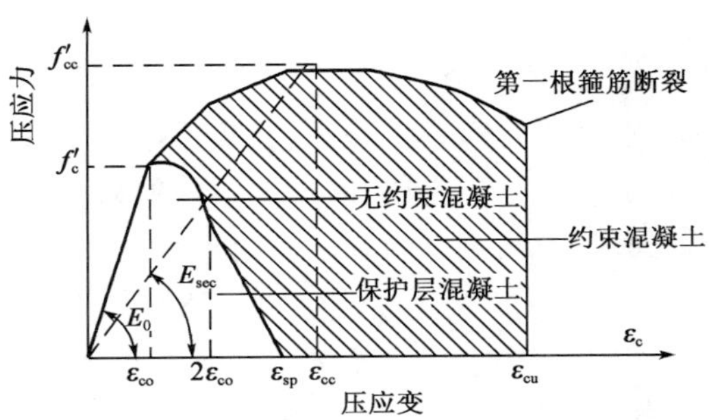

图4.13.10 Mander 约束混凝土本构模型

Mander 模型适用于多种截面形式的构件，其约束的混凝土的抗压强度可表示为

$$f_c=\frac{\gamma x}{r-1+x^r}\cdot f'_{cc} \quad (4.13.36)$$

式中：x——参数，$x=\varepsilon_c/\varepsilon_{cc}$；

ε_c——约束混凝土应变；

ε_{cc}——约束混凝土抗压强度对应的应变；

$$\varepsilon_{cc}=0.002\left[1+5\left(\frac{f'_{cc}}{f'_c}-1\right)\right] \quad (4.13.37)$$

式中：γ——参数，$\gamma=E_c/(E_c-E_{sec})$；

E_c——无约束混凝土割线模量，$E_c=5000\sqrt{f'_c}$；

E_{sec}——约束混凝土割线模量，$E_{sec}=f'_{cc}/\varepsilon_{cc}$；

f'_{cc}——约束混凝土抗压强度；

f'_c——圆柱体无约束混凝土抗压强度。

对正交的 x、y 两个方向有相等有效约束应力的正方形截面，有

$$f'_{cc}=f'_c\left[2.254\sqrt{1+\frac{7.94}{f'_c}f'_l}-\frac{2f'_l}{f'_c}-1.254\right] \quad (4.13.38)$$

对于圆形截面有

$$f_l' = 0.95\rho_s f_{yh} \tag{4.13.39}$$

式中：ρ_s——体积配箍率，$\rho_s = 4A_{sh}/\pi D'^2 S$；

D'——核芯混凝土截面直径；

A_{sh}——单肢箍筋面积；

S——箍筋间距；

f_{yh}——箍筋屈服强度。

对于矩形截面有

$$f_{lx}' = k_e \rho_x f_{yh} \tag{4.13.40a}$$

$$f_{ly}' = k_e \rho_y f_{yh} \tag{4.13.40b}$$

式中：ρ_x——$\rho_x = \dfrac{A_{sh}}{S \cdot b_h}$；

ρ_y——$\rho_y = \dfrac{A_{sh}}{S \cdot a_h}$；

k_e——有效约束系数，其数值取决于混凝土的最小有效约束面积与周边箍筋中心线包围面积之比；对于矩形薄壁截面一般取为0.6；

b_h、a_h——与 x 方向和 y 方向垂直的截面尺寸（按周边箍筋中心线所在的位置计算）。

当$f_{lx}' = f_{ly}'$时，f_{cc}'取式(4.13.38)进行计算。

当$f_{lx}' \neq f_{ly}'$时，$f_{cc}' = k_e f_c'$。

约束混凝土的极限压应变 ε_{cu} 定义为横向约束钢筋开始发生断裂时的混凝土压应变。

$$\varepsilon_{cu} = 0.004 + \frac{1.4\rho_s f_{yh}\varepsilon_{su}}{f_{cc}'} \tag{4.13.41}$$

$$\rho_s = \rho_x + \rho_y \quad （矩形）$$

$$\rho_s = \frac{4A_{sh}}{\pi D'^2 S} \quad （圆形）$$

式中：ε_{su}——箍筋最大应力时的应变；

其他符号意义同前。

应该说明的是，Mander 模型是针对轴向受力柱提出的，当有弯矩出现时为偏心受压柱，则式(4.13.41)的计算结果折减50%。

钢管混凝土、纤维约束混凝土及更多的约束混凝土本构模型见文献[7,8]。

作为示例，在混凝土柱中，箍筋所围的核芯混凝土为约束混凝土，这部分混凝土的本构关系模型可采用 Mander 本构模型。为了方便分析，引入约束指标 λ_t 的概念，约束指标也称为配箍特征值。

将体积配箍率取为

$$\rho_s = \frac{nA_{sh}}{s_k a_k} \tag{4.13.42}$$

式中：n——沿某一方向箍筋的肢数；

A_{sh}——单肢箍筋的截面积；

s_k——箍筋间距；

a_k——构件沿与 n 相同方向的构件宽度尺寸。

则约束指标为

$$\lambda_t = \rho_s \frac{f_{yt}}{f_c} \tag{4.13.43}$$

式中：f_{yt}——箍筋的屈服强度；

f_c——混凝土的抗压强度。

试验证明，箍筋越多越强，对核芯混凝土的约束应力越大，约束混凝土的抗压强度（f_{cc}）和峰值应变（ε_{cc}）都随之增长。配箍量较少（$\lambda_t \leqslant 0.3$）的约束混凝土，到达极限强度 f_{cc} 时箍筋尚未屈服；而配箍量大（$\lambda_t \geqslant 0.36$）时，约束混凝土达极限强度之前箍筋早已屈服，充分发挥了约束作用。计算表明，相应于约束混凝土极限强度和箍筋屈服同时到达的界限约束指标约为 $\lambda_t = 0.32$。图 4.13.11、图 4.13.12 分别是 C20、C40 混凝土的 Mander 本构模型曲线。

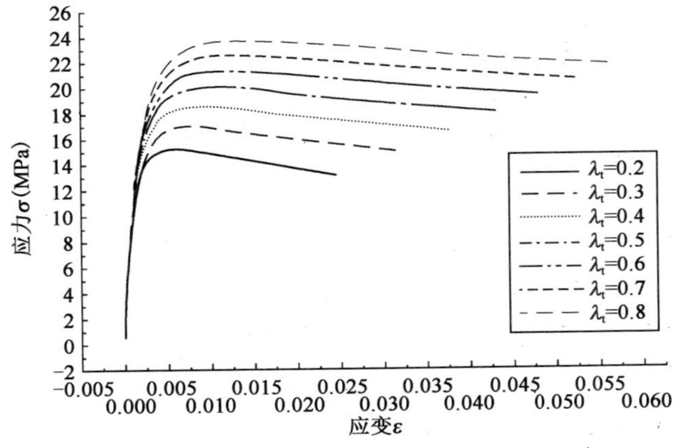

图 4.13.11 C20 混凝土在不同约束指标下的 Mander 本构模型

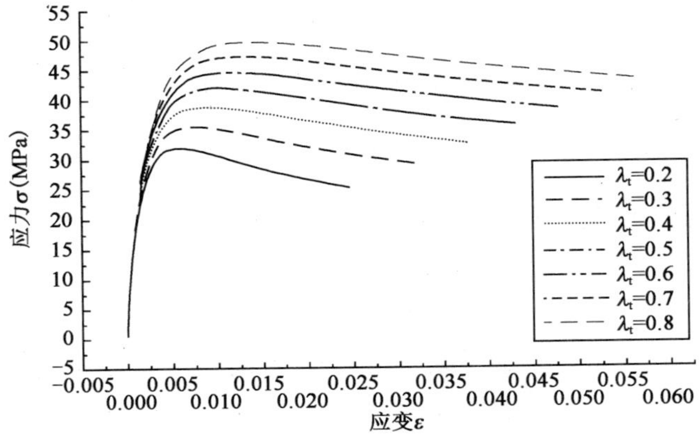

图 4.13.12 C40 混凝土在不同约束指标下的 Mander 本构模型

钢筋与混凝土之间黏结与滑移本构模型、钢筋的本构模型参见本章参考文献。

13.3 混凝土破坏准则

13.3.1 应力不变量与主应力

(1)应力不变量

在空间直角坐标系中,物体内某代表点的单位向量为 $n_i(i=1,2,3)$,若截取的某面元以 n_i 为法线,且该面元上只有正应力而无剪应力时,则向量 n_i 为主方向,相应的正应力即为主应力 σ。根据微元体平衡条件,正六体面应力与主应力满足

$$(\sigma_{ij}-\sigma\delta_{ij})n_j=0 \tag{4.13.44}$$

式中,$\delta_{ij}=\delta_{ji}$为 Kronecker 符号。当 $i=j,\delta_{ij}=1$;当 $i\neq j,\delta_{ij}=0$。式(4.13.44)是关于(n_1,n_2,n_3)的线性方程组,其有解的充要条件是系数行列式为0,即

$$|\sigma_{ij}-\sigma\delta_{ij}|=0 \tag{4.13.45}$$

展开后其为关于 σ 的三次方程,即

$$\sigma^3-I_1\sigma^2+I_2\sigma-I_3=0 \tag{4.13.46}$$

其中

$$I_1=\sigma_{11}+\sigma_{22}+\sigma_{33}$$

$$I_2=\sigma_{11}\sigma_{22}+\sigma_{22}\sigma_{33}+\sigma_{33}\sigma_{11}-\sigma_{12}^2-\sigma_{23}^2-\sigma_{31}^2$$

$$I_3=\sigma_{11}\sigma_{22}\sigma_{33}+2\sigma_{12}\sigma_{23}\sigma_{31}-\sigma_{11}\sigma_{23}^2-\sigma_{22}\sigma_{31}^2-\sigma_{33}\sigma_{21}^2$$

如果所选坐标抽与主应力轴 n_i 重合,则以上三式可简写成

$$\begin{cases}I_1=\sigma_1+\sigma_2+\sigma_3\\ I_2=\sigma_1\sigma_2+\sigma_2\sigma_3+\sigma_3\sigma_1\\ I_3=\sigma_1\sigma_2\sigma_3\end{cases} \tag{4.13.47}$$

因主应力不随坐标系而变,I_1、I_2、I_3 也不随坐标系而变,故 I_1、I_2、I_3 称为应力状态 σ_{ij}的第一、第二及第三不变量。

通常将第一不变量的1/3称为平均应力或静水压力,记作 σ_{m},有

$$\sigma_{\mathrm{m}}=\frac{1}{3}(\sigma_1+\sigma_2+\sigma_3)=\frac{1}{3}I_1=\frac{1}{3}(\sigma_{11}+\sigma_{22}+\sigma_{33}) \tag{4.13.48}$$

将应力张量 σ_{ij}分解成静水压力 σ_{m} 和应力偏量 s_{ij}两部分,即

$$\sigma_{ij}=s_{ij}+\sigma_m\delta_{ij}$$

或改写成

$$s_{ij}=\sigma_{ij}-\sigma_m\delta_{ij} \tag{4.13.49}$$

显然,应力偏量 s_{ij}也是2阶张量,其主应力偏量方向与主应力方向一致。因此,为求主应力偏量,采用前面应力状态不变量的推导过程,类似应有

$$|s_{ij}-s\delta_{ij}|=0 \tag{4.13.50}$$

其为一元三次方程,可表示成

$$s^3-J_1s^2-J_2s-J_3=0 \tag{4.13.51}$$

这里
$$\begin{cases} J_1 = s_{11} + s_{22} + s_{33} = 0 \\ J_2 = \dfrac{1}{6}[(\sigma_{11} - \sigma_{22})^2 + (\sigma_{22} - \sigma_{33})^2 + (\sigma_{33} - \sigma_{11})^2] + \sigma_{12}^2 + \sigma_{23}^2 + \sigma_{31}^2 \\ J_3 = s_{11}s_{22}s_{33} + 2s_{12}s_{23}s_{31} - s_{11}s_{23}^2 - s_{22}s_{31}^2 - s_{33}s_{21}^2 \end{cases}$$

同样,当所选坐标轴与主应力轴 n_i 重合时,以上三式可简写为

$$\begin{cases} J_1 = s_1 + s_2 + s_3 = 0 \\ J_2 = \dfrac{1}{6}[(\sigma_1 - \sigma_2)^2 + (\sigma_2 - \sigma_3)^2 + (\sigma_3 - \sigma_1)^2] = \dfrac{1}{2}(s_1^2 + s_2^2 + s_3^2) \\ J_3 = s_1 s_2 s_3 \end{cases} \tag{4.13.52}$$

式中,$s_i(i=1,2,3)$为主应力偏量。显然,J_1、J_2、J_3 也不随坐标系而变,故 J_1、J_2、J_3 称为应力偏量 s_{ij}的第一、第二及第三不变量。

(2)主应力计算

令
$$s = r\cos\theta$$

将式(4.13.51)变换为
$$\cos^3\theta - \frac{J_2}{r^2}\cos\theta - \frac{J_3}{r^3} = 0 \tag{4.13.53}$$

比较三角恒等式
$$\cos^3\theta - \frac{3}{4}\cos\theta - \frac{1}{4}\cos3\theta = 0 \tag{4.13.54}$$

若取
$$\begin{cases} \dfrac{J_2}{r^2} = \dfrac{3}{4} \\ \dfrac{J_3}{r^3} = \dfrac{\cos3\theta}{4} \end{cases} \quad 即 \begin{cases} r = \sqrt{\dfrac{4J_2}{3}} \\ \cos3\theta = \dfrac{4J_3}{r^3} \end{cases} \tag{4.13.55}$$

则可由 3θ 在 $0 \sim 2\pi$ 内的三个角值,求得主应力偏张量 $s_i(i=1,2,3)$,进而可求出主应力:

$$\begin{Bmatrix} \sigma_1 \\ \sigma_2 \\ \sigma_3 \end{Bmatrix} = \begin{Bmatrix} s_1 \\ s_2 \\ s_3 \end{Bmatrix} + \sigma_m \begin{Bmatrix} 1 \\ 1 \\ 1 \end{Bmatrix} = \frac{2\sqrt{J_2}}{\sqrt{3}} \begin{Bmatrix} \cos\theta \\ \cos\left(\theta - \dfrac{2}{3}\pi\right) \\ \cos\left(\theta + \dfrac{2}{3}\pi\right) \end{Bmatrix} + \frac{1}{3} \begin{Bmatrix} I_1 \\ I_1 \\ I_1 \end{Bmatrix} \tag{4.13.56}$$

(3)八面体正应力与剪应力

在以主应力为直角坐标轴的主应力空间中,与主应力轴等倾的面共有8个,组成一个正八面体(图4.13.13)。作用于等倾面上的应力称为八面体应力,将八面体应力分解为正应力和剪应力,称为八面体正应力和剪应力,常用 σ_{oct} 与 τ_{oct} 表示。由微体平衡条件可以求得其与主应力及应力状态不变量有如下关系

$$\sigma_{oct} = \frac{1}{3}(\sigma_1 + \sigma_2 + \sigma_3) = \frac{I_1}{3} = \sigma_m \tag{4.13.57}$$

$$\tau_{oct} = \frac{1}{3}\sqrt{(\sigma_1 - \sigma_2)^2 + (\sigma_2 - \sigma_3)^2 + (\sigma_3 - \sigma_1)^2} = \sqrt{\frac{2}{3}J_2} \tag{4.13.58}$$

(4)应力状态和不变量的几何意义

在主应力空间中,某点的应力状态可用 $P(\sigma_1, \sigma_2, \sigma_3)$ 或向量 $\boldsymbol{OP}$ 表示,见图4.13.14a)。现在通过原点作一与三坐标轴夹角相同的直线 Od,在 Od 直线上有:

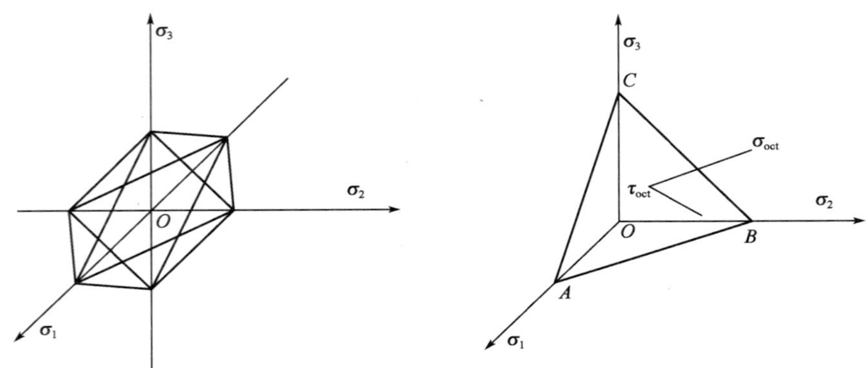

图 4.13.13　微八面体与八面体应力

$$\sigma_1 = \sigma_2 = \sigma_3$$

且对应着静水压力状态，故直线 Od 称为静水压力轴。在静水压力轴上应力偏量为 0。与静水压力轴相垂直的平面称为偏平面，通过原点的偏平面称为 π 平面。

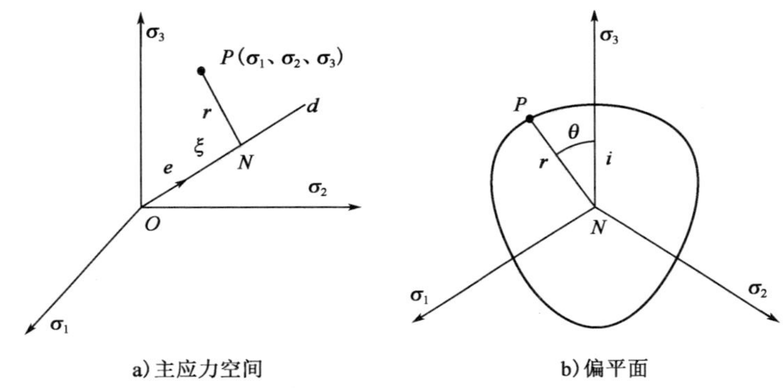

图 4.13.14　主应力空间与偏平面

于是，将向量**OP**分解为沿静水压力轴的向量**ON**和偏平面中的向量**NP**。显然，在静水压力轴上的向量**ON**为

$$\boldsymbol{ON} = [\sigma_m \quad \sigma_m \quad \sigma_m] \tag{4.13.59}$$

则**ON**的长度 ξ 为

$$\xi = |\boldsymbol{ON}| = \sqrt{\sigma_m^2 + \sigma_m^2 + \sigma_m^2} = \sqrt{3}\sigma_m = \sqrt{3}\sigma_{oct} \tag{4.13.60}$$

NP为

$$\boldsymbol{NP} = \boldsymbol{OP} - \boldsymbol{ON} = [\sigma_1 \quad \sigma_2 \quad \sigma_3] - [\sigma_m \quad \sigma_m \quad \sigma_m] = [s_1 \quad s_2 \quad s_3] \tag{4.13.61}$$

NP平方后得

$$|\boldsymbol{NP}|^2 = r^2 = s_1^2 + s_2^2 + s_3^2 = 2J_2$$

或

$$r = \sqrt{2J_2} = \sqrt{3}\tau_{oct} \tag{4.13.62}$$

由此可见，$\boldsymbol{NP} = [s_1 \quad s_2 \quad s_3]$是$\boldsymbol{OP} = [\sigma_1 \quad \sigma_2 \quad \sigma_3]$在偏平面的分量。

因为应力空间各应力主轴与偏平面的夹角均相同，故它们在偏平面上投影的夹角也彼此相同（$2\pi/3$ 或 120°）。在偏平面上，r 与 σ_1 的投影轴之间的夹角 θ 称为相似角，并以 σ_1 轴投影方向的正向逆时针来度量，见图4.13.14b)。因沿σ_1在偏平面上的投影轴的单位向量在主应力空间中的分量为

$$\boldsymbol{i}=\frac{1}{\sqrt{6}}\begin{bmatrix}1 & 1 & 1\end{bmatrix} \tag{4.13.63}$$

于是

$$\boldsymbol{NP}\cdot\boldsymbol{i}=r\cos\theta \tag{4.13.64}$$

代入式(4.13.60)、式(4.13.62)，并利用式(4.13.52)，从而可得相似角θ为

$$\cos\theta=\frac{\sqrt{3}}{2}\frac{s_1}{\sqrt{J_2}}=\frac{2\sigma_1-\sigma_2-\sigma_3}{2\sqrt{3}\sqrt{J_2}} \tag{4.13.65}$$

从上面分析可见，破坏曲面函数的方程式可表示为

$$f(\sigma_1,\sigma_2,\sigma_3)=0$$

或

$$f(I_1,I_2,I_3)=0$$

或

$$f(\xi,r,\theta)=0$$

或

$$f(\sigma_{\text{oct}},\tau_{\text{oct}},\theta)=0$$

式中参数ξ、r、θ可由式(4.13.55)、式(4.13.60)和式(4.13.62)得出：

$$\xi=\frac{I_1}{\sqrt{3}}=\sqrt{3}\sigma_{\text{m}}=\sqrt{3}\sigma_{\text{oct}},r=\sqrt{2J_2}=\sqrt{3}\tau_{\text{oct}},\cos3\theta=\frac{3\sqrt{3}}{2}\frac{J_3}{J_2}\frac{1}{\sqrt{J_2}}$$

13.3.2　混凝土破坏形态及其描述

1)破坏形态

对混凝土多轴试验的试件进行分析，可归纳为5种典型的破坏形态。

(1)拉断。发生这类破坏的应力状态，除了单轴、双轴和三轴受拉(T,T/T,$T/T/T$)，还有主拉应力较大($|\sigma_1/\sigma_3|\geqslant 0.05\sim0.1$)的双轴和三轴拉/压($T/C$,$T/C/C$,$T/T/C$)等。

(2)柱状压坏。发生这类破坏的应力状态有单轴受压，以及应力σ_1和σ_2值不大的双轴和三轴受压或拉/压(C/C,T/C,$T/C/C$和$T/T/C$)等。

(3)片状劈裂。发生这类破坏的应力状态是主压应力σ_1和σ_3值较大的双轴(C/C)、三轴受压和拉/压($C/C/C$,$T/C/C$)等。

(4)斜剪破坏。这类破坏只发生在三轴受压($C/C/C$)应力状态，且$\sigma_1/\sigma_3=0.15\sim0.20$。

(5)挤压流动。这类破坏只发生在三轴受压应力状态($C/C/C$)，且σ_1和σ_2值较大。

混凝土的这5种典型的破坏形态，主要是从试件破坏后的表面宏观现象加以区分和命名的。如果从混凝土受力破坏的机理和本质出发，即考虑引起破坏的主要应力成分、破坏的过程和特点、变形的发展规律，以及裂缝的物理特征等因素，则可以将混凝土的破坏归结为两种基本的破坏形态，即单轴受拉和单轴受压：

(1)主拉应力作用。直接产生横向拉断裂缝和破坏，即拉断破坏。

(2)主压应力作用。引起纵向劈裂裂缝和破坏，包括柱状破坏和片状劈裂。斜剪破坏和挤压流动属此特例，侧向压应力σ_1、σ_2将劈裂裂缝压实，不明显表露。

这两种混凝土基本破坏形态的裂缝特征有明显区别，不容混淆。它们的强度和变形规律相差也大，在建立混凝土的破坏准则和本构模型时应予充分注意。

2)破坏面描述

前述破坏面是三维立体图,既不便绘制,也不便应用,一般可用破坏面与偏平面相交的断面破坏曲面的子午线来表达。偏平面前面已介绍,破坏曲面的子午线即静水压力轴和与破坏面成一角度 θ 的一条线形成的平面,与破坏曲面相交而成的曲线。它们有:

拉子午线:$\theta=0°$,$\sigma_r=\sigma_1=\sigma_2<\sigma_z=\sigma_3$(拉应力为正);当静水压力与轴向拉应力组合时,单向轴拉时,二轴受压时的应力状态均位于子午线上。

压子午线:$\theta=60°$,$\sigma_r=\sigma_1=\sigma_2<\sigma_z=\sigma_3$(拉应力为正);当三轴受压时,单轴受压时,二向等拉时的应力状态均位于压子午线上。

剪力子午线:$\theta=30°$,当应力状态为 σ_1、$(\sigma_1+\sigma_3)/2$、σ_3 时,也就是$\frac{1}{2}(\sigma_1-\sigma_3,0,\sigma_3-\sigma_1)$与静水压力$\frac{1}{2}(\sigma_1+\sigma_3)$组合时,其应力状态位于剪力子午线上。

根据国内外试验结果,混凝土破坏面在偏平面有以下特征:

(1)破坏线是光滑、外凸的。根据微分几何知,外凸性条件为

$$\frac{\partial^2 r}{\partial\theta^2}<r+\frac{2}{r}\left(\frac{\partial r}{\partial\theta}\right)^2$$

(2)破坏线应是三折对称的封闭曲线。

(3)随着静水压力轴从拉端向压端变化,破坏线形状由近似三角形逐渐过渡为一圆形。混凝土破坏面的子午线的特征为:

①子午线是光滑、外凸的曲线,并与静水压力 I_1 或 ξ 有关。

②$r_t/r_c<1$,这里 t 和 c 分别代表拉子午线和压子午线。随着静水压力的增加该比值不断增大,在 π 平面其值接近 0.5;当 $\xi=-7f_c$ 时,其值约为 0.8。

③子午线在静水压力轴的拉端有顶点,相应于三轴等拉强度;但在压端开口,不与静水压力轴相交。

详细讨论参见文献[4]。

13.3.3 混凝土的屈服准则

混凝土的屈服准则是在试验的基础上考虑混凝土的特点而建立起来的。古典强度理论的计算式中只包含一个或两个参数,破坏曲面的形状简单,与复杂的混凝土包络图相差很大,不可能反映其主要几何特点。故从整体上估计,古典强度理论不适用于混凝土,只是在很小的局部应力范围内经过修正,才可勉强应用。鉴于此,国内外学者在大量试验研究基础上,提出了众多参数多少不同的混凝土屈服准则。

1)混凝土双向受力下的屈服准则简介

(1)Kupter 准则

对于双向受力状态,Kupfer 和 Gerstle 根据不同应力比 $\alpha=\sigma_1/\sigma_2$ 下的强度破坏试验结果,建议

压—压区域

$$\left(\frac{\sigma_1}{f_{c0}}+\frac{\sigma_2}{f_{c0}}\right)^2-\frac{\sigma^2}{f_{c0}}-3.65\frac{\sigma_1}{f_{c0}}=0 \tag{4.13.66}$$

式中:f_{c0}——圆柱体抗压强度;

其他区域及具体计算见式(4.13.26)。

(2)修正的摩尔库仑准则

将摩尔库仑屈服准则 $\tau = c + \sigma\tan\varphi$ 中的黏聚力 c 和内摩擦角 φ 以 f_{ct}、f_c 来表示,修正后的准则可写为

$$\left(\tan\varphi + \sqrt{1+\tan^2\varphi}\right)^2\sigma_1 - \sigma_3 = 2c\left(\tan\varphi + \sqrt{1+\tan^2\varphi}\right) \tag{4.13.67}$$

式中,参数 φ 和 c 可由混凝土单轴抗压、拉破坏条件得出。

(3)Liu、Nilson 和 Slate 准则

在双向受压区,采用双折线代替摩尔准则中的单直线,取为

$$\begin{cases}\sigma_2 = \left(1 - \dfrac{\alpha}{1.2-\alpha}\right)f_c \\ \sigma_1 = \alpha\sigma_2\end{cases} \quad (\alpha < 0.2) \tag{4.13.68a}$$

$$\begin{cases}\sigma_2 = 1.2f_c \\ \sigma_1 = \alpha\sigma_2\end{cases} \quad (0.2 \leqslant \alpha \leqslant 1.0) \tag{4.13.68b}$$

在抗压区与摩尔准则相同。

Nilson 亦建议了多折线准则公式,Lin、Scordelis 准则建议了以主应变作为参数的准则。

2)三参数准则

(1)Menetrey-Willam 准则(1995 年)

$f(\xi, r, \theta) = 0$,即

$$\left(1.5\frac{r}{f_c}\right)^2 + m\left[\frac{r}{\sqrt{6}f_c}\rho(\theta,\lambda) + \frac{\xi}{\sqrt{3}f_c}\right] - c = 0 \tag{4.13.69}$$

其中

$$c = 1, m = 3\frac{f_c^2 - f_{ct}^2}{f_c f_{ct}}\frac{\lambda}{\lambda+1}$$

根据 CEB 对试验数据的总结,混凝土三轴受力时应有:$0.5 \leqslant \lambda \leqslant 0.6$;对双轴受力情况,$\lambda = 0.52$ 为最佳。此外 Menetrey-Willam 还将式(4.13.69)推广为如下的广义准则:

$$(A_f r)^2 + m[B_f r\rho(\theta,\lambda) + C_f\xi] - c = 0 \tag{4.13.70}$$

分析式(4.13.70)发现,当 A_f,B_f,C_f,m 和 λ 取不同的值时,上式可蜕化为:

①米赛斯(Von Mises,1913)准则:应力偏量的第二不变量(J_2)达到某一极限时,材料开始屈服,相当于材料力学中的第四强度理论,即

$$J_2 - K = 0 \tag{4.13.71}$$

②德鲁克—普拉格(Drucker-Prager,1952)准则

$$aI_1 + \sqrt{J_2} - K = 0 \tag{4.13.72}$$

及 Mohr-Coulomb 准则(1900 年)。

(2)Bresler-Pister 准则(1958 年)

子午线为二次抛物线,表达式为

$$\frac{\tau_{oct}}{f_c} = a - b\frac{\sigma_{oct}}{f_c} + c\left(\frac{\sigma_{oct}}{f_c}\right)^2 \tag{4.13.73}$$

式中,参数 a、b、c 可由 f_{ct}、f_c 和二轴等压强度 f_{cc} 试验数据确定。

(3) Willam-Warnke 准则(1975)

该准则破坏面在偏平面上为三轴对称凸面光滑三角形,按照椭圆方程推导的破坏面可用平均应力 σ_m、τ_m 及相似角 θ 表示为

$$\frac{I}{\rho}\frac{\sigma_m}{f_c}+\frac{1}{r(\theta)}\frac{\tau_m}{f_c}-1=0 \tag{4.13.74}$$

$$r(\theta)=\frac{2r_c(r_c^2-r_t^2)\cos\theta+r_c(2r_t-r_c)\left[4(r_c^2-r_t^2)\cos^2\theta+5r_t^2-4r_tr_c\right]^{1/2}}{4(r_c^2-r_t^2)}$$

参数 r_c、r_t 及 ρ 可用 f_{ct}、f_c 及 f_{cc} 值来确定。

3) 四参数准则

(1) Ottosen 准则(1977 年)

该准则的破坏包络面方程为

$$a\frac{J_2}{f_c^2}+\lambda\frac{\sqrt{J_2}}{f_c}+b\frac{I_1}{f_c}-1=0 \tag{4.13.75}$$

当 $\theta\leqslant30°$,或 $\cos3\theta\geqslant0$ 时

$$\lambda=\frac{1}{r}=k_1\cos\left[\frac{1}{3}\cos^{-1}(k_2\cos3\theta)\right]$$

当 $\theta\geqslant30°$,或 $\cos3\theta\leqslant0$ 时

$$\lambda=\frac{1}{r}=k_1\cos\left[\frac{\pi}{3}-\frac{1}{3}\cos^{-1}(-k_2\cos3\theta)\right]$$

式中共有 4 个参数,其中 a 和 b 决定子午线形状,k_1 和 k_2 则分别决定偏平面包络线(r 或 τ_{oct})的大小和形状。确定 4 个参数取用 4 个特征强度值:单轴抗压 f_c、单轴抗拉 f_t、双轴等压($f_{cc}=-1.16f_c$,Kapter 试验值)和三轴受压($\theta=60°$,$I_1/f_c=-5.0$,$\sqrt{J_2}/f_c=2\sqrt{2}$,Balmer 和 Richart等人试验值)。

本准则是采用薄膜比拟法得出,包络面为光滑外凸的抛物曲面。

(2) Reiman(1965 年)

该准则的受压子午线方程为一抛物线,即

$$\frac{\xi}{f_c}=a\left(\frac{r_c}{f_c}\right)^2+b\left(\frac{r_c}{f_c}\right)+c \tag{4.13.76}$$

其他子午线由压区子午线的相关方程来定义

$$r=\varphi(\theta_0)r_c$$

其中

$$\theta_0=60°-\theta$$

当 $-60°\leqslant\theta_0\leqslant60°$,$\varphi(\theta_0)$ 可表示为

$$\varphi(\theta_0)=\begin{cases}r_t/r_c & (\cos\theta\leqslant r_t/r_c)\\ \dfrac{1}{\cos\theta_0+\sqrt{(r_c^2/r_t^2-1)(1-\cos^2\theta_0)}} & (\cos\theta_0>r_t/r_c)\end{cases}$$

拉、压子午线为曲线,且偏平面在 r_t 处为光滑曲线。

(3) Hsich-Ting-Chen 准则(1979 年)

$$a\frac{J_2}{f_c^2}+b\frac{\sqrt{J_2}}{f_c}+c\frac{\sigma_1}{f_c}+d\frac{I_1}{f_c}-1=0 \tag{4.13.77}$$

参数 a、b、c、d 可由 f_{ci},$f_{ct}=0.1f_c$,$f_{cc}=1.1f_c$,Mills 和 Zimmermzn 的(σ_{oct}/f_c,τ_{oct}/f_c)=(-1.145,1.6)来确定。

4)五参数准则

(1)Willam-Warnke 准则(1975 年)

将偏平面上的包络线看作由 6 段圆弧曲线连接而成,各段在 $\theta=0°$ 和 $\theta=60°$ 处都符合连续条件。按照椭圆方程推导得偏平面上应力 r 随 θ 的变化方程为

$$r(\theta)=\frac{2r_c(r_c^2-r_t^2)\cos\theta+r_c(2r_t-r_c)\sqrt{4(r_c^2-r_t^2)\cos^2\theta+5r_t^2+4r_tr_c}}{4(r_c^2-r_t^2)\cos^2\theta+(2r_t-r_c)^2} \tag{4.13.78}$$

当 $\theta=0°$,$r(\theta)=r_t$;$\theta=60°$,$r(\theta)=r_c$,分别为同一偏平面上拉、压子午线点至静水压力轴的距离。

拉、压子午线的方程分别为

$$\begin{cases}\dfrac{\tau_{mt}}{f_c}=a_0+a_1\left(\dfrac{\sigma_m}{f_c}\right)+a_2\left(\dfrac{\sigma_m}{f_c}\right)^2 & (\theta=0°)\\ \dfrac{\tau_{mc}}{f_c}=b_0+b_1\left(\dfrac{\sigma_m}{f_c}\right)+b_2\left(\dfrac{\sigma_m}{f_c}\right)^2 & (\theta=60°)\end{cases} \tag{4.13.79}$$

式中有 6 个参数,即 a_0、a_1、a_2 和 b_0、b_1、b_2。但拉、压子午线在静水压力轴相交于一点,独立参数减为5 个。标定参数值取用5 个特征强度值:单轴抗拉强度f_{ct}、双轴等压强度f_{cc}和高静水压力状态下的两点,即 $\theta=0°$,$\sigma_m/f_c=-2.12$,$\tau_m/f_c=0.771$ 和 $\theta=60°$,$\sigma_m/f_c=-2.12$,$\tau_m/f_c=0.867$。

破坏包络面的形状是一个椭圆组合截面的抛物线形曲面。

(2)Kotsovos 准则(1979)

偏平面包络线引用 Willam-Warnke 的椭圆组合曲线,但将子午线改为幂函数表示:

$$\begin{cases}\dfrac{\tau_{mt}}{f_c}=a\left(c+\dfrac{\sigma_{oct}}{f_c}\right)^b & (\theta=0°)\\ \dfrac{\tau_{oc}}{f_c}=d\left(c+\dfrac{\sigma_{oct}}{f_c}\right)^e & (\theta=60°)\end{cases} \tag{4.13.80}$$

式中的 5 个参数 a、b、c、d 和 e 的数值,不是选用特征强度值加以标定,而是用最小二乘法拟合它们的试验数据求得。Kotsovos 给出的参数为 $a=0.633$,$b=0.857$,$c=0.05$,$d=0.944$,$e=0.724$。

(3)Podgorski 准则(1985 年)

这一准则表达式与 Ottoson 准则表达式基本相同,只是将其中的主应力不变量改为相应的八面体应力表示,即

$$\sigma_{oct}-c_0+c_1p\tau_{oct}+c_2\tau_{oct}^2=0 \tag{4.13.81}$$

其中
$$p=\cos\left[\frac{1}{3}\cos^{-1}(\alpha\cos3\theta)-\beta\right]$$

式中的5个参数 c_0、c_1、c_2、α 和 β，由5个特征强度值标定。除了单轴抗压强度 f_c、单轴抗拉强度（$f_{ct}=0.1f_c$）、双轴等压强度（$f_{cc}=1.1f_c$）和三轴等拉强度（$f_{ttt}=f_{ct}$）之外，还在剪子午线（$\theta=30°$）上选取一点，即双轴受压的应力比为（0：−0.5：−1），强度值取 $f_{cc}=1.25f_c$。得到的破坏包络面的形状也与 Ottoson 准则相近。

（4）王传志、过镇海五参数准则

在试验基础上，清华大学的王传志、过镇海等提出了以八面体应力表示的五参数准则，其中子午线的幂函数形式为

$$\frac{\tau_{oct}}{f_c}=a\left(\frac{b-\sigma_{oct}/f_c}{c-\sigma_{oct}/f_c}\right)^d \tag{4.13.82}$$

其中 $$c=c_t(\cos1.5\theta)^{1.5}+c_c(\sin1.5\theta)^2$$

式中五个参数都有明确的几何意义：

b——子午线与横坐标的交点坐标，$b=f_{ttt}/f_c$；

d——当 $0<d<1.0$ 时，式（4.13.82）的导数在 $\sigma_{oct}/f_c=b$ 处为无穷大，即切线垂直于横坐标，拉、压子午线在此点连续，破坏曲面光滑外凸；

a——$\sigma_0\to-\infty$ 时的 τ_{oct}/f_c 极限值，即偏平面上极限包络线圆的半径；

c——不同偏平面夹角 θ 处的子午线参数，当 $\theta=0°$ 时，$c=c_t$ 为拉子午线；$\theta=60°$ 时，$c=c_c$ 为压子午线；$\theta=0°\sim60°$，$c_t\geqslant c\geqslant c_c$ 得相应的子午线。

参数值可由破坏面上的任五个特征强度试验值确定。王传志、过镇海准则所取值为：

单轴受压强度 f_c（$\theta=60°$，$f_c>0$）；

单轴受拉强度 $f_{ct}=0.1f_c$，$\theta=0°$；

双轴等压强度 $f_{cc}=1.28f_c$，$\theta=0°$；

三轴受压强度，根据试验结果取（σ_{oct}/f_c，τ_{oct}/f_c）=（−4.0，2.7），$\theta=60°$；

三轴等拉强度 $f_{ttt}=0.9f_t=0.09f_t$ 等五点，于是可得混凝土统一准则为

$$\frac{\tau_{oct}}{f_c}=6.9638\left(\frac{0.09-\sigma_{oct}}{c-\sigma_{oct}/f_c}\right)^{0.9297}f_c \tag{4.13.83}$$

其中 $$c=12.2445(\cos1.5\theta)^{1.5}+7.3319(\sin1.5\theta)^2$$

王传志、过镇海五参数准则是拟合国内外众多研究者的试验结果而提出的，因而适用于一切应力范围和各种试验条件，总体计算准确度较高。如果取依此准则确定参数选用的强度值，结果发现：以 Ottosen、Podgorski 准则最好，它们的三轴受压、三轴拉压及双轴应力状态下的偏平面包络线与试验结果规律一致，但高静水压力时给出偏高的计算强度。Bresler-Pister 准则适用范围小，因为其在静水压力很小时抛物线子午线与横轴相交。

13.4 混凝土桥梁结构有限元模拟方法

进行大型混凝土桥梁数值模拟分析时，单元选择、边界约束处理、荷载施加方法、孔道影响、模型尺寸、预应力、徐变收缩及裂缝等的模拟都是首先要考虑的问题。

13.4.1 混凝土中的钢筋模拟

常用的钢筋与混凝土结合的有限元模型有分离式、整体式和组合式。分离式模型是将钢筋和混凝土作为不同单元处理,钢筋因其形状相对细长而用杆单元模拟,这种模型结合联结单元(模拟相对滑移)可以揭示钢筋和混凝土之间相互作用的微观机理。但由于钢筋杆单元必须在混凝土单元边界上,给单元划分带来限制。整体式模型是将力筋弥散于整个单元中,并把单元视为连续均匀材料,钢筋的贡献通过调整单元的材料力学性能来体现。组合式是将弹性矩阵改由钢筋和混凝土两部分组成,求得综合单元刚度矩阵。组合式模型通常忽略钢筋与混凝土之间的黏结滑移,它分别计算钢筋与混凝土对单元刚度矩阵的贡献,从而得到组合单元的刚度矩阵。组合式模型分为分层组合式和复合单元,前者适合于杆系系统,如进行结构整体分析,后者适合于利用块单元的精细分析。

在大型混凝土桥梁结构的分析中,一般不宜采用分离式模型,除非专门研究力筋和混凝土之间相互作用的微观机理时。而整体式模型虽然简单,但不能求出力筋的应力分布,一般只用在大体积混凝土如承台、锚锭、实体墩台等结构分析中。组合式模型可模拟穿过混凝土单元任意方向的力筋,且混凝土单元的划分不考虑钢筋的具体位置,适合于受力需求的力筋与混凝土之间相对固结的大型桥梁分析,是目前桥梁结构精细分析的常用选择。

作为示例,以下推导图4.13.15所示组合元。图4.13.15a)是三维六面体等参单元,其中含有一力筋段AB,其母单元为立方体如图4.13.15b)所示,钢筋杆单元映射到母单元成为一曲线(杆单元的整体坐标系s映射成局部坐标系r)。

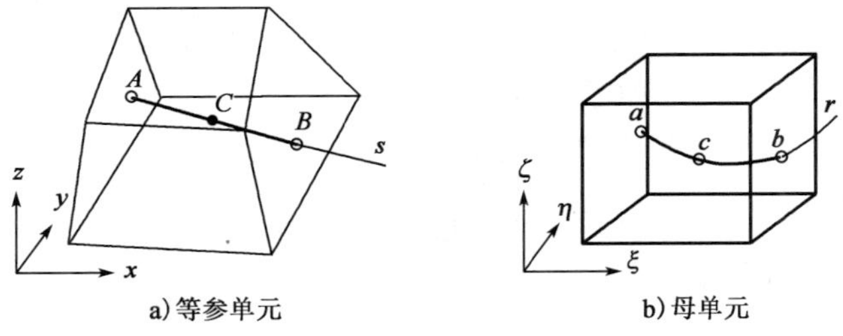

a)等参单元　　b)母单元

图4.13.15　三维组合元

设力筋杆单元在整体坐标系中的节点坐标为x^*、y^*、z^*,引入3节点等参单元的插值函数$\{\phi\}$,可得杆单元上任一点的坐标为

$$\begin{cases}x=\{\phi\}\{x^*\}\\y=\{\phi\}\{y^*\}\\z=\{\phi\}\{z^*\}\end{cases}\tag{4.13.84}$$

式中

$$\{\phi\}=\{\phi_1(r)\quad\phi_2(r)\quad\phi_3(r)\}\tag{4.13.85}$$

其中

$$\begin{cases}\phi_1(r)=(r^2+r)/2\\\phi_2(r)=1-r^2\\\phi_3(r)=(r^2-r)/2\end{cases}\tag{4.13.86}$$

杆单元上整体坐标系下的微段长为

$$ds^2 = dx^2 + dy^2 + dz^2 \tag{4.13.87}$$

故有

$$\frac{ds}{dr} = \sqrt{\left(\frac{dx}{dr}\right)^2 + \left(\frac{dy}{dr}\right)^2 + \left(\frac{dz}{dr}\right)^2}$$

对式(4.13.86)微分可得

$$\begin{cases} dx/dr = \boldsymbol{\phi x}^* \\ dy/dr = \boldsymbol{\phi y}^* \\ dz/dr = \boldsymbol{\phi z}^* \end{cases} \tag{4.13.88}$$

其中

$$\boldsymbol{\phi} = \{r + 0.5 \quad -2r \quad r - 0.5\}$$

设钢筋与混凝土之间无相对滑移，则杆单元上任意一点的应变可由混凝土单元的应变场确定

$$\varepsilon_s = \varepsilon_c = \boldsymbol{T\varepsilon} = \boldsymbol{TBu} = \boldsymbol{B}_s\boldsymbol{u} \tag{4.13.89}$$

式中：$\boldsymbol{\varepsilon}$——混凝土等参单元应变列向量；

$\boldsymbol{B}$——混凝土等参单元的几何矩阵；

$\boldsymbol{u}$——混凝土等参单元的结点位移列阵；

$\boldsymbol{B}_s$——钢筋单元的几何矩阵，$\boldsymbol{B}_s = \boldsymbol{TB}$；

$\boldsymbol{T}$——应变转换矩阵，$\boldsymbol{T} = \{l^2 \quad m^2 \quad n^2 \quad lm \quad mn \quad nl\}$。

其中 l、m、n 为积分点上的切线方向余弦，当力筋为直线时，可以由其参数方程求得

$$\begin{cases} l = dx/ds \\ m = dy/ds \\ n = dz/ds \end{cases} \tag{4.13.90}$$

根据虚功原理：可以导出力筋对组合单元的刚度矩阵的贡献为

$$\boldsymbol{k}_s = \int_{vs} \boldsymbol{B}_s^{\mathrm{T}} E_s \boldsymbol{B}_s dV_s \tag{4.13.91}$$

将 $dV_s = A_s ds$ 代入式(4.13.91)得

$$\boldsymbol{k}_s = \int_s \boldsymbol{B}_s^{\mathrm{T}} E_s A_s \boldsymbol{B}_s ds = \int_{-1}^{1}\int_s \boldsymbol{B}_s^{\mathrm{T}} E_s A_s \boldsymbol{B}_s J_s dr \tag{4.13.92}$$

这样组合单元的刚度矩阵为

$$\boldsymbol{k} = \boldsymbol{k}_c + \boldsymbol{k}_s \tag{4.13.93}$$

式中：A_s——力筋的截面积；

$\boldsymbol{k}_c$——组合单元中的混凝土的刚度矩阵。

13.4.2 混凝土的徐变、收缩及结构温差效应的模拟

混凝土的徐变、收缩和温差效应的具体论述分别见第 14 章和第 25 章。这里仅举例给出有限元分析时的模拟过程。

(1)混凝土的徐变

设在混凝土龄期为 τ 时受到应力增量 $\Delta\sigma = \Delta\delta(\tau)$ 的作用，则在计算龄期 t，持续时间 $t-\tau$

以后的总应变为

$$\Delta\varepsilon = \Delta\varepsilon^{e} + \Delta\varepsilon^{c} \tag{4.13.94}$$

式中：$\Delta\varepsilon^{e}$——瞬时弹性应变，$\Delta\varepsilon^{e}=\dfrac{\Delta\sigma}{E(\tau)}$；

$\Delta\varepsilon^{c}$——徐变应变，$\Delta\varepsilon^{c}=\Delta\sigma(\tau)C(t,\tau)$。其中 $C(t,\tau)$ 为混凝土的徐变度，即在单位应力作用下的徐变应变，可用指数函数表示如下

$$C(t,\tau)=\varphi(\tau)\left[1-e^{-\gamma(t-\tau)}\right] \tag{4.13.95}$$

式中：γ——材料常数。

在实际结构中应力与时间的关系近似如图4.13.16所示，可以将时间过程分为若干个时段，t 时刻的徐变应变则为各时段应力增量所引起的徐变应变叠加而成。

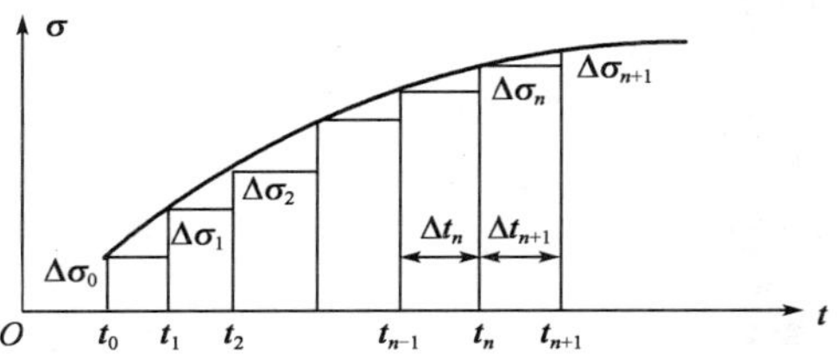

图4.13.16　持续变化应力

为了模拟各种施工情况下的结构徐变效应，采用增量形式的徐变表达式比较方便。取3个相邻时刻：t_{n-1}，t_n，t_{n+1}时间步长 Δt_n，Δt_{n+1}，根据基于叠加原理的线性徐变理论，三个相邻时间的徐变应变分别为

$$\varepsilon^{c}(t_{n-1})=\Delta\sigma_0C(t_{n-1},t_0)+\Delta\sigma_1C(t_{n-1},t_1)+\Delta\sigma_2C(t_{n-1},t_2)+\cdots+\Delta\sigma_{n-1}C(t_{n-1},t_{n-1}) \tag{4.13.96}$$

$$\varepsilon^{c}(t_{n})=\Delta\sigma_0C(t_{n},t_0)+\Delta\sigma_1C(t_{n},t_1)+\Delta\sigma_2C(t_{n},t_2)+\cdots+\Delta\sigma_{n-1}C(t_{n},t_{n-1})+\Delta\sigma_nC(t_n,t_n) \tag{4.13.97}$$

$$\varepsilon^{c}(t_{n+1})=\Delta\sigma_0C(t_{n+1},t_0)+\Delta\sigma_1C(t_{n+1},t_1)+\Delta\sigma_2C(t_{n+1},t_2)+\cdots+\Delta\sigma_{n-1}C(t_{n+1},t_{n-1})+\Delta\sigma_nC(t_{n+1},t_n)+\Delta\sigma_{n+1}C(t_{n+1},t_{n+1}) \tag{4.13.98}$$

整理得 t_{n+1}时刻的徐变应变增量为

$$\Delta\varepsilon^{c}_{n+1}=\omega_{n+1}(1-e^{-\gamma\Delta t_{n-1}}) \tag{4.13.99}$$

其中

$$\begin{aligned}\omega_{n+1}=&\Delta\sigma_0\varphi(t_0)e^{-\gamma(t_n-t_0)}\\&+\Delta\sigma_1\varphi(t_1)e^{-\gamma(t_n-t_1)}\\&+\cdots\\&+\Delta\sigma_{n-1}\varphi(t_{n-1})e^{-\gamma(t_n-t_{n-1})}\\&+\Delta\sigma_n\varphi(t_n)e^{-\gamma(t_n-t_n)}\end{aligned} \tag{4.13.100}$$

t_n 时刻的徐变应变增量为

$$\Delta\varepsilon^{c}_{n}=\omega_{n}(1-e^{-\gamma\Delta t_{n}}) \tag{4.13.101}$$

其中

$$\begin{aligned}\omega_{n}=&\Delta\sigma_0\varphi(t_0)e^{-\gamma(t_{n-1}-t_0)}\\&+\Delta\sigma_1\varphi(t_1)e^{-\gamma(t_{n-1}-t_1)}\\&+\cdots\\&+\Delta\sigma_{n-1}\varphi(t_{n-1})e^{-\gamma(t_{n-1}-t_{n-1})}\end{aligned} \tag{4.13.102}$$

比较式(4.13.102)与式(4.13.100)，得递推公式为

$$\omega_{n+1}=\omega_n e^{-\gamma\Delta t_n}+\Delta\sigma_n\varphi(t_n) \tag{4.13.103}$$

推广到块单元中，设在龄期 τ 受到应力增量为

$$\boldsymbol{\Delta\sigma}=[\Delta\sigma_x,\Delta\sigma_y,\Delta\sigma_z,\Delta\tau_{xy},\Delta\tau_{yz},\Delta\tau_{zx}]^{\mathrm{T}} \tag{4.13.104}$$

的作用，则混凝土产生的徐变应变增量为

$$\boldsymbol{\Delta\omega}^{\mathrm{c}}=\boldsymbol{\Delta\bar{\sigma}}Ct,\tau \tag{4.13.105}$$

其中：

$$\boldsymbol{\Delta\bar{\sigma}}=\begin{bmatrix}1&-\mu&-\mu&0&0&0\\-\mu&1&-\mu&0&0&0\\-\mu&-\mu&1&0&0&0\\0&0&0&2(1+\mu)&0&0\\0&0&0&0&2(1+\mu)&0\\0&0&0&0&0&2(1+\mu)\end{bmatrix}\begin{Bmatrix}\Delta\sigma_x\\\Delta\sigma_y\\\Delta\sigma_z\\\Delta\tau_{xy}\\\Delta\tau_{yz}\\\Delta\tau_{zx}\end{Bmatrix} \tag{4.13.106}$$

(2)混凝土的收缩

混凝土在干燥硬化过程中要产生收缩应变。若将收缩应变用指数形式表达，即

$$\varepsilon_s(t,t_0)=\varepsilon_s(\infty,t_0)[1-e^{-\beta(t-t_0)}] \tag{4.13.107}$$

式中：$\varepsilon_s(\infty,t_0)$、$\beta$——混凝土材料的收缩应变终值和增长速度系数，可由试验确定；

t_0——开始干燥或拆模时的龄期。

Δt_n 时段内的收缩应变增量为

$$\begin{aligned}\Delta\varepsilon_n^{\mathrm{s}}&=\varepsilon^{\mathrm{s}}(t_n)-\varepsilon^{\mathrm{s}}(t_{n-1})\\&=\alpha[1-e^{-\beta(t_n-t_0)}]-\alpha[1-e^{-\beta(t_{n-1}-t_0)}]\\&=\alpha e^{-\beta(t_{n-1}-t_0)}(1-e^{-\beta\Delta t_n})\end{aligned} \tag{4.13.108}$$

(3)考虑混凝土徐变、收缩及温差效应的有限元计算表达式

采用增量法，在某一阶段任意时段 Δt 内结构的平衡方程为

$$\boldsymbol{K\Delta\delta}=\boldsymbol{\Delta R}^{\mathrm{w}}+\boldsymbol{\Delta R}^{\mathrm{c}}+\boldsymbol{\Delta R}^{\mathrm{s}}+\boldsymbol{\Delta R}^{\mathrm{T}} \tag{4.13.109}$$

其中，$\boldsymbol{\Delta\delta}$ 为位移增量，$\boldsymbol{\Delta R}^{\mathrm{w}}$ 为外力引起的等效节点荷载，$\boldsymbol{\Delta R}^{\mathrm{c}}$ 为混凝土徐变引起的等效节点荷载，$\boldsymbol{\Delta R}^{\mathrm{s}}$ 为混凝土收缩引起的等效节点荷载，$\boldsymbol{\Delta R}^{\mathrm{T}}$ 为变温引起的等效节点荷载。它们由各个单元外力等效节点荷载(上标为 e)叠加得到。

$$\begin{aligned}\boldsymbol{\Delta R}^{\mathrm{w}}&=\sum\boldsymbol{\Delta R}^{\mathrm{we}},\boldsymbol{\Delta R}^{\mathrm{c}}=\sum\boldsymbol{\Delta R}^{\mathrm{ce}}\\\boldsymbol{\Delta R}^{\mathrm{s}}&=\sum\boldsymbol{\Delta R}^{\mathrm{se}},\boldsymbol{\Delta R}^{\mathrm{T}}=\sum\boldsymbol{\Delta R}^{\mathrm{Te}}\end{aligned} \tag{4.13.110}$$

其中 $\{\boldsymbol{\Delta R}^{\mathrm{w}}\}^{\mathrm{e}}=\int_{\mathrm{e}}\boldsymbol{N}^{\mathrm{T}}\boldsymbol{\Delta P}\mathrm{d}v+\int_A\boldsymbol{N}^{\mathrm{T}}\boldsymbol{\Delta\bar{P}}\mathrm{d}s,\ \{\boldsymbol{\Delta R}^{\mathrm{c}}\}^{\mathrm{e}}=\int_{\mathrm{e}}\boldsymbol{B}^{\mathrm{T}}\boldsymbol{D\Delta\varepsilon}^{\mathrm{c}}\mathrm{d}v$

$$\{\boldsymbol{\Delta R}^{\mathrm{s}}\}^{\mathrm{e}}=\int_{\mathrm{e}}\boldsymbol{B}^{\mathrm{T}}\boldsymbol{D\Delta\varepsilon}^{\mathrm{s}}\mathrm{d}v,\ \{\boldsymbol{\Delta R}^{\mathrm{T}}\}^{\mathrm{e}}=\int_{\mathrm{e}}\boldsymbol{B}^{\mathrm{T}}\boldsymbol{D\Delta\varepsilon}^{\mathrm{T}}\mathrm{d}v$$

式中：$\boldsymbol{N}$——形函数矩阵；

其中,$\boldsymbol{\Delta P}$ 和 $\boldsymbol{\Delta \overline{P}}$分别为单元的体力和面力,$\boldsymbol{\Delta\varepsilon}^{c}$ 为混凝土徐变应变增量,$\boldsymbol{\Delta\varepsilon}^{s}$ 为混凝土收缩应变增量,$\boldsymbol{\Delta\varepsilon}^{T}$ 为温变应变增量,即

$$\boldsymbol{\Delta\varepsilon}^{T}=\alpha(\sum_{i=1}^{8}N_iT_i)[1\quad 1\quad 1\quad 0\quad 0\quad 0]^{T} \tag{4.13.111}$$

式中:α——材料热膨胀系数;

N_i——形函数;

T_i——温度变化值。

由式(4.13.111)求得位移增量后,单元的应力增量为

$$\boldsymbol{\Delta\sigma}=\boldsymbol{DB\Delta\delta}^{e}-\boldsymbol{D}(\{\boldsymbol{\Delta\varepsilon}\}^{c}-\{\boldsymbol{\Delta\varepsilon}^{s}\}-\{\boldsymbol{\Delta\varepsilon}^{T}\}) \tag{4.13.112}$$

式中:$\boldsymbol{B}$——单元几何矩阵;

$\boldsymbol{D}$——单元材料的弹性矩阵。

13.4.3　预应力的模拟

施加预应力方法分为分离式和整体式。分离式又称等效荷载法,就是将混凝土和预应力钢筋的作用分开考虑,通过在混凝土单元上施加与预应力钢筋作用相等效的荷载来替代预应力钢筋。其优点建模简单,不必考虑力筋的具体位置而可直接建模,网格划分简单;对结构在预应力作用下的整体效应比较容易求得。缺点是无法考虑力筋对混凝土的作用分布和方向,对某些线形的力筋模拟困难,难以求得结构细部受力反映,无法模拟张拉过程和预应力损失,在桥梁精细分析中不宜采用。整体式则是将力筋和混凝土的作用一起考虑,即混凝土和预应力钢筋各自独立建立几何模型,分别划分单元,然后采用耦合方程将预应力钢筋单元和实体单元联系起来。其优点是可以模拟锚固端的混凝土应力,可以得到预应力钢筋的应力,可以模拟应力损失的影响。缺点是建模不方便,尤其是当力筋较多且曲线布筋时。

常见整体式建模步骤为:①建立混凝土模型;②建立预应力钢筋模型;③将混凝土与力筋模型划分单元;④耦合预应力钢筋节点与最近的混凝土节点;⑤给模型施加边界条件和荷载求解。预应力则通过给预应力钢筋单元施加初应变来实现。在施加预应力荷载时,可引入“有效预应力系数μ”,来考虑预应力钢筋模拟中的预应力损失。预应力钢筋的有效预应力为

$$\sigma_s=\mu\sigma_k \tag{4.13.113}$$

式中:σ_s——有效预应力;

σ_k——张拉控制应力;

μ——有效预应力系数。

有效预应力可根据预应力损失计算结果或实测结果(见第14章)来确定。在三维组合式模型中,预应力损失的计算一般可只考虑力筋与孔道壁之间摩擦引起的预应力损失、锚具变形引起的应力损失和应力松弛引起的预应力损失。由于组合元的混凝土单元和钢束单元是耦合在一起的,混凝土弹性压缩和混凝土收缩徐变所引起预应力损失在进行计算时会自动已经考虑进去。

13.4.4 混凝土的裂缝模拟

常用的混凝土中的裂缝模拟方式有离散式裂缝模型和弥散式裂缝模型。前者把裂缝处理为单元边界，一旦出现新的裂缝，就调整节点的位置或增加新的节点，并重新划分单元网格，使裂缝始终处于单元边界上。后者分为正交裂缝模型、非正交裂缝模型和旋转裂缝模型，它将开裂后的单元用异性材料来模拟，一旦单元应力达到或超过开裂应力，则调整单元材料的本构矩阵，而无须改变单元形式或重新划分网格，其中以正交裂缝模型较为常用。判断是否开裂可以采用最大拉应力准则，但应注意到开裂方向与坐标方向的差异，分析过程作相应的坐标转换。在有限元中的具体实现见文献[9]。

13.5 钢筋混凝土桥梁弹塑性有限元分析的折减刚度法

折减刚度法的实质就是由梁单元两端力的平衡条件来确定单元的折减刚度。当杆件材料进入弹塑性阶段后，尽管截面的拉压刚度 EA 及抗弯刚度 EI 都是随着荷载而变化的，但当荷载增量不大，单元长度划分得足够小时，可认为下列的物理关系式依然成立

$$\begin{cases} M_i = -\zeta_i EI\kappa_i = \overline{EI}_i\kappa_i \\ N_i = \eta_i EA\varepsilon_i = \overline{EA}_i\varepsilon_i \end{cases} \tag{4.13.114}$$

式中：ζ_i、η_i——截面抗弯、抗拉压刚度折减系数；

$\overline{EA}_i$、$\overline{EI}_i$——折减抗弯及抗拉压刚度，是位移的函数；

κ_i、ε_i——截面曲率和截面几何中心的应变；

M_i、N_i——截面弯矩和轴力。

结构在特定荷载下，如果能求出相应的$\overline{EA}_i$ 和$\overline{EI}_i$，就可以像弹性分析一样进行弹塑性分析了。这样，问题归结为如何求出$\overline{EA}_i$ 和$\overline{EI}_i$。对于钢筋混凝土梁单元，假定：

(1)平截面假定成立。

(2)忽略剪应力和剪应变的影响。

(3)钢筋和混凝土之间无滑移现象。

(4)单元两端之间的截面内力近似地按线性变化，取单元的平均刚度作为单元刚度。

(5)假设钢筋为理想弹塑性材料，其应力—应变关系可写成

$$\sigma = \begin{cases} E\varepsilon & (\varepsilon \leqslant \varepsilon_y) \\ \sigma_y & (\varepsilon_y < \varepsilon \leqslant \varepsilon_u) \end{cases} \tag{4.13.115}$$

式中：σ_y——屈服应力；

ε_y、ε_u——屈服应变、极限应变。

折减刚度计算步骤如下：

（1）截面分成 m 等分，设第 j 个分块上的面积为 A_j（图4.13.17）。

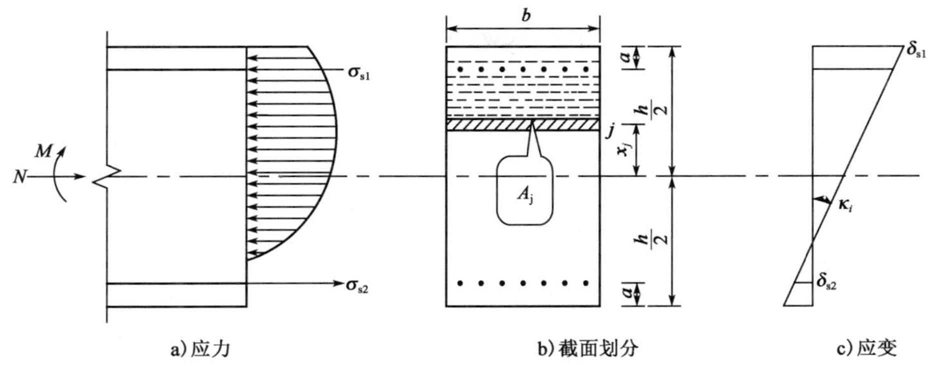

图4.13.17　截面等分

（2）设截面几何中心的应变和曲率为

$$\begin{cases} \varepsilon_i^{(0)} = \dfrac{N}{\overline{EA}_i} \\ \kappa_i^{(0)} = \dfrac{-M}{\overline{EI}_i} \end{cases} \tag{4.13.116}$$

式中：i——荷载分级号。

则第 j 分块形心的应变为

$$\varepsilon_j = \varepsilon_i + x_j \kappa_i \tag{4.13.117}$$

式中：x_j——第 j 分块形心至截面几何中心的距离。

（3）由混凝土的应力应变曲线可求得各分块的应力 σ_j，并得到该分块所承担的轴力为

$$P_j = \sigma_j A_j \tag{4.13.118}$$

当 $\varepsilon_j \geqslant \varepsilon_{uc}$ 时，可认为 $\sigma_j = 0$，ε_{uc} 为混凝土的极限拉应变。

（4）计算截面上、下部钢筋形心的应力 σ_{s1}、σ_{s2}。

（5）由内外力平衡条件，得

$$\begin{cases} N_c = \sum\limits_{j=1}^{m} \sigma_j A_j + (\sigma_{s1} + \sigma_{s2}) \dfrac{A_s}{2} \\ M_c = \sum\limits_{j=1}^{m} \sigma_j A_j x_j + |\sigma_{s1} + \sigma_{s2}| \left(\dfrac{h}{2} - a \right) \dfrac{A_s}{2} \end{cases} \tag{4.13.119}$$

式中：A_s——全部钢筋的面积。

（6）令 $\Delta N = N_c - N$，$\Delta M = M_c - M$，若 ΔN、ΔM 均小于或等于指定的允许误差，那么上述的 $\varepsilon_i^{(0)}$ 和 $\kappa_i^{(0)}$ 假定正确，即已求得真解。反之，需要对 $\varepsilon_i^{(0)}$ 和 $\kappa_i^{(0)}$ 进行调整，调整的原则是使得

$$\begin{cases} \varepsilon_i^{(1)} = \varepsilon_i^{(0)} + \varepsilon_1 \\ \kappa_i^{(1)} = \kappa_i^{(0)} + \kappa_1 \end{cases} \tag{4.13.120}$$

在下一次的迭代计算中要求 ΔN、ΔM 为零。ε_1、κ_1 为截面几何中心应变和曲率的修正量。要使 ΔN、ΔM 同时为零，ε_1、κ_1 应满足如下方程

$$\begin{cases}\dfrac{\partial(\Delta N)}{\partial\varepsilon}\varepsilon_1+\dfrac{\partial(\Delta N)}{\partial\kappa}\kappa_1+\Delta N=0\\\dfrac{\partial(\Delta M)}{\partial\varepsilon}\varepsilon_1+\dfrac{\partial(\Delta M)}{\partial\kappa}\kappa_1+\Delta M=0\end{cases}\tag{4.13.121}$$

其中
$$\begin{cases}\dfrac{\partial(\Delta N)}{\partial\varepsilon}=\dfrac{\partial N_c}{\partial\varepsilon}=\sum_{j=1}^{m}(E_t)_jA_j\\\dfrac{\partial(\Delta N)}{\partial\kappa}=\dfrac{\partial N_c}{\partial\kappa}=\sum_{j=1}^{m}(E_t)_jA_jx_j\\\dfrac{\partial(\Delta M)}{\partial\varepsilon}=\dfrac{\partial M_c}{\partial\varepsilon}=\sum_{j=1}^{m}(E_t)_jA_jx_j\\\dfrac{\partial(\Delta M)}{\partial\kappa}=\dfrac{\partial M_c}{\partial\kappa}=\sum_{j=1}^{m}(E_t)_jA_jx_j^2\end{cases}$$

式中：E_t——混凝土的切线模量。

解式(4.13.121)可求得 ε_1、κ_1。

(7)下次迭代的值为

$$\begin{cases}\varepsilon_i^{(k+1)}=\varepsilon_i^{(k)}+\varepsilon_1\\\kappa_i^{(k+1)}=\kappa_i^{k}+\kappa_1\end{cases}\qquad(k=0,1,2,\cdots,l)\tag{4.13.122}$$

直到满足精度要求为止。

(8)由 ε_1、κ_1 求得截面的折减刚度

$$\begin{cases}\overline{EA}_i=\dfrac{N}{\varepsilon_i}\\\overline{EI}_i=\dfrac{-M}{\kappa_i}\end{cases}\tag{4.13.123}$$

此法亦为按梁单元分析桥梁结构极限承载力的常用方法。

13.6 小　　结

在桥梁构件强度计算与验算中，不论钢筋混凝土构件还是预应力混凝土构件，一般都是按规范简化设计计算方法进行的。这些方法以试验为基础、以构件宏观效应为研究对象，构件受力均简化为单向或平面应力状态，并以单轴试验强度、构件强度控制结构强度。在一般情况下，这是实用设计的有效方法。然而，桥梁结构复杂的受力状况，单靠规范简化计算方法和构造措施往往不能全面顾及，一些特殊的强度分析问题也不能按规范方法进行。事实上，混凝土强度理论和混凝土本构关系，是有限单元法进行个别重要节点强度分析和结构承载能力分析的基础。

由于混凝土材料的特殊物理力学性能决定其不适合采用传统强度理论，故本章讲述的多种混凝土强度准则和本构模型，都是建立在大量试验成果基础上的。这些试验成果所反映的混凝土破坏形态及力学性能，是值得充分认识的。

从混凝土受力破坏的机理和本质出发，可以将混凝土的破坏归结为两种基本的形态，即主

拉应力作用和主压应力作用。然而,这两种作用在不同的路径、时间条件下,将产生完全不同的结果。混凝土的破坏,是其内部微裂缝发展、开裂以至结构破坏的结果;混凝土的宏观变形伴随着内部微观裂缝发展;在混凝土应力达到一定水平时,不可恢复的内部微裂缝使混凝土宏观力学性能反映出明显的非线性。

根据混凝土的破坏机理,合理配置钢筋将有助于改善混凝土的受力,提高混凝土的强度。对于主要承压构件(如拱肋、墩柱、塔等)、构件受压区及局部承压区(如预应力筋锚固区)等,加强横向约束钢筋,将形成有利的应力状态,减少横向拉应变,限制混凝土纵向微裂缝发展,从而提高纵向抗压强度及延性。受压构件配置螺旋箍筋(如螺旋箍筋柱)或采用钢管混凝土(如钢管混凝土拱肋),是提高其强度的有效措施。钢纤维混凝土对限制混凝土裂缝发展,改善混凝土抗裂性能有明显的效果。

混凝土桥梁非线性分析涉及问题较多,精细的模拟不但费时费力,也不一定能得出符合实际情况的结果,更多的试验验证及研究工作还应继续。

本章参考文献

[1] 丁大均. 现代混凝土结构学[M]. 北京:中国建筑工业出版社,2000.
[2] 华孝良,徐光辉. 桥梁结构非线性分析[M]. 北京:人民交通出版社,1997.
[3] Mander J. B. ,Priestley M. J. N. , Park R. Theoretical stress-strain model for confined concrete [J]. Structural Eng. ,ASCE,1988,114.
[4] 董毓利. 混凝土非线性力学基础[M]. 北京:中国建筑工业出版社,1997.
[5] Sheikh S A, Uzumeri S M. Analytical model for concrete confinement in tied columns[J]. ASCE,1982,108.
[6] Kent D C,Park R. Flexural members with confined concrete[J]. ASCE,1971,97.
[7] 曹新建. 基于约束混凝土本构关系的高墩稳定性分析[D]. 西安:长安大学,2004.
[8] 李惠. 高强混凝土及其组合结构[M]. 北京:科学出版社,2004.
[9] 江见鲸. 混凝土结构工程学[M]. 北京:中国建筑工业出版社,1998.

14 混凝土桥梁有效预应力预测理论

对于服役中的大跨径预应力混凝土连续梁(刚构)桥而言,有效预应力的实际分布规律与理论分布规律的偏差体现出较大的差异。一般地,预应力钢束有效预应力实际值往往小于理论计算值,使得混凝土梁体内的永存压应力减小,这对于桥梁在服役期间的运营状态而言是偏于不安全的。而这一现象反映了实际工程中普遍存在的规律,也是诸多病害发生及发展恶化的根源之一。本章旨在预应力束筋有效预应力检测方法中通过各种技术手段检测得到钢束当前应力实测值的研究成果基础上,重点分析关键钢束在服役状态下有效预应力实际沿程分布规律的预测及评估方法。

14.1 预应力损失特征与钢束分类

14.1.1 预应力损失计算的差异性

预应力损失在我国公路桥梁设计规范中划分为常遇的 σ_{l1} ~ σ_{l6} 六项预应力损失,对其中各项损失的具体计算方法不再赘述,仅列出有关损失量值计算及差异的相关研究成果。

目前,有关预应力损失的计算方法大体上可分为三类:预应力总损失估算法(综合估算法)、分项预应力损失计算法和精确估算法。其中,分项计算的六项损失按完成时间可分为瞬时损失和长期损失两类(图 4.14.1)。瞬时损失是指施加预应力时短时间内完成的损失,例如锚具变形和钢筋滑移、混凝土弹性压缩、分批张拉等引起的损失;长期损失指的是考虑了材料的时间效应所引起的预应力损失,主要包括混凝土的收缩、徐变和钢筋预应力松弛引起的损失。从设计角度而言,世界各国规范均采用根据预应力损失不同的阶段,分项计算然后按时序逐项叠加的计算方法来计算预应力损失。

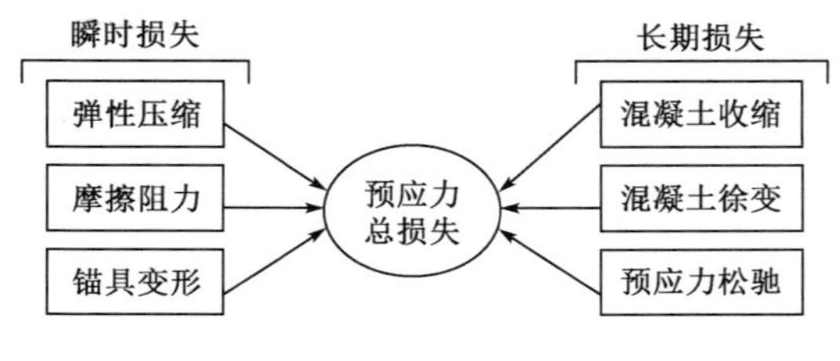

图 4.14.1 后张法构件预应力损失的组成

将预应力钢束在截面中所处的位置作为分类依据,按不同关键预应力束(顶板束、腹板束及底板束)对悬臂施工的大跨径连续梁桥预应力沿程损失值进行分析，将预应力损失纵向沿程分布分解为瞬时损失和长期损失两类曲线。以我国公路桥梁和 AASHTO 规范为例，图 4.14.2分别示出了预应力损失规律的对比计算结果。

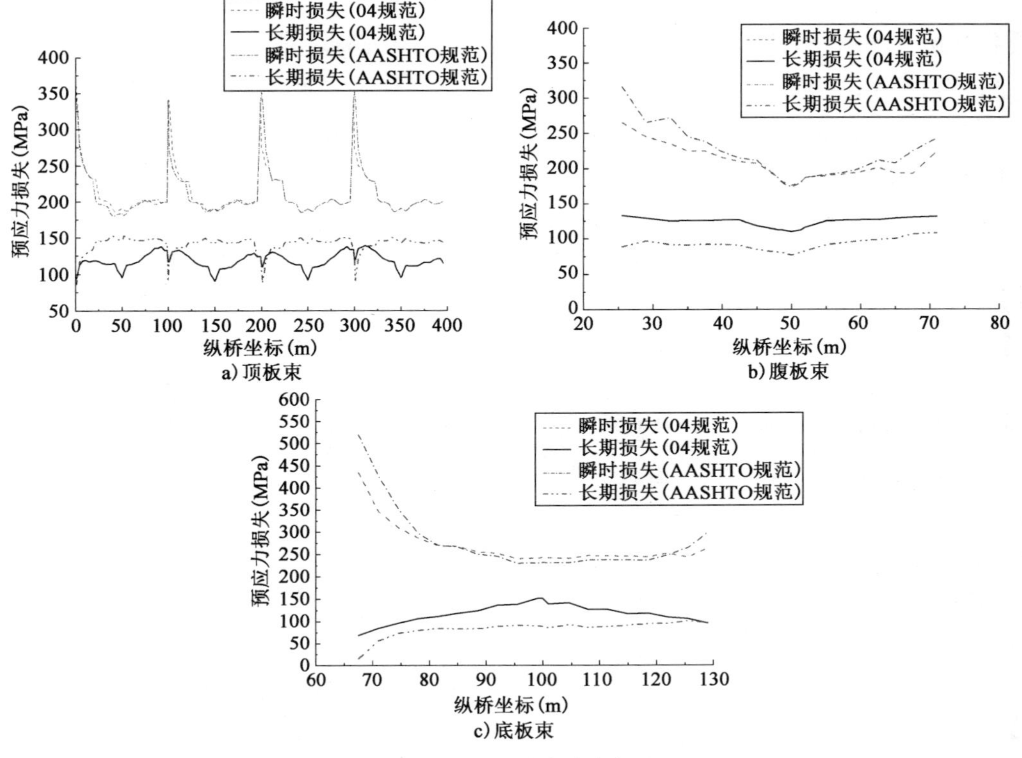

图 4.14.2　预应力损失分布图

分析得出，对于长期损失的计算由于存在的不确定因素较多，并且与环境、强度、弹性模量、构件的尺寸和应力的大小等因素相关，混凝土收缩和徐变及预应力筋松弛引起的预应力损失计算值，各个国家或不同行业均根据各自的研究与试验采用不同的计算参数，不具有唯一性。即使遵循同一规范或行业标准的参数取值，但由于在算法上存在着较大不同，预应力钢束长期损失的沿程分布规律在量值和趋势上也存在着明显差异。

同时注意到，若在摩阻参数指标取值一致的情况下，依据我国公路桥梁中给出了统一的 σ_{l1} 和 σ_{l2} 两项损失的计算方法，计算得到的预应力筋锚固时的瞬时损失分布在量值、趋势和走向上除偶然样本点外其相对误差均限制在5%范围之内，可以认为，有关瞬时损失的计算数值和分布规律在量化计算理论上已基本达成了一致的计算原则。

由此可见，基于钢束锚固时的瞬时损失分布规律进行预应力损失简化分析的研究既可以回避棘手问题又具有更高的可信度。

14.1.2　预应力损失的简化分析

对于在役桥梁，桥梁结构预应力张拉并完成传力锚固后，整个结构成为一个预应力筋的拉力与混凝土构件的压力组成的自平衡系统。有些因素（如混凝土的收缩、徐变及钢筋松弛）引起的预应力损失值是随着时间的增长以及自然环境、使用环境和材料内部因素的变化而不断变化的，桥梁结构将随着时间推移不断调整这种系统的平衡状态。则必然性因素基本可以视为可预测值，而对于服役期内任一时间点桥梁结构的有效预应力离散值主要由偶然性因素决定。由于诸多因素相互影响，相互依存，加之实际桥梁结构预应力钢束内永存应力值分布不均匀，使得精确预测预应力钢束中预应力损失值的问题变得极为复杂。

早在1958年，美国混凝土学会(ACI)与土木学会(ASCE)提出的“预应力混凝土结构设计建议”对预应力的总损失值作出如下规定：先张构件取241MPa，后张构件取172MPa。这一损失值是根据正常强度的混凝土、正常的钢绞线、正常的预加应力值在正常的养护条件等情况下确定的。其中只包括弹性压缩、钢筋松弛、混凝土收缩和徐变，不包括摩阻和锚具变形引起的损失。这一规定在随后的十几年中在工程中得到广泛的应用，设计了大量的具有良好工作性能的房屋结构和桥梁结构。

参考这一趋向，可以进一步推理提出用于有效预应力预测分析的推论为：

(1)若实际预应力混凝土梁式桥的预应力体系建立的过程中均处于无遗漏张拉等极端异常状况下，且严格按照设计图纸中规定的锚下张拉控制应力及伸长量“双控”建立预应力体系，称之为桥梁的正常服役状况。在此状况下，在役混凝土桥梁中预应力钢束实际有效预应力值与理论值的差异沿纵向长度变化趋向受$\sigma_{l4} \sim \sigma_{l6}$影响程度较小，而瞬时损失中摩阻损失$\sigma_{l1}$与锚固损失$\sigma_{l2}$的沿程变化规律是该变化趋向的主要决定因素，可以通过σ_{l1}、σ_{l2}两项瞬时损失之和的补偿或消弱来模拟实桥钢束有效预应力的沿程分布状况。

(2)在此状况下，对混凝土弹性压缩σ_{l4}、预应力筋松弛损失σ_{l5}和收缩、徐变损失σ_{l6}三项之和的实际值可依据规范得到的理论值来模拟，但须计入摩阻相关损失(σ_{l1}及σ_{l2})补偿值对这三项损失理论值的影响。

因此，依据以上推论，从把握预应力损失理论值的角度出发，依据瞬时损失分析入手既可以简化分析过程又可达到服务于后续研究的目的。

14.1.3 测试钢束分类

(1)基于相对位置的测试钢束分类[1,2]

目前，可通过预应力束筋张力的直接法检测技术进行钢束应力的无损或微损测试，但检测获取的应力值是有限测点上的预应力值[1,3,4]。考虑到在役大、中跨径混凝土桥梁工程的预应力体系的复杂，直接法检测将会受到两方面客观条件的制约：一方面是进行钢束有效预应力量测时，不可能测到钢束沿程各点的有效预应力值；另一方面，内层钢束由于受到表层钢束的限制，对于其上任何一个测点的检测均存在困难。

为了衔接检测结果与评价模型，并体现实桥检测中的可操作性，根据测试钢束所处的截面相对位置，可以将钢束分为表层测试钢束和间接预测钢束两大类。表层测试钢束是指测试截面内有空间条件通过无损检测或局部剖开检测槽口检测获取有效预应力值的钢束，为截面内有效预应力预测模型中的基准测试钢束。间接预测钢束是指位于测试截面内层不具备测试条件或未测试的钢束，为钢束间有效预应力预测模型中的预测钢束。

通过对实际工程大量的仿真分析和规律总结，依据混凝土桥梁钢束测试分类的技术路线，通过对不同类型的钢束研究出有针对性的测试钢束分类方法，从而实现有足够精度的模拟和评价。

(2)基于钢束应力沿程界限波动率的测试钢束分类

既有预应力混凝土桥梁预应力布束形式千差万别，给针对预应力状况检测和评价技术的通用性研究带来较大困难。同时，由于不同位置的典型钢束其分布差异较大，因此，依据所处截面位置进行钢束模型的分类不够科学，还应将预应力摩阻相关损失的分布规律作为更为客观的钢束分类依据。

单根钢束纵向沿程(张拉端至锚固端)范围内有效预应力分布的损失沿程偏差情况是满足一定分布规律的。由预应力损失特征分析可知主要受钢束空间长度、空间包角、平竖曲线弯起方向和水平投影长度等几何线型因素的影响，其波动的规律与预应力瞬时损失发生的机理是一致的。为综合考虑这些因素的影响，以瞬时损失分析为基准，定义应力沿程界限波动率β作为钢束分类的界限指标，即

$$\beta=\frac{\sigma_{\mathrm{pe,max}}^{\mathrm{I}}-\sigma_{\mathrm{pe,min}}^{\mathrm{I}}}{\sigma_{\mathrm{con}}} \tag{4.14.1}$$

式中：$\sigma_{\mathrm{pe,max}}$——单根钢束在理想状况下纵向沿程(张拉端至锚固端)范围内有效预应力理论最大值；

$\sigma_{\mathrm{pe,min}}$——单根钢束在理想状况下纵向沿程(张拉端至锚固端)范围内有效预应力理论最小值；

σ_{con}——理想状况下钢束设计张拉控制应力。

在设计理想状况下，取用我国公路桥梁规范中采用预埋金属波纹管的钢绞线材料参数：$\mu=0.25$，$k=0.0015$。在设计张拉控制力$\sigma_{\mathrm{con}}=0.75f_{\mathrm{pk}}=1395\mathrm{MPa}$的状态下建立钢束分析的数值模型。研究钢束弯曲半径$R$、空间包角$\theta$和张拉端至锚固端投影长度$l$等几何因素对界限波动率$\beta$的影响程度，如图4.14.3所示，作为以界限波动率β指导测试钢束分类的依据。

从分析结果可以看出，弯曲半径对钢束应力沿程界限波动率β的影响无论在绝对量值上还是变化幅度上均较小；空间包角对钢束应力沿程界限波动率β有较大的影响，因此在确定β值的界限时，需要重点考虑工程中常见钢束的空间包角参数；投影长度对钢束应力沿程界限波动率β有一定的影响，主要反映在反摩阻长度范围内对锚具变形、钢筋回缩和接缝压密引起预应力损失σ_{l2}上。因此在确定β值的界限时，需要综合考虑钢束投影长度的影响。

通过实桥统计，综合考虑工程中的采用两端张拉的单一线型预应力钢束投影长度限值和空间包角的常见范围，结合钢束几何参数对界限波动率β的影响程度研究，对于表层可测试钢束可以确定$\beta=10\%$的界限值作为其测试分类的依据。在此基础上，将表层测试钢束分为波动束与平缓束，两者具有不同的有效预应力测点选取类别。

当$\beta>10\%$时，钢束类型定义为波动束(VT)，此类钢束需要通过检测获取纵向沿程三个测点的有效预应力测试值。

当$\beta\leq10\%$时，钢束类型定义为平缓束(MT)，此类钢束需要通过检测获取一个测点的有效预应力测试值。

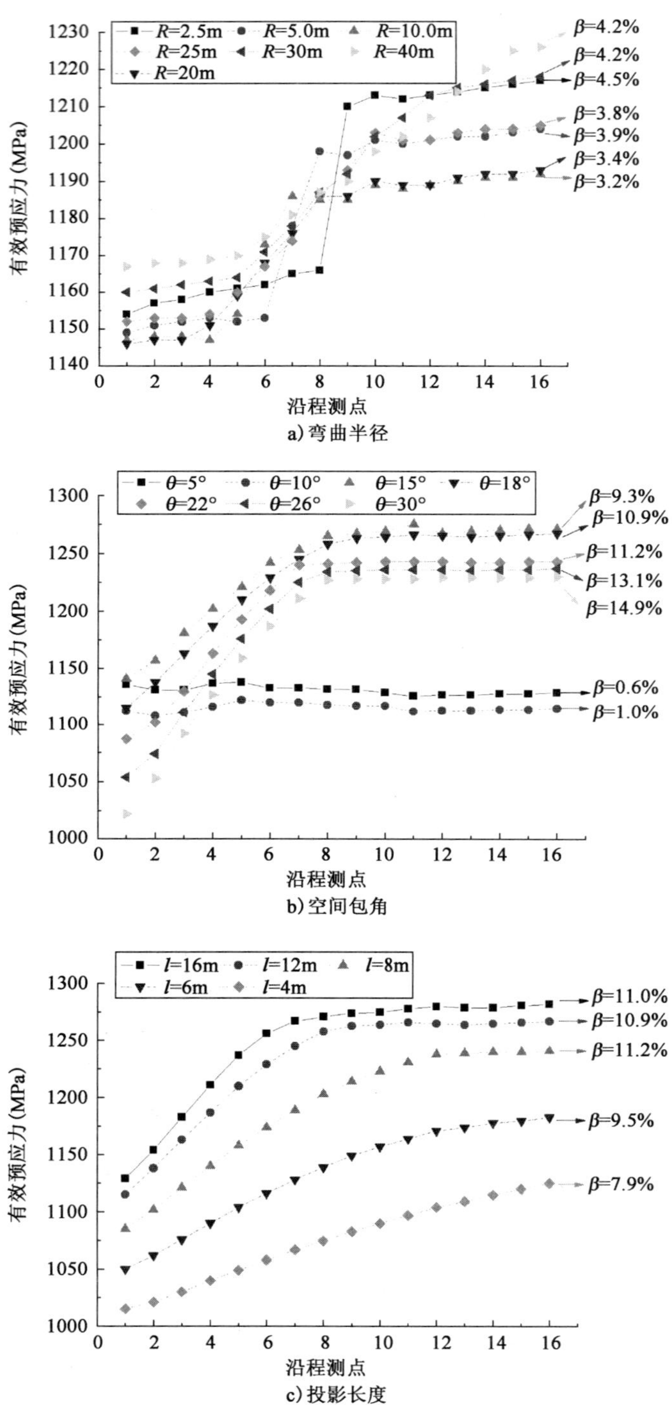

a)弯曲半径

b)空间包角

c)投影长度

图 4.14.3　参数分析

14.2 考虑开裂挠曲的预应力增量的简化分析方法

在役预应力混凝土桥梁结构,在恒载及二次矩作用下开裂会引起预应力增量,这是在开裂截面上引起的预应力增量,需要通过开裂截面的挠曲分析予以修正。这里采用截面分析方法,推导简化的二阶显式表达式用于开裂后预应力钢束应力增量修正。[4,6]

14.2.1 等效B类构件比拟

在桥梁的正常使用阶段,绝大部分预应力混凝土梁式桥受弯构件开裂后其使用弯矩 M_k 仍是以恒载及二次矩恒定作用为主,其表达式为

$$M_k = M_G + M_{p2} \tag{4.14.2}$$

式中:M_G——恒载弯矩;

M_{p2}——预应力产生的次弯矩。

考虑到在役桥梁在使用弯矩 M_k 作用下即仍可满足开裂弹性的要求,这与部分预应力混凝土B类构件设计状态是可以相互比拟的。部分预应力混凝土B类构件的荷载—位移曲线如图4.14.4所示。

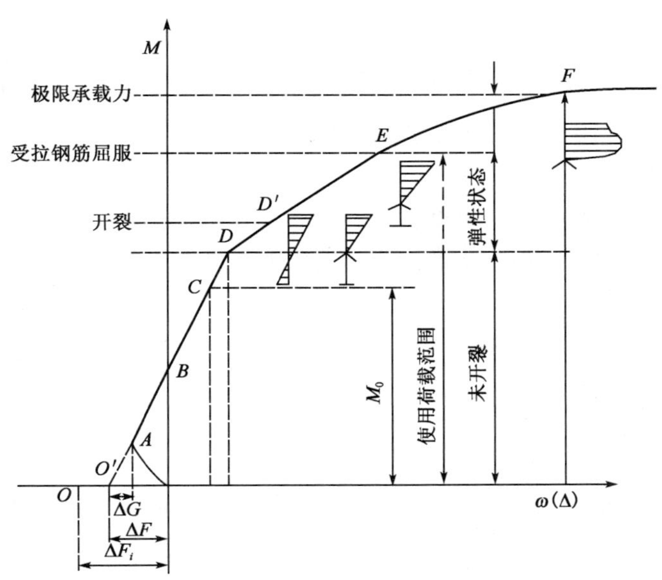

图4.14.4 弯矩—挠度关系曲线

ΔG-自重下的挠度;ΔF-有效预应力下的反挠;ΔF_i-初始张拉力下的反挠度

因此,在桥梁结构有效预应力评估中,若考虑恒荷载及二次矩恒定作用下开裂截面受力状态及预应力筋应力增量,同样可通过等效B类构件截面消压分析法中调整偏心矩来实现。其分析主要范围可界定在 D-E 段,且仍可应用平截面假定进行截面分析。

14.2.2 消压分析法

根据截面消压分析法，为了抵消多加的虚拟荷载，应在虚拟荷载作用点施加一个与其大小相等方向相反的压力 R，在压力和使用弯矩的共同作用下，其效应与钢筋混凝土偏心受压构件相类似。这样，承受预加力合力 N_{p0} 和弯矩 M_k 作用的部分预应力混凝土受弯构件就化为承受距截面受压边缘的偏心距为 e_N 的钢筋混凝土偏心受压构件。对于允许开裂的部分预应力混凝土 B 类构件，以第二类 T 形截面为代表，计算图式如图 4.14.5 所示。

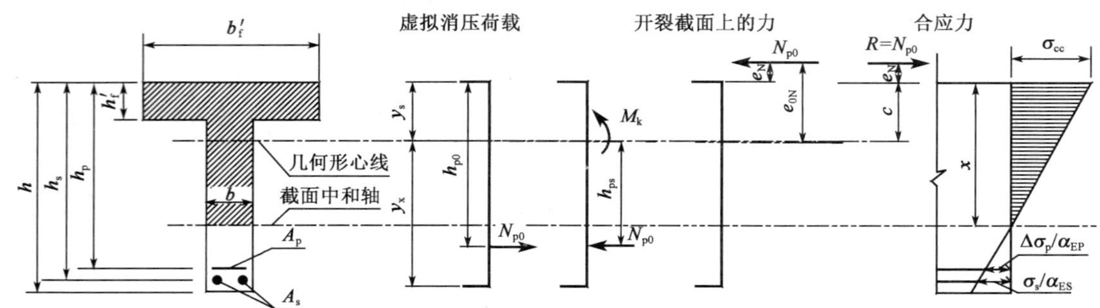

图 4.14.5　开裂受弯构件截面应力

偏心力可以用一个距截面受压边缘的距离为 e_N 的合力 R 来代替，即

$$R = N_{p0} \tag{4.14.3}$$

$$e_N = \frac{M_k - N_{p0}h_{p0}}{N_{p0}} = \frac{M_k}{N_{p0}} - h_{p0} \tag{4.14.4}$$

式中：e_N——偏心力 R 作用点至截面受弯边缘的距离；

N_{p0}——预加力合力；

h_{p0}——N_{p0} 至截面受弯边缘的距离。

由作用（或荷载）标准值 M_k 产生的预应力筋应力增量为

$$\Delta\sigma_p = \alpha_{EP}\sigma_{cc}\left(\frac{h_p}{x} - 1\right) \tag{4.14.5}$$

普通钢筋应力为

$$\sigma_s = \alpha_{ES}\sigma_{cc}\left(\frac{h_s}{x} - 1\right) \tag{4.14.6}$$

受压腹板混凝土合力对偏心力取矩为

$$M_{cc}^{r} = \frac{1}{2}b\sigma_{cc}\left(\frac{x^2}{3} + e_N x\right) \tag{4.14.7}$$

受压翼缘混凝土合力对偏心力取矩为

$$M_{cc}^{w} = b_0 h_f'\sigma_{cc}\left[\frac{h_f'}{2} + e_N - \frac{h_f'(2h_f' + 3e_N)}{6x}\right] \tag{4.14.8}$$

式中：α_{EP}——预应力钢筋弹性模量与混凝土弹性模量的比值；

α_{ES}——普通钢筋弹性模量与混凝土弹性模量的比值；

b——T形截面的腹板宽度；

b_0——T形截面受压翼缘宽度与腹板宽度之差，$b_0 = b'_f - b$；

h'_f——T形截面受压翼缘厚度；

σ_{cc}——受压边缘混凝土应力。

按偏心受压构件截面平衡方法，分四部分分别对偏心力取矩，相加即得到开裂截面受压区高度的三次方程

$$Ax^3 + Bx^2 + Cx + D = 0 \tag{4.14.9}$$

其中　$A = b, B = 3be_N, C = 3b_0h'_f(2e_N + h'_f) + 6\alpha_{EP}(A_pg_p + A'_pg'_p) + 6\alpha_{ES}(A_sg_s + A'_sg'_s), D = -b_0h'^2_f(3e_N + 2h'_f) - 6\alpha_{EP}(A_ph_pg_p + A'_ph'_pg'_p) - 6\alpha_{ES}(A_sh_sg_s + A'_sh'_sg'_s)$。

式中：h_p——受拉区预应力钢筋重心至受压区边缘的距离；

h_s——普通钢筋重心至受压区边缘的距离；

g_p——受拉区预应力钢筋重心至N_{p0}作用点的距离，$g_p = h_p + e_N$；

g_s——普通钢筋重心至N_{p0}作用点的距离，$g_s = h_s + e_N$。

其他符号意义同前。

计算求得系数A、B、C、D后，代入公式(4.14.9)解三次方程式，可求得x值。

14.2.3　开裂截面评估简化算法

虚拟消压分析法概念清晰，适用于开裂截面中和轴高度的求解。但在桥梁评估过程中，需采用最小二乘法逼近等方法求解一元三次方程，无法得到逻辑解，不利于简化分析和评估过程应用。因此，在开裂截面消压分析法中，对预应力筋、普通钢筋及受压混凝土三部分，分别以h_p、h_s及b_0为基点按泰勒级数展开，得到评估状态下一阶与二阶的开裂截面受压区高度显式表达式。

(1)一阶显式表达式

预应力筋应力增量

$$\Delta\sigma_p = \alpha_{EP}\sigma_{cc}\left(-\frac{x}{h_p} + 1\right) \tag{4.14.10}$$

普通钢筋应力

$$\sigma_s = \alpha_{ES}\sigma_{cc}\left(-\frac{x}{h_s} + 1\right) \tag{4.14.11}$$

受压翼缘混凝土合力展开后对偏心力取矩

$$\begin{cases} M^w_{cc} = \left(\dfrac{h'^2_f\bar{h}_1}{3b_0}x - \dfrac{2h'^2_f\bar{h}_1}{3} + b_0\bar{h}_2\right)\sigma_{cc} \\ \bar{h}_1 = 2h'_f + 3e_N; \bar{h}_2 = \dfrac{h'^2_f}{2} + h'_fe_N \end{cases} \tag{4.14.12}$$

受压腹板混凝土合力对偏心力取矩

$$M^r_{cc} = \frac{1}{2}b\sigma_{cc}\left(\frac{x^2}{3} + e_Nx\right) \tag{4.14.13}$$

由偏心受压截面平衡即可得到关于开裂截面受压区高度x的一元二次方程，保留符合工

程意义的根，从而建立了开裂截面受压区高度的一阶显式表达式，即

$$\begin{cases} x = \dfrac{-B + \sqrt{B^2 - 4AC}}{2A} \\ A = \dfrac{b}{6} \\ B = \dfrac{be_{\mathrm{N}}}{2} + \dfrac{\alpha_{\mathrm{EP}} A_{\mathrm{p}} \hat{g}_{\mathrm{p}}}{3h_{\mathrm{p}}} + \dfrac{\alpha_{\mathrm{ES}} A_{\mathrm{s}} \hat{g}_{\mathrm{s}}}{3h_{\mathrm{s}}} + \dfrac{h_{\mathrm{f}}'^2 \bar{h}_1}{3b_0} \\ C = b_0 \bar{h}_2 - \alpha_{\mathrm{EP}} A_{\mathrm{p}} \hat{g}_{\mathrm{p}} (2 + \hat{g}_{\mathrm{ps}}) - \alpha_{\mathrm{ES}} A_{\mathrm{s}} \hat{g}_{\mathrm{s}} (2 + \hat{g}_{\mathrm{ps}}) - \dfrac{2h_{\mathrm{f}}'^2 \bar{h}_1}{3} \\ \bar{h}_1 = 2h_{\mathrm{f}}' + 3e_{\mathrm{N}};\ \bar{h}_2 = \dfrac{h_{\mathrm{f}}'^2}{2} + h_{\mathrm{f}}' e_{\mathrm{N}} \\ \hat{g}_{\mathrm{p}} = h_{\mathrm{p}} + e_{\mathrm{N}};\ \hat{g}_{\mathrm{s}} = h_{\mathrm{s}} + e_{\mathrm{N}};\ \hat{g}_{\mathrm{ps}} = h_{\mathrm{ps}} + e_{\mathrm{N}} \end{cases} \tag{4.14.14}$$

（2）二阶显式表达式

预应力筋应力增量

$$\Delta\sigma_{\mathrm{p}} = \alpha_{\mathrm{EP}} \sigma_{\mathrm{cc}} \left(\frac{2}{h_{\mathrm{p}}^2} x^2 - \frac{5}{h_{\mathrm{p}}} x + 3 \right) \tag{4.14.15}$$

普通钢筋应力

$$\sigma_{\mathrm{s}} = \alpha_{\mathrm{ES}} \sigma_{\mathrm{cc}} \left(\frac{2}{h_{\mathrm{s}}^2} x^2 - \frac{5}{h_{\mathrm{s}}} x + 3 \right) \tag{4.14.16}$$

受压翼缘混凝土合力展开后对偏心力取矩

$$\begin{cases} M_{\mathrm{cc}}^{\mathrm{w}} = \left(-\dfrac{h_{\mathrm{f}}'^2 \bar{h}_1}{3b_0^2} x^2 + \dfrac{5h_{\mathrm{f}}'^2 \bar{h}_1}{3b_0} x - \dfrac{7h_{\mathrm{f}}'^2 \bar{h}_1}{3} + b_0 \bar{h}_2 \right) \sigma_{\mathrm{cc}} \\ \bar{h}_1 = 2h_{\mathrm{f}}' + 3e_{\mathrm{N}};\ \bar{h}_2 = \dfrac{h_{\mathrm{f}}'^2}{2} + h_{\mathrm{f}}' e_{\mathrm{N}} \end{cases} \tag{4.14.17}$$

混凝土合力对偏心力取矩表达式同式(4.14.13)。

对偏心力作用点取矩，由偏心受压截面平衡即可得到关于开裂截面受压区高度 x 的一元二次方程，保留符合工程意义的根，从而建立了开裂截面受压区高度的二阶显式表达式，即

$$\begin{cases} x = \dfrac{-B + \sqrt{B^2 - 4AC}}{2A} \\ A = \dfrac{b}{6} - 2\alpha_{\mathrm{EP}} A_{\mathrm{p}} \hat{g}_{\mathrm{p}} - 2\alpha_{\mathrm{ES}} A_{\mathrm{s}} \hat{g}_{\mathrm{s}} - \dfrac{h_{\mathrm{f}}'^2 \bar{h}_1}{3b_0^2} \\ B = \dfrac{be_{\mathrm{N}}}{2} + \dfrac{5\alpha_{\mathrm{EP}} A_{\mathrm{p}} \hat{g}_{\mathrm{p}}}{3h_{\mathrm{p}}} + \dfrac{5\alpha_{\mathrm{ES}} A_{\mathrm{s}} \hat{g}_{\mathrm{s}}}{3h_{\mathrm{s}}} + \dfrac{5h_{\mathrm{f}}'^2 \bar{h}_1}{3b_0} \\ C = b_0 \bar{h}_2 - \alpha_{\mathrm{EP}} A_{\mathrm{p}} \hat{g}_{\mathrm{p}} (4 + \hat{g}_{\mathrm{ps}}) - \alpha_{\mathrm{ES}} A_{\mathrm{s}} \hat{g}_{\mathrm{s}} (4 + \hat{g}_{\mathrm{ps}}) - \dfrac{7h_{\mathrm{f}}'^2 \bar{h}_1}{3} \\ \bar{h}_1 = 2h_{\mathrm{f}}' + 3e_{\mathrm{N}};\ \bar{h}_2 = \dfrac{h_{\mathrm{f}}'^2}{2} + h_{\mathrm{f}}' e_{\mathrm{N}} \\ \hat{g}_{\mathrm{p}} = h_{\mathrm{p}} + e_{\mathrm{N}};\ \hat{g}_{\mathrm{s}} = h_{\mathrm{s}} + e_{\mathrm{N}};\ \hat{g}_{\mathrm{ps}} = h_{\mathrm{ps}} + e_{\mathrm{N}} \end{cases} \tag{4.14.18}$$

式中：e_N——偏心力作用点至截面受弯边缘的距离；

h_{ps}——预应力钢筋与普通钢筋合力点至截面受压区边缘的距离；

其他符号意义同前。

14.2.4 考虑开裂挠曲的预应力增量算法

通过简化算法求得截面当前受压区高度后，则可得到考虑开裂折减的截面特性参数，即开裂换算截面面积 A_{cr} 和开裂换算截面对重心轴的惯性矩 B_{cr}。

$$A_{cr}=b_f'x-(b_f'-b)(x-h_f')+\alpha_{EP}A_p+\alpha_{ES}A_s \tag{4.14.19}$$

$$B_{cr}=\frac{b_f'x^3}{12}+b_f'x\left(c-\frac{x}{2}\right)^2-\frac{(b_f'-b)(x-h_f')^3}{12}-(b_f'-b)(x-h_f')\left(c-h_f'-\frac{x-h_f'}{2}\right)^2+\alpha_{EP}A_p(h_p-c)^2+\alpha_{ES}A_s(h_s-c)^2 \tag{4.14.20}$$

式中：c——截面受压区边缘至开裂换算截面重心轴距离，即

$$c=\frac{b_f'x\dfrac{x}{2}-(b_f'-b)(x-h_f')\left(h_f'+\dfrac{x-h_f'}{2}\right)+\alpha_{EP}A_ph_p+\alpha_{ES}A_sh_s}{b_f'x-(b_f'-b)(x-h_f')+\alpha_{EP}A_p+\alpha_{ES}A_s} \tag{4.14.21}$$

从而得到考虑开裂挠曲的受拉区预应力钢筋的应力增量 $\Delta\sigma_p$

$$\Delta\sigma_p=\alpha_{EP}\left[\frac{N_{p0}}{A_{cr}}+\frac{N_{p0}e_{0N}(h_p-c)}{B_{cr}}\right] \tag{4.14.22}$$

式中：e_{0N}——合力 $R=N_{p0}$ 的作用点至开裂换算截面重心轴的距离，$e_{0N}=e_N+c$；

e_N——合力 $R=N_{p0}$ 作用点至截面受压边缘的距离。

其他符号意义同前。

14.2.5 实例分析

以标准跨径40m预应力混凝土T形截面梁跨中正弯矩区段为例，梁体混凝土为C40；预应力钢筋为 ϕ^s12.7钢绞线，7根一束，每梁共6束；普通钢筋采用5根 ϕ20直径的HRB335钢筋。基本计算参数见表4.14.1。

T形梁基本计算参数 表4.14.1

参数	α_{ES}	α_{EP}	A_s	A_p	$\sigma_{eff}^{(d)}$	h_{ps}
单位	—	—	mm^2	mm^2	MPa	mm
量值	6.154	6.0	1571	4146	1014	2372

注：表中收缩徐变预应力损失按设计状态终极值取用。

以式(4.14.9)得到的精确解为基准，对考虑开裂挠曲的预应力增量的简化解析方法[式(4.14.14)及式(4.14.18)]进行分析计算，重点对忽略高阶微量对工程精度的影响进行分析，得到弹性开裂阶段开裂截面受压区高度对比曲线图如图4.14.6所示，截面弯曲刚度的对比曲线如图4.14.7所示，受拉区预应力钢筋的应力增量 $\Delta\sigma_p$ 的对比曲线如图4.14.8所示。

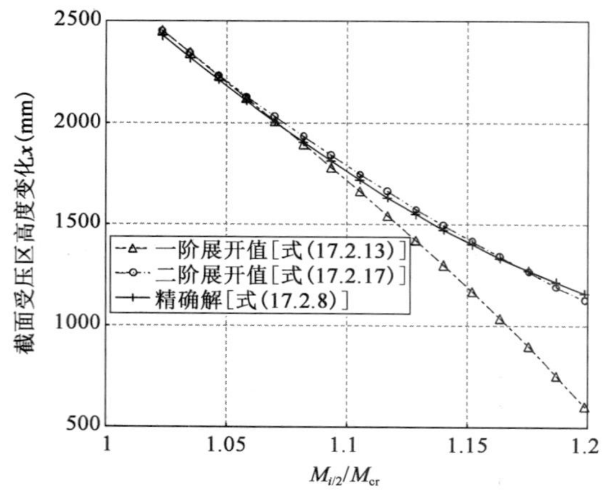

图 4.14.6　截面受压区高度变化曲线

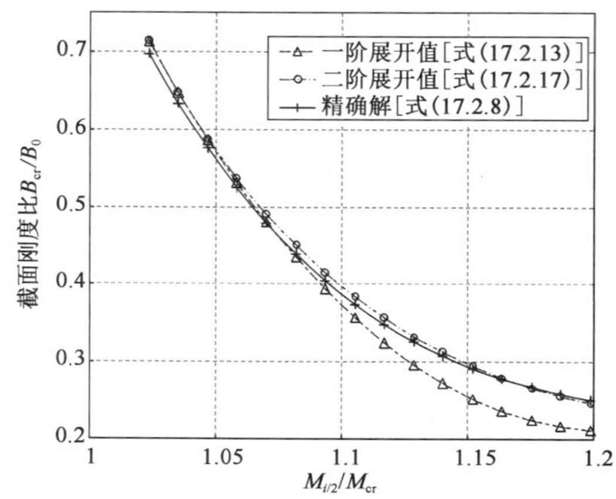

图 4.14.7　截面弯曲刚度比曲线

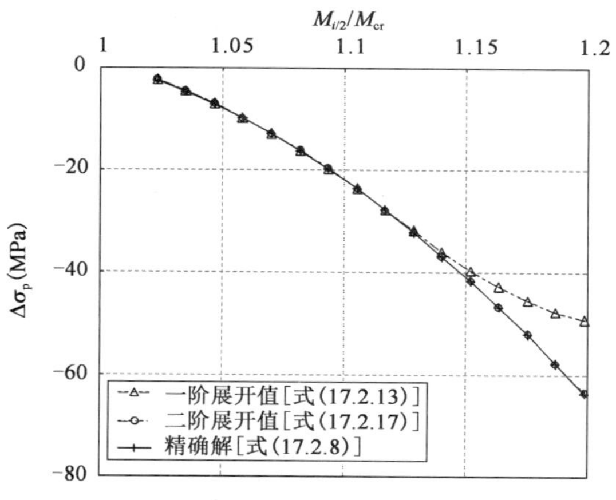

图 4.14.8　预应力钢筋的应力增量变化曲线

从图中可以看出，在开裂程度较大时，一阶展开值存在一定误差，而二阶显式计算值的精度较高，能够得到考虑开裂挠曲的预应力增量值且能够模拟不同预应力损失状态下的截面刚度衰变程度。因此，此简化分析方法也可对于未出现偶然荷载和极限荷载等极端状态的桥梁正常使用极限状态进行结构变形性能评估。

14.3　钢束有效预应力预测模型

尽管在役混凝土桥梁在结构体系形式、预应力体系设计、结构体系及预应力体系建立的过程等方面千差万别，但对于某一特定的关键服役钢束，通过大量的分析计算及结果数据的归纳整理，分析其预应力损失特征，也可找出共性的规律。

基于既有的检测技术得到预应力束筋的张力值，结合 14.2 节中考虑开裂挠曲的预应力增量分析，得到了在役缺陷桥梁有效预应力值。鉴于有效预应力的理论分布规律可以由钢束张

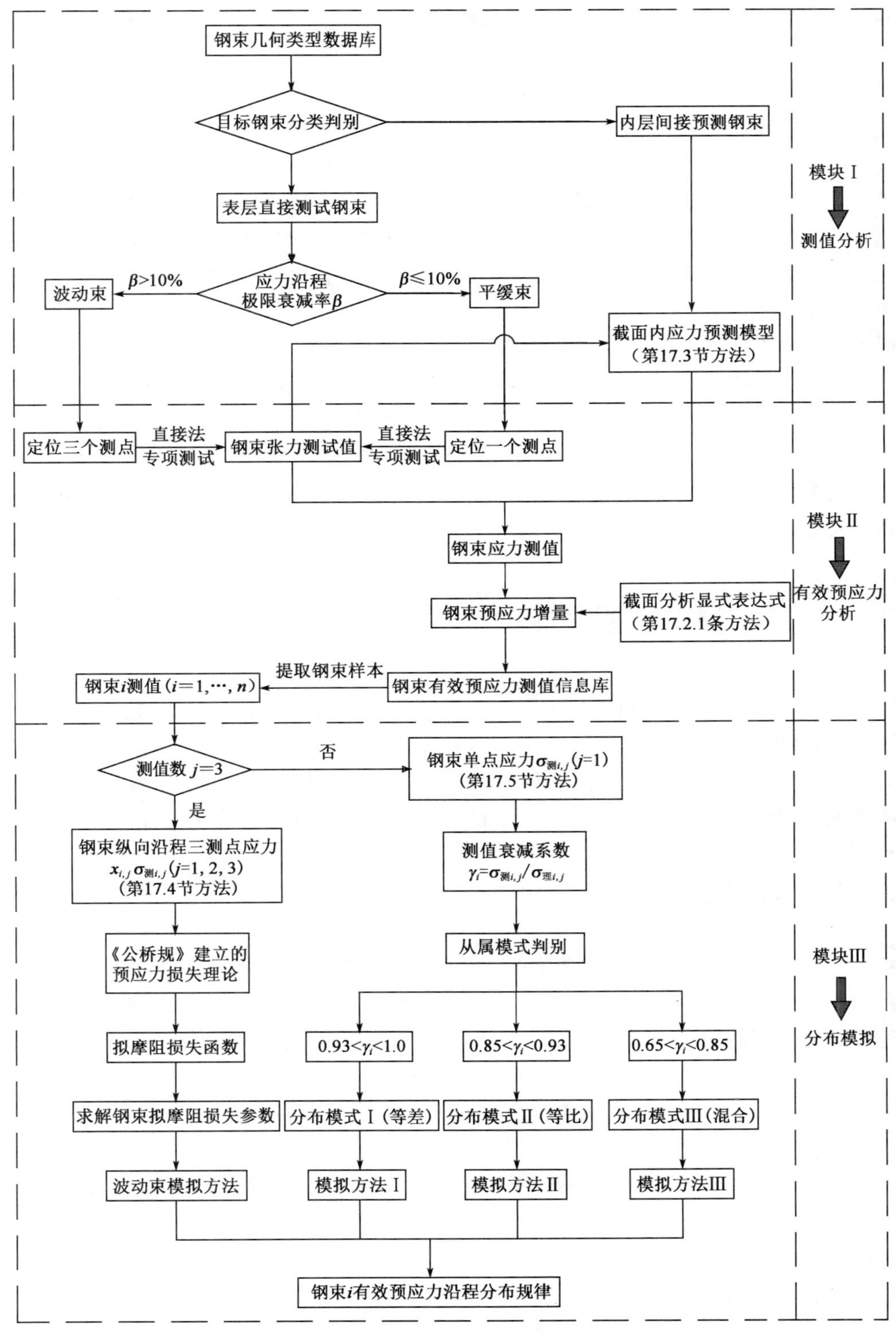

图4.14.9　钢束有效预应力预测模型

拉控制应力与预应力损失的沿程分布的差值来反映，因此，以预应力损失规律的分析及其算法的研究作为预应力钢束有效预应力理论解构剖析的切入点，将重点放在钢束张力锚固完成时的瞬时损失规律分析上，从而得到了钢束有效预应力的预测模型。

该模型主要由钢束测值分析模块、有效预应力分析模块及有效预应力分布状况模拟模块三大模块构成。总体流程为在通过测试技术获知应力测值的基础上，得到有限测点有效预应力值；针对在役桥梁预应力体系的具体情况完成测试钢束的分类，从而建立起涵盖以波动束为代表的复杂类型钢束沿程三测点及以平缓束为代表的简单类型钢束单点有效预应力测试值信息库；进而在模拟各类在役桥梁钢束有效预应力不同衰减程度的基础上，通过数值仿真分析，总结预应力沿程损失分布规律，分别获得了实用的数值模拟方法。[5,7,8]

模型总流程如图 4.14.9 所示。

在役预应力混凝土梁式桥中，弯曲开裂现象较为普遍，众多服务于结构设计方向的桥梁结构计算分析软件对于使用阶段考虑开裂挠曲的预应力增量分析存在盲区。因此，将有效预应力实际沿程分布规律预测模型应用于在役桥梁的结构性能评估过程，即可得到涵盖大、中跨径混凝土桥梁常见钢束状况的统一模拟方法，对于实现桥梁的刚度和应力状态等使用性能的客观评估意义重大。

14.4 截面内有效预应力预测方法

从有效预应力分布规律分析过程可以看出，在同等因素（施工方法、工艺、周期、人员等）条件下，同一截面不同钢束的有效预应力是具有相关关系的，也可表述为：同一截面钢束间有效预应力值是可预测的。本节重点分析同一截面内基准测试钢束与间接预测钢束间有效预应力测值的预测模型，通过预测模型可实现借助可测钢束的有效预应力值推求同一截面内其余钢束有效预应力值。

14.4.1 变量约定

对于同一施工主体施工的预应力混凝土桥梁，考虑到相同类型的预应力钢束一般采用同一施工工艺和施工方法，可以认为其施工质量也具有同一性。因此得到如下推论：同一施工工艺和施工方法下，钢束的摩阻和孔道偏差影响程度一致，即摩擦系数和孔道偏差系数的变化量成比例关系。

$$\begin{cases}\dfrac{\Delta\mu}{\mu}=\dfrac{\Delta k}{k}=\dfrac{\Delta\mu'}{\mu'}=\dfrac{\Delta k'}{k'}\\ \Delta\mu=\mu_{\mathrm{t}}-\mu;\Delta\mu'=\mu_{\mathrm{t}}'-\mu'\\ \Delta k=k_{\mathrm{t}}-k;\Delta k'=k_{\mathrm{t}}'-k'\end{cases}\tag{4.14.23}$$

式中：μ——基准测试钢束的管道摩阻系数规范值；

μ'——间接预测钢束的管道摩阻系数规范值；

μ_{t}——基准测试钢束的管道摩阻系数实际值；

μ_{t}'——间接预测钢束的管道摩阻系数实际值；

k——基准测试钢束的局部偏差影响系数规范值；

k'——间接预测钢束的局部偏差影响系数规范值；

k_t——基准测试钢束局部偏差影响系数实际值；

k_t'——间接预测钢束的局部偏差影响系数实际值。

同时，为了便于进一步推导实用预测模型，对预测模型中用到的几个变量进行统一约定：对于桥梁整体而言，将桥梁结构体系坐标系统作为整体坐标系，预应力钢束以各自张拉端为原点定义为局部坐标系。对于整体坐标系中坐标为 x 的截面，对应第 i 根钢束上的局部坐标为 $\bar{x}_i$。

对于第 i 根钢束，其管道摩擦及锚下回缩、接缝压密引起的瞬时损失简计 σ_{la} 为

$$\sigma_{la} = \sigma_{l1}(\bar{x}_i) + \sigma_{l2}(\bar{x}_i) \tag{4.14.24}$$

混凝土弹性压缩、收缩、徐变和钢材的松弛引起的总损失 σ_{lb} 值简计为

$$\sigma_{lb} = \sigma_{l4}(\bar{x}_i) + \sigma_{l5}(\bar{x}_i) + \sigma_{l6}(\bar{x}_i) \tag{4.14.25}$$

将该截面上基准测试钢束和间接预测钢束预应力损失规范值分别用 $\sigma_{l理}$ 和 $\sigma'_{l理}$ 表示，预应力损失实际值分别用 $\sigma_{l测}$ 和 $\sigma'_{l测}$ 表示。在获得基准测试钢束 x 截面处的有效张力 $F_{测}$ 后，其损失实际值 $\sigma_{l测}$ 即为已知量，即

$$\sigma_{l测} = \sigma_{con} - \frac{F_{测}}{A_p} \tag{4.14.26}$$

式中：σ_{con}——张拉端控制应力。

14.4.2 钢束间有效预应力关系

对于基准测试钢束和间接预测钢束而言，已知条件为

$$\begin{cases} \sigma_{l理} = \sigma_{la理} + \sigma_{lb理} \\ \sigma_{l测} = \sigma_{la测} + \sigma_{lb测} \\ \sigma'_{l理} = \sigma'_{la理} + \sigma'_{lb理} \\ \sigma'_{l预} = \sigma'_{la预} + \sigma'_{lb预} \end{cases} \tag{4.14.27}$$

由有效预应力简化分析推论：对混凝土弹性压缩 σ_{l4}、预应力筋松弛损失 σ_{l5} 和收缩、徐变损失 σ_{l6} 三项之和的实际值可依据规范算法，同时计入摩阻相关损失（σ_{l1} 及 σ_{l2}）补偿值的影响计算得到的理论值方法来模拟。从而得到

$$\frac{\sigma_{l测} - \sigma_{lb理}}{\sigma_{l理} - \sigma_{lb理}} = \frac{\sigma_{la测}}{\sigma_{la理}} = \frac{\sigma_{l1测} + \sigma_{l2测}}{\sigma_{l1理} + \sigma_{l2理}} = f(\mu, k, \Delta\mu, \Delta k) \tag{4.14.28}$$

依据实桥竣工图纸计算 $\sigma_{l理}$、$\sigma_{l1理}$、$\sigma_{l2理}$、$\sigma_{lb理}$、$\sigma'_{l理}$ 及 $\sigma'_{lb理}$ 后，再由式(4.14.28)得到 $\sigma_{l测}$，将式(4.14.23)与式(4.14.28)联立，可求得 $\Delta\mu$、Δk。从而得到

$$\sigma'_{l预} = \sigma'_{l1}(\mu_t', k_t') + \sigma'_{l2}(\mu_t', k_t') + \sigma'_{lb理} \tag{4.14.29}$$

其中

$$\begin{cases} \mu_t' = \dfrac{\Delta\mu}{\mu}\mu' + \mu' \\ k_t' = \dfrac{\Delta k}{k}k' + k' \end{cases} \tag{4.14.30}$$

式(4.14.30)即为预应力混凝土梁式桥同一截面内基于基准测试钢束有效预应力测值，

获得其他钢束预测值模型的基本参考关系式。

14.4.3 反摩阻损失简化分析

1)简化方法

我国公路桥梁规范规定:在计算锚具变形、钢筋回缩等引起的应力损失时应考虑与张拉钢筋时的管道摩阻力相反的摩阻作用。首先以简单钢束简化方法作为进一步分析的基础:设预应力管道摩擦损失沿管道呈线性变化,如张拉端控制应力为 σ_{con},另一锚固端扣除沿管道摩擦损失后应力为 $\sigma_{l1,l}$,abc 为预应力自张拉端至锚固端扣除管道沿途摩擦损失后的应力变化路径。在张拉端发生回缩后,张拉端预应力将会骤降 σ_{l2},由于假定正向摩擦与反向摩擦的管道摩擦系数是相等的,所以代表锚固前和锚固后瞬间预应力钢筋应力变化的两根直线 ac 和 $a'b$ 或 $a''c''$的斜率相同的,但是摩擦力方向相反。如图 4.14.10 所示,由于沿途有管道的反摩擦影响,回缩损失逐步减小,至 b 点回缩损失为零。l_f 为回缩影响长度,l 为张拉端至锚固端的距离。

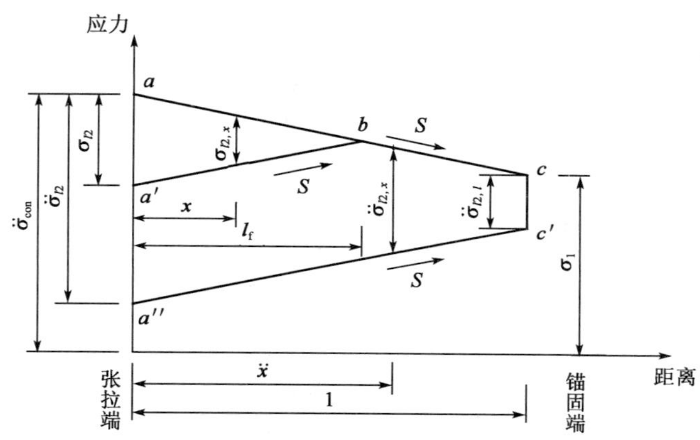

图 4.14.10 锚固前后预应力钢筋应力变化示意图

斜率 S 为单位长度管道摩擦应力损失值

$$S=\frac{\sigma_{l1,l}}{l}=\frac{\sigma_{con}\left[1-e^{-(\mu\theta+kl)}\right]}{l} \tag{4.14.31}$$

式中:l——张拉端至锚固端的距离;

$\sigma_{l1,l}$——距离 l 之间由管道摩擦引起的应力损失。

根据锚下变形协调条件由积分法求解得到回缩(反摩擦)影响长度 l_f 为

$$l_f=\sqrt{\frac{\sum\Delta l\cdot E_p}{S}} \tag{4.14.32}$$

式中:$\sum\Delta l$——锚下回缩值。

经过对大量实桥预应力钢束的统计,工程中常见的单段简单钢束形式均满足 $|\mu\theta+kx|\leqslant 0.25$ 条件,对于单段简单钢束形式采用这一简化算法得到的相对误差均小于 3.7%,能够满足工程精度要求。

2)实用算法

为提高方法的通用性,将钢束张拉端到锚固端均分为 n 段,设每一段长度为 Δ,有

$$\Delta=\frac{l}{n},L_i=i\Delta=\frac{i\cdot l}{n},\theta_l=\theta_{1,2}+\theta_{2,3}+\cdots+\theta_{n-1,n} \tag{4.14.33}$$

近似的对各段斜率取平均值,以上一段终点处有效预应力值作为下一段张拉控制应力,即可得到

$$\begin{aligned}\bar{S}=\frac{\sum_{i=2}^{n}S_{(i-1,i)}}{n}&=\frac{\sigma_{\mathrm{con}}\{[1-\mathrm{e}^{-(\mu\theta_{1,2}+k\Delta)}]+\mathrm{e}^{-(\mu\theta_{1,2}+k\Delta)}[1-\mathrm{e}^{-(\mu\theta_{2,3}+k\Delta)}]+\cdots+\mathrm{e}^{-(\mu\theta_{n-2,n-1}+k\Delta)}[1-\mathrm{e}^{-(\mu\theta_{n-1,n}+k\Delta)}]\}}{n\Delta}\\&=\frac{\sigma_{\mathrm{con}}[1-\mathrm{e}^{-(\mu\theta_l+nk\Delta)}]}{n\Delta}=\frac{\sigma_{\mathrm{con}}[1-\mathrm{e}^{-(\mu\theta_l+kl)}]}{l}\end{aligned} \tag{4.14.34}$$

由变形协调条件得

$$\begin{aligned}\sum\Delta l&=\int_0^{l_1}\frac{2S_{(0,1)}x}{E_{\mathrm{p}}}\mathrm{d}x+\cdots+\int_{l_{i-1}}^{l_i}\frac{2S_{(i-1,i)}x}{E_{\mathrm{p}}}\mathrm{d}x+\cdots+\int_{l_{m-1}}^{l_m}\frac{2S_{(n-1,n)}x}{E_{\mathrm{p}}}\mathrm{d}x\\&=\frac{l^2\bar{S}}{n^2E_{\mathrm{p}}}\sum_{i=1}^{m}(2i-1)=\frac{m^2l^2\bar{S}}{n^2E_{\mathrm{p}}}\end{aligned} \tag{4.14.35}$$

定义判别方程

$$\nabla(i)=\frac{(i-1)^2l^2\bar{S}}{n^2E_{\mathrm{p}}} \tag{4.14.36}$$

当满足 $\nabla(m-1)<\sum\Delta l\leqslant\nabla(m)$ 条件时,可以得到

$$l_{\mathrm{f}}=\frac{ml}{n} \tag{4.14.37}$$

根据 l_{f} 与 l 的相关关系,分两种情况计算 $\sigma_{l2}(x)$:

(1)$l_{\mathrm{f}}\leqslant l$,即 $m\leqslant n$ 时,在距张拉端 x 处

$$\sigma_{l2}(x)=2\frac{ml-nx}{ml}\sigma_{\mathrm{con}}[1-\mathrm{e}^{-(\mu\theta_{\mathrm{m}}+kml/n)}] \tag{4.14.38}$$

(2)$l_{\mathrm{f}}>l$,即 $m>n$ 时,即钢束长度全部处于 σ_{12} 的影响范围时,在距张拉端 $\ddot{x}$ 处,$\ddot{\sigma}_{12}$ 的应力为

$$\ddot{\sigma}_{l2}(\ddot{x})=\frac{\sum\Delta l\cdot E_{\mathrm{p}}}{l}+\frac{(l-2\ddot{x})}{l}\sigma_{\mathrm{con}}[1-\mathrm{e}^{-(\mu\theta_l+kl)}] \tag{4.14.39}$$

14.4.4 对称束预测模型

基于钢束间有效预应力关系原理及摩阻相关损失的简化分析算法,可根据基准测试钢束测点位置的不同,建立同一截面内由基准测试钢束 $\sigma_{l测}$ 获得间接预测钢束 $\sigma'_{l预}$ 值的三个预测模型。

1)模型Ⅰ

基准测试钢束为长索($l>l_{\mathrm{f}}$)且测点位置位于反摩阻影响区段之外。

由于已知测点有效预应力实测值 $\sigma_{l测}$ 位于 $l_{\mathrm{f}}\sim l$ 区段内,则 $\sigma_{l2}=0,\sigma_{la}=\sigma_{l1}$,可知

$$\frac{\sigma_{l1测}}{\sigma_{l1理}}=\frac{\sigma_{con}\left[1-e^{-(\mu_t\theta+k_tx)}\right]}{\sigma_{con}\left[1-e^{-(\mu\theta+kx)}\right]}=\frac{1-e^{-[(\mu+\Delta\mu)\theta+(k+\Delta k)x]}}{1-e^{-(\mu\theta+kx)}} \tag{4.14.40}$$

由式(4.14.23)与式(4.14.40)联立可求得

$$\begin{cases}\Delta\mu=-\dfrac{\mu}{\mu\theta+kx}\ln\left(\dfrac{1-\dfrac{\sigma_{l1测}}{\sigma_{l1理}}\left[1-e^{-(\mu\theta+kx)}\right]}{e^{-(\mu\theta+kx)}}\right)\\ \Delta k=-\dfrac{k}{\mu\theta+kx}\ln\left(\dfrac{1-\dfrac{\sigma_{l1测}}{\sigma_{l1理}}\left[1-e^{-(\mu\theta+kx)}\right]}{e^{-(\mu\theta+kx)}}\right)\end{cases} \tag{4.14.41}$$

从而得到预测值

$$\sigma'_{l预}=\sigma'_{l1}(\mu'_t,k'_t)+\sigma'_{lb理} \tag{4.14.42}$$

2)模型Ⅱ

基准测试钢束为长索($l>l_f$)且测点位置位于反摩阻影响区段范围内。

由于反摩阻影响长度 l_f 与参数 μ'_t、k'_t 的实际值相互影响,因此需要在以规范值为初值的基础上进行迭代求解,建立迭代模型的具体步骤如下:

(1)先定位理论锚固损失的影响范围到第 m 段,建立 l_f 定位数组 $m(i)$,即认为实际锚固损失的影响区段为第 $m(i)$ 段,则由式(4.14.23)和式(4.14.38)得

$$\frac{\sigma_{la测}}{\sigma_{la理}}=\frac{\sigma_{con}\left\{1-e^{-[(\mu+\Delta\mu)\theta+(k+\Delta k)x]}\right\}+2\dfrac{[m(i)l-nx]}{m(i)l}\sigma_{con}\left\{1-e^{-[(\mu+\Delta\mu)\theta_{m(i)}+(k+\Delta k)m(i)l/n]}\right\}}{\sigma_{con}\left[1-e^{-(\mu\theta+kx)}\right]+2\dfrac{ml-nx}{ml}\sigma_{con}\left[1-e^{-(\mu\theta_m+kml/n)}\right]} \tag{4.14.43}$$

令:$A=e^{-(\mu\theta+kx)}$,$B=e^{-(\mu\theta_m+kml/n)}$,$B(i)=e^{-[\mu\theta_{m(i)}+km(i)l/n]}$

整理并化简得

$$\frac{\sigma_{la测}}{\sigma_{la理}}=\frac{[1-A+A(\Delta\mu\theta+\Delta kx)]+2\dfrac{m(i)l-nx}{m(i)l}\left\{1-B(i)+B(i)[\Delta\mu\theta_{m(i)}+\Delta km(i)l/n]\right\}}{(1-A)+2\dfrac{ml-nx}{ml}(1-B)} \tag{4.14.44}$$

由式(4.14.23)和式(4.14.38)联立得

$$\begin{cases}\Delta\mu(i)=\dfrac{n\mu m(i)l\left\{(C-1)(1-A)+\dfrac{2C(1-B)(ml-nx)}{ml}-\dfrac{2[m(i)l-nx](1-B)}{m(i)l}\right\}}{nAm(i)l(\mu\theta+kx)+2B(i)\cdot[m(i)l-nx][n\mu\theta_{m(i)}+km(i)l]}\\ \Delta k(i)=\dfrac{nkm(i)l\left\{(C-1)(1-A)+\dfrac{2C(1-B)(ml-nx)}{ml}-\dfrac{2[m(i)l-nx](1-B)}{m(i)l}\right\}}{nAm(i)l(\mu\theta+kx)+2B[m(i)l-nx][n\mu\theta_{m(i)}+km(i)l]}\end{cases} \tag{4.14.45}$$

(2)令 $m(1)=m$ 作为初始值,即认为瞬时损失相关参数的增量对反摩阻范围的影响程度可以忽略。

(3)求出 $\Delta\mu(1)$、$\Delta k(1)$,从而得到摩阻相关参数 $\mu'_t(1)$、$k'_t(1)$,结合式(4.14.37)求出新

的锚固损失影响区段 $m(2)$。

(4)若 $m(2)=m(1)$,则 $m(2)$ 就是锚固损失的实际影响到的区段,$l_{\mathrm{f}}=\dfrac{m(1)}{l}\cdot n$;否则再将 $m(2)$ 和 $B=\mathrm{e}^{-[\mu\theta_{m(2)}+km(2)l/n]}$ 代入式(4.14.45)中求出 $\Delta\mu(2)$、$\Delta k(2)$。

(5)重复步骤(3)~(4)直至 $m(i)=m(i+1)$,此时由式(4.14.45)求出 $\Delta\mu(i)$、$\Delta k(i)$ 就为实际的 $\Delta\mu$、Δk 值,从而由式(4.14.30)得到间接预测钢束的摩阻相关参数 μ_{t}'、k_{t}'。

3)模型Ⅲ

基准测试钢束为短索($l<l_{\mathrm{f}}$)。

由于锚固引起的瞬时损失规范值 σ_{l2} 与参数 μ_{t}'、k_{t}' 的实际值相互影响,亦需要进行迭代求解,建立迭代模型的具体步骤如下:

(1)当测点位置为 x 时,在 $\sigma_{la测}$ 已知情况下,可以得到

$$\sigma_{l2}(\mu,k)=\sigma_{la测}-\sigma_{l1测}=\sigma_{la测}-\sigma_{\mathrm{con}}\{1-\mathrm{e}^{-[(\mu+\Delta\mu_1)\theta+(k+\Delta k_1)x]}\} \tag{4.14.46}$$

令:$A=\mathrm{e}^{-(\mu\theta+kx)}$,整理得

$$\frac{\sigma_{\mathrm{con}}-\sigma_{la测}-\sigma_{l2}(\mu,k)}{A\sigma_{\mathrm{con}}}=\mathrm{e}^{-[\Delta\mu(1)\theta+\Delta k(1)x]} \tag{4.14.47}$$

由式(4.14.23)和式(4.14.47)联立得

$$\begin{cases}\Delta\mu(1)=\dfrac{-\mu\ln\left[\dfrac{\sigma_{\mathrm{con}}-\sigma_{la测}-\sigma_{l2}(\mu,k)}{A\sigma_{\mathrm{con}}}\right]}{\mu\theta+kx}\\ \Delta k(1)=\dfrac{-k\ln\left[\dfrac{\sigma_{\mathrm{con}}-\sigma_{la测}-\sigma_{l2理}(\mu,k)}{A\sigma_{\mathrm{con}}}\right]}{\mu\theta+kx}\end{cases} \tag{4.14.48}$$

(2)建立迭代方程为

$$\begin{cases}\Delta\mu(i)=\dfrac{-\mu\ln\left\{\dfrac{\sigma_{\mathrm{con}}-\sigma_{la测}-\sigma_{l2}[\mu+\Delta\mu(i-1),k+\Delta k(i-1)]}{A\sigma_{\mathrm{con}}}\right\}}{\mu\theta+kx}\\ \Delta k(i)=\dfrac{-k\ln\left\{\dfrac{\sigma_{\mathrm{con}}-\sigma_{la测}-\sigma_{l2}[\mu+\Delta\mu(i-1),k+\Delta k(i-1)]}{A\sigma_{\mathrm{con}}}\right\}}{\mu\theta+kx}\end{cases} \tag{4.14.49}$$

(3)迭代至 $\Delta\mu(i)=\Delta\mu(i-1)$,$\Delta k(i)=\Delta k(i-1)$ 时,此时求出 $\Delta\mu(i)$、$\Delta k(i)$ 就为实际的 $\Delta\mu$、Δk 值,从而由式(4.14.30)得到间接预测钢束的摩阻相关参数 μ_{t}'、k_{t}'。

14.4.5 非对称束预测模型

对于两端张拉的非对称钢束,对其瞬时损失研究的关键点在于确定计算基准张拉端的问题。在预测模型建立的过程中采取两次试算比较,根据“较大应力控制原理”确定计算基准张拉端的方法。

对于非对称钢束的测试截面 x,分别以左端张拉、右端锚固和右端张拉、左端锚固两种状况计算该截面处扣除瞬时损失的阶段有效预应力,记为

$$\begin{cases}\sigma_{\text{I左}}=\sigma_{\text{con}}-(\sigma_{l1,x}+\sigma_{l2,x})_{\text{左}}\\ \sigma_{\text{I右}}=\sigma_{\text{con}}-(\sigma_{l1,x}+\sigma_{l2,x})_{\text{右}}\end{cases} \tag{4.14.50}$$

根据“较大应力控制原理”，应取 $\max(\sigma_{\text{I左}},\sigma_{\text{I右}})$ 作为下阶段控制应力，即 $\sigma_{la}=\min[(\sigma_{l1,x}+\sigma_{l2,x})_{\text{左}},(\sigma_{l1,x}+\sigma_{l2,x})_{\text{右}}]$，确定出对于非对称钢束的测试截面 x 的计算基准张拉端。判断出从张拉端位置后，其计算原理及预测模型建立与对称钢束相同，计算公式也一致。从而实现了预应力混凝土梁式桥基于非对称基准测试钢束有效预应力测值 $\sigma_{l测}$ 推求其他钢束有效预应力 $\sigma'_{l预}$ 的预测模型。

14.5 波动束有效预应力沿程分布预测方法

对于以复合长钢束（由三段以上简单曲线组合而成）为代表的复杂类型钢束而言，根据钢束应力沿程极限衰减率 β 的界限分析，其有效预应力的理论沿程波动变化往往是较剧烈的。因此在目标钢束模拟过程中是以从张拉端至锚固端纵向沿程三点的有效预张力测值 $[x_j,\sigma_{lana}(x_j),j=1\sim3]$ 作为已知条件，是预应力损失分析的反问题，在工程实际应用中表现为名义损失参数的识别问题。

14.5.1 管道综合影响系数

1）复杂钢束分解[9]

为涵盖预应力混凝土桥梁中常见组合曲线钢束布置类型，通过高度抽象及综合归类的技术手段，对于复杂钢束归纳为三种类型进行钢束分解，并用于后续分析。

（1）“直 + 曲 + 直”型钢束：桥梁工程中最常见的钢束形式，主要存在于简支梁底板束、连续刚构顶板束、部分连续梁的局部钢束等（图 4.14.11）。

（2）“直 + 曲 + 曲”型钢束：主要存在于连续梁的通长钢束、悬臂梁的通长钢束及大跨径连续刚构和连续梁箱形主梁的横向预应力钢束（图 4.14.12）。

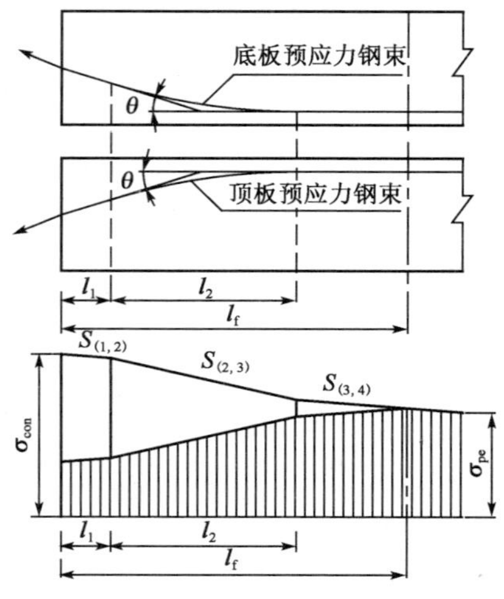

图 4.14.11 “直 + 曲 + 直”型钢束示意图

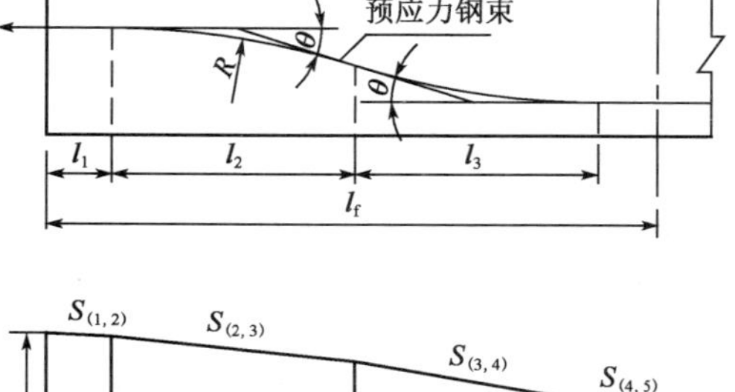

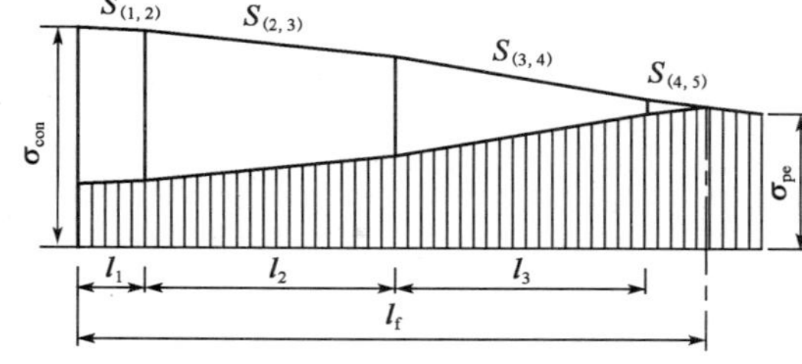

图 4.14.12 “直 + 曲 + 曲”型钢束示意图

(3)“复合曲线”型钢束：这是一个具有通用性的钢束形式，主要存在于连续刚构底板束(多段抛物线及圆曲线组合)、大部分连续梁的腹板通长束(多段直线和圆曲线组合)等(图4.14.13)。

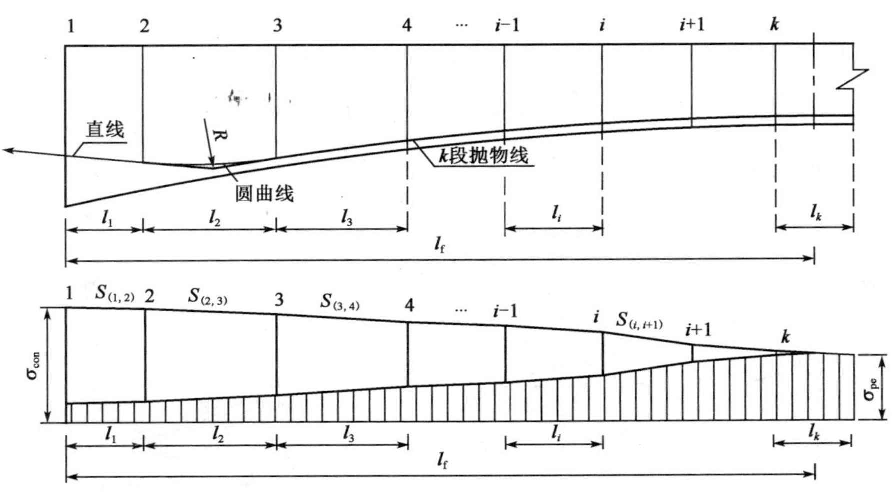

图4.14.13 “复合曲线”型钢束示意图

以上三种类型钢束，其共性特征是均由多段简单线型组合而成的复杂钢束。要完成其在传力锚固时的瞬时损失分布规律统一分析，首先须将他们分解为多个单一线型，分段研究其摩阻与反摩阻损失变化规律。由于在各分段曲线的分界点处，分线段均具有突变尖点，因此，将正、负摩阻损失分布规律简化为分段折线线型，相对斜直线线型而言提高了算法精度。

2)管道综合影响系数K'

众所周知，与摩擦相关的损失主要是由管道的弯曲和管道位置偏差引起的。从摩擦损失的发生机理来看，摩擦损失是由于预应力筋与孔道壁之间发生接触而引发的，由于接触区域必然存在预应力筋的曲率改变，这一变化会促使接触压力的产生或增减，从而导致预应力筋拉应力的改变，称之为接触效应。而曲线型孔道的接触效应主要取决于孔道的设计弯曲偏转程度，而施工质量和孔道张拉变形也会产生一定的影响。因此，管道弯曲摩阻也可以视为连续微段的管道偏差，这一点从曲线钢束的数学表示上也可以反映出来。以二次抛物线为例，如图4.14.14所示，在局部坐标系$\overline{xoy}$下，二次抛物线$\bar{y}(\bar{x})=\frac{f}{L^2}\bar{x}^2-\frac{f}{L}\bar{x}+c$上任意点$\bar{x}$处的曲率可表示为

$$\tan\theta_{\bar{x}}=\frac{2f}{L^2}\bar{x}-\frac{f}{L}\approx\theta_{\bar{x}} \tag{4.14.51}$$

则在总体坐标系下，对应的累积角可表示为梁轴坐标的线性函数

$$\theta_x=\frac{2f}{L^2\cos\theta_0}x-\frac{f}{L}+\theta_0-\frac{2fx_0}{L^2\cos\theta_0} \tag{4.14.52}$$

用钢束在构件纵轴上的投影长度x近似替代曲线长，结合微段轴向力的平衡关系(图4.14.15)进而得到

$$\frac{\mathrm{d}N}{N}=-(\mu\mathrm{d}\theta+k\mathrm{d}x)\approx K'\mathrm{d}x \tag{4.14.53}$$

两边积分并简化可得

$$N(x)=N_{\mathrm{con}}\mathrm{e}^{-K'x} \tag{4.14.54}$$

即摩阻损失函数 $\sigma_{l1}(x)$ 表示为

$$\sigma_{l1}(x)=\frac{N_{\mathrm{con}}-N(x)}{A_{\mathrm{p}}}=\sigma_{\mathrm{con}}(1-\mathrm{e}^{-K'x}) \tag{4.14.55}$$

式中：K'——管道综合影响系数。

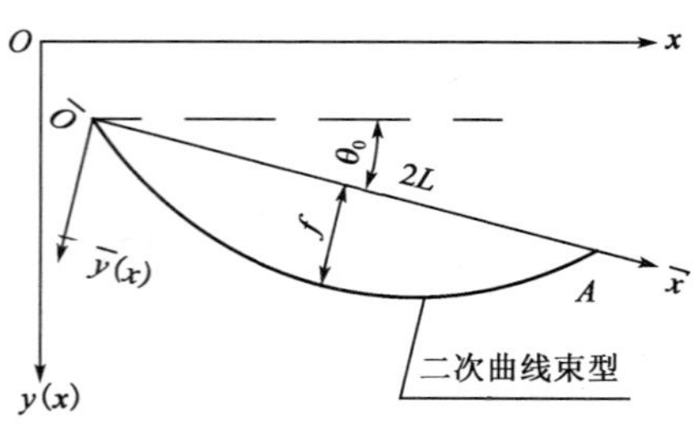

图 4.14.14　束筋某曲线段位置

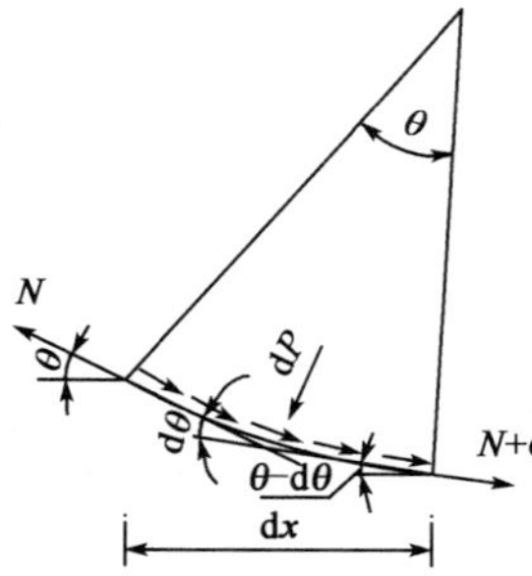

图 4.14.15　弯道钢束微段受力

从管道综合影响系数 K' 表达式推导过程可以看出，K' 综合反映了预应力孔道对瞬时损失 $\sigma_{l1}(x)$ 及 $\sigma_{l2}(x)$ 的影响。基于上述思想，针对实桥中几种具有代表性的单一线型钢束几何形式（直线、竖圆曲线、平圆曲线、平竖组合圆曲线以及二次抛物线），推导的管道综合影响系数 K' 表达式列于表 4.14.2 中。

单一线型钢束管道综合影响系数　　表 4.14.2

几何形式	管道综合影响系数 K'	
直线	k	
竖圆曲线	μ/R_1+k	R_1-竖圆曲线半径
平圆曲线	μ/R_2+k	R_2-平圆曲线半径
平竖组合圆曲线	$\mu/R+k$	R-组合圆曲线半径 $R=R_1R_2\sqrt{\frac{1}{R_1^2+R_2^2}}$
二次抛物线 方程：$y=\frac{f}{L^2}x^2-\frac{f}{L}x+c$	$\frac{2\mu f}{L^2}+k$	f-抛物线矢高 L-半抛物线长度

14.5.2　拟摩阻损失函数算法

对于同一根关键预应力钢束而言，从前述论证中已知以钢束传力锚固时的瞬时损失分析作为切入点，可以把握其有效预应力的实际沿程分布规律。因此，首先通过对工程实际常见钢束类型的归纳、合并，定义拟摩阻损失函数 $\sigma_{lana}(x)$ 以反映其有效预应力共性规律，从而实现与基于钢束实测应力值统一模拟方法的工程反问题接轨。

为不失一般性，以“复合曲线”型钢束为代表，推导 $\sigma_{lana}(x)$ 算法。

1）摩阻损失 $\sigma_{l1}(x)$ 算法

按照钢束类型对钢束分解，不同类型钢束的连接点作为分界点，共分解为 n 段，则每段长度为 $l_i(i=1,2,\cdots,n)$，每段钢束管道综合影响系数为 K_i'。

对于第 1 段曲线，曲线末即第 2 截面的有效应力 $\sigma_{pe(2)}$ 为

$$\sigma_{pe(2)} = \sigma_{con} e^{-K_1' l_1} \tag{4.14.56}$$

对于第 2 段曲线钢束初始应力为第 1 段曲线钢束末的有效应力 $\sigma_{pe(2)}$，故第 3 截面的有效应力为

$$\sigma_{pe(3)} = \sigma_{pe(2)} e^{-K'_2 l_2} = \sigma_{con} e^{-(K_1' l_1 + K_2' l_2)} \tag{4.14.57}$$

依此类推，可得第 n 截面的有效应力为

$$\sigma_{pe(n)} = \sigma_{pe(n-1)} e^{-K'_{n-1} l_{n-1}} = \sigma_{con} e^{-\sum_{j=1}^{n-1} K_j' l_j} \tag{4.14.58}$$

所以，当 x 位于第 i 段曲线内时

$$\sigma_{l1}(x) = \sigma_{con} - \sigma_{pe(i)} e^{-K_i' x} = \sigma_{con}\left[1 - e^{-(\sum_{j=1}^{i-1} K_j' l_j + K_i' x)}\right] \tag{4.14.59}$$

2）锚下回缩损失 $\sigma_{l2}(x)$ 算法

对于“复合曲线”型波动束而言，进行线型分解，将其正、负摩阻损失分布规律简化为具有突变尖点的分段折线线型[斜率为 $S_{(i,i+1)}, i=1,\cdots,n$]。值得注意的是，相对于采用简化为斜直线线型（斜率为$\bar{S}$）而言，采用“线型分解法”会提高“复合曲线”型波动束拟摩阻损失函数的算法精度，从而为名义损失参数的识别精确度打下基础。

（1）各分段钢束斜率 $S_{(i,i+1)}$

对于第一段钢束，其斜率为

$$S_{(1,2)} = \frac{\sigma_{l1}(2) - \sigma_{l1}(1)}{l_1} = \frac{\sigma_{con}(1 - e^{-K_1' l_1})}{l_1} \approx \sigma_{con} K_1' \tag{4.14.60}$$

对于第二段钢束，其斜率为

$$S_{(2,3)} = \frac{\sigma_{l1}(3) - \sigma_{l1}(2)}{l_2} = \frac{\sigma_{con} e^{-K_1' l_1}(1 - e^{-K_2' l_2})}{l_2} \approx \sigma_{con} e^{-K_1' l_1} K_2' \tag{4.14.61}$$

同理类推，第 i 段钢束的斜率为

$$S_{(i,i+1)} = \frac{\sigma_{l1}(i+1) - \sigma_{l1}(i)}{l_i} = \frac{\sigma_{con} e^{-\sum_{j=1}^{i-1} K_j' l_j}(1 - e^{-K_i'})}{l_i} \approx \sigma_{con} e^{-\sum_{j=1}^{i-1} K_j' l_j} K_i' \tag{4.14.62}$$

（2）反摩阻影响长度 l_f 区段识别

一般的，当反摩阻影响范围在第 r 段内时，则满足条件

$$\begin{cases} E_p \sum \Delta l = \sum_{i=2}^{r}\left\{\left[\left(\sum_{j=1}^{i} l_j\right)^2 - \left(\sum_{j=1}^{i-1} l_j\right)^2\right] S_{(i-1,i)}\right\} \\ \sum_{j=1}^{r} l_j < l_f \leqslant \sum_{j=1}^{r+1} l_j \end{cases} \tag{4.14.63}$$

式中：$S_{(i,i+1)}$——各分段斜率，由式(4.14.62)计算确定。

通过试算得到 l_f 定位区段 r 后，即可求得反摩阻范围内折线图形面积 A_{l_f}

$$A_{l_f}=\sum_{i=2}^{r}\left\{\left[\left(\sum_{j=1}^{i}l_j\right)^2-\left(\sum_{j=1}^{i-1}l_j\right)^2\right]S_{(i-1,i)}\right\}+\left[l_f^2-\left(\sum_{j=1}^{r-1}l_j\right)^2\right]S_{(r,r+1)} \tag{4.14.64}$$

又根据变形协调条件：$A_{l_f}=E_p\sum\Delta l$，代入式(4.14.64)可得

$$l_f=\sqrt{\frac{E_p\sum\Delta l-\sum_{i=2}^{r}\left\{\left[\left(\sum_{j=1}^{i}l_j\right)^2-\left(\sum_{j=1}^{i-1}l_j\right)^2\right]S_{(i-1,i)}\right\}}{S_{(r,r+1)}}+\left(\sum_{j=1}^{r-1}l_j\right)^2} \tag{4.14.65}$$

(3)锚下回缩损失 $\sigma_{l2}(x)$

当钢束测点位置 x 位于第 m 段区段内时，可得到 $\sigma_{l2}(x)$ 分段函数

$$\begin{cases}\sigma_{l2}(x)=0 & (m>r)\\ \sigma_{l2}(x)=2\left(\sum_{j=1}^{m+1}l_j-x\right)S_{(m,m+1)}+\sum_{j=m+1}^{r}2l_jS_{(j,j+1)}+2\left(l_f-\sum_{j=1}^{r}l_j\right)S_{(k,k+1)} & (m<r)\\ \sigma_{l2}(x)=2(l_f-x)S_{(r,r+1)} & (m=r,x\leqslant l_f)\\ \sigma_{l2}(x)=0 & (m=r,x>l_f)\end{cases} \tag{4.14.66}$$

综合式(4.14.59)和式(4.14.66)即得到“复合曲线”型波动束 $\sigma_{lana}(x)$ 基于分段程序化的统一算法。

14.5.3 波动束预测方法

(1)预测流程

在有效预应力简化分析的推论的理论基础上，基于名义损失参数识别的统一化编程思想，建立名义损失参数求解算法，以此模拟实际有效预应力沿程分布，从而最终与桥梁结构分析专用程序接口。

在实测值已知的条件下，通过拟摩阻损失函数 $\sigma_{lana}(x)$ 的循环迭代，在满足工程精度要求下解出三个名义损失参数值，得到波动束的有效预应力预测方法，其程序流程如图4.14.16所示。

(2)等效参数

由于将波动束分解后包含大量的钢束几何类型信息，加之拟摩阻损失函数算法中需要采用迭代求解的数值算法，因此需要通过设计简洁明了的交互式操作界面，编程由计算机完成管道名义损失参数(μ^*,k^*)与锚具名义损失参数(Δ^*)的识别[1]。该程序可完成建立钢束信息数据库、各分段钢束综合影响系数 K' 及等效参数计算三部分主要功能。程序结构如图4.14.17所示。

主界面需要测点信息、钢束张拉方式、张拉控制应力，并输出计算结果；输入界面则需要钢束分段数、各分段钢束长度、各分段钢束竖弯半径、各分段钢束平弯半径以及各分段钢束类型。一根完整钢束分段的原则是以不同钢束线型交界点作为分段点，预应力混凝土桥梁中预应力钢束的形式复杂多样，但是归纳起来总存在于以下几种类型：直线型、竖圆曲线型、平圆曲线型、平竖组合圆曲线型以及抛物线型。具体各参数的物理意义列于表4.14.3。

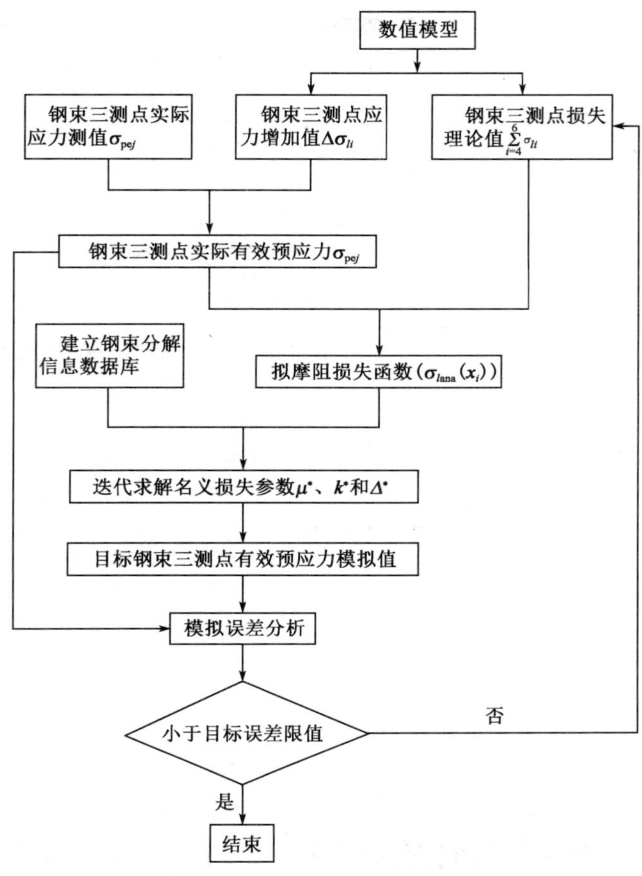

图 4.14.16 程序流程框图

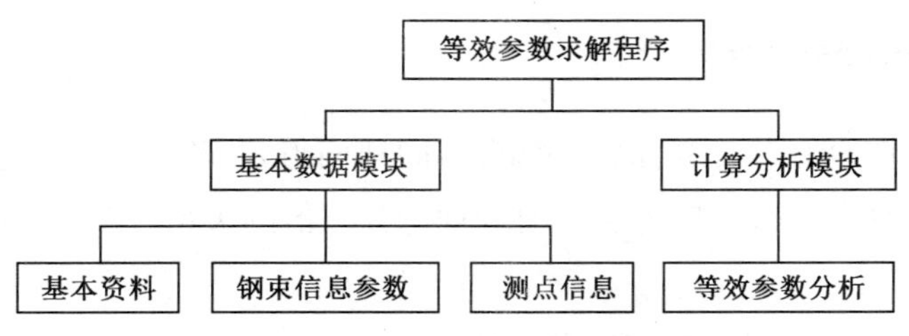

图 4.14.17 等效参数求解程序结构示意

参数物理意义 表 4.14.3

参　　数	物 理 意 义
x_1, x_2, x_3	有效预应力测点至预应力筋张拉端的水平投影距离
$\sigma_{lana}(x_1), \sigma_{lana}(x_2), \sigma_{lana}(x_3)$	测点处拟摩阻损失函数值： $\sigma_{lana}(x_i) = \sigma_{con} - \sigma_{pe}(x_i) - \sum_{j=4}^{6}\sigma_{lj理}(x_i)$

续上表

参　数	物理意义
张拉方式	参照竣工图纸确定目标钢束的张拉方式
E_p	预应力钢束弹性模量，参照04规范取值
σ_{con}	参照竣工图纸设计值
分段长度	各分段钢束在水平方向上的投影长度
竖弯半径	竖弯圆曲线的半径，竖弯及平竖组合圆曲线需要输入相应半径
平弯半径	平弯圆曲线的半径，平弯及平竖组合圆曲线需要输入相应半径
钢束矢高	抛物线型曲线的矢高
钢束分段数	目标钢束分解成简单曲线的格式
钢束类型	“0”-直线
	“1”-竖圆曲线
	“2”-平圆曲线
	“3”-平竖组合圆曲线
	“4”-抛物线

14.6　平缓束有效预应力沿程分布预测方法

14.6.1　分布模式判别

对只具有一个有效预应力测值的平缓束，不同截面形式、不同施工工艺、不同钢束形式及管道状况，其沿钢束纵向有效预应力实际值与理论分布值的关系可归纳为等差、等比及混合三种模式。[1,3]

将目标钢束（平缓束）细化为 n 个数值点，则三种有效预应力分布模式与预应力损失的模式可分项界定如下：

（1）等差模式（Geometric Mode）：对于钢束上任一点，若实际发生损失与理论损失值变化趋势一致，仅大小不同，认为当前钢束应力状态从属于等差模式。

（2）等比模式（Arithemetic Mode）：对于钢束上任一点，若实际发生损失与理论损失值变化趋势不同，但存在比例关系，可认为当前钢束应力状态从属于等比模式。

（3）混合模式（Functional Mode）：钢束任一点实际值与理论值满足特定函数关系。

三种模式的具体表述参见表4.14.4。

有效预应力分布模式　　表 4.14.4

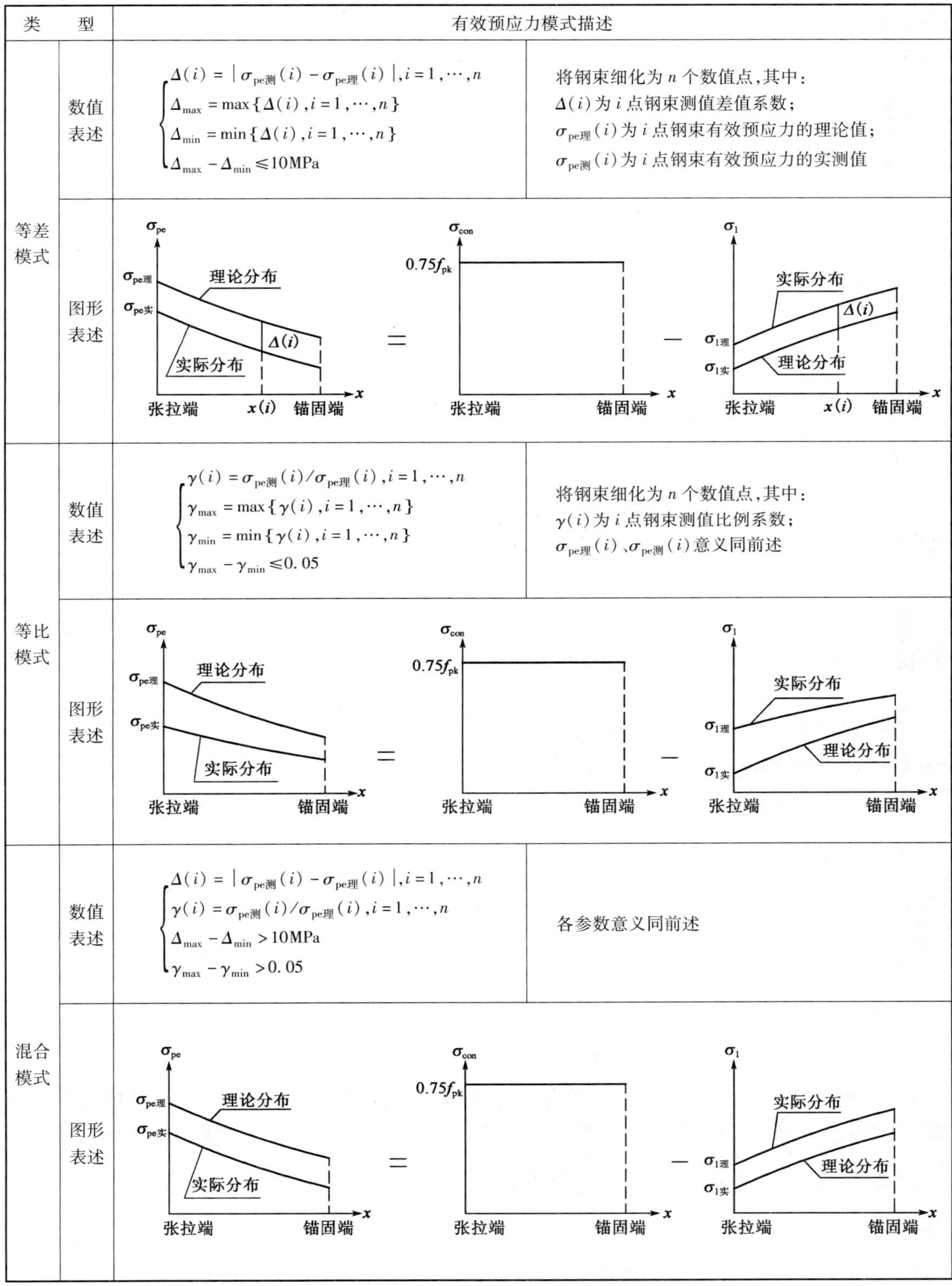

<table>
<tr><th colspan="2">类　　型</th><th colspan="2">有效预应力模式描述</th></tr>
<tr><td rowspan="2">等差模式</td><td>数值表述</td><td>$\begin{cases}\Delta(i)=\lvert\sigma_{pe测}(i)-\sigma_{pe理}(i)\rvert, i=1,\cdots,n\\ \Delta_{max}=\max\{\Delta(i), i=1,\cdots,n\}\\ \Delta_{min}=\min\{\Delta(i), i=1,\cdots,n\}\\ \Delta_{max}-\Delta_{min}\leqslant 10\text{MPa}\end{cases}$</td><td>将钢束细化为 n 个数值点，其中：
$\Delta(i)$ 为 i 点钢束测值差值系数；
$\sigma_{pe理}(i)$ 为 i 点钢束有效预应力的理论值；
$\sigma_{pe测}(i)$ 为 i 点钢束有效预应力的实测值</td></tr>
<tr><td>图形表述</td><td colspan="2"></td></tr>
<tr><td rowspan="2">等比模式</td><td>数值表述</td><td>$\begin{cases}\gamma(i)=\sigma_{pe测}(i)/\sigma_{pe理}(i), i=1,\cdots,n\\ \gamma_{max}=\max\{\gamma(i), i=1,\cdots,n\}\\ \gamma_{min}=\min\{\gamma(i), i=1,\cdots,n\}\\ \gamma_{max}-\gamma_{min}\leqslant 0.05\end{cases}$</td><td>将钢束细化为 n 个数值点，其中：
$\gamma(i)$ 为 i 点钢束测值比例系数；
$\sigma_{pe理}(i)$、$\sigma_{pe测}(i)$ 意义同前述</td></tr>
<tr><td>图形表述</td><td colspan="2"></td></tr>
<tr><td rowspan="2">混合模式</td><td>数值表述</td><td>$\begin{cases}\Delta(i)=\lvert\sigma_{pe测}(i)-\sigma_{pe理}(i)\rvert, i=1,\cdots,n\\ \gamma(i)=\sigma_{pe测}(i)/\sigma_{pe理}(i), i=1,\cdots,n\\ \Delta_{max}-\Delta_{min}>10\text{MPa}\\ \gamma_{max}-\gamma_{min}>0.05\end{cases}$</td><td>各参数意义同前述</td></tr>
<tr><td>图形表述</td><td colspan="2"></td></tr>
</table>

在有效预应力不同衰减程度情况下，虚拟正常使用阶段可能出现的各种实际值来划分不同的计算工况，通过大量数值模拟分析发现，目标钢束（平缓束）有效预应力分布状况所从属的模式与单测点位置 x_0 处实测的当前绝对量值 $\sigma_{pe测}(x_0)$ 的大小密切相关。经过规律分析并归纳汇总，拟定 $\gamma=\dfrac{\sigma_{pe测}(x_0)}{\sigma_{pe理}(x_0)}$ 作为分布模式的判别指标，得到钢束有效预应力分布模式判别表如表 4.14.5 所示。

分布模式判别　　表 4.14.5

判别指标 γ	分布模式	目标误差限值
$0.93<\gamma\leqslant1.05$	等差	err = 3%
$0.85<\gamma\leqslant0.93$	等比	
$\gamma\leqslant0.85$	混合	err = 5%

14.6.2 平缓束预测方法

1）等差模式预测方法

钢束有效预应力分布从属于等差模式时，通过调整钢束松弛系数 ξ 来完成对预应力钢束实测值的模拟，$\xi=\dfrac{\sigma_{测}-\sigma_{理}}{\sigma_{con}}\times100+2.5$。

2）等比模式预测方法

钢束有效预应力分布从属于等比模式时，以单根钢束 $\gamma=\sigma_{测}/\sigma_{理}$ 作为折减系数，通过对钢束张拉控制应力折减来模拟钢束实际有效预应力值。

3）混合模式预测方法

钢束有效预应力分布从属于混合模式时，可以通过同时对张拉控制力、松弛率和摩阻系数的调整来完成对钢束实际有效预应力值的模拟。

张拉控制力调整系数 γ'

$$\gamma'=\frac{\sum\Delta l}{l_w}(1-\gamma^2)\times100+\gamma \tag{4.14.67}$$

松弛率修正系数 ξ

$$\xi=\gamma'\times(1-\gamma)\times10 \tag{4.14.68}$$

摩阻系数调整值 $\bar{\mu}$

$$\begin{cases}\bar{\mu}=\mu(1+\theta) & \theta\geqslant10^\circ\\ \bar{\mu}=\dfrac{1}{2}(\mu+\theta) & \theta<10^\circ\end{cases} \tag{4.14.69}$$

在目标检测钢束经过分布模式判别后，针对分布模式类型的具体情况，通过数值分析结果，结合预应力的分布模式，可确定相应钢束的有效预应力的沿程分布规律预测方法。

14.6.3 有效预应力预测分析实例

1）有效张拉力测试

石嘴山黄河公路大桥为 90m 跨径 T 形刚构桥，选取 8 号墩及 6 号墩 T 构牛腿附近断面的预应力筋的有效预应力测试结果进行分析。在8号墩上游侧实测二根(编号1-2),下游侧实测一根(编号3),6号墩上下游侧各实测一根(编号4-5),均位于顶板表面上,如图4.14.18所示。实测有效张拉力值分别为1号121.1kN;2号108.6kN;3号156.2kN;8号墩均值128.6;4号149.7kN;5号149.8kN;6号墩均值149.8kN。

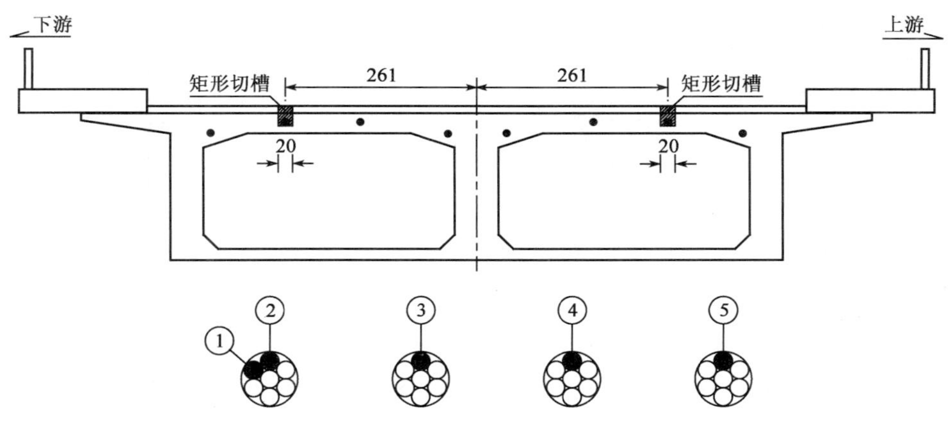

图4.14.18　测试预应力钢绞线位置示意图(尺寸单位:cm)

依据实桥竣工资料计算得到有效预应力理论值和实测值,对应列于表4.14.6中。

有效预应力评价指标　　表4.14.6

关键服役钢束	理论值	实测值	评价指标
	$\sigma_{设}$(MPa)	$\sigma_{测}$(MPa)	$\lvert\sigma_{设}-\sigma_{测}\rvert/\sigma_{设}$
8号墩顶束	1022.9	918.6	0.102
6号墩顶束	1022.9	1070.0	0.046

2)预应力体系分析

依据原桥梁设计资料应用桥梁结构通用分析程序建立主桥结构计算模型进行分析。一个单T中预应力钢束根据几何位置的不同分为顶板束和腹板束两大类钢束。钢束均由7股$\phi5$钢绞线组成,公称直径按$\phi^{j}15.20$取用,钢绞线标准强度$R_y^b=1500\text{kg/cm}^2$。预应力孔道采用$\phi67$锌铁皮管成型,各钢束取用的摩阻参数和管道偏差系数如表4.14.7所示。

预应力筋相关参数　　表4.14.7

σ_{con}(MPa)	μ	k	Δ(mm)	张拉方式
1102.2	0.35	0.003	6	两端张拉

以8号墩位置为钢束纵向投影坐标的原点位置,编号T1~T9为代表的顶板预应力钢束在钢束纵向投影长度方向有效预应力沿程分布规律如图4.14.19所示;F1~F10为代表的腹板预应力钢束在钢束纵向投影长度方向有效预应力沿程分布规律如图4.14.20所示。

3)有效张拉力预测

结合钢束的沿程界限波动率的计算,此桥的顶板束为平缓束,腹板束均为波动束。由于腹板束位于顶板束下层，检测存在较大困难。因此，实际评价中依据分析假定，认为对于同一施工主体采用相同的施工工艺和施工方法的情况下可根据顶板束的有效预应力情况对各类钢束均按照平缓束的预测方法进行实际规律的模拟预测。

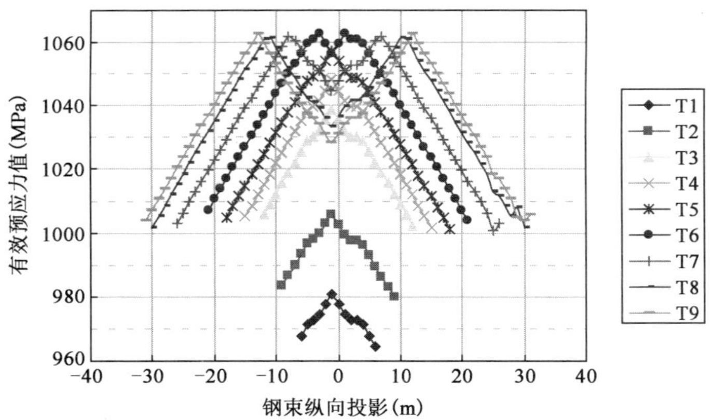

图 4.14.19　顶板预应力束的理论有效预应力分布

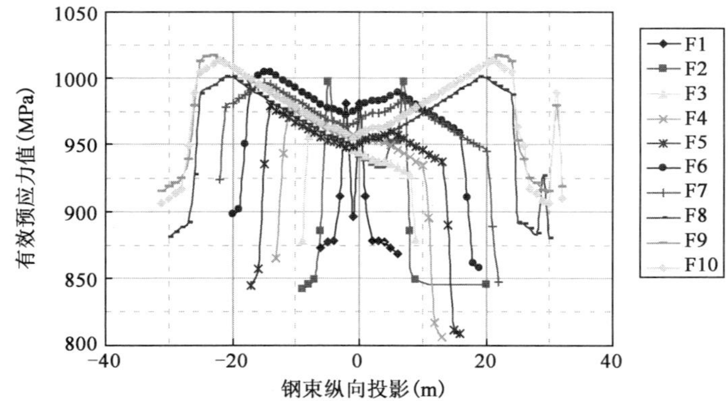

图 4.14.20　腹板预应力束的理论有效预应力分布

根据实测顶板束 T8 的有效预应力衰减程度指标 $\gamma = \sigma_{pe测}/\sigma_{pe理}$ 进行有效预应力实际分布模式的判别，如表 4.14.8 所示。

预应力筋分布模式　　表 4.14.8

位　　置	γ	分布模式	模拟方法
6 号墩顶	0.898	等比	调整后张拉控制应力系数 $\sigma'_{con}=1252.7$
8 号墩顶	1.046	等差	调整后钢束松弛系数 $\xi'=6.8$

然后根据钢束间预测模型，分析得到顶板束和腹板束两钢束组的有效预应力实际分布模拟如图 4.14.21 和图 4.14.22 所示。

从分布规律来看，6 号墩范围内的有效预应力分布与 8 号墩范围内的有效预应力分布趋势一致，但量值偏小。对实际预应力状态下的结构进行分析，可对全桥结构进行评价[10-12]。

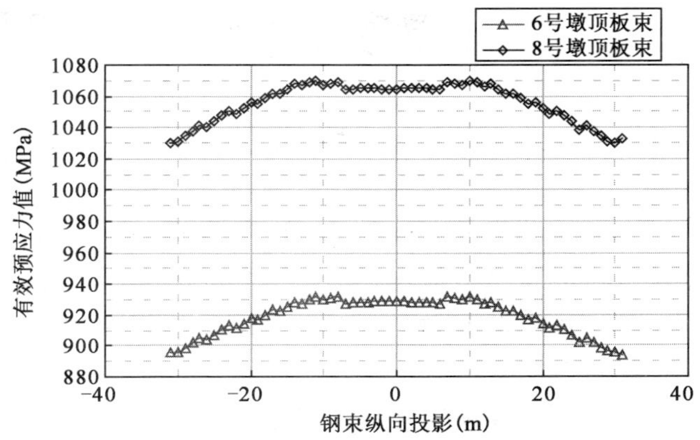

图4.14.21 顶板预应力束有效预应力沿程分布曲线

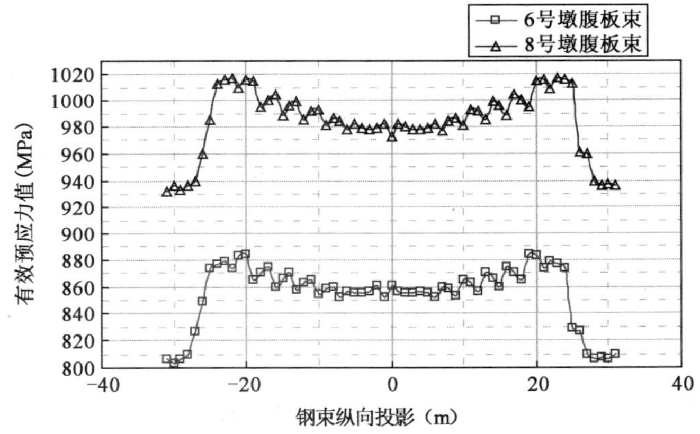

图4.14.22 腹板预应力束有效预应力沿程分布曲线

14.7 小 结

本章从有效预应力分析理论基础、钢束测试分类方法及基于有效预应力测值的模拟、预测及评价技术三大方面进行了深入阐述。在相关导则及推论分析支撑下,通过大量数值分析及规律总结后得到的统一模拟预测方法。该方法涵盖在役大、中跨径混凝土梁桥的常见钢束形式,由此建立的评价模型在精度上得到了数值验证。本章的有效预应力测值模拟及评价方法无论对于简单桥梁体系还是复杂结构桥梁体系均具有较高的适应性。在役混凝土桥梁有效预应力检测及评估问题既非常复杂,又不得不面对,细致而艰难的研究工作仍在继续。

本章参考文献

[1] 郭琦. 复杂预应力体系梁式结构有效预应力预测理论与方法研究[D]. 西安:长安大学,2008.

[2] 刘龄嘉,贺拴海,赵小星. 基于动力性能的 PC 梁有效预应力预测[J]. 长安大学学报:自然科学版,2009,29(6).

[3] 郭琦,贺拴海,尹海军. 混凝土梁桥钢筋工作应力释放法试验研究[J]. 西安建筑科技大学学报:自然科学版,2015,47(4).

[4] 刘龄嘉. 预应力混凝土梁桥永存预应力预测方法研究[D]. 西安:长安大学,2007.

[5] 郭琦,贺拴海,任伟. 后张预应力钢束有效预应力分布模式判别与模拟方法[J]. 交通运输工程学报, 2008,8(6).

[6] 刘龄嘉,贺拴海,赵小星. 在役混凝土简支梁有效预应力计算[J]. 交通运输工程学报,2005,5(3).

[7] Guo Qi,Zhang Gang,He Shuanhai. Unified analogue method of effective prestress for post-prestressed tendon[J]. Journal of Xian Jiaotong University. 2008,20(3).

[8] 郭琦,尹海军. 缺陷 PC 梁式桥刚度退化—预应力损失的耦合评估模型[J]. 中国公路学报,2016,29(1).

[9] 郭琦,贺拴海,尹海军,等. 预应力混凝土结构中张紧弦式束筋索力静态获取方法与试验研究[J]. 西安建筑科技大学学报:自然科学版,2009,41(5).

[10] 林阳子. 大、中跨径预应力混凝土桥梁评价理论与方法研究[D]. 哈尔滨:哈尔滨工业大学,2009.

[11] Huang Qiao, Lin Yang-zi, Ren Yuan . Evaluation method research on prestressed concrete bridges[J]. Journal of Harbin Institute of Technology, 2008,15(2).

[12] 黄侨,林阳子,任远. 预应力混凝土梁桥上部结构综合评价方法[J]. 东南大学学报:英文版,2008,24(1).

15 混凝土桥梁结构几个复杂问题的分析方法

15.1 混凝土桥梁结构的复杂问题

混凝土材料的变异性决定了混凝土桥梁结构的变异性及复杂性，这给分析计算带来较大困难，主要表现为以结构的时间依存性和空间复杂性为代表的诸多结构问题，不仅包括本构、强度、弹模等材料特性的准确描述问题，收缩徐变问题，温度效应问题，开裂问题，刚度退化问题，预应力衰减等问题，也包括结构的复杂性问题，如大跨连续梁、连续刚构桥梁时，会碰到桥梁墩顶块的大体积混凝土复杂结构分析、悬臂施工结构的合龙段模拟、T 构悬臂端或挂梁端的模拟、桥梁拓宽后的新老结构相互耦合及影响、混凝土浇筑过程中的水化热温度分布及其应力、混凝土塔或梁的拉索锚固段、不同材料结构的结合区及混凝土桥梁结构中大量存在的 D 区(Discontinuity 或 Disturbance Area)计算等，其精细的模拟还有大量研究工作要做。

15.2 变截面混凝土桥梁墩顶块空间数值模拟方法

分析大跨连续梁、连续刚构桥梁时，会碰到桥梁墩顶块(亦称 0 号块)这种复杂空间结构的模拟分析。内容包括单元选择、模型的简化、边界约束、施加荷载的方法、孔道影响的处理、模型尺寸选取范围等问题。

15.2.1 单元选择及尺寸

由于墩顶块构造复杂，预应力孔道较多，0 号块、1 号块截面在薄壁空心箱形截面与实心截面之间交替变化，横隔板中又有人洞，而且腹板可能为斜腹板，属于极不规则的复杂结构。对其进行精细空间分析时，宜选用 10 节点二次插值函数四面体单元，几何形状如图 4.15.1 所示。通过试算认为，常见两车道桥梁的墩顶块结构，单元尺寸宜控制在 0.25 ~0.3m 范围内，以保证计算精度。

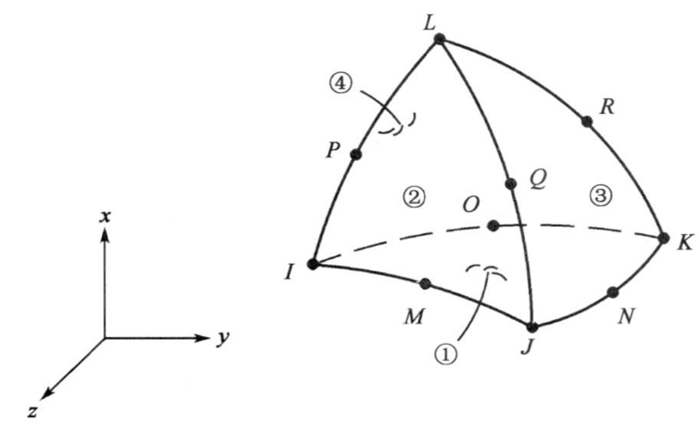

图 4.15.1　三维 10 节点四面体单元形状

15.2.2　模型简化与边界约束

(1)模型简化

工程实际中，很多结构具有对称性。如能恰当地加以利用，可以使结构的计算模型以及相应的计算规模得到缩减，从而使计算工作量大幅度地降低。对于一般结构和荷载情况，如果结构对于某 1 个坐标面是对称的，同时荷载对该对称面是对称或反对称的，则可取结构的 1/2 建立计算模型；如果结构有 2 个或 3 个对称面，同时荷载对于它们是对称或反对称的，则可分别取结构的 1/4 或 1/8 建立计算模型。对称面上的边界条件可以按以下规则确定：在不同的对称面上，将位移及荷载区分为对称分量和反对称分量；对于同一个对称面，如果荷载是对称的，则位移的反对称分量为零；如果荷载是反对称的，则位移的对称分量为零。分别取全模型、1/2 模型及 1/4 模型研究了墩顶块空间应力的分布规律及大小，表明不同模型分析结果均在可接受范围内。

墩顶块真实结构中包括桥梁纵坡与桥面横坡，常见桥梁纵坡与横坡均较小，可以忽略其对计算的影响。墩顶块可视为关于桥梁中心线与支座中心线对称的结构。在全桥施工过程中，虽然有不对称的临时施工荷载，但这些不对称荷载相对于结构自重、预应力、挂篮荷载等对称荷载，可以忽略不计。在桥梁的运营中，各类荷载是不完全对称的，但考虑各类荷载组合时，又可以视为对称的。因此在对墩顶块分析时，可以充分考虑结构与荷载的对称性对计算模型进行简化。相当多情况下，墩顶块在施工与运营中的荷载可视为对称的，可采用 1/2 模型或 1/4 模型进行分析。

针对墩顶块中孔道挖除后的应力分析，采用圆形孔道外切方形孔道替代，但提取孔道周围的应力结果时仅提取离孔道中心 2 ~3 倍孔道半径以外处的应力。进一步分析表明，就预应力孔道而言，有无孔道模型的应力分布规律基本相同，孔道对孔道密集区域局部的应力分布有一定影响。一般对顶板孔道附近的纵桥向正应力、主拉应力、主压应力影响较大，在 6% ~7% 之间，对顶板离孔道较远处、底板与腹板的应力影响较小，见 1.4.3 节。

(2)约束条件的处理

在墩顶块空间应力分析中,边界约束的模拟较为复杂,只有考虑全桥施工与使用期间的约束情况,同时模拟支座与墩顶块才能反映真实的边界约束条件。但是同时模拟支座与墩顶块往往造成建模困难,而且支座与墩顶块的连接较难处理。由于实际工程只关心墩顶块的应力分布,支座处设计安全余量较大,因此可通过在墩顶块与支座相交范围内施加约束条件来近似地模拟边界约束。这虽会造成施加约束处的局部应力失真,但范围较小,其他区域应力真实。

对于悬臂施工的变截面连续梁桥的墩顶块,悬臂施工中,一般通过预应力粗钢筋将箱梁、临时支座、桥墩完全固结,横隔板下设置临时支座;在全桥合龙后,拆除临时支座与临时锚固。在整个施工阶段,墩顶块的0号块(一般是指块长与桥墩纵桥向宽度相同)和横隔板底面可以视为完全固结。在运营阶段,桥梁支座与桥墩固结,与箱梁并未完全固结,但在做墩顶块的局部分析时,0号块底面依然可以近似视为固结的[1]。

15.2.3 实桥分析[2]

某大桥为56m+3×100m+56m五跨预应力混凝土变截面连续箱梁,分离式断面,半幅桥宽14.75m,中央分隔带宽1.0m。半幅桥采用单箱单室斜腹板箱形截面,腹板倾斜高宽比为5:1。箱梁根部梁高4.8m、高跨比为1/17.24;跨中梁高2.5m、高跨比为1/40。箱梁顶板宽14.75m,底板根部宽4.53m,跨中宽7.85m,翼缘板内外侧悬臂长分别为4.113m和4.147m。箱梁高度从距墩中心2.0m处到跨中合龙段处按二次抛物线变化,除墩顶0号块设两个厚70cm的横隔板及边跨端部设厚120cm的横隔板外,其余部位均不设横隔板。箱梁采用三向预应力体系。

主桥连续箱梁采用挂篮悬臂现浇法施工。各单"T"箱梁除0、1号块外分为14对梁段,箱梁纵向1号至15号分段长度为3.0m+5×2.5m+9×3.5m。0号块总长4.0m,中跨合龙段长度为2.0m,边跨合龙段长度为2.0m。边跨现浇段长度为4.76m。

此桥墩顶块包括墩顶0号块与主梁1号块。墩顶0号块两侧距墩中心2.0m范围内箱梁顶、底板厚度分别为0.5m和1.5m,腹板厚度为0.7m;距墩中心2.0m处至跨中箱梁顶板均为0.28m等厚度,底板厚度从0.6m至0.3m按二次抛物线变化,腹板厚度8号块以前为0.6m,11号块以后为0.4m,9~10号块由0.6m按直线变化至0.4m。

墩顶块采用托架施工两次分层浇筑,第一层浇筑高度为2.8m,第二层浇筑高度为3m。墩顶块内采用精轧螺纹预应力粗钢筋作局部加强处理。墩顶块下设置墩梁临时锚固,采用精轧螺纹预应力粗钢筋将墩顶块与主墩连接,临时支座采用硫黄砂浆混凝土。墩顶块一般构造图如图4.15.2所示。

全桥施工阶段分为四部分:墩顶块的施工、悬臂浇筑节段梁、合龙与体系转换、施加桥面铺装等二期恒载。其中悬臂浇筑节段过程分为:安装与移动挂篮、绑扎钢筋与浇筑混凝土、张拉预应力筋与拆模三个阶段,整个结构形成过程分为53个施工阶段。分析时,先将全桥离散为140个单元,使整个施工过程中出现的荷载、边界条件、计算图式的改变都能在分析模型中得到准确的体现。通过数值分析,得到施工与运营阶段各分析工况下各号块端截面上的反应值,以便墩顶块分析时采用。

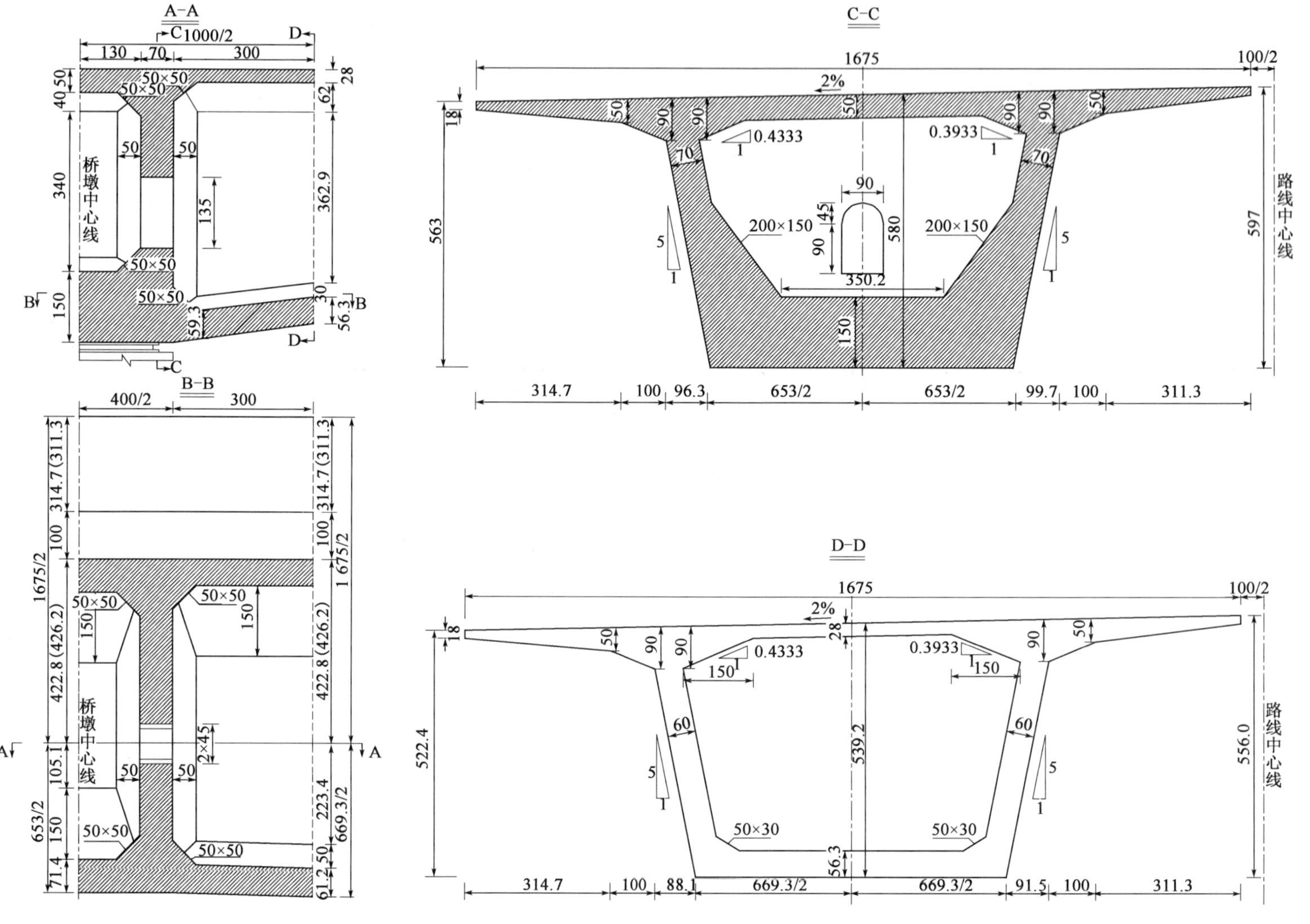

图4.15.2　墩顶块一般构造图(尺寸单位：cm)

本桥0号块长4m，梁高为4.8m，箱梁顶板宽14.75m，箱高4.53～7.69m，由于翼板局部块的分析影响有限，可取7.69m的3倍约23m的子模型进行精细分析。结合施工梁段的划分及试分析对比研究，分析时，分别取0号块+1号块（1号块施工阶段）、0号块+1号块+2号块（2号块施工）、0号块+1号块+2号块+3号块（3号块施工）及0号块+1号块+2号块+3号块+4号块（4号块及以后施工、运营期，子模型长25m）共4个墩顶块节段模型进行空间分析。

各施工阶段内，荷载和墩顶块结构均是关于桥梁中心线与支座中心线对称的，可采用墩顶块的四分之一模型进行分析。采用10节点二次插值函数四面体单元，混凝土单元长度控制在0.3m，预应力钢筋单元长度控制在0.5m。在整个施工过程中，墩顶块的0号块与横隔板底面完全固结，模型的桥梁中心线与支座中心线切割面上施加相对于切割面的法向位移约束。5号块张拉前至中跨合龙张拉后及运营期分析，采用0号块+1号块+2号块+3号块+4号块模型，4号块端截面上的节点荷载，由桥梁整体分析中得到的4号块端节点上的内力得到。

限于篇幅，图4.15.3及图4.15.4仅示出了各施工阶段中跨墩顶0号块墩中心截面几个点的应力和0号块底板的应力等值线，顶板、腹板、横隔板及底板等的其他应力及变形等不再给出。

墩顶块运营期间，承受各类荷载的组合作用，包括结构自重荷载、预应力荷载、收缩荷载、徐变荷载、汽车荷载、长期温差荷载、日照温差荷载、支座变位荷载等。应分析正常使用极限状态下的长期效应组合、正常使用极限状态下的短期效应组合两种组合下，墩顶块顶板、腹板、底板、横隔板内的应力分布情况。运营中的墩顶块应力分析，采用0号块+1号块+2号块+3号块+4号块模型，分4个分析工况：正常使用极限状态荷载组合长期效应组合之最大剪力，正常使用极限状态荷载组合长期效应组合之最小弯矩，正常使用极限状态荷载组合短期效应组合之最大剪力，正常使用极限状态荷载组合短期效应组合之最小弯矩。此阶段的模型的建立、材料参数的选取、约束条件等与施工阶段相同。图4.15.5示出了不同组合下，运营期中跨墩中心截面纵向正应力的横桥向分布。

分析表明，墩顶块的最不利区域即应力较大区域主要有：预应力锚固区、顶板与横隔板相交区、横隔板与0号块以及1号块相交区、施工期的底板与临时支座相交区等区域。纵桥向正应力在顶板上有较明显的剪力滞效应，底板的剪力滞效应低于顶板，1号块的剪力滞效应低于0号块。设计时，应注意针对预应力锚固区、顶板与横隔板相交区域、横隔板与0、1号块相交区等的应力集中进行有效配筋。

鉴于墩顶块结构构造复杂，各种内力、应力交替，特别是预应力混凝土连续刚构桥的0号块与桥墩固结，工程测试时较难把握该处的敏感应力区。文献[3]针对大跨预应力混凝土连续刚构桥的研究指出，将工程测试如实桥试验测试时，梁截面选择离墩边沿$l=\max\left(\frac{H}{12},\delta_1+\delta_2+0.05\right)$处截面作为测试截面较为理想。$H$为根部梁高，$\delta_1$、$\delta_2$分别是根部截面顶板、底板倒角长度。对于墩身截面，则选择距离主梁底面距离$h=\max\left(\frac{B}{15},\delta_1+\delta_2+0.05\right)$处截面较为理想，式中$B$为桥墩横桥向尺寸。墩顶块附近结构构造及受力复杂，空间效应明显，其精细分析不容忽视。

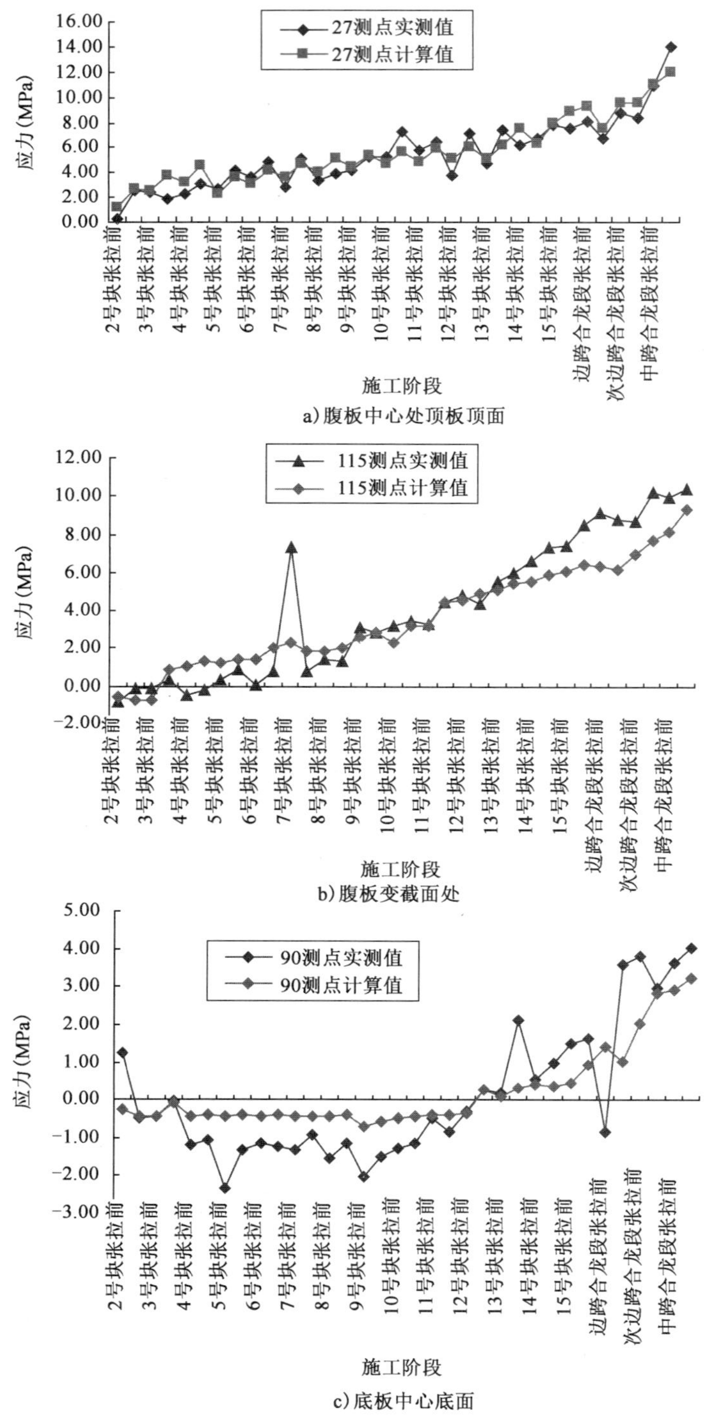

图 4.15.3　施工期中跨墩中心截面计算应力与实测应力

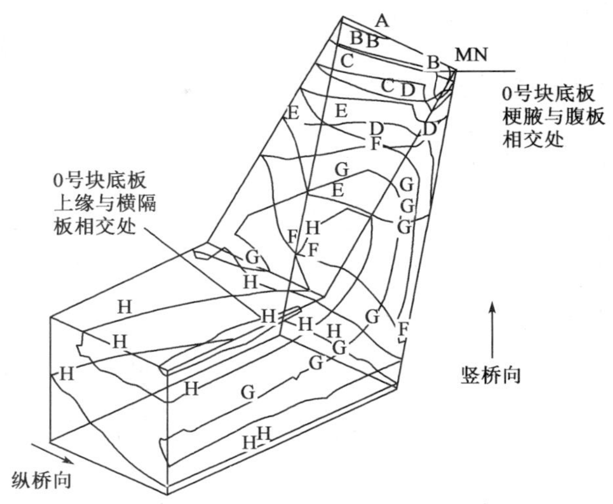

a) 纵桥向应力

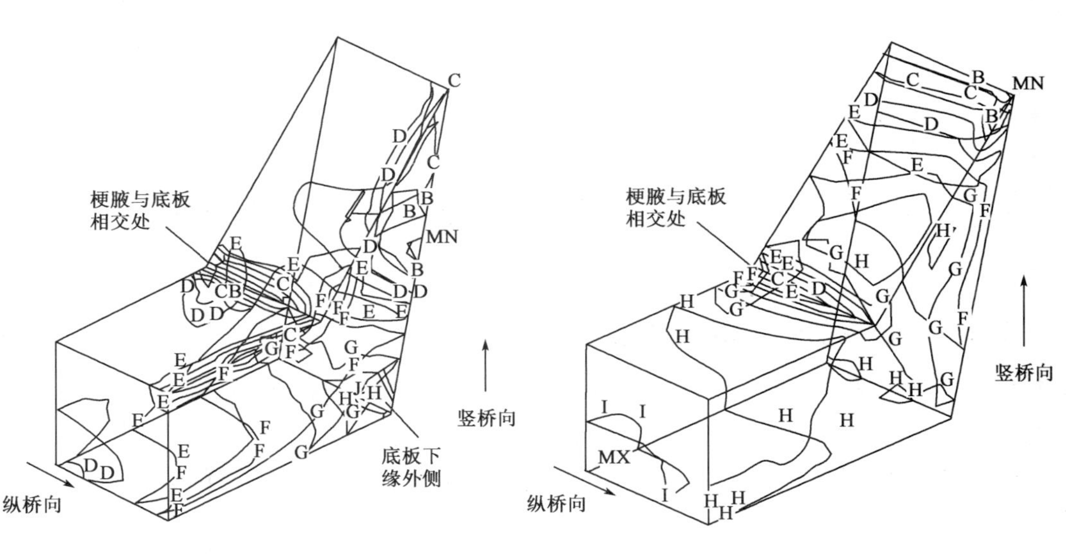

b) 主拉应力　　c) 主压应力

图 4.15.4　全桥合龙后墩顶 0 号块底板应力等值线

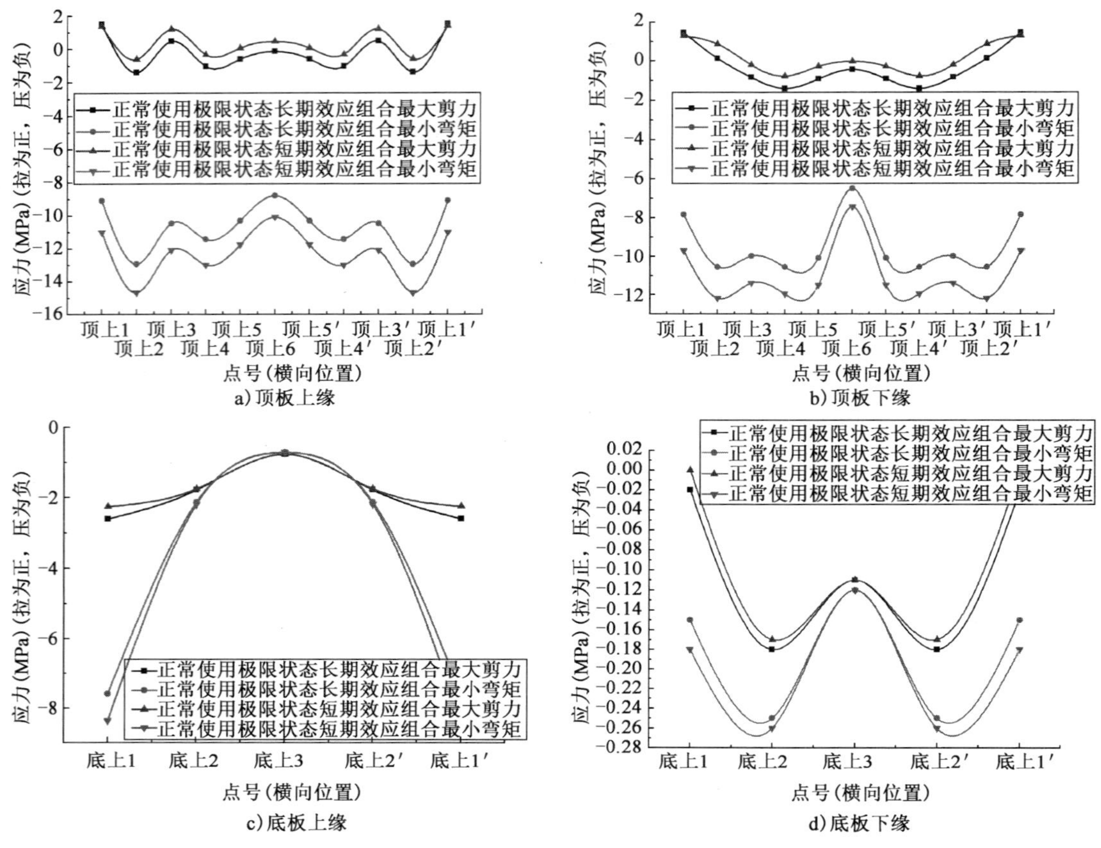

图4.15.5 运营期中跨墩中心截面纵向应力的横桥向分布

15.3 桥梁的劲性骨架合龙段影响分析方法

15.3.1 桥梁的劲性骨架合龙

悬臂施工的混凝土桥梁合龙段施工，标志着桥梁的主体结构施工即将结束，同时也是大桥施工的关键环节。无论是对于悬臂施工的混凝土连续梁桥、连续刚构桥，还是斜拉桥，合龙质量往往是大桥建设成败的标志，直接关系到桥梁结构安全与质量、成桥后结构内力与变形的合理等。

在悬臂施工过程中，有两个问题需要解决：一是合龙段新浇筑的混凝土在硬化过程中产生收缩，同时合龙口两端悬臂梁将随着温度下降产生收缩，容易造成悬臂梁端头和合龙段分离；二是当温度变化时，悬臂梁伸长或缩短，合龙段参与体系承受拉、压作用，新浇筑的合龙段混凝土在短时间内未具备足够的强度，过早受力则破坏混凝土内部胶结构造，使其强度受到影响。为解决上述两个问题，设计上一般在满足最后一节悬浇梁段施工操作空间的前提下，尽可能将合龙段长度设计得短一些，以减少合龙段的收缩量。除加强合龙段混凝土施工质量和工艺外，更为重要的是在施工中对连续箱梁合龙采取一定强制技术措施，如普遍采用的劲性骨架约束锁定方式。

劲性骨架分为内置式和外置式，其区别在于成桥后内置骨架保留在结构内，而外置骨架在合龙后拆除。内置骨架保留在梁体内将会使结构局部力学参数变化，导致内力的重新分布。而外置骨架仅对施工合龙段产生影响。典型的内置劲性骨架横截面形式有分离骨架型、口字型、剪力撑等，一般采用预埋搭焊或对焊连接。典型的合龙工序包括：劲性钢骨架的预埋、水箱配重的设置、合龙温度的选择、待合龙的两悬臂端的顶开、劲性骨架的连接、临时束的张拉、混凝土的浇筑与振捣、浇筑混凝土时配重的释放以及预应力束的张拉等。

15.3.2 实例分析[4]

某三跨预应力混凝土(C50)变截面箱梁连续刚构桥，跨径组成为72m+120m+72m，三向预应力设计，纵向及横向预应力钢束布置在顶底板内，竖向预应力钢束布置在腹板内。设计荷载为汽车—超20级，挂车—120。箱梁采用单箱单室截面，根部梁高4.5m，跨中梁高2.8m，其间按二次抛物线变化；顶板宽13.0m，底板宽7.0m，顶板厚除桥墩顶部范围为0.5m，其余为0.28m，底板厚由跨中的0.3m按二次抛物线变化至根部0.7m，腹板厚除桥墩顶部范围为0.6m外，其余为0.4m，仅桥墩顶部箱梁内设置2道横隔板。桥墩采用薄壁空心桥墩，截面长7.0m，宽4.0m，壁厚0.5m。悬臂浇筑梁段长度划分为4m(0号块)+6×3.5m+8×4.5m+2m(合龙段)。以下分别分析采用两片槽钢(Q235槽钢)组成口字形截面的内、外置劲性骨架合龙方式对结构的影响(图4.15.6)。

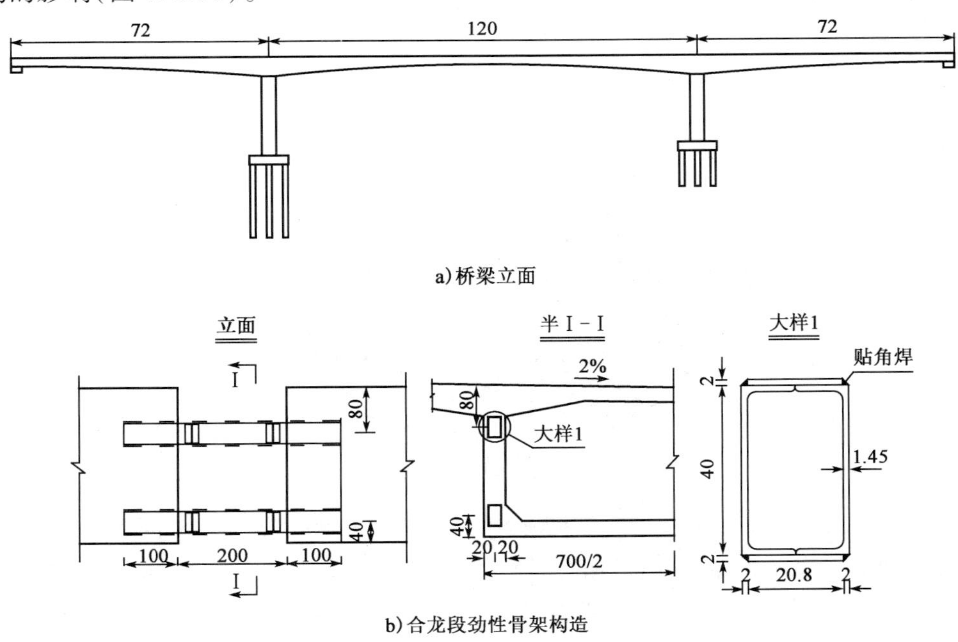

图4.15.6 三跨预应力混凝土变截面箱梁连续刚构桥(尺寸单位：m)

1)内、外置劲性骨架合龙方式对结构内力的影响

对于内置劲性骨架合龙段等效局部钢骨架混凝土结构，外置劲性骨架合龙段等效局部

钢—混凝土组合结构，整体采用梁单元对劲性骨架对结构的内力影响进行分析，分析表明：

在合龙后，内、外置劲性骨架合龙方式的结构轴力（主要由合龙时向两桥台方向的顶推力产生）及剪力基本相同，弯矩明显不同，合龙段中心截面（跨中）差异最大可达20%，且均为对结构受力有利的负弯矩储备，内置效果大于外置；远离跨中，差异逐渐减小，止于跨径的2/3（离中点20m）左右。即：内置劲性骨架对结构内力的影响区域为跨中附近1/3跨径内。

考虑混凝土收缩、徐变以及预应力损失等影响，计算两种合龙方式下，结构在恒载作用下1～10年的内力变化趋势表明：影响区域未变；内置效果远大于外置；剪力差异微小，可以忽略不计；随着桥梁服役时间的增加，结构轴力不断减小，跨中附近弯矩逐渐增加，表明混凝土收缩、徐变及预应力损失等时变行为影响显著，结构受力状态不断恶化，但逐渐放缓并趋于稳定。就跨中截面而言，内置劲性骨架的跨中负弯矩储备减少约73.5%，但仍有少量负弯矩储备，轴力下降约115.3%。外置劲性骨架（无骨架箱梁）已耗掉了全部负弯矩储备，出现了约为合龙后负弯矩储备的53.5%的正弯矩，下降约20.8%。

桥梁采用内置劲性骨架合龙，结构内力状态优于采用外置劲性骨架。随着桥梁服役时间的增加，这种趋势在扩大，这是由于局部梁段刚度对超静定结构内力分配的影响所导致的。

2）内、外置劲性骨架合龙方式对结构应力的影响

采用四面体20节点块单元模拟混凝土和劲性骨架，按照子模型法，经过调试计算，选取跨中截面左右各20m（劲性骨架影响区）节段进行分析，节段长度为跨中梁顶宽的3倍、高的14倍左右。图4.15.7为节段块体示意图。

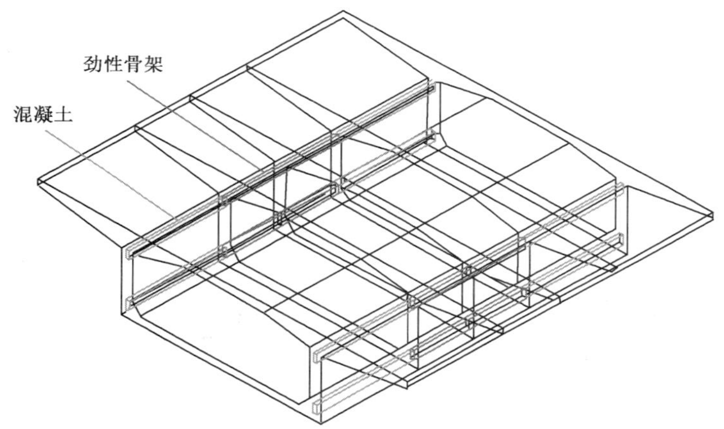

图4.15.7　劲性骨架分析的箱梁节段块体示意图

荷载施加分两步来处理，先用平面杆系模型对桥梁作总体计算（包括恒载、纵向预应力、收缩、徐变及次内力等），解出各阶段节段模型左端截面产生的内力；然后依据虚位移原理将截面的内力等效转化为截面处各单元表面的分布面力或节点上的节点荷载，再对节段做空间分析。由于合龙段位于跨中，故数值模型中不考虑剪力影响，轴力通过等效面力施加，弯矩通过变化的面力施加。

模拟实际桥梁节段的边界约束有时较为困难，在有限元分析过程中，一般通过固结、铰接、

弹簧等来实现。该桥合龙段模型中,依据结构、内力均对称条件,且节段尺寸足够大,采用节段端点梁底节点约束竖向及横向位移,跨中截面约束纵向位移,左右截面施加相同的面力。

(1)劲性骨架刚度对合龙段箱梁正应力的影响

为分析劲性骨架刚度对合龙段箱梁正应力的影响,引入箱梁内置劲性骨架含钢率μ,大小为劲性骨架的面积与箱梁毛截面面积的比值。图4.15.8示出了箱梁底板混凝土正应力随着劲性骨架刚度变化。可见,随刚度的增加(含钢率μ增大),合龙段箱梁混凝土底板正应力逐渐减小,底板边缘混凝土应力受骨架刚度影响较大,骨架刚度越大,混凝土压应力储备越小,但随着骨架刚度的增大,混凝土压应力的减少有逐渐放缓的趋势。

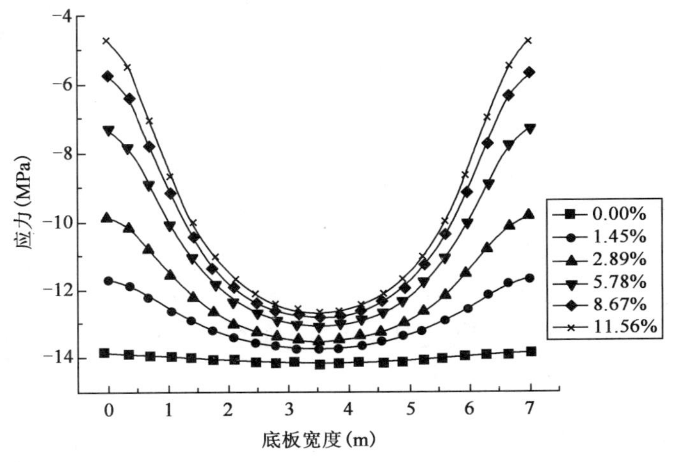

图4.15.8 底板混凝土正应力变化

(2)长期作用下合龙段箱梁正应力变化

以桥面铺装完成为起点,计算在自重+预应力+收缩徐变+次内力作用下,合龙段混凝土1~10年的应力变化情况,如图4.15.9所示。可见,劲性骨架对应力在板横截面的分布影响趋势没有改变,随时间的延伸,收缩、徐变及预应力的损失等导致箱梁顶、底缘混凝土压应力亦随之减小,但变幅趋缓。前三年间混凝土法向应力下降幅度可达十年下降总量的50%以上,十年后基本趋于稳定。

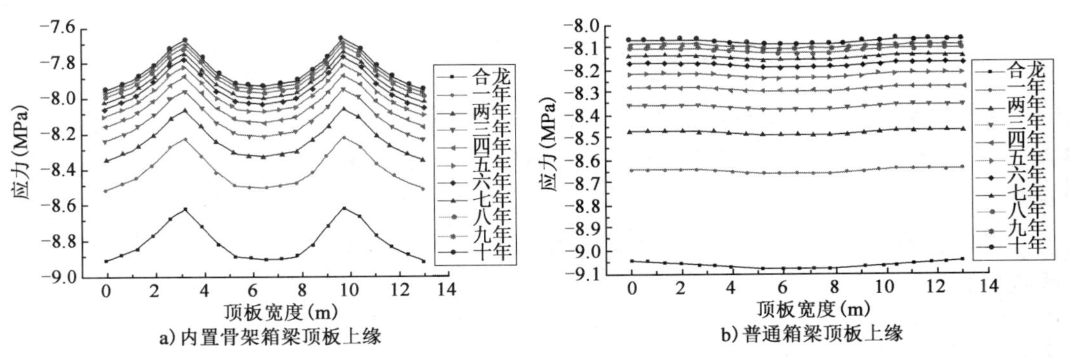

图 4.15.9

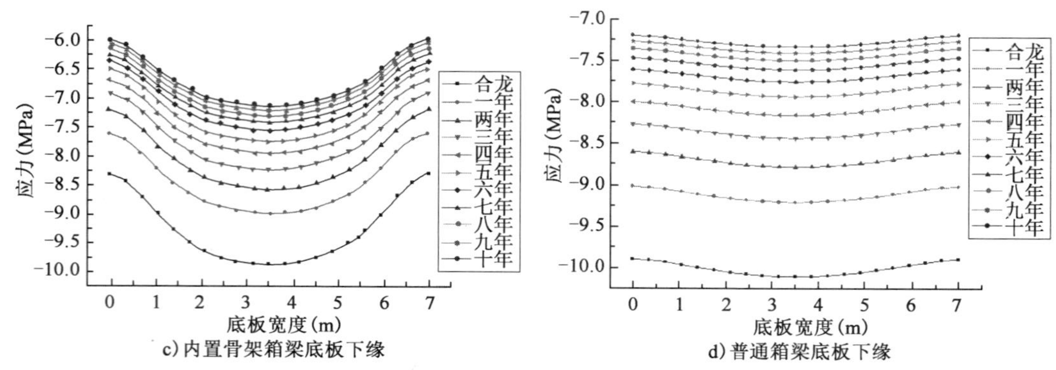

图 4.15.9　十年期间箱梁上、下缘混凝土正应力变化

(3)使用荷载作用下合龙段正应力变化

按照服役三年及十年后的结构模型，对跨中截面在自重 + 汽车 + 预应力一次 + 收缩徐变二次 + 预应力二次等荷载标准值组合作用下的持久状况应力进行分析。服役三年后跨中截面顶、底板混凝土应力如图 4.15.10 所示。可见，大桥在采用不同锁定方式合龙后，在标准值组合作用下顶、底板混凝土法向应力均为压应力。内置劲性骨架对混凝土法向应力影响较大，腹板处顶、底板混凝土法向应力降低明显，即内置劲性骨架对预应力吸收效应明显，骨架能致使应力不均匀系数高达 1.2，对此应予以重视。

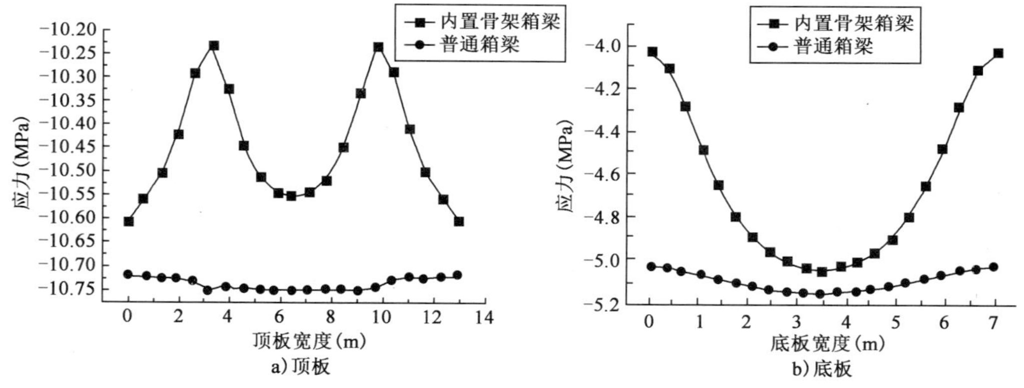

图 4.15.10　服役三年后标准值组合作用下跨中顶、底板法向应力

由大桥在服役十年时的标准值组合作用下底板混凝土应力(图 4.15.11)可见，虽仍为压应力，但采用内置劲性骨架合龙方式的压应力储备已明显较低，约为外置劲性骨架合龙方式的 75%。

若将内置劲性骨架的刚度提高，将含钢率调高至 8.67% 和 11.56%，计算得到的服役十年后活载超载 1.4 倍的底板应力如图 4.15.12 所示。这时内置劲性骨架合龙对预应力的吸收作用愈加明显，箱梁局部已经消压，分别出现了约 0.1MPa 和 1.35MPa 的拉应力，而外置劲性骨架合龙的仍保持大于 2MPa 的压应力储备。若以某服役年限为准，分析可以得到消压时间及内置劲性骨架的刚度(含钢率)，本例十年期约为 7.5%。

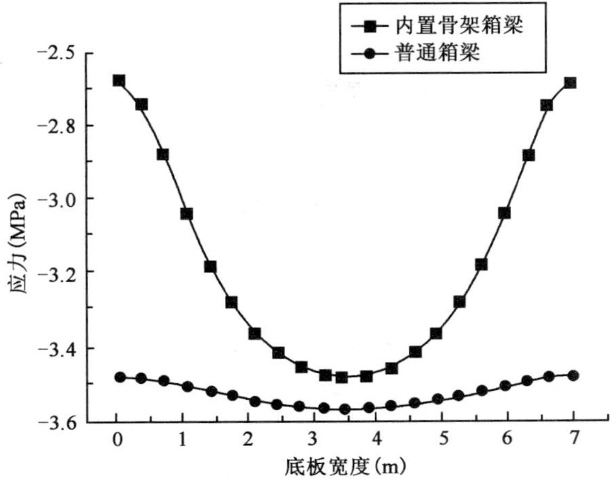

图 4.15.11　服役十年后标准值组合下跨中底板法向应力

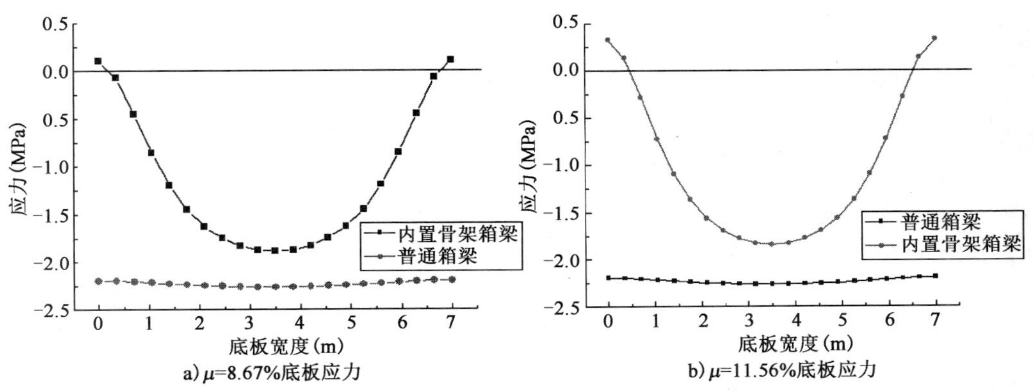

图 4.15.12　服役十年后活载超载 1.4 倍组合下跨中底板法向应力

在桥梁服役期间，永久作用下，采用内置劲性骨架施工的桥梁，其合龙段在内力状态上优于采用外置劲性骨架施工的桥梁；但内置劲性骨架对预应力吸收作用显著，能使混凝土压应力储备随时间逐渐减少，骨架的刚度越大，对混凝土法向压应力的储备越不利，设计和复核验算时应予以重视。

15.4　桥梁悬臂牛腿数值分析方法

梁桥的悬臂端或挂梁端结合部的局部构造称为牛腿。由于梁端的相互搭接，且中间多用传力支座传递较大的竖向力，且牛腿高度比梁端高度或挂梁高度小很多，牛腿是结构中的薄弱部位。因为牛腿处梁高骤然减小，在凹角处应力集中现象明显，有必要慎重把握。

15.4.1　牛腿数值分析方法

对于多数带牛腿挂梁的桥梁，除挂梁自重及挂梁活载的支座竖向力产生的牛腿附近应力集中外，悬臂梁自重在悬臂端牛腿处产生的弯矩极小。根据圣维南原理，常见的中等宽度的牛腿数值分析时，可将牛腿从实桥中取为隔离体，简化为固端的悬臂梁，悬臂段长度可取牛腿高度3倍以上进行建模计算，其计算结果能够满足工程要求。牛腿局部分析时可利用空间有限元分析方法，将其离散为块体单元，计算其在恒载以及活载作用下的应力分布。为了提高计算精度，宜将支座垫石精细模拟出来，将支座反力按支座垫石尺寸大小折算成均布面荷载作用在梁端牛腿面上。

牛腿数值模拟局部分析多是为了验证牛腿横向应力分布及有效分布宽度取值范围，可取外荷载“中载”和“偏载”分别进行牛腿计算。在牛腿数值模拟时还应区分钢筋混凝土结构牛腿及预应力混凝土结构牛腿。对于钢筋混凝土结构牛腿（图15.4.13），应特别注意“最弱斜截面”应力分布，主拉应力极值多出现在“最弱斜截面”处。设此最弱斜截面的倾角为θ，其斜截面边缘拉应力为

$$\sigma_\theta = \frac{N_\theta}{A_\theta} + \frac{M_\theta}{W_\theta} \tag{4.15.1}$$

其中
$$A_\theta = b_1 \frac{h}{\cos\theta}, W_\theta = \frac{1}{6} b_1 \left(\frac{h}{\cos\theta}\right)^2$$

式中：N_θ——斜截面轴力；

M_θ——斜截面弯矩；

A_θ、W_θ——斜截面混凝土面积和抗弯模量；

b_1——牛腿截面的计算宽度。

可根据求极值的原理，对σ_θ求导，使$\frac{\mathrm{d}\sigma_\theta}{\mathrm{d}\theta}=0$，求得$\sigma_\theta$为最大时截面的倾角$\theta$，其正切为

$$\tan 2\theta = \frac{2Rh}{3Re + 3H\varepsilon + 2Hh} \tag{4.15.2}$$

钢筋混凝土牛腿结构数值模拟时应通过上式求导最弱斜截面倾角，再根据最弱斜截面倾角找出最弱斜截面，得到其应力分布，判断最大拉应力是否满足要求。典型钢筋混凝土牛腿应力状态如图4.15.14所示。

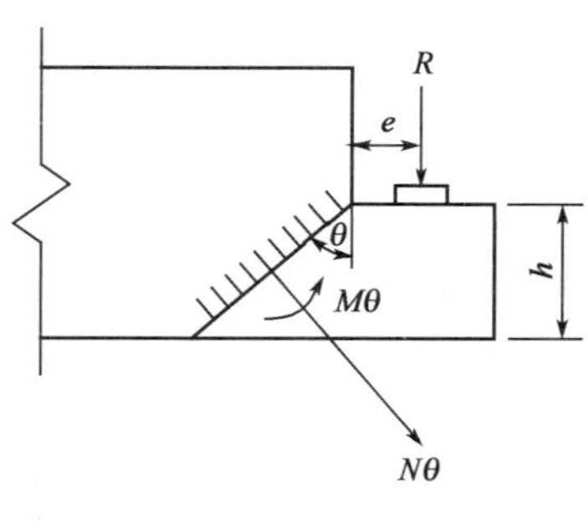

图4.15.13　牛腿计算图示图

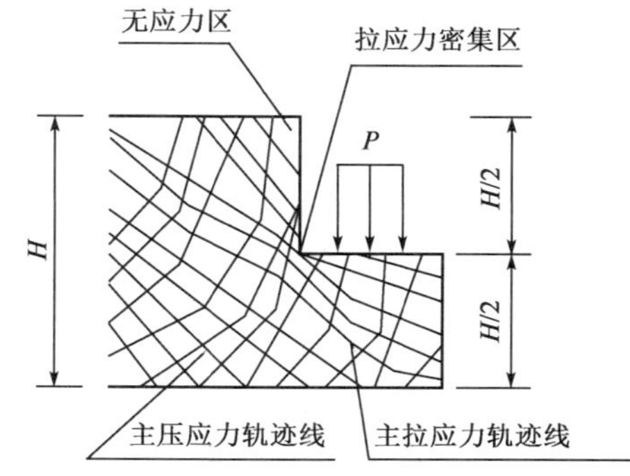

图4.15.14　钢筋混凝土牛腿应力状态

预应力混凝土牛腿结构因其预应力筋作用，主拉应力区域会较钢筋混凝土结构牛腿明显减小，但牛腿凹角处仍然会存在一定程度的拉应力，易导致实际结构在凹角处开裂，对预应力混凝土牛腿进行数值分析时应特别注意。预应力混凝土牛腿结构在数值模拟时还易出现预应

力筋锚固区应力集中，实际设计时应在预应力锚固区建立钢垫板以避免锚固区应力集中。预应力混凝土牛腿预应力筋一般配置在腹板处，腹板对于牛腿凹角处在预应力作用下存在一定压应力储备，外荷载作用下可能无拉应力。锚下劈裂力的计算及钢筋配置可参考第15.8节的拉压杆模型分析方法进行。

15.4.2　实例分析

某四跨带挂梁的T形刚构桥梁，悬臂梁为单箱双室的箱梁截面，挂梁为30m预应力混凝土简支T梁，桥面布置为0.25m（栏杆）+1.50m（人行道）+9.0m（行车道）+1.50m（人行道）+0.25m（栏杆），箱梁顶面宽10.8m、底面宽8.36m、高1.9m，牛腿宽9.4m。跨径组成为60m+2×90m+60m，单孔90m跨立面布置及牛腿构造如图4.15.15和图4.15.16所示。计算时取桥梁横截面中心牛腿凹角处为坐标中心，纵桥向为x方向，竖向为y方向，横桥向为z方向。

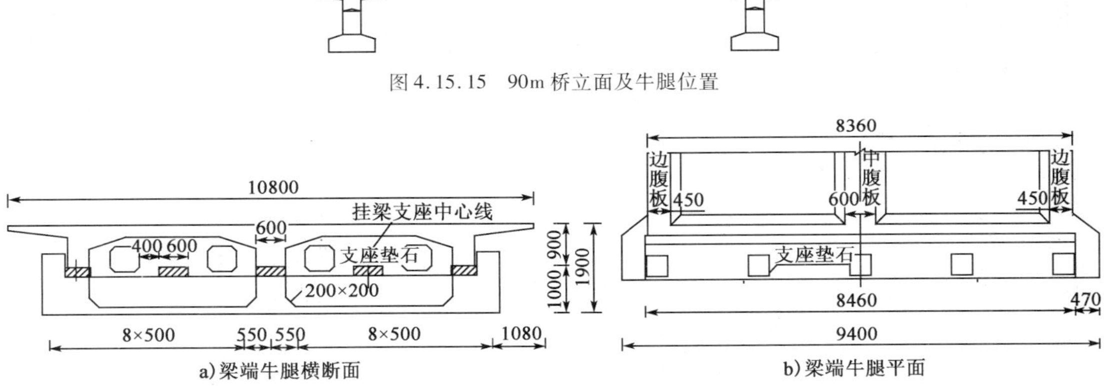

图4.15.15　90m桥立面及牛腿位置

图4.15.16　梁端牛腿构造（尺寸单位：mm）

取悬臂梁段长4m、5m、6m、7m、8m，分别约为梁高的2.11、2.63、3.16、3.68、4.21倍的5个局部有限元模型，这里，前两个模型尺寸并不满足圣维南假定。分别计算中载和偏载两种工况下结构应力及变形。结构典型有限元模型如图4.15.17所示，模型加载示意图如图4.15.18所示。

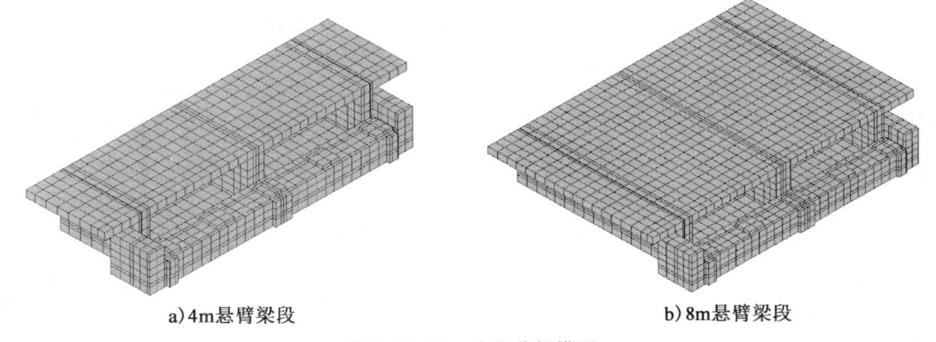

图4.15.17　牛腿分析模型

不同模型凹角处x方向（纵桥向）应力、主拉应力、主压应力、竖向剪力及牛腿外缘竖向变形的横向分布如图4.15.19～图4.15.26所示。

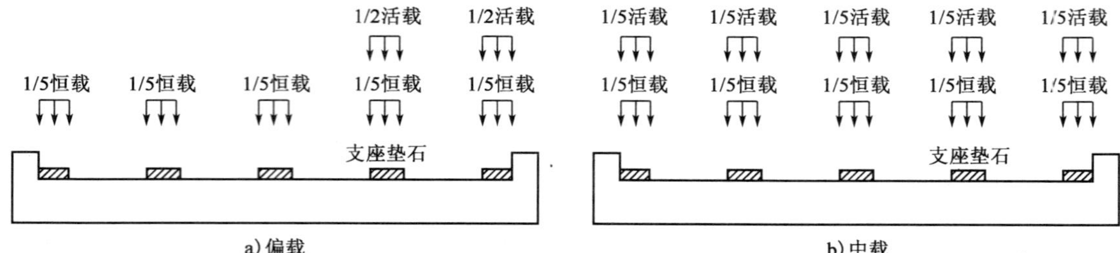

图 4.15.18　牛腿局部分析荷载作用示意图

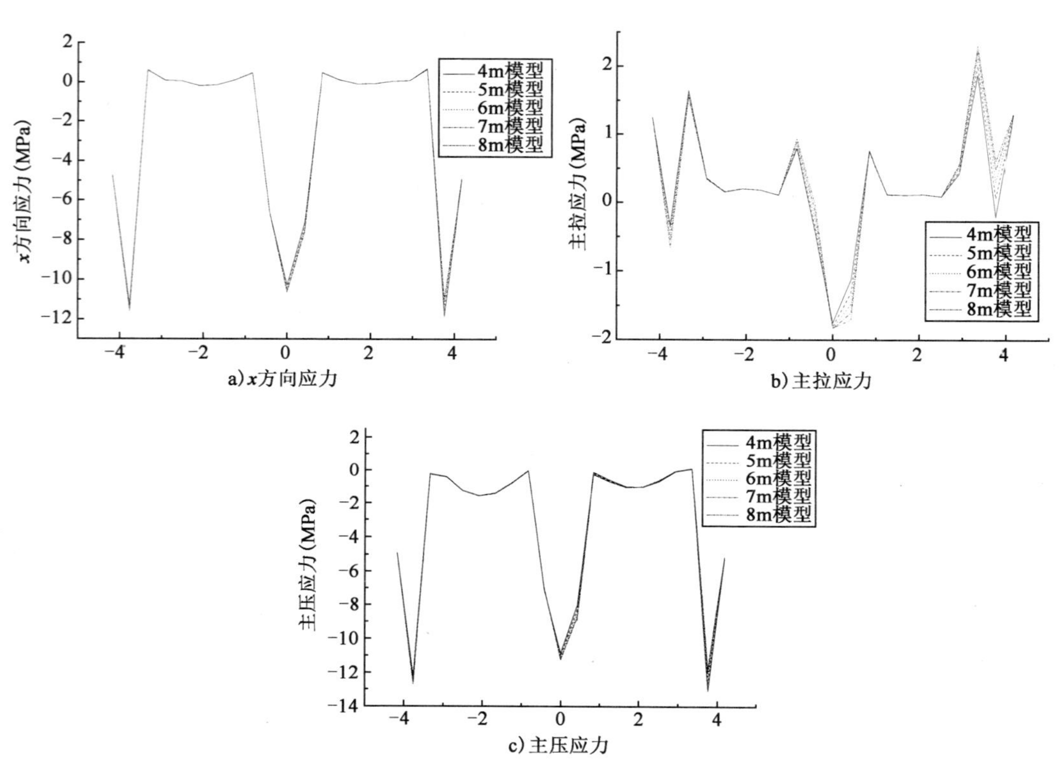

图 4.15.19　偏载下牛腿凹角处应力沿横向变化

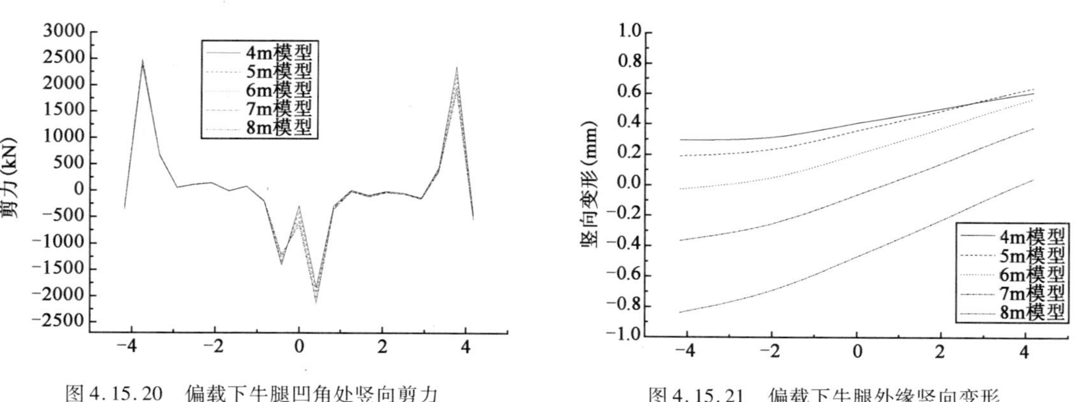

图 4.15.20　偏载下牛腿凹角处竖向剪力

图 4.15.21　偏载下牛腿外缘竖向变形

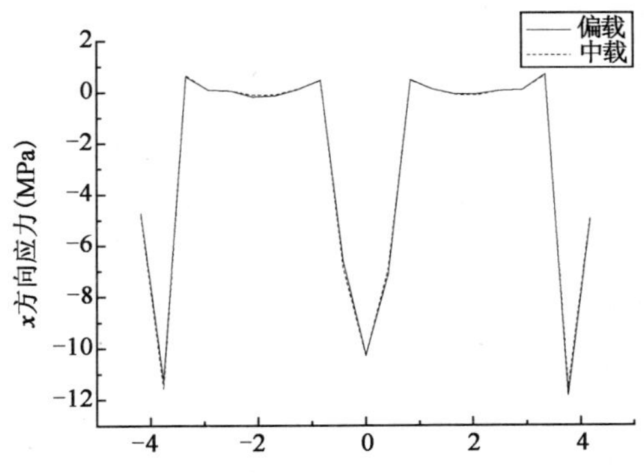

图4.15.22　偏载、中载牛腿凹角处X方向应力

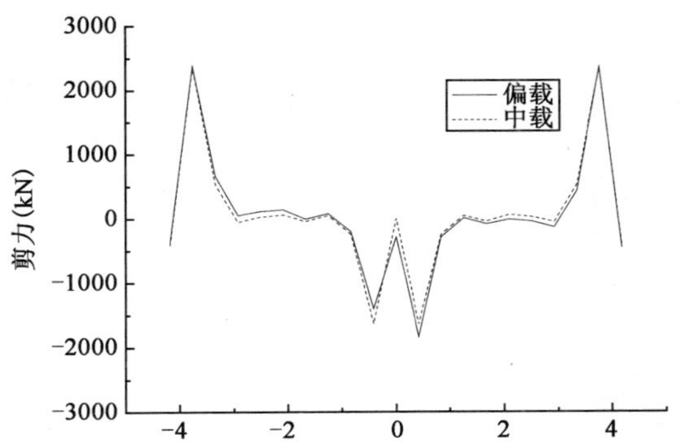

图4.15.23　偏载、中载牛腿凹角处剪应力

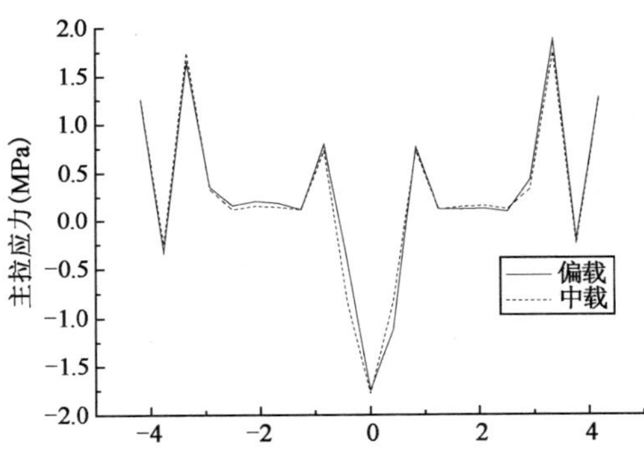

图4.15.24　偏载、中载牛腿凹角处主拉应力

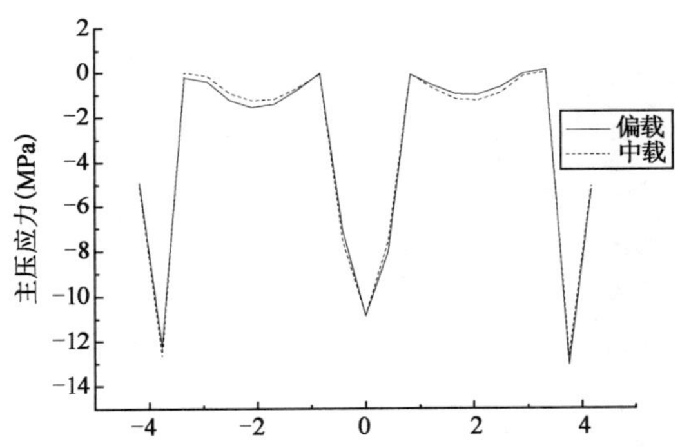

图4.15.25　偏载、中载牛腿凹角处主压应力

从图4.15.19～图4.15.21可以看出,纵向长度的取值对牛腿凹角处x方向应力、剪应力、主拉应力、主压应力影响较小,此计算结果与圣维南原理相符。牛腿外缘处竖向变形与模型长度取值关系较大,模型长度越长,偏载作用效应越明显,结构竖向挠度是弯矩沿梁长刚度的积分,因此局部分析模型应关注应力应变,计算结构变形需应用整体模型进行计算。

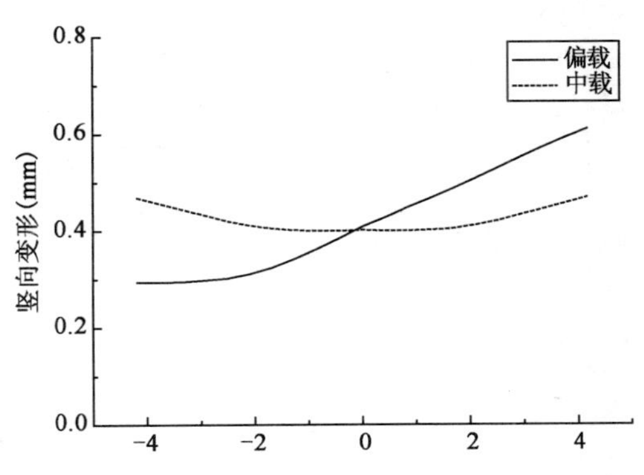

图4.15.26　偏载、中载牛腿外缘竖向变形

从图4.15.22～图4.15.26可以得出,在标准荷载作用下,结构各项应力数值较小,应力主要为预应力筋引起的压应力储备。中载、偏载作用下各项应力有一定差别,但差别不大。

下面分析结构在超载作用下应力状态,定义以下三种工况进行计算:工况一,标准荷载作用(自重+活载)(偏载);工况二,2倍标准荷载作用(偏载);工况三,3倍标准荷载作用(偏载)。不同工况的计算结果如图4.14.27～图4.15.31所示。

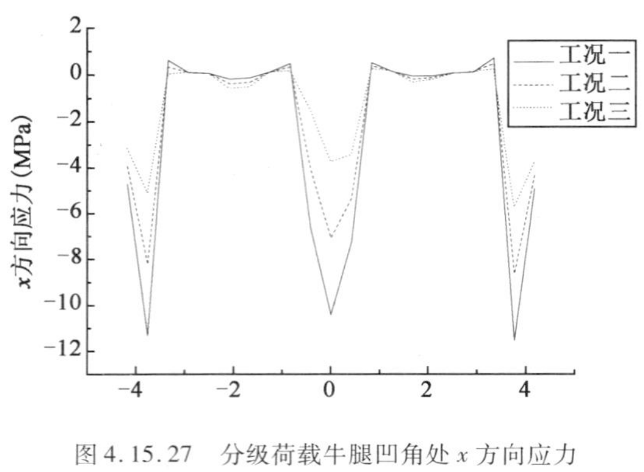

图 4.15.27　分级荷载牛腿凹角处 x 方向应力

由图 4.15.27 ~ 图 4.15.31 可以看出，在 2 倍标准荷载作用（偏载、工况二）作用下，牛腿腹板处预应力筋压应力储备已被外荷载产生的拉应力抵消。3 倍标准荷载作用（偏载、工况三）作用下，结构凹角处主拉应力已达到 6.5MPa，发生在腹板位置，说明牛腿承担外荷载作用主要依靠腹板附近牛腿结构，这与规范规定的解析法计算腹板附近有效宽度的思想一致。随着荷载等级增加，牛腿凹角腹板处主压应力逐步减小，预压应力丧失，主拉应力超限。结构分析时应注意腹板附近混凝土应力状态的把握。

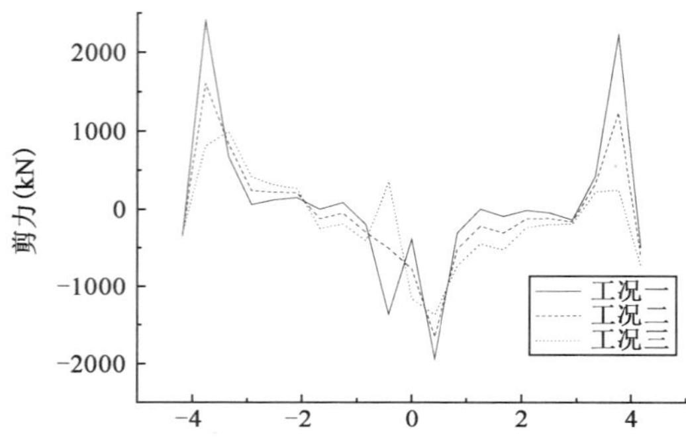

图 4.15.28　分级荷载牛腿凹角处剪力

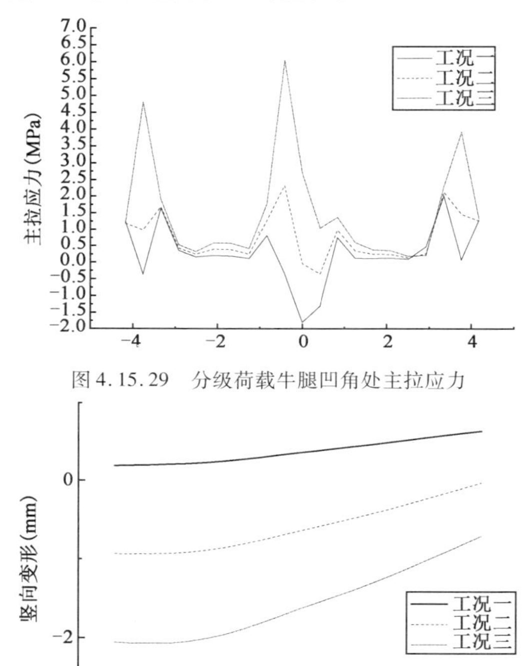

图 4.15.29　分级荷载牛腿凹角处主拉应力

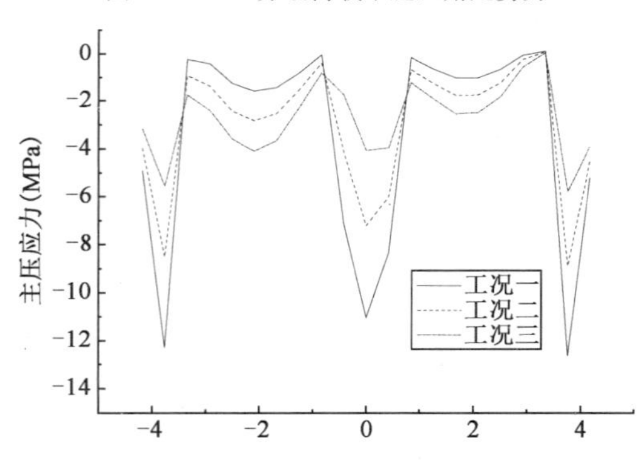

图 4.15.30　分级荷载牛腿凹角处主压应力

图 4.15.31　分级荷载牛腿外缘处竖向变形

15.5　拓宽后新老桥梁结构相互作用分析方法

15.5.1　桥梁拓宽方法

桥梁横向连接的常见拓宽方法如图 4.15.32 所示。进行结构分析时，除对结构进行必要的常规分析外，如横向分布计算、荷载内力挠度等分析外，还应分析新老结构的混凝土收缩徐变差异效应、基础变位差异效应及新老结构的动力效应等，这里仅讨论前两项效应。

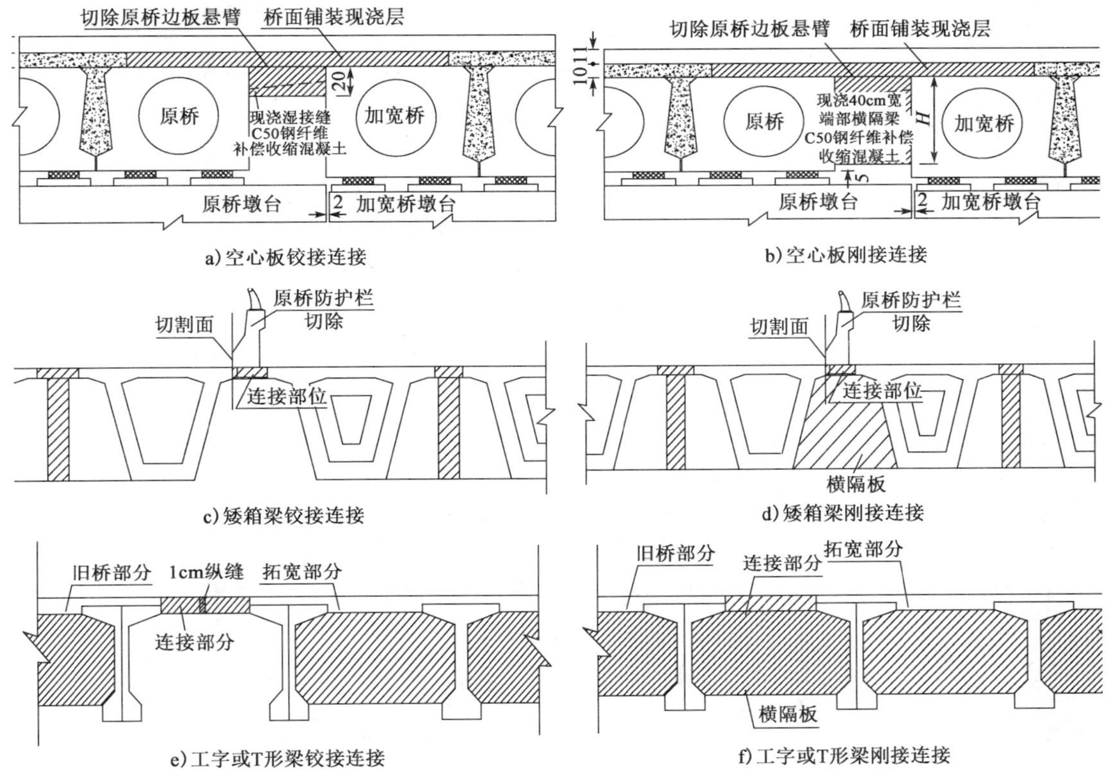

图4.15.32　桥梁的常见拓宽方法(尺寸单位:cm)

15.5.2　收缩徐变影响的差异效应分析[5]

对于拓宽桥梁，旧桥形成时间较长，结构的收缩徐变变形已基本完成或接近完成，而新加结构的收缩徐变才刚开始。当新旧混凝土连接在一起时，由于时间差异，混凝土的收缩徐变变形受到结构的彼此约束，从而在连接面中产生附加应力，并向结构传递。若附加应力过大，连接面上将出现裂缝，导致结构破坏，甚至影响到桥梁安全。

分析拓宽桥梁收缩徐变差异效应时，对建成10年以上的混凝土桥梁，可认为旧桥结构的收缩徐变已基本完成，可不计原梁混凝土收缩徐变效应，同时不考虑结构配筋影响。

拓宽桥梁结构建模可采用梁格系模型，新老结构之间按照实际结构的刚接或铰接加宽方式分别建模。建模时，将主梁作为纵向单元，横桥向可依据实际横向刚度或采用虚拟横梁与主梁连接起来。虚拟横梁只有刚度，不计重量，从而实现对横向刚度的模拟。为了较精确地计算分析新旧主梁受力大小和变化趋势，单元的划分应保证一定的数量。

作为实例，取跨径为13m的空心板桥，建成10年后进行加宽改造。加宽后桥梁横截面如图4.15.33所示，其中1~11号为旧梁，12~19号为新梁。分析工况分为：

工况一　横向刚接拓宽桥梁，新梁建成后新旧梁拼接，拼接后新桥工作10年。

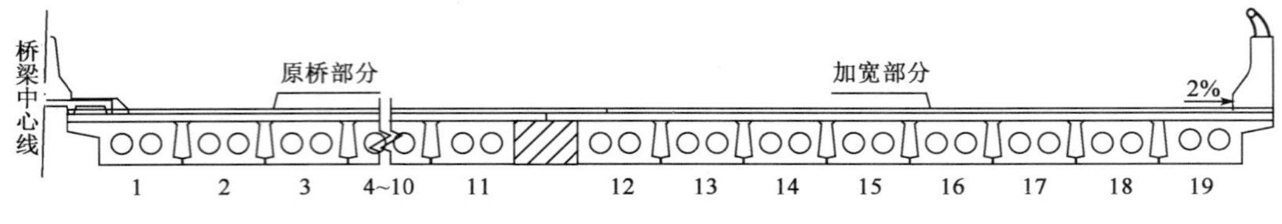

图 4.15.33　13m 的空心板桥加宽后横截面

图 4.15.34　拓宽后桥梁各梁跨中的收缩横向变位

工况二　横向刚接拓宽桥梁,新梁建成三个月新旧梁拼接,拼接后新桥工作 10 年。

工况三　横向铰接拓宽桥梁,新梁建成后新旧梁拼接,拼接后新桥工作 10 年。

工况四　横向铰接拓宽桥梁,新梁建成三个月新旧梁拼接,拼接后新桥工作 10 年。

(1)收缩差异效应分析

由于旧梁收缩发生十年,可认为旧梁收缩变形已经完成,而新梁收缩刚开始发生。分析结果如图 4.15.34 ~ 图 4.15.36 所示。可见,由于新旧桥梁混凝土收缩不同步,导致拓宽桥梁新旧主梁变形与受力方面都产生显著差异。

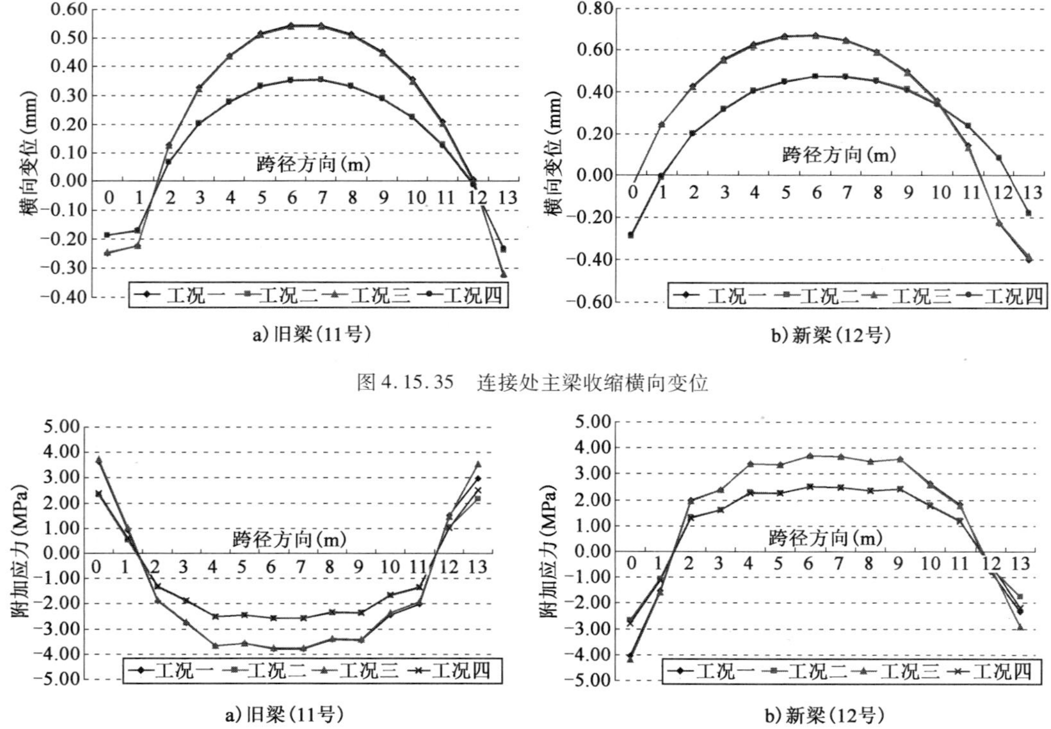

图 4.15.35　连接处主梁收缩横向变位

图 4.15.36　连接处主梁收缩附加应力

拓宽桥梁收缩差异使得桥梁横向发生变位,新旧梁横向变位不同,靠近接缝的新梁变位较大,离接缝越远,横向变位越小。沿着桥梁纵向,离支点截面越远横向变位越大,跨中截面梁体内的横向变位最大。

拓宽桥梁收缩差异使得桥梁产生附加应力,靠近接缝两侧的梁附加应力较大。接缝处旧梁侧出现压应力,接缝处新梁侧出现拉应力。沿桥梁纵向,离支点截面越远附加应力越大,跨中截面附加应力最大。

采用铰接或刚接拓宽,其收缩影响基本相同。推迟拼接时间,将缓解收缩对结构的影响。

(2)徐变差异效应分析

与收缩相似,由于旧梁徐变发生10年,可认为旧梁不再发生徐变,而新梁徐变刚开始发生,因此新旧桥梁间存在混凝土徐变差异。徐变差异引起新旧梁受力情况如图4.15.37所示。

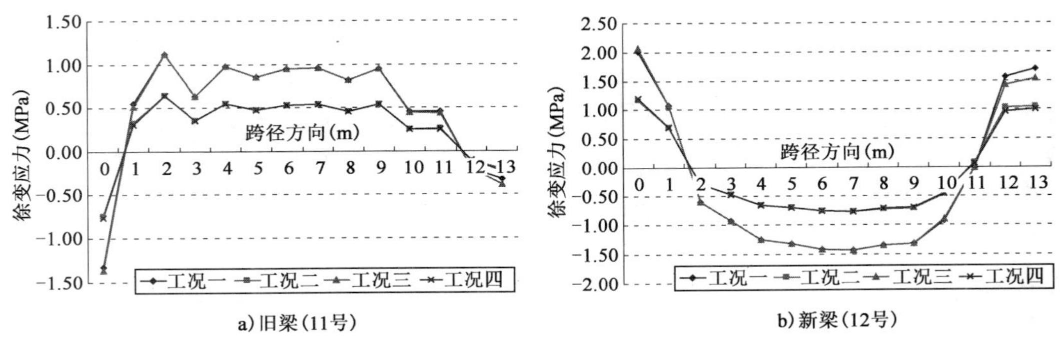

图4.15.37　连接处主梁徐变应力

新旧梁徐变不同步使得桥梁产生附加应力,接缝处旧梁侧出现压应力,新梁侧出现拉应力。其余变化规律同收缩效应。

15.5.3　下部结构沉降差异效应分析

桥梁拓宽拼接后,旧桥已建成多年,其基础沉降基本完成,而新桥的基础沉降尚未完全发生,新旧桥形成不均匀沉降差。该沉降差对拓宽后桥梁整体结构性能会产生影响,会使拼接部位产生附加内力,过大时会导致接缝处混凝土开裂。对于拼接部位横向刚度较大的拓宽桥梁,沉降差可导致桥梁部分支座脱空,影响正常使用及其寿命,甚至造成结构或支座破坏。

在拓宽桥梁的研究及设计中,一方面,应计算新旧桥梁下部结构的沉降差;另一方面,应选择合适的上部结构拼接方式,并计算接缝处允许沉降差,要求拼接后下部结构沉降差不超过接缝的允许沉降差,从而保证拓宽桥梁的使用安全。

分析基础沉降有多种方法,如基于布辛奈斯克课题的位移解的弹性理论法,中国建筑桩基技术规范的分层总和法,公路桥涵地基及基础设计规范的应力面积法,中国铁路桥涵设计规范的桩基沉降计算简化方法,及把桩划分为弹性单元、单元与土体之间用非线性弹簧联系,以模拟桩—土之间的荷载传递关系的荷载传递法和将桩土视为理想的同心圆柱体,剪应力传递引起周围土体沉降的剪切位移法等。通常应力面积法偏于保守,可用来计算加宽部分桥梁桩基沉降量。

不同的衔接方式拓宽桥梁，横向拼接部位可承受的不均匀沉降差不同。影响允许沉降差的因素主要有：横向拼接方式，上部结构中新梁、旧梁的横向刚度，材料的力学性能等。

拓宽改造后的桥梁，新桥基础的沉降会持续一段时间，而且其沉降的变化速率呈现递减趋势。由于新桥基础的沉降受到旧桥的约束，会在桥梁上部结构产生附加力，即旧桥会阻止新桥的沉降而自身受力。这样在新桥沉降的同时，旧桥基础受力增加，有可能发生微小沉降，同时旧桥的上部结构也会在附加力作用下产生变形，从而减小了新旧桥梁的不均匀沉降差。计算基础沉降差时，可不考虑时间因素，不计旧桥沉降对沉降差的贡献，这样偏保守地分析。按照上述原则，分别计算不同沉降差下（工况一～五对应新桥沉降 5、10、15、20、25mm），图 4.15.38所示的桥梁刚接拓宽时接缝范围的内力，如图 4.15.39 所示；铰接拓宽时接缝范围的部分内力如图 4.15.40 所示。

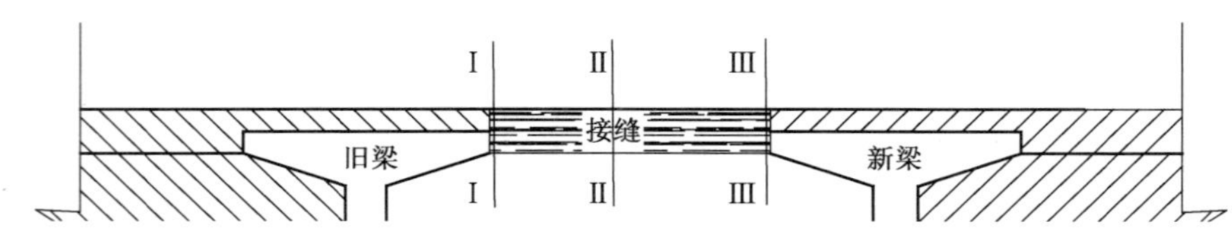

图 4.15.38　拼接缝示意图

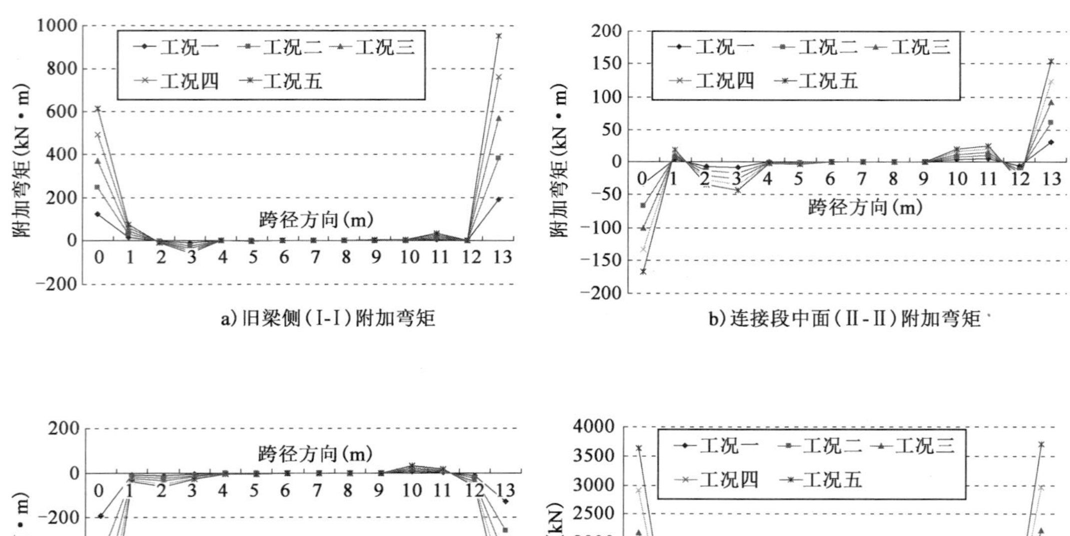

图 4.15.39　刚接拓宽桥梁后基础沉降引起的附加内力

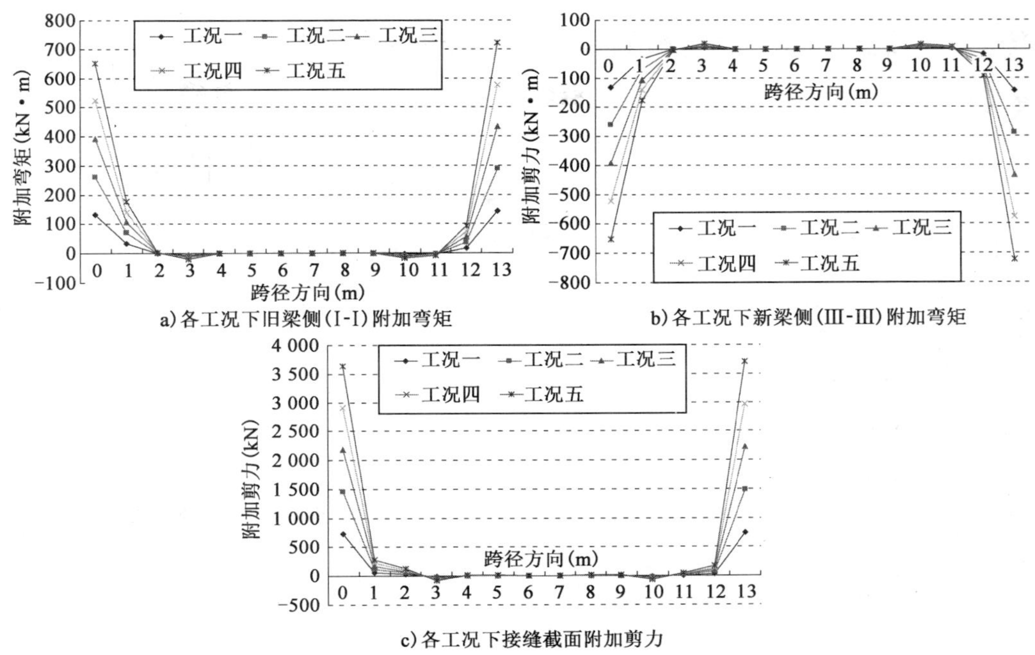

图4.15.40　铰接拓宽桥梁后基础沉降引起的附加内力

对于接缝截面，不论采用何种衔接方式拓宽桥梁，基础不均匀沉降对支座附近接缝处的截面内力影响最大，由支座向跨中呈现递减趋势，支座附近截面附加内力是跨中截面附加内力的数倍。附加内力最大值不出现在接缝段中面，而是出现在接缝段旧桥侧。

采用刚接衔接方式拓宽各截面附加内力比采用铰接衔接附加内力值大。随着沉降值递增，附加内力也呈增长趋势。因此确定沉降差容许值时，应将主梁端部截面（端横隔板）作为控制截面进行设计，将接缝处端部截面（端横隔板）内力值作为设计值。计算时，应计入沉降产生的内力影响，计算在正常使用极限状态及承载能力极限状态下，按拼接部位混凝土的拉应力达到抗拉强度标准值控制，确定沉降差容许值。本示例的沉降差容许值为刚接4.06mm，铰接115.58mm。

15.6　混凝土水化热温度场及应力场分析方法

混凝土浇筑过程中，受水泥水化热反应的影响，有时会导致混凝土各相界之间产生微裂纹，叠加后期施工及运营等不稳定因素的相互作用，微裂纹继而失稳扩展，形成贯通，对结构安全服役带来不利。掌握水化热的发展规律，分析其对结构产生的不利影响对工程结构非常必要，但工程界往往会有力不从心。这里综合风速对对流热传导的影响，建立非稳定对流热传导模式，并结合实际工程，对不同风况下水化热场分布进行了分析，总结了温度峰值与温差峰值和风速之间的变化规律，和混凝土水化热温度场及应力场的分布规律，供工程结构研究分析使用。

15.6.1 混凝土水化热分析的非稳定对流热传导模式[6]

依据变分原理，任意时刻温度场子域的计算泛函为

$$\iiint_{\Delta\Omega}\frac{1}{2}\left\{\left[\left(\frac{\partial T(t)}{\partial x}\right)^2+\left(\frac{\partial T(t)}{\partial y}\right)^2+\left(\frac{\partial T(t)}{\partial z}\right)^2\right]+\frac{1}{\lambda(t)}\left[\frac{\partial T(t)}{\partial t}-\frac{\partial\theta(t)}{\partial t}\right]T(t)\right\}\mathrm{d}x\mathrm{d}y\mathrm{d}z+$$
$$\iint_{\Delta\Gamma}\left[\frac{1}{2}\,\frac{5.46v(t)+6}{k(t)}T^2(t)-\frac{5.46v(t)+6}{k(t)}T(t)T_{\mathrm{a}}(t)\right]\mathrm{d}s=0 \tag{4.15.3}$$

式中：$\lambda(t)$——导温系数，$\lambda(t)=\dfrac{k(t)}{\rho(t)c(t)}$；

$k(t)$——导热系数；

$c(t)$——比热容；

$\rho(t)$——混凝土在 t 时刻的密度，$\rho(t)=\rho_0-\gamma T(t)$，$\rho_0$ 为 28d 龄期混凝土的弹性模量；γ 为经验系数，可取 $\gamma=0.56$；

$\theta(t)$——绝热温升；

$T_{\mathrm{a}}(t)$——环境温度，按现场温度测试值得到；

$T(t)$——域温度函数；

$\mathrm{d}s$——面积微元；

$\Delta\Omega$——空间域；

$\Delta\Gamma$——域之边界；

$v(t)$——混凝土表面任意时刻的气体流速。

方程式（4.15.3）的边界条件为

$$k\,\boldsymbol{\nabla}\dot{T}(t)\boldsymbol{n}=[5.46v(t)+6]\frac{\partial(T_{\mathrm{a}}(t)-T(t))}{\partial t} \tag{4.15.4}$$

式中：$\boldsymbol{\nabla}=\left\{\dfrac{\partial}{\partial x},\dfrac{\partial}{\partial y},\dfrac{\partial}{\partial z}\right\}$。

15.6.2 不同风速下的混凝土水化热温度变化趋势分析

某高墩预应力混凝土连续刚构跨径布置为 74.0m＋4×140.0m＋74.0m。悬臂现浇施工，墩顶块高 8m，包括箱梁的 0 号、1 号梁段，0 号块长 12.0m，1 号块长 3.0m；0 号块两侧距墩中心 4.0m 范围内箱梁顶、底板厚度分别为 50.0cm 和 130.0cm，腹板厚度为 80.0cm；1 号梁段顶板厚度为 28.0cm，底板厚度由 93.7cm 变化为 100.0cm，腹板厚度为 60.0cm。墩顶块构造如图 4.15.41 所示。

（1）温度峰值

为分析该桥墩顶块在不同风速下浇筑混凝土过程的水化热温度分布情况，建立结构的热—力耦合分析模型。温度单元采用六面体 8 节点等参元，结构单元采用四面体实体单元来进行分析。混凝土的热工参数包括对流换热系数、导热系数、比热容和密度，不同风速下的热工参数取值如表 4.15.1 所示。

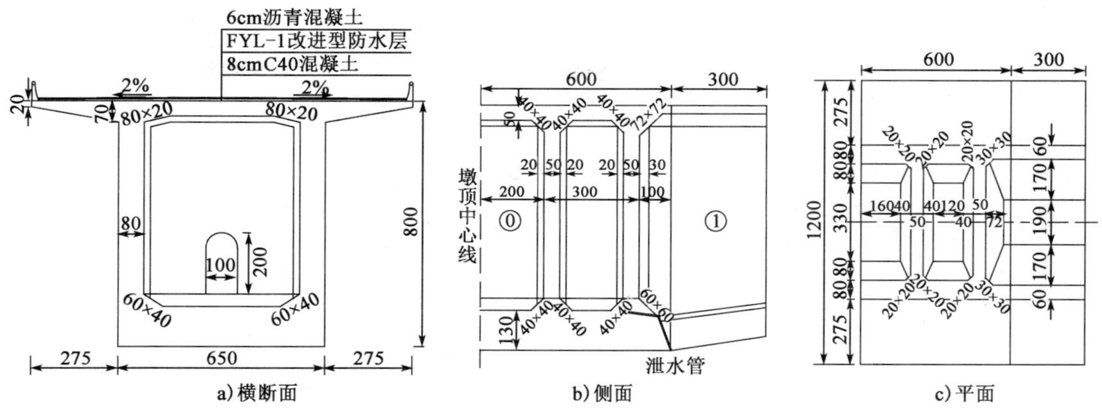

a)横断面　b)侧面　c)平面

图4.15.41　预应力混凝土连续刚构桥梁墩顶块构造(尺寸单位:cm)

不同风速下浇筑墩顶块混凝土的热工参数　表4.15.1

风　况	计算风速(m)	对流换热系数 ($W \cdot m^2/℃$)	导热系数 [W/(m·℃)]	比热容 [J/(kg·℃)]	密度 (kg/m^3)
CW_1	$v=1.0$	$\beta=11.46$	1.36	900	2400
CW_2	$v=2.0$	$\beta=14.92$	1.36	900	2400
CW_3	$v=3.0$	$\beta=22.38$	1.36	900	2400
CW_4	$v=4.0$	$\beta=27.84$	1.36	900	2400
CW_5	$v=4.0$	$\beta=33.30$	1.36	900	2400
CW_6	$v=4.0$	$\beta=38.76$	1.36	900	2400
CW_7	$v=7.0$	$\beta=44.22$	1.36	900	2400
CW_8	$v=8.0$	$\beta=49.68$	1.36	900	2400

混凝土箱梁墩顶块按施工顺序在支架上分两次浇筑成形,下层浇筑体高度为2.8m,上层浇筑体高度为4.2m。图4.15.42和图4.15.43分别示出了不同风速下浇筑下层、上层混凝土水化热最低温度和最高温度随浇筑时间的变化。

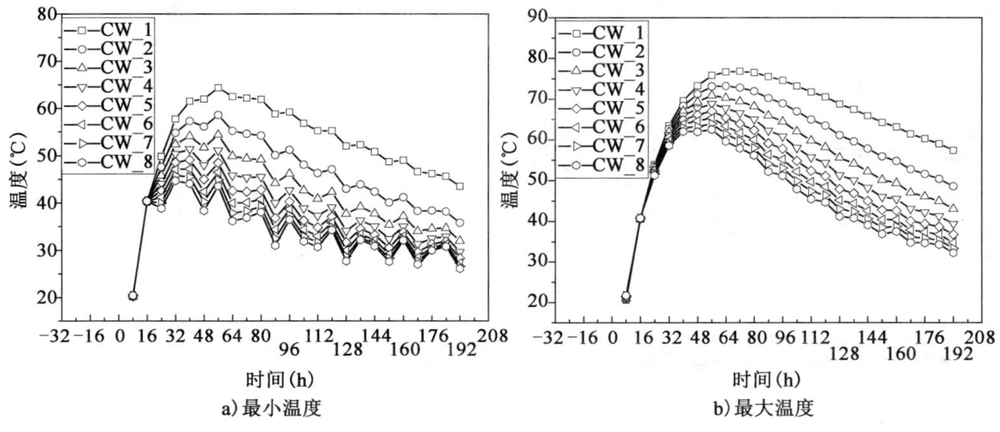

a)最小温度　b)最大温度

图4.15.42　墩顶块下层浇筑时的温度峰值时程曲线

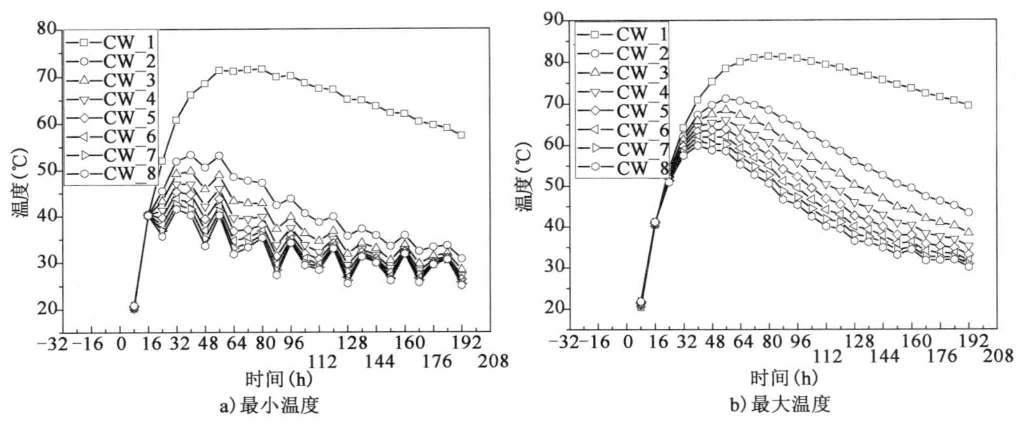

图 4.15.43　墩顶块上层浇筑时的温度峰值时程曲线

分析可知，水化热温度时程曲线受风速影响较大，但各风速下曲线走势相同。风速为1.0m/s时各时间点水化热温度高于其他风况值，风速对温升曲线部分影响小，对衰减部分影响大。顶层混凝土水化热温度时程曲线受风速影响比底层混凝土水化热温度时程曲线受风速影响大。

(2)温差峰值

图 4.15.44 为混凝土箱梁墩顶块下、上层浇筑时的温差峰值时程曲线。随着风速的增加，温差峰值相对各风况时间点值增大。温差峰值曲线包括温升曲线和降温曲线两部分，温升曲线较陡，64h 左右达到峰值，其最大值约为 24℃。降温曲线平缓，呈波折状变化。

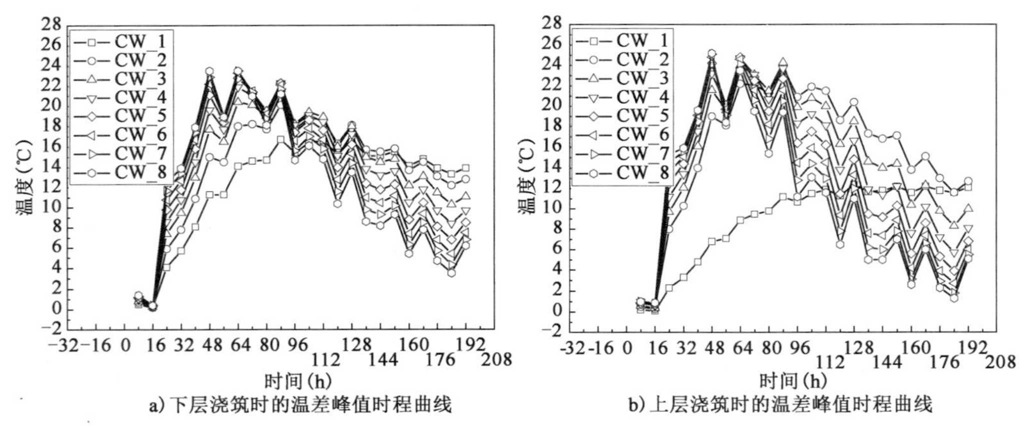

图 4.15.44　墩顶块下、上层浇筑时的温差峰值时程曲线

15.6.3　混凝土浇筑过程水化热温度变化分析[7]

针对图 4.15.41 所示的桥梁墩顶块结构，现场全截面布置水化热温度测点，以防个别测点损坏所导致的数据缺失。在数值分析中，由于截面的对称性，选择半截面测点进行计算，顶板

测点为 T_1、T_2、T_3；腹板测点为 T_2、T_4、T_5、T_5、T_6、T_7；底板测点为 T_8、T_9、T_{10}；测点布置如图4.15.45所示。

采用风速仪对凝土箱梁墩顶块表面风速进行实时监测，计算得到的各时间节点的对流放热系数如表4.15.2所示及图4.15.46所示。可见非稳定对流放热系数(也称时变对流放热系数)随气流系数变化具有随机性，稳定对流放热系数为常数。

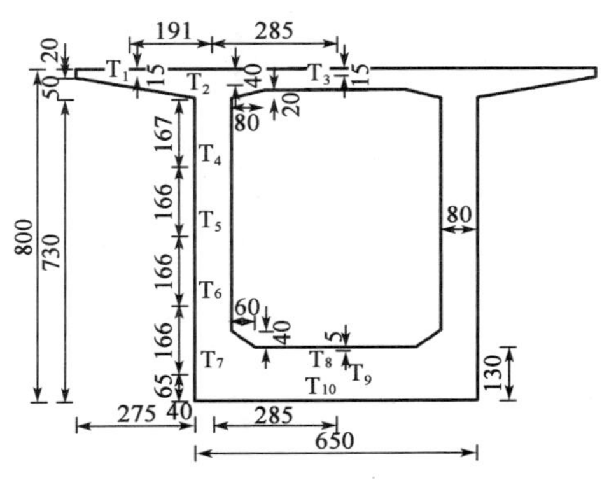

图4.15.45 温度测点布置(尺寸单位:cm)

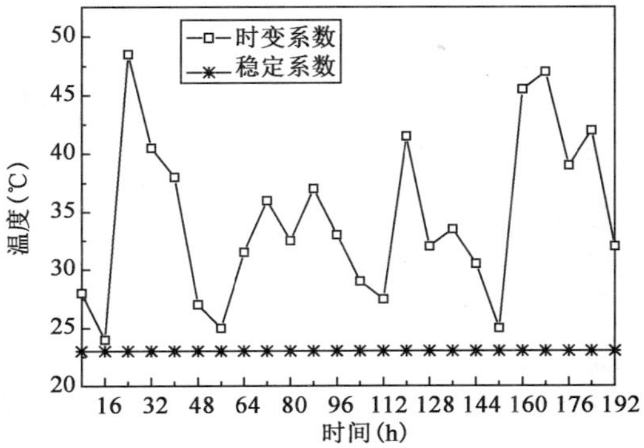

图4.15.46 对流放热系数时程曲线

非稳定对流放热系数 表4.15.2

测试时间(h)	8	16	24	32	40	48	56	64	72	80	88	96
对应风速(m/s)	4.4	3.6	8.5	4.9	4.4	4.2	3.8	4.1	4.0	4.3	4.2	4.4
计算对流系数($W \cdot m^2/℃$)	28.0	24.0	48.5	40.5	38.0	27.0	24.0	31.5	34.0	32.5	37.0	33.0
测试时间(h)	104	112	120	128	136	144	152	160	168	176	184	192
对应风速(m/s)	3.6	4.3	7.1	4.2	4.5	4.9	3.8	7.9	8.2	4.6	7.2	4.2
计算对流系数($W \cdot m^2/℃$)	29.0	27.5	41.5	32.0	33.5	30.5	24.0	44.5	47.0	39.0	42.0	32.0

将混凝土箱梁墩顶块各测点温度时程曲线汇于图4.15.47中，其中计算值 A、B 分别为非稳定对流换热系数下、稳定对流换热系数下各测点温度值。可知，混凝土箱梁墩顶块水化热温度时程曲线呈异型倒“V”分布。混凝土开始浇筑时，水化热反应剧烈、温度陡增，非稳定对流换热系数下56h达到温度峰值，且与实测值吻合较好；稳定对流换热系数下80h达到温度峰值。由于混凝土为热的不良导体，峰值温度后缓慢衰减，受风速的变化影响，其衰减曲线有波动。混凝土较薄处，温度峰值相对较低；较厚处，温度峰值相对较高，接近80℃。并有以下结论：

(1)任意时刻墩顶块结构上的混凝土水化热温度分布规律相似，水化热温度分布形状相似，相应区域内温度值不同。

(2)水化热温度均以腹板、顶板、底板与横隔板的交汇区为球心呈层状向外逐渐减小，交汇区累计热量多，温度最高。

(3)翼缘板边缘表面积大，对流换热效果好，温度最低。

(4)底板与腹板、底板与横隔板交汇区的水化热温度高于顶板与腹板、顶板与横隔板交汇区，腹板与横隔板交汇部分的温度相对较低，即混凝土浇筑量大时，水化热温度也高。

(5)随着时间的延伸，交汇区高温球状区域经历扩张到衰减的过程，边缘低温层流区域经历压缩至扩展的过程。

空心薄壁墩热力耦合分析见文献[8]。

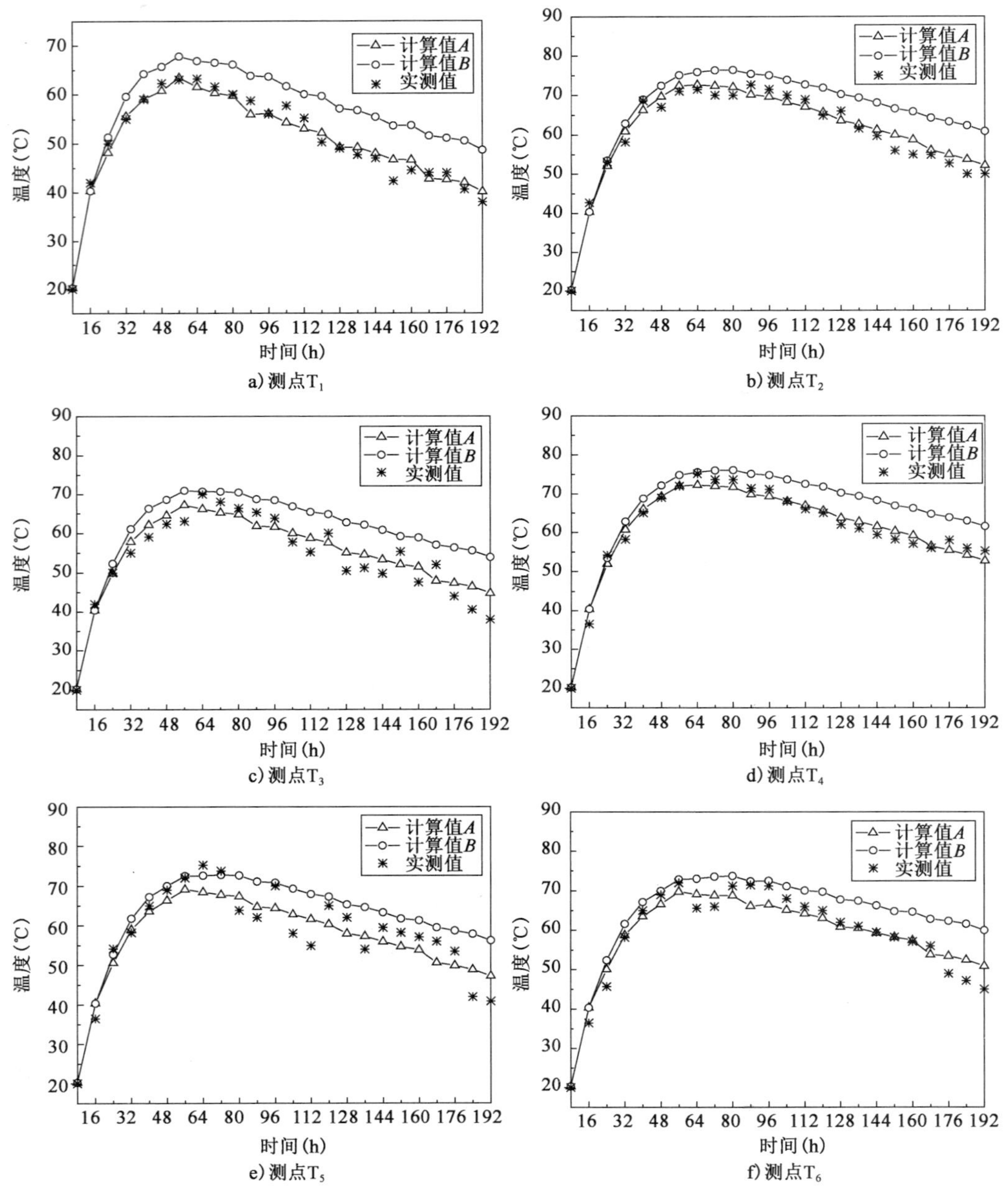

a)测点T_1　b)测点T_2　c)测点T_3　d)测点T_4　e)测点T_5　f)测点T_6

图 4.15.47

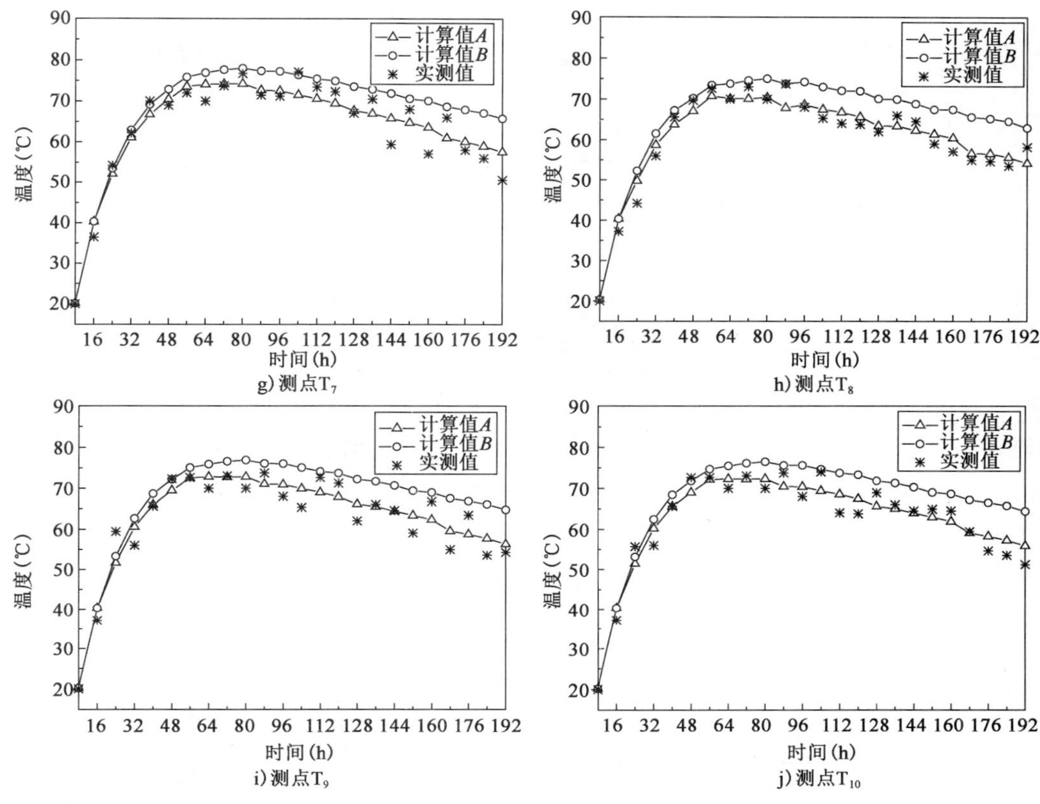

图4.15.47　混凝土箱梁墩顶块各测点温度时程曲线

15.6.4　采取降温措施的混凝土浇筑过程水化热温度变化分析[9]

浇筑大混凝土时,工程上采用人工措施降低混凝土的水化热,埋置冷却水管(人工导热)是最常见的方法之一。即在浇筑大混凝土前埋置冷却水管,利用通入的冷水带走混凝土内部的部分热量,从而降低混凝土内部的最高温度。冷却水管竖向分多层布置,在该层混凝土开始浇筑即开始通水,在散热过程中保持水管温度与混凝土的温度适当温差,并根据现场检测情况进行连续通水,以保证降温效果。以下分析此情况下的混凝土的温度变化。

(1)混凝土水化热分析的预冷流热传导方程

在绝热条件下混凝土的水化热温度上升速度为

$$\frac{\partial\theta}{\partial t}=\frac{Q(t)}{\rho(t)c}=\frac{Wq(t)}{\rho(t)c} \tag{4.15.5}$$

式中:$Q(t)$——时刻 t 单位体积混凝土发出的热量;

W——水泥用量;

$q(t)$——时刻 t 单位重量水泥发出的水化热。

用有限元将时域离散,假定$\frac{\partial\theta}{\partial t}$在 Δt 内呈指数分布,可得如下方程式:

$$\Delta Q(t) = Q_{\infty}\left(\mathrm{e}^{-\alpha m\int_{t_0}^{t} t^{\alpha-\beta}\mathrm{d}t} - \mathrm{e}^{-\alpha m\int_{t_0}^{t+\Delta t} t^{\alpha-\beta}\mathrm{d}t}\right) \tag{4.15.6}$$

式中：$\Delta Q(t)$——Δt 时间内的水化热增量；

Q_{∞}——$t\to\infty$ 时的终极水化热量；

Δt——混凝土浇筑的时间差；

α、β——混凝土水化热量时效系数，α 宜采用 0.66，$\beta=1.0$；

m——混凝土水化系数，随水泥品种、比表面积及浇筑温度不同而不同。m 取值范围为 0.3 ~ 0.9/d，根据工程实际，m 宜采用 0.69/d。

若混凝土浇筑时，采取了预冷方式使混凝土初始温度降低了 T_c℃，在总的热量中扣除预冷热量 Q_c，可得混凝土水化热预冷热传导方程为

$$\frac{\partial[T(t)]}{\partial t} = \frac{k}{\rho(t)c}\left[\frac{\partial^2 T(t)}{\partial x^2} + \frac{\partial^2 T(t)}{\partial y^2} + \frac{\partial^2 T(t)}{\partial z^2}\right] + \frac{Q(t)-Q_c}{\rho(t)c} \tag{4.15.7}$$

为得到混凝土水化热的预流热传导方程，假定：①流动负温度均匀分布在各单元内；②在节点上施加负温度。则在公式(4.15.7)中加入流动负温度，可得混凝土水化热流冷热传导方程为

$$\frac{\partial[T(t)-T_w(t)]}{\partial t} = \frac{k}{\rho(t)c}\left\{\frac{\partial^2[T(t)-T_w(t)]}{\partial x^2} + \frac{\partial^2[T(t)-T_w(t)]}{\partial y^2} + \frac{\partial^2[T(t)-T_w(t)]}{\partial z^2}\right\} + \frac{Q(t)}{\rho(t)c} \tag{4.15.8}$$

式中：$T_w(t)$——单元节点负温度。

综合公式(4.15.7)和式(4.15.8)可得混凝土水化热的预冷流热传导方程为

$$\frac{\partial T(t)}{\partial t} = \frac{k}{\rho(t)c}\left[\frac{\partial^2 T(t)}{\partial x^2} + \frac{\partial^2 T(t)}{\partial y^2} + \frac{\partial^2 T(t)}{\partial z^2}\right] + \frac{Q(t)-Q_c}{\rho(t)c} - \frac{k}{\rho(t)c}\left(\frac{\partial^2 T_w}{\partial x^2} + \frac{\partial^2 T_w}{\partial y^2} + \frac{\partial^2 T_w}{\partial z^2}\right) \tag{4.15.9}$$

式中：T_w——混凝土内部水管的流冷温度；

其余符号意义同前。

(2)桥梁墩顶块预冷、预流浇筑混凝土的水化热温度分析

某采用托架分两次浇筑成型的桥梁墩顶块包括斜腹板箱梁的 0 号、1 号施工梁段，0 号块长 4.0m，1 号块长 3.0m；0 号块箱梁顶、底板厚度分别为 0.5m 和 1.5m，腹板厚度为 0.7m；1 号块梁段顶、底板厚度分别为 0.28m 和 0.6m，腹板厚度为 0.6m，C50 混凝土，如图 4.15.48 所示。

设箱梁浇筑的初始温度为 20℃，第一层浇筑高度为 2.8m，其余第二层浇筑；混凝土浇筑温度和空气接触面温度按第三类边界条件取值，有

$$\frac{\partial}{\partial t}\left[k\frac{\partial T(t)}{\partial x}\cos(n,x)\right] + \frac{\partial}{\partial t}\left[k\frac{\partial T(t)}{\partial y}\cos(n,y)\right] + \frac{\partial}{\partial t}\left[k\frac{\partial T(t)}{\partial z}\cos(n,z)\right] = \bar{h}_t\frac{\partial[T_a(t)-T(t)]}{\partial t} \tag{4.15.10}$$

式中：$\bar{h}_t$——三维平均放热系数；

$T_a(t)$——在第三类边界条件下的外界温度函数；

$\cos(n,x)$、$\cos(n,y)$、$\cos(n,z)$——边界 Γ 上的外法线方向与坐标轴的夹角。

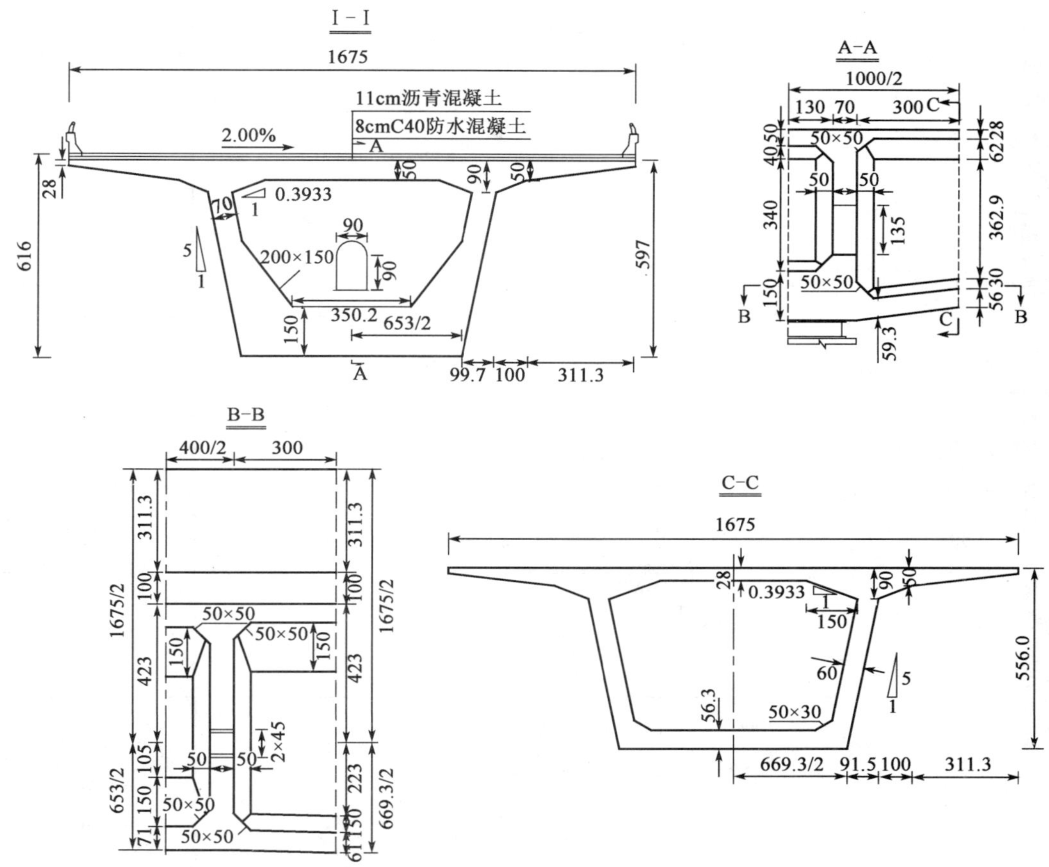

图 4.15.48　桥梁墩顶块斜腹板箱梁(尺寸单位:cm)

取导热系数 $k=8.95\text{kJ}/(\text{m}\cdot\text{h}\cdot℃)$,比热容 $c=1.03\text{kJ}/(\text{kg}\cdot℃)$,单位体积混凝土发热量 $Q_0=17500\text{kJ/m}^3$,换热系数 $h_t=55\text{kJ}/(\text{m}^2\cdot\text{h}\cdot℃)$进行分析,混凝土箱梁浇筑时预冷温度和预流温度组合如表 4.15.3 所示。

混凝土箱梁浇筑时预冷温度和预流温度组合　　表 4.15.3

组合名称	正常浇筑初始温度(℃)	预冷温度(℃)	预流温度(℃)
JZ	20	20	20
JZ1	20	5	5
JZ2	20	5	10
JZ3	20	10	5
JZ4	20	10	10
JZ5	20	15	5
JZ6	20	15	10

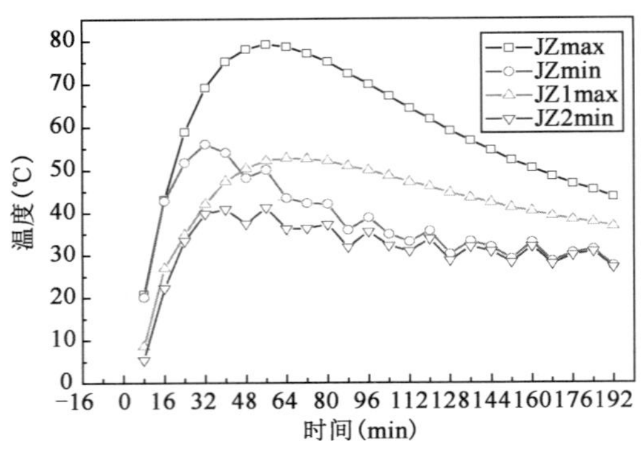

图4.15.49　正常浇筑(JZ)与预冷预流各5℃(JZ1)浇筑混凝土的温度峰值时程曲线

图4.15.49仅示出了正常浇筑(无预冷和流冷,组合名称JZ)及预冷预流温度均为5℃(JZ1)的箱梁墩顶块浇筑混凝土的水化热温度峰值时程曲线,其余组合的曲线变化规律与图4.15.49相似,仅是数值的区别。

分析认为,通过预冷及预流方式,混凝土的水化热最大、最小温度峰值可削减约25%(本例从80℃减至60℃、从60℃减至45℃);最大温度峰值出现的时间约缩减15%(从56h缩减至48h),可见采用预冷流方法浇筑箱梁墩顶块混凝土,可明显降低浇筑混凝土的水化热温度峰值,缩短最大温度峰值出现的时间,有利于混凝土箱梁墩顶块水化热温度场的提前控制和热害预防。

图4.15.50为组合1至组合6下箱梁墩顶块浇筑混凝土水化热温度峰值时程曲线。可见最大温度时程曲线较光滑,在约48h达到温度峰值,温升较快,降温缓慢,说明混凝土内部温度变化比较稳定;而最小温度时程曲线呈波浪形变化,在约40h达到温度峰值,温升较快,降温缓慢。混凝土的最小温度出现混凝土结构的边缘,受环境影响较大。

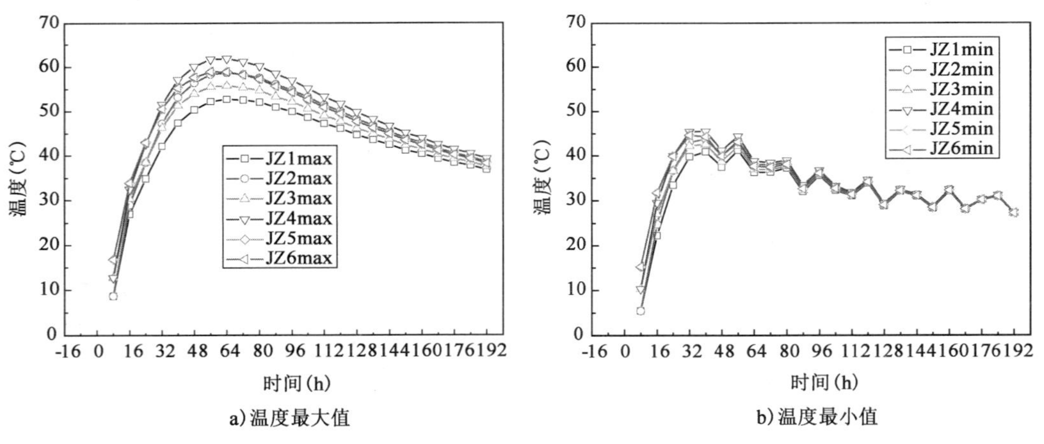

图4.15.50　组合1至组合6下浇筑混凝土温度峰值时程曲线

进一步对比各降温组合与未降温浇筑下的混凝土水化热温差峰值,典型曲线如图4.15.51所示。分析认为,无论是否采取降温措施,水化热温差峰值发生时间未变(本例为86～96h),采取的降温措施不同,其温差峰值亦不同,但都能起到一定的降温作用。本例采取了预冷和流冷降温组合措施,使得原温差峰值(JZ)36℃分别减到组合1的19℃、组合2的23℃、组合3的21℃、组合4的25℃、组合5的23℃和组合6的23℃。当初始浇筑温度和流冷温度较低时,温差峰值较小;当初始浇筑温度和流冷温度较高时,温差峰值较大。即预冷流方式能改变温差峰值,而不改变温差峰值发生的时间。

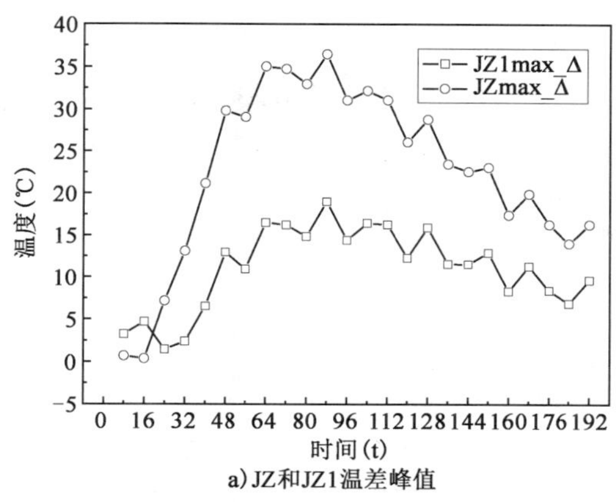

a) JZ和JZ1温差峰值

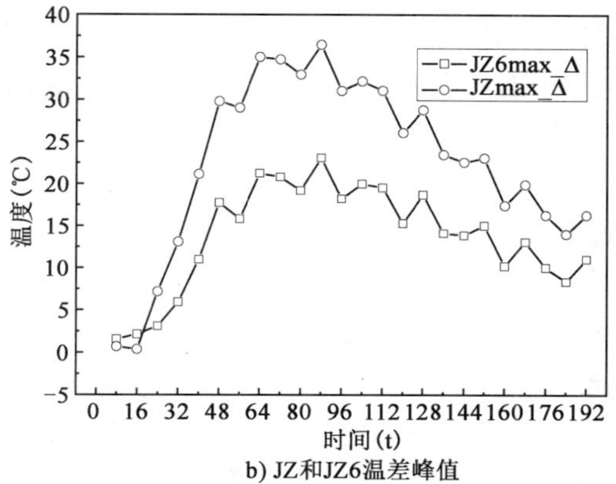

b) JZ和JZ6温差峰值

图4.15.51 典型组合下浇筑混凝土水化热温差峰值时程曲线

15.6.5 混凝土浇筑过程水化热应力场分析[10]

这里采用式(4.15.3)及式(4.15.5)、式(4.15.6)进行15.6.4节中的墩顶块浇筑过程中的水化热应力场分析。全桥共对3个截面进行温度监控,典型截面测点布置如图4.15.52所示,检测点 A_i 及 D_i,检测时间共192h。

分析时,混凝土弹性模量取为

$$E(t)=E_0(1-e^{-0.09t}) \tag{4.15.11}$$

式中:$E(t)$——不同龄期的弹性模量;

E_0——成龄期混凝土的弹性模量,按规范中混凝土强度等级取值;

t——混凝土龄期(d)。

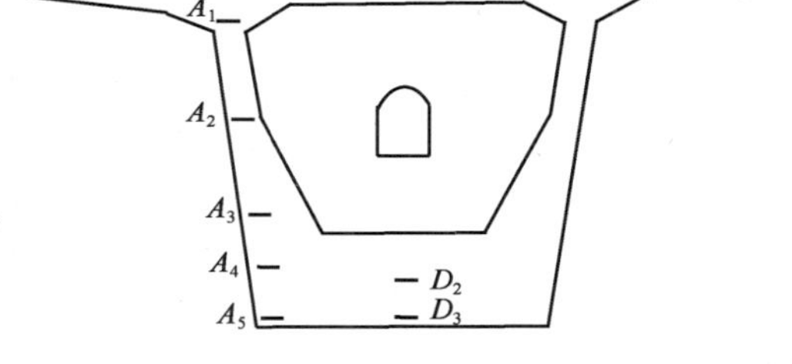

图4.15.52 0号块箱梁截面温度应力测点布置

混凝土抗拉强度按照王铁梦变化规律取为

$$R_f(t)=0.8R_{f28}\left[\lg\left(\sum_{i=1}^{n}\frac{T_i+10}{30}\Delta t_i\right)\right]^{2/3} \tag{4.15.12}$$

式中:$R_f(t)$——不同龄期的抗拉强度;

R_{f28}——龄期为28d的抗拉强度;

Δt_i——在 T_i 温度下经过的时间。

混凝土浇筑温度和空气接触面温度按第三类边界条件取值。由于早期混凝土温度场、弹性模量和抗拉强度是随时间变化的,因此,以1h为时间间隔,进行与实测温度时间相同的192h分析,每次设定相应的温度场及按公式(4.15.11)和式(4.15.12)相应时间点的混凝土弹性模量和抗拉强度。其中C50号混凝土的28d弹模 E_0 为35GPa。表4.15.4给出部分时间点的弹性模量和抗拉强度取值。

混凝土弹性模量、抗拉强度在部分时间点上的取值 表4.15.4

时间(h)	24	48	72	96	120	144	168	192
弹性模量(GPa)	3.25	15.68	8.28	10.62	12.71	14.62	14.91	18.72
抗拉强度(MPa)	1.06	1.43	1.67	1.86	2.0	2.12	2.22	2.31

分析水化热温度最大主拉应力分布认为：混凝土箱梁0号块浇筑完后内部温度高，体积膨胀受到箱梁边缘部位的约束，导致内部混凝土产生压应力，边缘产生拉应力，拉应力峰值远小于压应力峰值。水化热温度应力呈梯度分布。在腹板靠下部部位有条清晰的顺桥向拉应力带，带的中间（墩顶正上方）拉应力最大，极值接近1MPa。在施工过程中应注意温控，及时养护，防止腹板早期裂缝。

图4.15.53为各测点最大主拉应力时程曲线。各测点最大主拉应力走向一致，峰值大都发生在86～96h。在此之前由于水化热速率快，弹性模量较小，主拉应力大幅度增长，之后水化热速率下降较缓，最大主拉应力曲线缓慢衰减，并且波动幅度大，与水化热温差曲线相对应。最大主拉应力峰值与内外最大温差发生的时间相同，从而说明最大主拉应力峰值与混凝土箱梁内外最大温差密切相关，同步发生，所以在施工过程中只要控制最大温差以及出现的时间，便可控制最大主拉应力峰值，使其不能出现过早，以防早期抗拉强度不足，导致裂缝出现。

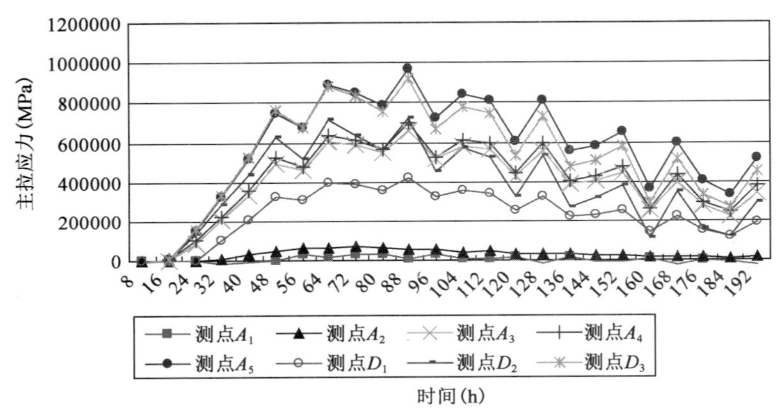

图4.15.53　箱梁墩顶块最大主拉应力时程曲线

图4.15.54为各测点位移峰值时程曲线。位移值为负值，说明混凝土箱梁在水化热过程中体积膨胀。各测点保持相同的位移趋势，曲线光滑，基本上都在56h左右达到位移峰值，其

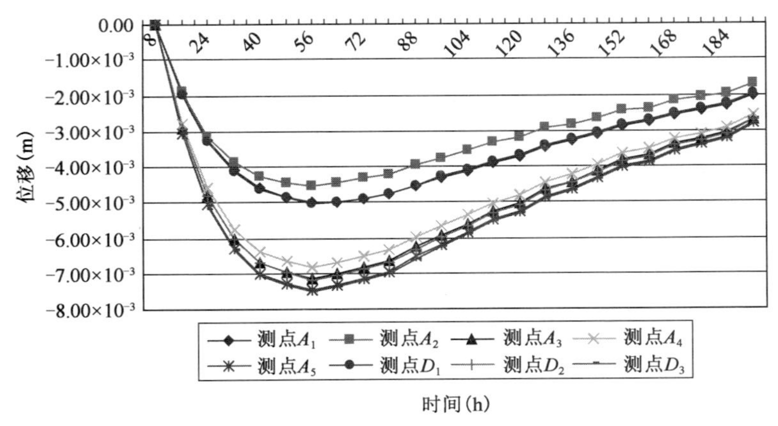

图4.15.54　各测点位移时程曲线

值可达到8mm,这与各测点出现的温度峰值时间相吻合,说明各测点位移峰值与温度峰值密切相关,两者同步发生。测点 D_3 位于底板底层,水化热温度最高,受温度影响产生的位移较其他测点也大。

15.7　拉压杆模型及其应用

15.7.1　混凝土桥梁结构的D区

在工程结构受力中,除符合平截面假定的区域外,总存在一些应力紊乱、甚至不连续的区域,如集中荷载作用处、端部、牛腿、开洞等,或不符合平截面假定的区域,称之为D区(Discontinuity 或 Disturbance Area),相对后者,前者称之为B区(Beam 或 Bernoulli Area)。大多数规范对B区的设计计算有详细的规定,而D区计算显得粗略。近年来,在桁架模型的基础上发展而来的拉压杆模型被广泛应用在D区的设计计算中,并被美国、欧洲等规范所推荐,已成为欧美主要混凝土及桥梁结构设计规范针对D区设计所采用的基本方法,并受到国际工程界的广泛认同。

在桥梁中,D区一般位于以下部位:①高跨比较大的深梁,如横隔板,桥墩盖梁;②剪跨比较小的区域,如支座附近区域;③承受集中力作用的区域,如竖向预应力作用下的腹板及横向预应力作用下的翼板悬臂端,桩基础承台;④预应力锚固区,如齿板、梁端截面锚固区及凹槽锚固区;⑤构造上有几何突变的部位,如截面顶、底板开孔区,悬臂梁牛腿与挂梁结合处附近区域等。箱梁结构的典型D区如图4.15.55所示。

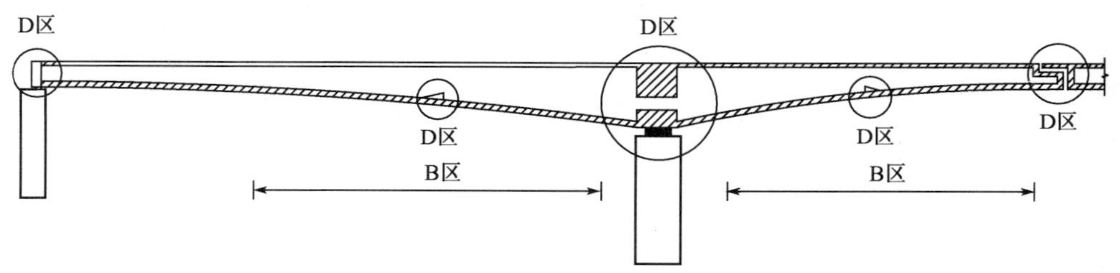

图4.15.55　箱形梁结构的D区示意图

15.7.2　拉压杆模型的建立

1)拉压杆模型的构成

拉压杆模型一般描述的是从结构支撑点到D区和B区边界范围的受力情况,其外荷载也主要是支撑反力和D区与B区分界的边界力。简单全D区结构可能无边界力,如图4.15.56a)所示的简支深梁。拉压杆模型是将连续体中的受力按照其传递路径进行合理抽象后,用离散化的杆件模型来描述结构的传力机制。模型由拉杆、压杆和联结拉、压杆件的节点构成,其中,拉杆一般代表普通钢筋、预应力钢筋或拉应力场的合力;压杆是受压杆件,代表压应力场的合力;节点位于压杆、拉杆轴线与集中力的交汇处。如图4.15.56所示,图4.15.56a)为力场示意图,图4.15.56b)是其相应的拉压杆模型。

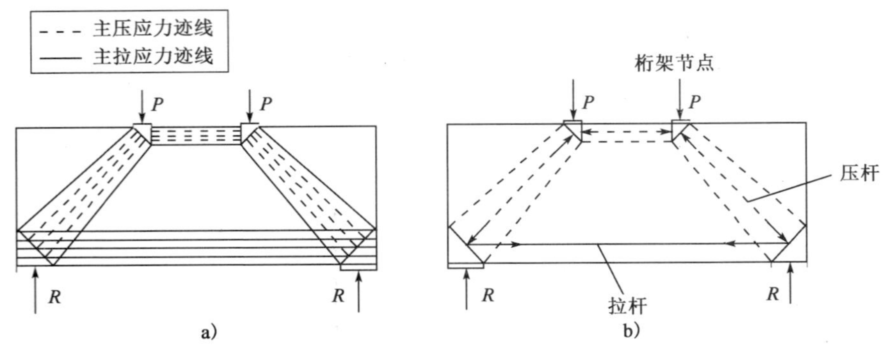

图4.15.56 拉压杆模型构成

(1)拉杆

拉杆代表拉应力场的合力,一般由普通钢筋、预应力钢筋或受拉构件构成。拉杆除保证一定的锚固长度外,还应满足拉杆处结构的抗裂要求。

(2)压杆

压杆代表压应力场的合力,其形状根据压力扩散情况,可以是棱柱形、瓶形或者扇形,如图4.15.57所示。可按轴压构件验算压杆的承载力。验算时,混凝土的有效强度受压杆形状、压杆周围混凝土受力状况等因素的影响,有效截面积取决于端部支承、锚固、受力和几何边界条件,不同规范对两者均有相关规定。对于瓶形压杆[图4.15.57b)],力流的横向扩散会产生横向拉力,应按构造配置一定数量的分布钢筋以控制裂缝的宽度。

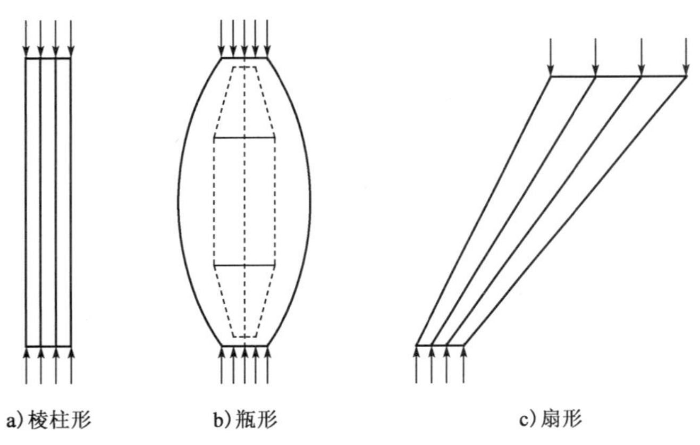

图4.15.57 压杆类型

(3)节点

节点位于压杆、拉杆轴线与集中力的交汇处,是受力复杂区域。根据节点区交汇杆件的类型,可分为CCC型(仅由压杆围成的节点区)、CTC型或CCT型(由多根压杆与一根拉杆围成的节点区)、CTT型(由1根压杆与多根拉杆围成)和TTT型(全部由拉杆围成的节点区),如图4.15.58所示。

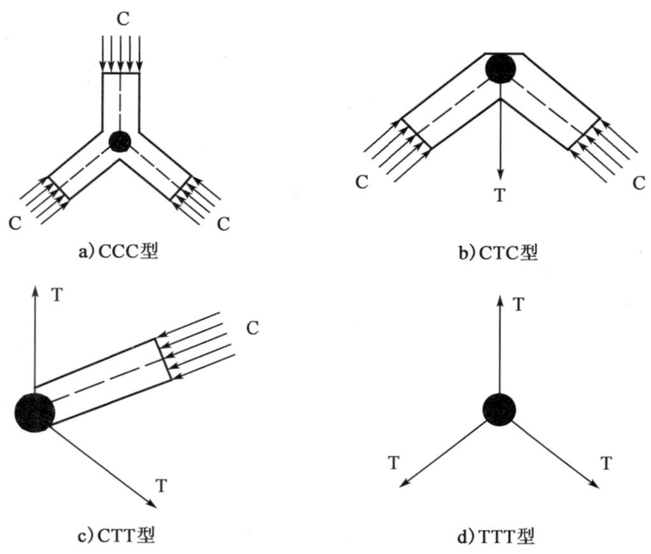

图4.15.58 节点类型

2)拉压杆模型建立的基本方法

常用的拉压杆模型建立方法有应力迹线法(图4.15.56)、荷载传递路径法(图4.15.59)以及利用有限元分析结果结合计算机辅助设计功能,逐步将结构中应力较小区域剥离出的渐进式优化模型建立方法。拉压杆模型满足外部作用与内部抗力的平衡,即只需满足平衡条件和屈服准则,亦即满足塑性理论下限定理,而没有变形协调的限制,因此在构建时可有多种选择。但混凝土是一种塑性变形能力有限的材料,因此存在合适或最优的拉压杆模型。判断拉压杆模型的合理性准则一般为:

(1)拉杆、压杆的中心线应尽量与应力迹线重合。拉杆、压杆位置,应尽可能反映主拉应力或主压应力的走向,夹角宜控制在15°范围内。

(2)荷载在结构中引起的真实变形,总是使结构的应变能最小,即最小应变能准则。拉压杆模型的应变能绝大部分集中于拉杆,因此拉杆总长度最小的拉压杆模型是最优的模型。

也有学者引入弹性应变相容误差的概念,提出了新的判别准则。

在构建拉压杆模型时,一般要借助于数值分析,得到结构内部的应力迹线后,按照杆件中心应尽量与应力迹线重合准则来构建拉压杆模型,也可按照荷载传递的路径直接判断或参考已有的标准模型来构建。图4.15.59是桥梁结构上常见的拉压杆模型示意图。

15.7.3 拉压杆模型的设计应用

用拉压杆模型进行结构设计的一般步骤为:

(1)按照作用于结构上的荷载确定支撑反力,并根据构造要求或经验初步拟定尺寸。

(2)按照圣维南原理,把结构划分为D区和B区。

(3)按传统方法对B区进行设计,并确定B区与D区相邻截面的边界力。

(4)构建D区的拉压杆模型。

(5)根据平衡条件确定拉压杆模型中各杆件的内力。对于超静定的拉压杆模型,进行局部调整将其转化为静定拉压杆模型。

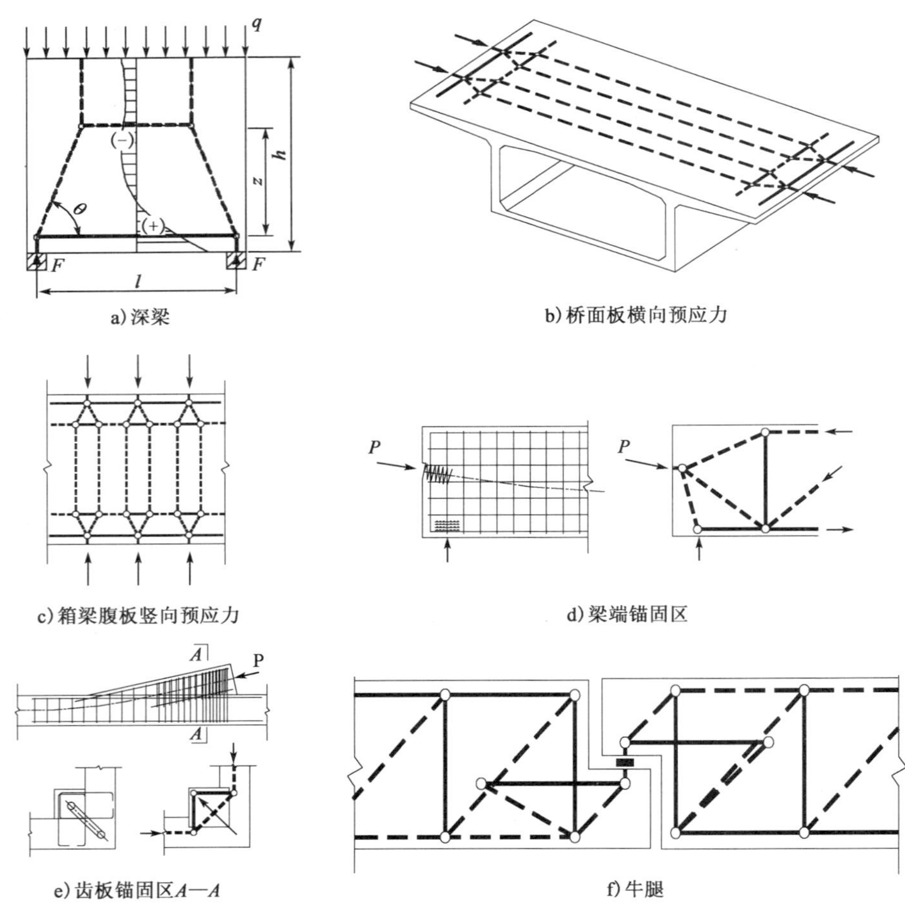

图 4.15.59 桥梁结构上几个常见的拉压杆模型示意图

(6) 根据拉杆的内力进行配筋设计，并满足钢筋锚固的构造要求。

(7) 对压杆和节点区进行验算，并满足强度要求。

影响节点区强度的因素多且复杂，一般根据节点的类型、横向钢筋的配筋率等确定混凝土强度的有效系数，以此计算混凝土的有效强度并进行节点强度的验算。其目的一是控制节点区的应力，以保证传力的安全；二是通过节点尺寸的确定，对钢筋锚固措施提出要求。如果压杆和节点的应力超出限值，或是压杆或节点超出 D 区的范围，则需要对拉压杆模型的几何形状，甚至初步拟定的结构尺寸进行调整。

拉压杆模型不仅可以对 D 区的承载力进行分析，也可用来指示裂缝的潜在位置以及控制开裂宽度，如限制拉杆钢筋的应力水平来达到控制 D 区裂缝宽度的目的。美国 AASHTO 规定钢筋容许应力限值为钢筋强度 f_y 的 0.6 倍；对于我国桥梁结构中常用的 HRB335 级钢筋，f_y 取 335MPa 时对应的钢筋容许应力限值约为 200MPa，亦即 f_y 的 0.6 倍；欧洲 CEB-FIP90 模式规范认为的普通钢筋的应力水平限制在 200 ~ 240MPa 范围内，可实现对裂缝宽度的有效控制（裂缝宽度控制在 0.2mm 范围内），保证 D 区使用阶段的性能要求。据此，一般情况下可将正常使用阶段拉杆钢筋应力限制在200MPa范围内，以实现对D区裂缝宽度的有效控制。

15.7.4 拉压杆模型建模及应用示例

1)梁端锚固区的拉压杆模型及其应用

梁端锚固区是典型的端部复杂受力区，以下以梁左端腹板锚固区为例，介绍此类区域的拉压杆模型建立、配筋及验算过程。

(1)边界力

按照肋板剪应力分布状况，可假定边界面剪应力在腹板以及马蹄范围内均匀分布，利用初等梁理论方法分析端部锚固区边界面的应力分布及马蹄区域内承担的剪力。根据边界面正应力的计算结果，确定截面合力重心位置，并以合力重心为界，将腹板分割为上下两个区域，如图4.15.60所示。此时，端部锚固区边界力的大小及作用点位置可分别由顶板、腹板上部、腹板下部及马蹄区域内的应力积分来确定。

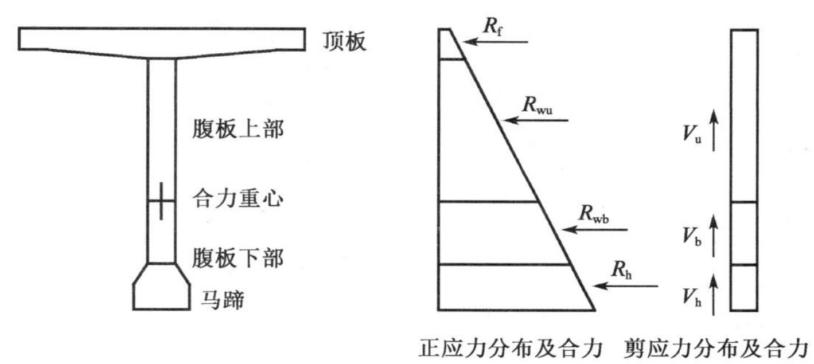

图4.15.60 边界截面的应力分布及合力

(2)拉杆及锚下竖向压杆的位置

在端部锚固区拉压杆模型中，拉杆代表锚下劈裂应力区，拉杆方向与抵抗劈裂效应的竖向箍筋方向一致。为合理抽象并简化模型，可将拉杆沿桥梁纵向置于同一位置，拉杆[图4.15.61b)的杆4-5、5-6、6-7]至锚固端距离可以各力筋锚下劈裂应力合力至锚固端距离的加权平均值为依据，取梁高的0.67倍，即 $d_b = 0.67h$。

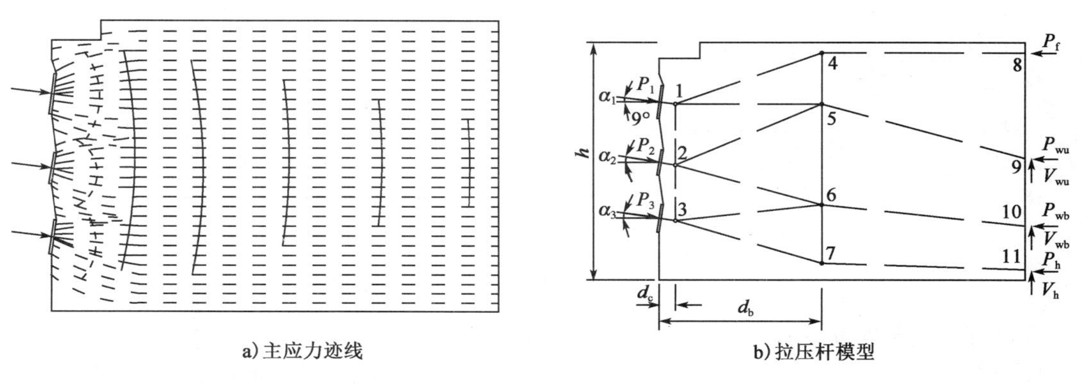

图4.15.61 T梁锚固区主应力迹线及拉压杆模型($R_h < P_3\cos\alpha_3$)

锚下竖向压杆[图 4.15.61b)中杆 1-2、2-3]代表垫板下方的横向压应力区，竖向压杆至锚固端的距离较小，可近似取为 $d_c = a/2$（a 为锚垫板沿梁高方向的宽度）。根据 T 梁锚固区主应力迹线[图 4.15.61a)]构建的拉压杆模型如图 4.15.61b)所示。

(3)模型的局部调整

由于马蹄区域内的应力较高，当出现 $R_h > P_3\cos\alpha_3$ 时[参数含义见图 4.15.60、图 4.15.61b)]，还需要将 2 号节点与 7 号节点相连，保证 7 号节点在水平方向上力的平衡，由此得到超静定的拉压杆模型如图 4.15.62a)所示。

超静定拉压杆模型的计算理论尚不成熟，考虑到拉压杆模型只需满足平衡条件和屈服准则，没有变形协调的限制，为便于杆件内力的计算，可对模型进行局部调整，将其转化为静定模型。将 2 号节点与 10 号边界力作用点相连，并将压杆 6-10 的方向调成水平，得到如图 4.15.62b)所示的静定模型。

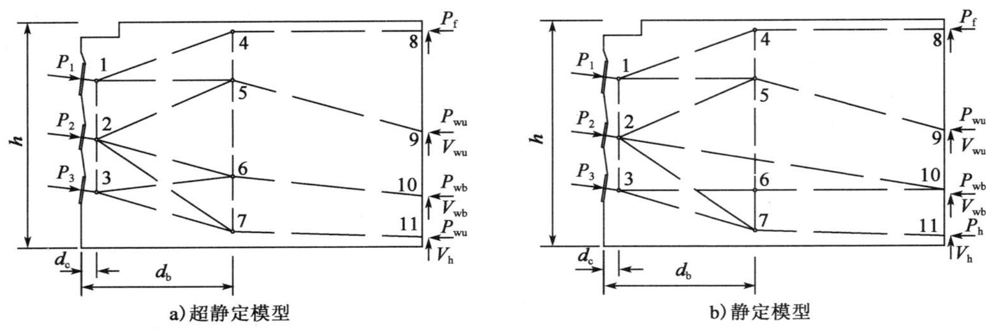

图 4.15.62　T 梁锚固区拉压杆模型($R_h > P_3\cos\alpha_3$)

(4)腹板厚度方向及翼板平面内的拉压杆模型

按照 Hchlaich 的假定[11]，拉压杆模型可在各自平面内分别建立，同样的方法，建立的腹板厚度方向及翼板平面内的拉压杆模型如图 4.15.63 所示。其中 P 为各预应力筋预加力大小的总和，R_f 为传递至翼板区域的预加力大小。

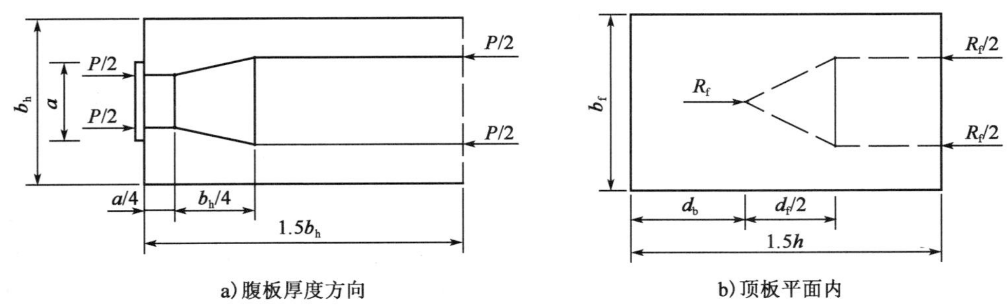

图 4.15.63　腹板厚度及顶板平面内拉压杆模型

(5)劈裂力及配筋设计

对于轴向和小偏心受力情况以及锚头间距小于截面高度 0.4 倍的多束力筋的锚固，劈裂力大小可取为预加力总和的 2%。对于大偏心锚固情况，可通过图 4.15.64 所示的大偏心锚

固对应的拉压杆模型中7号节点力的平衡计算得到。则抗裂所需配筋量为

$$A_s = \frac{T_d}{f_{sd}} \tag{4.15.13}$$

式中：A_s——钢筋面积；

T_d——劈裂力或剥裂力的计算值；

f_{sd}——钢筋的强度设计值。

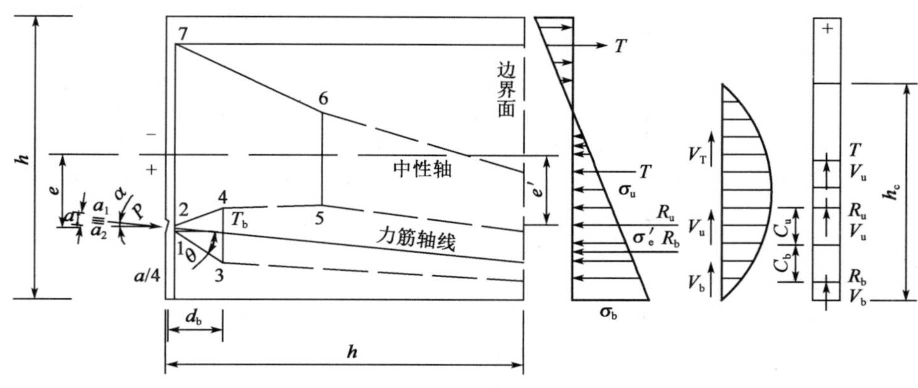

图4.15.64 大偏心锚固下的拉压杆模型

AASHTO 规范建议锚固区抗劈裂钢筋一般可采用闭合箍筋或具有可靠锚固措施的横向钢筋。抗劈裂钢筋的布置范围为离梁端 $2.5d_b$ 且小于 $1.5h$，沿整个梁高布置，钢筋面积的重心应尽量与拉杆位置重合，钢筋间距不大于24倍钢筋直径且不大于300mm。钢筋分布于构件截面的整个宽度范围内，多个锚具间的抗劈裂钢筋应有效地将锚具联系在一起，纵向边缘抗拉钢筋和偏心锚固情况下的抗劈裂钢筋应是连续的，钢筋应沿锚固区全长布置并沿加载面从偏心锚具或锚具组的边缘向另一边扩展。

2）横隔板的拉压杆模型及其应用

横隔板是典型的结构内部复杂受力构件，以下以箱梁墩顶处横隔板受力为例，介绍此类区域的拉压杆模型建立、配筋及验算过程。

（1）横隔板的边界条件及其简化

如不考虑横隔板自重，则横隔板所受荷载主要为由腹板传递过来的均布剪力，实际结构整体受力如图4.15.65a）所示。为了便于计算，取出横隔板隔离体［图4.15.65b）］，将均布剪力 q 等效为集中力 F 作用于横隔板的顶部，并根据隔板拉应力合力 T 距底缘的距离相等的原则，将原结构等效为如图4.15.65c）所示的结构。等效结构各参数可取值为

$$\sum q = F = R \tag{4.15.14}$$

$$h_0 = \alpha h \tag{4.15.15}$$

式中：q——横隔板的均布剪力；

F——横隔板均布剪力的等效集中力；

R——支座反力；

h——横隔板的实际高度；

h_0——等效后横隔板高度；

α——横隔板的高度折减系数，取值范围为 0.86～0.93。

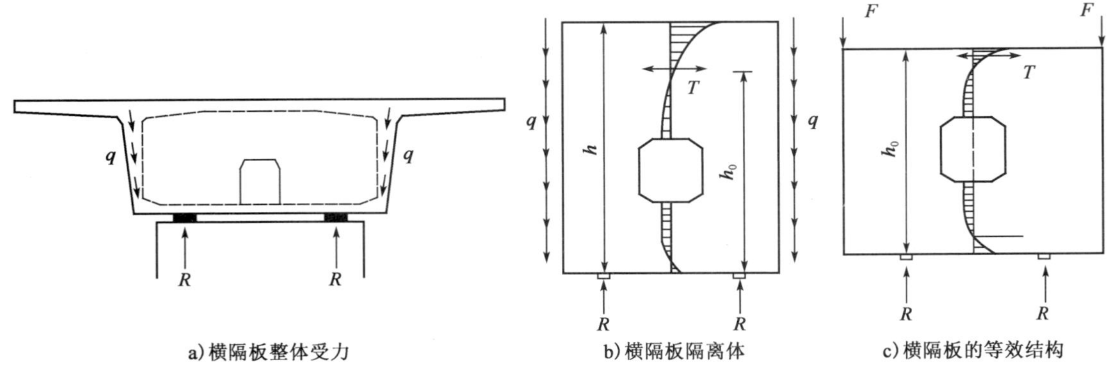

图 4.15.65　墩顶横隔板受力及其简化

(2) 拉压杆模型参数

横隔板高跨比、支撑方式、开洞大小与位置是影响其拉压杆构形的主要因素。参考已有设计，箱梁横隔板高跨比 h_0/B 取值范围为 0.5～2（B 为横隔板跨度，可取箱宽）；支撑方式分为单支撑和双支撑两种，其中双支撑间距 B_0 与横隔板跨度 B 之比取值范围为 0.5～0.9，对于刚构桥，横隔板与桥墩固结约束，h_0/B 可取为 0.5。

如图 4.15.66 所示，以高跨比、支撑间距为参数对无开孔横隔板进行应力分析，根据应力结果可求得拉压杆模型中水平拉杆及压杆的内力，从而确定模型中杆杆之间的力臂 z 及水平压杆长度 B_{ef}［图 4.15.12b)］。

分析 z、B_{ef}与无开孔横隔板高跨比、支撑间距之间的关系表明，随着梁高增大，B_{ef}值减小，z 值增大；随着支撑间距增大，B_{ef}值增大，而 z 基本不变。当横隔板高跨比大于 1.0 时，z 稳定于 $B/2$；大于 1.2 时，B_{ef}稳定于 $B/2$。对于高跨比大于 1.2 的横隔板或深梁，从上述分析可知，其拉压杆模型上部分拉、压杆之间力臂及斜压杆倾角趋于稳定，对于下部分拉、压杆之间力臂可仿照确定。

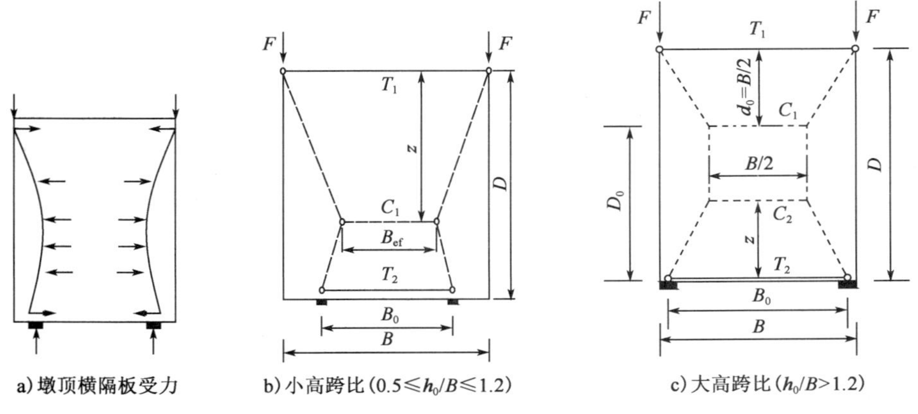

图 4.15.66　无开孔横隔板主应力及拉压杆模型

(3)横隔板拉压杆模型

依据无开孔横隔板的主应力迹线图4.15.66a),应用上述分析结果,可构造出其拉压杆模型如图4.15.66b)、c)所示。

实际桥梁中,为减轻横隔板自重及便于维护,墩顶横隔板通常采用中央开孔形式。若孔口位于横隔板拉压杆之间的空白区域时,可认为对原有力流影响不大;当孔口较大或者位置处于对应横隔板拉压杆件上时,原有力流将受到影响,需要调整某些杆件的位置。

对于图4.15.66b)所示的横隔板,如果开孔位置及大小影响图中压杆 C_1 的长度及位置,当开孔正好处于压杆 C_1 所处位置时,该杆件分离为孔口上下两根压杆 C_1 与 C_2,如图4.15.67所示;同时,随着开孔变大,力作用点与支点间力流近似为直线传递,水平压杆 C_1 及 C_2 长度变大,压杆内力随之变小。通过变化开孔大小及位置,可求得横隔板上下缘杆件内力,拟合压杆 C_1 及 C_2 的长度 B'_{ef}、B''_{ef}时,应满足

$$\frac{B'_{ef}}{B}=1-\frac{z_0}{z}\left(1-\frac{B_{ef}}{B}\right) \tag{4.15.16}$$

$$\frac{B''_{ef}}{B}=\frac{B_0}{B}-\frac{z_1}{D-z}\,\frac{B_0-B_{ef}}{B} \tag{4.15.17}$$

式中:z_0、z_1——开孔上缘至横隔板顶缘、开孔下缘至横隔板底缘距离,且 $z_0<z$,$z_1<z$;

z、B_{ef}——非开孔情况的力臂及横向压杆长度。

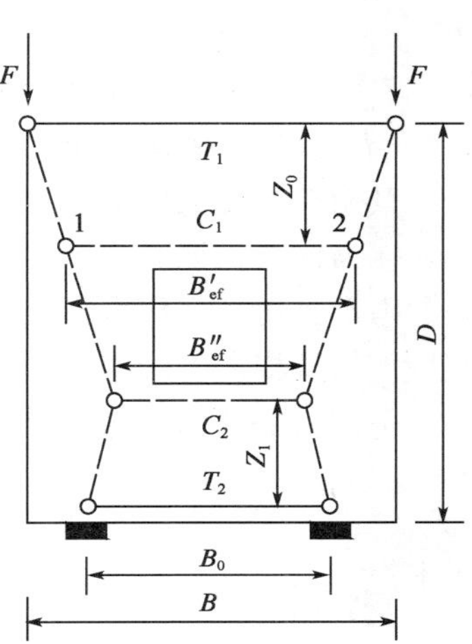

图4.15.67 开洞横隔梁拉压杆模型

B'_{ef}、B''_{ef}及 z_0、z_1 确定后,双支撑条件下的开孔横隔板的拉压杆模型随之确定。

(4)配筋设计及强度验算

①拉杆配筋。

拉杆配筋区域配筋量为[12]

$$A_s=\frac{T_d}{f_{sd}} \tag{4.15.18}$$

式中:T_d——由拉压杆模型计算得到的拉杆内力值;

f_{sd}——钢筋的强度设计值。

②压杆强度。

根据美国AASHTO的规定,压杆承载能力为

$$\phi F_{us}=\phi f_{cu}A_s=\phi 0.85\beta_s f'_c A_t\geqslant F_s \tag{4.15.19}$$

式中:ϕ——压杆强度 F_{us}的折减系数,对压杆及节点取0.7;

f_{cu}——有效抗压强度,$f_{cu}=0.85\beta_s f'_c$;

β_s——压杆的类型系数,菱形压杆 $\beta_s=1.0$,含抗裂钢筋的瓶状压杆 $\beta_s=0.75$,不含抗裂钢筋的瓶状压杆 $\beta_s=0.6$;

f'_c——混凝土抗压强度标准值;

A_t——压杆的计算面积,$A_t=bd_{strut}$,b 为横隔板厚度,d_{strut} 为压杆的计算宽度,$d_{strut}=l_b\sin\theta+w_t\cos\theta$,$l_b$ 为支座宽度,w_t 为2倍主筋至梁底宽度,θ 为压杆与拉杆夹角;

F_s——压杆的计算杆力。

③节点强度。

节点区承载能力为

$$\phi F_{un} = \phi f_{ncu} A_n = \phi 0.85 \beta_n f'_c A_n \geqslant F_n \quad (4.15.20)$$

式中：f_{ncu}——节点有效抗压强度，$f_{ncu} = 0.85\beta_n f'_c$；

β_n——节点的类型系数，CCC 型节点 $\beta_n = 1.0$，CCT 型节点 $\beta_n = 0.8$，CTT 型节点 $\beta_n = 0.6$；

A_n——节点区的有效面积；

F_n——计算节点力；

其余符号意义同前。

④横向力钢筋。

考虑到压杆在压力作用下会产生横向膨胀应变，导致沿压杆轴向产生裂缝，为此应对压杆配置能抵抗横向力的钢筋。

美国 AASHTO 规定，当混凝土圆柱体抗压强度 f'_c 不大于 40MPa 时，压杆横向配筋应满足

$$\sum \frac{A_{si}}{b_s s_i} \sin\alpha_i \geqslant 0.003 \quad (4.15.21)$$

式中：A_{si}——与压杆轴线成 α_i 夹角且贯穿压杆间距为 s_i 的第 i 层钢筋的总截面面积（图 4.15.68）；

b_s——支座支撑宽度。

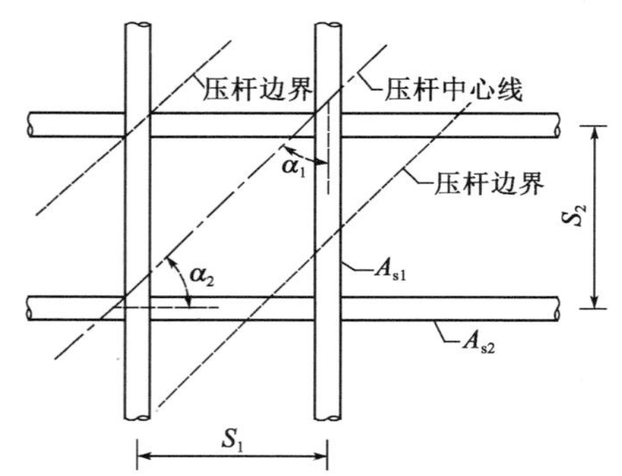

图 4.15.68　压杆区加强钢筋布置

压杆中的配筋采用两个正交方向布置。

⑤横隔板配筋细节。

横隔板配筋与支撑方式相关，当支撑位于腹板下方时，隔板内仅需配一定数量的普通钢筋。当支撑点不通过主梁腹板轴线时，若同时布置抗剪、抗弯及抗裂钢筋，会导致钢筋交错密布，使混凝土浇筑振捣困难，一般可以考虑在横隔板中设置横向预应力筋。

横隔板内纵向受拉钢筋、箍筋布置及最小配筋率需满足构造要求。对于高跨比较大的横隔板，钢筋布置还应满足深梁的特殊构造要求，如纵向受拉钢筋、竖向分布钢筋配筋率分别不应小于 0.2% 及 0.15%。除此之外，支座区域还应加强构造配筋，以满足局部受压承载能力要求。

为减少开孔横隔板沿孔口周围出现的放射型裂缝，应尽量减小开孔尺寸，优先考虑圆形孔口，或在矩形孔口设置倒角。根据力流分析结果，应在孔口周边设置加强钢筋。

15.8　小　　结

桥梁结构分析发展到今天，大部分一般性问题均得到有效解决，面对的更多的是极端问

题、局部问题、耦合问题、进一步精细化分析及适于工程设计使用的合理简化分析方法。极端问题包括结构的风振、地震、碰撞、泥石流等自然或人为因素造成的灾害破损分析；局部问题包括复杂结构部位、不同材料的结合处、锚固或结构形状变化部位、作用敏感处等的分析；耦合问题包括不同作用、不同结构在空间、时间或结构间的相互耦合或牵制；精细化分析是所有分析的努力方向；而合理的简化分析是研究者为工程应用提供可行手段的最佳途径。

本章选取混凝土桥梁的墩顶块、合龙段、悬臂端、拓宽后的新老结构、混凝土浇筑过程中的水化热等进行分析介绍，同时介绍适用于D区(Discontinuity 或 Disturbance Area)计算的拉压杆模型，更多的精细化模拟及其他情况分析须参阅相关文献。

本章参考文献

[1] 中华人民共和国行业标准. JTG D63—2007　公路桥涵地基与基础设计规范[S]. 北京：人民交通出版社，2007.

[2] 李闻涛. 大跨径连续体系梁桥墩顶块空间应力数值分析[D]. 西安：长安大学，2007.

[3] 张志新. 高墩曲线连续刚构箱梁桥空间行为研究[D]. 西安：长安大学，2008.

[4] 王凌波，郑斐. 内置劲性骨架的PC箱梁桥合龙段时变性能分析[J]. 中国公路学报，2015，28(4)：69-75.

[5] 高小妮. 拓宽后桥梁结构相互作用分析[D]. 西安：长安大学，2009.

[6] 张岗，贺拴海. 非稳定对流模式下混凝土箱梁内生热场与计算方法[J]. 郑州大学学报：工学版，2010，31(4)：11-14.

[7] 张岗，任伟，贺拴海，等. 混凝土箱梁水化热温度场时效模式及时变应力场[J]. 长安大学学报(自然科学版)，2008，28(4)：51-54.

[8] 张岗，贺拴海. 焰流效应下混凝土空心薄壁墩热力耦合形差与层剥分析[J]. 中国公路学报，2014，27(11)：46-54.

[9] 张岗，贺拴海，宋一凡. 混凝土箱梁水化热温度损伤修正耦合方法[J]. 交通运输工程学报，2008，8(1)：13-17.

[10] 张岗，贺拴海，宋一凡. 混凝土箱梁水化热温度损伤安全评价模型研究[J]. 安全与环境学报，2007，7(4)：143-147.

[11] SCHLAICH J，SCHFER. Design and detailing of structural concrete using strut-and-tie models [J]. Structre Engineering，1991，69(6).

[12] ACI Committee 318. Building Code Requirements for Structural Concrete and Commentary (ACI 318-05)[S]. American Concrete Institute，Farmington Hills，Mich，2005.

第5篇

斜弯桥及异形桥梁计算理论

16　斜桥计算理论

16.1　斜 桥 特 征

斜桥主要用于中小跨径桥梁，分整体式斜板桥、斜梁桥和装配式斜板桥、斜梁桥。板有空心和实心之分，梁亦有肋梁式和小箱梁，装配式的横向连接也分为刚性连接和铰接。整体式多用于小跨径，装配式用于较大跨径。几何上的斜度对斜桥的受力性能影响最大，并以斜交角来反映。斜交角的定义如图5.16.1所示的φ或α，其大小反映了斜交程度的大小，亦关系到斜桥的受力特性。一般φ越大（α越小），斜桥的特点越明显。当φ小于20°（JTG D62—2004将此角减小到15°）时，可近似忽略斜交作用，按斜交跨径的正交桥进行分析计算，这样计算出的纵向弯矩与剪力偏于安全方面。

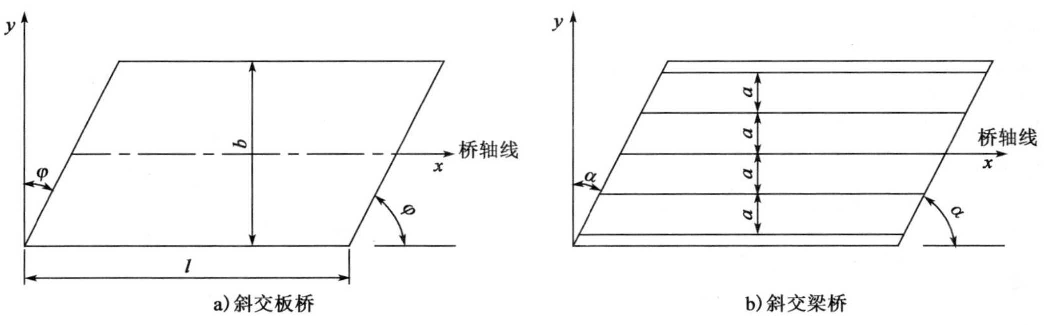

图5.16.1　斜交桥及其参数

以下以简支斜交板桥、斜交梁桥为例阐述斜桥的基本特征。

16.1.1　斜交板桥

影响整体式斜板桥受力的因素主要有：斜交角、宽跨比、抗弯刚度、抗扭刚度、支承条件及荷载形式等，影响机理较复杂，现有研究的主要结论如下：

弯矩　纵向弯矩随斜交角φ的增大而减小，均布荷载作用时比集中荷载作用时的减小更显著，如图 5.16.2 所示。

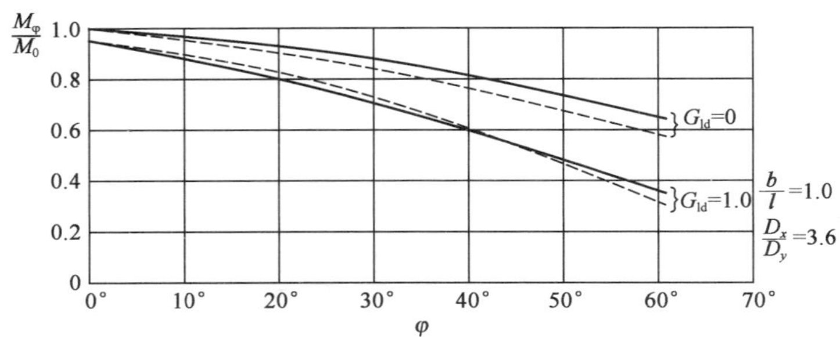

图 5.16.2　斜交桥纵向弯矩锐减曲线

纵向最大弯矩的位置随 φ 角的增大从跨中附近向钝角部位移动，其值比同等跨径的正交桥小，可是横向弯矩却比同等跨径的正交桥大得多，尤其是跨中部位。

除上述纵、横向弯矩外，在钝角部位的角平分线垂直方向上产生负弯矩，有时其数值接近跨中的正弯矩，其值随 φ 的增大而增加，但分布范围较小，并迅速削减。由于反力大，在钝角底板处产生平行于角平分线的局部正弯矩，有时其数值亦较大。

反力　斜板桥的荷载有向支撑边最短距离传递的趋势（图 5.16.3），致使支承边上反力分布很不均匀。钝角角隅处的反力可能比正交板大好几倍，而锐角角隅处的反力很小，甚至是负反力。可采用以下措施防止这一现象恶化：一是在锐角处埋置螺栓阻止其上拔，二是设置弹性支承以使反力分布趋于均匀，减小钝角上缘的负弯矩。

扭矩　斜板桥的扭矩变化较为复杂，且与其抗扭刚度关系密切。从安泽利厄斯（Anzelius）给出的满布均布荷载作用下 φ = 45°斜交板扭矩分布图中（图 5.16.4）可以看出，沿支承边与自由边上均有正负扭矩产生。

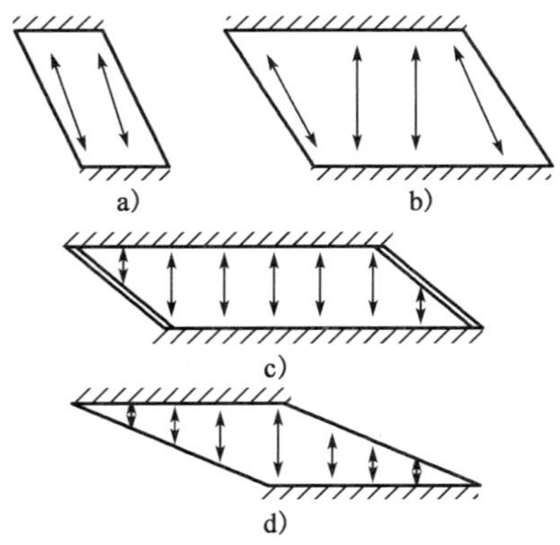

图 5.16.3　斜板桥的荷载向支撑边最短距离传递

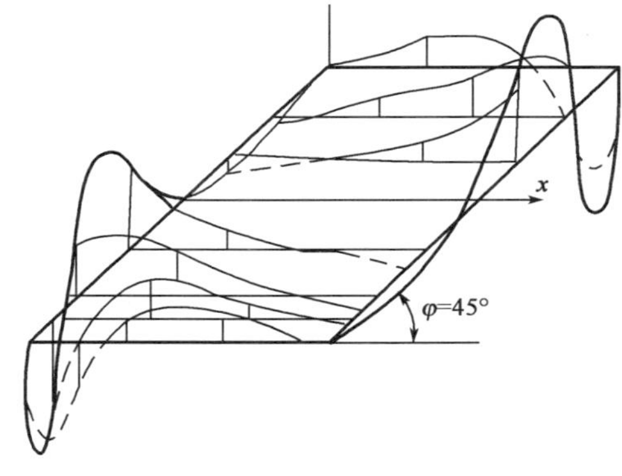

图 5.16.4　均布荷载作用下 φ = 45°斜交板扭矩分布

变形　斜板的变形比较复杂。板平面内有绕某固定点（如固定支座）转动的趋势，在常年温差及汽车制动力的共同作用下，会发生向锐角外侧移动的平面变形，严重时可能剪坏伸缩缝、挤裂锐角侧的挡块。解决的办法是合理安排固定、活动支座位置，在帽梁与板之间设置防转动钢筋及加强锐角处挡块的构造措施。板的竖向挠度变化与弯矩的分布密切相关，但受复杂扭矩变化的影响明显。

16.1.2 斜交梁桥

纵横交错的斜格子梁桥是斜交梁桥的普遍形式，其横梁既可以与支承线平行，亦可与主梁正交（图 5.16.5）。但从横向传力效率来看，与主梁正交优于与其斜交；从施工方便程度来看，斜交优于正交；因为正交时横梁在每根主梁上的位置都不同，给模板制作增加了难度。

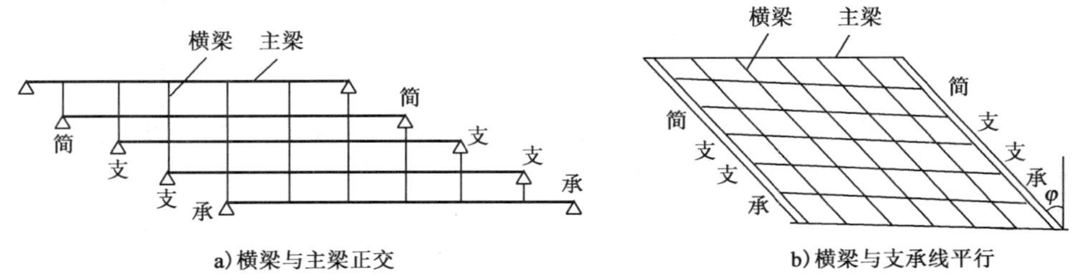

a）横梁与主梁正交　　b）横梁与支承线平行

图 5.16.5　斜格子梁桥

预支单根斜主梁在架设阶段，斜交对支撑局部应力有一定影响外，其内力与正交梁基本相同。当通过横隔梁等将梁连为整体时，如主梁间距不大，且设有一定数量的横梁时，在二期恒载及活载作用下，特别是横向刚性连接时，斜交梁桥表现出与斜交板桥类似的受力特点，产生类似于斜板的空间效应。

分析表明，即使单斜梁，其内力在受斜交角影响的同时，还与主梁的弯扭刚度比 $k = EI/GI_d$ 有关，斜桥的空间受力特性尤为显著。

横向铰接，且横梁较少的装配式斜梁桥，表现出与铰接斜板桥类似的受力特点，且更倾向于梁式结构的受力特性。

如图 5.16.6 所示，在斜交梁中，如果 A、B、C 和 D 代表车轮，轴距为 b_1，轮距与梁间距相同，则按图 5.16.6c）算出的正桥结果与按图 5.16.6a）算出的斜桥结果是等价的。

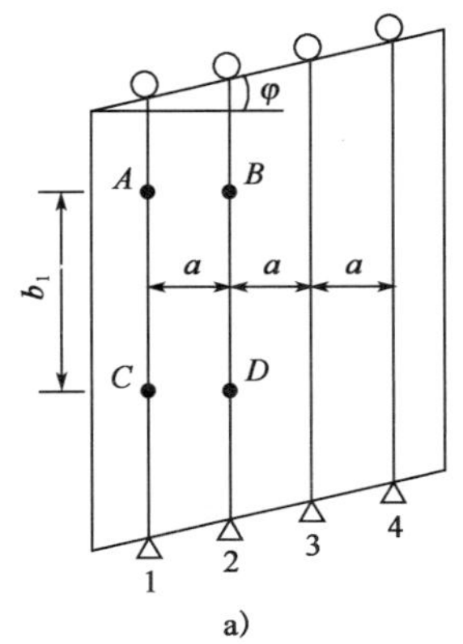

a）

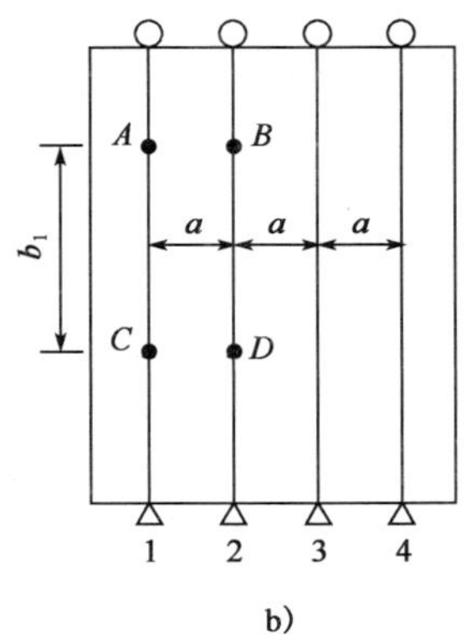

b）

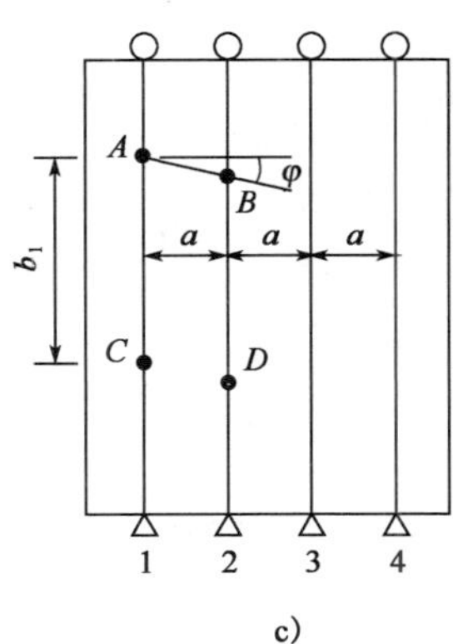

c）

图 5.16.6　斜交梁的转换

16.2 斜板桥计算

16.2.1 斜板位移微分方程

如图 5.16.7 所示的斜交板，斜交坐标系 xoy 与直角坐标系 x_1oy_1 之间换算关系为

$$\begin{cases} x_1 = x + y\cos\alpha \\ y_1 = y\sin\alpha \end{cases} \tag{5.16.1}$$

将上式代入各向同性板的挠曲方程式(2.4.1)中，经坐标变换及数学运算有

$$\frac{\partial^4 w}{\partial x^4} - 4\cos\alpha\frac{\partial^4 w}{\partial x^3\partial y} + (2 + 4\cos^2\alpha)\frac{\partial^4 w}{\partial x^2\partial y^2} - 4\cos\alpha\frac{\partial^4 w}{\partial x\partial y^3} + \frac{\partial^4 w}{\partial y^4} = \frac{q}{D}\sin^4\alpha \tag{5.16.2}$$

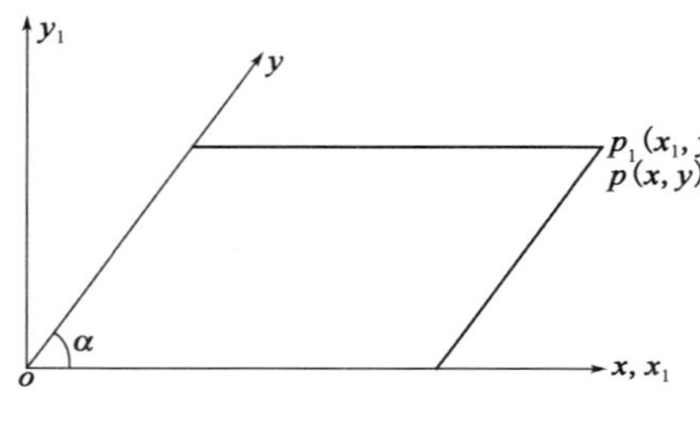

图 5.16.7　斜交板坐标系

式中：w——板中面的挠度；

q——单位面积上均布荷载集度；

D——板的挠曲刚度，$D = \dfrac{Et^3}{12(1-\mu^2)}$；

t——板厚；

E——弹性模量；

μ——泊松比。

此即为各向同性斜交板的平衡方程。

对于斜交异性板，x、y 方向的弹性不同，但可近似认为泊松比 μ 是相同的，则式(5.16.3)变为

$$D_{11}\frac{\partial^4 w}{\partial x^4} + 2(D_{13} + D_{31})\frac{\partial^4 w}{\partial x^3\partial y} + (D_{12} + D_{21} + 4D_{33})\frac{\partial^4 w}{\partial x^2\partial y^2} +$$
$$2(D_{23} + D_{32})\frac{\partial^4 w}{\partial x\partial y^3} + D_{22}\frac{\partial^4 w}{\partial y^4} = q\sin^4\alpha \tag{5.16.3}$$

式中：$D_{11} = \dfrac{B_x}{1-\mu^2}(\sin^2\alpha + \gamma_1\cos^2\alpha)$，$D_{12} = \dfrac{B_x}{1-\mu^2}(\mu\sin^2\alpha + \gamma_1\cos^2\alpha)$；

$D_{13} = -\dfrac{B_x}{1-\mu^2}\gamma_1\cos\alpha$，$D_{21} = \dfrac{B_y}{1-\mu^2}(\mu\sin^2\alpha + \gamma_2\cos^2\alpha)$；

$D_{22} = \dfrac{B_y}{1-\mu^2}(\sin^2\alpha + \gamma_2\cos^2\alpha)$，$D_{23} = -\dfrac{B_y}{1-\mu^2}\gamma_2\cos\alpha$；

$D_{31} = -\dfrac{\cos\alpha}{2}\left[2K + D_{11} + \dfrac{\mu B_y}{1-\mu^2}(\sin^2\alpha + \gamma_1\cos^2\alpha)\right]$；

$D_{32} = -\dfrac{\cos\alpha}{2}\left[2K + D_{22} + \dfrac{\mu B_x}{1-\mu^2}(\sin^2\alpha + \gamma_2\cos^2\alpha)\right]$；

$$D_{33}=K_{xy}+\frac{\cos^2\alpha}{4}\left[\frac{B_x}{1-\mu^2}(\gamma_1+\mu\gamma_2)+\frac{B_y}{1-\mu^2}(\gamma_2+\mu\gamma_1)\right];$$

$$B_x=\frac{E_x t^3}{12};$$

$$B_y=\frac{E_y t^3}{12},K=\frac{Gt^3}{12},\gamma_1=2G\left(\frac{1}{E_x}+\frac{\mu}{E_y}\right),\gamma_2=2G\left(\frac{1}{E_y}+\frac{\mu}{E_x}\right);$$

E_x、E_y——x、y 方向的弹性模量；

G——剪切模量；

其他符号意义同前。

此即为斜交坐标系 xoy 的斜交异性板的平衡方程。

斜板桥的位移微分方程式(5.16.3)的解析解较难解出，已有的斜交同性板的位移微分方程式(5.16.2)的解析解给出的挠度极值亦有差别。所以一般采用数值方法求解斜板桥。

16.2.2 斜板桥内力计算

(1)整体式斜板桥

对于整体浇筑的小跨径斜板桥，斜度对恒载及活载内力均有影响，求解时应全程考虑斜交空间效应。如前所述，精确计算斜板的内力过程复杂，难度较大也无必要，大多情况下可以采用数值分析的结果进行总结归纳，形成图表，以供工程设计之用。典型例子如我国公路桥梁设计规范推荐的奥尔森(Olsen)法，即是分析了整体浇筑斜板桥的有限元计算成果，并将其与正桥结果对比分析，提出了斜板桥在不同斜交角及宽斜跨比范围内，按所对应的不同跨径的正桥计算内力的方法。

对于图 5.16.8 所示的整体斜板桥，有：

①$l<0.7b$，$\varphi\leq30°$时，按宽度为 b、计算跨径为 $l\cos\varphi$(斜桥垂直于支承方向的跨径)的矩形板计算，M_x 配筋平行于自由边，M_y 配筋平行于支承边。

②$l=0.7b\sim1.3b$ 时，如果 $\varphi\leq15°$，按宽度为 b、计算跨径为 $l\cos\varphi$ 的矩形板桥进行计算；如果 $15°\leq\varphi\leq30°$，可按宽度为 b、计算跨径为$(1+\cos\varphi)l/2$ 的矩形板桥计算。M_x 配筋在中央垂直于支承边，在边缘平行于自由边，M_y 配筋平行于支承边。

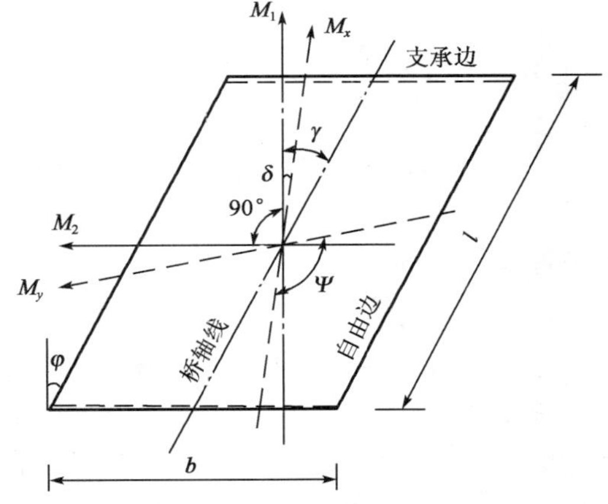

图 5.16.8 整体式斜板桥内力计算

③$l\geq1.3b$，$\varphi\leq30°$时，按宽度为 b、计算跨径为 l 的矩形板桥进行计算，M_x 配筋平行于自由边，M_y 配筋平行于支承边。

④不论哪一种情况，在钝角边缘端部，距离自由端 $b/5$ 范围内，均认为产生与跨中正弯矩同等大小的负弯矩，需配置抵抗负弯矩的钢筋。

值得注意的是，该方法对于整体式斜板桥纵向弯矩的计算精度较高，而对于横向弯矩的计算精度较低。可参考日本《道路桥示方书》的计算方法，横向配筋直接从纵向配筋折算得到。

另一典型例子是尼尔森（Nielsen）总结的斜板桥在均布荷载作用下的差分法分析结果，给出的两个正交方向单位板宽上的主弯矩查表计算法。如图 5.16.8 所示，两个正交方向的弯矩分别为

$$M_1 = K_1 q l^2 \tag{5.16.4}$$

$$M_2 = K_2 q l^2 \tag{5.16.5}$$

式中：K_1、K_1——M_1、M_2 方向的弯矩系数，由可查表得到[1]；

q——斜板单位面积上的荷载集度；

其余符号意义同前。

主弯矩 M_1 的方向角 γ 随斜交角 φ 的变化而变化，可由图 5.16.9 得到。钝角部分的 M_1 方向角为 $90° - \varphi/2$。

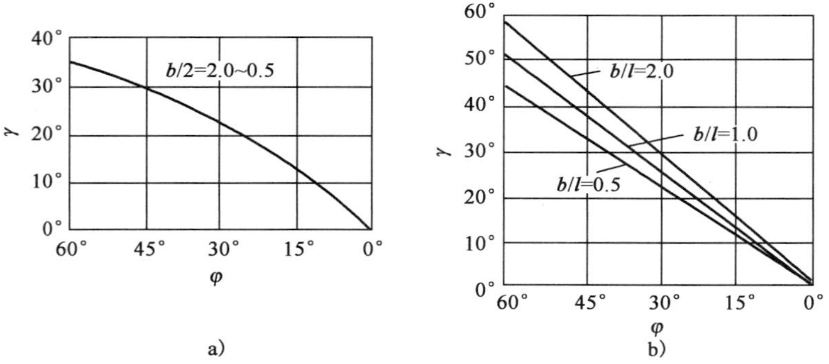

图 5.16.9　斜板主弯矩 M_1 方向角

当钢筋方向与主弯矩方向不一致时，钢筋方向的弯矩 M_x、M_y 为

$$M_x = \frac{1}{\sin\varphi}\left[M_1\cos\delta\sin(\varphi-\delta) + M_2\cos^2(\varphi-\delta) + M_1\sin\delta\cos\delta - M_2\cos\delta\cos(\varphi-\delta)\right] \tag{5.16.6}$$

$$M_y = \frac{1}{\sin\varphi}\left[M_1\sin^2\delta + M_2\cos\delta\sin(\varphi-\delta) + M_1\sin\delta\sin(\varphi-\delta) - M_2\sin(\varphi-\delta)\cos(\varphi-\delta)\right] \tag{5.16.7}$$

并以此进行配筋设计。

式中各符号意义如图 5.16.8 所示。

尼尔森（Nielsen）法计算恒载内力的精度超过 95%。

奥尔森（Olsen）法不分恒、活载均能适用，但精度有限，横向弯矩精度更差；尼尔森（Nielsen）法仅能计算恒载内力。严格来讲，活载内力应采用影响面加载方法求得，影响面加载方法工作量大，工程设计应用不方便，实用中也将数值结果总结后绘制成图表供工程设计查用。如先按照正交板桥计算出荷载作用下的纵、横向内力，再根据斜交角、宽跨比、荷载形式等查出相应的修正系数，通过修正正交板桥的计算结果从而得到斜板桥纵、横向弯矩及扭矩。具体求解步骤如下：

①以斜跨长作为正桥跨径进行正桥的内力分析，求出跨中弯矩最大值 M_y^0；根据斜交角 φ 与活载类型查表得斜板桥的弯矩折减系数 K_y^a，则斜板桥板跨中央和自由边中点的斜向弯矩 $M_y^a = K_y^a M_y^0$。

②按活载类型查表得正板桥的横向弯矩系数 K_x^0 和扭矩系数 K_{xy}^0，得正板桥跨中截面的横向弯矩 $M_y^a=K_x^0M_y^0$、扭矩 $M_{xy}^0=K_{xy}^0M_y^0$；根据斜交角 φ 与活载类型再查表得斜板桥横向弯矩折减系数 K_x^a 和扭矩折减系数 K_{xy}^a，则斜板桥中央和自由边中点的横向弯矩为 $M_x^a=K_x^aM_x^0$、扭矩为 $M_{xy}^a=K_{xy}^aM_{xy}^0$。

③由斜板桥的斜向弯矩 M_y^a、横向弯矩 M_x^a 及扭矩 M_{xy}^a 合成斜板桥的主弯矩 $M_{1,2}$，有

$$M_{1,2}=\frac{M_x^a+M_y^a}{2}\pm\sqrt{\left(\frac{M_x^a+M_y^a}{2}\right)^2+(M_{xy}^a)^2} \tag{5.16.8}$$

主弯矩的方向角 δ 为

$$\tan2\delta=\frac{-2M_{xy}^a}{M_x^a-M_y^a} \tag{5.16.9}$$

上列两式中的符号意义见图5.16.8。

此即为中国《公路桥梁设计手册》[1]推荐的斜板桥活载内力计算方法。

整体斜板桥的精细分析是采用有限元法，单元可选用板壳单元或块单元。应注意离散后的结构与原结构各个内力分量的等效。

(2)装配式斜板桥

装配式斜板桥在架设阶段可按单斜板(梁)计算，斜交对支撑局部应力有一定影响外，其内力与正交板条基本相同。刚性连接的装配式斜板桥在二期恒载和活载作用下具有整体式板桥的受力特性，铰接斜板桥在二期恒载和活载阶段表现出明显的内力不连续空间特性。二期恒载及活载的计算有三种方法。

一是选择合适的荷载横向分布计算方法，如斜桥分析的梁系法(见第18章)等，计算板条的荷载横向分布，再按单板条计算。

二是利用铰接斜板桥与相应正桥的数值分析结果，总结出在正桥设计弯矩值的基础上通过随斜交角变化的折减系数的折减，来求得斜板的设计弯矩，简介如下：

通过有限元法计算得到斜交铰接板桥在实际车道荷载作用下跨中截面各板的弯矩，将计算结果与正交铰接板在最不利荷载作用下的弯矩进行对比，拟合得到折减系数 k_a。

为了便于讨论，通常采用单个集中荷载作用下的斜交折减系数代替车道荷载的折减系数 k_a，则

$$k_a=\frac{M_i^a}{M_i^0} \tag{5.16.10}$$

式中：M_i^a——斜桥中第 i 号梁的设计弯矩；

M_i^0——相应正桥第 i 号梁的设计弯矩。

折减系数 k_a 只与斜交角 φ、主梁片数、梁位及弯扭参数 γ 有关

$$\gamma=5.8\times\frac{I}{J}\times\left(\frac{b_0}{l}\right)^2 \tag{5.16.11}$$

式中：b_0——一片板的宽度；

I、J——一片板的抗弯惯性矩、抗扭惯性矩；

其余符号意义同前。

折减系数 k_a 可在文献[2]中查到。

计算支点剪力时，先按铰接梁法计算对应正桥的跨中截面荷载横向分布影响线，按杠杆原理得到支点截面的荷载横向分布影响线，分别计算跨中和支点截面的荷载横向分布系数，中间段的过渡如图 5.16.10 所示，再在乘以横向分布系数后的剪力影响线上加载，近似计算支点截面的剪力。而跨中截面的剪力虽比相应正桥大，但由于其并不控制设计，可按正桥跨中截面的剪力乘以扩大系数 $1+\varphi/60$ 进行近似计算。这种设计计算偏于安全。

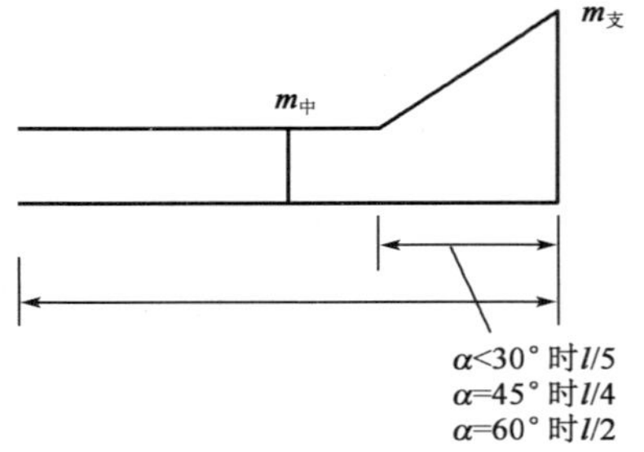

图 5.16.10　装配式斜板桥近似计算时的荷载横向分布系数沿跨径的变化

三是用数值法直接计算荷载下板的内力。数值计算表明，铰接斜板的跨中弯矩（支点及跨中剪力）在车道荷载或集中荷载作用下，随斜交角的增大而减小（增大）。

16.3　单斜梁计算

16.3.1　简支单斜梁计算

工程上广泛采用支点设抗扭支承的单斜梁桥，即是简支梁，亦属超静定结构，其计算图式如图 5.16.11 所示。

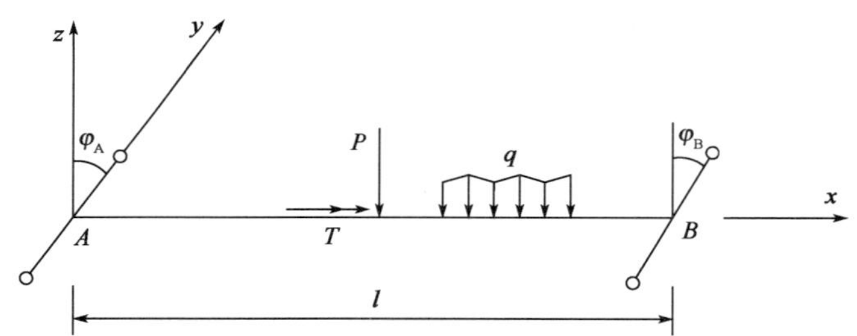

图 5.16.11　简支超静定斜梁

现来考查超静定简支斜梁上仅作用竖向集中荷载情况。取图 5.16.12 所示的计算图式，从图 5.16.12b）中得到其结构上的力和力矩平衡条件为

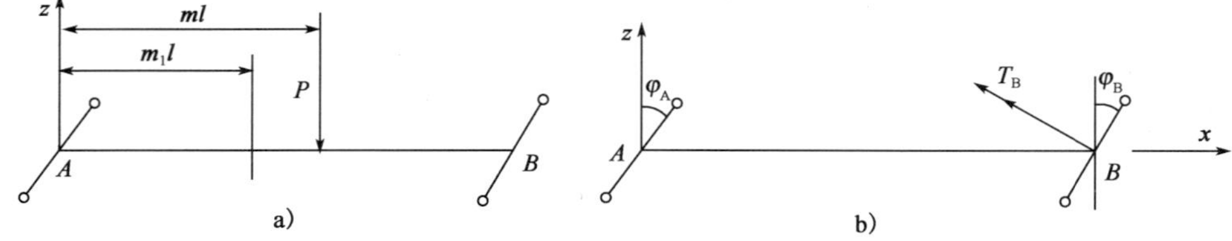

图 5.16.12　简支超静定斜梁计算

$$\begin{cases}\sum M_x=0 & T_A\cos\varphi_A+T_B\cos\varphi_B=0\\ \sum M_y=0 & T_A\sin\varphi_A+T_B\sin\varphi_B-R_Bl=0\\ \sum F_z=0 & R_A=-R_B\end{cases} \tag{5.16.12}$$

解得

$$\begin{cases} T_A = -\dfrac{\cos\varphi_B}{\cos\varphi_A}T_B \\ R_A = -R_B = \cos\varphi_B(\tan\varphi_B - \tan\varphi_A)\dfrac{T_B}{l} \end{cases} \tag{5.16.13}$$

则基本结构在 T_B 作用下任意截面内力为

$$\begin{cases} M = -\cos\varphi_B[(1-m_1)\tan\varphi_A + m_1\tan\varphi_B]T_B \\ T = -T_B\cos\varphi_B \\ Q = \cos\varphi_B(\tan\varphi_A - \tan\varphi_B)\dfrac{T_B}{l} \end{cases} \tag{5.16.14}$$

当 $\varphi_A = \varphi_B = \varphi$ 时,式(5.16.13)、式(5.16.14)分别为

$$\begin{cases} T_A = -T_B \\ R_A = R_A = 0 \end{cases} \tag{5.16.15}$$

$$\begin{cases} M = -T_B\sin\varphi \\ T = -T_B\cos\varphi \\ Q = 0 \end{cases} \tag{5.16.16}$$

对于一次超静定结构,其力法方程为

$$\delta_{BB}T_B + \Delta_{BP} = 0$$

即

$$T_B = -\frac{\Delta_{BP}}{\delta_{BB}} \tag{5.16.17}$$

式中,常变位 δ_{BB} 为

$$\delta_{BB} = \int_0^l \frac{\overline{M}^2}{EI}dx + \int_0^l \frac{\overline{T}^2}{GI_d}dx \tag{5.16.18a}$$

其中 $\overline{M}$ 和 $\overline{T}$ 分别表示 $T_B = 1$ 时在基本结构中产生的弯矩和扭矩,代入得到

$$\delta_{BB} = \int_0^l \frac{1}{EI}\left\{\cos\varphi_B[(1-m_1)\tan\varphi_A + m_1\tan\varphi_B]\right\}dx + \int_0^l \frac{1}{GI_d}\cos^2\varphi_B dx \tag{5.16.18b}$$

而 $dx = l dm_1$,将上式积分并整理得到

$$\delta_{BB} = A_\rho \frac{l}{6EI} \tag{5.16.18c}$$

式中:$A_\rho = 2\cos^2\varphi_B(\tan^2\varphi_A + \tan^2\varphi_B + \tan\varphi_A\tan\varphi_B + 3k)$;

$k = \dfrac{EI}{GE_d}$。

载变位 δ_{BP} 为

$$\begin{aligned} \Delta_{BP} &= \int_l \frac{\overline{M}M_p}{EI}dx + \int_l \frac{\overline{T}T_p}{GJ}dx \\ &= \int_0^{ml} -\frac{1}{EI}\cos\varphi_B[(1-m_1)\tan\varphi_A + m_1\tan\varphi_B]m_1(1-m)Pl dx - \end{aligned}$$

$$\int_{ml}^{l}\frac{1}{EI}\cos\varphi_{B}[(1-m_{1})\tan\varphi_{A}+m_{1}\tan\varphi_{B}]m(1-m_{1})Pl\mathrm{d}x$$

$$=-B\frac{Pl^{2}m(1-m)}{6EI}$$

$$B=\cos\varphi_{B}[(2-m)\tan\varphi_{A}+(1+m)\tan\varphi_{B}] \tag{5.16.19}$$

将式(5.16.18)及式(5.16.19)代入式(5.16.17)中，得到

$$T_{B}=\frac{B}{A}m(1-m)Pl \tag{5.16.20}$$

超静定简支斜梁的实际内力及反力，为将 P 和 T_B 分别作用在基本结构上引起的内力和反力的叠加。

将式(5.16.20)代入式(5.16.13)，并考虑到 P 的作用，则斜梁的反力为

$$\begin{cases}T_{A}=-\dfrac{\cos\varphi_{B}}{\cos\varphi_{A}}T_{B}\\ T_{B}=\dfrac{B}{A}m(1-m)Pl\end{cases} \tag{5.16.21}$$

$$\begin{cases}R_{A}=\cos\varphi_{B}(\tan\varphi_{B}-\tan\varphi_{A})\dfrac{T_{B}}{l}+(1-m)P\\ R_{B}=\cos\varphi_{B}(\tan\varphi_{B}-\tan\varphi_{A})\dfrac{T_{B}}{l}+mP\end{cases} \tag{5.16.22}$$

斜梁的内力为

当 $0\leqslant m_1\leqslant m$ 时有

$$\begin{cases}M=-\cos\varphi_{B}[(1-m_{1})\tan\varphi_{A}+m_{1}\tan\varphi_{B}]T_{B}+(1-m)m_{1}Pl\\ T=-T_{B}\cos\varphi_{B}\\ Q=\dfrac{T_{B}}{l}\cos\varphi_{B}(\tan\varphi_{A}-\tan\varphi_{B})+(1-m)P\end{cases} \tag{5.16.23}$$

当 $m\leqslant m_1\leqslant 1$ 时，有

$$\begin{cases}M=-\cos\varphi_{B}[(1-m_{1})\tan\varphi_{A}+m_{1}\tan\varphi_{B}]T_{B}+m(1-m_{1})Pl\\ T=-T_{B}\cos\varphi_{B}\\ Q=\dfrac{T_{B}}{l}\cos\varphi_{B}(\tan\varphi_{A}-\tan\varphi_{B})-mP\end{cases} \tag{5.16.24}$$

如果 $\varphi_A=\varphi_B=\varphi$，则反力计算式可简化为

$$\begin{cases}T_{B}=\dfrac{B}{A}m(1-m)Pl\\ T_{A}=-T_{B}\\ R_{B}=mP\\ R_{A}=(1-m)P\end{cases} \tag{5.16.25}$$

式中：$A=6\sin^{2}\varphi(1+k\cot\tan^{2}\varphi)$，$B=3\sin\varphi$。

内力计算公式简化为

当 $0 \leqslant m_1 \leqslant m$ 时,有

$$\begin{cases} M = -T_B \sin\varphi_B + (1-m)m_1 Pl \\ T = -T_B \cos\varphi_B \\ Q = (1-m)P \end{cases} \tag{5.16.26}$$

当 $m \leqslant m_1 \leqslant 1$ 时,有

$$\begin{cases} M = -T_B \sin\varphi + m(1-m_1)Pl \\ T = -T_B \cos\varphi_B \\ Q = -mP \end{cases} \tag{5.16.27}$$

同理也可以推导集中扭矩荷载 T 及其他典型荷载如均布荷载和部分均布荷载、全跨均布扭矩等作用下的反力与内力值。这样就能绘出需要的弯、扭矩影响线以供设计使用。

16.3.2 连续单斜梁计算

工程上常见的连续单斜梁有两种形式,如图 5.16.13a)的全抗扭支承和 b)的中支点铰支承。

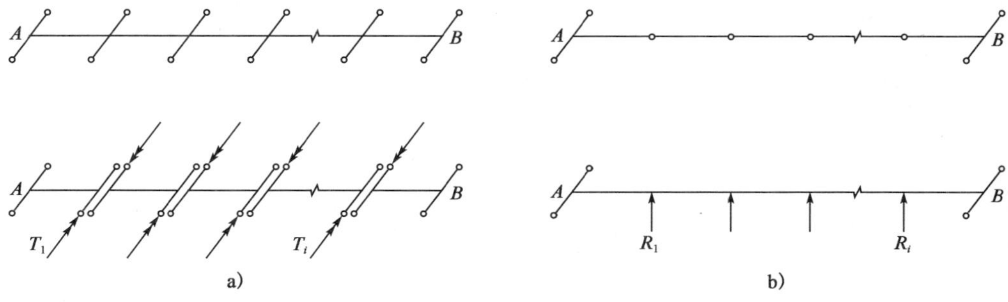

图 5.16.13 连续单斜梁(1)

对于前者,可将梁从中支点截开,取多个简支斜梁为基本体系,以中支点扭矩为赘余力(T_i),采用力法来求解。

对于后者,可将中支点解除,取连续梁跨径之和为跨径的简支斜梁为基本体系,以中支点的竖向反力为赘余力(R_i),采用力法来求解。

若遇中支点既有抗扭支承,又有点铰支承,如图 5.16.14 所示。这时,可将梁从抗扭支承点截开,并解除其间的点铰支承,取以两两抗扭支承点的距离为跨径,以点铰反力(R_i)和抗扭支承点的扭矩为赘余力,用力法求解。

16.3.3 斜梁内力变化规律及特点

(1)简支斜梁的内力变化规律

为方便起见,图 5.16.15 给出了按式(5.16.26)和式(5.16.27)给出的四边形简支斜梁在竖向荷载 P 作用下的内力图。出于对比需要,亦将相应的简支正交梁和固端梁的内力图一并给出。

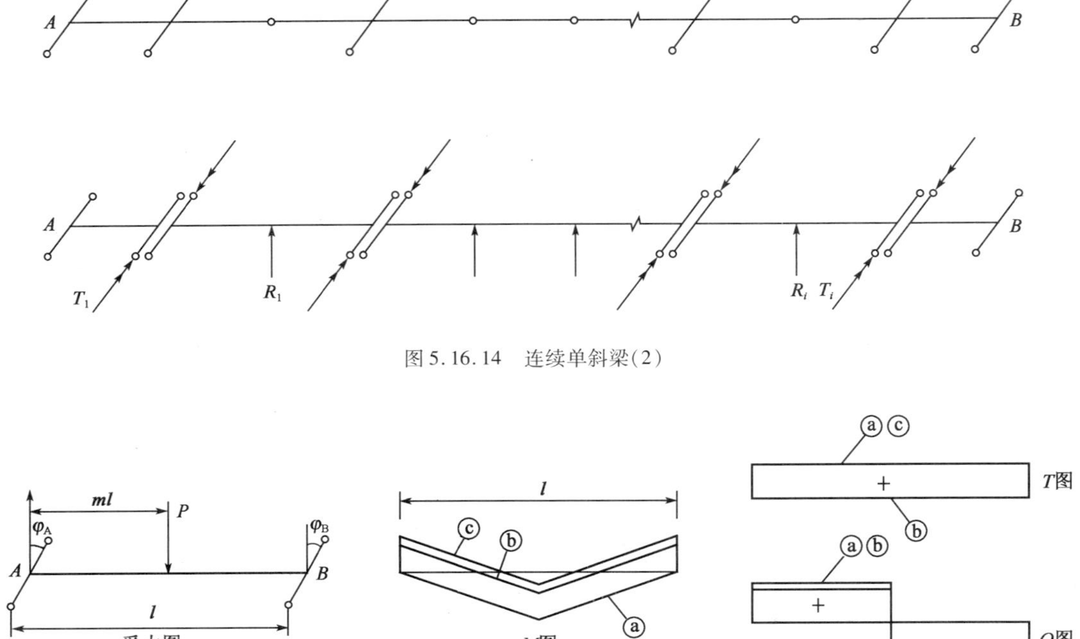

图 5.16.14　连续单斜梁(2)

a) 简支正交　　b) 简支斜交　　c) 固端梁

图 5.16.15　集中力 P 作用时的内力图

从图中可以看出，在竖向荷载作用下：

①超静定简支斜梁的正弯矩较同等跨径的简支正梁要小。在斜梁支承处还会产生负弯矩，斜交角越大负弯矩随之也越大。

②超静定简支斜梁的弯矩图被包在简支正梁和固端梁之间。即斜梁在两支承处虽然产生负弯矩，但其最大负弯矩值小于固端梁的负弯矩，而最大正弯矩比相应简支正梁要小。这一特点可以解释为：当斜梁 $\varphi_A=\varphi_B=0°$ 时，超静定简支斜梁就变成简支正梁。而当 $\varphi_A=\varphi_B=90°$ 时又变成固端梁，因此斜梁的受力性质介于两种极限情况之间。上述性质可以用来判断斜梁(有抗扭约束)内力的正确性。

随着斜角的增大，斜梁正弯矩减小。平行四边形斜梁弯矩减小最多，直角梯形斜梁次之，等腰梯形斜梁正弯矩减小最少。但应该注意到，伴随着正弯矩的减小，扭矩的绝对值是要增加的，两者应综合考虑。

③超静定简支斜梁存在扭矩，而相应简支正梁和固端梁的扭矩均为零，这说明带抗扭约束支承的斜梁呈弯扭耦合的重要特征。

(2) 简支斜梁的影响线变化规律

图 5.16.16 给出了跨径 20m，不同 φ 值的简支单斜梁跨中截面的弯矩和扭矩影响线，从图中可以看出：

①弯矩影响线值随斜角 φ 的减小而减小，并随 k 的减小而减小。

②扭矩影响线值随斜角 φ 的减小而增大，并随 k 的增大而减小。

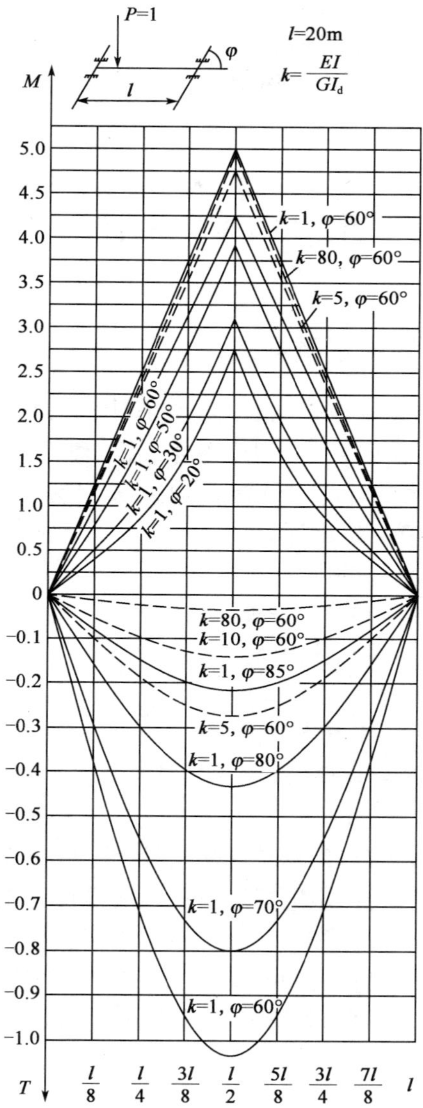

图 5.16.16　简支斜梁的影响线

(3)连续斜梁

①在竖向荷载作用下,中间点铰支承和全抗扭支承两种形式的剪力和弯矩相差不大,但采用中间点铰支承的扭矩比全抗扭支承大,这是由于前者的抗扭跨径大的缘故。

②在扭矩荷载作用下,中间点铰支承的各项内力均比全抗扭支承大得多。

(4)斜梁桥按正梁桥计算的条件建议

单跨斜梁	当 $k \geqslant 10$	$\varphi \leqslant 20°$
	当 $5 \leqslant k < 10$	$\varphi \leqslant 15°$
	当 $0 \leqslant k < 5$	$\varphi \leqslant 10°$
连续斜梁桥		$\varphi \leqslant 20°$

当 $k<1/3$ 时,扭矩绝对值较大,因此简支斜梁以用箱形截面为宜。

支反力随斜度的变化规律与内力随斜度变化规律不同。当斜度从零逐渐增大时,反力分布的不均匀性逐渐加大,而斜度超过一定值后,反力分布反而趋于均匀。支点反力的其他变化规律,支承条件对内力的影响等细节讨论可参阅文献[3,4]。

16.4 斜梁桥计算

16.4.1 斜梁桥计算的修正系数法

现浇施工的整体式斜梁桥在支架拆除后的全过程中均为空间行为。全桥内力分布的精确分析宜采用数值模拟方法(见第 18 章)。对于整体式箱形截面,常采用剪力柔性梁格法(见第 10 章),该方法对于弯矩与剪力的计算足够精确,但扭矩计算结果与实际有一定误差,需要对截面的扭转刚度进行修正。作为简化计算的方法之一,可先计算其荷载横向分布(见第 18 章),再按单斜梁分别计算纵、横梁的内力。

对于装配式斜梁桥,在恒载阶段(架梁期),主梁的自重由主梁承担,斜交仅影响支撑附近梁段,其内力可按正桥计算。当横梁及桥面完成后,成为斜桥,二期恒载及活载作用于桥面上时,其效应需按斜桥进行空间分析。

装配式斜梁桥活载效应分析可以将斜桥比拟为各向异性板求解,按照横梁的布置方式,分为比拟正交异性斜板及比拟斜交异性斜板。按照比拟正交异性斜板求解过程非常冗繁(第 16.2.1 节),通常的简化方法是通过系列化计算结果分析,绘制成相关图表以供查阅。

一种简化的计算方法类似于铰接斜板桥的查表计算方法,先以斜跨长为正桥的计算跨径计算出弯矩,再用修正系数将正桥弯矩进行修正得到斜梁桥的相应弯矩。其中之一是以 G-M 法计算正桥的主梁弯矩 M_x 和横梁弯矩 M_y,修正系数根据正交异性斜梁格在车道均布荷载与集中荷载同时作用下的内力与正桥内力的差别得到的,最终制成图表以供查阅。计算步骤如下。

(1)假定斜梁桥为正交异性平行四边形板,计算以下参数:

抗弯刚度比 $\sqrt{\alpha}=\sqrt[4]{\dfrac{J_y}{J_x}}$

弯扭参数(与正桥 G-M 法中的 α 对应)

$$\kappa=\frac{G(J_{Tx}+J_{Ty})}{2E\sqrt{J_xJ_y}}$$

考虑刚度的宽跨比参数 $\beta=\dfrac{b}{a}\sqrt{\alpha}$

式中:J_x、J_y——纵桥向与横桥向单位宽度的抗弯刚度;

J_{Tx}、J_{Ty}——纵桥向与横桥向单位宽度的抗扭刚度;

E、G——材料弹性模量和剪切模量;

a、b——斜跨长($a=l$)及垂直于自由边方向的桥宽(相当于支撑边宽乘以 $\cos\varphi$)。

(2)根据以上三个参数及桥梁轴线与支承线的夹角 φ,由图 5.16.17 可查得修正系数 K。三个参数的中间值可近似采用线性内插。

(3)以斜跨长 l 为正桥的计算跨径,用 G-M 法计算中梁和边梁的跨中弯矩 M_x 及横梁弯矩 M_y。用 K 乘以正桥的 M_x 即得到斜梁桥弯矩值,用 M_y 乘以系数 1/[(中梁的 K + 边梁的 K)/2],即可近似得到斜梁桥的横梁弯矩。

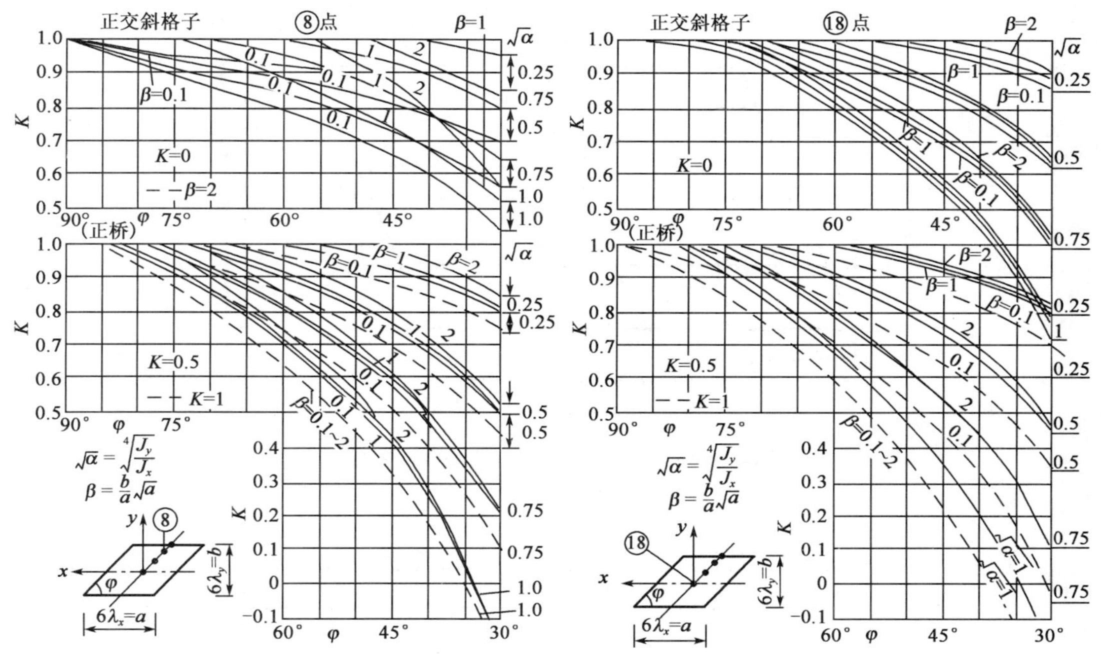

图 5.16.17　横梁垂直于纵梁的斜交梁桥内力计算的修正 G-M 法系数

注:图中⑧点代表边梁,⑱点代表中梁。

也有日本学者[5]直接根据五片主梁的正交斜梁格模型试验成果,拟合出修正系数的图表供计算使用,其详细用法可参考章末文献。

实际计算时,往往可只计算边梁和中梁跨中截面弯矩,其他内梁及梁跨内其他截面的弯矩以内插计算,内梁按直线内插,其他截面按二次抛物线内插。

16.4.2　斜梁桥计算的梁格法

1)主梁内力计算

按 Leonhardt-Homberg 梁格法,斜主梁的弯矩、剪力等断面内力和挠度,可以作为没有横梁的简支梁和在横梁格点处弹性支承的不等跨连续梁的反力影响线,两者结合求解。

现以图 5.16.18 所示的三片主梁桥中的 AA'主梁 x 点的弯矩影响面为例来说明具体求解过程。

(1)两跨不等跨连续梁的中支点反力

如图 5.16.19 所示的任一片主梁,利用力法原理不难求得

$$X_i = P\left[m' + \frac{(1 - m'^2)l_1}{2l}\right] \tag{5.16.28}$$

(2)$P=1$ 作用在 AA'梁的 ml 点

当作为计算跨径为 l 简支梁时，$P=1$ 在 AA'梁 x 点的弯矩为

$$M_x^P=\begin{cases}m(l-x) & ml\leqslant x\\(1-m)x & ml\geqslant x\end{cases}\tag{5.16.29}$$

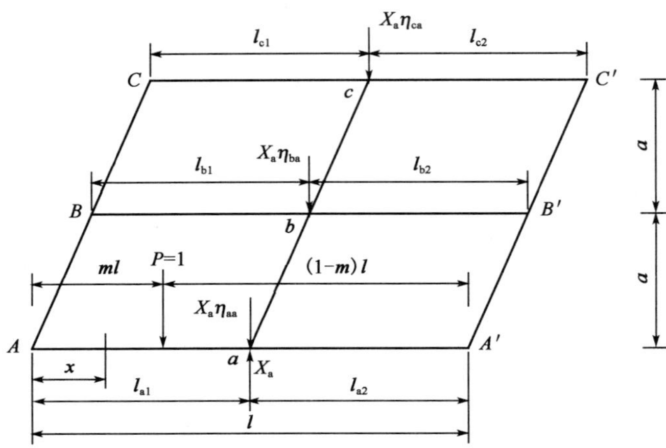

图 5.16.18　三片主梁受力及其弯矩影响线计算

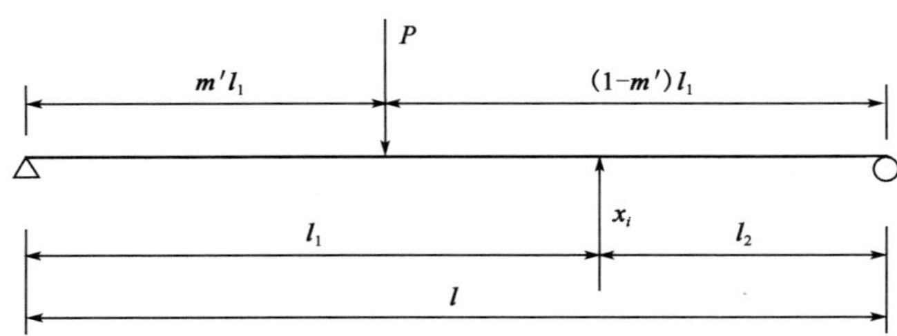

图 5.16.19　格点反力 X_i

再考虑连续梁 AaA'，当支点不下沉时，支点 a 处产生作用于 AA'梁的反力 $X_a(X_i)$。此力亦施加在弹性横梁 abc 上，并通过横梁分配于各主梁 AA'、BB'和 CC'。AA'梁分配到力为 $X_a\eta_{aa}$，BB'梁为 $X_a\eta_{ba}$，CC'梁为 $X_a\eta_{ca}$。因而作用在 AA'梁的 a 点处有两个方向相反的力，即 X_a 和 $X_a\eta_{aa}$，其合力 $X_a(1-\eta_{aa})$在 x 处产生的弯矩为

$$M_x^x=\begin{cases}-X_a(1-\eta_{aa})\dfrac{l_{a2}}{l}x & 0\leqslant x\leqslant l_{a1}\\[2ex]-X_a(1-\eta_{aa})\dfrac{l_{a1}}{l}(l-x) & l_{a1}\leqslant x\leqslant l\end{cases}\tag{5.16.30}$$

所以 AA'梁 x 点产生的总弯矩为

$$M_x=M_x^P+M_x^x\tag{5.16.31}$$

此时，在 BB'、CC'梁的格点处仅作用 $X_a\eta_{ba}$、$X_a\eta_{ca}$的力。

(3)$P=1$ 作用在 BB'、CC'梁时

这时，经过横梁分配传到 AA' 梁格点处的力分别为 $X_b\eta_{ab}$ 和 $X_c\eta_{ac}$，所以 AA' 梁 x 点的弯矩为

荷载作用在 BB' 梁

$$M_x = \begin{cases} X_a\eta_{ab}\dfrac{l_{a2}}{l}x & 0 \leqslant x \leqslant l_{a1} \\ X_a\eta_{ab}\dfrac{l_{a1}}{l}(l-x) & l_{a1} \leqslant x \leqslant l \end{cases} \tag{5.16.32}$$

荷载作用在 CC' 梁

$$M_x = \begin{cases} X_c\eta_{ac}\dfrac{l_{a2}}{l}x & 0 \leqslant x \leqslant l_{a1} \\ X_c\eta_{ac}\dfrac{l_{a1}}{l}(l-x) & l_{a1} \leqslant x \leqslant l \end{cases} \tag{5.16.33}$$

用同样方法可以计算剪力和挠度。

2）横梁内力计算

如图5.16.20所示，作用在横梁上的力为格点力 X、主梁反力 $X\eta_{ie}$ 和主梁抵抗扭矩 T_i。

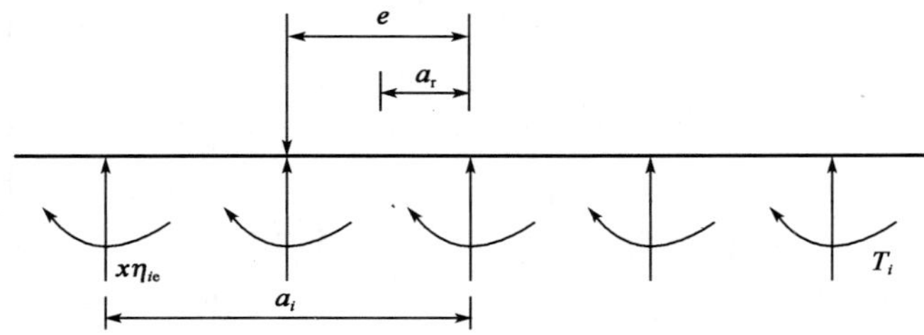

图5.16.20 横梁受力

当格点力 X 位于计算截面 r 的右边时

$$\begin{cases} M_r = \sum\limits^{左} X\eta_{ie}(a_i - a_r) + \sum\limits^{左} T_i \\ Q_r = \sum\limits^{左} X\eta_{ie} \end{cases} \tag{5.16.34}$$

当格点力 X 位于计算截面左边时

$$\begin{cases} M_r = -X(e-a_r) + \sum\limits^{左} X\eta_{ie}(a_i - a_r) + \sum\limits^{左} T_i \\ Q_r = -X + \sum\limits^{左} X\eta_{ie} \end{cases} \tag{5.16.35}$$

式中：$\sum\limits^{左}$——截面 r 以左的主梁数；

X——格点力，外荷载 P 作用在格点上时，$X=P$；否则，X 按式（5.16.28）计算；

T_i——主梁抵抗扭矩，可按第18章有关内容计算；

其余符号意义同前。

多主梁时,同理可以进行分析。

有限元法也是分析斜梁桥空间效应的有效方法。

16.5 小　　结

基于解析理论的斜桥分析方法,由于其难度较大,除个别规则板(如平行四边形简支板)获解外,大多情况还须研究。在已获解中,不同学者亦存在差异。但斜桥的工程设计计算已得到解决,基于数值方法的计算机计算软件亦很多,计算结果虽然还存在一些不一致处,但大多能满足工程精度要求,当斜度增加时,误差有增大的趋势。

关于斜交桥的计算,目前比较流行的简化方法有:

(1)修正系数法[6]。

(2)梁格法。

(3)铰接斜板桥的折减法。

(4)基于荷载横向分布的计算方法。

相对(2)而言,方法(1)可计及桥跨结构的抗扭能力,方法(2)系将洪伯格的斜梁排计算中取一根横梁的情况推广应用于斜梁桥计算中,对多片中横梁情况,用一片加强中梁代替。而横向铰接斜桥的内力可将相应正桥内力按斜角修正后给出,即方法(3)。正、弯、斜窄桥上广泛采用的刚性横梁法,当不计主梁抗扭作用时,亦可看作为洪伯格法的特例。文献[7]将其推广应用到无限多主梁上,并定名为广义梁格法,使这一方法更加完善。将斜桥这种典型的空间结构经过荷载横向分布分析转化为单斜梁进行三维计算,用于工程设计亦有其实用价值。在计算机相当普及的今天,精细的空间分析已不存在困难,具体见第18章。

本章参考文献

[1] 刘效尧,等. 公路桥梁设计手册(梁桥)[M]. 北京:人民交通出版社,2011.

[2] 席振坤. 横向铰接斜梁(板)桥实用计算方法[M]. 北京:人民交通出版社,1990.

[3] 黄平明. 混凝土斜梁桥[M]. 北京:人民交通出版社,1999.

[4] 夏淦,邵容光. 斜梁结构分析[M]. 南京:江苏科学技术出版社,1995.

[5] 高岛春生. 斜梁桥[M]. 北京:中国建筑工业出版社,1971.

[6] Bakht B. Analysis of some skew bridges as right bridges[J]. J. of Structural Engineering ASCE,1998,114(10):2307-2322.

[7] 郑振飞,吴庆雄. 斜、弯桥跨分析的广义梁格法[M]. 北京:人民交通出版社,1998.

17 弯桥计算理论

17.1 弯 桥 特 征

17.1.1 受力特点

(1)弯、扭耦合作用。

取如图5.17.1所示的坐标系,则等曲率平面弯梁的基本微分方程(符拉索夫方程)为

$$\begin{cases} EI_y\left(u^2 + \dfrac{2}{r^2}u''' + \dfrac{1}{r_r^4}u'\right) = \dfrac{\partial q_r}{\partial s} - \dfrac{q_s}{r} - \dfrac{\partial^2 m_y}{\partial s^2} - \dfrac{m_y}{r^2} \\ \dfrac{EI_w}{r}w^{\mathrm{IV}} - \dfrac{EI_n + GI_d}{r}w'' + EI_\omega\theta^{\mathrm{IV}} - GI_d\theta'' + \dfrac{EI_n}{r^2} = m_s \\ \left(EI_n + \dfrac{EI_w}{r^2}\right)w^{\mathrm{IV}} - \dfrac{GI_d}{r^2}w'' + \dfrac{EI_w}{r}\theta^{\mathrm{IV}} - \dfrac{EI_n + GI_d}{r}\theta'' = q_y + \dfrac{\partial m_n}{\partial s} \end{cases} \tag{5.17.1}$$

式中:E、G——弹性模量、剪切模量;

I_y、I_n——绕y、n轴的抗弯惯性矩;

I_d——绕s轴的抗扭惯性矩;

I_w——弯梁截面的扇形惯性矩;

θ——截面扭角;

其他符号意义如图5.17.1所示。

式(5.17.1)的第一式与二、三式相对独立,它表示弯梁平面内变形与垂直于水平面的变形相对独立,前者相当于拱承受竖向荷载作用,后者则反映了弯梁在竖向荷载作用下的特点。从第二、三式可以看出,必须联立求解才能得到竖向变位w和扭角θ,这就是弯、扭耦合作用。即当外荷载作用时,截面内产生弯矩(扭矩)的同时,必然地伴随着产生耦合扭矩(弯矩),其变形亦如此,且无论是恒载还是工作荷载作用。

(2)内力及变形的空间行为。

由于扭矩的存在及内外桥长的不同,弯桥外边缘弯曲应力大于内边缘,外边缘挠度大于内

边缘，即使等截面主梁恒载、对称荷载或均匀荷载，此现象依然存在。通常会使外梁超载，内梁卸载，应引起设计重视。

(3)弯桥的支点反力与直线桥相比，有曲线外侧变大、内侧变小的倾向，内侧甚至产生负反力。预应力效应对弯桥支反力的分配有较大影响。

(4)圆心角与弯扭刚度比 $k=EI/EI_d$ 对内力的影响。

分析两边抗扭支承的单根曲线梁，在单位集中荷载作用下，得到其跨中截面的挠度影响线为

$$\eta_{cp}^{w}=\frac{r^3}{EI}(C_{10}+kC_{11}) \tag{5.17.2}$$

式中：k——曲梁的弯扭刚度比，$k=EI/EI_d$；

C_{10}——与圆心角 φ_0、单位力作用的位置有关的系数；

C_{11}——与扭转有关的系数。

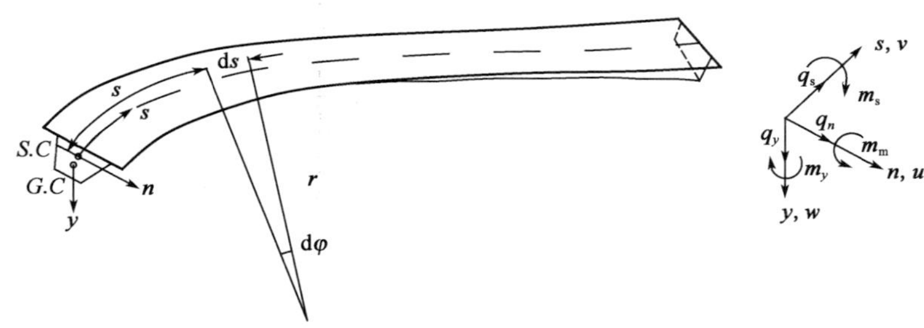

图 5.17.1　弯梁及其坐标系

S. C-截面剪切中心；G. C-截面形心

圆心角的大小在某种程度上反映了曲线梁的弯曲程度。曲率半径相同时，圆心角越大，跨径越大，弯曲程度越高；桥梁跨径相同时，圆心角越大，曲率半径就越小，弯曲程度越高。

分析系数 C_{11} 表明，当圆心角 $\varphi_0\leqslant 22.5°$（有文献认为 $\varphi_0\leqslant 30°$）时，C_{11} 极小，即可忽略扭转对挠度的影响，足够精确地用跨径 $l=r\varphi_0$ 的直梁来计算纵向弯矩。F. 莱昂哈特将此范围扩大到 $\varphi_0\leqslant 50°$。

日本规范规定，当 $\varphi_0\leqslant 5°$ 时，可按跨径 $l=r\varphi_0$ 的直桥进行分析；当 $5°<\varphi_0\leqslant 30°$ 时，弯矩及剪力可按直桥计算；当 $30°<\varphi_0\leqslant 45°$ 时，所有界面内力均应考虑空间效应；当 $\varphi_0>45°$ 时，还应考虑翘曲约束扭转的影响。加拿大标准协会（CAS）出版的标准中，规定曲桥的 $l^2/rB\leqslant 0.5$ 时，可按直桥来计算，B 为桥梁宽度；r 大于 90m 时，曲桥的纵向弯矩可近似按直桥计算，但纵向扭矩仍按曲桥计算。

分析弯扭刚度比 k 发现，k 值增加时，由曲率因素导致的扭转变形显著增大，即在抗弯刚度 EI 满足要求时，应尽量减小 k 值，亦即增大抗扭刚度 EI_d，以减小扭转引起的变形。所以在曲线桥梁中，抗扭刚度较大的箱形截面或低高度梁应为首选。

17.1.2　荷载特点

曲线桥除具有一般直桥的荷载特点外，还表现在：

(1)离心力是曲桥特有的，与桥轴线垂直的水平荷载，在曲率半径 r 较小时（$r\leqslant 250$m），应计及其作用。

(2)曲桥的车辆冲击力的研究还不够深入,目前多以与桥轴弧线长相同的直桥计算,且对弯曲冲击和扭转冲击等不作区分,略显粗糙。

Schelling(1992)采用有限元方法,针对不同跨径,研究了多室钢箱曲线梁桥的动力响应,他们的研究成果被 AASHTO(1993)所采用。对简支曲线梁(单箱、多箱)组合梁桥,当 $0.4 \leqslant l/r \leqslant 1.4$时,其给出的跨中截面弯矩冲击力系数为 $0.22-0.03l/r$,曲线梁桥的变形冲击系数为 0.15,支反力冲击系数为 $0.68-0.18l/r$。

(3)曲桥的车辆制动力情况复杂,实际作用方向与普遍采用的曲线梁切线方向并不一致。

17.1.3 支承布设特点

曲线桥梁的支承布设与其受力性能、变形特点密切相关。曲梁的变形呈现出显著的空间效应,荷载作用下产生竖向、横向及相互的转动变形;预应力和徐变作用下,仅产生纵桥向变形;温差和混凝土收缩作用下,曲梁段呈膨胀或缩短,不但产生纵桥向变形,还有横桥向的变形。小规模弯桥或位于坡道上的弯桥,如匝道桥,在常年温差、汽车制动力、离心力等的共同作用下,可能产生不可恢复的蠕动位移,变形的方向与桥梁规模、曲线形状、支承设置的情况等有关。这些都值得支承设计时考虑。保证弯桥的纵向自由伸缩非常重要,一旦纵向伸缩被限制,将形成平面内拱效应。以下简介简支弯桥和连续弯桥的支承布设方法。

简支弯桥:支座布置如图 5.17.2 所示,a)为单跨静定曲梁中心布置,b)为单跨静定曲梁偏心布置;c)为单跨超静定曲梁中心布置,d)为单跨超静定曲梁偏心布置。对于两端设抗扭支承的超静定曲梁,支承的偏心只能改变支承处各个支座上的反力分布而绝不能改变梁的扭矩分布。如果一侧支承斜向变化时,该支点截面随斜角的增大而增加负弯矩。而斜角需到某一个负角内,该截面都有正弯矩产生。此负角度将随弯扭刚度比值的增大而增大。这里规定当曲梁半径顺时针转动与斜支承线重合时,所得到的锐角为正角,反之则为负角,如图 5.17.2b)所示。另外,对一般公路桥,支座偏心距 e_c 小于 2m 时,偏心距对预加应力和活载所引起的扭矩影响不大。

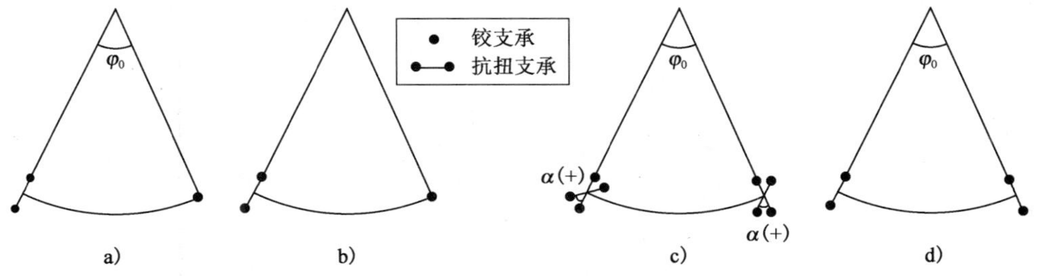

图 5.17.2 单跨平面曲梁支座布置

连续弯桥:支座布置如图 5.17.3 所示。图 a):两端点均设抗扭支座,中间跨设铰支座。图 b):当跨数较多,两端点设抗扭支座,中间也设置一定数量的抗扭支座,其余均为中心铰支座。图 c):为减小扭矩,两端设置抗扭支座,中间跨设置向外侧有偏心的铰支座。图 d):为增大全桥抗侧倾稳定性,两端设置抗扭支承,中间交替布置偏心铰支承。中间设置偏心铰支承的连续曲梁,不仅在造型上比较美观,而且受力性能也比全抗扭支承或中间为中心铰支座具有更大的优越性。中间铰支点在外侧方向预设一定的偏心值,可以调整梁内的扭矩分布,有利于降低曲梁的扭矩。事实上，偏心点铰支承连续曲梁的内力，可以看成是由中心支承时连续曲梁的内力和中心支承连续梁上作用的偏心支承中扭矩的内力两部分组成。支承偏心只能调整曲梁的扭矩，但不能消除扭矩。

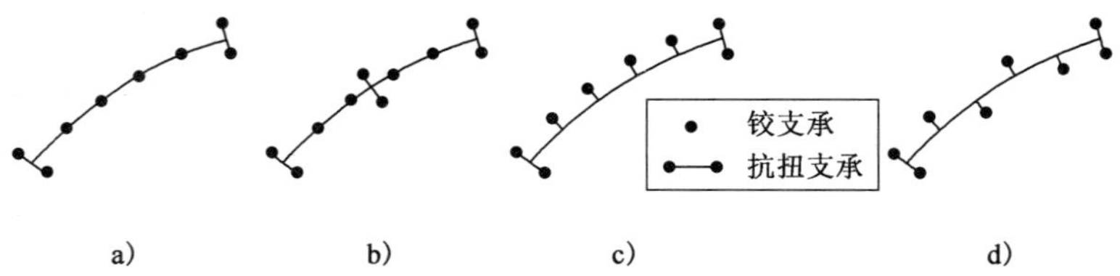

图 5.17.3　多跨平面曲梁支座布置

单梁式连续弯桥的中墩多采用独柱墩设单支点，边墩或桥台采用双支点的抗扭支承。当曲率半径较大时，采用单、双支点的恒载弯矩、剪力、甚至扭矩差别都不大，但在活载作用下时，中间设单支点的曲梁活载偏心扭矩会向相邻孔传递，最终累积到梁端的抗扭支承上。桥梁较窄时，某侧的端支座会承受由扭矩产生的上拔力，严重时会造成支座脱空。因此，曲率半径较大、圆心角较小的多跨连续梁应减少中间独柱墩数量，连续宽直桥不宜设置连续独柱墩，特别是单点支承，以防重车偏载作用下的桥梁侧倾事故。

为应对温度、收缩产生的纵、横桥向的变形，常见的做法是梁端支点均不完全固定，但限制其侧向位移；为防止弯梁的蠕动，可在各墩台上设置强大的挡块。

17.2　平面曲梁的平衡微分方程及其解法

17.2.1　曲梁的平衡方程

在图 5.17.1 所示的三维流动直角坐标系中，取一微段 $ds = rd\varphi$，如图 5.17.4 所示，其上作用的 6 种荷载及 6 种截面内力亦示于图 a）中，正号内力示于图 b）中。

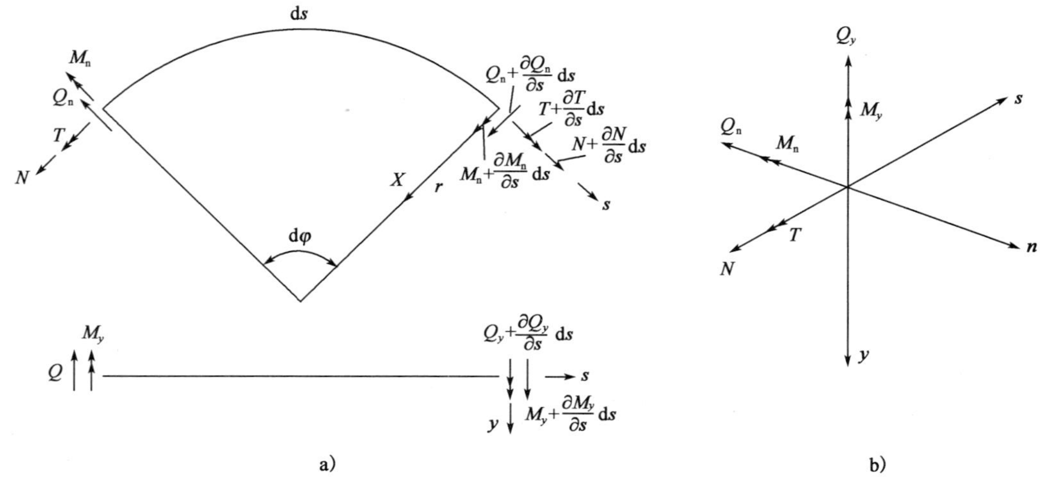

图 5.17.4　平面微段曲梁的截面内力

(1)静力平衡方程

利用 6 个空间平衡条件 $\sum F_i=0,\sum M_i=0(i=n,y,s)$,可以导得曲梁的 6 个静力平衡方程[1,2]为

$$\begin{cases}\dfrac{\partial M_y}{\partial s}+Q_{\mathrm{n}}+m_y=0\\ \dfrac{\partial Q_{\mathrm{n}}}{\partial s}+\dfrac{N}{r}+q_{\mathrm{n}}=0\\ \dfrac{\partial N}{\partial s}-\dfrac{Q_{\mathrm{n}}}{r}+q_{\mathrm{s}}=0\\ \dfrac{\partial M_{\mathrm{n}}}{\partial s}+\dfrac{T}{r}-Q_y+m_{\mathrm{n}}=0\\ \dfrac{\partial T}{\partial s}-\dfrac{M_{\mathrm{n}}}{r}+m_{\mathrm{s}}=0\\ \dfrac{\partial Q_y}{\partial s}+q_y=0\end{cases} \tag{5.17.3}$$

消去剪力项 Q_{n}、Q_y 和轴向力 N 后,可得

$$\begin{cases}\dfrac{\partial^3 M_y}{\partial s^3}+\dfrac{1}{r^2}\dfrac{\partial M_y}{\partial s}=\dfrac{\partial q_{\mathrm{n}}}{\partial s}-\dfrac{\partial^2 m_y}{\partial s^2}-\dfrac{q_{\mathrm{s}}}{r}-\dfrac{m_y}{r^2}\\ \dfrac{\partial^2 M_x}{\partial s^2}+\dfrac{1}{r}\dfrac{\partial T}{\partial s}=-q_y-\dfrac{\partial m_{\mathrm{n}}}{\partial s}\\ \dfrac{\partial T}{\partial s}-\dfrac{1}{r}M_x=-m_{\mathrm{s}}\end{cases} \tag{5.17.4}$$

(2)几何方程

铁木辛柯(S. Timoshenko,1930)导出的几何方程[2]为

$$\begin{cases}\varepsilon_{\mathrm{s}}=\dfrac{\mathrm{d}v}{\mathrm{d}s}-\dfrac{u}{r}\\ \kappa_{\mathrm{n}}=\dfrac{\mathrm{d}^2 w}{\mathrm{d}s^2}-\dfrac{\theta}{r}\\ \kappa_y=\dfrac{\mathrm{d}^2 u}{\mathrm{d}s^2}+\dfrac{u}{r^2}\\ \kappa_{\mathrm{s}}=\dfrac{\mathrm{d}\theta}{\mathrm{d}s}+\dfrac{1}{r}\dfrac{\mathrm{d}w}{\mathrm{d}s}\end{cases} \tag{5.17.5}$$

式中:ε_{s}——轴向应变;

κ_{n}、κ_y——绕 n、y 轴的曲率;

κ_{s}——绕 s 轴的扭曲率,即单位长度上的扭转角。

(3)符拉索夫(Vlasov)方程

弹性体材料本构关系符合虎克定律,并考虑到式(5.17.5)则有

$$
\begin{cases}
N = EA\varepsilon_s = EA\left(\dfrac{dv}{ds} - \dfrac{u}{r}\right) \\[2mm]
M_n = -EI_n\kappa_n = -EI_n\left(\dfrac{d^2w}{ds^2} - \dfrac{\theta}{r}\right) \\[2mm]
M_y = EI_y\kappa_y = -EI_y\left(\dfrac{d^2u}{ds^2} + \dfrac{u}{r^2}\right) \\[2mm]
T = -EI_w\dfrac{d^2\kappa_s}{ds^2} + GI_d\kappa_s \\[2mm]
\quad = -EI_w\left(\dfrac{d^3\theta}{ds^3} + \dfrac{1}{r}\dfrac{d^3w}{ds^3}\right) + GI_d\left(\dfrac{d\theta}{ds} + \dfrac{1}{r}\dfrac{dw}{ds}\right)
\end{cases}
\tag{5.17.6}
$$

式中：A——弯梁截面面积；

其他符号意义同前。

将式(5.17.6)代入式(5.17.4)，经整理有式(5.17.1)，即平面曲梁的符拉索夫方程。

由于平面曲梁的平面内变形与垂直水平面的变形相对独立，若仅考察所关心的后者，则略去 m_n，并不计截面翘曲作用，以 $ds = rd\varphi$ 代入式(5.17.1)，则有

$$
\begin{cases}
\dfrac{EI_n}{r^4}\dfrac{d^4w}{d\varphi^4} - \dfrac{GI_d}{r^4}\dfrac{d^2w}{d\varphi^2} - \dfrac{EI_n + GI_d}{r^3}\dfrac{d^2\theta}{d\varphi^2} - q_y = 0 \\[2mm]
\dfrac{EI_n + GI_d}{r^3}\dfrac{d^2w}{d\varphi^2} - \dfrac{GI_d}{r^2}\dfrac{d^2\theta}{d\varphi^2} + \dfrac{EI_n}{r^2}\theta - m_s = 0
\end{cases}
\tag{5.17.7}
$$

此即为曲梁在竖向荷载作用下的竖向弯曲平衡微分方程。

17.2.2 简支超静定曲梁解析解

利用数学手段将式(5.17.1)的后两式中的位移量 $w(s)$ 消去，可得

$$
EI_w\theta^{\mathrm{IV}} + \left(\frac{2EI_w}{r^2} - GI_d\right)\theta^{\mathrm{IV}} + \frac{1}{r^2}\left(\frac{EI_w}{r^2} - 2GI_d\right)\theta'' - \frac{GI_d}{r^4}\theta
$$

$$
= \frac{EI_n + GI_d}{rEI_n}q_y - \frac{I_w}{rI_n}q''_y + \frac{EI_n + GI_d}{rEI_n}m'_n - \frac{I_w}{rI_n}m'''_n - \frac{GI_d}{r^2EI_n}m_s + \frac{I_w + r^2I_n}{r^2I_n}m''_s \tag{5.17.8}
$$

若 $m_n = 0$，$m_s = m$，$q_y = q$，Heins 等求得式(5.17.8)的闭合解为

$$
\theta = A\mathrm{ch}\frac{s}{a} + B\mathrm{sh}\frac{s}{a} + C\cos\frac{s}{r} + Ds\cos\frac{s}{r} + E\sin\frac{s}{r} + Fs\sin\frac{s}{r} +
$$

$$
\frac{r^2}{EI_n}m - r^3\left(\frac{1}{GI_d} + \frac{1}{EI_n}\right)q \tag{5.17.9}
$$

式中：$a = \sqrt{EI_\omega/GI_d}$。

相应的 $w(s)$ 为

$$
w = A\left(\frac{a^2}{r}\mathrm{ch}\frac{s}{a}\right) + B\left(\frac{a^2}{r}\mathrm{sh}\frac{s}{a}\right) + C\left(-r\cos\frac{s}{a}\right) + D\left(-rs\cos\frac{s}{r} + b\sin\frac{s}{r}\right) + E\left(-r\sin\frac{s}{r}\right) +
$$

$$F\left(-b\cos\frac{s}{r}-rs\sin\frac{s}{r}\right)+G+Hs-\frac{qr^2}{2GI_d}s^2 \tag{5.17.10}$$

式中：$b=\dfrac{2EI_n r^4}{EI_\omega+EI_n r^2+GI_d r^2}$。

常数 $A\sim H$ 可由简支超静定曲梁两端的各 4 个边界条件[3]无竖向位移和扭角，联立式(5.17.9)和式(5.17.10)求得。在集中荷载作用时，补充集中荷载分界面上的内力及位移连续条件进行求解。对于连续曲梁，一种方法是将其从中支点处切开，分解为多个简支曲梁，利用中支点的连续条件及边界条件进行求解；另一种方法是将中支点多余约束解除，代之赘余力，先利用上述方法求解两边支点支承的简支曲梁，再利用被解除约束处的位移条件列出赘余力力法方程联合求解。

17.3 单曲梁分析

17.3.1 等截面简支曲梁计算

常见的位于匝道上采用单梁结构桥面较窄的曲线梁桥可以简单地按照空间单曲梁计算。对于截面剪切中心轴线与截面形心轴线相重合的，两端均设抗扭支承的一次超静定简支曲梁，在平截面及刚性截面假定成立的情况下，不计约束扭转的影响，可按结构力学方法推导曲梁内力及变形的表达式。

如图 5.17.5a)所示的简支超静定曲梁，取其基本结构如图 5.17.5b)所示。

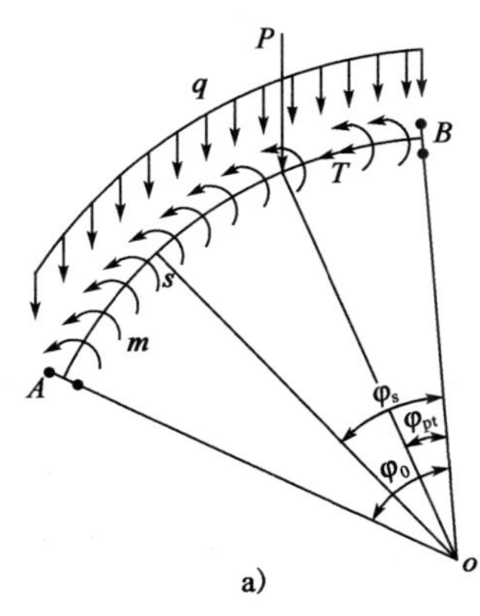

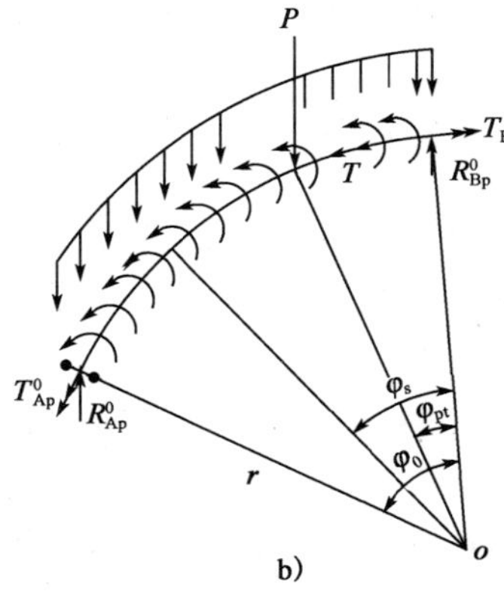

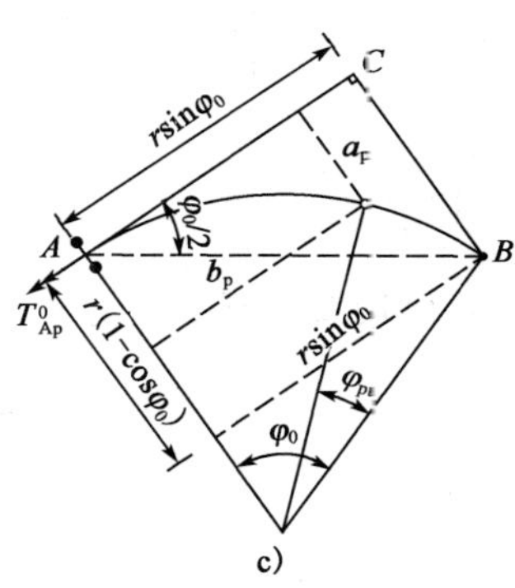

图 5.17.5 简支曲梁

1)静定简支曲梁

如图 5.17.11c)所示，有

$$\begin{cases}a_p=r[1-\cos(\varphi_0-\varphi_{pt})]\\ b_p=r\sin(\varphi_0-\varphi_{pt})\end{cases} \tag{5.17.11}$$

仅考察在 P 作用下，静定简支曲梁时有

$$\begin{cases}\sum M_{\overline{AC}}=0 & T_{Ap}^0-Pa_p+R_{Bp}^0r(1-\cos\varphi_0)=0\\ \sum M_{\overline{OA}}=0 & Pb_p+R_{Bp}^0r\sin\varphi_0=0\\ \sum Y=0 & R_{Ap}^0+R_{Bp}^0-P=0\end{cases} \tag{5.17.12}$$

将式(5.17.11)代入式(5.17.12)经整理得

$$\begin{cases}R_{Ap}^0=P\left[1-\dfrac{\sin(\varphi_0-\varphi_{pt})}{\sin\varphi_0}\right]\\ R_{Bp}^0=P\dfrac{\sin(\varphi_0-\varphi_{pt})}{\sin\varphi_0}\end{cases} \tag{5.17.13}$$

$$T_{Ap}^0=-Pr\left[\tan\frac{\varphi_0}{2}\sin(\varphi_0-\varphi_{pt})-1+\cos(\varphi_0-\varphi_{pt})\right]$$

同理可分别求得在 m、T 等作用下的支反力，并由静力平衡条件可求得任意截面的内力，它们分别为：

(1)集中荷载 P 与集中扭矩 T 作用

$$\begin{cases}M_s^0(P+T)=\begin{cases}(Pr+T)S_c\sin\varphi_s & (0\leqslant\varphi_s\leqslant\varphi_{pt})\\ (Pr+T)S_c\sin\varphi_{pt} & (\varphi_{pt}\leqslant\varphi_s\leqslant\varphi_0)\end{cases}\\ T_s^0(P+T)=\begin{cases}(Pr+T)S_c(1-\cos\varphi_s) & (0\leqslant\varphi_s\leqslant\varphi_{pt})\\ (Pr+T)S_cS_s\sin\varphi_{pt}-P_c & (\varphi_{pt}\leqslant\varphi_s\leqslant\varphi_0)\end{cases}\\ \varphi_s^0(P+T)=\begin{cases}(Pr+T)\dfrac{S_c}{r} & (0\leqslant\varphi_s\leqslant\varphi_{pt})\\ -(Pr+T)\dfrac{S_c}{r}+P & (\varphi_{pt}\leqslant\varphi_s\leqslant\varphi_0)\end{cases}\end{cases} \tag{5.17.14}$$

其中 $$S_c=\frac{\sin(\varphi_0-\varphi_{pt})}{\sin\varphi_0},S_s=\frac{\cos(\varphi_0-\varphi_s)}{\sin\varphi_0}$$

(2)均布荷载 q 与分布扭矩 m 作用

$$\begin{cases}M_s^0(q+m)=(qr+m)r\sin\varphi_s\left(\tan\dfrac{\varphi_0}{2}-\tan\dfrac{\varphi_s}{2}\right)\\ T_s^0(q+m)=(qr+m)r\sin\varphi_s\left(1+\tan\dfrac{\varphi_0}{2}\tan\dfrac{\varphi_s}{2}\right)-qr^2\varphi_s\\ Q_s^0(q+m)=-(qr+m)\tan\dfrac{\varphi_0}{2}+qr\varphi_s\end{cases} \tag{5.17.15}$$

(3) $T_B=1$ 作用

$$\begin{cases}\overline{M}_s=0\\ \overline{T}_s=1\\ \overline{Q}_s=\dfrac{1}{r}\end{cases} \tag{5.17.16}$$

2)超静定简支曲梁

根据 B 端的变形协调条件有

$$T_{\mathrm{B}} = \frac{-\Delta_{\mathrm{BT}}}{\delta_{\mathrm{BB}}} \tag{5.17.17}$$

式中:Δ_{BT}——单位扭矩 $T_{\mathrm{B}}=1$ 作用下静定简支曲梁在 B 端的扭角;

δ_{BB}——外载(P、T、q、m 等)作用下静定简支曲梁在 B 端的扭角。

仅考察集中荷载 P 的作用,并不计剪力和轴力对位移的贡献,则

$$\delta_{\mathrm{BB}} = \int_0^l \frac{\overline{T}_{\mathrm{s}}^2}{GI_{\mathrm{d}}}\mathrm{d}s = \frac{r\varphi_0}{GI_{\mathrm{d}}} \tag{5.17.18}$$

$$\Delta_{\mathrm{BT}} = \int_0^l \frac{\overline{T}_{\mathrm{s}}T_{\mathrm{s}}^0(P+0)}{GI_{\mathrm{d}}} = \frac{Pr^2}{GI_{\mathrm{d}}}[\varphi_0(S_{\mathrm{c}}-1)+\varphi_{\mathrm{pt}}] \tag{5.17.19}$$

则
$$T_{\mathrm{B}} = \frac{\Delta_{\mathrm{BT}}}{\delta_{\mathrm{BB}}} = -Pr\left[(S_{\mathrm{c}}-1)+\frac{\varphi_{\mathrm{pt}}}{\varphi_0}\right] \tag{5.17.20}$$

同理可求得 T、m、q 等作用下的赘余力 T_{B} 和截面内力,它们分别为:

(1)集中荷载 P 与集中扭矩 T 作用

$$\begin{cases}
M_{\mathrm{s}}(P+T) = \begin{cases}(Pr+T)S_{\mathrm{c}}\sin\varphi_{\mathrm{s}} & (0\leqslant\varphi_{\mathrm{s}}\leqslant\varphi_{\mathrm{pt}})\\ -(Pr+T)S_{\mathrm{c}}\sin\varphi_{\mathrm{pt}} & (\varphi_{\mathrm{pt}}\leqslant\varphi_{\mathrm{s}}\leqslant\varphi_0)\end{cases}\\
T_{\mathrm{s}}(P+T) = \begin{cases}-(Pr+T)S_{\mathrm{c}}\cos\varphi_{\mathrm{s}}+Pr\left(1-\dfrac{\varphi_{\mathrm{pt}}}{\varphi_{\mathrm{s}}}\right) & (0\leqslant\varphi_{\mathrm{s}}\leqslant\varphi_{\mathrm{pt}})\\ (Pr+T)S_{\mathrm{s}}\sin\varphi_{\mathrm{pt}}-Pr\dfrac{\varphi_{\mathrm{pt}}}{\varphi_{\mathrm{s}}} & (\varphi_{\mathrm{pt}}\leqslant\varphi_{\mathrm{s}}\leqslant\varphi_0)\end{cases}\\
Q_{\mathrm{s}}(P+T) = \begin{cases}-P\left(1-\dfrac{\varphi_{\mathrm{pt}}}{\varphi_{\mathrm{s}}}\right) & (0\leqslant\varphi_{\mathrm{s}}\leqslant\varphi_{\mathrm{pt}})\\ P\dfrac{\varphi_{\mathrm{pt}}}{\varphi_0} & (\varphi_{\mathrm{pt}}\leqslant\varphi_{\mathrm{s}}\leqslant\varphi_0)\end{cases}
\end{cases} \tag{5.17.21}$$

(2)均布荷载 q 与分布扭矩 m 作用

$$\begin{cases}
M_{\mathrm{s}}(q+m) = (qr+m)r\sin\varphi_{\mathrm{s}}\left(\tan\dfrac{\varphi_0}{2}-\tan\dfrac{\varphi_{\mathrm{s}}}{2}\right)\\
T_{\mathrm{s}}(q+m) = (qr+m)r\cos\left(\tan\varphi_{\mathrm{s}}-\tan\dfrac{\varphi_0}{2}\right)-qr^2\left(\varphi_{\mathrm{s}}-\dfrac{\varphi_0}{2}\right)\\
Q_{\mathrm{s}}(q+m) = qr\left(\varphi_{\mathrm{s}}-\dfrac{\varphi_0}{2}\right)
\end{cases} \tag{5.17.22}$$

其支反力为

$$\begin{cases} M_{A}(q+m)=M_{B}(q+m)=0 \\ T_{A}(q+m)=-T_{B}(q+m)=qr^{2}\left(\tan\dfrac{\varphi_{0}}{2}-\dfrac{\varphi_{0}}{2}\right)+mr\tan\dfrac{\varphi_{0}}{2} \\ R_{A}(q+m)=R_{B}(q+m)=qr\dfrac{\varphi_{0}}{2} \end{cases} \tag{5.17.23}$$

q 作用下跨中截面的挠度为

$$w_{q}\left(\varphi_{s}=\frac{\varphi_{0}}{2}\right)=\frac{qr^{4}}{EI}\left[(1+2k)\left(1-\sec\frac{\varphi_{0}}{2}\right)\frac{k\varphi_{0}^{2}}{8}+\frac{1+k}{4}\varphi_{0}\left(1+\tan\frac{\varphi_{0}}{2}\right)\sin\frac{\varphi_{0}}{2}\right] \tag{5.17.24}$$

P 作用在跨中时跨中截面的挠度为

$$w_{p}\left(\varphi_{s}=\frac{\varphi_{0}}{2}\right)=\frac{Pr^{3}}{2EI}\left[\frac{1+k}{4}(\varphi_{0}-\sin\varphi_{0})\sec^{2}\frac{\varphi_{0}}{2}-\frac{k\varphi_{0}}{2}+k\tan\frac{\varphi_{0}}{2}\right] \tag{5.17.25}$$

其他荷载情况同理可求。

对于连续曲梁，可以仿照上节的做法，将其从中支点处切开，分解为多个简支曲梁，利用中支点的连续条件补充变形及内力连续方程进行求解。也可以将中支点多余约束解除，代之赘余力，先利用上述方法求解两边支点支承的简支曲梁，再利用被解除约束处的位移条件列出赘余力力法方程联合求解。

17.3.2 连续曲梁分析的能量原理

1）中支承为点铰支承的变截面连续曲梁

不失一般情况，对于如图 5.17.6a）所示的两端为抗扭支承、中间均为点铰支承的 $n+1$ 跨变截面连续曲梁，取如图 5.17.6b）所示的一次超静定简支曲梁为基本结构，则满足边界条件的曲梁挠度 w 和扭角 θ 可分别假设为

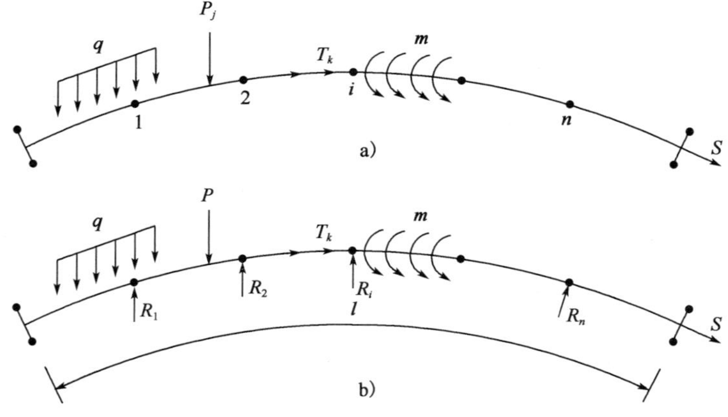

图 5.17.6　中间为点铰支承的连续曲梁

$$\begin{cases} w=\sum\limits_{n=1}^{\infty}A_{n}\sin k_{n} \\ \theta=\sum\limits_{n=1}^{\infty}B_{n}\sin k_{n} \end{cases} \tag{5.17.26}$$

式中：$k_n=\dfrac{n\pi}{l}$。

不计剪力和轴力的影响时，基本结构的形变内能 U 和荷载势能 V 可分别表示为

$$\begin{cases} U = \displaystyle\int_0^l \frac{M_s^2}{2EI_{ns}}ds + \int_0^l \frac{T_s^2}{2GI_{ds}}ds \\ V = -\displaystyle\int_{s_1}^{s_2}\int_0^w q\,dw\,ds - \sum_{j=1}^{n_1}\int_0^{w_j} P_j dw_j - \int_{s_3}^{s_4}\int_0^{\theta} m\,d\theta\,ds - \sum_{k=1}^{n_2}\int_0^{\theta_k} T_k d\theta_k \end{cases} \tag{5.17.27}$$

不考虑截面翘曲时，曲梁任一截面的弯矩 M_s 和扭矩 T_s，可根据式(5.17.6)导得

$$\begin{cases} M_s = -EI_{ns}\left(\dfrac{d^2w}{ds^2} - \dfrac{\theta}{r}\right) \\ T_s = GI_{ds}\left(\dfrac{d\theta}{ds} + \dfrac{1}{r}\dfrac{dw}{ds}\right) \end{cases} \tag{5.17.28}$$

以上各式中：EI_{ns}、GI_{ds}——距左桥台支承为 s 处的抗弯、抗扭刚度；

s_1、s_2——均布荷载 q 的起、终点位置坐标；

s_3、s_4——均布扭矩 m 的起、终点位置坐标；

w_j——相应集中荷载 P_j 位置处的竖向位移；

θ_k——相应集中扭矩 T_k 位置处的扭角；

n_1、n_2——集中荷载 P_j 和集中扭矩 T_k 的数目；

r——弯梁的曲率半径，假定为常值。

将式(5.17.26)代入式(5.17.28)后再代入式(5.17.27)，记总势能 $\Pi=U+V$，根据变分原理有

$$\frac{\partial\Pi}{\partial A_n}=0 \quad \frac{\partial\Pi}{\partial B_n}=0 \tag{5.17.29}$$

经整理后得[4]

$$\begin{cases} A_n = \dfrac{\bar{C}_n F_{np}(q,P_j) - \bar{B}_n F_{nt}(m,T_k)}{\bar{A}_n\bar{C}_n - \bar{B}_n^2} \\ B_n = \dfrac{\bar{A}_n F_{nt}(m,T_k) - \bar{B}_n F_{np}(q,P_j)}{\bar{A}_n\bar{C}_n - \bar{B}_n^2} \end{cases} \tag{5.17.30}$$

式中：$F_{np}(q,P_j) = \dfrac{q}{k_n}(\cos k_n s_1 - \cos k_n s_2) + \sum\limits_{j=1}^{n_1} P_j \sin k_n s_j$；

$F_{nt}(m,T_k) = \dfrac{m}{k_n}(\cos k_n s_3 - \cos k_n s_4) + \sum\limits_{k=1}^{n_2} T_k \sin k_n s_k$；

$\bar{A}_n = k_n^2\left(Ek_n^2\displaystyle\int_0^l I_{ns}\sin^2 k_n s\,ds + \frac{G}{r^2}\int_0^l I_{ds}\cos^2 k_n s\,ds\right)$；

$$\bar{B}_n = k_n^2 \frac{1}{r}\left(E\int_0^l I_{ns}\sin^2 k_n s\mathrm{d}s + G\int_0^l I_{ds}\cos^2 k_n s\mathrm{d}s\right);$$

$$\bar{C}_n = \frac{E}{r^2}\int_0^l I_{ns}\sin^2 k_n s\mathrm{d}s + Gk_n^2\int_0^l I_{ds}\cos^2 k_n s\mathrm{d}s。$$

在中支承 i 处,竖向挠度和扭角分别为

$$\begin{cases} w_{i0} = \sum_{n=1}^{\infty} A_n \sin k_n s_i \\ \theta_{i0} = \sum_{n=1}^{\infty} B_n \sin k_n s_i \end{cases} \tag{5.17.31}$$

当支承 i 处有一向上的单位支承反力 $R_i = 1$ 作用在基本结构上时,同理可得相应的挠曲线方程和扭角方程为

$$\begin{cases} w_i^R = \sum_{n=1}^{\infty} C_{in}^R \sin k_n s \\ \theta_i^R = \sum_{n=1}^{\infty} D_{in}^R \sin k_n s \end{cases} \tag{5.17.32}$$

式中:$C_{in}^{\mathrm{R}} = \dfrac{-\bar{C}_n \sin k_n s_i}{\bar{A}_n \bar{C}_n - \bar{B}_n^2}$;

$D_{in}^{\mathrm{R}} = \dfrac{\bar{B}_n \sin k_n s_i}{\bar{A}_n \bar{C}_n - \bar{B}_n^2}$。

则该支承处的位移可表示为

$$\begin{cases} w_{ii}^{\mathrm{R}} = \sum_{n=1}^{\infty} C_{in}^{\mathrm{R}} \sin k_n s_i \\ w_{ij}^{\mathrm{R}} = w_{ji}^{\mathrm{R}} = \sum_{n=1}^{\infty} C_{in}^{\mathrm{R}} \sin k_n s_j \\ \theta_{ii}^{\mathrm{R}} = \sum_{n=1}^{\infty} D_{in}^{\mathrm{R}} \sin k_n s_i \\ \theta_{ij}^{\mathrm{R}} = \theta_{ji}^{\mathrm{R}} = \sum_{n=1}^{\infty} D_{in}^{\mathrm{R}} \sin k_n s_j \end{cases} \tag{5.17.33}$$

式中:w_{ij}——支承 j 处作用单位支反力 $R_j = 1$ 时,支承 i 处的竖向位移。

由力法原理,可得典型方程

$$\boldsymbol{kR} = \boldsymbol{\Delta} \tag{5.17.34}$$

式中:$\boldsymbol{R}$——$\boldsymbol{R} = [R_1, R_2, \cdots, R_n]$,中间支承的竖向反力列阵;

$\boldsymbol{\Delta}$——$\boldsymbol{\Delta} = [w_{10}, w_{20}, \cdots, w_{n0}]^{\mathrm{T}}$,外载作用下各中间支承处的竖向挠度列阵;

$\boldsymbol{k}$——$\boldsymbol{k} = [\boldsymbol{w}_{ij}^R]_{N\times n}$,柔度矩阵。

求解方程式(5.17.34)可得 $\boldsymbol{R}$,则连续曲梁的总挠度 W 和总扭角 Φ 分别为

$$\begin{cases} W = \sum_{n=1}^{\infty} \boldsymbol{G}_n \boldsymbol{B}^{\mathrm{T}} \sin k_n s \\ \Phi = \sum_{n=1}^{\infty} \boldsymbol{H}_n \boldsymbol{B}^{\mathrm{T}} \sin k_n s \end{cases} \tag{5.17.35}$$

式中：$\boldsymbol{G}_n$——$\boldsymbol{G}_n=[A_n,C_{1n}^R,\cdots,C_{in}^R,\cdots,C_{Nn}^R]^{\mathrm{T}}$；

$\boldsymbol{H}_n$——$\boldsymbol{H}_n=[B_n,D_{1n}^R,\cdots,D_{in}^R,\cdots,D_{Nn}^R]^{\mathrm{T}}$；

$\boldsymbol{B}^{\mathrm{T}}$——$\boldsymbol{B}^{\mathrm{T}}=\begin{Bmatrix}1\\ \boldsymbol{R}\end{Bmatrix}$。

将式(5.17.35)代入式(5.17.28)即可求得连续曲梁的弯矩和扭矩表达式为

$$\begin{cases}M_{\mathrm{s}}=EI_{\mathrm{ns}}\sum\limits_{n=1}^{\infty}\left(k_n^2\boldsymbol{G}_n\boldsymbol{B}^{\mathrm{T}}+\dfrac{1}{r}\boldsymbol{H}_n\boldsymbol{B}^{\mathrm{T}}\right)\sin k_ns\\ T_{\mathrm{s}}=GI_{\mathrm{ds}}\sum\limits_{n=1}^{\infty}\left(k_n^2\boldsymbol{H}_n\boldsymbol{B}^{\mathrm{T}}+\dfrac{1}{r}\boldsymbol{G}_n\boldsymbol{B}^{\mathrm{T}}\right)\cos k_ns\end{cases}\tag{5.17.36}$$

剪力为

$$Q_{\mathrm{s}}=\sum_{n=1}^{\infty}k_n\left[\left(\frac{GI_{\mathrm{ds}}}{r^2}+EI_{\mathrm{ns}}k_n^2\right)\boldsymbol{G}_n\boldsymbol{B}^{\mathrm{T}}+\frac{EI_{\mathrm{ns}}+GI_{\mathrm{ds}}}{r}\boldsymbol{H}_n\boldsymbol{B}^{\mathrm{T}}\right]\cos k_ns+$$

$$E\frac{\mathrm{d}I_{\mathrm{ns}}}{\mathrm{d}s}\sum_{n=1}^{\infty}\left(k_n^2\boldsymbol{G}_n\boldsymbol{B}^{\mathrm{T}}+\frac{1}{r}\boldsymbol{H}_n\boldsymbol{B}^{\mathrm{T}}\right)\sin k_ns\tag{5.17.37}$$

2)其他情况解法要点

(1)中间点铰支承的等截面连续曲梁

这时只要将 $I_{\mathrm{ns}}=I,I_{\mathrm{ds}}=I_{\mathrm{d}}$ 及 $\dfrac{\mathrm{d}I_{\mathrm{ns}}}{\mathrm{d}s}=0$ 代入以上各式，可得系数 $\bar{A}_n$、$\bar{B}_n$ 和 $\bar{C}_n$ 分别为

$$\begin{cases}\bar{A}_n=\dfrac{lk_n^2}{2}\left(EIk_n^2+\dfrac{GI_{\mathrm{d}}}{r^2}\right)\\ \bar{B}_n=\dfrac{lk_n^2}{2r}(EI+GI_{\mathrm{d}})\\ \bar{C}_n=\dfrac{l}{2}\left(\dfrac{EI}{r^2}+GI_{\mathrm{d}}k_n^2\right)\end{cases}\tag{5.17.38}$$

内力分别为

$$\begin{cases}M_{\mathrm{s}}=EI\sum\limits_{n=1}^{\infty}\left(k_n^2\boldsymbol{G}_n\boldsymbol{B}^{\mathrm{T}}+\dfrac{1}{r}\boldsymbol{H}_n\boldsymbol{B}^{\mathrm{T}}\right)\sin k_ns\\ T_{\mathrm{s}}=GI_{\mathrm{d}}\sum\limits_{n=1}^{\infty}\left(k_n\boldsymbol{H}_n\boldsymbol{B}^{\mathrm{T}}+\dfrac{1}{r}\boldsymbol{G}_n\boldsymbol{B}^{\mathrm{T}}\right)\cos k_ns\\ Q_{\mathrm{s}}=\sum\limits_{n-1}^{\infty}k_n\left[\left(\dfrac{GI_{\mathrm{d}}}{r^2}+EIk_n^2\right)\boldsymbol{G}_n\boldsymbol{B}^{\mathrm{T}}+\dfrac{EI+GI_{\mathrm{d}}}{r}\boldsymbol{H}_n\boldsymbol{B}^{\mathrm{T}}\right]\cos k_ns\end{cases}\tag{5.17.39}$$

任意截面的挠度、扭角及内力影响线可分别令 $P=1$ 或 $T=1$，其他外载为零而获得。

(2)中支承均为抗扭角支承的连续曲梁

如图5.17.7a)所示，取图5.17.7b)为基本结构，仿照上节的求解过程，可得单位扭矩 $T_{\mathrm{R}i}=1$

作用在基本结构上时,挠曲线和扭角方程分别为

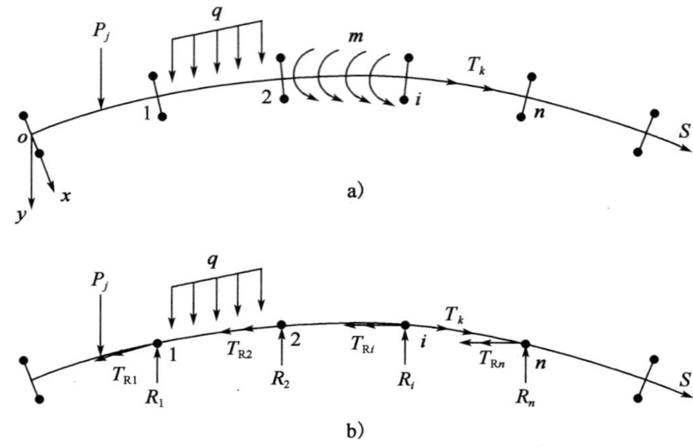

图 5.17.7　中支承均为抗扭支承的连续曲梁

$$\begin{cases} w_i^{\mathrm{TR}} = \sum\limits_{n=1}^{\infty} C_{in}^{\mathrm{TR}} \sin k_n s \\ \theta_i^{\mathrm{TR}} = \sum\limits_{n=1}^{\infty} D_{in}^{\mathrm{TR}} \sin k_n s \end{cases} \tag{5.17.40}$$

式中：$C_{in}^{\mathrm{TR}} = D_{in}^{\mathrm{R}}$；

$D_{in}^{\mathrm{TR}} = \dfrac{-\overline{A}_n \sin k_n s_i}{\overline{A}_n \overline{C}_n - \overline{B}_n^2}$。

力法典型方程同式(5.17.34),这时

$$\boldsymbol{R} = [R_1, R_2, \cdots, R_N, T_{\mathrm{R1}}, T_{\mathrm{R2}}, \cdots, T_{\mathrm{R}n}]^{\mathrm{T}}$$

$$\boldsymbol{\Delta} = [w_{10}, w_{20}, \cdots, w_{N0}, \theta_{10}, \theta_{20}, \cdots, \theta_{N0}]^{\mathrm{T}}$$

$\boldsymbol{k}$ 为 $2N \times 2N$ 阶柔度矩阵,可按式(5.17.33)和式(5.17.40)计算。

中支承既有抗扭支承又有点铰支承时,不难按照上述思路进行分析,不再赘述。

17.4　非径向支承单曲梁计算

对于非径向支承的连续曲梁,Funkhouser 和 C. P. Heins[3] 针对美国荷载标准,研究提出其内力设计值为

$$F_{\alpha\max} = F_{\max} \frac{K_\alpha}{100} \tag{5.17.41}$$

式中：$F_{\alpha\max}$——非径向支承弯梁桥的某项最大设计值；

$F_{\max}$——径向支承弯梁桥的某项最大设计值；

K_α——由 l/r、支承斜交角 α 所确定的设计值增减比值。

此方法虽还不能在我国的具体工程中应用,但其思路却十分可取。以下介绍按结构力学方法计算非径向支承单跨简支曲梁[5]。

17.4.1 非径向支承简支静定曲梁

1)按静力平衡条件计算竖向均布荷载 q 作用

如图5.17.8a)所示,设 G_0 为均布载重心,则按图b)有

$$\overline{OG_0} = \frac{rs}{l} = r \times 2r\sin\frac{\varphi_0}{2}\frac{1}{r\varphi_0} = \frac{2r}{\varphi_0}\sin\frac{\varphi_0}{2}$$

$$AG_0 = \sqrt{\overline{OG_0^2} + r^2 - 2\,\overline{OG_0}r\cos\frac{\varphi_0}{2}}$$

$$\delta = \arctan\frac{\overline{OG_0} - r\cos\dfrac{\varphi_0}{2}}{r\sin\dfrac{\varphi_0}{2}}$$

$$\alpha_0 = \overline{AG_0}\sin(\varphi_0/2 + \alpha - \delta)$$

$$b_0 = \overline{AG_0}\cos(\varphi_0/2 + \alpha + \delta)$$

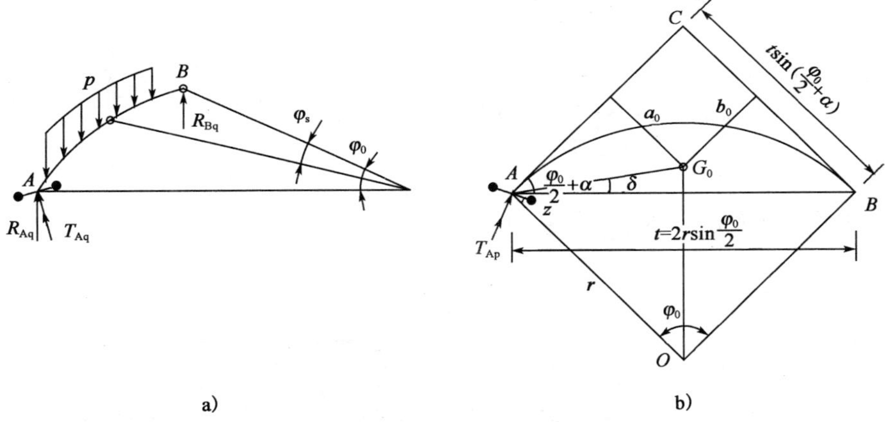

图5.17.8 均布荷载 q 作用下的非径向支承静定简支曲梁

由静力平衡条件有

$$\begin{cases} \sum y = 0 \qquad qr\varphi_0 - R_{Aq} - R_{Bq} = 0 \\ \sum M_{\overline{BC}} = 0 \qquad R_{Aq}\tau\cos\left(\dfrac{\varphi_0}{2} + \alpha\right) - qr\varphi_0 b_0 = 0 \\ \sum M_{\overline{AC}} = 0 \quad T_{Aq} - qr\varphi_0 a_0 - R_{Bq}\tau\sin\left(\dfrac{\varphi_0}{2} + \alpha\right) = 0 \end{cases} \tag{5.17.42}$$

解得

$$\begin{cases} R_{\mathrm{Aq}} = \dfrac{qr\varphi_0 b_0}{2r\sin\dfrac{\varphi_0}{2}\cos\left(\dfrac{\varphi_0}{2}+\alpha\right)} \\ R_{\mathrm{Bq}} = qr\varphi_0\left[1-\dfrac{b_0}{2r\sin\dfrac{\varphi_0}{2}\sin\left(\dfrac{\varphi_0}{2}+\alpha\right)}\right] \\ T_{\mathrm{Aq}} = qr\varphi_0\left[\alpha_0+2r\sin\dfrac{\varphi_0}{2}\sin\left(\dfrac{\varphi_0}{2}+\alpha\right)-b_0\tan\left(\dfrac{\varphi_0}{2}+\alpha\right)\right] \end{cases} \tag{5.17.43}$$

任意截面 s 的内力，可取图 5.17.9 所示的计算图式，则有

$$\overline{OG}_{\mathrm{s}} = \frac{2r}{\varphi_{\mathrm{s}}}\sin\frac{\varphi_{\mathrm{s}}}{2},\ a_{\mathrm{s}} = r\left(1-\frac{\sin\varphi_{\mathrm{s}}}{\varphi_{\mathrm{s}}}\right),\ \overline{EG}_{\mathrm{s}} = \frac{r}{\varphi_{\mathrm{s}}}(1-\cos\varphi_{\mathrm{s}})$$

由静力平衡条件有

$$\begin{cases} \sum y = 0 & Q_{\mathrm{sq}} - qr\varphi_{\mathrm{s}} + R_{\mathrm{Bq}} = 0 \\ \sum M_{\overline{\mathrm{SC}}} = 0 & T_{\mathrm{sq}} + qr\varphi_{\mathrm{s}}a_{\mathrm{s}} - R_{\mathrm{Bq}}r(1-\cos\varphi_{\mathrm{s}}) = 0 \\ \sum M_{\overline{\mathrm{OS}}} = 0 & M_{\mathrm{sq}} + qr\varphi_{\mathrm{s}}EG_{\mathrm{s}} - R_{\mathrm{Bq}}r\sin\varphi_{\mathrm{s}} = 0 \end{cases} \tag{5.17.44}$$

解得

$$\begin{cases} M_{\mathrm{sq}} = qr^2\varphi_0\left[1-\dfrac{b_0}{2r\sin\dfrac{\varphi_0}{2}\cos\left(\dfrac{\varphi_0}{2}+\alpha\right)}\right]\sin\varphi_{\mathrm{s}} - qr^2(1-\cos\varphi_{\mathrm{s}}) \\ T_{\mathrm{sq}} = qr^2\varphi_0\left[1-\dfrac{b_0}{2r\sin\dfrac{\varphi_0}{2}\cos\left(\dfrac{\varphi_0}{2}+\alpha\right)}\right](1-\cos\varphi_{\mathrm{s}}) - qr^2\varphi_{\mathrm{s}}\left(1-\dfrac{\sin\varphi_{\mathrm{s}}}{\varphi_{\mathrm{s}}}\right) \\ Q_{\mathrm{sq}} = qr\varphi_{\mathrm{s}} - qr\varphi_0\left[1-\dfrac{b_0}{2r\sin\dfrac{\varphi_0}{2}\cos\left(\dfrac{\varphi_0}{2}+\alpha\right)}\right] \end{cases} \tag{5.17.45}$$

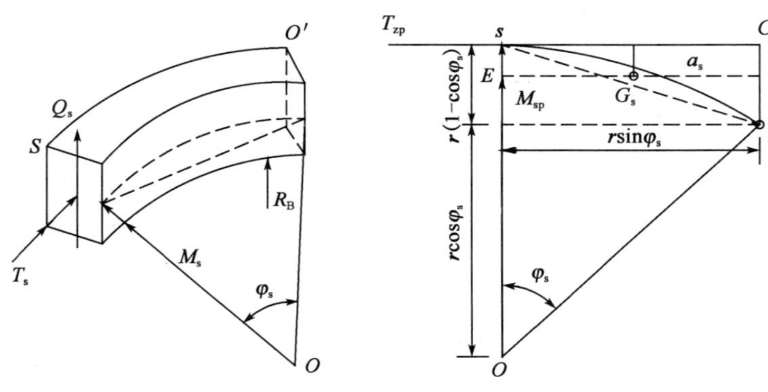

图 5.17.9　任意截面的内力计算

2）其他荷载形式作用

按以上方法，下面直接给出图 5.17.10 所示的各种荷载形式下非径向支承简支静定曲梁

的支反力和内力表达式。

(1)均布扭矩 m 作用

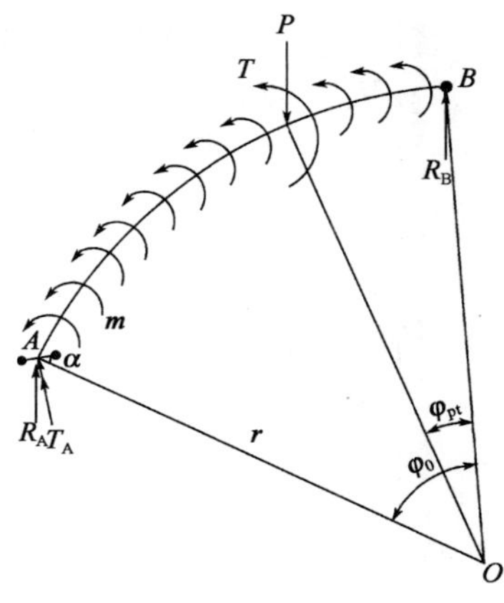

图 5.17.10 非径向支承简支静定曲梁作用不同荷载形式

$$\begin{cases} R_{Am} = -R_{Bm} = -m\tan\left(\dfrac{\varphi_0}{2}+\alpha\right) \\ T_{Am} = \dfrac{2mr\sin\dfrac{\varphi_0}{2}}{\cos\left(\dfrac{\varphi_0}{2}+\alpha\right)} \end{cases} \tag{5.17.46}$$

$$\begin{cases} M_{sm} = -2mr\sin\dfrac{\varphi_s}{2}\left[\sin\dfrac{\varphi_s}{2}+\cos\dfrac{\varphi_s}{2}\tan\left(\dfrac{\varphi_s}{2}+\alpha\right)\right] \\ T_{sm} = mr\sin\varphi_s + r^2 m\tan\left(\dfrac{\varphi_s}{2}+\alpha\right)\sin^2\dfrac{\varphi_s}{2} \\ Q_{sm} = -R_{Bm} = m\tan\left(\dfrac{\varphi_s}{2}+\alpha\right) \end{cases} \tag{5.17.47}$$

(2)竖向集中荷载 P 作用

$$\begin{cases} R_{Ap} = P\left[1-\dfrac{\sin\left(\dfrac{\varphi_0}{2}-\dfrac{\varphi_{pt}}{2}\right)\cos\left(\dfrac{\varphi_0}{2}+\alpha-\delta\right)}{\sin\dfrac{\varphi_0}{2}\cos\left(\dfrac{\varphi_0}{2}+\alpha\right)}\right] \\ R_{Bp} = P\dfrac{\sin\left(\dfrac{\varphi_0}{2}-\dfrac{\varphi_{pt}}{2}\right)\cos\left(\dfrac{\varphi_0}{2}+\alpha-\delta\right)}{\sin\dfrac{\varphi_0}{2}\cos\left(\dfrac{\varphi_0}{2}+\alpha\right)} \\ T_{Ap} = 2Pr\sin\left(\dfrac{\varphi_0}{2}-\dfrac{\varphi_{pt}}{2}\right)\left[\tan\left(\dfrac{\varphi_0}{2}+\alpha\right)\cos\left(\dfrac{\varphi_0}{2}+\alpha-\delta\right)-\sin\left(\dfrac{\varphi_0}{2}+\alpha-\delta\right)\right] \end{cases} \tag{5.17.48}$$

$$\begin{cases} M_{sp} = R_{Bp}r\sin\varphi_s = Pr\dfrac{\sin\left(\dfrac{\varphi_0-\varphi_{pt}}{2}\right)\cos\left(\dfrac{\varphi_0}{2}+\alpha-\delta\right)}{\sin\dfrac{\varphi_0}{2}\cos\left(\dfrac{\varphi_0}{2}+\alpha\right)}\sin\varphi_s \\ T_{sp} = Pr\dfrac{\sin\left(\dfrac{\varphi_0-\varphi_{pt}}{2}\right)\cos\left(\dfrac{\varphi_0}{2}+\alpha-\delta\right)}{\sin\dfrac{\varphi_0}{2}\cos\left(\dfrac{\varphi_0}{2}+\alpha\right)}(1-\cos\varphi_s) \\ Q_{sp} = -R_{Bp} = -P\dfrac{\sin\left(\dfrac{\varphi_0-\varphi_{pt}}{2}\right)\cos\left(\dfrac{\varphi_0}{2}+\alpha-\delta\right)}{\sin\dfrac{\varphi_0}{2}\cos\left(\dfrac{\varphi_0}{2}+\alpha\right)} \\ 0\leqslant\varphi_s\leqslant\varphi_{pt} \end{cases} \tag{5.17.49a}$$

$$\begin{cases} M_{sp} = Pr\dfrac{\sin\left(\dfrac{\varphi_0-\varphi_{pt}}{2}\right)\cos\left(\dfrac{\varphi_0}{2}+\alpha-\delta\right)}{\sin\dfrac{\varphi_0}{2}\cos\left(\dfrac{\varphi_0}{2}+\alpha\right)}\sin\varphi_s - Pr\sin(\varphi_s-\varphi_{pt}) \\ T_{sp} = -Pr[1-\cos(\varphi_s-\varphi_{pt})] + Pr\dfrac{\sin\left(\dfrac{\varphi_0-\varphi_{pt}}{2}\right)\cos\left(\dfrac{\varphi_0}{2}+\alpha-\delta\right)}{\sin\dfrac{\varphi_0}{2}\cos\left(\dfrac{\varphi_0}{2}+\alpha\right)}(1-\cos\varphi_s) \\ Q_{sp} = P - R_{Bp} = P\left[1-\dfrac{\sin\left(\dfrac{\varphi_0-\varphi_{pt}}{2}\right)\cos\left(\dfrac{\varphi_0}{2}+\alpha-\delta\right)}{\sin\dfrac{\varphi_0}{2}\cos\left(\dfrac{\varphi_0}{2}+\alpha\right)}\right] \\ \varphi_{pt} \leqslant \varphi_s \leqslant \varphi_0 \end{cases} \tag{5.17.49b}$$

式中：$\delta = \dfrac{\varphi_0}{2} - \arctan\dfrac{1-\cos(\varphi_0-\varphi_{pt})}{\sin(\varphi_0-\varphi_{pt})}$。

(3)集中扭矩 T 作用

$$\begin{cases} R_{AT} = -R_{BT} = -\dfrac{T\sin(\varphi_0-\varphi_{pt}+\alpha)}{2r\sin\dfrac{\varphi_0}{2}\cos\left(\dfrac{\varphi_0}{2}+\alpha\right)} \\ T_{AT} = T\left[\sin(\varphi_0-\varphi_{pt}+\alpha)\tan\left(\dfrac{\varphi_0}{2}+\alpha\right)+\cos(\varphi_0-\varphi_{pt}+\alpha)\right] \end{cases} \tag{5.17.50}$$

$$\begin{cases} M_{sT} = R_{BT}\sin\varphi_s = \dfrac{T\sin(\varphi_0-\varphi_{pt}+\alpha)}{2\cos\left(\dfrac{\varphi_0}{2}+\alpha\right)\sin\dfrac{\varphi_0}{2}}\sin\varphi_s \\ T_{sT} = \dfrac{T\sin(\varphi_0-\varphi_{pt}+\alpha)}{2\cos\left(\dfrac{\varphi_0}{2}+\alpha\right)\sin\dfrac{\varphi_0}{2}}(1-\cos\varphi_s) \\ Q_{sT} = -R_{BT} = -T\left[\dfrac{\sin(\varphi_0-\varphi_{pt}+\alpha)}{2r\sin\dfrac{\varphi_0}{2}\left(\dfrac{\varphi_0}{2}+\alpha\right)}\right] \\ 0 \leqslant \varphi_s \leqslant \varphi_{pt} \end{cases} \tag{5.17.51a}$$

$$\begin{cases} T_{sT} = \dfrac{\sin(\varphi_0-\varphi_{pt}+\alpha)}{2\cos\left(\dfrac{\varphi_0}{2}+\alpha\right)\sin\dfrac{\varphi_0}{2}}(1-\cos\varphi_s) + T\cos(\varphi_s-\varphi_{pt}) \\ M_{sT} = \dfrac{T\sin(\varphi_0-\varphi_{pt}+\alpha)}{2r\sin\dfrac{\varphi_0}{2}\cos\left(\dfrac{\varphi_0}{2}+\alpha\right)}r\sin\varphi_s - T\sin(\varphi_s-\varphi_{pt}) \\ Q_{sT} = -R_{BT} = -T\left[\dfrac{\sin(\varphi_0-\varphi_{pt}+\alpha)}{2r\sin\dfrac{\varphi_0}{2}\cos\left(\dfrac{\varphi_0}{2}+\alpha\right)}\right] \\ \varphi_{pt} \leqslant \varphi_s \leqslant \varphi_0 \end{cases} \tag{5.17.51b}$$

17.4.2　非径向支承简支超静定曲梁

如图5.17.11a)所示，将B支承的抗扭约束解除，不难利用B端扭角（沿非径向支承的扭角）为零的变形协调条件求得未知反力T_B，然后利用叠加原理计算任意截面的内力。

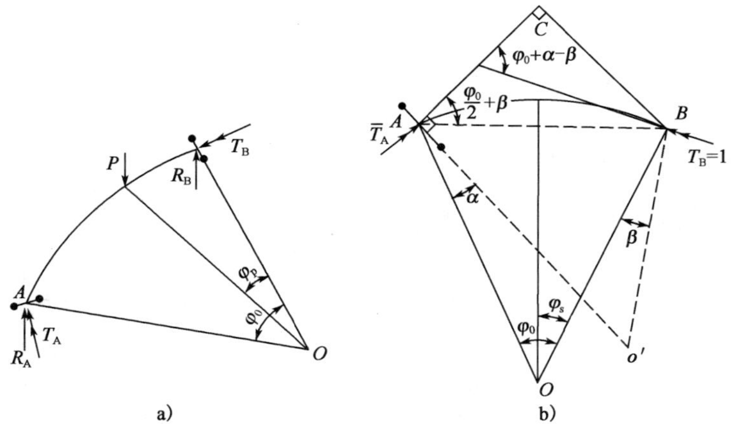

图5.17.11　非径向支承简支超静定曲梁计算图式

（1）B端作用单位扭矩$T_B=1$时的基本结构内力

根据图5.17.11b)，由静力平衡条件有

$$\begin{cases} \sum y = 0 & \overline{R}_A + \overline{R}_B = 0 \\ \sum M_{\overline{AO'}} = 0 & \sin(\varphi_0+\alpha-\beta) - 2\overline{R}_B r\sin\dfrac{\varphi_0}{2}\cos\left(\dfrac{\varphi_0}{2}+\alpha\right) = 0 \\ \sum M_{\overline{AC}} = 0 & \overline{T}_A - 2\overline{R}_B r\sin\dfrac{\varphi_0}{2}\sin\left(\dfrac{\varphi_0}{2}+\alpha\right) - \cos(\varphi_0+\alpha-\beta) = 0 \end{cases} \tag{5.17.52}$$

解得

$$\begin{cases} \overline{R}_A = -\overline{R}_B = -\dfrac{\sin(\varphi_0+\alpha-\beta)}{2r\sin\dfrac{\varphi_0}{2}\cos\left(\dfrac{\varphi_0}{2}+\alpha\right)} \\ \overline{T}_A = \cos(\varphi_0+\alpha-\beta)\left[1+\tan\left(\dfrac{\varphi_0}{2}+\alpha\right)\tan(\varphi_0+\alpha-\beta)\right] \end{cases} \tag{5.17.53}$$

任意截面φ_s的内力为

$$\begin{cases} \overline{M}_s = \overline{R}_B\sin\varphi_s + \sin(\beta-\varphi_s) \\ \overline{T}_s = \overline{R}_B(1-\cos\varphi_s) + \cos(\beta-\varphi_s) \\ \overline{Q}_s = -\overline{R}_B \end{cases} \tag{5.17.54}$$

（2）简支超静定弯梁的荷载内力

以集中荷载P作用在φ_p截面为例，由B端的变形协调条件有

$$T_{\mathrm{B}}\delta_{\mathrm{BB}}+\Delta_{\mathrm{BP}}=0 \tag{5.17.55}$$

式中 δ_{BB}、Δ_{BP}仍由式(5.17.17)定义，但应注意这时为非径向支承。

仿照第 17.3.2 节对等截面弯梁有

$$\delta_{\mathrm{BB}}=\int_0^l\frac{\overline{M}_{\mathrm{s}}^2}{EI}\mathrm{d}s+\int_0^l\frac{\overline{T}_{\mathrm{s}}^2}{GI_{\mathrm{d}}}\mathrm{d}s$$

$$=\int_0^l\frac{[\overline{R}_{\mathrm{B}}r\sin\varphi_{\mathrm{s}}+\sin(\beta-\varphi_{\mathrm{s}})]^2}{EI}\mathrm{d}s+\int_0^l\frac{[\overline{R}_{\mathrm{B}}r(1-\cos\varphi_{\mathrm{s}})+\cos(\beta-\varphi_{\mathrm{s}})]^2}{GI_{\mathrm{d}}}\mathrm{d}s$$

$$\Delta_{\mathrm{BP}}=\int_0^l\frac{\overline{M}_{\mathrm{s}}M_{\mathrm{sp}}^0}{EI}\mathrm{d}s+\int_0^l\frac{\overline{T}_{\mathrm{s}}T_{\mathrm{sp}}^0}{GI_{\mathrm{d}}}\mathrm{d}s$$

$$=\int_0^{\varphi_{\mathrm{P}}}\frac{[\overline{R}_{\mathrm{B}}r\sin\varphi_{\mathrm{s}}+\sin(\beta-\varphi_{\mathrm{s}})]R_{\mathrm{Bp}}r\sin\varphi_{\mathrm{s}}}{EI}\mathrm{d}\varphi+$$

$$\int_{\varphi_{\mathrm{P}}}^{\varphi_0}\frac{[\overline{R}_{\mathrm{B}}r\sin\varphi_{\mathrm{s}}+\sin(\beta-\varphi_{\mathrm{s}})]R_{\mathrm{Bp}}r\sin_{\mathrm{s}}-Pr\sin(\varphi_{\mathrm{s}}-\varphi_{\mathrm{p}})}{EI}\mathrm{d}\varphi+$$

$$\int_0^{\varphi_{\mathrm{P}}}r\frac{[\overline{R}_{\mathrm{B}}r(1-\cos\varphi_{\mathrm{s}})+\cos(\beta-\varphi_{\mathrm{s}})]R_{\mathrm{Bp}}r(1-\cos\varphi_{\mathrm{s}})}{GI_{\mathrm{d}}}\mathrm{d}\varphi+$$

$$\int_{\varphi_{\mathrm{P}}}^{\varphi_0}r\frac{[\overline{R}_{\mathrm{B}}r(1-\cos\varphi_{\mathrm{s}})+\cos(\beta-\varphi_{\mathrm{s}})]R_{\mathrm{Bp}}r(1-\cos\varphi_{\mathrm{s}})+Pr\cos(\varphi_{\mathrm{s}}-\varphi_{\mathrm{p}})-Pr}{GI_{\mathrm{d}}}\mathrm{d}\varphi$$

$$T_{\mathrm{B}}=-\frac{\Delta_{\mathrm{BP}}}{\delta_{\mathrm{BB}}} \tag{5.17.56}$$

则曲梁内力为

$$\begin{cases}M_{\mathrm{sp}}=M_{\mathrm{sp}}^0+\overline{M}_{\mathrm{s}}T_{\mathrm{B}}\\T_{\mathrm{sp}}=T_{\mathrm{sp}}^0+\overline{T}_{\mathrm{s}}T_{\mathrm{B}}\\Q_{\mathrm{sp}}=Q_{\mathrm{sp}}^0+\overline{Q}_{\mathrm{s}}T_{\mathrm{B}}\end{cases} \tag{5.17.57}$$

反力为

$$\begin{cases}R_{\mathrm{Ap}}=-R_{\mathrm{Bp}}=R_{\mathrm{Ap}}^0+\overline{R}_{\mathrm{B}}T_{\mathrm{B}}\\T_{\mathrm{Ap}}=\overline{T}_{\mathrm{A}}T_{\mathrm{B}}\\T_{\mathrm{Bp}}=T_{\mathrm{B}}\end{cases} \tag{5.17.58}$$

式中：M_{sp}^0、T_{sp}^0、Q_{sp}^0——静定基本结构在集中荷载作用下的内力，由式(5.17.49)定义。

同理可求其他荷载形式作用下的非径向支承简支超静定曲梁及连续曲梁[5]。对于多梁式非径向支承曲梁结构，采用数值模拟分析方法较为方便。

17.5 曲线板桥计算

曲线板桥分为装配式板桥和整体式板桥。前者可以先计算板条的荷载横向分布，主要的分析方法是梁系法（见第 18 章），但应根据板条的横向联系情况选择铰接或是刚接。经过荷载横向分布计算，将空间板结构受力转化为空间单板（梁）结构，按照前述单梁的分析方法求出结构内力及变形。后者可作为扇形平板进行计算，初步设计时可按径向与切向正交的同性板进行内力估计，施工图阶段宜按比拟正交异性曲板进行分析。当然，无论是装配式板桥还是整体式板桥，数值模拟分析，如有线条、板壳元、块单元等无疑也是首选的计算方法。

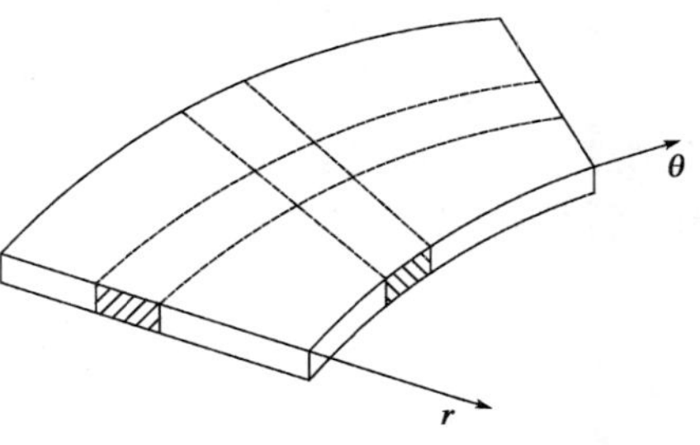

图 5.17.12 比拟正交异性曲板

如图 5.17.12 所示，平面曲板桥的径向和曲向配筋不同时，可按照正交异性曲板理论分析，其挠度 w 微分方程为

$$D_{\mathrm{r}}\frac{\partial^4 w}{\partial r^4}+\frac{2H}{r^2}\frac{\partial^4 w}{\partial r^2\partial\theta^2}+\frac{D_\theta}{r^4}\frac{\partial^4 w}{\partial\theta^4}+\frac{2D_{\mathrm{r}}}{r^2}\frac{\partial^3 w}{\partial^3 r}-\frac{2H}{r^3}\frac{\partial^3 w}{\partial r\partial^2\theta}-\frac{D_\theta}{r^2}\frac{\partial^2 w}{\partial r^2}+\frac{2(D_\theta+H)}{r^4}\frac{\partial^2 w}{\partial\theta^2}+\frac{D_{\mathrm{r}}}{r^3}\frac{\partial w}{\partial r}=q_y \tag{5.17.59}$$

式中：D——弯曲刚度，下标为其方向；

H——扭转刚度；

r、θ——径向、圆心角坐标；

q_y——作用在板面上的分布荷载。

若以内力表示时，并认为正交方向的材料参数及刚度不同时，其平衡微分方程为

$$\frac{\partial^2 M_{\mathrm{r}}}{\partial r^2}+\frac{1}{r}\frac{\partial^2 M_\theta}{\partial\theta^2}+\frac{1}{r}\left(\frac{\partial^2 T_\theta}{\partial r\partial\theta}+\frac{\partial^2 T_{\mathrm{r}}}{\partial r\partial\theta}\right)+\frac{1}{r^2}\left(\frac{\partial T_{\mathrm{r}}}{\partial\theta}+\frac{\partial T_\theta}{\partial\theta}\right)+\frac{2}{r}\frac{\partial M_{\mathrm{r}}}{\partial r}-\frac{1}{r}\frac{\partial M_\theta}{\partial r}=q_y \tag{5.17.60}$$

截面弯矩 M、扭矩 T 为

$$M_{\mathrm{r}}=D_{\mathrm{r}}\left[\frac{\partial^2 w}{\partial r^2}+\mu_\theta\left(\frac{1}{r}\frac{\partial w}{\partial r}+\frac{1}{r^2}\frac{\partial^2 w}{\partial\theta^2}\right)\right]$$

$$M_\theta=D_\theta\left(\frac{1}{r}\frac{\partial w}{\partial r}+\frac{1}{r^2}\frac{\partial^2 w}{\partial\theta^2}+\mu_{\mathrm{r}}\frac{\partial^2 w}{\partial r^2}\right)$$

$$T_{\mathrm{r}}=-(1-\mu_\theta)H_{\mathrm{r}}\left(\frac{1}{r}\frac{\partial^2 w}{\partial r\partial\theta}-\frac{1}{r^2}\frac{\partial w}{\partial\theta}\right)$$

$$T_\theta=-(1-\mu_{\mathrm{r}})H_\theta\left(\frac{1}{r}\frac{\partial^2 w}{\partial r\partial\theta}-\frac{1}{r^2}\frac{\partial w}{\partial\theta}\right)$$

其中 $D_{\mathrm{r}}=\dfrac{E_{\mathrm{r}}h^3}{12(1-\mu_{\mathrm{r}}\mu_\theta)}$，$D_\theta=\dfrac{E_\theta h^3}{12(1-\mu_{\mathrm{r}}\mu_\theta)}$，$H_{\mathrm{r}}=\dfrac{G_{\mathrm{r}}h^3}{6(1-\mu_{\mathrm{r}})}$，$H_\theta=\dfrac{G_\theta h^3}{6(1-\mu_\theta)}$

式中：h——板厚；

E、G——弹性模量、剪切模量；

μ——材料的泊松比。

下标表示相关内力、材料参数或刚度参数的方向。各刚度的取值可参照第4章正桥相应的刚度取值方法进行计算。显然，对于两向配筋量差别大的曲线板桥，其材料参数可取同一值，使得刚度参数得以简化。上列各式也适于按照比拟正交异性曲板分析肋梁式桥[1]。

17.6 多梁式曲线梁桥计算

多梁式曲线梁桥的最大特点是空间受力行为，表现形式主要是弯扭组合。其计算方法分为两大类，一类是沿用直桥荷载横向分布的概念，将空间多梁式受力结构转化为空间单梁式结构，按照前述单梁的分析方法求出结构内力及变形。另一类方法为全桥数值模拟分析。

横向分布理论是分析直桥荷载横向分布的有效方法，为工程应用提供了方便。仿照直桥做法，采用荷载横向分布理论进行曲桥的近似计算，已得到理论分析与试验结果的验证。受曲桥的弯扭耦合作用影响，曲桥的内力和位移的横向分布与荷载的横向分布是不同的，但由于车辆荷载作用的随机性和结构空间作用的相互影响，采用归一荷载的横向分布理论设计曲桥，往往是偏于安全的，这一认识已被工程界所接纳。只是在分析时，必须考虑曲主梁的抗扭作用，在计算其竖向力横向分布的同时，应计算其扭矩横向分布，必要时，还应计算如离心力等水平力的横向分布。

常用的直桥荷载横向分布计算方法在曲桥上都有推广应用。如曲桥的比拟正交异性板法（G-M法），利用挠度横向呈直线变化的特征，即基于刚性横梁原理的多梁式荷载横向分布计算的偏心压力法，基于不同横向连接假定的梁系法及将横梁看作为支承在多片主梁上的弹性支承连续梁的梁格法等，将在第18章的曲桥空间计算中讨论。

当曲桥采用非圆弧线的其他曲线或采用变截面结构时，即使是单曲梁桥，用结构力学方法分析时也非常繁琐，数值模拟成为主要的分析手段。可根据计算对象选择单元如曲梁单元、曲梁格单元、曲线有线条元、梁单元、板壳单元或块单元，详见第18章的讨论。

17.7 小　结

在横向分布系数（第18章）求出以后，曲桥的恒、活载内力及变形计算方法就同单根曲梁一样。基于纯扭转理论的分析方法目前应用较为广泛，很多情况下其精度能满足工程应用，除上述结构力学方法、能量原理外，还有传递矩阵法、力矩分析法、三力矩方程法等均属此范畴。考虑翘曲扭转的曲桥分析理论虽然精确，但寻求其解难度较大，往往需借助数值计算（如差分法、有限元法等）来求解，在计算机及数值方法高度普及的今天，已不是什么难事。现代公路进入山区后，高墩大跨径曲桥结构的应用亦较广泛，其空间三维分析方法的研究也较充分[6,7]。针对曲桥结构，众多学者提出了各种计算方法[8]，如高岛春生、C. P 汉斯（Heins C. P.，1970）的梁格理论；Goldberg 和 Love（1957）的折板理论及其在曲桥上的应用（Scordelis，1971）；远藤笃康（1960）、田村周平（1963）的多角形理论等，有兴趣的读者可参阅有关文献。

本章参考文献

[1] 邵容光,夏淦.混凝土弯梁桥[M].北京:人民交通出版社,1994.

[2] S. Timoshenko. Strength of materials[M]. New York:D. Van Nostrand Company,1930.

[3] C. P Heins.结构杆件的弯曲与扭转[M].常岭,等译.北京:人民交通出版社,1981.

[4] 贺拴海.弹性曲板的有限条——传递矩阵法分析及其在弯桥中的应用[J].西安公路学院学报,1989,9(1).

[5] 郑振飞,等.非径向支承弯梁的计算方法[M].北京:人民交通出版社,2000.

[6] 黄剑源,等.城市高架桥的结构理论与计算方法[M].北京:科学出版社,2001.

[7] 杨昀,周列茅,周勇军.弯桥与高墩[M].北京:人民交通出版社,2011.

[8] 小西一郎.钢桥(第六分册)[M].北京:中国铁道出版社,1982.

18 斜弯及异形桥梁的空间分析

18.1 异形桥梁

从近几年的工程实践来看,异形桥梁总体上可分为梁式异形桥和其他异形桥。梁式异形桥是指桥跨结构的平面形状不对称、不规则的梁式结构,主要有变宽度、支承线与梁轴线不正交、不平行支承、多边支承的开叉型等异形形式,如图 5.18.1 所示。其他异形桥是指主要承重结构不对称、不规则的桥梁,如异形拱桥、异形索支承桥等。

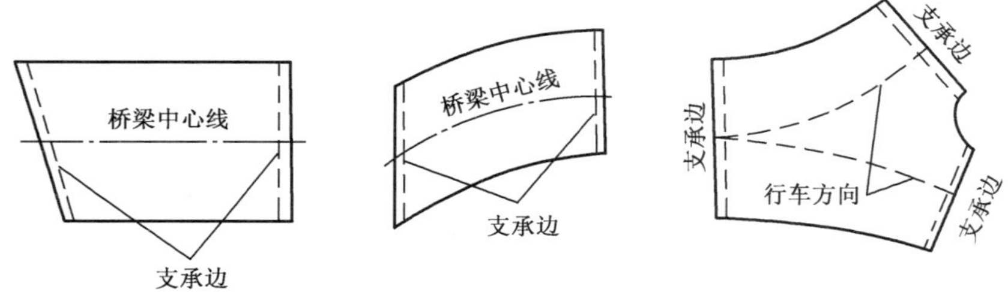

图 5.18.1 梁式异形桥示意图

异形拱桥主要有上承式斜拱桥、曲线拱桥、变宽度拱桥和中下承式斜拱面拱桥、不对称拱轴拱桥等结构形式。异形索支承桥主要有曲线斜拉桥、无背索斜拉桥、不对称索面斜拉桥及单侧主缆悬索桥等。如图 5.18.2 所示。

斜弯及异形桥梁是空间结构,很难简化为平面结构进行分析。对于简支多梁式规则斜桥(平行四边形)及标准弯桥(等宽度、径向支承),还可近似利用直桥荷载横向分布概念将其转化为单梁进行计算,其他桥型应结合结构构造及布置实际进行全桥空间分析。

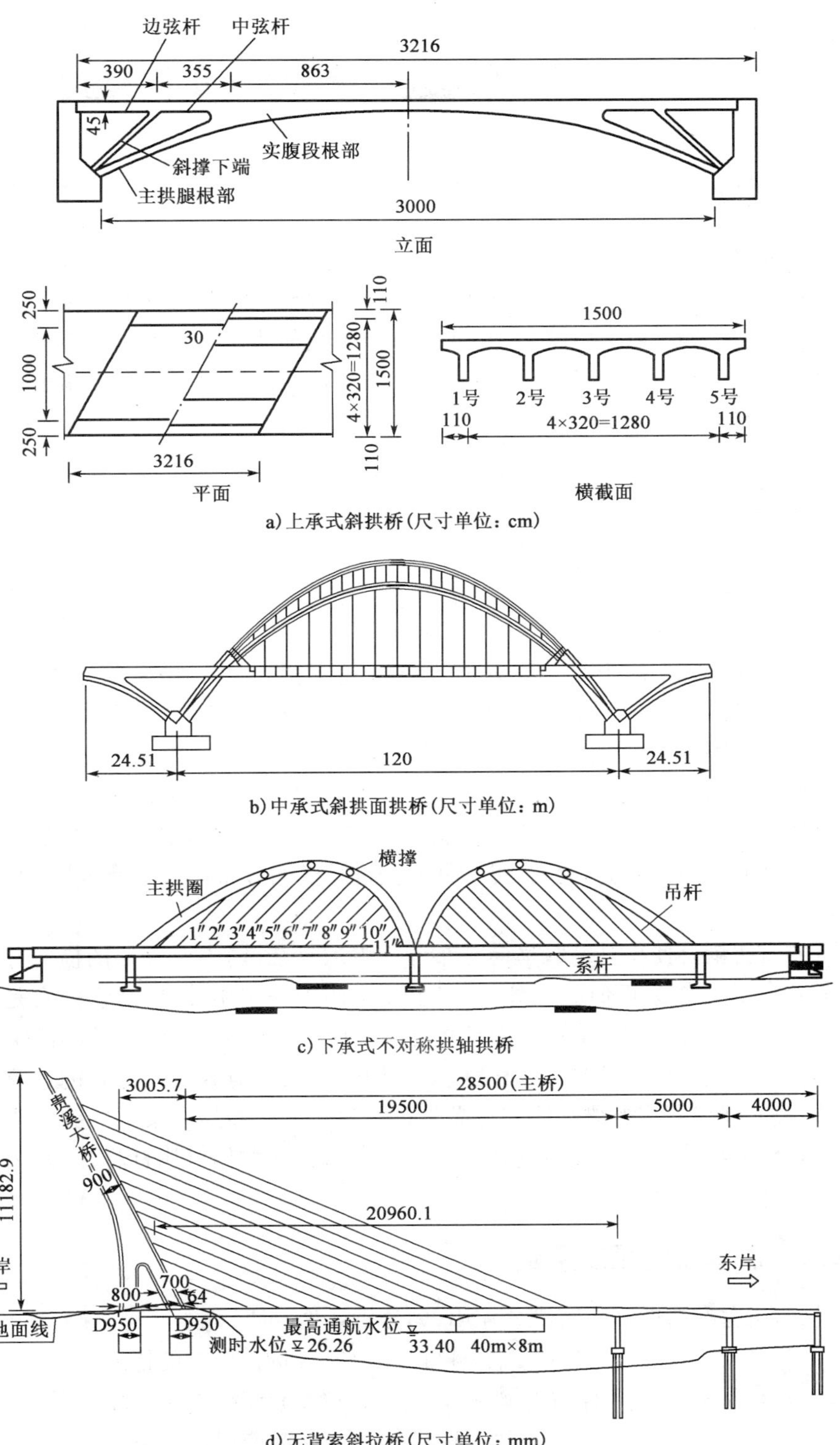

a)上承式斜拱桥(尺寸单位：cm)

b)中承式斜拱面拱桥(尺寸单位：m)

c)下承式不对称拱轴拱桥

d)无背索斜拉桥(尺寸单位：mm)

图 5.18.2　其他异形桥

18.2 斜弯桥的荷载横向分布计算

18.2.1 荷载横向分布概念

将桥跨结构的空间计算问题(多梁式结构)转化为平面计算问题(单梁计算)的基本理论——荷载横向分布理论,是基于:①在单位半波正弦荷载作用下;②根据实际桥跨结构的特点,如主梁连接方式、宽跨比、主梁结构形式等所做的其他假定,来进行简化后的力学分析,所得到的是某片主梁承受车轴荷载的倍数——荷载横向分布系数[1]。在主梁横向分布影响线上按最不利位置加车轮荷载,即

$$m = \sum^{n} \alpha(y)\eta(y) \tag{5.18.1}$$

式中:m——荷载横向分布系数;

$\alpha(y)$——轮重与轴重的比例数;

$\eta(y)$——横向分布影响线竖标;

n——横向最不利布置车轮数。

荷载横向分布计算实际上是计算 $\eta(y)$ 值。无论正桥还是斜弯桥,对于支点截面,大多情况下可用杠杆法计算。对于简支等截面直梁桥,基于不同的计算假定,跨中截面荷载横向分布计算的偏心压力(刚性横梁)法(梁格法的特例),梁系法[刚(铰)接板(梁)法]和比拟正交异性板法(G-M 法)等。对于变截面简支梁桥、连续梁桥、刚架桥等其他梁式或梁式组合结构,可按等代刚度法将其换算为等代简支梁进行横向分布计算。对于常见的双梁式或双面索、杆等结构,设计工程师在估算结构内力时,可按杠杆法进行横向分布计算。跨内与支点之间可以进行适当过渡。

斜弯桥的弯扭耦合使得其荷载横向分布计算更加复杂,内力及变形的横向分布与荷载的横向分布并不一致。作为近似简化分析,寻求简单的工程实用计算方法,一直是人们所希望的。目前常用的跨中附近荷载横向分布计算方法有曲桥的比拟正交异性板法(G-M 法);利用挠度横向呈直线变化的特征,即基于刚性横梁原理的多梁式荷载横向分布的计算的偏心压力法;基于不同横向连接假定的梁系法和将横梁看作为支承在多片主梁上的弹性支承连续梁的 Leonhardt-Homberg 梁格法等。支点附近的荷载横向分布计算仍可用杠杆法,跨内与支点之间扔可仿照直桥进行适当过渡。

18.2.2 斜弯梁的柔度系数

平面斜、弯梁存在弯曲和扭转耦合作用,为分析计算方便,有如下定义:

C_{wPi}表示荷载 $P=1.0$ 作用在 i 号梁 s 截面,在该梁 s 截面引起的挠度。

C_{wTi}表示扭矩 $T=1.0$ 作用在 i 号梁 s 截面,在该梁 s 截面引起的挠度。

$C_{\theta Pi}$表示荷载 $P=1.0$ 作用在 i 号梁 s 截面,在该梁 s 截面引起的扭转角。

$C_{\theta Ti}$表示扭矩 $T=1.0$ 作用在 i 号梁 s 截面,在该梁 s 截面引起的扭转角。

C_{uNi}表示弯桥径向水平力 $N=1.0$ 作用于 i 号梁 x 截面，在该梁 x 截面引起的径向水平位移（此参数可用于水平荷载的横向分布计算）。

对于斜梁桥（图 5.18.3）有

$$\begin{cases} C_{wPi} = \dfrac{l_i^3}{6EI_i}\xi_i^2(1-\xi_i)^2\left(-\dfrac{A_i^2}{2B_i}+2\right) \\ C_{\theta Pi} = \dfrac{l_i^2}{6EI_i}\xi_i(1-\xi_i)\left[-\dfrac{A_iC_i}{2B_i}+(2-\xi_i)\tan\varphi_a\right] \\ C_{wTi} = \dfrac{l_i^2}{6EI_i}\left[-\dfrac{A_iC_i}{2B_i}+(2-\xi_i)\tan\varphi_a\right]\xi_i(1-\xi_i) \\ C_{\theta Ti} = \dfrac{l_i}{6EI_i}\left[-\dfrac{C_i^2}{2B_i}+2(3k_i\xi_i+\tan^2\varphi_a)\right] \end{cases} \tag{5.18.2}$$

其中

$$\begin{cases} A_i = \cos\varphi_b[(2-\xi_i)\tan\varphi_a+(1+\xi_i)\tan\varphi_b] \\ B_i = \cos^2\varphi_b(\tan^2\varphi_a+\tan^2\varphi_b+\tan\varphi_a\cdot\tan\varphi_b+3k_i) \\ C_i = \cos\varphi_b(2\tan^2\varphi_a+\tan\varphi_a\cdot\tan\varphi_b+6k_i\xi_i) \\ k_i = EI_i/GI_{di} \\ \xi_i = s_i/l_i \end{cases} \tag{5.18.3}$$

式中：EI_i、GI_{di}——第 i 片梁截面的抗弯刚度和抗扭刚度；

其余符号意义见图 5.18.3。

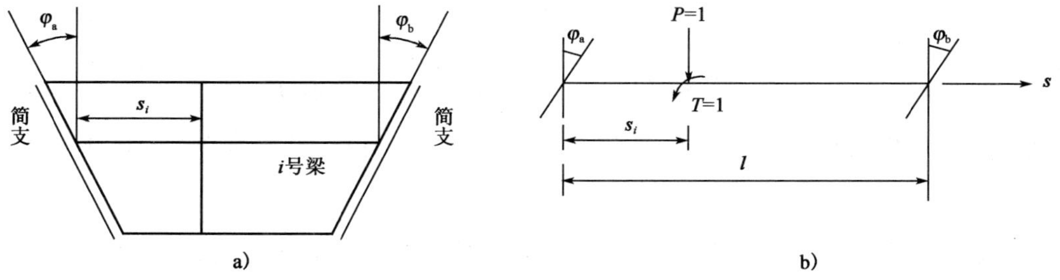

图 5.18.3 斜梁桥及其柔度系数计算图式

对于曲梁桥（图 5.18.4），有

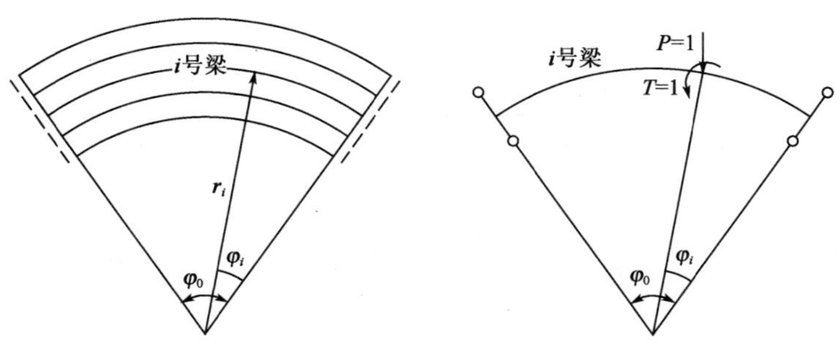

图 5.18.4 曲梁桥及其柔度系数计算图式

$$
\begin{cases}
C_{wPi} = \dfrac{r_i^3}{2EI_i}\left\{\dfrac{1+k_i}{\sin\varphi_0}\left[\dfrac{\varphi_0\sin^2\varphi_i}{\sin\varphi_0} - \varphi_i\cos(\varphi_0-\varphi_i)\sin\varphi_i + \varphi_i\sin(\varphi_0-\varphi_i)\cos\varphi_i\right] - \right. \\
\qquad \left.(1+3k_i)\dfrac{\sin(\varphi_0-\varphi_i)}{\sin\varphi_0}\sin\varphi_i + 2k_i\left(1-\dfrac{\varphi_i}{\varphi_0}\right)\varphi_i\right\} \\
C_{\theta Ti} = -\dfrac{r_i}{EI_i}\left\{\dfrac{1+k_i}{2\sin\varphi_0}\left[\varphi_i\cos(\varphi_0-\varphi_i)\sin\varphi_i - \dfrac{\varphi_0}{\sin\varphi_0}\sin^2\varphi_i - \sin(\varphi_0-\varphi_i)(\varphi_i\cos\varphi_i - \sin\varphi_i)\right] - \right. \\
\qquad \left. k_i\dfrac{\sin\varphi_i}{\sin\varphi_0}\sin(\varphi_0-\varphi_i)\right\} \\
C_{\theta Pi} = C_{wTi} = \dfrac{r_i^2}{2EI_i}\left\{\dfrac{1+k_i}{\sin\varphi_0}\left[\dfrac{\varphi_0}{\sin\varphi_0}\sin^2\varphi_i - \varphi_i\cos(\varphi_0-\varphi_i)\sin\varphi_i + \sin(\varphi_0-\varphi_i)\varphi_i\cos\varphi_i - \sin\varphi_i\right]\right\}
\end{cases}
\tag{5.18.4}
$$

式中各符号意义见图5.18.4。

在斜桥柔度系数式(5.18.2)中，令 $l_i=l,\xi_i=s_i/l_i=\dfrac{1}{2}$(跨中截面)，$\varphi_a=\varphi_0=0$，则

$$
\begin{cases}
A_i = 0; B_i = 3k_i; C_i = 3k_i \\
C_{wPi} = \dfrac{l^3}{6EI_i}\left(\dfrac{1}{2}\right)^2\left(1-\dfrac{1}{2}\right)^2\cdot 2 = \dfrac{l^3}{48EI_i} \\
C_{\theta Pi} = C_{wTi} = 0(\text{无弯扭耦合项}) \\
C_{wTi} = \dfrac{l}{6EI_i}\left(-\dfrac{3k_i}{2}+3k_i\right) = \dfrac{l}{4EI_i}k_i = \dfrac{l}{4GJ_i}
\end{cases}
\tag{5.18.5}
$$

式(5.18.5)即为正桥跨中截面作用单位竖向力和单位扭矩时在跨中截面产生的竖向位移和扭角。

在弯桥柔度系数式(5.18.4)中，当荷载作用于跨中截面，即 $\varphi_i=\dfrac{\varphi_0}{2}$时，有

$$
\begin{cases}
C_{wPi} = \dfrac{r_i^3}{EI_i}\left\{\dfrac{(\varphi_0-\sin\varphi_0)}{8\cos^2\dfrac{\varphi_0}{2}} + k_i\left[\dfrac{\varphi_0-\sin\varphi_0}{8\cos^2\dfrac{\varphi_0}{2}} - \left(\dfrac{1}{2}\tan\dfrac{\varphi_0}{2}-\dfrac{\varphi_0}{4}\right)\right]\right\} \\
C_{\theta Ti} = \dfrac{r_i}{EI_i}\left\{\dfrac{\varphi_0-\sin\varphi_0}{8\cos^2\dfrac{\varphi_0}{2}} + k_i\left[\dfrac{\varphi_0-\sin\varphi_0}{8\cos^2\dfrac{\varphi_0}{2}} + \dfrac{1}{2}\tan\dfrac{\varphi_0}{2}\right]\right\} \\
C_{\theta Pi} = C_{wTi} = \dfrac{r_i^2}{EI_i}\dfrac{\varphi_0-\sin\varphi_0}{8\cos^2\dfrac{\varphi_0}{2}}(1+k_i)
\end{cases}
\tag{5.18.6}
$$

对于直梁，有 $r_i\varphi_0=l,\varphi_0\to 0$，则上列三式分别变为

$$C_{wPi} = \frac{r_i^3}{EI_i}\varphi_0^3 \lim_{\varphi_0\to 0}\left\{\frac{\varphi_0 - \sin\varphi_0}{8\varphi_0^3\cos^2\dfrac{\varphi_0}{2}} + k_i\left[\frac{\varphi_0 - \sin\varphi_0}{8\varphi_0^3\cos^2\dfrac{\varphi_0}{2}} - \left(\frac{1}{2}\frac{\tan\dfrac{\varphi_0}{2}}{\varphi_0^3} - \frac{1}{4\varphi_0^2}\right)\right]\right\}$$

$$= \frac{l^3}{EI_i}\lim_{\varphi_0\to 0}\frac{\varphi_0 - \sin\varphi_0}{8\varphi_0^3\cos^2\dfrac{\varphi_0}{2}}$$

$$= \frac{l^3}{EI_i}\lim_{\varphi_0\to 0}\frac{\varphi_0 - \left(\varphi_0 - \dfrac{\varphi_0^3}{3!} + \cdots\right) - \sin\varphi_0}{8\varphi_0^3\cos^2\dfrac{\varphi_0}{2}}$$

$$= \frac{l^3}{48EI_i}$$

$$C_{\theta Ti} = \frac{r_i}{EI_i}\varphi_0\left[\lim_{\varphi_0\to 0}\frac{\varphi_0 - \sin\varphi_0}{8\cos^2\dfrac{\varphi_0}{2}} + k_i\left(\frac{\varphi_0 - \sin\varphi_0}{8\cos^2\dfrac{\varphi_0}{2}} + \frac{1}{2}\tan\frac{\varphi_0}{2}\right)\right]\frac{1}{\varphi_0}$$

$$= \frac{l}{EI_i}\lim_{\varphi_0\to 0}\left(k_i\frac{\varphi_0 + \sin\varphi_0}{8\varphi_0\cos^2\dfrac{\varphi_0}{2}}\right)$$

$$= \frac{l^3}{EI_i}k_i\lim_{\varphi_0\to 0}\frac{\varphi_0 + (\varphi_0 - \cdots)}{8\varphi_0\cos^2\dfrac{\varphi_0}{2}}$$

$$= \frac{l^3}{4EI_i}k_i = \frac{l}{4GJ_i}$$

$$C_{\theta Pi} = C_{wTi} = \frac{r_i^2\varphi_0^2}{EI_i}\lim_{\varphi_0\to 0}\frac{\varphi_0 - \sin\varphi_0\cdots}{8\varphi_0^2\cos^2\dfrac{\varphi_0}{2}}(1 + k_i)$$

$$= \frac{l^2}{EI_i}\lim_{\varphi_0\to 0}\frac{\varphi_0 - \varphi_0 + \dfrac{\varphi_0}{3!}\cdots}{8\varphi_0^2\cos^2\dfrac{\varphi_0}{2}}(1 + k_i) = 0\text{（无弯扭耦合）}$$

即为正桥的结果。这不但证明推导无误，亦证明正桥是斜弯桥的特例。

18.2.3 斜弯桥荷载横向分布计算的偏心压力法

1)偏心压力法

在正交桥中，荷载横向分布的规律主要取决于纵横向抗弯刚度的比值，而抗扭能力只影响分布系数的数值。因此，可以按略去抗扭能力进行分析，得出偏心压力法的计算前提“挠度在横向呈直线变化”的条件，此条件是

$$\frac{I_x}{I_y}\left(\frac{l}{2a}\right)^3 \geqslant 200 \tag{5.18.7}$$

式中：I_x——横梁抗弯惯性矩；

I_y——主梁抗弯惯性矩；

l——计算跨径；

a——主梁间距。

桥梁纵向为 x 轴，横向为 y 轴。

仅考虑自由扭转的偏心压力法——舒根（Schottgen，1947）公式应用较为广泛，计算跨中截面荷载横向分布影响线竖坐标值公式为

$$\eta_{ij} = \frac{I_i}{\sum_{j=1}^{n} I_j} \pm \frac{a_j a_i I_i}{\sum_{j=1}^{n} a_j^2 I_j}\beta \tag{5.18.8}$$

式中：η_{ij}——单位荷载作用在 j 号梁上，i 号梁的荷载横向分布影响线竖标值；

a_i、a_j——i、j 号主梁离横截面形心距；

I_i、I_j——i、j 号主梁抗弯惯性矩；

β——考虑主梁抗扭作用的修正系数，简支梁可按式（5.18.9）计算。

$$\beta = \left(1 + \frac{l^2}{12}\frac{G\sum_{j=1}^{n} I_{dj}}{E\sum_{j=1}^{n} a_j^2 I_j}\right)^{-1} \tag{5.18.9}$$

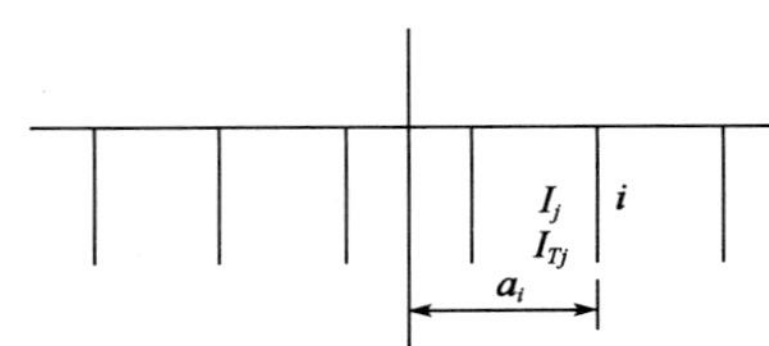

图 5.18.5　偏心压力法

式中：I_{dj}——j 号主梁抗扭惯性矩；

l——主梁计算跨径；

G——主梁材料剪切模量；

E——主梁材料弹性模量；

n——主梁片数。

其他符号意义参见图 5.18.5。

若计算跨内 x 截面，则

$$\beta = \left[1 + \frac{x(l-x)}{3}\frac{G\sum_{j=1}^{n} I_{dj}}{E\sum_{j=1}^{n} a_j^2 I_j}\right]^{-1} \tag{5.18.10}$$

由式（5.18.9）、式（5.18.10）可见：

①$G\sum_{j=1}^{n} I_{Tj} \to 0$ 时，$\beta \to 1$。

②$x \to 0$、l，$\beta \to 1$。

③$\beta\left(\frac{1}{2}\right) = \beta_{\min}$。

④$\beta(0) = \beta(l) = \beta_{\max} = 1$

利用舒根公式原理，可推导出不同边界条件的单跨梁的修正系数表达式为

$$\beta = \left(1 + \frac{l^2 G}{\alpha E}\frac{\sum_{i=1}^{n} I_{di}}{\sum_{i=1}^{n} a_i^2 I_i}\right)^{-1} \tag{5.18.11}$$

其中 $$\alpha=\begin{cases}12(\text{简支梁})\\48(\text{固端梁})\\27.4(\text{一端固定另一端简支梁})\\3(\text{悬臂梁的悬臂端})\\\xi(1+\xi)(\text{简支外伸梁的悬臂端,简支跨径为 }l\text{,外伸长 }\xi l)\end{cases}$$

一般来说,考虑自由扭转的修正系数 β 适用于混凝土梁,而考虑约束扭转的 β 适用于钢梁。

2)斜弯桥横向挠度呈直线变化的条件

横向挠度呈直线变化,即所谓刚性横梁原理。一般认为可用在窄桥中$\left(\dfrac{l}{B}\geqslant 2\right)$。若考虑桥梁纵横向刚度,也可用下式作为判断窄桥的条件

$$\frac{B}{l}\sqrt[4]{\frac{J_y}{J_x}}\leqslant 0.3 \tag{5.18.12}$$

式中:B——桥跨结构宽度;

l——计算跨径;

J_y——纵向比拟单宽刚度;

J_x——横向比拟单宽刚度。

直线主梁和横梁的相对刚度的比值可表示为

$$r=\frac{I_x}{I_y}\left(\frac{l}{B_0}\right)^3 \tag{5.18.13}$$

式中:I_x——横梁惯性矩;

I_y——主梁惯性矩;

B_0——横梁长度。

很明显,当横梁刚度相当大时,可假定 $EI_x=\infty$。这时,主梁的挠度将远大于横梁的挠度,即 $r\rightarrow\infty$。对于曲线梁,在弯曲和扭转的耦合作用下,所引起的主梁挠度要比直梁桥大。因此对曲梁桥,刚性横梁的假定更能适用。

在直线桥中挠度横向呈直线变化的条件为式(5.18.7),经分析,满足此式的宽跨比和斜角在下列组合情况下,斜梁桥的横向挠度也呈直线变化

$B/l\leqslant$	1/2	1/2.5	1/3	1/3.5	1/4
$\theta\leqslant$	50°	56°	61°	64°	67°

但在计算式(5.18.7)时,等号左边项应乘以加强参数,此加强参数是横梁数的函数。

3)横向分布计算方法

如图5.18.6所示为一桥横截面,荷载 P 作用点离形心距离为 e,截面扭转中心点离形心的距离为 τ,将偏心荷载作用力 P 分解为作用在扭心上的 P 和力矩 $P(e-\tau)$。

(1)作用在扭心上的 P 的分解

扭心上只有 P 作用时,截面仅有平移,无转动。则有以下平衡条件[图5.18.6b)]:

①对扭心的力矩为零，即$\sum M_{iP}=0$。

②各梁所分担的力之和与外力相等，即$\sum R_{1P}=P$。

③横截面无转动，即$\theta_{iP}=0$。

④各主梁的竖向变位相同，即$w_{iP}=w_{1P}$。

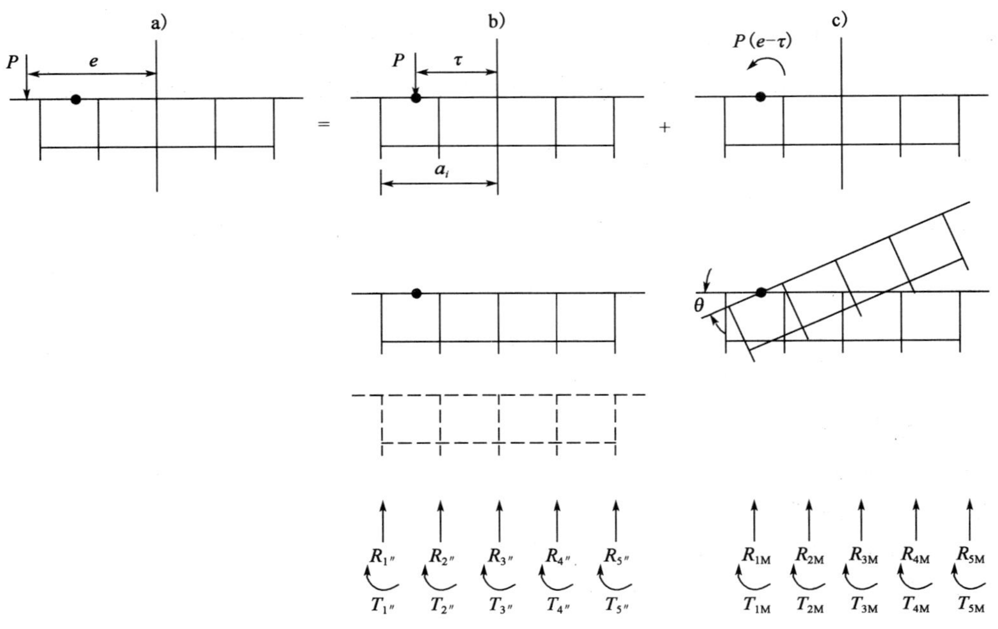

图5.18.6　偏心荷载的分解

对应的平衡式为

$$\begin{cases}\sum T_{iP}+\sum R_{iP}(a_i-\tau)=0\\ \sum R_{iP}=P\\ R_{iP}C_{\theta R_i}+T_{iP}C_{\theta Ti}=0\\ R_{iP}C_{wR_i}+T_{iP}C_{wTi}=R_{1P}C_{wR_i}+T_{1P}C_{wTi}\end{cases}\tag{5.18.14}$$

求解式(5.18.14)的第三式，有

$$T_{iP}=-\frac{C_{\theta Ri}}{C_{\theta Ti}}R_{iP}\tag{5.18.15}$$

第四式有

$$R_{iP}=\frac{\lambda_{ai}}{\lambda_{a1}}R_{1P}\tag{5.18.16}$$

其中
$$\lambda_{ai}=\frac{C_{\theta Ti}}{C_{wRi}C_{\theta Ti}-C_{\theta Ri}^2}$$

将式(5.18.16)代入式(5.18.14)的第二式和式(5.18.15)有

$$\begin{cases} R_{iP} = \dfrac{\lambda_{ai}}{\sum \lambda_{ai}} P \\ T_{iP} = \dfrac{\lambda_{bi}}{\sum \lambda_{ai}} P \end{cases} \tag{5.18.17}$$

其中
$$\lambda_{bi} = \frac{C_{wTi}}{C_{wRi} C_{\theta Ti} - C_{\theta Ri}^2}$$

将式(5.18.17)代入式(5.18.14)的第一式，则有

$$\sum \left(\frac{-\lambda_{bi}}{\sum \lambda_{ai}} \right) P + \sum \left[\frac{\lambda_{ai}}{\sum \lambda_{ai}} P (a_i - \tau) \right] = 0$$

求解上式得

$$\tau = \frac{\sum a_i \lambda_{ai} - \sum \lambda_{bi}}{\sum \lambda_{ai}} \tag{5.18.18}$$

(2)作用在扭心上的 $P(e-\tau)$ 的分解

扭心上只有力矩 $P(e-\tau)$，截面仅有转动，而无平移，则有以下平衡条件[图5.18.6c)]：

①各梁所分担的力和力矩对扭心的矩与外力矩 $P(e-\tau)$ 相等，即 $\sum M_{im} = P(e-\tau)$。

②各梁所分担的力之和为零，即 $\sum R_{im} = 0$。

③各梁的竖向变位与其距扭心的距离成正比，即 $w_{im} = \theta_{im}(a_i - \tau)$。

对应的平衡式为

$$\begin{cases} \sum R_{im}(a_i - \tau) + \sum T_{im} = P(e - \tau) \\ \sum R_{im} = 0 \\ w_{im} = \theta_{im}(a_i - \tau) \\ \dfrac{w_{im}}{w_{1m}} = \dfrac{a_i - \tau}{a_1 - \tau} \end{cases} \tag{5.18.19}$$

求解式(5.18.19)的第三式，有

$$C_{wRi} R_{im} + C_{wTi} T_{im} = (C_{\theta Ri} R_{im} + C_{\theta Ti} T_{im})(a_i - \tau)$$

$$T_{im} = \frac{C_{wRi} - C_{\theta Ri}(a_i - \tau)}{(a_i - \tau) C_{\theta Ti} - C_{wTi}} R_{im}$$

即
$$T_{im} = \frac{\lambda_{ci} - \lambda_{bi}(a_i - \tau)}{(a_i - \tau)\lambda_{ai} - \lambda_{bi}} R_{im} \tag{5.18.20}$$

式中：$\lambda_{ci} = \dfrac{C_{wRi}}{C_{wR1} C_{\theta Ti} - C_{\theta Ri}^2}$。

从式(5.18.19)的第四式得到

$$w_{im} = \frac{C_{wRi}\lambda_{ai} - C_{wTi}\lambda_{bi}}{(a_i - \tau)\lambda_{ai} - \lambda_{bi}} (a_i - \tau) R_{im}$$

故
$$R_{im} = \frac{(a_i - \tau)\lambda_{ai} - \lambda_{bi}}{(a_1 - \tau)\lambda_{a1} - \lambda_{b1}} R_{1m} \tag{5.18.21}$$

如果用 $\sum R_{im} = 0$，同样得到 $\tau = \dfrac{\sum a_i \lambda_{ai} - \sum \lambda_{bi}}{\sum \lambda_{ai}}$

从式(5.18.19)的第一式得到

$$\sum R_{im}(a_i-\tau)+\sum T_{im}=P(e-\tau)$$

$$R_{im}\left[\sum(a_i-\tau)\frac{(a_i-\tau)\lambda_{ai}-\lambda_{bi}}{(a_1-\tau)\lambda_{a1}-\lambda_{b1}}+\sum\frac{\lambda_{ci}-\lambda_{bi}(a_i-\tau)}{(a_i-\tau)\lambda_{ai}-\lambda_{bi}}\frac{(a_i-\tau)\lambda_{ai}-\lambda_{bi}}{(a_1-\tau)\lambda_{a1}-\lambda_{b1}}\right]=P(e-\tau)$$

则 $\frac{R_{1m}}{(a_1-\tau)\lambda_{a1}-\lambda_{b1}}\left[\sum\lambda_{ai}(a_1-\tau)^2+\sum\lambda_{ci}-2\sum\lambda_{bi}(a_i-\tau)\right]=P(e-\tau)$

令
$$H=\sum\lambda_{ai}(a_i-\tau)^2-2\sum\lambda_{bi}(a_i-\tau)+\sum\lambda_{ci}$$
$$h_i=(a_i-\tau)\lambda_{ai}-\lambda_{bi}$$

则
$$R_{1m}=h_1\frac{(e-\tau)}{H}P$$

$$R_{im}=\frac{h_i}{H}(e-\tau)P \tag{5.18.22}$$

而
$$T_{im}=\frac{\lambda_{ci}-\lambda_{bi}(a_i-\tau)}{h_i}R_{im}=\frac{\lambda_{ci}-\lambda_{bi}(a_i-\tau)}{H}P(e-\tau)$$

令
$$F_i=\lambda_{ci}-\lambda_{bi}(a_i-\tau)$$

则
$$T_{im}=\frac{F_i}{H}(e-\tau)P \tag{5.18.23}$$

(3)第 i 号主梁承受的力

$$\begin{cases}R_i=R_{iP}+R_{im}=\dfrac{\lambda_{ai}}{\sum\lambda_{ai}}P+\dfrac{h_i}{H}(e-\tau)P\\ T_i=T_{iP}+T_{im}=\dfrac{-\lambda_{bi}}{\sum\lambda_{ai}}P+\dfrac{F_i}{H}(e-\tau)P\end{cases} \tag{5.18.24}$$

如果令 $P=1$，偏心距 e 的位置也作变动，就得到任意一片斜梁或曲梁 k 的荷载横向分布影响线的竖坐标计算公式，即

$$\eta_{ki}=\frac{\lambda_{ak}}{\sum\lambda_{ai}}+\frac{h_k}{H}(e-\tau) \tag{5.18.25}$$

若引入正桥条件，可以证明式(5.18.25)与文献[2]中正桥公式相同。

18.2.4 斜弯桥荷载横向分布计算的梁系法

当宽跨比较大时，横向挠度将不再保持为直线变化，这时可采用与直梁横向分布计算的刚接梁法相似的方法——梁系法。即将桥跨结构看作主梁间相互刚接的梁系，解除主梁间的连接代之以赘余力，利用结构力学中分析超静定结构的力法来求解荷载横向分布。

1)计算假定

典型的斜桥、弯桥跨内任一与梁轴线垂直的横截面如图5.18.7a)所示，现假定：

(1)梁的荷载横向分布影响线，可以通过取一弹性支承在主梁上的连续横梁(含一定宽度翼板)，其上作用着单位荷载 $P=1$ 来计算[图5.18.7a]。这时，各弹性支承的柔度即为相应主梁在该计算截面处的柔度值。

(2)对于横向刚性连接的各主梁，在各主梁间将其切开，仅考虑有竖向剪力和绕梁轴的力矩赘余力，而纵向水平剪力和法向水平力因其很小，略去不计。横向铰接时，仅考虑竖向剪力。

(3)对于单片梁的扭转,只计入纯扭转作用,忽略翘曲扭转作用。

根据以上假定,可得到如图5.18.7b)所示的计算图式,横向铰接时,$x_{i+n-1}=0$。

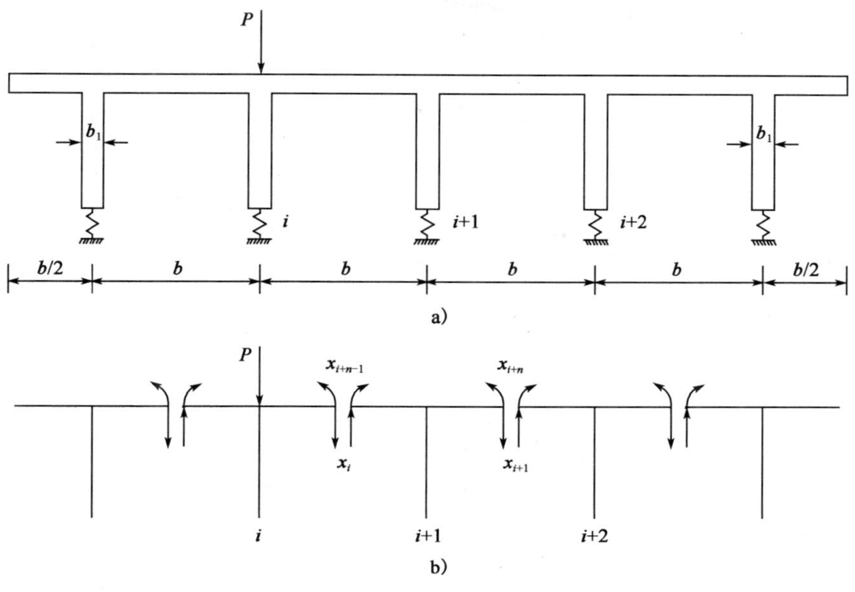

图5.18.7 梁系法计算图式

2)正则方程[3]

设图5.18.7b)有 n 片T梁单元,根据力法原理可建立求解所有赘余力的正则方程为

$$\boldsymbol{C}\boldsymbol{x}+\boldsymbol{\Delta}=0 \tag{5.18.26}$$

式中:$\boldsymbol{C}$——柔度矩阵,$\boldsymbol{C}=\boldsymbol{C}_{ij}[i,j=1\sim2(n-1)]$;

$\boldsymbol{C}_{ij}$——赘余力 $x_j=1$ 时在 x_i 方向上引起的相对变位,且有

$$\begin{cases}C_{ii}=[C_{wPi}+C_{wP(i+1)}]+\left(\dfrac{b}{2}\right)^2[C_{\theta Ti}+C_{\theta T(i+1)}]+b[C_{wTi}-C_{wT(i+1)}]+(f_i+f_{i+1})\\C_{i+n-1,i+n-1}=[C_{\theta Ti}+C_{\theta T(i+1)}]+(\tau_i+\tau_{i+1})\qquad(i=1,2,\cdots,n-1)\end{cases}\tag{5.18.27}$$

$$\begin{cases}C_{i,i+n-1}=-[C_{wTi}+C_{wT(i+1)}]+[C_{\theta Ti}-C_{\theta T(i+1)}]+(f'_{i+1}-f'_i)\\C_{i+n-1,i}=C_{i,i+n-1}\qquad(i=1,2,\cdots,n-1)\end{cases}\tag{5.18.28}$$

$$\begin{cases}C_{i,i+1}=C_{i+1,i}=-C_{wP(i+1)}+\left(\dfrac{b}{2}\right)^2C_{\theta T(i+1)}\\C_{i+n-1,i+n}=C_{i+n,i+n-1}=-C_{\theta T(i+1)}\\C_{i,i+n}=C_{i+n,i}=C_{wT(i+1)}-\dfrac{b}{2}C_{\theta T(i+1)}\qquad(i=1,2,\cdots,n-2)\\C_{i+1,i+n-1}=C_{i+n-1,i+1}=C_{wT(i+1)}+\dfrac{b}{2}C_{\theta T(i+1)}\\C_{ij}=0\end{cases}\tag{5.18.29}$$

$\boldsymbol{x}$——赘余竖向剪力和弯矩列阵,$\boldsymbol{x}=\boldsymbol{x}_i,i=1\sim2(n-1)$;

$\boldsymbol{\Delta}$——荷载引起的位移列阵,$\boldsymbol{\Delta}=\{\Delta_{iP}\}$,$i=1\sim2(n-1)$;

Δ_{iP}——外载 $P=1$ 在 x_i 方向上引起的相对变位。

对于外载 $P=1$ 作用于 j 号梁中线上时,则有

$$\Delta_{iPj}=\begin{cases}C_{wPi}+\dfrac{b}{2}C_{\theta Pi} & (i=j,j=1,2,\cdots,n-1)\\-C_{wPi}+\dfrac{b}{2}C_{\theta Pi} & (i=j-1,j=2,3,\cdots,n)\\0 & \text{其他}\end{cases}\tag{5.18.30}$$

$$\Delta_{(i+n-1)Pj}=\begin{cases}-C_{\theta Pi} & (i=j,j=1,2,\cdots,n-1)\\C_{\theta Pi} & (i=j-1,j=2,3,\cdots,n)\\0 & \text{其他}\end{cases}\tag{5.18.31}$$

式(5.18.27)中:f_i——第 i 号梁翼板悬臂端作用有单位竖向荷载($P=1$)时,在悬臂端产生的弹性挠度;

τ_i——第 i 号梁翼板悬臂端作用有单位扭矩($T=1$)时,在悬臂端产生的弹性扭转角;

f'_i——第 i 号梁翼板悬臂端作用单位扭矩($T=1$)时,在悬臂端产生的挠度,或第 i 号梁翼板悬臂端作用有单位竖向荷载($P=1$)时,在悬臂端产生的弹性扭转角;

分别为

$$\begin{cases}f_i=\dfrac{(b-b_1)^3}{24EI_{si}}\\\tau_i=\dfrac{b-b_1}{24EI_{si}}\\f'_i=\dfrac{(b-b_1)^2}{8EI_{si}}\end{cases}\tag{5.18.32}$$

式中:I_{si}——i 号梁的横梁的等效抗弯惯性矩。

3)荷载横向分布

求解式(5.18.26),则可解出所有的赘余力 x_i,即

$$\boldsymbol{x}=-\boldsymbol{C}^{-1}\boldsymbol{\Delta}\tag{5.18.33}$$

那么,当单位荷载 $P=1$ 作用在 j 号梁中线时,任意 i 号梁所分配到的竖向荷载和扭矩为

$$P_{ij}=\begin{cases}1-x_i-x_{i-1} & (i=j,i=1,2,\cdots,n)\\x_i-x_{i-1} & (i=j,i=1,2,\cdots,n)\end{cases}\tag{5.18.34}$$

$$T_{ij}=(x_i+x_{i-1})\frac{b}{2}+(x_{i+n-2}-x_{i+n-1})\qquad(i=1,2,\cdots,n)\tag{5.18.35}$$

将上述各主梁所分配到的值连成曲线,即为该梁的荷载横向分布影响线。

18.2.5　斜弯桥荷载横向分布计算的梁格法

1)基本假定及力学模型

将单主梁视为集中在梁轴线上的弹性杆件,在平截面假定成立的前提下,引入

(1)刚性截面假定,即无畸变。

(2)仅计自由扭转的作用,忽略约束扭转作用。

(3)不计横向位移(横梁的压缩)。

三个基本假定后,再将横梁看作为支承在多片主梁上的弹性支承连续梁,主梁即为弹性支座。同时,对于斜桥、弯桥来说,横梁各支座处的弹簧常数均是变化的,如图5.18.8a)所示,这就是众所周知的Leonhardt-Homberg梁格模式。解除弹性支承约束后,代之于未知赘余力,如图5.18.8b)所示。

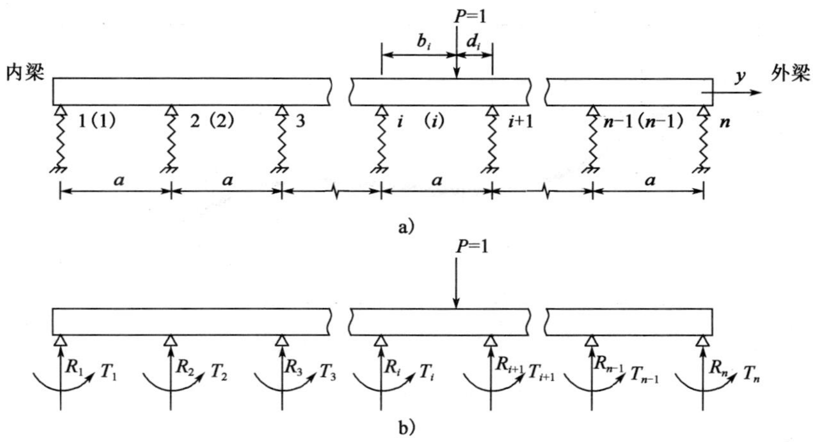

图5.18.8　Leonhardt-Homberg力学模式

R_i-弹性支座的竖向反力;T_i-弹性支座的集中扭矩;a-主梁间距

图示方向定义为各力素正方向。

2)结构位移法

(1)节点荷载

当单位竖向荷载($P=1$)作用在任意节间(i)内时,节点i上所承受的竖向力为

$$\begin{cases} P_i = \dfrac{1}{a^2}\left(d_i^2 + \dfrac{2b_i d_i^2}{a}\right) \\ P_{i+1} = \dfrac{1}{a^2}\left(b_i^2 + \dfrac{2b_i^2 d_i^2}{a}\right) \\ \text{其余 } P_i = 0 \end{cases} \tag{5.18.36}$$

弯矩为

$$\begin{cases} m_i = \dfrac{b_i d_i^2}{a^2} \\ m_{i+1} = \dfrac{b_i^2 d_i}{a^2} \\ \text{其余 } m_i = 0 \end{cases} \tag{5.18.37}$$

(2)角位移方程

图5.18.9所示连续梁中任一节间(*i*),根据结构力学中的位移法,建立的角位移方程为

$$\begin{cases} M_{i,i+1} = \dfrac{EI_0}{a}\left[4\varphi_i + 2\varphi_{i+1} + \dfrac{6}{a^2}(w_i - w_{i+1})\right] \\ M_{i+1,i} = \dfrac{EI_0}{a}\left[2\varphi_i + 4\varphi_{i+1} + \dfrac{6}{a^2}(w_i - w_{i+1})\right] \\ Q_{i,i+1} = \dfrac{6EI_0}{a^2}\left[\varphi_i + \varphi_{i+1} + \dfrac{2}{a^2}(w_i - w_{i+1})\right] \\ Q_{i+1,i} = \dfrac{6EI_0}{a^2}\left[\varphi_i + \varphi_{i+1} + \dfrac{2}{a^2}(w_i - w_{i+1})\right] \end{cases} \tag{5.18.38}$$

式中:EI_0——横梁的抗弯刚度。

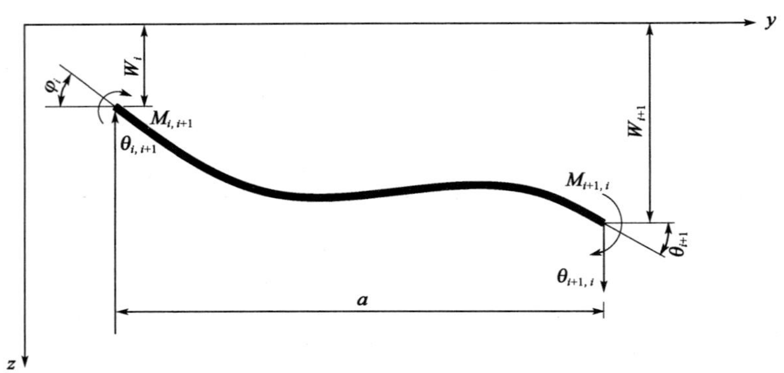

图5.18.9 等截面梁的位移图式

(3)主梁变形

主梁任意截面处,同时作用集中荷载 P 和集中扭矩 T,该截面处的竖向挠度 w 和扭角 θ 可表示为

$$\begin{cases} w_i = PC_{wPi} + TC_{wTi} \\ \theta_i = PC_{\theta Pi} + TC_{\theta Ti} \end{cases} \tag{5.18.39}$$

式中,C_{wPi}、C_{WTi}、$C_{\theta Pi}$和 $C_{\theta Ti}$按第18.2.2节定义,在主梁、横梁交叉处(弹簧支承点)有

$$\theta_i = \varphi_i \tag{5.18.40}$$

(4)节点平衡方程

分别选取节点1,2,…,*n* 为隔离体(图5.18.10),根据各节点的竖向力和力矩平衡关系得[4]

$$\begin{bmatrix} {}^1A & {}^2A \\ {}^3A & {}^4A \end{bmatrix}\begin{Bmatrix} \boldsymbol{R} \\ \boldsymbol{T} \end{Bmatrix} = \begin{Bmatrix} \boldsymbol{P} \\ \boldsymbol{M} \end{Bmatrix} \tag{5.18.41}$$

其中 $\boldsymbol{P} = [P_1, P_2, \cdots, P_n]^{\mathrm{T}}$,$P_i$ 按式(5.18.36)计算($i=1,2,\cdots n$);

$\boldsymbol{M} = [m_1, m_2, \cdots, m_n]^{\mathrm{T}}$,$m_i$ 按式(5.18.37)计算($i=1,2,\cdots n$);

$$\boldsymbol{R} = [R_1, R_2, \cdots, R_n]^{\mathrm{T}}$$

$$\boldsymbol{T} = [T_1, T_2, \cdots, T_n]^{\mathrm{T}}$$

$$
{}^{j}A=\begin{bmatrix}
{}^{j}A_{11} & {}^{j}A_{12} & & & & & & & \\
{}^{j}A_{21} & {}^{j}A_{22} & {}^{j}A_{23} & & & & & & \\
 & \cdots & \cdots & \cdots & & & & & \\
 & & \cdots & \cdots & \cdots & & & & \\
 & & & {}^{j}A_{i,i-1} & {}^{j}A_{ii} & {}^{j}A_{i,i+1} & & & \\
 & & & & \cdots & \cdots & \cdots & & \\
 & & & & & \cdots & \cdots & {}^{j}A_{n-1,n} \\
 & & & & & & {}^{j}A_{n,n-1} & {}^{j}A_{nn}
\end{bmatrix}
$$

$(j=1,2,3,4)$

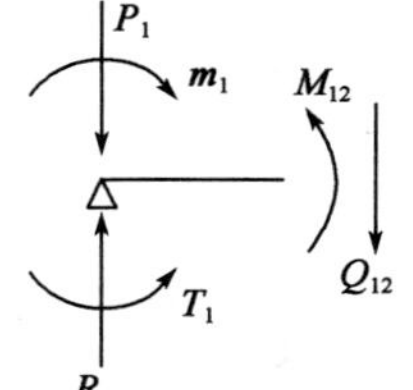

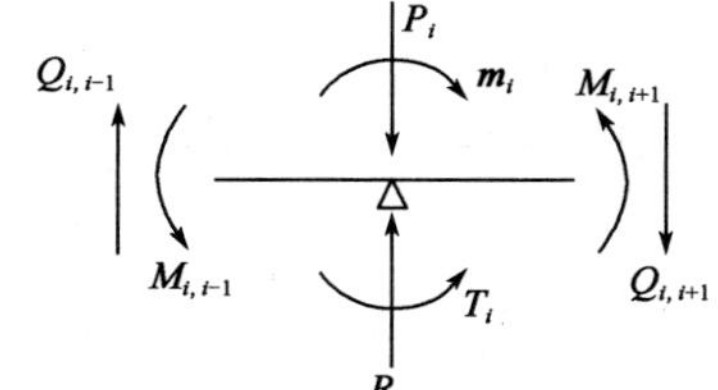

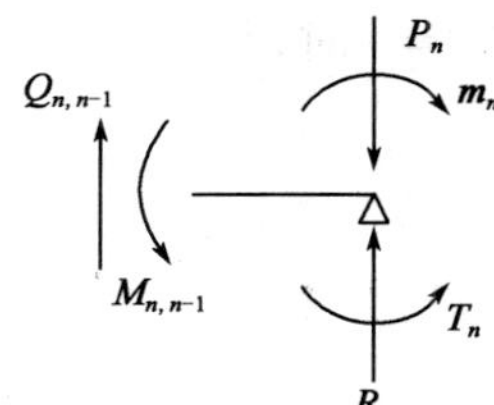

图 5.18.10 节点受力图式

上式中:①当 $j=1$ 时,A_{ik} 为

$$A_{11}=1+\frac{6EI_0}{a^2}C_{\theta P1}+\frac{12EI_0}{a^3}C_{wP1}$$

$$A_{nn}=1-\frac{6EI_0}{a^2}C_{\theta Pn}+\frac{12EI_0}{a^3}C_{wPn}$$

$$A_{ii}=1+\frac{24EI_0}{a^2}C_{wP1}$$

$$A_{i(i+1)}=\frac{6EI_0}{a^2}C_{\theta P(i+1)}-\frac{12EI_0}{a^2}C_{wP(i+1)}$$

$$A_{i(i-1)}=-\frac{6EI_0}{a^2}C_{\theta P(i-1)}-\frac{12EI_0}{a^3}C_{wP(i-1)}$$

②当 $j=2$ 时,A_{ik} 为

$$A_{11}=\frac{6EI_0}{a^2}C_{\theta T1}+\frac{12EI_0}{a^3}C_{wT1}$$

$$A_{nn}=-\frac{6EI_0}{a^2}C_{\theta Tn}+\frac{12EI_0}{a^3}C_{wTn}$$

$$A_{ii}=\frac{24EI_0}{a^2}C_{wTi}$$

$$A_{i(i+1)}=\frac{6EI_0}{a^2}C_{\theta T(i+1)}-\frac{12EI_0}{a^3}C_{wT(i+1)}$$

$$A_{i(i-1)}=-\frac{6EI_0}{a^2}C_{\theta T(i-1)}-\frac{12EI_0}{a^3}C_{wT(i-1)}$$

③当 $j=3$ 时,A_{ik} 为

$$A_{11} = \frac{4EI_0}{a^2}C_{\theta P1} + \frac{6EI_0}{a^2}C_{wP1}$$

$$A_{nn} = \frac{4EI_0}{a^2}C_{\theta Pn} + \frac{6EI_0}{a^2}C_{wPn}$$

$$A_{ii} = \frac{8EI_0}{a}C_{\theta Pi}$$

$$A_{i(i+1)} = \frac{2EI_0}{a}C_{\theta P(i+1)} - \frac{6EI_0}{a^2}C_{wP(i+1)}$$

$$A_{i(i-1)} = \frac{2EI_0}{a}C_{\theta P(i-1)} - \frac{6EI_0}{a^2}C_{wP(i-1)}$$

④当 $j=4$ 时，A_{ik} 为

$$A_{11} = 1 + \frac{4EI_0}{a}C_{\theta Ti} + \frac{6EI_0}{a^2}C_{wT1}$$

$$A_{nn} = 1 + \frac{4EI_0}{a}C_{\theta Tn} + \frac{6EI_0}{a^2}C_{wTn}$$

$$A_{ii} = 1 + \frac{8EI_0}{a}C_{\theta Ti}$$

$$A_{i(i+1)} = \frac{2EI_0}{a}C_{\theta T(i+1)} - \frac{6EI_0}{a^2}C_{wT(i+1)}$$

$$A_{i(i-1)} = \frac{2EI_0}{a}C_{\theta T(i-1)} + \frac{6EI_0}{a^2}C_{wT(i-1)}$$

横向移动荷载 $P=1$，不难得出各主梁竖向荷载及扭矩横向分布影响线。

文献[4]将此法推广到非径向支撑的曲桥分析上。

18.3 斜弯桥及异形桥梁有限元分析

18.3.1 单元选择

通过荷载横向分配与桥梁纵向分析相结合的方法可以实现桥梁的结构分析，这对于大多数工程应用而言是可以满足需要的。但对于较宽或异形桥梁结构，空间效应突出或前述方法不适应时，则要采用数值方法来分析。采用有限元分析时，常用的单元形式有桁架单元、梁单元、空间板壳单元、三维实体单元和模拟单向受力的间隙单元等。其中三维实体单元和空间板壳单元所给出的分析结果均为节点应力，可以作为精细化分析的选择，但对进行结构的设计显得有些烦琐，在实际工程中应用最为广泛的是梁单元模型。每种单元都有各自的优缺点及适用范围，单元的选取要根据实际问题而定。

若只关注结构总体变形、内力，可选用梁单元建模，这样可以减少模型自由度，提高计算效率，桥梁较窄时，可用单梁模型；若桥梁较宽，则可采用单梁模型借用“横向分布系数”的概念，

用变量分离得到近似的内力影响面去代替精确的内力，亦可采用梁格体系。

若需要考虑结构局部或截面变形时，应建立板壳或实体单元离散结构，这样可以真实地模拟结构细部受力。若模型太大，分析困难时，在建立全桥模型时，可在需要关注局部变形的区段采用板壳或实体单元；在远离该区域的区段（离开计算截面三倍截面宽度以上）采用梁单元；如果全桥中需要关注的局部效应不只一处，则可交替地采用不同类型的单元进行结构的离散。可以首先采用梁单元建立全桥模型进行求解，再将关注区段单独建立板壳或实体有限元模型，施加上一步所得位移及力的边界条件进行进一步分析。

当需要采用目前的规范验算体系进行结构验算时，应优先选用梁单元建模。因为板壳与实体单元的计算结果为应力，与规范的验算体系不相符，应用有难度，而梁单元的计算结果为内力，与规范的验算体系相适应。

18.3.2　梁格模型及其应用

目前常采用梁格法对板梁式斜弯桥及异形桥进行分析，梁格模型的基本单元为空间梁单元。

斜交桥的梁格划分有两种方式：斜交梁格和正交梁格（图 5.18.11）。板梁式上部结构的梁格划分应尽量与力的作用、传递方向或配筋方向一致。当斜交角较小时，可采用斜交梁格（Skew Mesh）；当桥面较窄且斜交角较大时，可采用与桥跨方向正交的梁格（Mesh Orthogonal to Span）；当桥宽大于跨度时，可采用与支承方向正交的梁格（Mesh Orthogonal to Support）。

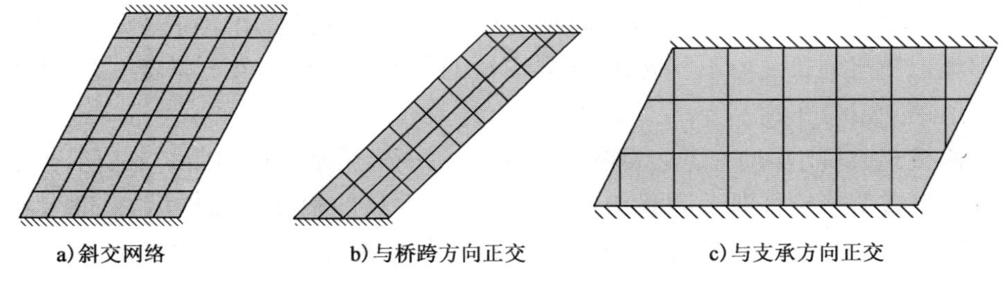

图 5.18.11　斜交板桥的梁格划分

对弯板梁或扇形板，可设置辐射式的纵向梁格和径向的横向梁格。辐射式纵向梁格的夹角不应大于 15°，纵横梁格应尽量接近正方形，如图 5.18.12 所示。

对于变宽板，梁格模拟很直观，需要注意的是梁格构件几何特性沿着纵梁方向是变化的，如图 5.18.13 所示。斜交弯桥的梁格模拟如图 5.18.14 所示。

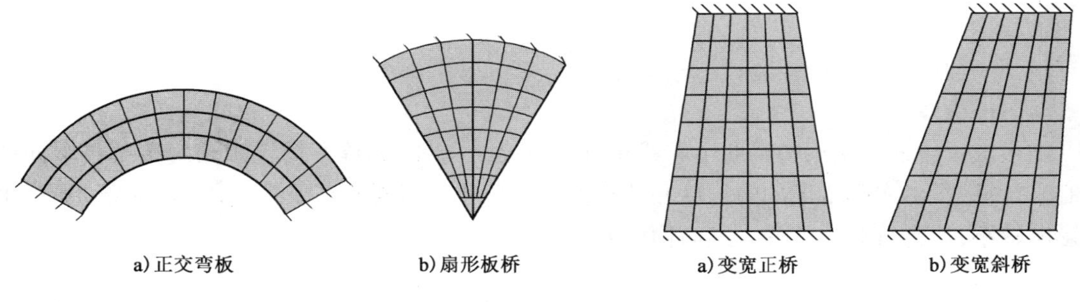

图 5.18.12　弯板桥的梁格划分

图 5.18.13　变宽板桥的梁格划分

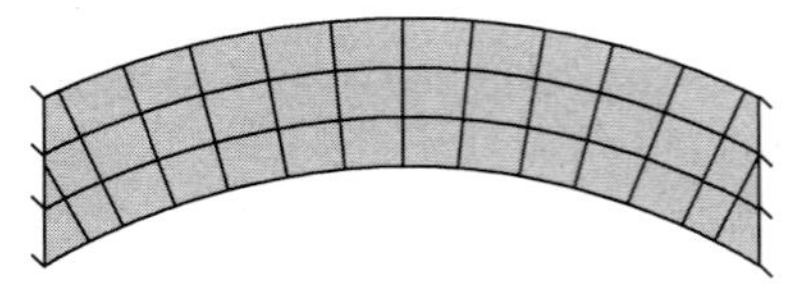
图 5.18.14　斜交弯板的梁格划分

立交工程上常见的异形变宽箱梁桥如图 5.18.15 所示。其主要构造形式可以归纳为中腹板平行外腹板,主桥在与两分叉相接的横梁处开始分成两支独立的桥梁结构,这种结构适用于两支线的交角不大及桥面较窄的情况,如图 5.18.15a)所示;或中腹板折线过渡,通过增加变宽箱室的结构形式实现变宽,这种结构适用于两支线的交角较大且桥面较宽的情况,如图 5.18.15b)所示。

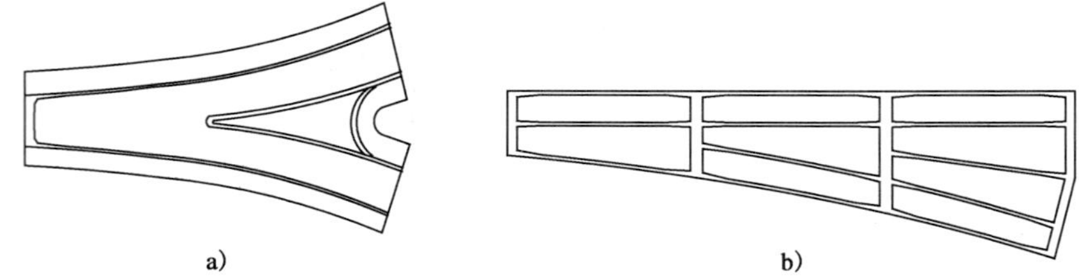

图 5.18.15　异形变宽箱梁构造

此类桥梁结构宽度变化较大,结构线形、支承条件复杂多变,受力复杂,除了承受弯矩、剪力和扭矩外,还伴随有截面的翘曲和畸变,剪力滞也不可忽视,这些变形往往是耦合的。梁格建模时,建议纵向每条梁肋建立一条纵梁,以等间距为单位划分纵梁;并在一些构造、受力变化较大的地方,例如梁肋分叉处、腹板或顶底板厚度突然变化处等适当加密梁格。横向联系虚拟横梁可以 1.0m 间距为单位建立(等效横向刚度)。值得注意的是,由于桥宽变化,导致纵梁的翼缘长度和虚拟横梁的长度各不相同;由于异形桥的车道走向与纵梁不完全一致,故须通过增设的虚拟车道单元定位车道。

对于实体板式梁桥结构,在建立梁格网格时,板桥中横梁格构件间距一般应取小于 1/4 有效跨径为宜。设置梁格构件时,其间距一般应小至 2 ~ 3 倍的板厚。梁桥纵、横向梁格构件的惯性矩,原则上应根据每根构件所代表的截面(相邻平行构件对中划分桥面板宽度范围内的截面)按板的中性面进行计算,这样,实体板纵横向构件的抗弯惯性矩 I 与抗扭惯性矩 $I_{\rm d}$ 可分别表示为

$$\begin{cases} I = \dfrac{bh^3}{12} \\ I_{\rm d} = \dfrac{bh^3}{6} \end{cases} \tag{5.18.42}$$

式中:b——构件所代表的板宽;

h——板厚。

肋板式梁桥通常采用与梁肋中心线相重合的梁格构件,其抗弯惯性矩均应按整体截面的形心来计算,虽然实际桥梁的内构件和外构件一般是处于不同的水平线上,但这种差别所产生的影响较小,通常可略去不计。纵向构件的抗扭刚度为

$$I_{\rm d} = \sum_{i=1}^{n} c_i \cdot b_i \cdot h_i^3 \tag{5.18.43}$$

式中：b_i、h_i——单个矩形截面的宽度和厚度；

n——截面划分成单个矩形截面的数目；

c_i——矩形截面的抗扭刚度系数，按表5.18.1取用。

矩形截面的抗扭刚度系数　　　　表5.18.1

h/b	1	0.9	0.8	0.7	0.6	0.5	0.4	0.3	0.2	0.1	<0.1
c	0.141	0.155	0.171	0.189	0.209	0.229	0.250	0.270	0.291	0.312	1/3

箱形梁桥通常采用剪力柔性梁格或空间网格来模拟，参见10.1节的介绍。

18.3.3　预应力钢筋的模拟

空间预应力对结构的影响相对复杂，精准模拟困难较大。常用方法之一是建立带有力筋的单元，将预应力的张拉效应转化为单元节点荷载，并且将预应力筋对单元刚度的贡献计入单元刚度矩阵中，求解结构，获得节点位移。根据节点位移获得单元变形进而得到预应力筋张拉力的变化，这种方法通常在采用梁单元建模中采用。以下结合弯梁桥进行介绍。

如图5.18.15所示的预应力弯梁端部锚固区，由力平衡关系，文献[5]给出的等效荷载为

$$\begin{cases} V_{\mathrm{N}} = -Fz'/(R+h) \\ M_{\mathrm{M}} = Fz \\ T = F(z'h-h'z)/(R+h) \\ N = -F \\ V_{\mathrm{M}} = -Fh'/(R+h) \\ M_{\mathrm{N}} = -Fh \end{cases} \tag{5.18.44}$$

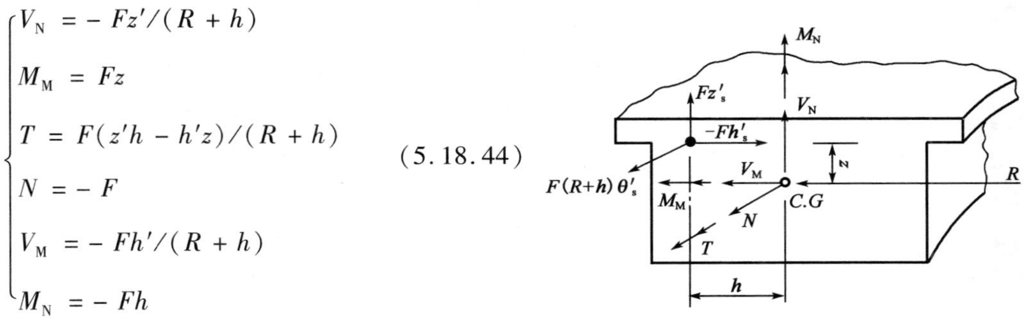

图5.18.16　端部锚固区预应力等效荷载

式中各符号意义见图5.18.16。图中C.G为截面中心。

弯梁体预应力的等效均布力为

$$\begin{cases} W_{\mathrm{N}} = Fz''_{\mathrm{s}}/R(R+h) \\ W_{\mathrm{M}} = F/R - Fh''_{\mathrm{s}}/R(R+h) \\ W_{\mathrm{L}} = Fh'_{\mathrm{s}}/R(R+h) \\ Q_{\mathrm{N}} = Fhh'_{\mathrm{s}}/R(R+h) \\ Q_{\mathrm{M}} = Fh'_{\mathrm{s}}z/R(R+h) \\ Q_{\mathrm{L}} = Fz/R + F(z''_{\mathrm{s}}h - h''_{\mathrm{s}}z)/R(R+h) \end{cases} \tag{5.18.45}$$

式中各符号意义见图5.18.17。

斜桥的预应力等效荷载见文献[6]。

由于双向曲率的影响，计算空间预应力束的摩阻损失时，其空间曲线包角可近似取为

$$\beta = \sqrt{\theta_{\mathrm{h}}^2 + \theta_{\mathrm{v}}^2} \tag{5.18.46}$$

式中：θ_h、θ_v——空间曲线在水平面上的投影包角及在竖向圆柱面展开面的投影包角。

另一种方法是将混凝土和预应力筋分别建立单元，两单元通过共节点方式连接。由于异形桥梁形状不规则导致预应力钢筋曲线不规则，按照上述等效荷载方法计算预应力产生的效应有时会非常复杂，难以实现。因此，需要将预应力筋作为结构的一部分参与结构的受力及变形计算，通常可用杆单元模拟预应力筋，给单元一定的初应力或初应变模拟预应力筋的张拉。具体见第13.4.3节的介绍。

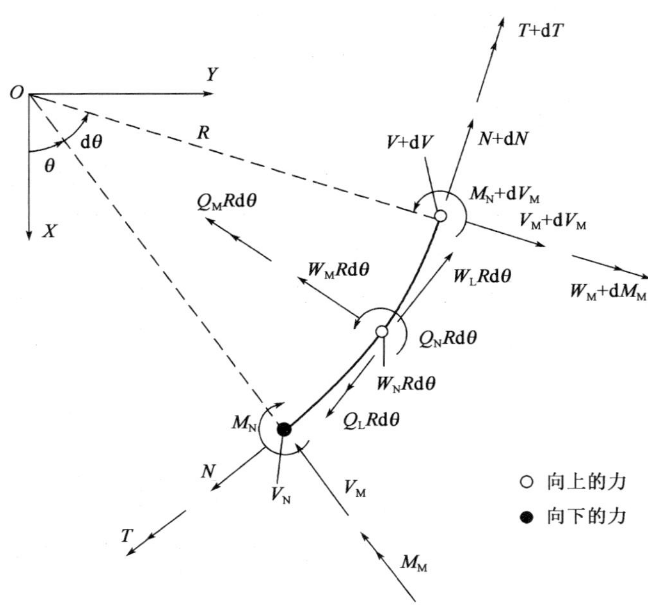

图5.18.17　梁体预应力等效均布力

18.3.4　边界条件的模拟

空间异形桥梁结构的约束除竖桥向外，横桥向及桥轴向的位移、转角及扭角等均可能是空间任意方向，这与有限元建模及程序要求的与结构整体坐标轴平行并不一致，建模时需要通过等效方式进行模拟。

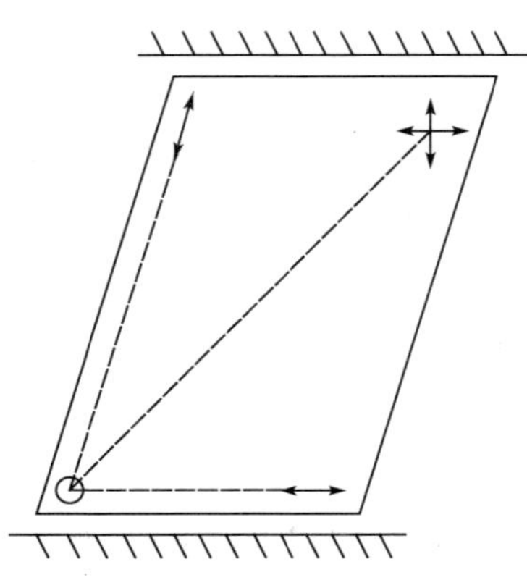

图5.18.18　斜桥支承方向模拟

对于斜桥，若在某一端点设置固定支座，要使斜桥能自由变形，其他端点处支承的活动方向必须通过该点，并且每个支承固定的方向必须垂直于支承点与该点的连线，如图5.18.18所示（单箭头代表单向活动支座的活动方向，十字箭头代表双向活动支座的活动方向）。

对于曲线桥，需要设置水平约束、竖向约束及抗扭约束。其中，两端部径向水平约束（中间切向水平约束）可通过建立法向（切向）刚性桁架单元，在单元端点施加径向及切向位移约束来实现。抗扭约束可通过建立法向刚臂连接两个竖向约束来实现。如图5.18.19所示。

其他异形桥梁的支承更为复杂，模拟时宜根据具体情况确定。一般来说,上述针对曲线桥梁水平约束和抗扭约束的等效模拟方法均可使用。模拟时除注意其支承方向的一致外,对于水平约束,至少应设置三个,以防结构漂移。但也不宜过多,以减少由于多余约束阻止了结构的自由伸缩而产生的温差次应力。

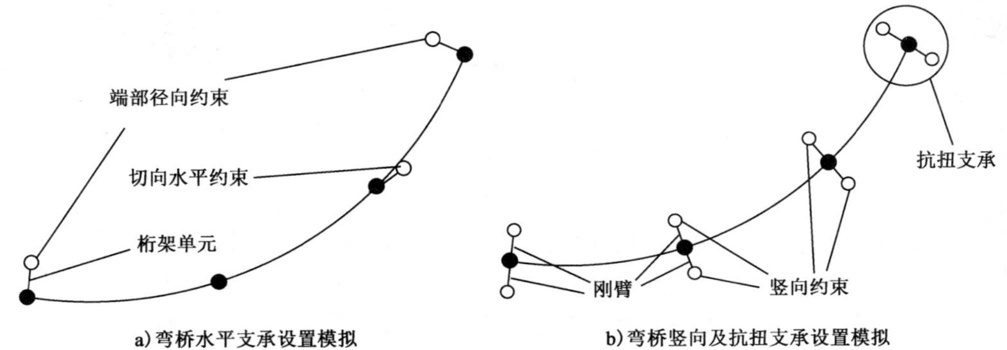

图 5.18.19 曲梁支承方向模拟

18.3.5 异形桥梁分析

在梁式异形桥梁的结构设计过程中,应尽量使异形结构部分相对独立,以减小异形结构部分的复杂受力行为对规则结构的影响。主筋的布置方向应与结构的主弯矩方向一致,并在支承边设置与支承线平行的横梁或横隔板,以增大结构的整体性。由于异形桥梁的支承点较多,容易出现反力不均匀现象,应采取措施避免结构在运营过程中出现支座超载或脱空现象。

上承式斜拱桥和曲线拱桥在竖向荷载作用下,拱轴除承受巨大轴力外,在拱圈上均不同程度地产生横向弯矩、水平弯矩及扭矩,发生不同方向的侧向位移,拱脚的水平推力亦不均匀,这限制了此类桥梁的跨越能力,一般仅适于小跨径形式。

异形系杆拱桥及异形索支承桥梁由于索面倾斜,拱肋、塔柱、加劲梁均受到横桥向水平力作用,如果系杆或吊索不对称布置,加劲梁还将受扭。因此,需要确定此类桥梁的加劲梁、塔柱及拱肋合理的几何布局以及加劲梁与拱肋面或吊索面合理的相对位置,以减小加劲主梁、拱肋或主塔的横向弯矩。

以异形系杆拱桥为例,可以采用以下四个步骤将加劲主梁及拱肋的横向弯矩降到最低:

(1)主梁的平面形状可以选择为曲线,以使加劲主梁作为平面内的拱承担水平力。

(2)调整拱肋与加劲主梁的相对位置,以改善拱和加劲梁的横向弯矩。

(3)将拱面倾斜到一定角度,当吊杆面位于拱面内侧一定角度时,由吊杆水平力力矩可以抵消拱圈自重的侧倾力矩,此时拱圈不承担横向弯矩。

(4)将拱肋面设计成曲面,可以使拱肋达到空间合理拱轴线,从而拱肋横、竖向弯矩均为零。

异形系杆拱桥加劲主梁及主拱横向弯矩调整方式如图 5.18.20 所示。

在异形拱桥设计过程中,可以首先确定加劲主梁线形及主拱面内线形,再依据主梁、主拱弯矩为零的条件,确定主拱的平面线形及与主梁的相对位置。

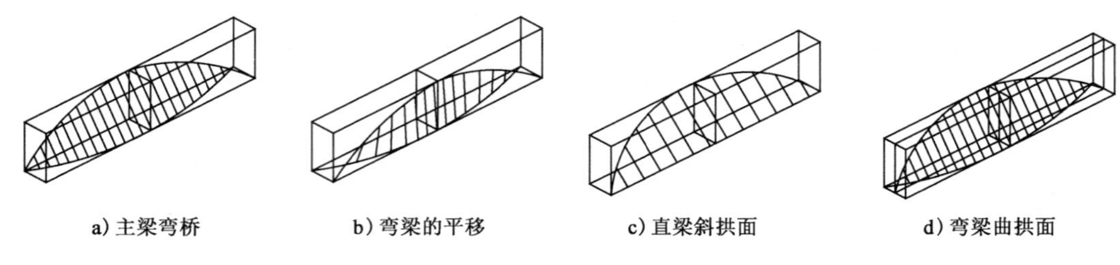

图 5.18.20　异形拱桥形状变化

进行异形桥梁结构计算时，结构形状变异不大的异形桥梁可近似按照相应的规则桥梁计算。形状变异较大的异形桥梁可通过有限元法进行数值分析，必要时辅以模型试验验证。有限元分析时，通常采用混合单元建立全桥模型。对于需要关注局部变形的区域应采用板壳单元或实体单元离散，并且需要把单元划分的足够细以保证计算精度。对于不需要关注局部变形又远离该区段的区域可采用梁单元或桁架单元模拟，以使计算效率最大化。若关注区域较多时，可轮流进行局部细化计算。

18.3.6　实例

（1）斜桥梁格模型

某五跨混凝土连续斜梁桥，主梁及横隔板采用 C50 混凝土，截面形式为单箱双室，跨径组合为 25m + 25m + 28m + 25m + 25m，斜交角为 9°。由于斜交角小于 20°，全桥采用斜交梁格建模，共划分为 524 个梁单元（主梁单元 390 个，横梁单元 134 个），预应力钢筋采用上述第一种方法模拟，边界条件为在中支座设置固定约束，其余约束均为单向或双向活动约束。有限元梁格模型如图 5.18.21 所示。

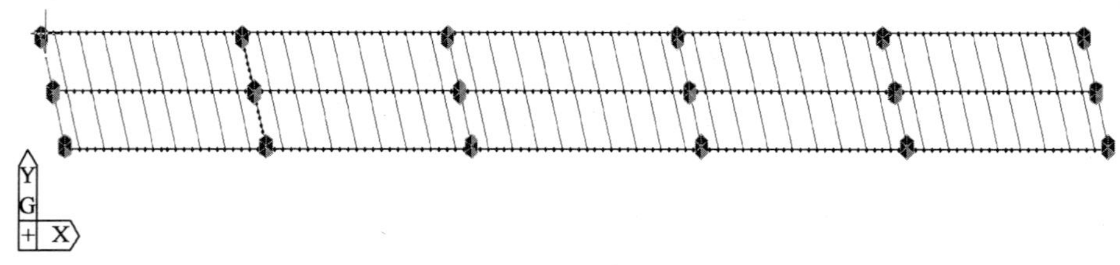

图 5.18.21　斜梁桥梁格有限元模型

（2）弯桥梁格模型

某三跨混凝土连续弯桥，主梁采用 C40 混凝土，截面形式为单箱双室，跨径组合为 20m + 25m + 20m，圆心角为 120°。全桥采用梁格建模，共划分为 322 个梁单元（主梁单元 192 个，横梁单元 130 个），边界条件为在端部设置双支座，约束径向及切向位移，中支座为双向活动支座。有限元梁格模型如图 5.18.22 所示。

（3）异形桥梁格模型

某三跨变宽连续梁桥，主梁采用 C50 混凝土，截面形式为矩形截面，跨径组合为 22m + 22m + 20m。采用梁格建模，共划分为 327 个实体梁单元（主梁单元 192 个，横梁及虚拟边构件单元 130 个),采用前述第一种方法模拟预应力效应,边界条件为在中支座设置固定支座,其余支座为单向或双向活动支座,有限元梁格模型如图 5.18.23 所示。

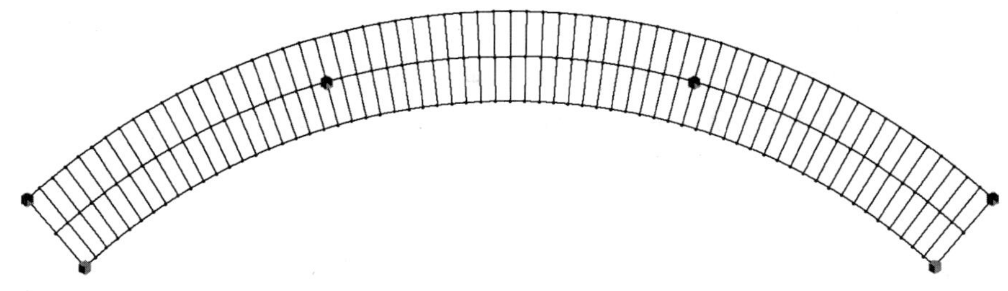

图 5.18.22 弯桥梁格模型示意图

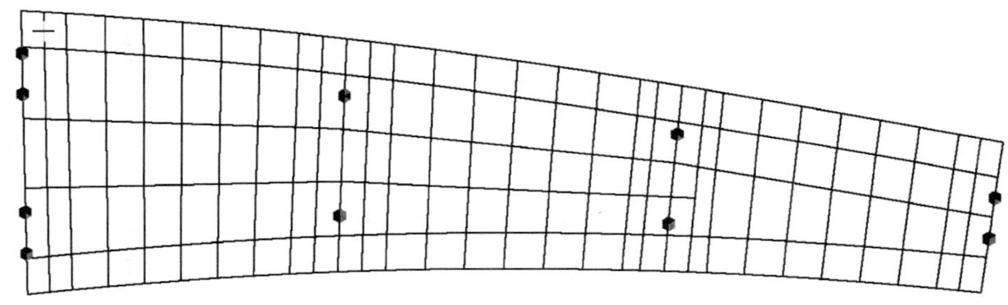

图 5.18.23 异形桥梁格模型示意图

18.4 小 结

斜、弯桥的分析计算已有众多专著问世[5]。就其横向分布计算而言,不外乎刚性横梁法、梁系法、弹性支承连续梁法、修正 G-M 法及数值分析方法等。对于同一座同时适用两种以上计算方法的桥梁,其横向分布结果仍有差异。目前开发了各种计算机软件,但内力计算结果仍存在一定误差,且斜、弯程度严重时,误差明显。

为适应路线线形及美观需要,出现了不同程度的空间异形桥梁。由于其结构的不规则,大多情况下很难简化为平面结构进行分析,必须采用空间分析方法。有限元数值方法是目前最主要的分析手段,其可视化程度也基本满足工程设计需求。

本章参考文献

[1] Bakht. B, Moses. F. Lateral distribution factors in highway bridges[J]. J. of Structural Engineering, ASCE 114(8),1988.

[2] 贺拴海,谢仁物.公路桥梁荷载横向分布计算方法[M].北京:人民交通出版社,1996.
[3] 贺拴海,等.斜弯桥荷载横向分布计算的梁系法[J].西安公路交通大学学报,1995,15(4).
[4] 郑振飞,吴庆雄.斜、弯桥跨分析的广义梁格法[M].北京:人民交通出版社,1998.
[5] 邵容光,夏淦.混凝土弯梁桥[M].北京:人民交通出版社,1999.
[6] 黄平明.混凝土斜梁桥[M].北京:人民交通出版社,1999.

第6篇

拱桥计算理论

19 拱桥弹性理论

19.1 拱桥的发展

拱桥(Arch Bridge)指的是在竖直平面内以拱作为上部结构主要承重构件的桥梁。拱形有半圆、多边形、圆弧、椭圆、抛物线、蛋形、马蹄形和尖拱形,可说应有尽有。拱桥,按结构形式可分为板、肋、双曲、箱形、桁架、刚架等及各种组合拱等;按拱圈的结构体系分为无、双、三铰拱;按行车道位置分为上、中、下承式拱;按建造材料分为石、钢、混凝土、钢筋混凝土、钢管混凝土、劲性骨架混凝土拱等。

拱桥的建造历史可以追溯到古罗马时代,我国在几百年后的东汉中后期开始出现拱桥,建造了著名的北京颐和园十七孔桥、河北赵州桥等。现代拱桥始于1874年美国在密西西比河上建成的世界上第一座钢拱桥——圣路易斯桥。到20世纪30年代以后,出现了真正意义上的现代拱桥,如1931年美国建成跨度503.6m的贝永桥,1932年澳大利亚建成跨度503m的悉尼港桥。此后经过近30年的停顿,到20世纪60年代才得以恢复,如加纳的阿多米桥(245m,1956),美国尼亚加拉瀑布上的刘易斯顿—昆斯顿桥(304.8m,1962),澳大利亚悉尼港格莱兹维尔桥(钢筋混凝土拱,304.8m,1964),南斯拉夫的希贝尼克桥(钢筋混凝土拱,246.3m,1966),捷克斯洛伐克的兹达科夫桥(330m,1967),美国的新河峡谷桥(519.2m,1977)等。1980年,南斯拉夫建成的拱跨390m的克尔克桥(混凝土桥),保持世界纪录,直到中国建成四川万县长江大桥(420m,1997)。

中国自20世纪50年代以来,拱桥跨径从几十米建起,到1966年建成150m的丰(台)沙(城)铁路线永定河7号桥(钢筋混凝土拱),四川渡口市区金沙江桥(180m,1966),渡口密地大桥(180m,1969),四川渡口宝鼎大桥(170m,1982),并创造了双曲拱桥。2009年,世界第一大跨径拱桥——主跨552m的重庆朝天门长江大桥建成通车,标志着中国已迈入了世界拱桥建设的先进行列。目前,世界前十大跨径拱桥中,中国占了半壁江山。

拱桥的拱圈是一个偏压构件,弹性压缩、活载、温差、收缩徐变、拱脚变位等会造成偏离,引起结构内力。

拱上建筑会不同程度参与主拱圈受力,称为拱上建筑与拱的联合作用,简称联合作用。拱上建筑与拱圈联合作用，一般与拱上建筑的构造形式，如梁式拱上建筑、拱式拱上建筑有关。腹孔墩刚度越大，对主拱圈约束越强，联合作用显著；腹孔越坦，抗推刚度越大，联合作用越大。与截面位置有关，拱脚～$L/4$截面较大，拱顶较小。还与拱上建筑的施工程序有关，支架施工中，拱架拆除的时间会影响主拱圈与拱上建筑的联合作用。

拱桥的计算分为弹性理论和挠度理论。竖向荷载作用下拱桥的分析已经成熟，本章仅介绍拱桥在不同坐标系下的基本方程，水平荷载作用下拱的内力计算、坡拱桥计算及拱轴线的调整等。

19.2 拱的基本平衡微分方程

19.2.1 忽略轴力影响在直角坐标系下拱的平衡微分方程

忽略轴力对变形的贡献，采用众所周知的竖向位移 w 与弯矩 M 之关系式(图6.19.1)有[1]

$$EIw''\cos\varphi = -M \tag{6.19.1}$$

将 $M = M_p + M_l\dfrac{x}{l} + M_r\dfrac{l-x}{l} - Hy$ 代入式(6.19.1)，并将其对 x 微分二次有

$$(EIw''\cos\varphi)'' - Hy'' = p \tag{6.19.2}$$

式中：EI——拱圈截面的竖平面抗弯刚度；

p——外荷载强度；

M_p——外荷载在与拱同跨简支梁上产生的弯矩。

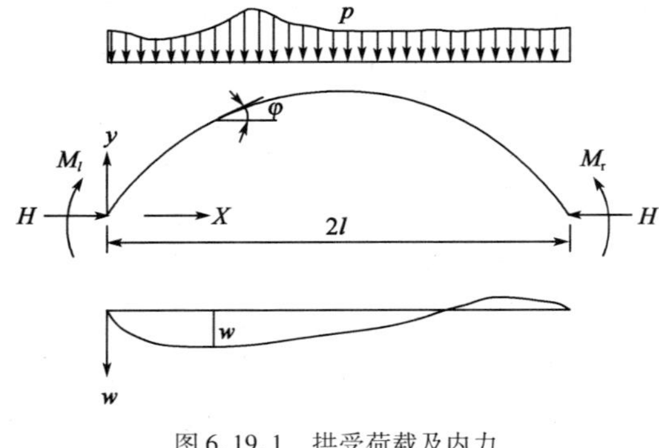

图6.19.1 拱受荷载及内力

利用拱轴不压缩的条件，可以得出竖向剪力 V 与推力 H 之间的关系为

$$\int_0^{2l}\frac{H+Vy'}{EA\cos\varphi}\mathrm{d}x = \int_0^{2l}y'w'\mathrm{d}x \tag{6.19.3}$$

在式(6.19.1)中，右边的 M 的表达式以 $H(y-w)$ 代替 Hy，则得未计轴力影响的几何非线性平微方程，即

$$(EIw''\cos\varphi)'' - H(y''-w'') = p \tag{6.19.4}$$

其 H 与 V 的关系同式(6.19.3)。

19.2.2 考虑轴力影响在直角坐标系下拱的平衡微分方程

设拱轴水平位移为 u，则有

$$\begin{cases} w'' + \dfrac{M}{EI}\sec\varphi + \left(\dfrac{N}{EA}y'\right)' = 0 \\ u' + w'y' + \dfrac{N}{EA}(1+y') = 0 \\ \phi = w' + \dfrac{N}{EA}y' \end{cases} \tag{6.19.5}$$

式中：ϕ——拱圈截面转角变形；

N——拱圈截面轴向力；

其他符号意义同前。

计及温度和剪力影响时有

$$\begin{cases} w'' + \dfrac{M}{EI}\sec\varphi + \left[\left(\varepsilon_t + \dfrac{N}{EA}y'\right)\right]' = \left(\dfrac{\alpha Q}{GA}\right)' \\ u' + w'y' + \left(\varepsilon_t + \dfrac{N}{EA}\right)(1 + y') = 0 \end{cases} \tag{6.19.6}$$

式中：ε_t——温度引起的轴向应变；

α——剪力不均匀系数。

在式(6.19.5)的第一式中，若不计轴力影响；在式(6.19.6)的第一式中，若既不计轴力影响，亦不计剪力和温度影响，可分别简化为式(6.19.1)。同时，水平位移式亦简化为

$$u' + w'y' = 0 \tag{6.19.7}$$

利用固端拱的拱脚无水平位移和竖向位移之条件，可得

$$-\int_0^{2l} wy''\mathrm{d}x + \int_0^{2l}(1 + y'^2)\left(\varepsilon_t + \frac{N}{EA}\right)\mathrm{d}x = 0 \tag{6.19.8}$$

或略去温度和轴力的影响有

$$\int_0^{2l} wy''\mathrm{d}x = 0 \tag{6.19.9}$$

19.2.3 曲线坐标下拱的平衡微分方程

如图6.19.2所示的一般曲杆，发生面内变形时，微元 $\mathrm{d}s = R\mathrm{d}\varphi$（$R$ 为曲率半径），在径向荷载 p_r 和切向荷载 p_s 以及内力 N、Q 和 M 的作用下处于平衡状态。

由切向力、径向力和弯矩的平衡条件得出[2]

$$\begin{cases} \mathrm{d}N + Q\mathrm{d}\varphi - p_s = 0 \\ \mathrm{d}Q - N\mathrm{d}\varphi + p_r = 0 \\ \mathrm{d}M - Q\mathrm{d}s = 0 \end{cases} \tag{6.19.10}$$

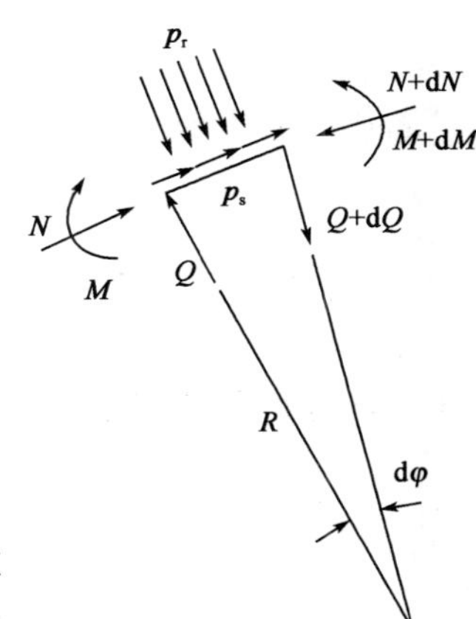

图6.19.2 拱的曲线坐标图

将上式的第三式分别代入第一式和第二式以消去 Q，则有

$$\begin{cases} \dfrac{\mathrm{d}^2M}{\mathrm{d}s^2} - \dfrac{N}{R} = -p_r \\ \dfrac{\mathrm{d}N}{\mathrm{d}s} + \dfrac{1}{R}\dfrac{\mathrm{d}M}{\mathrm{d}s} = p_s \end{cases} \tag{6.19.11}$$

如图6.19.3所示，拱微元 mn 在平面挠曲变形后至新的位置 $m'n'$。设 m 点的径向和切向位移分别为 v 和 u。位移 v 在截面 m 所引起的转角为 $\dfrac{\mathrm{d}v}{\mathrm{d}s}$；$u$ 所引起的转角为 $u/(R+v)$，可近似地取为 u/R；在 v 和 u 的共同影响下截面 m 的转角为 $\beta = \dfrac{\mathrm{d}v}{\mathrm{d}s} + \dfrac{u}{R}$。于是可得微元 $\mathrm{d}s$ 的曲率改变量及单位长度转角的增量为

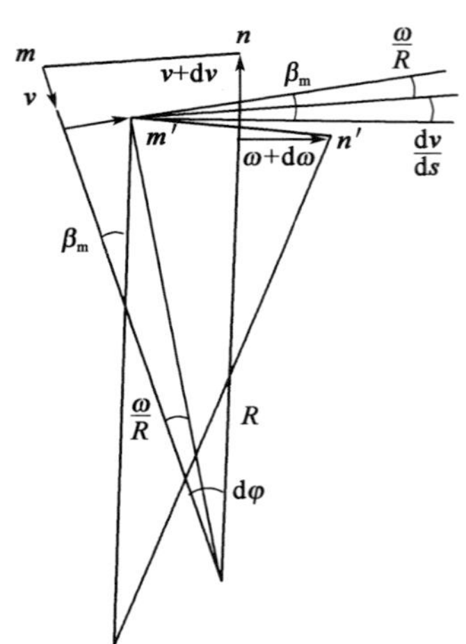

图 6.19.3　拱微元 mn 在平面内挠曲变形

$$K_x = \frac{1}{R^2}\left(\frac{\mathrm{d}u}{\mathrm{d}\varphi} + \frac{\mathrm{d}^2 v}{\mathrm{d}\varphi^2}\right) \tag{6.19.12}$$

微元 ds 的单位伸长为

$$\varepsilon = \frac{\mathrm{d}u}{\mathrm{d}s} - \frac{v}{R} \tag{6.19.13}$$

根据拱轴五伸缩假定，即 $\varepsilon = 0$，有

$$\frac{\mathrm{d}u}{\mathrm{d}s} = \frac{v}{R} \tag{6.19.14}$$

弯矩 M（以拱腹受拉为正）和轴力 N（以压力为正）与挠曲曲率 k_x 和伸长率 ε 的关系为

$$\begin{cases} M = -EIk_x = -EI\left(\dfrac{\mathrm{d}^2 v}{\mathrm{d}s^2} + \dfrac{\mathrm{d}u}{R\mathrm{d}s}\right) \\ N = -EA\varepsilon = -EA\left(\dfrac{\mathrm{d}u}{\mathrm{d}s} - \dfrac{v}{R}\right) \end{cases} \tag{6.19.15}$$

式中：EI、EA——拱截面在拱平面内的抗弯刚度和抗拉（压）刚度。

将式（6.19.15）代入式（6.19.11），得拱的平面挠曲弹性平微方程为

$$\begin{cases} \left[EI\left(v'' + \dfrac{u'}{R}\right)\right]'' - \dfrac{EA}{R}\left(u' - \dfrac{v}{R}\right) = p_r \\ \left[EA\left(u' - \dfrac{v}{R}\right)\right]' + \left[\dfrac{EI}{R}\left(v'' + \dfrac{u'}{R}\right)\right]' = -p_s \end{cases} \tag{6.19.16}$$

式中符号意义见图 6.19.2。对于等截面、等曲率半径的圆弧拱，上式简化为

$$\begin{cases} EI\left(v'' + \dfrac{u'''}{R}\right) - \dfrac{EA}{R}\left(u' - \dfrac{v}{R}\right) = p_r \\ EA\left(u'' - \dfrac{v'}{R}\right) + \dfrac{EI}{R}\left(v''' + \dfrac{u''}{R}\right) = -p_s \end{cases} \tag{6.19.17}$$

若用内力表示时有

$$\begin{cases} R^2 u''' + u' + R^2\left(\dfrac{N}{EA}\right)' + R\dfrac{M}{EI} = 0 \\ R^2 v'' + v + R^2\dfrac{M}{EI} + R\dfrac{N}{EA} = 0 \end{cases} \tag{6.19.18}$$

具体分析时，用上式比用式（6.19.1）更方便。

19.3　拱桥弹性理论分析

19.3.1　拱桥内力计算

在竖向荷载作用下，不计温度及剪切变形的影响，用方程（6.19.5）中的第一式进行拱桥挠曲变形分析比较方便。其分析过程在 2.4.1 节中已经给出。

1）水平单位荷载及其产生的内力

取如图6.19.4所示的悬臂曲梁作为无铰拱的基本结构，弹性中心的赘余力及各符号意义均标于图中。取Ritter函数变化的悬链线拱轴，则单位赘余力 $x=1$，$x_2=1$ 和 $x_3=1$ 在基本结构上产生的内力，分别由下列诸式给出。

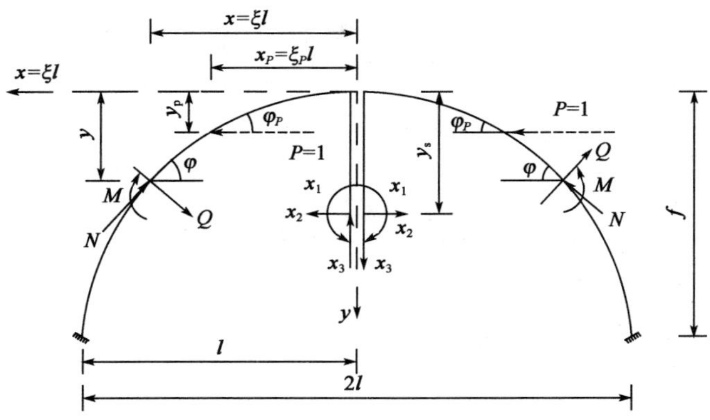

图6.19.4 承受水平荷载的无铰拱基本结构

$$\overline{M}_1=1,\overline{N}_1=0,\overline{Q}_1=0 \tag{6.19.19}$$

$$\begin{cases}\overline{M}_2=-(y_s-y)=\dfrac{f}{m-1}[\mathrm{ch}k\xi-1-(m-1)\alpha]\\ \overline{N}_2=\cos\varphi=\dfrac{1}{\sqrt{1+\eta^2\mathrm{sh}^2k\xi}}\\ \overline{Q}_2=\pm\sin\varphi=\pm\dfrac{\eta\mathrm{sh}k\xi}{\sqrt{1+\eta^2\mathrm{sh}^2k\xi}}\end{cases} \tag{6.19.20}$$

$$\begin{cases}\overline{M}_3=\pm 0.5\xi l\\ \overline{N}_3=\mp\sin\varphi=\mp\dfrac{\eta\mathrm{sh}k\xi}{\sqrt{1+\eta^2\mathrm{sh}^2k\xi}}\\ \overline{Q}_3=\cos\varphi=\dfrac{1}{\sqrt{1+\eta^2\mathrm{sh}^2k\xi}}\end{cases} \tag{6.19.21}$$

上面的符号用于左半拱，下面的符号用于右半拱。

$$\begin{cases}M_P=\begin{cases}\pm(y_1-y_P)=\pm\dfrac{f}{m-1}(\mathrm{ch}k\xi-\mathrm{ch}k\xi_P) & (\xi_P\leqslant\xi,\text{荷载作用侧})\\ 0 & (\text{非荷载作用侧},\xi_P\geqslant\xi\text{时的荷载作用侧})\end{cases}\\ N_P=\begin{cases}\pm\cos\varphi=\pm\dfrac{1}{\sqrt{1+\eta^2\mathrm{sh}^2k\xi}} & (\xi_P\leqslant\xi,\text{荷载作用侧})\\ 0 & (\text{非荷载作用侧},\xi_P\geqslant\xi\text{时的荷载作用侧})\end{cases}\\ Q_P=\begin{cases}\sin\varphi=\dfrac{\eta\mathrm{sh}k\xi}{\sqrt{1+\eta^2\mathrm{sh}^2k\xi}} & (\xi_P\leqslant\xi,\text{荷载作用侧})\\ 0 & (\text{非荷载作用侧},\xi_P\geqslant\xi\text{时的荷载作用侧})\end{cases}\end{cases}$$

(6.19.22)

“+”号用于 $P=1$ 位于左半拱时，“−”号用于 $P=1$ 位于右半拱时。

式中：$y_s=\alpha f$ 为弹性中心的竖坐标，即刚臂长度，为

$$\alpha=\frac{2}{(m-1)(1+n)}\left[\frac{n\sqrt{m^2-1}}{k}+\frac{(1-n)(m-1)}{k^2}-\frac{1+n}{2}\right]$$

$$y=\frac{f}{m-1}(\mathrm{ch}k\xi-1)$$

$$I=\frac{I_d\sec\varphi}{1-(1-n)\xi}$$

$$\eta=\frac{k}{m-1}\frac{f}{l}$$

I_d——拱顶截面抗弯惯性矩；

l——拱轴任意截面抗弯惯性矩。

2）弹性中心处的冗力影响线

载变位为

$$\begin{cases}\Delta_{1P}=\int_{\xi_P}^{1}\overline{M}_1\overline{M}_P\frac{\mathrm{d}s}{EI}=\pm\frac{fl}{(m-1)EI_d}(D_{11}+D_{12}+D_{13})\\ \Delta_{2P}=\int_{\xi_P}^{1}\overline{M}_2\overline{M}_P\frac{\mathrm{d}s}{EI}=\pm\frac{f^2l}{(m-1)^2EI_d}(D_{21}+D_{22}+D_{23}+D_{24}+D_{25}+D_{26})\\ \Delta_{3P}=\int_{\xi_P}^{1}\overline{M}_3\overline{M}_P\frac{\mathrm{d}s}{EI}=\frac{fl^2}{(m-1)EI_d}(D_{31}+D_{32}+D_{33})\end{cases}\tag{6.19.23}$$

常变位为

$$\begin{cases}\delta_{11}=2\int_0^l\overline{M}_1^2\frac{\mathrm{d}s}{EI}=\frac{(1+n)l}{EI_d}\\ \delta_{22}=2\int_0^l\overline{M}_2^2\frac{\mathrm{d}s}{EI}=\frac{f^2l}{2(m-1)^2EI_d}[1+n(1+2A)+B]\\ \delta_{33}=2\int_0^l\overline{M}_3^2\frac{\mathrm{d}s}{EI}=\frac{(1+3n)l^3}{6EI_d}\end{cases}\tag{6.19.24}$$

式中：$A=\{m-2[1-(m-1)\alpha]\}\dfrac{\sqrt{m^2-1}}{k}$；

$B=[m-3-4(m-1)\alpha]\dfrac{(m-1)(1-n)}{k^2}$；

$D_{11}=\left[n\mathrm{sh}k+\dfrac{m(1-n)}{k}\right]\dfrac{1}{k}$；

$D_{12}=-\dfrac{1}{k}[1-(1-n)\xi_P]\mathrm{sh}k\xi_P$；

$D_{13}=-\left\{(1-\xi_P)\left[1-\dfrac{(1-n)}{2}(1+\xi_P)\right]+\dfrac{1-n}{k^2}\right\}\mathrm{ch}k\xi_P$；

$$D_{21}=\frac{1}{4k}(2k+\mathrm{sh}2k-2k\xi_P-\mathrm{sh}2k\xi_P);$$

$$D_{22}=-\frac{1}{k}[1+(m-1)\alpha+\mathrm{ch}k\xi_P](\mathrm{sh}k-\mathrm{sh}k\xi_P);$$

$$D_{23}=[1+(m-1)\alpha](1-\xi_P)\mathrm{ch}k\xi_P;$$

$$D_{24}=-\frac{1-n}{4}\left[(1-\xi_P^2)+\frac{1}{2k^2}(2k\mathrm{sh}2k-\mathrm{ch}2k-2k\xi_P\mathrm{sh}k\xi_P+\mathrm{ch}2k\xi_P)\right];$$

$$D_{25}=\frac{1-n}{k^2}[1+(m-1)\alpha+\mathrm{ch}k\xi_P](k\mathrm{sh}k-m-k\xi_P\mathrm{sh}k\xi_P+\mathrm{ch}k\xi_P);$$

$$D_{26}=-\frac{1-n}{2}[1+(m-1)\alpha](1-\xi_P^2)\mathrm{ch}k\xi_P;$$

$$D_{31}=\frac{1}{k^2}(k\mathrm{sh}k-m-k\xi_P\mathrm{sh}k\xi_P+\mathrm{ch}k\xi_P);$$

$$D_{32}=-\frac{1}{6}[3(1-\xi_P^2)-2(1-n)(1-\xi_P^3)]\mathrm{ch}k\xi_P;$$

$$D_{33}=-\frac{1-n}{k^3}[k^2\mathrm{sh}k-2(k-1)m-k^2\xi_P^2\mathrm{sh}k\xi_P+2(k\xi_P-1)\mathrm{ch}k\xi_P]。$$

则

$$\begin{cases}x_1=-\dfrac{\Delta_{1P}}{\delta_{11}}=\mp\dfrac{f}{(m-1)(1+n)}(D_{11}+D_{12}+D_{13})\\ x_2=-\dfrac{\Delta_{2P}}{\delta_{22}}=\mp\dfrac{2}{1+n(1+2A)+B}(D_{21}+D_{22}+D_{23}+D_{24}+D_{25}+D_{26})\\ x_3=-\dfrac{\Delta_{3P}}{\delta_{33}}=\mp\dfrac{12D}{(m-1)(1+3n)}(D_{31}+D_{32}+D_{33})\end{cases}$$

(6.19.25)

在式(6.19.23)和式(6.19.25)中,当 $P=1$ 位于左半拱时,采用上面符号;当 $P=1$ 位于右半拱时,采用下面符号。

3)拱圈截面的内力影响线

由荷载和各冗力分别单独作用时,在基本结构上所产生的内力相叠加,即可得到单位移动水平荷载作用下拱圈截面的内力影响线的计算公式。

(1)$P=1$ 位于计算截面所在半拱圈时

$\xi_P\leqslant\xi$,即 $P=1$ 位于计算截面以上时

$$\begin{cases}M=\pm\dfrac{f}{m-1}\left\{(\mathrm{ch}k\xi-\mathrm{ch}k\xi_P)+\dfrac{1}{1+n}D_1-\dfrac{2[\mathrm{ch}k\xi-1-(m-1)\alpha]}{1+n(1+2A)+B}D_2-\dfrac{6\xi}{(m-1)(1+3n)}D_3\right\}\\ N=\pm\dfrac{1}{\sqrt{1+\eta^2\mathrm{sh}^2k\xi}}\left[1-\dfrac{2}{1+n(1+2A)+B}D_2+\dfrac{12D\eta\mathrm{sh}k\xi}{(m-1)(1+3n)}D_3\right]\\ Q=\dfrac{1}{\sqrt{1+\eta^2\mathrm{sh}^2k\xi}}\left\{\left[1-\dfrac{2}{1+n(1+2A)+B}D_2\right]\eta\mathrm{sh}k\xi-\dfrac{12D}{(m-1)(1+3n)}D_3\right\}\end{cases}$$

(6.19.26)

$\xi_P \geqslant \xi$，即 $P=1$ 位于计算截面以下时，此时，$M_P=0,N_P=0,Q_P=0$，故有

$$\begin{cases} M=\pm\dfrac{f}{m-1}\left\{\dfrac{1}{1+n}D_1+\dfrac{2[\operatorname{ch}k\xi-1-(m-1)\alpha]}{1+n(1+2A)+B}D_2+\dfrac{6\xi}{(m-1)(1+3n)}D_3\right\} \\ N=\mp\dfrac{2}{\sqrt{1+\eta^2\operatorname{sh}^2k\xi}}\left[\dfrac{1}{1+n(1+2A)+B}D_2-\dfrac{6D\eta\operatorname{sh}k\xi}{(m-1)(1+3n)}D_3\right] \\ Q=-\dfrac{2}{\sqrt{1+\eta^2\operatorname{sh}^2k\xi}}\left[\dfrac{\eta\operatorname{sh}k\xi}{1+n(1+2A)+B}D_2+\dfrac{6D}{(m-1)(1+3n)}D_3\right] \end{cases} \tag{6.19.27}$$

（2）$P=1$ 位于非计算截面所有半拱圈时

$$\begin{cases} M=\pm\dfrac{f}{m-1}\left\{\dfrac{1}{1+n}D_1+\dfrac{2[\operatorname{ch}k\xi-1-(m-1)\alpha]}{1+n(1+2A)+B}D_2-\dfrac{6\xi}{(m-1)(1+3n)}D_3\right\} \\ N=\pm\dfrac{2}{\sqrt{1+\eta^2\operatorname{sh}^2k\xi}}\left[\dfrac{1}{1+n(1+2A)+B}D_2+\dfrac{6D\eta\operatorname{sh}k\xi}{(m-1)(1+3n)}D_3\right] \\ Q=\dfrac{2}{\sqrt{1+\eta^2\operatorname{sh}^2k\xi}}\left[\dfrac{\eta\operatorname{sh}k\xi}{1+n(1+2A)+B}D_2-\dfrac{6D}{(m-1)(1+3n)}D_3\right] \end{cases} \tag{6.19.28}$$

4）控制截面的内力影响线

将 $\xi=0,\xi=\dfrac{1}{2},\xi=1$ 分别依次代入以上三式，便可得到拱顶、$\dfrac{l}{4}$截面和拱脚截面内力影响线。

（1）拱顶截面的内力影响线

当 $P=1$ 位于计算截面所在半拱圈，$\xi_P=0$，即 $P=1$ 作用在拱顶时，有

$$\begin{cases} M_{\mathrm{d}}=\mp\dfrac{f}{m-1}\left[\dfrac{1}{1+n}D_1+\dfrac{2(m-1)\alpha}{1+n(1+2A)+B}D_2\right] \\ N_{\mathrm{d}}=\pm\left[1-\dfrac{2}{1+n(1+2A)+B}D_2\right] \\ Q_{\mathrm{d}}=-\dfrac{12D}{(m-1)(1+3n)}D_3 \end{cases} \tag{6.19.29a}$$

$\xi_P \geqslant 0$，即 $P=1$ 作用于拱顶以下时

$$\begin{cases} M_{\mathrm{d}}=\mp\dfrac{f}{m-1}\left[\dfrac{1}{1+n}D_1-\dfrac{2(m-1)\alpha}{1+n(1+2A)+B}D_2\right] \\ N_{\mathrm{d}}=\mp\dfrac{2}{1+n(1+2A)+B}D_2 \\ Q_{\mathrm{d}}=-\dfrac{12D}{(m-1)(1+3n)}D_3 \end{cases} \tag{6.19.29b}$$

当 $P=1$ 位于非计算截面所在拱圈时

$$\begin{cases} M_{\mathrm{d}} = \pm \dfrac{f}{m-1}\left[\dfrac{1}{1+n}D_1 - \dfrac{2(m-1)\alpha}{1+n(1+2A)+B}D_2\right] \\ N_{\mathrm{d}} = \pm \dfrac{2}{1+n(1+2A)+B}D_2 \\ Q_{\mathrm{d}} = -\dfrac{12D}{(m-1)(1+3n)}D_3 \end{cases} \tag{6.19.29c}$$

(2) $\dfrac{l}{4}$截面的内力影响线

当 $P=1$ 位于计算截面所在半拱圈，$\xi \leqslant \dfrac{1}{2}$，即 $P=1$ 位于$\dfrac{l}{4}$截面以上时，有

$$\begin{cases} M_{\frac{l}{4}} = \pm \mathrm{ch}\dfrac{f}{m-1}\left\{\left(\mathrm{ch}\dfrac{k}{2} - \mathrm{ch}k\xi_P\right) - \dfrac{1}{1+n}D_1 - \dfrac{2\left[\mathrm{ch}\dfrac{k}{2} - 1 - (m-1)\alpha\right]}{1+n(1+2A)+B}D_2 - \dfrac{3}{(m-1)(1+3n)}D_3\right\} \\ N_{\frac{l}{4}} = \pm \dfrac{1}{\sqrt{1+\eta^2\mathrm{sh}^2\dfrac{k}{2}}}\left[1 - \dfrac{2}{1+n(1+2A)+B}D_2 + \dfrac{12D\eta\mathrm{sh}\dfrac{k}{2}}{(m-1)(1+3n)}D_3\right] \\ Q_{\frac{l}{4}} = \dfrac{1}{\sqrt{1+\eta^2\mathrm{sh}^2\dfrac{k}{2}}}\left\{\left[1 - \dfrac{2}{1+n(1+2A)+B}D_2\right]\eta\mathrm{sh}\dfrac{k}{2} - \dfrac{12D}{(m-1)(1+3n)}D_3\right\} \end{cases}$$

(6.19.30a)

当 $\xi \geqslant \dfrac{1}{2}$，即 $P=1$ 位于$\dfrac{l}{4}$截面以下时，由

$$\begin{cases} M_{\frac{l}{4}} = \mp \dfrac{f}{m-1}\left\{\dfrac{1}{1+n}D_1 + \dfrac{2\left[\mathrm{ch}\dfrac{k}{2} - 1 - (m-1)\alpha\right]}{1+n(1+2A)+B}D_2 + \dfrac{3}{(m-1)(1+3n)}D_3\right\} \\ N_{\frac{l}{4}} = \mp \dfrac{2}{\sqrt{1+\eta^2\mathrm{sh}^2\left(\dfrac{k}{2}\right)}}\left[\dfrac{1}{1+n(1+2A)+B}D_2 - \dfrac{6D\eta\mathrm{sh}\dfrac{k}{2}}{(m-1)(1+3n)}D_3\right] \\ Q_{\frac{l}{4}} = -\dfrac{2}{\sqrt{1+\eta^2\mathrm{sh}^2\left(\dfrac{k}{2}\right)}}\left[\dfrac{\eta\mathrm{sh}\dfrac{k}{2}}{1+n(1+2A)+B}D_2 + \dfrac{6D}{(m-1)(1+3n)}D_3\right] \end{cases}$$

(6.19.30b)

当 $P=1$ 位于非计算截面所在半拱圈时，有

$$\begin{cases} M_{\frac{l}{4}} = \pm \dfrac{f}{m-1}\left\{\dfrac{1}{1+n}D_1 + \dfrac{2\left[\operatorname{ch}\dfrac{k}{2} - 1 - (m-1)\alpha\right]}{1+n(1+2A)+B}D_2 - \dfrac{3}{(m-1)(1+3n)}D_3\right\} \\ N_{\frac{l}{4}} = \pm \dfrac{2}{\sqrt{1+\eta^2\operatorname{sh}^2\left(\dfrac{k}{2}\right)}}\left[\dfrac{1}{1+n(1+2A)+B}D_2 + \dfrac{6D\eta\operatorname{sh}\dfrac{k}{2}}{(m-1)(1+3n)}D_3\right] \\ Q_{\frac{l}{2}} = -\dfrac{2}{\sqrt{1+\eta^2\operatorname{sh}^2\left(\dfrac{k}{2}\right)}}\left[\dfrac{\eta\operatorname{sh}\dfrac{k}{2}}{1+n(1+2A)+B}D_2 - \dfrac{6D}{(m-1)(1+3n)}D_3\right] \end{cases}$$

(6.19.30c)

(3)拱脚截面的内力影响线

当 $P=1$ 位于计算截面所在半拱圈上，$\xi \leqslant 1$，即 $P=1$ 位于拱脚截面以上时，有

$$\begin{cases} M_j = \pm \dfrac{f}{m-1}\left\{(m - \operatorname{ch}k\xi_P) - \dfrac{1}{1+n}D_1 - \dfrac{2(m-1)(1-\alpha)}{1+n(1+2A)+B}D_2 - \dfrac{6}{(m-1)(1+3n)}\right\} \\ N_j = \pm \dfrac{1}{\sqrt{1+\eta^2\operatorname{sh}^2 k}}\left[1 - \dfrac{2}{1+n(1+2A)+B}D_2 - \dfrac{12D\eta\operatorname{sh}k}{(m-1)(1+3n)}D_3\right] \\ Q_j = \dfrac{1}{\sqrt{1+\eta^2\operatorname{sh}^2 k}}\left\{\left[1 - \dfrac{2}{1+n(1+2A)+B}D_2\right]\eta\operatorname{sh}k - \dfrac{12D}{(m-1)(1+3n)}D_3\right\} \end{cases}$$

(6.19.31a)

$\xi_P \geqslant 1$ 时，此时 $P=1$ 已作用在拱跨以外，故有

$$M_j = 0, N_j = 0, Q = 0 \tag{6.19.31b}$$

当 $P=1$ 位于非计算截面所在拱圈，在计算截面所在半拱圈，$P=1$ 所产生的内力为零，故有

$$\begin{cases} M_j = \pm \dfrac{f}{m-1}\left[\dfrac{1}{1+n}D_1 + \dfrac{2(m-1)(1-\alpha)}{1+n(1+2A)+B}D_2 - \dfrac{6}{(m-1)(1+3n)}D_3\right] \\ N_j = \pm \dfrac{2}{\sqrt{1+\eta^2\operatorname{sh}^2 k}}\left[\dfrac{1}{1+n(1+2A)+B}D_2 + \dfrac{6D\eta\operatorname{sh}k}{(m-1)(1+3n)}D_3\right] \\ Q_j = \dfrac{2}{\sqrt{1+\eta^2\operatorname{sh}^2 k}}\left[\dfrac{\eta\operatorname{sh}k}{1+n(1+2A)+B}D_2 - \dfrac{6D}{(m-1)(1+3n)}D_3\right] \end{cases}$$

(6.19.31c)

5)拱圈截面水平推力与竖向剪力影响线

拱圈截面水平推力 H(以指向跨中为正)和竖向剪力 V(以指向上方为正)，既可由 N 和 Q 在 H 和 V 方向上的投影之代数和求得，也可直接由基本结构脱离体的平衡条件得到。显然，拱脚的 H 和 V 即是拱的水平支承反力和竖向直承反力。同样，前述 M_j 即是拱脚的固端弯矩。

由基本结构取脱离体的平衡条件可知，拱圈截面水平推力 H 和竖向剪力 V 的影响线的表达式为

$$H=\begin{cases}\pm P+x_2=\pm\left[1-\dfrac{1}{1+n(1+2A)+B}D_2\right] & (\xi_P\leqslant\xi\text{ 时的荷载作用一侧})\\ x_2=\begin{cases}\mp\dfrac{2}{1+n(1+2A)+B}D_2 & (\xi_P\geqslant\xi\text{ 时的荷载作用一侧})\\ \pm\dfrac{2}{1+n(1+2A)+B}D_2 & (\text{非荷载作用一侧})\end{cases}\end{cases}$$

(6.19.32)

$$V=\mp x_3=\pm\frac{12D}{(m-1)(1+3n)}D_3 \qquad (6.19.33)$$

在式(6.19.26)~式(6.19.33)中,当计算截面取在左半拱时,采用上面符号;当计算截面取在右半拱时,采用下面符号。且

$$\begin{cases}D=f/2l\\ D_1=D_{11}+D_{12}+D_{13}\\ D_2=D_{21}+D_{22}+D_{23}+D_{24}+D_{25}+D_{26}\\ D_3=D_{31}+D_{32}+D_{33}\end{cases} \qquad (6.19.34)$$

19.3.2 坡拱桥计算[3]

图6.19.5a)所示的坡拱桥等效于图6.19.5b)所示的非坡拱桥作用斜向荷载,可将其荷载分解为图6.19.5c)与d)的相加,则图c)为承受竖向荷载的拱,图d)为承受水平荷载的拱,可分别计算后进行叠加。

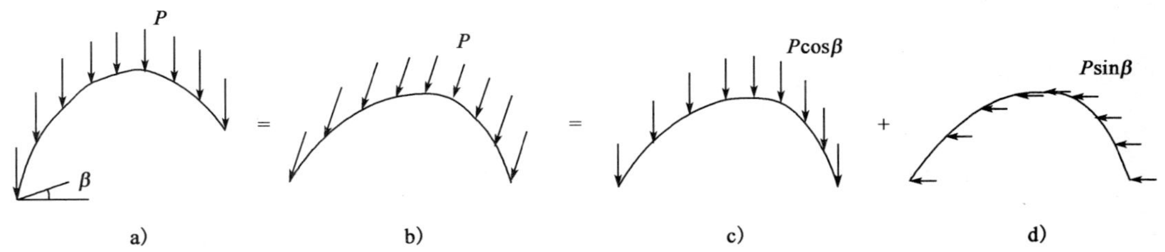

图6.19.5 坡拱桥分解

19.4 拱轴线、压力线及其调整方法

拱桥上常用的轴线有圆弧线、二次抛物线和悬链线。选择拱轴线的原则是尽可能降低由荷载产生的弯矩,即减小轴向力的偏心距(图6.19.6)。据此,圆弧线对应于同一深度静水压力下的压力线,二次抛物线对应于均匀荷载作用下的压力线,悬链线对应于荷载集度由拱顶到拱脚连续分布、逐渐增大的拱的压力线。大跨径空腹式拱桥的恒载变化不再是连续函数,拱轴线很难与压力线重合,除非采用高次曲线进行拟合。但是,大中跨径拱桥普遍采用悬链线,主要原因为重力压力线与拱轴线的偏离对拱圈受力有利,悬链线拱桥有完整的计算用图表。众所周知,通过调整拱轴线的高低可以达到调整关心截面内力大小,从而使得拱桥设计更加合

理。本节将从理论上揭示拱轴线和压力线的关系及其调整实质。

19.4.1 拱轴线与压力线的关系[4]

对图 6.19.7a)的无铰拱,在恒载作用下取图 b)所示的基本结构,X_1、X_2、X_3 为弹性中心处赘余力,$y+w$ 为变形后新的拱轴线,则任意截面弯矩为

$$M = X_1 + X_2(y + w - y_s) + X_3x + M_P \tag{6.19.35}$$

当只考虑弯曲变形产生的应变能时,则应变能 U 为

$$U = \int_s \frac{M^2}{2EI}\mathrm{d}s \tag{6.19.36}$$

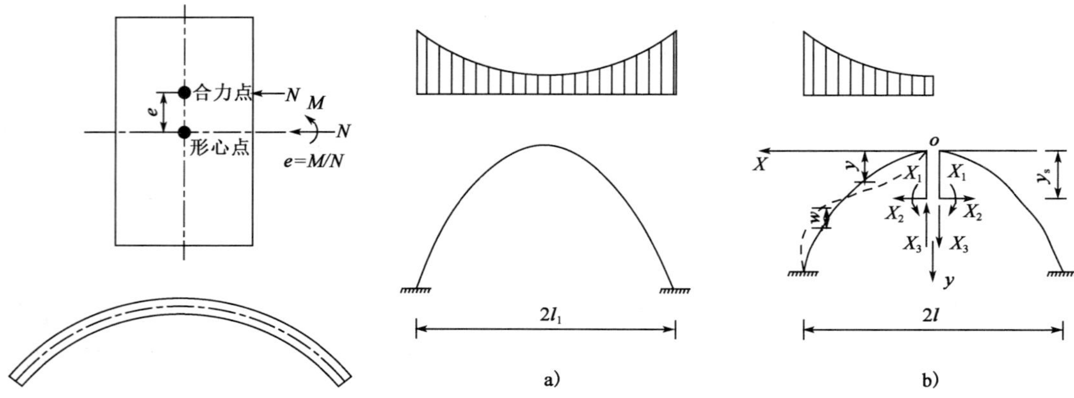

图 6.19.6 拱轴形心与轴力合力

图 6.19.7 拱轴线、压力线及其计算图式

由最小势能原理$\frac{\partial U}{\partial X_i}=0$ 有

$$\begin{cases}\int_s \frac{1}{EI}[X_1 + X_2(y + w - y_s) + X_3x + M_P]\mathrm{d}s = 0\\ \int_s \frac{1}{EI}[X_1 + X_2(y + w - y_s) + X_3x + M_P][y + w - y_s]\mathrm{d}s = 0\\ \int_s \frac{1}{EI}[X_1 + X_2(y + w - y_s) + X_3x + M_P]x\mathrm{d}s = 0\end{cases} \tag{6.19.37}$$

令 $X_2 = H_g + \Delta H$,H_g 为恒载在三铰拱恒载压力线拱轴上产生的推力,则有

$$H_g(y - y_s) + M_P = 0$$

并代入式(6.19.7)得

$$\begin{cases}\int_s \frac{1}{EI}[X_1 + (H_g + \Delta H)w + \Delta H(y - y_s) + X_3x]\mathrm{d}s = 0\\ \int_s \frac{1}{EI}[X_1 + (H_g + \Delta H)w + \Delta H(y - y_s) + X_3x][y + w - y_s]\mathrm{d}s = 0\\ \int_s \frac{1}{EI}[X_1 + (H_g + \Delta H)w + \Delta H(y - y_s) + X_3x]x\mathrm{d}s = 0\end{cases} \tag{6.19.38}$$

当恒载对称时,即 $X_3=0$,有

$$\begin{cases} \int_s \frac{1}{EI}[X_1 + (H_g + \Delta H)w + \Delta H(y - y_s) + X_3 x]\mathrm{d}s = 0 \\ \int_s \frac{1}{EI}[X_1 + (H_g + \Delta H)w + \Delta H(y - y_s)][y + w - y_s]\mathrm{d}s = 0 \end{cases} \tag{6.19.39}$$

19.4.2　调整曲线竖标分析

对于悬链线拱,其恒载压力线方程为

$$y = \frac{f}{m-1}(\mathrm{ch}k\xi - 1) \tag{6.19.40}$$

以下对不同刚度变化规律的拱轴分别进行讨论。

(1) $I = I_d/\cos\varphi$

如图 6.19.8 所示,设

$$w = \begin{cases} \frac{4w_a}{a^2}(a - x)x & 0 \leqslant x \leqslant a \\ -\frac{4w_b}{b^2}(l - x)(x - a) & a \leqslant x \leqslant l \end{cases} \tag{6.19.41}$$

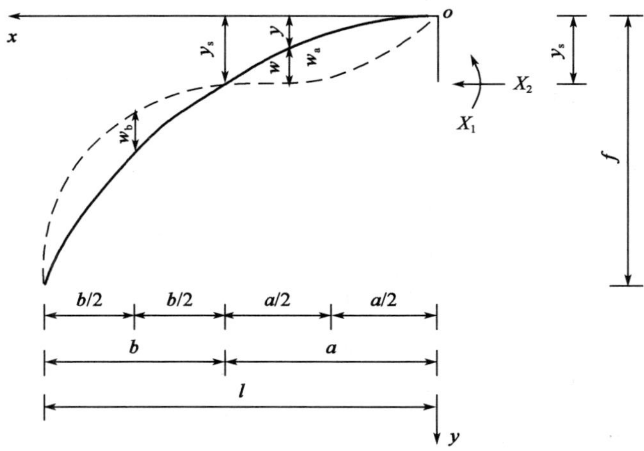

图 6.19.8　拱轴线调整值计算

并代入式(6.19.39),注意到

$$\int_l w\mathrm{d}x = 0, \int_s \frac{y - y_s}{EI}\mathrm{d}s = 0$$

有

$$\begin{cases} \frac{2}{EI_d}\int_l X_1\mathrm{d}x + \frac{1}{EI_d}(H_g + \Delta H)\int_l w\mathrm{d}x + \Delta H\int_s \frac{y - y_s}{EI}\mathrm{d}s = 0 \\ \frac{2}{EI_d}[(H_g + \Delta H)\int_l w^2\mathrm{d}x + (H_g + \Delta H)\int_l w(y - y_s)\mathrm{d}x + \Delta H\int_l (y - y_s)^2\mathrm{d}x + \Delta H\int_l w(y - y_s)\mathrm{d}x] = 0 \end{cases} \tag{6.19.42}$$

经化简有

$$(H_g + \Delta H)A \cdot w_a^2 - (H_g + 2\Delta H)Bw_a + \Delta HD = 0 \tag{6.19.43}$$

解得

$$\begin{cases} w_a = \dfrac{H_g + 2\Delta H}{2(H_g + \Delta H)} \cdot \dfrac{B}{A} \pm \sqrt{\left[\dfrac{H_g + 2\Delta H}{2(H_g + \Delta H) \cdot \dfrac{B}{A}}\right]^2 - \dfrac{\Delta H}{H_g + \Delta H} \cdot \dfrac{D}{A}} \\ w_b = \dfrac{a}{b} w_a \end{cases} \tag{6.19.44}$$

式中：$A = \dfrac{18a}{15b}$;

$$B = \frac{4l^2 f}{k^2 a(m-1)}\left[\frac{2l}{ka}\mathrm{sh}\frac{ka}{l} - \mathrm{ch}\frac{ka}{l} - 1\right] + \frac{2}{3}\left[\frac{f}{m-1} + y_s\right]a +$$
$$\frac{4l^2 fa}{k^2 b^3 (m-1)}\left(l\mathrm{ch}\frac{ka}{l} + \frac{2l}{k}\mathrm{sh}\frac{ka}{l} + b\mathrm{ch}k - \frac{2l}{k}\mathrm{sh}k\right) +$$
$$\frac{2a}{3b^3}\left(\frac{f}{m-1} + y_s\right)(3lab + a^3 - l^3);$$

$$D = \frac{f^2 l}{2k(m-1)^2}(\mathrm{sh}k\mathrm{ch}k + k) - \frac{2fl}{k(m-1)}\left(\frac{f}{m-1} + y_s\right)\mathrm{sh}k + \left(\frac{f}{m-1} + y_s\right)^2 l。$$

(2) I 按 Ratter 规律变化

设

$$\begin{cases} w = \dfrac{4w_a(a-x)x}{a^2[1-(1-n)\xi]} & (0 \leqslant x \leqslant a) \\ w = \dfrac{4w_b(l-x)(x-a)}{b^2[1-(1-n)\xi]} & (a \leqslant x \leqslant l_1) \end{cases} \tag{6.19.45}$$

并代入式(6.19.39)，经化简有

$$(H_g + \Delta H)A_1 \cdot w_a^2 - (H_g + 2\Delta H)B_1 \cdot w_a + \Delta H \cdot D_1 = 0 \tag{6.19.46}$$

解得

$$\begin{cases} w_a = \dfrac{H_g + 2\Delta H}{2(H_g + \Delta H)} \cdot \dfrac{B_1}{A_1} \pm \sqrt{\left[\dfrac{H_g + 2\Delta H}{2(H_g + \Delta H)} \cdot \dfrac{B_1}{A_1}\right]^2 - \dfrac{\Delta H}{H_g + \Delta H} \cdot \dfrac{D_1}{A_1}} \\ w_b = \dfrac{a}{b} w_a \end{cases} \tag{6.19.47}$$

式中：$A_1 = \dfrac{18a}{15b}l - \dfrac{8a^2}{15l}(l-n)$;

$$B_1 = \frac{4l^2 f}{k^2 a(m-1)}\left(\frac{2l}{ka}\mathrm{sh}\frac{ka}{l} - \mathrm{ch}\frac{ka}{l} - 1\right) + \frac{2}{3}\left(\frac{f}{m-1} + y_s\right)a +$$

$$\frac{4l^2fa}{k^2b^3(m-1)}\left(l\text{ch}\frac{ka}{l}+\frac{2l}{k}\text{sh}\frac{ka}{l}+b\text{ch}k-\frac{2l}{k}\text{sh}k\right)+$$

$$\frac{2a}{3b^3}\left(\frac{f}{m-1}+y_s\right)(3lab+a^3-l^3);$$

$$D_1=\frac{f^2l}{2k(m-1)^2}(\text{sh}k\text{ch}k+k)-\frac{2fl}{k(m-1)}\left(\frac{f}{m-1}+y_s\right)\text{sh}k+$$

$$\left(\frac{f}{m-1}+y_s\right)^2l-\frac{f^2l}{2k^2(m-1)^2}\left(k\text{sh}k\text{ch}k+\frac{k^2}{2}-\frac{1}{2}\text{sh}^2k\right)(1-n)-$$

$$\frac{1}{2}\left(\frac{f}{m-1}+y_s\right)^2(1-n)l-\frac{2(1-n)fl}{k^2(m-1)}\left(\frac{f}{m-1}+y_2\right)(k\text{sh}k-\text{ch}k+1)。$$

(3)等截面拱

仿前推导可得公式(6.19.44),A、B、C 参数分别为

$$A=\int_{\frac{s}{2}}w^2\text{d}s$$

$$B=\int_{\frac{s}{2}}w(y-y_s)\text{d}s$$

$$D=\int_{\frac{s}{2}}(y-y_s)^2\text{d}s$$

19.5 小 结

简单拱的弹性理论分析比较成熟,无论在竖向、水平向、斜向荷载作用下,忽略轴向力影响时,用力法计算相当方便。应注意的是,简单地将轴力从拱的平微方程中分离出来,单独考虑“弹性压缩”影响,是一种近似的简化计算方法。轴力对变形的贡献在大跨径拱桥或刚度较小拱桥中不容忽视。

对于高次超静定结构——连拱,除按杆系单元或子结构法进行计算外,众多学者提出不同的简化计算方法,如 A. Strassner(1918 年)在瑞士建筑学报上提出的墩顶弯矩为零的简化计算方法——M 法;结点角变位为零简化计算方法——θ 法和拱脚角变位为零且墩顶铰接的简化计算方法——M-θ 法;既考虑结点水平位移,又考虑结点部分转角变位影响的简化计算方法——Σ 法;将荷载孔以左、右的拱墩结构分别以换算墩 A、B 代替的简化计算方法——换算刚度法[5];以连拱水平推力 H_r 为未知量的无铰连拱三推力方程[6],以及以其他未知量为求解对象的求解方法等。将多跨连拱按上述方法换算为单跨拱后,其内力及变位求解并不复杂,不再赘述,有兴趣的读者可参阅相关文献。

对于中、下承式拱,钢管混凝土、劲性骨架混凝土拱等,其分析大多依赖于数值方法,可参考其他章节的介绍。

本章参考文献

[1] 李国豪. 桥梁结构稳定与振动[M]. 北京:中国铁道出版社,1996.
[2] 贺拴海,李子青,张翔,等. 现代桥梁结构分析[M]. 西安:陕西人民教育出版社,1993.
[3] 郭临义. 正拱斜置变截面悬链线坡拱桥的受力分析[J]. 西安公路交通大学学报,1999,19(2).
[4] 王国鼎. 调整压力线拱及其设计方法[J]. 湖南大学学报,1982,(1).
[5] 李靖森,王国鼎. 换算刚度法及其在结构分析中的应用[M]. 北京:人民交通出版社,1990.
[6] 刘龄嘉. 桥梁工程[M]. 2 版. 北京:人民交通出版社,2013.

20 拱桥挠度理论及数值分析

挠度理论是分析大跨径柔性拱桥几何非线性的基本方法，1988 年由长安大学（原西安公路学院）何福照教授提出[1]，已被人们所熟悉。与吊桥挠度理论的分析结果相反，拱桥考虑挠度影响后内力大于不考虑此影响的内力，这意味着应用弹性理论所设计的拱桥存在安全隐患。本章在介绍挠度理论的同时，也简介拱桥的线性、非线性数值分析方法等。

20.1 拱桥挠度理论的控制平衡微分方程

拱桥挠度理论基于以下基本假定[2]：

（1）平截面假定：即截面法线方向与切线方向的夹角在变形前后保持不变。

（2）弹性中心不动假定：即将拱轴变形引起弹性中心位置的改变量忽略不计。

（3）恒、活载可叠加假定：即认为可将恒、活载分别分析，然后叠加求得总内力。这样处理虽符合加载顺序及设计习惯，但不符合非线性理论的一般规律，在计算中，若有必要，应将恒、活载作用一并考虑，并不影响这一理论的应用。

20.1.1 恒载阶段的控制方程

如图 6.20.1 所示，在直角坐标系下，恒载阶段挠度理论的控制微分方程为

$$\frac{\mathrm{d}^2 W_g}{\mathrm{d}x^2} + \frac{H_g}{EI} W_g \sec\varphi = f_g(x) \tag{6.20.1}$$

式中：$f_g(x) = -\frac{\sec\varphi}{EI}\left[M_g^0 + M_g + H_g(y - y_s)\right] - \frac{\mathrm{d}}{\mathrm{d}x}\left(\frac{N_g}{EA}\tan\varphi\right)$

其边界条件为

$$W_g(l) = W_g(-l) = \left.\frac{\mathrm{d}W_g}{\mathrm{d}x}\right|_{x=0} = 0 \tag{6.20.2}$$

约束方程为

$$\begin{cases}\int_0^l W_g \frac{d^2 y}{dx^2}dx - \int_0^l \frac{N_g}{EA}(1+\tan^2\varphi)dx = 0 \\ \frac{dW_g(l)}{dx} + \frac{N_{gl}}{EA_j} + \tan\varphi_j = 0\end{cases} \tag{6.20.3}$$

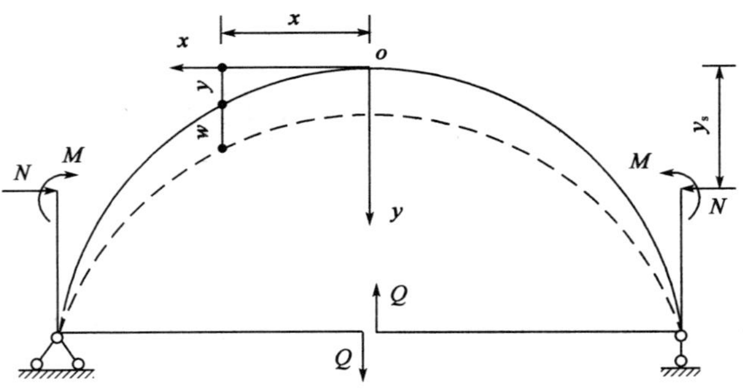

图 6.20.1　拱的求解坐标系

20.1.2　外载阶段的控制方程

同理，外载阶段挠度理论的控制微分方程为

平衡微分方程
$$\frac{d^2 W_q}{dx^2} + \frac{H_g + H_q}{EI} W_q \sec\varphi = f_q(x) \tag{6.20.4}$$

式中：$f_q(x) = -\frac{\sec\varphi}{EI}[M_q^0 + M_q + Q_q x + H_q(y - y_s)] - \frac{d}{dx}\left(\frac{N_q}{EA}\tan\varphi\right) - \frac{H_q}{EI}W_g\sec\varphi$

边界条件为

$$W_q(l) = W_q(-l) = 0 \tag{6.20.5}$$

约束方程为

$$\begin{cases}\int_{-l}^l W_q \frac{d^2 y}{dx^2}dx - \int_{-l}^l \frac{N_q}{EA}(1+\tan^2\varphi)dx = 0 \\ \frac{dW(l)}{dx} + \frac{N_{ql}\tan\varphi_j}{EA_j} = 0 \\ \frac{dW(-l)}{dx} + \frac{N_{qr}}{EA_j}\tan\varphi_j = 0\end{cases} \tag{6.20.6}$$

以上各式中：W——拱轴挠度；

M——弹性中心弯矩；

H——弹性中心水平力；

Q——弹性中心的剪力；

M^0——简支曲梁上的荷载弯矩；

y_s——弹性中心与坐标原点的距离；

l——拱轴计算跨径的一半；

N——拱中轴力；

A——拱圈面积；

I——拱圈惯性矩；

φ——拱轴倾角；

g、q——下标，g 表示恒载，q 表示活载；

l、r——下标，l 表示左，r 表示右；

j——下标，表示拱脚。

20.2 挠度理论控制微分方程的求解方法

无论是恒载阶段，还是活载阶段，挠度理论的控制微分方程均可以写为

$$W'' + \frac{H}{EI} W \sec\varphi = f(x) \tag{6.20.7}$$

边界条件为

$$W(l) = W(-l) = 0 \tag{6.20.8}$$

约束方程为

$$\begin{cases} \int_{-l}^{l} W y'' \mathrm{d}x - \int_{-l}^{l} \frac{N}{EA}(1 + \tan^2\varphi)\mathrm{d}x = 0 \\ W'(l) + \frac{N_1 \tan\varphi_j}{EA_j} = 0 \\ W'(-l) + \frac{N_r \tan\varphi_j}{EA_j} = 0 \end{cases} \tag{6.20.9}$$

常见的变截面拱有以下三种变化规律：

(1) Ritter 函数，即

$$I = \frac{I_0 \sec\varphi}{1 - (1 - n)\dfrac{x}{l}} \tag{6.20.10}$$

(2) $n = 1$ 时，即

$$I = I_0 \sec\varphi \tag{6.20.11}$$

(3) $n = 1$ 时，且 A 有与 I 相似的规律，即

$$\begin{cases} I = I_0 \sec\varphi \\ A = A_0 \sec\varphi \end{cases} \tag{6.20.12}$$

式中：I_0、A_0——拱顶截面惯性矩及面积。

此三种变化规律均可找到方程式(6.20.7)的解析解，按以下步骤即可获得挠度理论的全

部解答：

(1)满足边界条件式(6.20.8),求出方程式(6.20.7)的全解,但解中含有弹性中心的三个赘余力及拱轴力 N。

(2)利用 $N\approx H/\cos\varphi$ 及三个约束方程式(6.20.9)可求出三个赘余力。

(3)回代即可获得全部变形及内力。

对于等截面拱,可获得数值解。

20.3 变截面拱桥的挠度理论解析

对于刚度按 Ritter 函数即 $I=\dfrac{I_0\sec\varphi}{1-(1-n)\dfrac{x}{l}}$ 变化的拱轴,取 $0<n<1$ 进行分析,分析时仍按恒载作用阶段及活载作用阶段两个阶段进行[3]。

20.3.1 恒载阶段分析

在恒载作用阶段,令

$$\beta_g^2=\frac{H_g}{EI_0}$$

$$\frac{\beta_g}{c_g}=\frac{(1-n)}{l}$$

则

$$I=\frac{I_0\sec\varphi}{1-(1-n)x/l}=\frac{c_gI_0\sec\varphi}{c_g-\beta_gx}$$

将以上关系代入恒载阶段的控制方程式(6.20.1),则方程变为

$$\frac{d^2W_g}{dx^2}+\frac{\beta_g^2}{c_g}(c_g-\beta_gx)W_g=f_g(x) \tag{6.20.13}$$

(1)挠度曲线

由于恒载及结构都是对称的,恒载挠曲也将是左右对称的。因此,可以只讨论 x 在 $[0,l]$ 范围内的解。

式(6.20.13)的齐次方程为

$$\frac{d^2W_g}{dx^2}+\frac{\beta_g^2}{c_g}(c_g-\beta_gx)W_g=0 \tag{6.20.14}$$

进行变量转换,可令

$$S_g=\frac{c_g-\beta_gx}{c_g}$$

$$t_g=\frac{2}{3}c_gS_g^{2/3}$$

$$W_g=S_g^{1/2}\xi_g$$

则齐次方程式(6.20.14)可转换成

$$t_g^2\frac{d^2\xi_g}{dt_g}+t_g\frac{d\xi_g}{dt_g}+\left[t_g^2-\left(\frac{1}{3}\right)^2\right]\xi_g=0 \tag{6.20.15}$$

这是标准的贝塞尔函数方程式,故可得其齐次解为

$$\begin{cases}W_{g1}=S_g^{1/2}J_{\frac{1}{3}}(t_g)\\W_{g2}=S_g^{1/2}J_{\frac{1}{3}}(t_g)\end{cases} \tag{6.20.16}$$

式中:$J_{\frac{1}{3}}(t_g)$——$\frac{1}{3}$阶的贝塞尔函数。

n 阶的贝塞尔函数当用无穷级数表示时为

$$J_n(x)=\sum_{n=0}^{\infty}(-1)^m\frac{x^{n+2m}}{2^{n+2m}!\Gamma(n+m+1)} \tag{6.20.17}$$

式(6.20.13)的特解可由拉格朗日参数变异法求得,即

$$\overline{W}_g=W_{g2}\int_0^x\frac{W_{g1}f_g(x)}{V_g}dx-W_{g1}\int_0^x\frac{W_{g2}f_g(x)}{V_g}dx \tag{6.20.18}$$

式中,$\boldsymbol{V}_g$ 为 W_{g1}和 W_{g2}的朗斯基行列式,即

$$\boldsymbol{V}_g=\begin{vmatrix}W_{g1}&W_{g2}\\W'_{g1}&W'_{g2}\end{vmatrix}=\frac{3\beta_g}{\pi c_g}\sin\frac{\pi}{3}$$

于是方程式(6.20.13)的全解为

$$W_g=A_1W_{g1}+B_1W_{g2}+\frac{W_{g2}\int_0^xW_{g1}f_g(x)dx+W_{g1}\int_0^xW_{g2}f_g(x)dx}{V_{g1}} \tag{6.20.19}$$

将$f_g(x)$代入式(6.20.19),并取 $N_g=H_g/\cos\varphi$,则式(6.20.19)可改写为

$$W_g=A_1W_{g1}+B_1W_{g2}+\alpha_1(x)+\alpha_2(x)H_g+\alpha_3(x)M_g \tag{6.20.20}$$

其中

$$\alpha_1(x)=K_g(W_{g2}\int_0^xS_gW_{g1}M_g^0dx-W_{g1}\int_0^xS_gW_{g2}M_g^0dx)$$

$$\alpha_2(x)=K_g[W_{g2}\int_0^xS_gW_{g1}(y-y_s)dx-W_{g1}\int_0^xS_gW_{g2}(y-y_s)dx]+\Delta\alpha$$

$$\alpha_3(x)=K_g(W_{g2}\int_0^xS_gW_{g1}dx-W_{g1}\int_0^xS_gW_{g2}dx)$$

$$\Delta\alpha=-\frac{1}{V_g}(W_{g1}\int_0^x\frac{\sec\varphi}{EA}\tan\varphi\frac{dW_{g2}}{dx}dx-W_{g2}\int_0^x\frac{\sec\varphi}{EA}\tan\varphi\frac{dW_{g1}}{dx}dx)$$

$$K_g=-\frac{1}{V_g}\frac{1}{EI_0}$$

(2)待定常数

将式(6.20.20)及其导数代入边界条件式(6.20.8)，解得待定常数 A_1 及 B_1 为

$$\begin{cases} A_1 = m_1 + m_2 H_g + m_3 M_g \\ B_1 = n_1 + n_2 H_g + n_3 M_g \end{cases} \tag{6.20.21}$$

其中

$$m_i = -\frac{1}{\Delta}\alpha_i(l) W'_{g2}(0) \quad (i=1,2,3)$$

$$n_i = -\frac{1}{\Delta}\alpha_i(l) W'_{g1}(0) \quad (i=1,2,3)$$

$$\boldsymbol{\Delta} = \begin{vmatrix} W_{g1}(l) & W_{g2}(l) \\ W'_{g1}(l) & W'_{g2}(l) \end{vmatrix}$$

(3)赘余力

将式(6.20.20)及其导数代入约束方程式(6.20.9)，可整理出求解赘余力方程为

$$\begin{cases} p_2 H_g + p_3 M_g + p_1 = 0 \\ q_2 H_g + q_3 M_g + q_1 = 0 \end{cases} \tag{6.20.22}$$

其中

$$p_2 = \int_0^l (m_2 W_{g1} + n_2 W_{g2} + \alpha_2) y'' \mathrm{d}x - \int_0^l \frac{\sec\varphi}{EA}(1 + \tan^2\varphi)\mathrm{d}x$$

$$p_3 = \int_0^l (m_3 W_{g1} + n_3 W_{g2} + \alpha_3) y'' \mathrm{d}x$$

$$p_1 = \int_0^l (m_1 W_{g1} + n_1 W_{g2}) y'' \mathrm{d}x$$

$$q_2 = m_2 W'_{g1}(l) + n_2 W'_{g2}(l) + \alpha'_2(l) + \frac{\sec\varphi_j}{EA_j}\tan\varphi_j$$

$$q_3 = m_3 W'_{g1}(l) + n_3 W'_{g2}(l) + \alpha'_3(l)$$

$$q_1 = m_1 W'_{g1}(l) + n_1 W'_{g2}(l) + \alpha'_1(l)$$

20.3.2 外载阶段分析

外载作用时的控制方程与恒载作用时类似，但此时挠曲线将不再对称。为此，可以分别对左半拱（即 $0 \leqslant x < l$ 的区段）及右半拱（即 $0 \geqslant x > -l$ 的区段）进行讨论，并要求挠曲线在原点连续，即

$$\begin{cases} W_l(0) = W_r(0) \\ W'_l(0) = W'_r(0) \end{cases} \tag{6.20.23}$$

与恒载作用阶段相似，令

$$\beta_q^2 = \frac{H_g + H_q}{EI_0}$$

$$\frac{\beta_q}{C_q} = \frac{1-n}{l}$$

将控制方程式(6.20.4)改写成

$$\frac{d^2 W_q}{dx^2} + \frac{\beta_q^2}{C_q}(C_q - \beta_q |x|) W_q = f_q(x) \tag{6.20.24}$$

(1)$x \geqslant 0$ 的区段

同样进行变量转换,令

$$\begin{cases} S_q = (C_q - \beta_q x)/C_q \\ t_q = \dfrac{2}{3} C_q S_q^{2/3} \\ W_q = S_q^{1/2} \xi_q \end{cases} \tag{6.20.25}$$

可将式(6.20.24)的齐次方程转换成标准贝塞尔函数方程式

$$t_q^2 \frac{d^2 \xi_q}{dt_q^2} + t_q \frac{d\xi_q}{dt_q} + \left[t_q^2 - \left(\frac{1}{3}\right)^2\right] \xi_q = 0 \tag{6.20.26}$$

与恒载阶段相仿,可得 $x \geqslant 0$ 时的挠度表达式为

$$W_{q1} = AW_{q1} + BW_{q2} + \frac{W_{q2}\int_0^x W_{q1} f_q(x)\,dx - W_{q1}\int_0^x W_{q2} f_q(x)\,dx}{V_q} \tag{6.20.27}$$

其中 $V_q = \dfrac{3\beta_q}{\pi C_q}\sin\dfrac{\pi}{3}$,为 W_{q1}、W_{q2}的朗斯基行列式。

将$f_q(x)$的表达式代入式(6.20.27),则可将式(6.20.27)改写成以赘余力表达的形式,即

$$W_{q1} = AW_{q1} + BW_{q2} + \gamma_1 + \gamma_2 H_q + \gamma_3 M_q + \gamma_4 Q_q + \gamma_5 + \Delta\gamma H_q \tag{6.20.28}$$

式中:$W_{q1} = S_q^{\frac{1}{2}} J_{\frac{1}{3}}(t_q)$;

$W_{q2} = S_q^{\frac{1}{2}} J_{-\frac{1}{3}}(t_q)$;

$\gamma_1 = K_q\left(W_{q2}\int_0^x S_q W_{q1} M_q^0 dx - W_{q1}\int_0^x S_q W_{q2} M_q^0 dx\right)$;

$\gamma_2 = K_q\left[W_{q2}\int_0^x S_q W_{q1}(y - y_s)dx - W_{q1}\int_0^x S_q W_{q2}(y - y_s)dx\right]$;

$\gamma_3 = K_q\left(W_{q2}\int_0^x S_q W_{q1} dx - W_{q1}\int_0^x S_q W_{q2} dx\right)$;

$\gamma_4 = K_q\left(W_{q2}\int_0^x S_q W_{q1} x dx - W_{q1}\int_0^x S_q W_{q2} x dx\right)$;

$\gamma_5 = \left[W_{q2}\int_0^x W_{q1}\dfrac{d}{dx}\left(\dfrac{N_q}{EA}\tan\varphi\right)dx - W_{q1}\int_0^x W_{q2}\dfrac{d}{dx}\left(\dfrac{N_q}{EA}\tan\varphi\right)dx\right]/V_q$;

$\Delta\gamma = K_q\left(W_{q2}\int_0^x S_q W_{q1} W_g dx - W_{q1}\int_0^x S_q W_{q2} W_g dx\right)$;

$K_q = -\dfrac{1}{V_q}\dfrac{1}{EI_0}$。

(2)$x\leqslant 0$ 的区段

作与 $x\geqslant 0$ 相似的变换,同理可得

$$W_{qr} = CW_{q3} + DW_{q4} + \delta_1 + \delta_2 H_q + \delta_3 M_q + \delta_4 Q_q + \delta_5 + \Delta\delta H_q \tag{6.20.29}$$

式(6.20.29)中的 W_{q3} 与式(6.20.28)中的 W_{q1}、W_{q2} 的表达式形式是相同的,只是计算 S_q 时 x 应取负值,即 $S_q=(C_q+\beta_q x)/C_q$。式(6.20.29)的系数 δ_1、δ_2、δ_3、δ_4、δ_5、$\Delta\delta$ 也与式(6.20.28)中相应的系数 γ_1、γ_2、γ_3、γ_4、γ_5、$\Delta\gamma$ 表达式完全相同,只需注意将 x 取成负值。

需要指出的是,式(6.20.28)及式(6.20.29)中的 $\Delta\gamma$ 及 $\Delta\delta$,反映的是活载推力在恒载挠度上产生的附加力矩,此时计算的活载挠度曲线是以变形后的拱轴线,即 y 变为 $(y+W_g)$ 后的轴线为基础的。但此时弹性中心至拱顶的距离 y_s 仍近似认为不变(假定2)。

(3)待定常数

将由式(6.20.28)及式(6.20.29)求得的 W_q 值及其导数代入边界条件及拱顶处挠曲线变形连续条件中,经整理后可解得式(6.20.28)及式(6.20.29)中的待定常数值为

$$\begin{cases} A = a_1 + a_2 H_q + a_3 M_q + a_4 Q_q + a_5 \\ B = b_1 + b_2 H_q + b_3 M_q + b_4 Q_q + b_5 \\ C = c_1 + c_2 H_q + c_3 M_q + c_4 Q_q + c_5 \\ D = d_1 + d_2 H_q + d_3 M_q + d_4 Q_q + d_5 \end{cases} \tag{6.20.30}$$

式中:$a_1 = -\dfrac{1}{2}\left[\dfrac{\delta_1(-l)-\gamma_1(l)}{\Delta_1}W'_{q2}(0) + \dfrac{\gamma_1(l)+\delta_1(-l)}{\Delta_2}W'_{q2}(0)\right]$;

$a_2 = -\dfrac{1}{\Delta_2}[\gamma_2(l)+\Delta\gamma(l)]W'_{q2}(0)$;

$a_3 = -\dfrac{1}{\Delta_2}\gamma_3(l)W'_{q2}(0)$;

$a_4 = -\dfrac{1}{\Delta_1}\gamma_4(l)W_{q2}(0)$;

$a_5 = \dfrac{1}{2}\left[\dfrac{\delta_5(-l)-\gamma_5(l)}{\Delta_1}W_{q2}(0) + \dfrac{\gamma_5(l)-\delta_5(-l)}{\Delta_2}W'_{q2}(0)\right]$;

$b_1 = \dfrac{1}{2}\left[\dfrac{\delta_1(-l)-\gamma_1(l)}{\Delta_1}W'_{q1}(0) + \dfrac{\gamma_1(l)-\delta_1(-l)}{\Delta_2}W'_{q1}(0)\right]$;

$b_2 = \dfrac{1}{\Delta_2}[\gamma_2(l)+\Delta\gamma(l)]W'_{q1}(0)$;

$b_3 = \dfrac{1}{\Delta_2}\gamma_3(l)W'_{q1}(0)$;

$b_4 = \dfrac{1}{\Delta_2}\gamma_4(l)W'_{q1}(0)$;

$b_5 = \dfrac{1}{2}\left[\dfrac{\delta_5(-l)-\gamma_5(l)}{\Delta_1}W_{q2}(0) + \dfrac{\gamma_5(l)-\delta_5(-l)}{\Delta_2}W'_{q2}(0)\right]$;

$$c_1 = \frac{1}{2}\left[\frac{\delta_1(-l) - \gamma_1(l)}{\Delta_1} W_{q2}(0) - \frac{\gamma_1(l) + \delta_1(-l)}{\Delta_2} W'_{q2}(0)\right];$$

$$c_2 = a_2;$$

$$c_3 = a_3;$$

$$c_4 = a_4;$$

$$c_5 = \frac{1}{2}\left[\frac{\delta_5(-l) - \gamma_5(l)}{\Delta_1} W_{q2}(0) - \frac{\gamma_5(l) + \delta_5(-l)}{\Delta_2} W'_{q2}(0)\right];$$

$$d_1 = -\frac{1}{2}\left[\frac{\delta_1(-l) - \gamma_1(l)}{\Delta_1} W_{q1}(0) - \frac{\gamma_1(l) - \delta_1(-l)}{\Delta_2} W'_{q2}(0)\right];$$

$$d_2 = b_2;$$

$$d_3 = b_3;$$

$$d_4 = b_4;$$

$$d_5 = \frac{1}{2}\left[\frac{\gamma_5(l) - \delta_5(-l)}{\Delta_1} W_{q1}(0) + \frac{\gamma_5(l) - \delta_5(-l)}{\Delta_2} W'_{q1}(0)\right];$$

$$\Delta_1 = \begin{vmatrix} W_{q1}(0) & W_{q2}(0) \\ W_{q1}(l) & W_{q2}(l) \end{vmatrix};$$

$$\Delta_2 = \begin{vmatrix} W_{q1}(l) & W_{q2}(l) \\ W'_{q1}(l) & W'_{q2}(l) \end{vmatrix}。$$

(4)赘余力

将式(6.20.28)、式(6.20.29)及其导数代入约束方程,经整理化简后即可得到求解赘余力 H_q、M_q、Q_q 的方程组

$$\begin{cases} p_4 H_q + p_5 M_q + p_6 + p_7 = 0 \\ q_4 H_q + q_5 M_q + q_6 + q_7 = 0 \\ r_4 Q_q + r_5 + r_6 = 0 \end{cases} \tag{6.20.31}$$

式中:$p_4 = -2\int_0^l (a_2 W_{q1} + b_2 W_{q2} + \gamma_2 + \Delta\gamma) y'' \mathrm{d}x + q_4(f - y_s)$;

$$p_5 = -2\int_0^l (a_3 W_{q1} + b_3 W_{q2} + \gamma_3) y'' \mathrm{d}x + q_5(f - y_s);$$

$$p_6 = -\int_0^l [(a_1 + c_1) W_{q1} + (b_1 + d_1) W_{q2} + \gamma_1] y'' \mathrm{d}x - \int_{-l}^0 \delta_1 y'' \mathrm{d}x + q_6(f - y_s);$$

$$p_7 = -\int_0^l [(a_5 + c_5) W_{q1} + (b_5 + d_5) W_{q2} + \gamma_5] y'' \mathrm{d}x;$$

$$q_4 = -2a_1 W'_{q1}(l) + 2b_2 W'_{q2}(l) - 2[\lambda'_2(l) + \Delta\gamma'(l)];$$

$$q_5 = 2a_3 W'_{q1}(l) + 2b_2 W'_{q2}(l) - 2\lambda'_3(l);$$

$$q_6 = -(a_1 + c_1)W'_{q1}(l) - (b_1 + d_1)W'_{q2}(l) - [\gamma'_1(l) - \delta'_1(-l)];$$
$$q_7 = -(a_5 + c_5)W'_{q1}(l) - (b_5 + d_5)W'_{q2}(l) - [\gamma'_5(l) - \delta'_5(-l)];$$
$$r_4 = -2a_4W'_{q1}(l) + 2b_4W'_{q2}(l) - 2\gamma'_4(l);$$
$$r_5 = -(a_1 - c_1)W'_{q1}(l) - (b_1 - d_1)W'_{q2}(l) - [\gamma'_1(l) - \delta'_1(-l)];$$
$$r_6 = -(a_5 + c_5)W'_{q1}(l) - (b_5 + d_5)W'_{q2}(l) - [\gamma'_5(l) - \delta'_5(-l)]。$$

弹性中心处的赘余未知力解出后,不难求得拱各截面的内力值及挠度值。

20.3.3 $I = I_0\sec\varphi$ 时分析

(1)恒载作用阶段

$n=1$ 时,$I = I_0\sec\varphi$,令 $\beta_g^2 = \dfrac{H_g}{EI_0}$,则恒载方程变为

$$\frac{d^2W_g}{dx} + \beta_g^2W_g = f_g(x) \tag{6.20.32}$$

式(6.20.32)的全解为

$$W_g(x) = C_1\sin(\beta_g x) + D_1\cos(\beta_g x) + \cos(\beta_g x)\int_0^x \frac{f_g(x)}{\beta_g}\sin(\beta_g x)\,dx - \sin(\beta_g x)\int_0^x \frac{f_g(x)}{\beta_g}\sin(\beta_g x)\,dx \tag{6.20.33}$$

将式(6.20.33)及其导数代入边界条件方程式中,经整理有

$$\begin{cases} C_1 = 0 \\ D_1 = -\dfrac{1}{\cos(\beta_g l)}[\alpha_1(l) + \alpha_2(l)H_g + \alpha_3(l)M_g] \end{cases} \tag{6.20.34}$$

其中 $\alpha_1(x) = K_g[\cos(\beta_g x)\int_0^x M_g^0\sin(\beta_g x)\,dx - \sin(\beta_g x)\int_0^x M_g^0\cos(\beta_g x)\,dx]$

$$\alpha_2(x) = K_g[\cos(\beta_g x)\int_0^x (y - y_s)\sin(\beta_g x)\,dx - \sin(\beta_g x)\int_0^x (y - y_s)\cos(\beta_g x)\,dx] + \cos(\beta_g x)\int_0^x \frac{\tan\varphi\sec\varphi}{EA}\cos(\beta_g x)\,dx - \sin(\beta_g x)\int_0^x \frac{\tan\varphi\sec\varphi}{EA}\sin(\beta_g x)\,dx$$

$$\alpha_3(x) = K_g\frac{1}{\beta_g}[-1 + \cos(\beta_g x)]$$

$$K_g = \frac{1}{EI_0\beta_g}$$

且
$$W_g(x) = D_1\cos(\beta_g x) + \alpha_1(x) + H_g\alpha_2(x) + M_g\alpha_3(x) \tag{6.20.35}$$

将式(6.20.35)及其导数代入约束方程中,经整理有

$$\begin{cases} t_2H_g + t_3M_g + t_1 = 0 \\ s_2H_g + s_3M_g + s_1 = 0 \end{cases} \tag{6.20.36}$$

式中：$t_2 = \int_0^l \left[-\frac{\cos(\beta_g x)}{\cos(\beta_g l)}\alpha_2(l) + \alpha_2(x) \right] y''(x)\mathrm{d}x - \int_0^l \frac{\sec\varphi}{EA}[1 + y(x)^2]\mathrm{d}x$；

$t_3 = \int_0^l \left[-\frac{\cos(\beta_g x)}{\cos(\beta_g l)}\alpha_3(l) + \alpha_3(x) \right] y''(x)\mathrm{d}x$；

$t_1 = \int_0^l \left[-\frac{\cos(\beta_g x)}{\cos(\beta_g l)}\alpha_1(l) + \alpha_1(x) \right] y''(x)\mathrm{d}x$；

$s_2 = \beta_g \tan(\beta_g l)\alpha_2(l) + \beta_2(l) + \frac{\sec\varphi_l}{EA_l}\tan\varphi_l$；

$s_3 = \beta_g \tan(\beta_g l)\alpha_3(l) + \beta_3(l)$；

$s_1 = \beta_g \tan(\beta_g l)\alpha_1(l) + \beta_1(l)$；

$\beta_1(x) = K_g\beta_g\left[-\sin(\beta_g x)\int_0^x M_g^0 \sin(\beta_g x)\mathrm{d}x - \cos(\beta_g x)\int_0^x M_g^0 \cos(\beta_g x)\mathrm{d}x \right]$；

$$\beta_2(x) = K_g\beta_g\left[-\sin(\beta_g x)\int_0^x (y - y_s)\sin(\beta_g x)\mathrm{d}x - \cos(\beta_g x)\int_0^x (y - y_s)\cos(\beta_g x)\mathrm{d}x \right] +$$

$$\beta_g\left[-\sin(\beta_g x)\int_0^x \frac{\sec\varphi}{EA}\tan\varphi\cos(\beta_g x)\mathrm{d}x + \cos(\beta_g x)\int_0^x \frac{\tan\varphi\sec\varphi}{EA}\sin(\beta_g x)\mathrm{d}x \right] + \frac{\sec\varphi_l}{EA_l}\tan\varphi_l;$$

$\beta_3(x) = K_g \sin(\beta_g x)$。

（2）外载作用阶段

令 $\beta_q = \frac{H_g + H_q}{EI_0}$，用同样的方法可得

挠曲线方程为

$$W(x) = E\sin(\beta_q x) + F\cos(\beta_q x) + \xi_1(x) + \xi_2(x)H_q + \xi_3(x)M_q + \xi_4(x)Q_q + \xi_5(x) + \Delta\xi(x)H_q \tag{6.20.37}$$

式中：$\xi_1(x) = K_q\left[\cos(\beta_q x)\int_{-l}^x M_q^0 \sin(\beta_q x)\mathrm{d}x - \sin(\beta_q x)\int_{-l}^x M_q^0 \cos(\beta_q x)\mathrm{d}x \right]$；

$\xi_2(x) = K_q\left[\cos(\beta_q x)\int_{-l}^x (y - y_s)\sin(\beta_q x)\mathrm{d}x - \sin(\beta_q x)\int_{-l}^x M_q^0 (y - y_s)\cos(\beta_q x)\mathrm{d}x \right]$；

$\xi_3(x) = K_q\left[\cos(\beta_q x)\int_{-l}^x \sin(\beta_q x)\mathrm{d}x - \sin(\beta_q x)\int_{-l}^x \cos(\beta_q x)\mathrm{d}x \right]$；

$\xi_4(x) = \frac{K_q}{\beta_q}\left\{ \frac{1}{\beta_q}\sin[\beta_q(x + 1)] - l\cos[\beta_q(x + l)] - x \right\}$；

$$\xi_5(x) = -\cos(\beta_q x)\int_{-l}^x \frac{N_q}{EA}\tan\varphi\cos(\beta_q x)\mathrm{d}x - \sin(\beta_q x)\int_{-l}^x \frac{N_q}{EA}\tan\varphi\sin(\beta_q x)\mathrm{d}x -$$

$$\frac{1}{\beta_q}\sin[\beta_q(x + l)]\frac{N_{ql}}{EA_l}\tan\varphi_i;$$

$\Delta\xi(x) = K_q\left[\cos(\beta_q x)\int_{-l}^x W_g(x)\sin(\beta_q x)\mathrm{d}x - \frac{1}{\beta_q}\sin(\beta_q x)\int_{-l}^x W_g(x)\cos(\beta_q x)\mathrm{d}x \right]$；

$$K_q = \frac{1}{EI_0\beta_q}。$$

待定系数分别为

$$E = -\frac{1}{2\sin(\beta_q l)}[\xi_1(l) + H_q\xi_2(l) + M_q\xi_3(l)] + Q_q\xi_4(l) + \xi_1(l) + H_q\Delta\xi(l)$$

$$F = -\frac{1}{2\sin(\beta_q l)}[\xi_1(l) + H_q\xi_2(l) + M_q\xi_3(l)] + Q_q\xi_4(l) + \xi_5(l) + H_q\Delta\xi(l)$$

赘余力方程为

$$\begin{cases} t_2H_q + t_3M_q + t_1 + t_5 = 0 \\ s_2H_q + s_3M_q + s_1 + s_5 = 0 \\ u_4Q_q + u_1 + u_5 = 0 \end{cases} \tag{6.20.38}$$

式中：$t_1 = -\int_{-l}^{l}\left[-\frac{1}{2}\xi_1(l)\frac{\cos(\beta x)}{\cos(\beta l)} + \xi_1(x)\right]y''(x)\mathrm{d}x + s_1(f - y_s)$；

$$t_2 = -\int_{-l}^{l}\left\{-\frac{1}{2}[\xi_2(l) + \Delta\xi(l)]\frac{\cos(\beta_q x)}{\cos(\beta_q l)} + [\xi_2(x) + \Delta\xi(x)]y''(x)\right\}\mathrm{d}x + s_2(f - y_s);$$

$$t_3 = -K_q\frac{1}{\beta_q}\int_{-l}^{l}\left(\frac{\cos(\beta_q x)}{\cos(\beta_q x)} - 1\right)y''(x)\mathrm{d}x + s_3(f - y_s);$$

$$t_5 = -\int_{-l}^{l}[-\frac{1}{2}\xi_5(l)\frac{\cos(\beta_q x)}{\cos(\beta_q x)} + \xi_5(x)]y''(x)\mathrm{d}x + \int_{-l}^{1}\frac{N_q}{EA}(1 + \tan^2\varphi)\mathrm{d}x + s_5(f - y_s);$$

$$s_1 = \frac{K_q\beta_q}{\cos(\beta_q l)}\int_{-l}^{l}M_q^0\cos(\beta_q x)\mathrm{d}x;$$

$$s_2 = \frac{K_q\beta_q}{\cos(\beta_q l)}\int_{-l}^{l}(y - y_0)\cos(\beta_q x)\mathrm{d}x;$$

$$s_3 = 2K_q\tan(\beta_q l);$$

$$s_5 = \frac{\beta_q}{\cos(\beta_q l)}\int_{-l}^{1}\frac{N_q}{EA}\tan\varphi\sin(\beta_q x)\mathrm{d}x;$$

$$u_1 = \frac{K_q\beta_q}{\sin(\beta_q l)}\int_{-l}^{1}M_q^0\sin(\beta_q x)\mathrm{d}x;$$

$$u_4 = 2K_q\left[-l\cot(\beta_q l) + \frac{1}{\beta_q}\right];$$

$$u_5 = -\frac{1}{\sin(\beta_q l)}\int_{-l}^{l}\frac{N_q}{EA}\tan\varphi\cos(\beta_q x)\mathrm{d}x。$$

20.3.4 $I = I_0\sec\varphi$ 且 $A = A_0\sec\varphi$ 时分析

这时，设拱轴方程为

$$y = \frac{f}{l^2}x^2 \tag{6.20.39}$$

令$\frac{H}{EI_0}=\beta^2$，则挠度理论方程可以写为

$$\frac{\mathrm{d}^2 W}{\mathrm{d}x^2} + \beta^2 W = f(x) \tag{6.20.40}$$

其中
$$f(x) = -\frac{1}{EI_0}[M + f_1(x)H + Q + M^0]$$

$$f_1(x) = b + ax^2, b = 2ar - y_0, r = I_0/A_0, a = f/l^2$$

按照上述办法，可以解得挠度方程及内力。

(1)挠度曲线

$$W(x) = B\sin(\beta x) + C\cos(\beta x) + a_1(x)M + a_2(x)H + a_3(x)Q + a_4(x) \tag{6.20.41}$$

式中：$a_1(x) = \frac{1}{H}\left\{\cos[\beta(l + x)] - 1\right\}$；

$$a_2(x) = \frac{b}{H}\left\{\cos[\beta(l + x)] - 1\right\} +$$

$$\frac{a}{H}\left\{-(x^2 - \frac{2}{\beta^2}) + (l^2 - \frac{2}{\beta^2})\cos[\beta(l + x)] - \frac{2l}{\beta}\beta(l + x)\right\};$$

$$a_3(x) = \frac{1}{H}\left\{-x + \frac{1}{\beta}\sin[\beta(l + x)] - l\cos[\beta(l + x)]\right\};$$

$$a_4(x) = \frac{1}{EI_0\beta}[\cos(\beta x)\int_{-l}^{x} M^0\sin(\beta x)\mathrm{d}x - \int_{-l}^{x} M^0\cos(\beta x)\mathrm{d}x];$$

$$B = \frac{1}{2\sin(\beta l)}[a_1(l)M + a_2(l)H] + a_3(l)Q + a_4(l);$$

$$C = \frac{1}{2\sin(\beta l)}[a_1(l)M + a_2(l)H] + a_3(l)Q + a_4(l)。$$

(2)赘余力

$$\begin{cases} M = \dfrac{b_3(c_2 + c_4) - c_3(b_2 + b_4)}{b_1c_3 - c_1b_3}H \\ Q = \dfrac{c_1(b_2 + b_4) - b_1(c_2 + c_4)}{b_1c_3 - c_1b_3}H \\ (1 + a_1)\dfrac{c_1(b_2 + b_4) - b_1(c_2 + c_4)}{b_1c_3 - c_1b_3}H + (a_2 + a_4) = 0 \end{cases} \tag{6.20.42}$$

式中：$a_1 = \frac{2}{\beta}\cos(2\beta l)\tan(\beta l) - 2l$；

$a_2 = ba_1 + ag_1 + g_2$；

$a_3 = -\frac{1}{\beta}\sin(2\beta l) + \frac{4}{\beta^2}\sin^2(\beta l)$；

$$a_4 = \frac{1}{\beta}\tan(\beta l)a_4(l) + \int_{-l}^{l} a_4(x)\mathrm{d}x;$$

$$g_1 = -\frac{2}{3}l + \frac{4l}{\beta^2}\cos(2\beta l) + \frac{2}{\beta}\left(l^2 - \frac{2}{\beta^2}\right)\cos(2\beta l)\tan(\beta l);$$

$$g_2 = \frac{1}{a}rl\beta^2\left(1 - \frac{4}{3}a^2l^2\right);$$

$$b_1 = \beta[\sin(2\beta l) - \cot(2\beta l)\sin^2(\beta l)];$$

$$b_2 = bh_1 + ah_2 + h_3;$$

$$b_3 = -1 - \beta l[\sin(2\beta l)\cos^2(2\beta l) - \sin(2\beta l)] + \frac{3}{2}\cos^2(2\beta l);$$

$$b_4 = \frac{\beta}{2}\cot(2\beta l)a_4(l) + \beta_4(l);$$

$$h_1 = -\beta[\cot(2\beta l)\sin(2\beta l) + \sin(2\beta l)];$$

$$h_2 = \frac{\beta}{2}\left(l^2 - \frac{2}{\beta^2}l^2\right)[\cos(2\beta l)\cot(2\beta l) - 2\sin(2\beta l)3l\cos(2\beta l) + \left(\frac{1}{\beta} - \frac{\beta}{2}l^2\right)\cot(2\beta l) - 2l;$$

$$h_3 = 2\beta^2 rla;$$

$$c_1 = -\beta\tan(\beta l);$$

$$c_2 = bc_1 + ak_1 + h_3;$$

$$c_3 = -1 - \beta l\cot(\beta k_1);$$

$$c_4 = \frac{\beta}{\sin(2\beta l)}a_4(l);$$

$$k_1 = -\beta\left(l^2 - \frac{2}{\beta^2}\right)\tan(\beta l) - 2l;$$

$$\beta_4(l) = \frac{1}{EI_0}\left[-\sin(\beta l)\int_{-l}^{l} M^0\sin(\beta l)\mathrm{d}x - \cos(\beta l)\int_{-l}^{l} M^0\cos(\beta x)\mathrm{d}x\right]。$$

20.4 等截面拱桥挠度理论分析的摄动法

以外载作用阶段为例。令$(H_g + H_q)W_q\sec\varphi = H_{w\varphi}$，将外载作用阶段的平衡方程式改写为[4]

$$\frac{\mathrm{d}^2 W_q}{\mathrm{d}x^2} = -\frac{H_{w\varphi}}{EI} + f_q(x) \tag{6.20.43}$$

并转化为积分方程

$$W_q = B + Ax + x\int_{-l}^{x}\left[-\frac{H_{w\varphi}}{EI} + f_q(x)\right]\mathrm{d}x - \int_{-l}^{x} x\left[-\frac{H_{w\varphi}}{EI} + f_q(x)\right]\mathrm{d}x \tag{6.20.44}$$

其中常数 A、B 分别为

$$A = -\frac{1}{2}\int_{-l}^{l}\left[-\frac{H_{w\varphi}}{EI}+f(x)\right]dx+\frac{1}{2l}\int_{-l}^{l}x\left[-\frac{H_{w\varphi}}{EI}+f(x)\right]dx$$

$$B = -\frac{l}{2}\int_{-l}^{l}\left[-\frac{H_{w\varphi}}{EI}+f(x)\right]dx+\frac{1}{2}\int_{-l}^{l}x\left[\frac{H_{w\varphi}}{EI}+f(x)\right]dx$$

对式(6.20.44)实施分部积分有

$$\begin{aligned}W_q = {} & \frac{1}{2}(x+l)\int_{-l}^{l}\left[\frac{H_{w\varphi}}{EI}+\frac{\sec\varphi}{EI}(M_q^0+Qx_q+H_qW_{gy}+M_q)+\frac{1}{EA}\frac{d}{dx}(N_q\tan\varphi)\right]dx - \\ & \frac{1}{2}\left(1+\frac{x}{l}\right)\int_{-l}^{l}x\left[\frac{H_{w\varphi}}{EI}+\frac{\sec\varphi}{EI}(M_q^0+Q_qx+H_qW_{gy}+M_q)+\frac{1}{EI}\frac{d}{dx}(N_q\tan\varphi)\right]dx - \\ & x\int_{-l}^{x}\left[\frac{H_{w\varphi}}{EI}+\frac{\sec\varphi}{EI}(M_q^0+Q_qx+H_qW_{gy}+M_q)+\frac{1}{EA}\frac{d}{dx}(N_q\tan\varphi)\right]dx + \\ & \int_{-l}^{x}x\left[\frac{H_{w\varphi}}{EI}+\frac{\sec\varphi}{EI}(M_q^0+Q_qx+H_qW_{gy}+M_q)+\frac{1}{EA}\frac{d}{dx}(N_q\tan\varphi)\right]dx\end{aligned} \tag{6.20.45}$$

将 W_q 的有关表达式代入赘余力方程中有

$$\begin{cases}(a_1+a_n)H_q+a_2M_q+a_p+a_w=0\\ b_1H_q+b_2M_q+b_p+b_w=0\\ c_3Q_q+c_p+c_w=0\end{cases} \tag{6.20.46}$$

以上式中：$W_{gy}=W_g+y-y_s$；

$$a_1=\frac{1}{EI}\int_{-l}^{l}W_{gy}^2\sec\varphi dx;$$

$$a_2=\frac{1}{EI}\int_{-l}^{l}W_{gy}\sec\varphi dx;$$

$$a_p=\frac{1}{EI}\int_{-l}^{l}W_{gy}M_q^0\sec\varphi dx;$$

$$a_w=\frac{1}{EI}\int_{-l}^{l}H_{w\varphi}W_{gy}^0 dx;$$

$$a_n=\frac{H_q}{EA}\int_{-l}^{l}(1-W'_g\tan\varphi)\sec\varphi dx;$$

$$b_1=\frac{1}{EI}\int_{-l}^{l}W_{gy}\sec\varphi dx;$$

$$b_2=\frac{1}{EI}\int_{-l}^{l}\sec\varphi dx;$$

$$b_p=\frac{1}{EI}\int_{-l}^{l}M_q^0\sec\varphi dx;$$

$$b_w=\frac{1}{EI}\int_{-l}^{l}H_{w\varphi}dx;$$

$$c_3=-\frac{1}{EIl}\int_{-l}^{l}x^2\sec\varphi dx;$$

$$c_p=-\frac{1}{EIl}\int_{-l}^{l}M_q^0x\sec\varphi dx;$$

$$c_w = -\frac{1}{EIl}\int_{-l}^{l} H_{w\varphi}\mathrm{d}x。$$

将式(6.20.45)和式(6.20.46)中各函数及自变量无量纲化,即令

$$h_q = \frac{H_q f^2}{EI}, h_g = \frac{H_g f^2}{EI}$$

$$m_q = \frac{M_q f}{EI}, q_q = \frac{Q_q f^2}{EI}$$

$$W_q = \frac{W_q}{l}, z = \frac{y}{f}, z_s = \frac{y_s}{f}, z_g = \frac{W_g}{f}$$

$$\xi = \frac{x}{l}, p_q = \frac{pf^2}{EI}, a(\xi) = \frac{f^2}{EIlp_q}M_q^0$$

式中:p——外荷载。

将以上各参数分别代入式(6.20.45)和式(6.20.46)中,可得摄动方程为

$$\begin{aligned}W_q = {}& \frac{l}{2f}(\xi - 1)\int_{-1}^{1}\sec\varphi\Big[\frac{l}{f}(h_g + h_q)w_q + \frac{l}{f}p_q a(\xi) + h_q(z + z_g - z_s) + m_q\Big]\mathrm{d}\xi - \\ & \frac{l^2}{2f^2}(\xi + 1)\int_{-1}^{1}\xi\sec\varphi\Big[(h_g + h_q)w_q + p_q a(\xi) + q_q\xi\Big]\mathrm{d}\xi - \\ & \frac{l}{f}\xi\int_{-1}^{\xi}\sec\varphi\Big[\frac{l}{f}(h_g + h_q) + \frac{l}{f}p_q a(\xi) + h_q(z + z_g - z_s) + m_q + \frac{l}{f}q_q\xi\Big]\mathrm{d}\xi + \\ & \frac{l^2}{f^2}\int_{-1}^{\xi}\xi\sec\varphi\Big[(h_g + h_q)w_q + p_q a(\xi) + \frac{f}{l}h_q(z + z_g - z_s) + \frac{f}{l}m_q + q_q\xi\Big]\mathrm{d}\xi + D(\xi)h_q\end{aligned} \tag{6.20.47}$$

$$\begin{cases}A_1 h_x + A_2 m_x + A_p + A_w = 0\\ B_1 h_x + B_2 m_x + B_p + B_w = 0\\ C_3 q_x + C_p + C_w = 0\end{cases} \tag{6.20.48}$$

以上式中:$A_1 = l\int_{-1}^{1}(z + z_g - z_s)\sec\varphi\mathrm{d}\xi + \frac{lI}{Af^2}\int_{-1}^{1}[\sec\varphi + fz_g(\tan\varphi\sec\varphi)']\mathrm{d}\xi$;

$$A_2 = \frac{l}{f}\int_{-1}^{1}z_g\sec\varphi\mathrm{d}\xi;$$

$$A_p = \frac{l^2}{f}p_q\int_{-1}^{1}(z + z_g - z_s)\sec\varphi a(\xi)\mathrm{d}\xi;$$

$$A_w = \frac{l^2}{f}\int_{-1}^{1}(h_q + h_g)w_q\sec\varphi(z + z_g - z_s)\mathrm{d}\xi;$$

$$B_1 = \frac{lf}{f^2}\int_{-1}^{1}z_g\sec\varphi\mathrm{d}\xi;$$

$$B_2 = \frac{l}{f}\int_{-1}^{1}\sec\varphi\mathrm{d}\xi;$$

$$B_p = \frac{l^2}{f^2}p_q\int_{-1}^{1}\sec\varphi a(\xi)\mathrm{d}\xi;$$

$$B_{\mathrm{w}} = \frac{l^2}{f^2}\int_{-1}^{1}(h_{\mathrm{q}} + h_{\mathrm{g}})w_{\mathrm{q}}\sec\varphi \mathrm{d}\xi;$$

$$C_3 = -\frac{l^2}{f^2}\int_{-1}^{1}\xi^2\sec\varphi \mathrm{d}\xi;$$

$$C_{\mathrm{p}} = -\frac{l^2}{f^2}p_{\mathrm{q}}\int_{-1}^{1}\xi\sec\varphi a(\xi)\mathrm{d}\xi;$$

$$C_{\mathrm{w}} = -\frac{l^2}{f^2}\int_{-1}^{1}\xi(h_{\mathrm{q}} + h_{\mathrm{g}})w_{\mathrm{q}}\sec\varphi \mathrm{d}\xi;$$

$$D(\xi) = -\frac{I}{Af^2}\int_{-1}^{\xi}\sec\varphi\tan\varphi \mathrm{d}\xi。$$

如将 p_{q}、h_{g} 作为摄动参数，将 h_{q}、m_{q}、q_{q} 和 w_{q} 展为 p_{q}、h_{g} 的无穷级数，即

$$\begin{cases} h_{\mathrm{q}} = \sum\limits_{i=1}^{\infty}\sum\limits_{n=0}^{\infty}h_{ni}h_{\mathrm{g}}^{n}p_{\mathrm{q}}^{i} \\ m_{\mathrm{q}} = \sum\limits_{i=1}^{\infty}\sum\limits_{n=0}^{\infty}m_{ni}h_{\mathrm{g}}^{n}p_{\mathrm{q}}^{i} \\ q_{\mathrm{q}} = \sum\limits_{i=1}^{\infty}\sum\limits_{n=0}^{\infty}q_{ni}h_{\mathrm{g}}^{n}p_{\mathrm{q}}^{i} \\ W_{\mathrm{q}} = \sum\limits_{i=1}^{\infty}\sum\limits_{n=0}^{\infty}w_{ni}h_{\mathrm{g}}^{n}p_{\mathrm{q}}^{i} \end{cases} \tag{6.20.49}$$

则可获得式(6.20.48)和式(6.20.49)的摄动解[2]。

拱桥的挠度理论控制方程还可以用其他数值模拟方法求解。若对系杆拱桥的拱结构分析按挠度理论求解，对梁结构分析考虑非线性影响，则可获得系杆拱的非线性解。

20.5 拱桥弹性理论与挠度理论的关系

(1)弹性理论

若 $H_{\mathrm{g}}W_{\mathrm{g}}=0$ 的或 $(H_y+H_{\mathrm{q}})W_{\mathrm{q}}=0$，则获弹性理论方程。

(2)挠度理论

若参数 β_{g}、β_{q} 为已知时，则求解赘余力方程组成为线性方程组，内力与荷载呈线性关系，叠加原理仍将适用，因而可以用影响线方法来求内力，称为线性挠度理论。这时，可以用弹性理论所得的恒载推力值 H_{g}' 代替参数 β_{g} 中的 H_{g}，使 β_{g} 成为已知值。如再进一步忽略活载推力 H_{q}，使 β_{q} 也为已知，即可据此求得拱的内力影响线，然后在影响线上加载求内力。这不仅使计算简化，使用方便，也能直观反映推力、挠度对内力的影响程度。大多数拱桥的恒载远大于活载，用线性挠度理论计算其活载内力也是可行的。

(3)挠度理论的弹性中心

挠度理论中的弹性中心位置已不能使挠度理论中求解弹性中心赘余力方程的副系数为零。但就线性挠度理论而言，仍然存在变位互等性，即剪力不引起弹性中心的水平位移和转角位移，同时水平力和弯矩对弹性中心的相对竖向位移的贡献也为零。另外，从线性挠度理论中可以证明，单位水平力引起的弹性中心相对转角与单位弯矩引起的弹性中心相对水平位移是

相等的。

要确定挠度理论时的弹性中心位置，可以在求解赘余力方程中令副系数如式(6.20.31)中 $q_4=p_5=0$，从而解出 y_s 为

$$y_s = \frac{W'_{q2}(0)\int_0^l W_{q1}S_q y\mathrm{d}x - W'_{q1}(0)\int_0^l W_{q2}S_q y\mathrm{d}x}{W'_{q2}(0)\int_0^l W_{q1}S_q\mathrm{d}x - W'_{q1}(0)\int_0^l W_{q2}S_q\mathrm{d}x} \tag{6.20.50}$$

在恒载作用阶段，同样可求解。由此可见，挠度理论中的弹性中心位置不但与拱圈的几何因素有关，还与外荷载及其作用位置有关。如果在分析时采用这个弹性中心，不但计算繁复，也不便与弹性理论作比较。分析表明两者的差别是微小的，因此，在基本假定中认为变形前后弹性中心的位置不变。

等截面拱桥的精确解析式较难得出，可用数值方法求解，如摄动法，但以上特征是共同的。

(4)其他支承拱桥

本节仅对无铰拱进行了分析研究，对于其他支承的拱桥，如两铰拱、三铰拱，引入类似的边界条件，并修正约束方程，按照求解无铰拱桥的思路求解[2]。

分析表明，跨径100m左右的拱桥，挠度理论结果与弹性理论有时相差达20%左右，且跨径、刚度等对结果影响较大，这不能不引起设计大跨径柔性拱的重视。

20.6 大跨径拱桥的数值分析

20.6.1 拱桥的有限元模型

1)单元的选择

采用有限元分析拱桥整体的内力、应力、变形与稳定状态，一般采用梁单元。曲线梁单元能够在单元划分数量较少时更好地模拟拱结构，但其单元本身较复杂。随着计算机处理能力的提升，通过增加单元划分数量以折代曲，计算精度足够高，故目前一般使用直线梁单元。

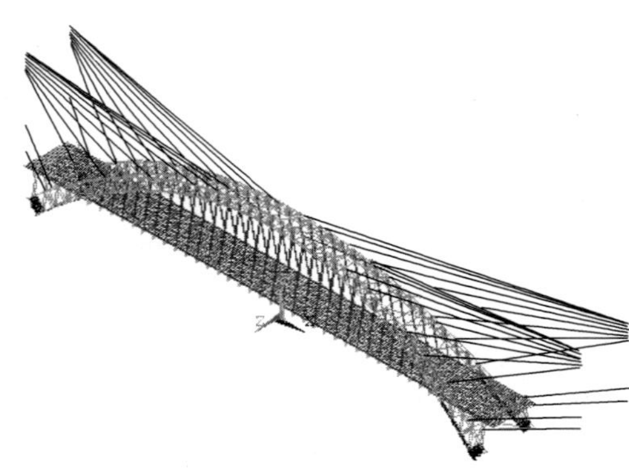

图6.20.2 钢管混凝土中承式拱施工过程分析（空间桁架、梁、板单元）

能够同时考虑面外受弯与面内拉压的板壳单元，也常被用在拱桥整体分析中，只是内力的后处理较繁琐，需要通过应力积分形成单位长度的内力。对于较宽的整体式板拱，采用板壳单元的建模效率与分析精度都很高。

受限于计算机容量和后处理计算量，实体单元更多是用于拱桥的局部分析中，比如系杆拱的拱脚端节点。

对于较复杂的中下承式拱桥，采用梁单元模拟拱肋、桁架单元模拟吊杆、板壳单元模拟桥面板的混合单元模型(图6.20.2)，在保证计算效率较

高的前提下,其建模效率与计算精度也很高。

2)平面模型与空间模型

拱桥的整体分析中常常采用忽略横桥向的铅垂平面模型(图6.20.3),这个简化过程必然涉及活荷载的横向分配问题。对于横向整体性好的窄板、箱拱,可忽略活载横向分布的影响,认为由主拱圈全宽均匀承担。对于肋拱、桁架拱、刚架拱[5]等,需要采用杠杆法、弹性支承连续梁法等确定拱肋的活载横向分布系数。

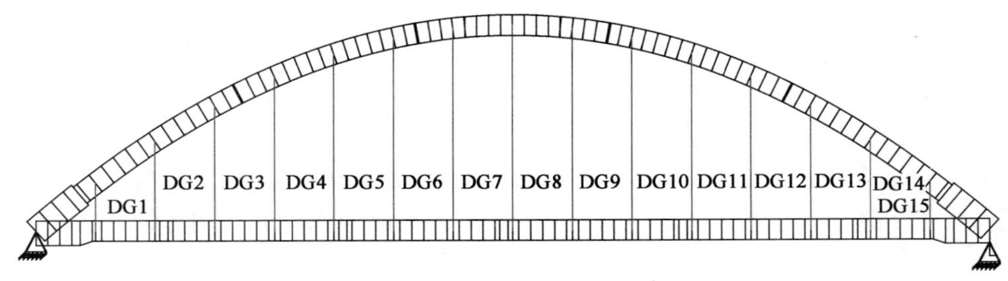

图6.20.3 混凝土系杆拱平面模型

对于空间效应较强烈的拱桥,比如斜拱桥、曲拱桥及异形拱桥(图6.20.4),用平面模型模拟会困难重重,通常采用空间模型模拟。

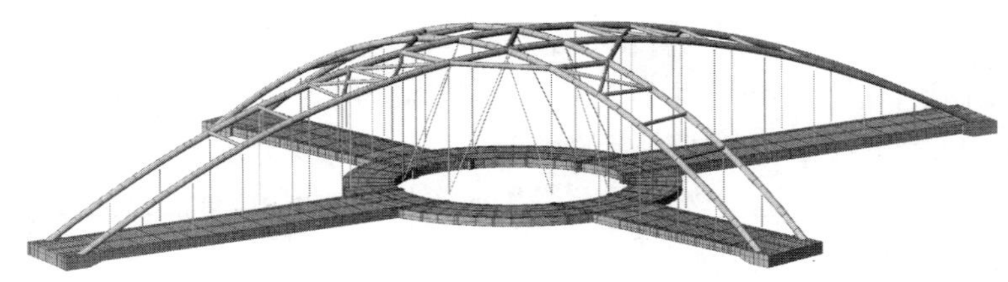

图6.20.4 十字交叉拱空间模型

3)大跨径拱桥的建模方法

得益于主拱肋、桥面系、拱梁连接件的高强轻型化,现代拱桥的跨径不断增大,其活载内力可由成桥后的构形图式方便计算,而恒载内力则必须根据具体的施工过程确定。按施工过程,大跨度拱桥可分为两种:一种是先梁后拱,这种体系桥面系具有相当的承载刚度,常见的有系杆拱、下承式梁拱组合体系,一般采用吊杆将拱、梁连接成整体。另一种是先拱后梁,拱肋是此类体系的主要承载构件,桥面系通过立柱或吊杆将运营荷载传递给主拱肋。以下介绍常见大跨度拱桥的杆系有限元整体分析建模要点。

(1)先梁后拱施工拱桥

在构件轴线位置建立梁单元模拟拱肋与纵系梁,两者连接处的重叠部分,按构件轴线延长轨迹由刚臂与梁轴线相连;采用桁架单元模拟吊杆,当采用刚性吊杆时,吊杆与拱肋及纵梁重叠部分也可采用刚臂替代。

拱肋单元刚度可根据拱肋材料及截面尺寸计算确定;系梁单元刚度需根据桥面系构造确定,通常桥面系为纵横梁体系:①若桥面板与纵横梁之间为刚性连接,则系梁单元刚度中除计入系梁本身的刚度外,还要计入部分桥面板的刚度;②若桥面板与纵横梁之间非刚性连接,则可不计入桥面板的刚度，只考虑桥面板的重量。

(2)先拱后梁施工拱桥

如前所述，采用梁单元模拟主拱肋。根据拱、梁连接方式的不同，桥面系的建模存在以下差异：

立柱连接：目前大跨径拱桥拱上建筑主要采用简支梁式腹拱，结构体系简单，受力明确，基本上可以不计主拱与拱上建筑的联合作用。计算模型中将拱上结构计入时，采用与拱肋刚接的梁单元模拟立柱，对简支腹孔需以铰接方式将这部分单元约束作用略去。

吊杆连接：采用吊杆连接的先拱后梁式拱桥，其桥面系常采用横梁上纵铺桥面板的结构形式。在这种情况下，桥面系的竖向抗弯刚度相对较小，桥面板为局部受力构件。通常可以假定纵向两个吊杆之间的恒载及活载通过桥面板传到其相应的两个横梁上，然后通过横梁上的吊杆传递到拱肋。因此计算时可以不考虑桥面系的刚度，为了便于加载计算，可以建立桥面系单元，但注意桥面系单元的竖向抗弯刚度应取得很小，同时桥面系单元在端部的顺桥向及面内转动自由度是自由的。

(3)吊杆

作为大跨径拱桥常用的梁、拱连接构件，吊杆力对拱桥内力的影响十分显著。采用桁架单元模拟吊杆，张拉力通过初始应力或初始降温来模拟。不同的施工过程，吊杆张拉力的确定方法存在较大差别。

对于先拱后梁施工的拱桥，其吊杆的恒载轴力可分为：吊装时梁段自重引起的轴力和桥面固结后二期恒载作用下根据刚度分配到各吊杆上的轴力两部分。前者可由吊杆对应的吊装梁段自重方便确定，后者可根据一期成桥后的构形按拱、梁刚度分配计算确定。因此，对于先拱后梁施工过程，一般认为一期恒载全部由吊杆传递给拱肋来承担，而二期恒载则由拱肋和桥面系按刚度分配共同承担。

对于先梁后拱的施工过程，桥面系已经形成整体刚度，后续通过张拉吊杆脱离支架与拱肋形成受力整体。合理的吊杆力涉及两个问题：成桥的吊杆力优化，以及施工过程吊杆张拉力的确定。

成桥的吊杆力优化，通常以吊杆力均匀性或拱肋弯矩平方和作为优化目标。以吊杆力均匀性为目标函数的优化方法能使吊杆力受力均匀，而以拱肋弯矩最小为目标的优化方法能有效减小拱的弯矩。具体优化办法主要有指定受力状态法，如零位移法、刚性支承连续梁法等；无约束吊杆力优化法，如最小弯曲能量法、最小弯矩法等；有约束吊杆力优化法，如用索量最小法等。

确定施工过程吊杆张拉控制力，使得按照规定张拉工序施工后，所有吊杆均能达到目标力值。由于吊杆张拉存在相干性而杆力相互影响明显，确定吊杆张拉力存在一定难度。早期一般使用迭代法、倒装法，随着控制理论的进步，考虑施工过程的影响矩阵法以及无应力状态法成为解决这一类问题的主要方法。

(4)钢管混凝土拱桥

现代大跨度拱桥常采用钢管混凝土拱肋，结构轻盈强度高，且施工方便。在构件轴线位置建立梁单元模拟拱肋后，钢管混凝土拱肋刚度的模拟是分析的关键，需要按照换算截面刚度法考虑钢与混凝土两种材料刚度的共同作用。简便起见，可采用共节点双单元法，即用共节点的两个梁单元分别模拟混凝土与钢管两种材料的刚度与重量。当节点较密时,这种方法可以合理模拟恒、活载作用。对于多肢截面,也可以采用多组平行的梁单元分别模拟各肢钢管混凝土截面,然后用模拟缀板的梁单元相互连接,这种方法的刚度更接近实际。

收缩徐变效应对钢管、混凝土两种材料的应力分配影响十分明显。由于钢管封闭着混凝土,其对核心混凝土的收缩徐变具有抑制作用。若直接采用规范中普通混凝土的收缩徐变特征值,会导致钢管混凝土的收缩、徐变效应偏大。一般可以依据大量的试验数据,在素混凝土的基础上拟合一个修正系数。

20.6.2 拱桥的线弹性分析

常用的拱桥静力分析包括变形、应力、内力与一类稳定分析。根据目前的规范体系,这些分析需要基于线性应力—应变或弯矩—曲率关系,采用弹性理论分析方法对初始结构几何形体开展,属于一阶线弹性分析范畴。分析过程须考虑施工方法的影响,准确模拟施工过程的体系转换。对于节点的复杂受力问题,除了进行整体模型分析外,还需要开展局部的实体模型分析。

图6.20.5示出采用空间模型分析中承式钢管混凝土拱的变形、应力图,图6.20.6示出采用平面模型分析钢筋混凝土系杆拱的内力、应力图。

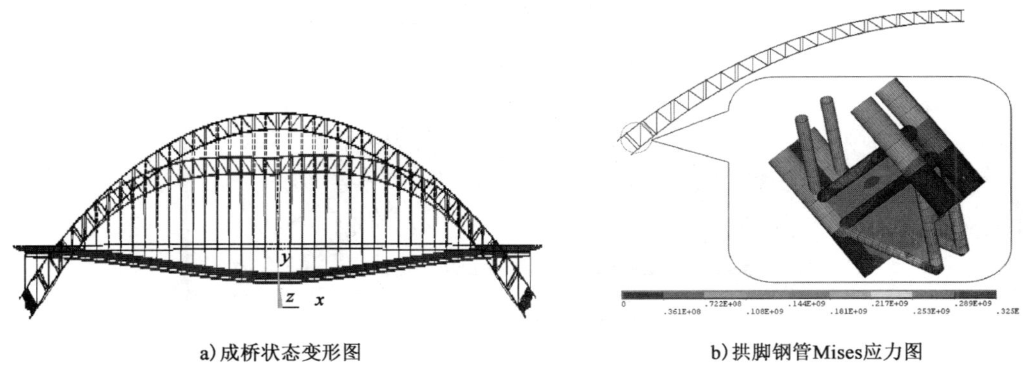

a)成桥状态变形图　　b)拱脚钢管Mises应力图

图6.20.5 中承式钢管混凝土拱变形、应力图

拱桥施工过程中容易发生失稳,特别是在裸拱状态。在给定荷载工况下进行一类稳定分析,校验第一阶稳定系数是否满足规定的阈值,是工程验算稳定的常用方法。

由拱桥的挠度理论可知,拱脚推力与挠度相互作用对拱内力的影响,以及轴力对转角变位的影响,使得弹性理论偏于不安全;随着拱桥跨径的增大,弹性理论的误差可达20%以上。此外,随着拱肋的轻型化,大跨径拱桥施工过程的非线性效应也较为显著。在有限元分析过程中,采用可以考虑梁柱效应的单元模拟结构,打开大变形控制选项,定义荷载分级加载步,选择非线性方程组的求解方法,能够方便准确地考虑几何非线性的影响。

拱的材料非线性分析对于掌握结构真实的荷载位移曲线,探索加载过程内力分布及重分配的规律,明确结构体系的极限承载能力很是必要,对于大量采用钢主拱的现代大跨度拱桥尤为重要。有限元分析时,除了选用相应的单元类型外,还需要在材料本构定义中引入非线性应力应变关系。

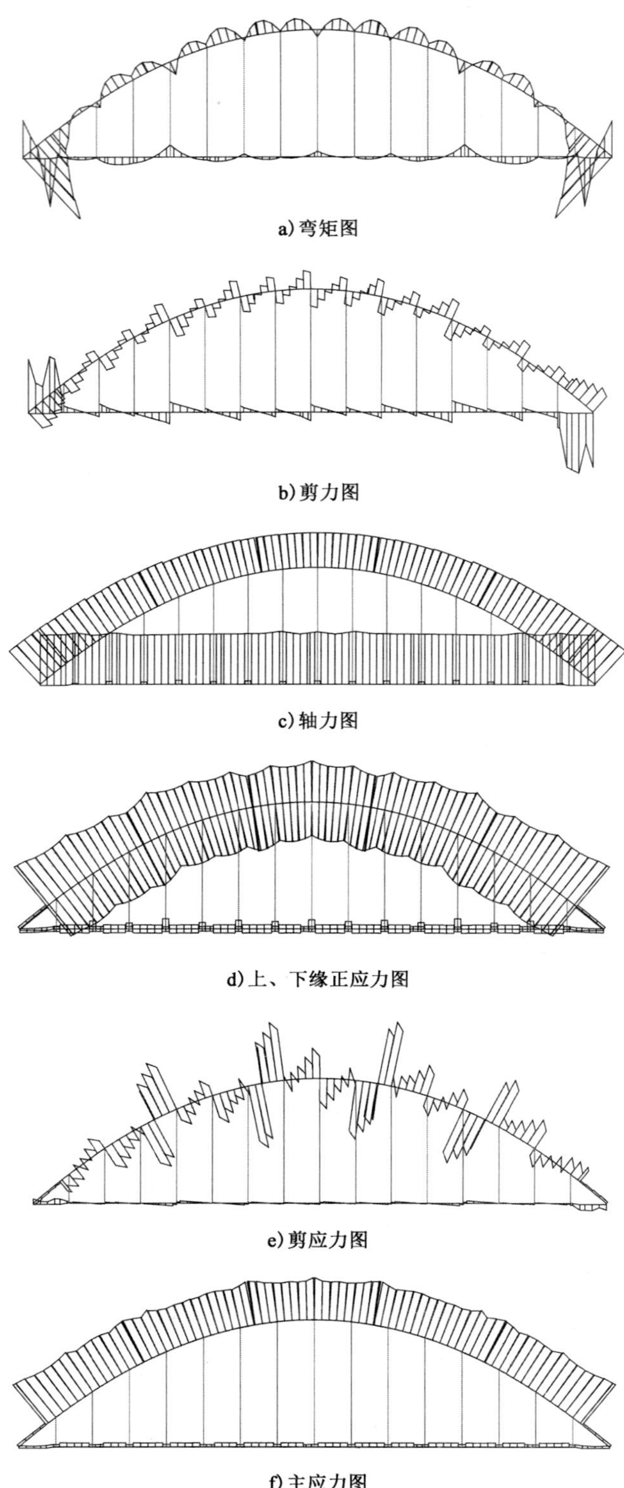

图 6.20.6　采用平面模型分析钢筋混凝土系杆拱的内力、应力图

工程分析中通常综合考虑上述双重非线性的影响。从图 6.20.7 和图 6.20.8 可见,掌握大跨径拱桥结构的体系行为,考虑双重非线性因素是很必要的。

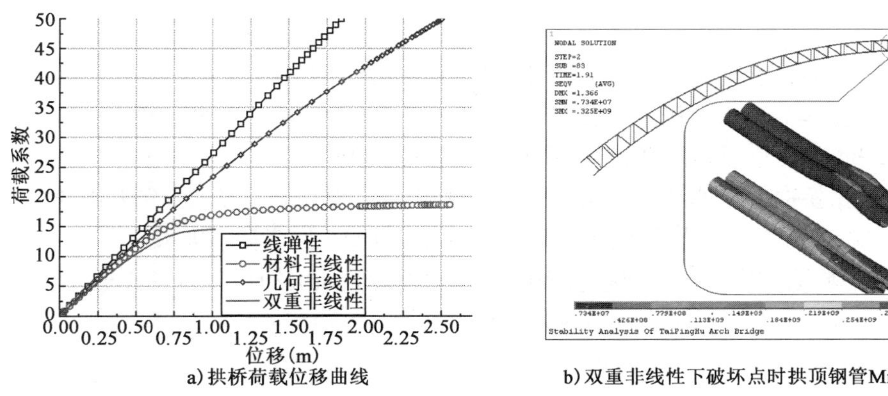

a)拱桥荷载位移曲线　　b)双重非线性下破坏点时拱顶钢管Mises应力

图 6.20.7　中承式钢管混凝土拱桥的非线性分析

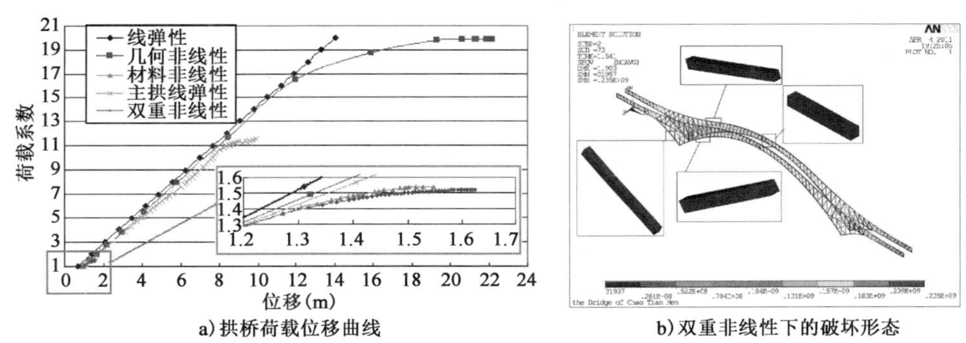

a)拱桥荷载位移曲线　　b)双重非线性下的破坏形态

图 6.20.8　中承式钢桁架拱桥的非线性分析

20.6.3　拱桥的非线性分析

除了混凝土收缩、徐变等非线性因素外,大跨径拱桥还需要考虑几何非线性和材料非线性。

20.7　小　　结

挠度理论是考虑拱桥轴力与变形的相互作用影响的理论分析方法,实质是拱的几何非线性问题,其对大跨径拱桥或刚度较小拱桥的影响不可忽视。

现代拱桥的跨径不断增大,其活载内力可由成桥后的构形图式方便计算,而恒载内力则必须根据具体的施工过程确定。分析时,依据需要,除了考虑混凝土收缩、徐变等非线性因素外,大跨径拱桥还需要考虑几何非线性和材料非线性的影响。对于节点的复杂受力问题,除了进行整体模型分析外,还需要开展局部的实体模型分析。

本章参考文献

[1] 何福照,等.拱的挠度理论——按非线性理论设计大跨径拱桥[C].中国土木工程学会桥梁及结构工程学会学术会议论文,1988.
[2] 贺拴海.拱桥挠度理论[M].北京:人民交通出版社,1996.
[3] 贺拴海,等.拱桥的几何非线性分析——挠度理论[J].中国公路学报,1991,4(3).
[4] 李子青.等截面无铰拱的挠度理论分析[D].西安:西安公路学院,1988.
[5] 严建科.结构缺陷和损伤对桁架拱桥极限承载力的影响研究[D].西安:长安大学,2010.

第7篇

索支承桥梁计算理论

21　悬索桥计算理论

21.1　概　　述

悬索桥——桥梁家族中跨越能力最强的桥型之一，其雏形为三千年前在我国出现的笮桥（竹索桥）和藤索桥。1629 年在贵州省境内的一座跨度为 122m 的铁索桥的建成，被传教士 Martini 介绍至西方，直至 1741 年，英国才建成欧洲第一座铁索桥（倜氏桥，跨度 22.3m）。进入 19 世纪，英国人 Telford 修建的梅耐桥、Brunel 修建的克里夫顿桥等，跨度都稍大于中国的古桥。1820 年前后，法国人 Seguin 和 Dufour 发明的用铁丝制作主缆技术被在法国学习的 Ellet 带回美国，并在 J. A. Roebling 手里得到发展，1880—1920 年间，在纽约的东河上修建了跨度 450 ~ 490m 的布鲁克林（Brooklyn）桥（1883 年，主跨 486m）、威廉姆斯堡（Williamsboarg）桥（1903 年，主跨 488m）、曼哈顿（Manhattan）桥（1909 年，主跨 448m），1931 年跨度 1066m 的乔治·华盛顿（George Washington）桥的建成，悬索桥跨度突破 1000m 大关。1937 年金门（Golden Gate）大桥（主跨 1280m）的竣工，使得美国在悬索桥的成就方面将其他各国远远甩在后面。随着人们对 1940 年美国华盛顿州的塔可马（Tacoma）桥（主跨 853m）风毁事故的反思，1964 年建成的韦拉扎诺（Verrazano Narrows Br.）桥（双层，12 车道主跨 1298m）的跨度纪录一直保持至 20 世纪 80 年代初。第二次世界大战后，其他西方国家的悬索桥后来居上，英国建成跨度 1006m 的福斯（Forth）公路桥和 1966 年建成主跨 988m 的塞文（Severn）桥及葡萄牙在其首都里斯本建成主跨 1013m 的 4 月 25 日大桥具有代表性。随着 1981 年英国的恒伯尔（Humber）桥（主跨 1410m）的建成，保持纪录 17 年之久被打破。在亚洲，经济强国日本于 20 世纪 60 年代开始修建跨径大于 300m 的悬索桥（1962 年，福冈的若户桥，主跨 367m），至 1988 年建成的南备赞大桥（主跨 1100m）结束了亚洲无千米跨大桥历史。十年后的 1998 年，明石海峡大桥（主跨 1990m）的建成，标志着大跨度悬索桥修建重心转移到了亚洲。

20 世纪 90 年代起，中国亦进入了发展悬索桥的队伍之列，1995 年建成了西陵长江大桥（主跨 900m）、1997 年建成了虎门大桥（主跨 888m）。1998 年的香港青马大桥（主跨 1377m）、1999 年的江阴长江大桥（主跨 1385m）、2005 年的润扬长江大桥（主跨 1490m）及 2007 年的舟山西堠门大桥（主跨 1650m）相继建成，世界大跨度悬索桥桥梁前十名中，中国占了半壁江山。

这些桥的建成，不仅填补了我国现代化悬索桥的空白，而且使我国跨入了掌握现代化大跨悬索桥设计、分析、建造技术的先进行列。

21.1.1 结构与施工方法

铁链作为承重缆出现在1706年，四川省大渡河上建成了由9条铁链组成的泸定桥。到1826年英国的麦地海峡桥（跨度177m）和1864年的克利夫顿（Clifton）桥（跨度214m）则采用眼杆与销铰作为悬链。布鲁克林桥虽然是首座跨度较大的悬索桥，但其除了具备现代悬索桥的缆索体系之外，还混有若干加强用的斜拉索，实际上是一座混合体系的缆索承重（Cable-Supported）桥。真正采用空中编丝成缆（Air Spinning）法（AS）施工的现代化悬索桥是威廉姆斯堡桥和曼哈顿桥，加劲梁采用钢桁梁，梁的高跨比分别为1/40和1/60，后者得益于Moisseiff将奥地利Melan教授（1888年）的挠度理论首次应用于该桥上。加劲梁高跨比减小到1/168的金门大桥的建成，奠定了美国风格悬索桥的地位。其主要特点为：

（1）主缆采用AS法架设。

（2）加劲梁采用非连续的钢桁梁，适应双层桥面，并在桥塔处设有伸缩缝。

（3）桥塔采用铆接或拴接钢结构。

（4）吊索采用竖直的4股骑跨式。

（5）索夹分为左右两半，在其上下采用水平高强螺栓紧固。

（6）鞍座采用大型铸钢件。

（7）桥面板采用RC构件。

首次采用钢箱梁与斜吊索闻名于世的塞文桥的建成，标志着又一建桥强国——英国的崛起，也代表了欧洲风格，其主要特点为：

（1）采用流线型扁平钢箱梁作为加劲梁。

（2）早期采用铰接斜吊索，经塞文桥、博斯普鲁斯一桥以及恒伯尔桥的实践之后，在博斯普鲁斯二桥改回到垂直吊索。

（3）索夹分为上下两半，在其两侧采用垂直于主缆的高强螺栓紧固。

（4）桥塔采用焊接钢结构或钢筋混凝土结构。

（5）钢桥面板采用沥青混合料铺装。

作为后起之秀——日本，其悬索桥技术具有随时代进步的特色，主要特点为：

（1）采用预制平行钢丝索股架设主缆，简称PWS法。

（2）加劲梁主要沿袭美国流派的钢桁梁形式，但近年来对非双层桥面的梁体已转向采用流线型扁平钢箱梁。

（3）吊索沿袭美国流派的竖直4股骑跨式，未接受英国早期的斜吊索。

（4）桥塔采用钢结构，主要采用焊接方式。

（5）鞍座采用铸焊混合方式。

（6）采用钢桥面板沥青混合料铺装桥面。

（7）主缆索股与锚碇内钢构架采用预应力工艺锚固。

目前，国际上广泛采用的悬索桥结构及工艺特点如下：

（1）主缆架设方法采用AS法（英国、美国等）和PWS法（中国、日本等）。

(2)加劲梁采用流线型扁平钢箱梁形式。

(3)吊索为竖直形式。

(4)锚固方法偏向采用铸焊混合结构与预应力锚固工艺。

表7.21.1给出跨径超过1000m的悬索桥概要资料,可供参考。

21.1.2 设计与分析理论

悬索桥计算理论的发展与其自身的发展有着密切联系,在竖向荷载作用下其结构分析理论可以划分为两大类[1,2]:一是作为连续体分析的弹性理论、非线性膜理论——挠度理论及其简化方法——线性挠度理论,二是作为离散体分析的非线性吊杆理论和非线性有限元理论——有限位移理论。

Navier(1823)发表了无加劲悬索桥的计算理论后,Rankine于1858年提出了针对有加劲梁的悬索桥的计算理论,但由于不合理地假定活载所产生的吊杆拉力集度等于所有活载除以跨长而失色。大约在1880年前后,levy等人才应用Navier方法分析悬索桥,从而出现了悬索桥弹性理论,后经Steinman发展为习用的标准形式。随着跨度的增加,梁的刚度相对降低,结构非线性突出。Melen(1888)等人提出了考虑位移影响的非线性膜理论——挠度理论,并被Moiseiff成功地应用到曼哈顿桥上,并得到发展,奠定了悬索桥分析的理论基础。忽略成桥后竖向荷载(活载)引起的主索水平力改变对悬索桥静力响应的影响,Godard提出了线性挠度理论。在此基础上,Neukrich(1936)、李国豪(1941)和Perry(1954)从不同角度上使其得到应用和发展,也使影响线加载原理得到有效利用。

以吊杆力为未知力建立力法方程进行求解的离散吊杆理论由Pugsley提出,Borges-Lima-Oliveira在缆索柔度阵中增加了活载水平缆力的影响,并成功应用到葡萄牙的4月25日桥设计中。作为古典结构力学位移法,后藤茂夫首先提出钢索、吊杆为仅受轴力构件,导出结点位移与节点力之间计入大位移的关系式,开创了在悬索桥设计中应用计算机的新时代。

现代悬索桥跨径不断增大的同时,加劲梁相对刚度不断减小,线性挠度理论引起的误差不容忽视。在经过离散吊杆理论的中间环节后,基于矩阵位移理论的有限元方法应运而生。Brotton(1966)和Saafan(1966)师生的研究具有开创性。

Brotton把悬索桥视为平面构架,建立起刚度方程并用松弛法求解;Saafan的构架大位移理论,Tezcan的大位移矩阵构架分析法,将挠度的二次影响全包括进去,并建立起增量平衡刚度方程求非线性方程组的解;对存在轴向力的梁柱效应,Fleming应用稳定函数法来修正梁元的刚度阵,并用移动坐标(即U.L列式)迭代求解;Schrefler等把梁作为二维平面问题建立刚度方程以解决索、梁组合体系的受力分析等。总之,应用有限位移理论的矩阵位移法,可综合考虑体系节点位移影响、轴力效应,把悬索桥结构非线性分析方法统一到一般非线性有限元法中,是目前普遍采用的方法。

悬索桥成桥状态的确定与其结构分析有着同样重要的意义。对于小跨径悬索桥,由于主缆自重轻,成桥主缆近似呈抛物线形,确定成桥状态采用抛物线法。随着跨度的增加,主缆自重的增加,主缆线呈多段悬链线组成的索多边形。计算主缆线形主要有非线性循环迭代法和基于成桥状态的反算法。

表 7.21.1

跨径超过 1000m 悬索桥概要

主跨排序	桥名（国家）	建成年代	跨度(m) 边主跨比	主缆间距(m) 垂跨比	悬吊形式	主缆 $n \times \varphi$ (mm)	桥塔高度 (m)	加劲梁			荷载	钢材(t)
								形式	高度 (m)	宽度 (m)		
1	明石海峡大桥（日本）	1998	960 + 1991 + 960 0.51	35.5 1/10	3 跨双铰	PWS 2 × 1120	297（钢）	桁梁	14.00	35.50	公 6	缆 50500 梁 74400
2	西堠门大桥（中国）	2007	578 + 1650 + 485 0.35,0.294	31.4 1/10	两跨连续	PWS 2 × 1120	211.86	分体式钢箱梁	3.5	37.4	公 6	梁 33000
3	大贝特东桥（丹麦）	1998	535 + 1624 + 535 0.33	27.3 1/9	3 跨连续	AS 2 × 827	254（混凝土）	箱梁	4.00	31.00	公 4	缆 20000 梁 29700
4	润扬长江大桥（中国）	2005	470 + 1490 + 470 0.315	35.3 1/10	单跨双铰	PWS 2 × 895	208（混凝土）	箱梁	3.00	35.8	公 6	缆 21000 梁 21000
5	恒伯尔大桥（英国）	1981	530 + 1410 + 280 0.376,0.20	22.0 1/12	3 跨双铰	AS 2 × 684	155（混凝土）	箱梁	4.50	22.00	公 4	缆 11000 梁 16000
6	江阴长江大桥（中国）	1999	369 + 1385 + 309 0.27,0.22	32.5 1/10.5	单跨双铰	PWS 2 × 870	197（混凝土）	箱梁	3.00	33.10	公 6	缆 16800 梁 18000
7	香港青马大桥（中国）	1998	355 + 1377 + 300 0.26,0.22	36.0 1/11	两跨连续	AS 2 × 1100	206（混凝土）	开孔箱梁	7.70	41.00	公 6 铁 2	缆 24700 梁 50000
8	维拉扎诺桥（美国）	1964	370 + 1298 + 370 0.280	31.39 1/11.1	3 跨双铰	AS 4 × 599	207（钢）	桁梁	7.35	30.63	双层桥面	131166
9	金门大桥（美国）	1937	343 + 1280 + 343 0.27	27.43 1/8.94	3 跨双铰	AS 2 × 924	210（钢）	桁梁	7.62	27.43	公 6	83663
10	高海岸桥（瑞典）	1997	317.5 + 1210 + 287.5 0.26,0.24	20.8 1/9.5	3 跨连续	AS 2 × 640	180（混凝土）	箱梁	4.00	22.00	公 4	缆 8000 梁 15000

续上表

主跨排序	桥名（国家）	建成年代	跨度(m) 边主跨比	主缆间距(m) 垂跨比	悬吊形式	主缆 $n \times \varphi$ (mm)	桥塔高度(m)	加劲梁			荷载	钢材(t)
								形式	高度(m)	宽度(m)		
11	麦基纳克桥（美国）	1957	549 + 1158 + 549 0.44	20.73 1/10.8	3 跨双铰	AS 2 × 622	157（钢）	桁梁	11.58	20.73	公路	38018
12	南备赞大桥（日本）	1988	274 + 1100 + 274 0.25	35.0 1/11	3 跨连续	PWS 2 × 1070	181（钢）	桁梁	13.00	30.00	公铁双层	77900
13	博斯普鲁二桥（土耳其）	1988	210 + 1090 + 210 0.19	33.8 1/12	单跨双铰	AS 2 × 700	110.1（钢）	箱梁	3.00	33.80	公 8	梁 14300 塔 63500
14	博斯普鲁斯一桥（土耳其）	1973	231 + 1074 + 255 0.22,0.24	28.0 1/11.8	单跨双铰	AS 2 × 600	165（钢）	箱梁	3.00	28.00	公 6	22000
15	乔治·华盛顿桥（美国）	1931	186 + 1067 + 186 0.17	32.31 1/10.8	3 跨双铰	AS 4 × 914	170（钢）	桁梁	12.80	32.31	双层	101866 4 条主缆
16	来岛三桥（日本）	1999	250 + 1030 + 245 0.24	27.0 1/10.5	单跨连续	PWS 2 × 650	173.5（钢）	箱梁	4.30	约 30	公 4	缆 6847 梁 20866
17	来岛二桥（日本）	1999	260 + 1020 + 280 0.27	27.0 1/10	单跨双铰	PWS 2 × 640	183.9（钢）	箱梁	4.30	约 30	公 4	缆 6754 梁 16871
18	4 月 25 日桥（葡萄牙）	1966	483 + 1013 + 483 0.74	20.5 1/9.5	多跨连续	AS 2 × 586	181（钢）	桁梁	10.65	20.00	公铁	38030
19	福斯公路桥（英国）	1964	409 + 1006 + 409 0.407	20.77 1/10.5	3 跨双铰	AS 2 × 603	149（钢）	桁梁	8.37	20.77	公 4	30480

21.1.3 受力特征

悬索桥是由主缆、加劲梁、主塔、鞍座、锚碇、吊索等构件构成的柔性悬吊体系。成桥时，主要由主缆和主塔承受结构自重，加劲梁受力由施工方法决定。成桥后，结构共同承受外荷作用，受力按刚度分配[3,4]。

主缆是结构体系中主要承重构件，是几何可变体，主要承受拉力作用。主缆不仅可以通过自身弹性变形，而且可以通过其几何形状的改变来影响体系平衡，表现出大位移非线性的力学特征，这是悬索桥区别于其他桥梁结构重要特征之一。主缆在恒载作用下具有很大的初始张拉力，对后续结构形状提供强大的"重力刚度"，这是悬索桥跨径得以不断增大、加劲梁高跨比得以减小的根本原因。

主塔是悬索桥抵抗竖向荷载的主要承重构件，在恒载作用下，以轴向受压为主；在活载作用下，以压弯为主，呈梁柱构件特征。由于主塔水平抗推刚度相对较小，塔顶水平位移主要由中、边跨主缆平衡条件决定，因而，塔内弯矩大小取决于塔的弯曲刚度。

加劲梁是悬索桥保证车辆行驶、提供结构刚度的二次结构，主要承受弯曲内力。由悬索桥施工方法可知，加劲梁的弯曲内力主要来自结构二期恒载和活载。大跨度悬索桥加劲梁的挠度是从属于主缆的，随着跨度的增大，加劲梁的功能退化为将活载传至主缆，其自身抗弯刚度对结构刚度的影响也逐渐减小。

吊索是将加劲梁自重、外荷载传递到主缆的传力构件，是联系加劲梁和主缆的纽带，承受轴向拉力。吊索内恒载轴力的大小，既决定了主缆在成桥态的真实索形，也决定了加劲梁的恒载弯矩，是研究悬索桥成桥状态的关键。

锚碇是锚固主缆的结构，它将主缆中的拉力传递给地基，通常采用重力式锚和隧道式锚。重力式锚用自重抵抗主缆的垂直分力，用锚底摩阻力或嵌固阻力来抵抗主缆水平力。隧道锚则直接将主缆拉力传给周围基岩。在悬索桥结构分析中，常将主缆的锚固点作固定约束处理。

21.1.4 发展

纵观悬索桥尤其是现代悬索桥的发展过程，可以看到，现代悬索桥的跨径越来越大，从几十米发展到近2000m；加劲梁高跨比越来越小，从1/40下降到1/300；主缆等主要承重构件的安全系数取值越来越低，从4.0左右下降到2.0左右，这就要求在设计悬索桥时，要精确合理地确定悬索桥成桥状态内力与构形；合理确定悬索桥施工阶段的受力状态与构形，以期在成桥时满足设计要求；精确分析悬索桥在活载及其他附加荷载作用下的静力响应。

悬索桥的设计计算要根据不同的结构形式、不同的设计阶段、不同的计算内容和要求来选用不同的力学模式和计算理论。

21.2 悬索桥作为连续体的静力近似分析

21.2.1 成桥状态的近似计算

根据悬索桥布置形成的纵断面线形和由此确定的控制主缆几何线形基本点的位置，来分析主缆及其他构件成桥时的构形、受力状态，求出主缆、吊索的无应力索长和施工阶段鞍座的偏移量等，构成成桥状态计算的主要内容，其基本假定为：①主缆为柔性索，不计其弯曲刚度；②加劲梁恒载由主缆承担；③在主缆吊梁段，主缆、索夹、吊杆和加劲梁自重都等效为桥长均布的荷载 q，在无梁段，主缆自重沿索长均匀分布。这样就可以导出主缆成桥态的索形、拉力以及几何长度的计算公式；扣除加劲梁恒载作用下主缆产生的弹性伸长量，就得到主缆自由悬挂态的缆长；再在索鞍两边无应力索长不变的情况下，用主缆在空挂状态塔顶左、右水平力相等的条件求索鞍的预偏量；最后，由自由悬挂状态下的缆长扣除主缆自重产生的弹性伸长，得到主缆无应力长度。下面以中跨为例说明。

(1)主缆索形与拉力

如图7.21.1所示，中跨主缆微小单元 $\mathrm{d}x$ 与主缆竖向分力的平衡条件为

$$\mathrm{d}(T_q\sin\varphi) + q\mathrm{d}x = 0$$

由假定①有

$$T_q\sin\varphi = \frac{H_q}{\cos\varphi}\sin\varphi = H_q\tan\varphi = H_q\frac{\mathrm{d}y}{\mathrm{d}x}$$

联立有

$$H_q = \frac{\mathrm{d}^2y}{\mathrm{d}x^2} = -q \tag{7.21.1}$$

选取图7.21.1所示的坐标系，式(7.21.1)的解为

$$y = \frac{4f}{l^2}x(l-x) \tag{7.21.2}$$

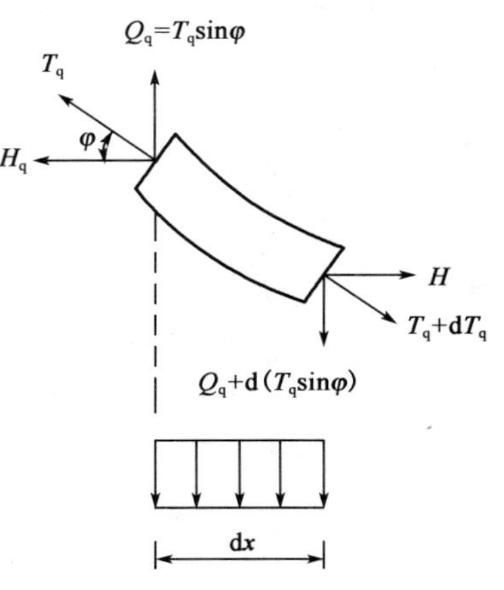

图7.21.1 主缆微元

式中：f——索端连线在跨中到主缆的竖向距离，即矢高；

l——跨径；

H_q——主缆水平力。

将式(7.21.2)代入式(7.21.1)，得

$$H_q = \frac{ql^2}{8f} \tag{7.21.3}$$

对于不吊梁的主缆段，不难导出其索形为悬链线。

(2)主缆成桥态和自由悬挂态的中心索长

根据中跨索形方程式(7.21.2)积分，可得成桥态主缆中心线有应力索力为

$$s = \int_0^l \sqrt{(1+y'^2)}\,\mathrm{d}x = \frac{l}{2}(1+16n^2)^{1/2} + \frac{l}{8n}\ln[4n + (1+6n^2)^{1/2}] \tag{7.21.4}$$

将其展开为级数形式，则

$$s = l(1 + 8/3n^2 - 32/5n^4 + \cdots)$$

式中：n——$n=f/l$，矢跨比；

s——索力。

加劲梁自重作用下主缆产生的弹性伸长量为

$$\Delta s_1 = \int_0^l \varepsilon(x)\frac{\partial s}{\partial x}\mathrm{d}x = \frac{H}{E_cA_c}\int_0^l(1+y'^2)\,\mathrm{d}x = \frac{Hl}{E_cA_c}\left(1+\frac{16}{3}n^2\right) \tag{7.21.5}$$

式中：H——$H=ql^2/8f$，一、二期恒载引起的主缆近似水平拉力；

E_c——主缆弹性模量；

A_c——主缆面积。

$$\varepsilon(x)=\frac{T(x)}{E_cA_c}=\frac{H\sqrt{1+y'^2}}{E_cA_c}$$

成桥态缆长扣除加劲梁自重引起的主缆弹性伸长量，可得自由悬挂态的缆长为

$$s_1=s-\Delta s_1 \tag{7.21.6}$$

(3)主缆与吊索的无应力索力

主缆自由悬挂状态下，索形为悬链线。取中跨中心线最低点为坐标原点，则对称悬链线方程为

$$y=C\left(\operatorname{ch}\frac{x}{C}-1\right)$$

式中：C——$C=H/q$；

H——索力水平分力；

q——主缆每延米重。

主缆自重引起的弹性伸长量为

$$\Delta s_2=\frac{2H}{E_cA_c}\int_0^{l/2}\frac{1}{\cos\varphi}\mathrm{d}s=\frac{2H}{E_cA_c}\int_0^{l/2}(1+y'^2)\,\mathrm{d}x=\frac{2H}{E_cA_c}\left(1+C\operatorname{sh}\frac{1}{C}\right) \tag{7.21.7}$$

则主缆无应力长度为

$$s_0=s-\Delta s_1-\Delta s_2 \tag{7.21.8}$$

根据成桥状态主缆的几何线形、桥面线形，求得各吊索的有应力长度，扣除弹性伸长量，即得无应力长度。

(4)鞍座预偏量

为了保证成桥态主塔不受弯，必须保证成桥状态下主缆中、边跨水平分力 H_q 是自平衡的。如果在挂索初期就强迫主索位于成桥状态，塔顶两边索的不平衡水平力必将在塔内产生强大的弯矩，导致主塔失效或主塔产生很大的弯曲内力与变形。为了使主塔在施工过程中始终处于低弯矩状态，从挂索开始就必须使鞍座有一个预偏量，并在施工过程中对它进行不断调整。确定鞍座预偏量的原则是挂索初态索自重在塔两边引起的水平力相等。

根据索长、索力与索竖向投影和水平投影的关系，通过迭代计算，就可求出鞍座的预偏量，具体计算见21.3.3节。

21.2.2 加劲梁的近似计算

根据悬索桥加劲梁先铰接后固结的施工特点，加劲梁在一期恒载作用下一般没有整体弯矩，因此，加劲梁竖向荷载主要指二期恒载和活载等。如图7.21.2所示悬索桥，忽略梁体剪切变形、吊杆的伸缩和倾斜变形对结构受力的影响，将离散的吊杆简化为一连续膜，微小索段的平衡方程亦为式(7.21.1)。在成桥后竖向荷载 $p(x)$ 作用下，荷载集度由 q 变为 q_p，外力作用下主缆和加劲梁产生挠度 η，主缆位移由 y 变为 $(y+\eta)$，主缆水平拉力由 H_q 变为 (H_p+H_q)，

根据式(7.21.1)有

$$(H_p + H_q)\frac{d^2(y+\eta)}{dx^2} = -q_p$$

或
$$H_p\frac{d^2y}{dx^2} + (H_p + H_q)\frac{d^2\eta}{dx^2} = -q_p - H_q\frac{d^2y}{dx^2} \tag{7.21.9}$$

将式(7.21.9)、式(7.21.1)相减得

$$H_p\frac{d^2y}{dx^2} + (H_p + H_q)\frac{d^2\eta}{dx^2} = (q_p - q) \tag{7.21.10}$$

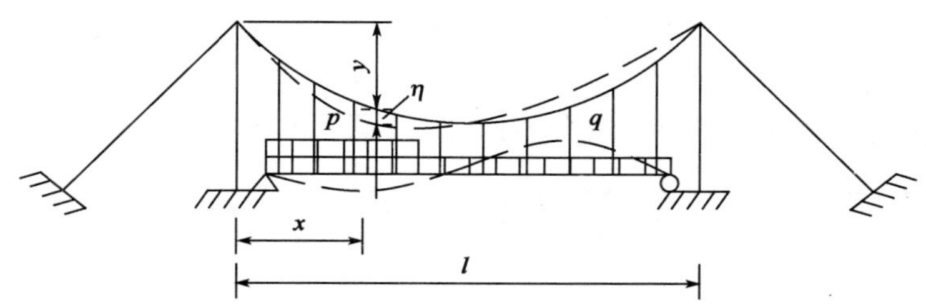

图7.21.2 悬索桥

再以加劲梁为研究对象,在 $p(x)$ 作用下加劲梁上的竖向荷载为

$$q(x) = p(x) + q - q_p \tag{7.21.11}$$

加劲梁的弹性方程为

$$\frac{d^2}{dx^2}\left(E_bI_b\frac{d^2\eta}{dx^2}\right) = q(x) = p(x) + q - q_p \tag{7.21.12}$$

式中:E_bI_b——加劲梁的竖向抗弯刚度。

设 E_bI_b 为常数,将式(7.21.12)代入式(7.21.10)整理得

$$E_bE_b\frac{d^4\eta}{dx^4} - (H_q + H_p)\frac{d^2\eta}{dx^2} = p(x) + H_p\frac{d^2y}{dx^2} \tag{7.21.13}$$

式(7.21.13)就是挠度理论的基本微分方程。由于 H_p 是 $p(x)$ 的函数,因此这一微分方程是非线性的。此外,方程中 H_q、H_p 和 η 均为未知,求解时还需要一个补充方程。

利用全桥主缆长度变化的水平投影为零这一边界条件:

$$\int_0^L \Delta dx = 0 \tag{7.21.14a}$$

或
$$\frac{H_p}{E_cA_c}\int_0^L\frac{dx}{\cos^3\varphi} + at\int_0^L\frac{dx}{\cos^2\varphi} - \int_0^L\frac{dyd\eta}{dxdx}dx = 0 \tag{7.21.14b}$$

式中:L——两锚碇间的水平距离。

对式(7.21.14b)中第三项进行分部积分,并利用 $x=0$ 和 $x=L$ 时 $\eta=0$ 的边界条件,有

$$\int_0^L\frac{dy}{dx}\frac{d\eta}{dx}dx = \eta\frac{dy}{dx}\Big|_0^L - \int_0^L\frac{d^2y}{dx^2}\eta dx = \frac{8}{l^2}\int_0^L\eta dx$$

回代整理后有

$$H_p = \frac{E_c A_c}{L_p}\left(\frac{1}{\gamma}\int_0^L \eta \mathrm{d}x - \alpha t L_t\right) \tag{7.21.15}$$

式中：α——线膨胀系数；

t——温度变化。

$\frac{1}{\gamma} = -\frac{\mathrm{d}^2 y}{\mathrm{d}x^2} = \frac{8f}{l^2}, L_p = \int_0^L \sec^3\varphi \mathrm{d}x, L_t = \int_0^L \sec^2\varphi \mathrm{d}x$。

最后，非线性微分方程要通过式(7.21.13)和式(7.21.15)迭代才能求解，尚达不到实用计算的要求。针对大跨径悬索桥活载远比恒载为小的特点，Godard 提出了在式(7.21.13)中只考虑恒载索力 H_q 对竖向荷载的抗力，形成了线性挠度理论。此时线性叠加原理和影响线加载均可应用，使计算得到了简化。此理论忽略了竖向荷载本身引起的主缆水平力对加劲梁受力的影响，这将使计算结果绝对值增大，因而，用于设计加劲梁是偏安全的。

21.2.3 水平静风荷载作用下的近似计算

水平静风荷载作用下悬索桥的变形如图 7.21.3 所示。风荷载在桥上的实际分布是相当复杂的，在静风计算中，一般假定风荷载为沿桥跨方向均布的已知荷载。这样，作用在悬索桥上的风载将分别通过主缆和加劲梁传到基础。风载在主缆与加劲梁之间的传递是由吊索完成的，其受力根据刚度分配。中小跨径悬索桥横向刚度以加劲梁为主，因而横向风力主要由加劲梁承担。特大跨悬索桥刚度以主缆的重力刚度为主，并且随着跨径的增大，主缆重力刚度与加劲梁的横向刚度之比越来越大，主缆承担的风力也随之增大。可见研究静风荷载的计算问题，首先必须研究风载在主缆和加劲梁上的分配问题。

(1)均等分配法

简单的计算方法是均等分配法。这种方法假定横向风载在加劲梁和主缆间产生的重分配力(实质上就是吊杆沿梁长每延米的水平分力)为沿梁长的均布荷载 ω，索面和梁体在位移时保持刚性转动，如图 7.21.3 所示。于是，加劲梁和主缆跨中的水平位移 δ_b 和 δ_c 可写为

$$\begin{cases} \delta_b = \dfrac{5l^4}{384EI}(\omega_b - \omega) \\ \delta_c = \dfrac{\omega_c + q}{8H} l^2 \end{cases} \tag{7.21.16}$$

式中：ω_c、ω_b——索、梁横向风荷载集度；

l、EI——悬索桥跨径和梁横向抗弯刚度；

H——主索水平拉力。

根据索面刚性转动的假定，且 $\delta_b < \delta_c$ 时有

$$\frac{f}{h} = \frac{\delta_c}{\delta_b} \tag{7.21.17}$$

式中：f、h——主缆的矢高、加劲梁形心到吊点距离。

由式(7.21.16)、式(7.21.17)得

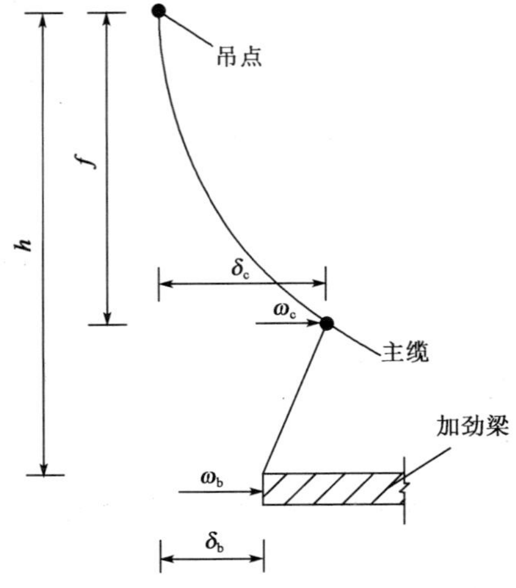

图 7.21.3　水平静风荷载作用下的悬索桥

$$\omega = \frac{fl^2 H\omega_b - 9.6EIh\omega_c}{fl^2 H + 9.6EIh} \tag{7.21.18}$$

将式(7.21.18)得到的 ω 值代回式(7.21.16),就可算出加劲梁和主缆的横向静风响应。

实际上风载的重分配力 ω 并不会沿梁长均匀分布,而是梁长坐标 x 的函数,记为 $\omega(x)$;索面和梁的位移也不满足刚性转动假定,因此,均等分配法的计算精度较差。

(2)弹性分配法

相比之下,弹性分配法就有较高的计算精度。按照弹性分配法,悬索桥在横向风荷载及重分配力 $\omega(x)$ 的作用下,加劲梁和主缆的平衡微分方程分别为

$$EI\frac{d^4\delta_b(x)}{dx^4} = -[\omega_b - \omega(x)] \tag{7.21.19}$$

$$EI\frac{d^4\delta_c(x)}{dx^4} = -[\omega_c + \omega(x)] \tag{7.21.20}$$

可以根据梁、塔的位移协调条件,通过迭代计算求解未知荷载 $\omega(x)$。

21.3　悬索桥施工状态分析

确定悬索桥成桥和施工状态的关键是确定主缆在成桥时的线形,也就是在已知基本设计参数和施工方法的前提下,计算主缆与吊索交点位置及主缆与鞍座的切点坐标。

通过研究缆、吊索、梁、塔等构件的受力特性可知,用先分析吊索恒载索力,再求主缆平衡位置,最后确定主缆与鞍座切点位置的三步分析方法比较合适。

21.3.1　恒载作用下的吊索力

吊索是联系加劲梁与主缆的纽带,吊索力可决定加劲梁的内力分配,反过来,加劲梁的受力状态也可确定吊索内力。给定加劲梁恒载受力状态,就可求出吊索力。

大部分悬索桥的加劲梁是按先铰接后固结的方法施工的,其吊索的恒载索力可分为吊装时块件自重引起的轴力和桥面固结后二期恒载作用下根据刚度分配到各吊索上的轴力两部分。前者是确定的,因此,只要计算二期恒载引起的那部分吊索力即可。

就同样矢跨比的悬索桥而言,索形误差对结构竖向刚度的影响较小,大量数值计算也证明了这一点,因此,可假定主缆为二次抛物线。以一期恒载内力为初内力,对结构进行二期恒载的非线性分析(见第5章),就能计算出二期恒载作用下的吊索力。也可用类似的方法确定用其他施工方法时的悬索桥吊索内力。

21.3.2　索形计算

将悬索桥简化成图7.21.4所示的力学模型[6]。为了寻找主缆变形后在吊索力作用下的平衡索形,将铰支座设置在主、转索鞍的理论交点处,主缆被分割成独立的五部分。它们靠支座的左、右边竖向力和水平力的平衡条件取得联系。弯曲刚度忽略不计,吊索力、索夹自重力

都以等效集中力 P_i 方式作用在其相应位置。注意到计算的是主缆有应力平衡位置，其变形已经完成，因此主缆在计算过程中不伸长。

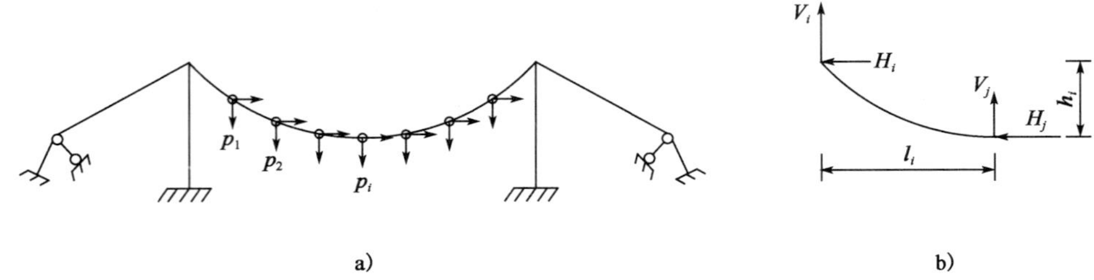

图 7.21.4　悬索桥索形力学模型简化图

取主缆吊杆间任一段无伸长自由悬索，其竖坐标为 y，向下为正，单位缆长重为 q，任一点处的 Lagrange 坐标为 s，相应的笛卡尔坐标为 (x,y)，则任意自由索段端点力与坐标之间的函数关系为

$$x(s)=\frac{H}{q}\left[\mathrm{sh}^{-1}\left(\frac{V}{H}\right)-\mathrm{sh}^{-1}\left(\frac{V-qs}{H}\right)\right] \tag{7.21.21}$$

$$y(s)=\frac{H}{q}\left[\sqrt{1+\left(\frac{V}{H}\right)^2}-\sqrt{1+\left(\frac{V-qs}{H}\right)^2}\right] \tag{7.21.22}$$

吊杆间任一索段都必须满足式(7.21.21)和式(7.21.22)，令 $V_i=V,H_i=H$，于是

$$l_i=\frac{H_i}{q}\left[\mathrm{sh}^{-1}\left(\frac{V_i}{H_i}\right)-\mathrm{sh}^{-1}\left(\frac{V_i-qs_i}{H_i}\right)\right] \tag{7.21.23}$$

$$h_i=\frac{H_i}{q}\left[\sqrt{1+\left(\frac{V_i}{H_i}\right)^2}-\sqrt{1+\left(\frac{V_i-qs_i}{H_i}\right)^2}\right] \tag{7.21.24}$$

式中：l_i——i 号梁段吊杆间距；

　　h_i——i 号梁段主缆吊点高差。

对仅有垂直吊杆的情况

$$\begin{cases}H_i=H\\ V_i=V_{i-1}-(P_{i-1}+qs_{i-1})\end{cases} \tag{7.21.25}$$

计算中，主缆恒载集度 q、中跨吊杆间距 l_i 和矢高 f、鞍座上 IP 点坐标均已知，索形计算时先根据抛物线假定预估一个 IP 点处的 H 和 V，通过式(7.21.23)由 l_i 计算出 s_i，通过式(7.21.24)由 s_i 计算出 h_i。最后，h_i 应满足如下几何边界条件：

$$\begin{cases}\sum\limits_{i=h}^{m}h_i=f\\ \sum\limits_{i=1}^{n+1}h_i=\Delta y\end{cases} \tag{7.21.26}$$

式中：m、n——左鞍座到跨中的吊杆数和吊索总数；

Δy——两个主鞍座 IP 点的 y 坐标之差。

如果预估的 H、V 不能使式(7.21.26)成立，设误差向量为

$$\begin{cases} e_{\mathrm{f}} = \sum_{i=h}^{m} h_i - f \\ e_y = \sum_{i=1}^{n+1} h_i - \Delta y \end{cases} \tag{7.21.27}$$

实际的 H、V 可通过影响矩阵法按如下步骤迭代求解：

(1)索端力产生单位增量，使 $V=V+1$ 和 $H=H+1$，分别代入式(7.21.26)，计算出相应的 f 和 Δy 的增量，从而得到影响矩阵

$$\boldsymbol{C} = \begin{bmatrix} c_{11} & c_{12} \\ c_{21} & c_{22} \end{bmatrix} \tag{7.21.28}$$

矩阵式中第一列为 V 引起的 f 和 Δy 改变量，第二列为 H 引起的 f 和 Δy 改变量。

(2)求出 H、V 的修正向量 $\{\Delta H \quad \Delta V\}^{\mathrm{T}}$。

$$\begin{bmatrix} c_{11} & c_{12} \\ c_{21} & c_{22} \end{bmatrix} \begin{Bmatrix} \Delta H \\ \Delta V \end{Bmatrix} = \begin{Bmatrix} e_{\mathrm{f}} \\ e_y \end{Bmatrix} \tag{7.21.29}$$

(3)修正索端力 $H=H+\Delta H$，$V=V+\Delta V$，重新计算 h_i 和 e_{f}、e_y。

由于方程是非线性的，整个计算可以按(1)~(3)步进行迭代。当式(7.21.27)的误差值落入收敛范围时，迭代计算结束。这样，不仅得到了 IP 点处真实的 H 和 V，而且得到了每段索的有应力长度 s_i 和吊索作用点的竖坐标 y_i，即

$$y_i = y_0 + \sum_{k=1}^{i-1} h_i \tag{7.21.30}$$

根据 IP 点处实际 H 和 V，可计算边跨主缆的成桥索形；根据主索鞍、转索鞍的设计半径，可计算主缆与鞍座的切点坐标；根据吊杆在主缆和桥面上的 y 坐标，可计算吊索在成桥态的长度。至此，整个悬吊部分的受力与几何形态都被唯一确定。

21.3.3　施工状态计算

悬索桥施工状态是指从挂主缆开始到成桥各阶段悬索桥的构形和受力状态。确定施工状态主要解决三方面问题：①主缆各索段无应力索长；②挂索初始状态；③吊梁阶段的结构状态。

(1)主缆各索段无应力索长

无应力索长的计算必须从成桥合理状态的有应力索力反算而得。

对固定于 $A(0,0)$，$B(l,h)$ 两点的自由索，易得其方程为

$$y = \frac{1}{c}\mathrm{ch}(cx + c_1) + c_2 \tag{7.21.31}$$

式中：$c=\dfrac{q}{H}$，$c_1=\mathrm{sh}^{-1}\left(\dfrac{hc}{2\mathrm{sh}(cl/2)}\right)-\dfrac{cl}{2}$，$c_2=-\dfrac{\mathrm{ch}(c_1)}{c}$

索长为

$$s=\int_s \mathrm{d}s=\int_s \sqrt{1+y'^2}\,\mathrm{d}x=\frac{1}{c}[\mathrm{sh}(cl+c_1)-\mathrm{sh}(c_1)] \tag{7.21.32}$$

当索的正应变 $\left|\dfrac{T(s)}{EA_0}\right|\ll 1$ 时有

$$s_0=\int_s\left(1-\frac{T(s)}{E_cA_c}\right)\mathrm{d}s=s-\frac{H}{2EA_0c}[cl+\mathrm{sh}(2cl+c_1)-\mathrm{sh}(2c_1)] \tag{7.21.33}$$

根据公式(7.21.32)和式(7.21.33)可以完成以下计算：

①从锚碇到转索鞍索段的索长，根据悬链线索长计算公式可计算有应力索长，扣除成桥索力引起的伸长量便是无应力索长。这一区段内主缆的长度计算比较复杂，因为主缆每一层离开转索鞍的离开点都是不一样的。在计算中先计算出该索段的中心索长，再根据不同层和离开点位置对每一层索长进行修正。

②包裹转索鞍索段的索长。根据左、右切点及中心索转索鞍半径，可计算索段的有应力索长。根据成桥态索段左、右段索的轴力，以及鞍座的实际摩阻系数，可以计算沿鞍座张角变化的索段应力，从而可计算出该索段的伸长量，有应力索长与伸长量之差便得该索段无应力索长。

③转索鞍到主鞍切点索段索长。该索段索长应根据桥跨布置来进行计算。

对于单联吊桥，该段索长可用悬链线索长计算公式。根据转、主索鞍切点坐标直接计算而得，扣除应力伸长量便得无应力索力。

对于三联悬索桥，主缆与各吊杆的理论交点均已知，可分段将各吊索间的索段作为悬链线，计算出各段的有应力索长和无应力索长，累加得到该索的总索长和无应力索长。

④包裹主鞍座索段的索长，可仿②进行计算。

⑤中跨主鞍座两切点间索长计算，可参照③中三联悬索桥的索长计算方法计算。

根据桥面高程、鞍座压力等参数，可以确定塔高、吊索无应力索长等重要构件尺寸，从而完全得到了挂索初态所必需的基本参数。

(2)鞍座基准回退量及空索合理状态

鞍座基准回退量是指以满足成桥合理状态的各跨主缆无应力索长空挂于索鞍上，使左、右边空索水平拉力相等时索鞍的移动量。空索合理状态是指在鞍座具有基本回退量时主缆的形状与受力状态。

设想具有一定长度的悬链线挂在圆上，只要圆心位置确定，其平衡状态及水平拉力值也随之而定。改变圆心位置也将改变其平衡状态及水平拉力的值。

实桥计算时，索是有应变的，应变量是水平力 H 的函数，水平力一定，索长也就一定，这一问题就与无应变索的问题一致。计算时先根据索的无应变索长 s_0 和水平拉力 H，初估一个有应力索长 s，用计算无应变索长平衡相同的方法计算出相应的平衡位置和水平力 H，再反算出对应的无应变索长。s 与 s_0 相比较；反复修正 s 的长度，直至 s 的无应变索长与 s_0 相等为止。根据这一原理就能精确计算基准回退量,即找出一组适当的鞍座中心位置和水平拉力 H,使索鞍两边悬索自由平衡。计算采用数值迭代法,通过图 7.21.5 所示流程由电算完成。

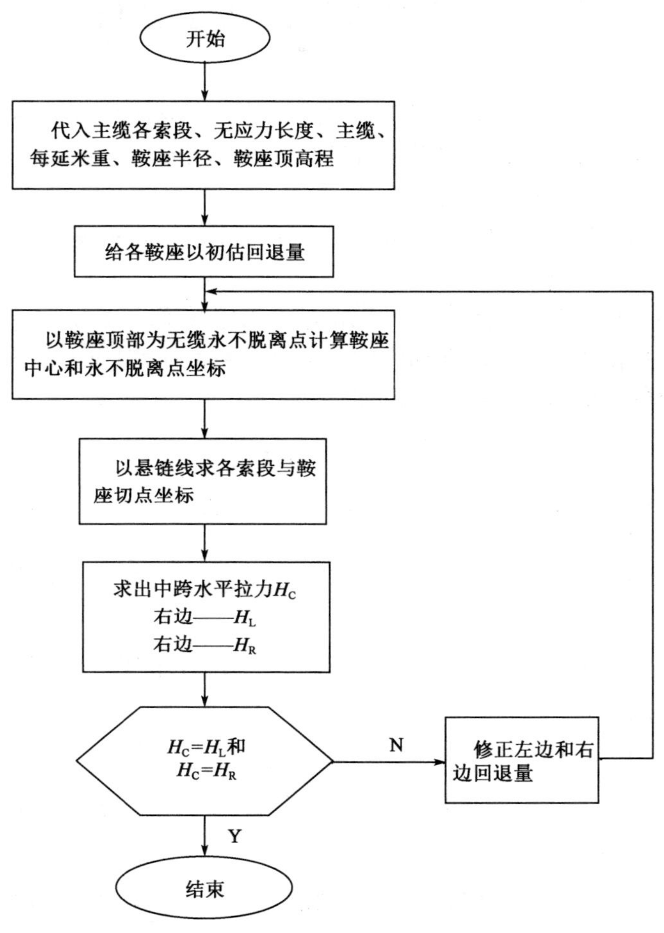

图 7.21.5 鞍座回退量计算流程

当然,基本回退量的计算也可由成桥合理状态开始,进行非线性倒退分析。当所有缆上吊重卸除后,鞍座的偏移量就是其基本回退量。

在实际施工时,有时塔顶尺寸不允许鞍座有基准回退量那么大的偏移,柔性塔往往使塔在施工时预拉一水平位移来实现。事实上,挂索时,只要能将各跨算准的无应力索长安装到位,并保证主缆在鞍座上不滑动,基准回退量并不影响最终成桥时达到合理状态。

(3)加劲梁安装阶段合理状态的确定

加劲梁的安装步骤是由施工设计确定的。要确定梁体上各块件在每次施工中的确切位置仍是困难的,为此,可以从成桥合理状态开始,逆施工过程进行非线性倒退分析,计算每一施工阶段剩余结构的状态。

根据前面讨论可知,只要结构材料参数、几何参数是合理的,施工过程中不出现人为误差,从空索合理状态开始吊梁,则全桥加劲梁安装完毕,各块件将相互独立,固结后作用以二期恒载,就可以达到成桥的理想状态。

21.4 悬索桥运营状态分析

工作荷载包括车辆荷载(可能是偏心的)、横向荷载(如风荷载)等,若考虑竖向和横向偏载甚至纵向荷载同时作用,则有必要对悬索桥进行三维空间分析。

在工作荷载作用下悬索桥的计算方法一般有:

(1)在竖向荷载作用下的平面杆系有限位移理论,其中索的垂度效应可按 Ernst 公式修正。

(2)在横向荷载作用下的平面板架(格栅结构)有限位移法。悬索桥在横向荷载作用下的结构行为基本上表现为线性,且塔的横向弹性变形可忽略不计,但应考虑恒载内力引起的几何刚度。这时,在结构整体坐标系下的单元刚度矩阵为

$$\boldsymbol{K}^{e}=\boldsymbol{T}^{-1}\overline{\boldsymbol{K}}^{e}\boldsymbol{T} \tag{7.21.34}$$

其中

$$\overline{\boldsymbol{K}}^{e}=\begin{bmatrix} GJ & 0 & 0 & -GJ & 0 & 0 \\ 0 & S_3\dfrac{4EI}{l} & -S_2\dfrac{6EI}{l^2} & 0 & S_4\dfrac{2EI}{l} & S_2\dfrac{6EI}{l^2} \\ 0 & -S_2\dfrac{6EI}{l^2} & S_1\dfrac{12EI}{l^3} & 0 & S_2\dfrac{6EI}{l^2} & S_1\dfrac{12EI}{l^3} \\ -GJ & 0 & 0 & GJ & 0 & 0 \\ 0 & S_4\dfrac{2EI}{l} & -S_2\dfrac{6EI}{l^2} & 0 & S_3\dfrac{4EI}{l} & S_2\dfrac{6EI}{l^2} \\ 0 & S_2\dfrac{6EI}{l^2} & -S_1\dfrac{12EI}{l^3} & 0 & S_2\dfrac{6EI}{l^2} & S_1\dfrac{12EI}{l^3} \end{bmatrix} \tag{7.21.35}$$

$$\boldsymbol{T}=\begin{bmatrix} \cos\varphi & \sin\varphi & 0 & 0 & 0 & 0 \\ -\sin\varphi & \cos\varphi & 0 & 0 & 0 & 0 \\ 0 & 0 & 1 & 0 & 0 & 0 \\ 0 & 0 & 0 & \cos\varphi & \sin\varphi & 0 \\ 0 & 0 & 0 & -\sin\varphi & \cos\varphi & 0 \\ 0 & 0 & 0 & 0 & 0 & 1 \end{bmatrix} \tag{7.21.36}$$

式中: φ——各杆件单元对 x 轴的倾角;

GJ——杆件的扭转刚度;

EI——杆件在出 x-y 平面弯曲时的抗弯刚度，对于悬索桥加劲梁，即为横向挠曲刚度；

l——杆件单元的长度；

S_1、S_2、S_3、S_4——考虑初始轴力影响的系数，在下面定义。

杆端力意义如图 7.21.6 所示。

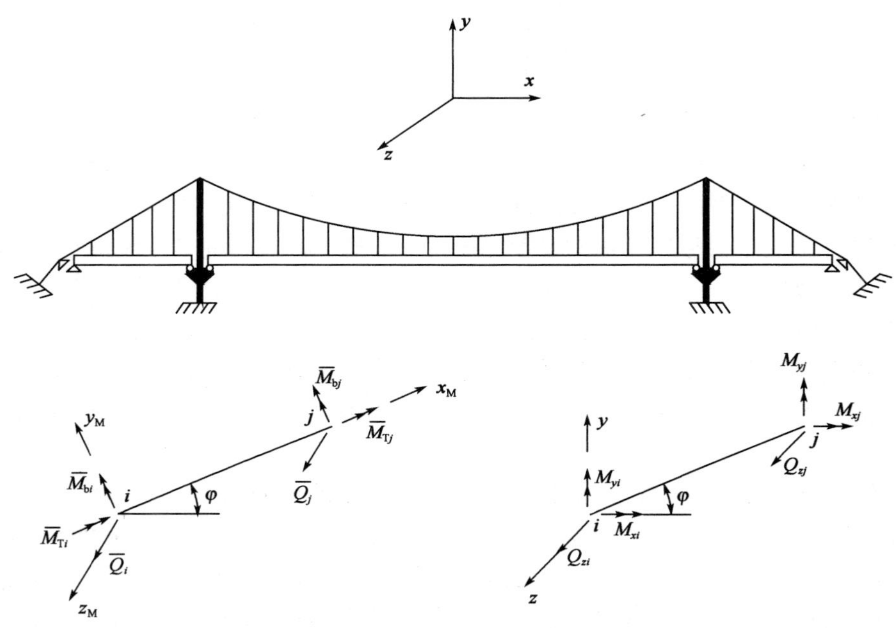

图 7.21.6 悬索桥作为平面板架的横向受力分析

设杆件的轴力为 N，则 S_1、S_2、S_3、S_4 分别由以下各式计算：

当轴力 $N>0$（拉力）时

$$S_1=\frac{(kl)^3\sin kl}{12\varphi_T},S_2=\frac{(kl)^2(\mathrm{ch}kl-1)}{6\varphi_T}$$

$$S_3=\frac{kl(kl\mathrm{ch}kl-\mathrm{sh}kl)}{4\varphi_T},S_4=\frac{kl(\mathrm{sh}kl-kl)}{2\varphi_T}$$

当轴力 $N<0$（压力）时

$$S_1=\frac{(kl)^3\mathrm{sh}kl}{12\varphi_c},S_2=\frac{(kl)^2(1-\cos kl)}{6\varphi_c}$$

$$S_3=\frac{kl(\sin kl-kl\cos kl)}{4\varphi_c},S_4=\frac{kl(kl-\sin kl)}{2\varphi_c}$$

以上各式中：$k=\sqrt{N/EI}$，$\varphi_T=2-2\mathrm{ch}kl+kl\mathrm{sh}kl$，$\varphi_c=2-2\cos kl-kl\mathrm{sh}kl$。

当轴力 $N=0$ 时，由以上各式用洛波塔法则可导出：

$$S_1=S_2=S_3=S_4=1$$

对于 $EI=0$ 的受轴向拉力的杆件（如缆索单元），使用洛彼塔法则可导出

$$\overline{\boldsymbol{K}}^{e}=\begin{bmatrix}0&0&0&0&0&0\\0&0&0&0&0&0\\0&0&\frac{N}{l}&0&0&-\frac{N}{l}\\0&0&0&0&0&0\\0&0&0&0&0&0\\0&0&-\frac{N}{l}&0&0&-\frac{N}{l}\end{bmatrix}\tag{7.21.37}$$

以上两种计算均基于有限位移理论，其算法见第5章有关内容。

（3）在偏心荷载作用下单独考虑扭转效应的分析理论（Moppert，1955；Irvine：1974）和同时考虑偏心荷载引起耦合变形效应的分析理论（小松定夫、西村宣男：1975）。前者将偏心荷载（竖向或横向）按静力等效原则用通过加劲梁剪切中心的竖向或横向荷载和相应的扭矩代替。竖向或横向荷载效应用（1）或（2）的理论分析，扭转效应单独分析，然后将两者的效应叠加起来，未考虑非线性耦合效应。后者则考虑了竖向（横向）挠曲与扭转效应的耦合，导得缆索和加劲梁挠曲的基本微分方程，并获得数值解。此理论曾被冈村隆夫等用于本四联络桥的设计计算中。上述研究者认为，当每延米换算横联剪切刚度小于10^5t/m时，应考虑周边变形的影响。

（4）复杂荷载情况下的三维空间分析理论。包括加劲梁周边不变形假定下的岛田静雄（S. shimada，1964）方法；大地羊三和渡边隆之的空间桥段有限位移法；小松和西村的组位移法（Group Displacement Method）等。随着计算机的发展，空间非线性或线性杆单元和梁单元、板单元、块单元、薄壁箱梁单元及虚拟单元等的应用，空间有限位移理论分析悬索桥结构已不存在困难，细节讨论可参见第1篇有关章节。

21.5 索塔结构分析

悬索桥主塔不仅承受直接作用于塔身的自重、风荷载、地震荷载、温变荷载及由其产生的各种组合荷载，而且还承受由主缆传来的荷载作用。后者一方面改变了加劲梁和主缆传至塔上的竖向荷载，另一方面将在塔顶产生顺桥向和横桥向的水平位移。当两根主索受力不一致时，主塔还会受扭。鉴于主塔在悬索桥结构中受力的复杂性，提出合理的主塔计算方法就显得尤为重要。

21.5.1 纵向荷载作用下的近似计算

纵向荷载是指顺桥向的风荷载、地震荷载、加劲梁和主缆传到主塔的活载等。在活载作用下，桥塔将发生水平位移。由于主塔纵向抗推刚度相对较小，塔顶水平位移的大小，主要是由主缆重力刚度的水平分量决定，而与塔的抗弯刚度关系不大。因此，活载计算中常忽略塔的弯曲刚度，先求出主塔水平位移，再将它作为已知条件计算主塔内力。在计算中，必须考虑两种加载状态：一是最大竖向荷载与相应塔顶位移状态；二是最大塔顶位移与相应竖向荷载状态。

一般来说,后一种状态可能更为不利。

图 7.21.7 为纵向荷载作用下桥塔的计算模式[6]。塔顶作用着主缆竖向分力 P、活载或其他荷载引起的塔顶水平位移 Δ,塔身作用着加劲梁传来的水平集中力 R 及其他水平荷载,此外还受有塔自重、顺桥向风载或其他广义纵向荷载。用带有几何非线性的平面杆系程序,可以直接对塔进行分析。采用传递矩阵法分析将更简单。

作为定性分析,24.2.3 1)给出了等截面塔身最大弯矩 M_{max}的表达式及其发生位置[5]。

21.5.2 横桥向荷载作用下的近似计算

横桥向的荷载主要有横向风载和横向地震荷载等。在横桥向荷载作用下,桥塔的计算模式如图 7.21.8 所示,塔顶作用着主缆的竖向分力、主缆传来的横向水平力 H_c,上横梁上作用着加劲梁传来的竖向力 R_s 和横向水平力 H_c,塔上还受有横向风载 ω、地震等广义荷载 $\omega(y)$和主塔自重。静风引起的主缆、加劲梁横向水平力可根据 21.2.3 节中的方法计算。

由于主塔受到主缆传来的巨大竖向分力 P,因此分析时仍需用带有几何非线性的杆系程序。图 7.21.8 的分析模式中忽略了主缆对塔的水平约束作用,因此,其结果是偏安全的。

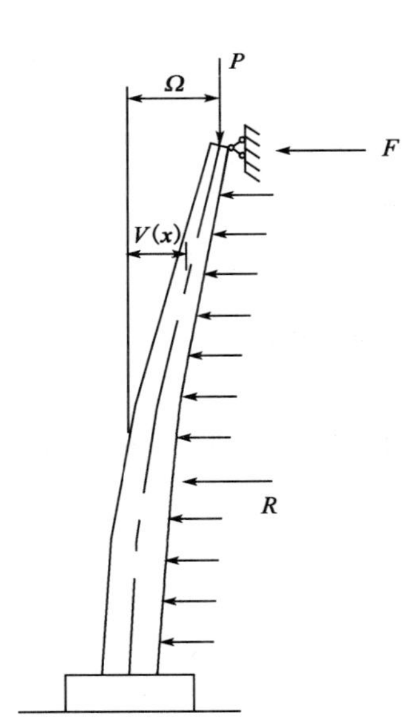

图 7.21.7 纵向荷载作用下桥塔的计算模式

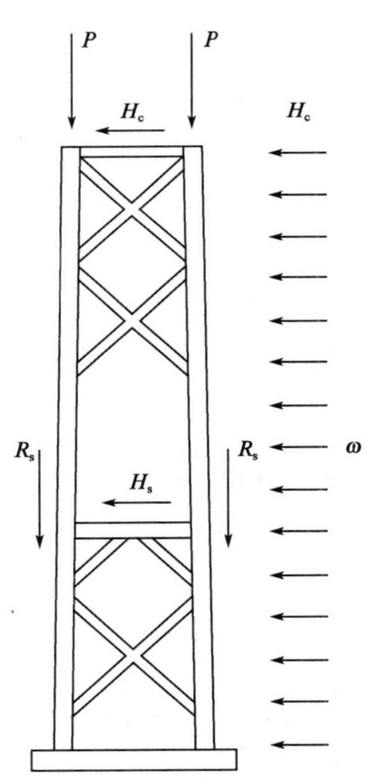

图 7.21.8 横向荷载作用下桥塔的计算模式

21.6 小 结

特大跨度桥梁的首选桥型之一——悬索桥,其建造历史、结构变迁、设计计算理论的发展过程、基于连续体分析的近似计算方法和挠度理论方法、基于离散体分析的有限位移理论在本章中均有介绍。结合悬索桥施工特点还给出了用于施工状态、成桥状态及活载作用下性态的近似及精确分析方法及桥塔在纵、横向荷载作用下的近似分析方法。作为总结，图 7.21.9 和图 7.21.10 分别给出了主缆及加劲梁的设计计算流程和桥塔的设计计算流程。

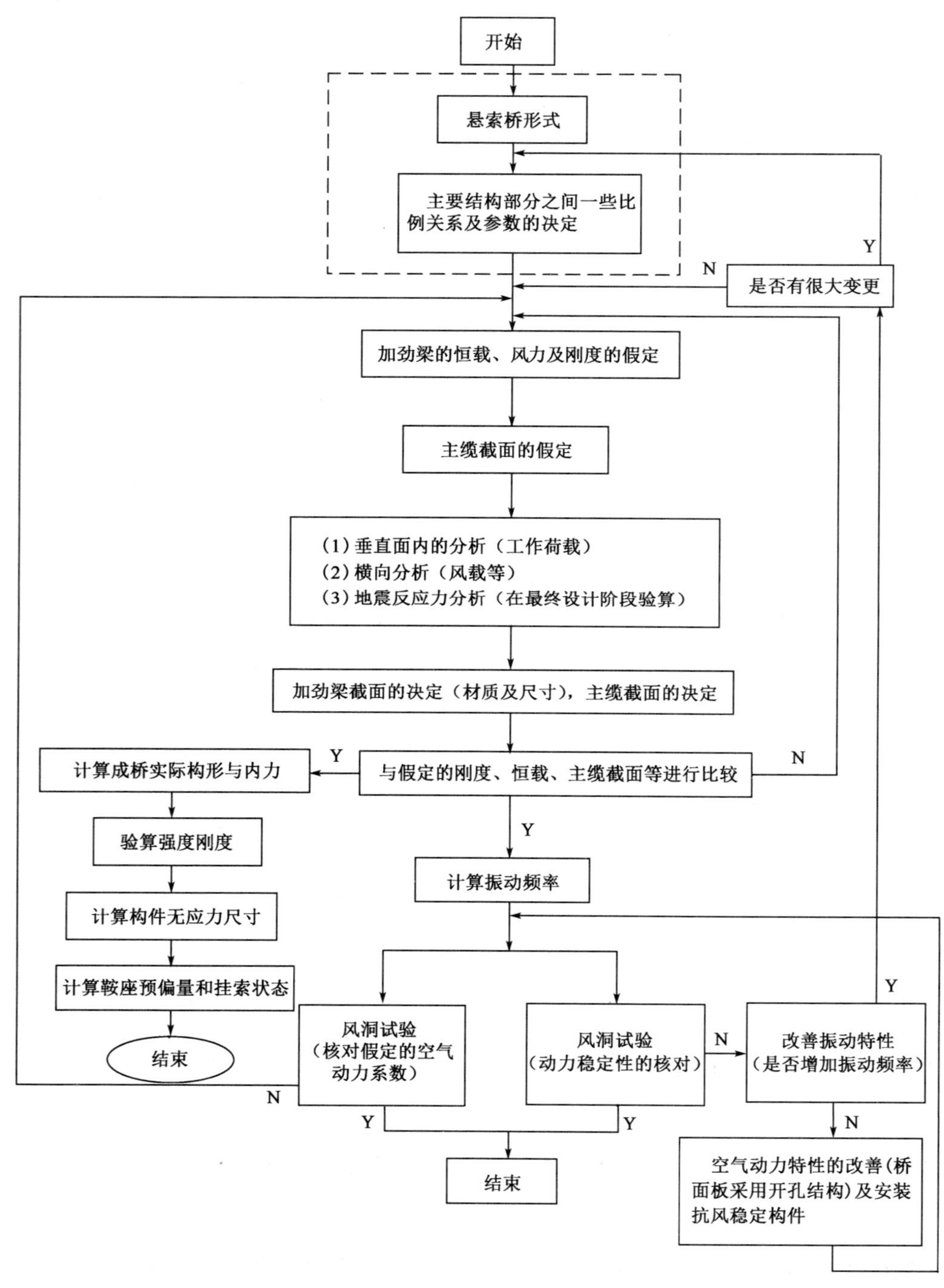

图 7.21.9　主缆及加劲梁的设计流程

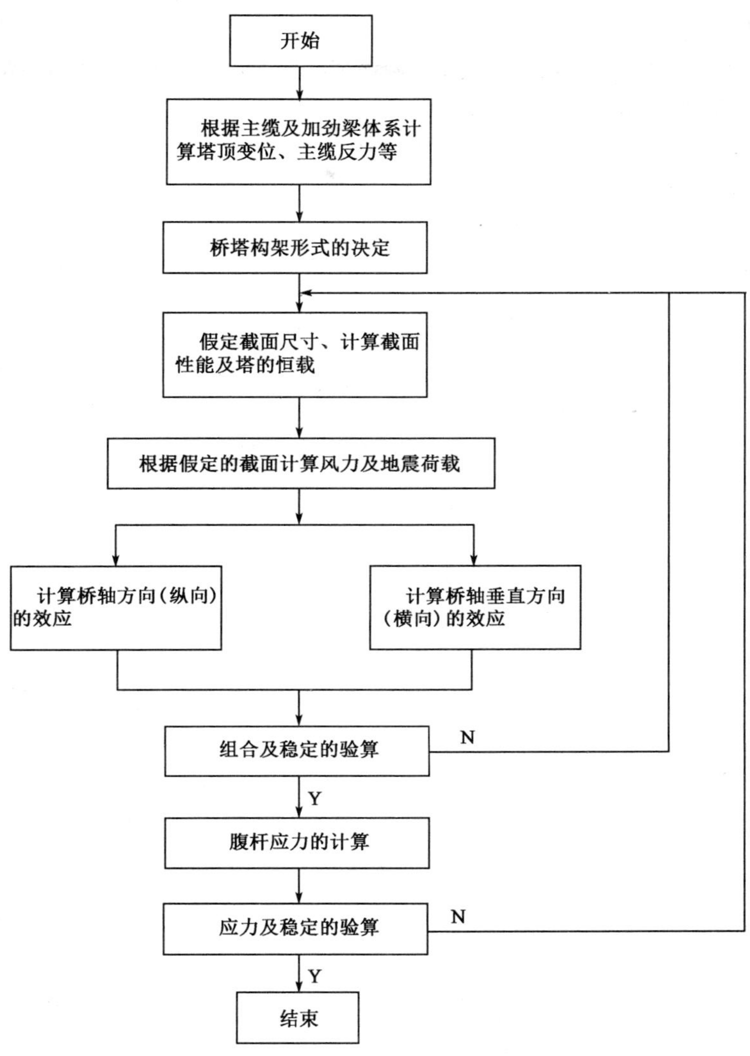

图 7.21.10　桥塔的设计流程

本章参考文献

[1] 陈仁福. 大跨悬索桥理论[M]. 成都:西南交通大学出版社,1994.

[2] Niels J. Gimsing. 缆索支承桥梁——概念与设计[M]. 金增洪,译. 北京:人民交通出版社,2002.

[3] 严国敏. 现代悬索桥[M]. 北京:人民交通出版社,2002.

[4] 雷俊卿,郑明珠,徐恭义. 悬索桥设计[M]. 北京:人民交通出版社,2002.

[5] 许世展,高传明,贺拴海,等.悬索桥主塔纵向稳定的实用计算[J].长安大学学报(自然科学版),2005,1.

[6] 许世展,刘来君,贺拴海.悬索承重桥梁结构静力分析理论[C].中国公路学会桥梁与结构学会 2003 年学术讨论会论文集,2003.

22　斜拉桥计算理论

22.1　概　　述

作为 200 ~ 1000m 跨度范围内最具竞争力的桥梁结构形式之一——斜拉桥，其历史可追溯到 1617 年。受当时技术水平的限制，在近 300 年（17 ~ 19 世纪）的漫长岁月中没有得到很大发展，19 世纪 20 年代前后修建的几座斜拉桥坍塌事故（英格兰的 Tweed River 桥，跨度 79.3m，1818 年；德国 Saale River 桥，跨度 78m，1824 年），无疑使斜拉桥的发展雪上加霜，几乎被人们遗弃。直至 1925 年法国的 Lezardirievx 桥（跨度 112m）的建成，意味着斜拉桥的复苏；1955 瑞典的 Stromsund 桥（跨度 182m）的修建，标志着现代斜拉桥的诞生。

随着技术手段的改进，高强材料及预应力技术的广泛应用，斜拉桥这一古老桥型焕发出了新的生命力。早期的稀索钢结构主梁（德国的 Theoder Heuss 桥，主跨 260m，1957 年）不再占主导地位，混凝土斜拉桥犹如雨后春笋，快速发展起来。自 1962 年委内瑞拉的马拉开波桥（主跨 235m）的建成，到 1991 年挪威建成的主跨 530m 的斯卡思圣特桥，混凝土斜拉桥的跨径在短短 30 年间，增长了一倍。钢与混凝土完美结合，使混合型斜拉桥的跨径达 856m（法国的诺曼底桥，1994 年），结合梁斜拉桥跨径达 730m（中国上海长江大桥，2009 年），而钢箱梁斜拉桥的跨径已突破 1000m（中国江苏苏通大桥 1088m，2008 年；俄罗斯岛大桥 1104m，2012 年）。斜拉桥跨径已进入千米级发展的新时代。

22.1.1　结构特征及计算理论

斜拉桥是由塔（压弯）、梁（压弯）、拉索（拉）三种基本构件组成的桥跨结构支承（固结）在桥墩上的缆体承重结构，是典型的组合结构体系。加劲梁承受强大的轴向力的同时，还要承受来自恒载、活载及其他荷载所产生的弯矩。现代斜拉桥的密索扇形布置使得加劲梁高度明显变低，性能较优的漂浮体系的大量使用，使得斜拉桥的柔性受力特征表现突出。

斜拉桥是一个复杂的空间超静定结构，其设计计算要根据结构形式、计算阶段及目的和施工方法来选择相应的力学模式和计算理论。早期的古典结构力学法[1]（力法、位移法）在现代斜拉桥精细计算中已较少采用，但在概念设计阶段亦不失是一种选择；而计算机的广泛应用，杆系模式似乎更有竞争力。根据计算阶段、荷载类型及计算目的等,下面分阶段给出斜拉桥分析所采用的计算模式及理论[2],可供参考。

(1)概念设计阶段:可选用古典结构力学方法或平面杆系模式,采用计入收缩徐变的材料非线性理论,特大跨径斜拉桥亦可考虑按二阶理论进行分析,以求快速、相对精确地把握成桥状态下结构设计参数和宏观力学响应特征,获得理想的结构布置。

(2)技术设计阶段:中等跨径的斜拉桥可选择平面杆系模式及考虑收缩、徐变的材料非线性的理论计算恒载作用下的内力,采用平面杆系模式计算活载作用下的内力,活载的空间效应应用横向分布系数(常用杠杆法或偏心压力法计算)或偏载系数来反映;超大跨径时宜采用有限位移理论。对于风荷载、地震荷载、局部温差等空间荷载,若仅关心其静力响应,可选用空间杆系模式。要了解桥梁构件的应力分布,可选用空间板壳、块体和梁单元的组合模式[3]。前者应注意实际结构与计算模式间的刚度等效性,后者应注意不同单元组合部的节点位移协调性,采用虚拟层合单元时,可有效避免上述问题。

(3)施工阶段:精确的计算不但能把握成桥时的受力状态,而且为结构的控制提供理论依据。此阶段中结构刚度、荷载、构形、约束等不断变化,收缩、徐变等材料非线性及结构几何非线性表现突出,宜采用平面杆系模式进行有限位移理论分析。

(4)特殊分析:对于斜拉桥结构中的特殊部位,如拉索锚固区、塔梁固结区、不同材料主梁结合区等的应力集中现象,应进行局部应力有限元分析,必要时需考虑塑性重分布的影响。方法是从整体结构中取出需要计算的块件,将整体结构在分离断面处的内力、位移作为被分析结构的边界条件,细分结构网格后进行二次分析。

(5)恒载索力计算与调整:调整斜拉索力可改变斜拉桥结构的受力分配,从而优化结构受力状态。索力的计算与调整方法较多,亦是斜拉桥计算的重点及难点之一。

总之,选择计算模式应力求简单合理、精确,以达到事半功倍的效果。

22.1.2 发展

纵观斜拉桥结构变迁及发展过程,可以看出斜拉桥的跨径在不断增大的同时(从几十米发展超过1000m),主梁的高跨比不断减小(从1/40左右下降至1/350左右),索距亦不断减小(从60m左右减至10m以下),扁平的板式或箱肋式主梁成为主流结构。

表7.22.1示出了跨径世界前20名的斜拉桥概要资料,可供参考。

世界大跨斜拉桥一览表　　表7.22.1

序号	桥　　名	国家	主跨长(m)	竣工年份	塔高(m)	主梁结构形式
1	俄罗斯岛大桥	俄罗斯	1104	2012	320.9	
2	苏通大桥	中国	1088	2008	306.0	钢箱梁
3	香港昂船洲大桥	中国	1018	2009	298.0	钢箱梁
4	鄂东长江大桥	中国	926	2010	242.5	混合梁
5	多多罗大桥	日本	890	1999	220.0	钢箱梁
6	诺曼底大桥	法国	856	1995	214.77	混合梁
7	九江长江公路大桥	中国	818	2013	242.3	混合梁

续上表

序号	桥　　名	国家	主跨长(m)	竣工年份	塔高(m)	主梁结构形式
8	荆岳长江大桥	中国	816	2010	265.5	钢箱梁
9	仁川大桥	韩国	800	2009	230.5	
10	厦漳大桥北汊桥	中国	780	2013	227.0	钢箱梁
11	金角湾大桥	俄罗斯	737	2012	226.25	钢箱梁
12	上海长江大桥	中国	730	2009	212.0	结合梁
13	闵浦大桥	中国	708	2010	214.5	双层桁架
14	象山港大桥	中国	688	2012	221.5	钢箱梁
15	南京长江三桥	中国	648	2001	215.0	钢箱梁
16	南京长江二桥	中国	628	2001	195.4	钢箱梁
17	金塘大桥	中国	620	2009	204.0	钢箱梁
18	白沙洲长江大桥	中国	618	2000	174.75	钢箱梁混合梁
19	二七长江大桥	中国	616	2011	209.0	结合梁
20	青州闽江大桥	中国	605	2000	175.5	结合梁

22.2　斜拉桥恒载状态分析

斜拉桥成桥恒载内力分布合理与否是衡量设计优劣的重要标准之一,恒载内力的优化过程也是设计过程。对于中、边跨不对称的斜拉桥结构,可以通过调整其恒载分布、改变边跨斜拉索锚固位置等方法来改善结构受力。由于受到设计施工中各种条件的限制,要求每座斜拉桥都满足零弯矩状态是不可能也是不现实的。但是,一旦斜拉桥结构体系被确定,总能找出一组斜拉索力,它能使结构体系在确定性荷载作用下,某种反映受力性能的目标达到最优。这组索力对应的成桥状态就是该目标下最优的成桥内力状态。求解这组最优索力,并在斜拉桥中加以实施,也就实现了斜拉桥的恒载受力优化。因此,在不改变结构参数的前提下,斜拉桥恒载状态分析转化为给定目标下斜拉索力的优化问题。

在给定目标下,寻求最优索力状态的研究一直受到桥梁界广泛关注,已有的分析方法归纳起来有两类,即无约束优化法和有约束优化法。

22.2.1　恒载索力无约束优化法

无约束优化法的做法是设定某一目标,寻求一组索力来满足已设定的目标。此种方法仅关心反映受力性能的目标达到最优,而不关心索力的大小及分布。包括:以加劲梁受力状态呈刚性支承连续梁状态作为优化目标的连续梁法;以结构在恒载作用下梁的节点位移为零作为优化目标的零位移法;以梁上缘最大应力与材料允许应力之比等于下缘相应值为优化目标的内力平衡法;以结构的弯曲能量最小为优化目标的弯曲能量最小法;以结构弯矩平方和最小为优化目标的弯矩最小法及其一般方法——影响矩阵法等。以下介绍连续梁法和弯曲能量最小法,并对一般方法做些讨论。

1)连续梁法

连续梁法是指结构在各施工阶段完成后,在一、二期恒载作用下,主梁内力与以拉索锚固点为主梁刚性支点的连续梁内力接近。这是最简单的确定索力方法,这种方法使混凝土徐变产生的二次内力较小。

下面以图 7.22.1 所示斜拉桥为例介绍。根据此图式,算出成桥状态下恒载 g 引起索梁连接点 1、2、3、4、5 的竖直变位 Δ_{1g}、Δ_{2g}、Δ_{3g}、Δ_{4g}、Δ_{5g}和索塔顶端 6 点的水平变位 Δ_{6g},以及各索索力 T_{1g}、T_{2g}、T_{3g}、T_{4g}、T_{5g}、T_{6g}。然后算出对拉索施调单位拉力时 k 点竖直变位的影响值 δ_{ki},k 为节点编号,i 为拉索编号。于是以恒载与施调索力共同作用下各节点变位为零的条件写出矩阵式

$$\begin{bmatrix} \delta_{11} & \delta_{12} & \cdots & \delta_{16} \\ \delta_{21} & \delta_{22} & \cdots & \delta_{26} \\ \cdots & \cdots & & \cdots \\ \delta_{61} & \cdots & \cdots & \delta_{66} \end{bmatrix} \begin{bmatrix} \Delta T_1 \\ \Delta T_2 \\ \vdots \\ \Delta T_6 \end{bmatrix} \begin{bmatrix} \Delta_{1g} \\ \Delta_{2g} \\ \vdots \\ \Delta_{6g} \end{bmatrix} = 0 \tag{7.22.1}$$

由式(7.22.1)解出施调索力 ΔT_i。满足变位为零的恒载索力为 T_i

$$T_i = T_{ig} + \Delta T_i \qquad (i = 1,2,\cdots,6) \tag{7.22.2}$$

δ_{ki}采用下述方法计算。

如图 7.22.2 所示,设当有一对单位力作用于 i 索时,i 索内产生内力为 T,i 索的变化力为$(1-F)$,于是只需将图 7.22.2 所示计算图式所求得的变位除以$(1-F)$,即得 δ_{ki}。

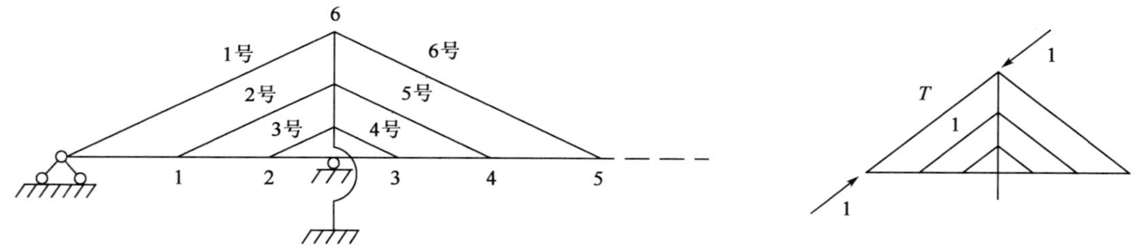

图 7.22.1 斜拉桥分析简图

图 7.22.2 δ_{ki}计算图式

在建立变形协调方程时,要注意:

(1)方程数与拉索数一致,才能得唯一解。

(2)如果拉索在主梁锚固点处在桥墩上(如图 7.22.1 中的 1 号索),或处在桥墩附近,应改令该索在塔顶处的水平变位为零。

(3)连续梁法较好适用于边跨与主跨索间距相等情况下,如遇靠近端墩处索间距变小情况,宜将这些索节点变位为零的条件从主梁处改移到塔顶处。

2)弯曲能量最小法和弯矩平方和最小法。

弯曲能量最小法是用结构的弯曲余能作为目标函数,令其对索力的偏导为零。

结构的弯曲余能为

$$U = \int_s \frac{M^2(s)}{EI(s)} \mathrm{d}s \tag{7.22.3}$$

对于离散的杆系结构可写成

$$U = \sum_{i=1}^{n} \frac{L_i}{4E_i I_i}(ML_i^2 + MR_i^2) \tag{7.22.4}$$

式中： n——结构单元总数；

L_i、E_i、I_i——i 单元的杆件长度、材料弹性模量和截面惯性矩；

ML_i、MR_i——i 单元左、右端弯矩。

将式(7.22.4)改写成矩阵表达式为

$$U = \boldsymbol{ML}^{\mathrm{T}}\boldsymbol{BML} + \boldsymbol{MR}^{\mathrm{T}}\boldsymbol{BMR} \tag{7.22.5}$$

式中：$\boldsymbol{ML}$、$\boldsymbol{MR}$——单元左、右端弯矩向量，为 $n\times1$ 阶列阵；

$\boldsymbol{B}$——$n\times n$ 阶系数矩阵，为对角阵。

$$\boldsymbol{B} = \begin{bmatrix} b_{11} & & & \\ & b_{22} & 0 & \\ & 0 & \ddots & \\ & & & b_{nn} \end{bmatrix}, b_{ii} = \frac{L_i}{4E_i I_i} \qquad (i = 1,2,\cdots,n)$$

$\boldsymbol{ML}$、$\boldsymbol{MR}$ 改用下式表达

$$\begin{cases} \boldsymbol{ML} = \boldsymbol{ML}_0 + \boldsymbol{AL}\Delta\boldsymbol{T} \\ \boldsymbol{MR} = \boldsymbol{MR}_0 + \boldsymbol{AR}\Delta\boldsymbol{T} \end{cases} \tag{7.22.6}$$

式中：$\boldsymbol{ML}_0$、$\boldsymbol{MR}_0$——成桥状态下，初始索力时单元左、右端弯矩向量，该项弯矩包含初始索力及恒载引起弯矩，也可计入活载及预应力引起弯矩；

$\Delta\boldsymbol{T}$——施调的索力向量，设 m 为拉索数，则该向量为 $m\times1$ 阶列阵；

$\boldsymbol{AL}$、$\boldsymbol{AR}$——单元左、右端弯矩影响矩阵，为 $n\times m$ 阶，其值为

$$\boldsymbol{AL} = \begin{bmatrix} aL_{11} & aL_{12} & \cdots & aL_{1m} \\ aL_{21} & aL_{22} & \cdots & \vdots \\ \vdots & & \ddots & \vdots \\ aL_{n1} & \cdots & \cdots & aL_{nm} \end{bmatrix}$$

$$\boldsymbol{AR} = \begin{bmatrix} aR_{11} & aR_{12} & \cdots & aR_{1m} \\ aR_{21} & aR_{22} & \cdots & \vdots \\ \vdots & & \ddots & \vdots \\ aR_{n1} & \cdots & \cdots & aR_{nm} \end{bmatrix}$$

其中：aL_{ij}、aR_{ij}——第 j 号索单元变化单位力，引起 i 单元左、右端的弯矩变化，其计算方法同本节的 δ_{ki} 的计算。

将式(7.22.6)代入式(7.22.4)，整理有

$$\begin{aligned} U = C_0 &+ \boldsymbol{ML}_0{}^{\mathrm{T}}\boldsymbol{BAL}\Delta\boldsymbol{T} + \Delta\boldsymbol{T}^{\mathrm{T}}\boldsymbol{AL}^{\mathrm{T}}\boldsymbol{BML}_0 + \\ &\Delta\boldsymbol{T}^{\mathrm{T}}\boldsymbol{AL}^{\mathrm{T}}\boldsymbol{BAL}\Delta\boldsymbol{T} + \boldsymbol{MR}_0{}^{\mathrm{T}}\boldsymbol{BAR}\Delta\boldsymbol{T} + \\ &\Delta\boldsymbol{T}^{\mathrm{T}}\boldsymbol{AR}^{\mathrm{T}}\boldsymbol{BMR}_0 + \Delta\boldsymbol{TAR}_0{}^{\mathrm{T}}\boldsymbol{BAR}\Delta\boldsymbol{T} \end{aligned} \tag{7.22.7}$$

式中：C_0——与 $\Delta\boldsymbol{T}$ 无关的常数项。

要使索力调整到结构弯曲能量最小，则

$$\frac{\partial U}{\partial \Delta T_i} = 0 \qquad (i = 1,2,3,\cdots,m) \tag{7.22.8}$$

将式(7.22.7)代入式(7.22.8),整理有

$$\boldsymbol{AL}^{\mathrm{T}}\boldsymbol{BAL} + \boldsymbol{AR}^{\mathrm{T}}\boldsymbol{BAR}\Delta\boldsymbol{T} = -\boldsymbol{AR}^{\mathrm{T}}\boldsymbol{BMR}_0 - \boldsymbol{AL}^{\mathrm{T}}\boldsymbol{BML}_0 \tag{7.22.9}$$

式(7.22.10)为 m 阶线性方程组,可以解得 $\Delta\boldsymbol{T}$。

索力为 $\boldsymbol{T}$

$$\boldsymbol{T} = \boldsymbol{T}_0 + \boldsymbol{C}\Delta\boldsymbol{T} \tag{7.22.10}$$

式中:$\boldsymbol{T}_0$——初始索力向量,可随意给定;

$\boldsymbol{C}$——拉索变化单位力对索力的影响矩阵,其值为

$$\boldsymbol{C} = \begin{bmatrix} 1 & c_{12} & \cdots & c_{1m} \\ c_{21} & 1 & \cdots & \vdots \\ \vdots & & \ddots & \cdots \\ c_{m1} & \cdots & \cdots & 1 \end{bmatrix} \tag{7.22.11}$$

c_{ij}——第 j 号拉索变化单位力对 i 号拉索的影响力,其计算方法同本节的 δ_{ki} 计算。

式(7.22.5)中的 $\boldsymbol{B}$ 矩阵可看成单元柔度对单元弯矩的加权矩阵。刚度大的截面意味着应多分担些弯矩。当 $\boldsymbol{B}$ 为单位阵时,式(7.22.3)就变成弯矩平方和最小法。显然,弯矩平方和作为目标函数,没有考虑到构件柔度对弯曲能量吸收的权,一般来说,不如用弯曲能量为目标函数的结果合理。

式(7.22.9)是使整个结构弯曲能量最小的最优索力方程,表现为索力优化值 ΔT 与弯矩影响矩阵 $\boldsymbol{AR}$、$\boldsymbol{AL}$ 的关系,可称为影响矩阵法。如果取弯曲应变能与拉压应变能之和为目标函数,则只要在式(7.22.9)左、右端增加构件拉压力与索力影响矩阵的关系项,就可得出相应的最优索力方程。

如果索力优化时只将结构中一部分关心截面上的内力应变能作为目标函数,则式(7.22.9)左、右端的影响矩阵用索力相应于这些关心截面内力的影响矩阵取代就得出相应的最优索力方程。用相似的方法还可定义许多有实际工程意义的目标函数,并通过变换得到与式(7.22.9)相似的索力优化方程。

22.2.2 恒载索力的有约束优化法

此类方法是指在确定了总体优化目标的同时,又关心某些指定截面构件的内力、位移的优化方法。如使结构性能某目标最优的同时,又考虑索力分布均匀而限定索力大小范围的限定索力法;或索用量最省的用索量最小法;将可行域中的参量与期望值的偏差最小作为目标优化的最大偏差最小法等。

如前述连续梁法和弯曲能量最小法的特点是只照顾到弯矩分布的合理性,不能顾及拉索受力,对边跨结构及索间距比较特殊的斜拉桥,往往需要既照顾到结构弯矩,又使索力分布比较均匀。如果建立以式(7.22.7)为目标函数,加上控制索力的约束条件,可以兼顾到两者。其一般表达式为

求 ΔT, $\min U$,满足

$$\begin{cases} \boldsymbol{T}_0 + \boldsymbol{C}\Delta\boldsymbol{T} \leqslant \boldsymbol{T}_1 \\ \boldsymbol{T}_0 + \boldsymbol{C}\Delta\boldsymbol{T} \geqslant \boldsymbol{T}_2 \end{cases} \tag{7.22.12}$$

式中：$\boldsymbol{T}_1$、$\boldsymbol{T}_2$——拉索力的上、下限值；

其余符号意义同前。

这是一个有约束极值问题，用数学规划法可以解出满足索力约束条件下的弯曲能量最小时的施调索力。

对于既要优化整体内力，又需指定某些截面内力，则可设所关心的 k 个断面（$k<n$）的内力指定值为 $\boldsymbol{S}$，初值为 $\boldsymbol{S}_0$，施调索力为 $\Delta\boldsymbol{T}$，则

$$\boldsymbol{S}=\boldsymbol{S}_0+\boldsymbol{AK}\Delta\boldsymbol{T} \tag{7.22.13}$$

式中：$\boldsymbol{AK}$——索力对应于内力指定值 $\boldsymbol{S}$ 的影响矩阵。

令

$$\boldsymbol{\varphi}=\boldsymbol{S}-\boldsymbol{S}_0-\boldsymbol{AK}\Delta\boldsymbol{T} \tag{7.22.14}$$

用拉格朗日的乘数值，式（7.22.8）可写为

$$\begin{cases}\dfrac{\partial U}{\partial \Delta T_i}+\sum\limits_{j=1}^{k}2\lambda_j\dfrac{\partial \varphi_j}{\partial \Delta T_i}=0\\ \boldsymbol{\varphi}=0\end{cases} \tag{7.22.15}$$

将式（7.22.14）和式（7.22.13）代入式（7.22.15），得

$$\begin{cases}\boldsymbol{AL}^{\mathrm{T}}\boldsymbol{BAL}+\boldsymbol{AR}^{\mathrm{T}}\boldsymbol{BAR}\Delta\boldsymbol{T}=-\boldsymbol{AR}^{\mathrm{T}}\boldsymbol{BMR}_0-\\ \boldsymbol{AL}^{\mathrm{T}}\boldsymbol{BML}_0+\boldsymbol{AK}^{\mathrm{T}}\boldsymbol{\lambda}\\ \boldsymbol{S}=\boldsymbol{S}_0+\boldsymbol{AK}\Delta\boldsymbol{T}\end{cases} \tag{7.22.16}$$

求解 $k+m$ 阶方程，便可得到相应的最优施调索力 ΔT。

在计算技术高度自动化的今天，通过人机对话方式，亦可确定最佳索力方案。做法是先选定成桥状态初始索力，计算初始索力及恒载下控制截面的内力与变位，计算活载等引起控制截面内力及索力。综合分析计算结果，根据力学及桥梁知识，修改成桥状态下初始索力或梁、塔控制截面弯矩或变位值（修改变位值的目的是调整索力和控制截面弯矩），修改一直进行到获得满意结果为止。用于修改索力、弯矩或变位的力学模型为

$$\begin{cases}\boldsymbol{T}_0+\boldsymbol{C}\Delta\boldsymbol{T}=\boldsymbol{T}\\ \boldsymbol{M}_0+\boldsymbol{A}\Delta\boldsymbol{T}=\boldsymbol{M}\\ \boldsymbol{\Delta}_0+\boldsymbol{\delta}\Delta\boldsymbol{T}=\boldsymbol{\Delta}\end{cases} \tag{7.22.17}$$

$$\begin{cases}\boldsymbol{C}\Delta\boldsymbol{T}=\boldsymbol{T}-\boldsymbol{T}_0\\ \boldsymbol{A}\Delta\boldsymbol{T}=\boldsymbol{M}-\boldsymbol{M}_0\\ \boldsymbol{\delta}\Delta\boldsymbol{T}=\boldsymbol{\Delta}-\boldsymbol{\Delta}_0\end{cases} \tag{7.22.18}$$

式中：$\boldsymbol{T}_0$——成桥状态下初始索力向量，为 $m\times1$ 阶列阵，m 为拉索数；

$\boldsymbol{M}_0$——成桥状态下，恒载、计或不计活载和预应力引起控制截面弯矩向量，为 $n\times1$ 阶列阵，n 为控制截面数；

$\boldsymbol{\Delta}_0$——成桥状态下，恒载引起控制点的变位向量，为 $l\times1$ 阶列阵，l 为控制点数；

$\Delta\boldsymbol{T}$——施调索力向量，为 $m\times1$ 阶列阵；

$\boldsymbol{C}$——$m\times m$ 阶方阵，其含义同式（7.22.11）；

$\boldsymbol{A}$——控制截面弯矩影响阵，为 $n\times m$ 阶矩阵，其中元素 a_{ij} 表示第 j 号索单元变化单位

力,引起第 i 控制截面弯矩变化;

$\boldsymbol{\delta}$——$l \times m$ 阶的矩阵,其含义同式(7.22.1)中的 $\boldsymbol{\delta}$;

$\boldsymbol{T}$、$\boldsymbol{M}$、$\boldsymbol{\Delta}$——期望的索力、控制截面弯矩与变位,列阵阶数分别与平衡式对应。

式(7.22.18)总共含 $m+n+l$ 个方程,施调的索力为 m 个,故只能从式(7.22.18)中选定 m 个独立方程,解得 $\Delta\boldsymbol{T}$。解得 $\Delta\boldsymbol{T}$ 后,利用式(7.22.17)可得调索后的索力、控制截面弯矩与变位。

在施调索力时要注意:①主梁梁段内正、负设计弯矩绝对值之和是不变的;②应使主跨拉索的水平分力之和与边跨拉索水平分力之和在恒载下得到基本平衡。

22.3 斜拉桥施工状态分析

斜拉桥在施工阶段和大跨径斜拉桥正常使用阶段,结构工作在几何非线性状态,要精确分析其结构静力响应,就应按有限位移理论用程序计算。大跨度斜拉桥的成桥状态是各施工状态的累积结果,研究斜拉桥的施工状态,不但为施工提供依据,还可以更准确地把握成桥时的结构构形和内力。以下在介绍平面杆系有限位移理论所考虑的非线性的基础上,分别讨论用于结构仿真计算的前进分析、倒退分析和施工阶段的索力优化问题。

22.3.1 有限位移理论中的非线性问题

引起斜拉桥几何非线性的因素主要有三个方面:

(1)索的垂度影响。在分析斜拉桥结构时,可将斜拉索模拟成桁架单元,由此带来了计算模型与实际结构间的误差,通常可用 Ernst 公式修正索弹性模量。

$$E_{eq} = \frac{E}{1 + \dfrac{\gamma^2 l_c^2}{12\sigma^3}E} \tag{7.22.19}$$

式中:E_{eq}——拉索等效弹性模量;

γ——拉索重度;

E——索材料的弹性模量;

σ——索中的拉应力;

l_c——$l_c = l\cos\alpha$,拉索的水平投影。

由于 E_{eq} 是索端力的函数,导致了索端力与索端位移呈非线性。这是一种将几何非线性问题转化为材料非线性问题的近似方法。当索内应力水平较低时,这种方法精度较低,直接用柔索单元来模拟斜拉索才能得到精确的结果。

(2)梁柱效应斜拉桥主梁、主塔都工作在压弯状态,引起了梁柱效应。用梁单元分析时,可用稳定函数表示的几何非线性刚度矩阵或一般的几何刚度阵来计入这一效应。前者精度高,但计算工作量大;后者精度稍低,计算工作量小,计算中只要保证 $k \leqslant 3$(第 5.3.3 节),对工程问题就有足够精度。

(3)大位移效应由于斜拉桥具有柔性结构特征,外荷载作用下结构变形较大,平衡方程必须建立在变形后的位置上。可以用大位移刚度阵或基于 U. L 列式的有限位移理论（拖动坐标法）计入这一效应。

斜拉桥按有限位移理论计算时，恒载与附加荷载的非线性计算，以计算荷载作用前的状态为初态；活载的非线性计算以成桥状态为初态，用影响区加载法计算。

22.3.2　施工仿真计算——前进分析法

前进分析法是一种以计算斜拉桥施工过程中的内力、构形，保证施工的合理与安全为目的，仿真施工过程的计算方法。在此计算中，还可按不同的设计原则确定斜拉索的张拉力。

（1）结构信息的描述

用程序来完成前进分析，计算机首先应获取一组描述计算对象施工过程的数据信息。一般地，描述一座桥的施工过程需要三类信息，即总体结构信息、施工方式信息和各个施工阶段的荷载信息。

①总体结构是指桥梁从施工到成桥的过程中，出现的“最大”结构。总体结构信息包括结构离散状态的节点、单元信息，几何材料信息，预应力索信息，构件的徐变、收缩信息，组合单元的信息及刚臂信息等。

②施工方式信息是指各个施工阶段中，在已建结构上新增加或拆除构件的数量及单元信息；新增加或拆除的支座信息；新张拉或放张的预应力索数和索号信息；临时铰的封结或临时固结的释放信息；徐变单元信息；构件截面几何特性、材料特性和受力特性的改变信息。

③施工荷载信息是指一个施工阶段里，在已建结构上新增减的节点荷载、广义单元荷载、温变荷载、支座变位、预应力张拉力荷载及调值信息。

（2）各种状态的模拟

计算程序是通过总体结构信息来识别整个结构体系，真实结构由施工信息逐阶段生成。

①在同一施工阶段里，新安装的构件用激活相应的单元号来模拟，增减的支座用激活相应节点约束信息与放松节点约束信息来模拟。在拆除支座时，同时释放该支座的支反力，并将支反力转移给现有结构承受。

②新张预应力索通过激活结构中的相应虚拟索元，并将张拉力和扣除各微段上相应的各种预应力损失后等效作用于结构体系来模拟。在随后的施工过程中，预应力索将分体外索和体内索，以不同形式共同参与结构受力，以便自动计入其弹性损失和由于混凝土徐变、收缩引起的损失。

③临时索的拆除，通过将现阶段索退出工作，并将预应力索所受的力释放给已建结构来模拟。

④临时铰的封结和临时固结拆除通过改变单元连接信息来模拟。在临时固结拆除时，原截面内力将分配给剩余结构。

⑤构件材料、几何特性的改变通过改变单元材料的特性码的方式来模拟。

⑥斜拉索索力调整等施工步骤，可用调值计算功能来模拟。

在前进分析中，有些施工过程的仿真，必须做特殊处理。如顶推施工，其特点是每顶一节，支点位置都要作平移，原来非支点的节点顶到支点后，其原来的位移也相应消除，所以可通过支座装拆和节点支座强迫变位的方式来模拟。再如，满堂支架施工的结构在张拉预应力索后的部分自动落架问题、悬索桥索鞍移动、索与鞍座切点位置变化等特殊问题，可利用接触问题求解法来解决。

在前进分析中，由于结构刚度较小，混凝土构件龄期短、位移大、徐变收缩量大，结构非线性表现突出，所示非线性的求解策略显得尤为重要。

非线性计算采用 U. L 列式的杆系有限元法，将以前各施工阶段在已建结构上的累计静力响应作为本阶段结构几何非线性计算的初态，索类单元的垂度效应可选用表观模量修正法或柔索单元。考虑到结构受载后首先达到静力平衡，再发生徐变、收缩，所以在计算中首先考虑几何非线性，以结构平衡后的应力状态为本阶段时变效应分析的初态，在每一时段分析中都以前一时段非线性平衡状态作为初态。前进分析系统的流程图如图 7.22.3 所示。

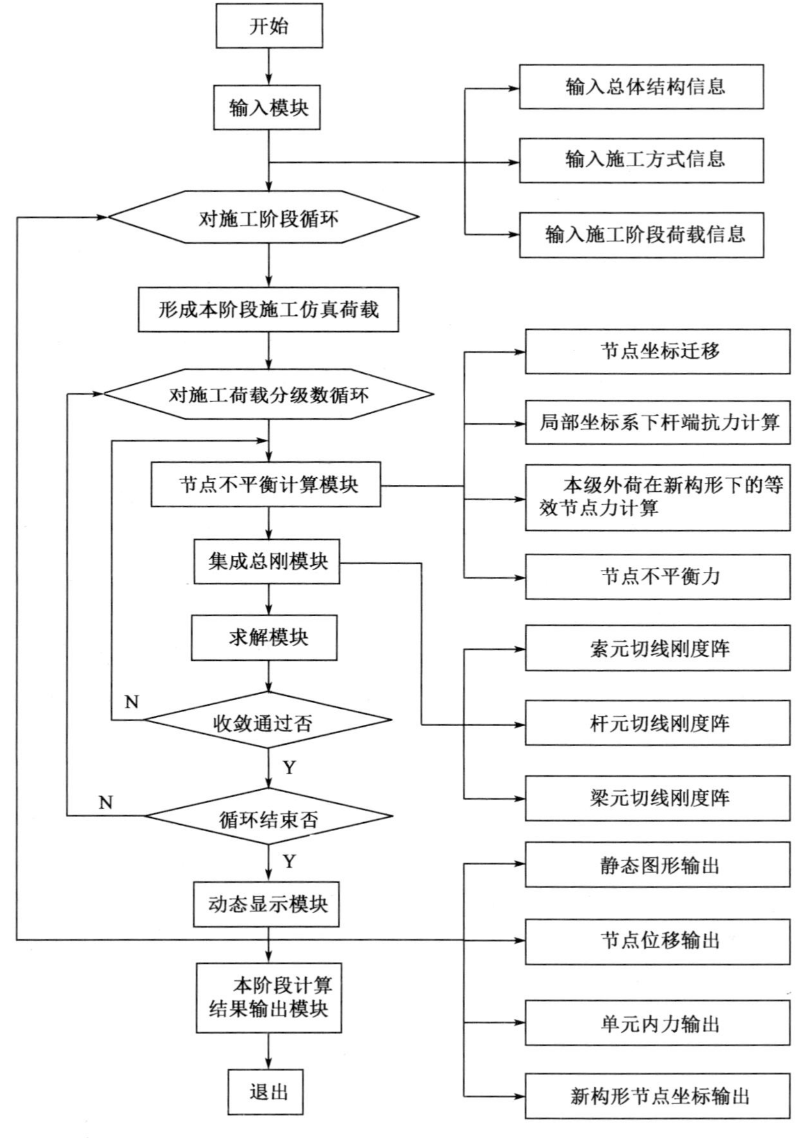

图 7.22.3　前进分析流程

(3)张拉索力的确定

不同的设计原则所确定的张拉索力将是不同的,以下以刚性支承连续梁法计算原则为例介绍。

成桥状态下刚性支承连续法确定的恒载索力为恒载设计索力,此处则在计算中随施工阶段随时计入非线性影响后,按索在梁吊点处的位移为零来确定张拉索力。

刚性支承连续梁法要求在施工过程中及成桥后多次张拉拉索索力,使斜拉桥主梁在恒载状态下,计入混凝土收缩、徐变的内力大体与刚性支承连续梁内力相近。施工阶段按刚性支承连续梁法的计算原则一般为:主梁悬臂端的挠度保持为零;已浇筑完成的主梁计入混凝土收缩、徐变后具有刚性支承连续梁的内力。如果在施工某阶段梁、塔出现不理想的内力,则将索力作一次调整,始终控制梁、塔的内力和变形。

22.3.3 施工状态计算——倒退分析法

1)分析模型

倒退分析法是一种将成桥状态作为目标,以计算斜拉桥拉索初张力和拼装节段高程等理想施工参数为目的逆施工过程的计算方法。

对于线性结构,用倒退分析结果进行理想施工,保证每一阶段都不出现偏差,就可以达到成桥状态。因此,从理论上讲,倒退分析的结果可直接用于指导线性结构的设计施工,并作为施工控制的目标。

单一的倒退分析可由前进分析的逆过程来实现。首先,激活虚拟结构中成桥态的所有单元、约束节点、预应力索,并将外荷载作用于结构,通过恒载优化确定成桥态结构的最优受力状态,并将位移赋零,其目的是使设计结构的应力、构形满足初始描述。在此基础上,逐阶段对结构进行倒拆分析。得到的位移和内力状态表示:要使成桥态结构满足倒拆前的状态,本阶段已建结构所必须具备的状态。不难理解,当计入徐变等的时效影响,用单一的倒退分析确定斜拉桥的施工状态,就会遇到前进分析与倒退分析的状态不闭合问题。

2)张拉索力及预拱度的计算

斜拉桥成桥内力的优化完成后,斜拉桥的设计和施工都应以优化结果为目标来进行操作。目前,斜拉索施工较多采用一次张拉法。这一方法是在满足施工强度要求前提下,对新拼梁段设置事先确定的预拱度。对新安装的斜拉索按事先确定的初始张拉力进行张拉,成桥时索力和线形就能自动满足设计要求。问题的关键是如何来确定这组张拉索力和梁段的预拱度。

从理论上讲,倒退分析法可以完成这一计算,只要假定 $t = t_0$ 时刻斜拉桥内力为优化的内力状态。线形满足设计轴线,按照施工的逆过程,对结构进行倒退分析,计算每卸除一个施工段对剩余结构的影响,就能得到各索的初始张拉力和梁的安装预拱度。其过程为:

(1)每拆一对索及相应主梁节段,在拆去单元后的节点处加上大小相同、方向相反的节点力。

(2)按拆去单元后的结构状态及所加节点力,进行结构分析,得节点力引起的各索索力及变形。

(3)拆单元前的各索索力加上节点力引起的索力,得尚未拆除索的索力。

(4)下一阶段待拆拉索的张拉力即为由③所得的索力。

但是,这样的倒退分析与实际情况存在着诸多不闭合因素,归结起来主要有以下几点:

(1)计算状态的不闭合。从力的平衡条件可知,只要斜拉桥的支反力与索力已知,结构就成为静定。若能保证斜拉桥成桥索力、支反力与优化结果一致,则相应内力状态就是成桥优化状态。但要达到这一状态,单靠索力一次张拉一般是无法实现的。考察图7.22.4a)所示斜拉桥,图7.22.4b)为其卸除二期恒载后的状态,图7.22.4c)为其拆除合龙段AB后的状态。T_i^j表示第i号索第j次倒退分析后的索力,M_A^j、M_B^j表示合龙段AB在j次倒退分析时的弯矩。按照一次张拉的概念,只要在图7.22.4c)状态下索力满足$T_i^2(i=1,\cdots,8)$,那么,施工完成后就能自动达到指定索力$T_i^0(i=1,\cdots,8)$了。其实这显然是不可能的,因为,成桥状态在合龙截面处一般都有一定的弯矩,而自由合龙时该截面弯矩为零,这说明了一次张拉法施工与倒退分析状态往往是不闭合的。要改变这种不闭合现象,必须调整施工方法,比如在施工中对合龙截面加预弯矩或对索力重复张拉。在对索重复张拉时,最好使调整索数最少。对于上面的例子而言,可在第一和第二阶段中增加一个施工计算阶段,先改变其中一对索的索力,比如T_4^2和T_5^2使得合龙断面A、B两点弯矩为零,此时索力记为$T^{2\prime}{}_i(i=1,\cdots,8)$,再拆除合龙段,得到索力$T_i^3$ $(i=1,\cdots,8)$。施工时,只要使斜拉桥合龙前索力达到T_i^3,合龙后张拉T_4、T_5达到T_4^2、T_5^2,再加二期恒载,就能实现成桥状态。

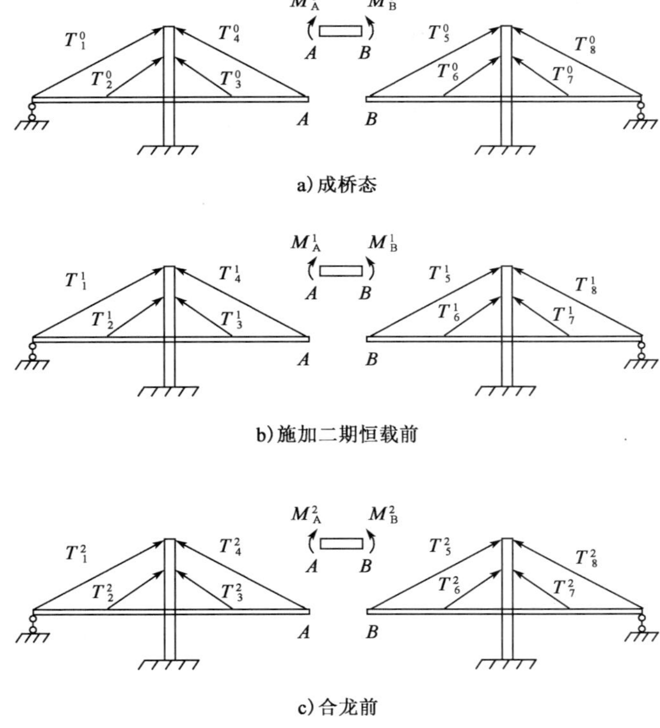

图7.22.4 斜拉桥的施工过程

在实际工程中,虽然存在计算状态不闭合现象,但如果索力和支反力值的不一致导致结构受力状态偏离优化受力状态较小,采用这一施工方案又能简化施工,则可用后者代替成桥内力状态,否则必须在结构合龙后实施索力调整。这一步工作必须作为一个施工步骤反映在确定初始张拉力与施工预拱度的分析过程中。

(2)结构预应力、徐变、收缩引起结构倒拆分析内力与实际施工内力的不闭合。

(3)斜拉索垂度效应和结构大位移效应等几何非线性引起的倒拆分析内力与实际施工内力的不闭合。

因此,单用倒退分析法确定的斜拉桥初始张拉力与施工预拱度往往是失真的,无法直接用于设计、施工。采用前进、倒退分析交互迭代法可以消除这些不闭合因素影响。

前进倒退交互迭代法的主要内容有:

(1)合理处理索垂度引起的非线性效应。采用表观模量计算斜拉索的弹性模量时,首轮迭代用 $i-1$ 阶段的索力对索弹性模量进行 Ernst 公式修正,作为第 i 阶段的模量,并在第 i 阶段进行迭代。此后的计算则以上一轮相应阶段索力,作为本阶段索等代模量计算的依据。

(2)合理处理徐变迭代计算。混凝土徐变与结构形成过程中构件的应力历史有关。除了老化理论,倒退分析在理论上无法计算徐变。但在前进、倒退交互迭代计算中,第一轮分析可不计徐变收缩,然后以第一轮前进分析记录的应力历史作为第二轮倒退分析时徐变收缩计算的依据,逐阶段计入它们的影响,如此反复直至收敛。

前进、倒退交互迭代法以索力为主线,把施工过程与成桥状态串联起来,力学意义明确,在工程界应用较广。

22.3.4 施工阶段的索力优化

根据施工逆过程,可以确定满足成桥优化内力状态下,各施工阶段的内力状态和位形,即施工阶段的理想状态。但在实际施工时,由于构件自重、刚度、施工精度、索力张拉误差、温差等诸方面因素影响,可使施工阶段结构实际状态偏离理想状态。对索力的优化调整是施工阶段纠偏的重要手段。

施工阶段斜拉索力在结构状态变量中只是一个中间变量,其初始变量是索的无应力索长。满足成桥理想状态的索长在某一施工阶段要达到相应的理想索力,则结构位形必须也是理想状态的。所以,调索纠偏只可调整由于无应力索长度引起的那部分索力误差,而由于构件自重、刚度等因素引起的位形改变和索力偏差,原则上无法通过索力调整来纠正。要真正消除这些偏差,要么对引起误差的诸因素逐个调整消除(一般是做不到的),要么承认已测到的确定性误差,并在新的参量下重新优化成桥状态和施工状态。

工程常用的方法是适当调整索力,使关心截面上控制变量的偏差最大限度地减小。施工过程中控制变量以位移为主,成桥状态下控制变量以内力和索力为主。

设关心截面上 n 个控制变量的误差向量为 $\boldsymbol{x}_0$,通过一组索的索力施调向量 $\Delta\boldsymbol{T}$ 作用,使误差向量变为 $\boldsymbol{x}$,则

$$\boldsymbol{x} = \boldsymbol{x}_0 + \boldsymbol{A}\Delta\boldsymbol{T} \tag{7.22.20}$$

式中:$\boldsymbol{A}$——施调索力对控制变量 $\boldsymbol{x}$ 的影响矩阵。

控制变量可能是由关心截面上的内力、位移、支反力等混合控制变量组成的向量。这些变量的量纲各异,如果直接选用误差向量模的平方作为目标函数,可能导致优化失败,为此,引入相应的权矩阵来体现各控制变量的量纲和其自身的重要性。设权矩阵为 $\boldsymbol{B} = \mathrm{Diay}(b_{11}, b_{22}, \cdots, b_{nn})$,取目标函数为

$$U = \boldsymbol{x}^{\mathrm{T}}\boldsymbol{B}\boldsymbol{x} \tag{7.22.21}$$

则问题变成了式(7.22.9)的一个特例,索力优化方程为

$$\boldsymbol{A}^{\mathrm{T}}\boldsymbol{B}\boldsymbol{A}\Delta\boldsymbol{T} = -\boldsymbol{A}^{\mathrm{T}}\boldsymbol{B}\boldsymbol{x}_0 \tag{7.22.22}$$

在实际工程中,也可能要将一些控制变量的误差控制为指定值或落入某一范围,这时无约束优化问题就变成了有约束优化问题,实现优化的方法与成桥状态有约束索力优化相仿。

22.4 斜拉桥的近似计算

斜拉桥设计中应该考虑几何非线性对结构影响已是一个不容置疑的问题。采用非线性分析方法,可以精确地得到斜拉桥在各种荷载作用下的响应。但是,实现这些非线性计算工作量大,计算时间长。对于中等跨径斜拉桥和大跨径斜拉桥方案设计阶段,没有必要采用精确的方法,可用近似考虑二阶效应的计算方法。

22.4.1 线性二阶理论近似计算法

斜拉桥的梁、塔都可看成是压弯梁,简单的压弯梁平衡微分方程可写成

$$EIy^{\mathrm{IV}} + N(x)y'' = q(x) \tag{7.22.23}$$

斜拉桥在活载 $q(x)$ 作用下,构件轴力 $N(x)$ 包含两项,一项是由恒载引起的,记为 $N_g(x)$,另一项是由活载引起的,记为 $N_q(x)$。$N_q(x)$ 是活载 $q(x)$ 的函数,因此,使式(7.22.23)成为非线性微分方程。

从一些大跨径斜拉桥的非线性分析结果中可以发现,活载的几何刚度效应要比大位移刚度效应为大。在几何刚度效应中,又以恒载几何刚度效应为主,这是由于大跨径桥梁中,恒载引起的轴力 $N_g(x)$ 要远比活载引起的轴力 $N_q(x)$ 为大的缘故。因此,可以略去 $N_q(x)$ 的影响,于是微分方程式(7.22.23)就转变为线性微分方程。这时,线性叠加条件得以满足,整个计算可借用影响线的概念进行计算。在已有桥梁线性分析程序中加入恒载几何刚度项,就可实现线性二阶理论的计算。这一方法的优点是整个计算无须迭代。

具体实施时,可以将优化得到的恒载内力状态作为初态来形成弹性刚度阵与几何刚度阵,并将它们进行叠加,作为结构切线刚度阵;然后按机动法求等效节点力向量,并直接求解线性方程组得到离散的影响线函数,最后进行动态加载,得到最不利内力响应。

必须指出,斜拉桥塔、梁中的轴力都为压力,有使结构刚度变小、构件弯矩增大的趋势。忽略 $N_q(x)$,用线性挠度理论算得的最不利荷载响应,一般都是偏小于真实解的,因此,应用在实际工程中是偏于不安全。

22.4.2 偏心增大系数修正法

压弯构件的几何非线性可用偏心增大系数修正法来计算。偏心增大系数与杆件的压屈临界荷载的关系为

$$\eta = \frac{1}{1 - \dfrac{N}{N_{cr}}} \tag{7.22.24}$$

式中：η——偏心增大系数；

N——压弯构件的轴压力；

N_{cr}——压弯构件压屈临界荷载。

斜拉桥梁、塔的偏心增大系数，也可仿照式(7.22.24)写出相应公式。对于加劲梁，其偏心增大系数为

$$\eta_x = \frac{1}{1 - \frac{1}{\lambda(x)}} \tag{7.22.25}$$

式中：η_x——加劲梁随 x 变化的偏心增大系数；

$\lambda(x)$——$\lambda(x) = 2\sqrt{EI(x)\beta(x)}/N(x)$，$x$ 处的稳定安全系数(临界轴力计算见24.3.1节)。

斜拉桥加劲梁的偏心增大系数 $\eta(x)$ 是随梁的位置变化而变化的，将线性理论算得的斜拉桥弯矩、挠度乘以相应的 $\eta(x)$，可以作为近似的非线性计算结果。

22.5 部分斜拉桥的静力近似分析

部分斜拉桥的力学性能介于连续体系梁桥与常规斜拉桥之间，其原型可追溯到反拱形梁桥如图7.22.5所示，其主梁造型与该结构的弯矩图相似，故受力较为合理，使得结构材料得到了极大的利用。该结构的优点在于结构造型新颖，结构布置合理。

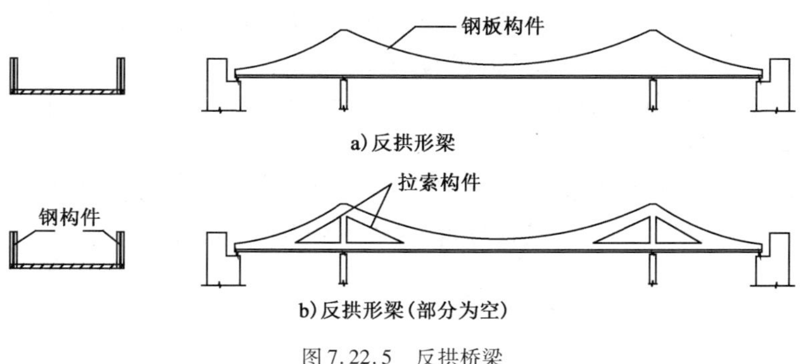

图7.22.5 反拱桥梁

部分斜拉桥力学性能分析方法与常规斜拉桥相似，本节仅介绍用于部分斜拉桥概念设计阶段的几个静力参数的近似估算方法。

22.5.1 索梁活载比的近似计算

索梁活载比可从本质上反映部分斜拉桥在车道荷载作用下的结构效应。在部分斜拉桥概念设计阶段，需要利用简化计算模型或近似计算公式对结构的力学性能作出评估。从而快速地做出定性判断和抉择最佳设计方案。

车道荷载作用下，日本学者山崎淳[4]等(1995)在研究部分斜拉桥时，提出用索梁竖向刚度之比 γ，即

$$\gamma = \sum \frac{\frac{1}{\delta_{si}}}{\frac{1}{\delta_{Gmax}}} = \frac{\sum E_{ci}A_{ci}\sin^2\alpha_{ci}/l_{ci}}{E_G I_G/l_G^3} \tag{7.22.26}$$

式中： δ_{si}——第 i 号索的单位力作用下的伸长量的竖向分量；

δ_{Gmax}——主梁在单位竖向力作用下拉索锚固处的挠度；

E_{ci}、A_{ci}、α_{ci}、l_{ci}——第 i 号索的弹性模量、截面积、水平倾角及长度；

E_G、I_G、l_G——主梁的弹性模量、抗弯惯性矩及中跨跨径。

和竖向荷载分担比 β，即

$$\beta = \frac{\text{拉索分担的竖向荷载}}{\text{全部竖向荷载}} \tag{7.22.27}$$

来界定部分斜拉桥，认为 $\beta = 30\%$ 时是部分斜拉桥和常规斜拉桥的分界点，$\beta \leqslant 30\%$ 时为部分斜拉桥，反之为常规斜拉桥；与之相对应的应力幅 $\Delta\sigma$，当 $\Delta\sigma \leqslant 50\text{MPa}$ 时为部分斜拉桥，反之为常规斜拉桥。对斜拉体系来说，活载作用下的索力是按结构刚度确定的，而恒载作用下的索力则是由设计人员确定的，对同样参数的结构，用式(7.22.27)得到的拉索竖向分担比可能不同。

也有学者提出索梁活载比的概念来界定部分斜拉桥，其表达式为[5,6]

$$\eta = \frac{\sum E_{ci}A_{ci}\sin^2\alpha_{ci}\cos\alpha_{ci}}{E_G I_G}\beta_i \tag{7.22.28}$$

式中：β_i——与支承条件、跨径及拉索锚固点到塔根距离有关的结构参数；

其他符号意义同前。

上式更能从力学本质上反映部分斜拉桥的结构特点。但没有计入车道荷载中的集中荷载的影响，在计算跨径较小时，式(7.22.28)的计算误差较大。

索梁活载比是由结构体系的计算参数决定的，故只要确定部分斜拉桥的结构体系的计算参数，就可快速估算出该体系的索梁活载比。

对于作用车道荷载（集中荷载＋分布荷载）的塔梁固结双塔三跨斜拉体系，主跨计算跨径 l，边跨 $l_1 = kl$，按结构力学中的力法进行分析，可以得到其索梁活载比为[8]

$$\eta = \frac{\sum_i E_{ci}A_{ci}\gamma_i\sin^2\alpha_i\cos\alpha_i}{E_G I_G} \tag{7.22.29}$$

$$\gamma_i = \frac{(2lx_i^2 - x_i^3 - l^3) + \frac{3k^3+3}{3+2k}l^2(l-x_i)}{24l} + \frac{3l^2 - 4x_i^2 - \frac{9l(l-x_i)}{2k+3}}{48} \tag{7.22.30}$$

式中：E_{ci}、A_{ci}——拉索的弹性模量及面积；

α_i——拉索的水平倾角；

x_i——拉索的水平投影长度；

其他符号意义同前。

对于其他体系的斜拉桥，其参数 γ_i 不同，并与支承形式、计算跨径、拉索锚固点位置有关。分析可知，索梁活载比实质为拉索轴向刚度 $E_{ci}A_{ci}$ 与主梁抗弯刚度 $E_G I_G$ 比值的反映，再根据与拉索的布置形式有关的参数 $\theta = (\alpha_i, x_i, l)$ 对其修正[7]。

22.5.2 静力近似计算

将三跨塔梁墩固结的部分斜拉桥视为平面杆系结构,结构变形符合胡克定律,将斜拉索视为一直杆,恒载作用下的弹性模量经 Ernst 修正后,活载作用下不再修正,忽略梁柱效应及几何尺寸的变化引起的内力重分布。在确定的合理成桥状态下,可认为在恒载作用下塔梁处于纯受压状态,弯矩为零或接近于零,可近似认为拉索的索力等于相邻梁段恒载作用的一半与拉索自重的一半之和,如图 7.22.6 所示[7]。

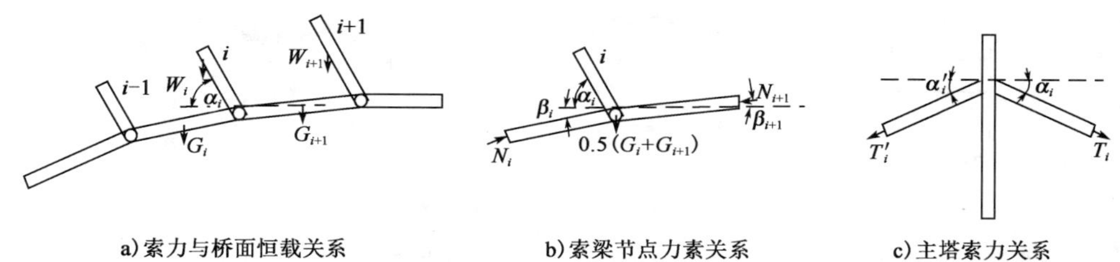

图 7.22.6 恒载下荷载平衡理论

由力的平衡关系,可知恒载作用下各力素之间存在如下关系表达式

$$\begin{cases} T_i\sin\alpha_i = \dfrac{G_i + G_{i+1} + W_i}{2} \\ N_i\cos\beta_i = N_{i+1}\cos\beta_{i+1} + T_i\cos\alpha_i \\ T_i'\cos\alpha_i' = T_i\cos\alpha_i \end{cases} \tag{7.22.31}$$

式中: T_i、W_i、α_i——中跨第 i 号索的索力、自重及与主塔的倾角;

T_i'、α_i'——对应的边跨拉索的索力及倾角;

G_i、G_{i+1}、N_i、N_{i+1}、β_i、β_{i+1}——第 i 号索左右侧主梁的重力、轴力及与主梁的倾角。

1)恒载主梁弯矩

对于密索式部分斜拉桥,可将其简化为多跨弹性支承连续梁,则其中跨在拉索之间的最大正弯矩和拉索处的最大负弯矩分别为

$$\begin{cases} M_{g1}^{s} = \dfrac{w\lambda_s^2}{12} \\ M_{g0}^{s} = \dfrac{-w\lambda_s^2}{24} \end{cases} \tag{7.22.32}$$

边跨为

$$\begin{cases} M_{g1}^{c} = \dfrac{w\lambda_c^2}{12} \\ M_{g0}^{c} = \dfrac{-w\lambda_c^2}{24} \end{cases} \tag{7.22.33}$$

式中:w——主梁上的恒载作用;

λ_s、λ_c——边、中跨拉索的间距。

2)恒载主梁轴力

将拉索视为分布于竖直平面内的一个索膜,认为斜拉索在主塔及主梁上均为等间距分布,

忽略斜拉索的重量，主梁恒载为均布荷载，主跨跨中及梁端的轴力为零。其计算简图如图7.22.7所示。

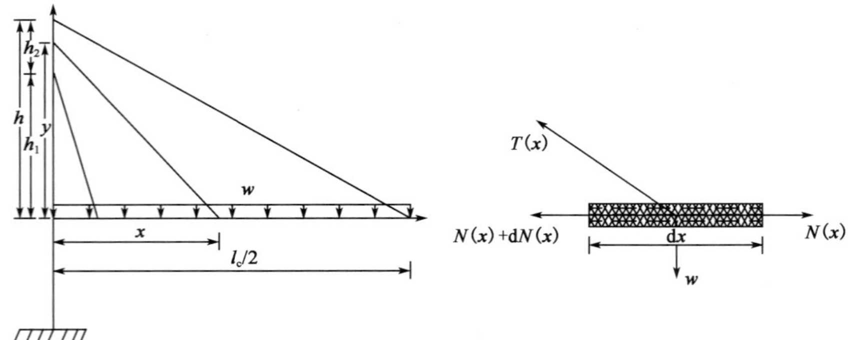

图7.22.7　主梁轴力计算简图

在如图7.22.7所示的坐标系中，主梁任意一点的轴力 $N(x)$ 和索力 $T(x)$ 关系为

$$\mathrm{d}N(x)=\frac{x}{y}w\mathrm{d}x \tag{7.22.34}$$

由拉索在主梁和主塔上等间距布置，则有

$$\frac{h_2}{\lambda_h}=\frac{l_c/2}{\lambda_c} \tag{7.22.35}$$

由几何关系可得拉索布置形式参数方程为

$$y=h-\frac{\lambda_h}{\lambda_c}(l_c/2-x) \tag{7.22.36}$$

由主梁上轴力边界条件假设，将式(7.22.34)、式(7.22.35)代入式(7.22.36)并积分可得

$$N_c(x)=\int_x^{l_c/2}\frac{wx}{y}\mathrm{d}x=w\xi\left[l_c/2-x-(l_c/2-h\xi)\ln\frac{h\xi-l_c/2+x}{h\xi}\right] \tag{7.22.37}$$

式中：ξ——$\xi=\frac{\lambda_c}{\lambda_h}$，拉索在梁、塔布置间距之比。

主梁轴力与拉索在梁塔上的布置间距有关。

当拉索为辐射式布置时，$\xi=\infty$，则

$$N(x)=\frac{w}{2h}\left(\frac{l_c^2}{4}-x^2\right) \tag{7.22.38}$$

拉索为竖琴式布置时，$\xi=\frac{l_c}{2h}$，则

$$N(x)=\frac{wl_c}{2h}\left(\frac{l_c}{2}-x^2\right) \tag{7.22.39}$$

由荷载平衡关系，可得主跨与边跨轴力关系为

$$N_s(x')=N_c(x)=N\left(\frac{l_c}{2l_s}x'\right) \tag{7.22.40}$$

3）恒载主塔轴力

如图 7.22.8 所示，主塔的轴力由斜拉索索力的竖向分量 N_T、主塔的自重 N_p 及拉索 N_c 的自重三部分组成。斜拉索索力竖向分量引起的主塔索力增量为 $N_T = 2w\xi(h-y)$。

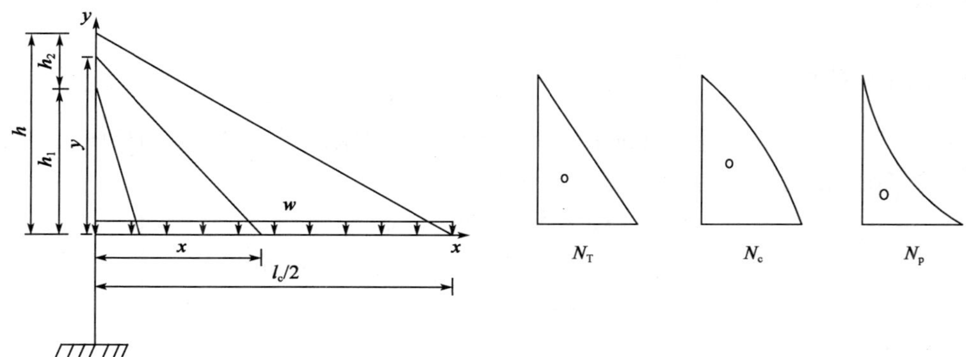

图 7.22.8 主塔轴力计算简图

主塔的截面通常为变截面，将主塔的截面视为线性变化，假设塔顶截面尺寸为 A_0，截面变化率为 κ，材料重度为 γ_p，则主塔自重引起的轴力为

$$N_p = \int_y^h \gamma_p[A_0 + \kappa(h-y)]\mathrm{d}y = \gamma_p A_0(h-y) + \frac{\gamma_p\kappa}{2}(h-y)^2$$

将拉索视为在一个垂直面内分布的索膜，则索膜的平均厚度为 $t = \frac{2nV_c}{l_c h} + \frac{2nV_s}{l_s h}$，于是，拉索自重引起的主塔轴力增量为 $N_c = \gamma_c t\left(\frac{l_c}{2} + \xi y\right)(h-y)$。$n$ 为索面数；V_s、V_c 为中、边跨拉索的体积；l_s、l_c 为中、边跨的计算跨径；γ_c 为拉索材料重度。

则主塔轴力为

$$\begin{cases} N_p = 2w\xi(h-y) + \gamma_p A_0(h-y) + \dfrac{\gamma_p\kappa}{2}(h-y)^2 + \gamma_c t\left(\dfrac{l_c}{2} + \xi y\right)(h-y) & (h - l_c/2k \leqslant y \leqslant h) \\ N_p = wl_c + \gamma_p A_0(h-y) + \dfrac{\gamma_p\kappa}{2}(h-y)^2 + \dfrac{l_c}{2}\gamma_c th & (y \leqslant h - l_c/2k) \end{cases} \tag{7.22.41}$$

式中符号意义同前。

4）活载主梁位移

在竖向荷载 P 作用下，部分斜拉桥的主梁的挠曲变形主要由斜拉索的弹性伸长、主塔的轴向弹性压缩及转动或挠曲引起。

斜拉索的弹性伸长引起的主梁的挠曲变形为 $\delta\nu_{ci} = \frac{\delta l_{ci}}{\sin\alpha_{ci}} = \frac{Pl_{ci}}{E_{ci}A_{ci}\sin^2\alpha_{ci}}$；主塔弹性压缩引起的主梁挠曲变形为 $\delta\nu_{ti} = \frac{2h^2}{l_{ci}\tan\alpha_{ci}}\frac{P}{E_t A_t}$；$E_t$、$A_t$ 分别为主塔的弹性模量及截面积。

塔顶的水平力由两部分组成：一部分作用于塔顶，使得主塔塔顶发生水平变位 δh；另一部分是使得尾索发生弹性伸长 δl_0，两部分的水平位移相等。

$$\delta h = \frac{Ph^3 \cot\alpha_{ci}}{E_{ci}A_{ci}\cos^2\alpha_{ci}h^3/l_{ci} + 3E_t I_t} \tag{7.22.42}$$

由于主塔发生微小变位，主塔和主梁的转角较小，故存在$\frac{\delta h}{h} = \frac{\delta\nu_{bi}}{x_{ci}}$，于是，可得主塔转动或挠曲引起的主梁挠度为$\delta\nu_{bi} = \frac{\delta h}{h}x_{ci} = \frac{P\cot^2\alpha_{ci}}{E_{ci}A_{ci}\cos^2\alpha_{ci}/l_{ci} + 3E_t I_t/h^3}$。

一般情况下，桥塔压缩量相对拉索的弹性伸长及主塔偏位引起的主梁的挠曲要小得多，通常可以忽略不计，由此可得，主梁的竖向挠度为

$$\begin{aligned}\delta\nu &= \delta\nu_{ci} + \delta\nu_{ti} + \delta\nu_{bi} \approx \delta\nu_{ci} + \delta\nu_{bi}\\ &= \frac{2h^2}{l_{ci}\tan\alpha_{ci}}\frac{P}{E_t A_t} + \frac{P\cot^2\alpha_{ci}}{E_{ci}A_{ci}\cos^2\alpha_{ci}/l_{ci} + 3E_t I_t/h^3}\end{aligned} \tag{7.22.43}$$

5）活载主梁弯矩

将主梁简化为符合温克尔假设的等效弹性地基梁[7]，计算主梁的活载作用下的结构效应。简化过程的等效弹簧刚度可近似取主跨 $l_c/4$ 处的索的等效弹簧刚度进行计算。等效弹性地基梁的支承刚度系数为 $k = \frac{P}{\delta\nu}\frac{1}{\lambda}$，$\lambda$ 为斜拉索的平均间距。在求解等效弹性地基梁支承刚度系数时，其特征系数 β 及特征长度 S 的关系为 $S = \frac{1}{\beta} = \sqrt[4]{\frac{4EI}{k}}$。对单、双塔双索面斜拉桥的研究表明，独塔斜拉体系的比例系数一般小于双塔斜拉体系，当集中荷载距离梁的两端距离都超过 2.5S，即梁长超过 5.0S 时，认为跨中截面可按无限长弹性地基梁来计算变形和内力[7]。

设 y、r、θ、M、Q 分别为弹性地基梁的挠度、支反力、转角、弯矩和剪力，则有

$$\begin{cases} r = ky = \dfrac{P\beta}{2}A_{\beta x} \\ \theta = -\dfrac{P\beta^2}{K}B_{\beta x} \\ M = \dfrac{P}{4\beta}C_{\beta x} \\ Q = -\dfrac{P}{2}D_{\beta x} \end{cases} \tag{7.22.44}$$

式中：$A_{\beta x}$、$B_{\beta x}$、$C_{\beta x}$、$D_{\beta x}$——弹性地基梁计算参数。

斜拉索的第 i 号索的间距为 λ_{ci}，则可根据弹性地基梁的支反力求得活载引起的斜拉索的索力为

$$T_i = \frac{r}{\sin\alpha_{ci}}\lambda_{ci} = \frac{P\beta}{2}\lambda_{ci}A_{\beta x} \tag{7.22.45}$$

在最不利位置进行加载即可得均布荷载 p 作用下主梁内力极值，分别为

$$\begin{aligned} &r_{max} \approx 1.0670p, r_{min} \approx -0.0699p; \theta_{min} = \theta_{max} \approx -\frac{0.5441p}{kl}; M_{max} \approx 0.1612pl^2, \\ &M_{min} \approx 0.1682pl^2; Q_{min} = Q_{max} \approx 0.3562pl \end{aligned} \tag{7.22.46}$$

6）活载主塔弯矩

在活载作用下主塔将发生偏位，对于等截面主塔，将拉索的所有竖向分量均简化到塔顶，可视主塔为一端固结、一端弹簧支承的悬臂梁，如图 7.22.9 所示。

则简化后主塔结构的力—位移方程为

$$Hx + Vy(x) + E_t I_t y''(x) = V\delta h \tag{7.22.47}$$

可求得主塔的最大弯矩为

$$\begin{cases} M_{max} = -V\delta h \dfrac{1}{\sin(\alpha h) - \alpha h\cos(\alpha h)} \\ x = \dfrac{\pi}{2\alpha} \end{cases} \tag{7.22.48}$$

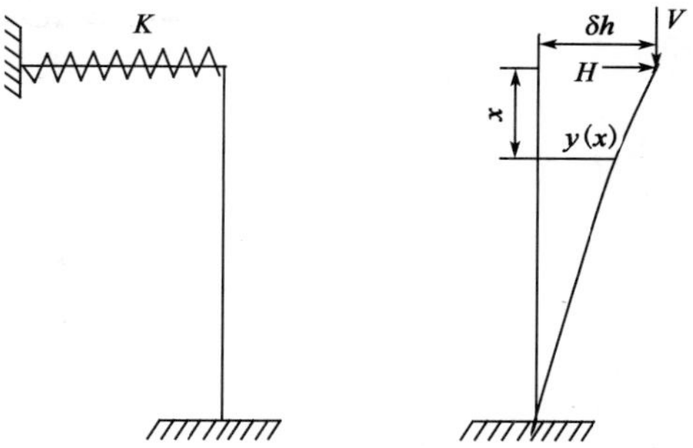

K δh V H x y(x)

图 7.22.9　主塔弯矩计算简图

式中，$\alpha^2 = V/E_t I_t$；其他符号意义如图 7.22.9 所示。由于主塔的抗弯刚度较大，α^2 较小，此时主塔的弯矩出现在主塔塔底，若塔顶集中力较大，主塔抗弯刚度较小时，此时主塔的最大弯矩不一定出现在塔底。

在估算活载作用下的梁、塔轴力时，一般可不采用繁琐的影响加载，而是采用几个控制性加载工况，如满跨布载、主跨满载等进行试算，此时可按恒载计算方式进行。

22.5.3　桥塔纵向刚度分析

在多塔斜拉体系设计中，确定合理的中塔纵向刚度是关键问题之一。中塔较柔时，整个结构的刚度过小，造成中塔塔顶纵桥向位移过大继而使得加劲梁竖向位移过大，引发行车不舒适；中塔过刚时，中塔分配的内力较大，从而造成塔截面尺寸过大，经济性不好。选择合理的中塔纵向刚度，可使全桥结构受力性能更为合理。

多塔斜拉体系的桥塔结构刚度不仅取决于塔自身的刚度，拉索对桥塔的约束作用不可忽略。在不平衡力作用下桥塔将发生纵桥向位移，桥塔两侧的拉索将同时发生变形，索力将发生变化，从而对桥塔产生约束作用。如图 7.22.10a）所示为中跨作用活载 q 的典型多塔斜拉体系结构。设 K_{t1}、K_{t2} 为边、中塔自身的抗推刚度；K_{c1}、K_{c2} 为边、中跨拉索对桥塔的纵向约束等效弹簧刚度，如图 7.22.10b）所示。塔、索、梁的变形几何关系如图 7.22.11 所示。

桥跨结构在恒载 w 作用下，其塔顶处拉索的水平力可近似表示为

$$H = \frac{wL^2}{8h_i} \tag{7.22.49}$$

式中：w——单位长度桥重；

H——拉索的水平力；

h_i——从桥面算起的塔高。

拉索的塔上锚固位置处发生水平位移 δL 时，斜拉索的水平力由 H 变为 $H+\delta H$，忽略塔的弹性压缩变形，则拉索水平向做功 W 转化为主梁的重力势能增量 E_G 和拉索的弹性势能增量 E_S，由能量守恒定律 $W = E_G + E_S$，由于 δL 和 δH 均为微小增量，故可视 δH 和 δL 之间为线性关系，则拉索锚固位置处水平力做功为

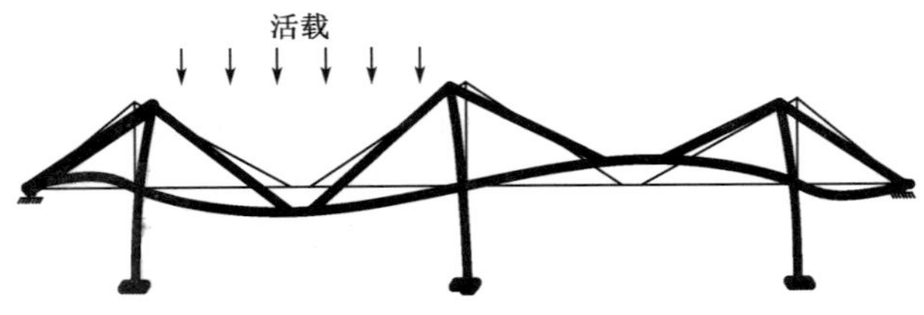

a）三塔斜拉体系

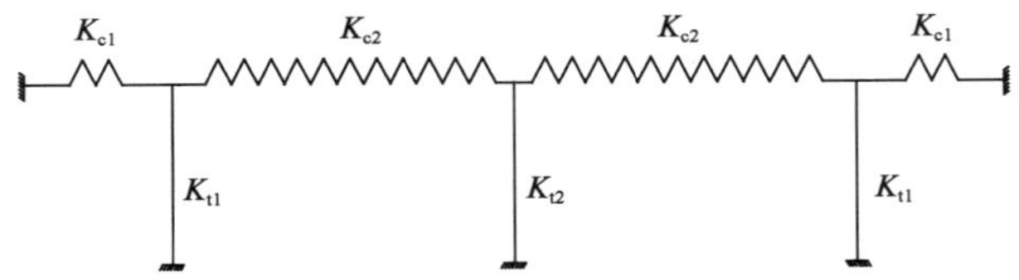

b）三塔斜拉体系等效模型

图 7.22.10 三塔斜拉体系及等效弹簧模型

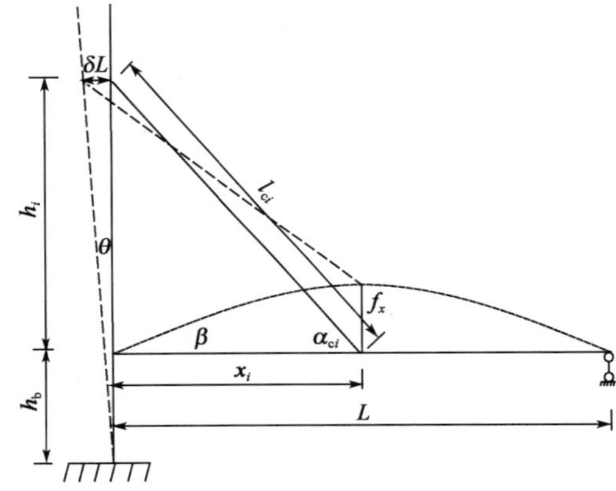

图 7.22.11 拉索锚固处水平变位引起的拉索及主梁变位

$$W = H\delta L + \frac{1}{2}\delta H\delta L \tag{7.22.50}$$

主梁的重力势能增量为

$$E_{\mathrm{G}} = \int_0^L w\delta f_x \mathrm{d}x \tag{7.22.51}$$

由于主梁上挠角度 β 与主塔转动角度 θ 较小，可近似认为 $\tan\beta = \tan\theta$ 成立，即 $\delta f_x = \delta L x_i / h_i$，则重力势能增量为

$$E_{\mathrm{G}} = \int_0^L w\delta f_x \mathrm{d}x = \frac{2}{3}wL\delta f_x \tag{7.22.52}$$

式中：δf_x——横坐标 x 处的主梁的上挠值。

斜拉索的弹性势能增量为

$$E_{\mathrm{S}} = \int_0^{l_{ci}} \left(\sigma + \frac{1}{2}\delta\sigma\right)\delta\varepsilon A_{ci}\mathrm{d}S \tag{7.22.53}$$

拉索的应力增量 $\delta\sigma = \dfrac{\delta H}{A_{ci}\cos\alpha_{ci}}$，应变增量 $\delta\varepsilon = \dfrac{\delta\sigma}{E_{ci}} = \dfrac{\delta H}{E_{ci}A_{ci}\cos\alpha_{ci}} = \dfrac{\delta S}{l_{ci}}$，则

$$E_{S} = \int_{0}^{l_{ci}} \left(\sigma + \frac{1}{2}\delta\sigma\right)\delta\varepsilon A_{ci}\mathrm{d}S = \left(H\delta S + \frac{1}{2}\delta H\delta S\right)\frac{1}{\cos\alpha_{ci}} \tag{7.22.54}$$

式中：σ——拉索的恒载应力；

$\delta\sigma$、$\delta\varepsilon$——拉索在恒载作用下的应力、应变增量；

A_{ci}——拉索截面面积。

由能量守恒定律 $W = E_{G} + E_{S}$ 有

$$H\delta L + \frac{1}{2}\delta H\delta L = -\frac{2}{3}wL\delta f_{x} + (H + \delta H)\delta S\frac{1}{\cos\alpha_{ci}} \tag{7.22.55}$$

经整理可得塔的纵向约束等效弹簧刚度为

$$K_{ci} = \frac{\delta H}{\delta L} = \frac{E_{ci}A_{ci}\cos^{2}\alpha_{ci}}{l_{ci}}\frac{H + \frac{1}{2}\delta H + \frac{2}{3}wL\frac{x_{i}}{h_{i}}}{H + \frac{1}{2}\delta H} \tag{7.22.56}$$

当 δH 趋于0时，为单索对桥塔的纵向约束的切线刚度，即第 i 号拉索对桥塔约束的弹簧刚度系数 K_{ci} 为

$$K_{ci} = \frac{\delta H}{\delta L} = \frac{E_{ci}A_{ci}\cos^{2}\alpha_{ci}}{l_{ci}}\left(1 + \frac{16}{3}\frac{x_{i}}{L}\right) \tag{7.22.57}$$

由此可见，塔的纵向约束等效弹簧刚度与结构计算参数有关，与斜拉索线刚度呈线性关系；量值与斜拉索水平角 α_{ci} 相关。当桥梁的基本计算参数一定时，刚度系数即为常数。

塔顶发生变位时，拉索倾角 α_{ci} 和长度 l_{ci} 将发生改变，使得弹簧刚度发生改变，但因其变量较小，且中桥塔两侧改变趋势相反，故拉索倾角 α_{ci} 和长度 l_{ci} 的改变引起的弹簧刚度变化量可忽略不计，可将其弹簧刚度视为一定值。

在计算边塔纵向刚度时，若边跨主梁刚度较大或设有辅助墩，通常认为边跨主梁为刚性梁，即忽略主梁的重力势能，此时拉索对边跨主塔的纵向刚度的等效弹簧刚度为

$$K_{ci} = \frac{E_{ci}A_{ci}\cos^{2}\alpha_{ci}}{l_{ci}} \tag{7.22.58}$$

22.6　斜拉桥的非线性空间分析

由于拉索未通过主梁扭转中心或在横向风荷载、汽车偏载以及其他空间荷载作用下，斜拉桥应按空间模式进行有限位移理论分析。一般将斜拉桥简化成空间杆系结构模式，主梁的杆系模式要根据具体的截面形式来定。对自由扭转刚度大的闭口箱梁断面，常选用“鱼骨”模式，主梁用位于其扭转中心的空间梁单元模拟，主梁的抗弯、抗扭刚度完全集中在这组梁单元中，主梁与斜拉索的联系通过主梁横向伸出的准刚性梁单元与斜拉索单元的连接来模拟，计算

模式如同“鱼骨”，如图 7.22.12 所示。

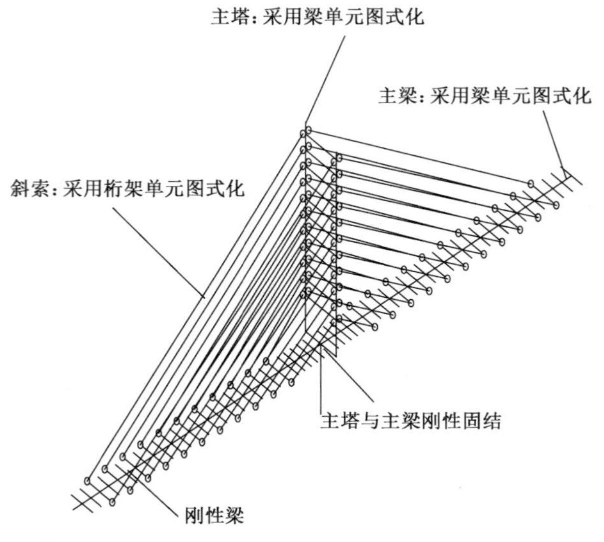

图 7.22.12 “鱼骨”模式

具有分离边箱梁的主梁断面，可以选用双梁式模型。在力学模型简化时，应注意边梁竖向抗弯刚度提供的约束扭转刚度与实际结构的等效性。这种模型的缺点是难以模拟侧向抗弯刚度，计算侧向静风响应有较大误差。所以，要计算侧向荷载响应时，最好采用三主梁模式。在三主梁模式中，用三根纵梁来模拟主梁，通过如下刚度分配原则来等效主梁刚度：

（1）主梁的面积和侧向抗弯刚度全部集中于中梁。

（2）主梁的竖向抗弯刚度兼顾竖向刚度与约束扭转刚度的等效性。

（3）自由扭转刚度和部分约束扭转刚度可集中于中梁。

当然，也可以用板、梁、壳及其组合单元来仿真实际结构，但这种方法工作量大，处理混凝土徐变、预应力等方面比较麻烦。无论采用怎样的计算模式，与实际结构间都有一定差异，由此会带来模型误差。计算中应抓住主要矛盾，忽略次要因素的影响，减小模型误差。

空间非线性分析时，以成桥恒载状态为参考状态，用 U. L 列式的有限位移理论就可以分析各种空间荷载的静力响应。

大跨径斜拉桥的计算通常可划分为三个层次。上面我们介绍的主要是第一层次上的计算，即结构整体分析。第二层次的计算是对主要构件的分析，如对梁和塔柱的三维应力分析。第三层次的计算是指对局部细节或构造，如斜拉桥的索梁锚固构造等的应力分析。后两个层次都可归结为构件的局部应力分析。

在拉索锚固区，截面变化较大或采用不同材料的构件相连接的区域，都会出现复杂的应力分布情况。局部应力分析一般建立在整体分析的基础上。首先在整体结构中取出包括关心区域在内的构件（注意精心确定构件尺寸）作为分析对象，将分析对象用板、壳或实体等参元进行模拟[3]，然后将最不利工况下结构在取出构件断面处的内力、变形作为分析对象的力和位移边界条件，最后分析出相应的局部应力。在这一过程中，必须注意消除引入近似边界条件对关心部位应力分布的影响。

22.7 小　　结

正确选取计算理论和分析是斜拉桥结构分析的基础,恒载状态的确定是斜拉桥计算中的关键环节,其结果将直接影响斜拉桥设计的优劣;仿真计算不但能提供节段施工所必需的结构状态信息,由于状态的叠加性,还将影响目标状态的实现;整体空间分析不但能全面把握结构空间构形及内力,还是其他理论校核的根据和科学研究的手段;局部应力的准确计算在一定程度上保证了结构的安全。

本章参考文献

[1] 贺拴海,刘志文.斜拉桥承载力分析[J].中国公路学报,2000,13(2).

[2] 刘士林,等.斜拉桥[M].北京:人民交通出版社,2002.

[3] 贺拴海,梅晓亮,刘鹏,等.宽幅钢箱梁斜拉桥空间行为数值分析[J].中国公路学报,2016,29(4).

[4] 山崎淳,等.斜张作用的混凝土桥构造特性[J].桥梁与基础, 1995,12(1).

[5] 陈从春.矮塔斜拉桥设计理论核心问题研究[D].上海:同济大学,2006.

[6] 陈从春.用索梁活载比界定矮塔斜拉桥的方法[J].同济大学学报.2007,35(6).

[7] 宋涛.矮塔斜拉桥近似分析方法研究[D].西安:长安大学,2016.

[8] 宋涛,宋一凡,贺拴海,等.车道荷载作用下的矮塔斜拉桥的索梁活载比[J].武汉理工大学学报,2014,39(12).

第8篇

桥梁结构的特殊计算问题

23　桥梁结构温度效应理论

20 世纪 50 年代初期，前联邦德国学者从混凝土桥墩裂缝的现场调查分析中，认识到温度应力对混凝土结构的重要性。我国原铁道部大桥局曾在 20 世纪 50 年代末对实体混凝土桥墩的温度应力做了调研工作。在温度应力研究的起步阶段，国内外都以年温变化产生的均匀温度分布为依据。随着试验及理论研究的进展，开始认识到温度分布的非线性问题。直到 20 世纪 60 年代初，英国 D. A. Stephenson 的研究成果，才使对温度应力的研究从考虑一般的气温作用，进入到考虑日照局部作用的新阶段。

自 20 世纪 60 年代以来，国内外都发生由于温度应力而导致混凝土桥梁严重裂损的事故。Fritz Leonhardt 曾提到：在箱形桥梁和肋桥梁的顶面和下缘之间温差可达到 27 ~ 33℃；预应力混凝土箱形桥梁大都因温差应力而损坏。

随着空心高桥墩、大跨度预应力混凝土箱梁桥等一些混凝土结构的发展，温度应力对混凝土结构的影响和危害，已越来越引起工程界的重视。

温度应力分为两种：一种是在结构物内部某一构件单元中，因纤维间的温度不同，所产生的应变差受到纤维间的相互约束而引起的应力，称其为温度自约束应力或温度自应力；另一种是结构或体系内部各构件，因构件温度不同所产生的不同变形受到结构外支承或杆件之间的约束所产生的次内力的相应应力，称其为温度次约束应力或温度次应力。温度应力具有明显的时效性、非线性，且应力、应变有时并不服从虎克定律。

23.1　结构中的温度分布

在混凝土结构中，某一时刻结构内部与表面各点的温度状态即为温度分布。由于混凝土的导热系数较小，在外表温度急变的情况下，内部温度的变化存在明显的滞后现象，导致每层混凝土所得到或扩散的热量有较大的差异，形成非线性分布的温度状态。

影响混凝土温度分布的外部因素主要有大气温度变化的作用，如太阳辐射、夜间降温、寒流、风、雨、雪等各种气象因素的作用。至于影响混凝土温度分布的内部因素，则主要由混凝土的热物理性质、构件的形状等决定。值得注意的是，本章大多提及混凝土桥，原因是混凝土抗拉能力较差，对温度更敏感，但温度对其他材料桥梁同样重要，且本章分析方法亦同样适用。

23.1.1 混凝土的热物理性能

混凝土的导热系数和比热等热工参数性质的主要影响因素是其配合料，而混凝土的龄期与水灰比则对混凝土的热工参数影响较小。骨料对混凝土导热系数的影响较大，一般骨料混凝土的导热系数为1.86～3.49W/(m·s·℃)(约为黑色金属的1/27)，而采用轻质骨料混凝土的导热系数约为1.16W/(m·s·℃)；骨料对混凝土比热的影响也较明显，普通骨料混凝土的比热为800～1200J/(kg·℃)，约为轻质骨料混凝土比热的1.6倍。在常温范围内混凝土的线膨胀系数一般是不变的，轻质骨料混凝土的数值较小。在一般工程计算中，普通骨料的混凝土、钢筋混凝土和预应力混凝土，线膨胀系数可采用1.0×10^{-5}/℃。

23.1.2 混凝土桥的典型温度分布及其特点

1)箱形桥梁

这是现代大、中跨径桥梁常用的结构形式，现以双室箱梁为例，图8.23.1示出几个时刻的温度分布状态，其具有明显的指数曲线特征，并呈现出二维温度分布模式。

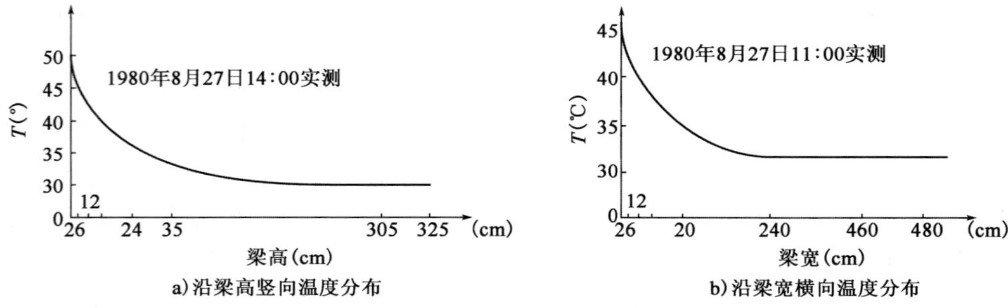

图8.23.1 箱形梁的温度分布

2)双T形桥梁

这是中、小跨径桥梁常用的截面形式，例如多T形、Π形桥梁或板梁式结构等。但这种桥梁的温度分布实测资料较少，根据箱形桥梁的实测资料分析，拟定双T形桥梁可能的温度分布如图8.23.2所示。

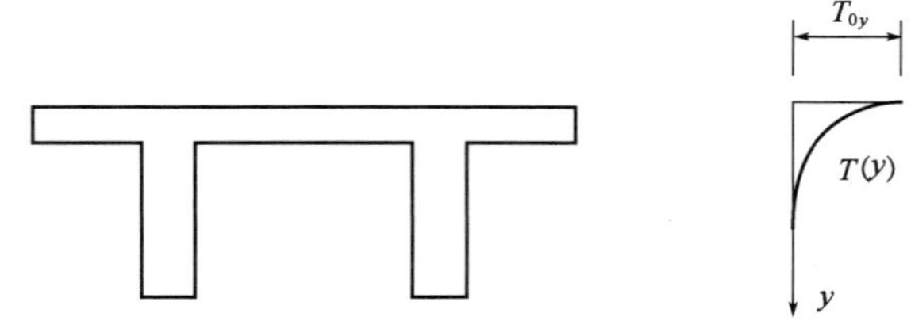

图8.23.2 双T形桥梁的温度分布

3)箱形桥墩

以实测资料分析，箱形薄壁空心桥墩的温度分布如图8.23.3所示。

4)板式墩

板式柔性桥墩的实测温度分布如图 8.23.4 所示。

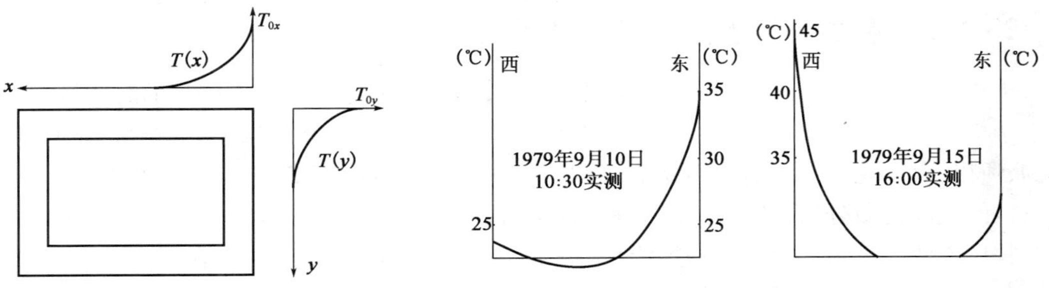

图 8.23.3 箱形桥墩的温度分布

图 8.23.4 壁板式柔性桥墩的温度分布

5)桥梁构件温度分布的特点

由上可见,桥梁构件的构造对温度分布有明显的影响。在混凝土箱形截面桥梁中,沿箱梁顶板表面温度分布比较均匀,但沿腹板表面的温度分布则随时间而变。混凝土塔柱、墩柱结构的垂直表面的温度分布,随其表面的朝向、太阳方位角的变化而异。

钢筋对混凝土构件温度分布的影响较小,可不予考虑。

另外,公路桥梁顶板上的沥青路面层,当其较厚时对顶板有明显的降温作用,但较薄时因其吸热作用而对顶板不利。

23.2 温度荷载

温度荷载是分析温度应力的前提,它与一般桥梁荷载有质的区别,即具有时间性、空间性和结构个性。

23.2.1 温度荷载的特点

混凝土桥梁构件的表面与内部各点的温度随时都在发生变化,但就自然环境条件变化所产生的温度荷载,一般可分为日照温度荷载、骤然降温温度荷载及年温度变化荷载三种类型。这三种温度荷载的特点汇总于表 8.23.1 中。

各种温度荷载特点 表 8.23.1

温度荷载＼特点	主要影响因素	时间性	作用范围	分布状态	对结构影响	复杂性
日照温度	太阳辐射	短时急变	局部性	不均匀	局部应力大	最复杂
骤然降温	强冷空气	短时变化	整体	较均匀	应力较大	较复杂
年温变化	缓慢温变	长期缓慢	整体	均匀	整体位移大	简单

影响桥梁结构日照温度变化的主要因素是太阳辐射强度、气温变化和风速[4],而从设计控制温度荷载来考虑,实用上可简化为太阳辐射与气温变化因素。骤然降温一般只要考虑气

温变化和风速这两个因素,可以忽略太阳辐射的影响。骤然降温温度荷载变化较日照温度荷载缓慢、作用时间长。年温变化比较简单,且这个因素在工程设计中已被考虑。

23.2.2 温度分布分析的热传导方程法

工程结构的温度荷载是因气象条件而产生的,由于气象条件变化有明显的时间特征,因此工程结构的温度荷载是一个随时间而变化的函数。加之工程结构的温度分布在几何上又是多维的,所以,分析这种温度荷载很复杂,若要求得一个严格的解析解几乎是不可能的。所谓工程结构的温度荷载分析,就是运用各种不同的计算方法,确定工程结构的某一特定的温度分布。常用方法之一是寻求结构的热传导方程的解析解或近似数值解;或运用半理论半经验的温度分布公式;或经提炼后形成规范规定,供设计时使用。

1)热传导方程

工程结构内部和表面的某一点,在某一瞬间的温度 T_i 可表示为

$$T_i = f(x,y,z,t) \tag{8.23.1}$$

该点的温度 T_i 不仅与坐标 x、y、z 有关,而且与时间 t 有关。因此对于各向为均质、同性的固体,根据 Fourier 热传导理论,可导得三维非稳定导热方程为

$$\lambda\left(\frac{\partial^2 T}{\partial x^2}+\frac{\partial^2 T}{\partial y^2}+\frac{\partial^2 T}{\partial z^2}\right)=c\gamma\frac{\partial T}{\partial t}-q \tag{8.23.2}$$

式中:λ——导热系数;

c——比热;

γ——重度;

q——单位体积内放出的热量。

当不考虑材料的水化热时,即 $q=0$,有

$$\lambda\left(\frac{\partial^2 T}{\partial x^2}+\frac{\partial^2 T}{\partial y^2}+\frac{\partial^2 T}{\partial z^2}\right)=c\gamma\frac{\partial T}{\partial t} \tag{8.23.3}$$

实测资料分析表明,混凝土结构的热传导状态,可近似地用一个一维热传导状态来逼近。作这样的简单处理,从工程实用角度考虑,其近似程度仍然是允许的,这样问题的复杂性将大大简化。例如,在运营阶段的混凝土桥梁结构,根据实测,在桥长方向的温度分布一般总是很接近的,可以略去桥长方向温差的微小影响。在桥梁的横断面上,往往又存在一个主要的热传导方向,例如公路桥梁由于太阳辐射影响,在垂直方向的热传导远远大于水平方向的热传导。所以在工程计算中,又可略去水平方向很小的热传导作用。

2)边界条件

在热传导初始瞬时,温度场坐标(x,y,z)的已知函数为 $T_0(x,y,z)$,即当 $t=0$ 时在相当多的情况下,初始瞬时的温度分布可以认为是常数,即当 $t=0$ 时

$$T(x,y,z,0) = T_0 = 常数$$

在混凝土与岩基及新老混凝土之间的接触面上,初始温度往往不是连续的。

一般情况下,方程常用的边界条件由以下三种方式给出:

(1)第一类边界条件

混凝土表面温度 T 是时间的已知函数,即

$$T(t) = f(t) \tag{8.23.4}$$

混凝土与水接触时的表面温度等于已知的水温，属于这种边界条件。

(2)第二类边界条件

混凝土表面的热流量是时间的已知函数，即

$$-\lambda \frac{\partial T}{\partial n} = f(t) \tag{8.23.5}$$

式中：n——表面外法线方向。

若表面是绝热的，则有

$$\frac{\partial T}{\partial t} = 0$$

(3)第三类边界条件

当混凝土与空气接触时，假定经过混凝土表面的热流量与混凝土表面温度 T 和气温 T_a 及日辐射的关系为

$$-\lambda \frac{\partial T}{\partial n} = \beta(T - T_a) - \alpha_s S \tag{8.23.6}$$

式中：β——总热交换系数，考虑对流与辐射的综合热交换系数，这里将复杂的边界面上的辐射交换热状况作线性化处理，以牛顿冷却定律计算；

S——日辐射强度；

α_s——结构物表面日辐射热量吸收系数；

n——计算板面的外法线方向。

结构物位于荫蔽处的边界条件为

$$\begin{cases} \lambda\left(\dfrac{\partial T}{\partial n}\right) = \beta_k(T - T_b) \\ S = 0 \end{cases} \tag{8.23.7}$$

结构物中的内表面，其边界条件为

$$\begin{cases} \lambda\left(\dfrac{\partial T}{\partial n}\right) = \beta_c(T - T_c) \\ S = 0 \end{cases} \tag{8.23.8}$$

式中：T_b——隐蔽处的气温；

T_c——结构物内部空间气温；

β_k——对流热交换系数；

β_c——内部综合放热系数。

虽然第三类边界条件比较符合混凝土结构在自然环境中的热交换状况，但工程实践经验表明，按第三类边界条件求解，往往要选择合适的放热系数，才能得到较满意的计算结果。为简化起见，自然也考虑到导热系数、放热系数的复杂性，也可直接用边界的实测温度数据作为边界条件，即采用第一类边界条件。

3)一维热传导方程的解

一维热传导方程可写为

$$a \frac{\partial^2 T}{\partial x^2} = \frac{\partial T}{\partial t} \tag{8.23.9}$$

式中：a——混凝土的导温系数，$a = \lambda / c\gamma$。

为了求得一维热传导方程的解析解的简明形式，对具体结构作进一步的近似处理。结构物中被计算的壁板，近似地认为是一块半无限厚板，将周期化的气温变化简化为谐波形式，采用第一类边界条件，则可求得下列形式的解：

$$T(t) = A\exp\left(-\sqrt{\frac{\omega}{2a}}x\right)\sin\left(\sqrt{\frac{\omega}{2a}}x\omega t + \omega t\right) \tag{8.23.10}$$

式中：A——结构中计算壁板的表面温度波动的半波幅；

ω——圆频率（$2\pi/24$）；

x——计算点距表面的距离（m）；

t——时间。

但由于气温波动并不完全符合谐波形状，故此式的误差较大。

23.2.3　温度分布的半经验半理论公式

对于一维温度场问题，20 世纪 50 年代初期，前苏联学者什克罗维尔曾提出混凝土结构表面温度计算公式，但物理概念不明确，引入材料热工系数较多，且计算繁杂。后来大多学者根据实测温度资料分析，均采用

$$T(x) = T_0 e^{-c_x x} \tag{8.23.11}$$

来表示温度分布。

对国内外已有实测资料分析表明，沿箱梁高、宽方向的温差分布一般可按下式计算

$$\begin{cases} T(y) = T_{0y} e^{-c_y y} \\ T(x) = T_{0x} e^{-c_x x} \end{cases} \tag{8.23.12}$$

式中：T_{0y}、T_{0x}——沿筋梁高、宽方向的温差（℃）；

y、x——计算点至受热表面的距离（m）；

c_x、c_y——指数系数，随结构的形式、部位、计算时刻等因素而异。

钢—混凝土结合梁的桥面板、板梁及 T 梁高度方向的温差分布，也可参考上式计算。

有了温度分布，利用线膨胀系数，就可计算温度荷载。

23.2.4　温度分布的规范规定

1）英国规范（BS 5400）规定[2]

英国 BS 5400 中关于温度荷载的规定，是迄今为止国内外关于桥梁结构的温度荷载规定中最为详细的。在总则中，考虑了气温、太阳辐射、逆辐射等的每日和季节变化因素。对于混凝土板、梁桥，沿竖向梁高（除去 10cm 铺装）方向的温差分布如图 8.23.5 所示。该规范详细规定了钢梁、组合结构等的温差分布。

2）新西兰桥梁规范（NZBM—2003）规定（图 8.23.6）

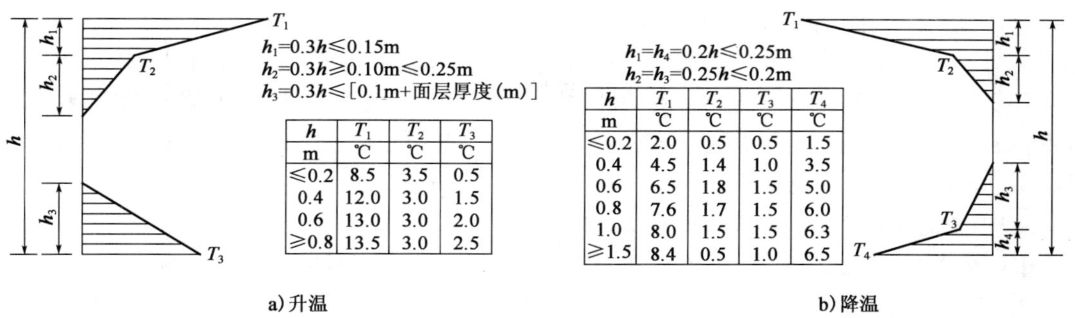

h	T_1	T_2	T_3
m	℃	℃	℃
≤0.2	8.5	3.5	0.5
0.4	12.0	3.0	1.5
0.6	13.0	3.0	2.0
≥0.8	13.5	3.0	2.5

h	T_1	T_2	T_3	T_4
m	℃	℃	℃	℃
≤0.2	2.0	0.5	0.5	1.5
0.4	4.5	1.4	1.0	3.5
0.6	6.5	1.8	1.5	5.0
0.8	7.6	1.7	1.5	6.0
1.0	8.0	1.5	1.5	6.3
≥1.5	8.4	0.5	1.0	6.5

图 8.23.5 BS5400 的箱梁温差分布

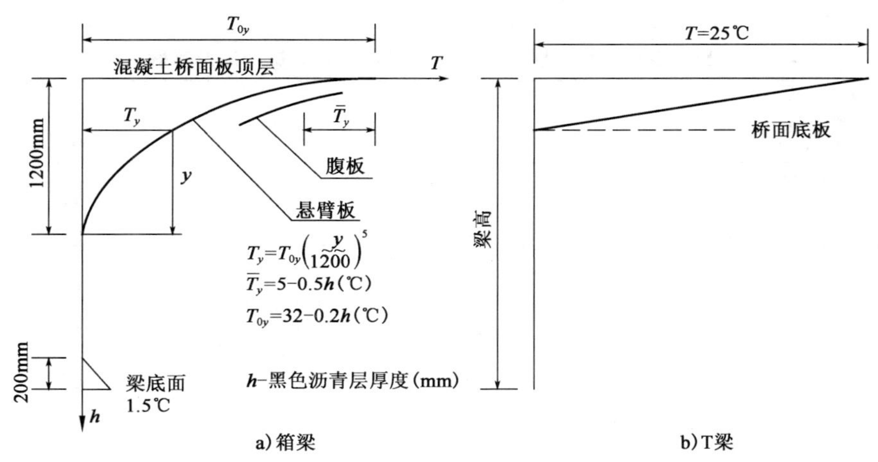

图 8.23.6 新西兰桥规的温度分布

3)美国 AASHTO 规范规定[9]

美国 AASHTO 规范对桥梁上部结构的温度梯度规定如图 8.23.7 所示,图中 t 为混凝土桥面板的厚度。T_1、T_2 按表 8.23.2 取值,T_3 由现场调查确定,但不得超过 3℃,否则应取 0℃。图中 A 值的前一版本规定为:

$$A=\begin{cases}300\text{mm} & H\geqslant 400\text{mm 的混凝土上部结构}\\ H-100(\text{mm}) & H<400\text{mm 的混凝土截面}\\ 300\text{mm} & \text{钢梁},t\text{ 为混凝土板的高度}\end{cases}$$

美国 AASHTOO 规范温度梯度参数表 表 8.23.2

气候区号	素混凝土路面		50mm 沥青路面		100mm 沥青路面	
	T_1(℃)	T_2(℃)	T_1(℃)	T_2(℃)	T_1(℃)	T_2(℃)
1	30	7.8	24	7.8	17	5
2	25	6.7	20	6.7	14	5.5
3	23	6	18	6	13	6
4	21	5	16	5	12	6

2010 版本的 A 值均采用 100mm。反温差分析时,混凝土和沥青面层分别按上述温度分布乘以 −0.3 和 −0.2 的系数考虑[8]。

4）中国铁路桥涵设计规范（TB 10002.3—2005）规定[3]

中国铁路桥涵设计规范对于日照温差荷载，无论竖向、横向还是箱梁沿板厚方向的温度分布均可按式（8.23.12）的形式进行计算，其中相关参数如 c_y、c_x、T_{0y} 及 T_{0x} 等取值见 TB 10002.3—2005 的相关规定。箱形梁沿顶板、外腹板板厚的降温温差曲线也采用式（8.23.12），但略去了底板微小的降温温度变化影响。

5）中国公路桥梁规范（JTG D60—2004）规定

中国公路桥梁规范规定的竖向温度梯度曲线参照了美国 AASHTO 规范的规定，如图 8.23.8 所示。桥面板表面的最高温度 T_1、T_2 可按表 8.23.3 取用，其符号含义及取值同美国 AASHTO 规范［本节 3）］。混凝土上部结构和带混凝土桥面板的钢结构的竖向日照反温差为正温差乘以 -0.5。

JTG D60—2004 规定的竖向日照正温差计算的温度基数 表 8.23.3

结构类型	T_1（℃）	T_2（℃）
混凝土铺装	25	6.7
50mm 沥青混凝土铺装	20	6.7
100mm 沥青混凝土铺装	14	5.5

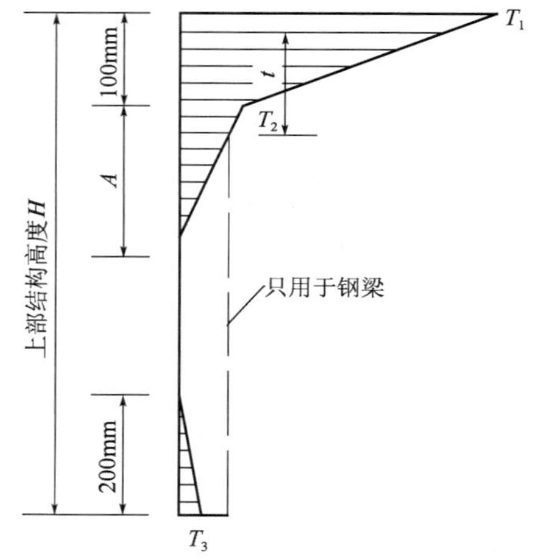

图 8.23.7 美国 AASHTO 规范的温差分布

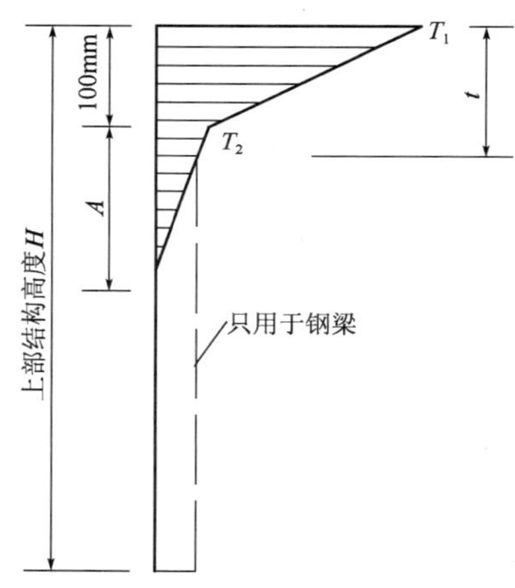

图 8.23.8 中国公路桥梁规范的温差分布

美国规范、中国公路桥梁规范以及欧洲规范的竖向温度梯度曲线相似，且均为双折线模式，区别在于温度基数的取值大小及是否考虑梁底的较小温差影响。

23.2.5 桥梁上部结构的温度分布计算建议

1）T 梁与 Π 梁温差荷载

T 梁与 Π 梁桥梁底部的很小温差和肋板水平方向的温差一般被略去，温差分布近似地简化为一支单向温差分布曲线，如图 8.23.9 所示。

$$T(y) = T_{0y}e^{-c_y y} \tag{8.23.13}$$

式中：T_{0y}——梁顶、底的温差（℃），一般取值约为 20℃；

c_y——指数系数，一般取为5；

y——计算点距梁顶之距(m)。

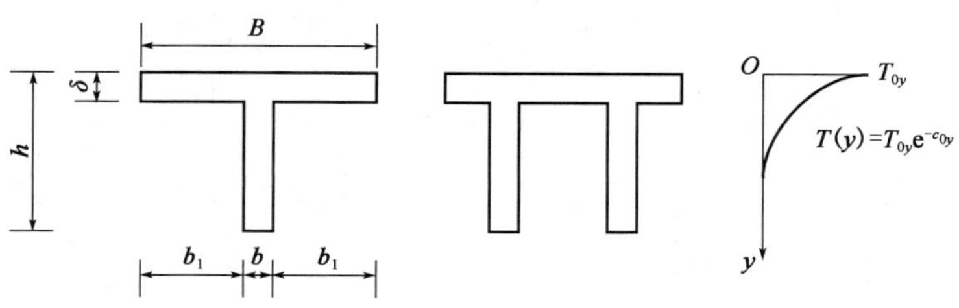

图8.23.9 T梁与Π形梁的温差分布

2)箱梁桥温差荷载

(1)单室箱梁的温差荷载

在日照升温、降温等因素作用下，箱梁沿桥长方向的温度分布，根据实测资料分析可认为是一致的。竖向沿梁高与横向沿梁宽的温差分布可简化为图8.23.10，并按下式计算：

$$\begin{cases} T(y) = T_{0y}e^{-c_y y} \\ T(x) = T_{0x}e^{-c_x x} \end{cases} \tag{8.23.14}$$

式中：T_{0y}——箱梁顶、底的温差，一般取值约为15℃，仅计算竖向温差时约取20℃；

T_{0x}——箱梁两外侧腹板的温差，一般取值约为15℃；

c_x、c_y——指数系数，一般取7，仅考虑竖向温差时c_y取5；

x、y——计算点离梁侧、梁顶的距离(m)。

因受寒流降温影响，箱梁各壁板厚度方向的温差分布如图8.23.11所示，可按下式计算：

$$\overline{T}(y) = \overline{T}_{0y}e^{-\overline{c}_y y} \tag{8.23.15}$$

式中：$\overline{c}_y$——指数系数，一般取12；

$\overline{T}_{0y}$——箱梁壁板的负温差，一般可取-10℃；

y——计算点离板外侧之距(m)。

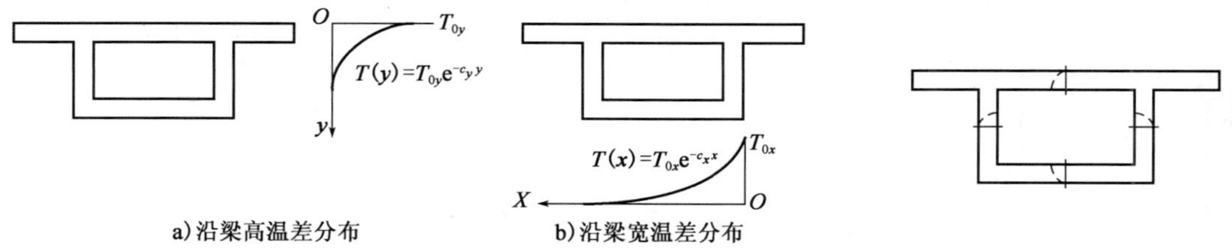

图8.23.10 单室箱梁温差分布

图8.23.11 单室箱梁降温温差分布

文献[5]从实际公路桥梁的温差变化测试及数值分析出发，认为箱梁截面在太阳辐射影响下不仅存在竖向温度梯度，而且沿腹板厚度及箱梁两侧腹板也存在明显的非线性横向温度梯度。建议箱梁结构设计及验算中采用二维温度梯度模式，并提出两种表示方法。

一种二维温度梯度模式如图8.23.12所示，各参数取值建议见表8.23.4。图中A的取值同中国公路桥梁规范(JTG D60—2004)的规定。

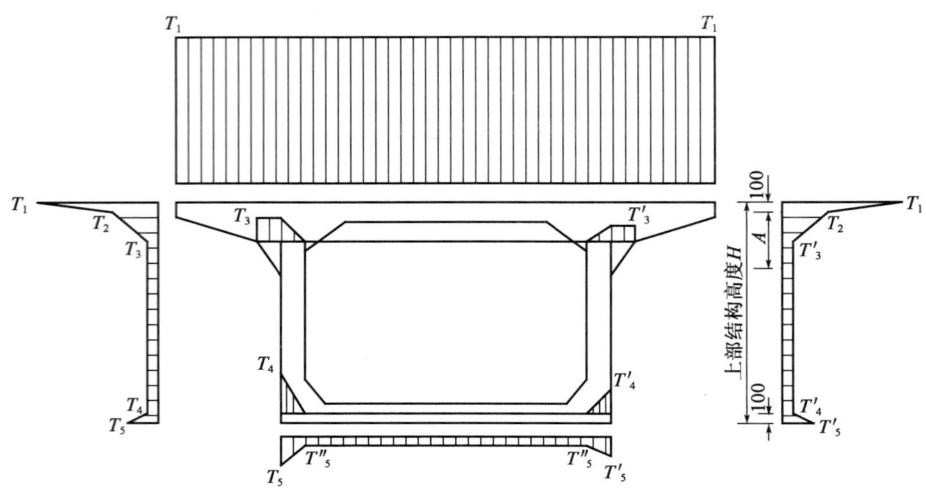

图 8.23.12　二维温度梯度模式 1(尺寸单位:mm)

二维温度梯度模式 1 参数表　　表 8.23.4

参数	T_1	T_2	T_3	T_4	T_5
取值(℃)	25	6.7	6	6	8.5
参数			T'_3	T'_4	T'_5
取值(℃)			4	4	6.5
参数					T''_5
取值(℃)					2.5

另一种二维温度梯度模式如图 8.23.13 所示,各参数取值见表 8.23.5。A 值同上。

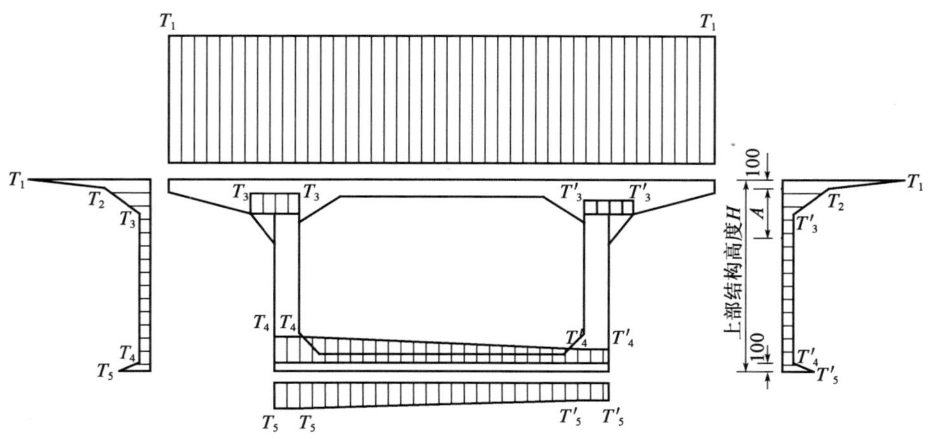

图 8.23.13　二维温度梯度模式 2(尺寸单位:mm)

(2)双室与多室箱梁的温差荷载

双室与多室箱梁的温差荷载分布规律与单室箱梁基本上是一致的,根据实测资料比较分析,可用单室箱梁的温差荷载图式来分析双室与多室箱梁的温差荷载状况,唯中腹板的温度变化较小,仅在竖向温差分布上略有变化。双室与多室箱梁横向的温差荷载分布规律和数值均与单室箱梁相似,这也是由对实测温差荷载资料进行分析后得出的。

二维温度梯度模式 2 参数表　　表 8.23.5

参数	T_1	T_2	T_3	T_4	T_5
取值(℃)	25	6.7	3	3	5.5
参数			T_3'	T_4'	T_5'
取值(℃)			2	2	4.5

23.3　桥梁结构温差应力通用分析方法

在由温差荷载引起的应力计算中,一般采用以下假定:沿梁长方向的温度分布是均匀的,并略去断面局部变化引起的梁体温差分布的微小差别;假定材料是均质、各向同性的,在未发生裂缝之前,符合弹性变形规律;平截面变形假定仍然适用;按单向温差荷载计算温差应力,然后叠加组合多向温差荷载状态下的温差应力。

在结构中,若给定一种温度分布 $T(y)$,如图 8.23.14a)所示,现寻求物体内产生的应力分布。

首先假想各纤维自由伸缩,其应变为

$$\varepsilon_T(y) = \alpha T(y) \qquad (8.23.16)$$

式中:α——材料线膨胀系数;

$T(y)$——沿梁高的温差分布。

根据平截面假定,总应变为[图 8.23.14b)]

$$\varepsilon(y) = \varepsilon_c + \kappa y \qquad (8.23.17)$$

式中:ε_c——重心处应变;

κ——截面处微段曲率。

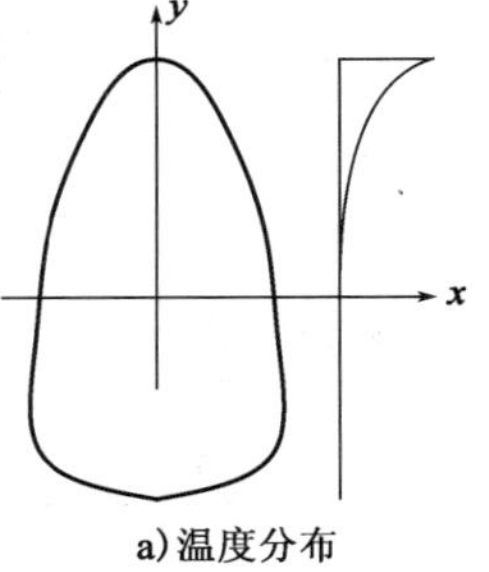

a)温度分布

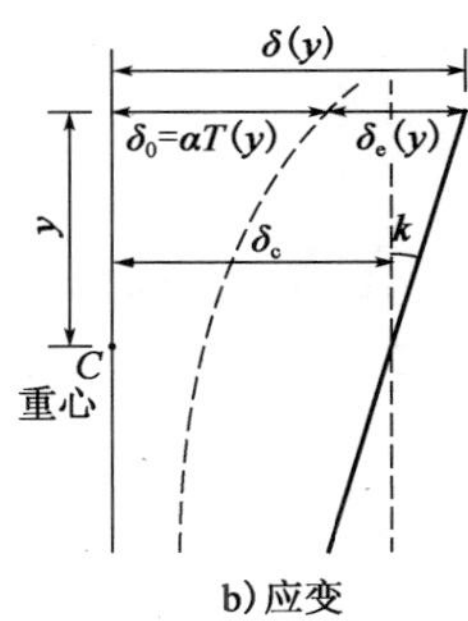

b)应变

图 8.23.14　温度分布及应变

由于总应变和温度产生的应变不等,由图 8.23.14b)有几何关系

$$\varepsilon(y) = \varepsilon_T(y) + \varepsilon_e(y)$$

或

$$\varepsilon_e(y) = \varepsilon(y) - \varepsilon_T(y) \qquad (8.23.18)$$

式中:$\varepsilon_e(y)$——弹性应变。

相应的应力为

$$\begin{aligned}\sigma_T(y) &= E\varepsilon_e(y) = E[\varepsilon(y) - \varepsilon_T(y)] \\ &= E[\varepsilon_c + \kappa y - \varepsilon_T(y)]\end{aligned} \qquad (8.23.19)$$

截面的内力为

$$\begin{cases} N_z = \int_A \sigma_e(y)\mathrm{d}A = E\int_A (\varepsilon_c + \kappa y - \varepsilon_T)\mathrm{d}A = E\varepsilon_c A - E\int_A \varepsilon_T \mathrm{d}A \\ M_x = \int_A \sigma_e(y) y\mathrm{d}A = E\int_A (\varepsilon_c + \kappa y - \varepsilon_T) y\mathrm{d}A = \kappa EI - E\int_A \varepsilon_T y\mathrm{d}A \end{cases} \qquad (8.23.20)$$

从式(8.23.20)可解得

$$\begin{cases} \varepsilon_c = \dfrac{N_z}{EA} + \dfrac{\int_A \varepsilon_T \mathrm{d}A}{A} \\ \kappa = \dfrac{M_x}{EI} + \dfrac{\int_A \varepsilon_T y \mathrm{d}A}{I_0} \end{cases} \tag{8.23.21}$$

式中：E——弹性模量；

A、I_0——截面面积和对重心轴抗弯惯性矩。

对于 n 次超静定结构，若 $x_i(i=1,2,\cdots,n)$ 为温度赘余力，当 $x_i=1$ 产生的基本结构的内力为轴力 $\overline{N}_i$、弯矩 $\overline{M}_i$ 时，则赘余力产生的截面内力为

$$N_z = \sum_{i=1}^{n} \overline{N}_i x_i \tag{8.23.22}$$

$$M_x = \sum_{i=1}^{n} \overline{M}_i x_i \tag{8.23.23}$$

将式(8.23.22)和式(8.23.23)代入式(8.23.21)中有

$$\varepsilon_c = \frac{\sum_{i=1}^{n} \overline{N}_i x_i}{EA} + \frac{\int_A \varepsilon_T \mathrm{d}A}{A} \tag{8.23.24}$$

$$\kappa = \frac{\sum_{i=1}^{n} \overline{M}_i x_i}{EI} + \frac{\int_A \varepsilon_T y \mathrm{d}A}{I_0} \tag{8.23.25}$$

已知 ε_c、κ，可以求得任意切口赘余力 x_i 方向的变形为

$$\begin{aligned} \Delta_j &= \int \overline{N}_j \varepsilon_c \mathrm{d}s + \int \overline{M}_j \kappa \mathrm{d}s \\ &= \sum_{i=1}^{n} x_i \int \left(\frac{\overline{N}_i \overline{N}_j}{EA} + \frac{\overline{M}_i \overline{M}_j}{EI} \right) \mathrm{d}s + \int \left(\frac{\overline{N}_i \int_A \varepsilon_T \mathrm{d}A}{A} + \frac{\overline{M}_j \int_A \varepsilon_T y \mathrm{d}A}{I} \right) \mathrm{d}s \\ &= \sum_{i=1}^{n} \delta_{ji} x_i + \Delta_{jT} \end{aligned} \tag{8.23.26}$$

其中

$$\delta_{ji} = \int \left(\frac{\overline{N}_i \overline{N}_j}{EA} + \frac{\overline{M}_i \overline{M}_j}{EI} \right) \mathrm{d}s$$

$$\Delta_{jT} = \int \left(\frac{\overline{N}_j \int_A \varepsilon_T \mathrm{d}A}{A} + \frac{\overline{M}_i \int_A \varepsilon_T y \mathrm{d}A}{I} \right) \mathrm{d}s = \int \left(\frac{\overline{N}_j N_T}{EA} + \frac{\overline{M}_j M_T}{EI} \right) \mathrm{d}s$$

式中：$N_T = \int_A E \varepsilon_T \mathrm{d}A$

$M_T = \int_A E \varepsilon_T y \mathrm{d}A$

由变形协调条件得

$$\sum_{i=1}^{n} \delta_{ji} x_i + \Delta_{jT} = 0 \qquad (j = 1,2,\cdots,n) \tag{8.23.27}$$

求得 x_i 后，即可算出应力为

$$\begin{aligned}\sigma_{T}(y) &= E(\varepsilon_{c} + \kappa y - \varepsilon_{T}) \\ &= E\left[\frac{\sum_{i=1}^{n}\overline{N}_{i}x_{i}}{EA} + \frac{N_{T}}{EA} + \left(\frac{\sum_{i=1}^{n}\overline{M}_{i}x_{i}}{EI} + \frac{M_{T}}{EI_{0}}\right)y - \varepsilon_{T}\right] \\ &= \left(\frac{\sum_{i=1}^{n}\overline{N}_{i}x_{i}}{A} + \frac{\sum_{i=1}^{n}\overline{M}_{i}x_{i}}{I}y\right) + \left[\left(\frac{N_{T}}{A} + \frac{M_{T}}{I_{0}}y\right) - E\varepsilon_{T}\right] \\ &= \sigma_{tx}(y) + \sigma_{t}(y)\end{aligned} \tag{8.23.28}$$

从上式很明显可以看出，温度应力由温度次应力和温度自应力两部分组成。

第一部分：温度次应力

$$\sigma_{tx}(y) = \sum_{i=1}^{n}\left(\frac{\overline{N}_{i}}{A} + \frac{\overline{M}_{i}}{I}y\right)x_{i} \tag{8.23.29}$$

它是由超静定结构温度赘余力产生的，在截面上应力分布是线性的。有时亦称其为温度外约束应力。

第二部分：温度自应力

$$\sigma_{t}(y) = \left(\frac{N_{T}}{A} + \frac{M_{T}}{I_{0}}y\right) - E\varepsilon_{T} \tag{8.23.30}$$

温度自应力是自身平衡的。有时亦称其为温度自约束应力。式(8.23.30)中的带括号一项，应力分布是线性的，第二项应力分布与 ε_{T} 的形状相似。

23.4　温差应力计算

23.4.1　任意截面的纵向温差自应力

设温度梯度沿梁高按任意曲线 $T(y)$ 分布，如图 8.23.15 所示。取一单元梁段，当纵向纤维之间不受约束，能自由伸缩时，沿梁高各点的自由变形为

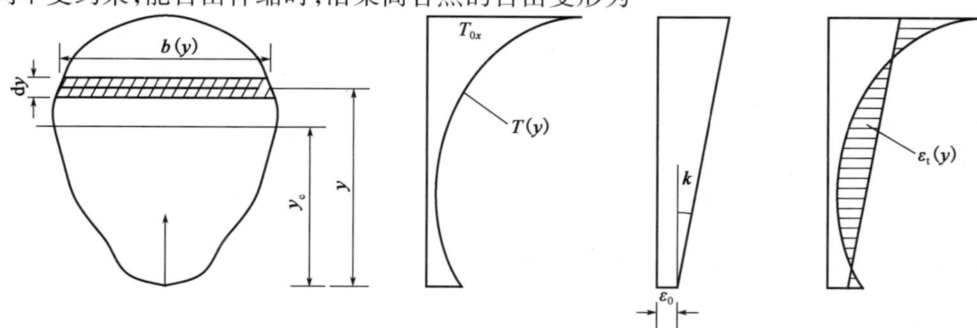

图 8.23.15　温度自应力计算示意图

$$\varepsilon_{\mathrm{T}}(y) = \alpha T(y) \tag{8.23.31}$$

但因梁的变形必须服从平面假定，所以截面实际变形后，应在图 8.23.15 所示的直线位置，即

$$\varepsilon_y(y) = \varepsilon_0 + \kappa y \tag{8.23.32}$$

式中：ε_0——沿梁 $y=0$ 处的变形值；

κ——单元梁段挠曲变形后的曲率。

图 8.23.15 中阴影部分的应变由纵向纤维之间的约束产生，即为

$$\varepsilon_{\mathrm{t}}(y) = \varepsilon_{\mathrm{T}}(y) - \varepsilon_y(y) = \alpha T(y) - (\varepsilon_0 + \kappa y) \tag{8.23.33}$$

由 $\varepsilon_{\mathrm{t}}(y)$ 产生的应力即为温差自应力，其值为

$$\sigma_{\mathrm{t}}(y) = E\varepsilon_{\mathrm{t}}(y) = E[\alpha T(y) - (\varepsilon_0 + \kappa y)] \tag{8.23.34}$$

由于在单元梁段上无外荷载作用，因此自应力在截面上是自平衡状态的应力，可利用截面上应力总和为零和对截面重心轴的力矩为零的条件，求出 ε_0 与 κ 的值。

由

$$\begin{cases} \sum N_z = 0 \\ \sum M_x = 0 \end{cases} \tag{8.23.35}$$

得

$$\begin{cases} \sum N_z = E\int_h \varepsilon_{\mathrm{t}}(y)b(y)\mathrm{d}y = E\int_h[\alpha T(y) - (\varepsilon_0 + \kappa y)]b(y)\mathrm{d}y \\ \qquad = E[\alpha\int_h T(y)b(y)\mathrm{d}y - \varepsilon_0 A - Ay_{\mathrm{c}}\kappa] = 0 \\ \sum M_x = E\int_h \varepsilon_{\mathrm{t}}(y)b(y)(y-y_{\mathrm{c}})\mathrm{d}y = E\int_h[\alpha T(y) - (\varepsilon_0 + \kappa y)]b(y)(y-y_{\mathrm{c}})\mathrm{d}y \\ \qquad = E[\alpha\int_h T(y)b(y)(y-y_{\mathrm{c}})\mathrm{d}y - \int_h \varepsilon_0 b(y)(y-y_{\mathrm{c}})\mathrm{d}y - \kappa I] = 0 \end{cases} \tag{8.23.36}$$

式中：$A = \int_h b(y)\mathrm{d}y$；

$I = \int_h b(y)y(y-y_{\mathrm{c}})\mathrm{d}y$。

从式(8.23.36)可解得

$$\begin{cases} \varepsilon_0 = \dfrac{\alpha}{A}\int_h T(y)b(y)\mathrm{d}y - y_{\mathrm{c}}\kappa \\ \kappa = \dfrac{\alpha}{I}\int_h T(y)b(y)(y-y_{\mathrm{c}})\mathrm{d}y \end{cases} \tag{8.23.37}$$

式中：y_{c}——截面重心至梁底的距离；

其他符号意见见图 8.23.15。

将 ε_0 与 κ 代入式(8.23.34)，即可求得温度自应力 $\sigma_{\mathrm{t}}(y)$。

23.4.2　T 形和 Π 形梁的温差应力

作为示例，分析如图 8.23.16 所示的 T 形和 Π 形梁的温差应力，此类截面一般不考虑横向问题，属一维温度效应。按式(8.23.35)有

$$
\begin{cases}
\sum N_z = \int_h [\alpha T(y) - (\varepsilon_0 + \kappa y)] b \mathrm{d}y \\
\quad = \int_{A_1} \alpha T(y) \mathrm{d}A - \int_A \varepsilon_0 \mathrm{d}A - \int_A \kappa y \mathrm{d}A \\
\quad = \alpha T(y) A_1 - \varepsilon_0 A - \kappa A y_c = 0 \\
\sum M_x = \int_h [\alpha T(y) - (\varepsilon_0 + \kappa y) b(y)(y - y_c)] \mathrm{d}y \\
\quad = \int_{A_1} \alpha T(y)(y - y_c) \mathrm{d}A - \int_A \varepsilon_0 (y - y_c) \mathrm{d}A - \kappa \int_A (y - y_c) y \mathrm{d}A \\
\quad = \alpha T(y) A_1 e - \kappa [I_0 - y_c \int_A y \mathrm{d}A] \\
\quad = \alpha T(y) A_1 e [I_0 - A y_c^2] = \alpha T(y) A_1 e - \kappa I = 0
\end{cases}
\tag{8.23.38}
$$

式中：A_1——桥面板的面积；

A——梁的全面积；

e——桥面板重心到截面重心轴的距离；

y_c——截面重心轴到梁底的距离；

其他符号意义同前。

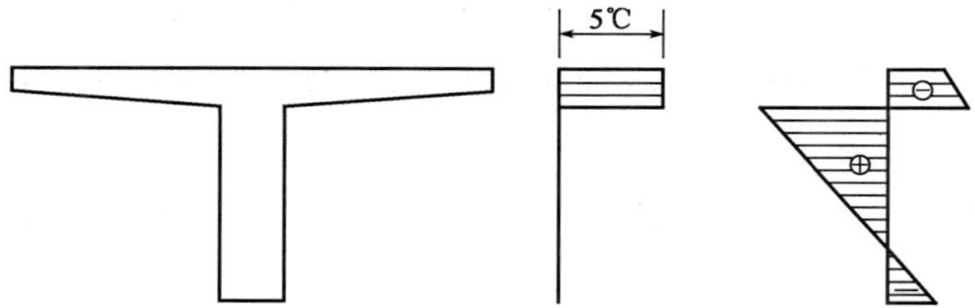

图 8.23.16　我国早期公路桥梁规范中的温度梯度

解式(8.23.38)得

$$
\kappa = \frac{\alpha T(y) A_1 e}{I} = \frac{\varepsilon_T(y) A_1 e}{I}
\tag{8.23.39}
$$

$$
\begin{aligned}
\varepsilon_0 &= \frac{\alpha}{A} T(y) A_1 - y_c \kappa \\
&= \frac{1}{A} \left[\alpha T(y) A_1 - \frac{\alpha T(y) A_1 e y_c A}{I} \right] \\
\varepsilon_0 + \kappa y &= \frac{1}{A} \left[\alpha T(y) A_1 - \frac{\alpha T(y) A_1 e y_c A}{I} \right] + \frac{\alpha T(y) A_1 e y}{I} \\
&= \frac{\alpha T(y) A_1}{A} + \frac{\alpha T(y) A_1 e (y - y_c)}{I}
\end{aligned}
\tag{8.23.40}
$$

而温差应力为

$$
\begin{aligned}
\sigma_t(y) &= E[\alpha T(y) - (\varepsilon_0 + \kappa y)] \\
&= \frac{E \alpha T(y) A_1}{A_1} - \frac{E \alpha (y) A_1}{A} - \frac{E \alpha T(y) A_1 e (y - y_c)}{I}
\end{aligned}
\tag{8.23.41}
$$

令
$$\begin{cases}N_t = E\alpha T(y)A_1 \\ M_t = E\alpha T(y)A_1 e\end{cases} \tag{8.23.42}$$

则式(8.23.41)可表示为

$$\sigma_1(y) = \frac{N_t}{A_1} - \frac{N_t}{A} - \frac{M_t(y - y_c)}{I} \tag{8.23.43}$$

在中国铁路T形、Π形梁的温度分布中，略去梁底部的很小温度分布，T形、Π形梁的温度分布近似地归结为一条沿高度方向的单向温度分布曲线，如图8.23.17所示，并可用下式表示：

$$T(y) = T_{0y}e^{-c_y y} \tag{8.23.44}$$

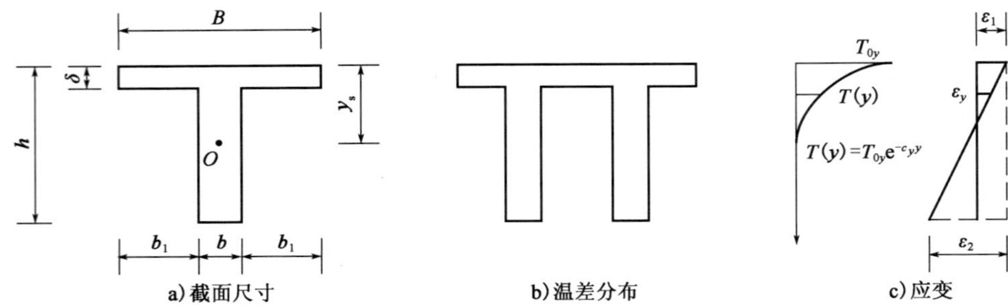

图8.23.17　简支T形、Π形梁的温度、应变与应力关系

温度自由应变为$\varepsilon_T(x) = \alpha T(y)$，截面发生平面变形后，所保留的温度应变部分为$\varepsilon_y(y)$，由图8.23.17得

$$\varepsilon(y) = \varepsilon_1 - \varepsilon_2\frac{y}{h} \tag{8.23.45}$$

温差应力为

$$\sigma_t(y) = E[\varepsilon(y) - \alpha T(y)] \tag{8.23.46}$$

即

$$\sigma_t(y) = E\left[\varepsilon_1 - \varepsilon_2\frac{y}{h} - \alpha T(y)\right] \tag{8.23.47}$$

在无外荷载作用的情况下，根据截面上内力平衡原理，由$\sum N_z = 0$、$\sum M_x = 0$可求得截面上、下边缘的应变ε_1、ε_2，代入式(8.23.47)后即得自约束应力$\sigma_t(y)$。

由$\sum N_z = 0$即

$$\int_0^h b(y)\sigma_t(y)\mathrm{d}y = 0 \tag{8.23.48}$$

$\sum M_x = 0$即

$$\int_0^h \sigma_t(y - y_s)b(y)\mathrm{d}y = 0 \tag{8.23.49}$$

将式(8.23.47)代入式(8.23.48)并考虑到式(8.23.44)有

$$\varepsilon_1 = \frac{\alpha T_{0y}}{A}[bk_1 + 2b_1 r_1] + \frac{y_s}{h}\varepsilon_2 \tag{8.23.50}$$

将式(8.23.47)代入式(8.23.49)并考虑到式(8.23.44)有

$$\frac{\varepsilon_2}{h}I_0 = \alpha T_{0y}(bk_4 + 2b_1r_4) \tag{8.23.51}$$

式中：$k_1 = \dfrac{1 - e^{-c_y h}}{c_y}$；

$k_4 = k_1(y_s - k_3)$；

$r_1 = \dfrac{1 - e^{-c_y \delta}}{c_y}$；

$r_4 = r_1(y_s - r_3)$。

将式(8.23.51)代入式(8.23.50)得

$$\varepsilon_1 = \frac{\alpha T_{0y}}{A}(bk_1 + 2b_1r_1) + \frac{\alpha T_{0y}}{I_0}y_s(bk_4 + 2b_1r_4) \tag{8.23.52}$$

再将式(8.23.51)、式(8.23.52)代入式(8.23.47)后即得$\sigma_0(y)$为

$$\sigma_t(y) = \alpha T_{0y}E\left[\frac{\eta_1}{A} + \frac{\eta_2}{I_0}(y_s - y) - e^{-c_y y}\right] \tag{8.23.53}$$

式中：η_1——$\eta_1 = bk_1 + 2b_1r_1$；

η_2——$\eta_2 = bk_4 + 2b_1r_4$；

b——腹板宽度(m)；

b_1——翼板悬臂长度(m)；

y_s——截面重心到梁顶的距离(m)；

其他符号意义同前。

23.4.3 箱形截面的温差应力

箱梁温差应力应考虑纵向应力和横向应力，横向应力又分为温差自应力和框架约束应力。

按23.4.2节相同的方法，可分别求得桥面板的自应力、箱梁纵向自应力等，而横向框架约束应力可通过求解超静定结构而获得。

箱梁横向框架约束应力的计算方法，与纵向外约束应力计算方法相似，可采用结构力学的方法或有限单元法计算。

按结构力学的力法可以方便地分析图8.23.18所示结构的温差横向框架约束内力。分析时应充分应用结构和温度的对称性。

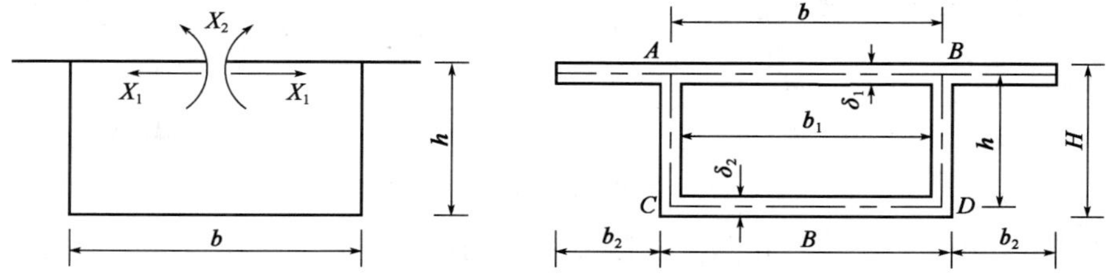

图8.23.18 横向框架计算图式

TB 10002.3—2005推荐的经简化后的横向框架约束弯矩计算式为

$$\overline{M}_{AB} = \frac{r(3r + 2)}{(r + 1)(3r + 1)}\frac{\alpha \overline{T}_{0y}EI_c}{\delta}k \tag{8.23.54}$$

$$\overline{M}_{BC} = \left[\frac{r(3r+2)}{(r+1)(3r+1)} - \frac{3r}{(3b+h)}y\right]\frac{\alpha\overline{T}_{0y}EI_c}{\delta} \tag{8.23.55}$$

$$\overline{M}_{CD} = \frac{r}{(r+1)(3r+1)}\frac{\alpha\overline{T}_{0y}EI_c}{\delta}k \tag{8.23.56}$$

各板的实际计算弯矩采用

$$M_T = \begin{cases} 0.7\overline{M}_i(\text{日照温差}) \\ 1.7\overline{M}_i(\text{降温温差}) \end{cases} \quad (i = AB, BC, CD) \tag{8.23.57}$$

式中：$\overline{M}_i$——横向框架约束弯矩（MN · m），i 取 AB、BC、CD；

y——梁顶到计算点的距离（m）；

$\overline{T}_{0y}$——沿板厚温差（℃）；

k——非线性修正系数，按 TB 10002.3—2005 规定采用；

r——$r=\frac{b}{h}$，箱梁宽高之比；

δ——箱壁厚度（m）；

I_c——箱壁抗弯惯性矩（m^4）。

23.4.4 不同规范的温度梯度模式下截面应力的比较分析

以美国规范（AASHTO—2005）、中国公路桥梁规范（JTG D60—2004）、新西兰桥梁规范（NZBM—2003）、中国铁路桥涵设计规范（TB 10002.3—2005）以及欧洲规范（EN 1991-1-5）所规定的混凝土截面竖向温度梯度曲线，计算跨径 23.3m、梁高 2.0m 的单箱单室箱形截面在升温及降温情况下的截面应力分布，如图 8.23.19 所示。

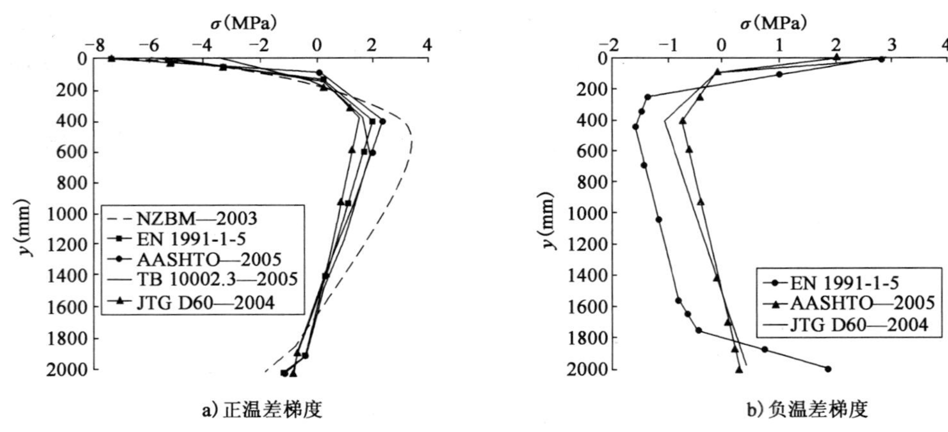

图 8.23.19 各国规范的温差应力计算值比较

从图 8.23.19 可以看出，不同温度梯度模式下的截面温差应力分布具有一定的相似性。在各正温差梯度模式下，最大压应力均产生于梁顶缘；按最大拉应力的出现位置来说，美国规范、欧洲规范和中国公路桥梁规范三者基本相同，而新西兰规范和中国铁路规范较为接近；新西兰规范与其他规范差异较大，整体上产生的应力值也较其他模式为大，最大拉应力约为欧洲规范的两倍；新西兰规范和欧洲规范温度梯度模式下，截面底面应力略大于其他三者，这可能是其考虑了底板的升温效应的结果。在各负温差梯度模式下,最大拉应力均产生于梁顶,均大于混凝土抗拉强度,最大压应力出现的位置较为接近。美国规范和中国公路桥梁规范的温度分布模式相同,只是所取的温度基数不同,两者产生的截面应力接近;欧洲规范采用了上下两条双折线的梯度模式,所取的温度基数也较大,其温度应力分布与前两者亦有较大差异,梁底更为明显。

根据各自的温度分布模式,采用相同的温度基数进行分析,结果表明[7],在各正温差梯度模式下,最大拉应力与最大压应力出现位置没有变化,数值差异亦较小;拉应力最大值(新西兰)约为最小值(美国)的1.3倍,压应力最大值(美国)约为最小值(新西兰)的1.4倍;在各负温差梯度模式下,最大拉应力与最大压应力出现位置亦未变化;美国规范和中国公路规范的应力分布基本重合,欧洲规范的应力分布与前两者差距明显,只是大小比取不同温度基数时更为接近。

图8.23.20示出了分别按照中国公路桥梁规范的温度模式及二维温度梯度模式(图8.23.13)分析位于半径为620m圆曲线上的68m+120m+68m的预应力混凝土弯连续刚构桥箱梁的顶板底面温度应力,可以看出量值非常可观。

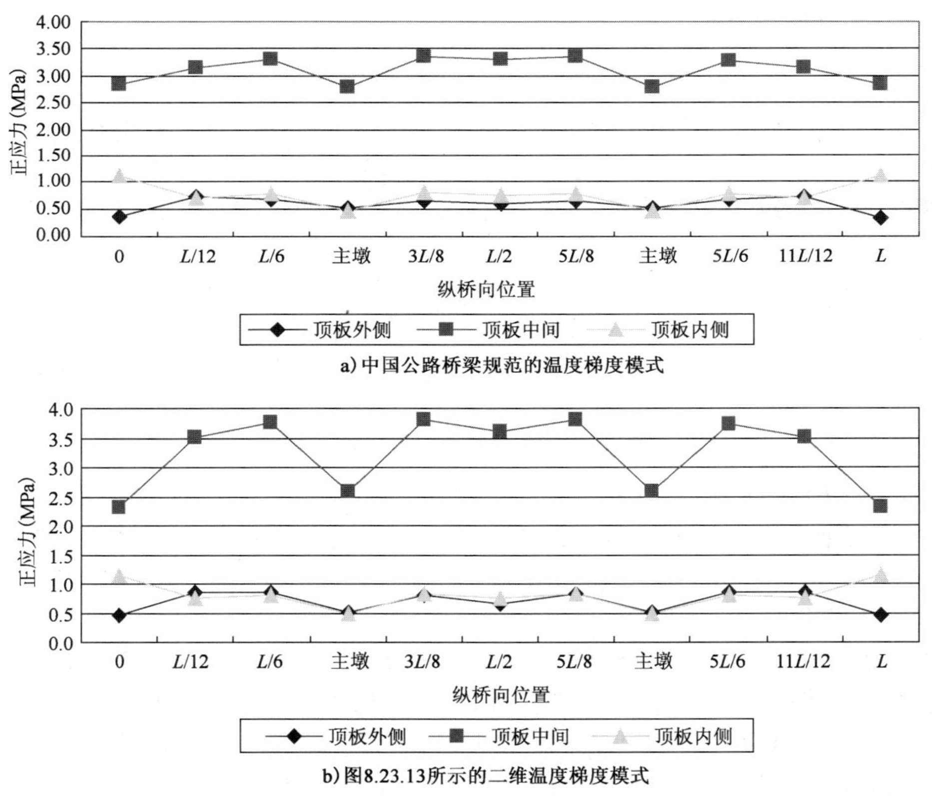

a)中国公路桥梁规范的温度梯度模式

b)图8.23.13所示的二维温度梯度模式

图8.23.20 预应力混凝土弯连续刚构桥箱梁顶板底面正应力曲线

桥梁上部结构温度荷载的分析,是与构件材料的组成特性相联系的。如:对于钢梁—混凝土桥面板结合梁,一般以钢梁升、降温差进行效应分析;对于钢管混凝土拱肋也应考虑钢管与内灌混凝土的温差等。必要时,还应考虑不同材料传热性能的影响。

温差荷载效应分析也与结构体系特性相联系。如:对于传统拱桥以年温差荷载效应为主;对于梁拱组合体系桥则主要考虑各构件之间温差荷载;对于斜拉桥,构件温度分布则考虑更充分,包括采用塔、梁和索按各自线膨胀系数取值的年温差,索塔、梁的温差,塔柱两侧的温差,以及与主梁截面形式及组成材料相关的温差,荷载效应按最不利情况叠加。

公路箱梁桥的桥面较宽,顶板完全敞开,顶、底板距离较大,横截面竖向温差比铁路桥要大。公路箱形桥梁的温差估计可达 25℃以上,在竖向和横向温差荷载的共同作用下,顶板底面拉应力有可能超出混凝土的抗拉强度,宽箱梁横向没有预加应力或足够的温度钢筋,势必导致箱梁顶板混凝土开裂。

23.5 桥梁墩柱温差应力

桥梁墩柱温差应力计算方法与上部结构类似,但此时纵向即为高度方向,而横向是指平面方向,且圆形或椭圆形截面的温度分布有其各自特点。

23.5.1 温差荷载

1)壁板式柔性墩

在柔性桥墩的设计计算中,因日照辐射和气温变化作用而产生的温差应力,往往成为设计的控制因素。因日照辐射和气温变化作用产生的温差荷载,有这样三种情况:因年温变化,上部结构发生伸缩变形在柔性墩上产生的温差荷载;因日照辐射温度变化,在墩身产生的温差荷载;寒流、降温引起的墩身温度变化所产生的墩身温差荷载。

因年温变化,上部结构发生伸缩变形在柔性墩上产生的温差荷载及引起的相应内力与桥梁构造和支座设置方式有关,这可以通过上、下部结构整体分析计算而得,此不赘述。

因日照辐射温度变化,在墩壁产生的温差荷载,根据实测及理论分析,在最不利气象条件下,墩身截面的控制温度分布为

$$T(y) = T_0 e^{-c_y y} \tag{8.23.58}$$

式中:T_0——向阳面与背阳面墩壁的温差,一般取值约为 20℃;

c_y——指数系数,一般取 10,寒流、降温引起的温差分布也同样可以表示成指数函数形式。

2)箱形桥墩

箱形桥墩的温差荷载主要是日照温差荷载与寒流、降温温差荷载。计算日照温差荷载时,当太阳斜晒时可采用两个方向的温差 T_{0x}、T_{0y},分别按正晒情况计算,然后再叠加起来。在日照作用下,沿横截面高度方向的温差分布,根据钢筋混凝土结构的热传导特性分析和现场实测资料,符合指数函数规律变化,略去两侧壁板内外表温度的很小差别和沿墩高方向的微小温差,沿横截面温差分布规律(以 y 方向为例)为

$$T(y) = T_{0y} e^{-c_y y} \tag{8.23.59}$$

式中:T_{0y}——向阳面箱壁温差,约为 15℃,仅计算单向温差时取 20℃;

c_y——指数系数,一般取 10。

图 8.23.21 示出了云南省 2004 年 2 月份某截面为 2.5m×3.5m 的悬索桥桥塔的截面温差梯度分布及沿塔高温差梯度分布的实测值及拟合曲线[6]。截面温差梯度拟合曲线为指数

曲线,指数为10。

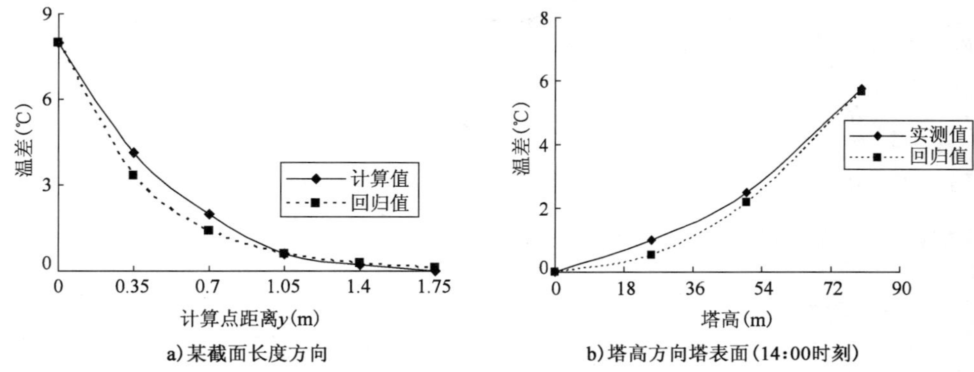

图8.23.21 悬索桥桥塔温差梯度拟合曲线(14:00时刻)

此温差梯度分布对该桥塔的塔顶偏位的影响的最大值为6.79cm,其影响量值不可忽视。

另一方向横截面温差分布规律和系数取值同上。由寒流、降温产生的温差荷载分布同箱形桥梁。

23.5.2 桥墩温差应力

桥墩温差应力计算所作的假定条件同桥梁上部结构一样。温差荷载在桥墩中产生的应力可分为与支承条件无关的自应力和与支承条件有关的次应力。在此主要讨论与支承条件无关的温度自应力。

1)纵向(沿墩高)温差应力

日照温差引起的截面自约束应力的计算原理同上部结构,根据平截面假定条件及截面自约束应力的平衡条件,可得到自约束应力。太阳斜晒时,可按叠加原理先分别计算两个方向的应力,然后再叠加。纵向外约束应力可按结构力学方法或有限元分析方法求解。

对于箱形桥墩,可按前述公式计算;对于圆形空心桥墩(图8.23.22),文献[1]指出,圆形筒体横断面中任意点的温度$T(\rho,\theta)$为

$$T(\rho,\theta)=T_2\frac{1+\cos\theta}{2}e^{-c_\rho(R-\rho)}+T_1 \tag{8.23.60}$$

按前述方法分析有

$$\sigma(\rho,\theta)=E\left[\varepsilon_1-\varepsilon_2\left(\frac{R+\rho\cos\theta}{2R}\right)-\alpha T(\rho,\theta)\right] \tag{8.23.61}$$

将式(8.23.60)代入式(8.23.61),应用温度自应力的平衡条件并注意到T_1不产生自应力,有

$$\begin{cases}\iint\sigma(\rho,\theta)\mathrm{d}A=0\\ \iint\sigma(\rho,\theta)\rho\cos\theta\mathrm{d}\rho\mathrm{d}\theta=0\end{cases} \tag{8.23.62}$$

经分析有 $\sigma(\rho,\theta)=\alpha T_2E\left[\frac{k_3}{2R_\rho}+\frac{\pi\rho\cos\theta}{2I_\rho}k_4-\frac{1+\cos\theta}{2}e^{-c_\rho(R-\rho)}\right]$ (8.23.63)

式中：$k_3 = \left[R - \frac{1}{c_\rho} - \frac{c_\rho r - 1}{c_\rho} \mathrm{e}^{-c_\rho(R-r)}\right]\frac{1}{c_\rho}$

$$k_4 = \left(R^2 - \frac{2}{c_\rho}R + \frac{2}{c_\rho^2}\right)\frac{1}{c_\rho} - \left(r^2 - \frac{2}{c_\rho}r + \frac{2}{c_\rho^2}\right)\frac{\mathrm{e}^{-c_\rho(R-r)}}{c_\rho}$$

$$I_\rho = \frac{1}{4}(R^4 - r^4)$$

$$R_\rho = \frac{1}{4}(R^2 - r^2)$$

其他符号意义如图 8.23.22 所示。

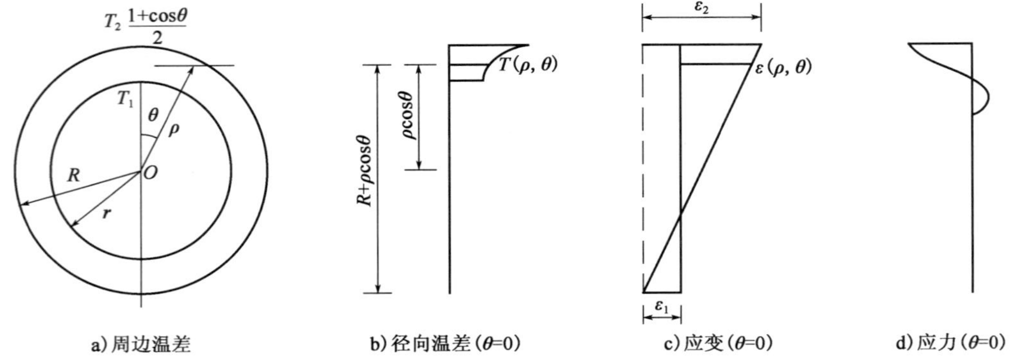

图 8.23.22　圆形截面温度分布

2）横向（水平面）温差应力

箱形桥墩横向约束应力的计算同箱梁一样，即分为箱梁壁板非线性温差的自约束应力和横向框架约束应力。第一部分自约束应力计算方法同上部结构；第二部分横向框架约束应力也可用结构力学方法或有限单元法计算。

对于圆形空心墩柱若取用式（8.23.60）中的首项作为温差分布曲线，则图 8.23.23 所示的两赘余未知力分别为

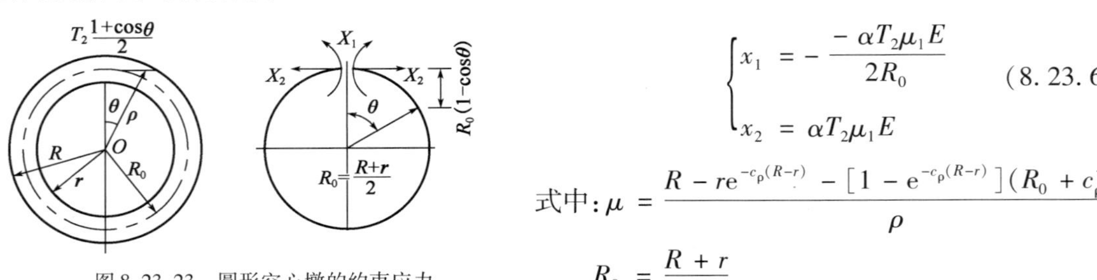

图 8.23.23　圆形空心墩的约束应力

$$\begin{cases} x_1 = -\dfrac{-\alpha T_2 \mu_1 E}{2R_0} \\ x_2 = \alpha T_2 \mu_1 E \end{cases} \tag{8.23.64}$$

式中：$\mu = \dfrac{R - r\mathrm{e}^{-c_\rho(R-r)} - [1 - \mathrm{e}^{-c_\rho(R-r)}](R_0 + c_\rho^{-1})}{\rho}$

$$R_0 = \frac{R + r}{2}$$

墩壁上各点的温度自应力为

$$\begin{cases} \bar{\sigma}[R(r),0] = \mp \dfrac{1}{2}\alpha T_2 \mu_1 E(R - r) \\ \bar{\sigma}\left[R(r),\dfrac{\pi}{2}\right] = \mp \dfrac{1}{4}\alpha T_2 \mu_1 E(R - r) \\ \bar{\sigma}[R(r),\pi] = 0 \end{cases} \tag{8.23.65}$$

对于桥墩温差效应,在采用固定支座传递的柔性体系中,简支墩的日照温差应力数值不小,一般超过 C20 混凝土的容许拉应力,而接近 C20 混凝土的极限拉应力,且拉应力的分布区域很宽,达到整个截面厚度的 2/3。因此,简支墩的日照温差应力在柔性墩的计算中是一项不可忽略的因素,在与其他不利荷载组合之后决定设计的经济与安全性。

箱形桥墩的温差应力是一个重要的问题。实测资料表明,沿箱壁厚度方向的非线性温度分布较明显,温差高达 15℃以上。温差荷载在箱形墩横向产生的温差自应力,其影响往往超过活载效应,尤其是在角隅附近因实际结构应力集中的影响,可能会发生温度裂缝。因此,在箱形桥墩的设计中,应充分考虑温差应力的影响,并在构造处理上减少不必要的自约束作用。总之,桥梁结构温度应力分析是一个复杂问题,但温度对结构的影响及其特点是可以把握的。

23.6 温差效应的数值分析

23.6.1 温度场数值方法

按照边界条件求解热传导微分方程,在数学上是个难题;对于工程上提出的问题,用解析求解几乎是不可能的。因此,工程上常用数值方法求解,如有限元法、差分法、加权残值法等。以下结合有限元法予以介绍。

根据变分原理,考虑泛函

$$\Pi(T)=\iint_R F(T,T_x,T_y,T_t)\,\mathrm{d}x\mathrm{d}y+\int_C G(T)\,\mathrm{d}s \tag{8.23.66}$$

式(8.23.66)右边第一项是在求解区域 R 中的面积分,第二项是沿边界 C 的线积分。$G(T)$ 是温度场的函数,$F(T,T_x,T_y,T_t)$ 是温度场 T 的梯度 $T_x=\frac{\partial T}{\partial x}$、$T_y=\frac{\partial T}{\partial y}$ 及 $T_t=\frac{\partial T}{\partial t}$ 的函数,显然泛函 $\Pi(T)$ 的值的决于 T、T_x、T_y 及 T_t 的值。在区域 R 内,T 满足热传导方程

$$\frac{\partial^2 T}{\partial x^2}+\frac{\partial^2 T}{\partial y^2}-\frac{\partial^2 T}{a\partial t}=0 \tag{8.23.67}$$

在初始瞬时,T 应等于给定的温度,即当 $t=0$ 时

$$T=T_0(x,y) \tag{8.23.68}$$

在边界 C 上满足第一类边界条件,即当 $t>0$ 时,在 C 上

$$T=T_b \tag{8.23.69}$$

在边界 C' 上满足第三类边界条件,即当 $t>0$ 时,在 C' 上

$$\frac{\partial T}{\partial n}=l_x\frac{\partial T}{\partial x}+l_y\frac{\partial T}{\partial y}=-\bar{\beta}(T-T_a) \tag{8.23.70}$$

式中:$\bar{\beta}$——$\bar{\beta}=\beta/\lambda$;

l_x、l_y——边界方向余弦;

其余符号意义同前。

取函数 F 和 G 如下

$$\begin{cases}F=\dfrac{1}{2}\left[\left(\dfrac{\partial T}{\partial x}\right)^2+\left(\dfrac{\partial T}{\partial y}\right)^2\right]+\dfrac{1}{\alpha}\dfrac{\partial T}{\partial t}T\\G=\dfrac{1}{2}\bar{\beta}T^2-\bar{\beta}T_{\mathrm{a}}T\end{cases}\tag{8.23.71}$$

代入式(8.23.26)得泛函 $\Pi(T)$ 为

$$\Pi(T)=\iint_R\left\{\frac{1}{2}\left[\left(\frac{\partial T}{\partial x}\right)^2+\left(\frac{\partial T}{\partial y}\right)^2\right]+\frac{1}{\alpha}\frac{\partial T}{\partial t}T\right\}\mathrm{d}x\mathrm{d}y+\int_C\left(\frac{1}{2}\bar{\beta}T^2-\bar{\beta}T_{\mathrm{a}}T\right)\mathrm{d}s\tag{8.23.72}$$

这个热传导问题等价于下列泛函极值问题：温度场 $T(x,y,t)$ 在 $t=0$ 时取给定的初始温度 $T_0(x,y)$，在第一类边界 C' 上取给定的边界温度 T_{b}，并使上述泛函取极小值。

把求解域划分为有限个三角形单元，设三角形单元 e 的三个节点排序为 1、2 及 3，节点温度分别为 $T_1(t)$、$T_2(t)$ 及 $T_3(t)$，单元内任一点的温度用节点温度表示为

$$\begin{aligned}T^{\mathrm{e}}(x,y,t)&=N_1(x,y)T_1(t)+N_2(x,y)T_2(t)+N_3(x,y)T_3(t)\\&=[N_1\quad N_2\quad N_3][T_1\quad T_2\quad T_3]^{\mathrm{T}}\\&=\boldsymbol{N}\boldsymbol{T}^{\mathrm{e}}\end{aligned}\tag{8.23.73}$$

式(8.23.73)中，形函数 $N_i(x,y)(i=1,2,3)$ 是坐标 x、y 的函数，$N_i(x,y)=\dfrac{1}{2\Delta}(a_i+b_ix+c_iy)$，$\Delta$ 为单元面积，而节点温度 $T_i(t)(i=1,2,3)$ 是时间 t 的函数。

把单元 e 作为求解域 R 的一个子域 ΔR，在这个子域内的泛函值为

$$\Pi^{\mathrm{e}}(T)=\iint_{\Delta R}\left\{\frac{1}{2}\left[\left(\frac{\partial T^{\mathrm{e}}}{\partial x}\right)^2+\left(\frac{\partial T^{\mathrm{e}}}{\partial y}\right)^2\right]+\frac{1}{\alpha}\frac{\partial T^{\mathrm{e}}}{\partial t}T^{\mathrm{e}}\right\}\mathrm{d}x\mathrm{d}y+\int_{\Delta C}\left(\frac{1}{2}\bar{\beta}T^{\mathrm{e}2}-\bar{\beta}T_{\mathrm{a}}T^{\mathrm{e}}\right)\mathrm{d}s\tag{8.23.74}$$

在单元足够小的条件下，可用各单元泛函值之和代表原泛函，即

$$\Pi(T)\cong\sum_e\Pi^{\mathrm{e}}(T)\tag{8.23.75}$$

为了使泛函 $\Pi(T)$ 实现极小值，应有

$$\frac{\partial\Pi}{\partial T_i}\cong\sum_e\frac{\partial\Pi^{\mathrm{e}}}{\partial T_i}=0\tag{8.23.76}$$

将式(8.23.74)代入式(8.23.75)，再代入式(8.23.76)，经单元组合整理最后可得结构温度场有限元分析方程组为

$$\boldsymbol{H}\boldsymbol{T}+\boldsymbol{R}\left(\frac{\partial T}{\partial t}\right)+\boldsymbol{F}=0\tag{8.23.77}$$

式中 $\boldsymbol{H}$、$\boldsymbol{R}$ 及 $\boldsymbol{F}$ 的元素 H_{ij}、R_{ij}及 $F_i(i=1,2,3;j=1,2,3)$，为与形函数及其导数及边界温度有关的常数，其计算公式从略。

式(8.23.77)对任意时间 t 都成立，显然，对 $t=t_n$ 及 $t=t_{n+1}$成立，即

$$\boldsymbol{H}\boldsymbol{T}_n+\boldsymbol{R}\left(\frac{\partial\boldsymbol{T}}{\partial\boldsymbol{t}}\right)+\boldsymbol{F}_n=0\tag{8.23.78}$$

$$\boldsymbol{HT}_{n+1}+\boldsymbol{R}\left(\frac{\partial \boldsymbol{T}}{\partial \boldsymbol{t}}\right)_{n+1}+\boldsymbol{F}_{n+1}=0 \tag{8.23.79}$$

设

$$\Delta \boldsymbol{T}_n=\boldsymbol{T}_{n+1}-\boldsymbol{T}_n=\Delta t_n\left(\frac{\partial \boldsymbol{T}}{\partial t}\right)_{n+1} \tag{8.23.80}$$

有

$$\left\{\frac{\partial \boldsymbol{T}}{\partial \boldsymbol{t}}\right\}_{n+1}=\frac{1}{\Delta t_n}\left[\boldsymbol{T}_{n+1}-\boldsymbol{T}_n\right] \tag{8.23.81}$$

式中：$\Delta t_n=t_{n+1}-t_n$。

将式(8.23.78)和式(8.23.79)代入式(8.23.81)有

$$\boldsymbol{H}+\frac{1}{\Delta t_n}\boldsymbol{RT}_{n+1}-\frac{1}{\Delta t_n}\boldsymbol{RT}_n+\boldsymbol{F}_{n+1}=0 \tag{8.23.82}$$

在式(8.23.82)中，$\boldsymbol{T}_n$、$\boldsymbol{F}_{n+1}$是已知量，而$\boldsymbol{T}_{n+1}$是未知量，故其是关于$\boldsymbol{T}_{n+1}$的线性方程组，解之即得到各节点在$t=t_{n+1}$时的温度$\boldsymbol{T}_{n+1}$。

对于一维热传导，可用差分法进行求解。若将一维热传导方程在t_n时刻用于节点i，则有

$$\left(\frac{\partial^2 T}{\partial x^2}\right)_i^n=\frac{1}{\alpha}\left(\frac{\partial T}{\partial t}\right)_i^n \qquad (n>0,0<i<L) \tag{8.23.83}$$

经差分分析有

$$-2fT_{L-1}^{n+1}+\left(1+2f+2f\frac{\beta\Delta x}{\lambda_c}\right)T_L^{n+1}=T_L^n+2f\frac{\beta\Delta x}{\lambda_c}T_a \tag{8.23.84}$$

其中

$$f=\frac{\alpha\Delta t}{(\Delta x)^2} \tag{8.23.85}$$

相应的差分格式为

$$\begin{bmatrix} 1 & & & & \\ & 1 & & & \\ & & \ddots & & \\ & & & \ddots & \\ & & & & \ddots \\ -2f & \left(1+2f+2f\frac{\beta\Delta x}{\lambda_c}\right) & & & \end{bmatrix}\times\begin{bmatrix} T_1 \\ T_2 \\ \vdots \\ \vdots \\ \vdots \\ T_{L-1} \\ T_L \end{bmatrix}^{n+1}$$

$$=\begin{bmatrix} 1-2f & f & & & & \\ -f & 1-2f & -f & & & \\ & & \ddots & & & \\ & & & \ddots & & \\ & & & & \ddots & \\ & & & -f & 1-2f & -f \end{bmatrix}\times\begin{bmatrix} T_1 \\ T_2 \\ \vdots \\ \vdots \\ T_{L-1} \\ T_L \end{bmatrix}^{n}+\begin{bmatrix} 0 \\ 0 \\ 0 \\ \vdots \\ \vdots \\ 2f\frac{\beta\Delta x}{\lambda_c}T_z \end{bmatrix} \tag{8.23.86}$$

其中

$$T_z=T_a+\frac{\alpha_s S}{\beta}$$

23.6.2 温度应力的有限元法

在得到结构的温度分布后，可以采用顺耦合方式将温度场施加在结构分析的有限元模型上，计算结构温度应力和变形。以下介绍其具体的求解过程。

令位移插值函数为

$$\begin{cases} U = \sum_{i=1}^{4} N_i u_i \\ V = \sum_{i=1}^{4} N_i u_i \end{cases} \tag{8.23.87}$$

将其代入平面应变问题的几何方程中，有

$$\boldsymbol{\varepsilon} = \begin{bmatrix} \varepsilon_x \\ \varepsilon_y \\ \gamma_{xy} \end{bmatrix} = \begin{bmatrix} \dfrac{\partial u}{\partial x} \\ \dfrac{\partial v}{\partial y} \\ \dfrac{\partial u}{\partial y} + \dfrac{\partial v}{\partial x} \end{bmatrix} = \boldsymbol{B}\boldsymbol{\delta}^{\mathrm{v}} \tag{8.23.88}$$

式中：$\boldsymbol{B} = [B_1 \quad B_2 \quad B_3 \quad B_4]$

$\boldsymbol{\delta}^{\mathrm{v}} = [\delta_1 \quad \delta_2 \quad \delta_3 \quad \delta_4]$；

$\boldsymbol{\delta}_{\gamma} = [u_{\gamma} \quad v_i]^{\mathrm{T}} (i = 1,2,3,4)$。

$$\boldsymbol{B}_i = \begin{bmatrix} \dfrac{\partial N_i}{\partial x} & 0 \\ 0 & \dfrac{\partial N_i}{\partial y} \\ \dfrac{\partial N_i}{\partial y} & \dfrac{\partial N_i}{\partial x \partial y} \end{bmatrix} \quad (i = 1,2,3,4) \tag{8.23.89}$$

将温度荷载引起的应变作用作为初应变 $\boldsymbol{\varepsilon}_0$，根据线性热应力理论，有 $\boldsymbol{\varepsilon} = \boldsymbol{\varepsilon}_{\mathrm{t}} + \boldsymbol{\varepsilon}_{\mathrm{U}}$，并满足物理方程

$$\boldsymbol{\sigma} = \boldsymbol{D}(\boldsymbol{\varepsilon} - \boldsymbol{\varepsilon}_0) = \boldsymbol{D}(\boldsymbol{B}\boldsymbol{\delta}^{\delta} - \boldsymbol{\varepsilon}_0) \tag{8.23.90}$$

根据虚位移原理得到平面应变问题单元刚度矩阵的一般表达式为

$$\boldsymbol{K}^{\delta} = \iint_A \boldsymbol{B}^{\mathrm{T}}\boldsymbol{D}\boldsymbol{B}\,\mathrm{d}A = \iint \boldsymbol{B}^{\mathrm{T}}\boldsymbol{D}\boldsymbol{B}\,|T|\,\mathrm{d}\xi\mathrm{d}\eta \tag{8.23.91}$$

式中：$\boldsymbol{D} = \dfrac{E(1-\mu)}{(1+\mu)(1-2\mu)} \begin{bmatrix} 1 & \dfrac{\mu}{1-\mu} & 0 \\ \dfrac{\mu}{1-\mu} & 1 & 0 \\ 0 & 0 & \dfrac{1-2\mu}{2(1-\mu)} \end{bmatrix}$；$\boldsymbol{\varepsilon}_0 = \alpha(1+\mu)\begin{bmatrix} T \\ T \\ 0 \end{bmatrix}$

温度荷载的矩阵表达式为

$$\boldsymbol{F} = \iint_e \boldsymbol{B}^{\mathrm{T}}\boldsymbol{D}\boldsymbol{\varepsilon}_0 \mathrm{d}e = \alpha(1+\mu)\iint \boldsymbol{B}^{\mathrm{T}}\boldsymbol{D}\begin{bmatrix}1\\1\\0\end{bmatrix}\boldsymbol{N}^{\mathrm{T}}\boldsymbol{T}^{\delta}|T|\mathrm{d}\xi\mathrm{d}\eta \tag{8.23.92}$$

温度应力的单元热力方程为

$$\boldsymbol{K}^{\delta}\boldsymbol{\delta}^{\delta} = \boldsymbol{F}^{\delta} \tag{8.23.93}$$

单元应力为

$$\boldsymbol{\sigma} = \boldsymbol{D}\boldsymbol{B}\boldsymbol{\delta}^{\delta} - \boldsymbol{D}\boldsymbol{\varepsilon}_0^{\mathrm{t}} \tag{8.23.94}$$

23.6.3 实例分析[9]

位于珠江入海口伶仃洋航道上的某航道桥，地处北纬22.27°，东经113.82°，索塔形式为H形框架塔，塔柱为内倾斜塔柱。内壁在中塔柱底部断面变坡。在横桥向，下塔柱内、外侧壁面与水平面夹角分别为88.04°和84.90°，中、上塔柱内、外侧壁面与水平面夹角均为84.90°；在顺桥向，下塔柱边、中跨侧壁面与水平面夹角均为87.86°，中、上塔柱边、中跨侧壁面与水平面夹角均为90°，如图8.23.24所示。桥梁纵向为东西向，索塔走向如图8.23.25所示。

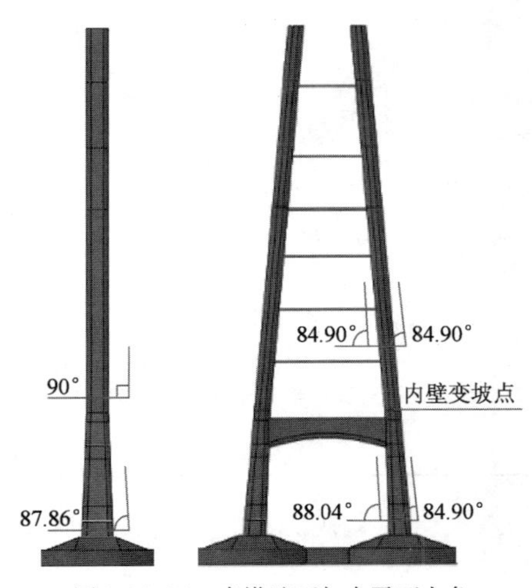

图8.23.24 索塔壁面与水平面夹角

1)倾斜面太阳光线入射角

计算索塔结构所获得的太阳辐射量时，必须首先确定桥址处不同季节、不同时刻太阳位置。为了确定太阳的位置，则必须求出太阳高度角 h_s 和方位角 Ψ，太阳辐射角度关系如图8.23.26所示。

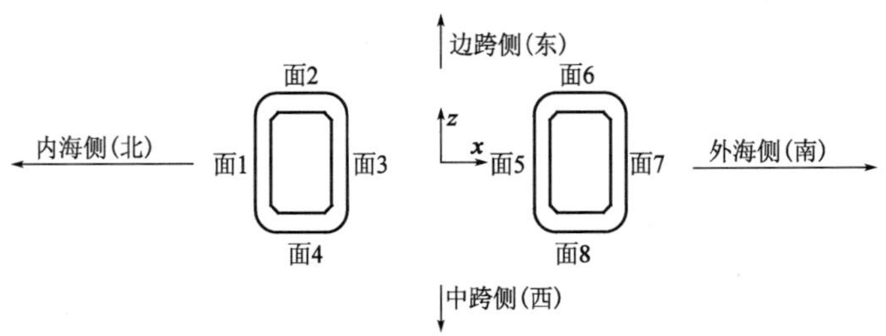

图8.23.25 索塔走向示意图

根据球面三角公式，太阳高度角 h_s 和方位角 Ψ 的关系分别为

$$\sin h_s = \sin\phi\sin\delta + \cos\delta\cos\phi\cos\omega \tag{8.23.95}$$

$$\sin\Psi = \frac{\cos\delta\sin\omega}{\cos h_s} \tag{8.23.96}$$

式中：ϕ——桥址处的纬度；

ω——时角，正午时角为0，午前为负，午后为正，每小时变化15°，即 $\omega=15t$。

δ——太阳赤纬，与季节有关，以一年为周期，夏至是 +23.5°，春分、秋分为0，一年中的太阳赤纬可用 COOPER 方程近似计算。

$$\delta = 23.45\sin\left[\frac{360\times(284+D)}{365.25}\right] \tag{8.23.97}$$

式中：D——一年中的日期序号，如3月21日，$D=81$。

根据太阳高度角和方位角，可将倾斜面太阳光线入射角表示为

$$\cos\theta = \cos\alpha\sin h_s + \cos\alpha\sin h_s\cos(\psi-\psi_0) \tag{8.23.98}$$

式中：ψ_0——斜面方位角，单位为度（°），即斜面法线在水平面的投影与当地南北向的夹角，顺时针为正，逆时针为负。

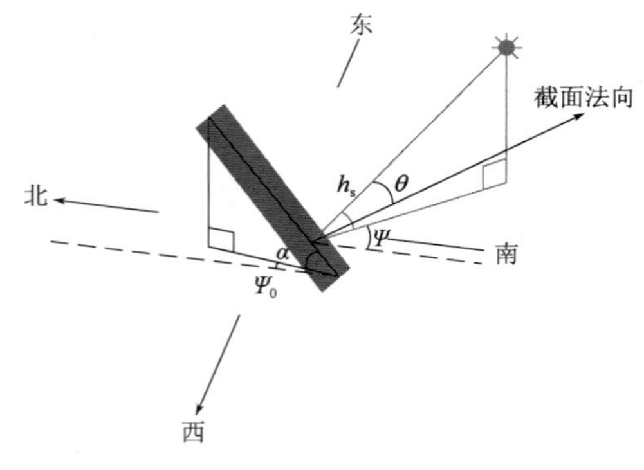

图8.23.26　太阳辐射角度关系

根据索塔走向与壁面及水平面夹角，可以得到从早晨6:00到傍晚18:00四个塔柱壁面相应的太阳辐射角度，如表8.23.6和表8.23.7所示。由于索塔横向对称，因此仅示出北侧塔柱壁面索塔方位角。

下塔柱柱壁面索塔方位角　　表8.23.6

时刻	时角 ω (°)	太阳高度角 h_s (°)	塔壁方位 θ			
			1(北)	2(东)	3(南)	4(西)
			$\sin\theta_1$	$\sin\theta_2$	$\sin\theta_3$	$\sin\theta_4$
6:00	-90.00	-0.150	-0.379	0.912	0.362	-0.923
7:00	-75.00	0.070	-0.449	0.889	0.459	-0.883
8:00	-60.00	0.274	-0.514	0.805	0.550	-0.784
9:00	-45.00	0.450	-0.571	0.665	0.628	-0.632
10:00	-30.00	0.585	-0.614	0.480	0.688	-0.437
11:00	-15.00	0.670	-0.641	0.262	0.726	-0.212
12:00	0.00	0.699	-0.650	0.026	0.739	0.026
13:00	15.00	0.670	-0.641	-0.212	0.726	0.262
14:00	30.00	0.585	-0.614	-0.437	0.688	0.480
15:00	45.00	0.450	-0.571	-0.632	0.628	0.665
16:00	60.00	0.274	-0.514	-0.784	0.550	0.805
17:00	75.00	0.070	-0.449	-0.883	0.459	0.889
18:00	90.00	-0.150	-0.379	-0.923	0.362	0.912

2）日照辐射强度

日照辐射强度 I 包括太阳直射辐射强度 I_1、天空散射辐射强度 I_2、太阳辐射与天空辐射的反射强度 I_3、大气逆辐射强度 I_4 和地表环境辐射与逆辐射强度 I_5。由于 I_3、I_4、I_5 为微小量，在日照辐射强度分析时可忽略其影响。

中、上塔柱壁面索塔方位角 表 8.23.7

时刻	时角 ω (°)	太阳高度角 h_s (°)	塔壁方位 θ			
			1(北)	2(东)	3(南)	4(西)
			$\sin\theta_1$	$\sin\theta_2$	$\sin\theta_3$	$\sin\theta_4$
6:00	-90.00	-0.150	-0.379	0.918	0.352	-0.918
7:00	-75.00	0.070	-0.449	0.887	0.461	-0.887
8:00	-60.00	0.274	-0.514	0.795	0.563	-0.795
9:00	-45.00	0.450	-0.571	0.649	0.651	-0.649
10:00	-30.00	0.585	-0.614	0.459	0.718	-0.459
11:00	-15.00	0.670	-0.641	0.238	0.760	-0.238
12:00	0.00	0.699	-0.650	0.000	0.774	0.000
13:00	15.00	0.670	-0.641	-0.238	0.760	0.238
14:00	30.00	0.585	-0.614	-0.459	0.718	0.459
15:00	45.00	0.450	-0.571	-0.649	0.651	0.649
16:00	60.00	0.274	-0.514	-0.795	0.563	0.795
17:00	75.00	0.070	-0.449	-0.887	0.461	0.887
18:00	90.00	-0.150	-0.379	-0.918	0.352	0.918

$$I = I_1 + I_2 \tag{8.23.99}$$

倾斜面上太阳辐射强度 I_1 为

$$I_1 = I_0 P_1^{1/\sin h_s}\cos\theta \tag{8.23.100}$$

式中:P_1——$1/\sin h_s$ 为 1 时的大气透明度系数,随地区及天气晴朗程度而定,一般在 0.53 ~ 0.85 之间;本例珠海地区取 0.632;

I_0——太阳常数(W/m²);

其他符号意义同前。

当日地距离为平均日地距离时(约相当于春、秋分前后),大气层上界垂直于太阳辐射表面的太阳辐射强度 I_0 为太阳常数。目前,国际上根据美国国家宇航局(NASA)利用人造卫星观测结果公认的标准值为 1353W/m²。由于日地距离在一年中是变化的,因此,太阳常数也随着不同日期而变化。一年中其他日期的 I_0 为

$$I_0 = 1353 + 44\sin\left[\frac{360 \times (89 + D)}{365}\right] \tag{8.23.101}$$

倾斜面上日照散射辐射强度 I_2 为

$$I_2 = I_0(0.2710 - 0.2913P_1^m)\sin h_s\left(\frac{1 + \cos\alpha}{2}\right) \tag{8.23.102}$$

式中:m——$m = 1/\sin h_s$;

α——所研究的倾斜面与水平面夹角之间的夹角(°)。

索塔温度变形测试时刻为 2014 年 12 月 26 日。基于前述分析,将索塔太阳高度角、太阳直射强度等参数代入式(8.23.100),则索塔壁面太阳直射强度 I_1 为

$$I_1 = 1358.06 \times 0.632^m\cos\theta$$

倾斜面上日照散射辐射强度 I_2 为

$$I_2 = 1358.06 \times (0.2710 - 0.2913 \times 0.632^m)\sinh_s\left(\frac{1 + \cos\alpha}{2}\right)$$

将相关参数代入，塔柱壁面太阳辐射强度如表8.23.8和表8.23.9所示。

下塔柱壁面太阳辐射强度（单位：W/m²） 表8.23.8

时刻	塔壁方位							
	1(北)		2(东)		3(南)		4(西)	
	I_1	I_2	I_1	I_2	I_1	I_2	I_1	I_2
6:00	0.00	0.00	0.00	0.00	0.00	0.00	0.00	0.00
7:00	0.00	13.91	1.64	13.25	0.85	13.21	0.00	13.25
8:00	0.00	43.88	205.27	41.80	140.33	41.68	0.00	41.80
9:00	0.00	55.23	326.23	52.61	307.94	52.45	0.00	52.61
10:00	0.00	59.72	297.95	56.89	426.65	56.73	0.00	56.89
11:00	0.00	61.50	179.71	58.59	496.95	58.42	0.00	58.59
12:00	0.00	61.98	18.37	59.04	520.28	58.87	18.37	59.04
13:00	0.00	61.50	0.00	58.59	496.95	58.42	179.71	58.59
14:00	0.00	59.72	0.00	56.89	426.65	56.73	297.95	56.89
15:00	0.00	55.23	0.00	52.61	307.94	52.45	326.23	52.61
16:00	0.00	43.88	0.00	41.80	140.33	41.68	205.27	41.80
17:00	0.00	13.91	0.00	13.25	0.85	13.21	1.64	13.25
18:00	0.00	0.00	0.00	0.00	0.00	0.00	0.00	0.00

中、上塔柱壁面太阳辐射强度（单位：W/m²） 表8.23.9

时刻	塔壁方位							
	1(北)		2(东)		3(南)		4(西)	
	I_1	I_2	I_1	I_2	I_1	I_2	I_1	I_2
6:00	0.00	0.00	0.00	0.00	0.00	0.00	0.00	0.00
7:00	0.00	13.91	1.64	12.78	0.85	13.91	0.00	12.78
8:00	0.00	43.88	202.80	40.30	143.69	43.88	0.00	40.30
9:00	0.00	55.23	318.21	50.72	319.00	55.23	0.00	50.72
10:00	0.00	59.72	284.62	54.85	445.09	59.72	0.00	54.85
11:00	0.00	61.50	162.70	56.48	520.42	61.50	0.00	56.48
12:00	0.00	61.98	0.00	56.92	545.51	61.98	0.00	56.92
13:00	0.00	61.50	0.00	56.48	520.42	61.50	162.70	56.48
14:00	0.00	59.72	0.00	54.85	445.09	59.72	284.62	54.85
15:00	0.00	55.23	0.00	50.72	319.00	55.23	318.21	50.72
16:00	0.00	43.88	0.00	40.30	143.69	43.88	202.80	40.30
17:00	0.00	13.91	0.00	12.78	0.85	13.91	1.64	12.78
18:00	0.00	0.00	0.00	0.00	0.00	0.00	0.00	0.00

3）大气温度

大气温度有明显的日变化，一天当中存在最高值和最低值。本例最高值出现在午后

14:00 点,而最低值出现在日出前后。气温变化分为三个阶段,早晨 6:00 至午后 14:00 为升温阶段,午后 14:00 至夜间 24:00 为降温阶段,从夜间 24:00 起至次日早晨 6:00 则为缓慢降温阶段。根据历年实测的气温资料进行曲线拟合,可得出日气温变化的回归计算式,即

$$\begin{cases} T = \dfrac{T_{\max} + T_{\min}}{2} + \dfrac{T_{\max} - T_{\min}}{2}\sin\dfrac{(h+30)\pi}{24} & (0 \leqslant h \leqslant 6) \\ T = \dfrac{T_{\max} + T_{\min}}{2} + \dfrac{T_{\max} - T_{\min}}{2}\sin\dfrac{(h-10)\pi}{16} & (6 \leqslant h \leqslant 14) \\ T = \dfrac{T_{\max} + T_{\min}}{2} + \dfrac{T_{\max} - T_{\min}}{2}\sin\dfrac{(3h-22)\pi}{40} & (14 \leqslant h \leqslant 24) \end{cases} \quad (8.23.103)$$

式中:T、$T_{\max}$、$T_{\min}$——大气温度、日最高气温值和日最低气温(℃);

h——地方太阳时刻(h)。

实测温度与式(8.23.103)拟合值的对比如图 8.23.27 所示,两者误差最大为 2.1%,误差较小,可以用于分析。

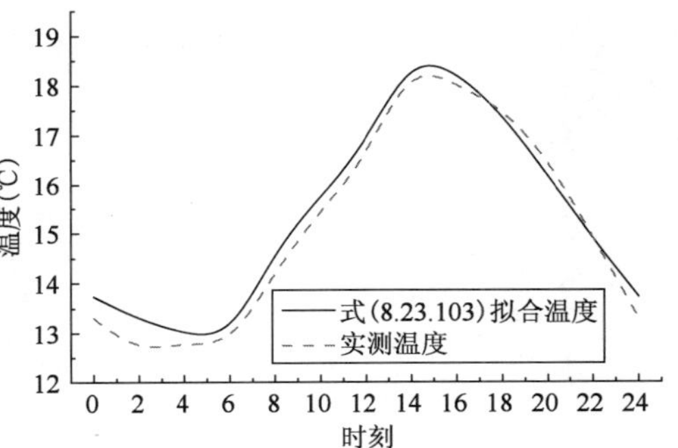

图 8.23.27 各个时刻大气温度

4)塔柱内腔温度

根据国内外大量研究资料可知,封闭的塔柱内腔温度变化幅度一般为 3℃以内,变化幅度较小。若无内腔温度实测值时,可采用以下经验公式计算结构内表面温度 T:

$$T = T_c + \frac{\bar{\beta}I/\beta_k - 1.5}{R\beta_c} \quad (8.23.104)$$

式中:T_c——塔柱内腔表面周围大气温度,$T_c = \bar{T}_c + 1.5$;

$\bar{T}_c$——塔柱外壁周围大气温度;

R——混凝土材料的热传导系数;

$\bar{\beta}$——混凝土辐射吸收系数,取 0.65;

β_c——内部综合换热系数,取 8.7;

β_k——对流换热系数;

I——日照辐射强度。

5)塔壁综合温度

该桥索塔结构采用 C50 混凝土。混凝土材料的热工参数主要包括导热系数、比热容和热膨胀系数等。参考国内外文献数据,本节中混凝土材料热工参数如表 8.23.10 所示。

混凝土材料热工参数取值 表 8.23.10

热工参数取值	数 值	单 位	热工参数取值	数 值	单 位
导热系数	1.74	W/m·℃	密度	2500	kg/m^3
比热容	920	J/kg·℃	弹模	3.45×10^4	MPa
热膨胀系数	10	$\times 10^{-6}$	泊松比	0.2	—

由于夜间18:00～凌晨6:00塔柱截面温度较为均匀，因此在分析塔柱温度场与温度变形时，选取清晨6:00为计算开始时刻，傍晚18:00为计算终止时刻。基于上述分析，根据太阳辐射强度、大气气温与综合换热系数等，索塔各个壁面的综合温度如图8.23.28、图8.23.29所示。

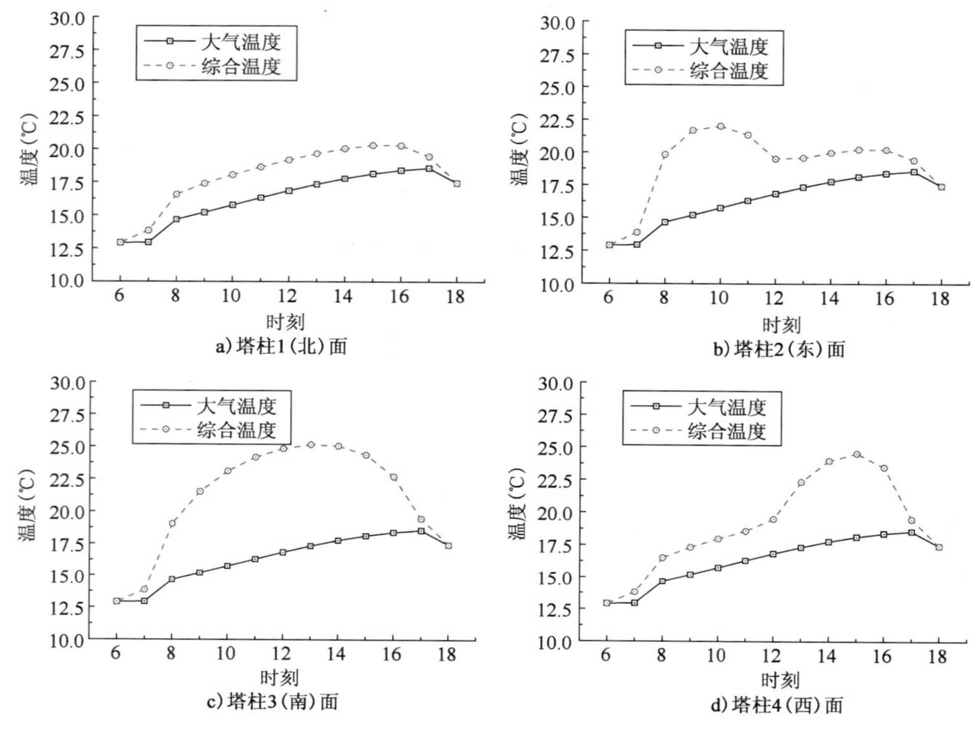

图8.23.28 下塔柱各个壁面综合温度

6)数值分析模型

塔柱封顶时刻的索塔有限元模型如图8.23.30所示。在分析索塔温度场对结构变形的影响时，采用温度场与应力场顺序耦合的方法，只考虑温度场对应力场的影响，不考虑应力场对温度场的影响。

将上述等效综合温度作为塔柱温度场边界输入数值模型，进行热传导数值分析计算索塔断面温度分布。计算开始时刻为清晨6:00，终止时刻为傍晚18:00。在索塔瞬态温度场分析结束后，将瞬态温度场分析结果施加于索塔结构之上，计算塔柱在日照辐射下温度效应。

7)温度场分析

限于篇幅，索塔不同时刻测试断面瞬态温度分布不再给出。由计算结果表明，断面的温度随着时间的推移，在中午12:00时索塔壁面与内部温差最大，为当日最不利温度分布。由于塔壁较厚，在塔柱内壁温度变化缓慢，沿塔柱厚度方向形成较大的温度梯度。图8.23.32所示为距离承台顶10m的塔壁周围4个温度测点(图8.23.31)的温度理论计算值。测点1在日间温度变化较为均匀，最高温度出现在中午12:00；测点2在上午10:00出现最高温度，随后温度呈逐渐降低趋势;测点3在日间逐渐升高,到上午10:00稍有下降,在午后15:00达到全天温度最高值;测点4在日间温度逐渐升高到15:00时达到日内最高温度。其变化与塔壁所处的方位相关。4个测点实测值与理论值的比较如图8.23.33所示。

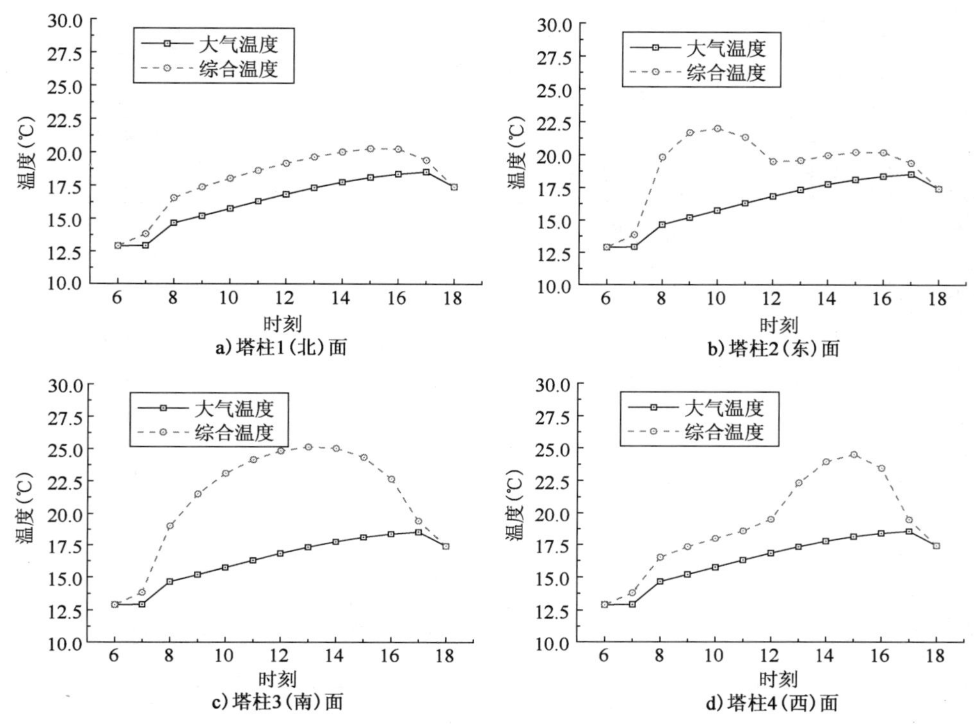

图8.23.29 中、上塔柱各个壁面综合温度

由图8.23.33可知,各个测点在不同时刻除个别时刻温度误差超过3℃外,其余时刻测点实测温度与理论计算值差值在2℃以内,理论值与实测值温度变化规律接近一致。

8)索塔温度效应分析

限于篇幅,温度场测试断面不同时刻温度应力分布不再给出。由计算结果表明,断面温度应力以受压为主,在塔柱内壁侧出现拉应力区域,塔柱在11:00、13:00和15:00时刻断面最大拉应力分别为0.90MPa、0.93MPa和1.0MPa,塔柱在15:00时刻出现最大拉应力为0.99MPa,最大拉应力出现在西南侧角隅内侧。

图8.23.30 瞬态温度场分析模型

塔柱横桥向温度变形的理论计算值与距离承台顶156.8m处的实测值(图8.23.34)对比如图8.23.35所示。由图可知,理论计算温度变形与实测值变化规律一致。在日出之后,塔柱横向变形逐渐增大,在11:00时达到峰值约3.64cm,变形方向为北向。

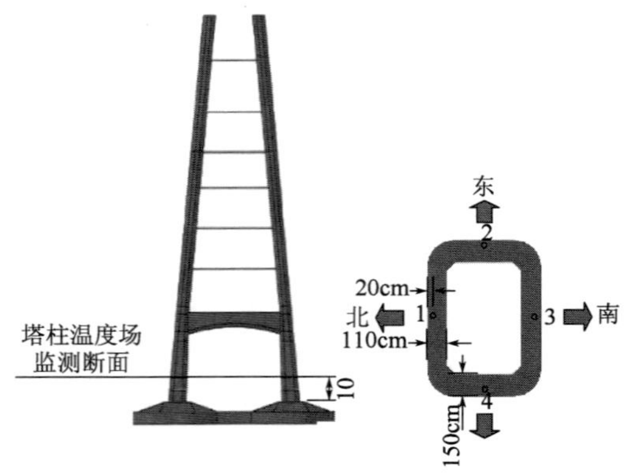

图 8.23.31　塔柱温度变形测点布置

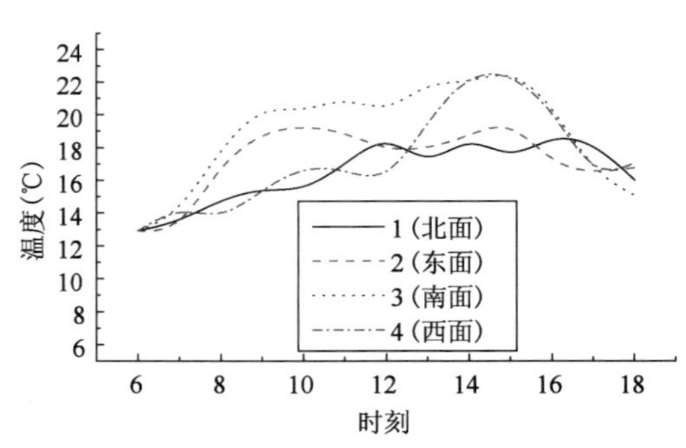

图 8.23.32　各个测点不同时刻理论温度值

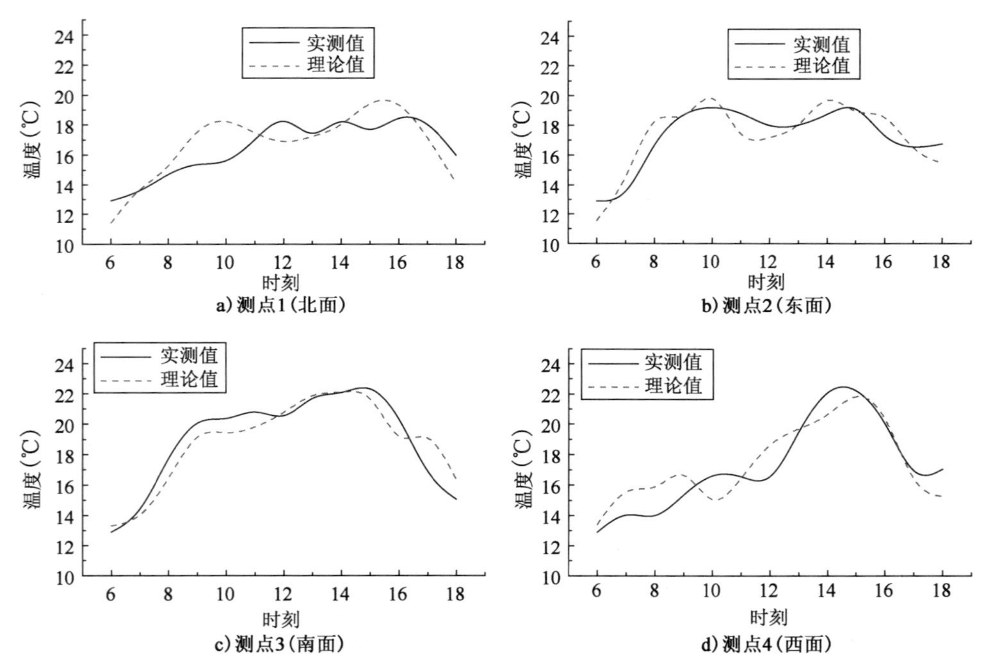

图 8.23.33　不同测点各个时刻温度理论值与实测值比较

塔柱纵桥向变形理论值与实测值对比如图 8.23.36 所示。可知，理论计算温度变形与实测值变化规律接近一致。索塔在日出之后，塔柱纵桥向变形逐渐增大，在 10:00 时达到峰值约 2.00cm，变形方向为西向；此后索塔纵桥向变形逐渐向东向发展，在午后 15:00 时达到反向峰值约 1.97cm。进一步分析表明，此 H 形框架塔柱南、北两肢的顺桥向与横桥向变形方向相同，变形规律接近一致。

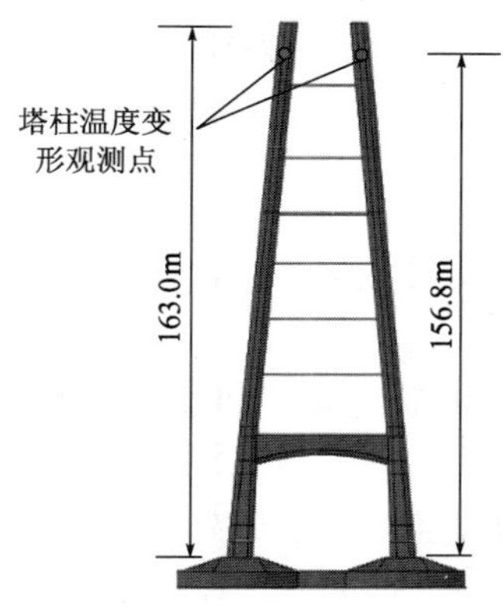

图 8.23.34 塔柱变形测点

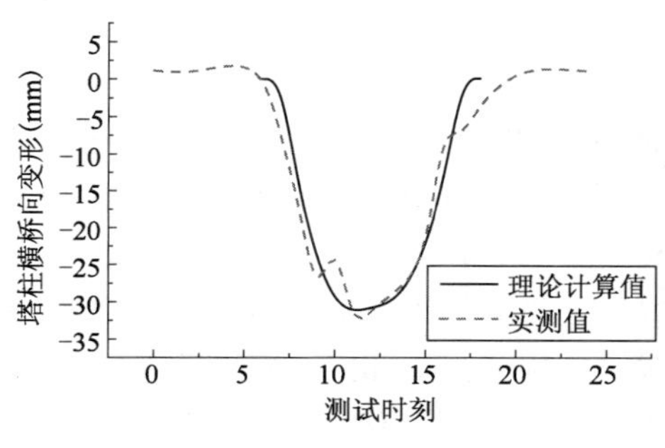

图 8.23.35 塔柱横桥向理论值与实测值对比

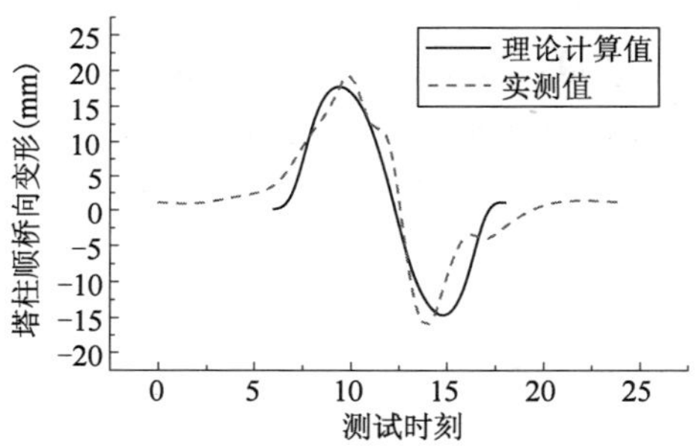

图 8.23.36 塔柱顺桥向理论值与实测值对比

23.7 小结

日照、骤然降温及年温变化这三种温度荷载,都将在桥梁中产生温度效应。本章主要讨论了前两种温度荷载的效应解析分析方法,并在计算时取用了不同坐标,以增加信息量。温差效应可以采用有限元法进行分析,其与荷载作用的有限元法的不同仅体现在节点荷载的计算上。由于混凝土的热传导性能较差,内外温差大且分布呈非线性,故研究混凝土桥梁温度效应的关键在于确定结构最不利的温度分布。对于结构重要节点的分析问题,可采用温度场有限元分析方法来确定最不利温度分布;对于结构整体分析计算问题,经过理论计算与实测资料分析,一般可将空间温度场简化为二维变量分离的最不利温度分布,亦即用两个一维的温度分布近似叠加组合。这也是许多国家规范普遍采用的方法。桥梁结构温差荷载效应的分析,由局部温差应力分析和结构整体效应分析两部分组成,并根据各种温差荷载发生的可能性进行叠加。日照、骤然降温温差荷载对结构的影响,往往不亚于车辆荷载产生的效应,故在设计计算中应注意这一问题。

本章参考文献

[1] 刘兴法.混凝土结构的温度应力分析[M].北京:人民交通出版社,1991.

[2] BS 5400-2:2006. Steel, Concrete and Composite Bridges—Part 2 Specification for Loads[S]. Standards Policy and Strategy Committee,2006.

[3] 中华人民共和国行业标准.TB 10002.3—2005 铁路桥涵钢筋混凝土和预应力混凝土结构设计规范[S].北京:中国铁道出版社,2005.

[4] 凯尔别克.太阳辐射对桥梁结构的影响[M].北京:中国铁道出版社,1981.

[5] 叶建国.混凝土弯连续刚构桥二维温度梯度效应研究[D].西安:长安大学,2006.

[6] 白剑.悬索桥施工过程温度场测试及温度效应分析[D].西安:长安大学,2004.

[7] 杨佐,赵勇苏,小卒.国内外规范的混凝土桥梁截面竖向温度梯度模式比较[J].结构工程师,2010,26(1).

[8] AASHTO. AASHTO LRFD Bridge Design Specifications[S]. SI Units. 5th Edition. American Association of State Highway and Transportation Officials ,Washington, USA,2010.

[9] 刘鹏.跨海斜拉桥施工控制关键问题研究[D].西安:长安大学,2015.

24 桥梁结构稳定理论

24.1 结构稳定理论

24.1.1 稳定理论的发展

稳定问题是力学中的一个重要分支,也是桥梁工程中经常遇到的问题,与强度问题有着同等重要的意义。随着桥梁结构的不断增大,桥塔高耸化、箱梁薄壁化以及高强材料的应用,结构整体和局部的刚度下降,使得稳定问题显得比以往更为重要。

桥梁结构的失稳现象表现为结构的整体失稳或局部失稳。局部失稳是指桥梁结构的部分子结构的失稳或个别构件的失稳,局部失稳常常导致整个结构体系的失稳。

历史上有过许多因桥梁失稳而造成事故的例子。例如,俄罗斯的克夫达(кевда)敞开式桥,于1875年因上弦压杆失稳而引起全桥破坏;加拿大的魁北克(Quebec)桥于1907年在架设过程中由于悬臂端下弦杆的腹板翘曲而引起严重破坏事故;前苏联的莫兹尔(мозыр)桥,于1925年试车时由于压杆失稳而发生事故;澳大利亚墨尔本附近的West Gate桥,于1970年在架设拼拢整孔左右两半(截面)钢箱梁时,上翼板在跨中央失稳,导致112m的整跨倒塌。

桥梁失稳事故的发生促进了桥梁稳定理论的发展。早在1744年,欧拉(L. Eular)就提出了压杆稳定的著名公式。此后彭加瑞(A. Poincare,1885)明确了稳定概念,并推广到流体力学的层流稳定问题中,即稳定分支的概念。恩格塞(Engesser)和卡门(Karman)等根据大量中长压杆在压曲前已超出弹性极限的事实,分别提出了切线模量理论和折算模量理论。普兰特尔和米歇尔几乎同时发表了关于梁侧倾问题的研究成果。近代桥梁工程中由于采用了薄壁轻型结构,又为稳定问题提出了一系列新的课题。瓦格纳(H. Wagner,1929)及符拉索夫(в. э. вдасов,1940)等人关于薄壁杆件的弯扭失稳理论,证明其临界荷载值大大低于欧拉理论的临界值,同时又不能用分支点的概念来解释,因而引入了极值点失稳的观点以及跳跃现象的稳定理论。随着科学技术的发展,稳定理论与非线性理论的联系越来越密不可分。研究表明,只有通过对结构几何非线性关系以及材料非线性本构关系的研究,才能深入揭示复杂稳定问题的实质。

24.1.2 稳定问题及其求解方法

1）两类稳定问题

结构失稳问题分为两类：第一类为分支点失稳问题，呈现第二个平衡状态，例如，轴向受压的直杆；第二类为极值点失稳，结构保持一个平衡状态，随着荷载的增加，在应力比较大的区域进入塑性，使结构的变形很快增大，当荷载达到一定数值时，即使不再增加荷载，结构变形也会迅速增大而使结构失去承载能力，该荷载就是临界荷载或极限荷载。实际工程中稳定问题一般多为第二类失稳。但是，因为第一类稳定问题的力学概念明确，在数学上求特征值问题比较容易处理，它的临界荷载近似代表相应的第二类稳定的上限，因此研究第一类稳定问题不仅在理论分析中占有重要地位，同时也具有重要的工程意义。

稳定理论研究的分类指出：凡是结构丧失稳定时内力状态和平衡形式发生质的变化，称为丧失第一类稳定性，或称为丧失应力状态的稳定性，也称为欧拉式的稳定问题。

第一类稳定问题表现在加载过程中，构件的平衡状态将出现分支现象，使原有的平衡状态失去稳定性而转向新的平衡状态。

而第二类稳定问题在加载过程中平衡形式并不发生质变。

在第一类稳定问题中，当加载至 $P=P_{cr}$时，表示平衡的分支即将出现，称 P_{cr}为压屈荷载。在第二类稳定问题中，当加载到 $P=P_{cr}$时，表示构件的承载能力即将降低，称 P_{cr}为压溃荷载。两类稳定问题的 P-Δ 曲线如图 8.24.1 所示。研究结构稳定问题的目的，在于寻求相应的临界荷载及其临界状态，防止不稳定平衡状态的发生，从而确保结构安全。

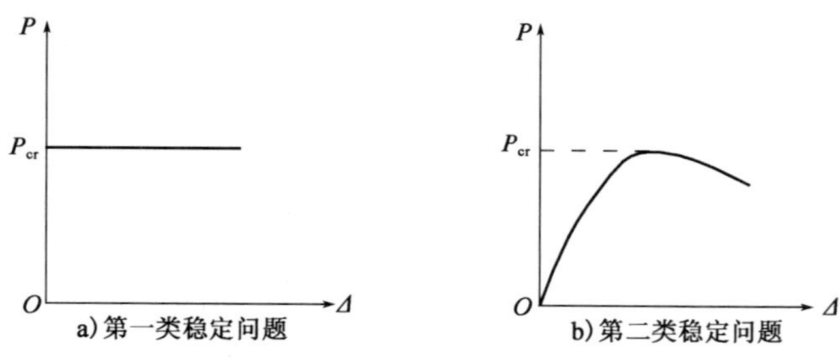

图 8.24.1 两类稳定问题

可见第二类稳定问题的临界荷载值即为结构承受外荷载的最大值，也就是桥梁结构的极限承载力。

利用全过程分析来求解桥梁结构极限承载力，它是通过逐级增加工作荷载值来判断结构的变形和受力特征，一直计算到结构发生破坏为止。

分析结构极限承载力就是通过不断计入几何非线性和材料非线性的刚度方程，在外荷载不断增加的情况下，结构的刚度也在不断发生变化，当外荷载产生的结构切线刚度矩阵趋于奇异时，结构会失效，此时的外荷载即为极限荷载。

2）求解方法[1]

研究压杆屈曲稳定问题常用的方法有静力平衡法（Eular 方法）、能量法（Timoshenko 方法）、动力法和初始缺陷法。

结构稳定分析所研究的问题与结构静力学所研究的不同。结构静力学是分析结构在确定的平衡状态下所发生的内力和变形，结构稳定分析是研究结构所处的平衡状态是否唯一，界定平衡状态是否稳定。其判断准则如下：

（1）静力准则

在同一轴向压力 P_{cr} 作用下，可能存在两种以上的平衡状态，称为平衡状态的二重性，这也是分支失稳时临界状态的静力特征。静力准则认为处于平衡状态的工程结构体系或其中的构件出现平衡状态的二重性时，则初始平衡状态失去了稳定性。该结论是在荷载位移曲线上用切线代替曲线得出的，它也是稳定问题小挠度理论的结论。小挠度理论计算较简便，能满足一般工程上的精度要求，但也存在一定局限性。

用静力法计算临界荷载是根据静力准则。静力法可以按以下步骤进行：

①设受压杆处于临界状态，即杆件偏离初轴线平衡位置，发生微小的可能弯曲变形。

②建立构件的平衡微分方程。

③求解平衡微分方程，并利用杆端条件建立计算积分常数的方程组。因处于临界状态的压杆，位移应有非零解，并根据这一条件建立稳定方程，也叫特征方程。

④求解稳定方程，计算特征值及临界荷载。

⑤确定杆件失稳时出现的屈曲模态，即特征曲线。

结构承受多个荷载作用时，设各个荷载的大小存在固定比例，用数值由零增至最终值时，按某参数同步增长，这时可用该参数的临界值来确定各荷载的临界值，确定临界参数是稳定计算的中心问题。

（2）能量法则

结构体系的总势能

$$\Pi = U + V \tag{8.24.1}$$

式中：U——体系的应变能；

V——荷载势能。

设结构体系在初始平衡位置的足够小邻域内发生某一可能位移，则体系的总势能将存在一个增量，以 $\Delta\Pi$ 表示。如果初始平衡位置是稳定的，则总势能为最小值，故 $\Delta\Pi>0$；若初始平衡位置是不稳定的，其总势能为最大值，故 $\Delta\Pi<0$；如果初始平衡位置是中性的，则 $\Delta\Pi=0$，处于临界状态。能量准则是由最小势能原理而得的。

瑞利—里兹法是建立在势能一阶变分等于零的近似法。从变分法说，它是泛函极值问题的直接解法，对于无限自由度的杆件，用广义坐标来表示变形曲线，即

$$y(x) = \sum_{i=1}^{n} a_i f_i(x) \qquad (i = 1,2,\cdots,n) \tag{8.24.2}$$

式中：a_i——广义坐标，为独立参数，共 n 个；

$f_i(x)$——坐标函数，要求其满足杆端位移条件，并尽量满足力的杆端条件。

如 $y(x)$ 能使势能为驻值，则为真实位移。因此，可根据势能驻值条件来确定独立参数 a_i。根据势能驻值原理，势能变分为零，即 $\delta\Pi_p=0$，于是有

$$\delta\Pi_p = \sum_{i=1}^{n} \frac{\partial \Pi_p}{\partial a_i}\delta a_i = 0$$

由于变分 δa_i 是不等于零的微小任意值,因此由上式可得

$$\frac{\partial \Pi_{\mathrm{p}}}{\partial a_i}=0 \qquad (i=1,2,\cdots,n) \tag{8.24.3}$$

式(8.24.3)是 n 个代数方程,包含了 n 个广义坐标 a_i,如果能解出 n 个 a_i,即可得到真实位移的近似值。式(8.24.3)又为齐次方程组,则可求出特征方程,从而得出临界荷载。

能量法利用能量驻值条件和广义坐标,避免求解微分方程,将其作为有限自由度体系的标准特征值问题求解。求得的近似解较精确解略大。这种方法的精度取决于位移函数 $y(x)$ 的设定。为了提高精度,还应使选定的位移函数包含较多的参数 a_i,$\sum_{i=1}^{n}a_if_i(x)$ 中所取的项数越多,解的精度越高,可进行多次计算。随着位移函数的项数逐次增加,当后两次近似解较接近时,说明近似解已达到一定精度。

在桥梁结构稳定分析中,可对单一的墩身或梁采用能量法进行计算,在高墩墩身的施工阶段及梁段施工阶段,既有自重又有预应力的情况,可用能量法进行近似计算。

(3)动力法则

动力法则指出,杆件在荷载作用下处于平衡状态,对其施加微小扰动,使之绕平衡位置作自由振动,若运动随时间的增加是收敛的,则初始平衡状态是稳定的,否则是不稳定的。根据动力准则分析体系稳定问题的方法要解决在荷载取什么值时,无缺陷的体系在平衡位置邻近的最一般的自由振动不再有界,即运动随时间的增加是不收敛的。

在实际情况中,如果一个力在它所作用体系的任意可能位移上所作的功只依赖于该体系的初始位形和终了位形,则这种力称为保守力。如果作用于体系所有的力都是保守的,该体系是一个保守体系,如欧拉问题中的反力、荷载以及内力都是保守力。

在结构工程中发生的稳定问题大多数是保守型,但在少数情况下也可能存在非保守型。在非保守力作用下的稳定问题,必须考虑变形过程,并用动力法进行分析。

静力法和能量法不能用于非保守体系,在非保守体系中,内力与外力的总功,不能用一个势能 Π_{p} 表示。在大跨度弯桥箱梁的悬臂施工中,预应力是沿梁段的切向,对悬臂梁来说为非保守力,即为随动力。必须用动力法进行稳定分析。用动力法进行稳定分析时,可按以下步骤进行:

①假定体系由于某种原因在所讨论的平衡位置作微小的自由振动,写出振动方程,并求出其振动频率的表达式。

②根据体系处于临界状态时频率等于零这一条件,确定临界荷载。

(4)初始缺陷准则

在对平衡状态分支点的临界荷载的计算时,所讨论的体系都是理想体系。如压杆的轴线为直线,压力总是通过截面形心,材料是均匀的等。但实际结构中,这些条件是不可能完全满足的,如压杆具有一定的初始弯曲,作用于杆件的压力有些偏心,压杆还可能作用有某些横向荷载。

对大跨度高墩弯桥来说,弯梁本身就有一定曲率而不是直杆,在受有轴向压力预应力外,还受自重及挂篮荷载而受弯,还会在竖向荷载作用下受扭转。高墩也会由于施工偏差及其他变形影响,墩身并非直线,桥梁上部结构所传递竖向力难免有些偏心。将这些不符合理想状态

的因素称为“初始缺陷”。这些因素都起着“扰动”的作用，影响着体系的受力性能。可利用这些接近理想体系的有初始缺陷的不完善体系令其特征参数等于零，来确定理想体系的稳定特征。

非理想杆件一旦受到荷载作用，杆件就开始弯曲；随着作用荷载与欧拉荷载比值的增加，起初位移增加缓慢，而后来越来越快，并且初始缺陷越大，任意荷载作用下的总位移越大；但当荷载趋近欧拉荷载时，无论初始缺陷大小如何，挠度都无限增大。因而无论初始变形怎样微小，非理想杆件的承载能力总比欧拉荷载低；如果初始变形相当大，则当荷载远低于欧拉荷载时柱子就有很大变形，大变形会引起杆件产生非弹性应变而导致压杆毁坏。因此，初始缺陷很大的构件可能在荷载远低于欧拉荷载时就发生破坏。

静力平衡法是从平衡状态来研究压杆屈曲特征的，即研究荷载达到多大时，弹性系统可以发生不同的平衡状态，其实质是求解弹性系统的平衡路径（曲线）的分支点所对应的荷载值（临界荷载）。能量法则是求弹性系统的总势能不再是正定时的荷载值。缺陷法认为完善而无缺陷的理想中心受压直杆是不存在的。由于缺陷的影响，杆件开始受力时即产生弯曲变形，其值要视缺陷程度而定。在一般条件下缺陷总是很小的，弯曲变形并不显著，只是当荷载接近完善系统的临界值时，变形才迅速增至很大，由此确定其失稳条件。振动法从动力学的观点来研究压杆稳定问题。当压杆在给定的压力下，受到一定的初始扰动之后，必将产生自由振动，如果振动随时间的增加是收敛的，则压杆是稳定的。

以上四种方法对于欧拉压杆而言，所得到的临界荷载值是相同的。如果仔细研究一下，可以发现它们的结论并不完全一样，表现在以下几个方面：

①静力平衡法的结论只能指出，当 $P=P_1$、P_2、…、P_n 时压杆可能发生屈曲现象，至于哪种最可能，并无抉择的条件。

②缺陷法的结论也只能指出，当 $P=P_1$、P_2、…、P_n，杆件将发生无限变形，所以是不稳定的。但对于 P 在 P_1、P_2、…、P_n 各值之间时压杆是否稳定的问题也不能解释。

③能量法和动力法都指出，$P>P_1$ 之后不论 P 值多大，压杆直线形式的平衡都是不稳定的。这个结论和事实完全一致。

由于桥梁结构的复杂性，不可能单靠上述方法来解决其稳定问题，大量使用的是稳定问题的近似求解方法。归结起来主要有两种类型：一类是从微分方程出发，通过数学上的各种近似方法求解，如逐次渐近法；另一类是基于能量变分原理的近似法，如 Ritz 法。有限元方法可以看成是 Ritz 的特殊形式。当今非线性力学将有限元与计算机结合，得以将稳定问题当作非线性力学的特殊问题，用计算机程序实现求解，取得了巨大的成功。

24.2 桥墩和塔的稳定分析

24.2.1 压（压弯）杆的一般稳定微分方程

如图 8.24.2 所示的一般情况[2]：变截面杆承受轴向荷载 P 及横向荷载 q，取 dx 段在小挠度范围内进行研究。

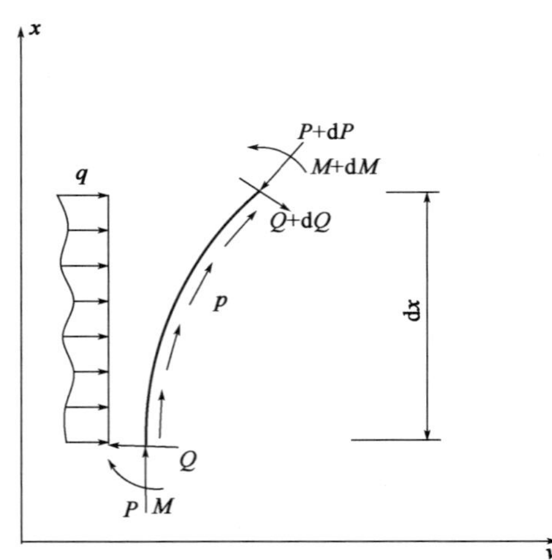

图 8.24.2　压弯杆平微方程及坐标系

(1)轴向集中荷载 P 作用的等截面杆

$$EIv^{\mathrm{IV}} + Pv'' = 0 \tag{8.24.4}$$

(2)轴向集中荷载 P 与横向分布荷载 q 共同作用的等截面杆

$$EIv^{\mathrm{IV}} + Pv'' = q \tag{8.24.5}$$

(3)均布轴向荷载 p_c 作用下的等截面杆

$$EIv''' + p_c xv' = 0 \tag{8.24.6}$$

(4)均布轴向荷载 p 作用下的变截面杆

$$(EIv'')'' + (P_x v')' = 0 \tag{8.24.7}$$

式中：P_x——计算点 x 处的总轴向荷载。

以上方程的求解并不困难。

(5)边界条件

压(压弯)杆边界条件见表 8.24.1。$k(k_i)$ 为弹簧刚度。

压(压弯)杆边界条件　　表 8.24.1

支承条件						
边界条件	$v=0$ $M=0$	$Q=kv$ $M=0$	$M=kv'v=0$	$v'=0$ $Q=0$	$M=0$ $Q=0$	$M=k_1v'Q=k_2v$

24.2.2　施工阶段的临界力计算

墩、塔施工阶段的危险期为：

简支梁、支架现浇、先简支后连续施工的连续梁：最高裸墩。

悬臂施工的连续梁、刚构桥：最高裸墩及最大悬臂时。

顶推施工连续梁：裸墩及顶推期。

斜拉桥、吊桥：裸塔。

拱桥：裸墩、裸拱或单边架设拱圈时。

大多数情况下，高桥墩塔可简化为下端固结、上端自由的悬臂杆来进行稳定计算。

一般情况下，桥墩顶面可偏安全地不考虑上部结构对其的约束作用。

对于等截面墩，仅考虑墩(塔)顶集中荷载作用时的临界力为

$$P_{cr} = \frac{\pi^2 EI}{4h^2} \tag{8.24.8}$$

自重作用时的临界荷载集度为

$$P_{cr} = \frac{7.837EI}{h^3} \tag{8.24.9}$$

吊桥、斜拉桥裸塔稳定可由此式计算。

将上部结构或施工荷载(机具、人员等)简化为位于墩顶的集中荷载 P，并考虑自重作

用,则

$$\frac{EI\pi^2}{4h^2} \approx P + 0.3ph \tag{8.24.10}$$

式中:p——墩身自重集度;

h——墩高。

对于变截面墩,一种方法是将其用分段等截面墩来代替,如图8.24.3所示。分为两段时,临界荷载可由下式求得:

$$\tan k_1 h_1 + \tan k_2 h_2 = \frac{k_1}{k_2} \tag{8.24.11}$$

式中:k_1——$k_1 = \sqrt{\frac{P_1}{EI_1}}$;

k_2——$k_2 = \sqrt{\frac{P_2}{EI_2}}$;

h_1、h_2——第①、②段的高度。

分为三段时,临界荷载可由下式求得:

$$p_1 p_2 \tan k_1 h_1 \tan k_3 h_3 - p_2 \tan k_2 h_2 \tan k_3 h_3 + p_1 \tan k_1 h_1 \tan k_2 h_2 = 1 \tag{8.24.12}$$

式中:$p_i = \sqrt{\frac{P_i I_i}{P_{i+1} I_{i+1}}}$,$(i=1,2)$;

$k_i^2 = \frac{P_i}{EI_i}$,$(i=1,2,3)$。

另一种方法是用稳定基本方程直接求解。对于如图8.24.4所示的变截面圆形墩,其抗弯刚度的变化规律可写为$EI=\alpha x^4$,α为常数,则临界荷载可由下式求得:

$$\tan\left(\frac{H-h_0}{Hh_0}\sqrt{\frac{P}{\alpha}}\right) + \frac{1}{H}\sqrt{\frac{P}{\alpha}} = 0 \tag{8.24.13}$$

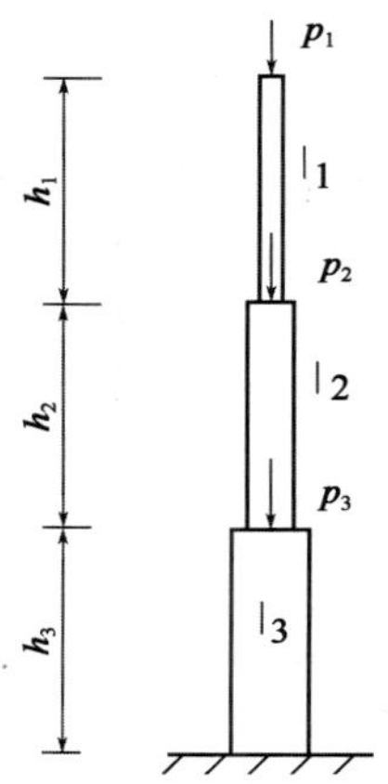

图8.24.3 分段等截面墩

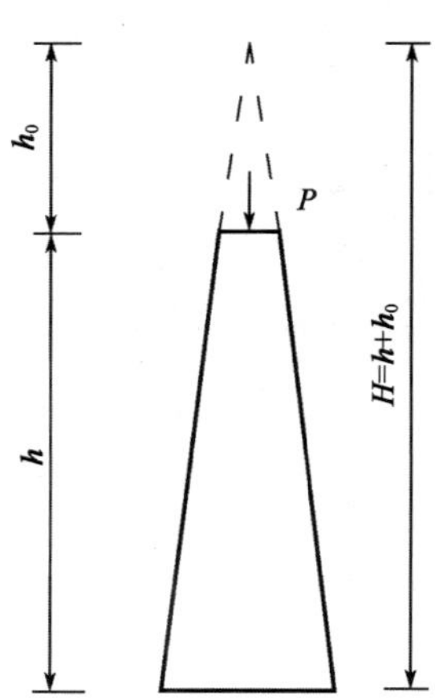

图8.24.4 变截面圆柱墩

对于变宽度而不变厚度的矩形墩(塔)，墩身抗弯刚度可写为 $EI=\alpha x$，则临界荷载为

$$P_{cr}=\frac{\pi^2\xi^2EI_h}{16(\sqrt{H}-\sqrt{h_0})^2H} \tag{8.24.14}$$

式中：I_h——墩根部抗弯惯性矩；

ξ——由 $\sqrt{h_0/H}$ 所决定的参数，见文献[3]。

还可以应用近似方法求解，如惯性矩按 $I=I_h\left[1-\beta\left(\frac{x}{h}\right)^2\right]^2$ 变化时，应用 Ritz-Timoshenko 法；选用 $v=c_1\left(1-\cos\frac{\pi x}{2h}\right)+c_2\left(1-\cos\frac{3\pi x}{2h}\right)$ 作为屈曲变形函数，则屈曲方程为[4]

$$k_p^2-(10-2.928\beta)k_p+(0.158\beta^2-3.975\beta+9)=0 \tag{8.24.15}$$

式中：$k_p=\frac{P}{EI_h}\left(\frac{2h}{\pi}\right)^2$。

以上讨论的墩的稳定均为第一类稳定问题。若计入横向荷载(如风力)，则表现为第二类稳定问题。如图 8.24.5 所示的等截面墩，则墩身任一截面($x=mh$)的弯矩和剪力为

$$\begin{cases}M=M_c\cos[kh(m-m_c)]-nM_{i0}-mM_{j0}\\ Q=\frac{1}{h}\{-khM_c\sin[kh(m-m_c)]+M_{i0}-M_{j0}\}\end{cases} \tag{8.24.16}$$

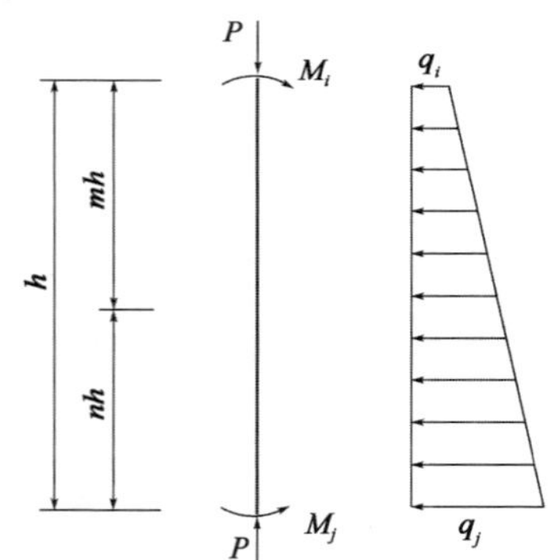

图 8.24.5　承受横向荷载的桥墩

式中：$M_{i0}=\frac{q_ih^2}{(kh)^2}$；

$M_{j0}=\frac{q_kh^2}{(kh)^2}$；

$M_c=M_s/\cos\rho$；

$m_c=1/2+\rho/kh$；

$\rho=\mathrm{arcth}(M_a/M_s)$；

$M_a=\frac{M_j-M_i+M_{j0}-M_{i0}}{2\sin(kh/2)}$；

$M_s=\frac{M_j+M_i+M_{j0}+M_{i0}}{2\cos(kh/2)}$。

用求极值方法可确定弯矩及剪力的最大值。

对于图 8.24.6 所示的几种受荷形式，在工程上的对应关系为：a)顶推施工中的桥墩；b)不对称悬臂施工时；c)承受静风载的桥墩。将变截面墩等效为等截面墩，并将自重近似等效为墩顶压力，则对于图 8.24.6a)有

$$\begin{cases}v(x)=\frac{Q(\sin kh-\sin kx)}{Pk\cos kh}-\frac{Q}{P}(h-x)\\ v_{max}=\frac{Qh}{P}\left(\frac{\tan kh}{kh}-1\right)\approx\frac{Qh^3}{3EI(1-P/P_{cr})}\\ M_{max}=\frac{Qh\tan kh}{kh}\approx\frac{Qh(1-0.2P/P_{cr})}{1-P/P_{cr}}\end{cases} \tag{8.24.17}$$

式中：$P_{cr}=\frac{\pi^2EI}{4h^2}$；

$k=\sqrt{\dfrac{P}{EI}}$。

对于图 8.24.6b)有

$$\begin{cases} v(x)=\dfrac{M}{P}\dfrac{\operatorname{sh}kh-\operatorname{sh}(kh-kx)-\operatorname{ch}(kh)\operatorname{sh}(kx)}{\operatorname{ch}(kh)\operatorname{sh}(kh)} \\ v_{\max}=\dfrac{M}{P}\dfrac{1-\operatorname{ch}kh}{\operatorname{ch}kh} \\ M_{\max}=\dfrac{M}{\operatorname{ch}kh} \end{cases} \tag{8.24.18}$$

对于图 8.24.6c)有

$$\begin{cases} v(x)=\left(A-\dfrac{\delta}{2}\right)e^{kx}+\left(B-\dfrac{\delta}{2}\right)e^{-kx}+\dfrac{EI}{hP^2}(q_1h-q_1x+q_2x)+ \\ \qquad \dfrac{(h-x)^2}{6hP}[q_1(h-x)+q_2(2h+x)]+\delta \\ v_{\max}=\dfrac{2Ae^{kh}+2Be^{-kh}+\dfrac{2q_2}{P^2k^2}}{e^{kh}+e^{-kh}} \\ M_{\max}=p\delta+\dfrac{q_1h^2+2q_2h^2}{6} \end{cases} \tag{8.24.19}$$

式中：$\delta=\dfrac{2Ae^{kh}+2Be^{-kh}+\dfrac{2q_2}{Pk^2}}{e^{kh}+e^{-kh}}$；

$A=\dfrac{q_1+q_2}{4Pk}h-\dfrac{h^2}{12P}(q_1+2q_2)-\dfrac{q_1}{2Pk^2}-\dfrac{q_2-q_1}{2hPk^3}$；

$B=-\dfrac{q_1+q_2}{4Pk}h-\dfrac{h^2}{12P}(q_1+2q_2)-\dfrac{q_1}{2Pk^2}-\dfrac{q_2-q_1}{2hPk^3}$。

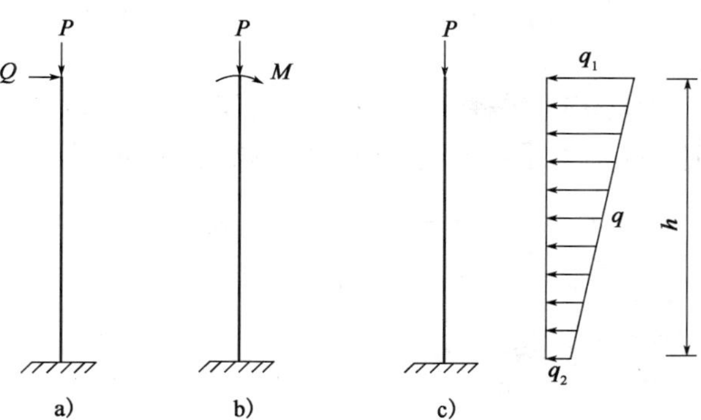

图 8.24.6　施工中的桥墩稳定

24.2.3　运营阶段的临界力计算

除索塔以外，其他桥型桥墩在运营阶段稳定性一般不控制设计。

1)悬索桥桥塔稳定性

塔的纵桥向刚度较小,若不计风荷载等水平纵桥向荷载作用,由于受主缆约束限制,将桥塔自重集中于塔顶,则运营阶段等截面塔的受力如图 8.24.7 所示。这时有

$$\begin{cases} v(x) = \Delta \dfrac{\sin kh - \sin kx - (h-x)k\cos kh}{\sin kh - kh\cos kh} \\ M(x) = P\Delta \dfrac{\sin kx}{\sin kh - kh\cos kh} \\ Q(x) = P\Delta \dfrac{k\cos kx}{\sin kh - kh\cos kh} \end{cases} \tag{8.24.20}$$

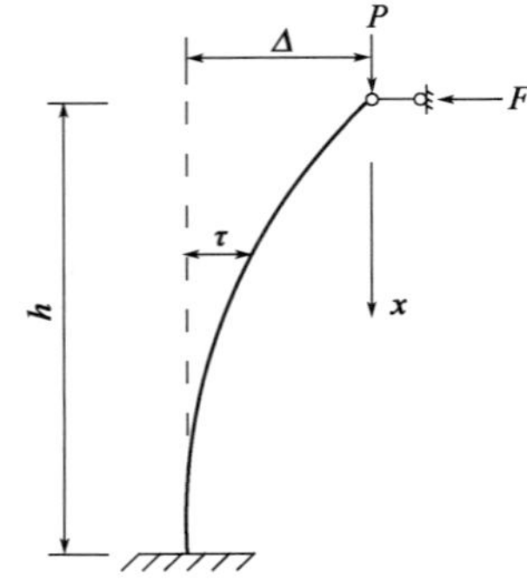

图 8.24.7　悬索桥塔的稳定性

当 $Q_{(x)}=0$,即 $x=\dfrac{\pi}{2k}$时,弯矩最大,为

$$M_{\max} = \frac{\Delta P}{\sin kh - kh\cos kh} \tag{8.24.21}$$

即最大弯矩有可能不是发生在塔脚。

塔失稳时(发生第一类失稳),$v(x)\to\infty$,有

$$\sin kh + kh\cos kh = 0$$

$(kh)_{\min}=4.493$,即

$$P_{cr} = \frac{\pi^2 EI}{(0.7h)^2} \tag{8.24.22}$$

实际上,受主缆的约束,墩的上端约束介于自由和简支之间,可简化为弹簧刚度为 α 的水平弹簧支承,则临界力方程为 $\tan kh = kh - \dfrac{(kh)EI}{\alpha l^3}$,而 $0\leqslant\alpha<\infty$,则$\dfrac{\pi}{2}\leqslant kh<4.493$,$\alpha$ 可由边、中跨主缆对墩的约束按串联弹簧求得。

2)斜拉桥桥塔稳定性

塔纵向失稳的可能性较小,因此研究仅限于横向失稳。为了简化计算,且偏安全考虑,由于拉索的限制忽略塔柱间横向联系作用,假定每个索面与塔柱在同一平面内,即可按单索面单塔柱分析塔的稳定性。

在水平横桥向风荷载作用下,塔柱形成压弯构件,属于第二类稳定问题,实质上是构件的强度问题。这里引入偏心距增大系数的概念,按现行规范偏心距增大系数为

$$\eta = \frac{1}{1 - \dfrac{\gamma_c N_1}{10 a_0 E_c I_c \gamma_b}} l_0^2 \tag{8.24.23}$$

式中:E_cI_c——混凝土截面抗弯刚度;

a_0——考虑偏心距对 η 值的影响系数;

γ_c——混凝土安全系数;

γ_b——构件的工作条件系数;

N_1——计入安全系数的荷载引起的纵向力(塔竖向力);

l_0——构件计算长度,即塔高度 h。

由于塔柱与桥面系有强大的横向联系,可认为塔柱在横向失稳过程中,由斜拉索传递的荷

载其方向是在不断改变的,说明斜拉索具有非保向力效应,其结果是提高斜拉桥塔的稳定性,表现为减少增大系数 η。以下用能量法求解斜拉桥塔的偏心距增大系数。

以平行索为例,假设索力的垂直分力沿塔柱均匀分布,如图 8.24.8 所示。

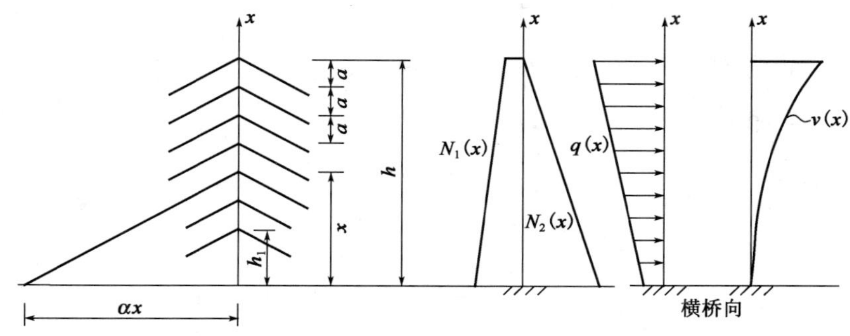

图 8.24.8　斜拉桥塔的稳定性

塔柱的横向弯曲应变能为

$$U_t = \frac{1}{2}\int_0^h E_c I_c v''^2 \mathrm{d}x$$

索对塔柱的弹性恢复能为

$$U_r = \frac{1}{2}\int_{h_1}^h p(x) v \mathrm{d}x$$

式中:$p(x)$——索的侧向弹性恢复力,可写为

$$p(x) = R(x) v$$

式中:$R(x)$——产生单位侧向变位时索的弹性恢复力,设每侧由 n 根钢索组成,且每根钢索拉力为 p_0,则有

$$R(x) = \frac{2np_0}{a}\frac{1}{x\sqrt{1+\alpha^2}}$$

$$U = U_t + U_r = \frac{1}{2}\int_0^h E_c I_c v''^2 \mathrm{d}x + \frac{1}{2}\int_{h_1}^h R(x) v^2 \mathrm{d}x$$

风力 $q(x)$ 对塔柱所作的功为

$$V_w = \int_0^h q(x) v \mathrm{d}x$$

轴向索力 $N_1(x)$、塔自重 $N_2(x)$ 对塔柱所作的功为

$$V_t = \Sigma\, \frac{1}{2}\int_0^h N_i(x) v'^2 \mathrm{d}x$$

而

$$N_1(x) = \frac{2np_0}{\sqrt{1+\alpha^2}}\frac{h-x}{a}$$

$$N_2(x) = G_t(h-x)$$

式中:G_t——单位高度塔柱重量。

$$V = V_w + V_t = \int_0^h q(x) v \mathrm{d}x + \frac{1}{2}\int_0^h N(x) v'^2 \mathrm{d}x$$

式中：$N(x) = N_1(x) + N_2(x) = \left(\frac{2np_0}{a\sqrt{1+\alpha^2}} + G_t\right)(h-x)$。

体系的总能量为 $\Pi = U - V$，用单参数位移函数 $v = b\left(1 - \cos\frac{\pi x}{2h}\right)$ 代入总能量方程中，并由最小势能原理 $\delta\pi = 0$ 得

$$M = E_c I_c v''$$

且

$$\eta = \left(1 - \frac{\frac{2np_0}{\sqrt{1+\alpha^2}} \cdot \frac{h}{a} + G_t h}{\frac{\pi^2 E_c I_c}{1.19h^2} + 0.791\frac{2np_0 h}{a\sqrt{1+\alpha^2}}}\right)^{-1} \tag{8.24.24}$$

由索力引起的塔底面总压力为

$$N_p = \frac{2np_0}{\sqrt{1+\alpha^2}} \cdot \frac{h}{a}$$

由自重引起的塔底面总压力为

$$N_t = G_t h$$

将以上两式代入式(8.24.24)得

$$\eta = \frac{1}{1 - \frac{N_p + N_t}{\frac{8.8E_c I_c}{h^2} + 0.7911 N_p}} \tag{8.24.25}$$

引入安全系数 γ_c、γ_b，将式(8.24.25)修改为与规范式(8.24.23)相似的形式有

$$\eta = \frac{1}{1 - \frac{\gamma_c(N_p + N_t)}{\left(\frac{8.8a_0 E_c I_c}{h^2} + 0.791 N_p\right)\gamma_b}} \tag{8.24.26}$$

24.3 加劲梁稳定分析

斜拉桥的梁、塔在外荷作用下，处在压、弯状态。随着外荷增大，梁、塔压力增大到一定值时，斜拉桥可能产生平面内的压、弯失稳或平面外的弯、扭失稳。斜拉桥在静风三分力作用下，也可能出现扭转发散或弯扭失稳。当风力的升力矩超过桥梁的抗扭能力时，将导致加劲梁扭转发散。主梁在恒载梁柱效应与风的三分力共同作用下，结构的有效切线刚度降为零时，将导致主梁弯曲与扭转复合的失稳模态，这就是弯扭失稳。外荷作用下的失稳精确分析可以用第

24.5 节中介绍的非线性有限元方法来计算，而风荷作用下的横向稳定问题还必须考虑结构变形与风力攻角的函数关系。下面介绍斜拉桥在外荷作用下的近似稳定计算方法和静风作用下的横向稳定分析。

24.3.1 加劲梁的面内稳定近似计算

首先考察图 8.24.9 所示两端铰接的弹性支承梁，在轴压力超过临界值时，将屈曲成若干个半波。取其中一个半波作为研究对象，坐标原点取在半波的中央，近似假定其屈曲模态为余弦曲线，即

$$y = y_0 \cos \frac{\pi x}{l} \qquad (8.24.27)$$

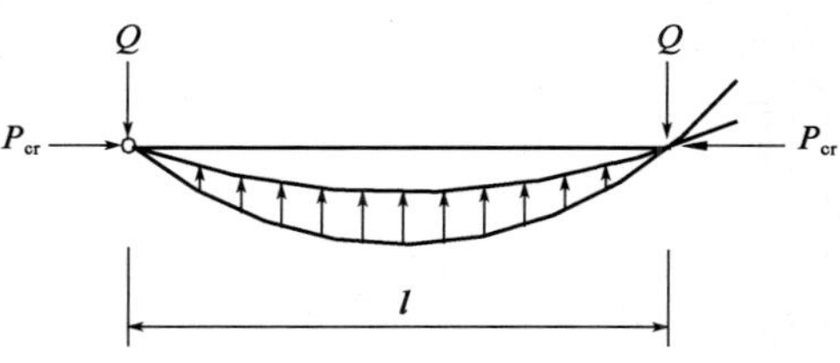

图 8.24.9 两端铰接的弹性支承梁一个半波

弹性支承的等效弹性介质系数可表示为

$$\beta = \frac{k}{a}$$

弹性支承反力 R 与挠度成正比，即

$$\mathrm{d}R = \beta y \mathrm{d}x$$

波节点的剪力

$$Q = \int_0^{\frac{l}{2}} \mathrm{d}R = \frac{\beta y_0 e}{\pi}$$

中点弯矩可写成

$$M_0 = p y_0 - \frac{Ql}{2} + \int_0^{\frac{l}{2}} x \mathrm{d}R = p y_0 - \frac{\beta y_0 l^2}{2\pi} + \beta y_0 l^2 \left(\frac{1}{2\pi} - \frac{1}{\pi^2} \right) \qquad (8.24.28)$$

利用边界条件

$$EIy'' \mid_{x=0} = -M_0 = -EIy_0 \frac{\pi^2}{l^2}$$

得

$$P = \frac{\pi^2 EI}{l^2} + \frac{\beta l^2}{\pi^2} \qquad (8.24.29)$$

由 $\mathrm{d}P/\mathrm{d}l = 0$，易得 P 值最小时

$$l = \pi \sqrt[4]{EI/\beta} \qquad (8.24.30)$$

将式(8.24.30)代入式(8.24.29)得

$$P_{cr} = 2\sqrt{EI\beta} \qquad (8.24.31)$$

斜拉桥的加劲梁可近似看成是弹性支承上的连续梁，因此，它的临界轴力 N_{cr} 就可仿照弹性支承梁的方式来导得。考虑到实际斜拉桥计算模型与上面研究的弹性支承连续梁有三个主要不同点：

(1)弹性支承梁的弯曲刚度为常量 EI，斜拉桥的弯曲刚度可能是水平坐标 x 的函数 $E(x)I(x)$。

(2)弹性支承梁的轴力为常量 P,斜拉桥的梁内轴力是 x 的函数 $N(x)$。

(3)弹性支承梁的弹性介质系数 β 为常量,斜拉桥的等效介质系数为 x 的函数 $\beta(x)$。

斜拉索的等效弹簧刚度 k 可参照图 8.24.10 的几何关系导得

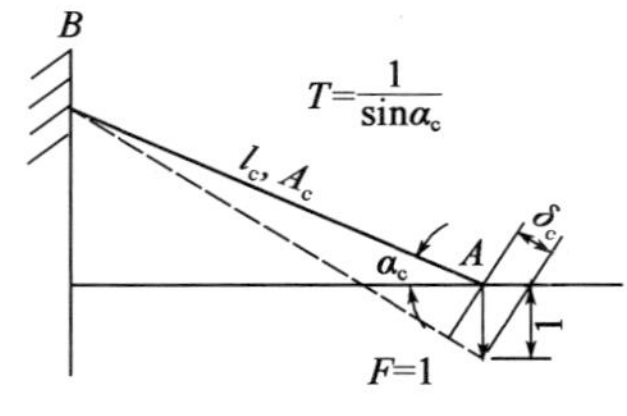

$$k = \frac{1}{\delta_1 + \delta_2} = \lambda \frac{E_c A_c \sin^2\alpha}{l_c} \tag{8.24.32}$$

式中:λ——$\lambda = \dfrac{1}{1 + \dfrac{\cos^2\alpha\gamma h}{3l_c}}$;

α——索与梁的夹角;

δ_1、δ_2——单位力在 A 点引起索伸长和塔弯曲所产生的竖向位移分量;

l_c——斜拉索长度;

E_cA_c——斜拉索轴向拉伸刚度;

γ——$\gamma = \dfrac{E_cA_ch^2}{E_tI_t}$,索、塔刚度比;

E_tI_t——塔弯曲刚度。

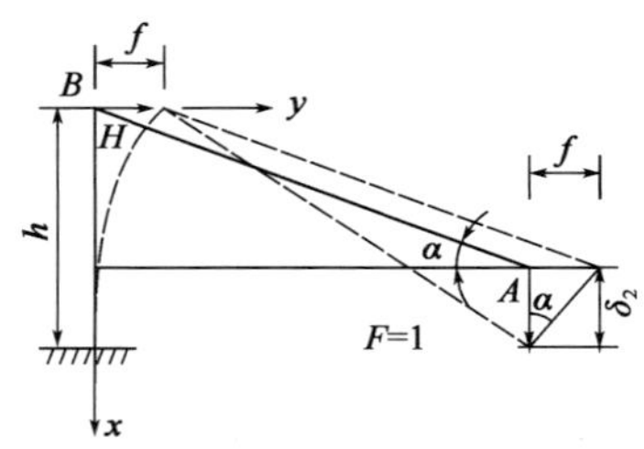

图 8.24.10 拉索变形的几何关系

根据式(8.24.32),由 k 可导出等效 $\beta(x)$,仿照式(8.24.31)的形式,可将斜拉桥主梁面内稳定临界轴力写成

$$N_{cr}(x) = 2\sqrt{E(x)I(x)\beta(x)} \tag{8.24.33}$$

它是 x 的函数,将某一 x 代入式(8.24.33)得到的临界轴力称为名义临界轴力。名义临界轴力与该处梁的实际轴力之比称为该点的名义屈曲安全度,可取其最小值作为加劲梁的屈曲安全系数。

24.3.2 静风作用下的横向稳定分析

在稳定气流中的主梁横截面如图 8.24.11 所示。

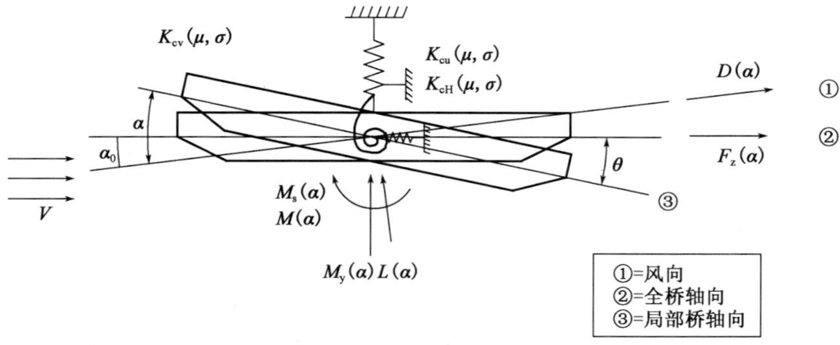

图 8.24.11 稳定气流中的主梁横截面

假定平均风速以攻角 α_0 作用于主梁产生扭转角为 θ_0,那么风的有效攻角 $\alpha_j = \alpha_0 + \theta_0$ 作用于变形后主梁单位跨径长的风力分量可按风速记作

$$\begin{cases} D(\alpha) = \dfrac{1}{2}\rho V^2 A_n C_D(\alpha) \\ L(\alpha) = \dfrac{1}{2}\rho V^2 B C_L(\alpha) \\ M(\alpha) = \dfrac{1}{2}\rho V^2 B^2 C_M(\alpha) \end{cases} \tag{8.24.34}$$

式中：D、L、M——每单位跨长的平均阻力、升力和升力矩，它们都是功角 α 的函数，如图 8.24.11 所示；

ρ——空气密度；

B——主梁宽；

A_n——迎风投影面积；

C_D、C_L、C_M——风力方向上阻力、升力、升力矩的静力气动系数，是攻角的函数，如图 8.24.12 所示；

V——风速。

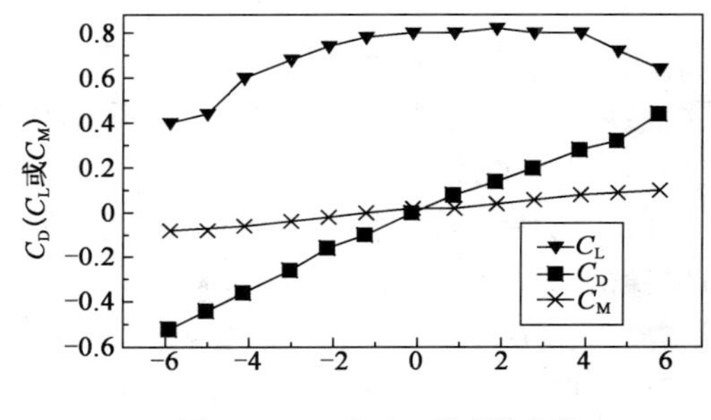

图 8.24.12 静力三分系数曲线

将风力转换为全桥坐标轴上的风力，如图 8.24.11 所示，则

$$\begin{cases} F_x(\alpha) = \dfrac{1}{2}\rho V_r^2 A_n C_x(\alpha) \\ F_y(\alpha) = \dfrac{1}{2}\rho V_r^2 B C_y(\alpha) \\ M_z(\alpha) = \dfrac{1}{2}\rho V_r^2 B^2 C_z(\alpha) \end{cases} \tag{8.24.35}$$

其中

$$\begin{cases} C_x(\alpha) = \left[C_D(\alpha) - C_L(\alpha)\dfrac{B}{A_n}\tan\alpha_0\right]\sec\alpha_0 \\ C_y(\alpha) = \left[C_L(\alpha) + C_D(\alpha)\dfrac{A_n}{B}\tan\alpha_0\right]\sec\alpha_0 \\ C_z(\alpha) = [C_M(\alpha)]\sec^2\alpha_0 \\ V_r = V\cos\alpha_0 \end{cases} \tag{8.24.36}$$

式中：V_r——全桥坐标系中的相对风速；

$C_x(\alpha)$、$C_y(\alpha)$、$C_z(\alpha)$——全桥坐标系中的静力气动系数。

至此可建立起风荷载下的非线性稳定分析模型，包括如下两个步骤：

第一步，完成在给定风速 V 以攻角 α_0 作用下的初始风力的分析。平衡方程为

$$[\boldsymbol{K}_e(u,\sigma) + \boldsymbol{K}_\sigma^G(u,\sigma)]\boldsymbol{U} = P_0[F_x(\alpha_0),F_y(\alpha_0),M_z(\alpha_0)] \tag{8.24.37}$$

式中：$\boldsymbol{K}_e$、$\boldsymbol{K}_\sigma^G$——基于在重力荷载作用下产生的位移 u 及应力 σ 的结构弹性刚度矩阵、几何刚度矩阵；

$\boldsymbol{U}$——位移矢量；

P_0——基于未变形的主梁结构的初始风力，$F_x(\alpha_0)$、$F_y(\alpha_0)$、$M_z(\alpha_0)$ 由 $\alpha=\alpha_0$ 代入式(8.24.35)得出；

G——上标，表示重力。

第二步，按如下步骤完成由于主梁的扭转变形及随之而增大攻角产生的附加风力作用下的非线性分析。在完成前述初始风力作用下的非线性分析后，得出总位移和初始内力，从这些位移中可求出现在气动静力系数 C_D、C_L、C_M，并分别转化为 C_x、C_y、C_z。桥在受到第 j 步的附加风力下的线性增量平衡方程为

$$\begin{aligned}&[K_e(u_{j-1},\sigma_{j-1})+K_\sigma^{G+W}(u_{j-1},\sigma_{j-1})]\Delta U_j\\&=P_j[F_x(\alpha_j),F_y(\alpha_j),M_z(\alpha_j)]-P_{j-1}[F_x(\alpha_{j-1}),F_y(\alpha_{j-1}),M_z(\alpha_{j-1})]\end{aligned}\qquad(8.24.38)$$

式中 P_j 和 P_{j-1} 分别是结构受到的由本次及前次攻角下位移决定的风荷载，上标 W 代表风载。继续上述迭代步骤，求出每个循环完成时的附加风力。

当静力气动系数的欧几里得范数小于规定的容许值时，就得出给定风速下的收敛准则。欧几里得范数写作：

$$\left\{\frac{\sum^{N_a}[C_k(\alpha_j)-C_k(\alpha_{j-1})]^2}{\sum^{N_a}[C_k(\alpha_{j-1})]^2}\right\}\leqslant\varepsilon_k\qquad(k=X,Y,Z)\qquad(8.24.39)$$

式中，ε_k 是给定允许值，N_a 是承受位移决定的风荷载的节点数。对于小于临界风速的任意给定风速，上述过程都会收敛。每个迭代循环中，分析结构的切线刚度矩阵可得出结构是稳定的、不稳定的或随遇平衡的。

由于考虑了分析模型受到的由位移决定的风荷载的三个分量，既能分析其非线性横向弯扭失稳的安全性，也能研究其非线性扭转发散的安全性。如果在式(8.24.37)和式(8.24.38)中忽略阻力 D 和升力 L 的影响，就可计算结构的非线性扭转发散。如果攻角为0，即风向与桥面一致，那么风力 F_x、F_y 和 M_z 就分别等于风力方向上的阻力(D)、升力(L)和升力矩(M)。

为了了解桥梁在强风作用下的状况，除求得临界风速外，其相应临界位移(尤其是中跨中点)及由位移决定的相应的风荷载的三分力，还有实际失稳模态都有工程意义。在临界风速下，附加位移及因此带来的位移决定的附加风力都相当大，因此，可以将风速作为增量，结合第二步，按24.6节的方法进行逐级分析，直至找到临界风速为止。

24.4 拱桥稳定分析

为阐述方便，通常将拱桥的稳定问题分解成面内稳定和侧向(面外)稳定两类问题来分别研究，且对于简单荷载形式常可采用解析方法。

24.4.1 圆弧拱的面内稳定

受径向荷载的圆弧拱，在矢跨比不大的情况下，可以近似地代表工程中受竖直荷载的非圆拱。圆弧的屈曲易于获得解析解，可以利用它来分析端支承情况和矢跨比对拱桥临界荷载的影响。

1)曲杆平面屈曲微分方程

在曲线坐标(φ,s)下，将式(6.19.17)的两个式子可合并成一个，有

$$\left[EI\left(v''+\frac{u_s'}{R}\right)\right]'''+\left[\frac{EI}{R^2}\left(v''+\frac{u_s'}{R}\right)\right]'=\frac{\mathrm{d}p_x}{\mathrm{d}s}-\frac{p_s}{R}\qquad(8.24.40)$$

将拱轴无压缩条件 $u_s' = v/R$ 代入有

$$\left[EI\left(v'' + \frac{v}{R^2}\right)\right]''' + \left[\frac{EI}{R^2}\left(v'' + \frac{v}{R^2}\right)\right]' = \frac{\mathrm{d}p_x}{\mathrm{d}s} - \frac{p_s}{R} \tag{8.24.41}$$

对于等截面圆弧曲杆，有

$$EI\left(v^{v} + \frac{2}{R^2}v''' + \frac{1}{R^4}v'\right) = \frac{\mathrm{d}p_x}{\mathrm{d}s} - \frac{p_s}{R} \tag{8.24.42}$$

若用弯矩 M 来表示上式[亦可从式(6.19.18)中得到]，则有

$$v'' + \frac{v}{R^2} = -\frac{M}{EI} \tag{8.24.43}$$

上式是位移对坐标 s 求导所表示的平衡方程，若以位移对坐标 φ 求导来表示，则有

$$\frac{\mathrm{d}^2 v}{\mathrm{d}\varphi^2} + v = -\frac{MR^2}{EI} \tag{8.24.44}$$

2)圆弧拱平面屈曲方程

在径向荷载作用下，圆拱中的轴力为零，临近屈曲时，由于曲率的改变，其轴力亦有相应的变化。经推导，以拱轴中微小弯矩表示的屈曲方程为

$$\frac{\mathrm{d}^3 M}{\mathrm{d}p^3} + n^2\frac{\mathrm{d}M}{\mathrm{d}\varphi} = 0 \tag{8.24.45}$$

其中
$$n^2 = 1 + \frac{qR^3}{EI}$$

3)拱的平面屈曲方程的解

屈曲时，式(8.24.45)的解为

$$\begin{cases} \text{弯矩} \quad M = A\cos n\varphi + B\sin n\varphi + C \\ \text{剪力} \quad Q = \dfrac{1}{R}(-An\sin n\varphi + Bn\cos n\varphi) \\ \text{轴力} \quad N = -qR + \dfrac{A}{R}\cos n\varphi + \dfrac{B}{R}\sin n\varphi - C\dfrac{qR^2}{EI} \end{cases} \tag{8.24.46}$$

切向位移

$$u_s = E\cos\varphi + F\sin\varphi + \frac{R^2}{nEI}\left(-\frac{A}{1-n^2}\sin n\varphi + \frac{B}{1-n^2}\cos n\varphi - Cn\varphi\right) + DR \tag{8.24.47}$$

法向位移

$$v = -E\sin\varphi + F\cos\varphi + \frac{R^2}{EI}\left(-\frac{A}{1-n^2}\cos\varphi - \frac{B}{1-n^2}\sin\varphi - C\right) \tag{8.24.48}$$

4)圆环拱的临界荷载

在均布荷载作用下，两铰拱反对称失稳时，弯矩 M 和法向位移 v 中的偶数项应等于零，而切向位移 u_s 中的奇数项应等于零，故有

$A = C = F = 0$，在拱脚处，$\varphi = \pm\alpha$ 时有 $M = u = w = 0$，则(图 8.24.13)

$B = \sin n\alpha = 0$

$B\dfrac{R^2}{EI}\dfrac{1}{n(1-n^2)}\cos n\alpha + DR + E\cos\alpha = 0$

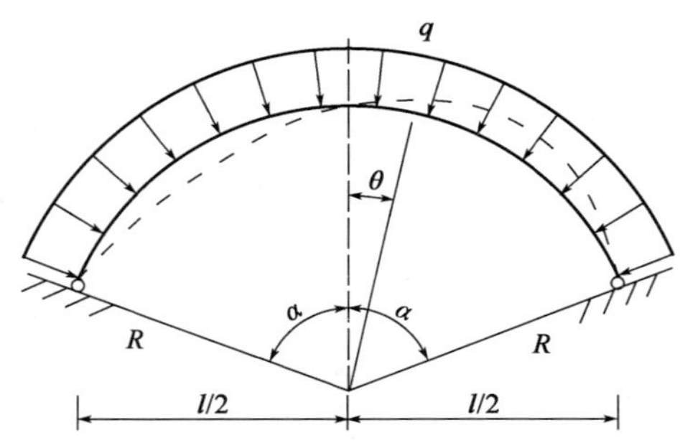

图 8.24.13　承受均布径向荷载的圆弧拱

$$-B\frac{R^2}{EI}\frac{1}{1-n^2}\sin n\alpha - E\sin\alpha = 0$$

B、D、E 有非零解，则

$$\begin{vmatrix} \sin\alpha & 0 & 0 \\ \frac{R^2}{EI}\frac{1}{n(1-n^2)}\cos n\alpha & R & \cos\alpha \\ \frac{R^2}{EI}\frac{1}{1-n^2}\sin\alpha & 0 & \cos\alpha \end{vmatrix} = 0$$

展开有　$\sin n\alpha = 0$

由此得　$n\alpha = j\pi \quad (j=1,2,3,\cdots)$

取 $j=1$，得临界荷载

$$q_{kr} = \frac{EI}{R^3}\left(\frac{\pi^2}{\alpha^2} - 1\right) \tag{8.24.49a}$$

临界轴力为

$$N_{cr} = q_{cr}R = \frac{\pi^2 EI}{R^2\alpha^2}\left(1 - \frac{\alpha^2}{\pi^2}\right) = \frac{\pi^2 EI}{s_0^2} \tag{8.24.49b}$$

其中

$$s_0 = \frac{R\alpha}{\sqrt{1-\left(\frac{\alpha}{\pi}\right)^2}} = \xi\frac{s}{2}$$

$\xi = \left[1 - \left(\frac{s}{2\pi R}\right)^2\right]^{-\frac{1}{2}}$，称为拱度影响系数。

按同样的思路，可得对称失稳时临界荷载方程为

$$\tan n\alpha - n\alpha = n^3(\tan\alpha - \alpha) \tag{8.24.50a}$$

解此方程得临界荷载为

$$q_{kr} = (n^2 - 1)\frac{EI}{R^3} \tag{8.24.50b}$$

计算表明，其值比式(8.24.49a)大 2.5 倍以上，反对称失稳控制。

同理，无铰拱也是反对称失稳控制，失稳时临界荷载方程为

$$n\tan\alpha = \tan n\alpha \tag{8.24.51}$$

临界荷载表达式同式(8.24.50b)。

三铰拱是对称失稳控制，失稳时临界荷载方程为

$$\frac{\tan\frac{n\alpha}{2} - \frac{n\alpha}{2}}{\left(\frac{n\alpha}{2}\right)^3} = \frac{4(\tan\alpha - \alpha)}{\alpha^3} \tag{8.24.52}$$

临界荷载表达式同式(8.24.50b)。

而拱的临界荷载通式可以写为

$$q_{cr} = k_0\frac{EI}{R^3} \tag{8.24.53}$$

或
$$q_{\mathrm{cr}} = k\frac{EI}{l^3} \tag{8.24.54}$$

对于均布荷载作用下的等截面圆弧拱，k 或 k_0 的大小(临界荷载的大小)与拱的圆心角、铰的多少有关，铰增多临界荷载将降低。

24.4.2　圆弧拱的面外稳定

1)侧倾失稳平微方程

拱侧倾变形后，用曲线坐标来描述其位移和几何关系比较方便。这时，任意截面 s 在垂直于拱平面 x 轴，指向拱轴法向的 y 轴和同拱轴切线重合的 z 轴三个方向上发生了线位移 u、v、w，并绕这三个轴发生了转角位移 β、γ、θ，截面主轴也随着拱的侧倾产生了变位，相对于变形拱的坐标系数为 $\xi\eta\zeta$，如图 8.24.14 所示。研究微段 ds 截面的变形，可得拱绕 y、z 轴转动的曲率关系为

$$\begin{cases}\kappa_y = \dfrac{\theta}{R} - \dfrac{\mathrm{d}^2 u}{\mathrm{d}s^2}\\[2ex]\kappa_z = \dfrac{\mathrm{d}\theta}{\mathrm{d}s} + \dfrac{1}{R}\dfrac{\mathrm{d}u}{\mathrm{d}s}\end{cases} \tag{8.24.55}$$

研究微段 ds 上力的平衡，可得拱侧倾失稳微分方程为

$$\begin{cases}-\left[EI_y\left(u'' - \dfrac{\theta}{R}\right)\right]'' + \left[\dfrac{GI_{\mathrm{d}}}{R}\left(\theta' + \dfrac{u'}{R}\right)\right]' -\\[2ex]\left[\dfrac{EI_{\mathrm{w}}}{R}\left(\theta' - \dfrac{u'}{R}\right)'\right]'' + N\left(-u'' + \dfrac{\theta'}{R}\right) - q_{\xi} = 0\\[2ex]\left[GI_{\mathrm{d}}\left(\theta' + \dfrac{u'}{R}\right)\right]' - \left[EI_{\mathrm{w}}\left(\theta' + \dfrac{u'}{R}\right)'\right]'' + \dfrac{EI_y}{R}\left(u'' - \dfrac{\theta}{R}\right) + m_{\xi} = 0\end{cases} \tag{8.24.56}$$

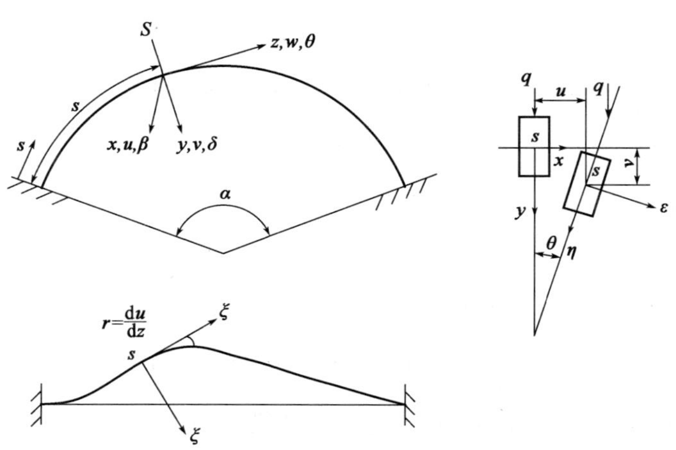

图 8.24.14　拱的倾向屈曲变形

对于常截面圆弧拱，上式简化为

$$\begin{cases} -E\left(I_y+\dfrac{I_w}{R}\right)u'^{v}+\left(\dfrac{GI_d}{R^2}-N\right)u''-\dfrac{EI_w}{R}\theta'^{v}+\dfrac{EI_y+GI_d}{R}\theta''+\dfrac{\theta}{R}N-q_\xi=0 \\ -\dfrac{EI_w}{R}u'^{v}+\dfrac{EI_y+GI_d}{R}u''-EI_w\theta'^{v}+GI_d\theta''-\dfrac{EI_y}{R^2}\theta+m_\zeta=0 \end{cases} \tag{8.24.57}$$

式中：q_ξ——拱轴径向荷载；

m_ζ——拱轴扭矩荷载；

I_d——拱圈截面自由扭转惯性矩；

I_w——拱圈截面约束扭转惯性矩。

2）承受径向均布荷载 q 时等截面圆弧拱侧倾稳定荷载

这时，$I_w=0$，R、EI_y、GI_d 均为常数，$N=-qR$，$q_\xi=q\theta$，$m_\zeta=0$，将这些关系代入式(8.24.55)、式(8.24.57)，并消去 u 后得

$$\frac{d^4\theta}{d\varphi^4}+(2+\omega)\frac{d^2\theta}{d\varphi^2}+(1+\omega\lambda)\theta=0 \tag{8.24.58}$$

其解为

$$\theta=A\sin k\varphi+B\cos k\varphi+C\mathrm{sh}k_1\varphi+D\mathrm{ch}k_1\varphi$$

式中：$k=\left[\dfrac{2+\omega}{2}+\sqrt{\left(\dfrac{2+\omega}{2}\right)^2+\omega\lambda-1}\right]^{\frac{1}{2}}$；

$k_1=\left[-\dfrac{2+\omega}{2}+\sqrt{\left(\dfrac{2+\omega}{2}\right)^2+\omega\lambda-1}\right]^{\frac{1}{2}}$；

$\omega=\dfrac{qR^3}{EI_y}$；

$\lambda=\dfrac{EI_y}{GI_d}$。

对于两铰拱，有 $\varphi=0$、α 时，$\theta=0$；$M_\eta=EI_yk_y=EI_y\left(\dfrac{\theta}{R}-u''\right)=0$；$M_\zeta=GI_dk_z-(EI_\omega k_z')'=GI_d(\theta'-u'/R)=0$；由此得 $B=C=D=0$，$A\sin k\alpha=0$，$k_{\min}=\dfrac{\pi}{\alpha}$，则

$$\omega=\frac{\pi^2-\alpha^2}{\alpha^2(\pi^2+\lambda\alpha^2)}$$

$$q_{cr}=\frac{EI_y}{R^3}\omega \tag{8.24.59}$$

对于固端拱，有 $\varphi=0$、α 时，$\theta=\theta'=0$，则

$$2+\frac{k_1^2-k^2}{k_1k}\sin k\alpha\,\mathrm{sh}k_1\alpha-2\cos k\alpha\,\mathrm{ch}k_1\alpha=0$$

当 α 很小时，$\mathrm{ch}k_1\alpha\approx k_1\alpha$，$\mathrm{sh}k_1\alpha\approx1$，$k_1^2\ll k^2$，上式简化为

$$2-k\alpha\sin k\alpha-2\cos k\alpha=0$$

$$k_{\min}=\frac{2\pi}{\alpha}$$

$$q_{\mathrm{cr}} = \frac{EI_y}{R^3}\frac{(4\pi^2 - \alpha^2)^2}{\alpha^2(4\pi^2 + \lambda\alpha^2)} \tag{8.24.60}$$

式(8.24.59)还可由能量法直接得到。如设拱侧倾失稳模态为

$$u = A\left(1 + \cos\frac{2\pi s}{l}\right), \theta = B\left(1 + \cos\frac{2\pi s}{l}\right)$$

则各项能量如下：

拱肋倾向弯曲变形能

$$U_{\mathrm{B}} = \frac{EI_y}{2}\int_{l/2}^{l/2}\kappa_y^2 \mathrm{d}s$$

拱肋扭转变形能

$$U_{\mathrm{T}} = \frac{GI_{\mathrm{d}}}{2}\int_{-l/2}^{l/2}\kappa_z^2 \mathrm{d}s$$

外力所做的功

$$V_{\mathrm{D}} = -qR\int_{-l/2}^{l/2}\left(\frac{\mathrm{d}u}{\mathrm{d}s}\right)^2 \mathrm{d}s$$

结构总势能 $\Pi = U_{\mathrm{B}} + U_{\mathrm{T}} + V_{\mathrm{D}}$

考虑到式(8.24.55)及以上各式，由$\frac{\partial \Pi}{\partial A} = \frac{\partial \Pi}{\partial B} = 0$亦可得到式(8.24.59)。

24.4.3 拱桥稳定的近似计算

实际拱桥并非前面所讨论的裸拱圈，而是都带有拱上建筑，且轴线形状各异，承受竖向荷载。由于拱桥设计时采用了合理拱轴线，使得拱肋受力以轴向受压为主，因此，用承受径向荷载的圆拱去等代其他类型拱桥的稳定问题，可方便地获得各类拱桥稳定的近似解。另外，当拱上建筑布置成连续结构时，由于联合作用，增加了拱的稳定性，用能量法、数值方法计算这类结构的稳定问题较为方便，并且可以从大量数值计算结果的规律中总结出常用拱桥的稳定计算近似公式。

当拱桥的立柱刚度远比拱圈和梁的刚度小，可近似按立柱上下端均系铰接。文献[4]给出此种简化结构的临界荷载近似式为

$$q_{\mathrm{cr}} = kk_1\frac{EI_{\mathrm{a}}}{l^3} \tag{8.24.61}$$

$$k_1 = 1 + \left[0.95 + 0.7\frac{f}{l} + \left(\frac{f}{l}\right)^2\right]\frac{I_{\mathrm{b}}}{I_{\mathrm{a}}};$$

式中：k——只有拱肋时的临界荷载系数；

I_{b}——加劲梁的抗弯惯性矩；

I_{a}——拱肋平面内抗弯惯性矩；

f/l——矢跨比。

对于上承式柔拱刚梁组合体系，临界荷载为

$$q_{\mathrm{cr}} = (k_1 - 1)\frac{EI_{\mathrm{b}}}{l^3} \tag{8.24.62}$$

对于多肋拱的面外稳定问题，一般可用能量法进行研究，文献[4]分别研究了抛物线单拱，平式、立式及其组合横撑联结的双肋拱，X 形双肋拱等的侧倾临界荷载，并给出了近似计算公式。

立柱、吊杆等传力构件的工作状态对拱桥稳定的影响不容忽视，加劲梁两端支座形式对上承式拱的面内稳定有较大的影响。上承式拱桥发生失稳时，立柱的顺、横桥倾斜有加速拱肋平面内、外失稳的趋势。系杆拱侧倾失稳时，吊杆受到梁施加水平约束而变成倾斜，产生的水平分力有减缓其发生失稳的趋势。

无论是面内失稳还是侧倾失稳，传力机构（立柱或吊杆）随着结构的失稳而改变其传力方向，进而对结构的稳定性产生影响。对拱肋来说，传力机构的作用属外力系，称其为非保守力系，其对结构稳定性有正面效应，也有负面效应。

对于侧倾稳定性较差的单承重面系杆拱，用能量法可近似得到其侧倾临界荷载为

$$q_{\mathrm{cr}\eta} = \eta q_{\mathrm{cr}} \tag{8.24.63}$$

式中：η——$\eta = \dfrac{1}{1-c}$，称保守力效应系数；

q_{cr}——不计吊杆的单拱侧倾临界荷载。

圆弧拱 c 的近似值为

$$c = \frac{3R}{4f}\left(\frac{\alpha}{\pi}\right)^2 \tag{8.24.64}$$

而效应系数 η 一般在 2.5 ~ 3.5 之间。

24.5 钢结构桥的稳定计算

钢结构桥的稳定问题分为构杆的整体稳定和组成构件的板件的局部稳定。受压构件的整体稳定可根据其支承方式、荷载作用是否有偏心及构件是否存在几何偏心等分析其稳定荷载，本节简介组成构件的板件的局部稳定计算及公路钢桥的稳定设计对策。

24.5.1 薄板的弹性稳定

在桥梁钢结构中的板分为大型结构的平坦板与薄壁结构中的腹板和翼板。后一种板属于梁柱杆件的一部分，若发生屈曲，会直接影响杆件的刚度。工程中的板大部分属于薄板，即变形所产生的挠度比板的厚度小一个数量级。

通常情况下，按板的厚度 t 与板面的最小尺寸 b 的比值划分厚板和薄板：

当 $\dfrac{t}{b} \geqslant \dfrac{1}{5}$ 时，这类板被称为厚板，厚板的横向剪切变形与弯曲变形有相同的数量级，计算中必须考虑，问题会复杂一些。

当 $\left(\dfrac{1}{80} \sim \dfrac{1}{100}\right) < \dfrac{t}{b} < \left(\dfrac{1}{5} \sim \dfrac{1}{8}\right)$ 时，这类板被称为薄板，工程中的板大部分都是这一类。

当 $\dfrac{t}{b} \leqslant \dfrac{1}{100}$ 时，这类板就好似薄膜，它在变形时膜内只有张力而无弯矩。

如果薄板受压力作用,便成为薄板的稳定问题。

1)薄板挠曲微分方程[5]

众所周知,在满足变形时板厚不变、中面法线保持不变、中面投影不变假定,且垂直于板中面的正应力 σ_z 与 σ_x、σ_y 相比非常小,故对变形的影响可以略去不计情况下,薄板挠曲微分方程为

$$D\left(\frac{\partial^4 w}{\partial x^4}+2\frac{\partial^4 w}{\partial x^2\partial y^2}+\frac{\partial^4 w}{\partial y^4}\right)=N_x\frac{\partial^2 w}{\partial x^2}+2N_{xy}\frac{\partial^2 w}{\partial x\partial y}+N_y\frac{\partial^2 w}{\partial y^2} \tag{8.24.65}$$

式中:D——薄板的抗弯刚度,$D=\dfrac{Et^3}{12(1-\mu^2)}$,$t$ 为薄板厚度,E 为板材料弹性模量,μ 为板材料泊松比;

w——薄板屈曲时的挠度;

N_x、N_y——薄板边界上的法向荷载;

N_{xy}——薄板边界上的切向荷载。

2)薄板分析的边界条件

工程上常见的薄板有三种边界支承,即固定、简支和自由边界。以图 8.24.15 所示矩形板为例说明稳定分析的边界条件。

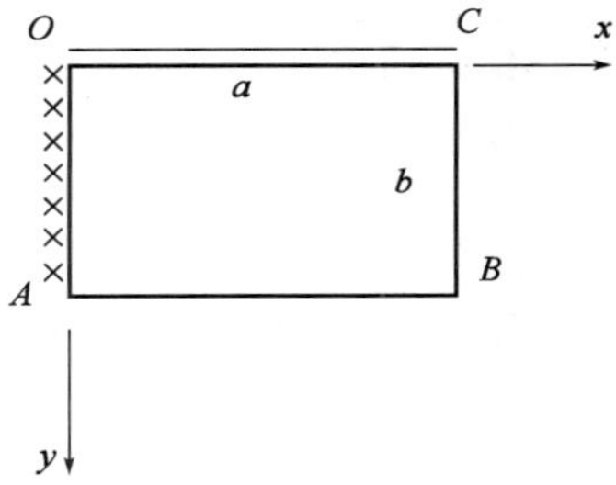

图 8.24.15 薄板的边界条件

固定边如图 8.24.15 的 OA 边,边界处的挠度和曲面的法向斜率等于零。即

$$(w)_{x=0}=0,\left(\frac{\partial w}{\partial x}\right)_{x=0}=0 \tag{8.24.66}$$

简支边如图 8.24.15 的 OC 边,边界处的挠度和弯矩 M_y 等于零。即

$$(w)_{y=0}=0,(M_y)_{y=0}=0 \tag{8.24.67a}$$

由于 $M_y=-D\left(\dfrac{\partial^2 w}{\partial y^2}+\mu\dfrac{\partial^2 w}{\partial x^2}\right)$,且在 OC 上 $(w)_{y=0}\equiv 0$,即 $\dfrac{\partial^2 w}{\partial x^2}=0$。则简支边 OC 边界条件可写成

$$(w)_{y=0}=0,\left(\frac{\partial^2 w}{\partial y^2}\right)_{y=0}=0 \tag{8.24.67b}$$

自由边如图 8.24.15 的 CB 边,沿该边的弯矩、扭矩和横向剪应力都为零,即

$$(M_{xy})_{x=a}=0,(Q_x)_{x=a}=0 \tag{8.24.68a}$$

则自由边界 CB 的边界条件为

$$\begin{cases}\left(\dfrac{\partial^2 w}{\partial x^2}+\mu\dfrac{\partial^2 w}{\partial y^2}\right)_{x=a}=0\\[2ex]\left[\dfrac{\partial^3 w}{\partial x^3}+(2-\mu)\dfrac{\partial^3 w}{\partial x\partial y^2}\right]_{x=a}=0\end{cases} \tag{8.24.68b}$$

3)四边简支矩形薄板屈曲解析

用位移法求解薄板屈曲问题,通常采用半逆解法或能量法。采用半逆解法时,首先设定具

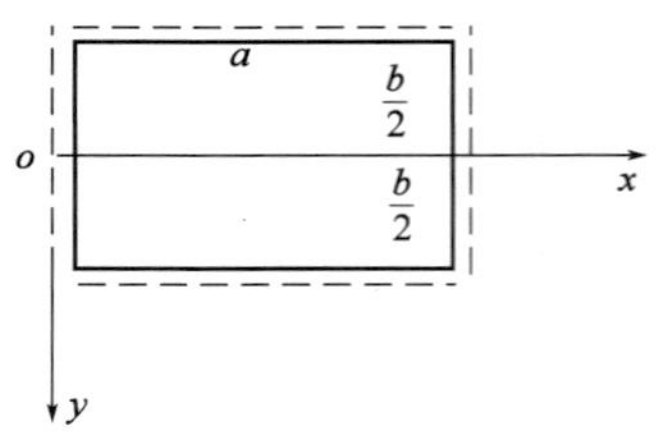

图 8.24.16　四边简支矩形薄板

有待定系数的薄板挠度的表达式；其次利用薄板屈曲微分方程和边界条件，确定待定常数；最后由挠度与应力分量的关系，求得应力分量。

如图 8.24.16 所示四边简支矩形薄板，现求解在 x 方向承受均布压力 p_x 时板的临界荷载。

由受力条件可知，$N_x=-p_x$，$N_y=0$，$N_{xy}=0$，由薄板挠曲微分方程式可得

$$D\left(\frac{\partial^4 w}{\partial x^4}+2\frac{\partial^4 w}{\partial x^2\partial y^2}+\frac{\partial^4 w}{\partial y^4}\right)+p_x\frac{\partial^2 w}{\partial x^2}=0 \quad (8.24.69)$$

在 $x=0$ 及 $x=a$ 边界上，边界条件为 $w=0$，$\frac{\partial^2 w}{\partial x^2}=0$；在 $y=0$ 及 $y=a$ 边界上，边界条件为 $w=0$，$\frac{\partial^2 w}{\partial y^2}=0$。

满足以上边界条件的函数为双重三角函数，设 w 为

$$w=\sum_{m=1}^{\infty}\sum_{n=1}^{\infty}A_{mn}\sin\frac{m\pi x}{a}\sin\frac{n\pi y}{b} \quad (8.24.70)$$

式中：m、n——x 方向和 y 方向板屈曲的半波数。

将 w 的表达式代入弹性屈曲微分方程式(8.24.69)中有

$$w=\sum_{m=1}^{\infty}\sum_{n=1}^{\infty}A_{mn}\left[\frac{m^4\pi^4}{a^4}+2\frac{m^2n^2\pi^4}{a^2b^2}+\frac{n^4\pi^4}{b^4}-\frac{p_x m^2\pi^2}{a^2}\right]\times\sin\frac{m\pi x}{a}\sin\frac{n\pi y}{b}=0$$

系数 A_{mn} 不能为零，只有

$$\frac{m^4\pi^4}{a^4}+2\frac{m^2n^2\pi^4}{a^2b^2}+\frac{n^4\pi^4}{b^4}-\frac{p_x m^2\pi^2}{a^2}=0$$

得翘曲临界荷载

$$(p_x)_{\text{cr}}=\frac{D\pi^2}{m^2}a^2\left(\frac{m^2}{a^2}+\frac{n^2}{b^2}\right)^2 \quad (8.24.71)$$

为了得到最小的临界荷载，显然应有 $n=1$。这就是说，在 y 方向，板翘曲成一个半波。至于 m 的值，则视板的边长比 $\alpha=a/b$ 而定(图 8.24.16)。在 x 方向，板翘曲成一个半波会使翘曲临界荷载最小。若把 m 看成连续的，$m=a/b$ 时

$$(p_x)_{\text{cr}}=\frac{4D\pi^2}{b^2} \quad (8.24.72)$$

如果 m 不为整数，可取与其最为接近的整数，比如 $m=1.1$ 时可取 $m=1$，$m=1.85$ 时可取 $m=2$ 等。

若令，$k=\left(\frac{mb}{a}+\frac{a}{mb}\right)^2$ 为屈曲稳定系数，$m=a/b$ 时 $k_{\min}=4$。因此在设计四边简支矩形薄板时，可取 $k=4$。

对于单向受压的其他各种边界情况，临界荷载也可以写成

$$(p_x)_{cr} = k\frac{D\pi^2}{b^2} \tag{8.24.73}$$

屈曲时板内的应力为

$$(\sigma_x)_{cr} = k\frac{D\pi^2}{b^2 t} = \frac{k\pi^2 E}{12(1-\mu^2)(b/t)^2} \tag{8.24.74}$$

4)矩形板在其他支承及荷载情况的屈曲稳定系数

(1)三边简支,一边自由,均布压力作用在一对简支边上:

$$k = 0.42 + \frac{b^2}{a^2}$$

(2)对边简支,一边固定,一边自由,均布压力作用在一对简支边上:

当$\frac{a}{b} \leqslant 1.64$时,$k = 0.559 + \frac{b^2}{a^2} + 0.13\frac{a^2}{b^2}$;当$\frac{a}{b} > 1.64$时,$k = 1.28$。

(3)对边简支,对边固定,均布压力作用在一对简支边上:

当$\frac{a}{b} \leqslant 0.66$时,$k = 2.366 + \frac{b^2}{a^2} + 5.3\frac{a^2}{b^2}$;当$\frac{a}{b} > 0.66$时,$k = 6.97$。

(4)三边简支,一边固定,均布压力作用在一对简支边上,$k_{min} = 5.41$。

(5)四边简支矩形板,在四边均布剪应力作用:

$$(p_{xy})_{cr} = k\frac{D\pi^2}{b^2} \tag{8.24.75}$$

当$\frac{a}{b} < 1$时,$k = 4.0 + 5.34\frac{b^2}{a^2}$;当$\frac{a}{b} \geqslant 1$时,$k = 5.34 + \frac{4b^2}{a^2}$。

(6)四边固定矩形板,在四边均布剪应力作用:

当$\frac{a}{b} < 1$时,$k = 5.6 + 8.98\frac{b^2}{a^2}$;当$\frac{a}{b} \geqslant 1$时,$k = 8.98 + \frac{5.6b^2}{a^2}$。

对于受弯压作用、弯剪作用、压剪作用的屈曲稳定系数分析可参阅章末文献。

对于加劲板,其屈曲应力表达式同式(8.24.74)。当单向加劲时,屈曲稳定系数 k 还与加劲肋数量、面积比(加劲肋的面积与板的面积的比值)及抗弯刚度比(加劲肋的抗弯刚度与板的抗弯刚度的比值)有关;双向加劲时,还与另一方向(桥梁结构上一般指横向)加劲肋的数量、刚度等有关。

24.5.2　板的弹塑性稳定

前面在研究板的屈曲时均假定屈曲发生在弹性范围内。为了合理有效地利用强度,大都把临界应力控制在弹性极限以上,使强度的安全储备与稳定的安全储备大致相当,临界屈曲应力将超过弹性范围,而进入弹塑性区。

板的弹塑性翘曲是指板翘曲时,它的应力和变形在板的一部分或全部超过了钢材的弹性极限而进入了塑性范围。板的弹塑性翘曲也可以采用山雷理论,即板的翘曲和加载同时进行,板的凸边应力不发生应力卸载现象,板的整个厚度上的应力都处于塑性加载状态。

下面仍以一个两端受均布压力 $N_x = t\sigma_x(\sigma_y = \tau_{xy} = 0)$ 的简支矩形板为例来讨论板的弹塑性翘曲。这种板的弹塑性翘曲微分方程为

$$a_{11}\frac{\partial^4 w}{\partial x^4}+2(a_{12}+a_{33})\frac{\partial^4 w}{\partial x^2\partial y^2}+a_{22}\frac{\partial^4 w}{\partial y^4}+\frac{12}{Et^2}\sigma_x\frac{\partial^2 w}{\partial x^2}=0 \tag{8.24.76}$$

其中

$$a_{11}=\frac{1}{\Delta}\left(\frac{1}{4\psi_s}+\frac{1}{4\psi_t}+\frac{1-2\mu}{3}\right)$$

$$a_{12}=a_{21}=\frac{1}{\Delta}\left(\frac{1}{2\psi_t}-\frac{1-2\mu}{3}\right)$$

$$a_{22}=\frac{1}{\Delta}\left(\frac{1}{\psi_t}+\frac{1-2\mu}{3}\right)$$

$$a_{33}=\frac{\psi_s}{3}$$

$$\Delta=\frac{3}{4\psi_s\psi_t}+(1-2\mu)\left(\frac{1}{4\psi_s}+\frac{3}{4\psi_t}\right)$$

$$\psi_t=\frac{E_t}{E},\psi_s=\frac{E_s}{E}$$

式中：E_t——切线模量，即 $E_t=\frac{d\sigma}{d\varepsilon}$；

E_s——割线模量，即 $E_s=\frac{\Delta\sigma}{\Delta\varepsilon}$。

假如材料为不可压缩，及 $\mu=0.5$，则上式成为

$$D_s\left[(1-E_0)\frac{\partial^4 w}{\partial x^4}+2\frac{\partial^4 w}{\partial x^2\partial y^2}+\frac{\partial^4 w}{\partial y^4}\right]=-N_x\frac{\partial^2 w}{\partial x^2} \tag{8.24.77}$$

式中：D_s——板的弹塑性抗弯刚度，$D_s=E_st^3/9$，$E_0=0.75(1-E_t/E_s)$。

可以采用位移函数表达式

$$w=\sum_{m=1}^{\infty}\sum_{n=1}^{\infty}A_{mn}\sin\frac{m\pi x}{a}\sin\frac{n\pi y}{b} \tag{8.24.78}$$

代入微分方程求解，得到翘曲应力（$n=1$）为

$$(\sigma)_{cr}=k\frac{D\pi^2}{b^2t} \tag{8.24.79}$$

式中 $k=\left(\frac{mb}{a}+\frac{a}{mb}\right)^2-E_0\left(\frac{mb}{a}\right)^2$。当 $E_0=0$ 时，即 $E_t=E_s=E$，便成为弹性翘曲应力。

由 $\frac{\partial k}{\partial m}=0$ 的条件可以求得最小翘曲系数为

$$k_{min}=2(1+\sqrt{1-E_0}) \tag{8.24.80}$$

在实际工程中常采用近似理论计算。对于在 x 方向受均布压力的矩形板，当翘曲应力 σ_{cr} 超过弹性极限时，可以假定板在 x 方向的抗弯刚度将按比值 E_t/E 减小，x 方向对 y 方向的抗扭刚度将按 $\sqrt{E_t/E}$ 减小，而 y 方向的抗弯刚度则保持不变，即假定板是正交异性的。根据这一近似假定，板的弹塑性翘曲微分方程为

$$\psi_t\frac{\partial^4 \omega}{\partial x^4}+2\sqrt{\psi_t}\frac{\partial^4 \omega}{\partial x^2\partial y^2}+\frac{\partial^4 \omega}{\partial y^4}=-\frac{N_x}{D}\frac{\partial^2 \omega}{\partial x^2} \tag{8.24.81}$$

式中：$\psi_t=E_t/E$。

同样以两端受均布压力的矩形板为例，可以解得

$$(\sigma)_{cr} = k\frac{D\pi^2}{b^2 t} \tag{8.24.82}$$

式中：$k = C_1\sqrt{\psi_t} + C_2(\frac{a}{mb})^2 + \psi_t\left(\frac{mb}{a}\right)^2$。

最小翘曲系数，由$\frac{\partial k}{\partial m}=0$的条件获得为

$$k_{min} = \sqrt{\psi_t}(C_1 + 2\sqrt{C_2}) \tag{8.24.83}$$

式中，C_1 和 C_2 为随支承条件不同而不同的常数。对于四边简支板，$C_1=2$，$C_2=1$，代入后得最小翘曲系数 $k_{min}=4\sqrt{\psi_t}$，等于弹性翘曲系数乘以$\sqrt{\psi_t}$。其他支承条件可以查阅相关文献[6,7]。

24.5.3　钢桥压杆的抗翘曲设计

在桥梁钢结构中，压杆的失稳分整体失稳和局部失稳，两者是相互关联的，组成压杆的板件不应在压杆整体失稳之前发生局部失稳。因此，在钢结构杆件设计时，除去考虑杆件的整体稳定性外，还应考虑局部稳定性。例如I字钢的腹板，若在外力作用下，首先失去稳定，发生屈曲，则会影响杆的整体稳定性。

1）受压杆件整体稳定

我国《公路钢结构桥梁设计规范》（JTG D64—2015）[7]推荐的轴心受压杆件整体稳定性是基于压杆的稳定欧拉荷载$\left[P_{cr}=\frac{\pi^2 EI}{(kl)^2}\right]$或稳定欧拉应力（$\sigma_{E,cr}=\pi^2 E/\lambda_0^2$）计算的，$k$ 为压杆的等效长度系数，与杆的约束条件相关，λ_0 为轴心受压杆件的长细比（$\lambda_0 = kl/r_i$，r_i 为计算方向的回转半径），与构件的组合形式、缀件的类型等相关。

轴心受压杆件的整体稳定系数，根据构件的长细比、钢材屈服强度及构件截面的不同类型计算，取截面两主轴稳定系数中的较小值。

当相对长细比 $\lambda=\sqrt{f_y/\sigma_{E,cr}}=\lambda_0/\pi\sqrt{f_y/E}\leqslant 0.2$ 时，整体稳定系数 $\varphi=1$；$\lambda>0.2$ 时，整体稳定系数 φ 为

$$\varphi = \frac{1}{2}\left\{1+\frac{1}{\lambda^2}(1+\varepsilon_0) - \sqrt{\left[1+\frac{1}{\lambda^2}(1+\varepsilon_0)\right]^2 - \frac{4}{\lambda^2}}\right\} \tag{8.24.84}$$

式中，$\varepsilon_0=\alpha(\lambda-0.2)$，$\alpha$ 为计算参数。如对于图8.24.17所示的焊接I形截面[7]，当 $t_f\leqslant$ 40mm 时，绕 x 轴方向失稳时 α 为0.35，绕 y 轴方向失稳时 α 为0.5；当 $t_f>$40mm 时，绕 x 轴方向失稳时 α 为0.5，绕 y 轴方向失稳时 α 为0.8。

杆件的承载力与其初始变形、残余应力、荷载偏心及边界约束等因素有关。桥梁结构中将其转化为应力控制模式，并近似考虑稳定对承载力的影响，即

$$\frac{1}{\varphi}\sigma_P + \sigma_{P_{e_x}} + \sigma_{P_{e_y}} \leqslant \frac{f_y}{\gamma_0} \tag{8.24.85}$$

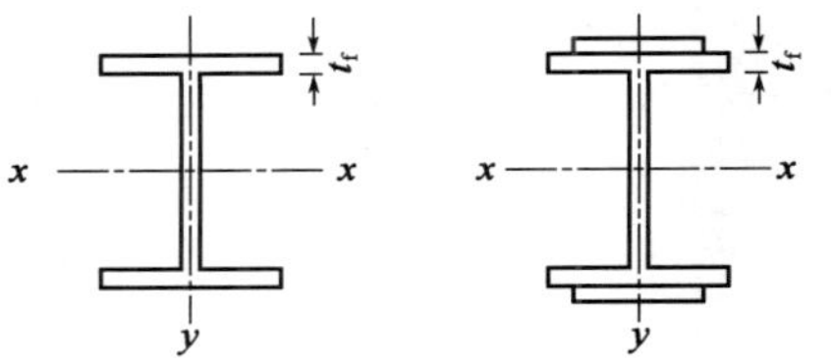

图8.24.17　焊接I形截面

式中：σ_{P}——压杆中轴向力应力，$\sigma_{\mathrm{P}}=P_{\max}/A_{\mathrm{eff}}$，$P_{\max}$为轴心压力设计值；$A_{\mathrm{eff}}$为考虑局部稳定影响的有效截面面积；

σ_{Pe_x}、σ_{Pe_y}——两主轴方向的偏心弯曲应力，以各自的有效截面面积计算；

f_y——压杆材料的强度设计值；

γ_0——桥梁的重要性系数。

《公路钢结构桥梁设计规范》[7]还规定了等截面实腹式受弯构件和压弯构件的整体稳定计算方法。

2）受压板件的局部稳定

在钢结构桥梁设计中，保证局部稳定的主要条件是对受压板的宽厚比进行限制。当屈曲时板的应力 σ_{cr}大于材料的屈服强度f_y 时，则受压板件不会失稳。

由式（8.24.49）有

$$\sigma_{\mathrm{cr}}=\frac{k\pi^2E}{12(1-\mu^2)(b/t)^2}\geqslant f_y \tag{8.24.86}$$

代入材料的相关参数，并考虑不同边界约束的受压板的屈曲稳定系数，可以给出受压板的宽厚比 b/t 的限值。据此，公路钢桥设计规范在考虑安全系数后，规定了不同类型受压板件加劲肋的几何尺寸要求[7]。

在分析受压板件的承载力时，不可忽视局部稳定对其的影响。为此，公路钢桥设计规范根据试验成果，按照受压板件的相对宽厚比$\left[\lambda_{\mathrm{s}}=\sqrt{\dfrac{f_y}{\sigma_{\mathrm{cr}}}}=\dfrac{b}{t}\sqrt{\dfrac{12(1-\mu^2)}{\pi^2E}\dfrac{f_y}{k}}\right]$的大小，$\lambda_{\mathrm{s}}$ 以0.4为界规定了轴心受压板件的局部稳定系数计算公式，用于考虑局部稳定影响的受压板有效截面面积的计算。

24.6　桥梁结构稳定数值分析

拱式桥、梁式桥、刚架桥、桁架桥、斜拉桥、吊桥等复杂桥梁结构的失稳原因十分复杂，其面内外失稳可能是耦合的，要精确计算结构的稳定性，一般应采用有限单元法。

考虑轴力影响的结构平衡方程可以写为

$$(\boldsymbol{K}+\boldsymbol{K}_\sigma)\boldsymbol{\delta}=\boldsymbol{F} \tag{8.24.87}$$

式中：$\boldsymbol{K}$——结构弹性刚度矩阵，由单元弹性刚度矩阵（见第1章）集合而成；

$\boldsymbol{K}_\sigma$——结构几何刚度矩阵，由单元几何刚度矩阵集合而成，与单元轴力有关，在一般文献中均可查阅。

按式（8.24.87）可以求得在荷载 $\boldsymbol{F}$ 作用时的位移 $\boldsymbol{\delta}$，如果荷载不断增加，则结构的位移增大。在小变形情况下，当 $\boldsymbol{F}$ 增加 λ 倍时，几何刚度矩阵及杆端力均增加 λ 倍，因而有

$$(\boldsymbol{K}+\lambda\boldsymbol{K}_\sigma)\boldsymbol{\delta}=\lambda\boldsymbol{F} \tag{8.24.88}$$

如果 λ 足够大，使得结构达到随遇平衡状态，即 $\boldsymbol{\delta}$ 变为 $\boldsymbol{\delta}+\Delta\boldsymbol{\delta}$，上列平衡方程也能满足，则

$$(\boldsymbol{K}+\lambda\boldsymbol{K}_\sigma)(\boldsymbol{\delta}+\Delta\boldsymbol{\delta})=\lambda\boldsymbol{F} \tag{8.24.89}$$

同时满足式（8.24.88）和式（8.24.89）的条件是

$$(\boldsymbol{K}+\lambda\boldsymbol{K}_{\sigma})\Delta\boldsymbol{\delta}=0$$

$\Delta\boldsymbol{\delta}$ 有非零解时，则

$$|\boldsymbol{K}+\lambda\boldsymbol{K}_{\sigma}|=0 \tag{8.24.90}$$

此即为结构稳定问题的控制方程，对应的稳定荷载为 $\lambda\boldsymbol{F}$。

对于桥梁结构而言，结构内力一般由施工过程的恒载内力及运营荷载内力组成，在稳定计算时，可根据需要按下述过程选择进行。

(1)恒载稳定安全系数 λ_{d}

$$|\boldsymbol{K}+\lambda_{\mathrm{d}}\boldsymbol{K}_{1\sigma}|=0 \tag{8.24.91}$$

式中：$\boldsymbol{K}_{1\sigma}$——一期恒载几何刚度矩阵。

(2)荷载稳定安全系数 λ_2

荷载可以是二期恒载、风荷载、活载等，这时有

$$|\boldsymbol{K}+\boldsymbol{K}_{1\sigma}+\lambda_2\boldsymbol{K}_{2\sigma}|=0 \tag{8.24.92}$$

式中：$\boldsymbol{K}_{2\sigma}$——荷载几何刚度矩阵。

最低的特征值 $\lambda_{\min}$，即最小的稳定安全系数相应的特征向量就是失稳模态。

当结构发生失稳前，部分构件已经进入塑性或参考荷载的刚度矩阵 $\boldsymbol{K}_{\sigma}$ 与临界荷载的刚度矩阵并不存在线性关系 $\lambda\boldsymbol{K}_{\sigma}$ 时，即为非线性稳定问题。可按下述思路来近似求解此类问题的稳定临界荷载：

第一步：给定的参考荷载 $\boldsymbol{F}$ 及期望的最小稳定安全系数 λ_0，用考虑几何非线性和材料非线性的有限元分析方法，将荷载逐级施加到 $\lambda_0\boldsymbol{F}$，求出结构的几何刚度矩阵 $\boldsymbol{K}_{n\sigma}$。

第二步：基于变形后的构形，由参考荷载按线性化稳定问题，即

$$|\boldsymbol{K}+\lambda_{\mathrm{a}}\boldsymbol{K}_{n\sigma}|=0 \tag{8.24.93}$$

求出后期荷载的屈曲安全系数 λ_{a}。

第三步：检验结构在后期屈曲荷载作用下是否出现新的弹塑性单元，如果出现则作迭代重新计算新的 λ_{a}。

第四步：近似精确的临界荷载为

$$\boldsymbol{F}_{\mathrm{cr}}=(\lambda_0+\lambda_{\mathrm{a}})\boldsymbol{F} \tag{8.24.94}$$

忽略结构大位移影响时，上述问题退化为弹塑性稳定问题，这时可先按设计荷载 $\boldsymbol{F}$ 计算弹性屈曲安全系数 λ_{e}，判断各单元是否超出弹性极限；选择新的屈曲安全系数 $\lambda_{\mathrm{s}}\leqslant\lambda_{\mathrm{e}}$，按 $\lambda_{\mathrm{s}}\boldsymbol{F}$ 计算轴向力，并按切线模量修正刚度矩阵，重新计算屈曲安全系数 λ_{B}，若 $|\lambda_{\mathrm{B}}-\lambda_{\mathrm{s}}|\leqslant$ 给定误差，λ_{B} 则为所求的弹塑性安全系数。

24.7 小　　结

高墩大跨径桥梁结构的稳定问题备受关注，施工过程稳定亦不可忽视。本章着重介绍桥梁结构稳定问题的类型及各种桥梁稳定的求解思路。用墩、塔及拱桥、钢桥或钢构件的稳定阐述稳定问题解析分析方法和能量方法，用单面系杆拱的面外稳定问题说明非保向力效应的影响，结合线性和非线性有限元法阐述复杂组合桥梁结构稳定问题的数值分析过程。工程界更

关心大跨径桥梁的第二类稳定问题,其与桥梁结构的极限承载能力密切相关,将在第25章中介绍。

本章参考文献

[1] 刘光栋,罗汉泉.杆系结构稳定[M].北京:人民交通出版社,1988.

[2] 刘古岷,张若晞,张田申.应用结构稳定计算[M].北京:科学出版社,2004.

[3] 黎绍敏.稳定理论[M].北京:人民交通出版社,1991.

[4] 李存权.结构稳定和稳定内力[M].北京:人民交通出版社,2000.

[5] 陈骥.钢结构稳定理论与设计[M].北京:科学出版社,2001.

[6] A. S. Nazmy. Stability and load-carrying capacity of three-dimensional long-span steel arch bridges[J]. Computers and Structures,1997,65(6):857-868.

[7] 中华人民共和国行业标准.JTG D64—2015 公路钢结构桥梁设计规范[S].北京:人民交通出版社,2015.

25　桥梁结构承载力分析

25.1　结构承载力

结构承载力的定义为:结构在某限制条件下承受外荷载的最大能力,具体分为:

(1)条件线性承载力(lF_e):在恒载及不断增大的工作荷载作用下,按照弹性理论分析,当结构的某构件或部位的应力、挠度或裂缝等达其规定限值时,所对应的工作荷载值。由于应力、挠度、裂缝等的限值并不匹配,以先达到者所对应的工作荷载为该结构的条件线性承载力。

(2)条件非线性承载力(lF_n):在恒载及不断增大的工作荷载作用下,按照非线性理论分析,当结构的某构件或部位的应力、挠度或裂缝等达到其规定限值时,所对应的工作荷载值。亦以先达到者为结构的条件非线性承载力。

上列两种承载力亦可理解为不同极限状态下的承载力,如正常使用(抗裂性、刚度)承载力,极限状态(强度)承载力等。

(3)条件极限承载力(lF_u):在恒载及不断增大的工作荷载作用下,采用适当方法进行分析,以结构中某构件或部位首先破坏或达到相应极限状态时所对应的工作荷载为结构的条件极限承载力。

(4)极限承载力(F_u):在恒载及不断增大的工作荷载作用下,计入结构几何及材料非线性进行全过程分析,以结构完全崩溃时所对应的最大工作荷载为其极限承载力。

(5)残余承载力(F_r):以损伤后的结构(如截面被削弱,某构件损伤或破坏等)所计算的承载力为其残余承载力。

(6)超载能力(F_{Rd}):在某种限制条件下,结构所能承受的最大工作荷载与其设计工作荷载的差值即为其超载能力。

一般来说,lF_e、lF_n、lF_u 和 F_u 是描述结构在某种状态下所能承受的荷载量,且有 $F_u \geqslant lF_u \geqslant lF_n$、$lF_e$。研究极限承载力 F_u 最有意义。而 F_{Rd}是描述结构能承受设计工作荷载以外的荷载量,是结构潜力的具体体现。F_r 是描述被损坏后的结构所能承受的荷载量,对旧桥评估、维修加固非常重要。

25.2 条件线性承载力

按其定义，条件线性承载能力的求解并不困难，用已经掌握的结构知识已能够求出，以下以简支梁为例说明之。

如图 8.25.1 所示的矩形等截面简支梁，设梁自重集度为 g，外荷载集度为 q，则跨中截面最大弯矩为

$$M = \frac{1}{8}(g + q)l^2 \tag{8.25.1}$$

支点截面最大剪力为

$$Q = \frac{1}{2}(g + q)l \tag{8.25.2}$$

(8.25.3)

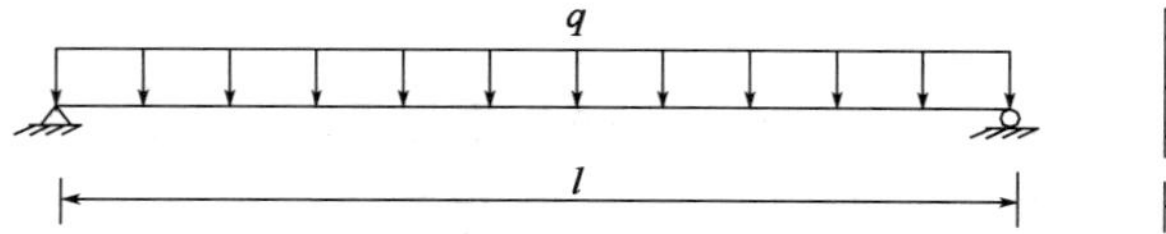

图 8.25.1 简支梁承受满布均布载

相应的正应力、剪应力分别为

$$\sigma = \frac{Mh}{2I} = \frac{g+q}{16I}hl^2 = \frac{3(g+q)}{4b}\left(\frac{l}{h}\right)^2 \tag{8.25.4}$$

$$\tau = \frac{QS}{Ib} = \frac{g+q}{2Ib}Sl = \frac{3(g+q)}{4b}\left(\frac{l}{h}\right) \tag{8.25.5}$$

最大竖向位移为

$$w = \frac{5(g+q)l^4}{384EI} \tag{8.25.6}$$

正应力、剪应力和位移所对应的限制条件分别为[1]

$$\begin{cases} \sigma_{\max} \leqslant [\sigma] \\ \tau_{\max} \leqslant [\tau] \\ w_{\max} \leqslant [w] \end{cases} \tag{8.25.7}$$

不断增大 q，使其分别达到 $q_{\sigma\max}$、$q_{\tau\max}$ 和 $q_{w\max}$，上述条件满足，则有

$$\begin{cases} \dfrac{3(g+q_{\sigma\max})}{4b}\left(\dfrac{l}{h}\right)^2 = [\sigma] \\ \dfrac{3(g+q_{\tau\max})}{4b}\left(\dfrac{l}{h}\right) = [\tau] \\ \dfrac{5(g+q_{w\max})l^4}{384EI} = [w] \end{cases} \tag{8.25.8}$$

对应的承载力分别为

$$\begin{cases} q_{\sigma\max} = \dfrac{4b}{3}\left(\dfrac{l}{h}\right)^2[\sigma] - g \\ q_{\tau\max} = \dfrac{4b}{3}\left(\dfrac{h}{l}\right)[\tau] - g \\ q_{w\max} = \dfrac{384EI}{5l^4}[w] - g \end{cases} \tag{8.25.9}$$

三条件同时满足时的承载力为

$$lF_e = q_{\max} = \min(q_{\sigma\max}, q_{\tau\max}, q_{w\max}) \tag{8.25.10}$$

条件线性承载力的一般平衡方程式可写为

$$lF_e(q、p、M、T\cdots) = [F] \tag{8.25.11}$$

式中：$lF_e(q、p、M、T\cdots)$——外载（工作荷载）所对应的某个内力、应力、位移或裂缝等；

$[F]$——与 lF_e 对应的限值。

25.3　条件非线性承载力

结构非线性问题可指材料非线性、几何非线性、边界条件非线性等，这里以考虑剪切变形影响（放弃同一高度处横截面应变相等的假定）的简支梁（图8.25.1）为例说明非线性承载力的计算。

将式（10.1.24）变为

$$w = \frac{5(g+q)l^4}{384EI} + a_3\left(1 - \frac{1}{\mathrm{ch}\dfrac{kl}{2}}\right) + k_1k_2\frac{(g+q)l^2}{8k^2} \tag{8.25.12}$$

当 q 增加至 $q_{w\max}$ 时，w 以增大至 $w_{w\max}$，且有 $w_{w\max}=[w]$，则有

$$\frac{5(g+q)l^4}{384EI} + a_3\left(1 - \frac{1}{\mathrm{ch}\dfrac{kl}{2}}\right) + k_1k_2\frac{(g+q)l}{8k^2} = [w] \tag{8.25.13}$$

解得

$$q_{w\max} = \frac{[w] - a_3\left(1 - \dfrac{1}{\mathrm{ch}\dfrac{kl}{2}}\right)}{\dfrac{5l^4}{384EI} + k_1k_2\dfrac{l^2}{8k^2}} - g \tag{8.25.14}$$

$q_{w\max}$即为以挠度控制的考虑横截面应力非线性分布的条件非线性承载力。同理亦可计算放弃材料本构的线性假定或放弃小变形假定的条件非线性承载力。

应当指出，条件非线性承载力的一般方程与式（8.25.10）相同，但 $lF_n(q,p,M,T\cdots)$ 的计算与式（8.25.11）有区别。

25.4 条件极限承载力

条件极限承载力所对应的状态是一个部位或一个杆件首先破坏或达到相应极限状态，这时结构并没有完全崩溃或丧失承载力。现行规范即根据极限状态法分别定义了正常使用极限状态和承载能力极限状态，要求桥梁结构必须满足所对应的极限状态。下面以钢筋混凝土简支T梁桥为例介绍条件极限承载力的计算方法。

25.4.1 梁的条件极限承载力[11]

结构在正常使用极限状态下要求变形控制、裂缝控制，而在承载能力极限状态下要求强度控制进行验算，以保证结构的适用性、耐久性和安全性。对于钢筋混凝土简支梁式桥的适筋梁（$\rho_{\min} \leqslant \rho \leqslant \rho_{\max}$），桥规规定，在正常使用极限状态下结构的最大变形小于允许变形即 $w_{\max} \leqslant [w]$；裂缝宽度小于允许裂缝宽度，即 $\delta_{\max} \leqslant [\delta]$；在承载能力极限状态下的结构抗力效应要大于荷载组合效应。这三个方面的控制分别对应着最不利截面的变形控制弯矩 M_w、裂缝控制弯矩 M_δ 和强度控制弯矩 M_u。这三个弯矩即为所对应控制方程下梁的条件极限承载能力值。

1）变形控制弯矩

梁的跨中弯矩 M_w 与最大竖向挠度的关系可简写为

$$w_{\max} = S_w \frac{M_w l^2}{EI_w} \tag{8.25.15}$$

取极限平衡状态，即 $w_{\max} \leqslant [w]$，这时 M_w 增加至极大值，有

$$S_w \frac{M_w l^2}{EI_w} = [w]$$

即

$$M_w = \frac{EI_w [w]}{S_w l^2} \tag{8.25.16}$$

式中：S_w——与工作荷载形式及分析方法有关的系数；

EI_w——计算变形时梁的抗弯刚度；

其他符号意义如图8.25.2所示。

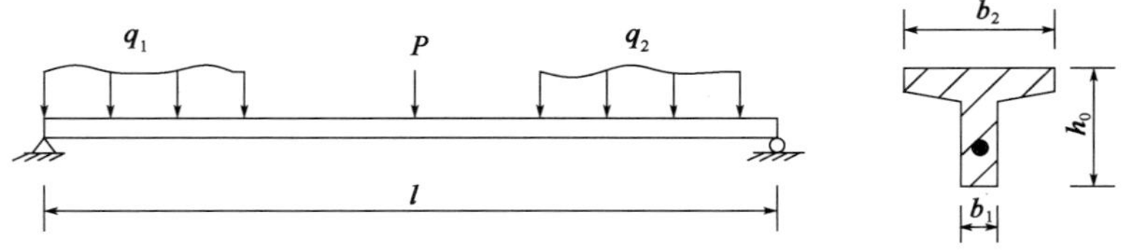

图8.25.2 简支T梁

2）裂缝控制弯矩

钢筋混凝土受弯构件的最大裂缝宽度（mm）为

$$\delta_{\max} = S_\delta \frac{\sigma_s}{E_s}\left(\frac{30 + d_s}{0.28 + 10\rho_\delta}\right) \tag{8.25.17}$$

同理,取极限平衡状态,即 $\delta_{\max} = [\delta]$,有

$$[\delta] = S_\delta \frac{\sigma_s}{E_s}\left(\frac{30 + d_s}{0.28 + 10\rho_\delta}\right)$$

由

$$\sigma_s = \frac{M_\delta}{0.87A_s h_0} = \frac{M_\delta}{0.87\rho_\delta b_1 h_0^2}$$

有

$$M_\delta = \frac{0.87\rho_\delta b_1 h_0^2 E_s[\delta]}{S_\delta}\left(\frac{0.28 + 10\rho_s}{30 + d_s}\right) \tag{8.25.18}$$

式中:S_δ——考虑钢筋表面形状、荷载作用及结构形式的系数;$S_\delta = c_1 c_2 c_3$[1];

d_s——受拉钢筋直径;

E_s——钢筋弹性模量;

σ_s——钢筋应力;

ρ_δ——裂缝宽度计算含筋率,当时 $\rho_\delta \leqslant 0.006$ 时,取 0.006,当 $\rho_\delta \geqslant 0.02$ 时,取 0.02;

其他符号意义见图 8.25.2。

3)强度控制弯矩

对于第一类 T 形截面有

$$M_u = \frac{1}{\gamma_s} f_s \rho_s b_1 h_0 \left(h_0 - \frac{x}{2}\right) \tag{8.25.19}$$

式中受压区高度

$$x = \frac{f_s \rho_s b_1 h_0}{f_c b_2}$$

对于第二类 T 形截面有

$$M_u = \frac{1}{\gamma_s} f_s \rho_s b_1 h_0 (h_0 - x_1) \tag{8.25.20}$$

以上式中:f_s——受拉钢筋强度;

f_c——混凝土抗压强度;

γ_s——受拉钢筋材料安全系数;

ρ_s——T 梁配筋率;

h_0——T 梁受拉钢筋重心至梁顶的距离;

b_1——T 梁肋宽度;

b_2——T 梁翼板宽度;

x_1——第二类 T 梁受压截面重心至受压表面的距离。

三种状态下的条件弯矩承载力随配筋率 ρ 的变化如图 8.25.3 所示[2]。

25.4.2　桥的条件极限承载力

设多梁式桥中某片梁的抗弯刚度为 EI_j,配筋率为 ρ_j,则利用合适的桥梁横向分布计算理论可直接分析各梁诸截面的横向分布系数 m_{ij}(i 表示沿桥纵向截面位置)。

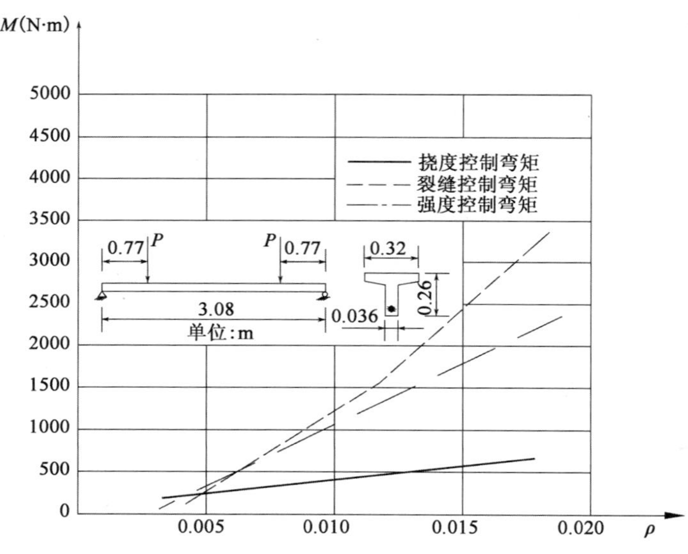

图 8.25.3　条件弯矩承载力与配筋率关系曲线

1）变形控制

按变形控制时，桥上所能承受的标准车队汽车或挂车荷载（或均布移动荷载）应满足以下条件

$$\xi_1\xi_j\sum_{i=1}^{r}m_{ij}p_iy_i \leqslant M_{wj} \tag{8.25.21}$$

或

$$\xi_1 m_j p_j \Omega \leqslant M_{wj} \tag{8.25.22}$$

取

$$P_w = \min\{P_i\xi_j\} \tag{8.25.23}$$

或

$$p_w = \min\{p_j\} \qquad (j = \text{梁号}) \tag{8.25.24}$$

式中：ξ_1——车道折减系数，对于挂车取 $\xi_1 = 1$；

m_{ij}——j 号梁 i 截面的车辆荷载横向分布系数；

P_i——标准车队中 i 截面汽车轴重；

r——桥上一列车队的车辆数；

y_i——梁弯矩影响线 i 截面纵坐标；

p_j——以 j 号梁计算桥所能承受的均布荷载集度；

Ω——梁弯矩影响线面积，对于简支梁，$\Omega = \dfrac{1}{8}l^2$；

m_j——j 号梁跨中截面荷载横向分布系数；

ξ_j——j 号梁所对应的标准汽车车队轴重或挂车轴重系数；

P_w——桥上可通行的车辆最大轴重；

p_w——桥上可通行的分布荷载最大集度。

2）裂缝控制

对于裂缝控制，分为短期荷载控制（车辆）和长期荷载控制（恒载），规范中对这两种荷载规定了不同的荷载作用系数。

对于车辆荷载，只要将式(8.25.21)～式(8.25.24)中的M_{wj}改为$M_{\delta j}$即可计算由裂缝控制的桥梁承载能力。

对于长期荷载，等截面梁桥的恒载应满足

$$\frac{1}{8}l^2\xi_j\sum_{k=1}^{n}\eta_{jk}q_k \leqslant M_{\delta j} \tag{8.25.25}$$

式中：η_{jk}——j号梁荷载横向分布影响线纵坐标；

q_k——k号梁的恒载集度。

令

$$\xi_\delta = \min|\xi_j| \tag{8.25.26}$$

若$\xi_1 \geqslant 1$，则该桥满足要求，否则应考虑减轻自重。

3)强度控制

按强度控制，桥上所能承受的标准车队汽车或挂车荷载(或均布移动荷载)应满足以下条件：

$$\frac{3}{20}l^2\sum_{j=1}^{n}\eta_{jk}q_j + \frac{7}{5}\xi_1(1+\xi_2)\sum_{i=1}^{r}m_{ij}\xi_j P_i y_i \leqslant M_{uj} \tag{8.25.27}$$

或

$$\frac{3}{20}l^2\sum_{k=1}^{n}\eta_{jk}q_j + \frac{7}{5}\xi_1(1+\xi_2)m_j p_j \Omega \leqslant M_{uj} \tag{8.25.28}$$

取

$$P_u = \min\{\xi_j P_i\} \tag{8.25.29}$$

或

$$p_u = \min\{p_j\} \tag{8.25.30}$$

式中：$1+\xi_2$——冲击系数，当为挂车荷载时，$\xi_2=0$，且式中的$\frac{7}{5}$应为$\frac{11}{10}$；

其他符号意义同前。

对于公路Ⅰ级等荷载，只要将以上各式中的均布荷载看作是车道荷载的均布荷载，集中荷载看作是车道荷载的集中荷载，并注意到荷载数量，就不难推出其计算式。

应用动力法可对简支结构的承载力进行评估[6,10]。

25.5　桥梁结构的极限承载力

25.5.1　极限承载力

前述的承载能力均是在一定限制条件下结构所能承受荷载的能力，如容许应力是以构件的最大工作应力等于材料容许应力、极限状态法是以构件的最大工作内力乘以安全系数等于按材料强度所计算的相应内力为依据。但是，一般情况下，构件某截面开始屈服并不代表结构完全破坏，结构所能承受的荷载通常较构件开始屈服时的荷载为大。为了利用这一强度富裕度，“极限设计”提出极限荷载的概念，即引起结构完全崩溃的荷载，并将结构的工作荷载取为极限荷载的一个固定部分，显然“极限设计”更具科学性。

桥梁结构的极限承载力是指桥梁承受外荷载的最大能力。加载方式、路径、分析时考虑的因素、控制条件等对结构的承载力均有影响。分析桥梁结构的极限承载力，不仅可以用于其极限设计，而且可以了解其结构破坏形式，准确地知道结构在给定荷载下的安全储备或超载能力，为其安全施工和营运管理提供依据和保障。

全过程分析是用于桥梁结构极限承载力分析的一种计算方法，它通过逐级增加工作荷载集度来考察结构的变形和受力特征，一直计算至结构破坏。

从力学分析角度看，分析桥梁结构极限承载力的实质就是通过不断求解计入几何非线性和材料非线性的刚度方程，寻找其极限荷载的过程。桥梁结构在不断增加的外载作用下，结构刚度不断发生变化，当外载产生的应力使得结构切线刚度阵趋于奇异时，结构承载能力就达到了极限，此时的外荷载即为极限荷载。因此，从理论上讲，用前面学过的知识就能完成桥梁结构的极限承载力分析。

25.5.2 极限承载力分析方法

1）分析方法

常用的考虑材料非线性的桥梁结构极限承载力分析方法有：塑性铰法、分层法、分段分块变刚度积分法和内力塑性系数法等；考虑几何非线性时则采用 T. L. 列式法或 U. L. 列式法。由于桥梁结构的极限承载力分析属于大位移、大转动、小应变问题，钢材、混凝土、钢筋等的本构关系都是按照小应变条件下确定的，采用建立在初始状态上的 T. L. 列式法时，每迭代步应按计算的变形增量修正切线刚度矩阵。采用建立在上迭代步上的 U. L. 列式法，在分析开裂后混凝土时，由于开裂后混凝土材料的各向异性性质，其本构模型在每迭代步中也应进行转换。

常见材料的本构关系、屈服准则、流动法则及硬化法则的选择如下：

钢材：理想弹塑性模型或线性强化弹塑性模型，以前者居多，Von-Mises 屈服准则，正交流动法则（相关联流动法则），等向硬化法则。

混凝土：还没有一种公认的可以广泛应用于各种条件下混凝土结构分析的本构关系，以弹塑性增量理论建立的本构关系应用较多。混凝土的屈服准则模型较多，分析时宜按照结构破坏类型选择三参数及以上破坏准则，正交流动法则（相关联流动法则），等向硬化法则。

2）非线性方程求解策略

一般结构的结构刚度阵在 p-δ 曲线上升段是正定的，在下降段为非正定的。进行“全过程”分析过程中，当荷载接近极限值时，很小的荷载增量都会引起很大的位移，可能还未找到极限荷载就出现了求解失效现象。为了找到真实的极限荷载，克服应力—应变曲线下降段的不稳定现象，各国学者提出了许多方法。下面就常用的两种方法作一介绍。

逐步搜索法：对于只要求出极值荷载，而对 p-δ 曲线下降段不感兴趣的情况，可采用逐步搜索顶点的算法。其基本思路是：加一荷载增量 ΔP，如计算发散，退回上级荷载状态并改用荷载步长 $\Delta P/2$；若计算收敛，则再加一级荷载为 $\Delta P/4$。若加 $\Delta P/4$ 后计算发散，则再改用荷载步长为 $\Delta P/8$。如此搜索，若原步长 ΔP 预计为 5% 的破坏荷载，则 $\Delta P/4$ 已接近 1% 的极限荷载，对桥梁结构来说，已可满足精度要求。当然还可向前再搜索一步到 $\Delta P/8$。

位移控制法：如果在分析过程中不是控制荷载增量而是控制位移增量，则 p-δ 曲线的下降段部分便不难求得。

对于一般结构，我们可将刚度矩阵重新排列，使得要控制的位移（例如 $\overline{u}_2 = \Delta_{u2}$）排到最后一项，同时将原刚度矩阵分块，其有限元方程变为

$$\begin{bmatrix} K_{11} & K_{12} \\ K_{21} & K_{22} \end{bmatrix} \begin{Bmatrix} \Delta_{u1} \\ \Delta_{u2} \end{Bmatrix} = \Delta\lambda \begin{Bmatrix} P_1 \\ P_2 \end{Bmatrix} + \begin{Bmatrix} R_1 \\ R_2 \end{Bmatrix} \tag{8.25.31}$$

式中：$[P_1 \quad P_2]^{\mathrm{T}}$——参考荷载向量；

$\Delta\lambda$——控制荷载的步长系数；

$[R_1 \quad R_2]^{\mathrm{T}}$——求解迭代过程中的不平衡力向量。

改写方程式(8.25.15)为

$$\begin{bmatrix} K_{11} & -P_1 \\ K_{21} & -P_2 \end{bmatrix} \begin{Bmatrix} \Delta_{u} \\ \Delta_{\lambda} \end{Bmatrix} = \begin{Bmatrix} R_1 \\ R_2 \end{Bmatrix} - [K_{22} \quad K_{12}]\bar{u}_2 \tag{8.25.32}$$

这样，求解方程时可控制指定的 $\bar{u}_2$ 值，求出相应的位移 Δ_{u1} 及荷载增量比例因子 $\Delta\lambda$。由于 K_{ij} 与位移有关，求解时需要迭代，使得 $[R_1 \quad R_2]^{\mathrm{T}}$ 值趋于零，以满足精度要求。

需要指出，方程式(8.25.32)中的系数矩阵 $\begin{bmatrix} K_{11} & -P_1 \\ K_{21} & -P_2 \end{bmatrix}$ 是不对称的，也不呈带状，求解时需要的存储单元较多，这是该方法的一大缺点。

计算中还可以用强制迭代法、强化刚度法、弧长法等方法来克服下降段的不稳定现象。

3)单元模式与破坏形状

单元模式：桥梁结构极限分析以梁单元为主，用于极限承载力分析的梁单元模式主要有两种：一种是带有塑性较的一般梁单元；一种是等参梁单元，常常沿梁轴方向和横截面上取一定数量的高斯点来反映梁元上不同点的应力、应变情况，单元刚度阵通过这些点的高斯积分来形成。这两种单元模式只适用于同材质的规则截面形式，因此，其应用受到限制。分层梁单元，可以克服前面的缺点，但输入数据和计算过程都较复杂，应根据实际情况选用。

破坏形状的模拟：当某个高斯点处出现裂缝时，其应力释放的计算比较麻烦。D. R. J. Owen 和 E. Hinton 通过将梁单元取短，并假定单元内应力、应变沿轴向不变，即沿梁轴向仅取一个高斯点的方法来解决这一问题，这样，梁单元刚度阵可写成显式。一旦出现裂缝，梁单元便可退出工作。由此带来的求解规模的增加，可以通过试探法来解决。即先对结构进行一次预分析，找出可能出现塑性区或开裂的部位，对构件加密后再作极限承载力分析。

25.5.3 塑性铰法

实际桥梁结构，往往要形成足够的塑性铰并使其成为机动结构后才破坏，以此为出发点来计算极限承载力方法称为塑性铰法。

塑性铰法是用塑性铰来修正杆件进入塑性区后的结构刚度的近似方法。塑性铰法同样可以考虑截面分层刚度的折减，但为了简化计算，常将单元作为线弹性，把塑性变形集中在单元两端塑性铰处。

塑性铰法的基本思路是：Δt 步长内，计算结构每一构件两端的弯矩增量 ΔM_i 和 ΔM_j，判别每一构件两端弯矩与极限弯矩的关系，从而去调整每一构件单元刚度矩阵，形成新的总刚矩阵；当杆两端未形成塑性铰时，仍用弹性单元刚度矩阵；当单元的 i 端弯矩超过极限弯矩而出现塑性铰时，对后期荷载，用 i 端为铰，j 端为固结的单元刚度矩阵，反之亦然；当单元的 i 和 j

端弯矩都超过极限弯矩而出现塑性铰时，对后期荷载用 i 和 j 都为铰的单元刚度矩阵。

如果在加载过程中塑性铰中的弯矩发生卸载，则塑性铰可能消失，这一点在计算中必须注意。

下面以图 8.25.4 所示的平面框架为例介绍这种方法的基本原理和求解方程。

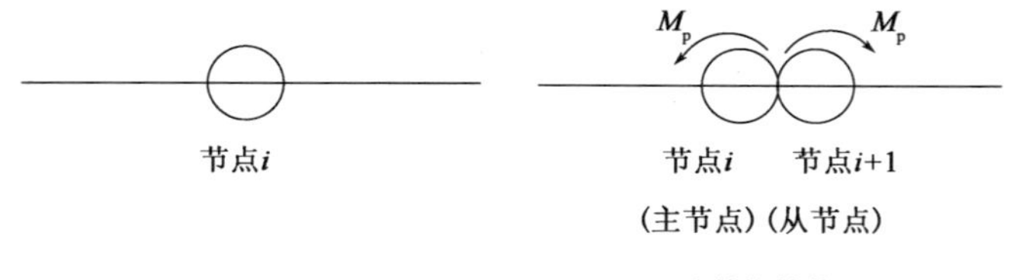

图 8.25.4　塑性铰的形成

设结构上作用的外荷载为

$$\boldsymbol{P} = \lambda \boldsymbol{P}_0 \tag{8.25.33}$$

式中：$\boldsymbol{P}_0$——$\boldsymbol{P}_0 = \{p_1, p_2, p_3\}$；

　　λ——荷载增量系数。

随着 λ 的增大，结构中各个截面的内力也不断增大，当某些截面的内力满足形成塑性铰的条件时，这些截面左、右两边的单元转角不再协调，弯矩不再改变，也就是说结构体系发生了改变。新的荷载增量必须在新的结构体系下产生反应。随着结构中塑性铰数不断增加，结构总刚度不断削弱，直至结构破坏。

分析结构极限承载能力时，塑性铰及结构体系的改变，可采用增加节点主从关系的方法来实现，即某点 i（图 8.25.5）变成塑性铰后，该点处增加一个新节点编号 $i+1$，其竖向和横向位移从属于原节点（称为主节点），而转角位移独立，所增加的节点称为从节点。这样就相当于在该点安装了一个铰，而原节点的屈服力矩 M_p 作为外荷载加到这一新结构体系上；随着外荷载的增加，M_p 可能减小（卸载）或增加，塑性铰也可能封闭，这要视结构和加载过程而定。

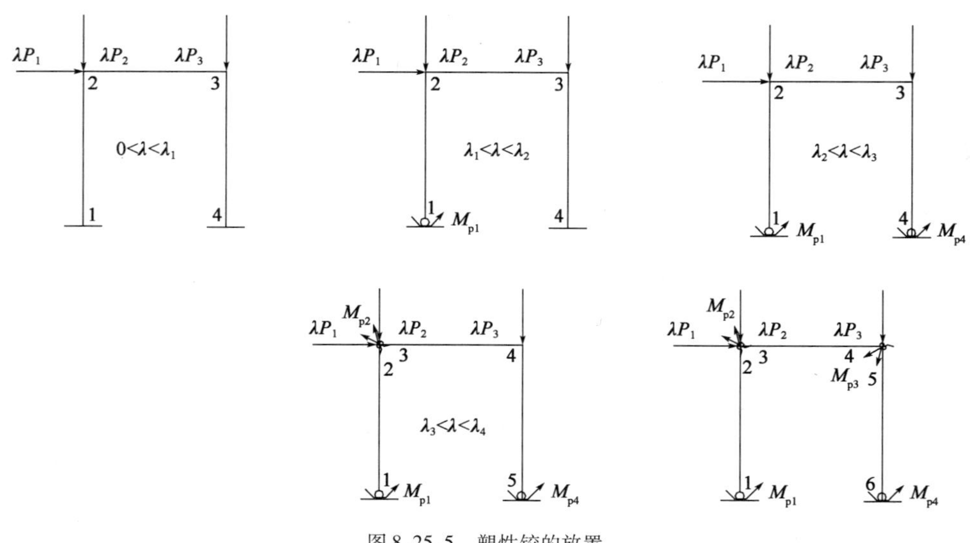

图 8.25.5　塑性铰的放置

框架在外力 $\boldsymbol{P}$ 作用下，从开始到结构破坏经历了五种结构体系。第一体系为原结构。当 $\lambda=\lambda_1$ 时，在节点1出现塑性铰，结构变成第二体系。新的荷载增量在第二体系上产生作用，并增加了外荷载 M_{pl}。第三体系是在节点4上出现塑性铰。当 $\lambda=\lambda_3$ 时，节点2形成塑性铰，这时就引入新的从节点3，从属于节点2，由此后面的节点编号必须随之而变，结构进入第四体系。随着荷载的增加，当 $\lambda=\lambda_4$ 时，节点4(原节点3)出现塑性铰，结构变成几何可变体系，荷载不能继续增加，此时的荷载总值，就是这种荷载形式下的极限承载力。

结构中一个塑性铰的形成不但与弯矩大小有关，还与轴力有关，不但与材料有关，还与杆件截面形状有关。所以在分析结构极限荷载之前，可先按折减刚度计算各不同杆件在不同轴力作用下的屈服弯矩，确定截面在不同轴力作用下的弯矩—曲率关系(M-κ 关系)，用来判断截面是否屈服。图8.25.6给出了按塑性铰法求解结构极限承载力的流程。

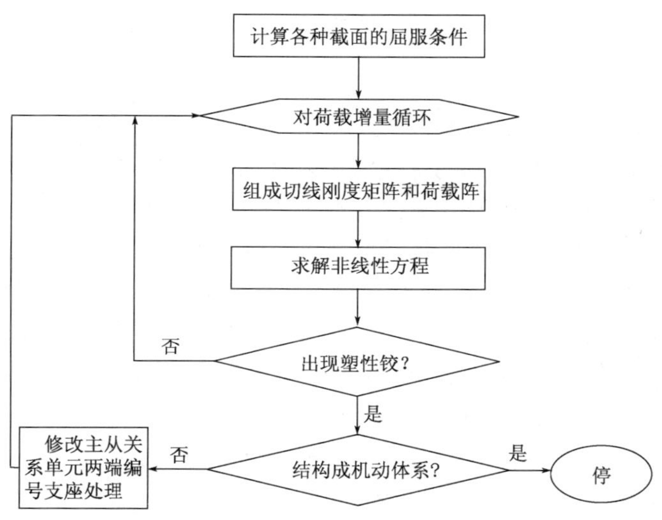

图8.25.6 用塑性铰法计算极限承载力流程图

对于桥梁结构，其求解步骤可表示为：

(1)确定成桥状态的内力与构形。

(2)以成桥状态为初态，用单位计算荷载向量 $\boldsymbol{p}$ 进行结构分析，根据计算结果和极限弯矩，估算第一个塑性铰出现时的荷载增量倍数 λ_1'。

(3)以 $\Delta\boldsymbol{P}=\lambda_1'\boldsymbol{p}$ 作用于结构，按全非线性进行结构分析，迭代形成第一个塑性铰和实际的荷载增量倍数 λ_1。

(4)检验结构是否成为机构，若是，给出极限荷载，计算结束；否则，估算出现下一个塑性铰时的荷载增量倍数 $\boldsymbol{p}\lambda_i'$。

(5)以上次计算结束时的结构状态为初态，以 $\Delta\boldsymbol{P}=\lambda_i'\boldsymbol{p}$ 作用于结构，按全非线性进行结构分析，迭代形成第 i 个塑性铰和实际的荷载增量倍数 λ_i。

(6)重复(4)、(5)的计算，直至第 n 个塑性铰出现时结构成为机构，此时结构的极限荷载为

$$\boldsymbol{P}=\sum_{i=1}^{n}\lambda_i\boldsymbol{p} \tag{8.25.34}$$

25.5.4 实例分析

某中承式拱梁组合钢拱桥如图 8.25.7 所示，其跨径组成为 100m + 550m + 100m；桥面宽 36m，矢跨比为 1/5.5。其边跨采用拱梁组合结构，边跨横梁之间布置有水平拉索以平衡主跨拱肋的水平推力。假定吊杆和拉索始终保持弹性，钢材视为理想弹塑性材料，以屈服应力为 345MPa，材料非线性分析中采用 VonMises 屈服准则。以初始荷载集度 q = 40kN/m，加载 q_t 进行分析，荷载系数 $\lambda = q_t/q$。

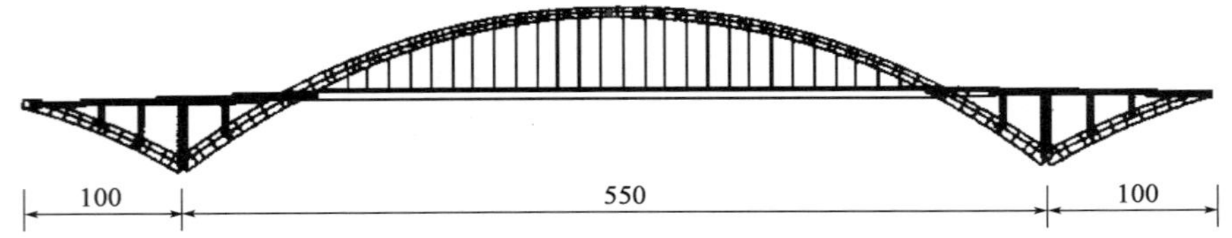

图 8.25.7 中承式拱梁组合钢拱桥（尺寸单位：m）

图 8.25.8a）示出了分别按照线性（方法一）、仅考虑材料非线性（方法二）和同时考虑材料及几何非线性（方法三）计算得到的拱肋跨中点竖向位移—荷载关系曲线。线性、材料非线性和材料及几何非线性条件下的荷载系数分别为 48、41.25 和 17.638；图 8.25.8b）示出了同时考虑材料及几何非线性时的全桥加载（情况一）和半中跨加载（情况二）时的拱肋跨中点竖向位移—荷载关系曲线对比；图 8.25.8c）示出了以屈服应力为 345MPa、382MPa 和 420MPa 控制的拱肋跨中点竖向位移—荷载关系曲线，对应的荷载系数分别为 17.638、19.625 和 21.625。可见，几何非线性对大跨径桥梁的极限承载力有较大影响；半跨荷载形式时拱桥承载能力较小；不同的应力控制条件的结构承载力亦不同。

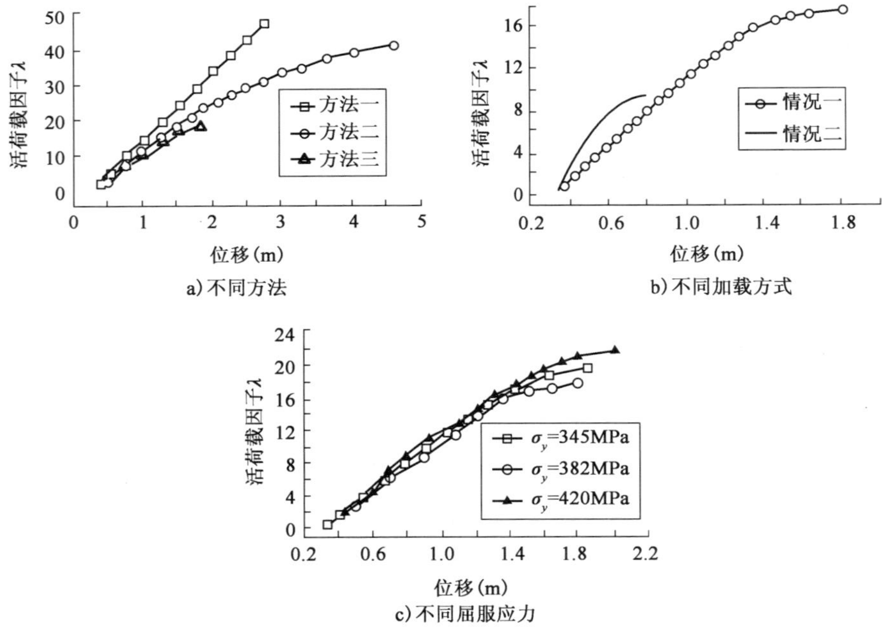

图 8.25.8 拱肋跨中点竖向位移—荷载关系曲线图

25.6　残余承载力

处在自然环境下的桥梁结构，受各种因素的影响，其结构性能是随时间不断变化的。若以其承载能力为纵轴，以时间（年）为横轴，图 8.25.9 所示为桥梁结构承载力随时间的变化趋势。

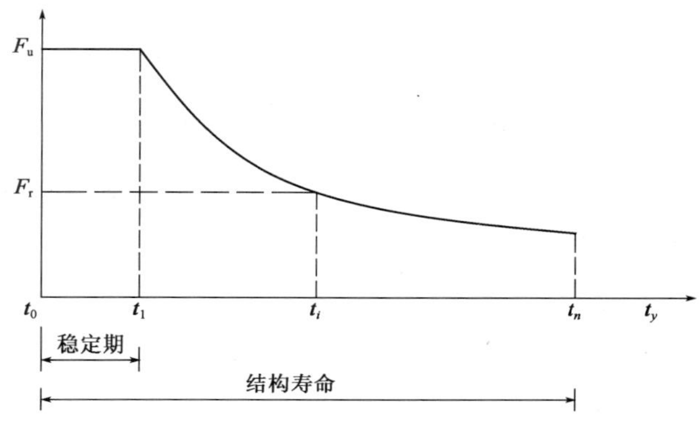

图 8.25.9　桥梁结构承载能力随时间的变化

t_0-建成年代；t_1-承载力开始明显下降年代；t_n-结构失效年代

残余承载力即图 8.25.9 中任意时刻 t_i 时结构的承载能力 F_r。F_r 是判断桥梁结构是否需要维修加固或拆除重建的重要依据。

由于结构损伤千变万化，检测手段不完善，一些损伤和缺陷还不能完全认知，要准确计算 F_r 还有很多工作要做。

25.6.1　桥梁结构残余承载力的定性评定方法

定性评定方法是将桥梁残余承载力的定量计算转换为结构性能的定性评定，给出桥梁结构技术状况的综合排序，以分类确定拟采取的技术手段，给予那些综合能力较差桥梁更多关注。定性评定主要采用模糊分级法。

中国采取对缺陷公路桥梁技术状况进行打分评定的办法，分类确定桥梁综合状况的优劣。技术状况评定包括桥梁构件、部件、桥面系、上部结构、下部结构和全桥评定。评定时，按照桥梁结构的构造类型、受力形式、承力结构的材料等所划分的结构类型，先构件、再部件、后桥面系、上部结构（含支座）和下部结构（含河床及调治构造物）分别进行评定后，进行桥梁总体技术状况评定。

桥梁总体的技术状况分值为

$$D_r = \sum_{i=1}^{3} SCI_i \times W_i \tag{8.25.35}$$

式中：D_r——桥梁总体技术状况分值，值域为 0 ~ 100；评分高表示结构技术状况好，承载能力高；评分低表示结构技术状况差，承载能力低；

W_i——$i = 1$、2、3，分别表示桥面系、上部结构、下部结构在全桥中的权重，中国规范中分别为 0.2、0.4 和 0.4；

SCI_i——$i=1$、2、3，分别表示桥面系、上部结构、下部结构技术状况分值，值域为 0 ~ 100，按下式计算

$$SCI_i = \sum_{j=1}^{m} CCI_{ij} \times w_j \tag{8.25.36}$$

式中：m——相应于桥面系、上部结构或下部结构的部件种类数；

w_j——相应于桥面系、上部结构或下部结构的第 j 类部件的权重；

CCI_{ij}——$i=1$、2、3，分别代表桥面系、上部结构或下部结构的第 j 类部件得分，值域为 0 ~ 100 分，按下式计算

$$CCI_{ij} = \overline{MCI_{ij}} - \frac{t_\alpha}{\sqrt{n}} \times \sqrt{\frac{\sum_{l=1}^{n}(MCI_l - \overline{MCI_{ij}})^2}{n}} \tag{8.25.37}$$

式中：$\overline{MCI_{ij}}$——$i=1$、2 或 3，分别代表桥面系、上部结构或下部结构的第 j 类部件各构件的得分平均值，值域为 0 ~ 100 分；

MCI_l——桥面系、上部结构或下部结构的第 j 类部件的 l 构件得分[3]，值域为 0 ~ 100 分；

n——第 j 类部件的构件总数；

t_α——随上部结构构件数量和保证率而变的系数[3]。

并且采取关键指标一票否决制，即结构的关键部件或力学指标不能满足要求时，整个结构直接定为最差等级。

英国的桥梁检测优先权标准，采用下式来确定桥梁检测的先后次序：

$$T_A = 4R_a + 2R_f + R_d + R_r + R_u + R_i \tag{8.25.38}$$

式中：R_a——桥龄评价等级（1 ~ 5）；

R_f——桥型评价等级（1 ~ 5）；

R_d——桥梁薄弱部位评价等级（1 ~ 5）；

R_r——年均日交通量（AADT）评价等级（1 ~ 5）；

R_u——桥梁所处地理位置评价等级（1 ~ 5）；

R_i——桥梁所处道路重要性评价等级（0 ~ 5）。

T_A 值高者表示结构技术状况差，承载能力低，应优先详细评定。

美国则以桥梁结构的性能及缺陷状况从差到好将其分为 10 级（0 ~ 9），用于工程师定性对桥梁进行评价[4,5]。

模糊分级法是目前公路桥梁技术状况评价及信息化管理系统所普遍采用的评价方法，亦用在桥梁抗震能力评价、抗泥石流能力评价上，不同国家或系统仅在具体的评价指标取值、分类方式、权重及表现形式等方面有区别。应用预测方法，还可以给出桥梁结构性能随时间的变化规律，供管理决策使用。

此类方法并不能计算真正意义上的桥梁残余承载力，而仅是桥梁状况的一个判断。

25.6.2 桥梁结构残余承载力计算的折减系数法

根据桥梁结构的损伤状况，以适当方法分析损伤对结构的影响，残余承载力为

$$F_r = \varphi F_u \tag{8.25.39}$$

式中：φ——承载能力折减系数；

F_u——完好结构计算的承载力。

我国公路桥梁承载能力检测评定规程即采用此方法对桥梁承载能力进行检算评定，它引入了承载能力检算系数、恶化系数、截面折减系数和活载影响修正系数等，修正未损伤结构构件承载能力的计算结果，从而评定桥梁的残余承载能力。

对于砖、石和混凝土桥梁结构有

$$S_d(r_{s0}\psi\sum r_{ri}Q) \leqslant R_d\left(\frac{R^j}{r_m},\alpha_k\right)Z_1\xi_c \tag{8.25.40}$$

对于钢筋混凝土及预应力混凝土桥梁结构有

$$S_d(r_g G;r_q\sum Q) \leqslant r_b R_d\left(\xi_c\frac{R_c}{r_c},\xi_s\frac{R_s}{r_s}\right)Z_1(1-\xi_e) \tag{8.25.41}$$

以上式中：Z_1——承载能力检算系数，根据不同的桥型和桥梁实际状况的优劣确定；

ξ_c、ξ_s——结构、钢筋的截面折减系数，考虑砖、石及混凝土结构配筋混凝土结构因材料风化、碳化、物理与化学损伤以及因钢筋腐蚀剥落对结构构件抗力效应的影响；

ξ_e——结构承载能力恶化系数；

其余符号意义见文献[3]。

25.6.3 桥梁结构残余承载力计算的荷载试验法

对结构分级施加外荷载，以结构关键部位的应力、应变或变形等的大小判断或以其为基础分析结构的承载能力。

荷载试验可以直接判断被试验结构的承载力，也可只进行几个较小荷载等级的结构试验，较为准确地量测结构的挠度（往往可以做到），经过适当分析获得结构的承载能力。以下以中小跨径的钢筋混凝土梁式桥进行说明。

对于在役钢筋混凝土梁桥，实测结构的外形尺寸，合理假定主梁控制截面配置钢筋的重心位置及钢筋直径，经过计算得到的配筋率定义为名义配筋率。名义配筋率是考虑了结构的所有损伤后的一个综合配筋率，用来分析结构的刚度及承载能力。

由第12.3节知，位移计算时，钢筋混凝土受弯构件的刚度为

$$B = \frac{B_0}{\left(\frac{M_{cr}}{M_s}\right)^2 + \left[1-\left(\frac{M_{cr}}{M_s}\right)^2\right]\frac{B_0}{B_{cr}}}$$

即

$$B_0 M_s^2 B_{cr} + (B_0 B - BB_{cr})M_{cr}^2 - B_0 B M_s^2 = 0 \tag{8.25.42}$$

式中，B_0、B_{cr}与混凝土的弹性模量、结构配筋率ρ及外形尺寸a_i有关；M_{cr}与混凝土的抗拉强度、结构配筋率、外形尺寸a_i有关；M_s与试验荷载、结构跨径有关。

若实测的某片梁的挠度校验系数为$\eta_i = f_{ti}/f_{ai}$，实测挠度为f_{ti}，对应的试验荷载为P，计算挠度为f_{ai}，则以下关系式成立

$$f_{ti} = \eta_i \frac{m_i P}{B} S \tag{8.25.43}$$

式中:m_i——i 号梁的荷载横向分布系数;

P——试验荷载;

S——与结构跨径、m_i 及试验荷载作用形式等有关的参数。

方程式(8.25.43)中的 m_i 计算时,先按照结构现状选择相应的荷载横向分布计算方法,再利用实测挠度与计算挠度的相关性进行模型修正,过程如下:

设

$$\omega(f) = \sum_{i=1}^{n}\left(\frac{f_{ti} - f_{ai}}{f_{ti}}\right)^2 \tag{8.25.44}$$

式中:$\omega(f)$——目标函数;

n——主梁总片数;

f_{ti}——第 i 片梁静力试验挠度实测值;

f_{ai}——第 i 片梁对应于试验荷载的挠度计算值。

当 $\omega(f)$ 小于规定误差时,即可认为挠度计算值和挠度实测值相关性好,模型修正终止,然后计算修正后各片主梁的 m_i。

联立式(8.25.42)和式(8.25.43),并注意到 m_i 的计算及 B_0、B_{cr} 是结构配筋率 ρ 的函数,在合理假定钢筋重心位置后,可以预测出某片梁的名义配筋率 ρ_{nomi},用名义配筋率 ρ_{nomi} 代替结构配筋率代入式(8.25.21)或式(8.25.27)、式(8.25.28),分析结构的残余承载力。

25.6.4 预应力混凝土桥梁开裂损伤后的残余承载能力分析方法

开裂损伤是混凝土结构最常见的病害之一,钢筋混凝土结构开裂后的承载能力分析可以按照第16.5节的方法进行。预应力混凝土桥梁结构的开裂原因复杂,故在对桥梁结构进行裂缝调查时,很难准确得到裂缝的一些重要定量参数。预应力混凝土结构一旦出现开裂损伤,由于受混凝土强度的离散性、荷载的可变性以及工作环境的多样性等多种因素的影响,使出现的数量、位置、裂缝宽度以及开展具有较大的随机性。这不仅表现在相同条件下,同一批构件裂缝的出现和开展不尽相同,即使是在同一个构件内力相同的区段内,裂缝的间距和宽度亦不尽相同。虽然裂缝的随机性较大,但从统计学观点来看,裂缝的某些特征又具有一定规律性。本节在分析时采取类似于第12.5节对钢筋混凝土裂缝的处理方法,通过对梁体的既有裂缝按照统计学观点建立能够描述裂缝特征的统计参数,以简化分析模型。裂缝的统计参数同式(4.12.89)。

由于裂缝的随机性,对于预应力混凝土结构,在混凝土开裂后其结构的承载力及刚度研究宜基于外观调查得到的裂缝特征统计参数而进行,即裂缝效应实际上是一种统计意义下的平均效应。

1)考虑开裂损伤的预应力梁桥计算方法

(1)裂缝的分析与模拟

静定预应力结构开裂后,由于裂缝的存在,中性轴会发生移动,开裂区弯曲刚度减小,从而造成截面应力的重分布。对于超静定结构而言,开裂区弯曲刚度的减小将会造成沿桥长方向刚度规律的变化,从而导致截面内力发生变化,有可能引起控制截面的转移。

对于工程中常见的预应力混凝土简支、连续和连续刚构桥梁,开裂病害主要表现为正弯矩极值区下缘的横向裂缝(正裂缝)、极值剪弯段的斜裂缝和沿桥梁轴线方向的纵向裂缝及局部不规则裂缝(如锚固齿板附近的裂缝等)。正裂缝和斜裂缝一般是由荷载引起的结构整体响应,纵向裂缝和局部裂缝一般反映了结构的局部效应。这里主要探讨正裂缝和斜裂缝对结构刚度及承载力的影响。

对于以正裂缝为主的区域,采用单元退化方式进行模拟。根据外观裂缝统计特征,采用截面分析方法,迭代计算达到截面平衡,求解结构实际刚度,对开裂区单元进行退化处理,重新进行结构整体计算,重复直至收敛平衡,得到开裂区截面有效刚度。

对于以斜裂缝为主的区域,由于预应力结构剪弯段斜裂缝一般产生于梁腹板中部,逐渐向上、下缘延伸,中间宽度较大,两端逐渐减小。如图8.25.10所示,引入斜裂缝统计参数:裂缝的平均高度 h_{cr}、平均间距 l_{cr} 和平均倾角 θ_{cr},分别为[9]

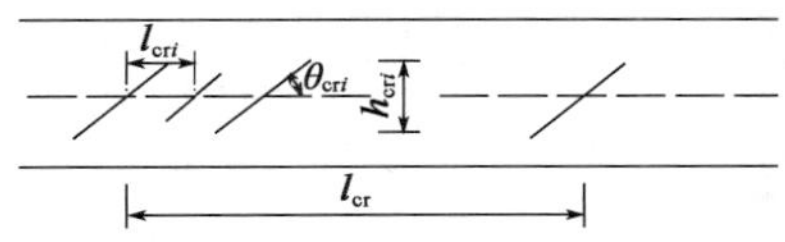

图8.25.10　梁段内的斜裂缝特征示意图

$$\begin{cases} h_{cr} = \dfrac{\sum_{i=1}^{n} h_{cri}}{n} \\ l_{cr} = \dfrac{\sum_{i=1}^{n} l_{cri}}{n} \\ \theta_{cr} = \dfrac{\sum_{i=1}^{n} \theta_{cri}}{n} \end{cases} \tag{8.25.45}$$

式中:h_{cri}——裂缝高度,指斜裂缝长度在竖直方向的投影;

θ_{cri}——裂缝倾角,表示裂缝开展的方向,主拉应力方向与之垂直;

l_{cri}——裂缝间距。

模拟时,可忽略裂缝间混凝土的抗拉性能,将裂缝间混凝土近似看作受压斜杆,上下缘未开裂的顶、底板看作上、下弦杆,引入裂缝间的单向受压杆来模拟裂缝间的承压效应,从而形成空间刚架单元模型,如图8.25.11所示。

按照上述斜裂缝区单元离散方法,将斜裂缝区域离散化,得到如图8.25.11c)所示的空间刚架模型。刚架上、下、斜杆按照引入裂缝统计特征后的离散单元特征计入相应的几何特征。考虑到斜裂缝间不承受拉应力,但可以承受压应力,在斜压杆之间增加连接斜压杆的单向受压单元。以此作为斜裂缝区的计算模式。

对于斜裂缝与正裂缝共存区,考虑到斜裂缝区域分析的复杂性,及其对结构影响程度,此处只记正裂缝影响,而忽略斜裂缝影响。

(2)开裂梁段的有限元分析方法

采用空间梁单元和三维杆单元分别模拟梁和预应力筋,预加力的效应以单元降温的方式模拟。并认为:①混凝土开裂后,忽略受拉区混凝土作用,拉力由预应力钢束承担;②忽略普通钢筋影响;③桥梁正常使用极限状态下,裂缝属于拉区压应力储备丧失后的真实受拉裂缝,其裂缝特征可统计和测量;④拉区压应力储备丧失是由于预应力钢筋有效预应力退化而引起的。以此建立的正裂缝区段模型建立方法和计算方法为:

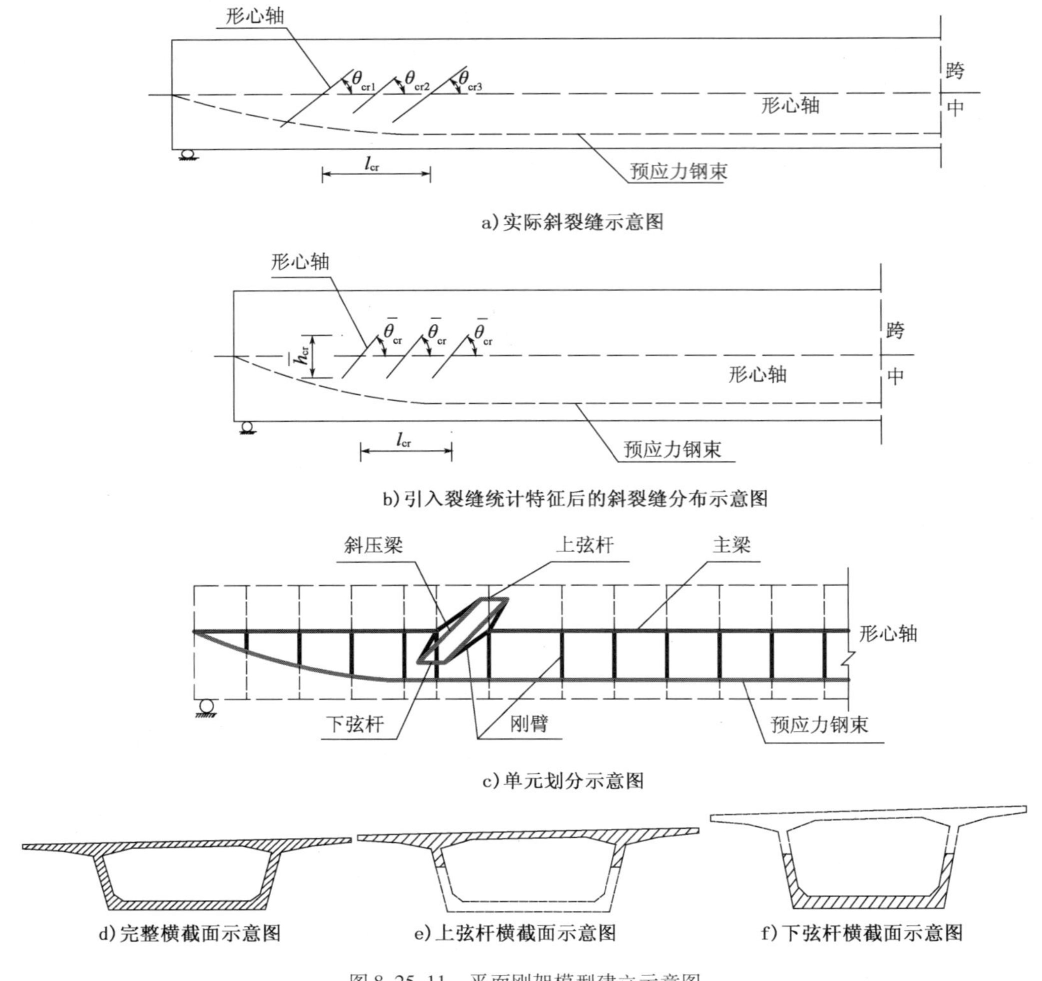

图 8.25.11　平面刚架模型建立示意图

a. 建立正裂缝区段裂缝统计特征参数。

b. 根据外观统计的梁段裂缝总宽度 Δ_{cr} 与开裂范围 $(n-1)l_{cr}$ 的比值确定正裂缝处截面下缘的平均名义拉应力(应变)状态(忽略裂缝间混凝土的应力)：平均拉应变 $\varepsilon_{acr}=\Delta_{cr}/l_{cr}$，名义拉应力 $\sigma_{nt}=E_c\varepsilon_{acr}$。

c. 逐渐减小预应力大小(模拟有效预应力的减小)，使开裂截面的应力状态达到与裂缝特征相对应的混凝土及钢筋拉应力(应变)状态。

d. 根据荷载与截面内力平衡关系，在线弹性本构下，采用截面分析方法，求解实际受压区高度、中性轴位置、曲率变化和压区应力(应变)。

e. 根据受压区高度、曲率变化与外荷载关系，得到梁段(单元)刚度折减系数。

f. 对于静定预应力结构，在刚度折减后的桥梁上逐渐增加外荷载，使压区边缘应力(应变)状态达到完整结构在设计荷载下的压区应力(应变)状态，比较施加的荷载与设计荷载，得到结构承载力折减系数。

g. 对于超静定结构，如预应力连续梁、预应力连续刚构等，考虑到损伤结构内力重分布的影响，得到梁段（单元）刚度折减系数后，对开裂区域截面刚度进行折减（不可折减自重），重新计算，得到损伤结构的内力分布状态，重复 d ~ f 直至收敛。

h. 收敛后开裂区刚度为损伤结构的有效刚度，当控制截面压区边缘应力（应变）与设计状态无损结构压区边缘应力（应变）相等时，停止计算，此时所对应的外荷载即为损伤结构的条件承载力。从而得到承载力的折减系数。

根据外观统计得到的裂缝特征，应将相似裂缝进行合并处理，其原则是：相似高度（差值小于梁高的1/10）裂缝合并、开裂区域截面折减、折减自重补偿，从而得到正裂缝区域的阶梯形折减刚度，如图 8.25.12 所示。

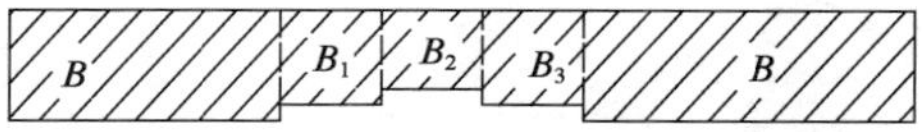

图 8.25.12　结构开裂后阶梯形刚度折线图

2）裂缝对预应力梁桥刚度及承载力的影响

裂缝对预应力梁桥刚度及承载力的影响以折减系数体现。

求解刚度折减系数的流程为：

（1）外观调查得到梁段裂缝总宽度 Δ_{cr} 与开裂范围 $(n-1)l_{cr}$。

（2）求出开裂范围各梁段截面下缘的平均应变和名义拉应力 $\sigma_{nt}=E_c\varepsilon_{acr}$。

（3）以恒载作用下的弯矩及逐渐减小预应力从 σ_{pe} 到 σ_{pei}，求得开裂区计算名义拉应力 σ_{nti}，使得 $\sigma_{nti}=\sigma_{nt}$，得到此时的梁段面积、惯性矩及受压区高度。

（4）以 σ_{pe}、梁段面积、惯性矩及受压区高度修正有限元模型，重新计算梁段弯矩 M_{ji}。

（5）判断 $M_{ji}-M_{ji-1}\leqslant$ 给定小数，否则，重复（3）~（5）直至满足。

（6）梁段刚度折减系数 $a_r=\dfrac{M_{ji}}{\varphi E_c I_0}$，$\varphi$ 为与 M_{ji} 对应的截面弯曲曲率，$E_c I_0$ 为全截面抗弯刚度。

承载力折减系数定义为

$$a_c=\frac{F_{kl}}{F_{sj}} \tag{8.25.46}$$

式中：a_c——承载力折减系数；

F_{sj}——桥梁结构的设计服务荷载；

F_{kl}——开裂后桥梁结构对应于设计应力状态的开裂服务荷载。

在求得开裂结构刚度后，在结构上施加恒载及 $a_c F_{sj}$。活荷载的加载位置由刚度变化后结构内力影响线确定，可从 1 逐渐减小，按照截面退化方法进行分析，直至结构最不利截面承压区应力状态与设计应力状态一致，这时的即为其承载力折减系数。

3）实例分析[12]

（1）简支箱形梁

跨径为 40m，如图 8.25.13 所示，梁体为 C40 混凝土。预应力钢束采用公称直径 15.20mm，公称面积 139mm^2，设计活荷载为 $q=5$kN/m 的均布荷载。

该梁的 3 条斜裂缝平均间距为 0.5m，开裂方向相互平行，平均倾角 45°，位于截面中线附近，平均高度为 1m。中心位置在左侧四分点处。

跨中附近开裂范围 2m 内有 5 条 0.05mm 的正裂缝，即开裂总宽度（梁底）$\Delta_{cr}=\sum_{i=1}^{n}\delta_{cri}=$ 0.25mm。跨中截面下缘的名义拉应力为 4.125MPa。

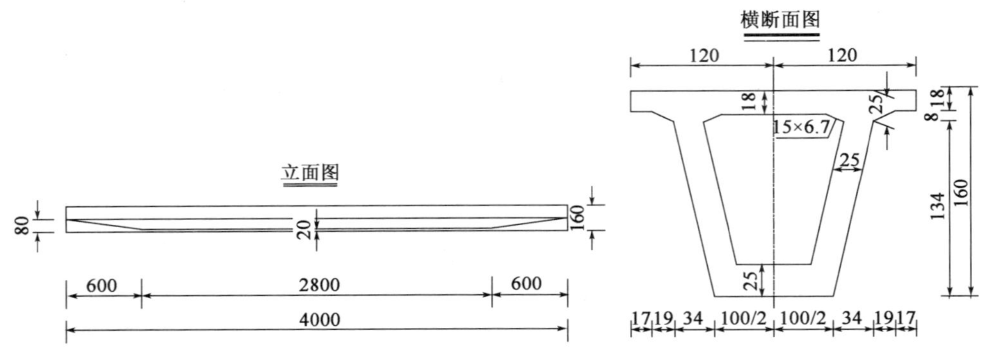

图 8.25.13 预应力简支梁示意图(尺寸单位:cm)

按照前述方法建立有限元分析模型,正裂缝范围及未开裂梁段采用梁单元,斜裂缝范围采用空间刚架单元。在恒载作用下,减小预应力钢筋的有效预应力值,使得开裂截面受拉边缘的拉应力计算值等于名义拉应力,求得此时开裂截面的受压区高度为 1.4668m,据此计算出开裂截面的截面面积及惯性矩。

用减小后的有效预应力、开裂截面的截面面积及惯性矩修改有限元模型,在此模型上施加 5kN/m 的活荷载,逐渐减小 a_c 值,当 $a_c=0.87$ 时,开裂后梁的跨中截面上缘压应力与设计状态压应力相等,即此梁的承载力折减系数为 0.87。

(2)连续梁桥

某三孔 40m 的预应力混凝土连续箱梁,采用 C40 混凝土,预应力钢束物理力学性能同上例,箱梁截面尺寸如图 8.25.14 所示。

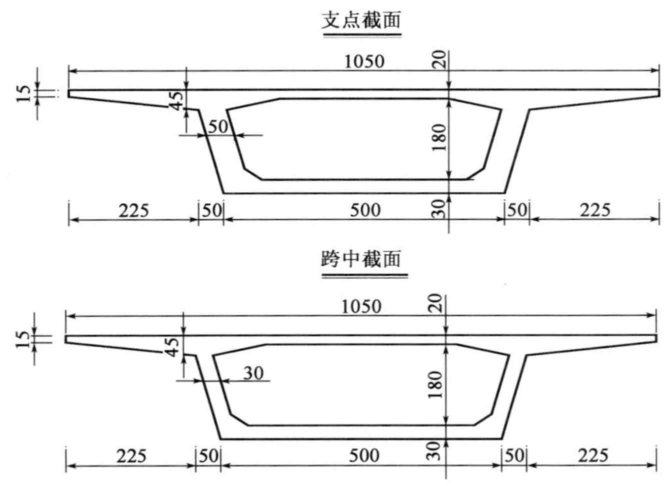

图 8.25.14 预应力连续箱梁示意图(尺寸单位:cm)

作为示例,仅给出左边跨 0.63L 截面加载工况(斜裂缝区段最不利剪力工况)。加载示意如图 8.25.15 所示。实桥计算中,应按照不同控制截面最不利位置分别作为计算,从中选择最不利情况作为控制,对全桥承载力做出评价。设计活载为公路 I 级。

该桥在左边跨 0.63L 出现了 3 条平均间距 0.5m 的斜裂缝,开裂方向相互平行,斜裂缝平

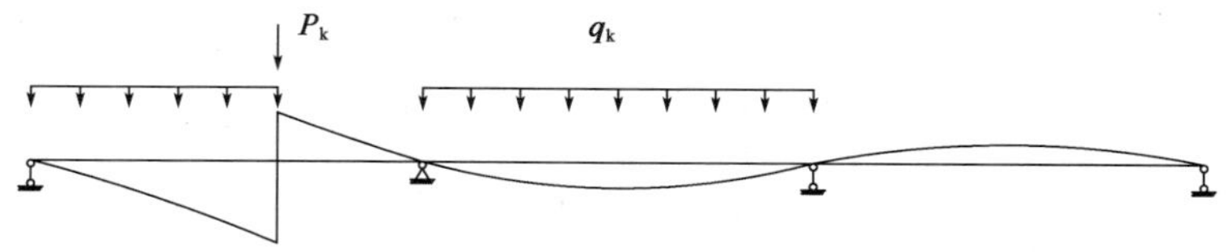

图 8.25.15 边跨 0.63L 截面的剪力影响线

均倾角 45°;跨中 2m 范围内有 5 条宽 0.05mm 的正裂缝。即正裂缝总宽度(梁底) $\Delta_{cr}=\sum_{i=1}^{n}\delta_{cri}=0.25$mm。

以下根据前述的建模思想对该连续梁桥进行开裂结构的模拟分析。

根据裂缝总宽度 Δ_{cr} 与开裂范围 l_{cr} 的比值确定的开裂截面(左边跨中截面)下缘的名义拉应力为 4.125MPa。

按照前述方法建立有限元分析模型,正裂缝范围及未开裂梁段采用梁单元,斜裂缝范围采用空间刚架单元。在恒载作用下,减小预应力钢筋的有效预应力值至 σ_{pei},使得开裂截面受拉边缘的拉应力计算值等于名义拉应力 4.125MPa,求得此时开裂截面的受压区高度,据此计算出开裂截面的截面面积 A_{cr1}、惯性矩 I_{cr1} 及开裂截面的恒载弯矩值 M_{ji1} 和各个控制截面的应力值。判断 M_{ji1} 与无损结构同一截面的弯矩计算值的相对误差是否满足精度要求,若不满足,重复上述过程直到满足精度为止。本例经过两次分析即达到了满意结果,这时的开裂截面受压区高度为 1.28m。

在上述开裂结构模型上施加公路Ⅰ级荷载,并逐渐减少,至 $a_c=0.89$ 时,本例左边墩墩顶截面下缘压应力与桥梁设计状态压应力一致,即开裂结构的承载力折减系数为 0.89。

桥梁残余承载力的评定难度较大,也会是今后研究的热点之一[8]。有兴趣的读者可参阅章末所列文献。

25.7 超载能力

超载能力是指结构由于设计保守、分析计算模式偏于安全或采取临时加固措施等,使得结构能够承受超过设计工作荷载的那部分荷载 F_{Rd}。在国民经济建设或军事用途的大件运输车辆过桥时,需要评估桥梁结构的超载能力。

超载能力可写为

$$F_{Rd}=F_i-F_d \tag{8.25.47}$$

式中:F_i——某限定条件下结构的承载能力,如 lF_e、lF_n、lF_u、F_u;

F_d——设计工作荷载。

判断结构是否具有超载能力,可定义[7]

$$R=\frac{F_i}{F_d} \tag{8.25.48}$$

若 $R>1$,则该桥具有超载能力;否则该桥没有超载能力。

25.8 小　　结

对桥梁结构承载力的研究方兴未艾,其中以极限承载力问题最有意义,且往往与结构的第二类稳定问题联系在一起。结构残余承载力研究对桥梁的加固维修意义重大,但研究的难度较大,其焦点在对现存结构的损伤及缺陷的度量及模拟上。

本章参考文献

[1] 中华人民共和国行业标准. JTG D62—2004 公路钢筋混凝土及预应力混凝土桥涵设计规范[S]. 北京:人民交通出版社,2004.

[2] 中华人民共和国行业标准. JTG/T J21—2011 公路桥梁承载能力检测评定规程[S]. 北京:人民交通出版社,2011.

[3] 中华人民共和国行业标准. JTG/T H21—2011 公路桥梁技术状况评定标准[S]. 北京:人民交通出版社,2010.

[4] Fhwa. National bridge inspection standards[S]. Federal Highway Administration, U. S. Department Transportation, 2004.

[5] Fhwa. Bridge inspector's reference manual[S]. Federal Highway Administration, U. S. Department Transportation, 2012.

[6] 贺拴海,徐兴. 多梁式混凝土桥梁结构刚度的裂缝特征——动力分解综合识别法[J]. 土木工程学报,2006,(8).

[7] Michel Ghosn, Fred Moses. Redundancy in highway bridge superstructures[R]. National Cooperative Highway Research program Report 406, Transportation Research Board, National Research Council, National Academy Press, Washington, D. C. 1998.

[8] 赵煜,贺拴海,宋一凡. 在役索桁组合连续钢桥承载力综合评估方法[J]. 长安大学学报(自然科学版),2005,(5).

[9] 赵煜. 预应力混凝土梁开裂后损伤模型研究[D]. 西安:长安大学,2012.

[10] 周敉,贺拴海,等. RC 梁桥承载力的振动测试评估方法[J]. 交通运输工程学报,2006,(3).

[11] 宋一凡,崔军,赵小星,等. 钢筋混凝土 T 形梁桥裂缝特征与结构损伤评估试验研究[J]. 交通运输工程学报,2001,(3).

[12] 王凌波,赵煜. 预应力混凝土箱梁桥开裂后的残余承载力分析[J]. 铁道科学与工程学报,2015,(01).

26　桥梁控制理论与方法

26.1　桥梁控制

桥梁控制贯穿于结构物生命的全过程，主要包括设计阶段的控制、施工阶段的控制和服役运营阶段的控制，三者是相辅相成的。设计阶段的控制不仅可以优化设计参数，减少设计变更，使设计更趋于合理，同时为施工阶段的控制提供明确的目标；施工阶段的控制是整个桥梁控制的关键，科学的施工控制是实现设计目标的可靠保证，也是桥梁建成后安全运营的重要保障；运营阶段的控制是前两阶段控制的延续，是桥梁通车运营过程中安全性和耐久性的综合监测，不仅可以验证结构分析模型、计算假定和设计方法的可靠性，还可以发现施工阶段存在的问题，为同类桥梁的设计及控制提出改进意见。

桥梁控制按结构受力性质可分为静力控制和动力控制。静力控制的主要内容是判断桥梁结构的内力分布是否合理、对结构静力参数进行优化、掌握施工过程中各阶段的内力和变形（高程）是否达到设计要求以及日益增长的交通流量和荷载等级等是否会危及桥梁的安全等。动力控制是对特大跨径桥梁在设计阶段的结构动力参数进行优化和进行抗风、抗震设计，对桥梁在动力荷载作用下产生的危及桥梁使用安全的振动进行控制。

26.1.1　三阶段控制

三阶段控制是指设计、施工和运营阶段的控制。设计阶段的控制主要内容是桥型方案的优化和设计参数的确定。大型桥梁，特别是大跨径斜拉桥、悬索桥、组合拱桥等均属于高次超静定结构，理想的几何线形和内力状态是相互关联的，设计时可以采用优化方法得到成桥的最优状态，这是桥梁建造的最终目标，也是施工控制的努力方向。同时，通过结构主要参数优化分析（如几何尺寸、截面尺寸、力学参数和指标等），可以全面掌握桥梁全过程的力学响应规律和各阶段受力状态，并使得桥梁在保证安全的前提下，结构受力合理，经济指标最优，施工过程安全可靠。设计阶段控制分析还可以及时发现设计中存在的问题和缺陷，保证桥梁设计的安全可靠。

施工阶段的控制是整个桥梁控制工作的核心环节。对于任何桥梁的施工，特别是大跨径桥梁的施工,都是一个复杂的系统工程。在该系统中,设计图纸只是参考目标,而自开工到竣工的整个施工过程中,将受到许多确定或不确定因素影响,如计算模型、材料特性、结构自重、施工精度、临时荷载、环境影响等,使得理想设计状态与实际状态之间存在差异。在施工过程中如何从各种受影响而可能失真的参数中找出相对真实的值,对施工状态进行实时识别(监测)、调整(纠偏)、预测,这对设计目标的实现至关重要。因此,桥梁施工过程必须进行控制。

桥梁服役运营阶段的控制是指在桥梁控制截面布置各类应力(应变)、力、位移、温度等传感器测点,进行结构几何和受力状态长期观测和分析,以便随时了解服役桥梁的健康状况,避免突发事件的发生,给桥梁创造终身安全监测条件。另外,运营阶段的控制能给桥梁的养护维修和管理工作提供科学的、可靠的数据,给桥梁安全使用提供可靠保证。目前,绝大多数桥梁的服役运营阶段的控制主要靠日常的巡检、定期检查和荷载试验来了解服役桥梁的情况,对桥梁可能存在的危险因素进行判别、预报和防范。随着交通事业的发展和越来越多大跨径桥梁的建成,人们已经认识到桥梁服役运营阶段监控的重要性,很多大型桥梁逐步建立了健康监测系统,如上海徐浦大桥、江阴长江大桥、香港青马大桥、杭州湾跨海大桥、青岛海湾大桥、港珠澳大桥等。

26.1.2 静力与动力控制

设计阶段的静力控制主要是对结构物的设计尺寸、内力(应力)的分布进行优化,并考虑施工技术和工艺的影响。在该阶段动力控制主要是针对设计指标的要求,结合必要的试验研究,确定动力设计参数,如截面的选型、抗风、抗震设计思路的确立等,设计监理已日益得到重视,为桥梁在设计阶段进行有效的控制提供了保障。

施工阶段的静力控制任务就是对桥梁施工过程实施监测和控制,确保在施工过程中桥梁结构的内力和变形始终处于容许的安全范围内,确保成桥状态(包括成桥线形与成桥结构内力)符合设计要求。施工控制主要包括几何(变形)控制、应力(内力)控制、稳定性控制和安全控制等几方面的内容。桥梁在施工过程中总要产生变形(挠曲),并且结构的变形将受到诸多因素的影响,使桥梁结构在施工过程中的实际位置(立面高程、平面位置)状态偏离预期目标,使桥梁难以顺利合龙,或成桥线形与设计要求不符,所以必须对桥梁施工中的线形实施控制,使其结构在施工中的实际位置与预期状态之间的误差在容许范围和成桥线形状态符合设计要求。结构的应力控制是为了了解桥梁在施工过程中以及在成桥状态的受力情况是否与设计相符,若发现实际应力状态与理论应力状态的差别超限,就要进行分析和调整,使其误差在允许的范围内。桥梁结构的稳定性与桥梁的强度有着同等的甚至更重要的意义,世界上曾经有过不少桥梁在施工过程中由于失稳而导致全桥破坏的例子,最典型的就是加拿大的魁北克(Quebec)桥的失稳破坏,我国四川州河大桥也因悬臂体系的主梁在吊装主跨中段时承受过大的轴力而失稳破坏。但是目前还没有可靠的手段来监测施工过程中可能出现的失稳现象,只是通过稳定分析计算,并结合结构应力、变形情况来综合评定控制其稳定性。桥梁施工过程中的安全控制其实就是上述变形控制、应力控制、稳定控制的综合体现,安全控制是桥梁施工控制的重要内容,只有保证了施工过程中的安全,才谈得上其他控制与桥梁的顺利建成。

对于沿海地区和风速较大区域的高墩大跨径桥梁,还应特别注意施工过程中桥梁结构构件(如高墩、索塔、主拱圈、主梁等)由于风荷载、场地地面运动等随时间变化的动力荷载作用而造成的失稳和破坏，应根据实际情况采取必要的措施进行动力方面的控制。

运营阶段桥梁的监控是现代大型桥梁健康监测的主要内容之一。桥梁健康监测的基本内涵就是通过对桥梁结构静、动力状态的监控与评估，为大桥在特殊气候、交通条件下或桥梁运营严重异常时触发预警信号，为桥梁维护、维修与管理决策提供依据和指导，为验证桥梁设计理论、改进桥梁设计方法和相应的规范标准提供科学的依据。桥梁界已认识到对桥梁服役状态进行监控的重要性，运营阶段桥梁的监控正处于发展阶段，其理论和方法也日趋成熟。

26.2　现代桥梁控制理论与方法

26.2.1　控制理论的发展

控制理论作为一门技术科学，随着生产技术的逐渐进步，经历了由低级阶段向高级阶段逐步发展和演变的漫长过程。从发展历程来看，我们可以将控制理论的发展分为三代：古典（经典）控制理论、现代控制理论和智能控制理论（大系统理论）。

古典控制理论起源于20世纪初期。由于生产技术水平落后，控制对象的结构比较简单，控制参数单一，要达到的指标也不高。因此，古典控制理论所研究的对象为单变量系统，即输入与输出均为单变量参数。系统的数学模型主要采用传递函数，系统的动态性能主要决定于传递函数所对应的零点与极值点分布状况。系统分析与综合主要采用频率法，属于频域分析范畴。古典控制理论常用的数学工具为微分方程、差分方程、傅里叶变换、拉普拉斯变换与Z变换等。

20世纪60年代以后，生产技术水平大幅度提高，控制对象的结构也越来越复杂，控制参数众多，对性能指标的要求也越来越高，古典控制理论已不适应于现代科学技术的发展和要求。在需求不断提高的同时，科学技术的发展日新月异，新的基础理论、技术手段和方法迅速发展，使得现代控制理论得以产生和发展。

现代控制理论研究的对象主要是多输入、多输出的多变量系统。这类系统可能是线性的，也可能是非线性的；可以是定常的，也可能是时变的。系统的数学模型主要采用状态方程，系统的动态性能主要取决于状态方程的解，系统的分析与综合主要采用状态空间分析方法，属于时域分析的范畴。现代控制理论采用的数学工具范围非常广泛，常用的有线性代数、矩阵分析、变分法、概率论、随机过程理论等。目前桥梁的控制分析中主要采用的就是现代控制理论。

智能控制理论为第三代控制理论，也称大系统理论。随着生产技术的快速进步，计算机软、硬件技术的迅猛发展，应用系统越来越复杂，规模越来越庞大，使得原有控制理论受到冲击，从而逐步引进“大系统”的概念。大系统的主要特点是系统内部包含若干子系统，子系统之间关系复杂，相互协调工作，采用多级递阶控制以实现指标综合最优化，形成智能化、信息化自动控制系统。在桥梁的后期运营监测控制系统中，既有结构内力监测系统、环境监测系统、几何状态监测系统、交通监测系统等数据采集系统，又包括结构安全预警系统、结构状态评估系统和运营管理系统等。各系统之间存在着明确而又复杂的相关性，共同工作而形成桥梁运营期间的管理与控制大系统。可见，模块式设计是大系统控制方法的必然方式，而模块之间的协调和匹配是大系统设计工作的关键。大系统理论是桥梁控制与监测的发展方向。

26.2.2 控制理论与方法

1)线性系统理论

线性系统理论是系统与控制理论中最为成熟和最为基础的一个分支,是现代控制理论的基础。线性系统理论的研究对象为线性系统,它是实际系统的理想化模型,且满足线性叠加原理。线性系统通常可以用线性微分方程和差分方程来描述,并且可对系统的运动和各种性质给出严格和定量的数学描述。当描述动态系统的数学方程具有线性属性时,称相应的系统为线性系统。线性系统是一类最简单且研究得最多的动态系统。

严格地说,一切实际的系统都是非线性的,真正的线性系统在现实世界是不存在的。但是,很多实际系统与理想系统之间偏差很小,实际系统的主要关系特性在一定的范围内可以较精确地用线性系统来加以近似的代表。因此,线性系统或可线性化的系统又是大量存在的。

简单说,线性系统理论主要研究线性系统状态的运动规律和改变这种运动规律的可能性方法,建立和揭示系统结构、参数、行为和性能之间确定的和定量的关系。在对系统进行研究的过程中,建立合理的系统数学模型是首要的前提。对于线性系统,常用的模型有时域模型和频域模型,时域模型比较直观,而频域模型则是一个更强大的工具,二者建立的基本途径一般都通过解析法和实验法。

经典线性控制理论在20世纪50年代已经成熟,它以拉普拉斯变换为主要工具,模型是传递函数,分析和综合方法是频率响应法。经典线性控制理论具有如下的特点:①主要的数学基础是拉普拉斯变换;②假定系统中各个变量和外输入作用在幅值上不受物理上的限制;③采用系统外部输入输出关系的频率域描述传递函数作为分析和设计的基础;④基本的方法体系主要以作图、查表和便于手工计算的方法为基础;⑤设计控制系统时所采用的性能指标具有简单和直观的形式,一类是典型输入函数(如单位阶跃函数)作用下输出过渡过程的特征量,如上升时间、超调量、过渡过程时间等;另一类是控制系统频率响应的特征量,如频带宽度、谐振峰值等。经典线性控制理论具有明显的局限性,突出问题是难以解决多输入—多输出系统,并且难以揭示系统更深刻的特性。

在航天技术发展的推动下,线性系统理论在1960年前后开始从经典理论到现代理论的过渡,其重要标志之一是卡尔曼(R. E. Kalman)成功地把状态空间法引入到系统和控制理论中来。并在此基础之上,卡尔曼进一步提出了能控性和能观测性这两个表征系统结构特性的重要概念。建立在状态空间法基础上的线性系统的分析和综合方法通常称为现代线性系统理论。

2)系统辨识理论

系统辨识是通过观测一个系统或一个过程的输入、输出关系来确定其数学模型的方法。在许多实际系统中,根据物理、化学定律而推导建立起来的机理模型都比较复杂,不便于寻求最优控制方案,或者由于没有足够的有关系统及其环境的先验知识,无法对其设计进行最优控制。因此,面临的首要问题是通过试验系统的输入、输出变量,找出既简单又能最恰当地描述该系统特征的数学模型,这样才便于实现最优控制或自适应控制。

系统辨识应具备三要素:数据、模型类和等价准则。数据是指系统运行过程的输入和输出数据,它是辨识的基础;模型类是指各种已知的系统过程模型的集合,它是辨识时寻找模型的范围;等价准则是指系统行为相似性、系统效用等同性的识别标准,也称为误差准则、损失函数等,它是辨识优化的目标。系统辨识的实质就是按照某种准则,从一组已知模型中选择一个模型,使之能够最好地拟合实际过程的动态特征。观测数据存在噪声,因此系统识别建模实际上是一种实验统计方法,所获得的模型实际上是对实际过程的近似描述。

辨识时所选用的等价(误差)准则是辨识问题中的三个要素之一,是用来衡量模型接近实际系统的标准。通常被表示为误差的泛函数,记作

$$J(\theta) = \sum_{k=1}^{N} f[\varepsilon(k)] \tag{8.26.1}$$

式中:$f(\cdot)$——$\varepsilon(k)$的函数;

$\varepsilon(k)$——定义在区间$(0,N)$上的误差函数。

$\varepsilon(k)$应广义地理解为模型与实际系统的误差,它可以是输入误差或输出误差,也可以是广义误差。选择不同误差准则可导出不同的辨识算法,应用最多的是平方函数,即

$$f(\varepsilon(k)) = \varepsilon^2(k) \tag{8.26.2}$$

以连续梁施工监控为例,在施工监控开展前,理论计算模型和参数都是以设计图纸和规范为依据建立起来的,而实际施工中的结构节段自重、弹性模量、徐变系数等与理论计算取值有一定差距。因此,如果不能准确识别并修正这些主要参数,势必造成模型预测值与实际情况的偏差。系统辨识的目的就是根据桥梁悬臂浇筑的周期性施工特点,根据控制目标(节点高程、控制截面应力、预应力钢束张拉力等)的测量值与理论计算值之间的误差,对模型主要物理参数(混凝土弹性模量、主梁自重集度、挂篮刚度、徐变系数等)进行识别和修正,使之逐步符合实际情况,保证桥梁施工状态的可控性和提高控制精度,达到桥梁最终状态逼近设计状态。

3)最优控制理论

随着受控对象的复杂化和大型化,我们经常要求系统的某种性能指标达到最优,这就要求从最优控制的角度去进行研究分析和设计。最优控制问题就是依据各种不同的研究对象以及人们预期要达到的目的,寻找一个最优控制规律,设计出一个最优控制方案或最优控制系统。最优控制系统理论是研究和解决从一切可能的控制方案中寻找最优解的一门学科,它是现代控制理论的重要内容。

最优控制理论研究的主要问题是根据所建立的被控对象的数学模型,选择一个容许的控制律,使得被控对象按预定要求运行,并使给定的某一性能指标达到极小值(或极大值)。包括:最优控制系统的数学模型、系统的边界条件、容许控制集和性能指标等。最优控制的任务是:给定一个被控系统或被控过程以及性能指标,如何设计相应的控制系统,使得在满足约束条件和边界条件的同时,其性能指标达到极小(或极大)值。

4)最优估计理论[1]

在桥梁控制的测量过程中,采集到的很多信号(如温度、应力、索力等)都含有测量误差和随机干扰,如何从含噪信号中过滤干扰信号,得到有用信号,只有通过数学方法确定最符合有用信号真值的估计,这就是估计问题。另外,在实际的系统中,并不是所有的变量都可以测量,某些需要研究的变量往往无法直接测量,只能测量和它们有函数关系的一些状态变量,这种测量称为间接测量。在测量的过程中,往往带有一些随机的测量噪声。这时,为了获得所要研究的状态变量值,就需要对试验数据加以处理,根据测量值和状态变量的函数关系去推算所需的

状态变量值，这种推算的过程就是估计。估计理论所研究的对象是随机现象，是根据受干扰的量测数据来估计关于随机变量、随机过程或系统某些特征的一种科学方法。

为了实现对随机系统的最优控制，首先就需要求出系统状态的最优估计，也就是某种意义上的最好的估计。1632 年，伽利略（Galilei）最早开始最优估计理论研究，他尝试用各种误差函数最小化的方法提出估计理论问题。1940 年，费歇尔（Fisher）提出了极大似然估计法，推动了最优估计理论的发展。20 世纪 40 年代，维纳（Wiener）开始将统计的方法应用于通信系统和控制系统的研究中，提出了著名的维纳滤波理论。1960 年，卡尔曼（Kalman）和布西（Bucy）首次将现代控制理论中的状态空间思想引入最优滤波理论，提出了最优递推滤波法，即卡尔曼滤波器（Kalman Filter，KF）。卡尔曼也是以估计误差方差最小为准则，但是用状态方程和观测方程描述系统的动态模型和观测模型。卡尔曼滤波是一种时域递推的方法，可用于时变、非平稳和多维信号的估计，便于计算机实现。

卡尔曼最初提出的滤波理论只适用于线性系统。为了将卡尔曼滤波推广应用到非线性领域，布西等人在提出线性卡尔曼滤波理论之后又提出了扩展的卡尔曼滤波（Extended Kalman Filtering，EKF）理论。EKF 采用一阶线性化的方法来近似非线性系统函数，得到的是次优滤波方法。此方法是将非线性函数按泰勒级数展开，并截取一阶项的结果，因此近似精度仅为一阶。为了提高近似精度，可以在展开式二阶项以后进行截断，这样就得到二阶滤波，可将近似精度提高至二阶。

除此之外，比较精确的非线性滤波方法是概率滤波法和统计法。基于概率滤波的主要思想是将系统方程的滤波问题转化为计算状态基于观测信息的条件概率密度函数的问题，随机状态估计的完全解就是状态的条件概率密度函数，但实际上却很难求出。基于统计的估计方法是通过增加观测数目的方法减小估计误差，将估计问题转化为使误差最小化的确定性方法，其典型代表是 20 世纪 90 年代出现的粒子滤波器。在理论上，选用的粒子数越多，解的精确度就越高，但引起的另一问题是计算量也随之增加。

5）自适应控制理论[2]

自适应控制（Adaptive Control）理论是指能自动和适时地调节系统本身控制律的参数，以适应外界环境变化、系统本身参数变化、外界干扰等的影响，使整个控制系统能按某一性能指标运行在最佳状态下的系统。自适应控制和模糊控制、神经网络控制、仿真控制、鲁棒控制等同居于智能控制范畴。

传统的控制方法（例如最优控制），其控制对象只能是一个已知系统，即参数已知，状态已知。它的控制策略、控制规律往往是建立在已知系统的基础之上的。而自适应控制方法最显著的特点是不但能控制一个已知系统，还能控制一个完全未知系统或部分未知的系统。它不但能抑制外界干扰、环境变化、系统本身参数变化的影响，在某种程度上，还能有效地消除模型化误差等影响。对于一个未知系统，包括系统参数未知和系统状态未知两个方面，同时被控制对象还受外界干扰、环境变化以及系统本身参数变化的影响。这些扰动、变化或影响具有不同程度的不确定性，有时表现在系统内部，有时表现在系统外部。系统结构、参数、模型化误差等的不确定性是不确定性系统的内部表现；系统外部干扰、环境变化等的影响是不确定性系统的外部表现。这种不确定性的外部表现通常是不可预知的，它们可能是常值的扰动，也可能是随机的扰动，因此，整个系统是一个未知系统。

面对客观存在的各种不确定性，自适应系统能够在其运行过程中，通过不断地测量系统的输入、输出或性能参数，逐渐了解和掌握对象的性质和特征，然后根据所得的过程信息，按照一定的计算方法，做出决策与控制，更新控制器参数或控制作用，使得在某种意义下控制效果达到最优或逼近最优。一个理想的自适应控制系统应当具有适应环境变化和系统要求的能力，在变化的环境中逐渐形成所需的控制策略和控制参数序列，在内部参数失效时具有恢复的能力和良好的鲁棒性。

桥梁施工过程中，每个工况受力状态达不到目标状态的重要原因是计算模型中的计算参数取值与实际不符，如混凝土弹性模量、材料的重度、徐变系数等。这些偏差属于系统误差，将会伴随着施工的全过程。如果不进行参数修正，仅仅靠每阶段的结构施工状态调整是不行的。桥梁跨径越大，最终造成的施工偏差就越大，导致桥梁监控失败。为了避免以上情况的发生，必须根据桥梁阶段施工及程序化施工特点，在每个施工阶段中利用实测数据实时修正计算模型的主要参数，使计算模型与实际结构经过一段时间的磨合，从而自动地适应结构的力学响应规律，这就是桥梁施工监控中的自适应控制思想。对于桥梁施工控制，特别是平衡悬臂施工的桥梁，它具有典型的循环施工和程序化特点，一般经过几个工况的反复辨识，计算模型就基本能够与实际结构保持一致，从而对施工状态进行更好的控制。

桥梁自适应控制系统一般由结构分析、反馈控制、参数估计和数据采集及处理等几个关键模块组成，这是自适应控制系统的基本要素。其实施方法和步骤如下：当桥梁结构测量的受力状态与结构分析结果不符时，把误差输入到参数估计算法中去调节计算模型的参数，使模型的输出结果与实际测量得到的结果保持一致，或误差在限定的范围内。再根据参数修正后的计算模型，重新计算各施工阶段的理想状态，按照桥梁施工的反馈控制方法对结构进行控制。桥梁自适应施工控制系统的控制原理如图 8.26.1 所示。

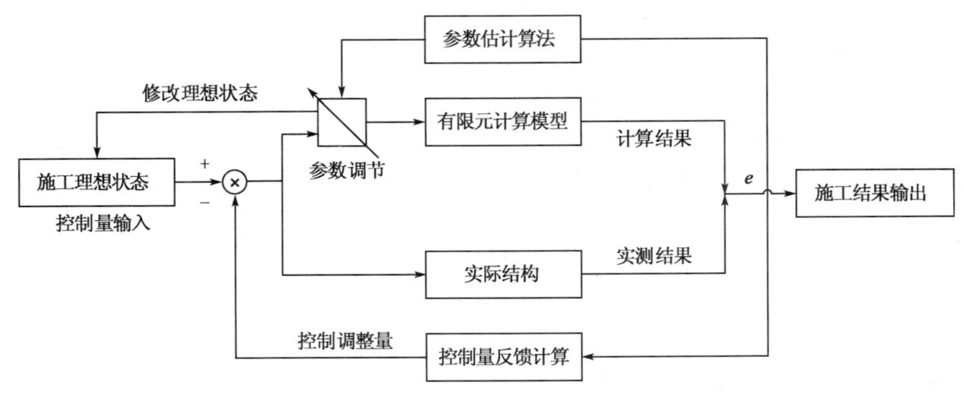

图 8.26.1 自适应施工控制基本原理

6）模糊控制理论

经典控制理论和现代控制理论经过几十年的发展和应用，在空间技术、军事科学和工业控制等各个领域获得了较为显著的成效，但是它们的共同点是需要系统的精确模型。随着科学技术的高度发展，被控对象越来越复杂。一个复杂系统的突出表现是它的多输入、多输出变量间的强耦合性、系统参数的时变性、系统结构的严重非线性与不确定性。这类系统没有明确的物理规律可遵循，即使做出多种假设，要进行传统的定量分析也是十分困难的，甚至是无法实现的。对这些复杂系统,经典控制和现代控制系统显得力不从心,而建立以模糊集合论和模糊逻辑推理为基础的模糊模型却是一个理想的途径。

模糊控制是以模糊数学理论,即模糊集合论、模糊语言变量及模糊逻辑推理等作为理论基础,以传感器技术、计算机技术和自动控制理论作为技术基础的一种新型自动控制理论和控制方法。模糊控制是控制理论发展的高级阶段的产物,属智能控制的范畴,而且也是人工智能控制的一种新类型。

模糊控制系统与计算机数字控制的现代控制系统的根本区别是前者采用了模糊控制器,模糊控制器是模糊控制系统的核心,一个模糊控制系统性能的优劣,主要取决于模糊控制器的结构、所采用的模糊规则、合成推理算法以及模糊决策的方法等因素。

模糊控制系统是多种学科的集合,具有计算机控制的一般结构形式,其算法是一种新型计算机语言与数字相结合的控制算法。一般由传感器系统的数据采集单元获取被控变量,经转换和运算处理后,输出精确值,然后此精确值与给定值进行比较获得精确偏差,经模糊控制器进行模糊化处理、模糊规则及推理运算等,最后经过精确化处理输出精确量,再经 D/A 转换器转换成模拟量推动执行器,使之达到控制被控对象的目的。模糊控制系统工作原理如图 8.26.2 所示。

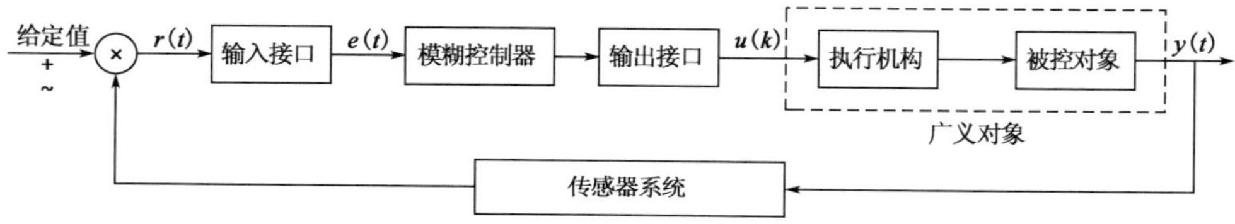

图 8.26.2　模糊控制系统工作原理

模糊控制研究的对象一般有三个方面的特点。①对象模型不确定。其包括两层意思,一是模型未知或知之甚少;二是模型的结构和参数可能在很大范围内变化。②具有非线性特性。③对象具有复杂的任务和要求。例如,在复杂体系桥梁控制系统中,除了要求对控制对象的被控物理量(应力、索力、变形等)实现定值调节外,还要求能实现整个施工过程中系统的安全预警、状态评价、故障诊断等功能,这就要求将模糊控制理论、神经网络以及混沌理论相结合,实现高智能化控制的功能。

7)专家系统法

专家系统是应用人工智能技术和计算机技术,根据某领域一个或多个专家提供的知识和经验,进行推理和判断,模拟人类专家来处理复杂问题的决策过程。简而言之,专家系统是一种模拟人类专家解决领域问题的计算机程序系统。

专家系统始于 20 世纪 60 年代,随着运用逻辑学和模拟心理活动的一些通用问题求解程序的出现,可实现逻辑推理功能。随后,专家系统的理论和技术不断发展,应用渗透到几乎各个领域,包括化学、数学、物理、生物、医学、农业、气象、地质勘探、军事、工程技术、法律、商业、空间技术、自动控制、计算机设计和制造等众多领域。目前,专家系统的发展已经历了 3 个阶段,正向第四代过渡和发展。第一代专家系统以突出高度专业化、求解专门问题为特点,但在体系结构的完整性、可移植性、系统的透明性和灵活性等方面存在缺陷。第二代专家系统属单学科专业型、应用型系统，其体系结构较完整，移植性方面也有所改善，而且在系统的人机接口、解释机制、知识获取技术、不确定推理技术、增强专家系统的知识表示和推理方法的启发性、通用性等方面都有所改进。第三代专家系统属多学科综合型系统，采用多种人工智能语言，综合采用各种知识表示方法和多种推理机制及控制策略，并开始运用各种知识工程语言、骨架系统及专家系统开发工具和环境来研制大型综合专家系统。在总结前三代专家系统的设计方法和实现技术的基础上，已开始采用大型多专家协作系统、多种知识表示、综合知识库、自组织解题机制、多学科协同解题与并行推理、专家系统工具与环境、人工神经网络知识获取及学习机制等最新人工智能技术来实现具有多知识库、多主体的第四代专家系统。

专家系统通常由人机交互界面、知识库、推理机、解释器、综合数据库、知识获取 6 个部分构成，其结构示意如图 8.26.3 所示。

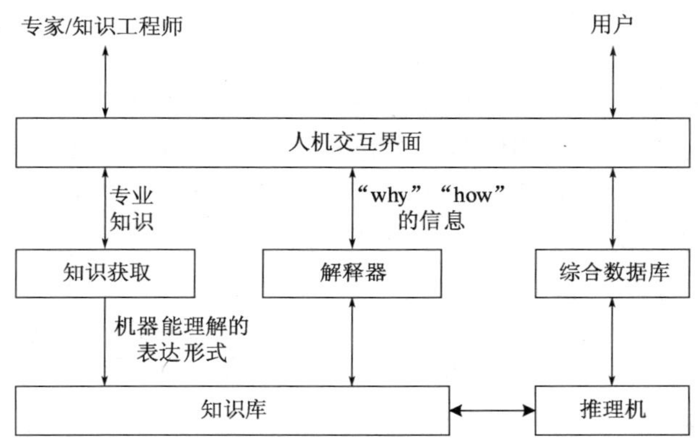

图 8.26.3　专家系统结构示意图

专家系统的基本工作流程为：用户通过人机界面回答系统的提问，推理机将用户输入的信息与知识库中各个规则的条件进行匹配，并把被匹配规则的结论存放到综合数据库中。最后，专家系统将得出最终结论呈现给用户。

一般来说，一个高性能的专家系统应具备如下特征：

(1)启发性。不仅能使用逻辑知识，也能使用启发性知识，它运用规范的专门知识和直觉的评判知识进行判断、推理和联想，实现问题求解。

(2)透明性。它使用户在对专家系统结构不了解的情况下，可以进行相互交往，并了解知识的内容和推理思路，系统还能回答用户的一些有关系统自身行为的问题。

(3)灵活性。专家系统的知识与推理机构的分离，使系统不断接纳新的知识，从而确保系统内知识不断增长，以满足商业和研究的需要。

随着专家系统技术逐渐成熟，该技术已经广泛应用在工程、科学、医药、军事、商业等方面，其主要功能包括解释、诊断、故障排除、控制、设计、规划、监督、分析、维护、教学、管理等各个方面。现阶段国内外专家系统应用停留在相对狭义的以规则推理为基础的阶段，应用也更多针对的是实验室研究以及一些轻量级应用，远不能满足大型商业应用的需求，实现对实时智能推理以及大数据处理的需求。专家系统的下一步发展将以模型推理为主，以规则推理为辅，并切合商业应用需求，满足对实时以及大数据量处理的需求。同时专家系统将朝更为专业化方向发展，针对具体方向性的需求提供针对性模型与产品。

26.2.3 桥梁施工实用控制方法

工程实践中，上述控制理论均有不同程度的应用。目前，在桥梁施工控制的实际操作中，对于简单桥梁或非循环式施工桥梁，采用开环控制；对于循环式施工的桥梁，则采用自适应控制；对于结构参数比较稳定的桥梁采用无参数修正过程的自适应控制，也称反馈控制。无论采用哪种方法，控制目标都可能是在不断地调整的过程中得以实现。

1）开环控制

对于较简单桥梁，一般按设计中估计的预拱度进行施工，施工完成后的结构就基本上能达到设计所要求的线形和内力，这就是一个开环的施工控制过程，因为施工过程中控制是单向的，并不需要根据结构的反应来改变施工中的预拱度。一般整跨成桥的桥梁结构均采用此种控制方法。对于早期的钢斜拉桥，从理想的成桥状态通过施工过程的倒退分析，求得每个阶段主梁高程和索力，在施工过程中按这样的高程和索力安装，理论上即可达到理想的成桥状态，这也是一个开环控制过程。在各部件的制作和安装精度很高，且对结构的力学特性完全掌握的情况下，这种方法是可行的、方便的。悬索桥的施工由于施工中没有重复循环过程，不可能根据实测值来调整施工目标，也不得不采用开环控制策略。

2）自适应控制

如前所示，随着施工过程的进展，施工状态和理想状态的误差逐渐积累，可能使得施工结束的结构状态远远偏离目标状态，导致桥梁监控失败。为了避免这种情况的发生，必须根据桥梁施工阶段中的实测数据实时修正计算模型的主要参数，使计算模型与实际结构趋于一致，模型的输出结果与实测结果相一致，一般经过几个工况的反复辨识，从而自动适应结构的力学响应规律。自适应控制原理如图 8.26.1 所示。

如对于悬臂施工的混凝土桥梁，施工中每个工况的受力状态达不到设计所确定的理想目标的重要原因是有限元计算模型中的计算参数取值不准确，主要是混凝土的弹性模量、材料的重度、徐变系数等与施工中实际情况有一定的差距，要得到比较准确的控制调整量，必须根据施工中实测到的结构反应修正计算模型中的这些参数值，使计算模型与实际结构磨合一段时间后，自动适应结构的物理力学规律，得到的输出结果与实际测量到的结果相一致时的修正计算模型，重新计算各施工阶段的理想状态。这样经过几个工况的反复辨识后，计算模型就基本上与实际结构相一致，在此基础上可对施工状态进行更好的控制。

由于绝大多数悬臂拼装或悬臂浇筑的施工的结构主梁在根部的相对线刚度较大，变形较小，因此，在控制初期，参数不准确带来的误差对全桥线形的影响较小，这对于自适应控制思路的应用是非常有利的。经过几个节段的施工后，计算参数已得到修正，为跨中变形较大的节段的施工控制创造了良好的条件。

3）反馈控制

对于结构参数比较稳定的桥梁，如钢桥，结构参数调整的空间较小，这时可根据实际情况，通过误差的反馈计算结果，直接调整施工阶段结构的线形或内力，以达到消除误差的目的，这时，控制系统中没有参数修正过程，而是应用误差经反馈计算来确定控制量的大小及相应的控制措施，如直接调整高程、索力或预应力等。

26.3 桥梁控制分析方法

桥梁的建设必将经历一个漫长而复杂的过程,既包括前期的设计优化分析,也包括施工阶段桥梁结构的逐阶段形成、荷载的施加、体系转换等过程中的内力和变形分析,还包括后期运营阶段由于环境、材料劣化、交通影响等引起的结构受力性能和变形状态变化。无论控制发生在哪个阶段,结构分析都是桥梁控制分析的核心。

桥梁控制的整体分析方法一般可分为正装分析法、倒装分析法和无应力状态法。为了对确定的结构内力或位移进行调整和优化,设计和施工中还经常会遇到调值计算。

26.3.1 正装分析法

由于体系的复杂性,大跨径桥梁通常均采用分阶段施工,结构的自重、施工临时荷载、预应力等都是随着施工过程逐渐施加在结构上。伴随着收缩、徐变、边界约束条件的变化和体系的转换等,施工过程中结构的几何状态和内力状态均在不断变化,后期结构的力学性能和前期结构的施工情况有着密切的关系。也就是说,不同的施工方法将直接影响成桥结构的几何状态和受力状态。

为了使得成桥状态逼近设计目标状态,只有根据桥梁施工方案逐阶段地进行正序分析,逐步安装节段构件,施加相应荷载,模拟和再现施工过程中结构的几何与力学状态,直至达到成桥设计目标状态。我们将这种按施工前后次序进行的结构分析方法称为正装分析法,也称为前进分析法。这种计算分析方法具有如下特点:

(1)随着施工阶段的推进,结构形式、边界约束条件、荷载形式在不断地改变,其几何位置在改变,受力状态也在改变。因此,前一阶段结构状态将是后一阶段结构分析的基础。

(2)正装分析法是按照桥梁结构实际施工加载顺序来进行结构变形和受力分析,能较好地模拟桥梁结构的实际施工过程,能得到桥梁结构在各个施工阶段的变形值和内力值,为桥梁施工控制提供依据,指导桥梁施工。

(3)正装分析法能较好地考虑结构的几何非线性、混凝土收缩、徐变等问题,充分反映结构加载历程的影响,真正达到"仿真"计算的目的。

正装分析法不仅为桥梁成桥状态提供了较为精确的结果,为结构强度、刚度和抗裂性验算提供了依据,更重要的是为施工阶段的理想受力状态的确定提供了准确数据,是桥梁控制分析的主要方法。

现以某自锚式悬索桥为例[3,6],阐述正装计算法的思路和步骤。桥梁总体布置如图8.26.4所示。

该桥梁为自锚式悬索桥,采用先梁后缆的施工工艺。全桥施工阶段较多,模拟相对复杂,尤其是吊索张拉过程需要多次反复张拉,吊索间相互影响,期间还穿插索鞍顶推、压重布置、临时支架拆除等多项工作。施工控制的正装分析必须严格按照施工步骤进行。该桥施工阶段大体可分为以下几大步骤:

阶段1:施工索塔、过渡墩、辅助墩、临时墩和临时支架。

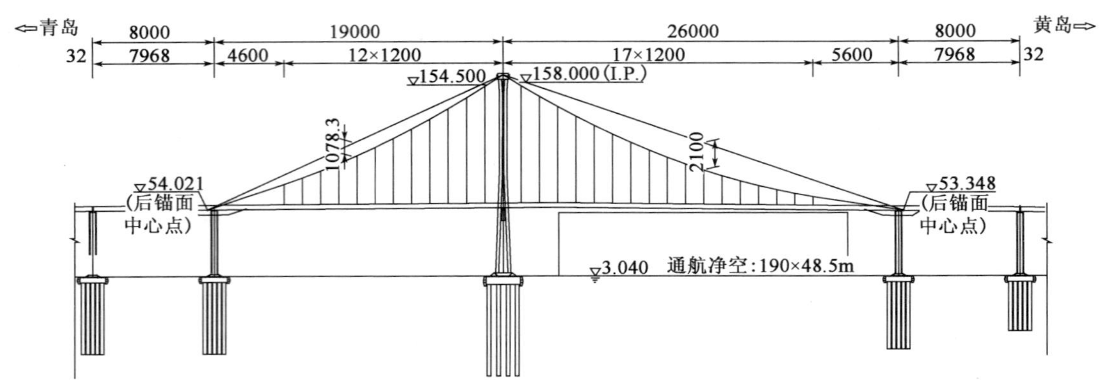

图 8.26.4　桥梁立面布置示意图(尺寸单位:cm;高程单位:m)

阶段 2:钢箱梁工厂制造,进行大节段吊装架设,大节段间施焊实现简支变连续状态,得到加劲梁架设内力和几何状态。

阶段 3:为了保证成桥阶段主塔受力和变位满足要求,需要预偏塔顶索鞍,按照预定的空缆线形安装主缆及其附属设施。

阶段 4:在两侧辅助墩处和索塔处加劲梁内施加压重,安装索夹等缆索附属设施,按照优化后的吊索张拉方案分批张拉吊索,并在吊索张拉过程中拆除临时墩和临时支架,得到二期铺装前的主缆线形、吊索力和主缆内力与线形。

阶段 5:进行二期铺装和桥面附属设施施工,使得成桥内力和线形逼近设计目标状态。

正装分析中的关键施工阶段示意图如图 8.26.5 所示。

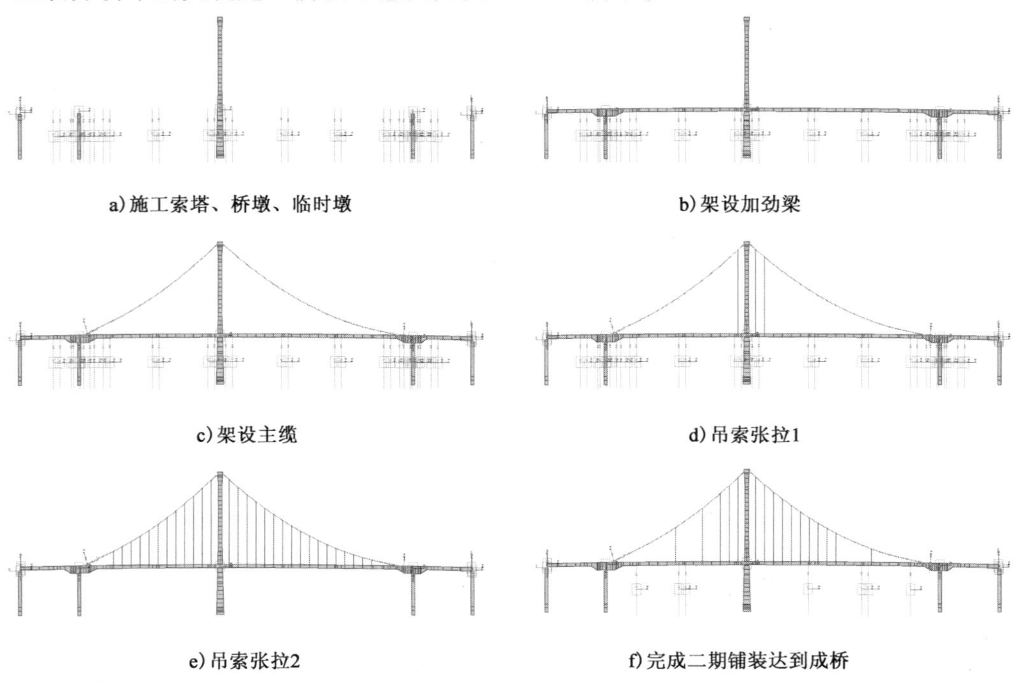

图 8.26.5　全桥施工过程仿真模拟

成桥状态加劲梁的内力计算结果如图 8.26.6 ~ 图 8.26.9 所示。成桥状态吊杆力分布如图 8.26.10 所示。

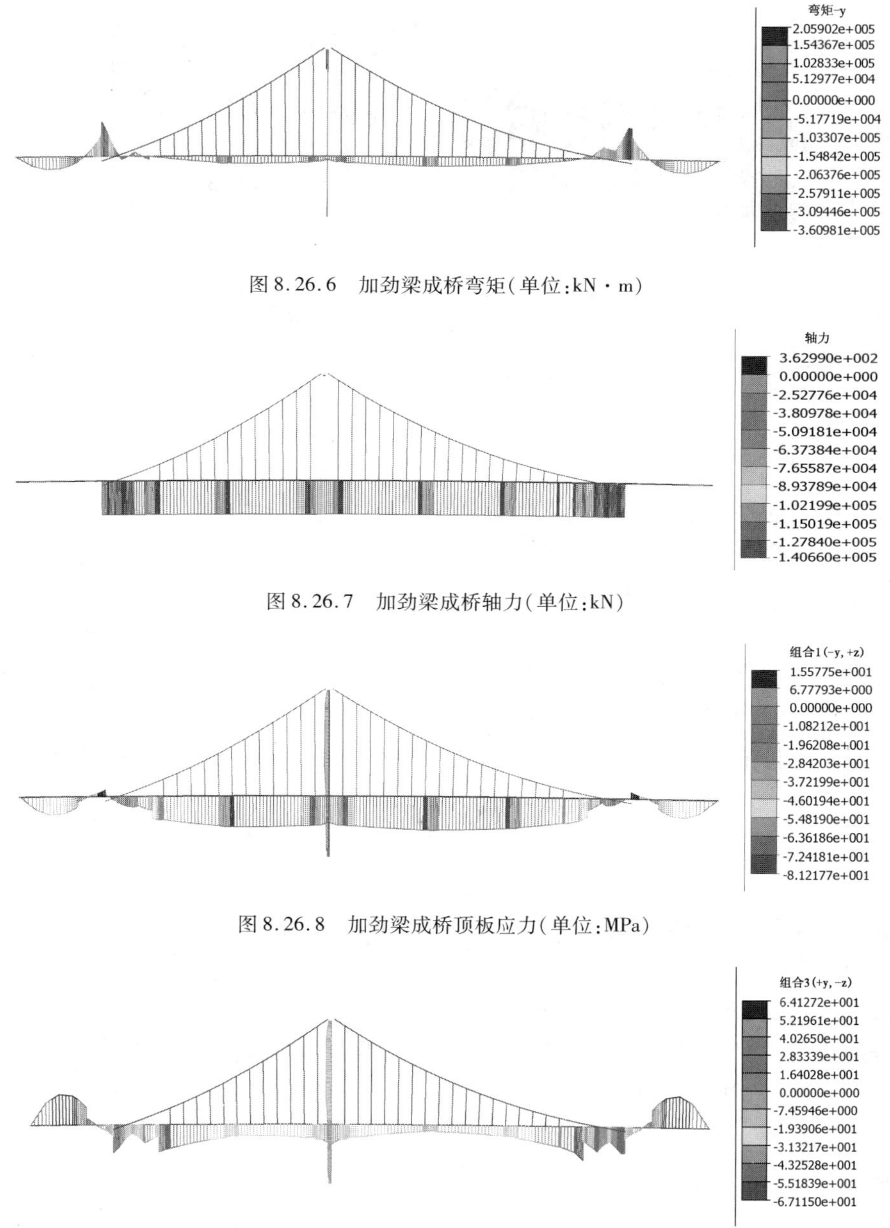

图 8.26.6 加劲梁成桥弯矩(单位:kN·m)

图 8.26.7 加劲梁成桥轴力(单位:kN)

图 8.26.8 加劲梁成桥顶板应力(单位:MPa)

图 8.26.9 加劲梁成桥底板应力(单位:MPa)

由以上计算示例可以看出,正装分析法实际上是基于有限元分析的“仿真”分析计算,是对施工全过程的模拟和再现。因此,如何准确模拟施工过程的几何和力学性质变化,是保证正装分析成功的关键[7]。在正装分析中,需要考虑非线性因素、徐变收缩因素及温变因素等,见相应章节的介绍。

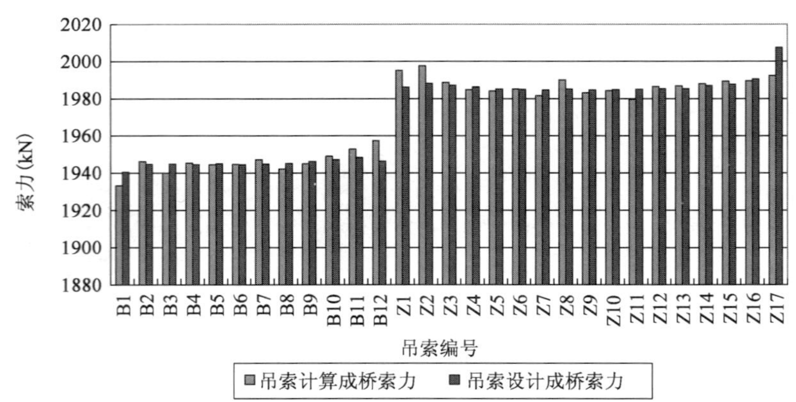

图 8.26.10　成桥状态计算吊杆力与设计值比较(单位:kN)

26.3.2　倒装分析法

桥梁施工控制的一个重要目标就是使桥梁成桥后的线形达到设计要求。若线形误差过大将造成桥梁结构的合龙困难,而且影响桥梁建成后的美观和运营质量。众所周知,一座大跨度桥梁的设计图,只给出了桥梁结构最终成桥状态的设计线形和设计高程,没有明确给出桥梁施工各中间状态的高程。要想得到桥梁结构初始状态和施工中的各阶段的理想状态,为桥梁预拱度的设置提供依据,就要从最终成桥状态开始,按施工加载顺序的逆过程逐步倒拆分析,得到施工中各阶段中间的理想状态和初始状态,这种按照桥梁结构实际施工加载顺序的逆过程来进行结构行为分析的方法就是倒装分析法。倒装计算的目的就是获得桥梁结构在各施工阶段理想的安装位置(主要指高程)和理想的受力状态。

倒装计算法的基本思想是:假设 $t=t_0$ 时刻结构内力分布满足正装计算 t_0 时刻的结果,线形满足设计要求。在此初始状态下,按照正装分析的逆过程,对结构进行倒拆,分析每次拆除一个施工阶段对剩余结构的影响,在一个阶段内分析得出的结构位移、内力状态便是该阶段结构施工的理想状态。

现以斜拉桥为例,介绍倒装计算法的思路和步骤。

在进行倒装分析时,首先需要确定成桥状态的内力和线形,使之与设计状态保持一致。然后按照施工对应顺序逆序进行杆件的拆除及倒装分析,顺序如下:

(1)拆除桥面附属设施和二期铺装,得到合龙后的内力和结构变形[图 8.26.11a)]。

(2)拆除合龙段杆件⑦,计算剩下的结构内力和变形[图 8.26.11b)]。

(3)固结杆件⑰(约束主塔支撑处梁与墩耦合节点的水平及转动自由度),然后拆除杆件⑭、⑮、⑯,形成以主塔为中心的双悬臂结构,得到桥梁最大悬臂状态下的结构内力和变形[图 8.26.11c)]。

(4)自悬臂端部开始,依次对称拆除节段主梁及拉索(杆件⑧、①、⑨、⑥,杆件⑩、②、⑪、⑤),求出各个中间阶段的斜拉索张拉力和结构内力与变形[图 8.26.11d)]。

(5)拆除杆件⑫、③、⑬、④,斜拉索拆除完毕,得到主塔和主梁零号块内力和变形状况,这是主梁施工控制的初始状态[图8.26.11e)]。

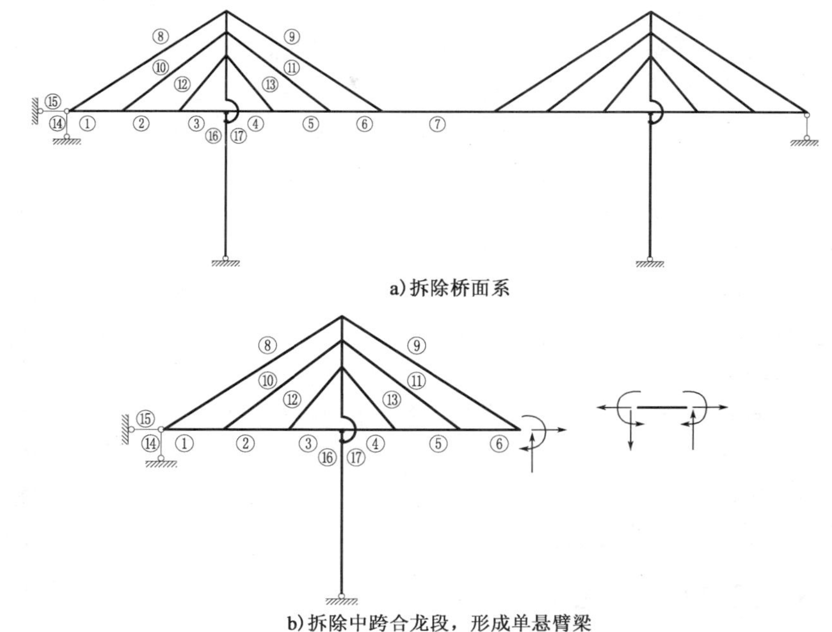

a)拆除桥面系

b)拆除中跨合龙段，形成单悬臂梁

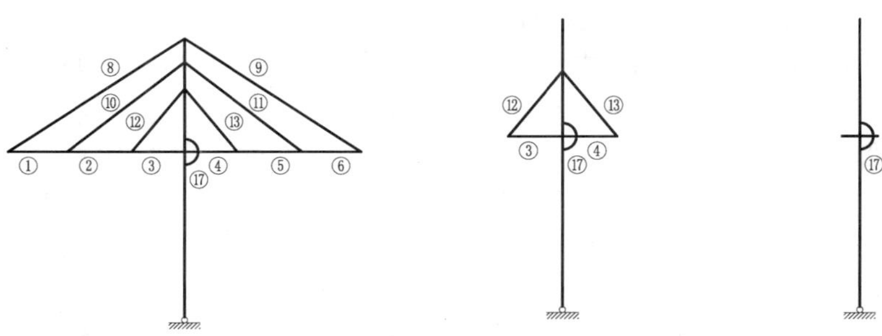

c)塔梁墩临时固结，拆除边跨合龙段，形成最大双悬臂梁　　d)依次对称拆除主梁和斜拉索　　e)主塔及零号块状态

图8.26.11　桥梁倒装分析模拟示意图

通过以上分析，用倒装计算法确定桥梁结构各阶段施工理想状态，必须注意以下几点：

(1)倒装计算时的初始状态必须由正装分析来确定，初始状态中的各杆件轴线位置可取设计轴线位置。

(2)拆除单元的等效荷载，用被拆单元接缝处的内力反方向作用在剩余主体结构接缝处加以模拟。

(3)拆除杆件后的结构状态为拆除杆件前结构状态与被拆除杆件等效荷载作用状态的叠加。换言之，本阶段结束时，结构的受力状态用本阶段荷载作用下的结构受力与前一阶段的结构受力状态相叠加而得。

(4)被拆除杆件应满足零应力条件，剩余主体结构出现新的接缝面应力等于此阶段对该接缝面施加的预加应力。这是正确进行倒退分析的必要条件。

在线性假定的前提下，倒装分析法可以得到桥梁任意阶段的理想内力和几何状态。然而，大跨径桥梁存在几何非线性效应，而混凝土桥梁还存在收缩徐变效应，它们均与加载历程有关，无法反推。因此，倒装分析法只能得到施工阶段的近似内力与变形状态，偏差的原因在于无法考虑非线性因素的影响。国内学者提出过假定加载历程，进行反方向迭代的倒装分析法，但是假定的加载历程很难准确模拟实际情况，从而造成分析结构的偏差。为了解决这个问题，倒装—正装综合法是一种较好的解决方法。其基本思路如下：

(1)按照桥梁理想的成桥内力和变形状态，首先进行第一轮倒装分析。本轮分析以施工方案为依据，不考虑非线性和收缩徐变影响，进行逆序分析，得到各个施工阶段的内力和变形。

(2)以第一轮逆序分析得到的各个施工阶段内力和变形为依据，计入几何非线性和混凝土收缩徐变影响，开始进行正装分析，得到正装分析后的成桥状态。这个成桥状态一定与理想成桥状态存在偏差。

(3)以第一轮正装分析记录的各阶段线形偏差和收缩徐变值作为第二轮倒装分析时计入几何非线性和收缩徐变的依据，逐阶段计入其影响，如此反复进行正装—倒装分析，直至收敛。

以上正装—倒装综合法需要进行反复地倒装与正装分析，成桥状态迭代吻合后才能得到各个施工阶段的线形和内力控制目标，但计算量较大。

26.3.3 无应力状态法

无应力状态控制法的基本思想是[5]：在线性假定条件下，对一座已建桥梁进行解体，并将成桥时构件的内力释放掉，就可以得到各构件的无应力状态。比如，斜拉索在成桥时是受拉的，将斜拉索从结构中解除下来，并释放拉力，拉索长度将缩短，同时拉应力为零，这个状态就称为拉索的无应力状态，其长度为无应力状态下的长度。同理，对于受弯构件，从结构上解除下来后，将反向弯曲，同时构件内的弯曲应力变为零，这个状态称为受弯构件的无应力状态。对于承受多种内力的构件，其无应力状态形状是将所有内力释放后的形状，例如，弯拉构件从结构上解除下来后将缩短，同时反向弯曲。

理论上，只要按照上述的无应力长度制造构件，并按照原结构中各构件间的相对角度将所有构件安装回去，无论按什么程序恢复，还原后的结构内力和线形将与原结构一致。因此，可以根据桥梁体系及现场情况拟定施工步骤，将无应力构件的一端按照切线拼装方法安装到原来的位置上，用另一端与其要连接的节点间的距离，反算出施工中需要施加的力。例如，如图8.26.12所示的结构，各构件从结构中解除后得到无应力长度，当塔、梁安装原先的相对角度安装完成后，根据梁的悬臂端与塔顶间的距离，可以计算出斜拉索安装时所需要的索力。以此类推，可以计算出所有施工阶段各构件的安装位置与需要施加的安装力。

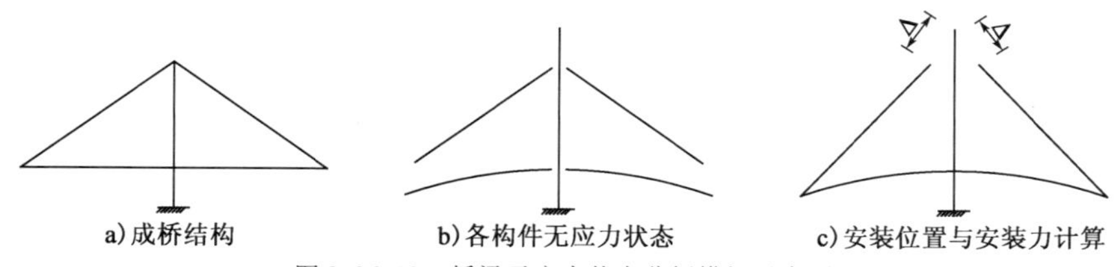

图8.26.12　桥梁无应力状态分析模拟示意图

从上述过程可以看出，无应力状态法与倒退法的本质是同样的，得到的结果也完全相同。

只不过一个是通过按无应力状态安装构件的过程中,无应力状态与安装后的状态之差计算安装索力与梁的安装位置。另一个(倒退法)是从拆除构件的角度,获得安装后状态与无应力状态之差,进一步得到安装索力与梁的安装位置。

因此,无应力状态法从成桥状态确定的每个施工步骤控制数据,在桥梁体系转换时仍然存在倒退法分析的问题,需要施加强迫力才能达到成桥状态。同时,对于混凝土桥也存在徐变分析困难的问题。

无应力状态法虽然不能解决需要强迫合龙的问题,但是,用来计算预制拼装结构构件的制造尺寸是非常简便的方法,得到广泛的应用。

26.3.4 桥梁调值计算方法

调值计算是大型桥梁控制的基本手段,桥梁结构在设计和施工计算中,常常遇到如下问题:

设计阶段:需要通过调整部分构件的内力或支点位移,来优化整个结构体系的受力状态。如通过调整斜拉索力来优化斜拉桥结构恒载内力状态;通过调整预应力束张拉力来改善预应力体系关心截面的应力状态;通过调整连续梁支座来改善全桥正负弯矩分配等。

施工阶段:由于结构模型噪声、施工精度及其他随机因素的影响,使结构状态偏离控制目标或出现超应力状态,需要通过调整少量构件的内力或改变部分约束节点的位移来减少已建结构与控制目标的偏差,并使后期结构的施工状态最大限度地逼近目标。

竣工后的结构也会遇到与前述相仿的问题。如通过拱脚位移(顶推)来调整拱圈内力,通过斜拉索再张拉来调整使用多年的结构由于徐变、收缩引起的线形和内力改变等。

对于以上问题,可以采用针对桥梁结构关心截面的内力、位移、应力调值计算来解决。调值计算就是根据结构实际状态和理想状态之间的偏差,反算需要施加的控制措施调整量。对此,国内外学者开展了大量的研究,也提出了各种调值计算方法。当控制措施少于控制目标时,可以通过联立方程求解控制调整量;当控制措施多于控制目标时,就存在多方案的问题,此时就产生了最优调整的问题。例如,为了调整斜拉桥跨中高程,需要通过多根拉索进行调整,不同的拉索调整方案对主梁内力和斜拉索索力分布的影响都是不同的。这种情况下,控制量调整计算就要采用优化方法,设定桥面线形上的一点或若干点的高程控制目标。为了使控制高程和设计目高程程误差最小,可采用最小二乘法确定目标函数,求解目标函数最小时的一组索力。

桥梁调值计算还可以采取系统控制的迭代法,如最优控制的卡尔曼滤波法。为了将主梁若干位置高程调整到控制目标值,可按照结构增加的内能最小为原则,建立目标函数,求解最优调整方案。

调值计算中采用最多的方法是影响矩阵法,其基本理论和方法详见本章 26.5.3 节。

26.4 桥梁控制中的误差分析与参数识别

26.4.1 误差分析

依据本章第 3 节的方法,我们总可以在不考虑误差的前提下采用结构的倒装分析、正装分析或无应力状态法确定桥梁结构各施工阶段的理论状态。但是桥梁结构施工过程影响因素众多，既存在设计参数误差（如材料重度、截面尺寸、弹性模量等），还存在施工误差（如制作误差、假设误差、临时荷载误差、钢束张拉力误差等）、测量误差、结构分析中的模型误差等。因此，结构的实际状态无法与其理想状态吻合，偏差在所难免。而施工控制的目的就是采用误差分析、参数识别和状态预测等理论，在施工过程中逐渐修正各类偏差，使得桥梁成桥状态逼近设计目标状态。

误差按照性质可分为固定误差和变动误差。前者是指一旦产生后将不随时间的推移而变化的误差，如结构尺寸、质量、刚度等参数误差。后者是指施工过程中受到环境、工况、仪器精度、人为影响等而经常变化的各种参数误差，这类误差以量测误差为代表。从误差分布来看，呈现同号递增或递减特点的误差称为大范围误差。相反，呈现正负交替特点的误差称为小范围误差。显然，小范围误差可以看作是均值为零的白噪声干扰，可归于偶然误差，在能够准确识别参数期望值的前提下，此类误差对参数识别和状态预测影响并不显著。例如控制截面应力、索力、高程测量等，这些测试数据均服从正态分布，都可以通过多次测量并采用一定的数学方法分离实测数据中的噪声影响，得到真值的较好期望值。采用最小二乘法就能够很好地解决小范围误差的问题。因此，桥梁控制中的大范围误差才是我们调整计算的主要对象。例如，结构自重误差在大多桥梁中均属于大范围误差，且属于重要的结构参数，对桥梁内力和线形预测起到至关重要的作用，必须予以重视。

误差分析前需要建立容许误差的标准，如构件几何尺寸误差、材料特性误差、张拉控制力误差等在一般的施工技术规范中有所规定。但是在大跨径桥梁施工控制中，诸如线形误差、索力误差等还未有统一的标准，需要根据实际情况进行研究和优化，其控制原则是既要保证施工的准确度，又要给予施工一定的宽容度，便于施工。

既然桥梁施工误差不可避免，那么我们更加关心两个问题：一是成桥阶段理想状态能够承受多大的误差；二是施工期间每个过程可以发生多大误差，其成桥累计误差仍然在容许范围内。一般可从以下两方面考虑：

（1）随机误差传递法确定施工误差对成桥误差的影响

依据施工过程中的节段重量、预应力效应等参数的统计指标（均值与方差），假定误差传递到成桥阶段的规律与上述变量本身对成桥结果（线形和内力）的影响规律相同，则可以采用确定性方法计算上述参数的施工误差对成桥阶段误差的影响。借鉴可靠度指标，可以计算成桥误差小于某一范围并有一定保证率时施工误差的范围。一般要采用正装分析方法经过反复试算确定施工误差范围。

（2）可靠度反问题确定施工误差（精度标准）

为了避免通过试算的方法确定施工阶段误差标准，还可以通过可靠度反问题方法，在预先设定成桥状态精度有一定保证率时，反求施工要求的精度标准。可采用统一精度法或统一参数法进行分析。

统一精度法将施工各阶段控制目标的精度标准统一设置为一个确定的范围，如斜拉桥索力与理论计算值偏差不超过张拉力的 $\pm a\%$，节段高程与理论计算值偏差不大于 δ 等。然后逐个施工阶段求一定保证率下的累计误差，要求到成桥阶段后累计误差小于允许值，此时原先设定的 $\pm a\%$ 或 δ 即为要求的统一精度。

统一参数法认为施工过程中节段主梁安装偏差、索力或吊杆力张拉偏差的随机数字特征相同,按照误差传递的思路考虑施工阶段误差的累积效应,得到考虑施工过程的功能函数,从而可以求出不同施工阶段上述参数必须达到的不同精度标准。

桥梁施工控制是一个复杂的动态系统。技术人员应运用现代控制理论,根据桥梁的理论目标状态、现场实测状态和各类误差信息,采用可靠的误差分析方法进行误差分析,制订可调变量的最佳调整方案,使各工况下的结构施工状态趋于理想状态,保证成桥状态逼近设计目标状态。

26.4.2　参数识别

设计参数误差是引起桥梁施工误差的主要因素之一。所谓设计参数误差是指在进行桥梁结构分析时所采用的理想设计参数值与实际状态所具有的相应设计参数值的偏差。由于这种设计参数误差的存在,必然导致结构模拟分析计算的理想状态与实际状态之间存在误差。因此,要使桥梁结构的实际状态逼近这种理想状态,则必须首先修正和调整这些设计参数误差。在大跨度桥梁的施工控制中,设计参数误差的调整就是通过监测施工过程中结构的实际状态,分析结构的实际状态与理想状态的偏差,用误差分析的理论来确定和识别引起这种偏差的主要设计参数误差,经过修正设计参数误差,来控制桥梁结构的实际状态与理想状态的偏差,使结构成桥状态与设计要求相吻合。为达到这个目的,首先必须确定引起桥梁这种偏差的主要设计参数,再应用各种理论和方法来分析识别这种设计参数误差,得到设计参数的正确估计值,使桥梁结构的实际状态与理想状态相一致。

1)引起结构状态偏差的设计参数

桥梁结构的设计参数主要是指能引起结构状态(变形和内力)变化的要素。结构设计参数的变化能引起结构内力的变化和形状的改变。桥梁结构的设计参数主要有以下几方面:

(1)结构几何形态参数。主要是指桥梁结构的跨径、矢跨比、塔高、缆索的线形以及悬索桥主索鞍预偏量等结构几何量。

(2)截面特性参数。主要包括截面的几何尺寸、截面面积、截面的惯性矩等。在施工控制中,这些参数的变化对结构状态的变化影响较大。

(3)与时间有关的参数。主要有混凝土的收缩徐变和温度等。混凝土的收缩徐变与桥梁结构的形成历程有密切的关系,温度对桥梁结构的影响,在一般情况下,可通过定时观测确定。

(4)荷载参数。主要是指构件的自重力、施工临时荷载和预加力等。对于钢结构来说,加工误差引起的恒载的变化是很小的,而且变化规律较稳定;对于混凝土结构,由于胀模引起的结构自重的变化是很经常的,也没有规律可循。施工临时荷载是较稳定的量,而且预先是可知的。对于预加力,一般通过计算可准确地获得。

(5)材料特性参数。主要是指材料的弹性模量和剪切模量。对于钢材,弹性模量和剪切模量是较稳定的参数;对于混凝土材料,弹性模量和剪切模量有一定的波动,一般要通过现场的试验来确定。

2)设计参数的敏感性分析

前面所述的设计参数中,并不是同时出现的,而且对桥梁结构状态的影响程度也是不同的,因此,要通过参数识别来确定设计参数的实际值,并且分析辨别对桥梁结构状态影响较大的参数即主要设计参数。一般对设计参数的识别主要有两种方法和手段：其一就是通过现场的量测、试验来确定设计参数，如几何形态参数、某些截面特性参数和材料特性参数；其二就是通过计算分析来确定主要设计参数，也就是设计参数的敏感性分析。设计参数的敏感性分析的主要任务是确定对桥梁结构状态影响较大的参数。具体方法就是设计参数发生一定幅度的变化后，计算由此引起的结构控制部位的变形和结构内力的变化幅度，再根据这种变化幅度的大小（即敏感程度的显著性），将设计参数划分为主要参数和次要参数。主要设计参数对结构状态的影响较显著，次要设计参数对结构状态的影响不显著。

设计参数敏感性分析的主要步骤如下：

（1）将参数变化幅度控制在10%左右。

（2）选定控制目标，如桥梁结构的跨中挠度，利用结构分析系统，修改设计参数值，计算成桥状态跨中挠度变化幅度，并建立参数敏感性方程。

（3）依据影响程度确定出主要设计参数和次要设计参数。

通过设计参数的敏感性分析，确定出主要设计参数后，在施工控制中，只考虑对主要设计参数进行修正，而忽略次要设计参数的影响，以简化控制过程。

26.5 桥梁控制中的状态预测方法

26.5.1 最小二乘法

最小二乘法是一种传统的优化方法，其理论体系和计算方法都比较完善。最小二乘法在我国桥梁施工控制中的应用始于20世纪80年代，并取得较好的效果。为节省篇幅，这里只简单介绍基本的最小二乘法。

设有一单输入单输出系统，可用如下随机差分方程描述

$$Y_k + a_1 Y_{k-1} + \cdots + a_n Y_{k-n} = b_1 U_{k-1} + b_2 U_{k-2} + \cdots + b_n U_{k-n} + \xi_k \tag{8.26.3}$$

式中：U_{k-1}、U_{k-2}、…、U_{k-n}——系统的输入；

Y_k、Y_{k-1}、…、Y_{k-n}——系统的输出；

ξ_k——独立同分布的随机序列，也就是随机误差，具有零均值和方差σ^2；

a_n、b_n——系统参数。

根据系统式（8.26.3）的输入、输出数据$\boldsymbol{U}_k,\boldsymbol{Y}_k,(k=1,2,\cdots)$，在已知系统阶数$n$，不知道系统参数$a_i$、$b_i$的情况下对参数进行估计，得到相应的估计参数$\hat{a}_i,\hat{b}_i$，则可得到系统的近似模型为

$$Y_k + \hat{a}_1 Y_{k-1} + \cdots + \hat{a}_n Y_{k-n} = \hat{b}_1 U_{k-1} + \hat{b}_2 U_{k-12} + \cdots + \hat{b}_n U_{k-n} + e_k \tag{8.26.4a}$$

或写成

$$Y_k = \boldsymbol{\varphi}_k^{\mathrm{T}} \hat{\boldsymbol{\theta}} + e_k \tag{8.26.4b}$$

式中：$\boldsymbol{\varphi}_k^{\mathrm{T}} = [-Y_{k-1},\cdots,-Y_{k-n};U_{k-1},U_{k-2},\cdots,U_{k-n}]$；

$\hat{\boldsymbol{\theta}}^{\mathrm{T}} = [\hat{a}_1,\hat{a}_2,\cdots,\hat{a}_n;\hat{b}_1,\hat{b}_2,\cdots,\hat{b}_n]$；

e_k——模型残差，它包含量测误差、参数估计误差、系统干扰引起的误差。

当有 $N+n$ 对输入输出数据时，用式(8.26.4b)就可以写出 N 个描述系统输入输出之间相互关系的方程组

$$\boldsymbol{Y}_N = \boldsymbol{\phi}_N \hat{\theta} + \boldsymbol{E} \tag{8.26.5}$$

式中：$\boldsymbol{Y}_N = [Y_{n+1}, Y_{n+2}, \cdots, Y_{n+N}]^{\mathrm{T}}$

$\boldsymbol{E} = [e_{n+1}, e_{n+2}, \cdots, e_{n+N}]^{\mathrm{T}}$

$$\boldsymbol{\phi}_N = [\phi_{n+1}^{\mathrm{T}}, \phi_{n+2}^{\mathrm{T}}, \cdots, \phi_{n+N}^{\mathrm{T}}]^{\mathrm{T}}$$

$$= \begin{bmatrix} -Y_n & -Y_{n-1} & \cdots & -Y_1 & U_n & U_{n-1} & \cdots & U_1 \\ -Y_{n+1} & -Y_n & \cdots & -Y_2 & U_{n+1} & U_n & \cdots & U_2 \\ \vdots & \vdots & \vdots & \vdots & \vdots & \vdots & \vdots & \\ -Y_{n+N-1} & -Y_{n+N-2} & \cdots & -Y_n & U_{n+N-1} & U_{n+N-2} & \cdots & U_N \end{bmatrix}$$

用估计的参数向量$\hat{\theta}$代替原系统的参数向量 θ，即用模型式(8.26.4b)代替式(8.26.4a)，要求它对系统输入输出数据对之间的关系拟合得最好，即残差是可正可负的。因此，要求使残差平方和

$$J = \sum_{k=1}^{N} e_{n+k}^2 = \boldsymbol{E}^{\mathrm{T}}\boldsymbol{E} \tag{8.26.6}$$

为最小。这个 J 是个标量，式(8.26.6)就是我们的参数估计准则，极小优化准则 J 的必要条件是

$$\frac{\partial J}{\partial \hat{\theta}} = \frac{\partial(\boldsymbol{E}^{\mathrm{T}} \cdot \boldsymbol{E})}{\partial \hat{\theta}} = \frac{\partial}{\partial \hat{\theta}}(\boldsymbol{Y}_N - \boldsymbol{\phi}_N \hat{\theta})^{\mathrm{T}} \cdot (\boldsymbol{Y}_N - \boldsymbol{\phi}_N \hat{\theta})$$

$$= -2\boldsymbol{\phi}_N^{\mathrm{T}}(\boldsymbol{Y}_N - \boldsymbol{\phi}_N \hat{\theta}) = 0$$

从而可得

$$\hat{\boldsymbol{\theta}} = (\boldsymbol{\phi}_N^{\mathrm{T}} \cdot \boldsymbol{\phi}_N)^{-1}\boldsymbol{\phi}_N^{\mathrm{T}}\boldsymbol{Y}_N \tag{8.26.7}$$

极小优化估计准则 J 的充分条件是

$$\frac{\partial}{\partial\hat{\theta}}\left(\frac{\partial J}{\partial\hat{\theta}}\right)^{\mathrm{T}} = 2\boldsymbol{\phi}_N^{\mathrm{T}} \cdot \boldsymbol{\phi}_N > 0 \tag{8.26.8}$$

由此可见，$\boldsymbol{\phi}_N^{\mathrm{T}} \cdot \boldsymbol{\phi}_N$ 矩阵为正定阵时，式(8.26.7)才能成立，而且式(8.26.7)所得估计$\hat{\theta}$是唯一的极小值估计。式(8.26.7)就是我们所要求得的参数 θ 的最小二乘估计，可以用高斯消元法、平方根法、cholesky 分解法等求解式(8.26.7)的线性方程组。下面举例说明最小二乘法的计算方法和过程。

观测值 z_i 与观测时刻 t_i 的关系如表 8.26.1 所示。

观测值 z_i 与观测时刻 t_i 的关系 表 8.26.1

t_i	2	4	5	8	9
z_i	2.01	2.98	3.50	5.02	5.47

设 $Y(t) = x_1 + x_2 t$，用最小二乘法确定 x_1 和 x_2。

将 $Y(t)=x_1+x_2t$ 写成 $Y(t)=x_1\varphi_1(t)+x_2\varphi_2(t)$ 形式，则

$$\varphi_1(t)=1,\varphi_2(t)=t$$

$$\hat{\theta}=\begin{pmatrix}x_1\\x_2\end{pmatrix}\varphi=\begin{Bmatrix}\varphi_1(2) & \varphi_2(2)\\ \varphi_1(4) & \varphi_2(4)\\ \varphi_1(5) & \varphi_2(5)\\ \varphi_1(8) & \varphi_2(8)\\ \varphi_1(9) & \varphi_2(9)\end{Bmatrix}=\begin{Bmatrix}1 & 2\\1 & 4\\1 & 5\\1 & 8\\1 & 9\end{Bmatrix}\qquad Y=\begin{Bmatrix}z_1\\z_2\\z_3\\z_4\\z_5\end{Bmatrix}=\begin{Bmatrix}2.01\\2.89\\3.50\\5.02\\5.47\end{Bmatrix}$$

由公式(8.26.7)计算各组成项，得

$$\boldsymbol{\varphi}^{\mathrm{T}}=\begin{Bmatrix}1 & 1 & 1 & 1 & 1\\2 & 4 & 5 & 8 & 9\end{Bmatrix}\boldsymbol{\varphi}^{\mathrm{T}}\cdot\boldsymbol{\varphi}=\begin{bmatrix}5 & 28\\28 & 190\end{bmatrix}(\boldsymbol{\varphi}^{\mathrm{T}}\cdot\boldsymbol{\varphi})^{-1}\begin{bmatrix}1.14457 & -0.16867\\-0.16867 & 0.0301\end{bmatrix}$$

则

$$\hat{\boldsymbol{\theta}}=\begin{Bmatrix}\hat{x}_1\\\hat{x}_2\end{Bmatrix}=(\boldsymbol{\varphi}^{\mathrm{T}}\cdot\boldsymbol{\varphi})^{-1}\boldsymbol{\varphi}^{\mathrm{T}}\boldsymbol{Y}=\begin{bmatrix}1.14457 & -0.16867\\-0.16867 & 0.0301\end{bmatrix}\begin{bmatrix}1 & 1 & 1 & 1 & 1\\2 & 4 & 5 & 8 & 9\end{bmatrix}\begin{Bmatrix}2.01\\2.89\\3.50\\5.02\\5.47\end{Bmatrix}=\begin{Bmatrix}1.016\\0.496\end{Bmatrix}$$

26.5.2 卡尔曼滤波法

在工程实际问题中经常会遇到这样一些系统：系统的初始状态 $X(t_0)$ 是一个随机变量，不知道它的确切取值，只知其均值和方差。系统不但受确定性控制输入 $u(t)$ 作用，而且往往受到一些随机干扰（噪声）的作用，在这些随机干扰和随机初始状态的作用下，系统的状态 $X(t_0)$ 不是一个确定性的函数，而是一个随机过程。另外量测系统即使不存在系统误差，也会有随机误差存在，或者说量测系统也存在随机干扰。因此，我们需要根据夹杂着噪声干扰的量测信号 $Y(t)$ 把系统的状态 $X(t)$ 估计出来，以便实现某种最优控制。解决这种状态估计的方法主要有卡尔曼滤波法，实际上就是最优估计问题。

卡尔曼滤波法是将状态空间的概念引入到随机估计理论中来，把信号过程视为在白噪声作用下的一个线性系统的输出，这种输入输出关系用状态方程来描述。这样所描述的信号过程不仅可以是平稳的标量随机过程，而且可以是非平稳的向量随机过程。借助计算机发展的成果，将概率论和数理统计领域的成果用于解滤波估计问题，提出一种新的线性递推方法。这种方法不要求储存过去的观测数据。当新的数据被观测到后，只要根据新的数据和前一时刻的估计量，借助于信号过程本身的状态转移方程，按照一套递推公式，即可算出新的估计量。因此，卡尔曼滤波具有如下特点：

(1)算法是递推的，且使用状态空间法在时域内设计滤波器，所以卡尔曼滤波适用于对多维随机过程的估计。

(2)采用动力学方程即状态方程描述被估计量的动态变化规律,被估计量的动态统计信息由激励白噪声的统计信息和动力学方程确定。由于激励白噪声是平稳过程,动力学方程已知,所以被估计量既可以是平稳的,也可以是非平稳的,即卡尔曼滤波也适用于非平稳过程。

(3)卡尔曼滤波具有连续型和离散型两类算法,离散型算法可直接在数字计算机上实现。

由于在桥梁的施工控制中,结构的状态均是用离散的数据序列表示(如某些测点的高程、某些截面的应力等),而不是用连续量表示的,因此我们只关心离散线性系统的卡尔曼滤波法。下面简要介绍离散型卡尔曼滤波法的基本方程。

设 t_k 时刻的被估计状态 X_k 受系统噪声序列 $\boldsymbol{W}_{k-1}$ 驱动,驱动机理由下述状态方程描述

$$X_k = \boldsymbol{\Phi}_{k,k-1} X_{k-1} + \boldsymbol{\Gamma}_{k-1} \boldsymbol{W}_{k-1} \tag{8.26.9}$$

对 X_k 的量测满足线性关系,量测方程为

$$Z_k = \boldsymbol{H}_k X_k + \boldsymbol{V}_k \tag{8.26.10}$$

式中:$\boldsymbol{\Phi}_{k,k-1}$——$t_{k-1}$时刻至 t_k 时刻的一步转移阵;

$\boldsymbol{\Gamma}_{k-1}$——系统噪声驱动阵;

$\boldsymbol{H}_k$——量测阵;

$\boldsymbol{V}_k$——量测噪声序列;

$\boldsymbol{W}_{k-1}$——系统激励噪声序列。

同时,$\boldsymbol{W}_k$ 和 $\boldsymbol{V}_k$ 满足

$$\begin{cases} E[\boldsymbol{W}_k] = 0, \mathrm{Cov}[\boldsymbol{W}_k, W_j] = E[\boldsymbol{W}_k, \boldsymbol{W}_j^{\mathrm{T}}] = \boldsymbol{Q}_k, \delta_{kj} \\ E[\boldsymbol{V}_k] = 0, \mathrm{Cov}[\boldsymbol{V}_k, V_j] = E[\boldsymbol{V}_k, \boldsymbol{V}_j^{\mathrm{T}}] = \boldsymbol{R}_k, \delta_{kj} \\ \mathrm{Cov}[\boldsymbol{W}_k, \boldsymbol{V}_j] = E[\boldsymbol{W}_k, \boldsymbol{V}_j^{\mathrm{T}}] = 0 \end{cases} \tag{8.26.11}$$

式中:$\boldsymbol{Q}_k$——系统噪声序列的方差阵,假设为非负定阵;

$\boldsymbol{R}_k$——量测噪声序列的方差阵,假设为正定阵。

如果被估计状态 X_k 满足式(8.26.9),对 X_k 的量测量 $\boldsymbol{Z}_k$ 满足式(8.26.10),系统噪声 $\boldsymbol{W}_k$ 和量测噪声 $\boldsymbol{V}_k$ 满足式(8.26.11),系统噪声方差阵 $\boldsymbol{Q}_k$ 非负定,量测噪声方差阵 $\boldsymbol{R}_k$ 正定,k 时刻的量测为 $\boldsymbol{Z}_k$,则 X_k 的估计 $\hat{X}_k$ 按下述方程求解

状态一步预测

$$\hat{X}_{k/k-1} = \boldsymbol{\Phi}_{k/k-1} \hat{X}_{k-1} \tag{8.26.12a}$$

状态估计

$$\hat{X}_k = \hat{X}_{k/k-1} + \boldsymbol{K}_k (\boldsymbol{Z}_k - \boldsymbol{H}_k \hat{X}_{k/k-1}) \tag{8.26.12b}$$

滤波增益

$$\boldsymbol{K}_k = \boldsymbol{P}_{k/k-1} \boldsymbol{H}_k^{\mathrm{T}} (\boldsymbol{H}_k \boldsymbol{P}_{k/k-1} \boldsymbol{H}_k^{\mathrm{T}} + \boldsymbol{R}_k)^{-1} \tag{8.26.12c}$$

或

$$\boldsymbol{K}_k = \boldsymbol{P}_k \boldsymbol{H}_k^{\mathrm{T}} \boldsymbol{R}_k^{-1} \tag{8.26.12c'}$$

一步预测均方误差

$$P_{k/k-1} = \boldsymbol{\Phi}_{k/k-1}\boldsymbol{P}_{k-1}\boldsymbol{\Phi}_{k/k-1}^{\mathrm{T}} + \boldsymbol{\Gamma}_{k-1}\boldsymbol{Q}_{k-1}\boldsymbol{\Gamma}_{k-1}^{\mathrm{T}} \tag{8.26.12d}$$

估计均方误差

$$P_k = (I - \boldsymbol{K}_k\boldsymbol{H}_k)\boldsymbol{P}_{k/k-1}(I - \boldsymbol{K}_k\boldsymbol{H}_k)^{\mathrm{T}} + \boldsymbol{K}_k\boldsymbol{R}_k\boldsymbol{K}_k^{\mathrm{T}} \tag{8.26.12e}$$

或

$$P_k = (I - \boldsymbol{K}_k\boldsymbol{H}_k)P_{k/k-1} \tag{8.26.12e′}$$

或

$$P_k^{-1} = \boldsymbol{P}_{k/k-1}^{-1} + \boldsymbol{H}_k^{\mathrm{T}}\boldsymbol{R}_k^{-1}\boldsymbol{H}_{\mathrm{k}} \tag{8.26.12e″}$$

式(8.26.12)即为离散型卡尔曼滤波基本方程。只要给定初值 $\hat{X}_0$ 和 P_0，根据 k 时刻的量测 Z_k，就可递推计算 k 时刻的状态估计 $\hat{X}_k(k=1,2,\cdots)$。

26.5.3 影响矩阵法

影响矩阵法广泛应用在桥梁控制计算中，具有概念清晰、使用方便、精度较高等优点，是斜拉桥、悬索桥及系杆拱的索力调值计算的主要工具。下面简单介绍影响矩阵法的概念和应用。

1)影响矩阵及其形成方法

为了方便讨论，首先作如下定义：

受调向量：结构物中关心截面上 m 个独立元素所组成的列向量。这些元素一般由构件中的截面内力、应力或位移组成。它们在调值过程中接受调整，以期达到某种期望状态。受调向量记为

$$\boldsymbol{D} = [d_1, d_2, \cdots, d_m]^{\mathrm{T}} \tag{8.26.13}$$

施调向量：结构物中指定可实施调整以改变受调向量的 l 个独立元素($l \leqslant m$)所组成的列向量，记为

$$\boldsymbol{X} = [x_1, x_2, \cdots, x_l]^{\mathrm{T}} \tag{8.26.14}$$

施调元素多为杆件内力或支座变位。

影响向量：施调向量中第 j 元素 x_j 发生单位变化，引起受调向量 $\boldsymbol{D}$ 的变化向量，记为

$$\boldsymbol{A}_j = [a_{1j}, a_{2j}, \cdots, a_{mj}]^{\mathrm{T}} \tag{8.26.15}$$

影响矩阵：1 个施调向量分别发生单位变化，引起的 1 个影响向量依次排列形成的矩阵，记为

$$\boldsymbol{A} = [A_1 \quad A_2 \quad \cdots \quad A_l] = \begin{bmatrix} a_{11} & a_{12} & \cdots & a_{1l} \\ a_{21} & a_{22} & \cdots & a_{2l} \\ \vdots & \vdots & \ddots & \vdots \\ a_{m1} & a_{m2} & \cdots & a_{ml} \end{bmatrix} \tag{8.26.16}$$

如果结构满足线性叠加原理，则

$$\boldsymbol{AX} = \boldsymbol{D} \tag{8.26.17}$$

在影响矩阵中，元素可能是内力、应力、位移等力学量中的一个，影响矩阵是这些力学量混合组成的。从理论上讲，只要将单位施调向量逐一加到结构上，分别求出相应的影响向量，就能形成结构的影响矩阵。但当受调向量为内力时，由于内力无法直接加在结构上，一般是通过先将相应构件从结构中“断开”，并在断开处施加以一对大小相等方向相反的单位力来进行计算的。显然，这样做破坏了原有的结构形式。用有限元方法计算，则每计算一个影响向量，就要形成和分解一次结构刚度矩阵，是很不经济的。为了减少形成影响矩阵的计算量，可先将内

力元素的影响向量用相应位置和方向上杆件的单位强迫变形影响向量来代替，这样就不必将构件断开，而可在同一力学模型上进行影响向量的计算。

现以一座简单的独塔斜拉桥为例（图8.26.13、图8.26.14），以斜拉索的索力为受调向量来说明影响矩阵的构成。

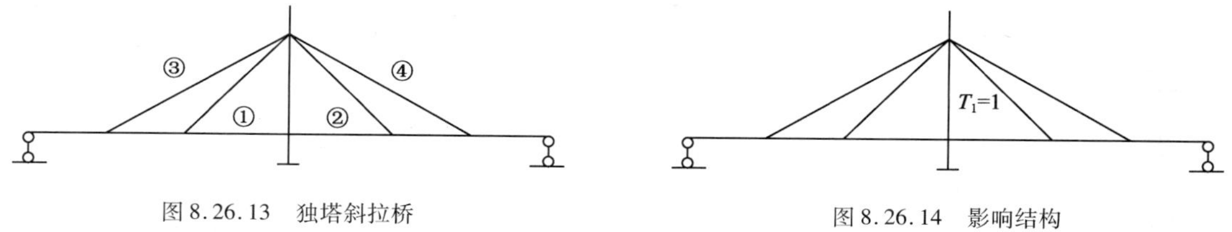

图8.26.13 独塔斜拉桥

图8.26.14 影响结构

当在1号索施加单位索力 $T_1=1$ 时，斜拉索1、2、3、4相应的索力增量为 $\boldsymbol{T}_{i1}(i=1,2,3,4)$，同理在 j 号索施加单位索力 $T_{j=1}$ 时，斜拉索1、2、3、4相应的索力增量为 $\boldsymbol{T}_{ij}(i,j=1,2,3,4)$。由此可得出索力影响矩阵为

$$\boldsymbol{M}_{\mathrm{T}}=\begin{bmatrix}T_{11} & T_{12} & T_{13} & T_{14}\\ T_{21} & T_{22} & T_{23} & T_{24}\\ T_{31} & T_{32} & T_{33} & T_{34}\\ T_{41} & T_{42} & T_{43} & T_{44}\end{bmatrix} \tag{8.26.18}$$

同理，可以得出所需监测点 $A_1,A_2,\cdots,A_n$ 的位移影响矩阵，关于截面 $C_1,C_2,\cdots,C_n$ 应力影响矩阵分别为 $\boldsymbol{M}_\Delta$、$\boldsymbol{M}_\sigma$，其中

$$\boldsymbol{M}_\Delta=\begin{bmatrix}\Delta_{11} & \Delta_{12} & \Delta_{13} & \Delta_{14}\\ \Delta_{21} & \Delta_{22} & \Delta_{23} & \Delta_{24}\\ \vdots & \vdots & \vdots & \vdots\\ \Delta_{n1} & \Delta_{n2} & \Delta_{n3} & \Delta_{n4}\end{bmatrix} \tag{8.26.19}$$

$\boldsymbol{M}_\sigma$ 的形式与 $\boldsymbol{M}_\Delta$ 相同。

斜拉桥在二次调索之前大都已完成主梁施工，结构体系已形成，以此状态为结构初始状态。记该状态下索力值 $\boldsymbol{T}_{\mathrm{c}}$、控制截面应力值 $\boldsymbol{\sigma}_{\mathrm{c}}$ 分别为

$$\boldsymbol{T}_{\mathrm{c}}=\{T_{\mathrm{c}1},T_{\mathrm{c}2},\cdots,T_{\mathrm{c}n}\}^{\mathrm{T}} \tag{8.26.20}$$

$$\boldsymbol{\sigma}_{\mathrm{c}}=\{\sigma_{\mathrm{c}1},\sigma_{\mathrm{c}2},\cdots,\sigma_{\mathrm{c}n}\}^{\mathrm{T}} \tag{8.26.21}$$

监测点在该状态下的高程作为初始高程，即初始位移 $\Delta_{\mathrm{c}}=0$。

如前所述，已知斜拉桥索力影响矩阵 $\boldsymbol{M}_{\mathrm{T}}$，$\boldsymbol{M}_{\mathrm{T}}$ 为 $n\times n$ 阶的矩阵，其中的元素 $M_{\mathrm{T}ij}$ 表示在 j 号索增加单位力为1的时候 i 号索索力的影响值。令目标索力值为 $\boldsymbol{T}_{\mathrm{m}}$，施调索力向量为 $\boldsymbol{T}_{\mathrm{s}}$，则有

$$\boldsymbol{T}_{\mathrm{m}}=\boldsymbol{T}_{\mathrm{c}}+\boldsymbol{M}_{\mathrm{T}}\boldsymbol{T}_{\mathrm{s}} \tag{8.26.22}$$

已知目标索力值，则可以很方便地求出施调索力向量 $\boldsymbol{T}_{\mathrm{s}}$ 为

$$\boldsymbol{T}_{\mathrm{s}}=\boldsymbol{M}_{\mathrm{T}}^{-1}(\boldsymbol{T}_{\mathrm{m}}-\boldsymbol{T}_{\mathrm{c}}) \tag{8.26.23}$$

求出施调索力向量之后，在不考虑结构内力是否超过允许值的情况下，采用任何一种调索顺序最终都能使全桥的索力达到目标值。

用有限元法计算影响矩阵，可归结为如下步骤：

(1)形成调值计算阶段结构总刚度矩阵，并作 LDL^T 分解。

(2)对施调元 j 循环。

(3)令第 j 号施调元调值量为1(如果是内力，则用单位强迫变形代替)形成相应的结构荷载列阵。

(4)回代求相应的节点位移。

(5)对受调元 i 循环，计算相应的受调元素 d_i，如果 d_i 是位移，就从求解得到的位移向量中取出该调值点对应方向的位移作为 j 列影响向量的第 i 个元素 a_{ij}。如果 d_i 是内力，就由位移向量求出相应调值截面对应方向的内力值作为 j 列影响向量的第 i 个元素 a_{ij}。如果 d_i 是应力，就由内力求出相应点的应力值作为 a_{ij}。如果调值点又是受调点本身，在 a_{ij} 中还需扣除单位强迫变位引起的单元的内力变化。

重复(2)~(5)各步，就可形成所有影响向量，从而形成影响矩阵 $\boldsymbol{A}$。

2)等变量的调值计算

设结构中 n 个关心截面上期望的内力、应力、位移组成的向量为 $\boldsymbol{E}$，关心截面中现有相应向量为 $\boldsymbol{F}_d$，活载引起的相应向量为 $\boldsymbol{F}_L$，调值计算就是通过改变 n 个施调元的力学量，使结构状态在关心截面处达到 $\boldsymbol{E}$。此时，结构受调向量为

$$\boldsymbol{D} = \boldsymbol{E} - \boldsymbol{F}_d - \boldsymbol{F}_L \tag{8.26.24}$$

受调向量与施调向量的元素相等，这种调值计算称为等变量的调值计算。当结构满足线性叠加时，有

$$\boldsymbol{AX} = \boldsymbol{D} \tag{8.26.25}$$

式(8.26.25)可唯一求得施调向量 $\boldsymbol{X}$。向量 $\boldsymbol{X}$ 表示：要使关心截面力学量达到 $\boldsymbol{E}$，必须使施调变量 $\boldsymbol{X}$ 产生相应变化。

26.5.4 灰色理论

灰色系统理论法是以灰关联空间为基础的分析体系，它以现有信息或原始数列为基础，通过灰过程及灰生成对原始数列进行数据加工与处理，建立灰微分方程即灰模型(GM 模型)为主体的模型体系，来预测系统未来发展变化的一种预测控制方法。

GM(1,1)模型建立原理为：将原始数列 $X^{(0)} = (X^{(0)}(1), X^{(0)}(2), X^{(0)}(3), \cdots, X^{(0)}(n))$ 累加一次生成数列 $X^{(1)} = (X^{(1)}(1), X^{(1)}(2), X^{(1)}(3), \cdots, X^{(1)}(n))$、$X^{(1)}(k) = \sum_1^k X^{(0)}(k)$，其中，$k = 1,2,3,\cdots,n$。经过累加后，原始数列规律性增强。令 $X^{(1)}$ 的均值数列为 $Z^{(1)}$ 有

$Z^{(1)}(k) = 0.5[X^{(1)}(k) + X^{(1)}(k-1)] = (Z^{(1)}(2), Z^{(1)}(3), Z^{(1)}(4), \cdots, Z^{(1)}(n))$。

建立 GM(1,1)灰微分方程

$$X^{(0)}(k) + aZ^{(1)}(k) = b \tag{8.26.26}$$

式中：a——发展系数；

b——灰色作用量；

$X^{(0)}(k)$——灰导数；

$Z^{(1)}(k)$——白化背景值。其对应的白化微分方程为

$$\frac{\mathrm{d}X^{(1)}(k)}{\mathrm{d}t}+aX^{(1)}(k)=b \tag{8.26.27}$$

当 $X^{(0)}(1)=X^{(1)}(1)$时,其解为

$$X^{(1)}(k)=\left(X^{(0)}(1)-\frac{b}{a}\right)\mathrm{e}^{-a(k-1)}+\frac{b}{a} \tag{8.26.28}$$

利用最小二乘法解出式(8.26.27)参数向量

$$\hat{\boldsymbol{a}}(a,b)^{\mathrm{T}}(\boldsymbol{B}^{\mathrm{T}},\boldsymbol{B})^{-1}\boldsymbol{B}^{\mathrm{T}}\boldsymbol{Y}_N \tag{8.26.29}$$

式中:$\boldsymbol{B}=\begin{bmatrix}-Z^{(1)}(2) & \cdots & 1\\ -Z^{(1)}(3) & \cdots & 1\\ \vdots & \vdots & \vdots\\ -Z^{(1)}(n) & \cdots & 1\end{bmatrix}$;$\boldsymbol{Y}_N=\begin{bmatrix}X^{(0)}(2)\\ X^{(0)}(3)\\ \vdots\\ X^{(0)}(n)\end{bmatrix}$。

通过式(8.26.29)求得 a 与 b 的值,代入到白化响应式可得到下阶段 $X^{(1)}(n+1)$,按照这样的方法依次,将得到的数列累减还原生成,求出还原模拟值是

$$X^{(0)}(k+1)=X^{(1)}(k+1)-X^{(1)}(k) \tag{8.26.30}$$

从而求出下一阶段状态预测值。下面举例说明。

某预应力混凝土连续梁桥,采用悬臂浇筑法施工,设 $X_i(i)$ 为第阶段混凝土浇筑后,i 阶段梁段顶端中点的位移值。现在已知前四个阶段,即 1 至 4 号块浇筑后的位移值 $X_i(i)$($i=1,2,3,4$),拟采用灰色理论预测下一阶段模型的输出值 $X_i(5)$。

建立原始序列为

$$X_1^{(0)}=(2.21,3.72,5.58,7.77)$$

建立 GM(1,1)模型,对原始序列作累加一次得到生成后的序列

$$X_1^{(1)}=(2.21,5.93,11.51,19.25)$$

令 $X_1^{(1)}$ 的均值数列为 $Z_1^{(1)}$,则

$$\begin{aligned}Z_1^{(1)}(k)&=0.5[X_1^{(1)}(k)-X_1^{(1)}(k-1)]\\&=[Z_1^{(1)}(2),Z_1^{(1)}(3),Z_1^{(1)}(4)]\\&=(4.07,8.72,15.38)\end{aligned}$$

建立 GM(1,1)灰微分方程

$$X^{(0)}(k)+aZ^{(1)}(k)=b$$

当 $X^{(0)}(1)=X^{(1)}(1)$时,对应的白化微分方程的解为

$$X^{(1)}(k)=\left(Z^{(0)}(1)-\frac{b}{a}\right)\mathrm{e}^{-a(k-1)}+\frac{b}{a}$$

接下来采用最小二乘法对发展系数 a 和灰色作用量 b 进行最优估计。

$$\hat{\boldsymbol{a}}(a,b)^{\mathrm{T}}=\begin{pmatrix}a\\b\end{pmatrix}=(\boldsymbol{B}^{\mathrm{T}}\boldsymbol{B})^{-1}\boldsymbol{B}^{\mathrm{T}}\boldsymbol{Y}_N$$

$$=\left(\begin{bmatrix}-4.07 & -8.72 & -13.38\\ 1 & 1 & 1\end{bmatrix}\begin{bmatrix}-4.07 & -8.72 & -13.38\\ 1 & 1 & 1\end{bmatrix}\right)^{-1}\begin{bmatrix}-4.07 & -8.72 & -13.38\\ 1 & 1 & 1\end{bmatrix}\begin{bmatrix}3.72\\ 5.58\\ 7.77\end{bmatrix}$$

$$=\begin{bmatrix}-0.3616\\ 2.3226\end{bmatrix}$$

得到灰色预测模型的时间响应函数为

$$\hat{X}_1^{(1)}(k+1) = 8.8158\mathrm{e}^{-0.3516\kappa} - 6.6058$$

当 $k=4$ 时，可得到基于前 4 个阶段挠度值的 5 号段预测挠度累加值 $X_4(5)=29.37$，该累加值减去前一阶段累加值即可得到 5 号段预测挠度值为 10.12。

26.5.5　人工神经网络法

人工神经网络（Artificial Neural Networks，ANN），是一种模仿动物行为特征，进行分布式并行信息处理的数学模型。人工神经网络具有自适应和自学习的能力，可以通过训练样本提供的一批相互对应的输入—输出数据，分析掌握两者之间的内在规律和联系，最终根据这些规律，用新的输入数据来推算输出结果，这种学习分析的过程被称为“训练”。

人工神经网络具有储存和应用先验知识的特性，是由简单的节点单元所组成的大量并行分布的处理机。它的功能可以概括为：一是通过训练过程从外部环境中获取先验知识；二是内部神经元（突触权值）可以储存获取到的知识信息。

人工神经网络中，神经元节点单元可以表示不同的对象。节点单元可以分为三种类型：输入层单元、输出层单元和隐含层单元。输入层单元接受外部环境的数据与信号；输出层单元输出系统处理后得到的结果；隐含层单元是位于输入层单元和输出层单元之间，系统外部观察不到的单元。神经元之间的连接权值反映了他们之间的连接强度，网络处理单元的连接关系体现了信息的表示和处理。

人工神经网络的本质是通过动力学行为和网络的变换得到一种并行分布式的信息处理功能，并在不同层次和程度上模仿人脑神经系统的信息处理的能力。它是涉及思维科学、神经科学、人工智能、计算机科学等多个领域的交叉学科。其应用领域包括：时间序列分析、模式识别、智能控制，优化组合等，并在不断拓展。

误差反向传播算法（BP 算法）是目前较常用的一种人工神经网络方法，它有着良好的逼近能力和成熟的训练方法，从而得到了广泛的应用。它是一种多层前馈神经网络，由一个输入层、一个输出层和若干个隐含层组成。位于同一层的单元之间不可以有连接，各层的单元只能向高层的单元有输出。有一个隐含层的 BP 神经网络组成示意如图 8.26.15 所示。

BP 算法主要原理是：网络训练的每个样本包括输入量 X 和期望输出量 T，输入信号 X 通过隐含层节点，经过非线性变换，产生输出信号 Y，计算网络输出值 Y 与期望输出值 T 之间的误差，通过该误差调整各层的连接权值以及阈值，使误差沿梯度方向下降。经过反复学习训练，确定误差小于一定阈值后，即实际输出值基本等于期望输出值后，训练即告停止。此时经过训练的神经网络即能对类似样本的输入信息，自行处理输出误差最小的信息。

人工神经网络法在桥梁健康监测和损伤评估中有着较广泛的应用，主要用来进行监测数据变化的分析和评价。如一座带有结构监测系统的桥梁会有大量的挠度检测点,每个挠度检测点应该有一个传感器来定期、连续测量该点的挠度值。将每个点看成一条时间序列,利用神经网络建立一个多输入单输出的网络计算模型,多个输入是两个相关联点的前 N 个挠度值,单个输出是需要预测的点的第 $N+1$ 个挠度值,即认为 x、y 是两个相关联的点,第 $N+1$ 个挠度值是可以由 x 和 y 的前 N 个值来预测得到的。这样我们可以根据挠度样本数据,构造出 x、y 的一个神经网络模型,再通过这个模型得到每个输出值和实际值之间的误差,最终形成一个误差集。当挠度测试数据通过该神经网络模型得到误差时,检测误差是否落入之前得到的误差集内,如果是,表示该测试数据没有故障,反之,则有可能是故障的,再进行下一步的诊断。这就是神经网络法在桥梁损伤评估中的一个应用。

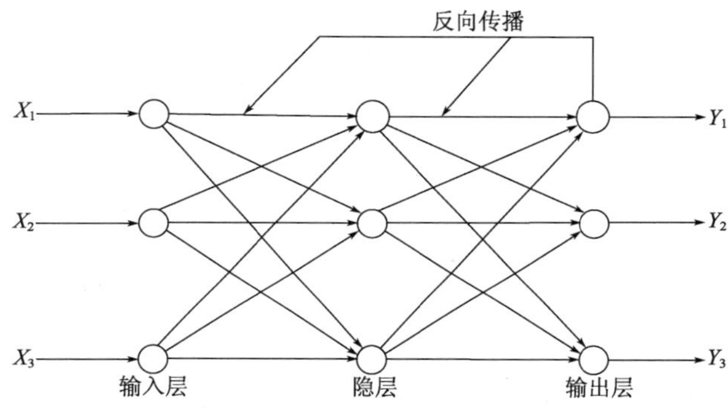

图 8.26.15 有一个隐含层的 BP 神经网络组成示意图

26.6 桥梁施工监测与控制技术

26.6.1 桥梁施工控制系统的建立

桥梁的控制应贯穿于桥梁整个设计、建设和服役全过程。设计阶段控制可以优化设计参数,减少设计变更,使设计更趋于合理;施工阶段控制可以保证桥梁施工的安全和保证成桥内力与线形逼近设计目标状态;而运营阶段的控制是前两阶段控制的延续,是桥梁通车运营过程中安全性和耐久性的综合监测,不仅可以验证结构分析模型、计算假定和设计方法的可靠性,还可以发现施工阶段存在的问题,为同类的桥梁的设计及控制提出改进意见。这三个阶段相辅相成,共同服务于桥梁结构物全部生命周期。

桥梁施工阶段的控制在整个控制系统里显得尤为重要,是整个桥梁控制的关键环节。施工控制关系到设计意图能否准确实现,保证着施工阶段的安全,也关系着服役期间安全与耐久性。施工阶段建立桥梁控制系统的目的是:以桥梁设计状态为目标,采用结构分析、数据采集与监测、参数识别和反馈等手段,保证桥梁施工全过程的安全和保证成桥状态逼近设计目标。同时,桥梁施工控制的结果为桥梁进行长期监测提供了基础数据,它是桥梁运营状态监测的起点。

影响桥梁施工控制精度的因素很多,如结构参数(截面尺寸、弹性模量、材料重度、施工荷载、预应力、收缩徐变参数等）、施工工艺、监测手段和精度、计算模型、环境影响、施工管理等。随着桥梁跨径的增大，建设规模的增大，结构体系的复杂化，施工中受到的不确定性影响越来越多。为了保证桥梁施工过程安全，保证桥梁成桥状态逼近设计目标值，必须将其作为一个系统工程予以严格控制，才能保证达到预期的控制目标。

根据施工阶段桥梁控制的特点，其控制系统的建立必须体现管理和控制两大功能。施工控制系统一般应由施工管理子系统、结构状态监测子系统和现场控制子系统组成，而各子系统又由不同的模块组成。桥梁施工控制系统的一般组成如图 8.26.16 所示[8]。

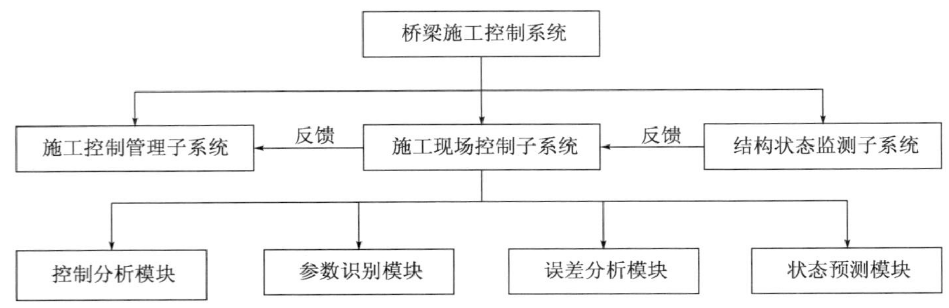

图 8.26.16　桥梁施工阶段控制系统组成

1）施工控制管理子系统

桥梁施工控制涉及业主、设计、施工、监理、控制等多部门协调工作，需要具备足够的人力、物力、财力以及先进的管理手段才能正常而高效地运营。各个部门、单位各有分工，职责分明，但又互相制约，互相监督，共同保证桥梁建设过程的顺利开展。因此，施工控制实施前必须首先建立完善的管理系统和组织结构，保证监控指令的顺利下达和执行。国内桥梁施工控制管理系统的一般构成如图 8.26.17 所示。

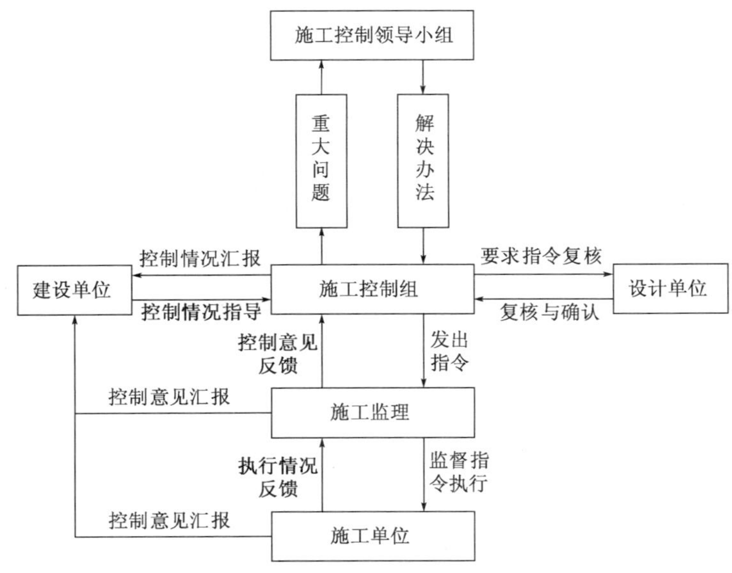

图 8.26.17　桥梁施工控制管理子系统示意图

2)结构状态监测子系统

结构状态监测是桥梁施工控制的主要内容之一,是掌握桥梁实际受力状态和修正计算模型控制参数的必然手段。目前,桥梁控制中主要监测参数包括控制截面应力(应变)、主梁高程、主塔塔顶变位、主缆空间线形、索力(吊杆力)、预应力、环境及结构温度等。这些参数属于桥梁结构中的可测参数,虽然某些参数并非结构安全的控制性参数,但是它们与结构内力状态存在确定的函数关系,可以间接反映结构的关键力学信息。

监测系统能否可靠、高效地工作是决定控制成败的关键因素。因此,必须在控制方案阶段依据桥梁技术特点科学、合理地选择监测项目、测点位置与数量、测试传感器精度,并进行可靠的安装和数据采集。由于环境影响、仪器系统误差、人为因素等影响,测试数据还存在一定的误差,需要误差分析和估计理论对数据进行处理,从含有噪声的实测数据中分离噪声,得到真值的最好估计。一般桥梁状态检测子系统构成如图 8.26.18 所示。

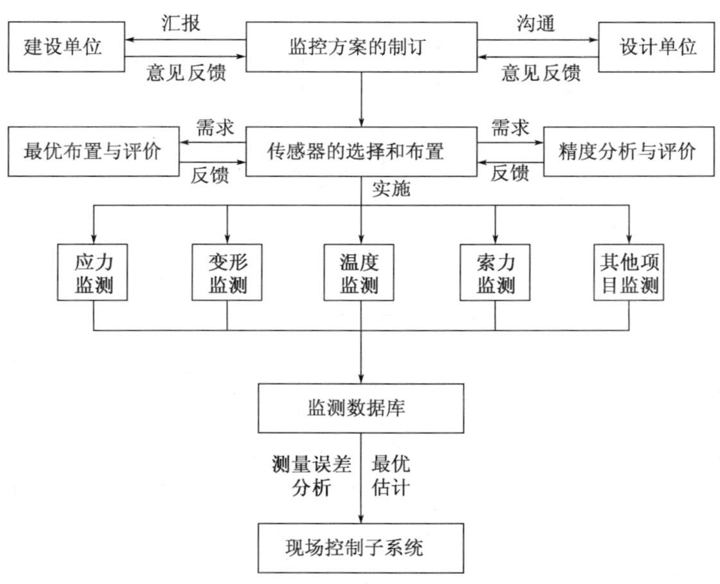

图 8.26.18 桥梁施工控制监测子系统示意图

3)现场控制子系统

现场控制子系统是施工控制系统的核心,它贯穿整个施工控制全过程,具备结构仿真分析、结构状态评估、数据积累和比较、误差分析、参数识别、状态预测等功能。其工作流程如下:将设计计算确定的各施工阶段的施工控制目标数据送入计算机控制模块,然后在对当前施工阶段完成后的现场监测数据进行判别与滤波处理后,将可靠数据送入计算机控制模块,控制模块对两方面的数据进行分析处理,输出相关信息供施工控制决策参考。现场控制子系统构成如图 8.26.19 所示。

(1)控制分析模块

控制分析模块是桥梁控制总系统中的关键,它实际上是能够准确完成各种桥梁结构全过程施工模拟分析的桥梁专用有限元计算软件。目前,国内外用于施工控制的计算软件较多,复杂程度不同,对操作人员的技术要求也不同。一般来说,对于普通梁、拱式桥梁,采用一般的平面杆系有限元程序即可完成对施工过程的模拟；而对于悬索桥、斜拉桥、组合拱桥和结构体系复杂的大跨径组合式桥梁，则需要进行空间结构有限元建模和分析，并根据结构和构件受力特点考虑非线性影响（包括材料非线性、几何非线性等）。因此，合理选择结构分析程序是施工控制的重要环节。

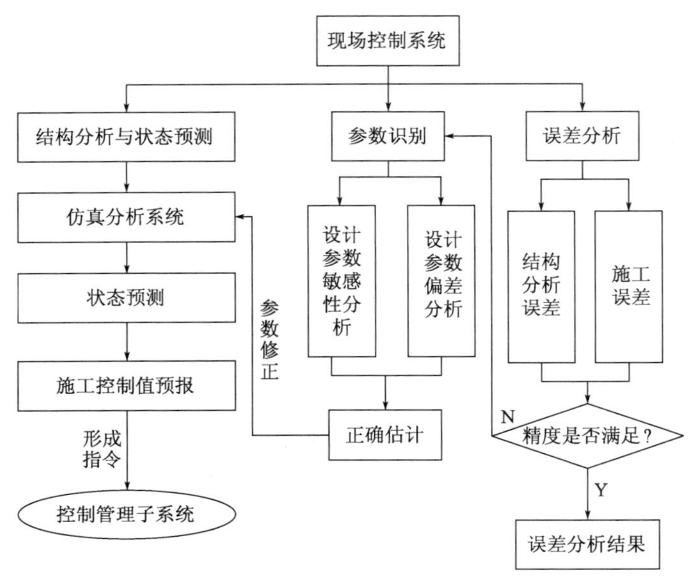

图 8.26.19　桥梁现场控制子系统示意

控制分析软件要具有较强的适应性，便于操作，方便建模，运行稳定可靠，且具有良好的后处理功能和可视性。由于一般有限元程序核心计算模块的功能差异不大，关键的环节在于前处理模块和后处理模块的设计。一个好的施工控制分析软件应便于建立计算模型，可视化效果好，便于对主要控制参数进行调整，可对输入数据进行检查，能够以图形或表格形式输出施工全过程各个工况下的结构内力与变形状态，并能对控制项目的实测值、理论值进行比较，还可反映参数变化特征和规律。因此，控制分析软件是判别结构当前状态是否符合实际，并对未来状态进行预测的基础和必备工具。

（2）参数识别模块

参数识别模块包括结构参数敏感性分析和结构参数识别两大功能。桥梁施工控制中，并不是每个设计参数都同时出现，具有同等重要的地位。实际上，不同参数对桥梁结构状态的影响是不同的。因此，要辨识对结构状态影响较大的设计参数。参数识别可以采用结构分析的方法来确定主要设计参数。通过选定控制目标，如桥梁跨中挠度、支点截面弯矩（上下缘应力）等，修改关心的设计参数值，考查参数变化引起的控制目标值变化的幅值大小。主要设计参数对结构行为影响较为显著，而次要设计参数对结构行为影响不显著。

确定了主要设计参数和次要设计参数后，为了反映实际结构与计算模型的差异，对设计参数进行识别是必需的。参数识别就是依据施工中的实测值对主要设计参数进行分析和调整，然后将修正过的设计参数反馈到控制计算中去，重新给出施工中结构应力、变形等理论期望值，以消除理论值与实测值不一致的现象。由于桥梁施工中的多工况和节段施工的特殊性，一般经过几个工况的识别,计算模型就能够适应实际结构的力学响应规律,这也是自适应控制的核心。

(3)误差分析模块

桥梁施工过程中总会存在各类误差,如施工误差、测量误差、分析误差等。这些误差均会使施工偏离理想状态和控制目标。因此,误差分析模块的主要功能是对结构理想状态、实测状态和误差信息进行分析,做出最佳调整方案,使结构施工实际状态与设计理论状态的偏差控制在允许范围内。

如前所述,结构状态监测子系统的主要任务是通过对控制截面主要参数或力学指标的监测,间接反映桥梁的受力状态。由于仪器精度、系统误差、环境影响、人为因素等,实测数据中包含了一定的噪声(误差)。如何从含有噪声的数据中分离出真实数值,是误差分析模块的主要任务。除此之外,设计参数误差(材料特性、截面特性)、施工荷载变化、施工中的制作误差、架设误差、预应力张力误差等,也对桥梁施工控制产生较大影响。因此,误差分析模块就是采用数学分析方法,对确定的数据库进行分析和处理,分离噪声,提取真值的过程。例如,桥梁施工控制中的混凝土应力测试一般采用埋入式应变传感器,在混凝土浇筑前传感器已经安装在结构内部,混凝土浇筑后的收缩、徐变引起的应变和荷载效应引起的应变互相耦合,导致实测数据大大偏离真值。因此,需要采取必要的手段剥离收缩和徐变引起的次效应,从实测数值中分离得到真值的最优估计,从而与理论计算值进行比较,评价结构受力效果或用于模型参数识别和修正。

(4)状态预测模块

状态预测模块的功能就是在计入结构参数调整值、结构初始状态的最优估计值、结构施工误差及测量误差后,通过控制分析模块对结构施工状态重新计算,从而确定超前预测控制值。

按照自适应控制的思路,桥梁施工控制中就是通过对施工误差和测量误差的修正,不断调整计算参数,修正计算模型,使得计算模型与结构的实际响应相吻合,从而准确地模拟施工过程的受力状态。根据仿真计算结果,提出下一阶段的立模高程和索力张拉值,实现状态预测。

状态预测在控制系统中也具有重要的作用。一方面,各个工况下的状态预测值是桥梁下一阶段施工控制的目标,是保证桥梁施工完成后线形和内力逼近设计状态的必要前提。另一方面,根据各工况的状态预测值可以合理设置容许误差限,当桥梁结构响应超出容许误差时,及时起到预警的作用,提醒施工单位查找原因,及时纠正施工误差,保证施工过程的安全。

26.6.2 施工控制计算模型及内容

施工控制是为了控制桥梁结构施工过程的结构状态,以实现设计要求的成桥结构受力与线形为目标而进行的控制计算、结构应力(索力)及变位监测、数据分析与反馈控制等工作。线形(内力)控制是在桥梁施工过程中,通过误差分析、参数及结构状态调整,控制施工中结构线形(受力)状态。桥梁施工监控工作包括控制计算、施工监测、数据分析与反馈控制。一般对于跨径较大的梁桥、拱桥,斜拉桥,悬索桥,组合体系桥梁及采用转体施工或节段预拼施工的桥梁，应对其施工过程实施监测与控制。桥梁施工监控工作包括基础资料收集、施工控制计算、现场施工监测、数据分析、反馈控制及提交监控资料等。

1）施工控制计算内容

施工控制计算包括设计符合性计算、施工模拟计算、施工跟踪计算和参数敏感性分析等。计算大多基于有限元方法。

设计符合性计算是按照设计文件以及所采用的参数值，进行考虑施工过程的主体结构强度和刚度分析，计算结果与设计文件对比无误，以校核设计文件的正确性，确认施工控制计算模型及参数。

施工模拟计算是按照施工组织设计文件确定的施工顺序和施工荷载，根据规范、设计文件、相关材料试验，选取合理的计算参数，进行考虑施工过程的总体分析，以得到各施工阶段及成桥状态的结构受力和变形等控制计算目标数据。

施工跟踪计算是根据监测数据、数据分析，反馈控制等得到的更新参数值和实际施工流程，进行考虑真实施工过程的总体分析，以确定后续的合理施工状态，并得到后续各施工阶段及成桥状态的结构受力和变形等控制计算目标数据。

参数敏感性分析是针对控制计算模型，通过分析输入参数变化对计算结果的影响，分析各输入参数对计算结果的敏感性，以掌握控制计算模型中计算参数对计算结果影响，明确施工控制关注的重要参数，确定重要参数的最大容许误差，评价其对线形和内力的影响。

2）施工控制计算模型

桥梁施工控制计算一般可采用杆系模型，并考虑施工设施、施工过程的动态边界条件、构件数量、作用荷载及混凝土收缩徐变等对桥梁结构的影响。斜拉桥、悬索桥及大跨径拱桥应考虑几何非线性的影响。对于曲线桥梁、宽幅箱梁等空间效应明显的桥梁，可建立空间模型。

桥梁控制计算的有限元模型包含单元信息（单元类型、单元节点号、基础固结位置、单元截面号），节点信息（节点坐标、节点耦合信息），截面信息，材料信息，荷载信息，时间信息等。单元类型主要有梁单元、二力杆单元、索单元、刚臂单元、弹簧单元等。索单元又可分为给定索力的索单元和给定无应力索长的索单元。节点耦合类型主要有刚接节点、铰接节点、链杆节点、双连杆连接节点等。材料信息主要有材料弹性模量、重度、混凝土的收缩与徐变模型等。时间信息有单元存活开始时间和单元存活终止时间、节点耦合成立的开始时间和终止时间（刻）、混凝土终凝时间、计算时间、索单元存活开始时间、斜拉索调索时间等。同一模型中的各种时间均是指距同一时刻的时间长短，通常用天表示。

在杆系模型中，斜拉索、吊杆、柔性系杆、主缆节段，可采用弹模修正的杆单元或直接采用索单元；桥墩、立柱、主梁、主拱，采用梁单元；曲线拱肋可用折线代替，每段折线为一个梁单元；变截面构件可用多段等截面代替，每段为一个梁单元；承台等大体积构件采用刚臂单元；与大地相连接的基础单元可用弹簧单元代替，弹簧单元的刚度系数可用 m 法、C 法或 K 法计算得到。对于以砂砾土、块石土、岩石等为地基的基础，基础单元也可直接在地面（局部冲刷线）以下 3 ~5 倍桩径处固结，必要时，也可考虑桩土联合作用。

26.6.3 桥梁的几何状态控制计算

桥梁的几何状态（Geometry State）是指在某一施工时刻，桥梁结构的空间位置状态及制造构形。制造构形指制造的尺寸和形状。各类桥梁的几何状态控制计算的主要内容分述如下。

梁式桥:混凝土收缩徐变影响结束时的桥面高程,成桥时的主梁线形,主梁悬臂施工过程各阶段线形,预制主梁节段的制造构形等。

拱式桥:混凝土主拱圈收缩徐变影响结束时的拱轴线形,成桥时主拱圈拱轴或拱桁结构线形,主拱圈或拱桁结构施工过程各阶段线形,预制拱圈节段的制造构形,吊索与系杆的无应力长度等。

斜拉桥:收缩、徐变影响结束时的主梁线形、桥塔塔顶位置,成桥时主梁线形、桥塔塔顶位置,主梁悬臂施工过程各阶段线形、桥塔塔顶位置,预制主梁节段的制造构形、斜拉索无应力长度、预制桥塔节段的制造构形等。

悬索桥:收缩、徐变影响结束时的加劲梁线形、桥塔塔顶位置,成桥时的主缆线形、索塔塔顶位置、索鞍位置、索夹位置、加劲梁线形,主缆基准索股架设时的线形(高程)及索鞍位置,加劲梁架设过程中各阶段加劲梁线形、加劲梁节段端面空间状态、索鞍位置、索夹位置,预制加劲梁的制造构形、预制桥塔的制造构形、吊索与主缆索股的无应力长度等。

以下以钢箱梁为例,介绍制造构形的实现[4]。现代大跨径钢箱梁桥大多采用小节段制作、大节段拼装架设而成。大节段钢箱梁的制造过程为板单元的制作、小节段组装和大节段拼装,且在工厂厂房内完成。按照钢箱梁的构造形式,将小节段钢梁划分为若干板单元,包括顶板单元、底板单元、斜底板单元、中腹板单元、边腹板单元、隔板单元、悬臂梁单元等,如图 8.26.20 所示。板单元制造完成后,在组装胎架上进行小节段组装、焊接、预拼,然后在厂房内进行除锈、涂装,在专用胎架上进行大节段的拼装与补涂装。大节段制造完成后,运输至桥位安装。

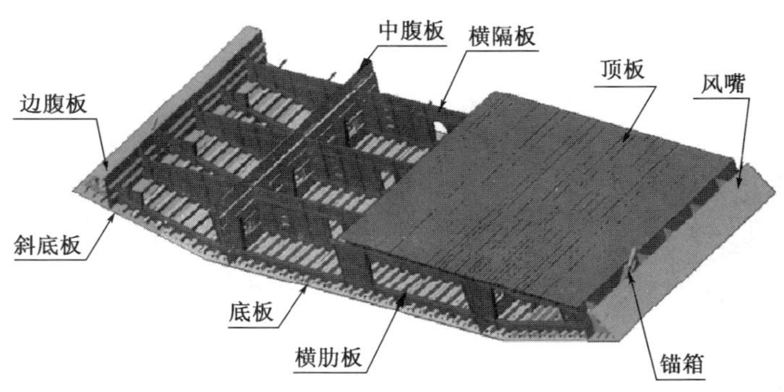

图 8.26.20 小节段钢箱梁板单元组成

在板单元制造前,考虑施工工艺,按照设计温度精确计算组成小节段的板件下料参数进行下料,小节段组装按照“底板→横隔板→中腹板→另一侧横隔板→边腹板→顶板→悬臂板”的顺序进行。将满足精度要求的小节段梁段在总胎架上进行大节段的拼装。此过程要求在温度恒定的室内进行,排除温度的影响,若胎架的刚度足够,且边界条件稳定,认为胎架上的钢箱梁处于无应力状态,即无应力线形。可按照设计温度计算主梁无应力线形,据此计算结果确定大节段拼装时的胎架线形参数。图 8.26.21 为某桥设计线形与无应力制造线形对比。

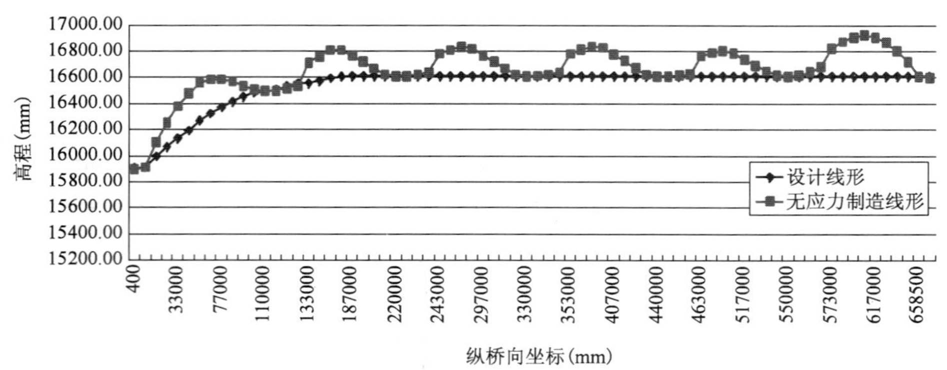

图 8.26.21　全桥设计线形与无应力制造线形对比

无应力制造线形是一条平滑的具有连续曲率的曲线。但对于实际工程，很难实现主梁线形与无应力线形的完全一致。在满足工程精度要求的条件下，可以将钢箱梁分为若干段，以直代曲，尽管具有一定的曲折但角度很小，几乎不会对整个主梁的线形产生影响。

钢箱梁制造时按照矩形制造小节段，由于各个小节段与水平线的夹角 α 均不相同，导致相邻的两个小节段之间存在夹角 β，将会出现梁体的重叠或者缝隙，导致小节段之间无法顺利拼接。现以底板中心线为基准线，给出相邻两小节段之间夹角示意，如图 8.26.22 所示。

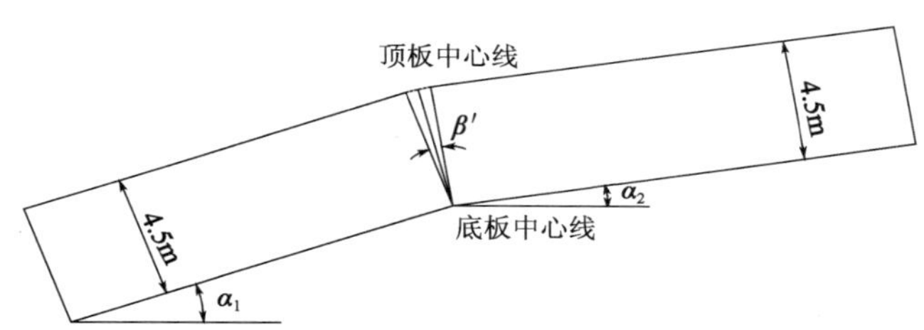

图 8.26.22　相邻小节段间夹角示意图

梁段间夹角的几何关系为 $\beta' = \alpha_1 - \alpha_2$，其中 β' 为相邻两小节段之间的夹角值，正值为补偿值，负值为切除值；α_1、α_2 为相邻小节段与水平线的夹角值。对于小节段间夹角 β'，应按照其几何关系给予修正，即小节段按直线制造，节段形状为梯形，计算无应力线形时，通过对顶、底板长度进行配切来实现相邻梁段间的拼接。

计算配切量方法与选取的基准线有关，即可选择顶板中心线为基准线，对底板进行配切；或选择底板中心线为基准线，对顶板进行配切；或选择中性轴为基准线，对顶、底板均进行配切。理论上选择中性轴为基准线最佳，对顶、底板均进行配切，但中性轴位置较难确定。建议采用底板中心线为基准线，因为在梁场内小节段组装时，底板中心线基本能与胎架贴合，可以省去很多计算与测量工作。

配切量可以全部配切在某一小节段上，也可以两小节段均进行配切。如采用相邻两小节段各配切一半时，按照“修正量 = 梁高 × tan(梁段夹角/2)”计算小节段间夹角及所需配切量，给出真实的下料长度。根据胎架线形，并考虑上述的修正方法，计算顶、底板的真实下料参数。

在钢箱梁大节段安装架设时,已架设大节段与待架设大节段在焊接合龙的位置都会出现一定的梁端转角,相邻大节段间的梁端转角是否一致,是大节段吊装施工控制的关键所在,决定着钢箱梁大节段是否能顺利合龙。梁端夹角示意如图8.26.23所示。

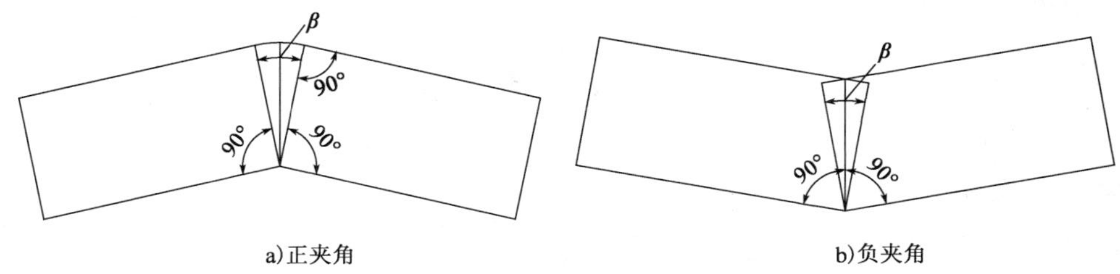

图8.26.23　架设大节段与待架设大节段梁端夹角示意图

相邻大节段梁端存在相对转角,需根据梁段转角大小对钢箱梁顶、底板进行配切修正,以保证大节段平顺连接。在大节段安装施工过程中,由于制造误差、施工误差、温度等因素的影响,均会对现场安装大节段的梁端转角造成影响,根据现场情况可以选用调整焊缝、调整支座高度、压重等措施进行调节。

另外,温度变化的结构伸缩及变形引起支座偏移等,均应纳入结构构形的控制计算。

26.6.4　桥梁的内力状态控制计算

桥梁的内力状态(Internal Force State)是在某一施工时刻,桥梁结构的受力状态。各类桥梁的内力状态控制的主要计算内容分述如下。

梁式桥:混凝土收缩徐变影响结束时,主梁、桥墩控制截面应力;成桥时主梁、桥墩控制截面应力;主梁悬臂施工过程中,各阶段主梁、桥墩控制截面应力;连续刚构悬臂施工合龙时上部结构顶推力或压重等。

拱式桥:混凝土收缩徐变影响结束时,主拱圈或拱桁结构控制截面应力、系杆索力、吊杆索力,成桥时主拱圈或拱桁结构控制截面应力、系杆索力、吊杆索力,拱圈及拱上结构施工过程中主拱圈或拱桁结构控制截面应力、系杆索力、吊杆索力等。

斜拉桥:混凝土收缩徐变影响结束时,主梁、桥塔控制截面应力与斜拉索索力,成桥时主梁、桥塔控制截面应力与斜拉索索力,施工过程中,主梁、桥塔控制截面应力与斜拉索索力,施工过程中的支座反力等。

悬索桥:成桥时主缆和吊索的索力,成桥时索塔、加劲梁控制截面的应力,自锚式悬索桥体系转换过程中的支座反力,自锚式悬索桥施工过程中的临时压重值等。

组合体系桥的内力状态和几何状态的计算内容可根据所包含的桥梁结构类型,参照上列论述,并考虑组合体系桥的特殊要求确定。

26.6.5　桥梁施工过程监测

1)施工监测参数

桥梁施工控制时,一般要对几何状态参数和内力状态参数进行实时监测。几何状态参数包括:主梁、主拱和主缆的线形,主塔和主墩的偏位等。内力状态参数包括:主梁、主拱、主缆、主塔、主墩、拉索、吊杆、系杆等主体结构测试截面的内力(应力)；当温度或风对桥梁施工过程的结构几何状态或内力状态有明显影响时，应对温度或风进行监测。一般来说，主梁和主拱高程、主缆线形、斜拉索索力、主塔偏位等对温度变化敏感，应在温度场稳定的时间段(如晚上10点至次日凌晨日出前)进行监测；合龙阶段和成桥阶段，是桥梁非常重要的施工阶段，直接决定桥梁成桥的线形和内力，为了全面了解桥梁的线形和内力，及时发现可能存在的问题，应对全桥主梁的线形和测点应力，索支撑结构的索力等参数进行测试。必要时，还需监测桥梁的支反力。

各类桥梁施工监测的主要参数分述如下。

梁式桥：主梁线形、控制截面应力，墩柱应力，成桥线形等。

拱式桥：主拱线形、应力，拱座位移，连拱中间墩柱的应力、变位，中承式和下承式拱桥的吊杆、系杆索力，斜拉扣挂施工中的索塔变形、扣索索力，成桥线形等。

斜拉桥：索塔偏位、应力，主梁线形、应力，斜拉索索力，成桥线形等。

悬索桥：索塔偏位、应力，主缆线形、索股索力、索鞍偏位，加劲梁线形、应力，索夹位置、吊杆索力，成桥线形等。悬索桥的监测重点是主缆线形(尤其是基准索股的线形)，因为主缆线形直接影响到加劲肋线形和吊杆长度。主塔偏位监测数据对于确保主塔内力不超标，以及确定索鞍顶推时机等都具有重要价值。

组合体系桥梁的施工监测参数，可根据所包含的桥梁结构类型，参照上述监测内容，并考虑组合体系桥的特殊要求确定。

2)桥梁几何形态监测

几何形态监测的目的主要是获取已形成结构的实际的几何形态。用于桥梁结构几何形态监测的主要仪器包括测距仪、水准仪、经纬仪、全站仪、连通管、卫星全球定位系统等，需要测量角度是可采用精密电子倾角仪。

对需全过程跟踪监测的结构几何形态参数的监测通过指定控制点的位置坐标监测来实现。一般在结构温度趋于恒定的时间区段内(一般为夜间22:00至次日凌晨6:00)，利用桥址附近的施工平面和高程控制网进行。在进行控制点位置坐标监测时，应同时对结构温度进行监测，只有在结构温度趋于稳定后，所观测到的控制点位置坐标方可作为监测结果。

对需定期监测的结构几何形态参数的监测是指对那些无须全过程监测的控制量进行的定期复核性的监测，目的是了解诸如桥墩(塔)、拱座、锚碇等有无超出设计范围的异常变形或变位，属于结构安全性监测。

墩柱、索塔偏位监测截面一般设置在墩柱、索塔顶面，一个截面的测点数不少于2个，在主梁每一节段施工完成后进行1次测试。墩柱、索塔在施工过程中往往会由于不对称受力，产生沿不对称受力方向的偏位，需要对其偏位情况进行监测，以便及时采取措施进行调整。例如采取不对称施工的梁桥，墩柱产生偏位后需要采取压重予以调整，斜拉桥索塔产生偏位后需要采取压重或调索进行调整，悬索桥索塔产生偏位后需要采取顶推索鞍予以调整。

悬臂浇筑或节段拼装的主梁，测试截面一般设置在各梁段上表面的前端，一个截面的测点数不少于3个，在挂篮或桥面吊机就位后、主梁混凝土浇筑或节段安装后、预应力张拉后各进行一次测试；对于斜拉桥主梁线形，还应在每一组斜拉索张拉后各进行一次测试。

拱桥测试截面一般设置在主拱圈的拱脚、L/4、跨中处，当主拱圈跨度大于100m时，可适当增加测试截面，一个截面的测点数不应少于3个，在主拱安装或混凝土浇筑后进行1次测试。

悬索桥主缆测试截面一般设置在主缆最大垂度截面的基准索股上，一个截面的测点数不少于1个，在每一个加劲梁节段安装或混凝土浇筑后进行1次测试。

3）桥梁应力（内力）监测

结构截面的应力（内力）监测的目的是施工过程结构某些指定位置的受力状态。由于桥梁的施工周期较长，所以应力监测是一个长时间的连续的量测过程。目前应力监测主要是采用电阻应变仪法、钢弦式传感器法等。电阻应变仪只能用于短暂的荷载增量下的应力测试，并且使用不便，耐久性差，所以一般仅用于辅助应力测试与校核。对于现场情况复杂、连续时间较长且量测过程始终要以初始零点作为起点的应力监测，主要采用钢弦式传感器。值得注意的是，混凝土结构的初期应力测试结果离散性很大，使用时应仔细甄别。

内力一般指斜拉桥、悬索桥及中下承式拱桥的斜拉索、主缆索、吊索（杆）索力和预应力。索力量测效果将直接对结构的施工质量和施工状态产生影响，要在施工过程中比较准确地了解索力实际状态，选择适当的量测方法和仪器并设法消除现场量测中各种误差因素的影响是非常关键的。索力测量可采用压力表量测法、压力传感器量测法或振动频率量测法等。在监测索力时应根据实际情况选用最为合适的测试方法。为确保监测准确性，最好是上述两种或三种方法同时使用，互为校验，在掌握了某种关系和规律后，也可采用以某种方法为主、以其他方法作为校核的方式进行大批量监测。

预应力监测主要是对预应力筋的张拉真实应力、预应力管道摩阻损失及其永存预应力值进行测定。对于前者，通常在张拉时通过在张拉千斤顶与工作锚板之间设置压力传感器测得；对于后者，可在指定截面的预应力筋上粘贴传感器测试其应力，通过分析张拉应力与测试应力获得目标值。

墩柱、索塔应力监测截面一般为墩、塔底附近的应力控制截面，一个截面的测点数不少于4个，在主梁每一节段完成后进行一次测试。

梁式桥主梁应力监测点一般布置在主梁墩顶附近、L/4、跨中以及其他应力控制截面的上下缘位置，一个单箱单室截面的测点数不少于4个，在主梁混凝土浇筑或节段安装后、预应力张拉后各进行一次测试。对于其他截面形式的主梁应力监测截面，可根据主梁截面形式和截面宽度适当增加测点。

拱桥主拱应力监测截面一般布置在拱脚、L/4、跨中以及其他应力控制截面，测点应布置在截面的上下缘位置，一个截面侧点数不少于4个，在主拱安装或混凝土浇筑后进行一次测试。

斜拉桥和悬索桥主梁应力监测截面一般布置在应力控制截面，主跨应力监测截面数不少于3个，一个单箱单室截面的测点数不少于4个。斜拉桥主梁应力在每一组斜拉索张拉后进行一次测试，悬索桥加劲梁应力在每一个加劲梁节段安装或混凝土浇筑后进行一次测试。

索力监测截面一般布置在索端部，每根索测点数不少于1个，在当前索张拉完成后对当前索进行一次测试，全桥合龙前和成桥后对全部索力各进行一次测试。调索或发现异常情况时，应对全部索力进行联测。

4)桥梁温度监测

对于大跨度桥梁,特别是斜拉桥、悬索桥等,其温度效应是十分明显的。如斜拉索在温度变化时其长度将相应伸长或缩短,直接影响主梁高程;悬索桥主缆线形将随温度的改变而变化,索塔也可能因温度变化而发生变位,这些都会对主缆的架设、吊杆下料长度计算等产生很大的影响;悬臂施工连续梁(刚构)桥高程也将随温度的变化发生上(下)挠,因此,在大跨度桥梁施工过程中对结构的温度进行监测,寻求合理的立模、架设等时间,修正实测的结构状态的温度效应,对桥梁按目标施工和实施施工监控都是十分重要的。温度测量可选用体积小、附着性好、性能稳定、精度高的温度传感器进行。

桥梁温度监测一般只针对温度影响敏感部位进行。对于钢箱梁,温度监测截面一般设置在标准梁段,测点均匀地布置在钢箱梁外表面的上、下位置,一个截面的测点不少于4个,用以监测钢箱梁的日照温差及季节性温差,以便分析主梁线形及应力受各种温差的影响。悬索桥主缆温度监测截面一般布置在主跨跨中、主跨 $L/4$ 和索塔附近,一个截面的测点不少于1个,主跨较大时适当增加截面数量。混凝土箱梁合龙期间的环境温度监测,应在合龙前每隔2h进行一次测试,测试总次数不少于24次,同时对合龙口梁端高程进行测试,找出合龙口梁端高程与环境温度的对应关系,并根据合龙前的天气预报情况,确定最佳合龙温度和合龙时间。

桥梁施工监测用仪器设备见表8.26.2。

常见桥梁施工监测用仪器设备 表8.26.2

监测内容	仪表名称	监测内容	仪表名称	监测内容	仪表名称	监测内容	仪表名称
应变应力	电阻应变仪	变形高程	精密水准仪	索力支反力	索力仪	温度	温度传感器
	振弦式应变计		全站仪		电磁传感器		
	光纤式应变计		连通管		穿心式压力环		
			卫星全球定位系统		压力盒传感器		

26.6.6 数据分析和反馈控制

数据分析和反馈控制是基于监测数据进行的重要工作,其目的是为了识别当前桥梁结构受力状态、几何状态,判断当前工况下,状态结构实际状态(如高程、线形、内力等)是否与模拟计算预测的理论状态相符,或结构实际状态与理论状态间存在的误差。判别桥梁施工是否处于预测状态,主要通过将现场监测数据与依据施工过程模拟计算事先制定的控制目标状态数据的比较分析得出。预测桥梁施工误差对后续施工过程结构受力状态与几何状态的影响,确定是否发出安全预警,决定是否对施工过程预测数据或施工方案实施调整或变更。当桥梁施工过程偏离控制目标状态时,需要对其误差的影响程度进行分析,重点是对下一阶段施工目标状态的影响预测及桥梁施工控制最终目标的影响分析,从而为是否对桥梁施工过程预测数据或施工方案进行调整或变更提供决策依据。对于与施工方案关系不大的误差影响,可以通过调整施工过程测控数据实现调控,例如,对当前结构状态进行调整(如悬索桥主缆基准索线型调整、斜拉桥斜拉索索力调整、系杆拱桥系杆力调整等),或对下一阶段施工参数进行调整(如预应力混凝土连续梁桥、连续刚构桥节段浇筑立模高程调整等);对于与施工方案直接相关的误差,则可能需要变更既有施工方案。

1)数据分析

数据分析的监测参数一般包括材料密度、弹性模量;结构上的临时荷载及其位置;结构的应力、索力;结构线形、位移、变形;混凝土收缩和徐变、温度、风速等。所有监测数据在用于数据分析前应考虑其影响因素进行预处理,如影响荷载监测数据的混凝土密度、钢筋数量及其变化,结构尺寸变化,临时荷载的变化等;影响混凝土结构预应力的预应力管道位置偏差、截面上相同型号预应力束张拉力偏差等;影响混凝土结构应力的混凝土水化热、弹性模量变化、结构体系温差、混凝土收缩与徐变等;影响钢结构应力的结构体系温差、构件截面温度梯度、结构不同部件之间的温差等;影响索力的索垂度、索的约束条件、结构体系温差;影响结构高程、位移的施工设备(挂篮、扣索)变形、结构体系温度、桥墩(塔)弹性压缩变形。

桥梁施工过程的实测参数准确性受测试环境、测试精度等多种因素的影响,其反映结构实际状态的程度需要结合模拟计算与现场实际情况进行分析、修正与识别,以便为桥梁状态识别与反馈控制提供准确、可靠的实测数据。

结构体系温差以及构件截面温度梯度一方面难以避免,另一方面,对钢结构与缆索承重结构桥梁几何状态、受力影响很大。对于一天来讲,可以通过限制监测时间[如晚上22:00至次日凌晨日出前温度稳定时段进行高程、位移(变形)测量]规避温度变化的影响,但对于一年来讲,难以做到在相同温度下进行测量,所以,需要将在非设计温度(控制基准温度)下实测到的数据换算到设计温度时的数据,为反馈控制使用。

对于结构不同部件间温差的影响,主要体现在桥梁主体结构与附属结构之间存在温度差。以重庆朝天门长江大桥为例,在施工中就发现主桁钢结构与钢桥面板之间存在因温度变化不同步产生的温度差。该温度差不仅可能使得结构在施工过程中出现破坏,还将长期影响结构的受力与局部变形,因此,重庆朝天门长江大桥针对该温度差对桥面结构进行改进。因此,在施工监控中需要特别注意结构不同部件间温差的影响。

桥梁施工过程模拟计算是监测数据真实性识别的基础,计算模型必须符合桥梁施工实际过程,能够反映结构的真实受力状态与几何状态,分析采用的基准参数必须正确、统一。对于难以采用理论手段分析的影响因素,如混凝土水化热对应变(应力)测试的不利影响,可通过现场试验进行分析与识别。

桥梁施工过程中,各类桥梁结构受力状态和几何状态的施工监测值与施工过程模拟计算值之间的误差限值见表8.26.3及表8.26.4。

常见桥梁施工受力状态监测值与理论值之间的误差限值 表8.26.3

计算值		误差(%)	计算值	误差(%)
混凝土结构应力	≤10MPa	±30	斜拉桥拉索索力	±5
	>10MPa	±20	系杆拱系杆索索力	±5
钢结构应力	≤60MPa	±20	悬索桥主缆锚固端索股索力	±5
	>60MPa	±10	悬索桥吊索(杆)、中下承式拱桥吊索(杆)索力	±10

常见桥梁施工几何状态监测值与理论值之间的误差限值　　表8.26.4

计　算　值		误　　差
梁式桥	悬臂施工主梁各节段完成时的高程	±20mm
	悬臂施工主梁合龙口相对高差	20mm
拱式桥	缆索吊装主拱圈高程	跨径≤60m：±20mm
		跨径>60m：±L/3000，且不超过50mm
	劲性骨架施工主拱圈高程	±L/3000，且不超过50mm
	悬臂浇筑主拱圈高程	跨径≤60m：±20mm
		跨径>60m：±L/3000，且不超过30mm
		合龙相对高差：20mm
斜拉桥	桥塔倾斜度	塔高的1/3000，且不大于30mm
	悬臂浇筑混凝土主梁各节段完成时的高程	±20mm
	混凝土主梁合龙口相对高差	20mm
	悬臂拼装钢主梁各节段完成时的高程	±15mm
	钢主梁合龙相对高差	10mm
悬索桥	索塔倾斜度	塔高的1/3000，且不大于30mm
	主缆基准索架设后线形（高程）	索股中跨跨中：跨径的±1/20000
		索股边跨跨中：中跨的2倍
		上下游基准索股高差：10mm
	主缆形成过程中基准索股线形（高程）	−5mm，+10mm
	其他观测索股线形（高程）	−5mm，+10mm

2）反馈控制

桥梁施工过程中，当施工监测数据与模拟计算结果之间的误差超过限值时，应借助施工过程模拟计算模型，分析误差对结构几何状态和内力状态的影响程度，根据分析结果，采取反馈控制措施。对施工监控目标的实现造成过大影响，或结构状态出现异常，如结构应力（索力）超限、结构变形超限等，应及时预警。

对于几何状态可调整的桥梁，可在当前施工状态下直接调整。如拱桥主拱圈悬臂安装高程；中、下承式拱桥非连续桥道梁结构桥面高程；系杆拱桥主拱圈跨径；斜拉桥主梁施工过程高程、成桥桥面线形（高程）；悬索桥加劲梁基准索线形；索塔索鞍及索夹位置；加劲梁施工过程高程；成桥桥面线形等。

对于几何状态不可调整的桥梁，可在后续施工阶段进行调整。如混凝土梁式桥、混凝土拱圈悬臂施工过程的立模或安装高程；桥梁钢结构悬臂安装高程；悬索桥主缆成缆线形等。

桥梁施工过程结构受力超过限值原因很多，例如：临时荷载过大或位置不正确；桥梁结构施工过程分析不全面深入，导致局部高应力未纳入控制；施工工序（工艺）不合理；桥梁结构设计本身与所采取的施工方法不完全匹配，缺少相应的辅助措施；施工监控技术与管理落后，导致结构控制性受力部位失控，或未及时监测到结构受力，或监测到结构不利受力状态但未得到及时处置等。对于桥梁施工过程的受力状态，可根据结构情况进行调控。如混凝土梁式桥悬臂施工过程中的结构应力，可通过减少临时荷载或调整临时荷载位置改善受力；采用临时配重进行钢桁结构安装的配重区局部杆件应力，可通过调整临时配重位置、大小改善受力；因施工工序、工艺不当导致结构受力不利时，可通过改进施工工序、工艺调整结构受力状态；因桥梁结构设计与施工方案匹配性问题导致结构受力不利时，可采取局部加固或增设临时辅助设施等措施改善后续施工中结构受力状态。

26.6.7　施工控制中几个应注意的问题

1）基础信息

桥梁施工控制分析要力求基础信息的细致、准确、全面。对于结构复杂的桥梁结构，除精确考虑结构线形、截面特性、材料特性、荷载（不同时期结构自重、二期恒载、施工临时荷载、张拉力等）、施工方法及过程等，可按以下方法进行建模分析。

（1）区分不同构件对节点、单元进行分类编号，以方便查错纠偏。

（2）结构模拟及边界条件尽量接近实际结构，如临时荷载、隔板、锚固块、栏杆、防撞护栏、人行道、灯柱等重量，应仔细计算，对位加载。

（3）施工过程模拟应对应每一个施工工况，不可合并进行，并仔细考虑施工荷载的增减及结构各种变形的影响。挂篮悬臂施工时，混凝土浇筑过程中，已完成结构的弹性变形包括下挠和结构转动，转动给当前浇筑块段带来的影响往往容易忽视，且是向下的不利影响。

（4）施工的支架、挂篮或托架的预压非常重要，在消除非弹性变形的同时，提供准确的弹性变形值，并按预压荷载和施工块段的荷载不同进行换算，将其计入预拱度中。

对于如图8.26.24所示的后支点挂篮，桥梁的施工控制分析模型中一般不包括挂篮结构，对其进行预压试验并准确量测各种变形非常重要。实测变形一般由挂篮弹性变形、挂篮非弹性变形、梁体转动变形、梁体下挠变形组成，通过测量挂篮吊带处（图8.26.24的测点1～7）、前支点（图8.26.24的测点8～10）及后支点（图8.26.24的测点11～13）的变形，很容易计算出各种变形量。

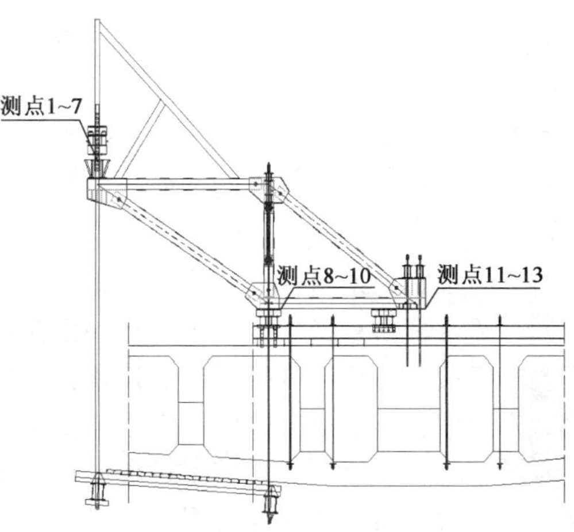

图8.26.24　后支点挂篮施工

2）线形与预拱度

线形包括设计线形、设计成桥线形、施工成桥线形和施工期的阶段线形。

设计线形是指包含桥面纵坡的竖曲线，一般在施工图设计中有明确的数据，系按照道路勘测设计中竖曲线计算方法进行计算的。

设计成桥线形是考虑了一定年限（如10年）的收缩徐变的影响及计及活载挠度的一半，在桥梁完工时的桥面线形。

施工成桥线形是指桥梁施工完工时的桥面真实线形。

施工期的阶段线形是指每一施工阶段结构的临时线形，包含施工期各种因素的影响、预抛高值等，且在不断变化与调整中。

大跨径桥梁的竖曲线一般是由结构线形变化形成的，结构分析时考虑与不考虑竖曲线的影响，对结构的受力影响不大，但对结构线形及构件制造构型（如无应力索长等）的影响不可忽视，为避免出错，建模时可一并考虑。

预拱度包括设计成桥预拱度、施工成桥预拱度和施工阶段预拱度。预拱度的设置方向与桥梁挠度相反，以向上设置。

设计成桥预拱度指设计成桥线形与设计线形的差值。设计成桥预拱度 = 收缩徐变挠度 + 活载挠度/2。

施工成桥预拱度是指桥梁施工完工时的桥面线形与设计线形的差值。施工成桥预拱度 = 收缩徐变挠度 + 活载挠度/2 + 经验抬高值；经验抬高值是为防止桥梁建设及运营过程中在某些不确定因素下（如模型的不确定性、收缩徐变等计算的准确性、松弛影响等）产生不可预期下挠，而提供的连续均匀分布在桥梁施工过程中的预抬高值，混凝土梁式结构（含加劲梁）一般可取跨径的（5 ~ 10）/10000，钢结构桥梁及计算结果为反拱的混凝土梁段可以不计。

施工阶段预拱度也称预抛高，指施工过程中立模高程或安装高程与设计高程（扣除桥面铺装的厚度）的差值。施工阶段预拱度 = 计算阶段的结构挠度（含挂篮或吊架等施工支架的弹性变形）+ 施工成桥预拱度。如施工阶段预拱度值为向下时（即反拱），对于混凝土桥梁一般可不设反向预拱度；对于钢结构桥梁应综合考虑是否设置反向预拱。施工阶段预拱度设置是在不断变化与调整中，其目标是满足成桥线形需求。

3）索力

索力指斜拉桥施工过程中的设计索力、施工初张拉力和二次调索索力。

设计索力是指施工设计图中所给定的桥梁在成桥时或成桥一定年限（如 10 年）时各拉索索力状态。设计索力是一组满足结构安全要求的确定索力。

施工初张拉力是指在悬臂施工过程中，拉索最后一次张拉的索力状态。

二次调索索力是指悬臂施工过程一次张拉到位则会造成主梁受力状态不安全，而在合龙后再次进行索力调整以满足设计成桥索力的要求，一般在桥梁合龙后、二期恒载加载前或后进行的部分拉索索力调整时的各拉索索力状态。

为保证施工安全及考虑施工过程的各种不确定因素的影响，斜拉桥施工过程中的初张拉力及二次调索的索力和索数可根据施工控制过程分析及监测情况进行调整，但设计索力应保持不变。

进行斜拉桥施工节段分析时，斜拉索索力施加方法可按体内力或体外力施加。在拉索阶段，索两端连接的构件发生变形，拉索长度相应发生变化，拉索内力也会发生变化，即为体内力；将索力视为作用在与索两端连接的构件上，在拉索阶段，索的拉力大小始终相同，即为体外力。施工控制过程分析时，可以在上次张力的基础上，将新增加的张力添加给再次张拉之前的拉索；或以两次索力之和替换上次索力。对于斜拉桥有多次张拉的情况时，一般取用后一种方法，近似不考虑上次拉索后的内力发生的变化，直接替换索力即可。

现代大跨径斜拉桥悬臂施工节段较长时，一般采用前支点挂篮施工，如图 8.26.25 所示。这时初张拉力由浇筑混凝土前的斜拉索第一次张拉、浇筑 1/2 块段混凝土的第二次张拉和块段混凝土浇筑完成、张拉预应力后的第三次张拉来实现。其挂篮与结构受力耦合在一起，可按照图 8.26.26 所示的简化模式，通过以下步骤对其施工过程进行精确模拟。

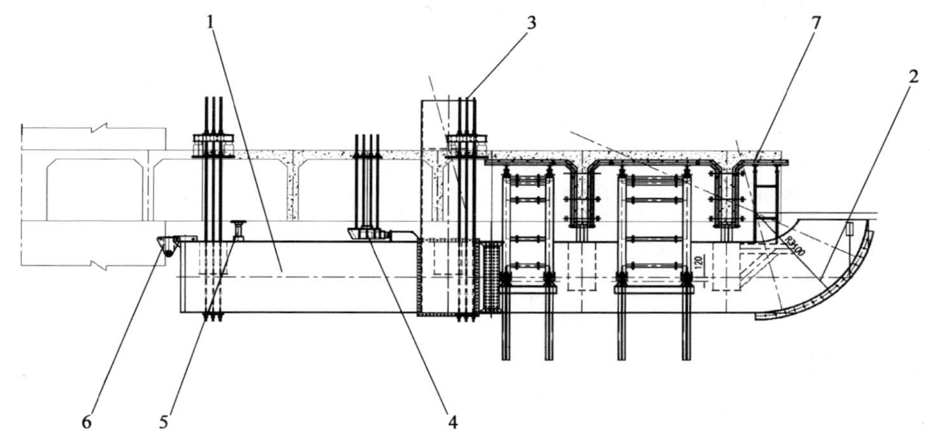

图 8.26.25 前支点挂篮施工示意图

1-承载平台；2-张拉机构；3-锚固系统；4-止推机构；5-顶升机构；6-行走反滚轮；7-模板系统

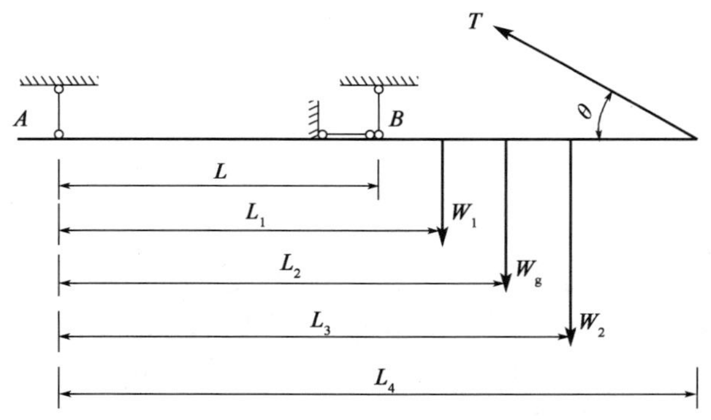

图 8.26.26 前支点挂篮施工示意图

(1)挂篮前移：挂篮前移对结构的影响仅为节点荷载及弯矩的作用位置变动，在模型中钝化前一节段挂篮荷载，激活后一节段挂篮荷载。

(2)立模：激活加劲主梁单元、横隔板荷载及主梁拉索锚固点，激活对应等效挂篮单元，释放当前节段与已成节段共用节点的梁端约束，施加向上的均布荷载与集中力抵消所激活节段的自重(此时当前梁段并不存在)。目的为激活等效挂篮单元所用节点，并模拟实际施工时对主梁立模高程的控制。

(3)斜拉索一张：激活斜拉索和一张索力。

(4)浇筑 1/2 块段混凝土：考虑混凝土湿重(可取 105% 梁段自重)，激活湿重荷载(5% 梁段自重)，钝化②阶段施加的 50% 向上均布荷载及集中力。

(5)斜拉索二张：激活二张索力。

(6)浇筑剩余1/2块段混凝土:钝化②阶段剩余向上均布荷载及集中力。

(7)混凝土养生:钝化湿重荷载(5%梁段自重)。

(8)张拉预应力:激活预应力荷载。

(9)斜拉索三张:激活三张索力。

挂篮结构的计算可按图8.26.26所示的简化模型进行分析。其中A、B分别为挂篮的后、中支点(锚固点);T为前支点(斜拉索)力,W_i为挂篮结构承受的各种荷载简化为集中力的作用点。

4)温度影响

桥梁施工温度往往与设计合龙温度、无应力构件制造温度不同,实际温度场的测试及其与设计温度的差异对结构的影响不可忽视。温度影响较大的阶段及参数主要包括:

(1)悬臂施工中温度对节段线形的影响。

(2)悬臂施工合龙阶段温度对顶推力大小的影响。

(3)预制拼装合龙阶段温度对合龙口大小的影响。

(4)钢构件安装过程中温度对结构线形的影响。

(5)悬索桥施工中温度对主缆线形的影响。

(6)钢桥大节段安装过程中温度变化引起的支座偏移影响。

(7)浇筑过程水化热对大体积混凝土的影响。

分析时,将温度场的实测值代入模型,计算温度对每一个可能影响到的结构反应的量值,并进行控制。

26.7 小　　结

本章介绍了桥梁三阶段控制的概念,即设计、施工、运营阶段的控制特点,重点介绍了桥梁施工阶段的控制,它是桥梁控制的最主要组成部分,是保证桥梁施工安全的关键。为了使读者充分了解控制技术的发展,简介了现代控制理论与方法,并在此基础上,建立了桥梁控制系统的概念,对桥梁控制分析方法,包括正装分析法、倒装分析法、无应力状态法及桥梁调值计算方法进行了介绍,并给出了分析实例。给出了桥梁控制中的误差分析、参数识别、状态预测方法,讨论了桥梁施工监测与控制的主要内容及实际操作方法,使读者能够较全面地掌握桥梁控制中的分析方法、监测内容和控制手段。

本章参考文献

[1] 刘胜,张红梅. 最优估计理论[M]. 北京:科学出版社,2011,6.

[2] 吴振顺. 自适应控制理论与应用[M]. 哈尔滨:哈尔滨工业大学出版社,2005,2.

[3] 贺拴海,赵煜,等. 青岛海湾大桥大沽河航道桥施工监控技术报告[R]. 2011,6.

[4] 刘鹏. 跨海斜拉桥施工控制关键问题研究[D]. 西安:长安大学,2015,6.

[5] 秦顺全.桥梁施工控制——无应力状态法理论与实践[M].北京:人民交通出版社,2007.
[6] 赵煜,魏家乐,贺拴海.基于大节段吊装法的自锚式悬索桥主梁线形控制方法[J].沈阳建筑大学学报(自然科学版),2011,27(3):418-424.
[7] 王晓明,贺拴海,段瑞芳.空间索形自锚式悬索桥吊索张拉过程分析方法[J].工程力学,2016,33(10):164-171.
[8] 赵煜,周勇军,等.勉县汉江大桥施工监测与控制技术报告[R].2013.

27　桥梁加固计算方法

27.1　桥 梁 加 固

桥梁结构是典型的不可逆结构，受自然因素如腐蚀、老化、冲刷、预应力损失等，非自然因素如意外损伤、超载、开裂等的影响，一旦建成，其结构性能会随运营时间的增长而不断下降，若采取适当加固或提高等级措施，则其结构性能会改善，桥梁寿命会延长，如图 8.27.1 所示。

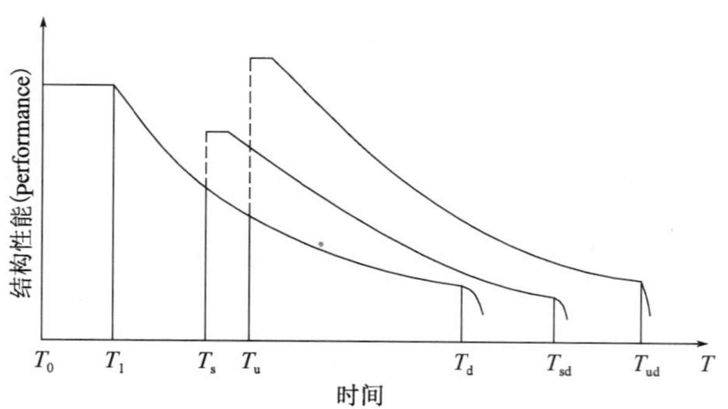

图 8.27.1　桥梁结构性能随时间的变化

T_0-建成年份；T_1-结构性能下降年份；T_s-加固年份；T_u-提高等级年份；T_d-原桥丧失承载力年份；T_{sd}-加固后桥丧失承载力年份；T_{ud}-提高等极后桥丧失承载力年份

桥梁加固技术适用于因设计、施工和运营不当、材料不符合要求、遭受灾害及耐久性不足等原因而产生病害的处置及需要提高荷载等级的各类桥梁的主要承力构件的加固。桥梁加固设计计算包括结构内力分析、承载力极限状态及正常使用极限状态的设计及验算，并使加固设计、施工及质量验收标准统一，以达到安全适用、技术可靠、经济合理、确保质量的要求[1]。

公路桥梁在加固前，应根据结构类型，按照公路桥梁承载能力检测评定的有关规定及其他相关规范要求对拟加固桥梁结构承载能力进行科学评定[2]。对于修建年代较久的旧桥，加固时应考虑原设计及施工所采用规范及标准的规定。有关作用(或荷载)及其组合应符合相关规范的规定。

公路桥梁经承载能力鉴定后确认不能满足结构安全或正常使用要求时，需要进行加固。

加固可以包括整座桥梁,也可以是指定的区段或特定构件。桥梁的加固设计应与施工方案紧密结合,并应采取有效措施,保证新增截面、构件和部件与原结构连接可靠、黏结牢固,形成整体协同工作。公路桥梁的加固应不损伤原结构,避免对未加固部分或构件、桥梁基础等造成不利的影响,并避免不必要的拆除或更换。对处于不良环境(高温、冻融、腐蚀、振动等)下桥梁结构,特大桥、大桥主要承重构件的加固,应对加固方案的可行性进行充分论证,应进行多种方案的比选和经济评价,尽可能地避免对桥上或桥下交通的影响,并采取必要措施避免对周围环境的污染。对加固过程中可能出现倾斜、失稳、过大变形或坍塌的桥梁结构,应在加固分析时提出相应的临时性措施。

27.1.1　加固方法

(1)增大截面及配筋加固法

当桥梁主要受力构件的强度、刚度、稳定性和抗裂性能不足时,通常采用增大构件截面、增加配筋的加固方法。对于上部结构,在桥面上可借助于桥面铺装更新,加铺一层包括受力钢筋的钢筋混凝土铺装层,适当设置新旧混凝土传力键,可使其与原有主梁形成整体,达到增大主梁有效高度及受力主筋、改善桥梁荷载横向分布性能;在主梁受拉边缘或梁侧加大尺寸,增配主筋,提高主梁的有效高度和抗弯强度。对于下部结构,在加固圆形截面墩柱时,采用周边环状加大截面,增配主筋及箍筋;在加固圆形截面墩柱时,对承载能力薄弱方向的两侧加大尺寸,增配主筋及箍筋。通过上述措施或单独使用,或几项组合使用,以改善桥梁整体受力性能,从而提高桥梁承载能力。采用该方法加固后的构件,其新旧钢筋混凝土层具有共同变形特征。

(2)粘贴钢板(纤维布)加固法

当主梁出现承载力不足或纵向主筋出现严重腐蚀情况时,主梁会出现严重的横向裂缝。采用黏结剂将钢板(纤维布)粘贴锚固在混凝土结构的受拉边缘或受拉薄弱部位,使其与结构形成整体受力结构,以钢板(纤维布)代替增设的补强钢筋,从而提高主梁的承载能力。

粘贴钢板时,一般配套使用胀栓加强锚固及传力效果。粘贴碳纤维布时,一般在两端部位增加锚固面积或采用齿槽等措施,加强锚固。采用该方法加固后的构件,钢板与旧混凝土结构具有协调变形特征。

(3)锚栓钢板加固法

在主梁的受拉区段两端之间,通过胀栓将增加的受拉钢板锚固成为一个共同受力的一次超静定结构体系,使新增钢板参与梁体受力变形,从而提高主梁的承载能力。

需要说明的是,加固后主梁截面上相应的钢板拉应变与主梁受拉外缘应变不再协调。

(4)体外预应力加固法

对于钢筋混凝土或预应力混凝土梁桥,采用粗钢筋、钢绞线或高强钢丝等高强钢材,对受拉区施以体外预加力,可以抵消部分结构自重应力,起到卸载作用,从而改善旧桥使用性能并可较大幅度地提高其极限承载能力。

采用本方法加固后的主梁截面上的预应力束(筋)的拉应变与主梁受拉外缘应变不再协调。

(5)改变结构受力体系加固法

通过改变原桥梁结构受力体系,增设新体系中的受力钢筋,以提高桥梁承载能力。常见的有:简支变连续,铰接变固结,增设加劲钢梁形成组合梁(叠合梁),增加拉(吊)索形成组合结构，增设支承或桥墩，增设横隔板、剪力撑等以改变横向等分布。

(6)其他加固法

当桥梁出现承载力不足或需要提高其荷载等级时，也可通过对原桥控制截面减载、更换钢质桥面板、更新轻质桥面铺装材料等方法，减少桥梁结构自重内力，挖掘其承载潜能，达到对桥梁加固之目的。对于空腹式拱桥，往往可根据拱顶或拱脚附近主拱圈受力状况，按反向影响线布载，减少控制截面内力值；对于梁桥，往往可借助于轻质桥面铺装材料减轻二期恒载内力。采用该方法加固后的构件，保持原来结构体系与形式不变，更新后的桥面铺装可视连接效果考虑其是否参与主梁受力。

对于拱桥，还可通过拱脚顶推达到对主拱圈内力进行合理调整的目的。

还有其他多种方法，如大边梁法、更换杆件法、梁移位法等，这里不再赘述。需要指出，上述各种常见方法往往综合运用，优化组合，更能体现出加固效果及经济效益。图 8.27.2 给出了常见加固方法示意图。

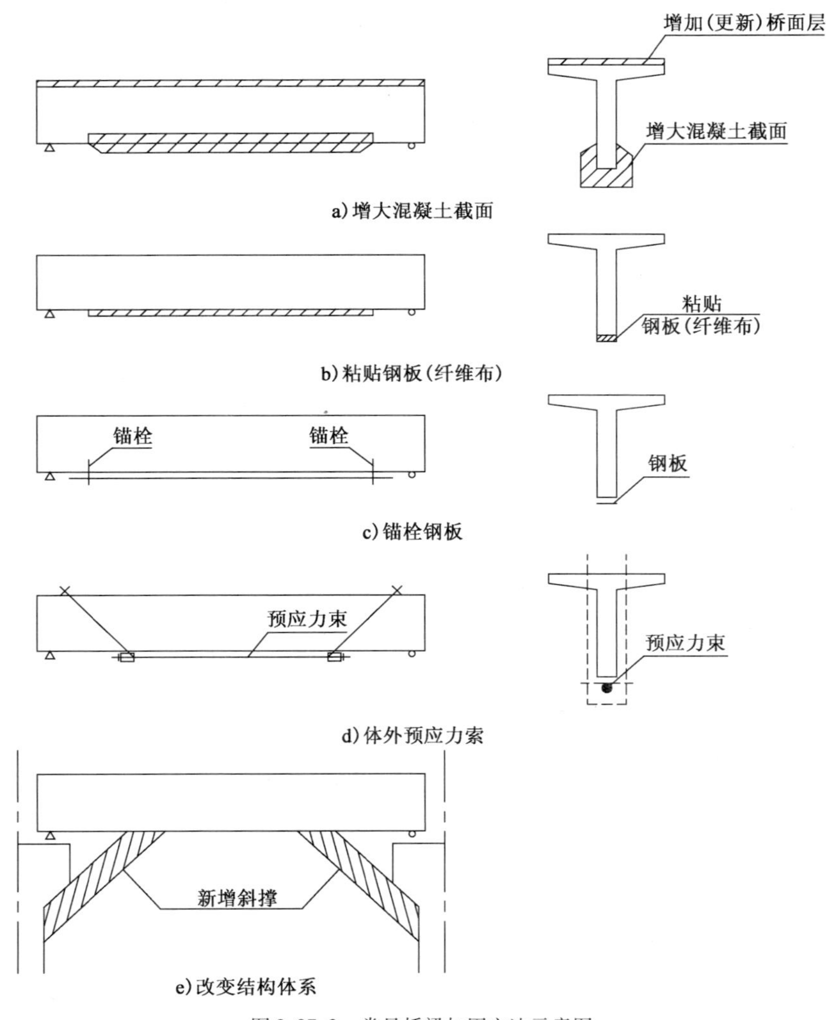

图 8.27.2 常见桥梁加固方法示意图

27.1.2 加固方法的选择

加固方案与诸多因素有关，选择合理的加固方法非常重要，常考虑下列因素：

桥梁结构形式；桥位地形、水文、自然状况；桥梁现状分析研究结论；施工技术水平；能否封闭交通；预期加固效果；资金投入量。

若定义 $\varphi=\dfrac{\text{桥梁结构抗力效应}-\text{恒载组合效应}}{\text{工作荷载组合效应}}$，建议：

$\varphi>0.9$：进行桥面板加固；

$\varphi=0.7\sim0.8$：粘贴钢板、改变体系加固；

$\varphi=0.6\sim0.7$：体外预应力、粘贴纤维加固。

表 8.27.1 为常见加固方法的适用性。

常见加固方法的适用性　　表 8.27.1

体系	方法	性能				工艺	
		裂缝	挠度	刚度	承载力	设备需求	复杂程度
粘贴加固	粘贴钢板	恒载下裂缝宽度基本不变，钢板可封堵部分裂缝，活载裂缝有所减小	恒载、活载、挠度基本不变	刚度轻微提高	可提高整体承载力	小型安装设备	工艺简洁
	粘贴纤维片材	恒载下裂缝宽度不变，纤维片材可封堵部分裂缝，活载裂缝有所减小	恒载、活载、挠度基本不变	刚度轻微提高	可提高整体承载力	手工设备	工艺简洁
增大截面或配筋加固	增大截面	恒载裂缝由于自重的增加而增加，部分裂缝可封堵，活载裂缝宽度因刚度增加而减小	恒载挠度有所增加，活载挠度有所减小	整体刚度明显提高	可明显提高整体承载力	需要施工设备、支架等	工艺复杂
	锚喷混凝土	喷射混凝土可对裂缝进行较好的封堵	恒载挠度有所增加，活载挠度有所减小	整体刚度明显提高	可明显提高整体承载力	喷射施工设备	工艺相对简洁
	桥面补强层	恒载裂缝由于自重的增加而增加，活载裂缝宽度略有减小	恒载挠度增大，活载挠度略有减小	整体刚度有所提高	可较大提高承载力	需要大型施工设备	工艺复杂
改变体系加固	针对总体改变约束方式	基本不改变恒载下的裂缝状态，但可减小活载作用下的裂缝宽度	基本不改变恒载下的构件挠度，但可改变小活载作用下的挠度	结构刚度改变明显	提高幅度明显	需要大型设备	对原结构存在较大幅度的改变，工艺较为复杂

续上表

体系	方法	性能				工艺	
		裂缝	挠度	刚度	承载力	设备需求	复杂程度
改变体系加固	针对总体增加附加构件	恒载下的裂缝状态取决于是否利用新增构件对原结构卸载，活载下裂缝宽度取决于体系刚度的改变	恒载下的挠度取决于是否利用新增构件对原结构卸载，活载下挠度取决于体系刚度的改变	一般可提高体系的整体刚度，刚度的改变幅度与体系的变更形式有关	提高幅度很明显	需要大型施工或安装设备	工艺复杂
	针对构件局部增加附加构件	恒载下的裂缝状态取决于是否利用新增构件对原构件局部进行卸载，活载下裂缝宽度基本不变	基本不变	整体刚度不变，局部刚度可有一定的提高	基本不改变整体承载力，局部有所提高	需要施工和安装设备	安装和施工空间较小，工艺较为复杂

加宽加固同时进行时，宜将加宽部分与原结构连为整体，以充分发挥新加部分的卸载作用，但应视情况考虑分析新老结构的相互作用，见15.5节叙述。

27.1.3 加固计算原则

公路桥梁的加固设计应遵循现行的各类桥梁设计规范的相关规定，进行结构整体分析、承载力极限状态及正常使用极限状态的设计计算及验算。

桥梁结构的计算应根据加固前后的实际结构构造、受力情况及边界条件进行，并考虑加固部分的应变滞后特点以及与原结构协同工作的程度。结构、构件的计算截面积，原构件采用基于检测结果的实测截面积，新增构件采用加固设计的实际有效截面积。加固引起桥梁结构的恒载增大或导致传力路线改变时，应对被加固桥梁的基础及相关结构进行验算。加固桥梁结构上的作用（荷载），应经调查或检测核实，桥梁作用的标准值或代表值、效应组合和组合值系数以及作用的分项系数应按相关规范的规定和要求确定，并考虑由于实际荷载偏心、结构变形、温度作用等造成的附加内力，还应与桥梁承载能力鉴定结论相协调。

被加固桥梁的混凝土等级和受力钢筋抗拉强度标准值经现场检测桥梁的主要构件不存在劣化时，可直接采用原设计标准值；当桥梁主要构件存在劣化时，应采用基于检测结果的推定标准值。

27.2 粘贴加固结构有限元分析

27.2.1 基本原理

1）平截面假定

对于钢筋混凝土受力构件，通常可以认为钢筋与混凝土牢固地黏结在一起共同工作，协调变形。

对于采用增大钢筋混凝土截面、粘贴钢板(钢筋或纤维布)等方法加固后的桥梁主要受力构件,可以认为新旧材料牢固地黏结在一起共同工作、协调变形,由新形成的组合体承受后续恒载及活载作用,使纵轴向应变保持平截面变形规律,从而简化分析过程。

2)小变形假设

即假设加固桥梁处于几何小变形受力状态。

3)本构关系

(1)混凝土

在线性分析中,混凝土材料应力—应变关系遵循 Hooke 定律,即

$$\sigma_c = E_c \varepsilon_c \tag{8.27.1}$$

式中:E_c——混凝土材料弹性模量。

在非线性分析中,混凝土材料的应力—应变关系遵循第 13.2 节的 Hognestad 关系。

由图 4.13.1 可见,在曲线上升段,其切线弹性模量可表示为

$$E_{ct} = \frac{d\sigma}{d\varepsilon} = E_0\left(1 - \frac{\varepsilon}{\varepsilon_0}\right) \tag{8.27.2}$$

其中

$$E_0 = \frac{2\sigma_0}{\varepsilon_0} \tag{8.27.3}$$

称为原点切线弹性模量。

在曲线下降段,假设切线弹性模量为 0,即

$$E_{ct} = 0 \tag{8.27.4}$$

实际上,对于旧桥中的混凝土,由于在反复荷载作用下在正常使用阶段已处于弹性状态,因此采用非线性混凝土本构关系已无意义,当然对于新加固部分的混凝土材料有物理非线性存在。若对于同一座桥梁采用两种混凝土本构关系将使问题变得复杂。本节仍采用非线性本构关系来介绍。

(2)钢材

将工程中常用的普通热轧钢筋及钢板材料假设成理想弹塑性材料,其本构关系可描述为

$$\sigma_s = \begin{cases} E_s\varepsilon_s & \varepsilon_s \leqslant \varepsilon_y \\ f_{sy} & \varepsilon_y < \varepsilon_s \leqslant \varepsilon_{su} \end{cases} \tag{8.27.5}$$

式中:f_{sy}——钢材的屈服强度;

E_s——钢材的弹性模量。

(3)碳纤维布

碳纤维布属于高强度的弹性材料,在正常使用状态下处于完全弹性状态,即

$$\sigma_f = E_f \varepsilon_f \tag{8.27.6}$$

式中:E_f——碳纤维布的弹性模量。

4)受拉区混凝土工作特性

在钢筋混凝土加固构件中,轴向拉应力 σ_{cl}超过其抗拉强度限值 αR_l^b 时,即认为该层混凝土退出工作。其中 α 值应依据试验确定,如无资料时可按现行规范取值。

5）梁单元离散层

如图 8.27.3 所示平面内的局部坐标系中，对两节点梁单元，每节点具有三个自由度，即两个线位移和一个角位移。其中轴向位移按线性插值，横向位移按三次 Hermite 多项式插值，即梁单元位移插值式为

$$
\begin{Bmatrix} u \\ v \end{Bmatrix} = \begin{bmatrix} N_i & O & O & N_j & O & O \\ 0 & N_1 & N_2 & 0 & N_3 & N_4 \end{bmatrix} \begin{Bmatrix} u_i \\ v_i \\ \theta_i \\ u_j \\ v_j \\ \theta_j \end{Bmatrix} = \boldsymbol{N\delta}^{e} \tag{8.27.7}
$$

其中

$$N_i = 1 - X$$

$$N_j = X$$

$$N_1 = 1 - 3X^2 + 2X^3$$

$$N_2 = (X - 2X^2 + X^3)l$$

$$N_3 = 3X^2 - 2X^3$$

$$N_4 = (X^3 - X^2)l$$

式中：X——$X = x/l$；

l——梁单元长度。

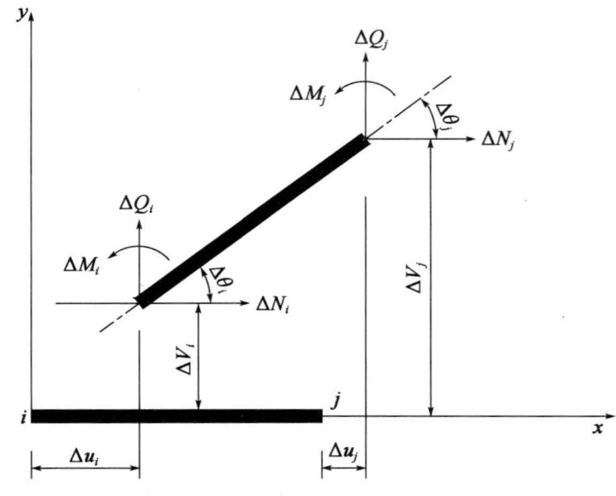

图 8.27.3　平面梁单元

在每一个梁单元中，按照构件截面的几何形状及钢筋布置、加固材料组成及种类，将钢筋混凝土加固构件离散成许多混凝土层、钢筋层、钢板层和纤维布层等，各层的几何特征由其横

截面面积和距参考平面的距离来定义，物理性质分别计入，如图 8.27.4 所示。各层之间完全黏结在一起，形成多层组合体共同受力。

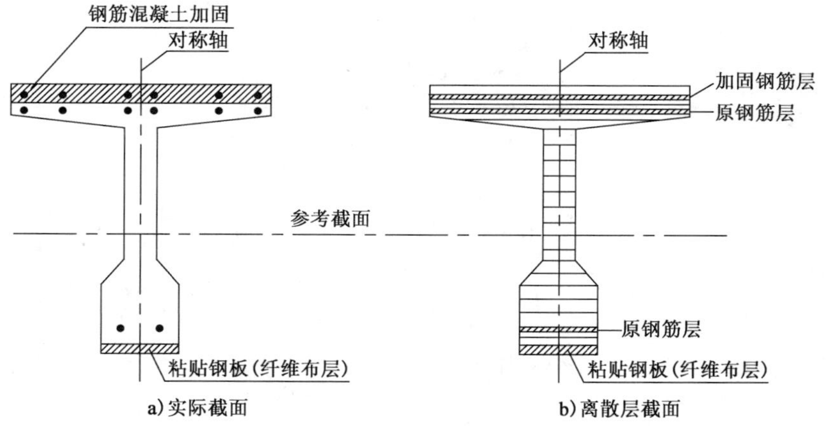

图 8.27.4 梁单元离散层

6)外荷载分级作用

对于加固构件，由于原构件已承受先期恒载(或其他附属荷载)作用，结构中已有初始恒载应力状态，这种应力状态有可能已导致结构的混凝土层拉应力超限而开裂。因此，对于加固构件应结合桥梁施工及加固过程，逐级增加外荷载进行结构应力状态分析。假设在正常使用极限状态下进行荷载分级计算。

27.2.2 单元刚度矩阵

梁单元受外力增量作用产生变形后，其应变增量可描述成如下形式：

$$\Delta\varepsilon = \frac{\mathrm{d}(\Delta u)}{\mathrm{d}x} - y\frac{\mathrm{d}^2(\Delta v)}{\mathrm{d}x^2} \tag{8.27.8}$$

式(8.27.8)中第一项是轴向力相应的应变增量；第二项是构件弯曲产生的应变增量项。将式(8.27.7)代入上式，整理得

$$\Delta\varepsilon = \boldsymbol{B}\Delta\boldsymbol{\delta}^{\mathrm{e}} \tag{8.27.9}$$

式中：

$$\boldsymbol{B} = \left[-\frac{1}{l} \quad \frac{6y}{l^2}(1-2X) \quad \frac{2y}{l}(2-3X) \quad \frac{1}{l} \quad \frac{6y}{l^2}(-1+2X) \quad \frac{2y}{l}(1-3X) \right]$$

$$\Delta\boldsymbol{\delta}^{\mathrm{e}} = \{\Delta u_i \quad \Delta v_i \quad \Delta\theta_i \quad \Delta u_j \quad \Delta v_j \quad \Delta\theta_j\}^{\mathrm{T}}$$

由虚功原理，可以导出适合于当时材料特性的切向增量平衡方程为

$$\Delta\boldsymbol{F} = \boldsymbol{k}(\varepsilon)_{\mathrm{t}}\Delta\boldsymbol{\delta}^{\mathrm{e}} \tag{8.27.10}$$

式中：$\Delta\boldsymbol{F}$——等效节点荷载增量；

$\Delta\boldsymbol{\delta}^{\mathrm{e}}$——节点位移增量；

$\boldsymbol{k}(\varepsilon)_{\mathrm{t}}$——单元切向刚度矩阵，是建立在当时的材料特性和结构的几何特性之上，可表示为

$$
\boldsymbol{k}_{\mathrm{t}} = \int_v \boldsymbol{B}^{\mathrm{T}} E_{\mathrm{t}} \boldsymbol{B} \mathrm{d}v = \begin{bmatrix} \dfrac{EA}{l} & & & & & \\ 0 & \dfrac{12EI}{l^3} & & \text{对称} & & \\ -\dfrac{ES}{l} & \dfrac{6EI}{l^2} & \dfrac{4EI}{l} & & & \\ -\dfrac{EA}{l} & 0 & \dfrac{ES}{l} & \dfrac{EA}{l} & & \\ 0 & -\dfrac{12EI}{l^3} & -\dfrac{6EI}{l^2} & 0 & \dfrac{12EI}{l^3} & \\ \dfrac{ES}{l} & \dfrac{6EI}{l^2} & \dfrac{2EI}{l} & \dfrac{ES}{l} & -\dfrac{6EI}{l^2} & \dfrac{4EI}{l} \end{bmatrix} \tag{8.27.11}
$$

式(8.27.11)中各元素中的常数，通过在单元的长度范围内分层积分，并经近似数值叠加计算，可求得以下有效截面切线特性：

$$
EA = \int_A E_{\mathrm{t}} \mathrm{d}A = \sum_{i=1}^{n_c} E_{ci} A_{ci} + \sum_{i=1}^{n_s} E_{si} A_{si} + \sum_{i=1}^{n_f} E_{fi} A_{fi} \tag{8.27.12}
$$

$$
ES = \int_A E_{\mathrm{t}} y \mathrm{d}A = \sum_{i=1}^{n_c} E_{ci} y_{ci} A_{ci} + \sum_{i=1}^{n_s} E_{si} y_{si} A_{si} + \sum_{i=1}^{n_f} E_{fi} y_{fi} A_{fi} \tag{8.27.13}
$$

$$
EI = \int_A E_{\mathrm{t}} y^2 \mathrm{d}A = \sum_{i=1}^{n_c} E_{ci} y_{ci}^2 A_{ci} + \sum_{i=1}^{n_s} E_{si} y_{si}^2 A_{si} + \sum_{i=1}^{n_f} E_{fi} y_{fi}^2 A_{fi} \tag{8.27.14}
$$

式中：n_c——混凝土的总层数；

n_s——钢筋（板）的总层数；

n_f——纤维布的总层数；

y_{ci}——第 i 条带混凝土中心到参考平面距离；

y_{si}——第 i 条带钢筋（板）中心到参考平面距离；

y_{fi}——第 i 条带纤维布中心到参考平面距离；

E_{ci}——第 i 层混凝土切线弹性模量，按前级荷载作用下的应变累积值由式(8.27.3)确定，当不计材料非线性影响时，即为弹性模量；

E_{si}——第 i 层钢筋（板）弹性模量；

E_{fi}——第 i 层纤维布弹性模量。

必须特别指出：

(1)在式(8.27.12)～式(8.27.14)分层叠加时，应扣除已开裂的受拉混凝土层的贡献。如前级荷载作用下的开裂层因内力重分布而于下级荷载作用下转变为受压层时，应计入该层的贡献。

(2)当结构中配筋率较密时，应考虑钢筋对混凝土面积的影响。

一般来说，钢筋（板）及纤维布层较薄，因条带几何尺寸较小而导致的数值误差较小；混凝土分层不宜太厚，以保证计算精度。

在当时局部单元坐标系中形成了所有单元切向刚度后，再把它们转换到总体坐标系中，然后采用直接刚度法所使用的标准方法组集成结构切向总体刚度矩阵。

27.2.3 求解过程

在第 i 步增量下,有

$$\Delta \boldsymbol{F}_i = \boldsymbol{K}_{i-1} \cdot \Delta \boldsymbol{\delta}_i$$

由上式计算出 $\Delta\boldsymbol{\delta}_i$ 后,就可求出 $\boldsymbol{\delta}_i = \sum_{j=1}^{i} \Delta \boldsymbol{\delta}_j$,进而求出 $\boldsymbol{K}_i$。

若 $\boldsymbol{\delta}_i$ 为精确解,则应满足

$$\psi_i = \boldsymbol{K}_i \cdot \boldsymbol{\delta}_i - \boldsymbol{F}_i = 0 \tag{8.27.15}$$

因为 $\boldsymbol{\delta}_i$ 为近似解,$\boldsymbol{\psi}_i \neq \boldsymbol{0}$ 称为失衡力,代表计算误差,这种误差会积累。为提高计算精度,可在下一步计算中,从结点荷载中扣除 $\boldsymbol{\psi}_i$,即

$$\boldsymbol{K}_i \cdot \Delta \boldsymbol{\delta}_{i+1} = \Delta \boldsymbol{F}_{i+1} - \boldsymbol{\psi}_i \tag{8.27.16}$$

上述方法称为自修正方法。

粘贴钢板加固构件的直接分析方法见文献[3];粘贴纤维加固构件的直接分析方法见文献[4]。

27.3 锚栓钢板加固结构分析

27.3.1 应力状态分析

钢筋混凝土梁加固后承受活载作用时,由于加固钢板 l_1 范围内与既有钢筋混凝土梁底面之间互不作用,因此锚栓钢板法加固后梁的整体截面不符合平截面假设,加固钢板的应力(应变)是由一次超静定结构的赘余力 N_p 确定的[5]。但钢筋混凝土梁自身截面仍然满足平截面假定,如图 8.27.5 和图 8.27.6 所示。

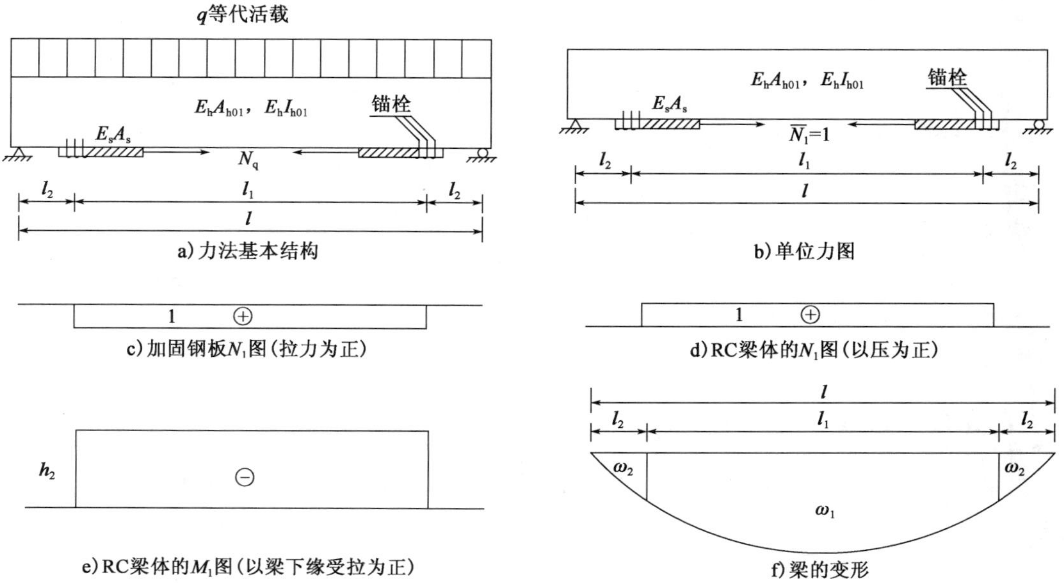

图 8.27.5 加固体系的力法计算图式

由力法方程得

$$N_p = -\frac{\Delta_{1p}}{\delta_{11}} \tag{8.27.17}$$

式中，常变位

$$\delta_{11} = \Sigma\int\frac{\overline{N}_i^2}{EA_i}dx + \Sigma\int\frac{\overline{M}_i^2}{EI_i}dx = \left(\frac{1}{E_sA_s} + \frac{1}{E_hA_{h01}} + \frac{h_2^2}{0.85E_hI_{h01}}\right)l_1 \tag{8.27.18}$$

载变位

$$\Delta_{1p} = \Sigma\int\frac{\overline{M}_iM_p}{EI_i}dx = -\frac{\omega_1h_2}{0.85E_hI_{h01}} \tag{8.27.19}$$

其中

$$\omega_1 = \frac{1}{12}ql^3 - ql_2^2(l/2 - l_2/3) \tag{8.27.20}$$

$$h_2 = h + t_s/2 - x_p$$

承受活载作用后原钢筋混凝土梁截面仍然满足平截面变形假设，即

$$\frac{\sigma_{hp}}{x_p} = \frac{\sigma_{gp}/n_g}{h_0 - x_p} \tag{8.27.21}$$

相应的受压区高度

$$x_p = \frac{n_g\sigma_{hp}h_0}{n_g\sigma_{hp} + \sigma_{gp}} \tag{8.27.22}$$

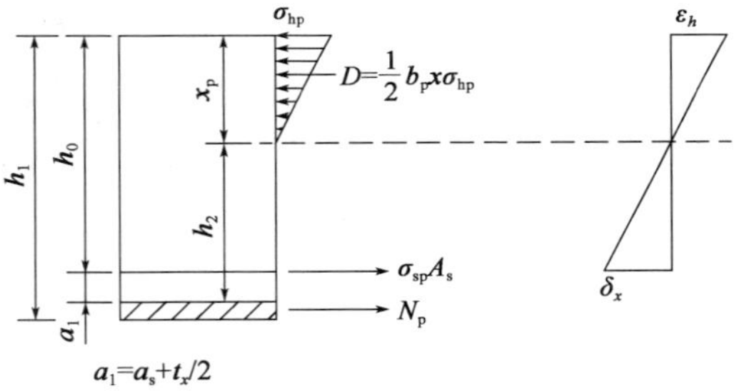

图 8.27.6　加固的应力状态

在图 8.27.6 中，由平衡条件可得

$$\frac{1}{2}bx_p\sigma_{hp} = \sigma_{gp}A_g + N_p \tag{8.27.23}$$

$$M_p = \frac{1}{2}bx_p\sigma_{hp}\left(\frac{h_0 - x_p}{3}\right) + N_pa_1 \tag{8.27.24}$$

式中：M_p——加固后的钢筋混凝土梁跨中活载弯矩最大值；

其他符号意义见图 8.27.6。

联立式(8.27.17)、式(8.27.22)～式(8.27.24)可求得 x_p、σ_{hp}、σ_{gp} 和 N_p。

按线性关系，将活载应变与恒载应变叠加后确定实际中性轴位置，从而求得 A_{h01} 和 I_{h01}。从上述分析可知，只能利用迭代法求解上述联立方程组，当 $|N_{pi} - N_{pi-1}|/N_{pi-1} \leqslant \varepsilon$（小正数）时确定解答。

27.3.2　活载挠度计算

由梁在跨中单位力 $P=1$ 作用下的弯矩图并结合图 8.27.5e)，用图乘法可得加固后钢筋混凝土梁由钢板拉力 N_p 而引起的跨中挠度为

$$f_{Np} = -\frac{N_p'h}{0.85E_hI_{h01}}\frac{1}{4}l_1(l_2 + l/2) \tag{8.27.25}$$

活载 M_p 产生的梁跨中挠度为

$$f_p = \frac{5}{48}\frac{M'_p l^2}{0.85E_h I_{h01}} \tag{8.27.26}$$

式中：N'_p——$N'_p = N_p/(1+\mu)$；

M_p——$M'_p = M_p/(1+\mu)$；

$E_h I_{h01}$——加固后的钢筋混凝土梁截面抗弯刚度；

h——加固后的梁截面形心与钢板中心距。

于是，加固后的钢筋混凝土梁在活载作用下的挠度为

$$f_{p1} = f_p + f_{Np} \tag{8.27.27}$$

27.4 体外预应力加固结构分析

用力法求解体外索加固结构内力时，以活载引起的水平筋拉力增量为变量，切断水平筋以获得基本结构[6]。力法计算图式见图8.27.7。

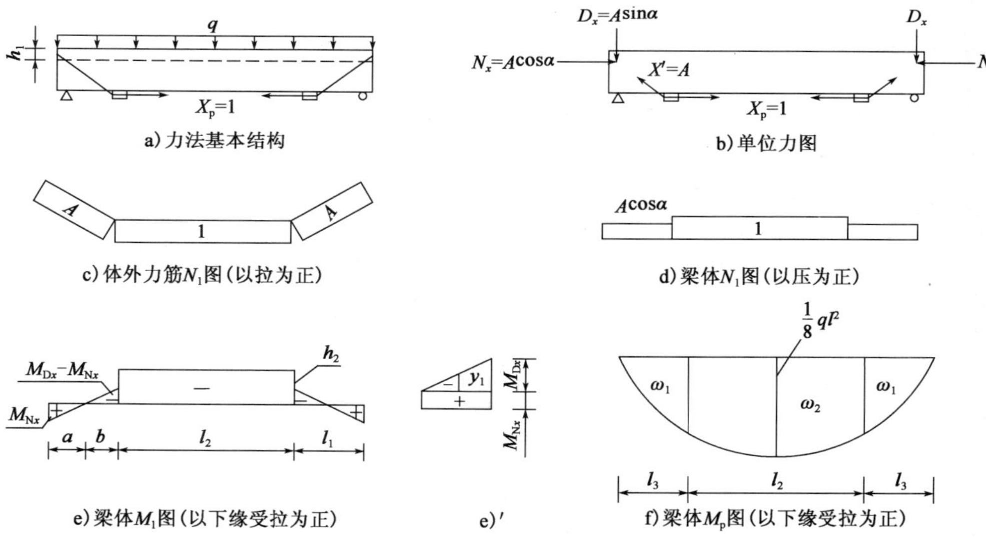

图8.27.7 体外预应力计算图式

将水平筋切断，作用单位力 $X_p = 1$，则得力法方程如下：

$$\delta_{11}X_p + \Delta_{1p} = 0$$

若忽略梁体轴向变形和剪切变形，则载变位项 Δ_{1p} 按下式计算：

$$\Delta_{1p} = \Sigma\int\frac{M_i M_p}{EI}\mathrm{d}x = \frac{1}{E_h I_h}(2\omega_1 A h_1\cos\alpha - 2\omega_1 y_1 - \omega_2 h_2) \tag{8.27.28}$$

式中：ω_1——垫板中心至支座中心范围内活载弯矩图的面积，即

$$\omega_1 = \frac{1}{2}ql_3^2(L/2 - l_3/3) \tag{8.27.29}$$

ω_2——两垫板中心范围内活载弯矩图的面积，即

$$\omega_2 = \frac{1}{12}qL^3 - ql_3^2(L/2 - l_3/3) \tag{8.27.30}$$

y_1——单位力引起的梁端弯矩图面积重心的竖坐标，即

$$y_1 = (l_1 - x_c)A\sin\alpha \tag{8.27.31}$$

x_c——ω_1 图的重心至垫板中心的距离，即

$$x_c = \frac{l_3(2L - l_3)}{6L - 4l_3} \tag{8.27.32}$$

$$A = \frac{1}{\cos\alpha + f_0\sin\alpha}$$

f_0——滑块与梁底之间的摩擦系数；

α——斜筋与梁纵轴的夹角。

主变位系数

$$\delta_{11} = \Sigma\int\frac{N_i^2}{EA}\mathrm{d}x + \Sigma\int\frac{M_i^2}{EI}\mathrm{d}x$$

其中

$$\Sigma\int\frac{N_i^2}{EA}\mathrm{d}x = \frac{2A^2l_1}{E_{y1}A_{y1}\cos\alpha} + \frac{l_2}{E_yA_y} + \frac{1}{E_hA_h}(2l_1A^2\cos^2\alpha + l_2)$$

$$\Sigma\int\frac{M_i^2}{EI}\mathrm{d}x = \frac{1}{E_hI_h}\left[\frac{2}{3}aM_{Nx}^2 + \frac{2}{3}b(M_{Dx} - M_{Nx})^2 + l_2h_2^2\right]$$

式中：a、b——单位力引起的梁端弯矩零点至上锚点、垫板中心的水平距离，即

$$\begin{cases} a = h_1\mathrm{ctan}\alpha \\ b = l_1 - h_1\mathrm{ctan}\alpha \end{cases} \tag{8.27.33}$$

$$\begin{cases} M_{Nx} = Ah_1\cos\alpha \\ M_{Dx} = Al_1\sin\alpha \end{cases} \tag{8.27.34}$$

所以

$$\delta_{11} = \frac{2A^2l_1}{E_{y1}A_{y1}\cos\alpha} + \frac{l_2}{E_yA_y} + \frac{1}{E_hA_h}(2l_1A^2\cos^2\alpha + l_2) + \frac{1}{E_hI_h}\left[\frac{2}{3}aA^2h_1^2\cos^2\alpha + \frac{2}{3}b(M_{Dx} - M_{Nx})^2 + l_2h_2^2\right] \tag{8.27.35}$$

将上述推导结果代回力法方程，可得水平筋拉力增量的表达式如下：

$$X_p = \frac{-\Delta_{1p}}{\delta_{11}} = f(A_y, q) \tag{8.27.36}$$

式(8.27.36)表明，在原梁参数及体外索的构造、材料均为已知时，体外索水平筋中的拉力增量主要与水平筋面积及作用的活载集度有关。

27.5　改变结构体系加固计算

改变结构受力体系加固法是采用一定技术措施改变原结构受力体系，降低控制截面内力，提高桥梁结构整体承载能力的一种加固方法，是一种变被动为主动的加固方法。该加固方法的技术关键是如何有效降低桥梁各控制截面的计算内力，如通过在简支梁下增设支架或桥墩以减小桥梁跨径；通过在相邻简支梁支点区域进行连接处理，将简支梁桥变为连续梁桥以降低跨中计算弯矩；通过在梁下增设钢桁架或叠合梁以分担原结构的内力，通过设置索塔、斜拉索或吊索将连续梁、桁架、连续刚构桥等变为所支撑结构等。常见的改变体系加固法有：增设支点、置换混凝土、简支变连续、增加横向联系、索塔组合体系加固法等。

改变结构体系加固计算时，一般情况下，可采用线弹性分析方法计算结构的作用效应，考虑原结构在加固时的实际受力状况，加固部分应变滞后的特点，以及加固部分与原结构共同工作程度。关注对相关结构构件承载能力和使用功能的影响（如结构、构件、节点以及支座中的内力重分布等）

结构加固前已经产生应力应变，存在一定的压缩变形、弯曲变形等，同时原结构混凝土的收缩变形已经完成。而加固一般是在未卸除已承受的荷载或是部分卸载下进行的，加固时新增加的结构部分只有在荷载变化时才开始受力。所以新加部分的应力、应变滞后于原结构，新、旧结构不能同时达到应力峰值，破坏时，新加部分可能达不到自身的承载能力极限。如果原结构构件的应力和变形较大，则新加部分的应力将处于较低水平，承载能力不能充分发挥，起不到应有的加固效果。加固结构属于新、旧二次组合结构，其加固效果就主要取决于新、旧部分是否能共同工作，因此加固后新旧组合结构必须达到协调变形一致。

27.5.1　增设支点加固方法

增设支点加固法是通过减小被加固结构的跨度或位移，来改变结构不利的受力状态，以提高其承载力。根据支承结构、构件受力变形性能的不同，可分为刚性支点加固法和弹性支点加固法。

刚性支点加固法一般是以支顶的方法直接将荷载传给基础，但也有以斜拉、压杆作为支点直接将荷载传给刚度较大的梁柱节点或其他视为“不动点”的结构上。在这种情况下，由于传力构件的轴向压缩变形很小，可在计算中忽略不计，因此，结构受力较为明确，计算大为简化。

弹性支点加固则是通过传力构件的受弯或压缩变形等间接地将荷载传递给其他可作为支点的结构。在这种情况下，由于被加固结构和传力构件的变形均不能忽略不计，因此，其内力计算必须考虑两者的变形协调关系才能求解。由此可见，刚性支点对提高原结构承载力的作用较大；而弹性支点加固法的计算较复杂，但对原结构的使用空间影响相对较小。

1）刚性支点加固计算

采用刚性支点加固梁、板时，其结构计算有两种方法。

第一种方法的计算过程为：计算并绘制原梁的内力图；初步确定支撑位置及预加力（卸荷值），并绘制在支承点预加力作用下梁的内力图；绘制加固后梁在新增荷载作用下的内力图；

上述内力图迭加，绘出梁各截面内力包络图；计算梁各截面实际承载力；调整预加力值，使梁各截面最大内力值小于截面实际承载力；根据最大的支点反力，设计支撑结构及其基础。

第二种方法的计算过程为：计算加固前原梁的内力；计算加固后在新增加荷载下的内力，二者迭加即为梁的实际承受荷载内力 M；将实际荷载内力 M 与结构截面承载力 M_u 比较，若 $M>M_u$，可在新增支点处预加支承力 P，调整截面内力分配；根据 $P\geqslant 4(M-M_u)/L$ 使各截面 $M\leqslant M_u$。图 8.27.8 以简支梁承受均布荷载为例，给出了其计算原理。

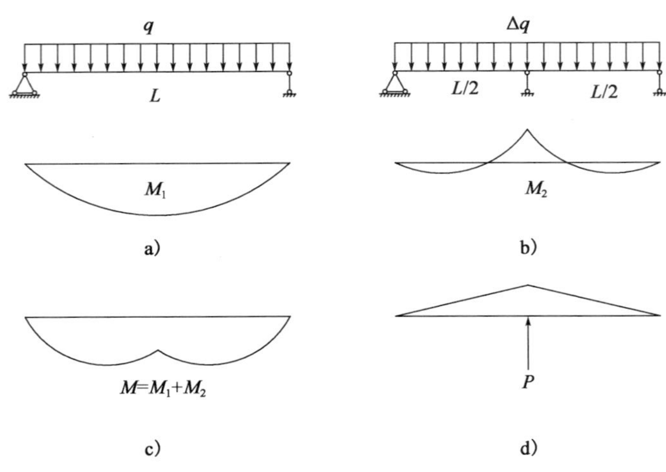

图 8.27.8　简支体系转变为连续体系

2）弹性支点加固计算

采用弹性支点加固梁时，其结构计算亦有两种方法。

第一种方法的计算过程为：计算并绘制原梁的内力图；绘制原梁在新增荷载下的内力图——确定原梁所需的预加力（卸荷值），并由此求出相应的弹性支点反力值 R；根据所需的弹性支点反力 R 及支承结构类型，计算支承结构所需的刚度；根据所需的刚度确定支承结构的尺寸，并验算其地基基础。

第二种方法的计算过程类似于采用刚性支点加固时的计算。先根据变形协调计算出所需支点弹性反力的大小，然后根据此力确定支承结构所需的刚度，并进行分析。以简支梁承受均布荷载为例（图 8.27.9），将中支撑以力 f 代替有

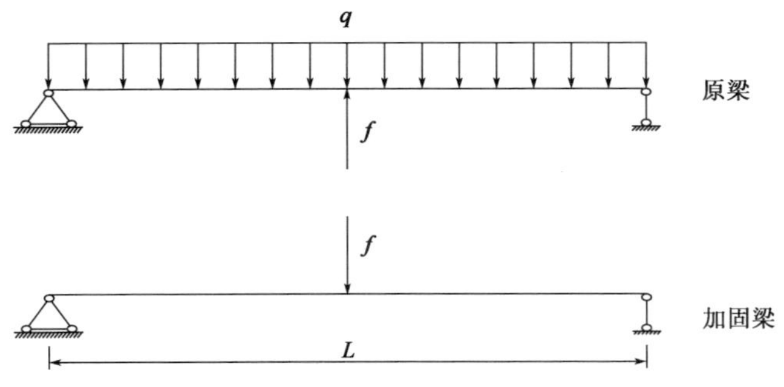

图 8.27.9　中跨简支体系变为两跨弹性支承连续体系

原梁挠度
$$\Delta_1 = \frac{5qL^4}{384k_1} - \frac{fL^3}{48k_1} \tag{8.27.37}$$

f 的反挠度
$$\Delta_2 = \frac{fL^3}{48k_2} \tag{8.27.38}$$

由 $\Delta_1 = \Delta_2$ 得
$$f = \frac{5qL}{8} \Big/ \left(1 + \frac{k_1}{k_2}\right) \tag{8.27.39}$$

式中：k_1、k_2——原梁与加固梁的抗弯刚度；

其他符号意义如图 8.27.9 所示。

当加固梁为其他结构形式，如刚架、三脚架等形式时，可按跨中挠度等效条件，得出等效梁式刚度 k_2，进行分析计算。加固设计计算的过程与刚性支撑类似，先求出原结构加固前内力，再求出加固后在新增荷载下内力，两者迭加即为原结构所受内力 M。在设计中可改变 k_2，以改变 f，从而改变原结构内力。也可通过预设支点反力进行计算。

27.5.2 简支变连续加固方法

简支变连续加固方法一般结合桥面铺装整修进行，是在两跨主梁之间的现浇混凝土前，在其上翼缘添加负弯矩钢筋或预应力筋，从而将简支梁改变为连续梁受力体系，降低活载产生的跨中弯矩，以达到提高荷载等级目的。此方法可结合梁底粘贴钢板或纤维片材的方法同时应用，将能达到更好的效果。由于其方法简单、受力明确、效果明显、经济实惠而受到青睐，在多跨简支 T 梁桥的加固中得到广泛应用。

简支变连续加固主要有两种方法，一种是单独采用在连续端墩顶处加设普通钢筋形成连续结构体系，另一种是预应力补强及普通钢筋补强同时采用的方法。由于其结构前期为简支结构，后期为连续结构，计算并不复杂。

也有将相邻两跨连接处的桥面铺装凿开，增焊受拉主筋，从而使相邻数跨或全桥铺装的受力主筋连为整体，再修补好桥面铺装的桥面连续结构，成桥后依然属于简支桥梁，一般根据新建连续板(梁)桥的桥面板计算即可。

值得一提的是，简支变连续后，其中间支点梁段的抗剪承载能力有所下降，而边支点梁段与原梁相同。根据国内外研究结果，将连续梁混凝土与箍筋共同承担的抗剪承载能力按照同样剪跨比的简支梁抗剪承载能力进行折减，折减系数取为 0.9。在设计箍筋及弯起钢筋时，按混凝土及箍筋承担 60% 承载力，弯起钢筋承担 40% 承载力考虑，为方便比较起见，故认为该简支梁弯起钢筋所提供的承载力为 $0.4V_{\mathrm{d,b}}$，而混凝土及箍筋所提供的承载力为 $0.6V_{\mathrm{d,b}}$。则简支变连续后，中间支点梁段的抗剪承载能力近似为

$$V_{\mathrm{d,c}} = 0.94V_{\mathrm{d,b}} \tag{8.27.40}$$

式中：$V_{\mathrm{d,b}}$——简支梁的抗剪承载能力；

$V_{\mathrm{d,c}}$——连续梁中间支点梁段抗剪承载能力。

27.5.3 其他加固方法

1）增加横向联系加固

横向联系不足或破损造成单梁受力过大，也是在役桥梁一个较为普遍的现象，它往往是造

成主梁破损的主要原因。对于因横向整体性差，造成单梁受力超出其承载能力的桥梁，可采取增加横梁来加强各纵梁之间的横向连接，调整各梁的荷载横向分布，降低单梁受力。对于新增横向连接后的计算可分为桥梁整体计算（横向分布计算）和新增构件计算。此外，横向分布调整后应对主梁承载能力重新验算，如不满足还需采取其他措施对主梁进行加固。

2）增设主梁加固

对于结构完好而需提高荷载标准及有加宽要求的装配式梁，可采取增设主梁的方法来加固，并可同加宽桥面结合起来。常见的做法有：将原有主梁移开，在两片梁之间加一片新梁（图 8.27.10），或增加边主梁。其计算方法同一般的装配式梁桥。

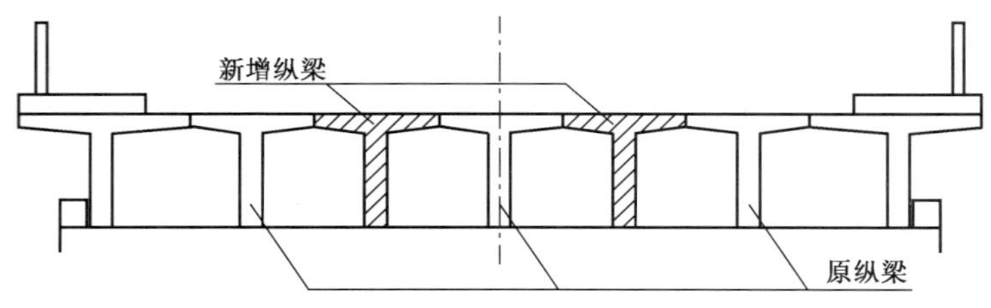

图 8.27.10　主梁间增设新主梁加固

3）索塔组合体系加固

索塔组合体系加固法是在原桥墩、桥台上设置主塔，将原结构转换为斜拉桥或吊桥结构形式，如图 8.27.11 所示。

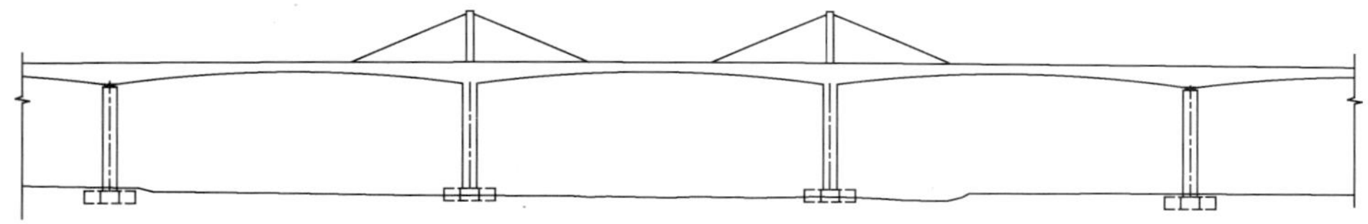

图 8.27.11　索塔组合体系加固

这种方法适合于加固连续梁、连续刚构、桁架桥等大、中跨径混凝土桥梁、预应力混凝土桥梁及钢桥。具体应用时往往因桥而异。如广州海珠大桥采用此方法将原来的三跨简支钢桁架经体系转换形成了三跨连续索桁组合结构，如图 8.27.12 所示[7]。宁夏石嘴山黄河大桥的每个 T 构上都使用矮塔斜拉体系进行加固，使其变成三塔双索面矮塔斜拉桥带挂梁的新结构体系，如图 8.27.13 所示[8]。

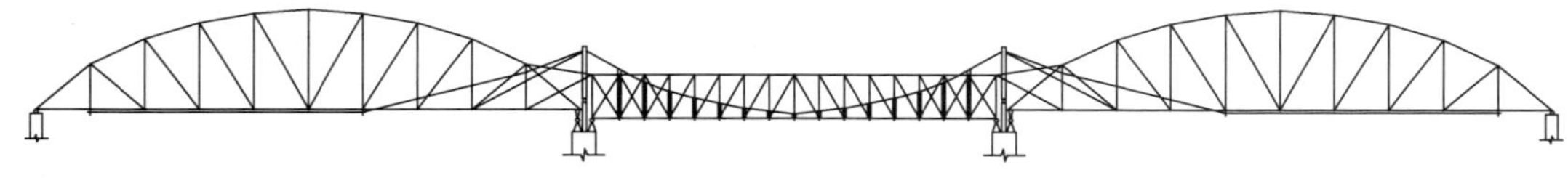

图 8.27.12　广州海珠大桥加固

索塔组合体系加固计算一般要基于有限元模型，进行包括施工过程的仿真分析，并仔细考查新加结构体系的施工过程对原结构的卸载影响，如广州海珠大桥加固时，施加吊杆力使中跨桁架反向变形达 6cm；宁夏石嘴山黄河大桥加固时，刚构悬臂端牛腿处反向变形达 3cm，图 8.27.14为其加固主要工序的计算模型。

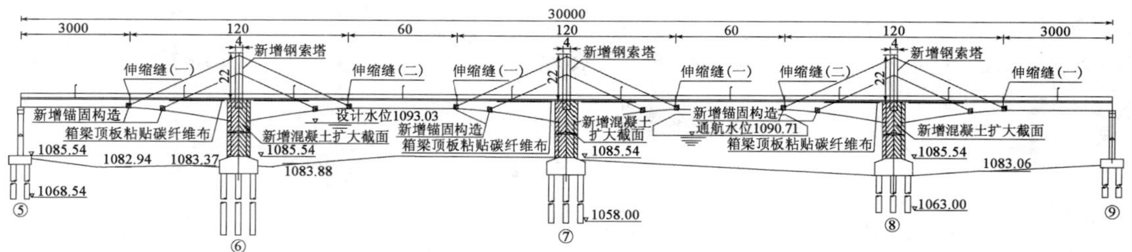

图 8.27.13　宁夏石嘴山黄河大桥加固(尺寸单位:cm;高程单位:m)

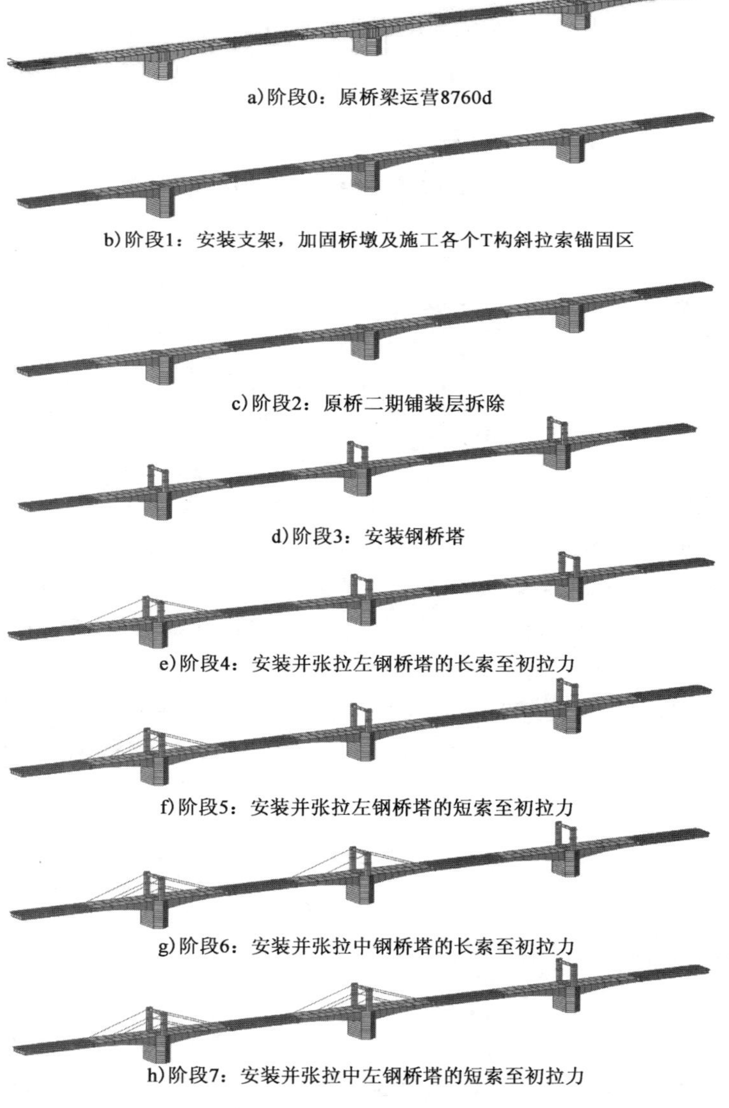

a)阶段0：原桥梁运营8760d

b)阶段1：安装支架，加固桥墩及施工各个T构斜拉索锚固区

c)阶段2：原桥二期铺装层拆除

d)阶段3：安装钢桥塔

e)阶段4：安装并张拉左钢桥塔的长索至初拉力

f)阶段5：安装并张拉左钢桥塔的短索至初拉力

g)阶段6：安装并张拉中钢桥塔的长索至初拉力

h)阶段7：安装并张拉中左钢桥塔的短索至初拉力

图　8.27.14

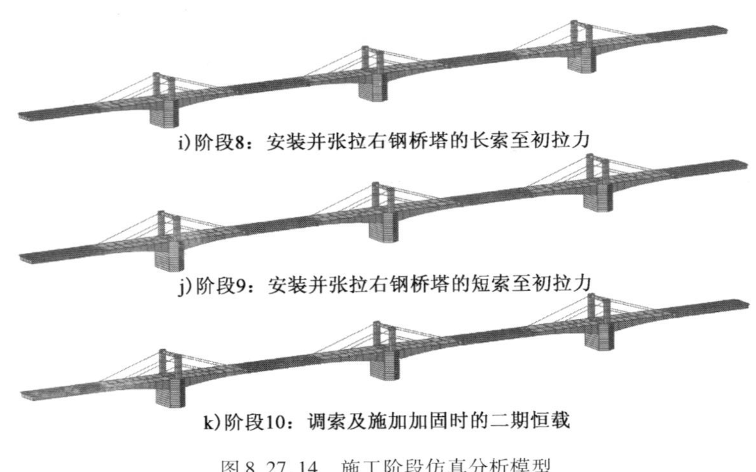

图 8.27.14　施工阶段仿真分析模型

27.6　桥梁构件加固后计算

本节以粘贴纤维复合材料加固受弯构件为例，介绍桥梁构件加固后的强度、刚度、裂缝计算方法及最新研究成果。

27.6.1　粘贴纤维复合材料加固构件强度计算

1）抗弯强度

ACI440 认为长期处于各种外界环境条件下，FRP 材料的抗拉、抗蠕变、耐疲劳性质会有所下降，计算时，应依据纤维类型和外界环境状态，对抗拉强度设计值及应变设计值进行折减，但弹性模量不受外界环境状态影响。

对于钢筋混凝土单筋矩形截面的受拉区粘贴 FRP 加固计算时，以被加固构件的实际尺寸及材料属性为基础，认为构件截面上的应变与该位置到中性轴的距离成比例，加载前后仍保持为平面；混凝土的极限压应变取为 0.003；忽略混凝土的抗拉强度；直到结构破坏前，FRP 材料的应力—应变关系为线弹性的；混凝土与 FRP 材料间有良好的黏结，不发生滑移破坏。加固后的构件弯矩设计效应大于其荷载效应，即

$$\phi M_n \geq M_u \tag{8.27.41}$$

式中：M_n——弯矩设计效应；

ϕ——设计效应的折减系数；

M_u——荷载效应。

外粘 FRP 材料可以使原构件的延性减小。研究认为，当混凝土压碎或 FRP 材料破坏时，钢筋中的应变达到 0.005 时，构件有足够的延性。当截面延性过低时，则需要更高的强度储备，以折减系数 ϕ 来获得，即

$$\phi = \begin{cases} 0.90 & \varepsilon_s \geqslant 0.005 \\ 0.70 + \dfrac{0.2(\varepsilon_s - \varepsilon_{sy})}{0.005 - \varepsilon_{sy}} & \varepsilon_{sy} < \varepsilon_s < 0.005 \\ 0.70 & \varepsilon_s \leqslant \varepsilon_{sy} \end{cases} \tag{8.27.42}$$

式中：ε_s——普通钢筋的应变，见式(8.27.46)；

ε_{sy}——普通钢筋的屈服应变。

FRP 加固混凝土构件的弯矩设计效应可根据应变协调、内力平衡和控制失效方式来确定。如图 8.27.15 所示，弯矩设计效应为[9,10]

$$M_n = A_s f_s\left(d - \frac{\beta c}{2}\right) + \psi_f A_f f_{fe}\left(h - \frac{\beta c}{2}\right) \tag{8.27.43}$$

式中：A_s——加固构件的原普通钢筋面积；

f_s——普通钢筋应力；

d——普通钢筋重心至受压区边缘的距离；

A_f——FRP 的面积，$A_f = nt_f w_f$；

f_{fe}——FRP 的有效拉应力；

h——梁高或板厚；

β——受压区矩形应力块高度系数；

ψ_f——FRP 的抗弯强度折减系数，取 0.85；

c——中性轴至受压区边缘的距离，由式(8.27.48)计算。

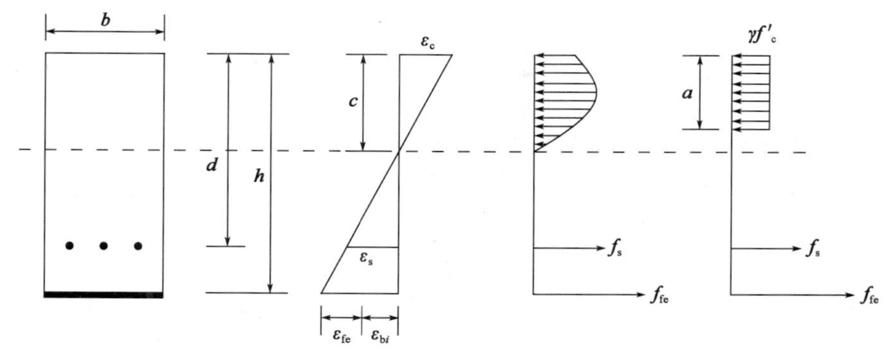

图 8.27.15　极限状态下截面上的应力应变分布

加固后构件的破坏方式一般有：受压区混凝土在受力钢筋屈服前压碎；受拉区钢筋达到屈服后，FRP 片材断裂；受拉区钢筋达到屈服后，混凝土压碎；混凝土保护层的剪拉脱离及 FRP 材料从混凝土基体上剥落等。如果混凝土压应变达到极值($\varepsilon_c = \varepsilon_{cu} = 0.003$)，混凝土即被压碎。如果 FRP 材料中的应变达到极限应变设计值($\varepsilon_f = \varepsilon_{fu}$)时，FRP 材料即断裂。如果 FRP 材料受力不能由基体强度或粘贴强度维持，FRP 材料即分层或剥落。

在承载力极限状态下，FRP 材料的有效应变为

$$\varepsilon_{fe} = \varepsilon_{cu}\left(\frac{h-c}{c}\right) - \varepsilon_{bi} \leqslant \kappa_m \varepsilon_f \tag{8.27.44}$$

式中：ε_{fe}——FRP 破坏时的有效应变，见式(8.27.45)；

ε_{cu}——混凝土的最大压应变；

ε_{bi}——与 FRP 接触面的混凝土面应变；

ε_{f}——FRP 的应变；

κ_{m}——为限制 FRP 材料中的应变以防止 FRP 材料的剥落或分层的折减系数，即

$$\kappa_m = \begin{cases} 1 - \dfrac{nE_f t_f}{428000} & nE_f t_f \leqslant 214000 \\ \dfrac{107000}{nE_f t_f} & nE_f t_f > 214000 \end{cases}$$

n——FRP 的层数；

t_f——一层 FRP 的厚度。

FRP 加固材料中的有效应力为

$$f_{fe} = E_f \varepsilon_{fe} \tag{8.27.45}$$

钢筋应变为

$$\varepsilon_s = (\varepsilon_{fe} + \varepsilon_{bi}) \frac{d - c}{h - c} \tag{8.27.46}$$

钢筋应力为

$$f_s = E_s \varepsilon_s \leqslant f_y \tag{8.27.47}$$

式中：f_y——钢筋的应力设计值；

E_s——钢筋的弹性模量。

由截面平衡，受压区高度为

$$c = \frac{A_s f_s + A_f f_{fe}}{\gamma f'_c \beta b} \tag{8.27.48}$$

系数 γ 和 β 是用来定义一个矩形的混凝土应力分布来代替实际的非线性应力分布的转换系数。如果构件的破坏方式是混凝土被压碎（在这之前或之后钢筋屈服），γ、β_l 可由 Whiney 应力分布来取值（$\gamma = 0.85$，β_l 可由 ACI318 的 10.2.7.3 中查得）。如果构件的破坏方式是 FRP 断裂，表面分层，或 FRP 材料剥落，Whiney 应力分布能给出较精确的结果。

在正常使用荷载作用下，为了避免发生塑性变形，防止钢筋屈服，钢筋中的应力限制在屈服强度的 80% 以下。为了避免 FRP 加固体系在持续应力作用下的蠕变破坏，或在循环加载下的疲劳破坏，FRP 材料中的应力应小于这些应力限值。

构件的抗弯强度计算模式国际上已取得一致，但具体的参数取值上存在差异。

2）抗剪强度

如图 8.27.16 所示，可用三种 FRP 包裹方案来提高梁或柱的抗剪能力，即全包裹、三面及两面包裹。

FRP 体系加固混凝土构件的抗剪强度大于荷载剪力效应，即

$$\phi V_n \geqslant V_u \tag{8.27.49}$$

式中：V_u——荷载剪力效应；

V_n——FRP 加固构件的抗剪设计强度。

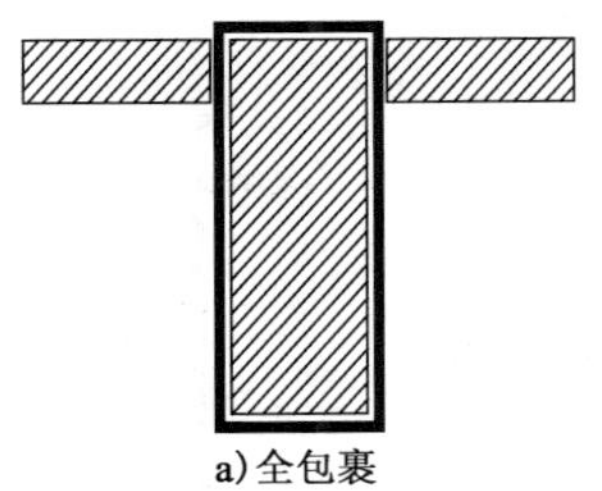

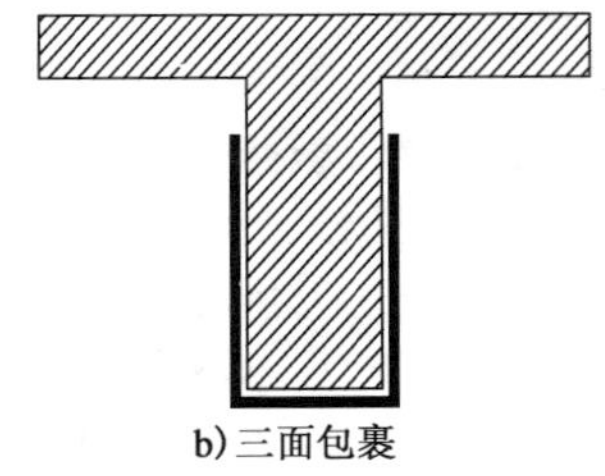

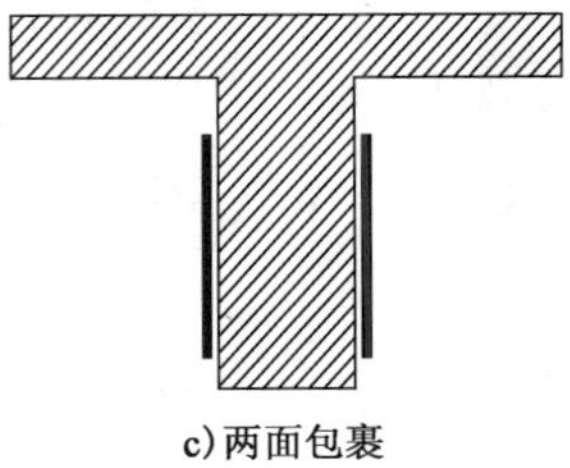

图 8.27.16　抗剪加固的包裹方式

V_n 由 FRP 的贡献、钢筋(箍筋,螺旋箍筋)的贡献和混凝土的贡献相加来确定,即

$$V_n = V_c + V_s + \psi_{vf} V_f \tag{8.27.50}$$

式中:V_c——混凝土与抗弯钢筋的抗剪贡献;

V_s——箍筋的抗剪贡献;

V_f——FRP 的抗剪贡献;

ψ_{vf}——FRP 的抗剪强度折减系数,对于两面或三面包裹方案不超过 0.85;全包裹构件为 0.95。

FRP 加固构件的抗剪强度由 FRP 加固体系、加固钢筋(箍筋,螺旋箍筋)和混凝土的贡献相加来确定,国际上已形成共识,但对于 FRP 的抗剪贡献即 $\psi_{vf}V_f$ 的计算存在差异。

ACI440 推荐的 FRP 材料对构件抗剪强度的贡献是根据纤维的粘贴方向和预计裂缝方向的相对关系来确定。如图 8.27.17 所示的加固构件,其 V_f 为

$$V_f = \frac{A_{fv} f_{fe} (\cos\alpha + \sin\alpha) d_f}{s_f} \tag{8.27.51}$$

式中:$A_{fv} = 2nd_f w_f$,$f_{fe} = E_f \varepsilon_{fe}$;

其他符号意义如图 8.27.17 所示。

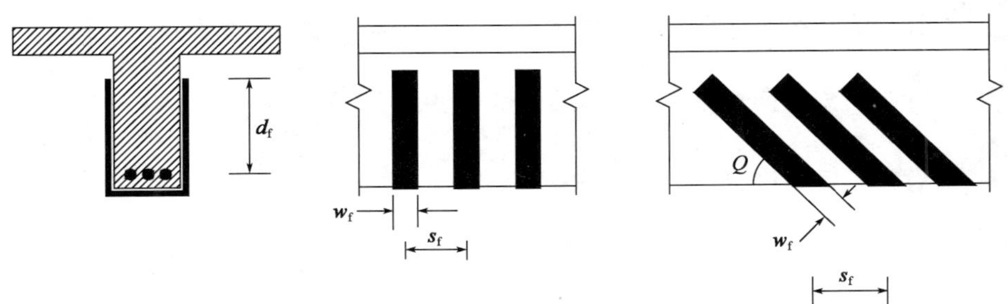

图 8.27.17　抗剪计算示意

有效应变 f_{fe} 是 FRP 体系在承载力极限状态下达到的最大应变,由 FRP 系统的破坏方式和混凝土加固构件决定。

对于全包裹的构件:$\varepsilon_{fe} = 0.004 \leqslant 0.75\varepsilon_{fu}$

对于 U 形粘贴和双面粘贴构件:$\varepsilon_{fe} = \kappa_v \varepsilon_{fu} \leqslant 0.004$

κ_v 是一个与混凝土强度、包裹方式、片材刚度相关的粘贴折减系数,即

$$\kappa_v = \frac{k_1 k_2 L_e}{11900\varepsilon_{fu}} \leqslant 0.75 \tag{8.27.52}$$

式中：L_e——粘贴工作长度，$L_e=\dfrac{22300}{(nd_fE_f)^{0.58}}$；

k_1——考虑混凝土强度的系数，$k_1=\left(\dfrac{f_c}{27}\right)^{2/3}$；

k_2——考虑包裹方式的系数，对于 U 形粘贴 $k_2=1-L_e/d_f$，双面粘贴 $k_2=1-2L_e/d_f$。

f_c——混凝土的应力。

箍筋和 FRP 的抗剪贡献应满足

$$V_s+V_f\leqslant 0.66\sqrt{f_c}bd \tag{8.27.53}$$

式中符号意义同前。

中国公路桥梁加固设计规范、混凝土结构加固设计规范、碳纤维片材加固修复混凝土结构技术规程、中国台湾的 CFRP 补强混凝土结构物技术规范、FIB 、ISIS、EN 等及学者 Triantafillou、Khalifa 等均建议了有关计算公式。中国公路桥梁加固设计规范基于考虑纤维滑移建议的斜截面承载能力中的纤维复合材料贡献 V_f 为(图 8.27.18)

$$V_f=D_{sh}\kappa_m f_f n_f t_f b_f\frac{C-C_1}{s}\sin\alpha \tag{8.27.54}$$

式中：C_1——$C_1=\dfrac{C(h_1+h_2)}{h-h'_f}$；

C——斜裂缝水平投影长度，$C=0.6mh_0$；

h_1——纤维上侧锚固区压条宽度；

h_2——纤维下侧锚固区压条宽度，对于 U 形粘贴取 0；

h'_f——梁顶面至上侧锚固区上边缘的距离；

m——原构件的剪跨比；

D_{sh}——纤维应力分布系数；$D_{sh}=1-\dfrac{L_e}{h-h'_f-h_1}\sin\alpha$；

α——纤维受力方向与梁轴线的夹角（$\leqslant 90°$）；

L_e——有效粘贴长度，$L_e=\sqrt{\dfrac{E_fn_ft_f}{\sqrt{1.18f_{ck}}}}$；

b_f——纤维条带宽度(mm)；

f_f——复合纤维材料的抗拉强度设计值；

s——斜截面加固纤维条带间距，应满足：$s\leqslant s_{max}=\dfrac{h-h'_f-h_1}{2\tan\alpha}$；

其他符号意义如图 8.27.18 所示。

27.6.2 粘贴纤维复合材料构件裂缝计算

粘贴纤维复合材料对混凝土构件进行加固是一种广为使用的加固方法，但受弯构件加固后的抗裂分析的研究却不尽如人意。本小节以长安大学的研究成果[11]，简介粘贴纤维复合材料加固混凝土受弯构件的裂缝宽度计算方法，以供研讨。

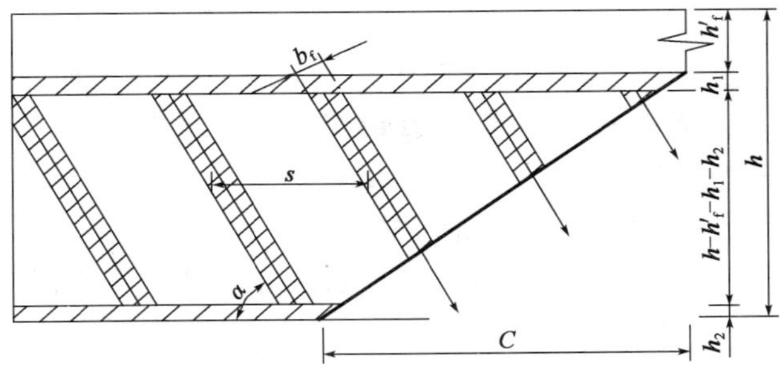

图 8.27.18 粘贴纤维复合材料抗剪加固计算

1)现有规范的直接应用

将 FRP 看作特殊的“钢筋”,通过修改配筋率,按照国内外主要规范推荐的混凝土结构的裂缝宽度计算公式直接计算收集到的 98 片纤维复合材料加固混凝土梁的裂缝宽度,其计算值与试验实测值的误差如图 8.27.19 所示。可知,除 FIB14 计算结果偏小外,其余各规范计算结果普遍偏大,离散性也较大,不宜直接应用。

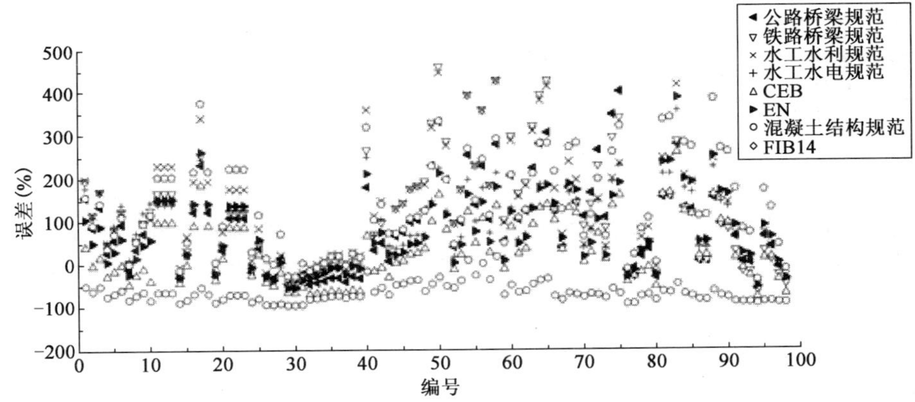

图 8.27.19 国内外主要规范的裂缝宽度公式计算纤维复合材料加固混凝土梁的裂缝宽度误差

2)基于中国规范的试验修正公式

影响裂缝宽度的主要因素是受拉钢筋的应力和钢筋直径与配筋率的比值(d_s/ρ_s),粘贴纤维可抑制混凝土梁裂缝的发展,纤维对裂缝的抑制程度以其面积与钢筋面积比值来反映。钢筋混凝土裸梁粘贴加固后的最大裂缝宽度 w 为[12]

$$w = \frac{1}{\lambda} C_1 C_2 C_3 \frac{\sigma_s}{E_s} \frac{30 + d}{0.28 + 10\rho} \tag{8.27.55}$$

式中:d——受拉钢筋的直径;

ρ——受拉钢筋的配筋率;

σ_s——受拉钢筋应力;

E_s——受拉钢筋的弹性模量;

λ——考虑纤维影响的修正系数,$\lambda = 1 + 40.4\left(\frac{A_f}{A_s}\right)^{1.07}$。

在正常使用状态下,钢筋应力与荷载成正比,最大裂缝宽度与荷载成正比,λ 由荷载与最大裂缝宽度的试验回归得到。A_s 为纵向钢筋截面面积;A_f 为纤维截面面积。

此式的优点是简单明确,但试验规模不大,精度不高。

3)基于不同学者模型试验成果的统计方法

(1)裂缝宽度基于统计的半经验半理论公式

基于有、无初始荷载的98片纤维复合材料加固混凝土梁模型试验成果,按统计方法给出裂缝宽度 w 的计算式为

$$w = C_1C_2\frac{\sigma_{s0}}{E_s}\left(\frac{30+d}{0.28+10\rho}\right)+C_1C_2\frac{\Delta\sigma_s}{E_s}\left(\frac{1.1+d}{0.14-1.98\rho_e}\right) \tag{8.27.56}$$

式中:C_1——考虑钢筋表面形状的调整系数,对光圆与带肋钢筋分别取1.4与1;

C_2——考虑梁与板受力特点的调整系数,对梁与板分别取1与1.15;

σ_{s0}——加固前钢筋应力;

$\Delta\sigma_s$——加固后开裂截面钢筋应力增加值;

ρ_e——加固后考虑纤维复合材料贡献的等效配筋率。即

$$\rho_e = \frac{A_s+\frac{E_f}{E_s}A_f}{bh_0} \tag{8.27.57}$$

式中:b——截面宽度;

h_0——截面的有效高度;

E_f——纤维复合材料的弹性模量。

基于无初始荷载影响的纤维复合材料加固混凝土梁模型试验成果的数据统计分析,则有

$$w = C_1C_2\frac{\sigma_s}{E_s}\left(\frac{5.2+d}{0.23-4.24\rho_e}\right) \tag{8.27.58}$$

式中:σ_s——钢筋应力;

其余各符号意义同式(8.27.56)。

(2)裂缝间距基于统计的半经验半理论公式

该方法的裂缝间距 l_m 用统计方法获得,平均应力通过不均匀系数求得。最大裂缝宽度为

$$\begin{aligned} w &= \alpha_s\psi\frac{\sigma_s}{E_s}l_m\left(1+\frac{c}{h_c}\right)\\ &=1.07\psi\frac{\sigma_s}{E_s}\left(1.46c+0.03\frac{d_e}{\rho_e}\right)\left(1+\frac{c}{h_c}\right) \end{aligned} \tag{8.27.59}$$

式中:c——钢筋形心至混凝土近边缘的距离;

d_e——钢筋的等效直径;

h_c——钢筋形心至中性轴的距离;

ψ——应力(应变)不均匀系数,$\psi=1-\dfrac{0.5f_tb(h-x)}{2(\sigma_sA_s+\psi_f\sigma_fA_f)}$;$f_t$ 为混凝土抗拉强度,b 为构件宽度,h 为构件高度,x 为混凝土受压区高度,ψ_f 为纤维复合材料面积的折减系数;σ_f 为纤维复合材料的应力;

其余符号意义同前。

利用纤维复合材料滑移理论计算的裂缝宽度为

$$w = \alpha_f \psi \frac{\sigma_f}{E_f} l_m = 1.04\psi \frac{\sigma_f}{E_f}\left(1.46c + 0.03\frac{d_e}{\rho_e}\right) \quad (8.27.60)$$

式中符号意义同式(8.27.59)。

(3)黏结应力基于统计的半经验半理论公式

裂缝间距根据平均黏结应力通过轴向力平衡获得,平均应力通过拉伸强化系数求得。最大裂缝宽度为

$$w = \alpha_s \zeta \frac{\sigma_s}{E_s} l_m \left(1 + \frac{c}{h_c}\right) = 1.47\zeta \frac{\sigma_s}{E_s}\left(\frac{2bh_{c,eff}}{1.8u_s + 1.25b_f}\right)\left(1 + \frac{c}{h_c}\right) \quad (8.27.61)$$

式中:ζ——指拉伸强化系数,$\zeta = 1 - \beta\frac{M_{cr}}{M}$;$M_{cr}$为开裂弯矩,$M$为截面承受的总弯矩,$\beta$为形状影响系数;

$h_{c,eff}$——混凝土有效受拉区高度;

u_s——钢筋总周长;

b_f——纤维复合材料的横截面宽度;

其余符号意义同前。

利用纤维复合材料滑移理论计算的最大裂缝宽度为

$$w = \alpha_f \zeta \frac{\sigma_f}{E_f} l_m = 1.41\zeta \frac{\sigma_f}{E_f}\left(\frac{2bh_{c,eff}}{1.8u_s + 1.25b_f}\right) \quad (8.27.62)$$

式中符号意义同式(8.27.61)。

式(8.27.56)既适用于无初始荷载情况下的裂缝宽度计算,也适用于有初始荷载情况下的裂缝宽度计算,但计算精度不高。式(8.27.58)~式(8.27.62)的计算误差如图8.27.20所示。

由图8.27.20可知,五个公式的计算值整体上偏大,均是较为保守的计算方式,可为FRP加固钢筋混凝土梁的裂缝计算提供参考。黏结应力基于统计的半经验半理论方法对钢筋平均黏结应力与FRP平均黏结应力和混凝土抗拉强度关系的确定来源于欧洲规范的统计方法,以其为基础计算的平均裂缝间距与资料所提供的实测值吻合度不尽如人意。裂缝间距基于统计的半经验半理论方法的裂缝间距公式为统计所得,与实测值复合程度较高,其应力不均匀系数基于三角函数应力分布求得,计算结果与试验值符合较好,也与我国混凝土规范采用的半经验半理论公式在形式上较为接近。

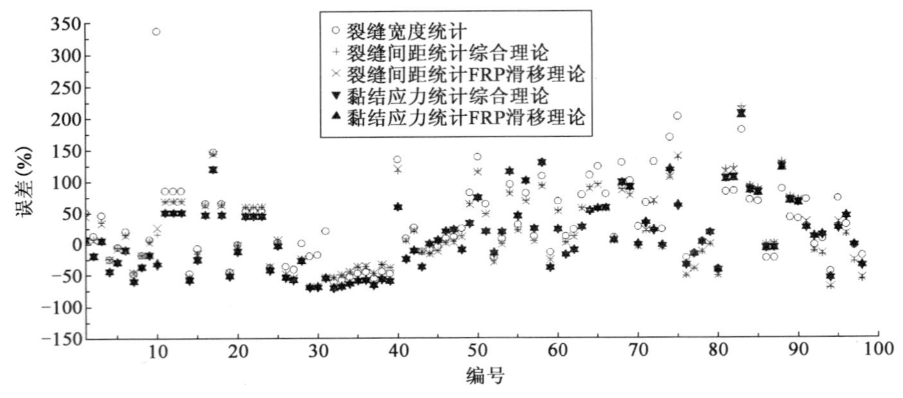

图 8.27.20 粘贴纤维复合材料加固梁的裂缝计算误差

27.6.3 粘贴纤维复合材料构件刚度计算

长安大学对国内 11 家研究单位进行的粘贴 FRP 加固钢筋混凝土梁模型试验进行了统计分析，这些试验都采用 2 对称点加载方式进行分级加载。各试验梁的基本数据及试验成果见各相应文献。典型的荷载—挠度曲线如图 8.27.21 所示。试验表明，粘贴数量、纵向受拉钢筋的配筋率和初始荷载等均影响加固效果；层数越多加固效果越好，但并不是线性变化；相同的加固方法作用于纵向配筋较小的梁体时加固效果较好。

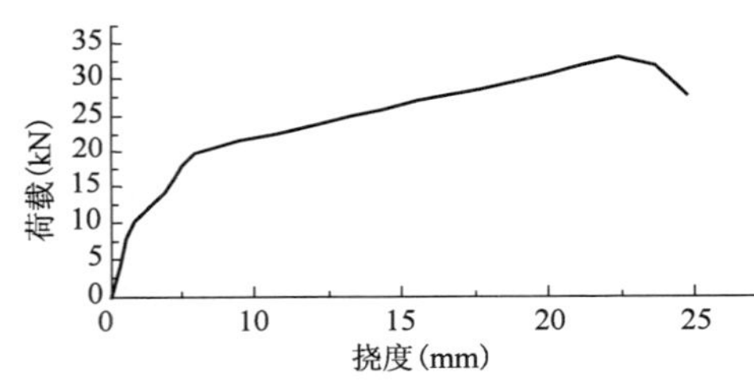

图 8.27.21 荷载—挠度曲线示意图

挠度计算是以刚度为基础的。钢筋混凝土梁在考虑荷载的长期作用效果时的刚度为长期刚度，在不考虑长期荷载效应时为短期刚度，长期刚度为短期刚度乘以刚度的长期变化系数。钢筋混凝土梁的短期抗弯刚度在混凝土开裂的情况下随着外荷载的增加而减小，并且沿着梁体的纵向截面抗弯刚度分布不均匀，未开裂的截面的刚度相比开裂截面要大；剪跨区的刚度相比纯弯段的刚度要大。大量试验表明，整个梁体的抗弯刚度可以近似地以纯弯段的截面抗弯刚度简化计算，如图 8.27.22 所示。

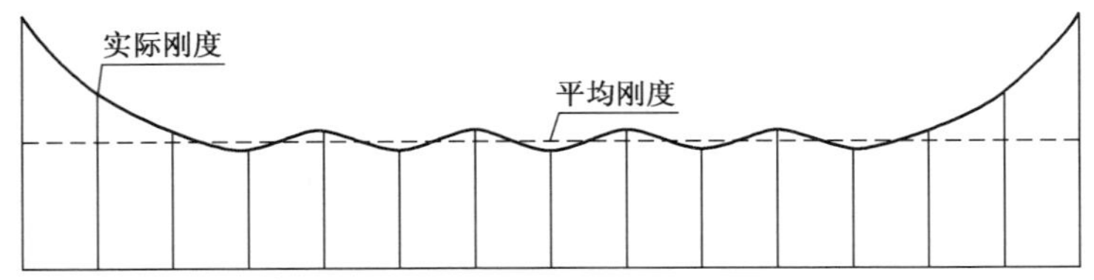

图 8.27.22 沿梁体纵向截面抗弯刚度的分布

国内外典型规范均规定了钢筋混凝土受弯构件刚度的计算方法。如基于等效刚度法的 CEB-FIP、美国桥梁规范和我国公路桥梁规范，基于曲率法的我国混凝土结构规范等。研究表明，等效刚度法和曲率法基本符合钢筋混凝土梁的刚度计算。

现有的 FRP 加固的钢筋混凝土梁的刚度计算方法大多是以钢筋混凝土梁刚度计算原理

为基础提出来的。杨勇新等对各试验资料进行分析统计,给出了以综合系数 K 来表示纤维对加固钢筋混凝土截面刚度影响的截面刚度简化公式;杨玫等以同样的方法,综合考虑纤维布加固前后钢筋混凝土梁截面刚度的变化规律和相关试验资料的统计分析,给出了刚度公式;冯杰等 对纤维布加固的钢筋混凝土截面的抗弯刚度进行了试验研究,提出了纤维布加固的钢筋混凝土的刚度方法;翟爱梁等通过分析粘贴纤维板对钢筋混凝土刚度的影响给出了相应的刚度计算方法。考虑到现有学者提出的粘贴纤维布加固钢筋混凝土梁的截面刚度的计算大多是基于曲率法推导的,其结果符合各自的试验或资料范围。本小节的方法之一采用曲率法进行推导,另一方法则采用等效刚度法推导,但扩大试验资料的验证范围。

1)曲率法

曲率法得出的粘贴 FRP 加固的钢筋混凝土梁的刚度计算公式的基本形式为

$$B=\frac{E_sA_sh_0^2+E_fA_{fe}h^2}{\dfrac{\psi_s}{\eta}+\left(\alpha_{Es}\rho_s+\dfrac{h}{h_0}\alpha_{Ef}\rho_f\right)/\zeta}\tag{8.27.63}$$

式中:B——FRP 加固后梁的刚度;

E_s——受拉钢筋的弹性模量;

A_s——受拉钢筋的截面面积;

h_0——截面的有效高度;

E_f——纤维布的弹性模量;

A_{fe}——纤维布的有效面积,$A_{fe}=k_mA_f$,k_m 为多层纤维布的折减系数;

h——截面的高度;

ψ_s——受拉区钢筋应变不均匀系数;

η——内力臂系数;

α_{Es}——钢筋与混凝土的弹性模量的比值;

α_{Ef}——纤维布与混凝土的弹性模量的比值;

ζ——梁体受压区混凝土压应变综合系数;

ρ_s——纵向受拉钢筋的配筋率;

ρ_f——纤维布的加固率,即 $\rho_f=A_{fe}/(bh_0)$。

令 $K=\left(\alpha_{Es}\rho_s+\dfrac{h}{h_0}\alpha_{Ef}\rho_f\right)/\zeta=\alpha(\alpha_{Es}\rho_s+\alpha_{Ef}\rho_f)+\beta$,为 FRP 加固梁体的截面刚度影响系数,$\alpha$、$\beta$ 为待定系数,则式(8.27.63)可以写成

$$B=\frac{E_sA_sh_0^2+E_fA_{fe}h^2}{\dfrac{\psi_s}{\eta}+\alpha(\alpha_{Es}\rho_s+\alpha_{Ef}\rho_f)+\beta}\tag{8.27.64}$$

对于内力臂系数 η,大量试验结果对比可知,粘贴纤维布加固的钢筋混凝土梁在正常使用阶段与未加固梁的内力臂影响系数基本一致,出于计算方便,加固后内力臂系数仍取0.87。

受拉钢筋的应变不均匀系数 ψ_s 为

$$\psi_s=1.1-\frac{0.65f_t}{\sigma_s\rho_{te}\left[1+\dfrac{A_{fe}}{A_s+A_{fe}}\left(1.226-\dfrac{E_f}{E_s}-1\right)\right]}\tag{8.27.65}$$

其中
$$\sigma_s=\frac{M}{A_s\eta h_0+\dfrac{E_f}{E_s}\dfrac{h}{h_0}A_{fe}(\eta h_0+a)} \tag{8.27.66}$$

$$\rho_{te}=\frac{A_s+A_{fe}}{0.5bh+(b_f-b)h_f} \tag{8.27.67}$$

式中：ρ_{te}——纵向受拉钢筋的配筋率（此处按有效受拉混凝土截面面积并且考虑纤维布承载的影响下计算）；

σ_s——纵向钢筋的应力（按短期效应组合计算）；

f_t——混凝土抗拉强度，可表示为$f_t=0.395f_{cu}^{0.55}$，f_{cu}为混凝土立方体抗压强度；

b_f——受拉区混凝土翼缘板宽度；

h_f——受拉区混凝土翼缘板厚度；

b——腹板宽度；

a——受拉钢筋形心到混凝土外缘的距离。

当计算值$\psi_s<0.2$时取0.2；当计算值大于1时取1。

对于多层纤维布的折减系数k_m，当为预成板时$k_m=1.0$；当为多层纤维布时，k_m为

$$k_m=1.16-\frac{n_fE_ft_f}{308000}\leqslant 0.90 \tag{8.27.68}$$

式中：n_f、t_f——纤维布的层数和单层厚度。

根据材料力学求得两点加载的跨中挠度，用统计回归方式确定α、β值。选取无初始荷载试验样本进行统计回归，得到$\alpha=6.982$，$\beta=0.2078$，则基于曲率法的加固后梁的截面抗弯刚度公式为

$$B=\frac{E_sA_sh_0^2+E_fA_{Af}h^2}{1.15\psi_s+6.98(\alpha_{Es}\rho_s\alpha_{Ef}\rho_f)+0.2} \tag{8.27.69}$$

2）等效刚度法

等效刚度法是在考虑混凝土开裂后，梁截面的实际刚度介于完全开裂截面刚度和全截面刚度之间，通过引入一个分配系数对两种截面刚度进行插值计算，从而得到相应截面的等效刚度。

基于等效刚度法的FRP加固钢筋混凝土梁刚度的基本形式为

$$B=\frac{B_0}{\alpha\left(\dfrac{M_{cr}}{M_s}\right)^{\beta}+\left[1-\alpha\left(\dfrac{M_{cr}}{M_s}\right)^{\beta}\right]\dfrac{B_0}{B_{cr}}} \tag{8.27.70}$$

式中：B_0——加固后梁的全截面抗弯刚度；

B_{cr}——加固后梁的开裂截面抗弯刚度；

M_{cr}——加固后梁的开裂弯矩；

M_s——梁体在使用荷载作用下的最大弯矩。

α、β——待定系数，由试验统计回归求得。

确定系数α、β的基本原理与曲率法相同。回归计算时，对于试验梁的$\alpha(M_{cr}/M_s)^{\beta}$值小

于0时,取成一个很小的正值(如0.0001),因为理论上它是一个介于0到1的值。通过统计回归计算出 $\alpha=8.1597$,$\beta=5.1546$,则基于等效刚度法的加固梁的截面抗弯刚度为

$$B=\frac{B_0}{8.16\left(\frac{M_{cr}}{M_s}\right)^{5.15}+\left[1-8.16\left(\frac{M_{cr}}{M_s}\right)^{5.15}\right]\frac{B_0}{B_{cr}}} \tag{8.27.71}$$

误差分析,曲率法的计算挠度与实测挠度比值的平均数为0.82,标准差为0.08,但计算值小于实测值。等效刚度法的平均数为1.26,标准差为0.12,计算值大于实测值。两种方法的吻合程度较好,但等效刚度法偏于安全,挠度与弯矩曲线变化规律一致。

27.7 小　　结

本章结合目前桥梁加固技术常用的几种方法,介绍了适用于不同加固方法的加固结构分析方法及过程。对于仍然满足平截面变形假定的加固构件,给出了分层有限元分析过程及有限元列式;对于不再满足平截面变形假定的加固构件,分别给出了以力学原理为基础的分析过程及相关计算表达式;简介了改变结构体系加固的分析计算方法和加固后构件裂缝及刚度计算的最新研究成果。

值得注意的是,加固后桥梁承载力的提高幅度受原结构条件(如配筋率、尺寸、损伤程度等)制约,不可能无限度地提高承载力;加固后桥梁构件的刚度、裂缝计算还有很多工作要做。

本章参考文献

[1] 中华人民共和国行业标准. JTG/T J22—2008 公路桥梁加固设计规范[S]. 北京:人民交通出版社,2008.

[2] 中华人民共和国行业标准. JTG/T J21—2011 公路桥梁承载能力检测评定规程[S]. 北京:人民交通出版社,2011.

[3] 贺拴海,等. 粘贴钢板加固钢筋混凝土梁式桥分析研究[J]. 西安公路交通大学学报,2000,20(2).

[4] 贺拴海,任伟,赵小星. 碳纤维布对具有初应力的钢筋混凝土梁抗剪加固试验[J]. 长安大学学报(自然科学版),2004,(1).

[5] 宋一凡,贺拴海. 锚栓钢板法加固钢筋混凝土梁桥的计算方法[J]. 西安公路交通大学学报,2000,20(3).

[6] 黄侨. 公路钢筋混凝土简支梁桥的体外预应力加固技术[M]. 北京:人民交通出版社,1998.

[7] 贺拴海、宋一凡,等. 海珠大桥加固研究[J]. 西安公路交通大学学报,1997,17(2).

[8] 高青. 矮塔斜拉体系加固预应力混凝土T型刚构桥施工控制[D]. 西安:长安大学,2015.

[9] 贺拴海,赵小星,宋一凡,等. 具有初荷载的钢筋混凝土梁桥粘贴碳纤维布加固试验研究

[J]. 土木工程学报,2005,(3).
[10] 贺拴海,任伟. 纤维增强塑料加固混凝土结构研究[J]. 建筑科学与工程学报,2005,(2).
[11] 李欣. 混凝土梁桥粘贴 FRP 加固后裂缝宽度计算方法[D]. 西安:长安大学,2016.
[12] 袁旭斌,贺拴海,宋一凡. 粘贴纤维布加固 RC 梁的受弯裂缝计算方法[J]. 中国公路学报,2006,19(3):54-58.

28　桥梁热力耦合效应分析

28.1　桥 梁 火 灾

28.1.1　火灾及其影响

火灾是指在时间和空间上失去控制的燃烧所造成的灾害。在各种灾害中,火灾是最经常、最普遍的威胁公众安全和社会发展的主要灾害之一。人类能够对火进行利用和控制,是文明进步的一个重要标志。所以说人类使用火的历史与同火灾作斗争的历史是相伴相生的,人们在用火的同时,不断总结火灾发生的规律,尽可能地减少火灾及其对人类造成的危害。

作为桥梁偶然荷载之一的火灾对大桥造成的破坏不可估量。穿越桥梁的重型硬脂酸车、苯酚运输车、运油(气)卡车、海上油(气)轮增多,引发的火灾将对公路桥梁带来威胁,不仅影响交通质量,造成巨大经济损失,重者可造成桥梁的永久损失、甚至坍塌。桥梁火灾已引起交通管理部门及学者的高度关注。

桥梁火灾燃烧急速,峰值温度较高。根据现场测试,燃油火灾在几分钟内温度可达上千摄氏度,由于消防盲点或距离等因素,燃烧时间长,易导致关键部位损伤。调查研究表明:由于大型油罐车或者油轮碰撞到桥梁导致桥梁火灾的,垮塌发生在一个半小时之内,不会给消防留太长时间。即使没有垮塌,桥梁修复及绕道费用也是很昂贵的。由于桥梁火灾发生的不确定性,以及结构火灾数据的收集和整理不充分,人们对桥梁火灾的研究目前还远不及洪水、冲刷、地震、风等因素研究的那么深刻,在实际工程中对桥梁火灾的考虑也明显不足。

28.1.2　结构火灾性能研究

结构火灾性能的研究,一般遵循火灾—温度场—应力场过程,而应力场可由温度产生,也可由温度和作用共同产生,后者称为热力耦合。研究火灾热场中的结构性能,离不开其材料特性。桥梁结构材料包括混凝土和结构钢。混凝土是一种多相复合材料,在热场中混凝土组成成分中粗、细骨料和水泥胶结材料的化学反应敏感,热工性能各不相同,有些组分在火灾高温场中其物理特性发生了较大的变化,导致混凝土在热场中的力学性能变异性很大。混凝土的热工性能主要包括对流热换系数、热传导系数、比热容、密度等。钢材是一种组分分布均匀、高温下化学性质相对稳定的材料，由于高温下钢材材性试验所得到的有关参数离散性较小，所以材料各种热学性能试验结果稳定性好。结构钢高温热工性能包括热传导系数、比热、密度，结构钢具有导热系数大、比热小特点，受热后温度迅速升高。这些参数主要用于结构内部的热场分布，作为结构热应力计算的前提条件。

高温下混凝土的力学性能包括抗拉强度、抗压强度、弹性模量、应力—应变关系、热膨胀应变等[1]；结构钢的力学性能包括屈服强度、极限强度、弹性模量、应力—应变关系、热膨胀应变等[2,3]。

结构火灾性能的研究一般在设定的热场景下进行。热场景是指热场产生时，结构内可能的温度分布情况。热场景在结构热效应研究中的作用与结构抗震研究中地震波的作用是相似的，都是导致结构发生变形或破坏的一种能量输入。热场景的设定是进行热场工程分析与数值模拟的前提条件，热场景与结构的温度分布是对应的，不同的热场景有不同的温度分布形式，继而也有不同的应力分布及变形与破坏方式。针对热场材料性能的变化特性，可将桥梁热场景进行设定[4]：

（1）环境火灾模式（Environmental Fire Model），简写为EFM。由于受环境气流和建筑物高度的影响，火灾高温场在空间上分布存有差异性，结构处于火场迎流面与背流面的温度分布效应是不相同的，往往迎流面的结构火灾损伤程度较高。把处于受气流影响的火灾场结构温度效应称为流—固耦合传热系统中的强外热环境效应模式，亦称环境火灾模型。

（2）整跨受热模式（Span Fire Model），简写为SFM。部分跨径小、桥下空间狭窄或有建筑设施的肋梁式结构，由于意外原因发生火灾后，形成近似封闭的或半封闭的空间，火灾高温场包络桥梁三侧，温升曲线按火源焰围空间温度随时间的变化值计算，将此肋梁式结构受火模式称为整跨受热模式。整跨受热模式可分为顶板受热、腹板底部受热、腹板单侧受热和腹板两侧与底板同时受热，后者破坏性强。

（3）局部强热模式（Partial Fire Model），简写为PFM。对于跨径大、桥下空间矮的梁式结构发生火灾后，不能整跨受火，其沿跨径的某一部分受火，强热区按火源焰围空间温度随时间的变化值计算，强热区外按焰围空间辐射温度计算，将此称之为局部强热模式。局部强热模式可分为顶板局部受热、腹板局部受热和底板局部受热以及受力薄弱部位受热，后者破坏性强。

结构热场景描述一般应给出结构内温度随时间、空间的变化规律。温度随时间的变化规律如内生热场的绝热温升曲线、火场最高温度随时间的变化规律等。国际标准化组织（ISO 834，ASTM E119）建立的标准温度—时间曲线属于此类；结构在空间上的温度分布规律，如混凝土厚壁结构的内生热场分布、薄壁结构迎火面温度分布、肋梁式结构横断面上温度的分布规律等。各类结构的温度分布规律取决于如下几个方面：①结构自身的温升速率，它会影响结构温度峰值出现的时间；②达到的最高温度，它会影响混凝土和钢筋材料的物理—化学特性，并可能造成材料性能的劣化；③热场持续时间，持续时间的长短会影响结构内或迎火面的温度分布，进而影响结构的力学性能；④对流换热方式，自然对流换热方式会对混凝土结构的材料性能及温度分布产生不同的影响[5]。设置一个完整的热场景，以便为分析材料力学性能的变化以及各类结构的安全性能服务。

长安大学的科研团队近年来致力于桥梁结构热力耦合计算方法的研究，取得了一系列成果,本章就其分析计算的理论部分做一介绍[4,6-11]。

28.2　热—力耦合系统

28.2.1　热焓计算

热焓是表示物质系统能量的一个状态函数,亦称焓,具有能量的量纲,但没有确切的物理意义,其变化量称为焓变。焓法采用热焓和温度一起作为待求变量,在整个区域(包括液相、固相或流固两相界面)建立统一的能量方程

$$
\begin{aligned}
&H[T(t),c(t),\rho(t),\sum M_i,P]-H[T(t_0),c(t_0),\rho(t_0),\sum M_i,P]\\
&=\iiint_{\Omega}\left[\int_{T(t_0)}^{T(t)}c(t)\rho(t)\mathrm{d}T(t)\right]\mathrm{d}\Omega
\end{aligned}
\tag{8.28.1}
$$

式中: P——压强;

$H[T(t),c(t),\rho(t),\sum M_i,P]$——组合元总焓;

M_i——物体体系的分子质量。

物体系所能吸收的热量在数值上等于焓的增加,得到如下能量平衡方程

$$
\frac{\partial^2 H(t)}{\partial t^2}=\dot{Q}(t)+\frac{\partial\nabla[k(t)\nabla T(t)^{\mathrm{T}}]}{\partial t}
\tag{8.28.2}
$$

式中:$H(t)$——热场中混凝土某时总焓;∇可表示为如下方程

$$
\nabla=\left\{\frac{\partial}{\partial x},\frac{\partial}{\partial y},\frac{\partial}{\partial z}\right\}
\tag{8.28.3}
$$

将式(8.28.3)式代入式(8.28.2)可得热焓变率表达式

$$
\frac{\partial\dot{H}(t)}{\partial t}=\dot{Q}(t)+\nabla[k(t)\nabla^{\mathrm{T}}\dot{T}(t)]
\tag{8.28.4}
$$

若将任意时刻热焓传导率描述为密度、比热容、温度和潜热的函数,则有

$$
\frac{\partial H(t)}{\partial t}=\rho(t)c(t)\dot{T}(t)+\frac{\partial L_{\mathrm{w}}(t)}{\partial t}
\tag{8.28.5}
$$

式中:$L_{\mathrm{w}}(t)$——潜热函数,见28.2.2节。

用焓变率表示节点温度梯度,得到

$$
\begin{aligned}
\nabla T(t)&=\{T'_x(t),T'_y(t),T'_z(t)\}\\
&=\left\{\frac{\int[\dot{H}(t)-Q(t)]\mathrm{d}x}{k(t)},\frac{\int[\dot{H}(t)-Q(t)]\mathrm{d}y}{k(t)},\frac{\int[\dot{H}(t)-Q(t)]\mathrm{d}z}{k(t)}\right\}
\end{aligned}
\tag{8.28.6}
$$

式中: $\dot{H}(t)$——焓变率;

$T'_x(t)$、$T'_y(t)$、$T'_z(t)$——沿x、y、z方向的温度梯度。

28.2.2 潜热函数

热场中混凝土体内黏滞的自由水和结晶水会随着温度的升高逐渐散失，因水分的蒸发所消耗的能量称为蒸发潜热（图 8.28.1），表达式如下：

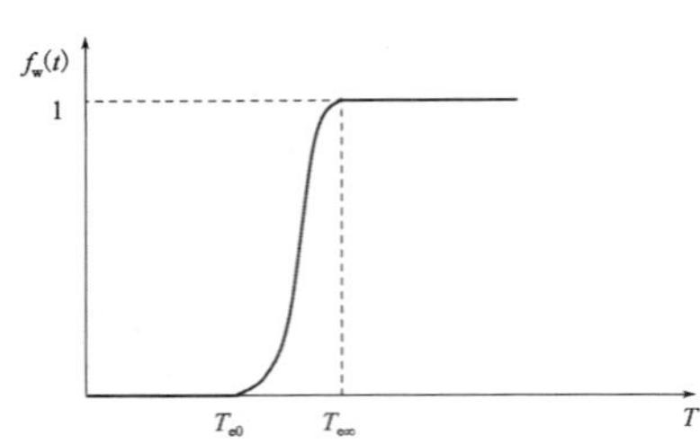

图 8.28.1　蒸发潜热百分函数

$$f_w(t)=\begin{cases}0 & T(t)<T_{e0}\\ f_l(t) & T_{e0}\leqslant T(t)\leqslant T_{e\infty}\\ 1 & T(t)\geqslant T_{e\infty}\end{cases}\tag{8.28.7}$$

式中：$f_w(t)$——水蒸发百分函数；

$f_l(t)$——线性函数；

T_{e0}——水蒸发初时温度；

$T_{e\infty}$——水蒸发至尽的终极温度。

则潜热函数为

$$L_w(t)=\rho(t)w_0 l_{h20} f_w(t)\tag{8.28.8}$$

式中：w_0——混凝土初时湿度（自由水与总水重之比）；

l_{h20}——水蒸发潜热系数。

对公式（8.28.8）求导，可得如下表达式：

$$\frac{\partial L_w(t)}{\partial t}=\frac{\partial L_w(t)}{\partial T(t)}\frac{\partial T(t)}{\partial t}=\begin{cases}0 & T(t)<T_{e0}\\ \rho(t)w_0 l_{h20}\dfrac{\partial f_l(t)}{\partial T(t)}\dot{T}(t) & T_{e0}\leqslant T(t)\leqslant T_{e\infty}\\ 0 & T(t)>T_{e\infty}\end{cases}\tag{8.28.9}$$

28.2.3 流场运动

假设空气为不可压缩的理想流体，考虑稳态下的情形，有如下基本方程组：

连续方程

$$\frac{\partial\rho_a}{\partial t}+\frac{\partial(\rho_a u_i)}{\partial x_i}=0\tag{8.28.10}$$

动量方程

$$\frac{\partial(\rho_a u_i)}{\partial t}+\frac{\partial(\rho_a u_i u_j)}{\partial u_j}=\frac{\partial}{\partial x_i}\left(u_i\frac{\partial u_j}{\partial x_j}\right)+Q_{u_i}\tag{8.28.11}$$

能量方程

$$\frac{\partial[\rho_a T(t)]}{\partial t}+\frac{\partial[\rho_a u_i T(t)]}{\partial x_i}=\frac{\partial}{\partial x_i}\left[\frac{k(t)}{c(t)}\frac{\partial T(t)}{\partial x_i}\right]+Q_T\tag{8.28.12a}$$

上列各式中：ρ_a——流体密度；

u_i——流体运动速度；

x_i——空间几何坐标；

Q_{u_i}、Q_T——方程源项。

热力耦合系统中，只存在相界间能量（热量）的转移，简化得

$$\frac{\partial[\rho_a T(t)]}{\partial t} = \frac{\partial}{\partial x_i}\left[\frac{k(t)}{c(t)}\frac{\partial T(t)}{\partial x_i}\right] \tag{8.28.12b}$$

28.2.4　边界条件

从微观组分析，边界条件原指在分子运动边界上能够满足方程组的解的条件。在混凝土结构热场分析中，边界条件为混凝土与介质（如空气、水以及固体接触物）之间温度相互作用与传递的规律。边界条件可分为单边界条件、多边界条件和复合边界条件。单边界条件用于分析混凝土箱梁墩顶块浇筑内生热场效应（水化热温度场）；多边界条件用于分析深基础混凝土浇筑水化热温度场、大坝混凝土浇筑水化热温度场、混凝土工程爆破等剧烈反应的边界条件以及流体力学的冲刷边界；复合边界条件用于分析混凝土空心薄壁墩火灾高温场效应、混凝土梁桥的火灾高温场效应，是将若干类单边界条件综合为统一的表达式。

1）单边界条件

单边界条件的计算可分为如下五类表达式。

（1）第一类边界条件（边界 Γ'）

$$T = \overline{T}(t) = f[\boldsymbol{\Phi}_1(t)] \tag{8.28.13}$$

式中：$\overline{T}(t)$——边界 Γ' 已知物体表面的温度函数；

$\boldsymbol{\Phi}_1(t)$——物体表面所具有的全部热量。

（2）第二类边界条件

$$\frac{\partial}{\partial t}\left[k(t)\frac{\partial T(t)}{\partial x}\cos(n,x)\right] + \frac{\partial}{\partial t}\left[k(t)\frac{\partial T(t)}{\partial y}\cos(n,y)\right] + \frac{\partial}{\partial t}\left[k(t)\frac{\partial T(t)}{\partial z}\cos(n,z)\right] = \frac{\partial \boldsymbol{\Phi}_2(t)}{\partial t} \tag{8.28.14}$$

式中：$\cos(n,x)$、$\cos(n,y)$、$\cos(n,z)$——边界 Γ 上的外法线方向与坐标轴的夹角；

$\boldsymbol{\Phi}_2(t)$——在第二类边界上流入的热量函数，即

$$\dot{\boldsymbol{\Phi}}_2(t) = \frac{\partial \boldsymbol{\Phi}_2(t)}{\partial t} \tag{8.28.15}$$

方向向量为

$$\boldsymbol{n} = \left\{\cos(n,x), \cos(n,y), \cos(n,z)\right\}^{\mathrm{T}} \tag{8.28.16}$$

式中：$\{*\}^{\mathrm{T}}$——向量的转置，则有

$$k(t)\ \nabla\ \dot{T}(t)\ \boldsymbol{n} = \dot{\boldsymbol{\Phi}}_2(t) \tag{8.28.17}$$

式中：$\boldsymbol{n}$——边界 Γ 上的外法线方向向量；

$\dot{\boldsymbol{\Phi}}_2(t)$——在第二类边界上所须求解的热流率。

若热场中结构的几何形状和边界条件都是对称的，则结构表面的热流率为零，第二类边界条件转化为绝热边界条件，故可取结构对称的一部分进行热场效应分析即可。

$$\nabla\ \dot{T}(t) = 0 \tag{8.28.18}$$

（3）第三类边界条件（边界 Γ）

$$k(t)\ \nabla\ \dot{T}(t)\ \boldsymbol{n} = \beta\frac{\partial[T_a(t) - T(t)]}{\partial t} \tag{8.28.19}$$

式中：β——三维平均换热系数（假设对称场中换热系数均值相同）；

$T_a(t)$——在第三类边界条件下的外界温度函数，可按现场温度测试值分布拟合得到。

在实际工程中，多数情况下第一、二类边界条件都可用第三类边界条件表示。

若 $T_a(t)$ 为常数，公式式(8.28.19)可简写为如下温度变化率微分方程：

$$k(t)\ \nabla\ \dot{T}(t)\ \boldsymbol{n} = -\beta\dot{T}(t) \tag{8.28.20}$$

(4)第四类边界条件

第四类边界条件为两种不同的固体接触面，当两种不同的固体接触时，如果接触良好，则在接触面上温度和热流量都是连续的，边界条件如下：

$$T_1(t) = T_2(t)$$

$$\left[k_2(t)\frac{\partial T_2(t)}{\partial x} - k_1(t)\frac{\partial T_1(t)}{\partial x}\right]\cos(n,x) + \left[k_2(t)\frac{\partial T_2(t)}{\partial y} - k_1(t)\frac{\partial T_1(t)}{\partial y}\right]\cos(n,y) + \left[k_2(t)\frac{\partial T_2(t)}{\partial z} - k_1(t)\frac{\partial T_1(t)}{\partial z}\right]\cos(n,z) = 0 \tag{8.28.21}$$

如果两固体之间接触不良，则温度变化时不连续的，$T_1(n,x) \neq T_2(n,x)$。忽略接触缝隙中的热容量，假设接触面上热流量保持平衡，引入两相接触传导热阻尼，得到第四类热场计算边界条件。

$$\begin{cases} k_2(t)\dfrac{\partial T_2(t)}{\partial x}\cos(n,x) + k_2(t)\dfrac{\partial T_2(t)}{\partial y}\cos(n,y) + k_2(t)\dfrac{\partial T_2(t)}{\partial z}\cos(n,z) = \\ \dfrac{1}{R_c}[T_2(t) - T_1(t)] \\ k_2(t)\dfrac{\partial T_2(t)}{\partial x}\cos(n,x) + k_2(t)\dfrac{\partial T_2(t)}{\partial y}\cos(n,y) + k_2(t)\dfrac{\partial T_2(t)}{\partial z}\cos(n,z) = \\ k_1(t)\dfrac{\partial T_1(t)}{\partial x}\cos(n,x) + k_1(t)\dfrac{\partial T_1(t)}{\partial y}\cos(n,y) + k_1(t)\dfrac{\partial T_1(t)}{\partial z}\cos(n,z) \end{cases} \tag{8.28.22}$$

式中：R_c——接触不良产生的热阻，通过试验确定。

由此可得

$$\begin{aligned} k_1(t)\ \nabla\ T_1(t)\boldsymbol{n}_1 &= \frac{1}{R_c}[T(t) - T_1(t)] \\ k_2(t)\ \nabla\ T_2(t)\boldsymbol{n}_2 - k_1(t)\ \nabla\ T_1(t)\boldsymbol{n}_1 &= 0 \end{aligned} \tag{8.28.23}$$

(5)第五类边界条件

第五类边界条件适合强外热场边界计算，亦称高温边界场。介于空气和混凝土表面的对流传热方程为

$$q_1(t) = \beta[T_a(t) - T(t)]^n \tag{8.28.24}$$

式中：$q_1(t)$——对流传热函数；

β——热场中结构与环境的对流换热系数；

$T_a(t)$——热场中环境温度；

n——对流功率因子。

介于强外热场和混凝土结构表面的辐射传热方程为

$$q_2(t) = \nu\delta[\alpha e_a T_a^4(t) - e_s T^4(t)] \tag{8.28.25}$$

式中：$q_2(t)$——热辐射函数；

ν——热辐射系数；

δ——Stefan-Boltzman 常数，其值为 5.67×10^{-8}[单位：$W/(m^2\cdot K^4)$]；

α——表面吸热系数；

e_a——热场辐射系数；

e_s——结构表面辐射系数。

初始边界场为

$$T(x,y,t)|_{t=0} = T_0(x,y) \tag{8.28.26}$$

2）复合边界条件（流固耦合传热边界条件）

复合边界条件是以上五类边界条件归为统一的边界计算方程。

$$\boldsymbol{\Phi}_F(t) = \beta[T_a(t) - T(t)]^n + \alpha_1\nu\delta[\alpha e_a T_a^4(t) - e_s T^4(t)] + \alpha_2 T(x,y,t_0) \tag{8.28.27}$$

式中：$\boldsymbol{\Phi}_F(t)$——热流量函数；

α_1——辐射传热系数；

α_2——初始边界系数；

其余符号意义同前。

各系数取不同值，复合边界条件可转化为上述五类中任一边界场计算。例如，当 $\beta = h_c$、$n=1$、$\alpha_1=0$、$\alpha_2=0$、$\boldsymbol{\Phi}_F(t)=k(t)\nabla T(t)\boldsymbol{n}$ 时，上式转化为第三类边界条件。

28.2.5　复合控制方程

采用虚温原理可得非线性含复合边界条件的热传导控制方程的积分增量形式。将复合边界条件式（8.28.27）代入到公式（8.28.5）进行积分在空间域得如下复合控制方程

$$\begin{aligned}
&\int_\Omega T(t+\Delta t)\rho(t+\Delta t)c(t+\Delta t)\dot{T}(t+\Delta t)\,d\Omega\int_\Omega T(t+\Delta t)\dot{L}_w(t+\Delta t)\,d\Omega + \\
&\int_\Omega \{T(t+\Delta t)\}[K(t+\Delta t)]\{T'(t+\Delta t)\}^T d\Omega = \\
&\oint_\Gamma T(t+\Delta t)\beta[T_a(t+\Delta t) - T(t+\Delta t)]^n dl + \\
&\oint_{\Gamma'} \alpha_1\nu\delta[\alpha e_a T_a^4(t+\Delta t) - e_s T^4(t+\Delta t)]\,dl + \alpha_2 S_T
\end{aligned} \tag{8.28.28}$$

式中：$\{T(t+\Delta t)\}$——温度向量；

$[K(t+\Delta t)]$——热传导矩阵；

$\{T'(t+\Delta t)\}$——温度梯度向量；

S_T——常数项。

令

$$\dot{T}(t+\Delta t) = \frac{\partial T(t+\Delta t)}{\partial t} \tag{8.28.29}$$

$$\dot{L}_{\mathrm{w}}(t+\Delta t)=\frac{\partial L_{\mathrm{w}}(t+\Delta t)}{\partial t} \tag{8.28.30}$$

$$[T'(t+\Delta t)]=\left\{\frac{\partial T(t+\Delta t)}{\partial x},\frac{\partial T(t+\Delta t)}{\partial y},\frac{\partial T(t+\Delta t)}{\partial z}\right\} \tag{8.28.31}$$

$$[K(t+\Delta t)]=\begin{bmatrix} k(t+\Delta t) & & \\ & k(t+\Delta t) & \\ & & k(t+\Delta t)\end{bmatrix}=k(t+\Delta t)\boldsymbol{I} \tag{8.28.32}$$

式中：$\boldsymbol{I}$——单位对角阵。

式(8.28.29)和式(8.28.30)中考虑虚拟温度分布，采用欧拉倒退法，$\dot{T}(t+\Delta t)$和$\dot{L}_{\mathrm{w}}(t+\Delta t)$可表示如下

$$\dot{T}(t+\Delta t)=\frac{T(t+\Delta t)-T(t)}{\Delta t} \tag{8.28.33}$$

$$\dot{L}_{\mathrm{w}}(t+\Delta t)=\frac{L_{\mathrm{w}}(t+\Delta t)-L_{\mathrm{w}}(t)}{\Delta t} \tag{8.28.34}$$

将式(8.28.7)、式(8.28.33)和式(8.28.34)代入控制方程式(8.28.28)中，可得如下方程

$$\begin{aligned}&\int_{\Omega}T(t+\Delta t)\left[\rho(t+\Delta t)c(t+\Delta t)+\frac{\partial L_{\mathrm{w}}(t+\Delta t)}{\partial T}\right]\frac{T(t+\Delta t)-T(t)}{\Delta t}\mathrm{d}\Omega+\\&\int_{\Omega}[T(t+\Delta t)][K(t+\Delta t)][T'(t+\Delta t)]\mathrm{d}\Omega=\\&\oint_{\Gamma}T(t+\Delta t)\beta[T_{\mathrm{a}}(t+\Delta t)-T(t+\Delta t)]^{n}\mathrm{d}l+\\&\oint_{\Gamma'}\alpha_{1}\nu\delta(\alpha e_{\mathrm{a}}T_{\mathrm{a}}^{4}(t+\Delta t)-e_{\mathrm{s}}T^{4}(t+\Delta t))\mathrm{d}l+\alpha_{2}S_{\mathrm{T}}\end{aligned} \tag{8.28.35}$$

其中

$$\frac{\partial L_{\mathrm{w}}(t)}{\partial T(t)}=\frac{\partial L_{\mathrm{w}}(t)}{\partial t}\frac{\partial t}{\partial T(t)}=\frac{\dot{L}_{\mathrm{w}}(t)}{\dot{T}(t)} \tag{8.28.36}$$

采用牛顿迭代法，得如下公式

$${}^{i}T(t+\Delta t)={}^{i-1}T(t+\Delta t)+\Delta^{i}T \tag{8.28.37}$$

式中：i——迭代次数。

对上式求导并加以集合，得第i迭代次的温变率矩阵

$$[{}^{i}\dot{T}(t+\Delta t)]=\left[\frac{{}^{i}T(t+\Delta t)-{}^{i}T(t)}{\Delta t}\right] \tag{8.28.38}$$

依据相同方法，可得到潜热迭代方程和潜热率

$${}^{i}L_{\mathrm{w}}(t+\Delta t)={}^{i-1}L_{\mathrm{w}}(t+\Delta t)+\Delta^{i}L_{\mathrm{w}} \tag{8.28.39}$$

$$[{}^{i}\dot{L}_{\mathrm{w}}(t+\Delta t)]=\left[\frac{{}^{i}L_{\mathrm{w}}(t+\Delta t)-{}^{i}L_{\mathrm{w}}(t)}{\Delta t}\right] \tag{8.28.40}$$

将公式(8.28.37)和公式(8.28.39)代入到公式(8.28.35)中,得到

$$\int_{\Omega} T(t+\Delta t)\left({}^{i-1}\rho(t+\Delta t)\,{}^{i-1}c(t+\Delta t)+\frac{\partial^{i-1}L_{\mathrm{w}}(t+\Delta t)}{\partial T}\right)\frac{\Delta^{i}T}{\Delta t}\mathrm{d}\Omega+$$

$$\int_{\Omega}\Delta^{i}T'[{}^{i-1}K(t+\Delta t)][T'(t+\Delta t)]^{\mathrm{T}}\mathrm{d}\Omega+$$

$$\oint_{\Gamma}T(t+\Delta t)\beta n(T_{\mathrm{a}}(t+\Delta t)-{}^{i-1}T(t+\Delta t))^{n-1}\Delta^{i}T\mathrm{d}l+$$

$$\oint_{\Gamma'}T(t+\Delta t)4\alpha_{1}\nu\delta e_{\mathrm{a}}^{i-1}T_{\mathrm{a}}^{3}(t+\Delta t)\Delta^{i}T\mathrm{d}l=$$

$$\oint_{\Gamma}T(t+\Delta t)\beta(T_{\mathrm{a}}(t+\Delta t)-{}^{i-1}T(t+\Delta t))^{n}\mathrm{d}l+$$

$$\oint_{\Gamma'}\alpha_{1}\nu\delta(\alpha e_{\mathrm{a}}T_{\mathrm{a}}^{4}(t+\Delta t)-e_{\mathrm{s}}({}^{i-1}T(t+\Delta t))^{4})\mathrm{d}l+\alpha_{2}S_{\mathrm{T}}-$$

$$\int_{\Omega}T(t+\Delta t)\left({}^{i-1}\rho(t+\Delta t)\,{}^{i-1}c(t+\Delta t)+\frac{\partial^{i-1}L_{\mathrm{w}}(t+\Delta t)}{\partial T}\right)^{i-1}\left(\frac{T(t+\Delta t)-T(t)}{\Delta t}\right)\mathrm{d}\Omega$$

$$-\int_{\Omega}[\Delta^{i}T'][{}^{i-1}K(t+\Delta t)][T'(t+\Delta t)]^{\mathrm{T}}\mathrm{d}\Omega=$$

$$\oint_{\Gamma}T(t+\Delta t)\beta(T_{\mathrm{a}}(t+\Delta t)-{}^{i-1}T(t+\Delta t))^{n}\mathrm{d}l+$$

$$\oint_{\Gamma'}\alpha_{1}\nu\delta(\alpha e_{\mathrm{a}}T_{\mathrm{a}}^{4}(t+\Delta t)-e_{\mathrm{s}}({}^{i-1}T(t+\Delta t))^{4})\mathrm{d}l+\alpha_{2}S_{\mathrm{T}}-$$

$$\int_{\Omega}T(t+\Delta t)\left({}^{i-1}\rho(t+\Delta t)\,{}^{i-1}c(t+\Delta t)+\frac{\partial^{i-1}L_{\mathrm{w}}(t+\Delta t)}{\partial T}\right)^{i-1}\left(\frac{T(t+\Delta t)-T(t)}{\Delta t}\right)\mathrm{d}\Omega-$$

$$\int_{\Omega}[\Delta^{i}T'][{}^{i-1}K(t+\Delta t)][T'(t+\Delta t)]^{\mathrm{T}}\mathrm{d}\Omega \tag{8.28.41}$$

将公式(8.28.36)代入到公式(8.28.37)中,得到

$$\int_{\Omega}T(t+\Delta t)\left({}^{i-1}\rho(t+\Delta t)\,{}^{i-1}c(t+\Delta t)+{}^{i-1}\left(\frac{\dot{L}_{\mathrm{w}}(t+\Delta t)}{\dot{T}(t+\Delta t)}\right)\right)\frac{\Delta^{i}T}{\Delta t}\mathrm{d}\Omega+$$

$$\int_{\Omega}[\Delta^{i}T'][{}^{i-1}K(t+\Delta t)][T'(t+\Delta t)]^{\mathrm{T}}\mathrm{d}\Omega+$$

$$\oint_{\Gamma}T(t+\Delta t)\beta n(T(t+\Delta t)-{}^{i-1}T_{\mathrm{a}}(t+\Delta t))^{n-1}\Delta^{i}T\mathrm{d}l+$$

$$\oint_{\Gamma'}T(t+\Delta t)4\alpha_{1}\nu\delta e_{\mathrm{s}}^{i-1}T_{\mathrm{a}}^{3}(t+\Delta t)\Delta^{i}T\mathrm{d}l+\alpha_{2}S_{\mathrm{T}}=$$

$$\oint_{\Gamma}T(t+\Delta t)\beta(T_{\mathrm{a}}(t+\Delta t)-{}^{i-1}T(t+\Delta t))^{n}\mathrm{d}l+$$

$$\oint_{\Gamma'}\alpha_1\nu\delta(\alpha e_a T_a^4(t+\Delta t)-e_s({}^{i-1}T(t+\Delta t))^4)\mathrm{d}l+\alpha_2 S_T-$$

$$\int_{\Omega}T(t+\Delta t)\left\{{}^{i-1}\rho(t+\Delta t){}^{i-1}c(t+\Delta t)+{}^{i-1}\left[\frac{\dot{L}_w(t+\Delta t)}{\dot{T}(t+\Delta t)}\right]\right\}\frac{{}^{i-1}T(t+\Delta t)-T(t)}{\Delta t}\mathrm{d}\Omega-$$

$$\int_{\Omega}[\Delta^i T'][{}^{i-1}K(t+\Delta t)][T'(t+\Delta t)]^{\mathrm{T}}\mathrm{d}\Omega \tag{8.28.42}$$

28.2.6 质量元热增量

热场中混凝土质量元的热增量应该由三部分组成，一部分是内部产生的热量，每质量元 $\rho(t)\mathrm{d}V$ 产生热量 $q(t)\rho(t)\mathrm{d}V$；另一部分是相邻质量元通过热传导方式从表面流进去或者从表面流到（包括对流方式、热传导方式和热辐射方式）其他质量元的热量 $\oint_{\Delta S}nJ(t)e_i\mathrm{d}s$；第三部分是由外环境提供给质量元的热量 $Q_s(t)$。综合此三部分热量，则混凝土质量元的热增量计算式为

$$Q(t)=A_1\iiint_{\Delta V}q(t)\rho(t)\mathrm{d}V-\oint_{\Delta S}nJ(t)e_i\mathrm{d}S+A_2Q_s(t) \tag{8.28.43}$$

式中：$q(t)$——任意时刻每质量元内生热量；

A_1、A_2——不同热量的组成系数。

在混凝土内生热（水化热反应）过程中，混凝土水化热增量 $Q(t)$ 由公式（8.28.43）前两部分组成，当 $A_2=0$ 时，内生热增量表达式为

$$Q(t)=A_1\iiint_{\Delta V}q(t)\rho(t)\mathrm{d}V-\oint_{\Delta S}nJ(t)e_i\mathrm{d}S \tag{8.28.44}$$

当 $A_1=0$ 时，则外热增量表达式为

$$Q(t)=A_2Q_s(t)-\oint_{\Delta S}nJ(t)e_i\mathrm{d}S \tag{8.28.45}$$

引入哈密顿算子 $\nabla=\frac{\partial}{\partial x}+\frac{\partial}{\partial y}+\frac{\partial}{\partial z}$，应用高斯定理得

$$Q(t)=\iiint_{\Delta V}[q(t)\rho(t)-\nabla J(t)]\mathrm{d}V+A_2Q_s(t) \tag{8.28.46}$$

外环境提供给质量元的热量 $Q_s(t)$ 可分为两种方式：第一种方式热源附着于质量元，其计算方程为

$$Q_s(t)=Q_s[T_a(t)]=Q_s[T_s(t)] \tag{8.28.47}$$

式中：$T_s(t)$——热源温度。

另一种方式热源与质量元有媒介物存在（流体），属于流固耦合传热系统，或者流—热—固耦合系统的环境计算模式，质量元所获得热量的表达式为

$$Q_s(t)=Q_s[T_a(t)]\neq Q_s'[T_s(t)] \tag{8.28.48}$$

28.3 热—力耦合模型

28.3.1 温度微功

将热场中质量元体系分解，每 ΔV 内能增加可用如下公式表示

$$\Delta E = \Delta U + \Delta W \tag{8.28.49}$$

公式(8.28.49)中，ΔU 为内能的增加量，ΔE 为能量判别条件，ΔW 为温度所产生的微功。

如图 8.28.2 所示，温度变化 ΔT 在单位体积中所产生的微功为

$$\Delta W = \int_{\Delta V}^{\Delta T} \sum_{i,j} P_{ij} \frac{\partial \delta \xi_j}{\partial x_i} \mathrm{d}V = \int_{\Delta V}^{\Delta T} \sum_{i} R_i \boldsymbol{\delta}_i \mathrm{d}V = \int_{\Delta V}^{\Delta T} \boldsymbol{R} \boldsymbol{\delta}^{\mathrm{T}} \mathrm{d}V \tag{8.28.50}$$

式中：P_{ij}——温度变化 ΔT 时单位体积产生微小位移 $\Delta \xi_j$ 所形成的表面力；

R_i——温度等效节点荷载；

x_i——空间几何坐标；

$\boldsymbol{\delta}_i$——单元节点温效位移列阵；

$\boldsymbol{R}$——荷载向量；

$\boldsymbol{\delta}$——位移向量。

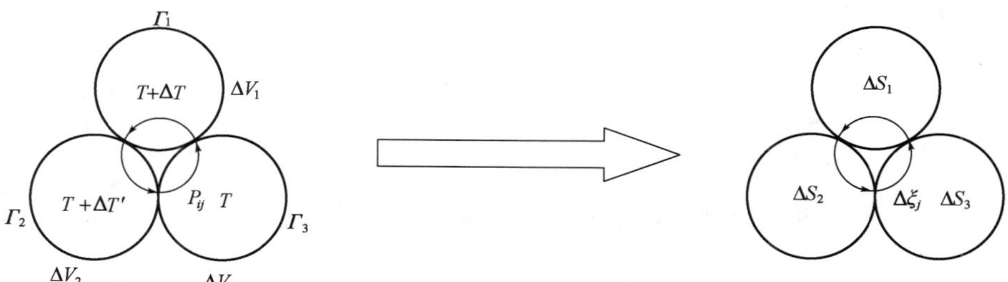

图 8.28.2 热—力耦合模型

28.3.2 变熵函数

熵是表征热量转化为功的函数，是根据热力学第二定律引出的一个反映自发过程不可逆性的物质能量状态参量。引入熵函数，通过温度增量的积分计算，求得变熵计算方程。

$$\Delta S = \int_{T_t}^{T_{t+\Delta t}} c(t) \frac{\mathrm{d}T(t)}{T(t)} = \int_{t}^{t+\Delta t} \frac{\dot{T}(t) c(t)}{T(t)} \mathrm{d}t \tag{8.28.51}$$

根据热力学能量不可逆原理，求得各单元能量差，再加以集合并进行积分，得单位体积内能增量方程：

$$\Delta U = \iiint_{\Delta V} \sum_{m} \left[{}^{n}T_{t+\Delta t}^{m} \int_{T_t}^{T_{t+\Delta t}} \frac{\dot{T}(t) c(t)}{T(t)} \mathrm{d}t - {}^{n}T_{t}^{m} \int_{T_{t-\Delta t}}^{T_t} \frac{\dot{T}(t) c(t)}{T(t)} \mathrm{d}t \right] \mathrm{d}V \tag{8.28.52}$$

式中：m——单元数量；

n——时间步。

根据能量平衡判别原理 $\Delta E=0$，由热力学变数熵原理，得热—力耦合平衡方程：

$$\Delta W = \Delta U \tag{8.28.53}$$

28.3.3 温度数值模拟

增量计算迭代方程明确给出了复合边界条件下（以潜热率的形式给出）热时空场解析过程，在此基础上，用有限元矩阵将计算对象离散，将增量计算迭代方程表达为有限元矩阵列式。综合公式（8.28.4），可得热场中单元任意时刻温度矩阵计算方程组：

$$\boldsymbol{KT}(t) + \boldsymbol{C}\dot{\boldsymbol{T}}(t) + \boldsymbol{Q}(t) = 0 \tag{8.28.54}$$

则时间增量温度方程组为

$$\boldsymbol{KT}(t+\Delta t) + \boldsymbol{C}\dot{\boldsymbol{T}}(t+\Delta t) + \boldsymbol{Q}(t+\Delta t) = 0 \tag{8.28.55}$$

$$\begin{cases} K_{ij} = \sum\limits_e (G_{ij} + G'_{ij}) \\ C_{i\cdot} = \sum\limits_e P_{i\cdot} \\ Q_i = -\sum\limits_e [P_i\dot{\theta}(t) + P'_i\dot{\boldsymbol{T}}(t)] \end{cases} \tag{8.28.56}$$

以上各式中：$\sum\limits_e$——对与节点 i 相关单元求和；

$\boldsymbol{K}$——热传导矩阵；

$\boldsymbol{C}$——比热容矩阵；

$\boldsymbol{T}(t)$——温度向量；

$\dot{\boldsymbol{T}}(t)$——温变率向量；

$\boldsymbol{Q}(t)$——热向量。

在时间域采用有限元差分法，并假定 $\dot{\boldsymbol{T}}(t)$ 在 Δt 呈线性变化状态，应用中点差分法得温度差值方程。

$$\Delta\boldsymbol{T}(t) = \boldsymbol{T}(t+\Delta t) - \boldsymbol{T}(t) = \frac{[\dot{\boldsymbol{T}}(t+\Delta t) + \dot{\boldsymbol{T}}(t)]\Delta t}{2} \tag{8.28.57}$$

由公式（8.28.57），有

$$\dot{\boldsymbol{T}}(t+\Delta t) = \frac{1}{2\Delta t}(\boldsymbol{T}(t+\Delta t) - \boldsymbol{T}(t)) - \dot{\boldsymbol{T}}(t) \tag{8.28.58}$$

将公式（8.28.57）代入公式（8.28.55），得到

$$\boldsymbol{KT}(t) + \frac{1}{2\Delta t}\boldsymbol{C}(\boldsymbol{T}(t+\Delta t) - \boldsymbol{T}(t)) - \boldsymbol{C}\dot{\boldsymbol{T}}(t) + \boldsymbol{Q}(t+\Delta t) = 0 \tag{8.28.59}$$

由公式（8.28.57），得到

$$-\boldsymbol{C}\dot{\boldsymbol{T}}(t) = \boldsymbol{KT}(t) + \boldsymbol{Q}(t) \tag{8.28.60}$$

将公式（8.28.60）代入公式（8.28.59），得到

$$\left(\boldsymbol{K} + \frac{1}{2\Delta t}\boldsymbol{C}\right)\boldsymbol{T}(t+\Delta t) + \left(\boldsymbol{K} - \frac{1}{2\Delta t}\boldsymbol{C}\right)\boldsymbol{T}(t) + \frac{1}{2}\boldsymbol{Q}(t) + \boldsymbol{Q}(t+\Delta t) = 0 \tag{8.28.61}$$

公式（8.28.61）为 $\boldsymbol{T}(t+\Delta t)$ 的线性方程，$\boldsymbol{T}(t+\Delta t)$ 为未知量；$\boldsymbol{T}(t+\Delta t)$、$\boldsymbol{Q}(t)$ 和 $\boldsymbol{Q}(t+$

Δt)为已知量,将已知量代入线性方程可得节点温度。在有限元的处理中,温度值将以节点的形式存储。

$$\boldsymbol{T}(t+\Delta t)=\frac{\left(\frac{1}{2\Delta t}c(t)-k(t)\right)T(t)-\frac{1}{2}Q(t)-Q(t+\Delta t)}{k(t)+\frac{c(t)}{2\Delta t}} \tag{8.28.62}$$

28.3.4 耦合流程

耦合场分析是指考虑了两个(热场和结构应力场)或多个工程物理场(热场、流场和结构应力场)之间相互作用的分析。同样的模型和同样的网分形式,不同的单元组合,只改变结构单元属性,不改变节点形函数值。如图8.28.3所示:①对于每个单元和实体模型图元,定义一套属性编号,包括单元类型号、材料编号、实常数编号、界面特性编号及单元坐标编号;②施加热量和流固耦合边界条件进行热分析;③流固耦合传热分析中得到节点温度作为“体荷载”施加到随后的结构分析中去。

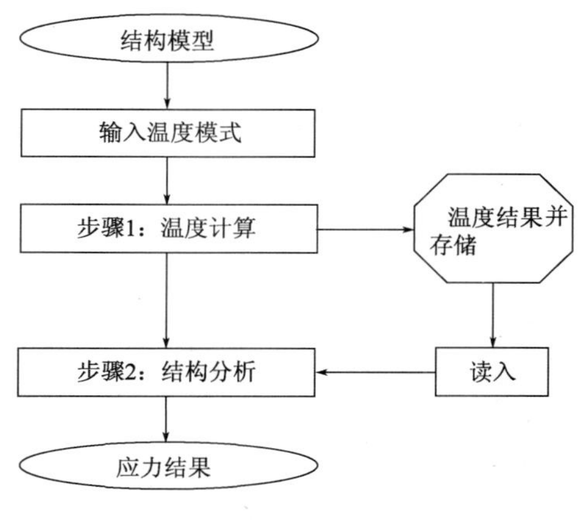

图8.28.3 耦合流程

28.4 火灾热温模式

火灾热温模式大多指物体表面被加热的温度变化模式,部分指火灾源中心及焰域空间的温度,国际上规定则为前者。火灾温升曲线包括ISO834、ASTME119、CNS12514、BS476、UL263、HC(碳氢燃烧)等温升曲线。

国际ISO834建议的标准温度曲线模式为

$$T=345\lg(8t+1)+T_0 \tag{8.28.63}$$

式中:T——任意延火时间的温度;

t——时间;

T_0——初始温度。

ASTM119建议的温度曲线模式为

$$T=750\left[1-\mathrm{e}^{\left(-3.79553\sqrt{\frac{t}{60}}\right)}\right]+170.1\sqrt{\frac{t}{60}}+T_0 \tag{8.28.64}$$

$$T=1166-532\mathrm{e}^{-0.01t}+186\mathrm{e}^{-0.05t}-820\mathrm{e}^{-0.2t}+T_0 \tag{8.28.65}$$

HC(碳氢燃烧HYDROCARBON)温升曲线模式为

$$T=1080\times(1-0.325\mathrm{e}^{-\frac{t}{6}}-0.675\mathrm{e}^{-2.5t})+T_0 \tag{8.28.66}$$

根据相关研究资料,HC温升曲线,按面积等效是偏于不安全的,建议适当放大等效时间

(1.2 倍)，即 HCM 温升曲线。

$$T = 1296 \times \left(1 - 0.325e^{-\frac{t}{6}} - 0.675e^{-2.5t}\right) + T_0 \tag{8.28.67}$$

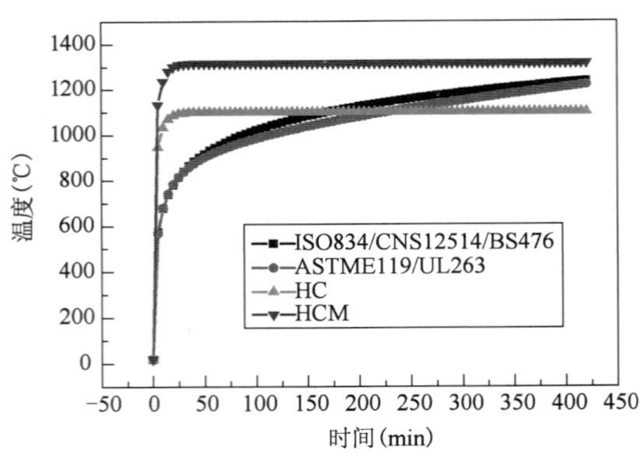

图 8.28.4　温升模式比较

图 8.28.4 为国际 ISO834、CNS12514、BS476、ASTME119、UL263、HC 和 HCM 曲线的比较。国际 ISO834、CNS12514 和 BS476 三条曲线保持一致，ASTME119 和 UL263 两曲线保持一致。国际 ISO834 和 ASTME119 温升过程比较相似，前期温升剧烈，后期温度缓慢变化，后期温度国际 ISO834 较 ASTME119 高；HC 温升曲线升温剧烈，瞬间即可升至 1100℃；HCM 温升曲线与 HC 温升曲线最高值平行，但最大值相对较高。

28.5　热力耦合计算方法

28.5.1　荷载因子法

任意时间 t，对于火灾下结构高温场—力学性能耦合分析，截面内力必须与截面外力保持平衡，则有如下表达式。

$$\boldsymbol{F}_i[\varphi_x(t), \varphi_y(t), \varepsilon_z(t), T(t)] = \lambda(t)\boldsymbol{F}_e(t) \tag{8.28.68}$$

式中：$\boldsymbol{F}_i[\varphi_x(t), \varphi_y(t), \varepsilon_z(t), T(t)]$——火场任意时刻内力向量；

$\boldsymbol{F}_e(t)$——火场任意时刻外力向量；

$\varphi_x(t)$、$\varphi_y(t)$——火场任意时刻截面沿 x 轴和 y 轴的弯曲曲率；

$\varepsilon_z(t)$——火场任意时刻结构的轴向应变；

$T(t)$——任意时刻受火结构单元温度；

$\lambda(t)$——火场任意时刻外部荷载因子，如图 8.28.5 所示。

随着时间 t 的增加，在 $t+\Delta t$ 时刻，新的温度场形成。在迭代残差范围内，公式(8.28.68)可表示为

$$\boldsymbol{F}_i[\varphi_x(t), \varphi_y(t), \varepsilon_z(t), T(t+\Delta t)] + \Delta\boldsymbol{F}(t+\Delta t) = \lambda(t+\Delta t)\boldsymbol{F}_e(t+\Delta t) \tag{8.28.69}$$

$$\Delta\boldsymbol{F}(t+\Delta t) = \boldsymbol{F}_i[\varphi_x(t), \varphi_y(t), \varepsilon_z(t), T(t+\Delta t)] - \lambda(t+\Delta t)\boldsymbol{F}_e(t+\Delta t) \tag{8.28.70}$$

$$\Delta\boldsymbol{F}(t+\Delta t) = \boldsymbol{F}_i[\boldsymbol{u}(t), T(t+\Delta t)] - \lambda(t+\Delta t)\boldsymbol{F}_e(t+\Delta t) \tag{8.28.71}$$

式中：$\boldsymbol{u}(t)$——任意时刻温度场结构截面位移向量，其值 $\boldsymbol{u}(t) = \left\{\varphi_x(t), \varphi_y(t), \varepsilon_z(t)^{\mathrm{T}}\right\}$。

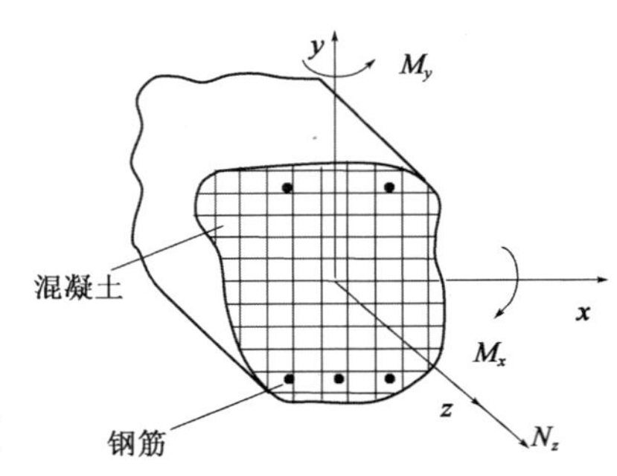

图 8.28.5　内力图

令弧长半径为 r,弦切角增量为 $\Delta\alpha$,则弧长增量 $\Delta l = 2r\Delta\alpha$;

令 $\boldsymbol{F}_e = \boldsymbol{F}_e(t+\Delta t)$,$\lambda = \lambda(t+\Delta t)$,$\Delta\lambda = \lambda(\Delta t)$,附加约束方程为

$$\begin{aligned} a &= (\Delta\boldsymbol{u}^{\mathrm{T}}\Delta\boldsymbol{u} + \Delta\lambda^2\psi^2\boldsymbol{F}_e{}^{\mathrm{T}}\boldsymbol{F}_e) - \Delta l^2 \\ &= (\Delta\boldsymbol{u}^{\mathrm{T}}\Delta\boldsymbol{u} + \Delta\lambda^2\psi^2\boldsymbol{F}_e{}^{\mathrm{T}}\boldsymbol{F}_e) - 4r^2\Delta\alpha^2 \\ &= 0 \end{aligned} \tag{8.28.72}$$

式中:a——附加约束量;

$\Delta\boldsymbol{u}^{\mathrm{T}}$——截面位移向量的转置;

ψ——弧长控制参数;

$\Delta\lambda$——荷载因子增量。

令 $\boldsymbol{P} = \Delta\boldsymbol{F}_e(t+\Delta t)$,采用 N-R 法求解公式(8.28.71)和式(8.28.72),得

$$\begin{aligned} {}^{i}\boldsymbol{P} &= {}^{i-1}\boldsymbol{P} + {}^{i-1}\left[\frac{\partial \boldsymbol{P}}{\partial \boldsymbol{u}}\right]^{i}\Delta\boldsymbol{u} + {}^{i-1}\left\{\frac{\partial \boldsymbol{P}}{\partial \boldsymbol{\lambda}}\right\}^{i}(\delta\lambda) \\ &= {}^{i-1}\boldsymbol{P} + \boldsymbol{K}_t\Delta\boldsymbol{u} - \boldsymbol{F}_e\Delta\lambda = 0 \end{aligned} \tag{8.28.73}$$

$${}^{i}a = {}^{i-1}a + 2\,{}^{i-1}\Delta\boldsymbol{u}^{\mathrm{T}\,i}\Delta\boldsymbol{u} + 2\,{}^{i-1}(\Delta\lambda)\,{}^{i}(\Delta\lambda)\psi^2\boldsymbol{F}_e{}^{\mathrm{T}}\boldsymbol{F}_e = 0 \tag{8.28.74}$$

式(8.28.73)和式(8.28.74)中,i 为迭代次数,$\boldsymbol{K}_t = \dfrac{\partial \boldsymbol{F}_{\mathrm{out}}}{\partial \boldsymbol{u}}$为任意时刻截面刚度矩阵,公式(8.28.74)可用如下矩阵表示

$$\begin{bmatrix} \boldsymbol{K}_t & -\boldsymbol{F}_e \\ 2\Delta\boldsymbol{u}^{\mathrm{T}} & 2\Delta\lambda\psi^2\boldsymbol{F}_e{}^{\mathrm{T}}\boldsymbol{F}_e \end{bmatrix}\begin{Bmatrix} {}^{i}\Delta\boldsymbol{u} \\ {}^{i}\Delta\boldsymbol{\lambda} \end{Bmatrix} = -\begin{Bmatrix} {}^{i-1}\boldsymbol{P} \\ {}^{i-1}a \end{Bmatrix} \tag{8.28.75}$$

由公式(8.28.74)和公式(8.28.75)计算${}^{i}\Delta\boldsymbol{u}$ 和${}^{i}(\Delta\boldsymbol{\lambda})$,得增量方程

$${}^{i}\Delta\boldsymbol{u} = {}^{i-1}\Delta\boldsymbol{u} + {}^{i}\Delta\boldsymbol{u} \tag{8.28.76}$$

$${}^{i}\Delta\lambda = {}^{i-1}\Delta\lambda + {}^{i}\Delta\lambda \tag{8.28.77}$$

设 $t+\Delta t$ 时刻位移收敛值为 $\Delta\boldsymbol{u}$,弦切角收敛值为 $\Delta\alpha$,荷载因子收敛值为 $\Delta\boldsymbol{\lambda}$,则荷载残余向量为

$$\boldsymbol{P}(t+\Delta t) = \boldsymbol{F}_i(\boldsymbol{u}(t),\theta(t+\Delta t)) - \lambda(t)\boldsymbol{F}_e \tag{8.28.78}$$

采用欧拉前进法得位移增量 $\Delta\boldsymbol{u}(t)$

$$\boldsymbol{K}_t(\boldsymbol{u}(t),\theta(t+\Delta t))\Delta\boldsymbol{u}(t) = \boldsymbol{P}(t+\Delta t) \tag{8.28.79}$$

用 $\Delta\boldsymbol{P}$ 替代 $\boldsymbol{P}(t+\Delta t)$,$\Delta\boldsymbol{u}$ 替代 $\Delta\boldsymbol{u}(t)$,则有

$$\Delta\alpha = \frac{\sqrt{\Delta\boldsymbol{u}^{\mathrm{T}}\Delta\boldsymbol{u} + \psi^2\Delta\boldsymbol{P}^{\mathrm{T}}\Delta\boldsymbol{P}}}{4r^2} \tag{8.28.80}$$

28.5.2　加速迭代法

非线性加速迭代法能明确荷载因子法的计算迭代过程,是荷载因子法计算过程的延续。当采用荷载因子法进行节点量大、网分形式繁杂、模型单元组合种类多的非线性计算时,非线性加速迭代法可减少机耗资源,节约计算时间,是非线性计算过程中理想的选择。改进公式(8.28.78)欧拉法的求解精度,采用非线性加速迭代法可跟踪各种复杂的非线性平衡路径全过程,适合求解纯弯结构或压弯结构全过程极值点问题,以及追踪极限破坏或屈曲后的形变情况。

令

$$F_i = F_i[\varphi_x(t), \varphi_y(t), \varepsilon_z(t), T(t+\Delta t)] \tag{8.28.81}$$

使用 N-R 求解方法，在每一增量步内进行多次迭代，则有

$$\begin{aligned} {}^{n+1}\Delta \boldsymbol{P}_{m+1} &= {}^{n+1}\boldsymbol{F}_{im+1} - {}^{n+1}\boldsymbol{\lambda}^t_{m+1}\boldsymbol{F}_{em+1} \\ &= {}^{n}\boldsymbol{F}_{im+1} - {}^{n+1}\boldsymbol{\lambda}^t_{m+1}\boldsymbol{F}_{em+1} + {}^{n}\boldsymbol{K}_{tm+1}{}^{n}\Delta\boldsymbol{u}_m \\ &= \boldsymbol{0} \end{aligned} \tag{8.28.82}$$

式中：${}^{n+1}\Delta \boldsymbol{P}_{m+1}$——$m+1$ 次增量步的第 $n+1$ 次迭代残余值；

${}^{n+1}\boldsymbol{F}_{im+1}$——$m+1$ 次增量步的第 $n+1$ 次迭代内力；

${}^{n}\boldsymbol{F}_{im+1}$——$m+1$ 次增量步的第 n 次迭代内力；

$\boldsymbol{F}_{em+1}$——$m+1$ 次增量步的外力向量；

${}^{n+1}\boldsymbol{\lambda}^t_{m+1}$——对于 λ 在 t 时刻的 $m+1$ 次增量步的第 $n+1$ 次迭代因子；

${}^{n}\Delta\boldsymbol{u}_m$——第 n 次迭代修正量；

${}^{n}\boldsymbol{K}_{tm+1}$——$m+1$ 次增量步的第 n 次迭代切线刚度矩阵。

由公式(8.28.82)求得

$${}^{n}\Delta\boldsymbol{u}_m = {}^{n}\boldsymbol{K}^{-1}_{tm+1}({}^{n+1}\boldsymbol{\lambda}^t_{m+1}\boldsymbol{F}_{em+1} - {}^{n}\boldsymbol{F}_{im+1}) \tag{8.28.83}$$

使用 N-R 迭代时，每次迭代后重新形成和分解${}^{n}\boldsymbol{K}^{-1}_{tm+1}$矩阵，计算量较大，可采用 mN-R 方法，其方程如下

$${}^{n}\boldsymbol{K}_{tm+1} = {}^{l}\boldsymbol{K}_{tm+1} = \boldsymbol{K}_t({}^{n}\boldsymbol{u}_{m+1}) \tag{8.28.84}$$

式中：${}^{n}\boldsymbol{u}_{m+1}$——$m+1$ 次增量步的第 n 次迭代位移；

${}^{l}\boldsymbol{K}_{tm+1}$——$m+1$ 次增量步的第 l 次迭代切线刚度矩阵。

采用等比数列，令 $l=\dfrac{n}{2^q}$，缩减公式(8.28.84)的求解次数，则有

$${}^{l}\Delta\boldsymbol{u}_m = {}^{l}\boldsymbol{K}^{-1}_{tm+1}({}^{l+1}\boldsymbol{\lambda}^t_{m+1}\boldsymbol{F}_{em+1} - {}^{l}\boldsymbol{F}_{im+1}) \tag{8.28.85}$$

式中：${}^{l}\Delta\boldsymbol{u}_m$——$m$ 次增量步的第 l 次迭代位移修正量；

${}^{l+1}\boldsymbol{\lambda}^t_{m+1}$——对于 λ 在 t 时刻的 $m+1$ 次增量步的第 $l+1$ 次迭代因子；

${}^{l}\boldsymbol{F}_{im+1}$——$m+1$ 次增量步的第 l 次迭代内力；

${}^{l}\boldsymbol{K}^{-1}_{tm+1}$——$m+1$ 次增量步的第 l 次迭代切线刚度矩阵的逆。

28.5.3 内力积分法

如图 8.28.6 所示截面某点(x,y)处的总应变为

$$\varepsilon_{tt} = \varepsilon_z(t) + x\varphi_y(t) + y\varphi_x(t) \tag{8.28.86}$$

式中：ε_{tt}——任意时刻总应变。

表达为矩阵形式

$$\varepsilon_{tt} = [1 \quad x \quad y]\begin{bmatrix}\varepsilon_z(t) \\ \varphi_y(t) \\ \varphi_x(t)\end{bmatrix} \tag{8.28.87}$$

公式(8.28.86)可改写为

$$\varepsilon_{tt} = \varepsilon_{\sigma}(t) + \varepsilon_{T}(t) + \varepsilon_{th}(t)$$

$$\varepsilon_{\sigma}(t) = \varepsilon_{tt} - \varepsilon_{T}(t) - \varepsilon_{th}(t) \tag{8.28.88}$$

式中:$\varepsilon_{\sigma}(t)$——某时刻弹性应变;

$\varepsilon_{th}(t)$——高温瞬时徐变所产生的应变;

$\varepsilon_{T}(t)$——温度变化所导致的应变。

混凝土高温瞬时徐变表达式为

$$\frac{\partial \varepsilon_{c}\sqrt{t}}{\partial t} = \frac{\beta_{c}\gamma_{c}\sigma_{c}(t)}{\sigma_{c,20}}\frac{\partial T(t)}{\partial t} = \frac{\beta_{c}\gamma_{c}\sigma_{c}(t)}{\sigma_{c,20}}\dot{T}(t) \tag{8.28.89}$$

式中:β_{c}——温度膨胀线性系数;

γ_{c}——材料参数,其值介于1.8~3.5之间;

$\sigma_{c,20}$——常温20℃下混凝土材料抗压强度。

高温瞬态徐变产生的应变$\varepsilon_{th}(t)$与$\varepsilon_{\sigma}(t)$密切相关,采用迭代法可得

$$\varepsilon_{th}(t+\Delta t) = \varepsilon_{th}(t) + \frac{\beta_{c}\gamma_{c}}{\sigma_{c,20}}\Delta T(t)E_{c}(t)\varepsilon_{\sigma}(t) \tag{8.28.90}$$

式中:$E_{c}(t)$——任意时刻混凝土弹性模量。

截面任意点(x,y)的应力$\sigma(t)$可表示为

$$\sigma(t) = \sigma[\varepsilon_{\sigma}(t), T(t)]$$

$$= \sigma[\varepsilon_{t} - \varepsilon_{\sigma}(t) - \varepsilon_{c}(t) - \varepsilon_{T}(t), T(t)] \tag{8.28.91}$$

如图8.28.5所示,选取某钢筋混凝土梁正截面分析其内力状态,把公式(8.28.81)代入到公式(8.28.69),可得如下方程

$$\Delta \boldsymbol{P} = \boldsymbol{F}_{i} - \lambda \boldsymbol{F}_{e} \tag{8.28.92}$$

式中:$\boldsymbol{F}_{i}$——截面内力向量;

$\boldsymbol{F}_{e}$——外部荷载向量;

λ——外部荷载因子;

$\Delta \boldsymbol{P}$——荷载残余向量。

将不同温度状态下任意截面内力分为两部分(图8.28.6)。

$$\boldsymbol{F}_{i} = \boldsymbol{F}_{i}^{s} + \boldsymbol{F}_{i}^{c} \tag{8.28.93}$$

式中:$\boldsymbol{F}_{i}^{s}$——截面钢筋的内力向量,有

$$\boldsymbol{F}_{i}^{s} = \begin{Bmatrix} M_{x}^{s} \\ M_{y}^{s} \\ N_{z}^{s} \end{Bmatrix} = \begin{Bmatrix} \sum_{i=1}^{n}\sigma_{si}(t)y_{s}A_{s} \\ \sum_{i=1}^{n}\sigma_{si}(t)x_{s}A_{s} \\ \sum_{i=1}^{n}\sigma_{si}(t)A_{s} \end{Bmatrix} \tag{8.28.94}$$

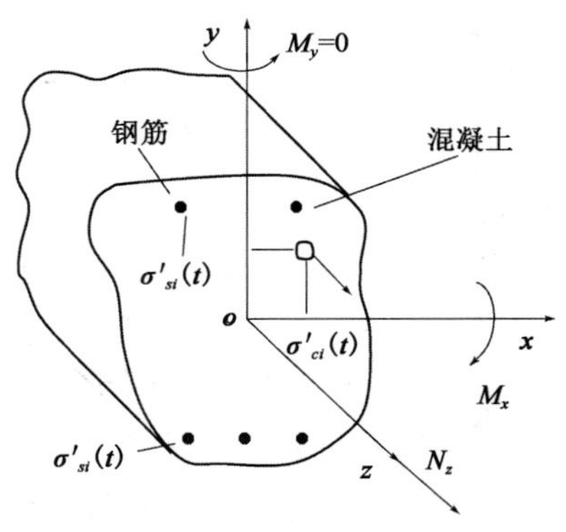

图8.28.6 应力分布

其中：M_x^s——钢筋对 x 轴方向的弯矩；

M_y^s——钢筋对 y 轴方向的弯矩；

N_z^s——钢筋轴向合力；

$\boldsymbol{\sigma}_{si}(t)$——火灾下任意时刻钢筋应力；

x_s、y_s——钢筋至截面中性轴的距离；

A_s——钢筋截面面积。

$\boldsymbol{F}_i^c$——截面混凝土的内力向量，为

$$\boldsymbol{F}_i^c = \begin{Bmatrix} M_x^c \\ M_y^c \\ N_z^c \end{Bmatrix} = \begin{Bmatrix} \iint \boldsymbol{\sigma}_c(t) y_c \mathrm{d}A_c \\ \iint \boldsymbol{\sigma}_c(t) x_c \mathrm{d}A_c \\ \iint \boldsymbol{\sigma}_c(t) \mathrm{d}A_c \end{Bmatrix} \tag{8.28.95}$$

其中：M_x^c——混凝土对 x 轴方向的弯矩；

M_y^c——混凝土对 y 轴方向的弯矩；

N_z^c——混凝土轴向合力；

$\boldsymbol{\sigma}_c(t)$——混凝土某积分点应力；

x_c、y_c——混凝土积分点至截面中性轴的距离；

$\mathrm{d}A_c$——混凝土积分元面积。

28.5.4 有效力矩法

若不考虑高温下混凝土与钢筋之间的化学反应，认为钢筋与混凝土之间无滑移情况，在平截面假定下，整个截面的极限弯矩 $M_u(t)$ 广义积分式为

$$M_u(t) = \iint |\boldsymbol{\sigma}(t)| l_x \mathrm{d}A \tag{8.28.96}$$

式中：l_x——积分元至截面中性轴的距离；

$\mathrm{d}A$——面积微元。

假设 $M_y(t)=0$，截面上只有 $M_x(t)$，即单向受力。将正截面面积离散，对受拉区钢筋取矩，公式(8.28.97)可写为

$$M_x(t) = M_u(t) = \sum_{i=1}^{m} \boldsymbol{\sigma}_{ci}(t) A_{ci} l_i + \sum_{i=1}^{m} \boldsymbol{\sigma}'_{si}(t) A'_{si} l' \tag{8.28.97}$$

式中：$\boldsymbol{\sigma}_{ci}(t)$——混凝土截面微元中的应力；

$\sigma'_{si}(t)$——钢筋截面微元中的应力；

A_{ci}——混凝土微元面积；

A'_{si}——钢筋微元面积；

l_i——受压区混凝土截面微元应力作用点至受拉区钢筋中心的距离；

l'——受压区钢筋截面合力作用点至受拉区钢筋截面中心的距离；

m——截面面积离散元数量；

i——某个离散元，其划分方式及划分顺序为从中性轴开始依次分割。

对于某计算时刻，混凝土压应力与其所在位置到中性轴的距离成正比。所以，从中性轴至混凝土受压区边缘混凝土压应力逐渐增大(图 8.28.7)，则有 $\sigma_{ci}(t) \leqslant \sigma_{c(i+1)}(t)$，$i \geqslant 0$，根据柯西不等式模块，得

$$\begin{aligned} M_u(t) &= \sum_{i=1}^{m} \sigma_{ci}(t) A_{ci} l_i + \sum_{i=1}^{m} \sigma'_{si}(t) A'_{si} l' \\ &\geqslant \frac{1}{m} \sum_{i=1}^{m} \sigma_{ci}(t) A_{ci} \sum_{i=1}^{m} l_i + \frac{1}{m} \sum_{i=1}^{m} \sigma'_{si}(t) A'_{si} l' \\ &\geqslant \frac{1}{m^2} \sum_{i=1}^{m} \sigma_{ci}(t) \sum_{i=1}^{m} A_{ci} \sum_{i=1}^{m} l_i + \frac{1}{m} \sum_{i=1}^{m} \sigma'_{si}(t) \sum_{i=1}^{m} A'_{si} l' \end{aligned} \tag{8.28.98}$$

$$M_u(t) = \frac{1}{m^2} \sum_{i=1}^{m} \sigma_{ci}(t) \sum_{i=1}^{m} A_{ci} \sum_{i=1}^{m} l_i + \frac{1}{m} \sum_{i=1}^{m} \sigma'_{si}(t) \sum_{i=1}^{m} A'_{si} l' + M_\Delta(t) \tag{8.28.99}$$

令 $M_\Delta(t)=0$，可知 $\sigma_c(t) = \frac{1}{m}\sum_{i=1}^{m}\sigma_{ci}(t)$，$A_c = \sum_{i=1}^{m} A_{ci}$，$l = \frac{1}{m}\sum_{i=1}^{m} l_i$，$\sigma_s(t) = \frac{1}{m}\sum_{i=1}^{m}\sigma_{si}(t)$，$A'_s = \sum_{i=1}^{m} A'_{si}$。

公式(8.28.99)可简写为

$$M_u(t) = \sigma_c(t) A_c l + \sigma'_s(t) A'_s l' \tag{8.28.100}$$

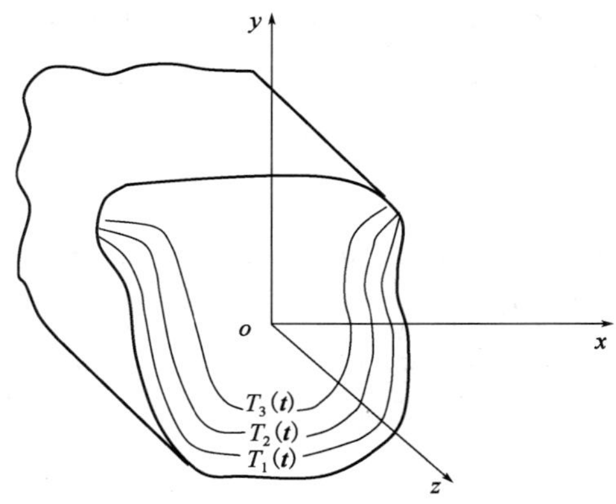

图 8.28.7　钢筋混凝土梁正截面温度分布

下面给出钢筋混凝土矩形截面梁的有效力矩推导过程。

如图 8.28.8 所示为钢筋混凝土矩形截面梁的受火过程。如图 8.28.9 所示，考虑火灾高温后材料损伤，有效面积减小，公式(8.28.100)可改写为有效面积极限弯矩求和式：

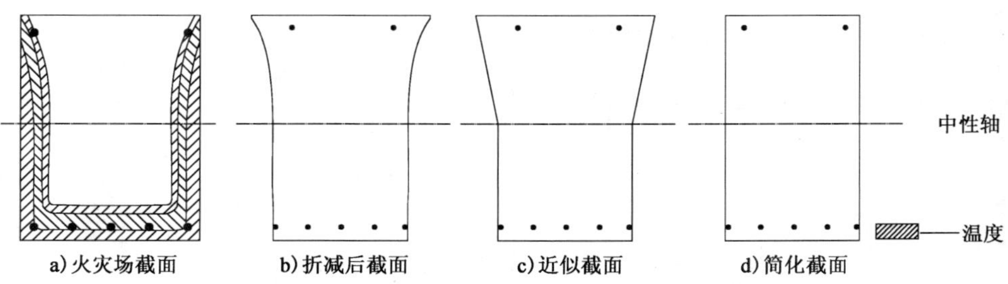

图 8.28.8　火灾场钢筋混凝土梁正截面折减简化计算示意图

$$M_u(t) = \xi_c(t) \sigma_{c,20} A_c l + \xi'_s(t) \sigma'_{s,20} A'_s l \tag{8.28.101}$$

式中：$\sigma_{c,20}$——受压区混凝土常温下抗压强度；

$\sigma'_{s,20}$——受拉区钢筋常温下抗拉强度；

$\xi_c(t)$——混凝土面积折减系数，$\xi_c(t)=\sigma_c(t)/\sigma_{c,20}$；

$\xi'_s(t)$——受压区钢筋面积折减系数，$\xi'_s(t)=\sigma'_s(t)/\sigma'_{(s),20}$。

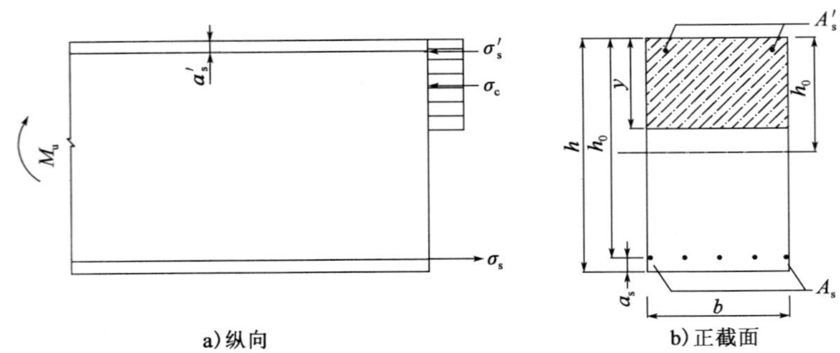

图 8.28.9　钢筋混凝土梁火灾场正截面极限弯矩计算

任意时刻混凝土受压区高度 $y(t)$ 按下式计算：

$$\xi_c(t)\sigma_{c,20}A_c+\xi'_s(t)\sigma'_{s,20}A'_s=\xi_s(t)\sigma_{s,20}A_s \tag{8.28.102}$$

$$\xi_c(t)\sigma_{c,20}by(t)+\xi'_s(t)\sigma'_{s,20}A'_s=\xi_s(t)\sigma_{s,20}A_s \tag{8.28.103}$$

$$y(t)=\frac{\xi_s(t)\sigma_{s,20}A_s-\xi'_s(t)\sigma'_{s,20}A'_s}{\xi_c(t)\sigma_c(t)b} \tag{8.28.104}$$

式中，$\xi_s(t)$ 为受压区钢筋面积折减系数，$\xi'_s(t)=\xi_s(t)$，$\xi_c(t)$ 和 $\xi_s(t)$ 按试验取值。

将 $y(t)$ 代入公式(8.28.101)中，得

$$\begin{aligned}M_u(t)&=\xi_c(t)b\sigma_{c,20}\frac{\xi_s(t)\sigma_{s,20}A_s-\xi'_s(t)\sigma'_{s,20}A'_s}{\xi_c(t)b\sigma_{c,20}}\left[h_0-\frac{\xi_s(t)\sigma_{s,20}A_s-\xi'_s(t)\sigma'_{s,20}A'_s}{2\xi_c(t)b\sigma_{c,20}}\right]+\\&\quad\xi'_s(t)\sigma'_{s,20}A'_s(h_0-a'_s)\\&=[\xi_s(t)\sigma_{s,20}A_s-\xi'_s(t)\sigma'_{s,20}A'_s]\left[h_0-\frac{\xi_s(t)\sigma_{s,20}A_s-\xi'_s(t)\sigma'_{s,20}A'_s}{2\xi_c(t)b\sigma_{c,20}}\right]+\\&\quad\xi'_s(t)\sigma'_{s,20}A'_s(h_0-a'_s)\end{aligned} \tag{8.28.105}$$

式中：$n=\dfrac{\sigma_{s,20}}{\sigma_{c,20}}$。

$\sigma_s(t)=\sigma'_s(t)$，于是公式(8.28.105)可简化为

$$M_u(t)=\sigma_{s,20}A_s\left[\xi_s(t)-\xi'_s(t)\frac{A'_s}{A_s}\right]\left\{h_0-\frac{n[\xi_s(t)A_s-\xi'_s(t)A'_g]}{2\xi_s(t)b}\right\}+\xi'_s(t)\frac{A'_s}{A_s}(h_0-a'_s) \tag{8.28.106}$$

令

$$L_m(t)=\left[\xi_s(t)-\xi'_s(t)\frac{A'_s}{A_s}\right]\left\{h_0-\frac{n[\xi_s(t)A_s-\xi'_s(t)A'_s]}{2\xi_c(t)b}\right\}+\xi'_s(t)\frac{A'_s}{A_s}(h_0-a'_s) \tag{8.28.107}$$

得火灾场钢筋混凝土截面极限弯矩有效力矩为

$$M_{u}(t) = \sigma_{g,20}A_{s}L_{m}(t) = \mu(t)\sigma_{g,20}A_{g}L_{0} \tag{8.28.108}$$

式中：$L_{m}(t)$——火灾下任意时刻钢筋混凝土梁受拉区钢筋合力作用点的有效力矩；

L_{0}——正常温度下钢筋混凝土梁受拉区钢筋合力作用点的力矩；

$\mu(t)$——有效力矩时效系数，$\mu(t) = L_{m}(t)/L_{0}$；

其余符号意义同前。

如果受压区无配筋，有效力矩可进一步简写为

$$L_{m}(t) = \xi_{s}(t)\left[h_{0} - \frac{n\xi_{s}(t)A_{s}}{2\xi_{c}(t)b}\right] = \xi_{s}(t)\left[h_{0} - \frac{n\eta h\xi_{s}(t)}{200\xi_{c}(t)}\right] \tag{8.28.109}$$

式中：η——含筋率，$\eta = \dfrac{100A_{s}}{bh}$。

28.5.5 分析技术

钢筋混凝土结构可以采用整体式、分离式、组合式等几种方法来模拟钢筋和混凝土的组合方式。采用整体式的时候，是将钢筋分布于整个单元中，假定钢筋和混凝土黏结很好，并把单元视为连续均匀材料，它求出的是综合了钢筋和混凝土的刚度矩阵。在热—力耦合计算中若采用整体式模型，会减缓计算速度。

分离式模型是把钢筋和混凝土作为不同的单元来处理，既钢筋和混凝土是各自被划分成足够小的单元来处理，两者的刚度矩阵是分开来求解的，将钢筋作为线单元来处理，钢筋和混凝土之间可以插入黏结单元来模拟钢筋和混凝土之间的黏结和滑移。这种模型应用最为广泛。假定混凝土和钢筋黏结很好，考虑分离式模型时，其裂缝的处理方式则为分布裂缝模型。屈服准则则可采用 William-Warnker 五参数强度准则（见第 13.3 节）。

对于多种复合材料（钢筋混凝土结构）的强外热—力耦合效应的数值模拟，2D 单元则无法实现热—力耦合分析，须使用3D 实体单元和3D 杆单元。因3D 实体单元和3D 杆单元的自由度仅有 3 个平动自由度，其自由度匹配有较好的耦合效果。

28.6 火灾实例分析

28.6.1 火灾模型

以钢筋混凝土矩形截面简支梁为例。其火灾模型如图 8.28.10 所示。主筋采用Ⅲ级钢，整跨受热模式（SFM），三面升温，按均布荷载加载 q（kN/m）。计算按国际标准化组织（ISO834）建议的标准火灾升温曲线加热时，高温 200min 不同保护层厚度下矩形截面简支梁的极限弯矩，不同荷载等级下简支梁的变形状况；分析其承载力时变效应过程，确定耐火极限。

国际标准化组织（ISO834）建议的建筑构件抗火试验曲线如图 8.28.11 所示，其计算式为

$$\theta(t) = 345\lg(8t+1) + \theta_0 \tag{8.28.110}$$

式中：θ_0——试验炉内的初始温度（℃）；

$\theta(t)$——燃烧开始后 t 分钟时试验炉的空气平均温度（℃）。

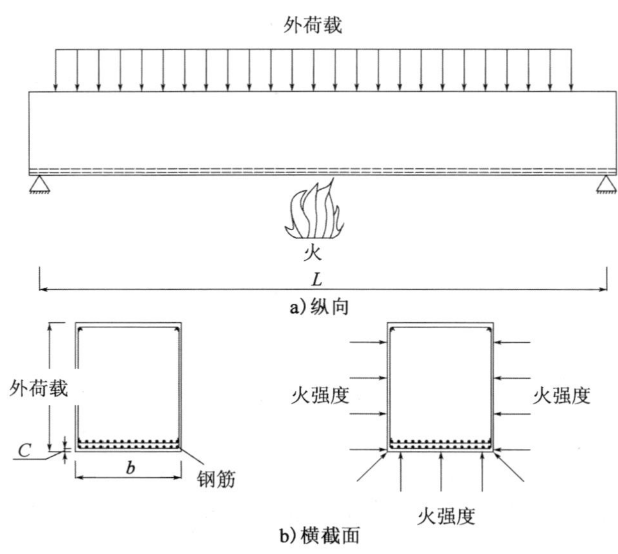

图 8.28.10　火灾场矩形截面简支梁模型

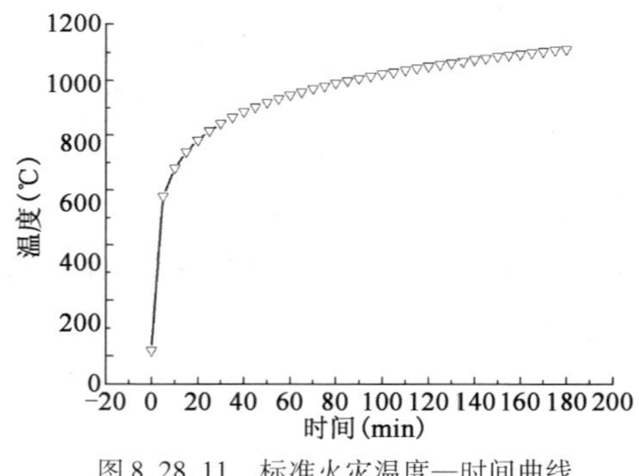

图 8.28.11　标准火灾温度—时间曲线

ISO 834 标准火灾温度—时间曲线，升温过程单调，无论燃烧时间多长，温度一直上升，始终没有衰减熄灭过程。作一个标准，它在结构构件的抗火试验、高温性能分析或火极限验算中统一应用，可保证结构具有一致的抗火性能，并可给出不同结构的抗火安全性及火场评价。

表 8.28.1 为钢筋混凝土矩形截面简支梁火灾模型设计参数（设计含筋率标准计为 $\eta = 1.0$，其他以相对值计算）。

火灾模型梁设计参数　　表 8.28.1

荷载工况	截面尺寸（cm）	钢筋型号（mm）	跨径（m）	保护层厚度（cm）	钢筋常温屈服强度（MPa）	混凝土常温强度（MPa）	荷载等级（kN/m^2）	
	$b \times h$	Steel	L	C	$\sigma_{sy,20}$	$\sigma_{c,20}$	外荷载	荷载比
SSB-1	160×200	2×15ϕ25	12.0	3/4/5	400	32.0	$q=100$	$\zeta=1.0$
	160×200	2×15ϕ25	12.0	3/4/5	400	32.0	$q=150$	$\zeta=1.5$
	160×200	2×15ϕ25	12.0	3/4/5	400	32.0	$q=200$	$\zeta=2.0$

续上表

荷载工况	截面尺寸(cm)	钢筋型号(mm)	跨径(m)	保护层厚度(cm)	钢筋常温屈服强度(MPa)	混凝土常温强度(MPa)	荷载等级(kN/m^2)	
	$b \times h$	Steel	L	C	$\sigma_{sy,20}$	$\sigma_{c,20}$	外荷载	荷载比
SSB-2	160×200	2×15ϕ25	11.0	3/4/5	400	32.0	$q=100$	$\zeta=1.0$
	160×200	2×15ϕ25	11.0	3/4/5	400	32.0	$q=150$	$\zeta=1.5$
	160×200	2×15ϕ25	11.0	3/4/5	400	32.0	$q=200$	$\zeta=2.0$
SSB-3	160×200	2×15ϕ25	9.0	3/4/5	400	32.0	$q=100$	$\zeta=1.0$
	160×200	2×15ϕ25	9.0	3/4/5	400	32.0	$q=150$	$\zeta=1.5$
	160×200	2×15ϕ25	9.0	3/4/5	400	32.0	$q=200$	$\zeta=2.0$

28.6.2 材料热工参数

1)混凝土材料

混凝土任意温度场的热传导率为

$$k_c(t) = 1.36 - 0.136\frac{\theta(t)}{100} + 0.0057\left(\frac{\theta(t)}{100}\right)^2 \qquad 20℃ \leqslant \theta \leqslant 1200℃$$

混凝土任意温度场的比热容为

$$c_c(t) = \begin{cases} 900 & 20℃ \leqslant \theta(t) \leqslant 115℃ \\ 900 + (\theta(t) - 100) & 115℃ < \theta(t) \leqslant 200℃ \\ 1000 + (\theta(t) - 200)/2 & 200℃ < \theta(t) \leqslant 400℃ \\ 1100 & 400℃ < \theta(t) \leqslant 1200℃ \end{cases}$$

混凝土任意温度场的密度为

$$\rho_c(t) = \rho_c(t_0)f_c(t)$$

其中

$$\rho_c(t_0) = \rho(20)$$

$$f_c(t) = \begin{cases} 1 & 20℃ \leqslant \theta(t) \leqslant 115℃ \\ 1 - 0.02\dfrac{(\theta(t) - 115)}{85} & 115℃ < \theta(t) \leqslant 200℃ \\ 0.98 - 0.03\dfrac{(\theta(t) - 200)}{200} & 200℃ < \theta(t) \leqslant 400℃ \\ 0.95 - 0.078\dfrac{(\theta(t) - 400)}{400} & 400℃ < \theta(t) \leqslant 1200℃ \end{cases}$$

2)钢筋材料

钢筋任意温度场的热传导率为

$$\begin{cases} k_s(t) = 54 - 3.33 \times 10^{-2}\theta(t) & 20℃ \leqslant \theta(t) < 800℃ \\ k_s(t) = 27.3 & \theta(t) \geqslant 800℃ \end{cases}$$

钢筋任意温度场的比热容为

$$
\begin{cases}
c_s(t) = 425 + 0.773\theta(t) - 1.69\times10^{-3}\theta(t) + 2.22\times10^{-6}\theta^3(t) & 20℃ \leqslant \theta(t) < 600℃ \\
c_s(t) = 666 + \dfrac{13002}{738 - \theta(t)} & 600℃ \leqslant \theta(t) < 735℃ \\
c_s(t) = 545 + \dfrac{17820}{\theta(t) - 731} & 735℃ \leqslant \theta(t) < 900℃ \\
c_s(t) = 650 & 900℃ \leqslant \theta(t) < 1200℃
\end{cases}
$$

钢筋任意温度场的密度为

$$\rho_s(t) = 7800$$

以上各式中：$\theta(t)$——t 时刻的火场温度。

按以上格式计算的混凝土和钢筋高温下的热工参数见表 8.28.2。

材料热工参数 表 8.28.2

温度（℃）	混凝土热工参数			钢筋热工参数		
	热传导率[kJ/(m·h·℃)]	比热容[J/(kg·℃)]	密度(kg/m³)	热传导率[kJ/(m·h·℃)]	比热容[J/(kg·℃)]	密度(kg/m³)
20	7.1	913	2489	192.0	440	7850
200	5.9	1022	2388	170.4	530	7850
400	4.8	1122	2276	146.4	606	7850
600	4.0	1200	2164	122.4	760	7850
800	3.4	1256	2052	98.3	803	7850
1000	3.0	1289	1940	98.3	650	7850
1200	2.9	1300	1828	98.3	650	7850

28.6.3 受火过程分析

由于钢筋混凝土矩形截面简支梁截面对称，对称结构在对称火灾场下，温度效应分布也存有对称性。为验证理论结果，在钢筋混凝土矩形截面火灾模型梁截面中心线一侧布置了 5 个温度测点，测点 T_1 位于截面最下缘外侧迎火面，直接得到火灾场的升温曲线；测点 T_2 和测点 T_3 分别布置在外底侧钢筋层和中底钢筋层处，实时监测钢筋温度；测点 T_4 布置在第二层钢筋处，可测得火灾场中的钢筋混凝土结构第二钢筋层温度时程曲线；测点 T_5 布置在迎火面和背火层交合处，测背火面和迎火面的交合温度；C 为混凝土保护层厚度，测点 T_2 和测点 T_3 的温度随混凝土保护层厚度变化；跨中挠度观测采用竖直刻度尺随时跟踪观测。如图 8.28.12 所示。

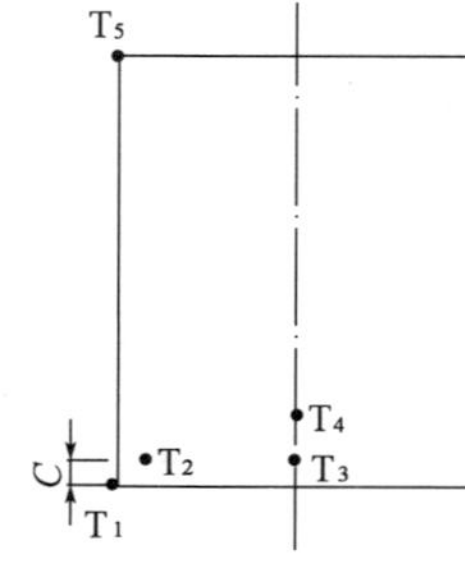

图 8.28.12 火灾模型截面温度测点布置

结合多种结构火灾场温度试验参数，计算整跨受火三面升温模式下高温场各测点温度时程曲线、钢筋混凝土简支梁极限弯矩和跨中挠度时程曲线，分析钢筋混凝土矩形截面简支梁的温度场分布状况、极限弯矩时程状况和形变状况，从而确定在 SFM 场景中钢筋混凝土简支梁的耐火极限。

1）温度分布

三面火灾作用下钢筋混凝土矩形截面简支梁高温场的温度梯度分

布分析表明：由于截面三侧受热，受热侧温度相对其他部位较高；从截面受火外侧到截面内部，火灾温度逐渐降低，呈明显的“U”形梯度分布带过渡，背火面的低温度梯度呈外拢现象；受火初期（10min 以内），高温层呈薄层状密集型分布，沿三侧受火面的面积占整个横截面的比例较低，约 90 %的面积处于 100℃以内，随着火灾时间的增加，高温层逐渐向内扩展，高温层分布厚度小于相应低温层分布厚度，梯度分布宽度由外及内逐渐增大；受火时间较长（100min 以上）时，约 15% 的面积处于 500℃以上；超过 200min 时，约 30% 的面积处于 500℃以上，并且高温层呈完全穿透混凝土保护层之趋势，钢筋被融化，强度基本消失，结构处于崩溃坍塌阶段。

图 8.28.13 为混凝土保护层为 3cm 任意时刻矩形截面各测点温度分布曲线。由图 8.28.13 可见，各测点温度随时间增加而升高，测点 T_1 和测点 T_5 直接受火场高温辐射，短时间内温度骤然上升，其曲线形式类似于 ISO834 标准火灾温度—时间曲线升温形式；由于混凝土是不良热传导体，所以测点 T_2、测点 T_3 和测点 T_4 的温度通过混凝土的热传导而缓慢升高；测点 T_4 处于火场第二钢筋层处，未能受火场高温辐射，所以温度相对于其他测点较低，测点 T_2、测点 T_3 至混凝土表面距离小，温度高于测点 T_4 温度，测点温度高低及升温速度与火场的接触程度密切相关，靠近火场，升温快、升温幅度大，远离火场，升温慢，则温度低。

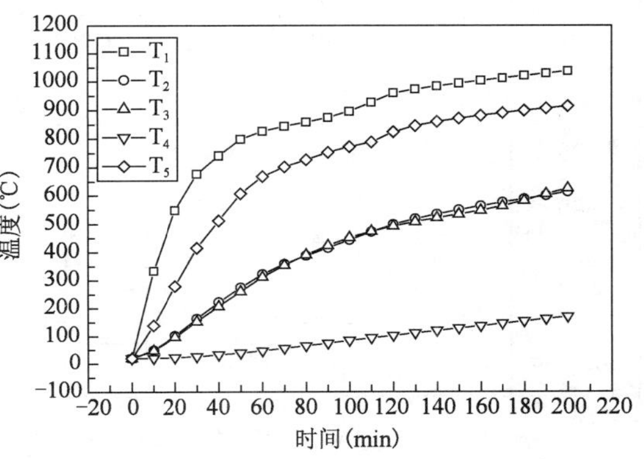

图 8.28.13　截面各测点温度时程曲线

2）荷载因子

表 8.28.3 和表 8.28.4 分别为不同荷载条件下各种工况荷载因子时变效应规律。

等荷载条件下各工况荷载因子 $\lambda(t)$ 的时变效应规律　　表 8.28.3

时间（min）	荷载等级（kN/m²）	保护层厚度（3cm）			保护层厚度（4cm）			保护层厚度（5cm）		
		SSB-1	SSB-2	SSB-3	SSB-1	SSB-2	SSB-3	SSB-1	SSB-2	SSB-3
		$\lambda(t)$			$\lambda(t)$			$\lambda(t)$		
0	2.5×10^2	0.56	0.66	0.80	0.55	0.66	0.80	0.55	0.66	0.79
20		0.55	0.66	0.80	0.55	0.66	0.79	0.55	0.65	0.79
40		0.53	0.63	0.76	0.54	0.65	0.78	0.55	0.65	0.79
60		0.49	0.59	0.71	0.51	0.60	0.73	0.53	0.63	0.77
80		0.46	0.55	0.67	0.47	0.56	0.68	0.50	0.59	0.72
100		0.42	0.51	0.61	0.45	0.53	0.64	0.47	0.56	0.68
120		0.40	0.48	0.58	0.42	0.50	0.61	0.45	0.54	0.65
140		0.37	0.45	0.54	0.40	0.47	0.57	0.43	0.51	0.62
160		0.35	0.42	0.50	0.38	0.45	0.55	0.41	0.49	0.60
180		0.32	0.38	0.46	0.36	0.43	0.52	0.40	0.47	0.57
200		0.30	0.36	0.43	0.34	0.41	0.49	0.37	0.45	0.54

变荷载条件下各工况荷载因子 $\lambda(t)$ 的时变效应规律　　表 8.28.4

时间(min)	荷载等级(kN/m²)	保护层厚度(3cm)			保护层厚度(4cm)			保护层厚度(5cm)		
		SSB-1	SSB-2	SSB-3	SSB-1	SSB-2	SSB-3	SSB-2	SSB-3	SSB-3
		$\lambda(t)$			$\lambda(t)$			$\lambda(t)$		
0	250	0.56	0.66	0.80	0.55	0.66	0.80	0.55	0.66	0.79
20	240	0.58	0.69	0.83	0.57	0.68	0.83	0.57	0.68	0.82
40	230	0.58	0.69	0.83	0.59	0.70	0.85	0.59	0.71	0.86
60	220	0.56	0.67	0.81	0.58	0.69	0.83	0.61	0.72	0.87
80	210	0.55	0.66	0.79	0.56	0.67	0.81	0.59	0.70	0.85
100	200	0.53	0.63	0.76	0.56	0.66	0.80	0.59	0.71	0.85
120	190	0.53	0.63	0.76	0.56	0.66	0.80	0.60	0.71	0.86
140	180	0.52	0.62	0.75	0.55	0.66	0.80	0.60	0.71	0.86
160	170	0.51	0.61	0.74	0.56	0.66	0.80	0.61	0.72	0.88
180	160	0.50	0.60	0.73	0.57	0.67	0.82	0.62	0.74	0.89
200	150	0.50	0.60	0.72	0.57	0.68	0.82	0.62	0.74	0.90

由表 8.28.3 和表 8.28.4 可知，当外部荷载值相同时，荷载因子随简支梁跨径的增大而减小；当外部荷载呈递减数列减小时，对于相同跨径的简支梁，荷载因子不与外部荷载值变化同步。因为极限弯矩取决于截面参数（材料以及力学参数），对于截面参数一定的三侧整跨受火钢筋混凝土简支梁，高温下极限弯矩仅随火灾时间的延伸而变化，不随跨径的大小而改变，所以荷载因子能够清楚反映等荷载条件下和变荷载条件下，梁的极限弯矩随火延时间的变化规律，同时也表明外部荷载实际提供给火灾场钢筋混凝土结构的有效程度，也表明荷载因子与外部荷载值随时间变化的对应关系。

3）有效力矩系数

如表 8.28.5 所示，根据公式（8.28.109）计算得到火灾高温 200min 过程中，整跨受热模式下不同保护层厚度 C（3cm/4cm/5cm）钢筋混凝土矩形截面简支梁随火灾高温时间变化的极限弯矩有效力矩系数。其他厚度保护层与时间的有效力矩系数可采用内插外延法计算。

极限弯矩有效力矩系数计算结果　　表 8.28.5

时间	t(min)	10	20	30	40	50	60	70	80	90	100
保护层厚度	$C=3$cm	1.00	1.00	0.99	0.96	0.92	0.89	0.86	0.84	0.80	0.77
	$C=4$cm	1.00	1.00	0.99	0.98	0.95	0.92	0.88	0.86	0.83	0.81
	$C=5$cm	1.00	0.99	0.99	0.99	0.98	0.96	0.93	0.90	0.88	0.86
时间	t(min)	110	120	130	140	150	160	170	180	190	200
保护层厚度	$C=3$cm	0.74	0.72	0.69	0.68	0.65	0.63	0.60	0.58	0.56	0.54
	$C=4$cm	0.79	0.77	0.74	0.72	0.71	0.69	0.67	0.66	0.63	0.62
	$C=5$cm	0.84	0.82	0.80	0.78	0.76	0.75	0.73	0.72	0.70	0.68

4）计算方法比较

图 8.28.14 为火灾下不同保护层厚度矩形截面简支梁结构极限弯矩的荷载因子法、有效力矩法与内力积分法的计算结果比较。

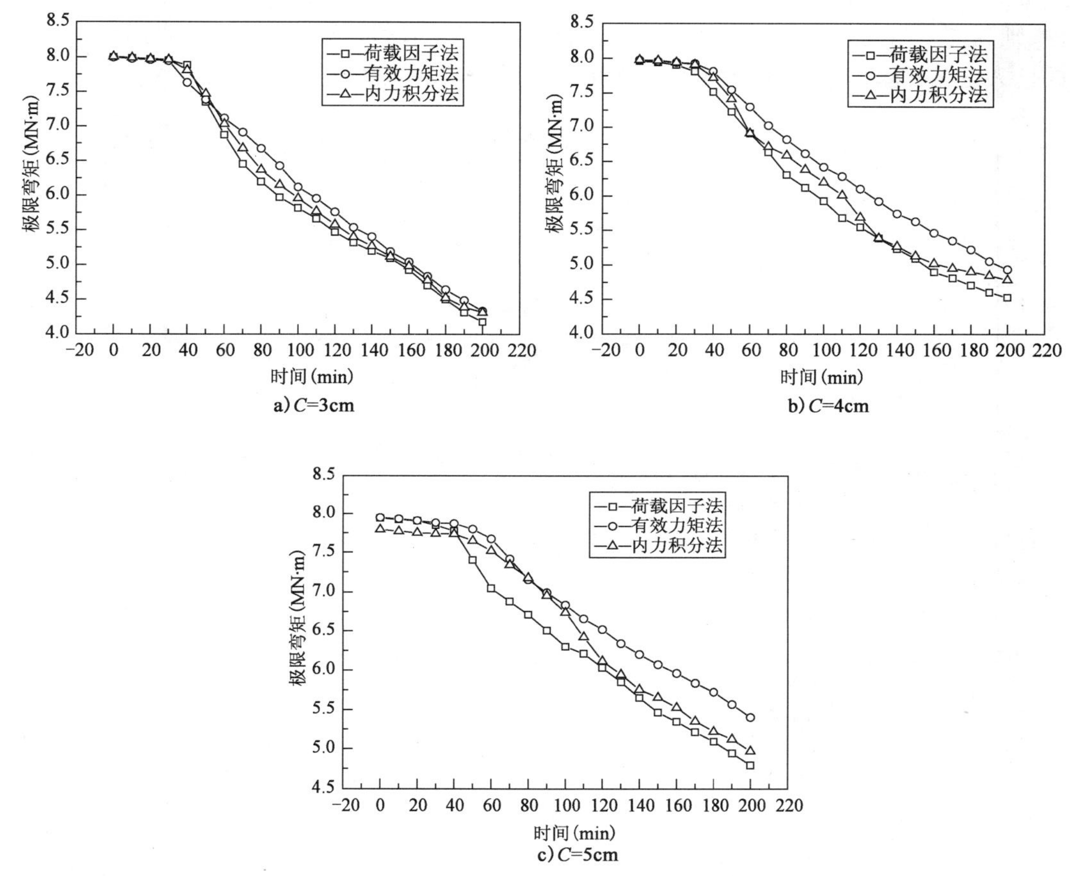

图 8.28.14 火灾下不同保护层厚度各计算方法时程曲线

由图可见，三种方法的计算结果规律一致，曲线保持相同趋势。火灾高温 40min 之内，钢筋混凝土矩形截面简支梁极限弯矩基本保持不变，梁体的整体状况良好；随着时间的延伸，温度升高，受拉钢筋的强度折减量增加，相对于正常温度极限弯矩直线下降。

因为有限元分析结果与有限元模型的单元个数相关，随着温度场时间的增加，部分单元由于其参数的设定而退出计算，截面应力由于裂缝的开展又闭合，其发生状态接近实际，应力值稍有波动，相应内力积分值与计算值相比稍有偏差，所以有效力矩法计算曲线较有限元分析曲线光滑。

迎火面混凝土的温度比内部混凝土温度高出很多，如果受拉区钢筋的混凝土保护层厚度越大，受拉钢筋的温度就越低，相应其强度损失得越少，剩余强度越大。保护层厚度分别为 3cm、4cm 和 5cm，火灾高温时间为 200min 时，梁的极限弯矩分别为 4.0MN · m、4.5MN · m 和 5.0MN · m，分别为常温下梁极限弯矩的 1/2、55.6% 和 62.5% 左右。

5）含筋率

图 8.28.15 为火灾下不同配筋率的钢筋混凝土矩形截面简支梁结构极限弯矩随火延时间变化的时程曲线。分析可知，随着钢筋混凝土简支梁截面受拉区钢筋配筋率的增加，钢筋混凝土梁的极限弯矩提高，各温度点极限弯矩提高的程度与受拉区钢筋含筋率成正比。火灾时间延伸，则温度升高，相当于受拉钢筋的有效面积减小，适当增加钢筋配筋率可提高钢筋混凝土梁的抗火性能，能有效保证在火灾高温作用下一段时间内，梁仍能满足承载要求。

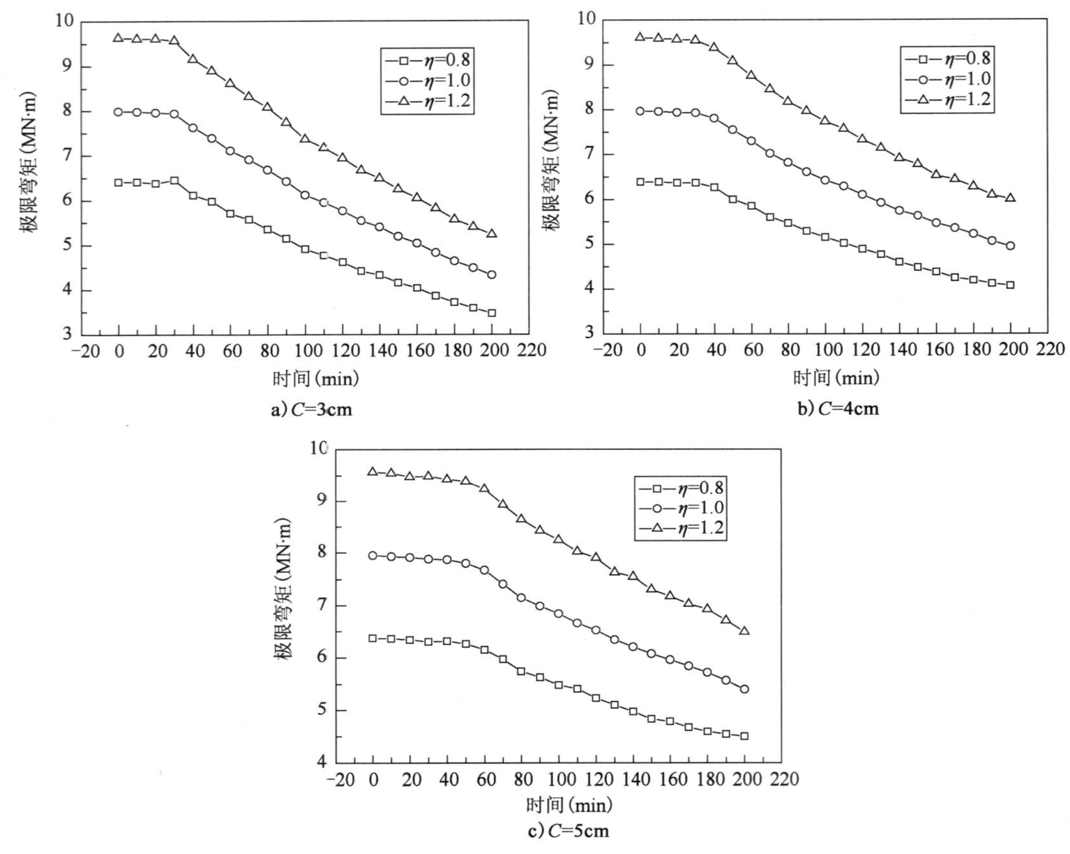

图 8.28.15　火灾下不同配筋率极限弯矩时程曲线

当火延时间过长，各含筋率钢筋混凝土简支梁的极限弯矩时程曲线随火延时间有缩拢趋势，从而导致在温度过高的情况下，增加含筋率对提高梁的极限弯矩的效果不明显。所以，要达到较好的抗火效果，既要增加梁的保护层厚度，又要提高受拉区钢筋的含筋率，并控制火延时间，即及时灭火。

图 8.28.16 为不同保护层厚度和含筋率下各荷载等级钢筋混凝土矩形截面简支梁跨中挠度时程曲线。表明，火灾场钢筋混凝土矩形截面简支梁跨中挠度时程曲线随荷载等级的增加呈非线性变化趋势。挠度时程曲线增大的程度随保护层厚度增加而减小；挠度值随荷载比 ζ 的增大而增大，随火延时间增大，随含筋率的增大而减小。

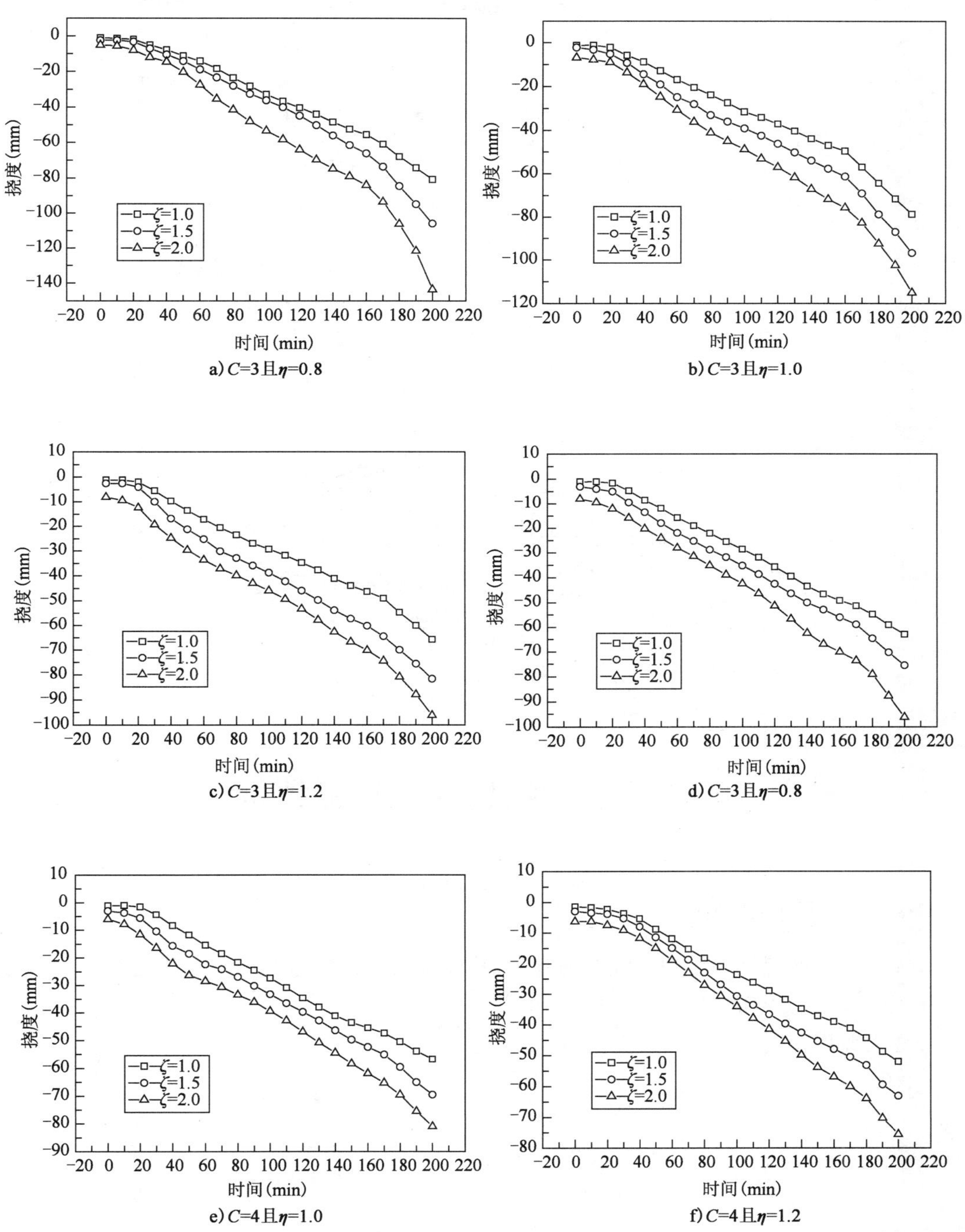

a) C=3且η=0.8

b) C=3且η=1.0

c) C=3且η=1.2

d) C=3且η=0.8

e) C=4且η=1.0

f) C=4且η=1.2

图 8.28.16

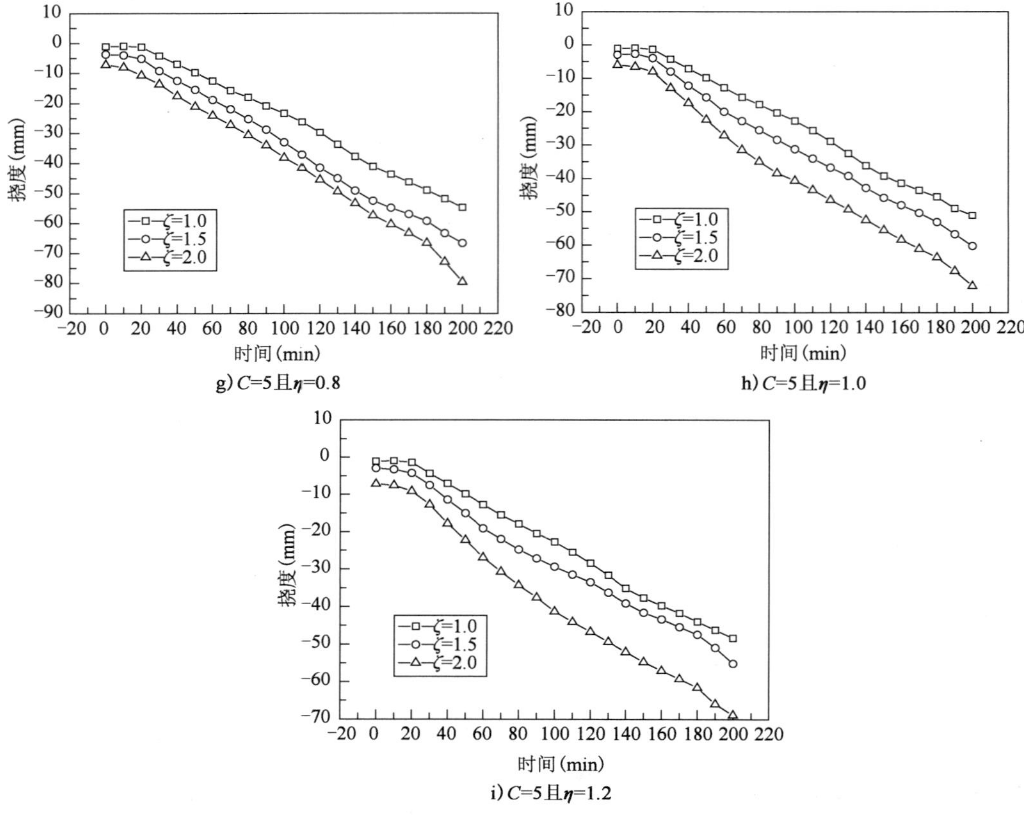

图 8.28.16　不同保护层厚度和含筋率下各荷载比挠度时程曲线

28.7　桥梁结构火灾性能评价

28.7.1　损伤评价

火灾场中钢筋混凝土梁随着温度的升高，其混凝土弹性模量和强度及钢筋弹性模量和强度存在不同程度的损伤，其损伤度可分别定义如下

弹性模量损伤度

$$D_c(E) = 1 - \frac{E_c[\theta(t_j)]}{E_c[\theta(t_0)]} = 1 - \zeta_c \qquad (j = 1,2,3,\cdots) \tag{8.28.111}$$

$$D_s(E) = 1 - \frac{E_s[\theta(t_j)]}{E_s[\theta(t_0)]} = 1 - \zeta_s \qquad (j = 1,2,3,\cdots) \tag{8.28.112}$$

强度损伤度

$$D_c(\sigma) = 1 - \frac{\sigma_h[\theta(t_j)]}{\sigma_h[\theta(t_0)]} = 1 - \xi_c \qquad (j = 1,2,3,\cdots) \tag{8.28.113}$$

$$D_s(\sigma) = 1 - \frac{\sigma_s[\theta(t_j)]}{\sigma_s[\theta(t_0)]} = 1 - \xi_s \qquad (j = 1,2,3,\cdots) \qquad (8.28.114)$$

式中：$D_c(E)$、$D_s(E)$——混凝土和钢筋的弹性模量损伤度；

$D_c(\sigma)$、$D_s(\sigma)$——混凝土和钢筋的应力强度损伤度；

ζ_c、ζ_s——混凝土和钢筋弹性模量折减系数；

ξ_c、ζ_s——混凝土和钢筋强度折减系数；

$\theta(t_j)$——混凝土某时刻温度。

按以上各式计算的混凝土和钢筋的高温力学参数如表8.28.6所示；钢筋和混凝土的损伤度如表8.28.7所示。

材料高温力学参数　　表8.28.6

温度（℃）	混凝土力学参数			钢筋力学参数		
	热膨胀系数（$\times 10^{-6}$）	强度折减系数	弹性模量折减系数	屈服强度折减系数	比例极限折减系数	弹性模量折减系数
20	6.160	1.000	1.000	1.000	1.000	1.000
200	7.600	0.900	0.505	1.000	0.807	0.900
400	9.200	0.750	0.240	1.000	0.420	0.700
600	10.800	0.450	0.085	0.470	0.180	0.310
800	12.400	0.400	0.016	0.110	0.050	0.090
1000	14.000	0.160	0.001	0.040	0.025	0.045
1200	15.600	0.000	0.001	0.000	0.000	0.000

钢筋和混凝土损伤分析　　表8.28.7

时间（min）	温度（℃）	混凝土损伤度（%）		钢筋损伤度（%）	
		$D_c(E)$	$D_c(\sigma)$	$D_s(E)$	$D_s(\sigma)$
0.0	20	0	0	0	0
0.1	100	24	5	0	3.7
0.3	200	49	10	10	10
0.7	300	66	15	20	22
1.4	400	76	25	30	30
3.0	500	85	40	40	41
6.0	600	92	55	69	60
12.0	700	96	70	87	78
23.0	800	98	85	91	89
45.0	900	99	92	93	94
87.0	1000	100	96	95	96
170.0	1100	100	99	97	98
327.0	1200	100	100	100	100

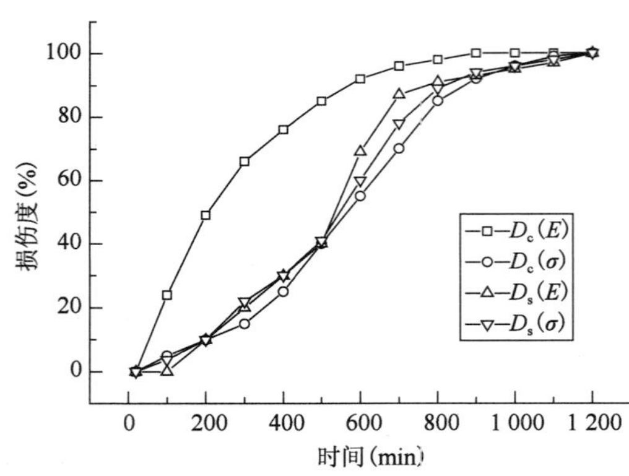

图 8.28.17　火灾场钢筋及混凝土高温损伤曲线

可见，混凝土火灾高温 87min 后，混凝土弹模损伤度可达 100%；由文献可知，混凝土温度达到 1000℃时，开始熔融；达到 1200℃时，强度损失殆尽。当火灾温度为 200℃以下时，普通钢筋强度几乎无变化；当火灾温度大于 200℃时钢筋强度开始下降。

图 8.28.17 为火灾场钢筋及混凝土温度损伤曲线。可见，混凝土弹性模量损伤速度远大于强度损伤速度，意味着火灾高温场混凝土构件的变形大于应力应变的变化程度，混凝土的高温变形更加明显；钢筋弹性模量和屈服强度损伤度大致相同，损伤曲线走向基本一致。

28.7.2　安全评价

火灾场钢筋混凝土结构极限弯矩安全评价模型包括临界模型和破坏模型。

1）临界模型

火灾高温场中的钢筋混凝土梁桥其正截面极限弯矩有临界值，超过此临界值，正截面极限弯矩随着温度的升高迅速下降，在此临界值之前，正截面极限弯矩下降速度较慢。

极限弯矩临界值 M_η 定义如图 8.28.18 所示。在极限弯矩随时间变化的曲线上，对于任意温度 $\theta(t_j)$ 的时间 t_j，则存在 $\eta(t_j)$，使得

$$\eta(t_j)=\frac{|M_u(t_j)-M_u(t_j+\Delta t)|}{\Delta t}\qquad(j=1,2,3,\cdots)$$

$$\eta(t_{j-1})=\frac{|M_u(t_{j-1})-M(t_{j-1}+\Delta t)|}{\Delta t}\qquad(j=1,2,3,\cdots)$$

$$\eta(t_{j+1})=\frac{|M_u(t_{j+1})-M_u(t_{j+1}+\Delta t)|}{\Delta t}\qquad(j=1,2,3,\cdots)\qquad(8.28.115)$$

令 $M_\eta=M_u(t_j)$，根据区间优化估计原则，当

$t_{j-1}<t_j$ 时，$M_u(t_{j-1})\geqslant M_\eta$

$$\eta(t_{j-1})\approx\eta(t_j)\qquad(j=1,2,3,\cdots)\qquad(8.28.116)$$

$t_{j+1}>t_j$ 时，$M_u(t_{j+1})<M_\eta$

$$\eta(t_{j+1})>\eta(t_j)\qquad(j=1,2,3,\cdots)\qquad(8.28.117)$$

从而，可知

$$M(t_{j-1})\geqslant M_\eta>M(t_{j+1})\qquad t_j\in(t_{j-1},t_{j+1})$$

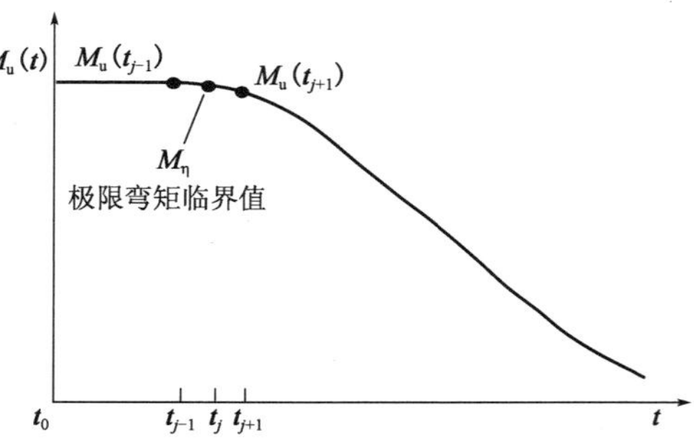

图 8.28.18　极限弯矩临界模型

$$\eta(t_{j-1}) \approx \eta(t_j) > \eta(t_{j+1}) \qquad t_j \in (t_{j-1}, t_{j+1}) \tag{8.28.118}$$

存在 $t \in (t_{j-1}, t_j)$，使得

$$M_\eta = M_u(t_j) \tag{8.28.119}$$

式中：$\eta(t_j)$——临界极限弯矩系数；

M_η——与 $\eta(t_j)$ 对应的 t_j 时刻的极限弯矩（kN·m）；

(t_{j-1}, t_j)——估计区间，在实际工程应用中，可取 $M_\eta = 0.9M_u(t_0)$。

2）破坏模型

火灾高温场中的钢筋混凝土梁的正截面极限弯矩有破坏值，超过此极限弯矩破坏值，梁不能承受其自重，因此被破坏。极限弯矩破坏值 M_G 定义如图8.28.19所示，在极限弯矩随时间变化的曲线上，对于任意时间 t_j，有

当 $t_{j-1} < t_j$ 时

$$M_u(t_{j-1}) \geqslant M_u(t_j) \qquad (j = 1,2,3,\cdots) \tag{8.28.120}$$

当 $t_{j+1} > t_j$ 时

$$M_u(t_{j+1}) \leqslant M_u(t_j) \qquad (j = 1,2,3,\cdots) \tag{8.28.121}$$

令 $M_G = M_u(t_j)$，建立的火灾后钢筋混凝土梁桥极限弯矩评价指标等级如表8.28.8所示。

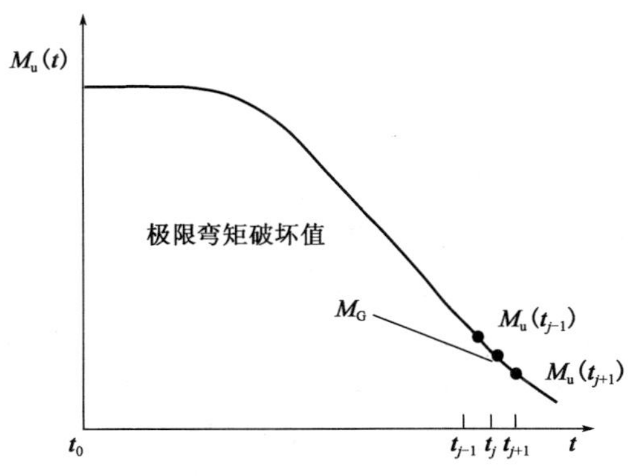

图8.28.19　极限弯矩破坏模型

火灾后钢筋混凝土梁极限弯矩评价指标　表8.28.8

评价等级	判别标准	评价结果
Ⅰ类	$M_u(t_j) > M_\eta$	轻度损伤
Ⅱ类	$M_\eta > M_u(t_j) > \gamma_1 M_\eta$	中度损伤
Ⅲ类	$\gamma_2 M_\eta < M_u(t_j) < \gamma_1 M_\eta$	重度损伤
Ⅳ类	$\gamma_3 M_G < M_u(t_j) < \gamma_2 M_\eta$	严重损伤
Ⅴ类	$M_u(t_j) < \gamma_3 M_G$	破坏

注：各等级安全系数 $\gamma_1 = 0.7$，$\gamma_2 = 0.5$，$\gamma_3 = 3.0$，M_G 为自重作用下的弯矩值。

表8.28.9为火灾高温场钢筋混凝土不同保护层厚度的简支矩形截面梁极限弯矩安全评价分析结果。临界弯矩 M_η 约为 7.2×10^3kN·m，M_G 约为 1.5×10^2kN·m。由表8.28.9可知，混凝土保护层 $C=3$cm 时，40min 内；$C=4$cm 时，60min 内；$C=5$cm 时，80min 内，钢筋混凝土梁极限弯矩基本无变化，均为轻度损伤。即混凝土保护层越大，结构损伤程度越小。

钢筋混凝土矩形截面简支梁极限弯矩安全评价分析　表8.28.9

计算时间(min)	保护层厚度(cm)								
	$C=3$			$C=4$			$C=5$		
	M_u(MN·m)	判别标准(表8.28.8)	结果	M_u(MN·m)	判别标准(表8.28.8)	结果	M_u(MN·m)	判别标准(表8.28.8)	结果
0	8.01	$>M_\eta$	轻度损伤	7.98	$>M_\eta$	轻度损伤	7.95	$>M_\eta$	轻度损伤
20	7.97			7.94			7.91		

续上表

<table>
<tr><th rowspan="3">计算时间(min)</th><th colspan="9">保护层厚度(cm)</th></tr>
<tr><th colspan="3">$C=3$</th><th colspan="3">$C=4$</th><th colspan="3">$C=5$</th></tr>
<tr><th>M_u (MN·m)</th><th>判别标准(表8.28.8)</th><th>结果</th><th>M_u (MN·m)</th><th>判别标准(表8.28.8)</th><th>结果</th><th>M_u (MN·m)</th><th>判别标准(表8.28.8)</th><th>结果</th></tr>
<tr><td>40</td><td>7.65</td><td rowspan="3">$>M_\eta$</td><td>轻度损伤</td><td>7.82</td><td rowspan="4">$>M_\eta$</td><td rowspan="4">轻度损伤</td><td>7.87</td><td rowspan="3">$>M_\eta$</td><td rowspan="3">轻度损伤</td></tr>
<tr><td>60</td><td>7.13</td><td>中度损伤</td><td>7.30</td><td>7.67</td></tr>
<tr><td>80</td><td>6.69</td><td rowspan="7">重度损伤</td><td>6.82</td><td>7.15</td></tr>
<tr><td>100</td><td>6.13</td><td rowspan="3">$>\gamma_1 M_\eta$</td><td>6.42</td><td>6.84</td><td rowspan="3">$>\gamma_1 M_\eta$</td><td rowspan="3">中度损伤</td></tr>
<tr><td>120</td><td>5.77</td><td>6.10</td><td rowspan="4">$>\gamma_1 M_\eta$</td><td rowspan="4">中度损伤</td><td>6.52</td></tr>
<tr><td>140</td><td>5.41</td><td>5.74</td><td>6.20</td></tr>
<tr><td>160</td><td>5.05</td><td rowspan="3">$>\gamma_2 M_\eta$</td><td>5.47</td><td>5.96</td><td rowspan="3">$>\gamma_2 M_\eta$</td><td rowspan="3">重度损伤</td></tr>
<tr><td>180</td><td>4.65</td><td>5.23</td><td>5.72</td></tr>
<tr><td>200</td><td>4.34</td><td>4.94</td><td>$>\gamma_2 M_\eta$</td><td>重度损伤</td><td>5.40</td></tr>
</table>

28.8 小　　结

桥梁结构的热力耦合效应是指在温变作用下结构的力学响应形态,其温变作用包括各种随时间变化的温度梯度,如日温差、年温差、水化热和火灾高温。本章的热力耦合方法为桥梁结构火灾高温计算提供了建模与分析思路,主要涉及的是火灾高温状态下的桥梁结构力学性能,意指结构的火温与材料性能劣化及多重边界条件的多维耦合效应。这就需要借助结构有限元的非线性迭代功能来实现桥梁结构火灾高温效应的预分析,提前得知结构的内力与变形在火灾高温下的变化趋势及火灾后破坏特征。由于结构分析时的纳入信息量大,计算耗时有时难于收敛,章末以钢筋混凝土矩形截面梁的火灾高温场为例,给出了热力耦合分析结果与安全评价方法。关于其他类型结构的梁体火灾场分析请参阅所列文献。

本章参考文献

[1] 过镇海. 常温和高温下混凝土材料和构件的力学性能[M]. 北京:清华大学出版社,2005.

[2] 郑文忠,闫凯,王英. 预应力混凝土结构抗火研究进展[J]. 建筑结构学报,2011,32(12):52-61.

[3] KODUR V. K. R, DWAIKAT M. Fire performance of reinforced concrete beams under design fire exposure[J]. Journal of Fire Protection Engineering,2009,17:293-320.

[4] 贺栓海,张岗,黄侨,等. 火灾下桥梁结构灾变机理及安全性评价与加固技术研究[D]. 西安:长安大学,2013.

[5] Capua D D, Mari A R. Nonlinear analysis of reinforced concrete cross-sections exposed to fire [J]. Fire Safety Journal, 2007, 42(2):139-149.

[6] 张岗,贺拴海,王翠娟.焰流效应下混凝土空心薄壁墩火温时变分布[J].交通运输工程学报,2014,14(1):26-34.

[7] 张岗.PC宽异薄壁箱梁火灾高温场形变分析[J].解放军理工大学学报:自然科学版,2011,12(2):131-136.

[8] 张岗,贺拴海,宋一凡.钢筋混凝土梁桥火灾高温安全评价[J].安全与环境学报,2008,7(3):153-157.

[9] 张岗,贺拴海.火灾下钢筋混凝土梁桥高温形变分析[J].长安大学学报:自然科学版,2009,29(1):54-58.

[10] 张岗,贺拴海,任伟.火灾高温下RC简支梁极限弯矩计算模型研究[J].武汉理工大学学报:交通科学与工程版,2010,34(1):134-136.

[11] 李世安.预应力混凝土梁桥高温力学性能分析及灾后评价方法[D].西安:长安大学,2012.